安徽省高校教育振兴人才计划项目 (2013)
安徽省质量工程项目"名师(大师)工作室"(2014msgzs133)

上 册

魏晋南北朝史新编

庄华峰 ◎ 著

中国社会科学出版社

图书在版编目(CIP)数据

魏晋南北朝史新编:全二册/庄华峰著. —北京:中国社会科学出版社,2016.11

ISBN 978-7-5161-9090-6

Ⅰ.①魏… Ⅱ.①庄… Ⅲ.①中国历史—研究—魏晋南北朝时代 Ⅳ.①K235.07

中国版本图书馆 CIP 数据核字(2016)第 241618 号

出 版 人	赵剑英
责任编辑	宋燕鹏
责任校对	张依婧
责任印制	李寡寡

出 版	中国社会科学出版社
社 址	北京鼓楼西大街甲 158 号
邮 编	100720
网 址	http://www.csspw.cn
发行部	010-84083685
门市部	010-84029450
经 销	新华书店及其他书店

印刷装订	北京君升印刷有限公司
版 次	2016 年 11 月第 1 版
印 次	2016 年 11 月第 1 次印刷

开 本	710×1000 1/16
印 张	102.5
插 页	2
字 数	1720 千字
定 价	298.00 元(全二册)

凡购买中国社会科学出版社图书,如有质量问题请与本社营销中心联系调换
电话:010-84083683
版权所有　侵权必究

引　言

本书的研究范围，是魏晋南北朝整个的历史，上起建安，下迄隋朝建立前夕，共历三百八十余年。呈现在读者面前的这部《魏晋南北朝史新编》的初稿是十多年前完成的。当时在考虑写作本书时，与在写作过程中，遇到不少问题。

其一，怎样看待魏晋南北朝这段历史？在过去相当长的时间里，人们普遍认为魏晋南北朝是充满战争和灾难的朝代，是一个大分裂、大倒退的历史时期，是中国历史上的中衰阶段。笔者认为这种看法有失偏颇。诚然，这一时期动荡不安的政局和连绵不断的战争，给各族人民带来了难以描述的灾难和痛苦，给社会生产造成了严重的破坏和摧残。但也应该看到，正是在这种动荡和不安中，内迁的各少数民族加快了和汉族融合的步伐，从而大大丰富了汉族的精神生活，它将一股豪放刚健之气注入汉民族的肌体之中，使汉民族有了更为强劲的活力。在大动荡的岁月里，涌现出了一批深谙治国兴邦之道的政治家，他们在复杂的政治环境中顺乎时代潮流，顺乎民意，制定出各项大政方针，改革不合时宜的政治制度，使社会趋于安定。这些都说明这一时期的政治状况有其光明的一面。在经济方面，政治上相对宽松的环境为这一时期的经济发展提供了契机，因而这一时期的经济活动也较为活跃。这在南朝表现得尤为明显。在对外交往方面，孙权能够敞开国门，面向大海，利用舟楫之便，积极向海外开拓，促进国内经济发展和对外经济文化交流，颇具典型性和启发性。此后，南朝各国继承和发展了这一传统。北方，即或如十六国大动乱时期，同西域的经济往来也未中断。需要特别指出的是，魏晋南北朝时期，由于挣脱了汉武帝以来独尊儒术的樊篱，思想文化领域大放异彩，各种学说同时并兴，某些异端思想也得以流行。人们思考了许多新的问题，在哲学本体论、思辨逻辑、社会伦理观、人与自然之关系等诸多方面,提出了重要的看法。这是继春秋战国"百家争鸣"之后,我国历史上又一个思想解放的时代。尤其值得注意的是,在这一时期,人、人才、人谋、人的个性被发现,出现了一股重视个体价值的社会思潮。社会思想和学术文化的相对自由及多元化,尤其是对于个体价值的重视,又有力地促进了这一时期文学、史学、艺术和科学技术的长足发展。因此,就宏观而言,魏晋南北朝使两汉以前古老的中国文明得到了新的发展,又给更为繁荣昌盛的隋唐时代的中国文明作了新的准备。对于这样一个大转折、大融合、大创新的时代,我们应该认真加以总结,而绝不可用"黑暗""倒退""中衰"等字眼一概予以否定。

其二,人们往往认为统一的时候光明,分裂的时候黑暗。然而,事实并非如此。如三国时期魏、蜀、吴的政治、经济状况,较之汉末与招致"五胡乱华"的西晋要好;晋南北朝曾被称为"黑暗时代",而江南的开发却在东晋南朝之时。因之我们认为论社会发展,重要的是看政策,而不是看统一或分裂。恩格斯在《致康·施米特》的信中说:"国家权力对于经济发展的反作用可能有三种:它可以沿着同一方向起作用,在这种情况下就会发展得比较快;它可以沿着相反方向起作用,在这种情况下它现在在每个大民族中经过一定的时期就都要遭到崩溃;或者是它可以阻碍经济发展沿着某些方向走,而推动它沿着另一种方向走,这第三种情况归根结底还是前两种情况中的一种。但是很明显,在第二和第三种情况下,政治权力能给经济发展造成巨大的损害,并能引起大量人力和物力的浪费。"恩格斯所说的三种情况,便是从政策立论。

其三,体系问题。以往人们研究一个国家或王朝的历史,大多从政治、经济、文化三个层面着眼,强调的仍是阶级对抗、政治制度的演变和经济文化的发展,而忽略了对社会史等领域的关注。我们认为,这样的学术体系是不完善的。在这样的体系中,不仅社会史研究被根本忽视了,历史学整体研究的发展也受到了很大的影响,使历史成为了纯粹精英的历史,成为干瘪的、没血没肉的历史,成为冷冰冰的、没有温情的历史,自然也就成了没有亲和力的历史,这样的学术研究当然是不会有生机和活力的。因此,我觉得我们的史学研究要转向(当然这方面已有许多学者做得很好了),治史者要有人文情怀,要着力打捞下层社会的历史，使我们的研究"接地气"。基于这样的认识，本书突破以前那种传统的"三足鼎立"的史学框架，而从政治、经济、文化和社会四个方面构建起魏晋南北朝史的理论体系和知识框架，这也是本书取名为"新编"的用意所在。

其四，写法问题。历史学是人类最古老的科学形态之一，它总是能以其独特的方式对历史的变迁和发展做出自己的回应。但是历史本身又不是任人装扮的小姑娘，如何通过资料的甄选与分析来还原历史的真实就成了历史学者矢志不渝的追求。回溯中国两千多年的史学传统，史家著作多以史实说话，比如众所周知的二十四史、十通等史学典籍不但记录了时代前进的脚步，也为后人研究这段历史提供了翔实的资料。然而，近代以来，随着西方分析史学方法的传入，以实证为基本特色的传统历史学退居次要地位，而以分析为基本特征的史学著述成为历史学著述的主流。近一二十年来，我国先后编出的几种魏晋南北朝史，其体例与方法各有不同，然而总的来看，仍以论述分析为主，实为分析史学的延续。分析史学的优点是显而易见的。但是如果走向极端，则势必对史籍资料进行支离破碎的使用，而缺乏整体的系统的领会和把握，空泛、臆断之处在所难免，同时也会带来"主题先行""以论带史"之类的弊端。历史往往是个迷团，真正的信史是没有的。但大体接近实际，避免"射覆"式的研究与写作，应该是可能的和必须的，这就不仅要求具有实事求是的历史态度，而且要求在编纂方法上尽可能地避免空泛性和随意性。前辈学者如邓之诚、吕思勉、周谷城、萧一山等所撰著述，都不失为成功的尝试，而且至今依然受到学术界和广大读者的好评。今天，借鉴前辈学者的成就，在新的时代感受和时代需要的基础上重新编写一部完整的、系统的、实证的，即完全以材料取胜的魏晋南北朝史，不仅可能，而且十分必要。

概而言之，我们是想通过以上的几点考虑，试图把本书写成一部内容全面、体例新颖、资料丰赡、立论平实的作品，以期为当下的魏晋南北朝史研究尽一点绵薄之力。

现在书稿虽然已经付梓，但笔者的心情并没有平静下来。写作本书对于笔者来说是热情有余而功力不足。许多本应深入探索的问题，都因才质学识的不足而却步了；许多问题虽然涉足了，但还是心有余而力不足；有关史料的选择取舍未必完全允当，相应的叙述也可能有许多谬误。在这里，笔者真诚希望专家和学者对拙著赐以教言，以匡笔者之不逮。本书在写作过程中，参阅了许多专家学者的研究成果，有些已在书中注明，有些则因篇幅、体例所限或没有注出，敬请原宥。

庄华峰识于江城惜墨斋

2015 年 12 月 16 日

目　　录

第一编　政治篇

第一章　三国鼎立 ……………………………………………… (3)
第一节　三国疆域 ……………………………………………… (3)
第二节　三国鼎立格局的形成 ………………………………… (5)
一　州牧设置 ……………………………………………………… (5)
二　董卓之乱和割据势力的混战 ………………………………… (6)
三　曹操经营北方 ……………………………………………… (10)
四　孙策、孙权在江东的扩展 ………………………………… (16)
五　刘备势力的兴起和隆中对策 ……………………………… (17)
六　赤壁之战与三国鼎立格局的形成 ………………………… (19)
第三节　曹魏的政事与政局 …………………………………… (27)
一　曹操革弊图新的政治措施 ………………………………… (27)
二　曹丕继续推行一系列进步政策 …………………………… (39)
三　魏晋政权交替，司马氏代魏 ……………………………… (47)
第四节　蜀汉的政治 …………………………………………… (56)
一　诸葛亮治蜀 ………………………………………………… (57)
二　吴蜀联盟与北伐曹魏 ……………………………………… (76)
三　蜀汉的衰亡 ………………………………………………… (90)
第五节　孙吴的治国道路 ……………………………………… (92)
一　孙吴治国方针与政策 ……………………………………… (93)
二　孙吴政争 …………………………………………………… (101)
三　孙皓的暴虐政治与吴的灭亡 ……………………………… (111)

第二章　西晋的短期统一及其崩溃 (123)
第一节　西晋疆域 (123)
第二节　西晋的治与乱 (124)
一　晋武帝统治早期，政策宽松，政绩可观 (125)
二　落后的分封制度 (128)
三　政坛奢侈之风 (133)
四　贾后干政与"八王之乱" (137)
第三节　少数族内迁和各族人民的反晋斗争 (147)
一　西、北边疆各族的内迁 (147)
二　迁徙少数族问题 (162)
三　各族人民的反晋斗争 (165)
四　西晋的灭亡 (179)

第三章　十六国政权的兴亡 (186)
第一节　十六国疆域 (186)
一　十六国分合概说 (186)
二　十六国疆域 (187)
第二节　十六国前期的少数族政权 (189)
一　前后赵在北方的统治 (189)
二　昙花一现的中原前燕政权 (223)
三　张氏前凉政权的兴替 (231)
第三节　前秦统一北方与淝水之战 (237)
一　氐族前秦政权的创立 (237)
二　苻坚统一北方 (239)
三　淝水之战与前秦的灭亡 (248)
第四节　淝水战后北方少数族政权的纷纷建立 (253)
一　羌族姚氏建立后秦 (253)
二　夏赫连氏的兴亡 (255)
三　鲜卑慕容部的后燕、西燕、南燕和北燕 (259)
四　鲜卑乞伏氏建立西秦 (274)
五　氐族后凉、鲜卑南凉、汉族西凉与卢水胡北凉 (278)

第四章　东晋偏安江南 (290)
第一节　东晋疆域 (290)

第二节　北方士族的南渡与东晋王朝的建立 …………………… (291)
　　一　江南士族的"三定江南" ………………………………… (292)
　　二　北方士族南渡和东晋政权的建立 ……………………… (294)
　　三　统治集团的内部斗争 …………………………………… (303)
第三节　东晋的北伐 ……………………………………………… (311)
　　一　祖逖北伐 ………………………………………………… (311)
　　二　桓温的三次北伐及其专擅朝政 ………………………… (313)
第四节　孙恩卢循起兵与东晋的崩溃 …………………………… (318)
　　一　农民处境的恶化 ………………………………………… (318)
　　二　东晋末期政坛的腐败 …………………………………… (320)
　　三　主、相之争与方镇兴兵 ………………………………… (320)
　　四　孙恩起兵 ………………………………………………… (323)
　　五　桓玄建楚与刘裕当国 …………………………………… (325)
　　六　卢循北进的失败 ………………………………………… (327)

第五章　南朝盛衰 ………………………………………………………… (329)
第一节　南朝疆域 ………………………………………………… (329)
第二节　宋、齐、梁、陈递嬗与政治 …………………………… (333)
　　一　刘宋初期政治与北强南弱格局的形成 ………………… (333)
　　二　南齐的兴亡 ……………………………………………… (356)
　　三　萧梁的统治和侯景之乱 ………………………………… (366)
　　四　陈的统治与灭亡 ………………………………………… (382)
第三节　南方诸少数族 …………………………………………… (388)
　　一　蛮族 ……………………………………………………… (388)
　　二　僚族 ……………………………………………………… (391)
　　三　俚族 ……………………………………………………… (392)
　　四　傒族 ……………………………………………………… (393)
　　五　爨族 ……………………………………………………… (393)
　　六　山越 ……………………………………………………… (393)

第六章　北朝时期北方的民族融合与统一国家的再建 ……………… (394)
第一节　北朝疆域 ………………………………………………… (394)
第二节　鲜卑拓跋氏的兴起和北魏统一北方 …………………… (405)
　　一　鲜卑拓跋氏的兴起与北魏政权的创立 ………………… (406)

二　北魏统一北方 …………………………………………… (411)
第三节　孝文帝时期的改革 ……………………………………… (415)
　　一　北魏前期社会矛盾的激化 ………………………………… (415)
　　二　冯太后执政及其改革活动 ………………………………… (419)
　　三　孝文帝的汉化措施 ………………………………………… (422)
第四节　北魏的衰亡 ……………………………………………… (434)
　　一　北魏末年的腐朽统治 ……………………………………… (434)
　　二　北魏末各族人民大起义 …………………………………… (440)
　　三　北魏的分裂 ………………………………………………… (450)
第五节　东魏北齐与西魏北周的对峙及其势力消长 …………… (454)
　　一　东魏北齐的政治 …………………………………………… (454)
　　二　西魏北周的统治 …………………………………………… (469)
第六节　北朝周边各族 …………………………………………… (481)
　　一　柔然 ………………………………………………………… (481)
　　二　高车 ………………………………………………………… (483)
　　三　高句丽 ……………………………………………………… (485)
　　四　库莫奚 ……………………………………………………… (487)
　　五　契丹 ………………………………………………………… (487)
　　六　吐谷浑 ……………………………………………………… (488)
　　七　西域诸国 …………………………………………………… (490)
　　八　突厥 ………………………………………………………… (492)

第二编　经济篇

第七章　汉末凋敝的社会经济 ………………………………… (499)
　第一节　人口的耗减和流徙 …………………………………… (499)
　第二节　农业生产的破坏 ……………………………………… (510)
　第三节　城市和工商业的萧条 ………………………………… (512)

第八章　土地制度 ……………………………………………… (514)
　第一节　封建国有土地制度诸形态 …………………………… (514)
　　一　三国时期的屯田制 ………………………………………… (514)
　　二　两晋南朝的军屯制度与州郡公田制 ……………………… (538)

三　十六国与北朝的公田、屯田与均田制度 …………… (550)
　第二节　封建土地私有制的存在形式及其历史演变 …………… (565)
　　　一　三国时期封建土地私有制的表现形式 …………… (565)
　　　二　西晋的占田制度与地主土地私有制的发展 …………… (578)
　　　三　东晋南朝土地私有制的发展与江南的开发 …………… (584)
　　　四　十六国北朝私有土地制的表现形式 …………… (605)
　　　五　南北朝时期的寺院地主土地私有制 …………… (615)

第九章　户籍制度 …………… (622)
　第一节　东晋南朝的户籍制度 …………… (622)
　　　一　北方流民南下与侨州郡县的设置 …………… (622)
　　　二　黄籍、白籍和土断 …………… (624)
　第二节　十六国北朝的户籍制度 …………… (642)
　　　一　西凉建初十二年户籍残卷 …………… (643)
　　　二　北朝的户籍制度 …………… (646)

第十章　赋税制度 …………… (659)
　第一节　魏晋时期的赋税制度 …………… (659)
　第二节　南朝的赋税制度 …………… (661)
　　　一　租调正税 …………… (662)
　　　二　折课与和市 …………… (663)
　　　三　杂税 …………… (665)
　第三节　十六国北朝的赋税制度 …………… (673)

第十一章　徭役制度 …………… (680)
　第一节　魏晋南北朝徭役繁重的原因 …………… (680)
　第二节　徭役的主要项目 …………… (685)

第十二章　货币制度 …………… (695)
　第一节　金属货币流通的大混乱 …………… (695)
　　　一　三国两晋时期的金属货币流通 …………… (695)
　　　二　南朝的金属货币 …………… (702)
　　　三　北朝的金属货币 …………… (709)
　第二节　实物货币的盛行 …………… (713)
　　　一　三国时期的实物货币 …………… (714)
　　　二　两晋及南朝时期的实物货币 …………… (716)

三　十六国及北朝时期的实物货币 …………………………（721）
第十三章　农业经济的发展 ……………………………………（724）
　第一节　水利建设的蓬勃发展 …………………………………（724）
　　一　三国西晋时期的水利建设 …………………………………（724）
　　二　东晋南朝的水利建设 ………………………………………（735）
　　三　十六国和北朝的水利建设 …………………………………（739）
　第二节　农作物种类的增加 ……………………………………（741）
　　一　粮食作物 ……………………………………………………（742）
　　二　油料作物 ……………………………………………………（743）
　　三　纤维作物 ……………………………………………………（743）
　　四　经济作物 ……………………………………………………（743）
　第三节　农业技术的进步 ………………………………………（747）
　　一　农作物的栽培技术与经营管理 ……………………………（747）
　　二　耕作方式 ……………………………………………………（752）
　第四节　农具的改进 ……………………………………………（754）
　　一　农耕工具的改进 ……………………………………………（755）
　　二　农具种类的增多 ……………………………………………（756）
　第五节　畜牧业的发展 …………………………………………（757）
第十四章　手工业发展状况 ……………………………………（762）
　第一节　魏晋南朝的官民手工业 ………………………………（762）
　　一　手工业的管理机构 …………………………………………（762）
　　二　官府手工业 …………………………………………………（767）
　　三　民间手工业 …………………………………………………（779）
　第二节　十六国北朝的官民手工业 ……………………………（789）
　　一　官府手工业的管理机构 ……………………………………（789）
　　二　官府手工业 …………………………………………………（793）
　　三　民间手工业 …………………………………………………（799）
第十五章　商品生产和商品流通 ………………………………（804）
　第一节　商业的恢复和发展 ……………………………………（804）
　　一　北方商业的缓慢发展 ………………………………………（804）
　　二　南方商业的发展与繁荣 ……………………………………（810）
　第二节　集市商业、商业都会与市场管理 ……………………（817）

一　集市商业 …………………………………………………（817）
　　二　商业都会 …………………………………………………（819）
　　三　市场管理 …………………………………………………（826）
　第三节　商品与商税 ……………………………………………（831）
　　一　商品 ………………………………………………………（831）
　　二　商税 ………………………………………………………（836）
　第四节　互市贸易 ………………………………………………（837）
　第五节　与周边少数族及海外的贸易 …………………………（844）
　　一　与周边少数族的贸易往来 ………………………………（844）
　　二　海上贸易与通商诸国 ……………………………………（852）

第十六章　经济思想 ………………………………………………（860）
　第一节　重农思想 ………………………………………………（860）
　　一　华覈的重农思想 …………………………………………（860）
　　二　傅玄的重农思想 …………………………………………（861）
　　三　周朗的重农思想 …………………………………………（863）
　　四　萧子良的重农思想 ………………………………………（864）
　　五　贾思勰的重农思想 ………………………………………（866）
　　六　苏绰的重农思想 …………………………………………（869）
　第二节　货币思想 ………………………………………………（870）
　　一　鲁褒论货币的起源与作用 ………………………………（870）
　　二　孔琳之反对以谷帛实物为货币 …………………………（872）
　　三　范泰反对集民铜器铸钱 …………………………………（873）
　　四　沈约主张以谷帛为货币 …………………………………（873）
　　五　周朗的钱帛混用主张 ……………………………………（874）
　　六　孔顗的铸钱均货主张 ……………………………………（874）
　　七　刘义恭、何尚之等人关于"一钱当两"问题的
　　　　货币之争 …………………………………………………（875）
　　八　徐爰、沈庆之、颜竣等人关于解决通货短缺和币值稳定
　　　　问题的争论 ………………………………………………（876）
　　九　元澄的禁止私铸主张 ……………………………………（879）
　　十　高谦之主张铸小钱（轻钱）的观点 ……………………（880）
　　十一　高恭之主张以大钱（重钱）代小钱 …………………（881）

第三节 水利思想 …………………………………………… (882)
 一 杜预的水利思想 ……………………………………… (882)
 二 刘浚的水利思想 ……………………………………… (884)
 三 崔楷的水利思想 ……………………………………… (884)
 四 郦道元的水利思想 …………………………………… (886)
第四节 其他经济思想 ………………………………………… (887)
 一 杜恕的人口思想 ……………………………………… (887)
 二 傅玄的人口思想 ……………………………………… (888)
 三 周朗的人口思想 ……………………………………… (888)
 四 李安世的均田思想 …………………………………… (889)
 五 李冲的户籍管理思想 ………………………………… (889)

第三编 文化篇

第十七章 政治制度 ……………………………………………… (893)
第一节 官制 …………………………………………………… (893)
 一 中央官制 ……………………………………………… (893)
 二 地方官制 ……………………………………………… (912)
第二节 军制 …………………………………………………… (916)
 一 魏晋南朝的军制 ……………………………………… (916)
 二 北朝的军制 …………………………………………… (922)
第三节 刑法 …………………………………………………… (927)
 一 律令 …………………………………………………… (927)
 二 刑名 …………………………………………………… (932)

第十八章 哲学与政治思想的发展 ……………………………… (936)
第一节 魏晋思想的觉醒 ……………………………………… (936)
第二节 玄学的分派与论辩 …………………………………… (939)
 一 何晏与王弼 …………………………………………… (940)
 二 嵇康与阮籍 …………………………………………… (944)
 三 向秀与郭象 …………………………………………… (950)
第三节 进步思想家对封建专制君权的批判 ………………… (954)
第四节 神灭论与物种变异学说 ……………………………… (958)

一　陶潜 ··· (958)
　　二　何承天 ·· (960)
　　三　范缜 ··· (960)
　　四　刘峻 ··· (962)
　　五　邢邵 ··· (963)

第十九章　文学的蓬勃发展 ·· (965)
第一节　建安文学的振兴 ·· (965)
　　一　曹操 ··· (965)
　　二　曹丕 ··· (969)
　　三　曹植 ··· (973)
　　四　"建安七子"及其诗文 ·· (981)
　　五　蔡琰与其他作者的诗文 ·· (989)
第二节　魏末晋初文学的演进 ·· (999)
　　一　正始文学 ·· (999)
　　二　太康文学 ·· (1006)
第三节　晋宋之际五言诗的完全成熟 ·· (1019)
　　一　陶渊明及其诗 ·· (1019)
　　二　谢灵运及其诗 ·· (1024)
　　三　颜延之及其诗 ·· (1026)
　　四　鲍照及其诗、文与赋 ·· (1027)
第四节　魏晋民歌和南北朝乐府民歌的新发展 ································ (1035)
　　一　魏晋民歌 ·· (1035)
　　二　南朝乐府民歌 ·· (1043)
　　三　北朝乐府民歌 ·· (1046)
第五节　魏晋南北朝时期的小说 ·· (1048)
　　一　干宝《搜神记》 ·· (1049)
　　二　刘义庆《世说新语》与《幽明录》 ······································ (1053)
第六节　魏晋南北朝文学批评 ·· (1056)
　　一　曹丕《典论·论文》与陆机《文赋》 ···································· (1057)
　　二　刘勰及其《文心雕龙》 ·· (1060)
　　三　钟嵘及其《诗品》 ··· (1065)

第二十章 艺术的长足发展 (1070)

第一节 书法艺术 (1070)
一 魏晋时期的书法家及其成就 (1070)
二 南朝时期的书法家及其成就 (1075)
三 北朝时期的书法与魏碑 (1080)

第二节 绘画艺术 (1083)
一 三国两晋时期的画家及画作 (1083)
二 南北朝时期的画家及作品 (1087)

第三节 石窟佛教造像艺术 (1090)
一 克孜尔石窟千佛洞壁画 (1090)
二 敦煌莫高窟壁画 (1091)
三 麦积山石窟壁画 (1091)
四 云冈石窟造像艺术 (1092)
五 龙门石窟造像艺术 (1092)

第四节 杂伎艺术 (1094)

第五节 舞曲与舞蹈的新发展 (1097)

第二十一章 建筑的型制与风格 (1104)

第一节 都城建设 (1104)
一 邺城 (1104)
二 建业 (1106)
三 平城 (1106)
四 洛阳 (1107)

第二节 园林建筑 (1108)
一 北方私家园林 (1109)
二 南方私家园林 (1110)
三 皇家园林 (1112)

第三节 寺塔建筑 (1112)
一 洛阳永宁寺塔 (1112)
二 登封嵩岳寺塔 (1113)
三 洛阳景明寺塔 (1113)
四 南京琉璃塔 (1114)

第二十二章　史学的繁荣和文献典籍的整理与发现 (1115)
第一节　史学的繁荣 (1115)
一　同一史学领域内著述繁多 (1115)
二　新门类、新体制史学著作的涌现 (1124)
第二节　文献典籍的整理与分类 (1137)

第二十三章　科学技术的进步 (1141)
第一节　天文与历法 (1141)
一　天文 (1141)
二　历法 (1145)
第二节　数学、物理学与化学 (1147)
一　数学 (1147)
二　物理学 (1149)
三　化学 (1151)
第三节　医学与保健 (1151)
一　医学 (1151)
二　保健 (1155)
第四节　农业与机械制造技术的发展与提高 (1158)
一　农业技术与《齐民要术》 (1158)
二　机械制造及运用 (1159)

第二十四章　教育的发展 (1163)
第一节　三国时期的学校教育 (1163)
一　魏的学校教育 (1163)
二　蜀的学校教育 (1173)
三　吴的学校教育 (1175)
第二节　两晋时期的学校教育 (1178)
一　西晋的学校教育 (1178)
二　东晋的学校教育 (1183)
第三节　北方各少数族政权的教育 (1191)
一　前赵（匈奴）的学校教育 (1191)
二　后赵（羯）的学校教育 (1192)
三　前燕（鲜卑）的学校教育 (1194)
四　前秦（氐）的学校教育 (1195)

五　后秦（羌）的学校教育 …………………………………… （1195）
　　　六　前凉（汉）的学校教育 …………………………………… （1196）
　　　七　南凉（鲜卑）的学校教育 ………………………………… （1197）
　　　八　北凉（匈奴）的学校教育 ………………………………… （1197）
　　　九　西凉（汉）的学校教育 …………………………………… （1198）
　　第四节　南朝和北朝的学校教育 ………………………………… （1199）
　　　一　南朝的学校教育 …………………………………………… （1199）
　　　二　北朝的学校教育 …………………………………………… （1221）
　　第五节　魏晋南北朝时期的其他教育 …………………………… （1243）
　　　一　科技教育 …………………………………………………… （1243）
　　　二　艺术教育 …………………………………………………… （1245）
　　　三　家庭教育 …………………………………………………… （1246）
　　　四　社会教育 …………………………………………………… （1250）
　　　五　军事教育 …………………………………………………… （1251）
　　　六　宗教教育 …………………………………………………… （1252）

第二十五章　佛教的勃兴 ………………………………………… （1256）
　　第一节　魏晋时期佛教的广泛传播 ……………………………… （1256）
　　　一　西域僧徒来华 ……………………………………………… （1256）
　　　二　中土僧俗西行术法 ………………………………………… （1258）
　　　三　佛经翻译 …………………………………………………… （1259）
　　　四　兴建寺院，扩大传播场所 ………………………………… （1262）
　　第二节　南朝佛教的发展与反佛斗争 …………………………… （1263）
　　　一　佛教的发展 ………………………………………………… （1263）
　　　二　反佛斗争 …………………………………………………… （1267）
　　第三节　北朝时期的灭佛与佞佛 ………………………………… （1270）
　　　一　灭佛 ………………………………………………………… （1270）
　　　二　佞佛 ………………………………………………………… （1272）

第二十六章　道教的产生与发展 ………………………………… （1274）
　　第一节　道教的产生和《太平经》的传播 ……………………… （1274）
　　第二节　葛洪与《抱朴子》 ……………………………………… （1275）
　　第三节　陶弘景、寇谦之对南北朝道教的影响 ………………… （1278）
　　　一　陶弘景 ……………………………………………………… （1278）

二　寇谦之 …………………………………………………… (1279)

第二十七章　中外文化交流 …………………………………… (1282)

第一节　与东海诸国的文化交流 ………………………………… (1282)
　　一　高句丽、百济、新罗 ……………………………………… (1282)
　　二　邪马台、大和 ……………………………………………… (1284)

第二节　与天竺、师子国的文化交流 …………………………… (1285)
　　一　天竺五国 …………………………………………………… (1286)
　　二　师子国 ……………………………………………………… (1287)

第三节　与波斯、大秦等西域诸国的文化交流 ………………… (1288)
　　一　大宛、大月氏、嚈哒 ……………………………………… (1288)
　　二　波斯 ………………………………………………………… (1289)

第四节　与南海诸国的文化交流 ………………………………… (1290)
　　一　林邑 ………………………………………………………… (1291)
　　二　扶南 ………………………………………………………… (1291)
　　三　狼牙修、丹丹与槃槃 ……………………………………… (1292)

第四编　社会篇

第二十八章　家庭、家族和社区 ………………………………… (1297)

第一节　家庭 ……………………………………………………… (1297)
　　一　婚姻构成 …………………………………………………… (1297)
　　二　家庭关系 …………………………………………………… (1308)
　　三　其他婚俗 …………………………………………………… (1327)

第二节　家族 ……………………………………………………… (1332)

第三节　社区 ……………………………………………………… (1337)
　　一　村镇社区 …………………………………………………… (1337)
　　二　城市社区 …………………………………………………… (1346)

第二十九章　社会等级结构 ……………………………………… (1349)

第一节　等级结构概貌 …………………………………………… (1349)
　　一　皇室贵族 …………………………………………………… (1349)
　　二　士族、庶族 ………………………………………………… (1354)
　　三　自耕农 ……………………………………………………… (1363)

四　商人 …………………………………………（1368）
　　五　客、门生、义故 ……………………………（1370）
　　六　部曲 …………………………………………（1372）
　　七　士家、军户、吏干 …………………………（1375）
　　八　寺观依附人户 ………………………………（1386）
　　九　奴婢 …………………………………………（1388）
　　十　杂户 …………………………………………（1392）
　第二节　层间流动与等级升降 ……………………（1400）
　　一　士庶分流 ……………………………………（1400）
　　二　等级升降 ……………………………………（1405）

第三十章　服饰风俗 …………………………………（1412）
　第一节　官服 ………………………………………（1412）
　第二节　一般冠服 …………………………………（1423）
　第三节　妇女服饰与容貌修饰 ……………………（1432）
　　一　妇女服饰 ……………………………………（1432）
　　二　容貌修饰 ……………………………………（1437）
　第四节　戎服 ………………………………………（1442）

第三十一章　饮食生活 ………………………………（1446）
　第一节　主食 ………………………………………（1446）
　第二节　菜肴 ………………………………………（1456）
　　一　水产与肉食 …………………………………（1456）
　　二　果品与蔬菜 …………………………………（1461）
　　三　调味品 ………………………………………（1476）
　第三节　饮料 ………………………………………（1489）
　　一　酒 ……………………………………………（1489）
　　二　茶 ……………………………………………（1493）

第三十二章　居室与家具 ……………………………（1499）
　第一节　居室 ………………………………………（1499）
　第二节　家具 ………………………………………（1504）
　　一　胡床 …………………………………………（1504）
　　二　床 ……………………………………………（1505）
　　三　榻 ……………………………………………（1505）

四　几、案 …………………………………………………（1506）

　　五　椅、凳、墩 ………………………………………（1506）

　　六　帷帐 ……………………………………………………（1506）

第三十三章　交通 ………………………………………（1508）

　第一节　牛车、驴车和羊车 …………………………（1508）

　第二节　运输工具的创新与复制 ……………………（1511）

　第三节　道路与驿站 …………………………………（1514）

　第四节　桥梁和船舰 …………………………………（1515）

第三十四章　丧葬礼俗 …………………………………（1518）

　第一节　丧葬礼仪 ……………………………………（1518）

　第二节　薄葬与厚葬 …………………………………（1522）

　第三节　形式多样的葬法 ……………………………（1535）

　　一　水葬 ……………………………………………（1535）

　　二　归乡葬 …………………………………………（1536）

　　三　天葬 ……………………………………………（1536）

　　四　火葬 ……………………………………………（1536）

　　五　合葬 ……………………………………………（1537）

　第四节　陵墓 …………………………………………（1538）

第三十五章　娱乐习俗 …………………………………（1544）

　第一节　益智赛巧 ……………………………………（1544）

　　一　围棋 ……………………………………………（1544）

　　二　象戏 ……………………………………………（1546）

　　三　四维 ……………………………………………（1546）

　　四　猜谜 ……………………………………………（1547）

　第二节　体育竞技 ……………………………………（1548）

　　一　投壶 ……………………………………………（1548）

　　二　樗蒲 ……………………………………………（1549）

　　三　弹棋 ……………………………………………（1550）

　　四　藏钩 ……………………………………………（1552）

　　五　击剑 ……………………………………………（1553）

　　六　戏射 ……………………………………………（1553）

　　七　爬杆 ……………………………………………（1554）

八　相扑 …………………………………………………………（1555）

　　九　蹴鞠 …………………………………………………………（1555）

　第三节　自娱自乐 …………………………………………………（1555）

　　一　游览山水 ……………………………………………………（1555）

　　二　音乐欣赏 ……………………………………………………（1558）

　　三　吹啸 …………………………………………………………（1559）

　第四节　其他活动 …………………………………………………（1562）

　　一　斗鸭 …………………………………………………………（1562）

　　二　斗鸡 …………………………………………………………（1563）

　　三　斗草、斗凿 …………………………………………………（1563）

第三十六章　岁时节令 ………………………………………………（1565）

　第一节　元日 ………………………………………………………（1565）

　第二节　人日 ………………………………………………………（1566）

　第三节　元宵节 ……………………………………………………（1567）

　第四节　修禊节 ……………………………………………………（1568）

　第五节　端午节 ……………………………………………………（1569）

　第六节　七夕节 ……………………………………………………（1570）

　第七节　重阳节 ……………………………………………………（1571）

　第八节　腊日 ………………………………………………………（1572）

　第九节　除夕 ………………………………………………………（1573）

第三十七章　士人时尚 ………………………………………………（1575）

　第一节　从清议到清谈 ……………………………………………（1575）

　　一　从汉末的清议到魏晋的清谈 ………………………………（1575）

　　二　清谈的内容和特点 …………………………………………（1577）

　　三　对清谈的评析 ………………………………………………（1581）

　第二节　药、酒和裸裎 ……………………………………………（1583）

　　一　寒食散 ………………………………………………………（1583）

　　二　酗酒 …………………………………………………………（1587）

　　三　裸裎 …………………………………………………………（1591）

　第三节　文人集会活动 ……………………………………………（1591）

　　一　西园之会 ……………………………………………………（1592）

　　二　金谷之会 ……………………………………………………（1592）

三　兰亭之会 …………………………………………（1594）
　　四　乌衣集合 …………………………………………（1595）
　　五　西邸之会 …………………………………………（1596）
第三十八章　重祀好鬼与宗教习俗 ………………………（1598）
　第一节　"好鬼"与重祀 ……………………………………（1598）
　第二节　对自然的崇拜 ……………………………………（1601）
　第三节　巫术、方术与禁忌 ………………………………（1604）
　第四节　宗教习俗 …………………………………………（1607）

主要参考书目 ………………………………………………（1609）
后记 …………………………………………………………（1613）

第一编

政治篇

第一章　三国鼎立

第一节　三国疆域

东汉时有十三州，三国分立，蜀得益州；吴得交、荆、扬三州；魏得司隶、豫、兖、徐、青、凉、并、冀、幽九州。魏又将司隶之三辅及凉州东部拆出以增置雍州，将原东汉荆、扬二州北境之一小部置为荆、扬二州，于是魏共有十二州。吴分交州置广州，于是吴共有四州。

《宋书》卷35《州郡志序》载：

> 东京无复朔方，改交趾曰交州，凡十二州，司隶所部如故。及三国鼎峙，吴得扬、荆、交三州；蜀得益州；魏氏犹得九焉。

又《文献通考》卷315《舆地考一》载：

> 魏氏据中原，有州十三：司隶、荆、豫、兖、青、徐、凉、秦、冀、幽、并、扬、雍，有郡国六十八。东自广陵、寿春、合肥、沔口、西阳、襄阳，重兵以备吴。西自陇西、南安、祁山、汉阳、陈仓，重兵以备。蜀主全制巴蜀，置益、梁二州，有郡二十二，以汉中、兴势、白帝，并为重镇。吴主北据江，南尽海，置交、广、荆、郢、扬五州，有郡四十有三，以建平、西陵、乐乡、南郡、巴邱、夏口、武昌、皖城、牛堵圻、濡须坞，并为重镇。其后得沔口、邾城、广陵。

现据《文献通考》《读史方舆纪要》《补三国疆域志》等书，列三国疆域简表如表1—1所示：

表1—1　　　　　　　　　三国疆域

国别	州名	治所	辖区（约相当于今地）	备考
魏	司隶（司州）	洛阳	河南西北部及山西西南部	
	荆州	襄阳，后徙治宛	湖北北部、河南西南部及陕西东南隅	东汉荆州七郡：魏得南阳，魏、吴分江夏、南郡，吴得武陵、零陵、桂阳、长沙四郡
	豫州	谯（安徽亳县），后徙治安城	河南东南部及安徽西北部	
	青州	临菑（山东益都西北）	山东东北部	
	兖州	鄄城（山东鄄城北），或云治廪邱（河南范县东南）	山东西部及河南一隅	
	扬州	合肥，后徙治寿春	安徽中部	东汉扬州六郡：魏得九江，魏、吴共分庐江，吴得丹阳、吴、会稽、豫章
	徐州	彭城（徐州市），或云治下邳（江苏邳县东）	江苏北训、中部、山东南部	
	凉州	姑臧（甘肃武威）	甘、宁西部及青海东北一隅	
	冀州	邺（河北临漳西南），徙治信都（河北冀县）	河北南部及山东西北边缘	
	幽州	蓟（北京城西南隅）	河北北部、辽宁南部及朝鲜西北部	
	并州	晋阳（山西太原西南）	山西中部、北部	
	雍州	长安（西安）	陕西中部及甘肃东南部	
吴	扬州	建业（南京）	江苏、安徽南部及浙、闽、赣	
	荆州	江陵，后徙治乐乡（湖北松滋县东）	湖北南部、湖南及两广北部	
	交州	龙编（越南河内东）	两广边缘及越南北部	
	广州	番禺（广州）	两广大部	
蜀	益州	成都（四川成都）	四川中部、东部、贵州大部，陕、甘南端及云南	

按《文献通考》《读史方舆纪要》、洪亮吉《补三国疆域志》等书，皆谓魏有十三州，即于上述十二州之外另有秦州。此说不确，已由吴增仅、杨守敬《三国郡县表附考证》及谢钟英《补三国疆域志补注》所指出。又《通典》《读史方舆纪要》诸书，谓吴有五州，即于上述之外另有郢州。此亦误。吴之郢州，当是初置后省。又谓蜀分益为梁州。梁或为凉之讹，蜀后主延熙四年蒋琬奏以姜维为凉州刺史，因蜀先是自魏取得凉州之武都、阴平二郡。蜀益州领郡二十二，已包括武都、阴平二郡在内，可见蜀并未置凉州。

第二节　三国鼎立格局的形成

三国开始时间以王朝计应为 220 年，但实际上三国的历史应包括三国正式建立前三十年的军阀混乱时期，大约从汉献帝初平元年（190）董卓之乱开始。自这一年到隋文帝开皇九年（589），其间除西晋短暂统一外，全都处于分裂割据状态。本节所叙正是秦汉大一统滑向政治大分裂的起点，即魏、蜀、吴三国鼎立局面形成的历史大势。

一　州牧设置

经过黄巾大起义的打击，东汉王朝已名存实亡。各地豪强和州郡官吏在镇压农民起义的过程中，趁机扩张自己的实力，形成同东汉政治离心的势力。为了加强对州郡的控制和防范农民起义，东汉政府接受了太常刘焉的建议，把一些重要地区的刺史改为州牧，加重其权力。

《后汉书》卷 75《刘焉传》载：

> 时灵帝政化衰缺，四方兵寇。（刘）焉以为刺史威轻，既不能禁，且用非其人，辄增暴乱。乃建议改置牧伯，镇安方夏，请选重臣，以居其任。……议未即行。会益州刺史郄俭在政烦扰，谣言远闻。而并州刺史张懿、凉州刺史耿鄙并为寇贼所害，故焉议得用。出焉为监军使者领益州牧，太仆黄琬为豫州牧，宗正刘虞为幽州牧，皆以本秩居职。州任之重，自此而始。

二　董卓之乱和割据势力的混战

东汉政府设置州牧的结果，不但没有增强朝廷的控制力量，反而加强了地方割据势力。当时的割据势力，主要有两大系统，以董卓为首的属于关西（或称凉州）系统，袁绍等则属于关东系统。董卓之乱就是在这两大系统之间进行的一场混战。

《三国志》卷6《袁绍传》载：

> 袁绍字本初，汝南汝阳人也。高祖父安，为汉司徒。自安以下四世居三公位，由是势倾天下。绍有姿貌威容，能折节下士，士多附之，太祖少与交焉。以大将军掾为侍御史，稍迁中军校尉，至司隶。
> 灵帝崩，太后兄大将军何进与绍谋诛诸阉官，太后不从。乃召董卓，欲以胁太后。常侍、黄门闻之，皆诣进谢，唯所错置。时绍劝进便可于此决之，至于再三，而进不许。令绍使洛阳方略武吏，检司诸宦者。又令绍弟虎贲中郎将术选温厚虎贲二百人，当入禁中，代持兵黄门陛守门户。中常侍段珪等矫太后命，召进入议，遂杀之，宫中乱。术将虎贲烧南宫嘉德殿青琐门，欲以迫出珪等。珪等不出，劫帝及帝弟陈留王走小平津。绍既斩宦者所置司隶校尉许相，遂勒兵捕诸阉人，无少长皆杀之。或有须而误死者，至自发露形体而后得免。宦者或有行善自守而犹见及。其滥如此。死者二千余人。急追珪等，珪等悉赴河死。

又《三国志》卷6《董卓传》载：

> 董卓字仲颖，陇西临洮人也。少好侠，尝游羌中，尽与诸豪帅相结。后归耕于野，而豪帅有来从之者，卓与俱还，杀耕牛与相宴乐。诸豪帅感其意，归相敛，得杂畜千余头以赠卓。汉桓帝末，以六郡良家子为羽林郎。卓有才武，膂力少比，双带两鞬，左右驰射。为军司马，从中郎将张奂征并州有功，拜郎中，赐缣九千匹，卓悉以分与吏士。迁广武令，蜀郡北部都尉，西域戊己校尉，免。征拜并州刺史、河东太守，迁中郎将，讨黄巾，军败抵罪。韩遂等起凉州，复为中郎将，西拒遂……时六军上陇西，五军败绩，卓独全众而还，屯驻扶

风。拜前将军，封斄乡侯，征为并州牧。

灵帝崩，少帝即位。大将军何进与司隶校尉袁绍谋诛诸阉官，太后不从。进乃召卓使将兵诣京师……卓未至，进败。中常侍段珪等劫帝走小平津，卓遂将其众迎帝于北芒，还宫。时进弟车骑将军苗为进众所杀，进、苗部曲无所属，皆诣卓。卓又使吕布杀执金吾丁原，并其众，故京都兵权唯在卓。

于是以久不雨，策免司空刘弘而卓代之，俄迁太尉，假节钺虎贲。遂废帝为弘农王。寻又杀王及何太后。立灵帝少子陈留王，是为献帝。卓迁相国，封郿侯，赞拜不名，剑履上殿，又封卓母为池阳君，置家令、丞。卓既率精兵来，适值帝室大乱，得专废立，据有武库甲兵，国家珍宝，威震天下。卓性残忍不仁，遂以严刑胁众，睚眦之隙必报，人不自保。尝遣军到阳城。时适二月社，民各在其社下，悉就断其男子头，驾其车牛，载其妇女财物，以所断头系车辕轴，连轸而还洛，云攻贼大获，称万岁。入开阳城门，焚烧其头，以妇女与甲兵为婢妾。至于奸乱宫人公主。其凶逆如此……

河内太守王匡，遣泰山兵屯河阳津，将以图卓。卓遣疑兵若将于平阴渡者，潜遣锐众从小平北渡，绕击其后，大破之津北，死者略尽。卓以山东豪杰并起，恐惧不宁。初平元年二月，乃徙天子都长安。焚烧洛阳宫室，悉发掘陵墓，取宝物。卓至西京，为太师，号曰尚父。乘青盖金华车，爪画两轓，时人号曰竿摩车。卓弟旻为左将军，封鄠侯，兄子璜为侍中中军校尉典兵，宗族内外并列朝廷。公卿见卓，谒拜车下，卓不为礼。召呼三台尚书以下自诣卓府启事……董卓法令苛酷，爱憎淫刑，更相被诬，冤死者千数。百姓嗷嗷，道路以目……

三年四月，司徒王允、尚书仆射士孙瑞、卓将吕布共谋诛卓。是时，天子有疾新愈，大会未央殿。布使同郡骑都尉李肃等，将亲兵十余人，伪着卫士服守掖门。布怀诏书。卓至，肃等格卓。卓惊呼布所在。布曰"有诏"，遂杀卓，夷三族。主簿田景前趋卓尸，布又杀之；凡所杀三人，余莫敢动。长安士庶咸相庆贺，诸阿附卓者皆下狱死。

董卓死后，混战在关东势力之间以更大的规模继续展开。当时较大的势力有占据冀、青、并三州（今河北中部、山东东北部、山西）的袁绍，占据兖、豫二州（今山东西南部、河南）的曹操，占据幽州（今河北北部及辽西）的公孙瓒，占据徐州（今山东南部及江苏北部）的陶谦，占据扬州（长江下游与淮河下游之间）的袁术，占据荆州（今湖北、湖南）的刘表，占据益州（今四川）的刘焉。此外，还有占据江东（长江下游的江南部分）的孙策，占据凉州（今甘肃）的韩遂、马腾等。各割据势力之间进行了长达十余年的频繁混战。

现据邓之诚《中华二千年史》，附东汉末年群雄割据情况如表1—2所示[①]：

表1—2　　　　　　　　东汉末年群雄割据情况

据地	人名	兴	灭
司隶	曹操	《后汉书·献帝纪》："建安元年八月，曹操自领司隶校尉。"	
兖州	曹操	《三国志·武帝纪》："兴平二年十月，天子拜太祖兖州牧。"	
豫州	刘备	《三国志·先主传》："曹公征徐州牧陶谦，先主救之，谦病死，先主遂领徐州，吕布袭下邳，走归曹公，曹公以为豫州牧。"	《三国志·先主传》："献帝舅董承受帝密诏诛曹公，先主同谋，事觉，先主据下邳，杀徐州刺史，建安五年，曹公东征，先主败绩，走青州。"
徐州	吕布	《三国志·吕布传》："兴平二年，太祖击破布于钜野，布东奔刘备，备东击袁术，布袭取下邳，自称徐州刺史。"	《后汉书·献帝纪》："建安三年十二月，曹操击吕布于徐州，斩之。"
冀州	袁绍	《后汉书·袁绍传》："董卓授绍勃海太守，初平二年，冀州牧韩馥，见人情归绍，送印绶以让绍，绍遂领冀州牧，建安七年夏薨，辛评等遂矫遗命奉绍幼子尚为嗣。"	《后汉书·袁绍传》："建安五年九月，曹操与袁绍战于官渡，绍败走，七年五月，袁绍薨，九年八月，曹操大破袁尚，平冀州，自领冀州牧。"

---

① 邓之诚：《中华二千年史》（卷一），中华书局1983年版，第225—228页。

续表

据地		人名	兴	灭
幽州	幽州	公孙瓒	《后汉书·公孙瓒传》："初平二年，青徐黄巾入勃海，瓒大破之，威名大震，乃自署其将帅为青冀兖三州刺史，四年，破擒刘虞（幽州牧）尽有幽州之地。"	《后汉书·公孙瓒传》："建安四年三月，袁绍攻公孙瓒，于易京获之。"
		袁绍子熙	《后汉书·袁绍传》："兴平二年，以中子熙为幽州刺史。"	《后汉书·袁绍传》："建安十年，熙、尚为其将焦触张南所攻，奔辽西乌桓。"
	辽东	公孙度	《三国志·公孙度传》："董卓时，为辽东太守，初平元年，自立为辽东侯平州牧，度死子康嗣，康死子晃渊等皆小，众立恭（康弟）为辽东太守，太和二年，渊胁夺恭位，景初元年，遂自立为燕王。"	《三国志·公孙度传》："景初二年春，遣太尉司马宣王征渊，大破之，斩渊，三世，凡五十年。"
青州		袁绍子谭	《三国志·袁绍传》："击破瓒于易京，并其众，出长子谭为青州。"	《后汉书·献帝纪》："建安十年正月，曹操破袁谭于青州，斩之。"
并州		袁绍将高干	《三国志·袁绍传》："又以甥高干为并州。"	《三国志·袁绍传》："建安十一年三月，曹操破高干于并州，获之。"
凉州	凉州	韩遂马超	《三国志·马超传》："父腾，灵帝末，与边章韩遂等俱起事于西州。"	《三国志·马超传》："建安十九年十月，曹操与韩遂马超战于渭南，遂等大败，关西平。"
	枹罕	朱建	《三国志·夏侯渊传》："枹罕朱建，因凉州乱，自号河首平汉王。"	《三国志·夏侯渊传》："建安十九年十月，曹操遣将夏侯渊，讨朱建于枹罕，获之。"
益州	益州	刘焉	《三国志·刘焉传》："灵帝末，领益州牧，兴平元年卒，大吏共上璋（焉子）为益州刺史，诏书以为益州牧。"	《三国志·刘焉传》："建安十九年五月，刘备破刘璋，据益州。"
	汉中	张鲁	《三国志·张鲁传》："益州牧刘焉以鲁为督义司马，击汉中太守，夺其众，焉死，子璋代立，以鲁不顺，尽杀鲁母家室，鲁遂据汉中，以鬼道教民，自号师君。"	《三国志·张鲁传》："建安二十年七月，曹操破汉中张鲁降。"
荆州	荆州	刘表	《后汉书·刘表传》："初平元年，表为荆州刺史，及李傕等入长安，以表为荆州牧。"	《后汉书·刘表传》："建安十三年七月，曹操南征刘表，八月表卒，少子琮之，琮以荆州降操。"
	南阳	张绣	《三国志·武帝纪》："建安元年，是岁，张济自关中走南阳，济死，从子绣领其众。"	《三国志·张绣传》："太祖比年攻之不克，太祖拒袁绍于官渡，绣复以众降。"

续表

据地	人名	兴	灭
扬州 寿春	袁术	《三国志·袁术传》："董卓将废帝，术畏祸，奔南阳，据其郡，引军入陈留，太祖与绍合击破术，术以余众奔九江，杀扬州刺史，领其州，遂僭号。"	《三国志·袁术传》："术前为吕布所破，后为太祖所败，欲至青州，发病道死。"
扬州 江东	孙策	《后汉书·献帝纪》："兴平元年是岁，扬州刺史刘繇，与袁术将孙策战于曲阿，刘军败绩，孙策遂据江东，建安五年，孙策死，弟权袭其余业。"	

长期的混战造成了严重的社会后果。《后汉书》卷49《仲长统传》之《昌言·理乱篇》载：

> 汉二百年而遭王莽之乱，计其残夷灭亡之数，又复倍乎秦项矣。以及今日，名都空而不居，百里绝而无民者，不可胜数。此则又甚于亡新之时也。

又《太平御览》卷742《疾病部·疫疠》引曹植《说疫气》载：

> 家家有强尸之痛，室室有号泣之哀，或阖门而殪，或举族而丧。

三　曹操经营北方

在割据混战过程中，势力发展最快的是曹操。他于建安元年（196）迎献帝都许昌，"挟天子以令诸侯"，取得了极大的政治优势，先后削平吕布等割据势力。官渡之战大败袁绍后，曹操又平定乌桓，消灭袁氏残余势力，从而使北方归于统一。

（一）曹操的崛起

曹操，字孟德，沛国谯（今安徽亳县）人。父曹嵩是桓帝时大宦官曹腾的养子，曾任东汉太尉，曹操年轻时曾以孝廉为郎，后任洛阳北部尉、顿丘（今河南清丰西南）令。中平元年（184）黄巾起义后，曹操因镇压黄巾有功，不断升迁，成为东汉皇室核心武装的将领。初平三年

(192），他在济北（今山东长清）收编青州黄巾三十余万人，组成"青州兵"，加强了他的军事力量。

《三国志》卷1《武帝纪》载：

> （初平）三年……夏四月……青州黄巾众百万入兖州，杀任城相郑遂，转入东平，刘岱欲击之，鲍信谏曰："今贼众百万，百姓皆震恐，士卒无斗志，不可敌也。观贼众群辈相随，军无辎重，唯以钞略为资，今不若畜士众之力，先为固守。彼欲战不得，攻又不能，其势必离散，后选精锐，掳其要害，击之可破也。"岱不从，遂与战，果为所杀。信乃与州吏万潜等至东郡迎太祖领兖州牧。遂进兵击黄巾于寿张东。信力战斗死，仅而破之，购求信丧不得，众乃刻木如信形状，祭而哭焉。追黄巾至济北。乞降。冬，受降卒三十余万，男女百余万口，收其精锐者，号为青州兵。

又注引《魏书》载：

> 太祖将步骑千余人，行视战地，卒抵贼营，战不利，死者数百人，引还。贼寻前进。黄巾为贼久，数乘胜，兵皆精悍。太祖旧兵少，新兵不习练，举军皆惧。太祖被甲婴胄，亲巡将士，明劝赏罚，众乃复奋，承闲讨击，贼稍折退。贼乃移书太祖曰："昔在济南，毁坏神坛，其道乃与中黄太乙同，似若知道，今更迷惑。汉行已尽，黄家当立。天之大运，非君才力所能存也。"太祖见檄书，呵骂之，数开示降路；遂设奇伏，书夜会战，战辄禽获，贼乃退走。

兴平二年（195），曹操打败吕布，攻占兖州。

《三国志》卷1《武帝纪》载：

> （兴平）二年春，袭定陶……未拔。会吕布至，又击破之。夏，布将薛兰、李封屯钜野，太祖攻之，布救兰，兰败，布走，遂斩兰等。布复从东缗与陈宫将万余人来战。时太祖兵少，设伏，纵奇兵击，大破之。布夜走，太祖复攻，拔定陶，分兵平诸县。布东奔刘备，张邈从布，使其弟超将家属保雍丘。秋八月，围雍丘。冬十月，

天子拜太祖兖州牧。十二月，雍丘溃，超自杀。夷邈三族……兖州平，遂东略陈地……

第二年，曹操又领兵进入汝南和颍川，镇压了在那里活动的黄巾军余部，其势力开始扩展到豫州。同年，曹操把逃难中的汉献帝迎到许（今河南许昌），取得了"奉天子以令不臣"的有利地位。

《三国志》卷1《武帝纪》载：

建安元年春正月，太祖军临武平，袁术所置陈相袁嗣降。

太祖将迎天子，诸将或疑，荀彧、程昱劝之，乃遣曹洪将兵西迎……汝南、颍川黄巾何仪、刘辟、黄邵、何曼等，众各数万，初应袁术，又附孙坚。二月，太祖进军讨破之，斩辟、邵等，仪及其众皆降……秋七月，杨奉、韩暹以天子还洛阳，奉别屯梁。太祖遂至洛阳，卫京都，暹遁走。天子假太祖节钺，录尚书事。洛阳残破，董昭等劝太祖都许。九月，车驾出辕而东……是岁用枣祗、韩浩等议，始兴屯田。

曹操的势力迅速发展，陆续削平了黄河以南的许多割据势力。建安二年（197）打败袁术，第二年又攻陷徐州，杀吕布，大败张绣。建安五年（200）在下邳（今江苏邳县）大败刘备，俘其大将关羽。至此，曹操成了北方地区唯一能与袁绍抗衡的势力。

《三国志》卷1《武帝纪》载：

吕布袭刘备，取下邳，备来奔。程昱说公曰："观刘备有雄才而甚得众心，终不为人下，不如早图之。"公曰："方今收英雄时也。杀一人而失天下之心，不可。"

张济自关中走南阳。济死，从子绣领其众。（建安）二年春正月，公到宛。张绣降，既而悔之，复反。公与战，军败，为流矢所中，长子昂、弟子安民遇害。公乃引兵还舞阴。绣将骑来钞，公击破之。绣奔穰，与刘表合……秋九月（袁）术侵陈，公东征之。公之自舞阴还也，南阳章陵诸县复叛为绣，公遣曹洪击之，不利，还屯叶，数为绣、表所侵。冬十一月，公自南征……术走渡淮。公还许。

至宛。表将邓济据湖阳。攻拔之,生擒济,湖阳降。三年春……攻舞阴,下之。三月,公围张绣于穰。夏五月,刘表遣兵救绣,以绝军后。公将引还,绣兵来追,公军不得进,连营稍前……到安众,绣与表兵合守险,公军前后受敌。公乃夜凿险为地道,悉过辎重,设奇兵。会明,贼谓公为遁也,悉军来追。乃纵奇兵步骑夹攻,大破之……

四年……是时袁绍既并公孙瓒,兼四州之地,众十余万,将进军攻许。诸将以为不可敌,公曰:"吾知绍之为人,志大而智小,色厉而胆薄,忌克而少威,兵多而分书不明,将骄而政令不一,土地虽广,粮食虽丰,适足以为吾奉也。"秋八月,公进军黎阳,使臧霸等入青州破齐、北海、东安,留于禁屯河上。九月,公还许,分兵守官渡。冬十一月,张绣率众来降,封列侯。十二月,公军官渡……

袁术自败于陈,稍困,袁谭自青州遣迎之。术欲从下邳北过,公遣刘备、朱灵要之。会术病死。程昱、郭嘉闻公遣备,言于公曰:"刘备不可纵。"公悔,追之不及。备之未东也,阴与董承等谋反,至下邳,遂杀徐州刺史车胄,举兵屯沛。遣刘岱、王忠击之,不克。

庐江太守刘勋率众来降,封为列侯。

五年春正月,董承等谋泄,皆伏诛。公将自东征备,诸将皆曰:"与公争天下者,袁绍也。今绍方来而弃之东,绍乘人后,若何?"公曰:"夫刘备,人杰也,今不击,必为后患。袁绍虽有大志,而见事迟,必不动也。"郭嘉亦劝公,遂东击备,破之,生禽其将夏侯博。备走奔绍,获其妻子。备将关羽屯下邳,复进攻之,羽降。昌豨叛为备,又攻破之。公还官渡,绍卒不出。

(二) 官渡之战

在曹操势力迅速崛起的时候,袁绍的力量也很快壮大起来。他在建安四年(199)灭掉幽州的公孙瓒,占据冀、青、幽、并四州广大地区,并联络乌桓,成为黄河以北实力最强的军阀。他和曹操皆有图王之志,双方的冲突,如箭在弦,势所难免,官渡(今河南中牟东北)之战,就是曹、袁两大势力在此情况下发生的。

《三国志》卷1《武帝纪》载:

（建安五年）二月，绍遣郭图、淳于琼、颜良攻东郡太守刘延于白马，绍引兵至黎阳，将渡河。夏四月。公（曹操）北救延……绍闻兵渡，既分兵西应之。公乃引军兼行趣白马，未至十余里，良大惊，来逆战。使张辽、关羽前登，击破，斩良。遂解白马围，从其民，循河而西。绍于是渡河追公军，至延津南。公勒兵驻营南阪下，使登垒望之，曰："可五六百骑。"有顷，复曰："骑稍多，步兵不可胜数。"公曰："勿复白。"乃令骑解鞍放马，是时，白马辎重就道。诸将以为敌骑多，不如还保营。荀攸曰："此所以饵敌，如何去之！"绍骑将文丑与刘备将五六千骑前后至。诸将复白："可上马。"公曰："未也。"有顷，骑至稍多，或分趣辎重。公曰："可矣。"乃皆上马。时骑不满六百，遂纵兵击，大破之，斩丑。良、丑皆绍名将也，再战，悉禽，绍军大震。公还军官渡。绍进保阳武。关羽亡归刘备。

八月，绍连营稍前，依沙塠为屯，东西数十里。公亦分营与相当，合战不利。时公兵不满万，伤者十二三。绍复进临官渡。起土山地道。公亦于内作之，以相应。绍射营中，矢如雨下，行者皆蒙楯，众大惧，时公粮少，与荀彧书，议欲还许……

袁绍运谷车数千乘至，公用荀攸计，遣徐晃、史涣邀击，大破之，尽烧其车。公与绍相拒连月，虽比战斩将，然众少粮尽，士卒疲乏。冬十月，绍遣车运谷，使淳于琼等五人将兵万余人送之，宿绍营北四十里。绍谋臣许攸贪财，绍不能足，来奔，因说公击琼等。左右疑之，荀攸、贾诩劝公。公乃留曹洪守，自将步骑五千人夜往，会明至。琼等望见公兵少，出陈门外。公急击之，琼退保营，遂攻之。绍遣骑救琼。左右或言"贼骑稍近，请分兵拒之"。公怒曰："贼在背后，乃白！"士卒皆殊死战，大破琼等，皆斩之。绍初闻公之击琼，谓长子谭曰："就彼攻琼等，吾攻拔其营，彼固无所归矣！"乃使张郃、高览攻曹洪。郃等闻琼破，遂来降。绍众大溃，绍及谭弃军走，渡河。追之不及，尽收其辎重图书珍宝，虏其众。公收绍书中，得许下及军中人书，皆焚之。冀州诸郡多举城邑降者……

六年夏四月……绍归复收散卒，攻定诸叛郡县。九月，公还许。绍之未破也，使刘备略汝南，汝南贼共都等应之。遣蔡扬击都，不利，为都所破，公南征备。备闻公自行，走奔刘表，都等皆散。

七年春正月……进军官渡。（袁）绍自军破后，发病欧血。夏五月死，小子尚代，谭自号车骑将军，屯黎阳。秋九月，公征之，连战，谭、尚数败退，固守。

（三）平定乌桓，消灭袁氏残余势力

官渡之战对于曹操而言，是其统一中国北方关键性的一战，既胜之后，曹、袁势力的消长已成定局。曹操巩固了他在兖、豫地区的统治后，又进兵河北，攻下了邺城（今河北临漳西南）。建安十二年（207），又北出卢龙塞（今河北喜峰口），大败乌桓军，并消灭了袁氏残余势力，从而基本上统一了北方。

《三国志》卷1《武帝纪》载：

> （建安）八年春三月，攻其郭，乃出战，击，大破之。谭、尚夜遁。夏四月，进军邺。五月还许……
>
> 八月，公征刘表，军西平。公之去邺而南也，谭、尚争冀州。谭为尚所败，走保平原。尚攻之急，谭遣辛毗乞降请救。诸将皆疑，荀攸劝公许之，公乃引军还。冬十月，到黎阳，为子整与谭结婚。尚闻公北，乃释平原还邺。东平吕旷、吕翔叛尚，屯阳平，率其众降，封为列侯。
>
> 九年……二月，尚复攻谭，留苏由、审配守邺。公进军到洹水，由降。既至，攻邺，为土山、地道。武安长尹楷屯毛城，通上党粮道。夏四月，留曹洪攻邺，公自将击楷，破之而还。尚将沮鹄守邯郸，又击拔之。易阳令韩范、涉长梁岐举县降……五月，毁土山地道，作围堑，决漳水灌城；城中饿死者过半。
>
> 十年春正月，攻谭，破之，斩谭，诛其妻子，冀州平。
>
> 是月，袁熙大将焦触、张南等叛攻熙、尚。熙、尚奔三郡乌丸……
>
> 夏四月，黑山贼张燕率其众十余万降……
>
> 十一年春正月，公征干。干闻之，乃留其别将守城，走入匈奴，求救于单于，单于不受。公围壶关，三月，拔之。干遂走荆州，上洛都尉王琰捕斩之……
>
> 三郡乌丸承天下乱，破幽州，略有汉民合十余万户，袁绍皆立其酋豪为单于，以家人子为己女，妻焉。辽西单于蹋顿尤强，为绍所

厚，故尚兄弟归之，数入塞为害。公将征之，凿渠，自呼沲入泒水，名平虏渠，又从洵河口凿入潞河，名泉州渠，以通海。

十二年春二月……将北征三郡乌丸。秋七月，大水，傍海道不通，田畴请为乡导，公从之。引军出卢龙塞，塞外道绝不通，乃堑山堙谷五百余里，经白檀，历平冈，涉鲜卑庭，东指柳城，未至二百里，虏乃知之。尚、熙与蹋顿，辽西单于楼班、右北平单于能臣抵之等将数万骑逆军。八月，登白狼山，卒与虏遇，众甚盛……

九月，公引兵自柳城还，康即斩尚、熙及速仆丸等，传其首。诸将或问："公还而康斩送尚、熙，何也？"公曰："彼素畏尚等，吾急之则并力，缓之则自相图，其势然也。"十一月至易水，代郡乌丸行单于普富庐、上郡乌丸行单于那楼将其名王来贺。

四　孙策、孙权在江东的扩展

在曹操统一北方的时候，南方的孙策、孙权也在扩大自己的势力。

关于孙策，《三国志》卷46《孙策传》有云：

> （孙）策字伯符（坚长子），坚初兴义兵，策将母徙居舒，与周瑜相友，收合士大夫，江淮间人咸向之。坚薨，还葬曲阿，已乃渡江居江都……策舅吴景，时为丹阳太守，策乃载母徙曲阿，与吕范、孙河俱就景，因缘召得募数百人。兴平元年，从袁术。术甚奇之，以坚部曲还策……
>
> 先是，刘繇为扬州刺史，州旧治寿春，术已据之，繇乃渡江治曲阿。时吴景尚在丹阳，策从兄贲又为丹阳都尉，繇至，皆迫逐之。景、贲退舍历阳，繇遣樊能、于麋东屯横江津，张英屯当利口，以距术。术自用故吏琅邪惠衢为扬州刺史，更以景为督军中郎将，与贲共将兵击英等，连年不克。策乃说术，乞助景等平定江东。术表策为折冲校尉，行殄寇将军，兵财千余，骑数十匹，宾客愿从者数百人。比至历阳，众五六千……渡江转斗，所向皆破，莫敢当其锋，而军令整肃，百姓怀之。
>
> 策为人，美姿颜，好笑语，性阔达听受，善于用人，是以士民见者，莫不尽心，乐为致死。刘繇弃军逃遁，诸郡守皆捐城郭奔走。吴人严白虎等众各万余人，处处屯聚。吴景等欲先击破虎等，乃至会

稽。策曰："虎等群盗，非有大志，此成禽耳。"遂引兵渡浙江，据会稽，屠东冶，乃攻破虎等。尽更置长吏，策自领会稽太守，复以吴景为丹阳太守，以孙贲为豫章太守；分豫章为庐陵郡，以贲弟辅为庐陵太守，丹阳朱治为吴郡太守。彭城张昭、广陵张纮、秦松、陈端等为谋主……

建安五年，曹公与袁绍相拒于官渡，策阴欲袭许，迎汉帝，密治兵。部署诸将，未发，会为故吴郡太守许贡客所杀。

关于孙权，《三国志》卷47《孙权传》云：

孙权字仲谋。兄策既定诸郡，时权年十五……

（建安）五年，策薨，以事授权……是时惟有会稽、吴郡、丹阳、豫章、庐陵，然深险之地犹未尽从。而天下英豪布在州郡，宾旅寄寓之士以安危去就为意，未有君臣之固。张昭、周瑜等谓权可成大业，故委心而服事焉。

又同书卷52《张昭传》注引《吴书》云：

是时天下分裂，擅命者众。孙策莅事日浅，恩泽未洽，一旦倾陨，士民狼狈，颇有同异。及昭辅（孙）权，绥抚百姓，诸侯宾旅寄寓之士，得用自安。权每出征，留昭镇守，领幕府事。后黄巾贼起，昭讨平之。权征合肥，命昭别讨匡琦，又督领诸将，攻破豫章贼率周凤等于南城。

五 刘备势力的兴起和隆中对策

在曹操、孙权势力迅速崛起时，刘备的势力也在扩大。

《三国志》卷32《先主传》载：

先主姓刘，讳备，字玄德，涿郡涿县人，汉景帝子中山靖王胜之后也，胜子贞，元狩六年封涿县陆城亭侯，坐酎金失侯，因家焉。先主祖雄，父弘，世仕州郡，雄举孝廉，官至东郡范令。

先主少孤，与母贩履织席为业……年十五，母使行学，与同宗刘德然、辽西公孙瓒俱事故九江太守同郡卢植……瓒年长，先主以兄事之。先主不甚乐读书，喜狗马、音乐、美衣服。身长七尺五寸，垂手下膝，顾自见其耳。少语言，善下人，喜怒不形于色。好交结豪侠，年少争附之。中山大商张世平、苏双等赀累千金。贩马周旋于涿郡，见而异之，乃与之金财，先主由是得用合徒众。灵帝末，黄巾起，州郡各举义兵，先主率其属从校尉邹靖讨黄巾贼有功，除安喜尉……顷之，大将军何进遣都尉毋丘毅诣丹杨募兵，先主与俱行，至下邳遇贼，力战有功，除为下密丞。复去官。后为高唐尉，迁为令。为贼所破，往奔中郎将公孙瓒，瓒表为别部司马，使与青州刺史田楷以拒冀州牧袁绍。数有战功，试守平原令，后领平原相。郡民刘平素轻先主，耻为之下，使客刺之。客不忍刺，语之而去。其得人心如此。

袁绍攻公孙瓒，先主与田楷东屯齐，曹公征徐州，徐州牧陶谦遣使告急于田楷，楷与先主俱救之，时先主自有兵千余人及幽州乌丸杂胡骑，又略得饥民数千人。既到，谦以丹杨兵四千益先主，先主遂去楷归谦。谦表先主为豫州刺史，屯小沛。谦病笃，别驾谓糜竺曰："非刘备不能安此州也。"谦死，竺率州人迎先主……

先主遂领徐州。袁术来攻先主，先主拒之于盱眙、淮阴。曹公表先主为镇东将军，封宜城亭侯，是岁建安元年也。先主与术相持经月，吕布乘虚袭下邳，下邳守将曹豹反，间迎布。布虏先主妻子，先主转军海西。杨奉、韩暹寇徐、扬间，先主邀击，尽斩之。先主求和于吕布，布还其妻子。先主遣关羽守下邳。

先主还小沛，复合兵得万余人。吕布恶之，自出兵攻先主，先主败走归曹公。曹公厚遇之，以为豫州牧。将至沛收散卒，给其军粮，益与兵使东击布。布遣高顺攻之，曹公遣夏侯惇往，不能救，为顺所败，复虏先主妻子送布。曹公自出东征，助先主围布于下邳，生擒布。先主复得妻子，从曹公还许。表先主为左将军，礼之愈重，出则同舆，坐则同席。袁术欲经徐州北就袁绍，曹公遣先主督朱灵、路招要击术。未至。术病死。

先主未出时，献帝舅车骑将军董承辞受帝衣带中密诏，当诛曹公，先主未发。是时曹公从容谓先主曰："今天下英雄，唯使君与操耳。本初之徒，不足数也。"

先主据下邳，灵等还，先主乃杀徐州刺史车胄，留关羽守下邳，而身还小沛。东海昌豨反，郡县多叛曹公为先主，众数万人，遣孙乾与袁绍连和，曹公遣刘岱、王忠击之，不克。五年，曹公东征先主，先主败绩。曹公尽收其众，虏先主妻子，并禽关羽以归……

曹公既破绍，自南击先主。先主遣麋竺、孙干与刘表相闻，表自郊迎，以上宾礼待之，益其兵，使屯新野。荆州豪杰归先主者日益多，表疑其心，阴御之。使拒夏侯惇、于禁等于博望。久之，先主设伏兵，一旦自烧屯伪遁，惇等追之，为伏兵所破。

刘备为发展自己的势力，多方寻求人才。建安十二年（207），刘备在当地名士徐庶的推荐下，"三顾茅庐"，请出了诸葛亮。诸葛亮向刘备提出了占据荆、益，联吴抗曹的战略建议，此即为著名的《隆中对》。

《三国志》卷35《诸葛亮传》云：

自董卓已来，豪杰并起，跨州连郡者不可胜数。曹操比于袁绍，则名微而众寡，然操遂能克绍，以弱为强者，非惟天时，抑亦人谋也。今操已拥百万之众，挟天子而令诸侯，此诚不可与争锋。孙权据有江东，已历三世，国险而民附，贤能为之用，此可以为援而不可图也。荆州北据汉、沔，利尽南海，东连吴会，西通巴、蜀，此用武之国，而其主不能守，此殆天所以资将军，将军岂有意乎？益州险塞，沃野千里，天府之土，高祖因之以成帝业。刘璋暗弱，张鲁在北，民殷国富而不知存恤，智能之士思得明君。将军既帝室之胄，信义著于四海，总揽英雄，思贤如渴，若跨有荆、益，保其岩阻，西和诸戎，南抚夷越，外结好孙权，内修政理，天下有变，则命一上将将荆州之军以向宛、洛，将军身率益州之众出于秦川，百姓孰敢不箪食壶浆以迎将军者乎？诚如是，则霸业可成，汉室可兴矣。

六 赤壁之战与三国鼎立格局的形成

赤壁之战奠定了三国鼎立的局面。曹操大败于赤壁后，其势力被局限于北方；孙权解除了外部压力，使江东政权更加稳固；赤壁之战的另一赢家刘备也在荆州找到一块儿立足之地，三国鼎立的局面正式形成。

（一）赤壁之战

曹操统一北方后，意欲一举统一中国，遂于建安十三年（208）七月，率二十万大军，号称八十万，进兵长江，与孙刘联军会战于赤壁（今湖北蒲圻境内，尚有二说，一说在今湖北武昌西赤矶山，另一说在湖北嘉鱼东北）。曹军虽然在数量上占有优势，但在士气、战斗力和战略上均逊于对方。

《三国志》卷35《诸葛亮传》载诸葛亮的话说：

> 豫州（指刘备）……战士还者，及关羽水军精甲万人，刘琦合江夏战士，亦不下万人。曹操之众，远来疲弊，闻追豫州，轻骑一日一夜行三百余里，此所谓"强弩之末，势不能穿鲁缟"者也，故兵法忌之，曰："必蹶上将军。"且北方之人，不习水战。又荆州之民附操者，逼兵势耳，非心服也。今将军诚能命猛将，统兵数万，与豫州协规同力，破操军必矣。

又同书卷54《周瑜传》载周瑜的话说：

> 将军（指孙权）以神武雄才，兼仗父兄之烈，割据江东，地方数千里，兵精足用，英雄乐业……况操自送死，而可迎之邪？请为将军筹之：……今北土既未平安，加马超、韩遂尚在关西，为操后患。且舍鞍马，杖舟楫，与吴越争衡，本非中国（即中原）所长。今又盛寒，马无藁草，驱中国士众，远涉江湖之间，不习水土，必生疾病。此数四者。用兵之患也，而操皆冒行之。将军禽操，宜在今日。瑜请得精兵三万人，进住夏口，保为将军破之。

关于赤壁之战的始末，《资治通鉴》卷65《汉纪》献帝建安十三年条载：

> （献帝建安）十三年……冬，十月。初，鲁肃闻刘表卒，言于孙权曰："荆州与国邻接，江山险固，沃野万里，士民殷富，若据而有之，此帝王之资也。今刘表新亡，二子不协，军中诸将各有彼此。刘备，天下枭雄，与操有隙，寄寓于表，表恶其能而不能用也。若备与彼协心，上下齐同，则宜抚安，与结盟好；如有离违，宜别图之，以济大事。肃请得奉命吊表二子，并慰劳其军中用事者，及说备使抚表

众，同心一意，共治曹操，备必喜而从命。如其克谐，天下可定也。今不速往，恐为操所先。"权即遣肃行。

到夏口，闻操已向荆州，晨夜兼道。比至南郡，而琮已降，备南走。肃径迎之，与备会于当阳长坂。肃宣权旨，论天下事势，致殷勤之意。且问备曰："豫州今欲何至？"备曰："与苍梧太守吴巨有旧，欲往投之。"肃曰："孙讨虏聪明仁惠，敬贤礼士，江表英豪咸归附之。已据有六郡，兵精粮多，足以立事。今为君计，莫若遣腹心自结于东。以共济世业；而欲投吴巨，巨是凡人，偏在远郡，行将为人所并，岂足托乎！"备甚悦。肃又谓诸葛亮曰："我，子瑜友也。"即共定交，子瑜者，亮兄瑾也，避乱江东，为孙权长史。备用肃计，进住鄂县之樊口……

刘备在樊口，日遣逻吏于水次候望权军，吏望见瑜船，驰往白备，备遣人慰劳之。瑜曰："有军任，不可得委署，傥能屈威，诚副其所望。"备乃乘单舸往见瑜曰："今拒曹公，深为得计。战卒有几？"瑜曰："三万人。"备曰："恨少。"瑜曰："此自足用，豫州但观瑜破之。"备欲呼鲁肃等共会语，瑜曰："受命不得妄委署，若欲见子敬，可别过之。"备深愧喜。

进，与操遇于赤壁。

时操军众，已有疾疫。初一交战，操军不利，引次江北。瑜等在南岸，瑜部将黄盖曰："今寇众我寡，难与持久。操军方连船舰，首尾相接，可烧而走也。"乃取蒙冲斗舰十艘，载燥荻、枯柴，灌油其中，裹以帷幕，上建旌旗；豫备走舸，系于其尾。先以书遗操，诈云欲降。时东南风急，盖以十舰最著前，中江举帆，余船以次俱进。操军吏士皆出营立观，指言盖降。去北军二里余，同时发火。火烈风猛，船往如箭，烧尽北船，延及岸上营落。顷之，烟炎张天，人马烧溺死者甚众。瑜等率轻锐继其后，雷鼓大震，北军大坏。操引军从华容道步走，遇泥泞，道不通，天又大风，悉使羸兵负草填之。骑乃得过。羸兵为人马所蹈藉，陷泥中，死者甚众。刘备、周瑜水陆并进，追操至南郡。时操军兼以饥疫，死者太半。操乃留征南将军曹仁、横野将军徐晃守江陵，折冲将军乐进守襄阳，引军北还。

(二) 三国鼎立格局的形成

1. 曹操平定关中和汉中

赤壁之战后,曹操退回北方,一时无力南下,便把主要精力放在平定关中、汉中割据势力,巩固政权上。

建安十六年(211)曹操进兵关中,打败韩遂和马超,占据凉州(今甘肃和青海的一部)。

《三国志》卷1《武帝纪》载:

> 建安十六年正月,天子命公世子丕为五官中郎将,置官属,为丞相副。太原商曜等以大陵叛,遣夏侯渊、徐晃围破之。张鲁据汉中,三月,遣钟繇讨之。公使渊等出河东与繇会。
>
> 是时关中诸将疑繇欲自袭,马超遂与韩遂、杨秋、李堪、成宜等叛。遣曹仁讨之。超等屯潼关,公敕诸将:"关西兵精悍,坚壁勿与战。"秋七月,公西征,与超等夹关而军。公急持之,而潜遣徐晃、朱灵等夜渡蒲阪津,据河西为营。公自潼关北渡,未济,超赴船急战。校尉丁斐因放牛马以饵贼,贼乱取牛马,公乃得渡。循河为甬道而南。贼退,拒渭口,公乃多设疑兵,潜以舟载兵入渭,为浮桥,夜,分兵结营于渭南。贼夜攻营,伏兵击破之。超等屯渭南,遣信求割河以西请和,公不许。九月,进军渡渭。超等数挑战,又不许;固请割地,求送任子,公用贾诩计,伪许之,韩遂请与公相见,公与遂父同岁孝廉,又与遂同时侪辈,于是交马语移时,不及军事,但说京都旧故,拊手欢笑。既罢,超等问遂:"公何言?"遂曰:"无所言也。"超等疑之。他日,公又与遂书,多所点窜。如遂改定者,超等愈疑遂。公乃与克日会战,先以轻兵挑之,战良久,乃纵虎骑夹击,大破之,斩成宜、李堪等。遂、超等走凉州,杨秋奔安定,关中平。

建安二十年(215),曹操从武都(今甘肃成县境)出征汉中,击败了长期占据汉中的张鲁,完成了北方的统一。

《三国志》卷1《武帝纪》云:

> (建安二十年)三月,公西征张鲁,至陈仓,将自武都入氐;氐人塞道,先遣张郃、朱灵等攻破之。夏四月,公自陈仓以出散关,到

河池。氐王宾茂众万余人，恃险不服，五月，公攻屠之。西平、金城诸将曲演、蒋石等共斩送韩遂首。秋七月，公至阳平，张鲁使弟卫与将杨昂等据阳平关，横山筑城十余里，攻之不能拔，乃引军还。贼见大军退，其守备解散，公乃密遣解慓、高祚等乘险夜袭，大破之，斩其将杨任，进攻卫，卫等夜遁，鲁溃奔巴中，公军入南郑，尽得鲁府库珍宝。巴、汉皆降。复汉宁郡为汉中，分汉中之安阳、西城为西城郡，置太守，分锡、上庸郡，置都尉。

曹操的政治地位不断升迁，由大将军、丞相到魏公，进而在建安二十一年（216）封魏王，设有宗庙、百官，其在形式上和皇帝毫无二致。

《三国志》卷1《武帝纪》载：

（建安元年）九月……以太祖为大将军，封武平侯……十三年春正月，公还邺，作玄武池以肄舟师。汉罢三公官，置丞相、御史大夫。夏六月，以公为丞相……十八年五月丙申……命公为魏公……秋七月，始建魏社稷宗庙。天子聘公三女为贵人，少者待年于国。……冬十月，分魏郡为东西部，置都尉。十一月，初置尚书、侍中、六卿……二十一年五月，天子进公爵为魏王。

2. 刘备入蜀和攻取汉中

赤壁战后，刘备占据了荆州的武陵、长沙、桂阳、零陵4郡，又从孙权手中借得南郡，从此有了自己的地盘。建安十九年（214），刘备入蜀，从刘璋手中夺得全部益州，建安二十四年（219）又从曹军那里夺得汉中。至此，刘备的势力发展到顶峰。

《三国志》卷32《先主传》载：

（赤壁战后）……先主表（刘）琦为荆州刺史，又南征四郡。武陵太守金旋、长沙太守韩玄、桂阳太守赵范、零陵太守刘度皆降。庐江雷绪率部曲数万口稽颡。琦病死，群下推先主为荆州牧，治公安。

（建安十七年）曹公征孙权。权呼先主自救。先主遣使告璋曰："曹公征吴，吴忧危急。孙氏与孤本为唇齿，又乐进在青泥与关羽相拒，今不往救羽，进必大克，转侵州界，其忧有甚于鲁。鲁自守之贼，不足虑也。"乃从璋求万兵及资宝，欲以东行。璋但许兵四千，其余皆给半。张松书与先主及法正曰："今大事垂可立，如何释此去乎！"松兄广汉太守肃，惧祸逮己，白璋，发其谋。于是璋收斩松，嫌隙始构矣。璋敕关戍诸将文书勿复关通先主，先主大怒，召璋白水军督杨怀，责以无礼，斩之。乃使黄忠、卓膺勒兵向璋。先主径至关中，质诸将并士卒妻子，引兵与忠、膺等进到涪，据其城。璋遣刘璝、冷苞、张任、邓贤等拒先主于涪，皆破败，退保绵竹。璋复遣李严督绵竹诸军，严率众降先主。先主军益强，分遣诸将平下属县，诸葛亮、张飞、赵云等将兵泝流定白帝、江州、江阳，惟关羽留镇荆州。先主进军围雒；时璋子循守城，被攻且一年。

二十年，孙权以先主已得益州，使使报，欲得荆州。先主言："须得凉州，当以荆州相与。"权忿之，乃遣吕蒙袭夺长沙、零陵、桂阳三郡。先主引兵五万下公安，令关羽入益阳。

是岁，曹公定汉中，张鲁遁走巴西。先主闻之，与权连和，分荆州江夏、长沙、桂阳东属；南郡、零陵、武陵西属。引军还江州。遣黄权将兵迎张鲁，张鲁已降曹公，曹公使夏侯渊、张郃屯汉中，数数犯暴巴界。先主令张飞进兵宕渠，与郃等战于瓦口，破郃等，郃收兵还南郑，先主亦还成都。

（建安）二十三年，先主率诸将进兵汉中，分遣将军吴兰、雷同等入武都，皆为曹公所没。先主次于阳平关与渊、郃等相拒。

二十四年春，自阳平南渡沔水，缘山稍前，于定军山势作营，渊将兵来争其地，先主命黄忠乘高鼓噪攻之，大破渊军，斩渊及曹公所署益州刺史赵颙等，曹公自长安举众南征，先主遥策之曰："曹公虽来，无能为也，我必有汉川矣。"及曹公至，先主敛众拒险，终不交锋，积月不拔，亡者日多。夏，曹公果引军还，先主遂有汉中。

3. 夷陵之战

建安二十四年（219），刘备荆州守将关羽北攻曹操襄阳、樊城，取得大捷，不料孙权大将吕蒙趁机袭占江陵，杀死关羽，孙权遂全部据有荆州。

《三国志》卷36《关羽传》载：

……先主西定益州，拜羽董督荆州事……是岁（建安二十四年），羽率众攻曹仁于樊。曹公遣于禁助仁。秋，大霖雨，汉水泛溢，禁所督七军皆没。禁降羽，羽又斩将军庞德。梁、郏、陆浑群盗或遥受羽印号，为之支党，羽威震华夏。曹公议徙许都以避其锐，司马宣王、蒋济以为关得志，孙权必不愿也。可遣人劝权蹑其后，许割江南以封权，则樊围自解，曹公从之。先是，权遣使为子索羽女，羽骂辱其使，不许婚，权大怒。又南郡太守麋芳在江陵，将军傅士仁屯公安，素皆嫌羽自轻己。羽之出军，芳、仁供给军资，不悉相救。羽言"还当治之"，芳、仁咸怀惧不安。于是权阴诱芳、仁，芳、仁使人迎权。而曹公遣徐晃救曹仁，羽不能克，引军退还。权已据江陵，尽虏羽士众妻子，羽军遂散。权遣将逆击羽，斩羽及子平于临沮。

蜀章武二年（222），刘备亲率大军出巫峡，企图夺回荆州。孙权任陆逊为大都督，在夷陵（今湖北宜昌东南）用火攻，刘备几乎全军覆没。这就是历史上的著名战例"吴蜀夷陵之战"。

《三国志》卷58《陆逊传》载：

黄武元年，刘备率大众来向西界，权命逊为大都督、假节，督朱然、潘璋、宋谦、韩当、徐盛、鲜于丹、孙桓等五万人拒之。备从巫峡、建平连围至夷陵界，立数十屯，以金锦爵赏诱动诸夷。使将军冯习为大督，张南为前部，辅匡、赵融、廖淳、傅彤等各为别督，先遣吴班将数千人于平地立营，欲以挑战。诸将皆欲击之，逊曰："此必有谲，且观之。"备知其计不可，乃引伏兵八千，从谷中出。逊曰："所以不听诸君击班者，揣之必有巧故也。"逊上疏曰："夷陵要害，国之关限，虽为易得，亦复易失。失之非徒损一郡之地，荆州可忧。今日争之，当令必谐，备干天常，不守窟穴，而敢自送。臣虽不材，凭奉威灵，以顺讨逆，破坏在近，寻备前后行军，多败少成，推此论之，不足为戚。臣初嫌之，水陆俱进，今反舍船就步，处处结营，察其布置，必无他变。伏愿至尊高枕，不以为念也。"诸将并曰："攻备当在初，今乃令人五六百里，相衔持经七八月，其诸要害皆以固守，击之必无利矣。"逊曰："备是猾虏，更尝事多，其军始集，思虑精专，未可干也。今住已久，不得我便，兵疲意沮，计不复生，掎角此寇，正是今日。"乃先攻一营。不利。诸将皆曰："空杀兵耳。"逊曰："吾已晓破之之术。"乃敕各持一把茅，以火攻拔之。一尔势成，通率诸军，同时俱攻，斩张南、冯习及胡王沙摩柯等首，破其四十余营。备将杜路、刘宁等穷逼请降。备升马鞍山，陈兵自绕，逊督促诸军四面蹙之，土崩瓦解，死者万数。备因夜遁，驿人自担，烧铙铠断后，仅得入白帝城，其舟船器械，水步军资，一时略尽，尸骸漂流，塞江而下。

4. 三国鼎立格局的形成

大体上从赤壁战后确立的三方鼎立格局，经荆州的争夺，到夷陵之战结束，三个集团的疆域基本固定，三国鼎立局面完全形成。建安二十五年（220），曹操死，子曹丕废汉献帝，自称皇帝。刘备和孙权也相继称帝。

关于曹丕称帝，《三国志》卷2《文帝纪》有云：

文皇帝讳丕，字子桓，武帝太子也。太祖崩，嗣位为丞相、魏王……延康元年十月……汉帝以众望在魏，乃召群公卿士，告祠高庙……持节奉玺绶禅位。

关于刘备称帝，《三国志》卷32《先主传》载：

（建安）二十五年，魏文帝称尊号，改年曰黄初。或传闻汉帝见害，先主乃发丧制服……即皇帝位于成都武担之南。

关于孙权称帝，《三国志》卷47《吴主传》云：

（建安二十五年）……魏文帝践祚。十一月，封……为吴王。黄龙元年四月，（吴王）南郊即皇帝位。

关于三国的建都之地，王应麟《通鉴地理通释》卷4载：

汉昭烈于沔阳立为汉中王，即位武担之南，都成都……魏武为魏公，都邺，文帝复都洛阳。黄初二年以谯为先人本国，许昌为汉之所居，长安为西京之遗迹，邺为王业之本基，与洛阳号曰五都……吴大帝屯吴，建安十三年初镇丹徒，筑京城。十六年徙治秣陵，十七年城楚金陵邑，号石头，改秣陵为建邺。黄武二年自公安都鄂，改鄂为武昌。黄龙元年迁都建邺，陆逊辅太子登留武昌。归命侯甘露元年徙都武昌，后还都建邺。

第三节　曹魏的政事与政局

曹魏的政治状况在三国中是比较好的，之所以这样，原因有二：一是黄巾大起义主要发生在中原地区，给予豪强地主沉重的打击；二是曹操、曹丕制定了一系列有积极意义的政策和措施，使魏建国之初政治上相对稳定。

一　曹操革弊图新的政治措施

曹操在赤壁之战后，加强了内政的经营。他将主要目标放在改变东汉末年腐败衰乱的政治局面上，为此实行了一系列重要措施。

（一）抑制豪强

曹操开始担任洛阳北部尉和济南相时，就曾抑制豪强。《三国志》卷1《武帝纪》注引《曹瞒传》载：

太祖初入尉廨，缮治四门，造五色棒，悬门左右各十余枚，有犯禁者，不避强皆棒杀之。后数月，灵帝爱幸小黄门蹇硕叔父夜行，即杀之。京师敛迹，莫敢犯者。近戚宠臣咸疾之。然不能伤，于是共称荐之，故迁为顿丘令。

又同书同卷《武帝纪》云：

光和末……（曹操）迁为济南相，国有十余县，长吏多阿附贵戚，赃污狼藉，于是奏免其八。禁断淫祀，奸宄逃窜，郡界肃然。

曹操在掌握汉朝中央政权以后，继续实行打击士族豪强的政策。《三国志》卷1《武帝纪》载：

建安九年……九月，令曰："河北罹袁氏之难，其令无出今年租赋。"重豪强兼并之法，百姓喜悦。

（注引《魏书》载公令曰："有国有家者，不患寡而患不均，不患贫而患不安。袁氏之治也，使豪强擅恣，亲戚兼并；下民贫弱，代出租赋，衒鬻家财，不足应命。审配宗族，至乃藏匿罪人，为逋逃主；欲望百姓亲附，甲兵强盛，岂可得邪！其收田租亩四升，户出绢二匹、绵二斤而已，他不得擅兴发。郡国守相明检察之，无令强民有所隐藏，而弱民兼赋也。"）

又同书卷11《王脩传》载：

袁氏政宽，在职势者多畜聚。太祖破邺，籍没审配等家财物赀以万数。及破南皮，阅脩家，谷不满十斛，有书数百卷。太祖叹曰："士不妄有名。"乃礼辟为司空掾，行司金中郎将，迁魏郡太守。为治，抑强扶弱，明赏罚，百姓称之。

又同书卷12《司马芝传》载：

太祖平荆州，以芝为菅长。时天下草创，多不奉法。郡主簿刘节，旧族豪侠，宾客千余家，出为盗贼，入乱吏治。顷之，芝差节客王同等为兵，掾吏据白："节家前后未尝给徭，若至时藏匿，必为留负。"芝不听，与节书曰："君为大宗，加股肱郡，而宾客每不与役，既众庶怨望，或流声上闻。今调同等为兵，幸时发遣。"兵已集郡，而节藏同等，因令督以军兴诡责县，县掾史穷困，乞代同行。芝乃驰檄济南，具陈节罪。太守郝光素敬信芝，即以节代同行，青州号芝"以郡主簿为兵"。

（二）三令求贤

汉末，人们在天与人、性行与才能的轻重关系上的观念倒转了过来。东汉强调道治与德治，用人先看仁、孝；汉末则强调人治与才治，用人"唯才是举"。这是一个大转折。这个转折的标志，是曹操的求才三令。

《三国志》卷1《武帝纪》：

>（建安十五年曹操）下令曰："自古受命及中兴之君，曷尝不得贤人君子与之共治天下者乎？及其得贤也，曾不出闾巷，岂幸相遇哉？上之人不求之耳。今天下尚未定，此特求贤之急时也。……若必廉士而后可用，则齐桓其何以霸世！今天下得无有被褐怀玉而钓于渭滨者乎？又得无盗嫂受金而未遇无知者乎？二三子其佐我明扬仄陋，唯才是举，吾得而用之。"
>
>（建安十九年曹操）令曰："夫有行之士未必能进取，进取之士未必能有行也。陈平岂笃行，苏秦岂守信邪？而陈平定汉业，苏秦济弱燕。由此言之，士有偏短，庸可废乎！有司明思此义，则士无遗滞，官无废业矣。"又曰："夫刑，百姓之命也，而军中典狱者或非其人，而任以三军死生之事，吾甚惧之。其选明达法理者，使持典刑。"于是置理曹掾属。
>
>（建安二十二年曹操）令曰："昔伊挚、傅说出于贱人；管仲，桓公贼也，皆用之以兴。萧何、曹参，县吏也，韩信、陈平负污辱之名，有见笑之耻，卒能成就王业，声著千载。吴起贪将，杀妻自信，散金求官，母死不归，然在魏，秦人不敢东向，在楚则三晋不敢南谋。今天下得无有至德之人放在民间，及果勇不顾，临敌力战；若文俗之吏，高才异质，或堪为将守；负污辱名，见笑之行，或不仁不孝而有治国用兵之术；其各举所知，勿有所遗。"

曹操发布的求才三令，意义是巨大的，其非止限于选举方面而已。陈寅恪《金明馆丛稿初编·书〈世说新语·文学类〉钟会撰四本论始毕条后》载：

>孟德三令，大旨以为有德者未必有才，有才者或负不仁不孝贪诈之污名，则是明白宣示士大夫自来所遵奉之金科玉律，已完全破产也。由此推之，则东汉士大夫儒家体用一致及周孔道德之堡垒无比坚守，而其所以安身立命者，亦全失其根据矣。故孟德三令，非仅一时求才之旨意，实际明其政策所在，而为一政治社会道德思想三顾草庐上之大变革……然则此三令者，可视为曹魏皇室大政方针之宣言。与

之同者，即是曹党，与之异者，即是与曹氏为敌之党派，可以断言矣。

这个论点极为精到。曹操的求才三令，实为曹操大政方针的宣言，其意义并非局限在求才上。此三令的发布，标志着政治、社会、道德、思想上的大变革，从此进入了一个重才、求才的时代。儒家的道德观念，开始产生动摇。

（三）改善吏治

为了克服东汉官吏贪暴官场风气腐败现象，曹操在选用官吏上特别注意用廉吏，严明赏罚。他任丞相时，任命崔琰、毛玠选举。崔、毛二人铨衡人选守正不阿，因而"其所举用，皆清正之士"。

《三国志》卷12《毛玠传及注》载：

> 太祖为司空丞相，（毛）玠尝为东曹掾，与崔琰并典选举。其所举用，皆清正之士，虽于时有盛名而行不由本者，终莫得进。务以俭率人，由是天下之士莫不以廉节自励，虽贵宠之臣，舆服不敢过度。太祖叹曰："用人如此，使天下人自治，吾复何为哉！"……大军还邺，议所并省。玠请谒不行，时人惮之，咸欲省东曹。乃共白曰："旧西曹为上，东曹为次，宜省东曹。"太祖知其情，令曰："日出于东，月盛于东，凡人言方，亦复先东，何以省东曹？"遂省西曹……魏自初建，为尚书仆射，复典选举。

曹操用崔、毛典选，也明确要求能做到使"贪夫廉，懦夫有立志"。这样做的结果，正如《三国志》卷12《毛玠传》引《先贤行状》所云：

> 其典选举，拔贞实，斥华伪，进逊行，抑阿党。诸宰官治民功绩不著而私财丰足者，皆免黜停废，久不选用。于是四海翕然，莫不励行……吏洁于上，俗移乎下，民到于今称之。

不过，毛、崔在典选时过分强调俭朴，其做法失之过激。实际上，一味强调俭朴在士族统治中是无法长久实行下去的。文帝时即设立九品官人法，毛玠的办法自然就寿终正寝了。

《三国志》卷23《和洽传》载：

> 和洽，太祖定荆州，辟为丞相掾属，时毛玠、崔琰并以忠清干事，其选用先尚俭节。洽言曰："天下大器，在位与人，不可以一节（俭）也。俭素过中，自以处身则可，以此节格物，所失或多。今朝廷之议，吏有著新衣、乘好车者，谓之不清，长吏过营，形容不饰，衣裘敝坏者，谓之廉洁。至令士大夫故污辱其衣，藏其舆服；朝府大吏，或自挈壶餐以入官寺。夫立教观俗，贵处中庸，为可继也。今崇一概难堪之行以检殊途，勉而为之，必有疲瘁。古之大教，务在通人情而已。凡激诡之行，则容隐伪矣。"

讲求吏治，自然就要明法审令，赏罚分明。早在曹操为司空时，就一再强调应以功过进行赏罚黜陟。

《三国志》卷1《武帝纪》注引《魏书》载：

> 令：议者或以军吏虽有功能，德行不足堪任郡国之选，所谓可与适道，未可与权。管仲曰："使贤者食于能则上尊，斗士食于功则卒轻于死，二者设于国，则天下治。"未闻无能之人，不斗之士，并受禄赏，而可以立功兴国者也。故明君不官无功之臣，不赏不战之士。治平尚德行，有事赏功能。论者之言，一似管窥虎欤？

要做到按功过进行赏罚，按法办事，就必须选用熟习法令的人担任执法官，所以曹操要精选典狱者。

《三国志》卷1《武帝纪》注载：

> 夫刑，百姓之命也。而军中典狱者，或非其人，而任以三军死生之事，吾甚惧之。其选明达法理者，使特典刑。

由于曹操注意改善吏治，所以涌现出一大批较有作为的官吏，贾逵、钟繇、刘馥等便是其中杰出的代表。

关于贾逵，《三国志》卷15《贾逵传》载：

太祖征马超，至弘农，曰："此西道之要。"以逵领弘农太守，召见计事，大悦之，谓左右曰："使天下二千石悉如贾逵，吾何忧！"……文帝即王位，以邺县户数万在都下，多不法，乃以逵为邺令。月余，迁魏郡太守。大军出征，复为丞相主簿祭酒，逵尝坐人为罪，王曰："叔向犹十世宥之，况逵功德亲在其身乎？"从至黎阳，津渡者乱行，逵斩之，乃整。至谯，以逵为豫州刺史。是时天下初复，州郡多不摄。逵曰："州本以御史出监诸郡，以六条诏书察长吏二千石已下，故其状皆言严能为鹰扬有督察之才，不言安静宽仁有恺悌之德也。今长吏慢法，盗贼公行，州知而不纠，天下复何取正乎？"兵曹从事受前刺史假，逵到官数月，乃还；考竟其二千石以下阿纵不如法者，皆举奏免之。帝曰："逵真刺史矣。"布告天下，当以豫州为法。赐爵关内侯。

州南与吴接，逵明斥候，缮甲兵，为守战之备，贼不敢犯。外修军旅，内治民事，遏鄢、汝，造新陂，又断山溜长溪水，造小弋阳陂，又通运渠二百余里，所谓贾侯渠者也。

关于钟繇，《三国志》卷13《钟繇传》载：

时关中诸将马腾、韩遂等，各拥强兵相与争，太祖方有事山东，以关右为忧。乃表繇以侍中守司隶校尉，持节督关中诸军，委之以后事，特使不拘科制。繇至长安，移书腾、遂等，为陈祸福，腾、遂各遣子入侍。太祖在官渡，与袁绍相持，繇送马二千余匹给军。太祖与繇书曰："得所送马，甚应其急。关右平定，朝廷无西顾之忧，足下之勋也。昔萧何镇守关中，足食成军，亦适当尔。"其后匈奴单于作乱平阳，繇帅诸军围之，未拔；而袁尚所置河东太守郭援到河东，众甚盛。诸将议欲释之去，繇曰："袁氏方强，援之来，关中阴与之通，所以未悉叛者，顾吾威名故耳。若弃而去，示之以弱，所在之民，谁非寇仇？纵吾欲归，其得至乎！此为未战先自败也。且援刚愎好胜，必易吾军，若渡汾为营，及其未济击之，可大克也。"张既说马腾会击援，腾遣子超将精兵逆之。援至，果轻渡汾，众止之，不从。济水未半，击，大破之，斩援，降单于。语在既传。其后河东卫固作乱与张晟、张琰及高乾等并为寇，繇又率诸将讨破之。自天子西迁，洛阳人民单尽，繇徙关中民，又招纳亡叛以充之，数年间民户稍实。太祖征关中，得以为资，表繇为前军师。

关于刘馥，《三国志》卷15《刘馥传》载：

刘馥字元颖，沛国相人也，避乱扬州，建安初，说袁术将戚寄、秦翊，使率众与俱诣太祖。太祖悦之，司徒辟为掾，后孙策所置庐江太守李述攻杀扬州刺史严象，庐江梅乾、雷绪、陈兰等聚众数万在江、淮间，郡县残破。太祖方有袁绍之难，谓馥可任以东南之事，遂表为扬州刺史。

馥既受命，单马造合肥空城，建立州治，南怀绪等，皆安集之，贡献相继。数年中恩化大行，百姓乐其政，流民越江山而归者以万数。于是聚诸生，立学校，广屯田，兴治芍陂及茹陂，七门、吴塘诸堨以溉稻田，官民有畜。又高为城垒，多积木石，编作草苫数千万枚，益贮鱼膏数千斛，为战守备。

顺便谈一下对曹操的评价。

最早对曹操作了比较全面评价的，是《三国志》的作者陈寿。陈寿在《三国志》卷1《武帝纪》末的评语中谓：

汉末，天下大乱，雄豪并起，而袁绍虎眂四州，强盛莫敌。太祖运筹演谋，鞭挞宇内，揽申、商之法术，该韩、白之奇策，官方授材，各因其器，矫情任算，不念旧恶，终能总御皇机，克成洪业者，惟其明略最优也。抑可谓非常之人，超世之杰矣。

陈寿之后，又一个对曹操做了较为全面评价的是西晋的陆机。元康八年（298），陆机被免尚书郎出补为著作郎，在秘阁读到了当年曹操临终前所作的《遗令》，顿时心生感慨，作了《吊魏武帝文》。《全晋文》卷99《陆机》引该文谓：

接皇汉之末绪，值正途之多违。仁重渊以育鳞，抚庆云而遐飞。运神道以载德，乘灵凤而扇威。摧群雄而电击，举勍敌其如遗。指八极以远略，必翦焉而后绥。厘三才之阙典，启天地之禁闱，举修纲之绝纪，组大音之解徽。扫云物以贞观，要万途而来归。丕大德以宏覆，援日月而齐晖。济元功于九有，固举世之所推……伊君王之赫奕，实终古之所难。威先天而盖世，力荡海而拔山。厄奚险而弗济，敌何强而不残。每因祝以禔福，亦践危而必安。

又同上卷98引陆机《辨亡论下》谓：

曹氏虽功济诸华，虐也深矣，其民怨矣。

到了唐代，唐太宗在《祭魏太祖文》中，也对曹操作了较全面的评论。《全唐文》卷10《太宗》引该文谓：

帝以雄武之姿，当艰难之运，栋梁之任同乎曩时，匡正之功异于往代。

至北宋，司马光在《资治通鉴》中尊魏为正统，综引《三国志》卷1《武帝纪》注引《魏书》及《曹瞒传》之语论曹操：

知人善任，难眩以伪。识拔奇才，不拘微贱；随能任便，皆获其用。与敌对阵，意思安闲，如不欲战然，及至决机乘胜，气势盈溢。勋劳宜赏，不吝千金，无功望施，分毫不与。用法峻急，有犯必戮，或对之流涕，然终无所赦。雅性节俭，不好华丽。故能芟刈群雄，几平海内……汉末大乱，群生涂炭，自非高世之才不能济也。然则荀彧舍魏武将谁事哉！……齐桓之时，周室虽衰，未若建安之初也。建安之初，四海荡覆，尺土一民，皆非汉有。荀彧佐魏武而兴之，举贤用能，训卒厉兵，决机发策，征伐四克，遂能以弱为强，化乱为治。十分天下而有其八，其功岂在管仲之后乎！

司马光之后，苏轼有《魏武帝论》一文。
《苏东坡全集·应诏集》卷7引其文说：

当汉氏之衰，豪杰并起而图天下，二袁、董、吕，争为强暴，而孙权、刘备，又已区区于一隅，其用兵制胜，固不足以敌曹氏。然天下终于分裂，迄魏之世而不能一。盖尝试论之，魏武长于料事，而不长于料人。是故有所重发而丧其功，有所轻为而至于败。刘备有盖世之才，而无应卒之机；方其新破刘璋，蜀人未附，一日而四五惊，斩之不能禁释。此时不取，而其后遂至于不敢加兵者终其身。孙权勇而有谋，此不可以声势恐喝取也；魏武不用中原之长，而与之争于舟楫之间，一日一夜，行三百里以争利。犯此二败，以攻孙权，是以丧师于赤壁，以成吴之强。

至南宋，朱熹作《通鉴纲目》，正式确定以蜀汉为正统，致使对曹操的评价降至最低点。

朱熹《通鉴纲目》云：

曹操作诗必说周公，如云"山不厌高，水不厌深。周公吐哺，天下归心"。又《苦寒行》云："悲彼东山诗。"他也是做得个贼起，不惟窃国之柄，和圣人之法也窃了……诗见得人。如曹操虽作酒令，亦说从周公上去，可见是贼。

又《后村先生大全集》卷173谓：

曹公《短歌行》末云："山不厌高，水不厌深。周公吐哺，天下归心。"且孔融、杨修俱毙其手，操之高深安在？身为汉相，而时人目以汉贼，乃以周公自拟，谬矣。

又《陆放翁全集·剑南诗》卷42引陆游《得建业倅郑觉民书言虏乱自淮以北民苦征调皆望王师之至》诗谓：

邦命中兴汉，天心大讨曹。

在南宋一派"大讨曹"的怒声中，并非绝对没有对曹操的赞颂之辞。《全宋词》（三）引辛弃疾《南乡子·登京口北固亭有怀》词谓：

年少万兜鍪。坐断东南战未休。天下英雄谁敌手？曹、刘。生子当如孙仲谋。

又洪迈《容斋随笔》卷12《曹操用人》云：

曹操为汉鬼蜮，君子所不道，然知人善任使，实后世所难及。荀彧、荀攸、郭嘉皆腹心谋臣，共济大事，无待赞说。其余智效一官、权分一郡，无小无大，卓然皆称其职。恐关中诸将为害，则属司隶校尉钟繇以西事，而马腾、韩遂遣子入侍。当天下乱离，诸军乏食，则以枣祗、任峻建立屯田，而军国饶裕，遂芟群雄。欲复监官之利，则使卫凯镇抚关中，而诸将服。河东未定，以杜畿为太守，而卫固、范东束手禽戮。并州初平，以梁习为刺史，而边境肃清。扬州陷于孙权，独有九江一郡，付之刘馥而恩化大行。冯翊困于鄜盗，付之刘浑而民安寇减。代郡三单于，恃力骄恣，裴潜单车之郡，而单于詟服。方得汉中，命杜袭督留事，而百姓自乐，出徙于洛、邺者，至八万口。方得马超之兵，闻当发徙，惊骇欲变，命赵俨为护军，而相率还降，致于东方者亦二万口，凡此十者，其为利岂不大哉！张辽走孙权于合肥，郭淮抵蜀军于阳平，徐晃却关羽于樊，皆以少制众，分方面忧，操无敌于建安之时，非幸也。

到了明代，张溥在《汉魏六朝百三家集·魏武帝集题辞》中对曹操则是褒贬兼而有之。其文谓：

孟德瑞应黄星，志窥汉鼎，世遂谓梁沛真人，天下莫敌，究其始，一名孝廉也，曹嵩为长秋养子，生出莫审，官登太尉。经董卓之乱，避难琅邪，陶徐州戮之，直扑杀常侍儿耳。孟德奋跳当涂，大振易汉，而魏虽附会曹参，难洗宗耻。间读本集，苦寒、孟虎、短歌、对酒，乐府称绝，又助以子桓、子建，帝王之家，文章瑰玮，前有曹魏，后有萧梁，然曹氏称最矣。孟德御军三十余年。手不舍书，兼草书亚崔张，音乐比桓蔡，围棋埒王郭，复好养性，解方药，周公所谓多材多艺，孟德诚有之。使彼不称王谋逆，获与周旋，画讲武策，夜论经传，或登高赋诗，被之弦管；又观其射飞鸟，禽猛兽，殆可以终身忘老。乃甘心作贼者，谓时不我容耳。汉末名人，文有孔融，武有吕布，孟德实兼其长。此两人不死，杀孟德有余。述志一令，似乎欺人，未尝不抽序心腹，慨当以慷也。

在清代，有王夫之、朱乾、黄摩西等人给了曹操以比较客观的评价，但全盘否定者也不乏其人，乾隆帝就是一个突出的代表。在编《四库全书》时，乾隆帝见到宋人穆修所写的《亳州魏武帝帐庙记》一文，不禁大为震怒，认为穆修是"奖篡助逆""大乖于名教"，应将其文从《四库全书》中刊除，"岂可使之仍侧简牍，贻玷汗青"。可见，乾隆帝从维护自己统治地位的意愿出发，对曹操这样"挟天子以令诸侯"的人是不能容忍的。

近代著名的民主革命家、思想家和学者章太炎，也曾对曹操作过较为全面的评论。《章太炎全集·文录》卷2引其文《魏武帝颂》云：

宣哲惟武，民之司命。禁暴止戈，威谋靡竞。夫其经纬万端，神谟天挺。出车而猃狁襄，戎衣而关、洛定。登黎献乎衽席，拯尪倪乎隍阱。而又加之以恭俭，申之以廉靖，廷有壶飧之清，家有绣衣之儆。布贞士于周行，遏苞苴于邪径。务稼穑故民孳殖，烦师旅而人不病。信智计之绝人，故虽谲而近正。所以承炎刘之讫录，尸中原之魅柄。夫唯其锋之锐，故不狐媚以弭戎警；其气之刚，故不宠赂以要大政。桓、文以一匡纪功，尧、舜以耿介称圣。苟拟人之失伦，胡厚颜而无赧？

1927年7月，鲁迅在广州夏期学术演讲会上作了题为"魏晋风度及文章与药及酒之关系"的演讲，对曹操的功绩及其在思想文化方面的特点作了比较全面中肯的评价。《鲁迅全集·而已集》引其文谓：

不过我们讲到曹操，很容易就联想起《三国志演义》，更而想起戏台上那一位花面的奸臣，但这不是观察曹操的真正方法……其实，曹操是一个很有本事的人，至少是一个英雄，我虽不是曹操一党，但无论如何，总是非常佩服他。

董卓之后，曹操专权。在他的统治之下，第一个特色便是尚刑名。他的立法是很严的，因为当大乱之后，大家都想做皇帝，大家都想叛乱，故曹操不能不如此。曹操曾自己说过："倘无我，不知有多少人称王称帝！"这句话他倒并没有说谎。因此之故，影响到文章方面，成了清峻的风格。——就是文章要简约严明的意思。

　　此外还有一个特点，就是尚通脱。他为什么要尚通脱呢？自然也与当时的风气有莫大的关系。因为在党锢之祸以前，凡党中人都自命清流，不过讲"清"讲得太过，便成固执，所以在汉末，清流的举动有时便非常可笑了……所以深知此弊的曹操要起来反对这种习气，力倡通脱。通脱即随便之意。此种提倡影响到文坛，便产生多量想说甚么便说甚么的文章。

　　更因思想通脱之后，废除固执，遂能充分容纳异端和外来的思想，故孔教以外的思想源源引入。

　　总括起来，我们可以说汉末魏初的文章是清峻，通脱。

　　在曹操本身，也是一个改造文章的祖师，可惜他的文章传的很少。他胆子很大，文章从通脱得力不少，做文章时又没有顾忌，想写的便写出来。

　　所以曹操征求人才时也是这样说，不忠不孝不要紧，只要有才便可以。这又是别人所不敢说的。曹操做诗，竟说是"郑康成行酒伏地气绝"，他引出离当时不久的事实，这也是别人所不敢用的。还有一样，比方人死时，常常写点遗令，这是名人的一件极时髦的事。当时的遗令本有一定的格式，且多言身后当葬于何处，或葬于某某名人的墓旁；操独不然，他的遗令不但没有依着格式，内容竟讲到遗下的衣服和伎女怎样处置等问题……

　　魏晋时所谓崇奉礼教，是用以自利，那崇奉也不过偶然崇奉，如曹操杀孔融，司马懿杀嵇康，都是因为他们和不孝有关，但实在曹操、司马懿何尝是著名的孝子，不过将这个名义，加罪于反对自己的人罢了。

　　鲁迅的曹操评论彻底摆脱了"帝魏寇蜀"或"帝蜀寇魏"之类的传统观念的影响，摆脱了南宋以来尊刘抑曹的思想倾向，给予了曹操实事求是的评价。鲁迅并非有意要做翻案文章，但他对于曹操的肯定，却在曹操评论史上揭开了新的一页,对后来特别是 1949 年以后的当代曹操评论产生了深刻的影响。

二 曹丕继续推行一系列进步政策

曹丕在位期间,为巩固社会和国家的安定,也采取了一系列进步措施。

(一)取士不拘年龄,广泛求贤

曹丕即皇帝位后,同其父曹操一样,也提倡"唯才是举"的主张,一是录用人才,不拘年龄。《全三国文》卷 5《魏文帝》载其《取士不限年诏》说:

> 今之计、孝,古之贡士也。十室之邑,必有忠信。若限年然后取士,是吕尚、周晋不显于前世也。其令郡国所选,勿拘老幼。儒通经术,吏达文法,列皆试用。有司纠故不以实者。

二是广泛求贤。《全三国文》卷 5《魏文帝》载其《止王朗让位诏》说:

> 朕求贤于君而未得,君乃翻然称疾。非徒不得贤,更开失贤之路,增玉铉之倾。无乃居其室出其言不善,见违于君子乎。君其勿有后辞。

这虽是曹丕给王朗的诏书,但又非限于王朗一人,它具有广泛的代表性,是曹丕重视人才的体现。

三是对于有功之人,给予敬重和奖励。《太平御览》卷 685《服章部·远游冠》载其《与于禁诏》中写道:

> 昔汉高脱衣以衣韩信,光武解绶以带李忠。诚皆人主当时贵敬功劳效心之至也。今赐将军以魏王时自所佩朱韍及远游冠。

(二)严礼教,轻刑罚,反对"妇人与政"与复仇

曹丕在取得政权以后,面临如何安定社会政治局面,巩固已取得的统

治地位的问题。为此，曹丕采取了多项有力措施。一是主张严格礼教，也就是用封建统治阶级的法规来约束人们的思想，教化人心。《全三国文》卷6《魏文帝》载其《禁设非礼之祭诏》说：

先王祭礼，所以昭孝事祖，大则郊社，其次宗庙。三辰五行，名山大川，非此族也，不在祀典。叔世衰乱，崇信巫史，至乃宫殿之内，户牖之间，无不沃酹。甚矣，其惑也。自今其敢设非礼之祭，巫祝之言，皆以执左道论，著于令典。

二是主张轻刑罚。《全三国文》卷6《魏文帝》载其《议轻刑诏》谓：

近之不绥，何远之怀？今事多而民少，上下相弊以文法，百姓无所措其手足。昔太山之哭者，以为苛政甚于猛虎。吾备儒者之风，服圣人之遗教，岂可以目玩其辞，行违其诫者哉。广议轻刑，以惠百姓。

三是规定群臣不得奏事太后，后族之家不得当辅政之任。《全三国文》卷5《魏文帝》载其《禁妇人与政诏》谓：

夫妇人与政，乱之本也。自今以后，群臣不得奏事太后。后族之家，不得当辅政之任，又不得横受茅土之爵；以此诏传后世，若有背违，天下共诛之。

四是积极提倡养老长幼，互相亲爱，反对报复私仇。《全三国文》卷5《魏文帝》载其《禁复私仇诏》说：

丧乱以来，兵革纵横，天下之人多相残害者。昔田横杀郦商之兄，张步害伏湛之子。汉氏二祖下诏，使不得相仇。今兵戎始息，宇内初定。民之存者，非流亡之孤，则锋刃之余，当相亲爱，养老长幼。自今以后，宿有仇怨者，皆不得相仇。

(三) 轻赋税，罢墓祭，反对厚葬

曹丕一登王座，即宣布废除关津之禁，减免赋税。《全三国文》卷6《魏文帝》载其《除禁轻税令》谓：

> 关津所以通商旅，池苑所以御灾荒。设禁重税，非所以便民。其除池籞之禁，轻关津之税，皆复什一。

曹丕还提出了罢墓祭，下令拆毁曹操高陵之上的祭殿。《全三国文》卷5《魏文帝》载其《毁高陵祭殿诏》说：

> 先帝躬履节俭，遗诏省约。子以述父为孝。臣以继事为忠，古不墓祭，皆设于庙。高陵上殿屋皆毁坏，车马还厩，衣服藏府，以从先帝俭德之志。

与此同时，他又下诏要求在营建自己的寿陵时，力求俭朴，反对厚葬。《全三国文》卷8《魏文帝》载其《终制》说：

> 寿陵因山为体，无为封树，无立寝殿，造园邑，通神道。夫葬也者，藏也。欲人之不得见也。骨无痛痒之知，冢非栖神之宅。礼不墓祭，欲存亡之不黩也。为棺椁足以朽骨，衣衾足以朽肉而已。故吾营此丘墟不食之地，欲使易代之后，不知其处。无施苇炭，无藏金银铜铁。一以瓦器，合古涂车刍灵之义。棺但漆际会三过，饭含无以珠玉，无施珠襦玉匣。诸愚俗所为也。

(四) 创立九品中正制

前揭曹操的三次求贤令，仅仅阐明他取士的政策、原则和标准，但实现这些规定，就需要有具体制度和办法来推行，于是新的九品中正的选士制度，就应运而生了。

《宋书》卷94《恩幸传序》载：

> 汉末丧乱，魏武始基，军中仓卒，权立九品，盖以论人才优劣，非为世族高卑。因此相沿，遂为成法。自魏至晋，莫之能改，州都郡

正，以才品人，而举世人才，升降盖寡。徒以凭借世资，用相陵驾，都正俗士，斟酌时宜，品目少多，随事俯仰，刘毅所云"下品无高门，上品无贱族"者也。岁月迁讹，斯风渐笃，凡厥衣冠，莫非二品，自此以还，遂成卑庶。周、汉之道，以智役愚，台隶参差，用成等级，魏晋以来，以贵役贱，士庶之科，较然有辨。

又《晋书》卷36《卫瓘传》载：

（卫瓘）上书曰："……魏氏承颠覆之运，起丧乱之后，人士流移，考详无地，故立九品之制粗且为一时选用之本耳。其始造也，乡邑清议，不拘爵位，褒贬所加，足为劝励，犹有乡论余风。中间渐染，遂计资定品，使天下观望，唯以居位为贵，人弃德而忽道业，争多少于锥刀之末，伤损风俗，其弊不细。今九域同规，大化方始，臣等以为宜皆荡除末法……尽除中正九品之制，使举善进才，各由乡论……"武帝善之，而卒不能改。

又《通典》卷14《选举二·历代制中》载：

按九品之制初因后汉建安中，天下兴兵，衣冠士族多离于本土，欲征源流，遽难委悉。魏氏革命，州郡县俱置大小中正，各以本处人任诸府公卿及台省郎吏有德充才盛者为之，区别所管人物，定为九等。其有言行修著则升进之，或以五升四、以六升五，倘或道义亏阙，则降下之，或自五退六、自六退七矣。是以吏部不能审定核天下人才士庶，故委中正铨第等级，凭之授受，谓免乖戾。

据此可知，九品中正制的创始人是曹操。建安二十五年（220），曹操卒，曹丕尚未登上皇帝宝座，在刘协的延康元年（220），吏部尚书陈群又重申和修订了九品中正之法，经执政当国的曹丕的同意，明令推广魏地。如果说九品中正制在曹操时尚属临时措施，那么，曹丕则作为选士法把它肯定下来，在此后的300多年中，其遂成为魏晋南北朝的主要选士制度。

《文献通考》卷28《选举一》载：

延康元年，尚书陈群以为天朝选用不尽人才，乃立九品官人之法。州郡皆置中正，以定其选，择州郡之贤有识鉴者为之，区别人物，第其高下。又制郡口十万以上，岁察一人，其有秀异，不拘户口。其武官之选，俾护军主之。

州、郡、县俱置大小中正，各取本处人在诸府公卿及台省郎吏、有德充才盛者为之，区别所管人物，定为九等。其言行修著，则升进之，或以五升四，以六升五，倘或道义亏缺，则降下之，或自五退六，自六退七矣。是以吏部不能审定核天下人才士庶，故委中正铨第等级，凭之授受，谓免乖失。

又《三国志》卷22《陈群传》载：

陈群字长文，颍川许昌人也……后以司徒掾举高第，为治书侍御史，转参丞相军事，魏国既建，迁为御史中丞……文帝在东宫，深敬器焉，待以交友之礼，常叹曰："自吾有回，门人日以亲。"及即王位，封群昌武亭侯，徙为尚书。制九品官人之法，群所建也。

又清赵翼《廿二史札记》卷8《九品中正》载：

魏文帝初定九品中正之法：郡邑设小中正，州设大中正。由小中正品第人才，以上大中正，大中正核实，以上司徒，司徒再核，然后付尚书选用。此陈群所建白也。然魏武时何夔疏言，今草创之际，用人未详其本，是以各引其类，宜先核之乡间，使长幼顺序，无相逾越，则贤不肖先分。（夔传）杜恕亦疏言，宜使州郡考士，必由四科，皆有事效，然后察举，试辟公府（恕传）。此又在陈群之前，盖汉以来，本以察举孝廉为士人入仕之路。迨日久弊生，夤缘势利，猥滥益甚，故夔等欲先清其源，专归重于乡评，以核其素行。群又密其法而差等之，固论定官才之法也。然行之未久，夏侯玄已谓中正干铨衡之权（玄传）。而晋卫瓘亦言，魏因丧乱之后，人士流移，详考无地，故立此法，粗具一时选用。其始乡邑清议，不拘爵位，褒贬所加，足为劝励，犹有乡论余风。其后遂计资定品，惟以居位为重。是可见法立弊生,而九品之升降,尤易淆乱也。今以各史参考,乡邑请议亦时有主持公道者,如陈寿遭父丧有疾,令婢丸药,客见之,乡党以为贬议,由是沈滞累年,张华申理之,始举孝廉(寿传)。阎乂亦西州名士,被清议,与寿皆废弃(何攀传)。卞粹因弟衷有门内之私,粹遂以不训见讥被废(卞壶传)。并有已服官而仍以清议升黜者。长史韩预,强聘杨欣女为妻,时欣有姊丧未经旬,张辅为中正,遂贬预以清风俗(辅传)。陈寿因张华奏,已官治书待御史,以葬母洛阳,不归丧于蜀,又被贬议,由是遂废(寿传)。刘颂嫁女子陈矫,矫本刘氏子,出养于姑,遂姓陈氏,中正刘友讥之(颂传)。李含为秦王郎中令,王薨,含俟葬讫除丧,本州大中正以名义贬含,傅咸申理之,诏不许,遂割为五品(含传)。淮南小中正王式,父没,其继母终丧,归于前夫之子,后遂合葬于前夫,卞壶劾之,以为犯礼害义,并劾司徒及扬州大中正、淮南大中正含容徇隐,诏以式付乡邑清议,废终身(壶传)。温峤已为丹阳尹,平苏峻有大功。司徒长史孔愉以峤母亡,遭乱不葬,乃下其品(愉传)。是已入仕者,尚须时加品定,其法非不密也,且石虎诏云:魏立九品之制,三年一清定之,亦人伦之明镜也。先帝黄纸再定,以为选举,今又阅三年,主者更铨论之,是魏以来,尚有三年更定之例,初非一经品定,即终身不改易,其法更未尝不详慎也。且中正内亦多有矜慎者,如刘毅告老,司徒举为青州大中正,尚书谓毅既致仕,不宜烦以碎务。石鉴等力争,乃以毅为之,铨正人流,清浊区别,其所弹贬,自亲贵者始(毅传)。

九品中正制在开始实行时,曾收到一定效果,按照"唯才是举"的原则,选择了一些人才,斥退了不少不才之人,从而改变了东汉以来以世族大家结成朋党操纵选士的局面,这时是进步的,但时隔不久,则弊端日生,于是一些有识之士纷纷力陈其弊。

《三国志》卷9《夏侯玄传》载:

> 太傅司马宣王问以时事,(夏侯)玄议以为:"夫官才用人,国之柄也,故铨衡专于台阁,上之分也,孝行存乎闾巷,优劣任之乡人,下之叙也。夫欲清教审选,在明其分叙,不使相涉而已。何者?

上过其分，则恐所由之不本，而干势驰骛之路开；下逾其叙，则恐天爵之外通，而机权之门多矣。夫天爵下通，是庶人议柄也，机权多门，是纷乱之原也。自州郡中正品度官才之来，有年载矣，缅缅纷纷，未闻整齐，岂非分叙参错，各失其要之所由哉！若令中正但考行伦辈，伦辈当行均，斯可官矣。何者？夫孝行著于家门，岂不忠恪于在官乎？仁恕称于九族，岂不达于为政乎？义断行于乡党，岂不堪于事任乎？三者之类，取于中正，虽不处其官名，斯任官可知矣。行有大小，比有高下，则所任之流，亦涣然明别矣。奚必使中正干铨衡之机于下，而执机柄者有所委仗于上，上下交侵，以生纷错哉？且台阁临下，考功校否，众职之属，各有官长，旦夕相考，莫究于此，间阎之议，以意裁处，而使匠宰失位，众人驱骇，欲风俗清静，其可得乎？天台县远，众所绝意。所得至者，更在侧近，孰不修饰以要所求？所求有路，则修已家门者，已不如自达于乡党矣。自达乡党者，已不如自求之于州邦矣。苟开之有路，而患其饰真离本，虽复严责中正，督以刑罚，犹无益也。岂若使各帅期分，官长则各以其属能否献之台阁，台阁则据官长能否之第，参以乡间德行之次，拟其伦比，勿使偏颇。中正则唯考其行迹，别其高下，审定辈类，勿使升降。台阁总之，如其所简，或有参错，则其责负自在有司。官长所第，中正辈拟，比随次率而用之。如其不称，责负在外。然则内外相参，得失有所，互相形检，孰能相饰？斯则人心定而事理得，庶可以静风俗而审官才矣。"

又《文献通考》卷28《选举一》载：

按魏晋以来，虽立九品中正之法，然仕进之门，与两汉一而已。或公府辟召，或郡国荐举，或由曹掾积累而升，或由世胄承袭而用，大率不外此三四途辙。然，诸贤之说，多欲废九品、罢中正，何也？盖乡举里选者，采毁誉于众多之论，而九品中正者，寄雌黄于一人之口。且两汉如公府辟掾属，州郡选曹僚，皆自荐举，而自试用之，若非其人，则非特累衡鉴之明，抑且矢侍毗之助，故终不敢十分徇其私心。至中正之法行、则评论者自是一人，擢用者自是一人。评论所不许，则司擢用者不敢违其言；擢用或非其人，则司评论者本不任其咎。体统脉络，各不相关，故徇私之弊，无由惩革。又必限以九品，专以一人，其法太拘，其意太狭，其迹太露，故趋势者不暇举贤。如刘毅所谓："上品无寒门，下品无世族"是也。畏祸者不敢疾恶。如孙秀为琅琊郡吏，求品于清议王戎从弟衍，衍将不许，戎劝品之。及秀得志，朝士有怨者皆被害，戎衍独免是也，快恩仇者得以自恣。如何劭初亡，袁粲吊劭子岐，岐辞以疾，粲曰："今年决下婢子品"是也。又如陈寿，遭父丧有疾，使婢丸药。客见之，乡里以为贬坐，是以沉滞累年。谢惠连爱幸会稽郡吏杜德灵，及居父忧，赠以五言诗十余首，坐废不豫荣伍。尚书仆射殷景仁爱其才，乃白文帝言："臣小儿时，便见此文，而论者云是惠连，其实非也。"文帝曰："若此，便应通之。"

又《晋书》卷45《刘毅传》载：

由此论之，选中正而非其人，授权势而无赏罚，或缺中正无禁栓，故邪党得肆，枉滥纵横。虽职名中正，实为奸府；事名九品，而有八损。或恨结于亲亲，猜生于骨肉，当身因于敌仇，子孙离其殃咎。斯乃历世之患，非徒当今之害也。是以时主观时立法，防奸消乱，靡有常制，故周因于殷，有所损益。至于中正九品，上圣古贤皆所不为，岂蔽于此事而有不周哉，将以政化之宜无所取于此也。自魏立以来，未见其得人之功，而生仇薄之累。毁风败俗，无益于化，古今之失，莫大于此。愚臣以为宜罢中正，除九品，弃魏氏之弊法，立一代之美制。

又《晋书》卷36《卫瓘传》载：

瓘以魏立九品，是权时之制，非经通之道，宜复古乡举里选。与太尉亮等上疏曰：

昔圣王崇贤，举善而教，用使朝廷德让，野无邪行，诚以间伍之政，足以相检，询事考言，必得其善，人知名不可虚求，故还修其身。是以崇贤而俗益穆，黜恶而行弥笃。斯则乡举里选者，先王之令典也。自兹以降，此法陵迟。魏氏承颠覆之运，起丧乱之后，人士流移，考详无地，故立九品之制，粗且为一时选用之本耳。其始造也，乡邑清议，不拘爵位，褒贬所加，足为劝励，犹有乡论余风。中间渐染，遂计资定品，使天下观望，唯以居位为贵，人弃德而忽道业，争多少于锥刀之末，伤损风俗，其弊不细。今九域同规，大化方始，臣等以为宜皆荡除末法，一拟古制，以土断，定自公卿以下，皆以所居为正，无复悬客远属异土者，如此，则同乡邻伍，皆为邑里，郡县之宰，即以居长，尽除中正九品之制，使举善进才，各由乡论。然则下敬其上，人安其教，俗与政俱清，化与法并济。人知善否之教，不在交游，即华竞自息，各求于已矣。今除九品，则宜准古制，使朝臣共相举任，于出才之路既博，且可以厉进贤之公心，核在位之明暗，诚令典也。

三　魏晋政权交替，司马氏代魏

曹魏后期，政治日益腐败，大权落入司马氏家族手中，司马懿发动政变，诛杀执政的曹爽及其党羽，司马懿以其子司马师、司马昭相继操纵政权。司马昭病死后，其长子司马炎重演曹丕代汉的"禅位"故事，代魏自主。

（一）曹叡继续推进统一中国的战争

黄初七年（226），曹丕病卒。

《三国志》卷2《文帝纪》云：

（黄初）七年春正月，将幸许昌。许昌城南门无故自崩，帝心恶之，遂不入。壬子，行还洛阳官……五月丙辰，帝疾笃……丁巳帝崩于嘉福殿。时年四十。六月戊寅，葬首阳陵。

关于曹丕的生平，除《三国志》卷2《文帝纪》曹丕《自叙》及《全三国文》等曾有所记载外，比较公正而客观地介绍曹丕的文字，古代要推张溥了。

明人张溥《汉魏六朝百三家集·魏文帝集》载：

曹子桓生长戎马之间，善骑马，左右射，又工击剑弹棋，技能戏弄，不减若父。其诗歌文辞仿佛上下，即不堪弟蓄陈思；孟德大儿，固有余也。魏王帝业无足称，惟令宦人为官，不得过诸署令；诏群臣家不得奏事太后；后族家不得常辅政任，石室金策，可宝万世。彼亲见汉室炎隆，女主中人手扑灭之，《麦秀》《黍离》，恫伤心目。霸朝初创，力更旧辙，至待山阳公以不死，礼遇汉老臣杨彪不夺其志，盛德之事，非孟德可及。当日符命献谀，玺绶被躬，群众推奉，时与势迫。倘建安君臣有能为比干者，观望却步，竟保常节，未可知也。《典论·自序》，善述生平，《论文》一篇，直自言所得。与王朗书，务立不朽于著述间，不肯以七尺一棺毕其生死。雅慕汉文，没而得谥，良云厚幸。占其旨趣，亦古诸侯之博闻者也。甄后《塘上》、陈王《豆歌》，损德非一，崇华首阳，有余恨焉。

曹丕去世后，其子曹叡即帝位，是为魏明帝。魏明帝在位13年，他打击了吴蜀二国，在东西两个方向都开辟了边疆，把统一中国的战争向前推进了一步。由于对吴蜀的战争取得了一些胜利，曹叡便自满起来，认为天下太平，统一战争不会费力了，于是开始大兴土木，大治洛阳宫。

《三国志》卷13《王朗传》有云：

> 明帝即位……使至邺省文昭皇后陵，见百姓或有不足。是时方营修宫室，朗上疏曰："……臣顷奉使北行，往反道路，闻众徭役，其可得蠲除省减者甚多……今当建始之前足用列朝会，崇华之后足用序内官，华林、天渊足用展游宴，若且先成阊阖之象魏，使足用列远人之朝贡者，修城池，使足用绝逾越，成国险。其余一切，且须丰年……"

同书卷9《曹真传》注引《世语》云：

> 明帝治宫室，（杨）伟谏曰："今作宫室，斩伐生民墓上松柏，毁坏碑兽石柱，辜及亡人，伤孝子心，不可以为后世之法则。"

又《三国志》卷25《杨阜传》云：

> 帝既新作许宫，又营洛阳宫殿观阁。阜上疏曰："……方今二虏

合从，谋危宗庙，十万之军，东西奔赴，边境无一日之娱；农夫废业，民有饥色。陛下不以是为忧，而营作宫室，无有已时……"

此外，明帝还在荥阳附近广设猎场，破坏农田，又滥用刑罚，使百姓手足无措；曹操为了"广耳目"而设立的专以制举臣属阴私为事的校事官，到文帝、明帝时更为滥虐，受枉屈者甚众。这种种情况，不仅加深了阶级矛盾，而且激起了统治阶级内部争权夺利的斗争。不过，从总的方面看，魏明帝在位期间执行了统一中国的战略方针，顺应了历史发展的主流。

（二）司马氏代魏

景初三年（239），魏明帝疾甚，召见太尉司马懿，要他与曹爽共辅少子曹芳。

《三国志》卷4《少帝纪》载：

> 齐王讳芳，字兰卿。明帝无子，养王及秦王询；宫省事秘，莫有知其所由来者。青龙三年，立为齐王。景初三年正月丁亥朔，帝病甚，乃立为皇太子。是日，即皇帝位，大赦。尊皇后曰皇太后。大将军曹爽、太尉司马宣王辅政。诏曰："朕以眇身，继承鸿业，茕茕在疚，靡所控告。大将军、太尉奉受末命，夹辅朕躬，司徒、司空、冢宰、元辅总率百寮，以宁社稷，其与群卿大夫勉勖乃心，称朕意焉。"

曹爽重用名士何晏、邓飏、毕轨、丁谧等人，在政治上变易朝典旧章。司马懿是河内温县的大族，是当时魏国统治集团中最有谋略而又最煊赫的人物。正始十年（249），他在京城发动政变，一网打尽了曹爽及其党羽，掌握了魏国的权柄，史称"高平陵事件"。

《晋书》卷1《宣帝纪》有云：

> 宣皇帝讳懿，字仲达，河内温县孝敬里人，姓司马氏……楚汉间，司马卬为赵将，与诸侯伐秦。秦亡，立为殷王，都河内。汉以其地为郡，子孙遂家焉。自卬八世生征西将军钧，字叔平，钧生豫章太守量，字公度；量生颍川太守儁，字元异；儁生京兆君防，字建公。

帝即防之第二子也。少有奇节，聪朗多大略，博学洽闻，伏膺儒教。

又《三国志》卷9《曹真传附子爽传》云：

(魏明)帝寝疾，乃引(曹)爽入卧内，拜大将军，假节钺，都督中外诸军事，录尚书事，与太尉司马宣王并受遗诏辅少主……

初，爽以宣王年德并高……不敢专行。及(何)晏等进用，咸共推戴，说爽以权重不宜委之于人。乃以晏、(邓)飏、(丁)谧为尚书，晏典选举，(毕)轨司隶校尉，(李)胜河南尹，诸事希复由宣王。宣王遂称疾避爽……

十年正月，车驾朝高平陵，爽兄弟皆从。宣王部勒兵马，先据武库，遂出屯洛水浮桥。奏爽曰："臣昔从辽东还，先帝诏陛下、秦王及臣升御床，把臣臂，深以后事为念。臣言'二祖亦属臣以后事，此自陛下所见，无所忧苦；万一有不如意，臣当以死奉明诏'。黄门令董箕等，才人侍疾者，皆所闻知。今大将军爽背弃顾命，败乱国典，内则僭拟，外专威权；破坏诸营，尽据禁兵；群官要职，皆置所亲；殿中宿卫，历世旧人，皆复斥出，欲置新人以树私计；根据槃互，纵恣日甚。外既如此，又以黄门张当为都监，专共交关，看察至尊，候伺神器，离间二宫，伤害骨肉。天下汹汹，人怀危惧，陛下但为寄坐，岂得久安！此非先帝诏陛下及臣升御床之本意也。臣虽朽迈，敢忘往言？昔赵高极意，秦氏以灭，吕、霍早断，汉祚永世。此乃陛下之大鉴，臣受命之时也。太尉臣(蒋)济、尚书令臣(司马)孚等，皆以爽为有无君之心，兄弟不宜典兵宿卫，奏永宁宫。皇太后令敕臣如奏施行。臣辄敕主者及黄门令罢爽、羲、训吏兵，以侯就第，不得逗留以稽车驾；敢有稽留，便以军法从事。臣辄力疾，将兵屯洛水浮桥，伺察非常。"

爽得宣王奏事，不通，迫窘不知所为。大司农沛国桓范闻兵起，不应太后诏，矫诏开平昌门，拔取剑戟，略将门候，南奔爽。宣王知，曰："范画策，爽必不能用范计。"范说爽使车驾幸许昌，招外兵。爽兄弟犹豫未决，范重谓羲曰："当今日，聊门户求贫贱复可得乎？且匹夫持质一人，尚欲望活，今卿与天子相随，令于天下，谁敢不应者？"羲犹不能纳。侍中许允、尚书陈泰说爽，使早自归罪。爽于是遣允、泰诣宣王,归罪请死,乃通宣王奏事。遂免爽兄弟,以侯还第。

初,张当私以所择才人张、何等与爽。以其有奸,收当治罪。当陈爽与晏等阴谋反逆,并先习兵,须三月中欲发,于是收晏等下狱。曾公卿朝臣廷议,以为"春秋之义,'君亲无将,将而必诛'。爽以支属,世蒙殊宠,亲受先帝握手遗诏,托以天下,而包藏祸心,蔑弃顾命,乃与晏、飏及当等谋图神器,范党同罪人,皆为大逆不道"。于是收爽、羲、训、晏、飏、谧、轨、胜、范、当等,皆伏诛,夷三族。

这次斗争,可以说是曹魏灭亡、司马氏代兴的关键。从此,曹魏的大权完全落入司马氏之手。嘉平三年(251),司马懿死,其子司马师、司马昭相继掌权,废曹芳,立曹髦(高贵乡公)为帝,陆续铲除了曹魏势力。曹髦见司马昭威势日重,不胜其忿,于景元元年(260),率宫中卫士、僮仆数百人鼓噪而出,前往攻杀司马昭,结果失败,曹髦被杀。

《三国志》卷4《少帝纪》注引《汉晋春秋》云:

帝见威权日去,不胜其忿。乃召侍中王沈、尚书王经、散骑常侍王业,谓曰:"司马昭之心,路人所知也,吾不能坐受废辱,今日当与卿等自出讨之。"王经曰:"昔鲁昭公不忍季氏,败走失国,为天下笑。今权在其门,为日久矣,朝廷四方皆为之致死,不顾逆顺之理,非一日也。且宿卫空阙,兵甲寡弱,陛下何所资用,而一旦如此,无乃欲除疾而更深之邪!祸殆不测,宜见重详。"帝乃出怀中版令投地,曰:"行之决矣。正使死,何所惧?况不必死邪!"于是入白太后,沈、业奔走告文王,文王为之备。帝遂帅僮仆数百,鼓噪而出。文王弟屯骑校尉伷入,遇帝于东止车门,左右呵之,伷众奔走。中护军贾充又逆帝战于南阙下,帝自用剑。众欲退,太子舍人成济问充曰:"事急矣。当云何?"充曰:"畜养汝等,正谓今日。今日之事,无所问也。"济即前刺帝,刃出于背。文王闻,大惊,自投于地曰:"天下其谓我何!"太傅孚奔往,枕帝股而哭,哀甚,曰:"杀陛下者,臣之罪也。"

又《少帝纪》注引《魏氏春秋》云：

> 戊子夜，帝自将冗从仆射李昭、黄门从官焦伯等下陵云台，铠仗授兵，欲因际会，自出讨文王。会雨，有司奏却日，遂见王经等，出黄素诏于怀曰："是可忍也，孰不可忍也！今日便当决行此事。"入白太后，遂拔剑升辇，帅殿中宿卫苍头官僮击战鼓，出云龙门。贾充自外而入，帝帅溃散，犹称天子，手剑奋击，众莫敢逼，充帅厉将士，骑督成倅弟成济以矛进，帝崩于师。

曹髦为司马昭所弑后，昭另立常道乡公曹奂为帝，是为元帝。咸熙二年（265），司马昭病死，其子司马炎袭晋王爵，他废曹奂为陈留王，重演曹丕代汉的"禅让"故事，成为晋朝的开国皇帝。

《三国志》卷4《陈留王传》载：

> （咸熙二年）秋八月辛卯，相国晋王薨。壬辰，晋太子炎绍封袭位，总摄百揆，备物典册，一皆如前……九月乙未，大赦。戊午，司徒何曾为晋丞相。癸亥，以骠骑将军司马望为司徒，征东大将军石苞为骠骑将军，征南大将军陈骞为车骑将军。乙亥，葬晋文王。闰月庚辰，康居、大宛献名马，归于相国府，以显怀万国致远之勋。
>
> 十二月壬戌，天禄永终，历数在晋。诏群公卿士具仪设坛于南郊，使使者奉皇帝玺绶册，禅位于晋嗣王，如汉魏故事。甲子，使使者奉策。遂改次于金墉城，而终馆于邺，时年二十。

曹氏与司马氏之争，即封建统治阶级内部分裂为曹氏和司马氏两大政治集团争夺政治权的斗争。在这场斗争中，司马氏集团之所以能够取得胜利，有以下几方面原因。

一是司马懿的坚忍（凶残），远非汉末儒家迂腐无能之辈所能比。《晋书》卷1《宣帝纪》有云：

> 帝内忌而外宽，猜忌多权变。魏武察帝有雄豪志，闻有狼顾相，欲验之，乃召使前行，令反顾，面正向后，而身不动……帝于是勤于吏职，夜以忘寝，至于刍牧之间，悉皆临履，由是魏武意遂安。及平

公孙文懿（渊），大行杀戮。诛曹爽之际，支党皆夷及三族，男女无少长，姑姊妹之适人者皆杀之，既而竟迁魏鼎云。

又《世说新语》卷下之下《尤悔》云：

> 王导、温峤俱见明帝，帝问温前世所以得天下之由。温未答，王曰："温峤年少未谙，臣为陛下陈之。"王乃具叙宣王创业之始。诛夷名族，宠树同己，及文王（司马昭）之末高贵乡公事。（刘注云：宣王创业诛曹爽、任蒋济之流者是也。）明帝闻之，覆面著床曰："若如公言，祚安得长？"

司马懿的手段确乎残忍。过去论者往往从这一点来否定司马懿。笔者认为，嗜杀是统治者本质的表现，不足为训，但这仅属于个人品质方面的优劣，不是论定历史人物的重要内容。这也正如评价曹操一样，曹操也是一个杀人魔王，但这并不妨碍我们对他恰当地肯定。

二是司马氏父子"甚得民心"。《三国志》卷28《王凌传》注引《汉晋春秋》云：

> 曹爽以骄奢失民，何平叔（何晏）虚而不治，丁、毕、桓、邓虽并有宿望，皆专竞于世。加变易朝典，政令数改，所存虽高而事不下接，民习于旧，众莫之从。故虽势倾四海，声震天下，同日斩戮，名士减半，而百姓安之，莫或之哀，失民故也。今（司马）懿……擢用贤能，广树胜己，修先朝之政令，副众心之所求。爽之所以为恶者，彼莫不必改，夙夜匪懈，以恤民为先。

又《三国志》卷48《孙晧传》注引《襄阳记》云：

> 魏伐蜀。吴人问（张）悌曰："司马氏得政以来，大难屡作……今已竭其资力，远征巴蜀，兵劳民疲而不知恤，败于不暇，何以能济？……"悌曰："不然，曹操虽功盖中夏，威震四海，崇诈仗术，征伐无已，民畏其威，而不怀其德也。丕、叡承之，系以惨虐，内兴宫室，外惧雄豪，东西驰驱，无岁获安。彼之失民；为日久矣。司马

懿父子自握其柄，累有大功，除其烦苛而布其平惠，为之谋主而救其疾，民心归之，亦已久矣。故淮南三叛而腹心不扰，曹髦之死，四方不动，摧坚敌如折枯，荡异同如反掌，任贤使能，各尽其心，非智勇兼人，孰能如之？其威武张矣，本根固矣，群情服矣，奸计立矣……彼强弱不同，智算亦胜，因危而伐，殆其克乎！"

三是一些寒族出身的官吏，崇尚与曹氏相同，本属曹氏一党，但后来改变了政治立场，站到司马氏一边，并成为司马氏夺取政权的积极支持者。如非儒家的寒族出身的贾充就是司马氏的大功臣。贾充是贾逵之子。关于贾逵，《三国志》卷15《贾逵传》有云：

为豫州刺史。是时天下初复，州郡多不摄。逵曰："州本以御史出监诸郡，以六条诏书察长吏、二千石已下，故其状皆言严能鹰扬有督察之才，不言安静宽仁有恺悌之德也。今长吏慢法，盗贼公行，州知而不纠，天下复何取正乎？"兵曹从事受前刺史假，逵到官数月，乃还；考竟其二千石以下阿纵不如法者，皆举奏免之。（文）帝曰："逵真刺史矣。"布告天下，当以豫州为法……薨……子充嗣……咸熙中为中护军。（裴注引《晋诸公赞》曰："高贵乡公之难，司马文王赖充及免。为晋室元功之臣。"）

可知贾逵主张刺史考察时，应具"严能鹰扬有督察之才"，而不主张有"安静宽仁有恺悌之德"。他奏免过他所考察到的二千石以下"阿纵不如法者"。这是曹操的主张，曹操的政策。

《三国志》卷28《王凌传》注引干宝《晋纪》又云：

凌到顶，见贾逵祠在水侧。凌呼曰："贾梁道！王凌忠于魏之社稷者，唯尔有神知之。"其年（嘉平二年）八月，太傅（司马懿）有疾。梦凌、逵为厉，甚恶之，遂薨。

可知贾逵忠于魏朝。王凌为所谓的淮南"三叛"之一，王凌之叛是司马懿平定的。司马懿"梦凌、逵为厉"，是因为这两个人都忠于曹氏，反对司马氏。

贾氏出身，《晋书》卷50《庾纯传》有云：

> 初，纯以贾充奸佞，与任恺共举充西镇关中，充由是不平。充尝宴朝士，而纯后至。充谓曰："君行常居人前，今何以在后？"纯曰："且有小市井事不了，是以来后。"世言纯之先尝有伍伯者，充之先有市魁者，充、纯以此相讥焉。充自以位隆望重，意殊不平。及纯行酒，充不时饮。纯曰："长者为寿，何敢尔乎？"充曰："父老不归供养，将何言也？"纯因发怒曰："贾充！天下凶凶，由尔一人。"充曰："充辅佐二世，荡平巴蜀，有何罪而天下之为凶凶？"纯曰："高贵乡公何在？"众坐因罢。充左右欲执纯，中护军羊琇、侍中王济佑之，因得出。

可见贾充的先人有做市魁的，出身寒族，与曹操的出身一致。标榜名教的司马昭假手于他杀了魏朝天子，他成就了司马氏的夺权大业。

投靠司马氏的非儒家出身的寒族，非止贾充一人。像陈骞、石苞，对司马氏的夺权，支持也是有力的。陈骞是陈矫之子。《三国志》卷22《陈矫传》裴注引《世语》略云：

> （魏明）帝忧社稷，问矫："司马公（懿）忠正，可谓社稷之臣乎？"矫曰："朝廷之望，社稷未知也。"

可知陈矫站在曹氏一边，反对司马氏。陈矫的出身，据《陈矫传》注引《魏氏春秋》云：

> 矫本刘氏子，出嗣舅氏，而婚于本族。徐宣每非之，庭议其阙。太祖（曹操）惜矫才量，欲拥全之，乃下令曰："丧乱以来，风教凋薄，谤议之言，难用褒贬，自建安五年已前，一切勿论。其以断前诽议者，以其罪罪之。"

陈矫本姓刘，出嗣舅氏陈姓，因而姓陈。可他却与本族刘姓之女结婚，故为徐宣所非。他出嗣陈氏，与曹操之父曹嵩本为夏侯氏之子，出嗣曹腾，有类似之处。

关于陈骞，《晋书》卷35《陈骞传》有云：

> 陈骞，临淮东阳人也。父矫，魏司徒。武帝受禅，（骞）以佐命之勋，封高平郡公，与贾充、石苞、裴秀等俱为心膂，而骞智度过之，充等亦自以为不及也。弟稚与其子舆忿争，遂说骞子女秽行，骞表徙弟，以此获讥于世。

陈骞在司马炎亡魏成晋上，有佐命之功，其在政治上完全倒向了司马氏一边。

关于石苞。《晋书》卷33《石苞传》云：

> （石苞）渤海南皮人也……县召为吏，给农司马。会谒者阳翟郭玄信奉使，求人为御，司马以苞及邓艾给之。行十余里，玄信谓二人曰："子后并当至卿相。"苞曰："御隶也，何卿相乎？"……文帝崩，贾充、荀勖议葬礼未定，苞时奔丧，恸哭曰："基业如此，而以人臣终乎！"葬礼乃定。后每与陈骞讽魏帝，以历数已终，天命有在。及禅位，苞有力焉……（苞子）崇颖悟有才气，而任侠无行检。在荆州劫远使商客，致富不赀……复拜卫尉，与潘岳谄事贾谧……财产丰积，室宇宏丽，后房百数，皆曳纨绣，珥金翠，丝竹尽当时之选，庖膳穷水陆之珍。与贵戚王恺、羊琇之徒以奢靡相尚……（崇被害后）有司簿阅崇水碓三十余区，苍头八百余人，他珍宝货贿田宅称是。

可见石苞也是一个出身寒族，而政治上站在司马氏一方的人物。他在亡魏成晋上，与陈骞同有佐命之功。

第四节　蜀汉的政治

蜀的建国及其以后的治国，基本上是按诸葛亮的"隆中策"行事的。诸葛亮是一位杰出的政治家和军事家。在他掌权的十多年中，蜀汉的政治比较清明。

一　诸葛亮治蜀

经过荆州、夷陵之败，蜀元气大伤，不仅失去了一个重要根据地，精锐部队也损耗大半，因国小、兵少、民弱，蜀成了三国中最弱的国家。章武三年（223），刘备病死于白帝城（今重庆市奉节县），诸葛亮受刘备遗命托孤辅政，从此蜀汉的大权实际上由诸葛亮执掌。

《三国志》卷35《诸葛亮传》载：

> 亮少有逸群之才，英霸之器，身长八尺，容貌甚伟，时人异焉。遭汉末扰乱，随叔父玄避难荆州，躬耕于野，不求闻达。时左将军刘备以亮有殊量，乃三顾亮于草庐之中。亮深谓备雄姿杰出，遂解带写诚，厚相结纳。及魏武帝南征荆州，刘琮举州委质，而备失势众寡，无立锥之地。亮时年二十七，乃建奇策，身使孙权，求援吴会。权既宿服仰备，又睹亮奇雅，甚敬重之，即遣兵三万人以助备。备得用与武帝交战，大破其军，乘胜克捷，江南悉平。后备又西取益州。益州既定，以亮为军师将军。备称尊号，拜亮为丞相，录尚书事。及备殂没，嗣子幼弱，事无巨细，亮皆专之。

诸葛亮治蜀，在政治上的基本措施有以下几个方面。

（一）严行法治

汉末政失于宽，刘焉、刘璋父子和袁绍一样，在益州"以宽济宽""德政不举，威刑不肃"，因而出现了豪强"专权自恣"的暗弱局面。

《三国志》卷35《诸葛亮传》注引《蜀记》云：

> 刘璋暗弱，自焉以来，有累世之恩，文法羁縻，互相承奉，德政不举，威刑不肃。蜀土人士，每专权自恣，君臣之道，渐以陵替。宠之以位，位极则贱；顺之以恩，恩竭则慢。所以致弊，实由于此。

同书卷37《法正传》云：

> 益州所仰唯蜀，蜀亦破坏，三分亡二……思为乱者，十户而八。

蜀中情况可用一个"乱"字来概括。诸葛亮针对蜀中情况，制定了一整套由乱到治的方针。这便是《便宜十六策·治乱策》中提到的方针。《诸葛亮集·文集》卷3《便宜十六策·治乱策》云：

> 治乱之政，谓省官并职，去文就质也。夫绵绵不绝，必有乱结，织织不伐，必成妖孽。夫三纲不正，六纪不理，则大乱生矣。故治国者，圆不失规，方不失矩，本不失末，为政不失其道，万事可成，其功可保。夫三军之乱，纷纷扰扰，各惟其理。明君治其纲纪，政治当有先后，先理纲，后理纪；先理令，后理罚；先理近，后理远；先理内，后理外；先理本，后理末；先理强，后理弱；先理大，后理小；先理身，后理人。是以理纲则纪张，理令则罚行，理近则远安，理内则外端，理本则末通，理强则弱伸，理大则小行，理上则下正，理身则人敬，此乃治国之道也。

在《治乱策》中，"先理强，后理弱"是最重要的一条。理强，即限制、打击豪强官僚的专权自恣；理弱，即扶植农民发展生产。

严行法治是诸葛亮"理强"的一个重要手段。为了更有效地实行法治，诸葛亮逐步制定了一些法令条例。

《三国志》卷38《伊籍传》有云：

> 伊籍字机伯，山阳人。初为左将军从事中郎，后迁昭文将军，与诸葛亮、法正、刘巴、李严共造《蜀科》。《蜀科》之制，由此五人焉。

又同书卷35《诸葛亮传》注引《魏氏春秋》云：

> 亮作八务、七戒、六恐、五惧，皆有条章，以训厉臣子。

诸葛亮执法如山，能够不避权贵，不徇私情。如李严、廖立、向朗都是蜀汉高级官员，他们都曾因犯了法而被诸葛亮治罪。

关于李严，《三国志》卷40《李严传》云：

李严字正方，南阳人也。少为郡职吏，以才干称。荆州牧刘表使历诸郡县。曹公入荆州时，严宰秭归，遂西诣蜀，刘璋以为成都令，复有能名。建安十八年，署严为护军，拒先主于绵竹。严率众降先主，先主拜严裨将军。成都既定，为犍为太守、兴业将军。二十三年，盗贼马秦、高胜等起事于郪，合聚部伍数万人，到资中县。时先主在汉中，严不更发兵，但率将郡士五千人讨之，斩秦、胜等首。枝党星散，悉复民籍。又越巂夷率高定遣军围新道县，严驰往赴救，贼皆破走。加辅汉将军，领郡如故。章武二年，先主征严诣永安宫，拜尚书令。三年，先主疾病，严与诸葛亮并受遗诏辅少主；以严为中都护，统内外军事，留镇永安。建兴元年，封都乡侯，假节，加光禄勋。四年，转为前将军。以诸葛亮欲出军汉中，严当知后事，移屯江州，留护军陈到驻永安，皆统属严。严与孟达书曰："吾与孔明俱受寄托，忧深责重，思得良伴。"亮亦与达书曰："部分如流，趋舍罔滞，正方性也。"其见贵重如此。八年，迁骠骑将军。以曹真欲三道向汉川，亮命严将二万人赴汉中。亮表严子丰为江州都督督军，典严后事。亮以明年当出军，命严以中都护署府事。严改名为平。

九年春，亮军祁山，平催督运事。秋夏之际，值天霖雨，运粮不继，平遣参军狐忠、督军成藩喻指，呼亮来还；亮承以退军。平闻军退，乃更阳惊，说"军粮饶足，何以便归"，欲以解己不办之责，显亮不进之愆也。又表后主，说"军伪退，欲以诱贼与战"。亮具出其前后手笔书疏本末，平违错章灼。平辞穷情竭，首谢罪负。于是亮表平曰："自先帝崩后，平所在治家，尚为小惠，安身求名，无忧国之事。臣当北出，欲得平兵以镇汉中，平穷难纵横，无有来意，而求以五郡为巴州刺史。去年臣欲西征，欲令平主督汉中，平说司马懿等开府辟召。臣知平鄙情，欲因行之际逼臣取利也，是以表平子丰督主江州，隆崇其遇，以取一时之务。平至之日，都委诸事，群臣上下皆怪臣待平之厚也。正以大事未定，汉室倾危，伐平之短，莫若褒之。然谓平情在于荣利而已，不意平心颠倒乃尔。若事稽留，将致祸败，是臣不敏，言多增咎。"乃废平为民，徙梓潼郡。十二年，平闻亮卒，发病死。平常冀亮当自补复，策后人不能，故以激愤也。丰官至朱提太守。

又《三国志》卷40《李严传》注云：

> 亮公文上尚书曰："平为大臣，受恩过量，不思忠报，横造无端，危耻不办，迷罔上下，论狱弃科，导人为奸，情狭志狂，若无天地。自度奸露，嫌心遂生，闻军临至，西向托疾还沮、漳，军临至沮，复还江阳，平参军狐忠勤谏乃止。今篡贼未灭，社稷多难，国事惟和，可以克捷，不可苟含，以危大业。辄与行中军师车骑将军都乡侯臣刘琰，使持节前军师征西大将军领凉州刺史南郑侯臣魏延、前将军都亭侯臣袁綝、左将军领荆州刺史高阳乡侯臣吴壹、督前部右将军玄乡侯臣高翔、督后部后将军安乐亭侯臣吴班、领长史绥军将军臣杨仪、督左部行中监军扬武将军臣邓芝、行前监军征南将军臣刘巴、行中护军偏将军臣杨仪，督左部行中监军扬武将军臣邓芝、行前监军征南将军臣刘巴、行中护军偏将军臣费祎、行前护军偏将军汉成亭侯臣许允、行左护军笃信中郎将臣丁咸、行右护军偏将军臣刘敏、行护军征南将军当阳亭侯臣姜维、行中典军讨虏将军臣上官雝、行中参军昭武中郎将臣胡济、行参军建义将军臣阎晏、行参军偏将军臣爨习、行参军裨将军臣杜义、行参军武略中郎将臣杜祺、行参军绥戎都尉臣盛勃、领从事中郎武略中郎将臣樊岐等议，辄解平任，免官禄、节传、印绶、符策，削其爵土。"

关于廖立，《三国志》卷40《廖立传》云：

> 廖立字公渊，武陵临沅人。先主领荆州牧，辟为从事，年未三十，擢为长沙太守。先主入蜀，诸葛亮镇荆土，孙权遣使通好于亮，因问士人皆谁相经纬者，亮答曰："庞统、廖立，楚之良才，当赞兴世业者也。"建安二十年，权遣吕蒙奄袭南三郡，立脱身走，自归先主。先主素识待之，不深责也，以为巴郡太守。二十四年，先主为汉中王，征立为侍中。后主袭位，徙长水校尉。
>
> 立本意，自谓才名宜为诸葛亮之贰，而更游散在李严等下，常怀怏怏。后丞相掾李邵、蒋琬至，立计曰："军当远出，卿诸人好谛其事。昔先（主）[帝]不取汉中，走与吴人争南三郡，卒以三郡与吴人，徒劳役吏士，无益而还。既亡汉中，使夏侯渊、张郃深入于巴，

几丧一州。后至汉中，使关侯身死无孑遗，上庸覆败，徒失一方。是羽怙恃勇名，作军无法，直以意突耳，故前后数丧师众也。如向朗、文恭，凡俗之人耳。恭作治中无纲纪；朗昔奉马良兄弟，谓为圣人，今作长史，素能合道。中郎郭演长，从人者耳，不足与经大事，而作侍中。今弱世也，欲任此三人，为不然也。王连流俗，苟作掊克，使百姓疲弊，以致今日。"邵、琬具白其言于诸葛亮。亮表立曰："长水校尉廖立，坐自贵大，臧否群士，公言国家不任贤达而任俗吏，又言万人率者皆小子也；诽谤先帝，疵毁众臣。人有言国家兵众简练，部伍分明者，立举头视屋，愤咤作色曰：'何足言！'凡如是者不可胜数。羊之乱群，犹能为害，况立托在大位，中人以下识真伪邪？"于是废立为民，徙汶山郡。立躬率妻子耕殖自守，闻诸葛亮卒，垂泣叹曰："吾终为左衽矣！"后监军姜维率偏军经汶山，诣立，称立意气不衰，言论自若。立遂终徙所。妻子还蜀。

关于向朗，《三国志》卷41《向朗传》云：

向朗字巨达，襄阳宜城人也。荆州牧刘表以为临沮长。表卒，归先主……蜀既平，以朗为巴西太守，顷之，转任牂牁，又徙房陵。后主践阼，为步兵校尉，代王连领丞相长史。丞相亮南征，朗留统后事。五年，随亮汉中。朗素与马谡善，谡逃亡，朗知情不举，亮恨之，免官还成都。数年，为光禄勋，亮卒后徙左将军。

诸葛亮执法能身体力行。如随刘备入蜀的大将马谡，违背节制失街亭，诸葛亮按军法处斩，大将赵云被降级，诸葛亮亦请贬官三级。
《三国志》卷35《诸葛亮传》有云：

（章武）六年春，扬声由斜谷道取郿，使赵云、邓芝为疑军，据箕谷，魏大将军曹真举众拒之。亮身率诸军攻祁山，戎陈整齐，赏罚肃而号令明，南安、天水、安定三郡叛魏应亮，关中响震。魏明帝西镇长安，命张郃拒亮，亮使马谡督诸军在前，与郃战于街亭。谡违亮节度，举动失宜，大为郃所破。亮拔西县千余家，还于汉中，戮谡以谢众。上疏曰："臣以弱才，叨窃非据，亲秉旄钺以厉三军，不能训章明法，临事而惧，至有街亭违命之阙，箕谷不戒之失，咎皆在臣授任无方。臣明不知人，恤事多暗，春秋责帅，臣职是当。请自贬三等，以督厥咎。"于是以亮为右将军，行丞相事，所总统如前。

值得一提的是，诸葛亮执法，能把"威之以法"与"服罪输情"结合起来，给人以出路和希望。如在对待李严的问题上即体现了这种精神。《三国志》卷40《李严传》注云：

诸葛亮又与李平子丰教曰："吾与君父子戮力以奖汉室，此神明所闻，非但人知之也。表都护典汉中，委君于东关者，不与人议也。谓至心感动，始终可保，何图中乖乎！昔楚卿屡绌，亦乃克复，思前则福，应自然之数也。愿宽慰都护，勤追前阙。今虽解任，形业失故，奴婢宾客百数十人，君以中郎参军居府，方之气类，犹为上家。若都护思负一意，君与公琰推心从事者，否可复通，逝可复还也。详思斯戒，明吾用心，临书长叹，涕泣而已。"

对此，《三国志》卷35《诸葛亮传》引陈寿的评语谓：

犯法怠慢者虽亲必罚，服罪输情者虽重必释……刑政虽峻而无怨者，以其用心平劝戒明也。

诸葛亮一方面主张"明法"，另一方面则反对"滥刑"。他很注意选择忠直廉平的官吏主管治狱的工作。他反对凭个人喜怒"专持生杀之威"。

《诸葛亮集·文集》卷3《便宜十六策·喜怒》载：

喜怒之政，谓喜不应喜无喜之事，怒不应怒无怒之物，喜怒之间，必明其类。怒不犯无罪之人，喜不从可戮之士，喜怒之际，不可不详。喜不可纵有罪，怒不可戮无辜，喜怒之事，不可妄行。行其私而废其功，将不可发私怒，而兴战必用众心，苟合以私忿而合战，则用众必败。怒不可以复悦，喜不可以复怒，故以文为先，以武为后，先胜则必后负，先怒则必后悔，一朝之忿，而亡其身。故君子威而不猛。忿而不怒，忧而不惧，悦而不喜。可忿之事，然后加之威武，威武加则刑罚施，刑罚施则众奸塞。不加威武，则刑罚不中，刑罚不中，则众恶不理，其国亡。

（二）任人唯贤

诸葛亮治蜀，非常重视选拔人才，他把择人任贤置于国家安危的高度。

《诸葛亮集·文集》卷3《便宜十六策·举措》载：

> 举措之政，谓举直措诸枉也。夫治国犹于治身，治身之道，务在养神，治国之道，务在举贤，是以养神求生举贤求安。故国之有辅，如屋之有柱，柱不可细，辅不可弱，柱细则害，辅弱则倾。故治国之道，举直措诸枉，其国乃安。夫柱以直木为坚，辅以直士为贤，直木出于幽林，直士出于众下。故人君选举，必求隐处，或有怀宝迷邦，匹夫同位，或有高才卓绝，不见招求；或有忠贤孝弟，乡里不举，或有隐居以求其志，行义以达其道；或有忠质于君，朋党相谗。尧举逸人，汤招有莘，周公采贱，皆得其人，以致太平。故人君县赏以待功，设位以待士，不旷庶官，辟四门以兴治务，玄纁以聘幽隐，天下归心，而不仁者远矣。夫所用者非所养，所养者非所用，贫陋为下，财色为上，逸邪得志，忠直远放，玄纁不行，焉得贤辅哉？若夫国危不治，民不安居，此失贤之过也。夫失贤而不危，得贤而不安，未之有也。为人择官者乱，为官择人者治，是以聘贤求士，犹嫁娶之道也，未有自嫁之女，出财为妇。故女慕财聘而达其贞，士慕玄纁而达其名，以礼聘士，而其国乃宁矣。

诸葛亮任人唯贤的做法，具体表现在以下几方面：

第一，不以资历出身为限。

诸葛亮用人，不计较资历出身，如张嶷、王平、蒋琬出身都很低微，但都因才能过人而被诸葛亮委以重任。

关于张嶷，《三国志》卷43《张嶷传》载：

> 张嶷字伯岐，巴郡南充国人也。弱冠为县功曹。先主定蜀之际，

山寇攻县，县长捐家逃亡，嶷冒白刃，携负夫人，夫人得免。由是显名，州召为从事。时郡内士人龚禄、姚伷位二千石，当世有声名，皆与嶷友善。建兴五年，丞相亮北住汉中，广汉绵竹山贼张慕等钞盗军资，劫掠吏民，嶷以都尉将兵讨之。嶷度其乌散，难以战禽，乃诈与和亲，克期置酒。酒酣，嶷身率左右，因斩慕等五十余级，渠帅悉殄。寻其余类，旬日清泰。后得疾病困笃，家素贫匮，广汉太守蜀郡何祗，名为通厚，嶷宿与疏阔，乃自舆诣祗，托以治疾。祗倾财医疗，数年除愈。其党道信义皆此类也。拜为牙门将，属马忠，北讨汶山叛羌，南平四郡蛮夷，辄有筹画战克之功。十四年，武都氐王苻健请降，遣将军张尉往迎，过期不到，大将军蒋琬深以为念。嶷平之曰："苻健求附款至，必无他变，素闻健弟狡黠，又夷狄不能同功，将有乖离，是以稽留耳。"数日，问至，健弟果将四百户就魏，独健来从。

初，越嶲郡自丞相亮讨高定之后，叟夷数反，杀太守龚禄、焦璜，是后太守不敢之郡，只住安上县，去郡八百余里，其郡徒有名而已。时论欲复旧郡，除嶷为越嶲太守，嶷将所领往之郡，诱以恩信，蛮夷皆服，颇来降附。北徼捉马最骁劲，不承节度，嶷乃往讨，生缚其帅魏狼，又分解纵告喻，使招怀余类。表拜狼为邑侯，种落三千余户皆安土供职。诸种闻之，多渐降服，嶷以功赐爵关内侯。

关于王平，《三国志》卷43《王平传》载：

王平字子均，巴西宕渠人也。本养外家何氏，后复姓王。随杜濩、朴胡诣洛阳，假校尉，从曹公征汉中，因降先主，拜牙门将、裨将军。建兴六年，属参军马谡先锋。谡舍水上山，举措烦扰，平连规谏谡，谡不能用，大败于街亭。众尽星散，惟平所领千人，鸣鼓自持，魏将张郃疑其伏兵，不往逼也。于是平徐徐收合诸营遗迸，率将士而还。丞相亮既诛马谡及将军张休、李盛，夺将军黄袭等兵，平特见崇显，加拜参军，统五部兼当营事，进位讨寇将军，封亭侯。九年，亮围祁山，平别守南围。魏大将军司马宣王攻亮，张郃攻平，平坚守不动，郃不能克。十二年，亮卒于武功，军退还，魏延作乱，一战而败，平之功也。迁后典军、安汉将军，副车骑将军吴壹住汉中，又领汉中太守。十五年，进封安汉侯，代壹督汉中。延熙元年，大将军蒋琬住沔阳，平更为前护军，署琬府事。六年，琬还住涪，拜平前监军、镇北大将军，统汉中。

七年春，魏大将军曹爽率步骑十余万向汉川，前锋已在骆谷。时汉中守兵不满三万，诸将大惊。或曰："今力不足以拒敌，听当固守汉、乐二城，遇贼令人，比尔间，涪军足得救关。"平曰："不然。汉中去涪垂千里。贼若得关，便为祸也。今宜先遣刘护军、杜参军据兴势，平为后拒；若贼分向黄金，平率千人下自临之，比尔间，涪军行至，此计之上也。"惟护军刘敏与平意同，即便施行。涪诸军及大将军费祎自成都相继而至，魏军退还，如平本策。是时，邓芝在东，马忠在南，平在北境，咸著名迹。

平生长戎旅，手不能书，其所识不过十字……

关于蒋琬，《三国志》卷44《蒋琬传》载：

蒋琬字公琰，零陵湘乡人也。弱冠与外弟泉陵刘敏俱知名。琬以州书佐随先主入蜀，除广都长。先主尝因游观奄至广都，见琬众事不理，时又沈醉，先主大怒，将加罪戮。军师将军诸葛亮请曰："蒋琬，社稷之器，非百里之才也。其为政以安民为本，不以修饰为先，愿主公重加察之。"先主雅敬亮，乃不加罪，仓卒但免官而已。琬见推之后，夜梦有一牛头在门前，流血滂沱，意甚恶之，呼问占梦赵直。直曰："夫见血者，事分明也。牛角及鼻，'公'字之象，君位必当至公，在吉之征也。"顷之，为什邡令。先主为汉中王，琬入为尚书郎。建兴元年，丞相亮开府，辟琬为东曹掾。举茂才，琬固让刘邕、阴化、龙延、廖淳，亮教答曰："思惟背亲舍德，以殄百姓，众人既不隐于心，实又使远近不解其义，是以君宜显其功举，以明此选之清重也。"迁为参军。五年，亮住汉中，琬与长史张裔统留府事。八年，代裔为长史，加抚军将军。亮数外出，琬常足食足兵以相供给。亮每言："公琰托志忠雅，当与吾共赞王业者也。"密表后主曰："臣若不幸，后事宜以付琬。"

亮卒，以琬为尚书令，俄而加行都护，假节，领益州刺史，迁大将军，录尚书事，封安阳亭侯。时新丧元帅，远近危悚。琬出类拔萃，处群僚之右，既无戚容，又无喜色，神守举止，有如平日，由是众望渐服。

对于确有才能的人，诸葛亮还能够不计较资历，破格提拔。如杨洪、何祗、姜维就是诸葛亮破格提拔的。

关于杨洪，《三国志》卷41《杨洪传》载：

> 杨洪字季休，犍为武阳人也。刘璋时历部诸郡。先主定蜀，太守李严命为功曹。严欲徙郡治舍，洪固谏不听，遂辞功曹，请退。严欲荐洪于州，为蜀部从事。先主争汉中，急书发兵，军师将军诸葛亮以问洪，洪曰："汉中则益州咽喉，存亡之机会，若无汉中则无蜀矣，此家门之祸也。方今之事，男子当战，女子当运，发兵何疑？"时蜀郡太守法正从先主北行，亮于是表洪领蜀郡太守，众事皆办，遂使即真。顷之，转为益州治中从事。
>
> 先主既称尊号，征吴不克，还住永安。汉嘉太守黄元素为诸葛亮所不善，闻先主疾病，惧有后患，举郡反，烧临邛城。时亮东行省疾，成都单虚，是以元益无所惮。洪既启太子，遣其亲兵，使将军陈曶、郑绰讨元。众议以为元若不能围成都，当由越嶲据南中。洪曰："元素性凶暴，无他恩信，何能办此？不过乘水东下，冀主上平安，面缚归死；如其有异，奔吴求活耳。敕曶、绰但于南安峡口遮即便得矣。"曶、绰承洪言，果生获元。洪建兴元年赐爵关内侯，复为蜀郡太守、忠节将军，后为越骑校尉，领郡如故。

关于何祗，《三国志》卷41《杨洪传》载：

> 杨洪少不好学问，而忠清款亮，忧公如家，事继母至孝。六年卒官。始洪为李严功曹，严未（至）犍为而洪已为蜀郡。洪迎门下书佐何祗，有才策功干，举郡吏，数年为广汉太守，时洪亦尚在蜀郡。是以西土咸服诸葛亮能尽时人之器用也。

又同书《杨洪传》注引《益部耆旧传·杂记》云：

每朝会，何祗次（杨）洪坐。嘲祗曰："君马何驶？"祗曰："故吏马不敢驶，但明府未著鞭耳。"众传之以为笑。

祗字君肃，少寒贫，为人宽厚通济，体甚壮大，又能饮食，好声色，不持节俭，故时人少贵之者。尝梦井中生桑，以问占梦赵直，直曰："桑非井中之物，会当移植，然桑字四十下八，君寿恐不过此。"祗笑言，得此足矣。初仕郡，后为督军从事。时诸葛亮用法峻密，阴闻祗游戏放纵，不勤所职，尝奄往录狱。众人咸为祗惧。祗密闻之，夜张灯火见囚，读诸解状。诸葛晨往，祗悉已暗诵，答对解释，无所凝滞，亮甚异之。出补成都令，时郫县令缺，以祗兼二县。二县户口猥多，切近都治，饶诸奸秽，每比人，常眠睡，值其觉寤，辄得奸诈，众咸畏祗之发摘，或以为有术，无敢欺者。使人投算，祗听其读而心计之，不差升合，其精如此。汶山夷不安，以祗为汶山太守，民夷服信。迁广汉。后夷反叛，辞曰："令得前何府君，乃能安我耳。"时难复屈祗，拔祗族人为之，汶山复得安。转祗为犍为。

关于姜维，《三国志》卷44《姜维传》载：

姜维字伯约，天水冀人也。少孤，与母居。好郑氏学。仕郡上计掾，州辟为从事。以父囧昔为郡功曹，值羌、戎叛乱，身卫郡将，没于战场，赐维官中郎，参本郡军事。建兴六年，丞相诸葛亮军向祁山，时天水太守适出案行，维及功曹梁绪、主簿尹赏、主记梁虔等从行。太守闻蜀军垂至，而诸县响应，疑维等皆有异心，于是夜亡保上邽。维等觉太守去，追迟，至城门，城门已闭，不纳。维等相率还冀，冀亦不入维。维等乃俱诣诸葛亮。会马谡败于街亭，亮拔将西县千余家及维等还，故维遂与母相失。亮辟维为仓曹掾，加奉义将军，封当阳亭侯，时年二十七。亮与留府长史张裔、参军蒋琬书曰："姜伯约忠勤时事，思虑精密，考其所有，永南、季常诸人不如也。其人，凉州上士也。"又曰："须先教中虎步兵五六千人。姜伯约甚敏于军事，既有胆义，深解兵意。此人心存汉室，而才兼于人，毕教军事，当遣诣宫，觐见主上。"后迁中监军、征西将军。

十二年，亮卒，维还成都，为右监军、辅汉将军，统诸军，进封平襄侯。延熙元年，随大将军蒋琬住汉中。琬既迁大司马，以维为司马，数率偏军西入。六年迁镇西大将军，领凉州刺史。十年，迁卫将军，与大将军费祎共录尚书事。是岁，汶山平康夷反，维率众讨定之。又出陇西、南安、金城界，与魏大将军郭淮、夏侯霸等战于洮西。胡王治无戴等举部落降，维将还安处之。

第二，注意选用有技艺的人。

诸葛亮重视选用有政治军事才能的人为官，对有一定技艺的人也不忽视，安排他们在适当的位置上发挥作用。

先看蒲元，《诸葛亮集·故事》卷4《制作篇》载：

> 蒲元为诸葛公西曹掾。孔明欲北伐，患粮运难致。元牒与孔明曰："元等推意作一木牛，兼摄两环，人行六尺，马行四步，人载一岁之粮也。"……
>
> 亮尝欲铸刀而未得，会蒲元为西曹掾，性多巧思，因委之于斜谷口，镕金造器，特异常法，为诸葛铸刀三千口。刀成，自言：汉水钝弱，不任淬用。蜀江爽烈，是谓大金之元精，天分其野，乃命人于成都取江水至，元取以淬刀，言杂涪水不可用。取水者犹捍言不杂，元以刀画水云："杂八升，何故言不杂？"取水者叩头服，云："实于涪津渡负倒覆水，惧怖，遂以涪水八升益之。"于是咸共惊服，称为神妙。刀成，以竹筒密纳铁珠满中，举刀断之，应手虚落，若剃水刍，称绝当世，因曰神刀。今之屈耳一作且环者，是其遗制一作范也。

次看李譔，《三国志》卷42《李譔传》载：

> 李譔字钦仲，梓潼涪人也。父仁，字德贤，与同县尹默俱游荆州，从司马徽、宋忠等学。譔具传其业，又从默讲论义理，五经、诸子，无不该览，加博学技艺，算术、卜数、医药、弓弩、机械之巧，皆致思焉。始为州书佐、尚书令史。延熙元年，后主立太子，以譔为庶子，迁仆（射）。转中散大夫、右中郎将。

再看张裔，《三国志》卷41《张裔传》载：

张裔字君嗣，蜀郡成都人也。治公羊春秋，博涉史、汉。汝南许文休入蜀，谓裔干理敏捷，是中夏钟元常之伦也。刘璋时，举孝廉，为鱼复长，还州署从事，领帐下司马。张飞自荆州由垫江入，璋授裔兵，拒张飞于德阳陌下，军败，还成都。为璋奉使诣先主，先主许以礼其君而安其人也，裔还，城门乃开。先主以裔为巴郡太守，还为司金中郎将，典作农战之器。先是，益州郡杀太守正昂，耆率雍闿恩信著于南土，使命周旋，远通孙权。乃以裔为益州太守，径往至郡。闿遂趑趄不宾，假鬼教曰："张府君如瓠壶，外虽泽而内实粗，不足杀，令缚与吴。"于是遂送裔于权。

既至蜀，丞相亮以为参军，署府事，又领益州治中从事。亮出驻汉中，裔以射声校尉领留府长史，常称曰："公赏不遗远，罚不阿近，爵不可以无功取，刑不可以贵势免，此贤愚之所以佥忘其身者也。"其明年，北诣亮谘事，送者数百，车乘盈路，裔还书与所亲曰："近者涉道，昼夜接宾，不得宁息，人自敬丞相长史，男子张君嗣附之，疲倦欲死。"其谈啁流速，皆此类也。少与犍为杨恭友善，恭早死，遗孤未数岁，裔迎留，与分屋而居，事恭母如母。恭之子息长大，为之娶妇，买田宅产业，使立门户。抚恤故旧，振赡衰宗，行义甚至。加辅汉将军，领长史如故。

第三，注重对官吏的考核。

为了切实做到"任人唯贤"，诸葛亮重视对官吏的考核。他考核官吏的标准之一，是"务知人之所苦"，即以官吏对老百姓的态度如何、是否注意民间疾苦为重点。他把东汉以来贪官污吏鱼肉人民的表现，归纳为"五害"（或"五苦"）。凡有"五害"的官吏，必须惩罚，没有"五害"的官吏，一定奖赏。

《诸葛亮集·文集》卷3《便宜十六策·考黜》云：

> 考黜之政，谓迁善黜恶。明主在上，心昭于天，察知善恶，广及四海，不敢遗小国之臣，下及庶人，进用贤良，退去贪懦，明良上下，企及国理，众贤雨集，此所以劝善黜恶，陈之休咎。故考黜之政，务知人之所苦。其苦有五。或有小吏因公为私，乘权作奸，左手执戈，右手治生，内侵于官，外采于民，此所苦一也；或有过重罚

轻，法令不均，无罪被辜，以致灭身，或有重罪得宽，扶强抑弱，加以严刑，枉责其情，此所苦二也；或有纵罪恶之吏，害告诉之人，断绝语辞，蔽藏其情，掠劫亡命，其枉不常，此所苦三也；或有长吏数易守宰，兼佐为政，阿私所亲，枉克所恨，逼切为行，偏颇不承法制，更因赋敛，傍课采利，送故待新，夤缘征发，诈伪储备，以成家产，此所苦四也；或有县官慕功，赏罚之际，利人之事，买卖之费，多所裁量，专其价数，民失其职，此所苦五也。凡此五事，民之五害，有如此者，不可不黜，无此五者，不可不迁。故书云："三载考绩，黜陟幽明。"

诸葛亮认为，在对官吏的考核中赏罚要公正合理。
《诸葛亮集·文集》卷3《便宜十六策·赏罚》载：

赏罚之政，谓赏善罚恶也。赏以兴功，罚以禁奸，赏不可不平，罚不可不均。赏赐知其所施，则勇士知其所死；刑罚知其所加，则邪恶知其所畏。故赏不可虚施，罚不可妄加，赏虚施则劳臣怨，罚妄加则直士恨，是以羊羹有不均之害，楚王有信谗之败。夫将专持生杀之威，必生可杀，必杀可生，忿怒不详，赏罚不明，教令不常，以私为公，此国之五危也。赏罚不明，教令有不从。必杀可生，众奸不禁；必生可杀，士卒散亡；忿怒不详，威武不行；赏罚不明，下不劝功；政教不当，法令不从，以私为公，人有二心。故众奸不禁，则不可久；士卒散亡，其众必寡；威武不行，见敌不起；下不劝功，上无强辅；法令不从，事乱不理；人有二心，其国危殆。故防奸以政，救奢以俭，忠直可使理狱，廉平可使赏罚。赏罚不曲，则人死服。路有饥人，厩有肥焉，可谓亡人而自存，薄人而自厚。故人君先募而后赏，先令而后诛，则人亲附，畏而爱之，不令而行。赏罚不正，则忠臣死于非罪，而邪臣起于非功。赏赐不避怨仇，则齐桓得管仲之力；诛罚不避亲戚，则周公有杀弟之名。《书》云："无偏无党，王道荡荡；无党无偏，王道平平。"此之谓也。

由于人的情况有好有坏，表里不一致，想真正了解人并非易事。为了有效地考察、识别和使用人才，诸葛亮提出了七条用人标准或者说七个考核办法。

《诸葛亮集·文集》卷4《将苑·知人性》云：

> 夫知人之性，莫难察焉。美恶既殊，情貌不一，有温良而为诈者，有外恭而内欺者，有外勇而内怯者，有尽力而不忠者。然知人之道有七焉：一曰，间之以是非而观其志；二曰，穷之以辞辩而观其变；三曰，咨之以计谋而观其识；四曰，告之以祸难而观其勇；五曰，醉之以酒而观其性；六曰，临之以利而观其廉；七曰，期之以事而观其信。

诸葛亮就是从上述志、变、识、勇、性、廉、信七个方面来了解、考察官吏的。

以张翼为例，《三国志》卷45《张翼传》载：

> 张翼字伯恭，犍为武阳人也。高祖父司空浩，曾祖父广陵太守纲，皆有名迹。先主定益州，领牧，翼为书佐。建安末，举孝廉，为江阳长，徙涪陵令，迁梓潼太守，累迁至广汉、蜀郡太守。建兴九年，为庲降都督、绥南中郎将。翼性持法严，不得殊俗之欢心。耆率刘胄背叛作乱，翼举兵讨胄。胄未破，会被征当还，群下咸以为宜便驰骑即罪，翼曰："不然。吾以蛮夷蠢动，不称职故还耳，然代人未至，吾方临战场，当运粮积谷，为灭贼之资，岂可以黜退之故而废公家之务乎？"于是统摄不懈，代到乃发。马忠因其成基以破殄胄，丞相亮闻而善之。亮出武功，以翼为前军都督，领扶风太守。亮卒，拜前领军，追论讨刘胄功，赐爵关内侯。延熙元年，入为尚书，稍迁督建威，假节，进封都亭侯，征西大将军。

第四，采取措施延引人才，鼓励下属推荐人才。

诸葛亮对有知识的书生儒士很重视，积极争取同他们合作。如许靖、杜微等儒生，就是被诸葛亮提拔担任适当官职的。

关于许靖，《三国志》卷37《法正传》载：

> （建安）十九年，（先主）进围成都，璋蜀郡太守许靖将逾城降，

事觉，不果。璋以危亡在近，故不诛靖。璋既稽服，先主以此薄靖不用也。正说曰："天下有获虚誉而无其实者，许靖是也。然今主公始创大业，天下之人不可户说，靖之浮称，播流四海，若其不礼，天下之人以是谓主公为贱贤也。宜加敬重，以眩远近，追昔燕王之待郭隗。"先主于是乃厚待靖。

又《三国志》卷38《许靖传》云：

> 许靖字文休，汝南平舆人。少与从弟劭俱知名，并有人伦臧否之称，而私情不协。劭为郡功曹，排摈靖不得齿叙，以马磨自给。颍川刘翊为汝南太守，乃举靖计吏，察孝廉，除尚书郎，典选举。灵帝崩，董卓秉政，以汉阳周毖为吏部尚书，与靖共谋议，进退天下之士，沙汰秽浊，显拔幽滞。进用颍川荀爽、韩融、陈纪等为公、卿、郡守，拜尚书韩馥为冀州牧，侍中刘岱为兖州刺史，颍川张咨为南阳太守，陈留孔伷为豫州刺史，东郡张邈为陈留太守，而迁靖巴郡太守，不就，补御史中丞……
>
> 后刘璋遂使使招靖，靖来入蜀。璋以靖为巴郡、广汉太守。南阳宋仲子于荆州与蜀郡太守王商书曰："文休倜傥瑰玮，有当世之具，足下当以为指南。"建安十六年，转在蜀郡。十九年，先主克蜀，以靖为左将军长史。先主为汉中王，靖为太傅。及即尊号，策靖曰："朕获奉洪业，君临万国，夙宵惶惶，惧不能绥。百姓不亲，五品不逊，汝作司徒，其敬敷五教，在宽。君其勖哉！秉德无怠，称朕意焉。"……
>
> 靖虽年逾七十，爱乐人物，诱纳后进，清谈不倦。丞相诸葛亮皆为之拜。

关于杜微，《三国志》卷42《杜微传》有云：

> 杜微字国辅，梓潼涪人也。少受学于广汉任安。刘璋辟为从事，以疾去官。及先主定蜀，微常称聋，闭门不出。建兴二年，丞相亮领益州牧，选迎皆妙简旧德，以秦宓为别驾，五梁为功曹，微为主簿。微固辞，舆而致之。既致，亮引见微，微自陈谢。亮以微不闻人语，

于坐上与书曰:"服闻德行,饥渴历时,清浊异流,无缘咨觐。王元泰、李伯仁、王文仪、杨季休、丁君干、李永南兄弟、文仲宝等,每叹高志,未见如旧。猥以空虚,统领贵州,德薄任重,惨惨忧虑。朝廷今年始十八,天姿仁敏,爱德下士。天下之人思慕汉室,欲与君因天顺民,辅此明主,以隆季兴之功,著勋于竹帛也。以谓贤愚不相为谋,故自割绝,守劳而已,不图自屈也。"微自乞老病求归,亮又与书答曰:"曹丕篡弑,自立为帝,是犹土龙刍狗之有名也。欲与群贤因其邪伪,以正道灭之。怪君未有相诲,便欲求还于山野。丕又大兴劳役,以向吴、楚。今因丕多务,且以闭境勤农,育养民物,并治甲兵,以待其挫,然后伐之,可使兵不战民不劳而天下定也。君但当以德辅时耳,不责君军事,何为汲汲欲求去乎!"其敬微如此。拜为谏议大夫,以从其志。

为了选用更多贤才,诸葛亮还鼓励属下和各州长官向上推荐人才。《三国志》卷45《盛衡传》载:

盛衡名勋,承伯名齐,皆巴西阆中人也。勋,刘璋时为州书佐,先主定蜀,辟为左将军属,后转州别驾从事,卒。齐为太守张飞功曹。飞贡之先主,为尚书郎。建兴中,从事丞相掾,迁广汉太守,复为(飞)参军。亮卒,为尚书。勋、齐皆以才干自显见;归信于州党,不如姚伷。伷字子绪,亦阆中人。先主定益州后,为功曹书佐。建兴元年,为广汉太守。丞相亮北驻汉中,辟为掾。并进文武之士,亮称曰:"忠益者莫大于进人,进人者各务其所尚;今姚掾并存刚柔,以广文武之用,可谓博雅矣,愿诸掾各希此事,以属其望。"迁为参军。亮卒,稍迁为尚书仆射。时人服其真诚笃粹。

(三)"南抚夷越"

今四川南部和云南、贵州一带,在三国时被称为南中,居住着许多少数民族,统称为"西南夷"。东汉以来,民族关系一直很紧张,蜀汉政权与西南夷的关系也不例外。

《三国志》卷39《马谡传》注引《襄阳记》云:

建兴三年，亮征南中，谡送之数十里。亮曰："虽共谋之历年，今可更惠良规。"谡对曰："南中恃其险远，不服久矣，虽今日破之，明日复反耳。"

刘备死后，南中发生叛乱，建宁（今云南晋宁）大姓雍闿勾结孟获，煽动族人反蜀。接着牂牁（今贵州遵义）太守朱褒、越巂（今四川西昌）夷王高定元，也据郡响应雍闿。叛乱几乎席卷了南中地区。

《华阳国志》卷4《南中志》载：

建安十九年刘先主定蜀，遣安远将军、南郡邓方以朱提太守、庲降都督治南昌县。轻财果毅，夷汉敬其威信。方卒，先主问代于治中从事建宁李恢，对曰："先零之役，赵充国有言，'莫若老臣。'"先主遂用恢为都督，治平夷县。

先主薨后，越巂叟帅高定元杀郡将军焦璜，举郡称王以叛。益州大姓雍闿亦杀太守正昂，更以蜀郡张裔为太守。闿假鬼教曰："张裔府君，如瓠壶，外虽泽，而内实粗，杀之不可，缚与吴。"于是执送裔于吴。吴王孙权遥用闿为永昌太守；遣故刘璋子阐，为益州刺史，处交、益州际。牂牁郡丞朱提朱褒领太守，恣睢，丞相诸葛亮以初遭大丧，未便加兵，遣越巂太守巴西龚禄住安上县，遥领郡；从事蜀郡常颀行部南入；以都护李严书晓喻闿。闿答曰："愚闻天无二日，土无二王。今天下派分，正朔有三，远人惶惑，不知所归。"其傲慢如此。颀至牂牁，收郡主簿考讯奸，褒因杀颀为乱。

益州夷复不从闿。闿使建宁孟获说夷叟曰："官欲得乌狗三百头，膺前尽黑，螨脑三升，断木构三丈者三千枚，汝能得不？"夷以为然，皆从闿。断木坚刚，性委曲，高不至二丈，故获以欺夷。

诸葛亮为了解决来自后方的威胁并确保从南中获得兵源及物资，建兴三年（225）春，亲率大军南征。在南征之前，他发布了《南征教》。

《诸葛亮集·文集》卷2《南征教》：

用兵之道，攻心为上，攻城为下；心战为上，兵战为下。

《蜀志·马谡传》说到这条方针是建兴三年出兵前夕由马谡提出来的。而《玉海》谓建兴元年，诸葛亮因将南征，制《南征教》，张澍以为《玉海》"当有据"。事实上对南中主"抚"，是隆中对策的既定方针。

关于诸葛亮南征的始末，《华阳国志》卷4《南中志》载：

> 建兴三年春，亮南征。自安上由水路入越巂。别遣马忠伐牂牁，李恢向益州。以犍为太守广汉王士为益州太守。高定元自旄头、定笮、卑水多为垒守。亮欲俟定元军众集合，并讨之。军卑水。定元部曲杀雍闿及士等。孟获代闿为主。亮既斩定元，马忠破牂牁，而李恢败于南中。夏五月，亮渡泸，进征益州。生虏孟获，置军中，问曰："我军如何？"获对曰："恨不相知，公易胜耳。"亮以方务在北，而南中好叛乱，宜穷其诈，乃赦获，使还合军更战。凡七虏、七赦，获等心服，夷汉亦思反善。亮复问获，获对曰："明公，天威也！边民长不为恶矣。"秋，遂平四郡，改益州为建宁，以李恢为太守，加安汉将军，领交州刺史，移治味县。分建宁、越巂置云南郡，以吕凯为太守。又分建宁、牂牁置与古郡，以马忠为牂牁太守。移南中劲卒青羌万余家于蜀，为五部，所当无前，号为飞军。分其羸弱配大姓集、雍、娄、爨、孟、量、毛、李为部曲置五郡都尉，号五子。故南人言四姓五子也。以夷多刚狠，不宾，大姓富豪；乃劝令出金帛，聘策恶夷为家部曲，得多者奕世袭官。于是夷人贪货物，以渐服属于汉，成夷汉部曲。亮收其俊杰建宁爨习、朱提孟琰及获为官属。习官至领军，琰，辅汉将军，获，御史中丞。出其金、银、丹、漆、耕牛、战马，给军国之用，都督常重用其人。

又《三国志》卷35《诸葛亮传》注引《汉晋春秋》云：

> 南中平，皆即其渠率而用之。或以谏亮，亮曰："若留外人，则当留兵。兵留则无所食，一不易也；加夷新伤破，父兄死丧，留外人而无兵者，必成祸患，二不易也；又夷累有废杀之罪，自嫌衅重，若留外人，终不相信，三不易也。今吾欲使不留兵，不运粮，而纲纪初定，夷、汉粗安故耳。"

二　吴蜀联盟与北伐曹魏

刘备死后，蜀汉的形势相当严峻，国内一些民族豪酋起兵反叛，来自北方强大的曹魏的威胁加剧，吴蜀联盟的裂痕也在加深。为争取主动，诸葛亮立即派邓芝等人使吴，与吴国重建了联盟关系。之后，诸葛亮便专心稳定内部和北伐曹魏了。

（一）吴蜀联盟

刘备刚死，蜀汉元气大丧，内部不稳定，魏文帝曹丕趁机给诸葛亮施加压力，要他屈从于曹魏，"举国称藩"。诸葛亮未予理睬。为了表明自己的坚定立场，增强蜀汉大臣们的抗曹决心，诸葛亮写了一篇义正词严的文告，要满朝文武知晓。

《三国志》卷35《诸葛亮传》注引《诸葛亮集》云：

> 是岁，魏司徒华歆、司空王朗、尚书令陈群、太史令许芝、谒者仆射诸葛璋各有书与亮，陈天命人事，欲使举国称藩。亮遂不报书，作正议曰："昔在项羽，起不由德，虽处华夏，秉帝者之势，卒就汤镬，为后永戒。魏不审鉴，今次之矣；免身为幸，戒在子孙。而二三子各以耆艾之齿，承伪指而进书，有若崇、竦称莽之功，亦将逼于元祸苟免者邪！昔世祖之创迹旧基，奋赢卒数千，摧莽疆旅四十余万于昆阳之郊。夫据道讨淫，不在众寡。及至孟德，以其谲胜之力，举数十万之师，救张郃于阳平，势穷虑悔，仅能自脱，辱其锋锐之众，遂丧汉中之地，深知神器不可妄获，旋还未至，感毒而死。子桓淫逸，继之以篡。纵使二三子多逞苏、张诡靡之说，奉进驩兜滔天之辞，欲以诬毁唐帝，讽解禹、稷，所谓徒丧文藻烦劳翰墨者矣。夫大人君子之所不为也。又军诫曰：'万人必死，横行天下。'昔轩辕氏整卒数万，制四方，定海内，况以数十万之众，据正道而临有罪，可得干拟者哉！"

在这里，诸葛亮以蜀汉为继承汉朝的"正统"地位，和"篡夺"汉朝政权的曹魏势不两立，他把这称为"以道义临制罪逆"。虽然蜀魏之间的矛盾斗争，实质上是两个地主集团之间争夺统治权力的斗争，并无"道义""罪逆"之分，但在当时，这种封建正统思想还是有一定影响的。

南中地区的叛乱，曹魏的威胁与压力，使诸葛亮越发感到与东吴修复和好是当务之急。于是，诸葛亮选派尚书郎邓芝出使东吴，展开了重建吴蜀联盟的外事活动。

《三国志》卷45《邓芝传》载：

> 邓芝字伯苗，义阳新野人，汉司徒禹之后也。汉末入蜀，未见知待。时益州从事张裕善相，芝往从之，裕谓芝曰："君年过七十，位至大将军，封侯。"芝闻巴西太守庞羲好士，往依焉。先主定益州，芝为郫邸阁督。先主出至郫，与语，大奇之，擢为郫令，迁广汉太守。所在清严有治绩，入为尚书。
>
> 先主薨于永安。先是，吴王孙权请和，先主累遣宋玮、费祎等与相报答。丞相诸葛亮深虑权闻先主殂陨，恐有异计，未知所如。芝见亮曰："今主上幼弱，初在位，宜遣大使重申吴好。"亮答之曰："吾思之久矣，未得其人耳，今日始得之。"芝问其人为谁？亮曰："即使君也。"乃遣芝修好于权。权果狐疑，不时见芝，芝乃自表请见权曰："臣今来亦欲为吴，非但为蜀也。"权乃见之，语芝曰："孤诚愿与蜀和亲，然恐蜀主幼弱，国小势逼，为魏所乘，不自保全，以此犹豫耳。"芝对曰："吴、蜀二国四州之地，大王命世之英，诸葛亮亦一时之杰也。蜀有重险之固，吴有三江之阻，合此二长，共为唇齿，进可并兼天下，退可鼎足而立，此理之自然也。大王今若委质于魏，魏必上望大王之入朝，下求太子之内侍，若不从命，则奉辞伐叛，蜀必顺流见可而进，如此，江南之地非复大王之有也。"权默然良久曰："君言是也。"遂自绝魏，与蜀连和，遣张温报聘于蜀。蜀复令芝重往，权谓芝曰："若天下太平，二主分治，不亦乐乎！"芝对曰："夫天无二日，土无二王，如并魏之后，大王未深识天命者也，君各茂其德，臣各尽其忠，将提枹鼓，则战争方始耳。"权大笑曰："君之诚款，乃当尔邪！"权与亮书曰："丁厷掞张，阴化不尽；和合二国，唯有邓芝。"及亮北住汉中，以芝为中监军、扬武将军。亮卒，迁前军师、前将军，领兖州刺史，封阳武亭侯，顷之为督江州。权数与芝相闻，馈遗优渥。延熙六年，就迁为车骑将军，后假节。十一年，涪陵国人杀都尉反叛，芝率军征讨，即枭其渠帅，百姓安堵。

邓芝之后，诸葛亮又派费祎出使东吴。

《三国志》卷44《费祎传》载：

> 费祎字文伟，江夏鄳人也。少孤，依族父伯仁。伯仁姑，益州牧刘璋之母也。璋遣使迎仁，仁将祎游学入蜀。会先主定蜀，祎遂留益土，与汝南许叔龙、南郡董允齐名……
>
> 先主立太子，祎与允俱为舍人，迁庶子。后主践位，为黄门侍郎。丞相亮南征还，群寮于数十里逢迎，年位多在祎右，而亮特命祎同载，由是众人莫不易观。亮以初从南归，以祎为昭信校尉使吴。孙权性既滑稽，嘲啁无方，诸葛恪、羊衟等才博果辩，论难锋至，祎辞顺义笃，据理以答，终不能屈。权甚器之，谓祎曰："君天下淑德，必当股肱蜀朝，恐不能数来也。"还，迁为侍中。亮北住汉中，请祎为参军。以奉使称旨，频烦至吴。建兴八年，转为中护军，后又为司马。

又《费祎传》注引《费祎别传》云：

> 孙权每别酌好酒以饮祎，视其已醉，然后问以国事，并论当世之务，辞难累至。祎辄辞以醉，退而撰次所问，事事条答，无所遗失……权乃以手中常所执宝刀赠之，祎答曰："臣以不才，何以堪明命？然刀所以讨不庭、禁暴乱者也，但愿大王勉建功业，同奖汉室，臣虽暗弱，终不负东顾。"

值得注意的是，吴蜀联盟虽经诸葛亮先后派邓芝、费祎等人频繁使吴，得到了恢复与发展，但也并不是一帆风顺的。就在蜀汉建兴七年（229），当孙权称帝于武昌时，在蜀汉朝廷内部引起了一番争议，有人认为孙权竟敢称帝，无视蜀汉的正统地位，"交之无益"，提出和东吴"绝其盟好"的主张。诸葛亮从大局考虑，谈了自己的看法。

《三国志》卷35《诸葛亮传》注引《汉晋春秋》云：

> （诸葛）亮曰："（孙）权有僭逆之心久矣，国家所以略其衅情者，求掎角之援也。今若加显绝，仇我必深，便当移兵东伐，与之角

力，须并其土，乃议中原。彼贤才尚多，将相缉穆，未可一朝定也。顿兵相持，坐而须老，使北贼得计，非算之上者。昔孝文卑辞匈奴，先帝优与吴盟，皆应权通变，弘思远益，非匹夫之为忿者也。今议者咸以（孙）权利在鼎足，不能并力，且志望以满，无上岸之情，推此，皆似是而非也。何者？其智力不侔，故限江自保；权之不能越江，犹魏贼之不能渡汉，非力有余而利不取也。若大军致讨，彼高当分裂其地以为后规，下当略民广境，示武于内，非端坐者也。若就其不动而睦于我，我之北伐，无东顾之忧，河南之众不得尽西，此之为利，亦已深矣。权僭之罪，未宜明也。"

据此可知，尽管诸葛亮在思想上也认为孙权称帝是"僭逆"行为，是对蜀汉正统地位的挑战，他却并不因此就贸然主张和东吴断绝关系。相反，他根据当时的军事、政治形势，认为不但不能和孙权绝交，而且应继续保持以至加强和孙权的同盟关系。为此，他派卫尉陈震为使者到东吴，祝贺孙权称帝，从而使吴蜀联盟得以继续。

《三国志》卷39《陈震传》载：

陈震字孝起，南阳人也。先主领荆州牧，辟为从事，部诸郡，随先主入蜀。蜀既定，为蜀郡北部都尉，因易郡名，为汶山太守，转在犍为。建兴三年，入拜尚书，迁尚书令，奉命使吴。七年，孙权称尊号，以震为卫尉，贺权践阼，诸葛亮与兄瑾书曰："孝起忠纯之性，老而益笃，及其赞述东西，欢乐和合，有可贵者。"震入吴界，移关候曰："东之与西，驿使往来，冠盖相望，申盟初好，日新其事。东尊应保圣祚，告燎受符，剖判土宇，天下响应，各有所归。于此时也，以同心讨贼，则何寇不灭哉！西朝君臣，引领欣赖。震以不才，得充下使，奉聘叙好，践界踊跃，入则如归。献子适鲁，犯其山讳，春秋讥之。望必启告，使行人睦焉。即日张旍诰众，各自约誓。顺流漂疾，国典异制，惧或有违，幸必斟诲，示其所宜。"震到武昌，孙权与震升坛歃盟，交分天下：以徐、豫、幽、青属吴，并、凉、冀、兖属蜀，其司州之土，以函谷关为界。震还，封城阳亭侯。

关于陈震与孙权所订盟约的内容，《三国志》卷47《孙权传》有载：

（黄龙元年）六月，蜀遣卫尉陈震庆（孙）权践位。权乃三分天下……其司州之土，以函谷关为界，造为盟曰："天降丧乱，皇纲失叙；逆臣承衅，窃夺国柄。始于董卓，终于曹操。穷凶极恶，以覆四海。至令九州幅裂，普天无统。民神痛怨，靡所戾止。及操子丕，桀逆遗丑，荐作奸回，偷取天位。而叡么么，寻丕凶迹，阻兵盗土，未伏厥诛。昔共工乱象，而高辛行师；三苗干度，而虞舜征焉。今日灭叡，禽其徒党；非汉与吴，将复谁任？夫讨恶剪暴，必声其罪；宣先分裂，夺其土地。使士民之心，各知所归。是以春秋晋侯伐卫，先分其田，以畀宋人，斯其义也。且古建大事，必先盟誓。故《周礼》有司盟之官，《尚书》有告誓之文。汉之与吴，虽信由中；然分土裂境，宜有盟约。诸葛丞相，德威远著；翼戴本国，典戎在外；信感阴阳，诚动天地。重复结盟，广诚约誓；使东西士民，咸共闻知。故立坛设牲，昭告神明；再歃加书，副之天府。天高听下，灵威棐谌；司慎司盟，群神群祀，莫不临之。自今日汉、吴既盟之后，戮力一心，共讨魏贼。救危恤患，分灾共庆；好恶齐之，无或携贰。若有害汉，则吴伐之；若有害吴，则汉伐之。各守分土，无相侵犯。传之后叶，克终若始。凡百之约，皆如载书。信言不艳，实居于好。有渝此盟，创祸先乱；违贰不协，慆慢天命；明神上帝，是讨是督。山川百神，是纠是殛。俾坠其师，无克祚国。于尔大神，其明鉴之！"

（二）北伐曹魏

自蜀建兴五年至十二年（227—234），诸葛亮曾五次出兵，北伐曹魏。建兴五年（227），诸葛亮出屯于汉中，准备北伐。出屯以前，他向后主刘禅上了一道表章。

《三国志》卷35《诸葛亮传》载：

先帝创业未半而中道崩殂，今天下三分，益州疲敝，此诚危急存亡之秋也。然侍卫之臣不懈于内，忠志之士忘身于外者，盖追先帝之殊遇，欲报之于陛下也。诚宜开张圣听，以光先帝遗德，恢弘志士之气，不宜妄自菲薄，引喻失义，以塞忠谏之路也。宫中府中，俱为一体，陟罚臧否，不宜异同。若有作奸犯科及为忠善者，宜付有司论其刑赏，以昭陛下平明之理，不宜偏私，使内外异法也。侍中、侍郎郭攸之、费祎、董允等，此皆良实，志虑忠纯，是以先帝简拔以遗陛下。愚以为宫中之事，事无大小，悉以咨之，然后施行，必能裨补阙漏，有所广益。将军向宠，性行淑均，晓畅军事，试用于昔日，先帝称之曰能，是以众议举宠为督。愚以为营中之事，悉以咨之，必能使行阵和睦，优劣得所。亲贤臣，远小人，此先汉所以兴隆也；亲小人，远贤臣，此后汉所以倾颓也。先帝在时，每与臣论此事，未尝不叹息痛恨于桓、灵也。侍中、尚书、长史、参军，此悉贞亮死节之臣，愿陛下亲之信之，则汉室之隆，可计日而待也。臣本布衣，躬耕于南阳，苟全性命于乱世，不求闻达于诸侯。先帝不以臣卑鄙，猥自枉屈，三顾臣于草庐之中，谘臣以当世之事，由是感激，遂许先帝以驱驰。后值倾覆，受任于败军之际，奉命于危难之间，尔来二十有一年矣。先帝知臣谨慎，故临崩寄臣以大事也。受命以来，夙夜忧叹，恐付托不效，以伤先帝之明，故五月渡泸，深入不毛。今南方已定，兵甲已足，当奖率三军，北定中原，庶竭驽钝，攘除奸凶，兴复汉室，还于旧都，此臣所以报先帝，而忠陛下之职分也。至于斟酌损益，进尽忠言，则攸之、祎、允之任也。愿陛下托臣以讨贼兴复之效；不效，则治臣之罪，以告先帝之灵。若无兴德之言，则责攸之、祎、允等之慢，以彰其咎。陛下亦宜自谋，以咨诹善道，察纳雅言。深追先帝遗诏，臣不胜受恩感激。今当远离，临表涕零，不知所言。

这就是流传千载的《出师表》。通篇凝聚着诸葛亮公忠体国、励精图治的精神品格，无处不展现他北定中原、谋求统一的坚定信念，因而对激励当时蜀国上下奋发有为，起了重大作用。

诸葛亮上表后，又以后主的名义下了一道讨伐曹魏的诏书，相当于下了全国动员令。

《三国志》卷33《后主传》注引《诸葛亮集·为后帝伐魏诏》：

朕闻天地之道，福仁而祸淫；善积者昌，恶积者丧，古今常数也。是以汤、武修德而王，桀、纣极暴而亡。曩者汉祚中微，网漏凶慝，董卓造难，震荡京畿。曹操阶祸，窃执天衡，残剥海内，怀无君之心。子丕孤竖，敢寻乱阶，盗据神器，更姓改物，世济其凶。当此之时，皇极幽昧，天下无主，则我帝命，陨越于下。昭烈皇帝体明睿之德，光演文武，应乾坤之运，出身平难，经营四方，人鬼同谋，百姓与能，兆民欣戴。奉顺符谶，建位易号，丕承天序，补弊兴衰；存复祖业，诞膺皇纲，不坠于地。万国未定，早世遐殂。朕以幼冲，继统鸿基，未习《保傅》之训，而婴祖宗之重。六合壅否，社稷不建，永惟所以，念在匡救，光载前绪，未有攸济，朕甚惧焉。是以夙兴夜寐，不敢自逸，每崇菲薄以益国用，劝分务稿以阜民财，授方任能以参其听，断私降意以养将士。欲奋剑长驱，指讨凶逆，朱旗未举，而丕复陨丧，斯所谓不燃我薪而自焚也，残类余丑，又支天祸，恣睢河、洛，阻兵未弭。诸葛丞相弘毅忠壮，忘身忧国，先帝托以天下，以勖朕躬。今授之以旄钺之重，付之以专命之权，统领步骑二十万众，董督元戎，龚行天罚，除患宁乱，克复旧都，在此行也。昔项籍总一强众，跨州兼土，所务者大，然卒败垓下，死于东城，宗族焚如，为笑千载，皆不以义，陵上虐下故也。今贼效尤，天人所怨，奉时宜速，庶凭炎精、祖宗威灵相助之福，所向必克。吴王孙权同恤灾患，潜军合谋，掎角其后，凉州诸国王各遣月支、康居胡侯支富、康植等二十余人诣受节度。大军北出，便欲率将兵马，奋戈先驱。天命既集，人事又至，师贞势并，必无敌矣。夫王者之兵，有征无战，尊而且义，莫敢抗也，故鸣条之役，军不血刃，牧野之师，商人倒戈。今旆麾首路，其所经至，亦不欲穷兵极武。有能弃邪从正，箪食壶浆以迎王师者，国有常典，封宠大小，各有品限。及魏之宗族、支叶、中外，有能规利害、审逆顺之数，来诣降者，皆原除之。昔辅果绝亲于智氏，而蒙全宗之福，微子去殷，项伯归汉，皆受茅土之庆。此前世之明验也。若其迷沉不返，将助乱人，不式王命，戮其妻孥，罔有攸赦。广宣恩威，贷其元帅，吊其残民。他如诏书律令，丞相其露布天下，使称朕意焉。

建兴六年（228）春，诸葛亮第一次出兵北攻祁山（今甘肃礼县祁山堡），前锋马谡违背节制，败于街亭（甘肃庄银），亮因退还。

（建兴）六年春，扬声由斜谷道取郿，使赵云、邓芝为疑军，据箕谷，魏大将军曹真举众拒之。亮身率诸军攻祁山，戎阵整齐，赏罚肃而号令明，南安、天水、安定三郡叛魏应亮，关中响震。魏明帝西镇长安，命张郃拒亮，亮使马谡督诸军在前，与郃战于街亭。谡违亮节度，举动失宜，大为郃所破。亮拔西县千余家，还于汉中，戮谡以谢众。上疏曰："臣以弱才，叨窃非据，亲秉旄钺以厉三军，不能训章明法，临事而惧，至有街亭违命之阙，箕谷不戒之失，咎皆在臣授任无方。臣明不知人，恤事多闇，春秋责帅，臣职是当。请自贬三等，以督厥咎。"于是以亮为右将军，行丞相事，所总统如前。

同年冬，第二次北伐，诸葛亮率众出散关，围陈仓（陕西宝鸡东），因粮尽退兵。

《三国志》卷35《诸葛亮传》载：

（建兴六年）冬，亮复出散关，围陈仓，曹真拒之，亮粮尽而还。魏将王双率骑追亮，亮与战，破之，斩双。

有史书记载，诸葛亮在这次北伐前又再次向刘禅上疏，即所谓《后出师表》。

《三国志》卷35《诸葛亮传》注引《汉晋春秋》载：

先帝虑汉、贼不两立，王业不偏安，故托臣以讨贼也。以先帝之明，量臣之才，故知臣伐贼才弱敌强也；然不伐贼，王业亦亡，惟坐待亡，孰与伐之？是故托臣而弗疑也。臣受命之日，寝不安席，食不甘味，思惟北征，宜先入南，故五月渡泸，深入不毛，并日而食。臣非不自惜也，顾王业不得偏全于蜀都，故冒危难以奉先帝之遗意也；而议者谓为非计。今贼适疲于西，又务于东，兵法乘劳，此进趋之时也。谨陈其事如左：高帝明并日月，谋臣渊深，然涉险被创，危然后安。今陛下未及高帝，谋臣不如良、平，而欲以长计取胜，坐定天下，此臣之未解一也。刘繇、王朗各据州郡，论安言计，动引圣人，群疑满腹，众难塞胸，今岁不战，明年不征，使孙策坐大，遂并江东，此臣之未解二也。曹操智计殊绝于人，其用兵也，仿佛孙、吴，然困于南阳，险于乌巢，危于祁连，逼于黎阳，几败北山，殆死潼关，然后伪定一时耳，况臣才弱，而欲以不危而定之，此臣之未解三也。曹操五攻昌霸不下，四越巢湖不成，任用李服而李服图之，委夏侯而夏侯败亡，先帝每称操为能，犹有此失，况臣驽下，何能必胜？此臣之未解四也。自臣到汉中，中间期年耳，然丧赵云、阳群、马玉、阎芝、丁立、白寿、刘郃、邓铜等及曲长屯将七十余人，突将、无前、窦叟、青羌、散骑、武骑一千余人，此皆数十年之内所纠合四方之精锐，非一州之所有；若复数年，则损三分之二也，当何以图敌？此臣之未解五也。今民穷兵疲，而事不可息，事不可息，则住与行劳费正等，而不及今图之，欲以一州之地与贼持久，此臣之未解六也。夫难平者，事也。昔先帝败军于楚，当此时，曹操拊手，谓天下以定。然后先帝东连吴、越，西取巴、蜀，举兵北征，夏侯授首，此操之失计而汉事将成也。然后吴更违盟，关羽毁败，秭归蹉跌，曹丕称帝。凡事如是，难可逆见。臣鞠躬尽力，死而后已，至于成败利钝，非臣之明所能逆睹也。

有人认为此表系伪作，但其对蜀汉形势的考量，仍可供参考。

建兴七年（229），诸葛亮第三次北伐，攻陷魏武都（甘肃西和西南）、阴平（甘肃文县西北）。后主刘禅复拜诸葛亮为丞相。

《三国志》卷35《诸葛亮传》载：

（建兴）七年，亮遣陈式攻武都、阴平。魏雍州刺史郭淮率众欲击式，亮自出至建威，淮退还，遂平二郡。诏策亮曰："街亭之役，咎由马谡，而君引愆，深自贬抑，重违君意，听顺所守。前年耀师，馘斩王双；今岁爰征，郭淮遁走；降集氐、羌、兴复二郡，威镇凶暴，功勋显然。方今天下骚扰，元恶未枭，君受大任，干国之重，而久自挹损，非所以光扬洪烈矣。今复君丞相，君其勿辞。"

建兴九年（231），诸葛亮再次出兵祁山，发动了第四次北伐。

《三国志》卷35《诸葛亮传》载：

（建兴）九年，亮复出祁山，以木牛运，粮尽退军，与魏将张郃交战，射杀郃。

又《诸葛亮传》注引《汉晋春秋》云：

> 亮围祁山，招鲜卑轲比能，比能等至故北地石城以应亮。于是魏大司马曹真有疾，司马宣王自荆州入朝，魏明帝曰："西方事重，非君莫可付者。"乃使西屯长安，督张郃、费曜、戴陵、郭淮等。宣王使曜、陵留精兵四千守上邽，余众悉出，西救祁山。郃欲分兵驻雍、郿，宣王曰："料前军能独当之者，将军言是也；若不能当而分为前后，此楚之三军所以为黥布禽也。"遂进。亮分兵留攻，自逆宣王于上邽。郭淮、费曜等徼亮，亮破之，因大芟刈其麦，与宣王遇于上邽之东，敛兵依险，军不得交，亮引而还。宣王寻亮至于卤城。张郃曰："彼远来逆我，请战不得，谓我利在不战，欲以长计制之也。且祁山知大军以在近，人情自固，可止屯于此，分为奇兵，示出其后。不宜进前而不敢逼，坐失民望也。今亮县军食少，亦行去矣。"宣王不从，故寻亮。既至，又登山掘营，不肯战。贾栩、魏平数请战，因曰："公畏蜀如虎，奈天下笑何！"宣王病之。诸将咸请战。五月辛巳，乃使张郃攻无当监何平于南围，自案中道向亮。亮使魏延、高翔、吴班赴拒，大破之，获甲首三千级，玄铠五千领，角弩三千一百张，宣王还保营。

又同书《诸葛亮传》注引《郭冲五事》云：

> 魏明帝自征蜀，幸长安，遣宣王督张郃诸军，雍、凉劲卒三十余万，潜军密进，规向剑阁。亮时在祁山，旌旗利器，守在险要，十二更下，在者八万。时魏军始陈，幡兵敌交，参佐咸以贼众强盛，非力不制，宜权停下兵一月，以并声势。亮曰："吾统武行师，以大信为本，得原失信，古人所惜；去者束装以待期，妻子鹤望而计日，虽临征难，义所不废。"皆催遣令去。于是去者感悦，愿留一战，住者愤踊，思致死命。相谓曰："诸葛公之恩，死犹不报也。"临战之日，莫不拔刃争先，以一当十，杀张郃，却宣王，一战大克，此信之由也。

建兴十二年（234）春二月，诸葛亮以"流马"运粮，亲统十万大军由斜谷出,发动了第五次北伐。诸葛亮积劳成疾,卒于军中。

《三国志》卷35《诸葛亮传》载:

> 十二年春,亮悉大众由斜谷出,以流马运,据武功五丈原,与司马宣王对于渭南。亮每患粮不继,使已志不申,是以分兵屯田,为久驻之基。耕者杂于渭滨居民之间,而百姓安堵,军无私焉。相持百余日,其年八月,亮疾病,卒于军,时年五十四。及军退,宣王案行其营垒处所,曰:"天下奇才也!"

又《诸葛亮传》注引《魏书》云:

> 亮粮尽势穷,忧患呕血,一夕烧营遁走,入谷,道发病卒。

我们从诸葛亮的恢复蜀吴联盟,修明法令,赏罚必信,平定南中,北伐曹魏等事迹,可见作为地主阶级代表人物的诸葛亮,在中国历史上是起过积极作用的,故陈寿对诸葛亮称赞有加。

《三国志》卷35《诸葛亮传》有云:

> 备称尊号,拜亮为丞相,录尚书事。及备殂没,嗣子幼弱,事无巨细,亮皆专之。于是外连东吴,内平南越,立法施度,整理戎旅,工械技巧,物究其极,科教严明,赏罚必信,无恶不惩,无善不显。至于吏不容奸,人怀自厉,道不拾遗,强不侵弱,风化肃然也……诸葛亮之为相国也,抚百姓,示仪轨,约官职,从权制,开诚心,布公道;尽忠益时者虽仇必赏,犯法怠慢者虽亲必罚,服罪输情者虽重必释,游辞巧饰者虽轻必戮;善无微而不赏,恶无纤而不贬;庶事精练,物理其本,循名责实,虚伪不齿;终于邦域之内,咸畏而爱之,刑政虽峻而无怨者,以其用心平而劝戒明也。可谓识治之良才,管、萧之亚匹矣。然连年动众,未能成功,盖应变将略,非其所长欤!

又《诸葛亮传》注引《袁子》云:

> 或问诸葛亮何如人也,袁子曰:"张飞、关羽与刘备俱起,爪牙

腹心之臣，而武人也。晚得诸葛亮，因以为佐相，而群臣悦服，刘备足信、亮足重故也。及其受六尺之孤，摄一国之政，事凡庸之君，专权而不失礼，行君事而国人不疑，如此即以为群臣百姓之心欣戴之矣。行法严而国人悦服，用民尽其力而不下怨。及其兵出入如宾，行不寇，刍荛者不猎，如在国中。其用兵也，止如山，进退如风，兵出之日，天下震动，而人心不忧。亮死至今数十年，国人歌思，如周人之思召公也，孔子曰：'雍也可使南面'，诸葛亮有焉。"又问诸葛亮始出陇右，南安、天水、安定三郡人反应之，若亮速进，则三郡非中国之有也，而亮徐行不进，既而官兵上陇，三郡复，亮无尺寸之功，失此机，何也？袁子曰："蜀兵轻锐，良将少，亮始出，未知中国强弱，是以疑而尝之；且大会者不求近功，所以不进也。"曰：何以知其疑也？袁子曰："初出迟重，屯营重复，后转降未进兵欲战，亮勇而能斗。三郡反而不速应，此其疑征也。"曰：何以知其勇而能斗也？袁子曰："亮之在街亭也，前军大破，亮屯去数里，不救；官兵相接，又徐行，此其勇也。亮之行军，安静而坚重；安静则易动，坚重则可以进退。亮法令明，赏罚信，士卒用命，赴险而不顾，此所以能斗也。"曰：亮率数万之众，其所兴造，若数十万之功，是其奇者也。所至营垒、井灶、圊溷、藩篱、障塞皆应绳墨，一月之行，去之如始至，劳费而徒为饰好，何也？袁子曰："蜀人轻脱，亮故坚用之。"曰：何以知其然也？袁子曰："亮治实而不治名，志大而所欲远，非求近速者也。"曰：亮好治官府、次舍、桥梁、道路，此非急务，何也？袁子曰："小国贤才少，故欲其尊严也。亮之治蜀，田畴辟，仓廪实，器械利，蓄积饶，朝会不华，路无醉人。夫本立故末治，有余力而后及小事，此所以劝其功也。"曰：子之论诸葛亮，则有证也。以亮之才而少其功，何也？袁子曰："亮，持本者也，其于应变，则非所长也，故不敢用其短。"曰：然则吾子美之。何也？袁子曰："此固贤者之远矣，安可以备体责也。夫能知所短而不用，此贤者之大也；知所短则知所长矣。夫前识与言而不中，亮之所以不用也，此吾之所谓可也。"

吴大鸿胪张俨作《默记》，其《述佐篇》论亮与司马宣王书曰："汉朝倾覆，天下崩坏，豪杰之士，竞希神器。魏氏跨中土，刘氏据益州，并称兵海内，为世霸王。诸葛、司马二相，遭值际会，托身明主，或收功于蜀汉，或册名于伊、洛。丕、备既没，后嗣继统，各受保阿之任，辅翼幼主，不负然诺之诚，亦一国之宗臣，霸王之贤佐也。历前世以观近事，二相优劣，可得而详也。孔明起巴、蜀之地，蹈一州之土，方之大国，其战士人民，盖有九分之一也，而以贡贽大吴，抗对北敌，至使耕战有伍，刑法整齐，提步卒数万，长驱祁山，慨然有饮马河、洛之志。"

此后的历代王朝，上自帝王将相，下至黎民百姓，莫不对诸葛亮赞颂备至。这从历代的不少碑刻和诗文中可以得到证明。当然，这其中最富代表性的，要数唐代著名政治家裴度所作的《蜀丞相诸葛武侯祠堂碑》的碑文了。

《诸葛亮集·附录》卷2载：

（裴）度尝读旧史，详求往哲，或秉事君之节，无开国之才，得立身之道，无治人之术。四者备矣，兼而行之，则蜀丞相诸葛公其人也。公本系在简策，大名盖天地，不复以云。当汉祚衰陵，人心竞逐，取威定霸者，求贤如不及；藏器在身者，择主而后动。公是时也，躬耕南阳，自比管乐，我未从虎，时称卧龙。诗曰："潜虽伏矣，亦孔之照。"故州平心与，元直神交。洎乎三顾而许以驱驰，一言而定其机势，于是翼扶刘氏，缵承旧服，结吴抗魏，拥蜀称汉，刑政达于荒外，道化行乎域中。谁谓阻深，殷为强国；谁谓垫脆，厉为劲兵。则知地无常形，人无常性，自我而作，若金在镕。故九州之地，魏有其七，我无其一，由僻陋而启雄图，出封疆以延大敌，财用足而不曰浚我以生，干戈动而不曰残人以逞。其底定南方也，不以力制，而取其心服；震垒诸夏也，不敢角其胜负，而止候其存亡；法加于人也，虽死徙而无怨；德及于人也；虽奕弃而见思。此所谓精义入神，自诚而明者矣。若其人存，其政举，则四海可平，五服可倾。而陈寿之评，未极其能事，崔浩之说，又诘其成功，此皆以变诈之略，论节制之师，以进取之方，语化成之道，不其谬与！夫委弃荆州，不能遂有三郡，此乃务增德以吞宇宙，不黩武以争寻常。及出斜谷，据武功，分兵屯田，谋久驻之计，与敌对垒，待可胜之期，杂乎居人，如敌虚邑，彼则丧气，我方养威，若天假之年，则继大汉之祀，成先主之志，不难矣。且权倾一国，声震入弦，上下无异词，始终无愧色，苟非运膺五百，道冠生知，曷以臻于此乎？故玄德知人之明者，倚杖曰鱼之有水；仲达奸人之雄者，嗟称曰天下奇才。度每迹其行事，度其远心，愿奋短札，以排群议，而文字茧鄙，志愿未果。元和二年冬十月，圣上以西南奥区，寇乱余孽，罢甿未息，污俗未清，辍我股肱，为之父母，乃诏相国临淮公，由秉钧之重，承推毂之寄，戎轩乃降，藩服乃理，将明帝道，陬落绥怀，溥畅仁风，闾阎滋殖，府中无留事，宇下无弃才，人知向方，我有余地，则诸葛公在昔之治，与相国当今之政，异代而同尘矣。度谬以庸薄、获参管记、随旌旄而爰止，望祠宇而修谒，有仪可象，以赫厥灵，虽徽烈不忘，而碑表未立。古者或拳拳一善，或师长一城，尚流斯文，以示来裔，况如仁之欢，终古不纪，其可阙乎？乃刻贞石，庶此都之人，存必拜之感云尔。

铭曰：昔在先主，思启疆宇，扰攘靡依，英雄无辅，爰得武侯，先定蜀土。道德城池，礼义干橹。煦物如春。化人如神。劳而不怨，用之有伦。柔服蛮落，铺敦渭滨，摄迹畏威，杂居怀仁。中原旰食，不测不克，以待可胜，允臻其极。天未悔祸，公命不果，汉祚其亡，将星中堕。反旗鸣鼓，犹走司马，死而可作，当小天下。尚父作周，阿衡佐商，兼齐管、晏，揔汉萧、张，易代而生，易地而理，遭遇丰约，亦皆然矣。呜呼！奇谋奋发，美志夭遏。吁嗟严、立，咸受谪罚，闻之痛之，或泣或绝。甘棠勿翦，骈邑斯夺，由是而言，殊途共辙。本于忠恕，孰不感悦；苟非诚悫，徒云固结。古柏森森，遗庙沈沈，不殄禋祀，以迄于今，靡不骏奔，若有照临。蜀国之风，蜀人之心，锦江清波，玉垒峻岑，入海际天，知公德音。

封建文人对诸葛亮的这些评价，固然是以地主阶级政权的利害关系为出发点，有善必扬，或有溢美，或有所偏。但是，有两条恐怕千秋万世也是为人们公认的：一是他忠于信念、矢志不移；二是他谦虚谨慎、克己奉公。前者反映诸葛亮积极进取的精神品格；后者表现他尽瘁终身的思想作风。

三 蜀汉的衰亡

诸葛亮死后，先由蒋琬后由费祎掌管军政事务，继续执行诸葛亮的政策，国家还比较稳定。但后主刘禅昏庸，宠信宦官黄皓，黄皓控制了朝政。

《三国志》卷44《姜维传》载：

（景耀）五年，（姜）维率众出汉、侯和，为邓艾所破，还住沓中。维本羁旅托国，累年攻战，功绩不立，而宦官黄皓等弄权于内，右大将军阎宇与皓协比，而皓阴欲废维树宇。维亦疑之，故自危惧，不复还成都。六年，维表后主："闻钟会治兵关中，欲规进取，宜并遣张翼、廖化督诸军分护阳安关口、阴平桥头以防未然。"皓征信鬼巫，谓敌终不自致，启后主寝其事，而群臣不知。

景元四年（263）五月，魏司马昭诏诸军大举攻蜀。

《三国志》卷4《陈留王奂纪》载：

夏五月，诏曰："蜀，蕞尔小国，土狭民寡，而姜维虐用其众，曾无废志；往岁破财之后，犹复耕种沓中，刻剥众羌，劳役无已，民不堪命。夫兼弱攻昧，武之善经，致人而不致于人，兵家之上略。蜀所恃赖，唯维而已，因其远离巢窟，用力为易。今使征西将军邓艾督帅诸军，趣甘松、沓中以罗取维，雍州刺史诸葛绪督诸军趣武都、高楼，首尾蹴讨。若擒维，便当东西并进，扫灭巴蜀也。又命镇西将军钟会由骆谷伐蜀。"

八月，姜维退守剑阁（今四川剑阁东北）魏军受挫。十一月，邓艾逼进成都，刘禅降魏，蜀亡。

《三国志》卷28《邓艾传》载：

（景元）四年秋，诏诸军征蜀，大将军司马文王皆指授节度，使艾与维相缀连；雍州刺史诸葛绪要维，令不得归。艾遣天水太守王颀等直攻维营，陇西太守牵弘等邀其前，金城太守杨欣等诣甘松。维闻钟会诸军已入汉中，引退还。欣等追蹑于强川口，大战，维败走。闻雍州已塞道，屯桥头，从孔函谷入北道，欲出雍州后。诸葛绪闻之，却还三十里。维入北道三十余里，闻绪军却，寻还。从桥头过，绪趣截维，较一日不及。维遂东引。还守剑阁。钟会攻维未能克。艾上言："今贼摧折，宜遂乘之，从阴平由邪径经汉德阳亭趣涪，出剑阁西百里，去成都三百余里，奇兵冲其腹心，剑阁之守必还赴涪，则会方轨而进；剑阁之军不还，则应涪之兵寡矣。军志有之曰：'攻其无备，出其不意'，今掩其空虚，破之必矣。"

冬十月，艾自阴平道行无人之地七百余里，凿山通道，造作桥阁。山高谷深，至为艰险，又粮运将匮，频于危殆。艾以毡自裹，推转而下。将士皆攀木缘崖，鱼贯而进。先登至江由，蜀守将马邈降。蜀卫将军诸葛瞻自涪还绵竹，列陈待艾。艾遣子惠唐亭侯忠等出其右，司马师、纂等出其左。忠、纂战不利，并退还，曰："贼未可击。"艾怒曰："存亡之分，在此一举，何不可之有？"乃叱忠、纂等出，将斩之。忠、纂驰还更战，大破之，斩瞻及尚书张遵等首，进军到雒。刘禅遣使奉皇帝玺绶，为笺诣艾请降。

艾至成都，禅率太子诸王及群臣六十余人面缚舆榇诣军门，艾执节解缚焚榇，受而宥之。

又同书卷33《后主传》注引《蜀记》云：

（刘）禅又遣太常张峻、益州别驾汝超受节度，遣太仆蒋显衔命敕姜维。又遣尚书郎李虎送士民簿，领户二十八万，男女口九十四万，带甲将士十万二千，吏四万人；米四十余万斛，金、银各二千斤，锦、绮、彩、绢各二十万匹，余物称此。

司马昭在洛阳封刘禅为安乐公。

《三国志》卷33《后主传》载：

后主举家东迁，既至洛阳，策命之曰："惟景元五年三月丁亥，皇帝临轩，使太常嘉命刘禅为安乐县公。於戏，其进听朕命！盖统天载物，以咸宁为大，光宅天下，以时雍为盛。故孕育群生者，君人之道也，乃顺承天者，坤元之义也。上下交畅，然后万物协和，庶类获乂。乃者汉氏失统，六合震扰。我太祖承运龙兴，弘济八极，是用应天顺民，抚有区夏。于时乃考因群杰虎争，九服不静，乘间阻远，保据庸蜀，遂使西隅殊封，方外壅隔。自是以来，干戈不戢，元元之民，不得保安其性，几将五纪。朕永惟祖考遗志，思在绥辑四海，率土同轨，故爰整六师，耀威梁、益。公恢崇德度，深秉大正，不惮屈身委质，以爱民全国为贵，降心回虑，应机豹变，履信思顺，以享左右无疆之休，岂不远钦！朕嘉与君公长飨显禄，用考咨前训，开国胙土，率遵旧典，锡兹玄牡，苴以白茅，永为魏藩辅，往钦哉！公其祗服朕命，克广德心，以终乃显烈。"食邑万户，赐绢万匹，奴婢百人，他物称是。子孙为三都尉封侯者五十余人。尚书令樊建、侍中张绍、光禄大夫谯周、秘书令郤正、殿中督张通并封列侯。公泰始七年薨于洛阳。

又《后主传》注引《汉晋春秋》云：

司马文王与禅宴，为之作故蜀技，旁人皆为之感怆，而禅喜笑自若。王谓贾充曰："人之无情，乃可至于是乎！虽使诸葛亮在，不能辅之久全，而况姜维邪？"充曰："不如是，殿下何由并之。"他日，王问禅曰："颇思蜀否？"禅曰："此间乐，不思蜀。"郤正闻之，求见禅曰："若王后问，宜泣而答曰'先人坟墓远在陇、蜀，乃心西悲，无日不思'，因闭其目。"会王复问，对如前，王曰："何乃似郤正语邪！"禅惊视曰："诚如尊命。"左右皆笑。

第五节 孙吴的治国道路

孙吴政权是依靠江北南迁豪族和江南土著豪族的支持建立起来的。因此这个政权既没有像曹魏政权那样对豪强大族加以限制，也没有像蜀汉那样厉行法制，而是极力优饶豪强。因而吴国内部矛盾较多，阶级矛盾尖锐，政局一直不稳定，政治状况逊于魏、蜀。

一　孙吴治国方针与政策

孙吴的治国方针是"限江自保"和"施德缓刑"。为了"施德缓刑"，吴实行了领兵制和复客制。这两种制度的推行，使世家大族享有更多的特权，其势力逐渐膨胀起来。

（一）"限江自保"和"施德缓刑"

孙吴治国，出发点是大族的利益和孙氏的禄祚，大族势一，则孙氏的禄祚可终。

《三国志》卷46《孙策传》"传论"载：

> 孙氏因扰攘之际，得奋其纵横之志，业非积德之基，邦无磐石之固，势一则禄祚可终，情乖则祸乱尘起，安可不防微于未兆，虑难于将来？

为了维护大族的利益和孙氏的禄祚，孙吴采取"限江自保"和"施德缓刑"的治国方针。

建安二十四年（219），孙权袭取荆州，未几又取得夷陵之捷。至此，江东孙氏势力发展到了顶峰。此后也曾对魏作战，但不能前进一步。原因何在？《资治通鉴》卷72《魏纪》明帝太和五年十月条"胡注"云：

> 孙权自量其国力不足以毙魏，不过时于疆场之间，设诈用奇、以诱敌人之来而陷之身，非如孔明真有用蜀以争天下之心也。

孙权攻打魏国，的确只限于设诈用奇，并无争天下之心，但原因则非"自量其国力不足"。诸葛亮曾用"限江自保"四字，来概括孙吴对魏的政策。

《三国志》卷35《诸葛亮传》注引《汉晋春秋》云：

> 今议者咸以（孙）权利在鼎足，不能并力，且志望以满，无上岸之情，推此，皆似是而非也。何者？其智力不侔，故限江自保；权之不能越江，犹魏贼之不能渡汉，非力有余而利不取也。

孙吴"限江自保"国策的制定，原因不在国力，而在江东大族反对把他们的人力、物力消耗在北取中原的战场上。

对外是"限江自保"，那么对内呢？大族要求"施德缓刑"。

《三国志》卷52《顾雍传》载：

> 黄武四年，（顾雍）迎母于吴。既至，权临贺之，亲拜其母于庭，公卿大臣毕会，后太子又往庆焉。雍为人不饮酒，寡言语，举动时当。权尝叹曰："顾君不言，言必有中。"至饮宴欢乐之际，左右恐有酒失而雍必见之，是以不敢肆情。权亦曰："顾公在坐，使人不乐。"其见惮如此。是岁，改为太常，进封醴陵侯，代孙邵为丞相，平尚书事。其所选用文武将吏各随能所任，心无适莫。时访逮民间，及政职所宜，辄密以闻。若见纳用则归之于上，不用，终不宣泄。权以此重之。然于公朝有所陈及，辞色虽顺而所执者正。权尝咨问得失，张昭因陈听采闻，颇以法令太稠，刑罚微重，宜有所蠲损。权默然，顾问雍曰："君以为如何？"雍对曰："臣之所闻，亦如昭所陈。"于是权乃议狱轻刑。

又《三国志》卷47《孙权传》载：

> 五年春，令曰："军兴日久，民离农畔，父子夫妇，不听相恤，孤甚愍之。今北虏缩窜，方外无事，其下州郡，有以宽息。"是时陆逊以所在少谷，表令诸将增广农亩。权报曰："甚善。今孤父子亲自受田，车中八牛以为四耦，虽未及古人，亦欲与众均等其劳也。"秋七月，权闻魏文帝崩，征江夏，围石阳，不克而还。苍梧言凤皇见。分三郡恶地十县置东安郡，以全琮为太守，平讨山越。冬十月，陆逊陈便宜，劝以施德缓刑，宽赋息调。

孙权按照"施德缓刑"的精神，制定了"吴科"。"施德缓刑"四字遂成了孙吴的施政方针。

当然，"施德缓刑"是针对大族而言的，对百姓则是另外一回事。

（二）复客制与世袭领兵制

孙吴政权是在南北大族的支持下建立起来的，到了吴后期，以吴郡顾、陆、朱、张为首的江南大族开始压倒江北大族，在政权机构中居于主要的地位。

《三国志》卷 61《陆凯传》载：

> 先帝外仗顾、陆、朱、张，内近胡综、薛综，是以庶绩雍熙，邦内清肃。

又同书卷 28《邓艾传》云：

> 吴名宗大族，皆有部曲，阻兵仗势，足以建命。

为了保证世家大族的特权，孙吴政府推行了复客制和世袭领兵制。复客制的"客"，即大地主的"客户"或佃客，"复"为免除他们一部分佃客的赋役。《三国志》卷 54《周瑜传》云：

> 后（孙权）著令曰："故将军周瑜、程普，其有人客，一不得问。"

法令不准过问人客是少有的，它基于施德缓刑。孙吴还常用佃客来赏赐文武官吏。

《三国志》卷 54《吕蒙传》载：

> 曹公遣朱光为庐江太守，屯皖，大开稻田，又令闲人招诱鄱阳贼帅，使作内应。蒙曰："皖田肥美，若一收孰，彼众必增，如是数岁，操态见矣，宜早除之。"乃具陈其状。于是权亲征皖，引见诸将，问以计策。蒙乃荐甘宁为升城督，督攻在前，蒙以精锐继之。侵晨进攻，蒙手执枹鼓，士卒皆腾踊自升，食时破之。既而张辽至夹石，闻城已拔，乃退。权嘉其功，即拜庐江太守，所得人马皆分与之，则赐寻阳屯田六百人，官属三十人。蒙还寻阳，未期而庐陵贼起，诸将讨击不能禽，权曰："鸷鸟累百，不如一鹗。"复令蒙讨之。蒙至，诛其首恶，余皆释放，复为平民……蒙子霸袭爵，与守冢三百家，复田五十顷。

又同书卷55《潘璋传》载：

璋为人粗猛，禁令肃然，好立功业，所领兵马不过数千，而其所在常如万人。征伐止顿，便立军市，他军所无，皆仰取足。然性奢泰，末年弥甚，服物僭拟。吏兵富者，或杀取其财物，数不奉法。监司举奏，权惜其功而辄原不问。嘉禾三年卒。子平，以无行徙会稽。璋妻居建业，赐田宅，复客五十家。

又同书卷55《陈武传》注引《江表传》载：

（陈武战死）权命以其爱妾殉葬，复客二百家。

又《陈武传附子表传》载：

表字文奥，武庶子也……初表所受赐复人得二百家，在会稽新安县。表简视其人，皆堪好兵。乃上疏陈让，乞以还官，充足精锐。诏曰："先将军有功于国，国家以此报之，卿何得辞焉？"表乃称曰："今除国贼，报父之仇，以人为本。空枉此劲锐，以为僮仆，非表志也。皆辄料取，以充部伍。"所在以闻，权甚嘉之，下郡县，料正户羸民以补其处。

所谓世袭领兵制，即孙吴政权允许大族将领所统率的士兵可以世袭。如周瑜之子周胤以罪徙庐陵郡，诸葛瑾、步骘联名上疏请"还兵复爵"。《三国志》卷54《周瑜传》载：

（胤）封都乡侯，后以罪徙庐陵郡。赤乌二年，诸葛瑾、步骘连名上疏曰："故将军周瑜子胤，昔蒙粉饰，受封为将，不能养之以福，思立功效；至纵情欲，招速罪辟。臣窃以瑜昔见宠任，入作心膂，出为爪牙，衔命出征，身当矢石，尽节用命，视死如归，故能摧曹操于乌林，走曹仁于郢都，扬国威德，华夏是震，蠢尔蛮荆，莫不宾服，虽周之方叔，汉之信、布，诚无以尚也。夫折冲扞难之臣，自古帝王莫不贵重，故汉高帝封爵之誓曰'使黄河如带，太山如砺，国以永存，爰及苗裔'；申以丹书，重以盟诅，藏于宗庙，传于无穷，欲使功臣之后，世世相踵，非徒子孙，乃关苗裔，报德明功，勤勤恳恳，如此之至，欲以劝戒后人，用命之臣，死而无悔也。况于瑜身没未久，而其子胤降为匹夫，益可悼伤。窃惟陛下钦明稽古，隆于兴继，为胤归诉，乞匄余罪，还兵复爵，使失旦之鸡，复得一鸣，抱罪之臣，展其后效。"权答曰："腹心旧勋，与孤协事，公瑾有之，诚所不忘。昔胤年少，初无功劳，横受精兵，爵以侯将，盖念公瑾以及于胤也。而胤恃此，酗淫自恣，前后告喻，曾无悛改。孤于公瑾，义犹二君，乐胤成就，岂有已哉？迫胤罪恶，未宜便还，且欲苦之，使自知耳。今二君勤勤援引汉高河山之誓，孤用恧然。虽德非其畴，犹欲庶几，事亦如尔，故未顺旨。以公瑾之子，而二君在中间，苟使能改，亦何患乎！"瑾、骘表比上，朱然及全琮亦俱陈乞，权乃许之。

又同书卷55《蒋钦传》载：

（孙）权讨关羽，（蒋）钦督军入沔，还，道病卒。权素服举哀，以芜湖民二百户、田二百顷，给钦妻子。子壹封宣城侯，领兵拒刘备有功，还赴南郡，与魏交战，临阵卒。壹无子，弟休领兵。

又同书卷55《周泰传》载：

（周泰）黄武中卒……子邵以骑都尉领兵。曹仁出濡须，战有功，又从攻破曹休，进位裨将军，黄龙二年卒。弟承领兵袭侯。

由于孙吴政权的培植，江南大族的势力迅速发展起来了。《抱朴子·外篇》卷34《吴失篇》云：

吴之挽世尤剧之病，贤者不用，滓秽充序。纪纲弛紊，吞舟多漏。贡举以厚货者在前，官人以党强者为右。匪富匪势，穷年无冀。德清行高者，怀英逸而抑沦；有财有力者，蹑云物以官跻。主昏于上，臣欺于下。不党不得，不竞不进。背公之俗弥剧，正直之道遂坏。于是斥鹦因惊风以凌霄，朽舟托迅波而电迈，鸳凤卷六翮于丛棘，鹪首滞溃污而不擢矣。秉维之佐，牧民之吏，非母后之亲，则阿谄之人也。进无补过拾遗之忠，退无听讼之干。虚谈则口吐冰霜，行己则浊于泥潦。莫愧尸禄之刺，莫畏致戎之祸。以毁誉为蚕织，以威福代稼穑。车服则光可以鉴，丰屋则群鸟爱止。叱咤疾于雷霆，祸福速于鬼神，势利倾于邦君，储积富乎公室。出饰翟黄之卫从，入游玉根之藻棁。僮仆成军，闭门为市，牛羊掩原隰，田池布千里……商贩千艘，腐谷万庾。园囿拟上林，馆第僭太极，粱肉余于犬马，积珍陷于帑藏。

又《三国志》卷51《孙静传附子瑜传》载：

（孙）瑜……以恭义校尉始领兵众……建安九年领丹阳太守，为众所附，至万余人……

孙皎字叔朗，始拜护军校尉，领众二千余人。……黄盖及兄瑜卒，又并其军。赐沙羡、云杜、南新市、竟陵为奉邑，自置长吏……建安二十四年，权追录其功，封子胤为丹阳侯。胤卒，无子。弟晞嗣领兵。有罪自杀，国除……

孙奂字季明。兄皎既卒，代统其众。……嘉禾三年卒，子承嗣，以昭武中郎将代统兵领郡。赤乌六年卒，无子，封承庶弟壹奉奂后，袭业为将……（朱）异至武昌，壹知其攻己，率部曲千余口，过将（滕）胤妻奔魏……

孙贲……子邻嗣。邻年九岁，代领豫章，进封都乡侯……

孙韶字公礼……伯父河，本姓俞氏，亦吴人也。孙策爱之，赐姓为孙，列之属籍……（河被杀）即拜承烈校尉，统河部曲，食曲阿、丹徒二县，自置长吏，一如河旧。

又《三国志》卷48《孙休传》注引《襄阳记》云：

李（衡）每欲治家，妻辄不听，后密遣客十人，于武陵龙阳泛洲上作宅，种甘橘千株。临死，敕儿曰："汝母恶我治家，故穷如是。然吾州里有千头木奴，不责汝衣食，岁上一匹绢，亦可足用。"衡亡后二十日，儿以白母，母曰："此当是种甘橘也。汝家失十户客来七八年，必汝父遣为宅……"

(三) 对山越的政策

山越是分布于今江苏、浙江、安徽、江西、福建等省山谷之内越人的后裔，此时的山越实际上已是越族及与其杂居的汉人的泛称。孙权为了平息山越的反抗和征集兵源及劳力，对山越进行了大规模的军事征服。嘉禾三年（234），孙权派大将诸葛恪率军进攻山越，迫使大量山越人迁居平原。

《三国志》卷64《诸葛恪传》载：

> 恪以丹杨山险，民众果劲，虽前发兵，徒得外县平民而已；其余深远，莫能禽尽，屡自求乞为官出之，三年可得甲士四万。众议咸以丹杨地势险阻，与吴郡、会稽、新都、鄱阳四郡邻接，周旋数千里，山谷万重，其幽邃民人，未尝入城邑，对长吏，皆伏兵野逸，白首于林莽。逋亡宿恶，咸共逃窜。山出铜铁，自铸甲兵。俗好武习战，高尚气力，其升山赴险，抵突丛棘，若鱼之走渊，猿狖之腾木也。时观间隙，出为寇盗，每致兵征伐，寻其窟藏。其战则蜂至，败则鸟窜，自前世以来，不能羁也。皆以为难。恪父瑾闻之，亦以事终不逮，叹曰："恪不大兴吾家，将大赤吾族也。"恪盛陈其必捷。权拜恪抚越将军，领丹杨太守，授棨戟武骑三百。拜毕，命恪备威仪，作鼓吹，导引归家，时年三十二。
>
> 恪到府，乃移书四郡属城长吏，令各保其疆界，明立部伍，其从化平民，悉令屯居。乃分内诸将，罗兵幽阻，但缮藩篱，不与交锋，候其谷稼将熟，辄纵兵芟刈，使无遗种。旧谷既尽，新田不收，平民屯居，略无所入，于是山民饥穷，渐出降首。恪乃复敕下曰："山民去恶从化，皆当抚慰，徙出外县，不得嫌疑，有所执拘。"白阳长胡伉得降民周遗，遗旧恶民，困迫暂出，内图叛逆，伉缚送诸府。恪以伉违教，遂斩以徇，以状表上。民闻伉坐执人被戮，知官惟欲出之而已，于是老幼相携而出。岁期，人数皆如本规。恪自领万人，余分给诸将。

孙吴对被征服的山越人，采取"强者为兵，羸者补户"的政策。《三国志》卷 58《陆逊传》载：

> 权以兄策女配逊，数访世务，逊建议曰："方今英雄棋跱，豺狼窥望，克敌宁乱，非众不济。而山寇旧恶，依阻深地。夫腹心未平，难以图远，可大部伍，取其精锐。"权纳其策，以为帐下右部督。会丹阳贼帅费栈受曹公印绶，扇动山越，为作内应，权遣逊讨栈。栈支党多而往兵少，逊乃益施牙幢，分布鼓角，夜潜山谷间，鼓噪而前，应时破散。遂部伍东三郡，强者为兵，羸者补户，得精卒数万人，宿恶荡除，所过肃清，还屯芜湖。

"为兵""补户"，就是孙吴统治者为山越安排的出路。山越并不满意这种出路，从未停止过反抗。

《三国志》卷 56《朱桓传》载：

> 丹阳、鄱阳山贼蜂起，攻没城郭，杀略长吏，处处屯聚。

又同书卷 48《孙皓传》云：

> （宝鼎元年）冬十月，永安山贼施但等聚众数千人，劫皓庶弟永安侯谦出乌程，取孙和陵上鼓吹曲盖。比至建康，众万余人。

已被孙吴统治者控制在手的山越人又怎样呢？《三国志》卷 60《周鲂传》有载：

> 鄱阳之民，实多愚劲，帅之赴役，未即应人，倡之为变，闻声响抃。今虽降首，盘结未解，山栖草藏，乱心犹存。

孙吴对山越采取武力征服的政策，无疑是反动的。当时就有人反对。《三国志》卷 58《陆逊传》载：

> 会稽太守淳于式表（陆）逊枉取民人，愁扰所在。逊后诣都，言次，称式佳吏，权曰："式白君而荐之，何也？"逊对曰："式意欲养民，是以白逊。若逊复毁式以乱圣德，不可长也。"权曰："此诚长者之事，顾人不能为耳。"

"枉取"是从大族的利益出发，"养民"是从山越的利益出发。而孙吴统治者采取了前者。笔者认为，孙吴对山越的政策应当否定。客观效果如何，那是另一回事。

二 孙吴政争

孙权晚年，将相大臣围绕其继承人问题分为对立的两派。丞相陆逊、大将军诸葛恪等支持太子孙和，而骠骑将军步骘、镇南将军吕岱等拥护孙和的弟弟鲁王孙霸，于是，两派展开了激烈的角逐。

《三国志》卷59《孙和传》注引《通语》云：

> 初权既立和为太子，而封霸为鲁王，初拜犹同宫室，礼秩未分。群公之议，以为太子、国王上下有序，礼秩宜异，于是分宫别僚，而隙端开矣。自侍御宾客造为二端，仇党疑贰，滋延大臣。丞相陆逊、大将军诸葛恪、太常顾谭、骠骑将军朱据、会稽太守滕胤、大都督施绩、尚书丁密等奉礼而行，宗事太子，骠骑将军步骘、镇南将军吕岱、大司马全琮、左将军吕据、中书令孙弘等附鲁王，中外官僚将军大臣举国中分。权患之，谓侍中孙峻曰："子弟不睦，臣下分部，将有袁氏之败，为天下笑。一人立者，安得不乱？"于是有改嗣之规矣。
>
> 臣松之以为袁绍、刘表谓尚、琮为贤，本有传后之意，异于孙权既以立和而复宠霸，坐生乱阶，自构家祸，方之袁、刘，昏悖甚矣。步骘以德度著称，为吴良臣，而阿附于霸，事同杨竺，何哉？和既正位，嫡庶分定，就使才德不殊，犹将义不党庶，况霸实无闻，而和为令嗣乎？夫邪僻之人，岂其举体无善，但一为不善，众美皆亡耳。骘若果有此事，则其余不足观矣！吕岱、全琮之徒，盖所不足论耳。

孙权本人偏爱孙霸，不信任拥护孙和的大臣。赤乌八年（245），陆逊忧愤而死。孙权为避免引起冲突，采取断然措施，废孙和，杀孙霸，立自己最小的儿子孙亮为太子。

关于孙和，《三国志》卷59《孙和传》载：

> 孙和字子孝，虑弟也。少以母王有宠见爱，年十四，为置宫卫，使中书令阚泽教以书艺。好学下士，甚见称述。赤乌五年，立为太子，时年十九。阚泽为太傅，薛综为少傅，而蔡颖、张纯、封俌、严维等皆从容侍从……
>
> 是后王夫人与全公主有隙。权尝寝疾，和祠祭于庙，和妃叔父张休居近庙，邀和过所居。全公主使人觇视，因言太子不在庙中，专就妃家计议；又言王夫人见上寝疾，有喜色。权由是发怒，夫人忧死，而和宠稍损，惧于废黜。鲁王霸觊觎滋甚，陆逊、吾粲、顾谭等数陈适庶之义，理不可夺，全寄、杨竺为鲁王霸支党，谮愬日兴。粲遂下狱诛，谭徙交州。权沈吟者历年，后遂幽闭和。于是骠骑将军朱据、尚书仆射屈晃率诸将吏泥头自缚，连日诣阙请和。权登白爵观见，甚恶之，敕据、晃等无事念念。权欲废和立亮，无难督陈正、五营督陈象上书，称引晋献公杀申生，立奚齐，晋国扰乱，又据、晃固谏不止。权大怒，族诛正、象，据、晃牵入殿，杖一百，竟徙和于故鄣，群司坐谏诛放者十数。众咸冤之。

关于孙霸，《三国志》卷59《孙霸传》载：

> 孙霸字子威，和（同母）弟也。和为太子。霸为鲁王，宠爱崇特，与和无殊。顷之，和、霸不穆之声闻于权耳，权禁断往来，假以精学。督军使者羊衜上疏曰："臣闻古之有天下者，皆先显别適庶，封建子弟，所以尊重祖宗，为国藩表也。二宫拜授，海内称宜，斯乃大吴兴隆之基。顷闻二宫并绝宾客，远近悚然，大小失望。窃从下风，听采众论，咸谓二宫智达英茂，自正名建号，于今三年，德行内著，美称外昭，西北二隅，久所服ဩ。谓陛下当副顺遐迩所以归德，勤命二宫宾延四远，使异国闻声，思为臣妾。今既未垂意于此，而发明诏，省夺备卫，抑绝宾客，使四方礼敬，不复得通，虽实陛下敦尚古义，欲令二宫专志于学，不复顾虑观听小宜，期于温故博物而已，

然非臣下倾企喁喁之至愿也。或谓二宫不遵典式，此臣所以寝息不宁。就如所嫌，犹宜补察，密加斟酌，不使远近得容异言。臣惧积疑成谤，久将宣流，而西北二隅，去国不远，异同之语，易以闻达。闻达之日，声论当兴，将谓二宫有不顺之愆，不审陛下何以解之？若无以解异国，则亦无以释境内。境内守疑，异国兴谤，非所以育巍巍，镇社稷也。愿陛下早发优诏，使二宫周旋礼命如初，则天清地晏，万国幸甚矣。"

时全寄、吴安、孙奇、杨竺等阴共附霸，图危太子。谮毁既行，太子以败，霸亦赐死。流竺尸于江，兄穆以数谏戒竺，得免大辟，犹徙南州。霸赐死后，又诛寄、安、奇等，咸以党霸构和故也。

关于孙亮，《三国志》卷48《孙亮传》载：

孙亮字子明，权少子也。权春秋高，而亮最少，故尤留意。姊全公主尝谮太子和子母，心不自安，因倚权意，欲豫自结，数称述全尚女，劝为亮纳。赤乌十三年，和废，权遂立亮为太子，以全氏为妃。

太元元年夏，亮母潘氏立为皇后。冬，权寝疾，征大将军诸葛恪为太子太傅，会稽太守滕胤为太常，并受诏辅太子。

太元二年（252）四月，孙权病卒，临终召大将军诸葛恪以兼太子傅的身份辅孙亮即位。

《三国志》卷64《诸葛恪传》载：

久之，权不豫，而太子（亮）少，乃征恪以大将军领太子太傅，中书令孙弘领少傅。权疾困，召恪、弘及太常滕胤、将军吕据、侍中孙峻，属以后事。

又《诸葛恪传》注引《吴书》云：

权寝疾，议所付托。时朝臣咸皆注意于恪，而孙峻表恪器任辅政，可付大事。权嫌恪刚很自用，峻以当今朝臣皆莫及，遂固保之，乃征恪。后引恪等见卧内，受诏床下，权诏曰："吾疾困矣，恐不复相见，诸事一以相委。"恪歔欷流涕曰："臣等皆受厚恩，当以死奉诏，愿陛下安精神，损思虑，无以外事为念。"-权诏有司诸事一统于恪，惟杀生大事然后以闻。为治第馆，设陪卫。郡官百司拜揖之仪，各有品叙。诸法令有不便者，条列以闻，权辄听之。中外翕然，人怀欢欣。

诸葛恪辅政后，采取了一些进步措施，深得人心。
《三国志》卷64《诸葛恪传》载：

恪更拜太傅。于是罢视听，息校官，原逋责，除关税，事崇恩泽，众莫不悦。恪每出入，百姓延颈，思见其状。

初，权黄龙元年迁都建业，二年筑东兴堤遏湖水。后征淮南，败以内船，由是废不复修。恪以建兴元年十月会众于东兴，更作大堤，左右结山侠筑两城，各留千人，使全端、留略守之，引军而还。魏以吴军入其疆土，耻于受侮，命大将胡遵、诸葛诞等率众七万，欲攻围两坞，图坏堤遏。恪兴军四万，晨夜赴救，遵等敕其诸军作浮桥度，陈于堤上，分兵攻两城。城在高峻，不可卒拔。恪遣将军留赞、吕据、唐咨、丁奉为前部。时天寒雪，魏诸将会饮，见赞等兵少，而解置铠甲，不持矛戟。但兜鍪刀楯，保身缘遏，大笑之，不即严兵。兵得上，便鼓噪乱斫。魏军惊扰散走，争渡浮桥，桥坏绝，自投于水，更相蹈藉。乐安太守桓嘉等同时并没，死者数万。故叛将韩综为魏前军督，亦斩之。获车乘牛马驴骡各数千，资器山积，振旅而归。进封恪阳都侯，加荆扬州牧，督中外诸军事，赐金一百斤，马二百匹，缯布各万匹。

建兴二年（253）三月，诸葛恪率二十万人攻魏，围攻魏合肥新城，至八月未拔，损失惨重。
《三国志》卷64《诸葛恪传》载：

丹杨太守聂友素与恪善，书谏恪曰："大行皇帝本有遏东关之计，计未施行。今公辅赞大业，成先帝之志，寇远自送，将士凭赖威德，出身用命，一旦有非常之功，岂非宗庙神灵社稷之福邪！宜且案兵养锐，观衅而动。今乘此势，欲复大出，天时未可。而苟任盛意，私心以为不安。"恪题论后，为书答友曰："足下虽有自然之理，然未见大数。熟省此论，可以开悟矣。"于是违众出军，大发州郡二十万众，百姓骚动，始失人心。

恪意欲曜威淮南，驱略民人，而诸将或难之曰："今引军深入，疆场之民，必相率远遁，恐兵劳而功少，不如止围新城。新城困，救必至，至而图之，乃可大获。"恪从其计，回军还围新城。攻守连月，城不拔。士卒疲劳，因暑饮水，泄下流肿，病者大半，死伤涂地。诸营吏日白病者多，恪以为诈，欲斩之，自是莫敢言。恪内惟失计，而耻城不下，忿形于色。将军朱异有所是非，恪怒，立夺其兵。都尉蔡林数陈军计，恪不能用，策马奔魏。魏知战士罢病，乃进救兵。恪引军而去。士卒伤病，流曳道路，或顿仆坑壑，或见略获，存亡忿痛，大小呼嗟。而恪晏然自若。出住江渚一月，图起田于浔阳，诏召相衔，徐乃旋师。由此众庶失望，而怨黩兴矣。

秋八月军还，陈兵导从，归入府馆。即召中书令孙嘿，厉声谓曰："卿等何敢妄数作诏？"嘿惶惧辞出，因病还家。恪征行之后，曹所奏署令长职司，一罢更选，愈治威严，多所罪责，当进见者，无不竦息。又改易宿卫，用其亲近，复敕兵严，欲向青、徐。

诸葛恪大发士众攻魏，引起大族的不满，同时，孙权晚年因继承人之争而引发的矛盾尚未消除，诸葛恪本人似有再次拥立孙和之意，使矛盾更加激化。建兴二年十月，孙峻与孙亮合谋，杀死诸葛恪。

《三国志》卷64《诸葛恪传》载：

孙峻因民之多怨，众之所嫌，构恪欲为变，与亮谋，置酒请恪。恪将见之夜，精爽扰动，通夕不寐。明，将盥漱，闻水腥臭，侍者授衣，衣服亦臭。恪怪其故，易衣易水，其臭如初，意惆怅不悦。严毕趋出，犬衔引其衣，恪曰："犬不欲我行乎？"还坐，顷刻乃复起，犬又衔其衣，恪令从者逐犬，遂升车。

初，恪将征淮南，有孝子著缞衣入其合中，从者白之，令外诘问，孝子曰："不自觉入。"时中外守备，亦悉不见，众皆异之。出行之后，所坐厅事屋栋中折。自新城出住东兴，有白虹见其船，还拜蒋陵，白虹复绕其车。

及将见，驻车宫门，峻已伏兵于帷中，恐恪不时入，事泄，自出见恪曰："使君若尊体不安，自可须后，峻当具白主上。"欲以尝知恪。恪答曰："当自力入。"散骑常侍张约、朱恩等密书与恪曰："今日张设非常，疑有他故。"恪省书而去。未出路门，逢太常滕胤，恪曰："卒腹痛，不任入。"胤不知峻阴计，谓恪曰："君自行旋未见，今上置酒请君，君已至门，宜当力进。"恪踌躇而还，剑履上殿，谢亮，还坐。设酒，恪疑未饮，峻因曰："使君病未善平，当有常服药酒，自可取之。"恪意乃安，别饮所赍酒。酒数行，亮还内。峻起如厕，解长衣，著短服，出曰："有诏收诸葛恪！"恪惊起，拔剑未得，而峻刀交下。张约从旁斫峻，裁伤左手，峻应手斫约，断右臂。武卫之士皆趋上殿，峻云："所取者恪也，今已死。"悉令复刃，乃除地更饮。

诸葛恪被杀后，孙峻以丞相、大将军等职辅政。他骄奢淫逸，排斥异己，以刑杀树威，内乱迭出。

《三国志》卷64《孙峻传》载：

孙峻字子远，孙坚弟静之曾孙也。静生暠。暠生恭，为散骑侍郎。恭生峻。少便弓马，精果胆决。孙权末，徙武卫都尉，为侍中。权临薨，受遗辅政，领武卫将军，故典宿卫，封都乡侯。既诛诸葛恪，迁丞相大将军，督中外诸军事，假节，进封富春侯。滕胤以恪子竦妻父辞位，峻曰："鲧禹罪不相及，滕侯何为？"峻、胤虽内不沾洽，而外相包容，进胤爵高密侯，共事如前。

峻素无重名，骄矜险害，多所刑杀，百姓嚣然。又奸乱宫人，与公主鲁班私通。五凤元年，吴侯英谋杀峻，英事泄，死。

二年，魏将毋丘俭、文钦以众叛，与魏人战于乐嘉，峻帅骠骑将军吕据、左将军留赞袭寿春，会钦败降，军还。是岁，蜀使来聘，将军孙仪、张怡、林恂等欲因会杀峻。事泄，仪等自杀，死者数十人，并及公主鲁育。

太平元年（256），孙峻病卒，其同祖弟孙綝继掌朝政，骠骑将军吕据推举滕胤为丞相，以分其权。孙綝遂杀吕据、滕胤，独揽军政大权。

《三国志》卷64《孙峻传》载：

> 其明年，文钦说峻征魏，峻使钦与吕据、车骑将军刘纂、镇南将军朱异、前将军唐咨自江都入淮、泗，以图青、徐。峻与胤至石头，因饯之，领从者百许人入据营。据御军齐整，峻恶之，称心痛去，遂梦为诸葛恪所击，恐惧发病死，时年三十八，以后事付綝。
>
> 孙綝字子通，与峻同祖。綝父绰为安民都尉。綝始为偏将军，及峻死，为侍中武卫将军，领中外诸军事，代知朝政。吕据闻之大恐，与诸督将连名，共表荐滕胤为丞相，綝更以胤为大司马，代吕岱驻武昌。据引兵还，使人报胤，欲共废綝。綝闻之，遣从兄虑将兵逆据于江都，使中使敕文钦、刘纂、唐咨等合众击据，遣侍中左将军华融、中书丞丁晏告胤取据，并喻胤宜速去意。胤自以祸及，因留融、晏，勒兵自卫，召典军杨崇、将军孙咨，告以綝为乱，迫融等使有书难綝。綝不听，表言胤反，许将军刘丞以封爵，使率兵骑急攻围胤。胤又劫融等，使诈诏发兵。融等不从，胤皆杀之。胤颜色不变，谈笑若常。或劝胤引兵至苍龙门，将士见公出，必皆委綝就公。时夜已半。胤恃与据期，又难举兵向宫，乃约令部曲，说吕侯以在近道，故皆为胤尽死，无离散者。时大风，比晓，据不至。綝兵大会，遂杀胤及将士数十人，夷胤三族。
>
> 綝迁大将军，假节，封永宁侯，负贵倨傲，多行无礼。初，峻从弟虑与诛诸葛恪之谋，峻厚之，至右将军、无难督，授节盖，平九官事。綝遇虑薄于峻时，虑怒，与将军王惇谋杀綝。綝杀惇，虑服药死。

第二年，孙亮即帝位，由孙綝辅政。孙亮对孙綝专恣跋扈极为不满，便暗中与太常全尚和将军刘丞合谋诛杀孙綝。事泄，孙綝杀全尚、刘丞，罢黜孙亮为会稽王。

《三国志》卷64《孙綝传》载：

> 綝以孙亮始亲政事，多所难问，甚惧。还建业，称疾不朝，筑室于朱雀桥南，使弟威远将军据入苍龙宿卫，弟武卫将军恩、偏将军

干、长水校尉阎分屯诸营，欲以专朝自固。亮内嫌綝，乃推鲁育见杀本末，责怒虎林督朱熊、熊弟外部督朱损不匡正孙峻，乃令丁奉杀熊于虎林，杀损于建业。綝入谏不从，亮遂与公主鲁班、太常全尚、将军刘承议诛綝。亮妃，綝从姊女也，以其谋告綝。綝率众夜袭全尚，遣弟恩杀刘承于苍龙门外，遂围宫。使光禄勋孟宗告庙废亮，召群司议曰："少帝荒病昏乱，不可以处大位，承宗庙，以告先帝废之。诸君若有不同者，下异议。"皆震怖，曰："唯将军令。"綝遣中书郎李崇夺亮玺绶，以亮罪状班告远近。尚书桓彝不肯署名，綝怒杀之。

又《孙綝传》注引《江表传》云：

亮召全尚息黄门侍郎纪密谋，曰："孙綝专势，轻小于孤。孤见敕之，使速上岸，为唐咨等作援，而留湖中，不上岸一步。又委罪朱异，擅杀功臣，不先表闻。筑第桥南，不复朝见。此为自在，无复所畏，不可久忍。今规取之，卿父作中军都督，使密严整士马，孤当自出临桥，帅宿卫虎骑、左右无难一时围之。作版诏敕綝所领皆解散，不得举手，正尔自得之。卿去，但当使密耳。卿宣诏语卿父，勿令卿母知之，女人既不晓大事，且綝同堂姊，邂逅泄漏，误孤非小也。"纪承诏，以告尚，尚无远虑，以语纪母。母使人密语綝。綝夜发严兵废亮，比明，兵已围宫。亮大怒，上马，带鞬綝执弓欲出，曰："孤大皇帝之适子，在位已五年，谁敢不从者？"侍中近臣及乳母共牵攀止之，乃不得出，叹咤二日不食，骂其妻曰："尔父愦愦，败我大事！"又呼纪，纪曰："臣父奉诏不谨，负上，无面目复见。"因自杀。

又《三国志》卷48《孙亮传》载：

亮以綝专恣，与太常全尚，将军刘丞谋诛綝。（太平三年）九月戊午，綝以兵取尚，遣弟恩攻杀丞于苍龙门外，召大臣会宫门，黜亮为会稽王，时年十六。

孙綝废孙亮后，另立孙权第六子琅邪王孙休为皇帝。
《三国志》卷48《孙休传》载：

孙休字子烈，权第六子。年十三，从中书郎射慈、郎中盛冲受学。太元二年正月，封琅邪王，居虎林。四月，权薨，休弟亮承统，诸葛恪秉政，不欲诸王在滨江兵马之地，徙休于丹杨郡。太守李衡数以事侵休，休上书乞徙他郡，诏徙会稽。居数岁，梦乘龙上天，顾不见尾，觉而异之。孙亮废，己未，孙綝使宗正孙楷与中书郎董朝迎休。休初闻问，意疑，楷、朝具述綝等所以奉迎本意，留一日二夜，遂发。十月戊寅，行至曲阿，有老公干休叩头曰："事久变生，天下喁喁，愿陛下速行。"休善之，是日进及布塞亭。武卫将军恩行丞相事，率百僚以乘舆法驾迎于永昌亭，筑宫，以武帐为便殿，设御座。己卯，休至，望便殿止住，使孙楷先见恩。楷还，休乘辇进，群臣再拜称臣。休升便殿，谦不即御坐，止东厢。户曹尚书前即阶下赞奏，丞相奉玺符。休三让，群臣三请。休曰："将相诸侯咸推寡人，寡人敢不承受玺符。"群臣以次奉引，休就乘舆，百官陪位，綝以兵千人迎于半野，拜于道侧，休下车答拜。即日，御正殿，大赦，改元。是岁，于魏甘露三年也。

孙綝晋升为丞相、荆州牧，权倾朝野。
《三国志》卷64《孙綝传》载：

綝遣将军孙耽送亮之国，徙尚于零陵，迁公主于豫章。綝意弥溢，侮慢民神，遂烧大桥头伍子胥庙，又坏浮屠祠，斩道人。休既即位，称草莽臣，诣阙上书曰："臣伏自省，才非干国，因缘肺腑，位极人臣，伤锦败驾，罪负彰露，寻愆惟阙，夙夜忧惧。臣闻天命棐谌，必就有德，是以幽厉失度，周宣中兴，陛下圣德，篡承大统，宜得良辅，以协雍熙，虽尧之盛，犹求稷契之佐，以协明圣之德。古人有言：'陈力就列，不能者止。'臣虽自展竭，无益庶政，谨上印绶节钺，退还田里，以避贤路。"休引见慰喻。又下诏曰："朕以不德，守藩于外，值兹际会，群公卿士，暨于朕躬，以奉宗庙。朕用忧然，若涉渊冰。大将军忠计内发，扶危定倾，安康社稷，功勋赫然。昔汉孝宣践阼，霍光尊显，褒德赏功，古今之通义也。其以大将军为丞相、荆州牧，食五县。"恩为御史大夫、卫将军，据右将军，皆县侯。干杂号将军、亭侯。闿亦封亭侯。綝一门五侯，皆典禁兵，权倾人主，自吴国朝臣未尝有也。

太平三年（258）十二月，孙休在将军张布、丁奉的支持下，杀死孙綝，诛及三族。至此，孙吴政争才逐渐缓和下来。

《三国志》卷64《孙綝传》载：

> 綝奉牛酒诣休，休不受，赍诣左将军张布；酒酣，出怨言曰："初废少主时，多劝吾自为之者。吾以陛下贤明，故迎之。帝非我不立，今上礼见拒，是与凡臣无异，当复改图耳。"布以言闻休，休衔之，恐其有变，数加赏赐，又复加恩侍中，与綝分省文书。或有告綝怀怨悔上欲图反者，休执以付綝，綝杀之，由是愈惧，因孟宗求出屯武昌，休许焉，尽敕所督中营精兵万余人，皆令装载，所取武库兵器，咸令给与。将军魏邈说休曰："綝居外必有变"，武卫士施朔又告"綝欲反有征"。休密问张布，布与丁奉谋于会杀綝。

> 永安元年十二月丁卯，建业中谣言明会有变，綝闻之，不悦。夜大风发木扬沙，綝益恐。戊辰腊会，綝称疾。休强起之，使者十余辈，綝不得已，将入，众止焉。綝曰："国家屡有命，不可辞。可豫整兵，令府内起火，因是可得速还。"遂入，寻而火起，綝求出，休曰："外兵自多，不足烦丞相也。"綝起离席，奉、布目左右缚之。綝叩首曰："愿徙交州。"休曰："卿何以不徙滕胤、吕据?"綝复曰："愿没为官奴。"休曰："何不以胤、据为奴乎!"遂斩之。以綝首令其众曰："诸与綝同谋皆赦。"放仗者五千人。闿乘船欲北降，追杀之。夷三族。发孙峻棺，取其印绶，斫其木而埋之，以杀鲁育等故也。

孙休在位期间，政治上无多大作为，他沉溺于射猎，竟因派人到交阯郡（治今越南河内西北）征调孔雀、大猪，引起当地人的反抗。他又重用濮阳兴、张布等亲信，致使朝政昏乱，社会动荡不安。

《三国志》卷48《孙休传》载：

> （永安五年）八月乙酉，立皇后朱氏。戊子，立子𩅦为太子，大

赦。冬十月，以卫将军濮阳兴为丞相，廷尉丁密、光禄勋孟宗为左右御史大夫。休以丞相兴及左将军张布有旧恩，委之以事，布典宫省，兴关军国。休锐意于典籍，欲毕览百家之言，尤好射雉，春夏之间常晨出夜还，唯此时舍书……初休为王时，（张）布为左右将督，素见信爱，及至践阼，厚加宠待，专擅国势，多行无礼……是岁使察战到交阯调孔爵、大猪。

六年夏四月，泉陵言黄龙见。五月，交阯郡吏吕兴等反，杀太守孙谞。

又《三国志》卷48《三嗣主传》陈寿后论云：

休以旧爱宿恩，任用兴、布，不能拔进良才，改弦易张，虽志善好学，何益救乱乎？

三 孙皓的暴虐政治与吴的灭亡

孙皓统治之时，因暴虐无道，社会矛盾激化，农民起义不断发生。吴上层腐败，国力大损，终为西晋所灭。

（一）孙皓的暴虐政治

永安七年（264），孙休死，濮阳兴、张布拥立孙和之子孙皓为帝。

《三国志》卷48《孙皓传》载：

孙皓字元宗，权孙，和子也，一名彭祖，字皓宗。孙休立，封皓为乌程侯，遣就国。西湖民景养相皓当大贵，皓阴喜而不敢泄。休薨，是时蜀初亡，而交阯携叛，国内震惧，贪得长君。左典军万彧昔为乌程令，与皓相善，称皓才识明断，是长沙桓王之俦也，又加之好学，奉遵法度，屡言之于丞相濮阳兴、左将军张布。兴、布说休妃太后朱，欲以皓为嗣。朱曰："我寡妇人，安知社稷之虑，苟吴国无陨，宗庙有赖可矣。"于是遂迎立皓，时年二十三。改元，大赦。是岁，于魏咸熙元年也。

元兴元年八月，以上大将军施绩、大将军丁奉为左右大司马，张布为骠骑将军，加侍中，诸增位班赏，一皆如旧。九月，贬太后为景皇后，追谥父和曰文皇帝，尊母何为太后。十月，封休太子𩅦为豫章王，次子汝南王，次子梁王，次子陈王，立皇后滕氏。

孙皓即帝位时，孙吴正处于急剧衰落的过程中，矛盾重重，赋役繁苛，国家政权极不稳固。他看到这种情况，很想挽救国家于危亡之中，便采取了一些体国恤民的措施。

《三国志》卷48《孙皓传》注引《江表传》云：

> 皓初立，发优诏，恤士民，开仓廪，振贫乏，科出宫女以配无妻，禽兽扰于苑者皆放之。当时翕然称为明主。

然而，很快孙皓就回到原来的轨道上去了。他看到魏刚灭蜀，一时无力攻吴，便日益骄暴，溺于享受，政治更加腐败。

《三国志》卷48《孙皓传》载：

> 皓既得志，粗暴骄盈，多忌讳，好酒色，大小失望。兴、布窃悔之。或以谮皓，十一月，诛兴、布。

孙皓迷信风水，认为荆州有"王气"，迁都能兴。遂于甘露元年（265），把都城从建业迁至武昌。

《三国志》卷48《孙皓传》注引《汉晋春秋》云：

> 初望气者云：荆州有王气破扬州，而建业宫不利，故皓徙武昌，遣使者发民掘荆州界大臣名家冢与山冈连者以厌之。既闻但反，自以为徙土得计也。使数百人鼓噪入建业，杀但妻子，云天子使荆州兵来破扬州贼，以厌前气。

又同书卷65《王蕃传》注引《江表传》云：

> 皓用巫史之言，谓建业宫不利，乃西巡武昌，仍有迁都之意，恐群臣不从，乃大请会，赐将吏。问蕃："射不主皮，为力不同科，其义云何？"蕃思惟未答，即于殿上斩蕃。出登来山，使亲近将掷蕃首，作虎跳狼争咋啮之，头皆碎坏，欲以示威，使众不敢犯也。

又同书卷48《孙皓传》载：

（甘露元年）九月，从西陵督步阐表，徙都武昌，御史大夫丁固、右将军诸葛靓镇建业……皓至武昌，又大赦。

在迁都中，民伕长途跋涉运输，死者不计其数，长江下游人民溯江供应，也疲惫不堪，因而引起普遍不满和反对。

《三国志》卷61《陆凯传》载：

（陆）凯上疏曰："……又武昌土地，实危险而堵确，非王都安国养民之处，船泊则沉漂，陵居则峻危，且童谣言：'宁饮建业水，不食武昌鱼，宁还建业死，不止武昌居。'臣闻翼星为变，荧惑作妖，童谣之言，生于天心，乃以安居而比死，足明天意，知民所苦也。"

由于怨声载道、民愤极大，孙皓只好又把都城从武昌迁回建业。严重的劳民伤财，使孙皓的统治更加脱离民众，更为百姓所痛恨了。左丞相陆凯上书谏言，《三国志》卷61《陆凯传》载：

皓性不好人视己，群臣侍见，皆莫敢忤。凯说皓曰："夫君臣无不相识之道，若卒有不虞，不知所赴。"皓听凯自视。

……又政事多谬，黎元穷匮。凯上疏曰：

"臣闻有道之君，以乐乐民；无道之君，以乐乐身。乐民者，其乐弥长；乐身者，不乐而亡。夫民者，国之根也，诚宜重其食，爱其命。民安则君安，民乐则君乐。自顷年以来，君威伤于桀纣，君明暗于奸雄，君惠闭于群孽。无灾而民命尽，无为而国财空，喜无罪，赏无功，使君有谬误之愆，天为作妖。而诸公聊媚上以求爱，困民以求饶，导君于不义，败政于淫俗，臣窃为痛心。今邻国交好，四边无事，当务息役养士，实其廪库，以待天时。而更倾动天心，骚扰万姓，使民不安，大小呼嗟，此非保国养民之术也……

"昔秦所以亡天下者，但坐赏轻而罚重，政刑错乱，民力尽于奢侈，目眩于美色，志浊于财宝，邪臣在位，贤哲隐藏，百姓业业，天下苦之，是以遂有覆巢破卵之忧。汉所以强者，躬行诚信，听谏纳贤，惠及负薪，躬请岩穴，广采博察，以成其谋。此往事之明证也。

"近者汉之衰末，三家鼎立，曹失纲纪，晋有其政。又益州危险，兵多精强，闭门固守，可保万世，而刘氏与夺乖错，赏罚失所，君恣意于奢侈，民力竭于不急，是以为晋所伐，君臣见虏。此目前之明验也。

"臣暗于大理，文不及义，智慧浅劣，无复冀望，窃为陛下惜天下耳。臣谨奏耳目所闻见，百姓所为烦苛，刑政所为错乱，愿陛下息大功，损百役，务宽荡，忽苛政。

"臣闻国无三年之储，谓之非国，而今无一年之畜，此臣下之责也。而诸公卿位处人上，禄延子孙，曾无致命之节，匡救之术，苟进小利于君，以求容媚，荼毒百姓，不为君计也。自从孙弘造义兵以来，耕种既废，所在无复输入，而分一家父子异役，廪食日张，畜积日耗，民有离散之怨，国有露根之渐，而莫之恤也。民力困穷，鬻卖儿子，调赋相仍，日以疲极，所在长吏，不加隐括，加有监官，既不爱民，务行威势，所在骚扰，更为烦苛，民苦二端，财力再耗，此为无益而有损也。愿陛下一息此辈，矜哀孤弱，以镇抚百姓之心。此犹鱼鳖得免毒螫之渊，鸟兽得离罗网之纲，四方之民襁负而至矣。如此，民可得保，先王之国存焉。

"臣闻五音令人耳不聪，五色令人目不明，此无益于政，有损于事者也。自昔先帝时，后宫列女，及诸织络，数不满百，米有畜积，货财有余。先帝崩后，幼、景在位，更改奢侈，不蹈先迹。伏闻织络及诸徒坐，乃有千数，计其所长，不足为国财，然坐食官廪，岁岁相承，此为无益，愿陛下料出赋嫁，给与无妻者。如此，上应天心，下合地意，天下幸甚。

"臣闻殷汤取士于商贾，齐桓取士于车辕，周武取士于负薪，大汉取士于奴仆。明王圣主取士以贤，不拘卑贱，故其功德洋溢，名流竹素，非求颜色而取好服、捷口、容悦者也。臣伏见当今内宠之臣，位非其人，任非其量，不能辅国匡时，群党相扶，害忠隐贤。愿陛下简文武之臣，各勤其官，州牧督将，藩镇方外，公卿尚书，务修仁化，上助陛下，下拯黎民，各尽其忠，拾遗万一，则康哉之歌作，刑错之理清。愿陛下留神思臣愚言。"

这些发自肺腑的诤言，孙皓根本听不进去，依然我行我素。他宠用小人，诛杀贤能，滥施酷刑，横征暴敛，广营宫室，弄得上下离心，人人自危。陆凯将孙皓的暴虐行径列为"二十事"，用以劝谏孙皓。

《三国志》卷61《陆凯传》载：

予连从荆、扬来者得凯所谏皓二十事，博问吴人，多云不闻凯有此表。又按其文殊甚切直，恐非皓之所能容忍也。或以为凯藏之箧笥，未敢宣行，病困，皓遣董朝省问欲言，因以付之。虚实难明，故不著于篇，然爱其指擿皓事，足为后戒，故钞列于凯传左云。

皓遣亲近赵钦口诏报凯前表曰："孤动必遵先帝，有何不平？君所谏非也。又建业宫不利，故避之，而西宫室宇摧朽，须谋移都，何以不可徙乎？"凯上疏曰：

"臣窃见陛下执政以来，阴阳不调，五星失晷，职司不忠，奸党相扶，是陛下不遵先帝之所致。夫王者之兴，受之于天，修之由德，岂在宫乎？而陛下不谘之公辅，便盛意驱驰，六军流离悲惧，逆犯天地，天地以灾，童歌其谣。纵令陛下一身得安，百姓愁劳，何以用治？此不遵先帝一也。

"臣闻有国以贤为本，夏杀龙逢，殷获伊挚，斯前世之明效，今日之师表也。中常侍王蕃黄中通理，处朝忠謇，斯社稷之重镇，大吴之龙逢也，而陛下忿其苦辞，恶其直对，枭之殿堂，尸骸暴弃。邦内伤心，有识悲悼，咸以吴国夫差复存。先帝亲贤，陛下反之，是陛下不遵先帝二也。

"臣闻宰相国之柱也，不可不强，是故汉有萧、曹之佐，先帝有顾、步之相。而万彧琐才凡庸之质，昔从家隶，超步紫闼，于彧已丰，于器已溢，而陛下爱其细介，不访大趣，荣以尊辅，越尚旧臣。贤良愤惋，智士赫咤，是不遵先帝三也。

"先帝爱民过于婴孩，民无妻者以妾妻之，见单衣者以帛给之，枯骨不收而取埋之。而陛下反之，是不遵先帝四也。

"昔桀纣灭由妖妇，幽厉乱在嬖妾，先帝鉴之，以为身戒，故左右不置淫邪之色，后房无旷积之女。今中宫万数，不备嫔嫱，外多鳏夫，女吟于中。风雨逆度，正由此起，是不遵先帝五也。

"先帝忧劳万机，犹惧有失。陛下临阼以来，游戏后宫，眩惑妇女，乃令庶事多旷，丁吏容奸，是不遵先帝六也。

"先帝笃尚朴素，服不纯丽，官无高台，物不雕饰，故国富民充，奸盗不作。而陛下征调州郡，竭民财力，土被玄黄，宫有朱紫，是不遵先帝七也。

"先帝外仗顾、陆、朱、张，内近胡综、薛综，是以庶绩雍熙，邦内清肃。今者外非其任，内非其人，陈声、曹辅，斗筲小吏，先帝之所弃，而陛下幸之，是不遵先帝八也。

"先帝每宴见群臣，抑损醇醲，臣下终日无失慢之尤，百寮庶尹，并展所陈，而陛下拘以视瞻之敬，惧以不尽之酒。夫酒以成礼，过则败德，此无异商辛长夜之饮也，是不遵先帝九也。

"昔汉之桓、发，亲近宦竖，大失民心。今高通、詹廉、羊度，黄门小人，而陛下赏以重爵，权以战兵。若江渚有难，烽燧互起，则度等之武不能御侮明也，是不遵先帝十也。

"今宫女旷积，而黄门复走州郡，条牒民女，有钱则舍，无钱则取，怨呼道路，母子死诀，是不遵先帝十一也。

"先帝在时，亦养诸王太子，若取乳母，其夫复役，赐与钱财，给其资粮，时遣归来，视其弱息。今则不然，夫妇生离，夫故作役，儿从后死，家为空户，是不遵先帝十二也。

"先帝叹曰：'国以民为本，民以食为天，衣其次也，三者，孤存之于心。'今则不然，农桑并废，是不遵先帝十三也。

"先帝简士，不拘卑贱，任之乡间，效之于事，举者不虚，受者不妄。今则不然，浮华者登，朋党者进，是不遵先帝十四也。

"先帝战士，不给他役，使春惟知农，秋惟收稻，江渚有事，责其死效。今之战士，供给众役，廪赐不赡，是不遵先帝十五也。

"夫赏以劝功，罚以禁邪，赏罚不中，则士民散失。今江边将士，死不见哀，劳不见赏，是不遵先帝十六也。

"今在所监司，已为烦猥，兼有内使，扰乱其中，一民十吏，何以堪命？昔景帝时，交阯反乱，实由兹起，是为遵景帝之阙，不遵先帝十七也。

"夫校事，吏民之仇也。先帝末年，虽有吕壹、钱钦，寻皆诛夷，以谢百姓。今复张立校曹，纵吏言事，是不遵先帝十八也。

"先帝时，居官者咸久于其位，然后考绩黜陟。今州县职司，或苌政无几，便征召迁转，迎新送旧，纷纭道路，伤财害民，于是为甚，是不遵先帝十九也。

"先帝每察竟解之奏，常留心推按，是以狱无冤囚，死者吞声。今则违之，是不遵先帝二十也。

"若臣言可录，藏之盟府；如其虚妄，治臣之罪。愿陛下留意。"

又同书 48 卷《孙晧传》载：

（凤凰二年秋九月）晧爱妾或使人至市劫夺百姓财物，司市中郎将陈声，素晧幸臣也，恃晧宠遇，绳之以法。妾以愬晧，晧大怒，假他事烧锯断声头，投其身于四望之下。

初，晧每宴会群臣，无不咸令沈醉。置黄门郎十人，特不与酒，侍立终日，为司过之吏。宴罢之后，各奏其阙失，迕视之咎，谬言之愆，罔有不举。大者即加威刑，小者辄以为罪。后宫数千，而采择无已。又激水入宫，宫人有不合意者，辄杀流之。或剥人之面，或凿人之眼。岑昬险谀贵幸，致位九列，好兴功役，众所患苦。是以上下离心，莫为晧尽力，盖积恶已极，不复堪命故也。

在孙晧的暴虐统治之下，社会矛盾十分尖锐，人民纷纷起来反抗。海盐、庐陵、豫章等地，都有农民起义发生。宝鼎元年（266），永安山民施但暴动，攻抵建业，人员发展到一万多人。

《三国志》卷 48《孙晧传》载：

宝鼎元年……冬十月，永安山贼施但等聚众数千人，劫晧庶弟永安侯谦出乌程，取孙和陵上鼓吹曲盖。比至建业，众万余人。丁固、诸葛靓逆之于牛屯，大战，但等败走。获谦，谦自杀。

至此，孙吴的统治已岌岌可危了。

(二) 吴的灭亡

司马氏灭蜀以后，便在益州大造船只，准备伐吴，而孙晧却漠然处之。咸宁五年（279）十一月，晋武帝派杜预、王濬、王浑兵分六路大举伐吴。

《晋书》卷3《武帝纪》载：

> 咸宁五年……十一月，大举伐吴。遣镇军将军琅邪王伷出涂中，安东将军王浑出江西，建威将军王戎出武昌，平南将军胡奋出夏口，镇南大将军杜预出江陵，龙骧将军王濬、广武将军唐彬率巴蜀之卒，浮江而下。东西凡二十余万。以太尉贾充为大都督，行冠军将军杨济为副，总统众军……

第二年，王濬水军攻克建业，孙皓投降，吴亡。

《晋书》卷3《武帝纪》云：

> 太康元年春正月……癸丑，王浑克吴寻阳、赖乡诸城，获吴威武将军周兴。
> 二月戊午，王濬唐彬等克丹阳城，庚申，又克西陵，杀西陵都督镇军将军留宪、征南将军成璩、西陵监郑广。壬戌，濬又克夷道、乐乡城，杀夷道监陆晏、水军都督陆景。甲戌，杜预克江陵，斩吴江陵督五延、平南将军胡奋克江安。于是诸军并进，乐乡、荆门诸戍相次来降。乙亥，以濬为都督益、梁二州诸军事，复下诏曰："濬、彬东下，扫除巴丘，与胡奋、王戎共平夏口、武昌，顺流长骛，直造秣陵，与奋、戎审量其宜。杜预当镇静零、桂，怀辑衡阳。大兵既过，荆州南境，固当传檄而定。预当分万人给濬，七千给彬。夏口既平，奋宜以七千人给濬。武昌既了，戎当以六千人增彬。太尉充移屯项，总督诸方。"濬进破夏口武昌，遂泛舟东下，所至皆平。王浑、周浚与吴丞相张悌战于版桥，大破之，斩悌及其将孙震、沈莹，传首洛阳。孙皓穷蹙请降，送玺绶于琅邪王伷。
> 三月，壬申，王濬以舟师至于建邺之石头。孙皓大惧，面缚舆榇降于军门。濬杖节解缚焚榇，送于京都。收其图籍，克（得）州四，郡四十三，县三百一十三，户五十二万三千，吏三万二千，兵二十三万，男女口二百三十万。

又《三国志》卷48《孙皓传》云:

壬申,王濬最先到,于是受皓之降,解缚焚榇,延请相见。伷以皓致印绶于己,遣使送皓。皓举家西迁,以太康元年五月丁亥集于京邑。四月甲申,诏曰:"孙皓穷迫归降,前诏待之以不死,今皓垂至,意犹愍之,其赐号为归命侯。进给衣服车乘,田三十顷,岁给谷五千斛,钱五十万,绢五百匹,绵五百斤。"皓太子瑾拜中郎,诸子为王者,拜郎中。五年,皓死于洛阳。

陆机曾作《辨亡论》,对吴国灭亡的原因作了剖析,值得一读。
《三国志》卷48《三嗣主传》注云:

陆机著辨亡论,言吴之所以亡,其上篇曰:"昔汉氏失御,奸臣窃命,祸基京畿,毒遍宇内,皇纲弛紊,王室遂卑。于是群雄蜂骇,义兵四合,吴武烈皇帝慷慨下国,电发荆南,权略纷纭,忠勇伯世。威棱则夷羿震荡,兵交则丑虏授馘,遂扫清宗祊,蒸禋皇祖。于时云兴之将带州,飙起之师跨邑,哮阚之群风驱,熊罴之族雾集,虽兵以义合,同盟戮力,然皆包藏祸心,阻兵怙乱,或师无谋律,丧威稔寇,忠规武节,未有若此其著者也。武烈既没,长沙桓王逸才命世,弱冠秀发,招揽遗老,与之述业。神兵东驱,奋寡犯众,攻无坚城之将,战无交锋之虏。诛叛柔服而江外底定,饬法修师而威德翕赫,宾礼名贤而张昭为之雄,交御豪俊而周瑜为之杰。彼二君子,皆弘敏而多奇,雅达而聪哲,故同方者以类附,等契者以气集,而江东盖多士矣。将北伐诸华,诛鉏干纪,旋皇舆于夷庚,反帝座于紫闼,挟天子以令诸侯,清天步而归旧物。戎车既次,群凶侧目,大业未就,中世而陨。用集我大皇帝,以奇踪袭于逸轨,睿心发乎令图,从政咨于故实,播宪稽乎遗风,而加之以笃固,申之以节俭,畴咨俊茂,好谋善断,束帛旅于丘园,旌命交于涂巷。故豪彦寻声而响臻志士希光而影骛,异人辐辏,猛士如林。于是张昭为师傅,周瑜、陆公、鲁肃、吕蒙之畴入为腹心,出作股肱;甘宁、凌统、程普、贺齐、朱桓、朱然之徒奋其威,韩当、潘璋、黄盖、蒋钦、周泰之属宣其力;风雅则诸葛瑾、张承、步骘以声名光国,政事则顾雍、潘濬、吕范、吕岱以器任干职，奇伟则虞翻、陆绩、张温、张惇以讽议举正，奉使则赵咨、沈珩以敏达延誉，术数则吴范、赵达以机祥协德，董袭、陈武杀身以卫主，骆统、刘基强谏以补过，谋无遗算，举不失策。故遂割据山川，跨制荆、吴，而与天下争衡矣。魏氏尝借战胜之威，率百万之师，浮邓塞之舟，下汉阴之众，羽楫万计，龙跃顺流，锐骑千旅，虎步原隰，谋臣盈室，武将连衡，喟然有吞江浒之志，一宇宙之气。而周瑜驱我偏师，黜之赤壁，丧旗乱辙，仅而获免，收迹远遁。汉王亦冯帝王之号，率巴、汉之民，乘危骋变，结垒千里，志报关羽之败，图收湘西之地。而我陆公亦挫之西陵，覆师败绩，困而后济，绝命永安。续以濡须之寇，临川摧锐，蓬笼之战，孑轮不反。由是二邦之将，丧气摧锋，势蚏财匮，而吴藐然坐乘其弊，故魏人请好，汉氏乞盟，遂跻天号，鼎峙而立。西屠庸蜀之郊，北裂淮汉之涘，东苞百越之地，南括群蛮之表。于是讲八代之礼，蒐三王之乐，告类上帝，拱揖群后。虎臣毅卒，循江而守，长戟劲锻，望飙而奋。庶尹尽规于上，四民展业于下，化协殊裔，风衍遐圻。乃俾一介行人，抚巡外域，巨象逸骏，扰于外闲，明珠玮宝，辉于内府，珍瑰重迹而至，奇玩应响而赴，辎轩骋于南荒，冲輎息于朔野，齐民免干戈之患，戎马无晨服之虞，而帝业固矣。大皇既殁，幼主莅朝，奸回肆虐。景皇聿兴，虔修遗宪，政无大阙，守文之良主也。降及归命之初，典刑未灭，故老犹存。大司马陆公以文武熙朝，左丞相陆凯以謇谔尽规，而施绩、范慎以威重显，丁奉、钟离斐以武毅称，孟宗、丁固之徒为公卿，楼玄、贺劭之属掌机事，元首虽病，股肱犹良。爰及末叶，群公既丧，然后黔首有瓦解之志，皇家有土崩之衅，历命应化而微，王师蹑运而发，卒散于陈，民奔于邑，城池无藩篱之固，山川无沟阜之势，非有工输云梯之械，智伯灌激之害，楚子筑室之围，燕人济西之队，军未浃辰而社稷夷矣。虽忠臣孤愤，烈士死节，将奚救哉？夫曹、刘之将非一世之选，向时之师无曩日之众，战守之道抑有前符，险阻之利俄然未改，而成败贸理，古今诡趣，何哉？彼此之化殊，授任之才异也。"

其下篇曰："昔三方之王也，魏人据中夏，汉民有岷、益，吴制荆、扬而奄交、广。曹氏虽功济诸华，虐亦深矣，其民怨矣。刘公因险饰智，功已薄矣，其俗陋矣。吴桓王基之以武，太祖成之以德，聪明睿达,懿度深远矣。其求贤如不及,恤民如稚子,接士尽盛德之容,亲仁馨丹府之爱。拔吕蒙于戎行,识潘濬于系虏。推诚信士,不恤人之我欺;量能授器,不患权之我逼。执鞭鞠躬,以重陆公之威,悉委武卫,以济周瑜之师。卑宫菲食,以丰功臣之赏;披怀虚己,以纳谟之士之算。故鲁肃一面而自托,士燮蒙险而效命。高张公之德而省游田之娱,贤诸葛之言而割情欲之欢,感陆公之规而除刑政之烦,奇刘基之议而作三爵之誓,屏气跼蹐以伺子明之疾,分滋损甘以育凌统之孤,登坛慷慨归鲁肃之功,削投恶言信子瑜之节。是以忠臣竞尽其谋,志士咸得肆力,洪规远略,固不厌夫区区者也。故百官苟合,庶务未遑。初都建业,群臣请备礼秩,天子辞而不许,曰:'天下其谓朕何!'宫室舆服,盖慊如也。爰及中叶,天人之分既定,百度之缺粗修,虽醲化懿纲,未齿乎上代,抑其体国经民之具,亦足以为政矣。地方几万里,带甲将百万,其野沃,其民练,其财丰,其器利,东负沧海,西阻险塞,长江制其区宇,峻山带其封域,国家之利,未见有弘于兹者矣。借使中才守之以道,善人御之有术,敦率遗宪,勤民谨政,循定策,守常险,则可以长世永年,未有危亡之患。或曰,吴、蜀唇齿之国,蜀灭则吴亡,理则然矣。夫蜀盖藩援之与国,而非吴人之存亡也。何则?其郊境之接,重山积险,陆无长毂之径;川厄流迅,水有惊波之艰。虽有锐师百万,启行不过千夫;轴舻千里,前驱不过百舰。故刘氏之伐,陆公喻之长蛇,其势然也。昔蜀之初亡,朝臣异谋,或欲积石以险其流,或欲机械以御其变。天子总群议而谘之大司马陆公,陆公以四渎天地之所以节宣其气,固无可遏之理,而机械则彼我之所共,彼若弃长技以就所屈,即荆、杨而争舟楫之用,是天赞我也,将谨守峡口以待禽耳。逮步阐之乱,凭保城以延强寇,重资币以诱群蛮。于时大邦之众,云翔电发,县旌江介,筑垒遵渚,襟带要害,以止吴人之西,而巴汉舟师,沿江东下。陆公以偏师三万,北据东坑,深沟高垒,案甲养威。反旆踧迹待戮,而不敢北窥生路,强寇败绩宵遁,丧师大半,分命锐师五千,西御水军,东西同捷,献俘万计。信哉贤人之谋,岂欺我哉!自是烽燧罕警,封域寡虞。陆公没而潜谋兆,吴衅深而六师骇。夫太康之役,众未盛乎曩日之师,广州之乱,祸有愈乎向时之难,而邦家颠覆,宗庙为墟。呜呼!人之云亡,邦国殄瘁,不其然与!易曰'汤武革命顺乎天',玄曰'乱不极则治不形',言帝王之因天时也。古人有言,曰'天时不如地利',易曰'王侯设险以守其国',言为国之恃险也。又曰'地利不如人和','在德不在险',言守险之由人也。吴之兴也,参而由焉,孙卿所谓合其参者也。及其亡也,恃险而已,又孙卿所谓舍其参者也。夫四州之氓非无众也,大江之南非乏俊也,山川之险易守也,劲利之器易用也,先政之业易循也,功不兴而祸遘者何哉?所以用之者失也。故先王达经国之长规,审存亡之至数,恭己以安百姓,敦惠以致人和,宽冲以诱俊乂之谋,慈和以给士民之爱。是以其安也,则黎元与之同庆,及其危也,则兆庶与之共患。安与众同庆,则其危不可得也;危与下共患,则其难不足恤也。夫然,故能保其社稷而固其土宇,麦秀无悲殷之思,黍离无愍周之感矣。"

从董卓起兵,至吴国灭亡,经过九十年的分裂,国家又归于统一。

第二章　西晋的短期统一及其崩溃

第一节　西晋疆域

西晋有二十州，即在三国十五州（魏、蜀、吴共十七州，魏、吴各有荆、扬重出，实为十五州）的基础上，增置梁、秦、宁、平、江五州。《晋书》卷14《地理志序》云：

> 晋武帝太康元年，既平孙氏……省司隶，置司州，别立梁、秦、宁、平四州，仍吴之广州凡十九州。郡国一百七十三。

又《通典》卷171《州郡一》云：

> 晋武帝太康元年平吴，分为十九州部。置司州治洛阳，兖治廪丘，荆河治项，冀治房子，并治晋阳，青治临淄，徐治彭城，荆初治襄阳，后治江陵，扬初治寿春，后治建业，凉治武威。分三辅为雍，治京兆，分陇山之西为秦，治上邽，益治成都，分巴、汉之地为梁，治南郑，分云南为宁，治云南，幽治涿，分辽东为平，治昌黎，交治龙编，分合浦之北为广，治番禺。

又《晋书》卷4《惠帝纪》云：

> 永平元年，七月，分扬州、荆州十郡为江州。

又同书卷5《怀帝纪》云：

永嘉元年，八月……分荆州、江州八郡为湘州。

现据《晋书·地理志》及《通典·州郡》等，列西晋疆域简表于表2—1：

表 2—1　　　　　　　　　　西晋疆域

州名	治所	辖区（约相当于今地）
司州	洛阳	河北、山西南部及河南北部
兖州	廪丘	山东西部及河南东北隅
豫州	项城，以后屡迁	河南东南部及安徽西北部
冀州	房子	河北中部及山东西北边缘
幽州	涿县	河北北部及辽宁一隅
平州	昌黎	辽宁南部及朝鲜西北部
并州	晋阳	山西中部、北部
雍州	长安	陕西中部及甘、宁交界少部地区
凉州	武威	甘、宁西部及青海东北隅
秦州	冀县	甘肃东南部
梁州	南郑	四川东部及陕西汉中地区
益州	成都	四川中部及贵州大部
宁州	云南县	云南
青州	临淄	山东东北部
徐州	彭城	江苏北部、中部及山东南部
荆州	襄阳，后徙治江陵	湖南、湖北及陕西、河南边缘
江州	豫章，后移武昌	江西、福建及湖南、湖北边缘
扬州	寿春，后移建邺（改建康）	浙江及江苏、安徽南部
广州	番禺	两广大部
交州	龙编	广西边缘及越南北部

第二节　西晋的治与乱

西晋是魏晋南北朝时期唯一的统一政权。国家的统一使西晋太康年间一度出现天下大治局面，然而，由于实行了落后的分封制度以及统治集团的政治腐化和权力争夺，仅十多年光景，就由天下大治走向天下大乱。

一　晋武帝统治早期，政策宽松，政绩可观

晋泰始元年（265），司马炎代魏称帝，国号晋，都于洛阳。这就是中国历史上的西晋王朝，司马炎就是晋武帝。司马炎当皇帝的前期，特别是在太康年间，政治上有较大的作为。他表现出"宽惠仁厚"的风度，曾多次下令减轻刑法，与民休息。

《晋书》卷3《武帝纪》载：

> 武皇帝讳炎，字安世，文帝长子也。宽惠仁厚，沈深有度量。魏嘉平中，封北平亭侯，历给事中、奉车都尉、中垒将军，加散骑常侍，累迁中护军、假节。迎常道乡公于东武阳，迁中抚军，进封新昌乡侯。及晋国建，立为世子，拜抚军大将军，开府、副贰相国……咸熙二年五月，立为晋王太子。八月辛卯，文帝崩，太子嗣相国、晋王位。下令宽刑宥罪，抚众息役，国内行服三日……泰始元年冬十二月丙寅……大赦，改元。赐天下爵，人五级；鳏寡孤独不能自存者谷，人五斛。复天下租赋及关市之税一年，逋债宿负皆勿收……（乙亥）诏曰："昔王凌谋废齐王，而王竟不足以守位。邓艾虽矜功失节，然束手受罪。今大赦其家，还使立后。兴灭继绝，约法省刑。除魏氏宗室禁锢。诸将吏遭三年丧者，遣宁终丧。百姓复其徭役。罢部曲将、长吏以下质任。省郡国御调，禁乐府靡丽百戏之伎及雕文游畋之具。开直言之路，置谏官以掌之。"

又云：

> （咸宁五月春三月）乙亥，以百姓饥馑，减御膳之半……（太康）六年春正月甲申朔，以比岁不登，免租贷宿负。

晋武帝注意改善吏治。《晋书》卷3《武帝纪》云：

> （太康）九年春正月壬申朔，日有蚀之。诏曰："兴化之本，由政平讼理也。二千石、长吏不能勤恤人隐，而轻挟私故，兴长刑狱，又多贪浊，烦挠百姓。其敕刺史、二千石纠其秽浊，举其公清，有司

议其黜陟。令内外群官举清能，拔寒素。"

又云：

> （泰始四年夏）六月丙申朔，诏曰："郡国守相，三载一巡行属县，必以春，此古者所以述职宣风展义也。见长吏，观风俗，协礼律，考度量，存问耆老，亲见百年。录囚徒，理冤枉，详察政刑得失，知百姓所患苦。无有远近，便若朕亲临之。敦喻五教，劝务农功，勉励学者，思勤正典，无为百家庸末，致远必泥。士庶有好学笃道，孝弟忠信，清白异行者，举而进之；有不孝敬于父母，不长悌于族党，悖礼弃常，不率法令者，纠而罪之。田畴辟，生业修，礼教设，禁令行，则长吏之能也。人穷匮，农事荒，奸盗起，刑狱烦，下陵上替，礼义不兴，斯长吏之否也。若长吏在官公廉，虑不及私，正色直节，不饰名誉者，及身行贪秽，诡黩求容，公节不立，而私门日富者，并谨察之。扬清激浊，举善弹违，此朕所以垂拱总纲，责成于良二千石也。於戏戒哉！"

为了做到吏治清明，晋武帝对郡县颁发了五条诏书。《晋书》卷3《武帝纪》云：

> （太康四年）十二月，班五条诏书于郡国：一曰正身，二曰勤百姓，三曰抚孤寡，四曰敦本息末，五曰去人事。

吴国孙皓投降后，晋武帝立即诏令解散各州郡兵，免除了农民对地方的兵役负担。晋武帝还屡次责令郡县官劝课农桑，并且严禁私募佃客。中山王司马睦私募佃客七百多户，结果受到晋武帝的诘责，被贬为县侯。《晋书》卷37《高阳王睦传》云：

> 高阳王睦字子友，谯王逊之弟也。魏安平亭侯，历侍御史。武帝受禅，封中山王，邑五千二百户……
>
> 咸宁三年，睦遣使募徙国内八县受逋逃、私占及变易姓名、诈冒复除者七百余户，冀州刺史杜友奏睦招诱逋亡，不宜君国。有司奏，

事在赦前,应原。诏曰:"中山王所行何乃至此,览奏甚用怃然。广树亲戚,将以上辅王室,下惠百姓也。岂徒荣崇其身,而使民逾典宪乎!此事当大论得失,正臧否所在耳。苟不宜君国,何论于赦令之间耶。其贬睦为县侯。"乃封丹水县侯。

晋武帝对人口的锐减给予了很大的关注。他采取了奖励生育的政策。《晋书》卷3《武帝纪》云:

> (泰始九年)冬十月辛巳,制女年十七父母不嫁者,使长吏配之……咸宁元年二月,以将士应已娶者多,家有五女者给复。

又实行招抚流亡的政策,逃亡塞外的允许回来,并给予赏赐,还允许塞外落后民族内附,散居北部边境各郡。

晋武帝还对律令进行了改革,改革的原则是"去其苛秽,存其精约",修成后即公之于世。新律的修订减轻了人民动辄得罪的虐政。

《晋书》卷3《武帝纪》云:

> (泰始四年春正月)丙戌,律令成,封爵赐帛各有差。有星孛于轸。丁亥,帝耕于藉田。戊子,诏曰:"古设象刑而众不犯,今虽参夷而奸不绝,何德刑相去之远哉!先帝深愍黎元,哀矜庶狱,乃命群后,考正典刑。朕守遗业,永惟保乂皇基,思与万国以无为为政。方今阳春养物,东作始兴,朕亲率王公卿士耕藉田千亩。又律令既就,班之天下,将以简法务本,惠育海内。宜宽有罪,使得自新,其大赦天下。长吏、郡丞、长史各赐马一匹。"

由于实行了这些比较宽松的政策,使久经丧乱的人民获得了喘息的时间,恢复了较为安定的生活。

《晋书》卷26《食货志》云:

> 是时天下无事,赋税平均,人咸安其业而乐其事。

对晋武帝的上述政策,应该给予充分的肯定。但是,晋武帝并未坚持执行与民休息的政策。在他执政的后期，由于实行了落后的分封制度以及他本人的荒淫奢侈，朝政逐渐腐败，并埋下了天下大乱的祸根。

二 落后的分封制度

早在魏咸熙元年（264），司马昭任相国执掌朝政时，就已经实行了分封制度。

《三国志》卷4《陈留王奂传》载：

> （咸熙元年春三月）己卯，进晋公爵为王，封十郡，并前二十……夏五月庚申，相国晋王（司马昭）奏复五等爵。

所谓"复五等爵"，就是恢复封公、侯、伯、子、男五等爵之制。与"复五等爵"有关的人物是裴秀。

《晋书》卷35《裴秀传》载：

> 裴秀，字季彦，河东闻喜人也。祖茂，汉尚书令。父潜，魏尚书令……渡辽将军毋丘俭尝荐秀于大将军曹爽，曰："……（秀）孝友著于乡党，高声闻于远近。"……魏咸熙初，厘革宪司。时荀𫖮定礼仪，贾充正法律，而秀改官制焉。秀议五等之爵，自骑督已上六百余人皆封……武帝既即王位，拜尚书令、右光禄大夫，与御史大夫王沈、卫将军贾充俱开府，加给事中……秀儒学洽闻，且留心政事，当禅代之际，总纳言之要，其所裁当，礼无违者。

由此可知，裴秀是"复五等爵"的设计者与主持者。在他的提议下，自骑督以上的六百多人都被分封。

《晋书》卷14《地理志上》具体记载了裴秀建立的"五等之制"：

> 晋文帝为晋王，命裴秀等建立五等之制，惟安平郡公孚邑万户，制度如魏诸王。其余县公邑千八百户，地方七十五里；大国侯邑千六百户，地方七十里；次国侯邑千四百户，地方六十五里；大国伯邑千二百户，地方六十里；次国伯邑千户，地方五十五里；大国子邑八百户，地方五十里；次国子邑六百户，地方四十五里；男邑四百户，地

方四十里。

五等之制在魏元帝咸熙元年恢复，第二年即泰始元年（265），司马炎废魏元帝，自己做了皇帝，改元泰始。此年分封诸王。

《晋书》卷14《地理志上》云：

> 武帝泰始元年封诸王，以郡为国。邑二万户为大国，置上中下三军，兵五千人；邑万户为次国，置上军下军，兵三千人；五千户为小国，置一军，兵千五百人。王不之国，官于京师。罢五等之制。公、侯、邑万户以上为大国，五千户以上为次国，不满五千户为小国。

晋武帝所封主要是同姓王，异姓不能封王而只能封郡公、郡侯等爵位。而"五等之制"是骑督以上皆封。泰始元年的封王，是"以郡为国"，并规定了大、中、小王国的军队数额，郡公制度如小国王。也有县王，制度如郡侯。

《晋书》卷24《职官志》载：

> 有司奏，从诸王公更制户邑，皆中尉领兵。其平原、汝南、琅邪、扶风、齐为大国，梁、赵、乐安、燕、安平、义阳为次国，其余为小国，皆制所近县益满万户。又为郡公制度如小国王，亦中尉领兵。郡侯如不满五千户王，置一军一千一百人，亦中尉领之……于时，唯特增鲁公国户邑，追进封故司空博陵公王沈为郡公，钜平侯羊祜为南城郡侯。又南宫王承、随王万各于泰始中封为县王，邑千户，至是改正县王增邑为三千户，制度如郡侯，亦置一军。自此非皇子不得为王，而诸王之支庶，皆皇家之近属至亲，亦各以土推恩受封。其大国、次国始封王之支子为公，承封王之支子为侯，继承封王之支子为伯。小国五千户已上，始封王之支子为子，不满五千户始封王之支子及始封公侯之支子皆为男，非此皆不得封……伯、子、男以下各有差而不置军。

这种分封制的产生，大概是鉴于曹魏的宗室诸王，有名无实，因而曹魏很快灭亡了。时人刘颂给晋武帝上的表章，就反映了这种心态。

《晋书》卷46《刘颂传》云：

刘颂字子雅，广陵人，汉广陵厉王胥之后也。世为名族……武帝践阼，拜尚书三公郎，典科律，申冤讼。累迁中书侍郎……除淮南相，颂上疏曰：夫圣明不世及，后嗣不必贤，此天理之常也。故善为天下者，任势而不任人。任势者，诸侯是也；任人者，郡县是也。郡县之察，小政理而大势危；诸侯为邦，近多违而远虑固。圣王推终始之弊，权轻重之理，包彼小违以据大安，然后足以藩固内外，维镇九服。夫武王圣主也，成王贤嗣也，然武王不恃成王之贤而广封建者，虑经无穷也。且善言今者，必有验之于古。唐虞以前，书文残缺，其事难详。至于三代，则并建明德，及兴王之显亲，列爵五等，开国承家，以藩屏帝室，延祚久长，近者五六百岁，远者仅将千载。逮至秦氏，罢侯置守，子弟不分尺土，孤立无辅，二世而亡。汉承周秦之后，杂而用之，前后二代各二百余年。揆其封建不用，虽强弱不适，制度舛错，不尽事中，然迹其衰亡，恒在同姓失职，诸侯微时，不在强盛。昔吕氏作乱，幸赖齐代之援，以宁社稷。七国叛逆，梁王捍之，卒弭其难。自是之后，威权削夺，诸侯止食租奉，甚者至乘牛车。是以王莽得擅本朝，遂其奸谋，倾荡天下，毒流生灵。光武绍起，虽封树子弟，而不建成国之制，祚亦不延。魏氏承之，圈闭亲戚，幽囚子弟，是以神器速倾，天命移在陛下。长短之应，祸福之征，可见于此。又魏氏虽正位居体，南面称帝，然三方未宾，正朔有所不加，实有战国相持之势。大晋之兴，宣帝定燕，太祖平蜀，陛下灭吴，可谓功格天地，土广三王，舟车所至，人迹所及，皆为臣妾，四海大同，始于今日。宜承大勋之籍，及陛下圣明之时，开启土宇，使同姓必王，建久安于万载，垂长世于无穷。

臣又闻国有任臣则安，有重臣则乱。而王制，人君立子以适不以长，立适以长不以贤，此事情之不可易者也。而贤明至少，不肖至众，此固天理之常也。物类相求，感应而至，又自然也。是以闇君在位，则重臣盈朝；明后临政，则任臣列职。夫任臣之与重臣，俱执国统而立断者也。然成败相反，邪正相背，其故何也？重臣假所资以树私，任臣因所籍以尽公。尽公者，政之本也；树私者，乱之源也。推斯言之，则泰日少，乱日多，政教渐颓，欲国之无危，不可得也。又非徒唯然而已。借令愚劣之嗣，蒙先哲之遗绪，得中贤之佐，而树国本根不深，无干辅之固，则所谓任臣者化而为重臣矣。何则？国有可倾之势，则执权者见疑，众疑难以自信，而甘受死亡者非人情故也。若乃建基既厚，藩屏强御，虽置幼君赤子而天下不惧，曩之所谓重臣者，今悉反忠而为任臣矣。何则？理无危势，怀不自猜，忠诚得著，不惕于邪故也。圣王知贤哲之不世及，故立相持之势以御其臣。是以五等既列，臣无忠慢，同于竭节，以徇其上。群后既建，继体贤鄙，亦均一契，等于无虑。且树国苟固，则所任之臣，得贤益理；次委中智，亦足以安。何则？势固易持故也。

然则建邦苟尽其理，则无向不可。是以周室自成康以下，逮至宣王，宣王之后，到于赧王，其间历载，朝无名臣，而宗庙不陨者，诸侯维持之也。故曰，为社稷计，莫若建国。夫邪正逆顺者，人心之所系服也。今之建置，宜审量事势，使诸侯率义而动，同忿俱奋，令其力足以维带京邑。若包藏祸心，惕于邪而起，孤立无党，所蒙之籍不足独以有为。然齐此甚难，陛下宜与达古今善识事势之士深共筹之。建侯之理，使君乐其国，臣荣其朝，各流福祚，传之无穷；上下一心，爱国如家，视百姓如子，然后能保荷天禄，兼翼王室。今诸王裂土，皆兼于古之诸侯，而君贱其爵，臣耻其位，莫有安志，其故何也？法同郡县，无成国之制故也。今之建置，宜使率由旧章，一如古典。然人心系常，不累十年，好恶未改，情愿未移。臣之愚虑，以为宜早创大制，迟回众望，犹在十年之外，然后能令君臣各安其位，荣其所蒙，上下相持，用成藩辅。如今之为，适足以亏天府之藏，徒弃谷帛之资，无补镇国卫上之势也。

古者封建既定，各有其国，后虽王之子孙，无复尺土，此今事之必不行者也。若推亲疏，转有所废，以有所树，则是郡县之职，非建国之制。今宜豫开此地，令十世之内，使亲者得转处近。十世之远，近郊地尽，然后亲疏相维，不得复如十世之内。然犹树亲有所，迟天下都满，已弥数百千年矣。今方始封而亲疏倒施，甚非所宜。宜更大量天下土田方里之数，都更裂土分人，以王同姓，使亲疏远近不错其宜，然后可以永安。古者封国，大者不过土方百里，然后人数殷众，境内必盈其力，足以备充制度。今虽一国周环近将千里，然力实寡，不足以奉国典。所遇不同，故当因时制宜，以尽事适今。宜令诸王国容少而军容多，然于古典所应有者悉立其制，然非急所须，渐而备之，不得顿设也。须车甲器械既具，群臣乃服彩章；仓廪已实，乃营官室；百姓已足，乃备官司；境内充实，乃作礼乐。唯宗庙社稷，则先建之。至于境内之政，官人用才，自非内史、国相命于天子，其余众职及死生之断、谷帛资实、庆赏刑威、非封爵者，悉得专之。今臣所举二端，盖事之大较；其所不载，应在二端之属者，以此为率。今诸国本一郡之政耳，若备旧典，则官司以数，事所不须，而以虚制损实力。至于庆赏刑断，所以卫下之权，不重则无以威众人而卫上。故臣之愚虑，欲令诸侯权具，国容少而军容多，然亦终于必备今事为宜。

可见，刘颂是积极主张分封的。他认为晋武帝的分封"法同郡县，无成国之制"，国虽大到"周环近将千里"，而"臣耻其位，莫有安志"。他以为：如果要使封王都能安其志，守其国，应"令国容少而军容多"，增加诸王的军事实力。又认为晋初分封，不合古制，要求"率由旧章，一如古典"。刘颂的话，反映了西晋统治阶级的一种逐步恢复古代封国制度的思想。

晋武帝先后封皇族 27 人为国王，现据邓之诚《中华二千年史》[①]，附表如表 2—2 所示：

表 2—2　　　　　　　晋武帝封二十七王

国名	人名	亲属	备考
安平	孚	宣帝（司马懿）次第，武帝叔祖	
义阳	望	孚子，武帝从伯	
平原	干	宣帝子，武帝叔	
扶风	亮	宣帝第四子，武帝叔	武帝咸宁三年八月，徙封汝南王
东莞	伷	宣帝子，武帝叔	咸宁三年八月，徙封琅邪王
汝阴	骏	宣帝子，武帝叔	咸宁三年八月，徙封扶风王
梁	肜	宣帝子，武帝叔	
琅邪	伦	宣帝第九子，武帝叔	咸宁三年八月，徙封赵王

---

① 邓之诚：《中华二千年史》，中华书局 1983 年版，第 41—43 页。

续表

国名	人名	亲属	备考
渤海	辅	孚子，武帝从叔	咸宁三年八月，徙封太原王
下邳	晃	孚子，武帝从叔	
太原	瓌	孚子，武帝从叔	薨，子顒立，咸宁三年八月，徙封河间王
高阳	珪	孚子，武帝从叔	
常山	衡	孚子，武帝从叔	
沛	景	孚子，武帝从叔	
彭城	权	宣帝弟馗之子，武帝从叔	
陇西	泰	权弟，武帝从叔	后徙封高密
范阳	绥	权季弟，武帝从叔	
济南	遂	宣帝弟恂之子，武帝从叔	
谯	逊	宣帝弟进之子，武帝从叔	
中山	睦	逊弟，武帝从叔	后徙封高阳
北海	陵	宣帝弟通之子，武帝从叔	咸宁三年八月，徙封任城王
陈	斌	陵弟，武帝从叔	咸宁三年八月，徙封西河王
河间	颙	孚孙，望子，武帝从兄	
齐	攸	文帝（司马昭）子，武帝弟	
安乐	鉴	文帝子，武帝弟	
燕	机	宣帝子京之子，武帝弟	
东平	楙	孚孙，望子，武帝从弟	怀帝践阼，改封竟陵王

被分封的诸王常常出镇一方，拥有众多的士卒，又可自置官吏，实是一方的割据者。在朝中者，也多权倾内外，独断专行。

《晋书》卷59《八王列传序》云：

（诸王）出拥旄节，莅岳牧之荣；入践台阶，居端揆之重。

这样的制度实是一种倒退，严重地削弱了中央集权制度，这是西晋时期政治和社会不稳定的一个重要因素。

三 政坛奢侈之风

西晋统治集团从一开始就表现了它的腐朽与残暴。开国皇帝司马炎虽然在其执政之初有过一些励精图治之举，但他很快便不思进取，一味追求享乐了。试略举数例于下。

在贪财方面，《晋书》卷45《刘毅传》有云：

（晋武）帝尝南郊，礼毕，喟然问毅曰："卿以朕方汉何帝也？"对曰："可方桓、灵。"帝曰："吾虽德不及古人，犹克己为政。又平吴会，混一天下。方之桓、灵，其已甚乎！"对曰："桓、灵卖官，钱入官库；陛下卖官，钱入私门。以此言之，殆不如也。"

在耽于安逸不图远谋方面，《晋书》卷33《何曾传》有云：

初，（何）曾侍武帝宴，退而告（何）遵等曰："国家应天受禅，创业垂统。吾每宴见，未尝闻经国远图，惟说平生常事。非贻厥孙谋之兆也。及身而已，后嗣其殆乎。"

在骄奢淫乐方面，《晋书》卷31《武元杨皇后传》云：

泰始中，帝博选良家以充后宫。先下书禁天下嫁娶，使宦者乘使车，给驺骑，驰传州郡，召充选者……司徒李胤……（等）及世族子女并充三夫人九嫔之列；司、冀、兖、豫四州二千石、将吏家补良人以下。名家盛族子女多败衣瘁貌以避之。

又《晋书》卷31《武悼杨皇后传附胡贵嫔传》云：

时帝（晋武帝）多内宠。平吴之后，复纳孙皓宫人数千，自此掖庭殆将万人，而并宠者甚众，帝莫知所适，常乘羊车恣其所之，至便宴寝。宫人乃取竹叶插户，以盐汁洒地，而引帝车。

帝王骄奢淫逸于上，贵族士大夫们权势虽有不及，却也不甘人后。奢侈腐败现象俯拾即是。如何曾日食万钱，儿子何劭日食二万。《晋书》卷33《何曾传》谓：

> 然（何曾）性奢豪，务在华侈。帷帐车服，穷极绮丽；厨膳滋味，过于王者。每燕见不食太官所设，帝辄命取其食。蒸饼上不坼作十字不食。食日万钱，犹曰无下箸处。人以小纸为书者，敕记室勿报。刘毅等数劾奏曾侈汰无度，帝以其重臣，一无所问……
>
> （曾子劭）骄奢简贵，亦有父风。衣裘服玩，新故巨积。食必尽四方珍异，一日之供，以钱二万为限，时论以为太官御膳，无以加之。

石崇后房以百计，饮食穷水陆珍奇，《晋书》卷33《石苞传附石崇传》记其与王恺比富一段说：

> （石）崇颖悟有才气，而任侠无行检。在荆州劫远使商客，致富不赀。……财产丰积，室宇宏丽。后房百数，皆曳纨绣珥金翠。丝竹尽当时之选，庖膳穷水陆之珍。与贵戚王恺、羊琇之徒以奢靡相尚。恺以饴澳釜，崇以蜡代薪。恺作紫丝布步障四十里，崇作锦步障五十里以敌之。崇涂屋以椒，恺用赤石脂。崇恺争豪如此。武帝每助恺，尝以珊瑚树赐之，高二尺许，枝柯扶疏，世所罕比。恺以示崇，崇便以铁如意击之，应手而碎。恺既惋惜，又以为疾己之宝，声色方厉。崇曰："不足多恨，今还卿。"乃命左右悉取珊瑚树，有高三四尺者六七株，条干绝俗，光彩曜日，如恺比者甚众。恺怳然自失矣……（崇被杀后）有司簿阅崇水碓三十余区，苍头八百余人，他珍宝货贿、田宅称是。

王济供馔武帝，肴馔极丰，皆盛于琉璃器中，并以人乳饲猪肫而蒸食之。《世说新语》卷下之下《汰侈》谓：

> 武帝尝降王武子家，武子供馔，并用琉璃器。婢子百余人，皆绫罗绔罗，以手擎饮食。蒸豚肥美，异于常味。帝怪问之。答曰："以人乳饮豚。"帝甚不平，食未毕，便去。王、石所未知作。

贵族官僚是奢侈的，但有的也很吝啬。无论是奢侈还是吝啬，他们有一个共同的特点，就是贪鄙与爱钱。如王戎，《晋书》卷43《王戎传》载：

（王戎）性好兴利，广收八方园田水碓，周遍天下。积实聚钱，不知纪极，每自执牙筹昼夜算计，恒若不足，而又俭啬，不自奉养，天下人谓之膏肓之疾。女适裴頠，贷钱数万，久而未还，女后归宁，戎色不悦，女遽还直，然后乃欢。从子将婚，戎遗其一单衣，婚讫，而更责取。家有好李，常出货之，恐人得种，恒钻其核。以此获讥于世。

又如和峤，《晋书》卷45《和峤传》云：

峤家产丰富，拟于王者，然性至吝，以是获讥于世。杜预以为峤有钱癖。

当时的贵族官僚和社会风气，莫不视钱如命，故鲁褒作《钱神论》，讽刺极为深刻。

《晋书》卷94《鲁褒传》谓：

鲁褒字元道，南阳人也。好学多闻，以贫素自立。元康之后，纲纪大坏。褒伤时之贪鄙，乃隐姓名而著《钱神论》以刺之。其略曰：
钱之为体，有乾坤之象。内则其方，外则其圆。其积如山，其流如川。动静有时，行藏有节，市井便易，不患耗折。难折象寿，不匮象道，故能长久，为世神宝。亲之如兄，字曰"孔方"。失之则贫弱，得之则富昌。无翼而飞，无足而走。解严毅之颜，开难发之口。钱多者处前，钱少者居后。处前者为君长，在后者为臣仆。君长者丰衍而有余，臣仆者穷竭而不足。诗云："哿矣富人，哀此茕独。"钱之为言泉也，无远不往，无幽不至。京邑衣冠，疲劳讲肆，厌闻清谈，对之睡寐，见我家兄，莫不惊视。钱之所祐，吉无不利，何必读书，然后富贵！昔吕公欣悦于空版，汉祖克之于嬴二。文君解布裳而被锦绣，相如乘高盖而解犊鼻。官尊名显，皆钱所致。空版至虚，而况有实。嬴二虽少，以致亲密。由此论之，谓为神物。无德而尊，无势而热。排金门而入紫闼，危可使安，死可使活，贵可使贱，生可使杀。是故,忿争非钱不胜,幽滞非钱不拔,怨仇非钱不解,令问非钱不发。洛中朱衣,当途之士,爱我家兄,皆无已已。执我之手,抱我终始。不计优劣,不论年纪。宾客辐辏,门常如市。谚曰:"钱无耳,可使鬼。"凡今之人,惟钱而已。故曰:"军无才,士不来。军无赏,士不往。"仕无中人,不如归田。虽有中人,而无家兄,不异无翼而欲飞,无足而欲行。

盖疾时者共传其文。褒不仕,莫知其所终。

洛中朱衣当途之士爱钱何以爱到如此程度?这与他们出身士族儒门,刚取得政权不无关系。可惜《钱神论》只暴露了钱能通神使鬼的作用,没有揭穿当时谋取钱财的卑污狠毒的手段。

晋武帝时期这种"以奢靡相尚"的风气在少数官僚中引起忧惧。车骑司马傅咸就曾上书晋武帝,对当时的奢侈之风深表担忧。

《晋书》卷47《傅玄传附傅咸传》云:

(傅)咸以世俗奢侈,又上书曰:"臣以为谷帛难生,而用之不节,无缘不匮。故先王之化天下,食肉衣帛,皆有其制。窃谓奢侈之费,甚于天灾。古者尧有茅茨,今日百姓竞丰其屋。古者臣无玉食,今之贾竖皆厌梁肉。古者后妃乃有殊饰,今之婢妾被服绫罗。古者大夫乃不徒行,今之贱隶乘轻驱肥。古者人稠地狭而有储蓄,由于节也;今者土广人稀而患不足,由于奢也。欲时之俭,当诘其奢;奢不见诘,转相高尚。昔毛玠为吏部尚书,时无敢好衣美食者。魏武帝叹曰:'孤之法不如毛尚书。'令使诸部用心,各如毛玠,风俗之移,在不难矣。"又议移县狱于郡及二社应立,朝廷从之。迁尚书左丞。

四 贾后干政与"八王之乱"

晋武帝太熙元年,司马炎病卒,太子司马衷继位,是为晋惠帝。惠帝智力低下,《晋书》卷4《惠帝纪》云:

帝(晋惠帝)之为太子也,朝廷咸知不堪政事……及居大位,政出群下,纲纪大坏,货赂公行。势位之家,以贵陵物,忠贤路绝,谗邪得志,更相荐举,天下谓之互市焉。高平王沈作《释时论》,南阳鲁褒作《钱神论》，庐江杜嵩作《任子春秋》，皆疾时之作也。帝又尝在华林园闻虾蟆声，谓左右曰："此鸣者为官乎？私乎？"或对曰："在官地为官，在私地为私。"及天下荒乱，百姓饿死。帝曰："何不食肉糜？"其蒙蔽皆此类也。

如此糊涂的皇帝，自然无法掌管朝政。他即位之初，皇太后之父杨骏为太傅辅政，独揽大权。

《晋书》卷40《杨骏传》载：

杨骏字文长，弘农华阴人也。少以王官为高陆令、骁骑镇军二府司马。后以后父超居重位，自镇军将军迁车骑将军，封临晋侯。识者议之曰："夫封建诸侯，所以藩屏王室也。后妃，所以供粢盛，弘内教也。后父始封而以临晋为侯，兆于乱矣。"尚书褚䂮、郭奕并表骏小器，不可以任社稷之重。武帝不从。帝自太康以后，天下无事，不复留心万机，惟耽酒色，始宠后党，请谒公行。而骏及珧、济势倾天下，时人有"三杨"之号。

及帝疾笃，未有顾命，佐命功臣，皆已没矣，朝臣惶惑，计无所从。而骏尽斥群公，亲侍左右，因辄改易公卿，树其心腹。会帝小间，见所用者非，乃正色谓骏曰："何得便尔！"乃诏中书，以汝南王亮与骏夹辅王室。骏恐失权宠，从中书借诏观之，得便藏匿。中书监华廙恐惧，自往索之，终不肯与。信宿之间，上疾遂笃，后乃奏帝以骏辅政，帝颔之。便召中书监华廙、令何劭，口宣帝旨使作遗诏，曰："昔伊、望作佐，勋垂不朽；周、霍拜命，名冠往代。侍中、车骑将军、行太子太保，领前将军杨骏，经德履喆，鉴识明远，毗翼二宫，忠肃茂著，宜正位上台，拟迹阿衡。其以骏为太尉、太子太傅、假节、都督中外诸军事，侍中、录尚书、领前将军如故。置参军六人、步兵三千人、骑千人，移止前卫将军珧故府。若止宿殿中宜有翼卫，其差左右卫三部司马各二十人、殿中都尉司马十人给骏，令得持兵仗出入。"诏成，后对廙、劭以呈帝，帝亲视而无言。自是二日而崩，骏遂当寄托之重，居太极殿。梓宫将殡，六宫出辞，而骏不下殿，以武贲百人自卫。不恭之迹，自此而始。

惠帝即位，进骏为太傅、大都督、假黄钺，录朝政，百官总己。

虑左右间己，乃以其甥段广、张劭为近侍之职。凡有诏命，帝省讫，入呈太后，然后乃出。骏知贾后情性难制，甚畏惮之。又多树亲党，皆领禁兵。于是公室怨望，天下愤然矣。骏弟珧、济并有儁才，数相谏止，骏不用能，因废于家。骏闇于古义，动违旧典。武帝崩未逾年而改元，议者咸以为违春秋逾年书即位之义。朝廷惜于前失，令史官没之，故明年正月复改年焉。

骏自知素无美望，惧不能辑和远近，乃依魏明帝即位故事，遂大开封赏，欲以悦众。为政严碎，愎谏自用，不允众心。冯翊太守孙楚素与骏厚，说之曰："公以外戚，居伊、霍之重，握大权，辅弱主，当仰思古人至公至诚谦顺之道。于周则周、召为宰，在汉则朱虚、东牟，未有庶姓专朝，而克终庆祚者也。今宗室亲重，藩王方壮，而公不与共参万机，内怀猜忌，外树私昵，祸至无日矣。"骏不能从。

惠帝的皇后贾南风，是一位生活淫荡且又凶残无比的女人。
《晋书》卷31《惠贾皇后》载：

惠贾皇后讳南风，平阳人也，小名峕。父充，别有传。初，武帝欲为太子取卫瓘女，元后纳贾郭亲党之说，欲婚贾氏。帝曰："卫公女有五可，贾公女有五不可。卫家种贤而多子，美而长白；贾家种妒而少子，丑而短黑。"元后固请，荀顗、荀勖并称充女之贤，乃定婚。始欲聘后妹午，午年十二，小太子一岁，短小未胜衣。更娶南风，时年十五，大太子二岁。泰始八年二月辛卯，册拜太子妃。妒忌多权诈，太子畏而惑之，嫔御罕有进幸者。

帝常疑太子不慧，且朝臣和峤等多以为言，故欲试之。尽召东宫大小官属，为设宴会，而密封疑事，使太子决之，停信待反。妃大惧，倩外人作答。答者多引古义。给使张泓曰："太子不学，而答诏引义，必责作草主，更益谴负。不如直以意对。"妃大喜，语泓："便为我好答，富贵与汝共之。"泓素有小才，具草，令太子自写。帝省之，甚悦。先示太子少傅卫瓘，瓘大踧踖，众人乃知瓘先有毁言，殿上皆称万岁。充密遣语妃云："卫瓘老奴，几破汝家。"

妃性酷虐，尝手杀数人。或以戟掷孕妾，子随刃坠地。帝闻之，大怒，已修金墉城，将废之。充华赵粲从容言曰："贾妃年少，妒是妇人之情耳，长自当差。愿陛下察之。"其后杨珧亦为之言曰："陛下忘贾公闾耶？"荀勖深救之，故得不废。惠帝即位，立为皇后，生河东、临海、始平公主、哀献皇女……

后遂荒淫放恣，与太医令程据等乱彰内外。洛南有盗尉部小吏，端丽美容止，既给厮役，忽有非常衣服，众咸疑其窃盗，尉嫌而辩之。贾后疏亲欲求盗物，往听对辞。小吏云："先行逢一老妪，说家有疾病，师卜云宜得城南少年厌之，欲暂相烦，必有重报。于是随去，上车下帷，内篚箱中，行可十余里，过六七门限，开篚箱，忽见楼阙好屋。问此是何处，云是天上，即以香汤见浴，好衣美食将入。见一妇人，年可三十五六，短形青黑色，眉后有疵。见留数夕，共寝欢宴，临出赠此众物。"听者闻其形状，知是贾后，惭笑而去，尉亦解意。时他人入者多死，惟此小吏，以后爱之，得全而出。及河东公主有疾，师巫以为宜施宽令，乃称诏大赦天下。

杨骏大权独揽，贾后极为不满。元康元年（291），贾后与掌禁军的楚王玮、东安公繇等合谋，杀杨骏及其弟杨珧、杨济和杨氏党羽，皆夷三族。

《晋书》卷40《杨骏传》云：

殿中中郎孟观、李肇，素不为（杨）骏所礼，阴构骏将图社稷。贾后欲预政事，而惮骏未得逞其所欲，又不肯以妇道事皇太后。黄门董猛，始自帝之为太子即为寺人监，在东宫给事于贾后。后密通消息于猛，谋废太后。猛乃与肇、观潜相结托。贾后又令肇报大司马、汝南王亮，使连兵讨骏。亮曰："骏之凶暴，死亡无日，不足忧也。"肇报楚王玮，玮然之，于是求入朝。骏素惮玮，先欲召入，防其为变，因遂听之。

及玮至，观、肇乃启帝，夜作诏，中外戒严，遣使奉诏废骏，以侯就第。东安公繇率殿中四百人随其后以讨骏。段广跪而言于帝曰："杨骏受恩先帝，竭心辅政。且孤公无子，岂有反理？愿陛下审之。"帝不答。

时骏居曹爽故府，在武库南，闻内有变，召众官议之。太傅主簿朱振说骏曰："今内有变，其趣可知，必是阉竖为贾后设谋，不利于公。宜烧云龙门以示威，索造事者首，开万春门，引东宫及外营兵，公自拥翼皇太子，入宫取奸人。殿内震惧，必斩送之，可以免难。"骏素怯懦，不决，乃曰："魏明帝造此大功，奈何烧之！"侍中傅只夜白骏，请与武茂俱入云龙门观察事势。只因谓群僚"宫中不宜空"，便起揖，于是皆走。

寻而殿中兵出，烧骏府，又令弩士于阁上临骏府而射之，骏兵皆不得出。骏逃于马厩，以戟杀之。观等受贾后密旨，诛骏亲党，皆夷三族，死者数千人。

贾后又矫诏废黜皇太后杨氏为庶人，诛太后之母庞氏，最后皇太后也被逼而死。大乱就从宫廷政变开始了。

《晋书》卷31《武悼杨皇后传》谓：

武悼杨皇后讳芷，字季兰，小字男胤，元后从妹。父骏，别有传。以咸宁二年立为皇后。婉嫕有妇德，美暎椒房，甚有宠。生渤海殇王，早薨，遂无子。太康九年，后率内外夫人命妇躬桑于西郊，赐帛各有差。

太子妃贾氏妒忌，帝将废之。后言于帝曰："贾公闾有勋社稷，犹当数世宥之。贾妃亲是其女，正复妒忌之间，不足以一眚掩其大德。"后又数诫厉妃，妃不知后之助已，因以致恨，谓后构之于帝，怨忿弥深。及帝崩，尊为皇太后。贾后凶悖，忌后父骏执权，遂诬骏为乱，使楚王玮与东安王繇称诏诛骏。内外隔塞，后题帛为书，射之城外，曰"救太傅者有赏"，贾后因宣言太后同逆。

骏既死，诏使后军将军荀悝送后于永宁宫。特全后母高都君庞氏之命，听就后居止。贾后讽群公有司奏曰："皇太后阴渐奸谋，图危社稷，飞箭系书，要募将士，同恶相济，自绝于天。鲁侯绝文姜，春秋所许，盖以奉顺祖宗，任至公于天下。陛下虽怀无已之情，臣下不敢奉诏。可宣敕王公于朝堂会议。"诏曰："此大事，更详之。"有司又奏："骏藉外戚之资，居冢宰之任，陛下既居谅闇，委以重权，至乃阴图凶逆，布树私党。皇太后内为唇齿，协同逆谋，祸衅既彰，背捍诏命，阻兵负众，血刃宫省，而复流书募众，以奖凶党，上背祖宗之灵，下绝亿兆之望。昔文姜与乱，春秋所贬，吕宗叛戾，高后降配,宜废皇太后为峻阳庶人。"中书监张华等以为"太后非得罪于先帝者也,今党恶所亲,为不母于圣世。宜依孝成赵皇后故事,曰武帝皇后,处之离宫,以全贵终之恩"。尚书令、下邳王晃等议曰:"皇太后与骏潜谋,欲危社稷,不可复奉承宗庙,配合先帝。宜贬尊号,废诣金墉城。"于是有司奏:"请从晃等议,废太后为庶人。遣使者以太牢告于郊庙,以奉承祖宗之命,称万国之望。至于诸所供奉,可顺圣恩,务从丰厚。"诏不许。有司又固请,乃可之。又奏:"杨骏造乱,家属应诛,诏原其妻庞命,以慰太后之心。今太后废为庶人,请以庞付廷尉行刑。"诏曰:"听庞与庶人相随。"有司希贾后旨,固请,乃从之。庞临刑,太后抱持号叫,截发稽颡,上表诣贾后称妾,请全母命,不见省。初,太后尚有侍御十余人,贾后夺之,绝膳而崩,时年三十四,在位十五年。贾后又信妖巫,谓太后必诉冤先帝,乃覆而殡之,施诸厌劾符书药物。

贾后消灭杨氏势力后,由汝南王司马亮和元老卫瓘辅政,贾后仍不得专权。不久,贾后命楚王司马玮杀司马亮与卫瓘,又以专杀之罪杀了司马玮。

《晋书》卷59《楚王玮传》载:

楚隐王玮字彦度,武帝第五子也。初封始平王,历屯骑校尉。太康末,徙封于楚,出之国,都督荆州诸军事、平南将军,转镇南将军。武帝崩,入为卫将军,领北军中候,加侍中、行太子少傅。

杨骏之诛也,玮屯司马门。玮少年果锐,多立威刑,朝廷忌之。汝南王亮、太保卫瓘以玮性很戾,不可大任,建议使与诸王之国,玮甚忿之。长史公孙宏、舍人岐盛并薄于行,为玮所昵。瓘等恶其为人,虑致祸乱,将收盛。盛知之,遂与宏谋,因积弩将军李肇矫称玮命,谮亮、瓘于贾后。而后不之察,使惠帝为诏曰:"太宰、太保欲为伊霍之事,王宜宣诏,令淮南、长沙、成都王屯宫诸门,废二公。"夜使黄门赍以授玮。玮欲覆奏,黄门曰:"事恐漏泄,非密诏本意也。"玮乃止。遂勒本军,复矫诏召三十六军,手令告诸军曰:"天祸晋室,凶乱相仍。间者杨骏之难,实赖诸君克平祸乱。而二公潜图不轨,欲废陛下以绝武帝之祀。今辄奏诏,免二公官。吾今受诏都督中外诸军。诸在直卫者皆严加警备，其在外营，便相率领，径诣行府。助顺讨逆，天所福也。悬赏开封，以待忠效。皇天后土，实闻此言。"又矫诏使亮、瓘上太宰太保印绶、侍中貂蝉，之国，官属皆罢遣之。又矫诏赦亮、瓘官属曰"二公潜谋，欲危社稷，今免还第。官属以下，一无所问。若不奉诏，便军法从事。能率所领先出降者，封侯受赏。朕不食言"。遂收亮、瓘，杀之。

岐盛说玮，可因兵势诛贾模、郭彰，匡正王室，以安天下。玮犹豫未决。会天明，帝用张华计，遣殿中将军王宫赍驺虞幡麾众曰："楚王矫诏。"众皆释杖而走。玮左右无复一人，窘迫不知所为，惟一奴年十四，驾牛车将赴秦王柬。帝遣谒者诏玮还营，执之于武贲署，遂下廷尉。诏以玮矫制害二公父子，又欲诛灭朝臣，谋图不轨，遂斩之，时年二十一。其日大风，雷雨霹雳。诏曰："周公决二叔之诛，汉武断昭平之狱，所不得已者。廷尉奏玮已伏法，情用悲痛，吾当发哀。"玮临死，出其怀中青纸诏，流涕以示监刑尚书刘颂曰："受诏而行，谓为社稷，今更为罪。托体先帝，受枉如此，幸见申列。"颂亦歔欷不能仰视。公孙宏、岐盛并夷三族。

玮性开济好施，能得众心，及此莫不陨泪，百姓为之立祠。贾后先恶瓘、亮，又忌玮，故以计相次诛之。永宁元年，追赠骠骑将军，封其子范为襄阳王，拜散骑常侍，后为石勒所害。

司马亮、司马玮二王被杀后，朝政大权完全控制在贾后一人手中。贾后这个实际上的女皇帝独自掌权达八九年之久。惠帝的长子——太子遹，非贾后所生。太子和贾谧有矛盾，贾氏的亲党怕太子得政之后，也像贾后杀杨骏、逼死杨太后一样来对付他们，所以劝贾后废太子。贾后于是诬陷太子遹要杀害惠帝和她自己，废太子为庶人，接着又将太子杀害。

永康元年（300）四月，掌握宿卫禁兵的赵王司马伦，利用禁兵对贾后杀害太子的不满情绪，起兵杀了贾后和张华、裴頠等人，司马伦独揽大权。

《晋书》卷59《赵王伦传》云：

太子既遇害，伦、秀之谋益甚，而超、雅惧后难，欲悔其谋，乃辞疾。秀复告右卫伙飞督闾和，和从之，期四月三日丙夜一筹，以鼓声为应。至期，乃矫诏敕三部司马曰："中宫与贾谧等杀吾太子，今使车骑入废中宫。汝等皆当从命，赐爵关中侯。不从，诛三族。"于是众皆从之。伦又矫诏开门夜入，陈兵道南，遣翊军校尉、齐王冏将三部司马百人，排合而入。华林令骆休为内应，迎帝幸东堂。遂废贾后为庶人，幽之于建始殿。收吴太妃、赵粲及韩寿妻贾午等，付暴室考竟。诏尚书以废后事，仍收捕贾谧等，召中书监、侍中、黄门侍郎、八坐，皆夜入殿，执张华、裴𬱟、解结、杜斌等，于殿前杀之。尚书始疑诏有诈，郎师景露版奏请手诏。伦等以为沮众，斩之以徇。明日，伦坐端门，屯兵北向，遣尚书和郁持节送贾庶人于金墉。诛赵粲叔父中护军赵浚及散骑侍郎韩豫等，内外群官多所黜免。伦寻矫诏自为使持节、大都督、督中外诸军事、相国、侍中、王如故，一依宣文辅魏故事，置左右长史、司马、从事中郎四人、参军十人，掾属二十人、兵万人。以其世子散骑常侍荂领冗从仆射；子馥前将军，封济阳王；虔黄门郎，封汝阴王；诩散骑侍郎，封霸城侯。孙秀等封皆大郡，并据兵权，文武官封侯者数千人，百官总己听于伦。

永宁元年（301）正月，司马伦又废晋惠帝，自立为帝。宫廷政变转变为皇族争夺政权的斗争，演成"八王之乱"。

"八王之乱"的八王，为汝南王亮（宣帝司马懿第四子）、楚王玮（武帝第五子）、齐王冏（文帝司马昭子、后过继与齐王攸）、赵王伦（宣帝第九子）、成都王颖（武帝第十六子）、河间王颙（宣帝弟司马孚之孙）、长沙王乂（武帝第六子）、东海王越（宣帝弟司马馗子高密泰之长子）。

关于"八王之乱"发生的原因，《晋书》卷59《八王传序》有云：

> 魏武忘经国之宏规，行忌刻之小数，功臣无立锥之地，子弟君不使之人，徒分茅社，实传虚爵。本根无所庇荫，遂乃三叶而亡。有晋思改覆车，复降盘石，或出拥旄节，莅岳牧之荣，入践台阶，居端揆之重。然而付托失所，授任乖方。政令不恒，赏罚斯滥，或有材而不任，或无罪而见诛。朝为伊（伊尹）周（周公）、夕为莽（王莽）卓（董卓）。机权失于上，祸乱作于下，楚赵诸王，相仍构衅，徒兴晋阳之甲，竟匪勤王之师。始则为身择利，利未加而害及；初乃无心

忧国，国非忧而奚拯！遂使昭阳兴废，有甚弈棋，乘舆幽縶，更同羑里，胡羯陵侮，宗庙丘墟，良可悲也。

关于"八王之乱"的始末，《廿二史札记》卷8《八王之乱》有云：

> 武帝临崩，欲以汝南王亮与皇后父杨骏同辅政。骏匿其诏，矫令亮出镇许昌。惠帝既立，贾后擅权，杀杨骏，废杨太后，征亮入与卫瓘同辅政。亮与楚王玮不协。玮诣于贾后，诬亮、瓘有废立之谋。后乃使帝诏玮杀亮、瓘；又坐玮以矫杀亮、瓘之罪，即日杀玮。后益肆淫恣，废太子遹，杀杨太后。时赵王伦在京师，素谄贾后，其嬖人孙秀说以"太子之废，人言公实与谋，宜废后以雪此声"，伦从之。秀又恐太子聪明，终有疑于伦，不如待后杀太子，而废后为太子报仇，可以立功。乃使后党讽后。后果杀太子。伦遂矫诏与齐王冏率兵入宫，废后，幽于金墉城，寻害之。伦自为相国、侍中、都督中外诸军事。孙秀等恃势肆横。冏内怀不平，秀觉之，出冏镇许昌。伦僭位，以惠帝为太上皇，迁于金墉。于是冏及河间王颙、成都王颖共起兵讨伦。伦兵败，其将王舆废伦斩秀，迎惠帝复位。伦寻伏诛。颖遂还邺，冏入京，帝拜冏大司马，如宣、景辅魏故事。冏大权在握，沈湎酒色，不入朝，坐召百官，恣行非法。有校尉李含奔于长安，诈称有诏使河间王颙讨冏，颙遂上表请废冏，以成都王辅政，并檄长沙王乂为内主。冏遣兵袭乂，乂径入宫，奉帝讨斩冏。颙本以乂弱冏强，冀乂为冏所杀，而以杀乂之罪讨之，因废帝立颖，己为宰相，可以专政。及乂先杀冏，其计不遂。颖亦以乂在内，己不得遥执朝权，于是颙遣将张方率兵与颖同向京师。帝又诏乂为大都督拒方等。连战，先胜后败。东海王越在京，虑事不济，与殿中诸将收乂送金墉，乂为张方所杀。颖入京，寻还于邺。颙表颖为皇太弟，位相国，乘舆服御及宿卫兵皆迁于邺，朝政悉颖主之。右卫将军陈眕不平，奉帝讨颖。颖遣将石超败帝于荡阴。超遂以帝入于邺。安北将军王浚起兵讨颖，颖战败，仍拥帝还洛阳。时颙遣张方救颖，方遂挟帝及颖归于长安。颙废颖，立豫章王炽为皇太弟。东海王越自徐州起兵迎大驾，颙又命颖统兵拒之河桥，战败，越兵入关，奉惠帝还洛阳。颖窜于武关新野间，有诏捕之，为刘舆所害。颙亦单骑逃太白山，其故将迎入长安。

有诏征颙为司徒，颙入京，途次为南阳王模所杀。惠帝崩，怀帝即位，越出讨石勒而卒。此八王始末也。

"八王之乱"始于惠帝元康元年（291），终于光熙元年（306），前后达十六年之久，危害极大。

《晋书》卷59《八王列传》"传论"载：

> 昔高辛抚运，衅起参商；宗周嗣历，祸缠管蔡。详观囊册，遂听前古，乱臣贼子，昭鉴在焉。有晋郁兴，载崇藩翰，分茅锡瑞，道光恒典；仪台饰衮，礼备彝章。汝南以纯和之姿，失于无断；楚隐习果锐之性，遂成凶很。或位居朝右，或职参近禁，俱为女子所诈，相次受诛，虽曰自贻，良可哀也！伦实庸琐，见欺孙秀，潜构异图，煽成奸慝。乃使元良遘怨酷，上宰陷诛夷，乾耀以之暂倾，皇纲于焉中圮。遂裂冠毁冕，幸百六之会；绾玺扬纛，窥九五之尊。夫神器焉可偷安，鸿名岂容妄假！而欲托兹淫祀，享彼天年，凶闇之极，未之有也。冏名父之子，唱义勤王，摧伪业于既成，拯皇舆于已坠，策勋考绩，良足可称。然而临祸忘忧，逞心纵欲，曾不知乐不可极，盈难久持，笑古人之未工，忘己事之已拙。向若采王豹之奇策，纳孙惠之嘉谋，高谢衮章，永表东海，虽古之伊、霍，何以加焉！长沙材力绝人，忠概迈俗，投弓披门，落落标壮夫之气；驰车魏阙，懔懔怀烈士之风。虽复阳九数屯，在三之情无夺。抚其遗节，终始可观。颖既入总大权，出居重镇，中台藉以成务，东夏资其宅心，乃协契河间，共图进取。而颙任李含之狙诈，杖张方之陵虐，遂使武冈丧元，长沙授首，逞其无君之志，矜其不义之强。銮驾北巡，异乎有征无战；乘舆西幸，非由望秩观风。若火燎原，犹可扑灭，矧兹安忍，能无及乎！东海纠合同盟，创为义举，匡复之功未立，陵暴之衅已彰，磐彼车徒，固求出镇。既而帝京寡弱，狡寇凭陵，遂令神器劫迁，宗社颠覆，数十万众并垂饵于豺狼，三十六王咸陨身于锋刃。祸难之极，振古未闻。虽及焚如，犹为幸也。自惠皇失政，难起萧墙，骨肉相残，黎元涂炭，胡尘惊而天地闭，戎兵接而宫庙隳，支属肇其祸端，戎羯乘其间隙，悲夫！诗所谓"谁生厉阶，至今为梗"，其八王之谓矣。

又《晋书》卷59《东海王越传》云：

> 越专擅威权，图为霸业，……不臣之迹，四海所知。而公私罄乏，所在寇乱，州郡携贰，上下崩离。

又《晋书》卷59《赵王伦传》云：

> 自兵兴六十余日，战所杀害，仅十万人。

又《资治通鉴》卷85《晋纪》惠帝太安二年条云：

> （河间王）颙以张方为都督，将精兵七万，自函谷东趋洛阳……张方入京城，大掠，死者万计……（洛阳）公私穷踧，米石万钱。永兴元年：（方）军中乏食，杀牛马肉食之……军人因妻略后宫，分争府藏……魏晋以来积蓄，扫地无遗。

第三节 少数族内迁和各族人民的反晋斗争

东汉以来，我国西、北边境的少数族已陆续向内地迁徙。魏晋时期，汉族统治者对内迁各族实行残酷的压榨，使各少数族人民的处境十分悲惨。此时的汉族劳动人民，由于受着封建地主阶级的剥削和奴役，加上当时的政治腐败，贵族豪门的争权夺利，"八王之乱"的大规模战乱，其生活也很困苦。在各族人民无法继续生活下去时，终于爆发了各族人民的反晋大起义，推翻了西晋王朝。

一 西、北边疆各族的内迁

西晋时期，北方民族关系上出现了一个新现象，就是各族居住布局与两汉相比有了很大变化。东汉以来，各朝统治者为了加强对少数民族的控制，并利用他们补充兵源和劳动力，强迫或招引他们迁居内地，同汉族人民居住在一起。当时内迁的少数民族主要有匈奴、羯、氐、羌、鲜卑等族，史称"五胡"。此外还有賨人，合称"六夷"。

匈奴族。匈奴在汉魏之时，已与汉族杂居，西晋时，仍与汉族杂居，而且规模越来越大。

《晋书》卷97《北狄匈奴传》载：

> 匈奴之类，总谓之北狄。匈奴地南接燕、赵，北暨沙漠，东连九夷，西距六戎……前汉末，匈奴大乱，五单于争立，而呼韩邪单于失其国，携率部落，入臣于汉。汉嘉其意，割并州北界以安之，于是匈奴五千余落，入居朔方诸郡，与汉人杂处。呼韩邪感汉恩来朝，汉因留之，赐其邸舍。犹因本号，听称单于。岁给绵绢钱谷，有如列侯。子孙传袭，历代不绝。其部落随所居郡县，使宰牧之，与编户大同，而不输贡赋。多历年所，户口渐滋。弥漫北朔，转难禁制。后汉末，天下骚动，群臣竞言胡人猥多，惧必为寇，宜先为其防。建安中，魏武帝始分其众为五部，部立其中贵者为帅。选汉人为司马，以监督之。魏末，复改帅为都尉。其左部都尉所统可万余落，居于太原故兹氏县。右部都尉可六千余落，居祁县。南部都尉可三千余落，居蒲子县。北部都尉可四千余落，居新兴县，中部都尉可六千余落，居大陵县。
>
> 武帝践阼后，塞外匈奴大水，塞泥、黑难等二万余落归化，帝复纳之，使居河西故宜阳城下，后复与晋人杂居。由是，平阳、西河、太原、新兴、上党、乐平诸郡靡不有焉。泰始七年，单于猛叛，屯孔邪城。武帝遣娄侯何桢持节讨之。桢素有志略，以猛众凶悍，非少兵所制，乃潜诱猛左部督李恪杀猛。于是，匈奴震服，积年不敢复反。其后，稍因忿恨，杀害长史，渐为边患。侍御史西河郭钦上疏曰："戎狄强犷，历古为患。魏初人寡，西北诸郡皆为戎居。今虽服从，若百年之后有风尘之警，胡骑自平阳、上党不三日而至孟津，北地、西河、太原、冯翊、安定、上郡尽为狄庭矣。宜及平吴之威，谋臣猛将之略，出北地、西河、安定，复上郡，实冯翊。于平阳已北诸县，募取死罪，徙三河、三魏见士四万家以充之。裔不乱华，渐徙平阳、弘农、魏郡、京兆、上党杂胡，峻四夷出入之防，明先王荒服之制，万世之长策也。"帝不纳。至太康五年，复有匈奴胡太阿厚率其部落二万九千三百人归化。七年，又有匈奴胡都大博及萎莎胡等，各率种类大小凡十万余口，诣雍州刺史扶风王骏降附。明年，匈奴都督大豆得一、育鞠等，复率种落大小万一千五百口，牛二万二千头，羊十万

五千口，车庐什物不可胜纪，来降，并贡其方物，帝并抚纳之。

北狄以部落为类，其入居塞者有屠各种、鲜支种、寇头种、乌谭种、赤勤种、捍蛭种、黑狼种、赤沙种、郁鞞种、萎莎种、秃童种、勃蔑种、羌渠种、贺赖种、钟跂种、大楼种、雍屈种、真树种、力羯种，凡十九种，皆有部落，不相杂错。屠各最豪贵，故得为单于，统领诸种。其国号有：左贤王、右贤王、左奕蠡王、右奕蠡王、左于陆王、右于陆王、左渐尚王、右渐尚王、左朔方王、右朔方王、左独鹿王、右独鹿王、左显禄王、右显禄王、左安乐王、右安乐王凡十六等，皆用单于亲子弟也。其左贤王最贵，唯太子得居之。其四姓有呼延氏、卜氏、兰氏、乔氏。而呼延氏最贵，则有左日逐、右日逐，世为辅相。卜氏则有左沮渠、右沮渠，兰氏则有左当户、右当户，乔氏则有左都侯、右都侯。又有车阳、沮渠、余地诸杂号，犹中国百官也。其国人有綦毋氏、勒氏，皆勇健，好反叛。武帝时，有骑督綦毋伣邪，伐吴有功，迁赤沙都尉。

惠帝元康中，匈奴郝散攻上党，杀长吏，入守上郡。明年，散弟度元又率冯翊、北地、羌胡攻破二郡。自此已后，北狄渐盛，中原乱矣。

羯族。原属匈奴族别部，其风俗习惯及移居塞内的情形，与匈奴族略同。

乌桓、鲜卑族。这两者都属于东胡族，言语、习俗也差不多。先叙乌桓（亦作乌丸）。

《三国志》卷30《乌桓传》载：

汉末，辽西乌丸大人丘力居，众五千余落，上谷乌丸大人难楼，众九千余落，各称王，而辽东属国乌丸大人苏仆延，众千余落，自称峭王，右北平乌丸大人乌延，众八百余落，自称汗鲁王，皆有计策勇健。中山太守张纯叛入丘力居众中，自号弥天安定王，为三郡乌丸元帅，寇略青、徐、幽、冀四州，杀略吏民。灵帝末，以刘虞为幽州牧，募胡斩纯首，北州乃定。后丘力居死，子楼班年小，从子蹋顿有武略，代立，总摄三王部，众皆从其教令。袁绍与公孙瓒连战不决，蹋顿遣使诣绍求和亲，助绍击瓒，破之。绍矫制赐蹋顿、（难）峭王、汗鲁王印绶，皆以为单于。

后楼班大，峭王率其部众奉楼班为单于，蹋顿为王。然蹋顿多画计策。广阳阎柔，少没乌丸、鲜卑中，为其种所归信。柔乃因鲜卑众，杀乌丸校尉邢举代之，绍因宠慰以安北边。后袁尚败奔蹋顿，凭其势，复图冀州。会太祖平河北，柔帅鲜卑、乌丸归附，遂因以柔为校尉，犹持汉使节，治广宁如旧。建安十一年，太祖自征蹋顿于柳城，潜军诡道，未至百余里，虏乃觉。尚与蹋顿将众逆战于凡城，兵马甚盛。太祖登高望虏陈，（柳）军未进，观其小动，乃击破其众，临阵斩蹋顿首，死者被野。速附丸、楼班、乌延等走辽东，辽东悉斩，传送其首。其余遗迸皆降。及幽州、并州柔所统乌丸万余落，悉徙其族居中国，帅从其侯王大人种众与征伐。由是三郡乌丸为天下名骑。

又同书同卷《乌桓传》注引《魏书》云：

《魏书》曰：乌丸者，东胡也。汉初，匈奴冒顿灭其国，余类保乌丸山，因以为号焉。俗善骑射，随水草放牧，居无常处，以穹庐为宅，皆东向。日弋猎禽兽，食肉饮酪，以毛毳为衣。贵少贱老，其性悍骜，怒则杀父兄，而终不害其母，以母有族类，父兄以己为种，无复报者故也。常推募勇健能理决斗讼相侵犯者为大人，邑落各有小帅，不世继也。数百千落自为一部，大人有所召呼，刻木为信，邑落传行，无文字，而部众莫敢违犯。氏姓无常，以大人健者名字为姓。大人已下，各自畜牧治产，不相徭役。其嫁娶皆先私通，略将女去，或半岁百日，然后遣媒人送马牛羊以为聘娶之礼。婿随妻归，见妻家无尊卑，旦起皆拜，而不自拜其父母。为妻家仆役二年，妻家乃厚遣送女，居处财物，一出妻家。故其俗从妇人计，至战斗时，乃自决之。父子男女，相对蹲踞，悉髡头以为轻便。妇人至嫁时乃养发，分为髻，著句决，饰以金碧，犹中国有冠步摇也。父兄死，妻后母执嫂；若无执嫂者，则己子以亲之次妻伯叔焉，死则归其故夫。俗识鸟兽孕乳，时以四节，耕种常用布谷鸣为候。地宜青穄、东墙，东墙似蓬草，实如葵子，至十月熟。能作白酒，是不知作曲蘖。米常仰中国。大人能作弓矢鞍勒，锻金铁为兵器，能刺韦作文绣，织缕毡毹。

有病，知以艾灸，或烧石自熨，烧地卧上，或随痛病处，以刀决脉出血，及祝天地山川之神，无针药。贵兵死，敛尸有棺，始死则哭，葬则歌舞相送。肥养犬，以采绳婴牵，并取亡者所乘马、衣物、生时服饰，皆烧以送之。特属累犬，使护死者神灵归乎赤山。赤山在辽东西北数千里，如中国人以死之魂神归泰山也。至葬日，夜聚亲旧员坐，牵犬马历位，或歌哭者，掷肉与之，使二人口颂咒文，使死者魂神径至，历险阻，勿令横鬼遮护，达其赤山，然后杀犬马、衣物烧之。敬鬼神，祠天地日月星辰山川，及先大人有健名者，亦同祠以牛羊，祠毕皆烧之。饮食必先祭。其约法，违大人言死，盗不止死。其相残杀，令部落自相报，相报不止，诣大人平之，有罪者出其牛羊以赎死命，乃止。自杀其父兄无罪。其亡叛为大人所捕者，诸邑落不肯受，皆逐使至雍狂地。地无山，有沙漠、流水、草木，多蝮蛇，在丁令之西南，乌孙之东北，以穷困之。自其先为匈奴所破之后，人众孤弱，为匈奴臣服，常岁输牛马羊，过时不具，辄虏其妻子。至匈奴壹衍鞮单于时，乌丸转强，发掘匈奴单于冢，将以报冒顿所破之耻。壹衍鞮单于大怒，发二万骑以击乌丸。大将军霍光闻之，遣度辽将军范明友将三万骑出辽东追击匈奴。比明友兵至，匈奴已引去。乌丸新被匈奴兵，乘其衰弊，遂进击乌丸，斩首六千余级，获三王首还。后数复犯塞，明友辄征破之。至王莽末，并与匈奴为寇。光武定天下，遣伏波将军马援将三千骑，从五原关出塞征之，无利，而杀马千余匹。乌丸遂盛，钞击匈奴，匈奴转徙千里，漠南地空。建武二十五年，乌丸大人郝旦等九千余人率众诣阙，封其渠帅为侯王者八十余人，使居塞内，布列辽东属国、辽西、右北平、渔阳、广阳、上谷、代郡、雁门、太原、朔方诸郡界，招来种人，给其衣食，置校尉以领护之，遂为汉侦备，击匈奴、鲜卑。至永平中，渔阳乌丸大人钦志贲帅种人叛，鲜卑还为寇害，辽东太守祭肜募杀志贲，遂破其众。至安帝时，渔阳、右北平、雁门乌丸率众王无何等复与鲜卑、匈奴合，钞略代郡、上谷、涿郡、五原，乃以大司农何熙行车骑将军，左右羽林五营士，发缘边七郡、黎阳营兵合二万人击之。匈奴降，鲜卑、乌丸各还塞外。是后，乌丸稍复亲附，拜其大人戎末廆为都尉。至顺帝时，戎末廆率将王侯咄归、去延等从乌丸校尉耿晔出塞击鲜卑有功，还皆拜为率众王，赐束帛。

汉、魏以后入居中原内地的乌桓,见于记载的有:
《晋书》卷39《王沈传附子浚传》载:

> (浚)持节都督幽州诸军事……成都王颖……使(和)演杀浚……演与乌丸单于审登谋之,单于乃以谋告浚。

又同书卷104《石勒载记》载:

> 乌丸薄盛执渤海太守刘既,率户五千降于勒……乌丸审广、渐裳、郝袭背王浚,密遣使降于勒……(勒)迁乌丸审广、渐裳、郝袭、勒市等于襄国……徙平原乌丸展广、刘哆等部落三万余户于襄国。

又同书卷113《苻坚载记》载:

> 徙关东诸杂夷十万户于关中,处乌丸杂类于冯翊、北地。

又《资治通鉴》卷105《晋纪》孝武帝太元九年条载:

> 春正月……慕容农之奔列人也,止于乌桓鲁利家……农乃诣乌桓张骧……骧再拜曰:"得旧主而奉之,敢不尽死!"……易阳乌桓刘大各帅部众数千赴之……二月,燕主垂引丁零、乌桓之众二十余万以攻邺……鲜卑、乌桓及坞民降者数十万口。

再叙鲜卑。《三国志》卷30《鲜卑传》载:

> 鲜卑步度根既立,众稍衰弱,中兄扶罗韩亦别拥众数万为大人。建安中,太祖定幽州,步度根与轲比能等因乌丸校尉阎柔上贡献。后代郡乌丸能臣氐等叛,求属扶罗韩,扶罗韩将万余骑迎之。到桑乾,氐等议,以为扶罗韩部威禁宽缓,恐不见济,更遣人呼轲比能。比能即将万余骑到,当共盟誓。比能便于会上杀扶罗韩,扶罗韩子泄归泥

及部众悉属比能。比能自以杀归泥父，特又善遇之。步度根由是怨比能。文帝践阼，田豫为乌丸校尉，持节并护鲜卑，屯昌平。步度根遣使献马，帝拜为王。后数与轲比能更相攻击，步度根部众稍寡弱，将其众万余落保太原、雁门郡。步度根乃使人招呼泄归泥曰："汝父为比能所杀，不念报仇，反属怨家。今虽厚待汝，是欲杀汝计也。不如还我，我与汝是骨肉至亲，岂与仇等？"由是归泥将其部落逃归步度根，比能追之弗及。至黄初五年，步度根诣阙贡献，厚加赏赐，是后一心守边，不为寇害，而轲比能众遂强盛。明帝即位，务欲绥和戎狄，以息征伐，羁縻两部而已。至青龙元年，比能诱步度根深结和亲，于是步度根将泄归泥及部众悉保比能，寇钞并州，杀略吏民。帝遣骁骑将军秦朗征之，归泥叛比能，将其部众降，拜归义王，赐幢麾、曲盖、鼓吹，居并州如故。步度根为比能所杀。

轲比能本小种鲜卑，以勇健，断法平端，不贪财物，众推以为大人。部落近塞，自袁绍据河北，中国人多亡叛归之，教作兵器铠楯，颇学文字。故其勒御部众，拟则中国，出入弋猎，建立旌麾，以鼓节为进退。建安中，因阎柔上贡献。太祖西征关中，田银反河间，比能将三千余骑随柔击破银。后代郡乌丸反，比能复助为寇害，太祖以鄢陵侯彰为骁骑将军，北征，大破之。比能走出塞，后复通贡献。延康初，比能遣使献马，文帝亦立比能为附义王。黄初二年，比能出诸魏人在鲜卑者五百余家，还居代郡。明年，比能帅部落大人小子代郡乌丸修武卢等三千余骑，驱牛马七万余口交市，遣魏人千余家居上谷。后与东部鲜卑大人素利及步度根三部争斗，更相攻击。田豫和合，使不得相侵。五年，比能复击素利，豫帅轻骑径进掎其后。比能使别小帅琐奴拒豫，豫进讨，破走之，由是怀贰。乃与辅国将军鲜于辅书曰："夷狄不识文字，故校尉阎柔保我于天子。我与素利为仇，往年攻击之，而田校尉助素利。我临陈使琐奴往，闻使君来，即便引军退。步度根数数钞盗，又杀我弟，而诬我以钞盗。我夷狄虽不知礼义，兄弟子孙受天子印绶，牛马尚知美水草，况我有人心邪！将军当保明我于天子。"辅得书以闻，帝复使豫招纳安慰。比能众遂强盛，控弦十余万骑。每钞略得财物，均平分付，一决目前，终无所私，故得众死力，余部大人皆敬惮之，然犹未能及檀石槐也。

太和二年，豫遣译夏舍诣比能女婿郁筑鞬部，舍为鞬所杀。其秋，豫将西部鲜卑蒲头、泄归泥出塞讨郁筑鞬，大破之。还至马城，比能自将三万骑围豫七日。上谷太守阎志，柔之弟也，素为鲜卑所信。志往解喻，即解围去。后幽州刺史王雄并领校尉，抚以恩信。比能数款塞，诣州奉贡献。至青龙元年，比能诱纳步度根，使叛并州，与结和亲，自勒万骑迎其累重于陉北。并州刺史毕轨遣将军苏尚、董弼等击之，比能遣子将骑与尚等会战于楼烦，临陈害尚、弼。至三年中，雄遣勇士韩龙刺杀比能，更立其弟。素利、弥加、厥机皆为大人，在辽西、右北平、渔阳塞外，道远，初不为边患，然其种众多于比能。建安中，因阎柔上贡献，通市，太祖皆表宠以为王。厥机死，又立其子沙末汗为亲汉王。延康初，又各遣使献马。文帝立素利、弥加为归义王。

又同书同卷《鲜卑传》注引《魏书》云：

鲜卑亦东胡之余也，别保鲜卑山，因号焉。其言语习俗与乌丸同。其地东接辽水，西当西城。常以季春大会，作乐水上，嫁女娶妇，髡头饮宴。其兽异于中国者，野马、羱羊、端牛。端牛角为弓，世谓之角端者也。又有貂、豽、鼲子，皮毛柔蠕，故天下以为名裘。鲜卑自为冒顿所破，还窜辽东塞外，不与余国争衡，未有名通于汉，而（由）自与乌丸相接。至光武时，南北单于更相攻伐，匈奴损耗，而鲜卑遂盛。建武三十年，鲜卑大人于仇贲率种人诣阙朝贡，封于仇贲为王。永平中，祭肜为辽东太守，诱赂鲜卑，使斩叛乌丸钦志贲等首，于是鲜卑自敦煌、酒泉以东邑落大人，皆诣辽东受赏赐，青、徐二州给钱，岁二亿七千万以为常。和帝时，鲜卑大都护校尉廆帅部众从乌丸校尉任尚击叛者，封校尉廆为率众王。殇帝延平中，鲜卑乃东入塞，杀渔阳太守张显。安帝时，鲜卑大人燕荔阳入朝，汉赐鲜卑王印绶，赤军参驾，止乌丸校尉所治甯下。通胡市，筑南北两部质宫，受邑落质者（百）二十部。是后或反或降，或与匈奴、乌丸相攻击。安帝末，发缘边步骑二万余人，屯列冲要。后鲜卑八九千骑穿代郡及马城塞入害长吏，汉遣度辽将军邓遵、中郎将马续出塞追破之。鲜卑大人乌伦、其至鞬等七千余人诣遵降，封乌伦为王，其至鞬为侯，赐采帛。遵去后，其至鞬复反，围乌丸校尉于马城，度辽将军耿夔及幽州刺史救解之。其至鞬遂盛，控弦数万骑，数道入塞，趣五原（宁貊）（曼柏）攻匈奴南单于，杀左奥鞬日逐王。顺帝时，复入塞，杀代郡太守。汉遣黎阳营兵屯中山，缘边郡兵屯塞下，调五营弩帅令教战射，南单于将步骑万余人助汉击却之。后乌丸校尉耿晔将率众王出塞击鲜卑，多斩首虏，于是鲜卑三万余落，诣辽东降。匈奴及北单于遁逃后，余种十余万落，诣辽东杂处，皆自号鲜卑兵。投鹿侯从匈奴军三年，其妻在家，有子。投鹿侯归，怪欲杀之。妻言："尝昼行闻雷震，仰天视而电入其口，因吞之，遂妊身，十月而产，此子必有奇异，且长之。"投鹿侯固不信。妻乃语家，令收养焉，号檀石槐，长大勇健，智略绝众。年十四五，异部大人卜贲邑钞取其外家牛羊，檀石槐策骑追击，所向无前，悉还得所亡。由是部落畏服，施法禁，（平）曲直，莫敢犯者，遂推以为大人。檀石槐既立，乃为庭于高柳北三百余里弹汗山啜仇水上，东西部大人皆归焉。兵马甚盛，南钞汉边，北拒丁令，东却夫余，西击乌孙，尽据匈奴故地，东西万二千余里，南北七千余里，网罗山川、水泽、盐池甚广。汉患之，桓帝时使匈奴中郎将张奂征之，不克。乃更遣使者赍印绶，即封檀石槐为王，欲与和亲。檀石槐拒不肯受，寇钞滋甚。乃分其地为中东西三部。从右北平以东至辽，（辽）（东）接夫余、（濊）貊为东部，二十余邑，其大人曰弥加、阙机、素利、槐头。从右北平以西至上谷为中部，十余邑，其大人曰柯最、阙居、慕容等，为大帅。从上谷以西至敦煌，西接乌孙为西部，二十余邑，其大人曰置鞬落罗、日律推演、宴荔游等，皆为大帅，而制属檀石槐。至灵帝时，大钞略幽、并二州。缘边诸郡，无岁不被其毒。（熹）平六年，遣护乌丸校尉夏育，破鲜卑中郎将田晏，匈奴中郎将臧旻与南单于出雁门塞，三道并进，径二千余里征之。檀石槐帅部众逆击，旻等败走，兵马还者什一而已。鲜卑众日多，田畜射猎，不足给食。后檀石槐乃案行乌侯秦水，广袤数百里，淳不流，中有鱼而不能得。闻汗人善捕鱼，于是檀石槐东击汗国，得千余家，徙置乌侯秦水上，使捕鱼以助粮。至于今，乌侯秦水上有汗人数百户。檀石槐年四十五死，子和连代立。和连材力不及父，而贪淫，断法不平，众叛者半。灵帝末年数为寇钞，攻北地，北地庶人善弩射者射中和连，和连即死。其子骞曼小，兄子魁头代立。魁头既立后，骞曼长大，与魁头争国，众遂离散。魁头死，弟步度根代立。自檀石槐死后，诸大人遂世相袭也。

西晋时鲜卑分成不相统属的几支。东部鲜卑段氏、慕容氏居辽西，宇文氏居辽河上游；西部鲜卑拓跋氏居今内蒙南部及山西北部；河西鲜卑乞伏氏、秃发氏居今宁夏及甘肃东部。各部之间社会发展很不平衡，大体上东部较为进步，西部相对落后。

氐族。氐族有悠久的历史，或称为槃瓠之后，居于陇蜀一带。其与汉族逐渐杂居。《三国志》卷30《东夷传》注引《魏略·西戎传》有云：

> 氐人有王，所从来久矣。自汉开益州，置武都郡，排其种人，分窜山谷间；或在福禄，或在汧、陇左右。其种非一。称盘瓠之后，或号青氐，或号白氐，或号蚺氐。此盖虫之类，而处中国，人即其服色而名之也。其自相号曰盍稚。各有王侯，多受中国封拜。近去建安中，兴国氐王阿贵，百顷氐王千万，各有部落万余。至十六年，从马超为乱。超破之后，阿贵为夏侯渊所攻灭，千万西南入蜀，其部落不能去，皆降。国家分徙其前后两端者置扶风美阳。今之安夷、抚夷二部护军所典是也。其本守善，分留天水、南安界。今之广魏郡所守是也。其俗语不与中国及羌杂胡同。各自有姓。姓如中国之姓矣。其衣服尚青绛，俗能织布，善田种；畜养豕牛马驴骡。其妇人嫁时著衱露。其缘饰之制有似羌，衱露有似中国袍。皆编发。多知中国语，由与中国错居故也。其自还种落间，则自氐语。其嫁娶有似于羌。此盖乃昔所谓西戎，在于街、翼、獂道者也。今虽都统于郡国，然故自有王侯在其虚落间。又故武都地阴平街左右，亦有万余落。

到西晋时，氐人大体分布于扶风（陕西泾阳西北）、始平（陕西兴平东南）、京兆（陕西西安）一带，和汉人交错居住。

賨人。古代巴人称税为"賨"。用以纳税的钱或布称"賨钱"或"賨布"。秦至南北朝，巴人亦称"賨人"，建有地方政权。

关于賨人的分布地区及其迁徙。《华阳国志》卷1《巴志》有云：

> 《洛书》曰："人皇始出，继地皇之后，兄弟九人，分理九州，为九囿。人皇居中州，制八辅。"华阳之壤，梁岷之域，是其一囿；

囿中之国，则巴蜀矣……其地，东至鱼复，西至僰道，北接汉中，南极黔、涪。土植五谷。牲具六畜……其民质直好义。土风敦厚，有先民之流。故其诗曰："川崖惟平，其稼多黍。旨酒嘉谷，可以养父。野惟阜丘，彼稷多有。嘉谷旨酒，可以养母。"其祭祀之诗曰："惟月孟春，獭祭彼崖。永言孝思，享祀孔嘉。"……而其失，在于重迟鲁钝。俗素朴，无造次辨丽之气……周显王时，楚国衰弱。秦惠文王与巴、蜀为好。蜀王弟苴侯私亲于巴。巴、蜀世战争，周慎王五年，蜀王伐苴侯。苴侯奔巴。巴为求救于秦。秦惠文王遣张仪、司马错救苴、巴。遂伐蜀，灭之。仪贪巴、苴之富，因取巴，执王以归。置巴、蜀及汉中郡。分其地为三十一县……秦昭襄王时，白虎为害，自秦、蜀、巴、汉患之。秦王乃重募国中"有能煞虎者邑万家，金帛称之"。于是夷朐忍廖仲药、何射虎、秦精等，乃作白竹弩于高楼上，射虎，中头三节。白虎当从群虎，瞋恚，尽搏煞群虎，大吼而死。秦王嘉之。曰："虎历四郡，害千二百人。一朝患除，功莫大焉。"欲如约，王嫌其夷人。乃刻石为盟要：复夷人顷田不租，十妻不算；伤人者，论；煞人雇死倓钱。盟曰："秦犯夷，输黄龙一双。夷犯秦，输清酒一钟。"夷人安之。汉兴，亦从高祖定秦，有功。高祖因复之，专以射白虎为事。户岁出賨钱口四十。故世号白虎复夷。一曰板楯蛮。今所谓弜头虎子者也。汉高帝灭秦，为汉王，王巴、蜀。阆中人范目，有恩信方略，知帝必定天下，说帝，为募发賨民，要与共定秦。秦地既定，封目为长安建章乡侯……目复请除民罗、朴、昝、鄂、度、夕、龚七姓不供租赋。……阆中有渝水，賨民多居水左右，天性劲勇，初为汉前锋，陷阵，锐气喜舞。帝善之……乃令乐人习学之。今所谓《巴渝舞》也……顺桓之世，板楯数反。太守蜀郡赵温，恩信降服。于是宕渠出九穗之禾，朐忍有连理之木。光和二年，板楯复叛，攻害三蜀、汉中，州郡连年苦之。天子欲大出军，时征役疲弊。问益州计曹，考以计略。益州计曹掾程包对曰："板楯七姓，以射白虎为业，立功先汉。本为义民，复除徭役，但出賨钱，口岁四十。其人勇敢能战。昔羌数入汉中，郡县破坏，不绝若线。后得板楯，来虏殄尽。号为神兵。羌人畏忌，传语种辈，勿复南行。后建和二年，羌复入汉，牧守遑遑。赖板楯破之。若微板楯，则蜀汉之民为左衽矣。前车骑将军冯绲南征，虽授丹阳精兵，亦倚板楯。近益州之乱，朱龟以并凉劲卒讨之，无功；太守李颙以板楯平之。忠功如此，本无恶心。长吏乡亭，更赋至重。仆役过于奴婢，棰楚隆于囚虏；至乃嫁妻卖子，或自刭割。陈冤州君，牧守不理。去阙庭遥远，不能自闻。含怨呼天，叩心穷谷。愁于赋役，困乎刑酷，邑域相聚，以致叛戾。非有深谋至计，僭号不轨。但选明能牧守，益其资谷安便赏募，从其利隙，自然安集，不烦征伐也。昔中郎将尹就伐羌，扰动益部百姓谚云：'虏来尚可，尹将杀我！'就征还后，羌自破退。如臣愚见，权之遣军，不如任之州郡。"天子从之，遣太守曹谦，宣诏降赦。

又同书卷5《公孙述刘二牧志》云：

（刘）璋字季玉，既袭位，懦弱少断。张鲁稍骄于汉中，巴夷杜濩、（朴）胡、袁约等叛诣鲁。璋怒，杀鲁母、弟，遣和德中郎将庞羲讨鲁。不克。巴人日叛。乃以羲为巴郡太守，屯阆中御鲁。羲以宜须兵卫，辄召汉昌賨民为兵……建安五年，赵韪起兵数万，将以攻璋。璋逆击之。明年，韪破败。羲惧，遣吏程郁宣旨于郁父汉昌令畿，索益賨兵。

又《晋书》卷120《李特载记》云：

秦并天下，以为黔中郡，薄赋敛之，口岁出钱四十。巴人呼赋为賨，因谓之賨人焉。及汉高祖为汉王，募賨人平定三秦，既而求还乡里。高祖以其功，复同丰沛，不供赋税，更名其地为巴郡。土有盐铁丹漆之饶，俗性剽勇，又善歌舞。高祖爱其舞，诏乐府习之，今巴渝舞是也。汉末，张鲁居汉中，以鬼道教百姓，賨人敬信巫觋，多往奉之。值天下大乱，自巴西之宕渠迁于汉中杨车坂，抄掠行旅，百姓患之，号为杨车巴。魏武帝克汉中，特祖将五百余家归之，魏武帝拜为将军，迁于略阳北土，复号之为巴氐。

又《华阳国志》卷9《李特雄期寿势志》云：

> 李特，字玄休，略阳临渭人也。祖世本巴西宕渠賨民，种党劲勇，俗好鬼巫。汉末，张鲁居汉中，以鬼道教百姓，賨人敬信；值天下大乱，自巴西之宕渠移入汉中。魏武定汉中，曾祖父虎与杜濩、朴胡、袁约、杨车、李黑等移于略阳北土，复号曰巴人。

至西晋末年，賨人一部分在李特的领导下，以流民的身份，结合天水六郡豪右，返抵巴蜀，在数万家秦、雍流民的支持下，建立成国。一部分仍留居陇右，在西晋灭亡后，巴族酋长勾渠知联络四山羌、氐、巴、羯三十多万人，对匈奴主刘曜展开了激烈的斗争，虽然巴民损失惨重，但已震撼了匈奴前赵王朝的根基。

羌族。羌族也是中国历史上古老的民族，亦称西羌，种类很多。关于其内迁的经过，《后汉书》卷117《西羌传》有云：

> 西羌之本，出自三苗，姜姓之别也。其国近南岳。及舜流四凶，徙之三危，河关之西南羌地是也。滨于赐支，至乎河首，绵地千里。赐支者，禹贡所谓析支者也。南接蜀、汉徼外蛮夷，西北（接）鄯善、车师诸国。所居无常，依随水草。地少五谷，以产牧为业。其俗氏族无定，或以父名母姓为种号。十二世后，相与婚姻，父没则妻后母，兄亡则纳厘嫂，故国无鳏寡，种类繁炽。不立君臣，无相长一，强则分种为酋豪，弱则为人附落，更相抄暴，以力为雄。杀人偿死，无它禁令。其兵长在山谷，短于平地，不能持久，而果于触突，以战死为吉利，病终为不祥。堪耐寒苦，同之禽兽。虽妇人产子，亦不避风雪。性坚刚勇猛，得西方金行之气焉……
> 至爱剑曾孙忍时，秦献公初立，欲复穆公之迹，兵临渭首，灭狄獂戎。忍季父印畏秦之威，将其种人附落而南，出赐支河曲西数千里，与众羌绝远，不复交通。其后子孙分别，各自为种，任随所之。或为牦牛种，越巂羌是也；或为白马种，广汉羌是也；或为参狼种，武都羌是也。忍及弟舞独留湟中，并多娶妻妇。忍生九子为九种，舞生十七子为十七种，羌之兴盛，从此起矣……
> 至于汉兴，匈奴冒顿兵强，破东胡，走月氏，威震百蛮，臣服诸羌。景帝时，研种留何率种人求守陇西塞，于是徙留何等于狄道、安故，至临洮、氐道、羌道县。及武帝征伐四夷，开地广境，北却匈

奴，西逐诸羌，乃度河湟，筑令居塞；初开河西，列置四郡，通道玉门，隔绝羌胡，使南北不得交关。于是障塞亭燧出长城外数千里。时先零羌与封养牢姐种解仇结盟，与匈奴通，合兵十余万，共攻令居、安故，遂围枹罕。汉遣将军李息、郎中令徐自为将兵十万人击平之。始置护羌校尉，持节统领焉。羌乃去湟中，依西海、盐池左右。汉遂因山为塞，河西地空，稍徙人以实之……

风三郡。明年，武都参狼羌反，援又破降之。事已具援传。

自烧当至滇良，世居河北大允谷，种小人贫。而先零、卑湳并皆强富，数侵犯之。滇良父子积见陵易，愤怒，而素有恩信于种中，于是集会附落及诸杂种，乃从大榆入，掩击先零、卑湳，大破之，杀三千人，掠取财畜，夺居其地大榆中，由是始强……

时西海及大、小榆谷左右无复羌寇。隃糜相曹凤上言："西戎为害，前世所患，臣不能纪古，且以近事言之。自建武以来，其犯法者，常从烧当种起。所以然者，以其居大、小榆谷，土地肥美，又近塞内，诸种易以为非，难以攻伐。南得钟存以广其众，北阻大河因以为固，又有西海鱼盐之利，缘山滨水，以广田畜，故能强大，常雄诸种，恃其权勇，招诱羌胡。今者衰困，党援坏沮，亲属离叛，余胜兵者不过数百，亡逃栖窜，远依发羌。臣愚以为宜及此时，建复西海郡县，规固二榆，广设屯田，隔塞羌胡交关之路，遏绝狡窥欲之源。又殖谷富边，省委输之役，国家可以无西方之忧。"于是拜凤为金城西部都尉，将徙士屯龙耆者。后金城长史上官鸿上开置归义、建威屯田二十七部，侯霸复上置东西邯屯田五部，增留、逢二部，帝皆从之。列屯夹河，合三十四部……

羌既转盛，而二千石、令、长多内郡人，并无守战意，皆争上徙郡县以避寇难。朝廷从之，遂移陇西徙襄武，安定徙美阳，北地徙池阳，上郡徙衙。百姓恋土，不乐去旧，遂乃刈其禾稼，发彻室屋，夷营壁，破积聚。时连旱蝗饥荒，而驱蹙劫略，流离分散，随道死亡，或弃捐老弱，或为人仆妾，丧其太半……

自羌叛十余年间，兵连师老，不暂宁息。军旅之费，转运委输，用二百四十余亿，府帑空竭，延及内郡，边民死者不可胜数，并凉二州，遂至虚耗……

于是东西羌遂大合。巩唐种三千余骑寇陇西，又烧园陵，掠关中，杀伤长吏，邰阳令任頵追击，战死。遣中郎将庞浚募勇士千五百人顿美阳，为凉州援。武威太守赵冲追击巩唐羌，斩首四百余级，得马牛羊驴万八千余头，羌二千余人降。诏冲督河西四郡兵为节度。罕种羌千余寇北地，北地太守贾福与赵冲击之，不利。秋，诸种八九千骑寇武威，凉部震恐。于是复徙安定居扶风，北地居冯翊，遣行车骑将军执金吾张乔将左右羽林、五校士及河内、南阳、汝南兵万五千屯三辅。汉安元年，以赵冲为护羌校尉。冲招怀叛羌，罕种乃率邑落五千余户诣冲降。于是罢张乔军屯。唯烧何种三千余落据参䜌北界。三年夏，赵冲与汉阳太守张贡掩击之，斩首千五百级，得牛羊驴十八万头。冬，冲击诸种，斩首四千余级。诏冲一子为郎。冲复追击于阿阳，斩首八百级。于是诸种前后三万余户诣凉州刺史降……

自爰剑后，子孙支分凡百五十种。其九种在赐支河首以西，及在蜀、汉徼北，前史不载口数。唯参狼在武都，胜兵数千人。其五十二种衰少，不能自立，分散为附落，或绝灭无后，或引而远去。其八十九种，唯钟最强，胜兵十余万。其余大者万余人，小者数千人，更相钞盗，盛衰无常，无虑顺帝时胜兵合可二十万人。发羌、唐旄等绝远，未尝往来。牦牛、白马羌在蜀、汉，其种别名号，皆不可纪知也。建武十三年，广汉塞外白马羌豪楼登等率种人五千余户内属，光武封楼登为归义君长。至和帝永元六年，蜀郡徼外大牂夷种羌豪造头等率种人五十余万口内属，拜造头为邑君长，赐印绶。至安帝永初元年，蜀郡徼外羌龙桥等六种万七千二百八十口内属。明年，蜀郡徼外羌薄申等八种三万六千九百口复举土内属。冬，广汉塞外参狼种羌二千四百口复来内属。桓帝建和二年，白马羌千余人寇广汉属国，杀长吏，益州刺史率板楯蛮讨破之。

湟中月氏胡，其先大月氏之别也，旧在张掖、酒泉地。月氏王为匈奴冒顿所杀，余种分散，西踰葱领。其羸弱者南入山阻，依诸羌居止，遂与共婚姻。及骠骑将军霍去病破匈奴，取西河地，开湟中，于是月氏来降，与汉人错居。虽依附县官，而首施两端。其从汉兵战斗，随执强弱。被服饮食言语略与羌同，亦以父名母姓为种。其大种有七，胜兵合九千余人，分在湟中及令居。又数百户在张掖，号曰义从胡。中平元年，与北宫伯玉等反，杀护羌校尉泠征、金城太守陈懿，遂寇乱陇右焉。

三国时期，魏、蜀都曾利用羌、氐的力量，以相抗衡。故羌族人民，大量内迁，与汉人杂居于陇蜀秦雍一带。到西晋时，关中的冯翊（陕西大荔）、北地（陕西耀县）、新平（陕西彬县）、安定（甘肃泾川西北），居住着大量的羌人。

二　迁徙少数族问题

边疆各族的大量内迁，是我国古代民族关系的新发展，它有利于内迁各族的社会进步和民族融合。但是汉族地主阶级和西晋政府对内迁各族实行残酷的民族压迫政策，致使民族矛盾十分尖锐。

《晋书》卷93《王恂传》载：

> 太原诸部，亦以匈奴胡人为田客，多者数千。

又同书卷101《刘元海载记》载：

> 刘宣等固谏曰："晋为无道，奴隶御我，是以右贤王猛不胜其忿。"

又《晋书》卷56《江统传》载：

> 戎狄志态，不与华同。而因其衰弊，迁之畿服，士庶玩习，侮其轻弱，使其怨恨之气，毒于骨髓。

早在魏末，邓艾就建议分割匈奴部落，渐徙与汉人杂处的氐、羌于汉人地区之外。

《三国志》卷28《邓艾传》载：

> 是时并州右贤王刘豹并为一部，（邓）艾上言曰："戎狄兽心，不以义亲，强则侵暴，弱则内附，故周宣有猃狁之寇，汉祖有平城之围。每匈奴一盛，为前代重患。自单于在外，莫能牵制长卑。诱而致之，使来入侍。由是羌夷失统，合散无主。以单于在内，万里顺轨。

今单于之尊日疏,外土之威浸重,则胡虏不可不深备也。闻刘豹部有叛胡,可因叛割为二国,以分其势。去卑功显前朝,而子不继业,宜加其子显号,使居雁门。离国弱寇,追录旧勋,此御边长计也。"又陈:"羌胡与民同处者,宜以渐出之,使居民表崇廉耻之教,塞奸宄之路。"大将军司马景王(司马师)新辅政,多纳用焉。

邓艾可以说是第一个建议迁徙少数族的人。及至晋武帝泰始年间,匈奴刘猛反,侍御史郭钦又提出迁徙少数族的主张,《晋书》卷97《匈奴传》谓:

郭钦上疏曰:"魏初人寡,西北诸郡皆为戎居……宜及平吴之威,谋臣猛将之略,出北地、西河、安定,复上郡,实冯翊,于平阳以北诸县募取死罪,徙三河、三魏见士四万家以充之。"

少数族的内迁,是一个历史的现象,或者说一种历史的趋势,而郭钦却主张把他们迁出去,反其道而行之,几乎无此可能。所以晋武帝未采纳郭钦的意见。

到惠帝元康时,氐帅齐万年于关中起义后,江统再次提出迁出少数民族返故地,写出了《徙戎论》。他的论点可以代表当时人们对于内地戎狄的看法。

《晋书》卷56《江统传》载:

江统字应元,陈留圉人也。祖蕤,以义行称,为谯郡太守,封亢父男。父祚,南安太守。统静默有远志,时人为之语曰:"嶷然稀言江应元。"与乡人蔡克俱知名。袭父爵,除山阴令。

时关陇屡为氐羌所扰,孟观西讨,自擒氐帅齐万年。统深惟四夷乱华,宜杜其萌,乃作《徙戎论》。其辞曰:

夫夷蛮戎狄,谓之四夷,九服之制,地在要荒。《春秋》之义,内诸夏而外夷狄。以其言语不通,贽币不同,法俗诡异,种类乖殊;或居绝域之外,山河之表,崎岖川谷阻险之地,与中国壤断土隔,不相侵涉,赋役不及,正朔不加,故曰"天子有道,守在四夷"……

夫关中土沃物丰,厥田上上,加以泾渭之流溉其舄卤,郑国、白渠灌浸相通，黍稷之饶，亩号一钟，百姓谣咏其殷实，帝王之都每以为居，未闻戎狄宜在此土也。非我族类，其心必异。戎狄志态，不与华同。而因其衰弊，迁之畿服，士庶玩习，侮其轻弱，使其怨恨之气毒于骨髓。至于蕃育众盛，则坐生其心。以贪悍之性，挟愤怒之情，候隙乘便，辄为横逆。而居封域之内，无障塞之隔，掩不备之人，收散野之积，故能为祸滋扰，暴害不测。此必然之势，已验之事也。当今之宜，宜及兵威方盛，众事未罢，徙冯翊、北地、新平、安定界内诸羌，著先零、罕开、析支之地；徙扶风、始平、京兆之氐，出还陇右，著阴平、武都之界。廪其道路之粮，令足自致，各附本种，反其旧土，便属国、抚夷就安集之。戎晋不杂，并得其所，上合往古即叙之义，下为盛世永久之规。纵有猾夏之心，风尘之警，则绝远中国，隔阂山河，虽为寇暴，所害不广。是以充国、子明能以数万之众制群羌之命，有征无战，全军独克，虽有谋谟深计，庙胜远图，岂不以华夷异处，戎夏区别，要塞易守之故得成其功也哉！……

并州之胡，本实匈奴桀恶之寇也。汉宣之世，冻馁残破，国内五裂，后合为二，呼韩邪遂衰弱孤危，不能自存，依阻塞下，委质柔服。建武中，南单于复来降附，遂令入塞，居于漠南，数世之后，亦辄叛戾，故何熙、梁懂戎车屡征。中平中，以黄巾贼起，发调其兵，部众不从，而杀羌渠。由是于弥扶罗求助于汉，以讨其贼。仍值世丧乱，遂乘衅而作，卤掠赵魏，寇至河南。建安中，又使右贤王去卑诱质呼厨泉，听其部落散居六郡。咸熙之际，以一部太强，分为三率。泰始之初，又增为四。于是刘猛内叛，连结外虏。近者郝散之变，发于谷远。今五部之众，户至数万，人口之盛，过于西戎。然其天性骁勇，弓马便利，倍于氐羌。若有不虞风尘之虑，则并州之域可为寒心。荥阳句骊本居辽东塞外，正始中，幽州刺史毋丘俭伐其叛者，徙其余种。始徙之时，户落百数，子孙孳息，今以千计，数世之后，必至殷炽。今百姓失职，犹或亡叛，犬马肥充，则有噬啮，况于夷狄，能不为变！但顾其微弱势力不陈耳。

夫为邦者，患不在贫而在不均，忧不在寡而在不安。以四海之广，士庶之富，岂须夷虏在内，然后取足哉！此等皆可申谕发遣，还其本域，慰彼羁旅怀土之思，释我华夏纤介之忧。惠此中国，以绥四方，德施永世，于计为长。

帝不能用。未及十年，而夷狄乱华，时服其深识。

江统主张把关中氐、羌及并州诸胡迁回他们的本域旧土，但朝廷未采纳。江统认为"戎狄"之所以久居内地，是因为西晋统治阶级需要"夷虏在内，然后取足"。其实这只是一方面的原因，更主要的原因在于它的历史的必然性。迁居内地的少数族，与汉人错居，接受汉化，为时已久。硬要强迫他们回到本土上去，与汉人隔绝，这种逆向的大变动，反而会促成变乱。"徙戎"主张既不能行，又别无妥当措施，少数族人民遂举行更大规模的反抗斗争，并与汉族人民斗争汇合，形成了巨大的反晋斗争洪流。

三　各族人民的反晋斗争

西晋末年，汉族人民的反晋斗争是以流民战争形式出现的。"八王之乱"使晋初本来不发达的社会经济更加残破，加上政治腐败和天灾普遍发生，导致中原人民被迫大量向外迁徙。这些流民在流徙中又受到官僚地主的压榨，加上政府水断催逼还乡，因而由流徙斗争转变为武装斗争，发生了流民起义。

（一）李特起义和成汉建国

永康二年（301），賨人在李特的领导下起义，大败晋军，攻占广汉，进围成都。太安二年（303），李特自称益州牧，建立政权。李特战死后，其弟李流率领部众继续战斗。李流病卒，李特之子李雄为首领，攻下成都，自称成都王。永兴三年（306），改称皇帝，国号大成。

《晋书》卷121《李雄载记》云：

> 李雄字仲儁，特第三子也……
>
> 特起兵于蜀，承制以雄为前将军。流死，雄自称大都督、大将军、益州牧，都于郫城。罗尚遣将攻雄，雄击走之。李骧攻犍为，断尚运道，尚军大馁，攻之又急，遂留牙门罗特固守，尚委城夜遁。特开门内雄，遂克成都。于时雄军饥甚，乃率众就谷于郪，掘野芋而食之。蜀人流散，东下江阳，南入七郡。雄以西山范长生岩居穴处，求道养志，欲迎立为君而臣之。长生固辞。雄仍深自挹损，不敢称制，事无巨细，皆决于李国、李离兄弟。国等事雄弥谨。

诸将固请雄即尊位，以永兴元年僭称成都王，赦其境内，建元为建兴，除晋法，约法七章。以其叔父骧为太傅，兄始为太保，折冲李离为太尉，建威李云为司徒，翊军李璜为司空，材官李国为太宰，其余拜授各有差。追尊其曾祖武曰巴郡桓公，祖慕陇西襄王，父特成都景王，母罗氏曰王太后。范长生自西山乘素舆诣成都，雄迎之于门，执版延坐，拜丞相，尊曰范贤。长生劝雄称尊号，雄于是僭即帝位，赦其境内，改年曰太武……

时李离据梓潼，其部将罗羕、张金苟等杀离及阎式，以梓潼归于罗尚。尚遣其将向奋屯安汉之宜福以逼雄，雄率众攻奋，不克。时李国镇巴西，其帐下文硕又杀国，以巴西降尚。雄乃引还，遣其将张宝袭梓潼，陷之。会罗尚卒，巴郡乱，李骧攻涪，又陷之，执梓潼太守谯登，遂乘胜进军讨文硕，害之。雄大悦，赦其境内，改元曰玉衡……

是时南得汉嘉、涪陵，远人继至，雄于是下宽大之令，降附者皆假复除。虚己爱人，授用皆得其才，益州遂定。伪立其妻任氏为皇后。氏王杨难敌兄弟为刘曜所破，奔葭萌，遣子入质。陇西贼帅陈安又附之。

遣李骧征越嶲，太守李钊降。骧进军由小会攻宁州刺史王逊，逊使其将姚岳悉众距战。骧军不利，又遇霖雨，骧引军还，争济泸水，士众多死。钊到成都，雄待遇甚厚，朝廷仪式，丧纪之礼，皆决于钊。

杨难敌之奔葭萌也，雄安北李稚厚抚之，纵其兄弟还武都，难敌遂恃险多为不法，稚请讨之。雄遣中领军琀及将军乐次、费他、李乾等由白水桥攻下辩，征东李寿督琀弟玝攻阴平。难敌遣军距之，寿不得进，而琀、稚长驱至武街。难敌遣兵断其归道，四面攻之，获琀、稚，死者数千人。琀、稚，雄兄荡之子也。雄深悼之，不食者数日，言则流涕，深自咎责焉……

张骏遣使遗雄书，劝去尊号，称藩于晋。雄复书曰："吾过为士大夫所推，然本无心于帝王也，进思为晋室元功之臣，退思共为守藩之将，扫除氛埃，以康帝宇。而晋室陵迟，德声不振，引领东望，有年月矣。会获来贶，情在闇室，有何已已。知欲远遵楚汉，尊崇义帝，春秋之义，于斯莫大。"骏重其言，使聘相继。巴郡尝告急，云有东军。雄曰:"吾尝虑石勒跋扈,侵逼琅邪,以为耿耿。不图乃能举兵,使人欣然。"雄之雅谭,多如此类。

雄以中原丧乱,乃频遣使朝贡,与晋穆帝分天下……

时李骧死,以其子寿为大将军、西夷校尉,督征南费黑、征东任砬攻陷巴东,太守杨谦退保建平。寿别遣费黑寇建平,晋巴东监军毋丘奥退保宜都。雄遣李寿攻朱提,以费黑、印攀为前锋,又遣镇南任回征木落,分宁州之援。宁州刺史尹奉降,遂有南中之地。雄于是赦其境内,使班讨平宁州夷,以班为抚军。

成汉政权建立之初,政治较为清明。

又《华阳国志》卷9《李雄志》云:

(雄)宽和政役,远至迩安,年丰谷登。乃兴文教,立学官。其赋民:男丁一岁谷三斛,女丁一斛五斗,疾病半之。户调绢不过数丈,绵不过数两……事少役稀,百姓富实,至乃闾门不闭,路无拾遗,狱无滞囚,刑不滥及。

又《晋书》卷121《李特载记》称:

雄性宽厚,简刑约法,甚有名称……时海内大乱,而蜀独无事,故归之者相寻。雄乃兴学校,置史官,听览之暇,手不释卷。其赋男丁岁谷三斛,女丁半之。户调绢不过数丈,绵数两。事少役稀,百姓富实,闾门不闭,无相侵盗。

咸和八年(333),李雄病死,兄李荡之子李班即位,在位一年,为李雄之子李越所杀。

《晋书》卷121《李班传》载:

班字世文。初署平南将军,后立为太子。班谦虚博纳,敬爱儒贤,自何点、李钊、班皆师之,又引名士王嘏及陇西董融、天水文夔等以为宾友。每谓融等曰:"观周景王太子晋、魏太子丕、吴太子孙登,文章鉴识,超然卓绝,未尝不有惭色。何古贤之高朗,后人之莫逮也！"为性泛爱，动修轨度。时诸李子弟皆尚奢靡，而班常戒厉之。每朝有大议，雄辄令豫之。班以古者垦田均平，贫富获所，今贵者广占荒田，贫者种殖无地，富者以己所余而卖之，此岂王者大均之义乎！雄纳之。及雄寝疾，班昼夜侍侧。雄少数攻战，多被伤夷，至是疾甚，痕皆脓溃，雄子越等恶而远之。班为吮脓，殊无难色，每尝药流涕，不脱衣冠，其孝诚如此。

雄死，嗣伪位，以李寿录尚书事辅政。班居中执丧礼，政事皆委寿及司徒何点、尚书令王瓌等。越时镇江阳，以班非雄所生，意甚不平。至此，奔丧，与其弟期密计图之。李玕劝班遣越还江阳，以期为梁州刺史，镇葭萌。班以未葬，不忍遣，推诚居厚，心无纤芥。时有白气二道带天，太史令韩豹奏："宫中有阴谋兵气，戒在亲戚。"班不悟。咸和九年，班因夜哭，越杀班于殡宫，时年四十七，在位一年，遂立雄之子期嗣位焉。

李班死后，李期、李寿、李势相继即位。他们大起宫殿，奢侈荒淫，滥杀无辜，政乱国衰。

关于李期，《晋书》卷121《李期传》云：

期字世运，雄第四子也。聪慧好学，弱冠能属文，轻财好施，虚心招纳。初为建威将军，雄令诸子及宗室子弟以恩信合众，多者不至数百，而期独致千余人。其所表荐，雄多纳之，故长史列署颇出其门。

既杀班，欲立越为主，越以期雄妻任氏所养，又多才艺，乃让位于期。于是僭即皇帝位，大赦境内，改元玉恒。诛班弟都。使李寿伐都弟玝于涪，玝弃城降晋。封寿汉王，拜梁州刺史、东羌校尉、中护军、录尚书事；封兄越建宁王，拜相国、大将军、录尚书事。立妻阎氏为皇后。以其卫将军尹奉为右丞相、骠骑将军、尚书令，王瓌为司徒。期自以谋大事既果，轻诸旧臣，外则信任尚书令景骞、尚书姚华、田褒。褒无他才艺，雄时劝立期，故宠待甚厚。内则信宦竖许涪等。国之刑政，希复关之卿相，庆赏威刑，皆决数人而已，于是纲维紊矣。乃诬其尚书仆射、武陵公李载谋反，下狱死。

先是，晋建威将军司马勋屯汉中，期遣李寿攻而陷之，遂置守宰，戍南郑。

雄子霸、保并不病而死，皆云期鸩杀之，于是大臣怀惧，人不自安。天雨大鱼于宫中，其色黄。又宫中豕犬交。期多所诛夷，籍没妇女资财以实后庭，内外凶凶，道路以目，谏者获罪，人怀苟免。期又鸩杀其安北李攸。攸，寿之养弟也。于是与越及景骞、田褒、姚华谋袭寿等，欲因烧市桥而发兵。期又累遣中常侍许涪至寿所，伺其动静。及杀攸，寿大惧，又疑许涪往来之数也，乃率步骑一万，自涪向成都，表称景骞、田褒乱政，兴晋阳之甲，以除君侧之恶。以李奕为先登。寿到成都，期、越不虞其至，素不备设，寿遂取其城，屯兵至门。期遣侍中劳寿，寿奏相国、建宁王越，尚书令、河南公景骞，尚书田褒、姚华，中常侍许涪，征西将军李遐及将军李西等，皆怀奸乱政，谋倾社稷，大逆不道，罪合夷灭。期从之，于是杀越、骞等。寿矫任氏令，废期为邛都县公，幽之别宫。期叹曰："天下主乃当为小县公，不如死也！"咸康三年，自缢而死，时年二十五，在位三年。谥曰幽公。及葬，赐鸾辂九旒，余如王礼。雄之子皆为寿所杀。

关于李寿，《晋书》卷121《李寿传》云：

寿字武考，骧之子也。敏而好学，雅量豁然，少尚礼容，异于李氏诸子。雄奇其才，以为足荷重任，拜前将军、督巴西军事，迁征东将军。时年十九，聘处士谯秀以为宾客，尽其谠言，在巴西威惠甚著。骧死，迁大将军、大都督、侍中，封扶风公，录尚书事。征宁州，攻围百余日，悉平诸郡，雄大悦，封建宁王。雄死，受遗辅政。期立，改封汉王，食梁州五郡，领梁州刺史……

寿承雄宽俭，新行篡夺，因循雄政，未逞其志欲。会李闳、王嘏从邺还，盛称季龙威强，宫观美丽，邺中殷实。寿又闻季龙虐用刑法，王逊亦以杀罚御下，并能控制邦域，寿心欣慕，人有小过，辄杀以立威。又以郊甸未实，都邑空虚，工匠器械，事未充盈，乃徙旁郡户三丁已上以实成都，兴尚方御府，发州郡工巧以充之，广修官室，引水入城，务于奢侈。又广太学，起谦殿。百姓疲于使役，呼嗟满道，思乱者十室而九矣。共左仆射蔡兴切谏，寿以为诽谤，诛之。右仆射李嶷数以直言忤旨，寿积忿非一，托以他罪，下狱杀之。

寿疾笃，常见李期、蔡兴为祟。八年，寿死，时年四十四，在位五年。伪谥昭文帝，庙曰中宗，墓曰安昌陵。

寿初为王，好学爱士，庶几善道，每览良将贤相建功立事者，未尝不反复诵之，故能征伐四克，辟国千里。雄既垂心于上，寿亦尽诚于下，号为贤相。及即伪位之后，改立宗庙，以父骧为汉始祖庙，特、雄为大成庙，又下书言与期、越别族，凡诸制度，皆有改易。公卿以下，率用己之僚佐，雄时旧臣及六郡士人，皆见废黜。寿初病，思明等复议奉王室，寿不从。李演自越嶲上书，劝寿归正返本，释帝称王，寿怒杀之，以威龚壮、思明等。壮作诗七篇，托言应璩以讽寿。寿报曰："省诗知意。若今人所作，贤哲之话言也。古人所作，死鬼之常辞耳！"动慕汉武、魏明之为，耻闻父兄时事，上书者不得言先世政化，自以己胜之也。

关于李势，《晋书》卷121《李势传》云：

势字子仁，寿之长子也。初，寿妻阎氏无子，骧杀李凤，为寿纳凤女，生势。期爱势资貌，拜翊军将军、汉王世子。势身长七尺九寸，腰带十四围，善于俯仰，时人异之。寿死，势嗣伪位，赦其境内，改元曰太和。尊母阎氏为太后，妻李氏为皇后。

太史令韩皓奏荧惑守心，以宗庙礼废，势命群臣议之。其相国董皎、侍中王嘏等以为景武昌业，献文承基，至亲不远，无宜疏绝。势更令祭特、雄，同号曰汉王。

势弟大将军、汉王广以势无子，求为太弟，势弗许。马当、解思明以势兄弟不多，若有所废，则益孤危，固劝许之。势疑当等与广有谋，遣其太保李奕袭广于涪城，命董皎收马当、思明斩之，夷其三族。贬广为临邛侯，广自杀。思明有计谋，强谏诤，马当甚得人心，自此之后，无复纪纲及谏诤者。

李奕自晋寿举兵反之，蜀人多有从奕者，众至数万。势登城距战。奕单骑突门，门者射而杀之，众乃溃散。势既诛奕，大赦境内，改年嘉宁。

初，蜀土无獠，至此，始从山而出，北至犍为、梓潼，布在山谷，十余万落，不可禁制，大为百姓之患。势既骄吝，而性爱财色，常杀人而取其妻,荒淫不恤国事。夷獠叛乱,军守离缺,境宇日蹙。加之荒俭,性多忌害,诛残大臣,刑狱滥加,人怀危惧。斥外父祖臣佐,亲任左右小人,群小因行威福。又常居内,少见公卿。史官屡陈灾谴,乃加董皎太师,以名位优之,实欲与分灾眚。

嘉宁二年(347),李势统治的成国,被东晋桓温所灭。
《晋书》卷121《李势传》载:

大司马桓温率水军伐势。温次青衣,势大发军距守,又遣李福与昝坚等数千人从山阳趣合水距温。谓温从步道而上,诸将皆欲设伏于江南以待王师,昝坚不从,率诸军从江北鸳鸯碕渡向犍为。而温从山阳出江南,昝坚到犍为,方知与温异道,乃回从沙头津北渡及坚至,温已造成都之十里陌,昝坚众自溃。温至城下,纵火烧其大城诸门。势众惶惧,无复固志,其中书监王嘏、散骑常侍璩等劝势降。势以问侍中冯孚,孚言:"昔吴汉征蜀,尽诛公孙氏。今晋下书、不赦诸李,虽降,恐无全理。"势乃夜出东门,与昝坚走至晋寿,然后送降文于温曰:"伪嘉宁二年三月十七日,略阳李势叩头死罪。伏惟大将军节下,先人播流,侼险因衅,窃自汶蜀。势以闇弱,复统末绪,偷安荏苒,未能改图。猥烦朱轩,践冒险阻。将士狂愚,干犯天威。仰惭俯愧,精魂飞散,甘受斧锧,以衅军鼓。伏惟大晋,天网恢弘,泽及四海,恩过阳日。逼迫仓卒,自投草野。即日到白水城,谨遣私署散骑常侍王幼奉笺以闻,并敕州郡投戈释杖。穷池之鱼,待命漏刻。"势寻舆榇面缚军门,温解其缚,焚其榇、迁势及弟福、从兄权亲族十余人于建康,封势归义侯。升平五年,死于建康。在位五年而败。

自李雄称成都王至李势降晋,成汉立国44年。

(二) 张昌起义

西晋政权为镇压益州流民暴动,下诏征调荆州人民当兵,荆州人民为抗拒征役,组织武装流亡到江夏(湖北安陆)。太安二年(303),义阳张昌在安陆石岩山聚众起兵,江沔一带人民奋起响应。

《晋书》卷100《张昌传》载:

张昌，本义阳蛮也，少为平氏县吏。武力过人……及李流寇蜀，昌潜遁半年，聚党数千人。盗得幢麾，诈言台遣其募人讨流。会壬午诏书发武勇以赴益土，号曰"壬午兵"。自天下多难……人咸不乐西征，昌党因之诖惑，百姓各不肯去。而诏书催遣严速，所经之界，停留五日者，二千石免。由是郡县官长皆躬出驱逐。展转不远，屯聚而为劫掠。是岁，江夏大稔，流人就食者数千口。

太安二年，昌于安陆县石岩山屯聚，去郡八十里，诸流人及避戍役者多往从之。昌乃易姓名为李辰。太守弓钦遣军就讨，辄为所破。昌徒众日多，遂来攻郡。钦出战，大败，乃将家南奔沔口。镇南大将军新野王歆遣骑督靳满讨昌，于随郡西大战。满败走，昌得其器杖，据有江夏，即其府库。造妖言云："当有圣人出。"山都县吏丘沈遇于江夏，昌名之为圣人，盛车服出迎之，立为天子，置百官。沈易姓名为刘尼，称汉后，以昌为相国，昌兄味为车骑将军，弟放广武将军，各领兵。于石岩中作官殿，又于岩上织竹为鸟形，衣以五彩，聚肉于其傍，众鸟群集，诈云凤皇降。又言珠袍、玉玺、铁券、金鼓自然而至。乃下赦书，建元神凤。郊祀服色，依汉故事。其有不应其募者，族诛。又流讹言云："江淮已南，当图反逆，官军大起，悉诛讨之。"群小互相扇动，人情惶惧。江沔间一时焱起，竖牙旗、鸣鼓角以应昌。旬月之间，众至三万。皆以绛科头，揥之以毛。江夏、义阳士庶莫不从之，惟江夏旧姓江安令王伛、秀才吕蕤不从。昌以三公位征之。伛、蕤密将宗室北奔汝南，投豫州刺史刘乔。乡人期思令李权、常安令吴凤、孝廉吴畅纠合善士，得五百余家，追随伛等，不豫妖逆。

新野王歆上言："妖贼张昌、刘尼妄称神圣，犬羊万计，绛头毛面，挑刀走戟，其锋不可当，请台敕诸军，三道救助。"于是刘乔率诸军据汝南，以御贼。前将军赵骧领精卒八千据宛，助平南将军羊伊距守。昌遣其将军黄林为大都督，率二万人向豫州，前驱李宫欲掠取汝水居人。乔遣将军李杨逆击，大破之。林等东攻弋阳，太守梁桓婴城固守。又遣其将马武破武昌，害太守。昌自领其众西攻宛，破赵骧，害羊伊。进攻襄阳，害新野王歆。昌别率石冰东破江、扬二州，伪置守长。当时五州之境，皆畏逼从逆。又遣其将陈贞、陈兰、张甫等攻长沙、湘东、零陵诸郡。昌虽跨带五州，树立牧守，皆桀盗小人，而无禁制，但以劫掠为务，人情渐离。

是岁，诏以宁朔将军、领南蛮校尉刘弘镇宛，弘遣司马陶侃、参军蒯桓、皮初等率众讨昌于竟陵。刘乔又遣将军李杨、督护尹奉总兵向江夏。侃等与昌苦战累日，大破之，纳降万计。昌及沉窜于下儁山。明年秋乃擒之，传首京师。同党并夷三族。

（三）王如起义

永嘉四年（301），曾任过武吏的京兆人王如，暗中聚结关中一带流民，在汉沔流域起义。

《晋书》卷100《王如传》云：

> 王如，京兆新丰人也。初为州武吏，遇乱流移至宛。时诸流人有诏并遣还乡里，如以关中荒残，不愿归，征南将军山简、南中郎将杜蕤各遣兵送之，而促期令发。如遂潜结诸无赖少年，夜袭二军，破之。杜蕤悉众击如，战于涅阳，蕤军大败。山简不能御，移屯夏口，如又破襄城。于是南安庞实、冯翊严嶷、长安侯脱等各帅其党攻诸城镇，多杀令长以应之。未几，众至四五万，自号大将军，领司、雍二州牧。

> 如惧石勒之攻己也，乃厚贿于勒，结为兄弟，勒亦假其强而纳之。时侯脱据宛，与如不协，如说勒曰："侯脱虽名汉臣，其实汉贼。如常恐其来袭，兄宜备之。"勒素怒脱贰己，惮如唇齿，故不攻之。及闻如言，甚悦，遂夜令三军蓐食待命，鸡鸣而驾，后出者斩，晨压宛门攻之，旬有二日而克之，勒遂斩脱。如于是大掠沔汉，进逼襄阳。征南山简使将赵同帅师击之，经年不能克，智力并屈，遂婴城自守。王澄帅军赴京都，如邀击破之。

> 如连年种谷皆化为莠，军中大饥，其党互相攻劫，官军进讨，各相率来降。如计无所出，归于王敦。敦从弟棱爱如骁武，请敦配己麾下。敦曰："此辈虓险难蓄，汝性忌急，不能容养，更成祸端。"棱固请，与之……如诣棱，因闲宴，请剑舞为欢，棱从之。如于是舞刀为戏，渐渐来前。棱恶而呵之不止，叱左右使牵去，如直前害棱。敦闻而阳惊，亦捕如诛之。

又《华阳国志》卷8《大同志》云：

（建兴元年）五月，梁州刺史张光讨王如党涪陵李运、巴西王建于盘蛇便作山，疑其欲叛也，运、建走保枸山，光遣军攻破，杀之。建女婿杨虎，保黄金山以叛，讨之，虎夜弃营，还趋厄水，去州城四十里住。光遣其子孟苌讨之，迭有胜负，光求助于武都氐王杨茂搜。虎亦求救于茂搜。初，茂搜子难敌，遣养子适贾梁州，私买良人子一人，光怒鞭杀之，难敌以是怨光曰："使君初来，大荒之后，兵民之命，仰我氏活，氏有小罪，不能贳也？"阴谋讨光，会光、虎求救。

秋八月，茂搜遣难敌将骑入汉中，外言助光，内实应虎，至州城下，光以牛酒飨劳；遣与孟苌共讨虎，孟苌自处前，难敌继后，与虎战久，难敌从后击孟苌，大破，生禽孟苌杀之。

九月，光恚死。州人共推始平太守胡子序领州。

冬十月，虎与氐急攻州城，子序不能守，委城退走，氐、虎得州城，发光冢，焚其尸丧，难敌得光鼓吹妓乐，自号刺史。虎领吏民入蜀，汉中民张咸等讨难敌，难敌退还，咸复入蜀，于是三州没为雄矣。

（四）杜弢起义

永嘉五年（311），杜弢领导荆湘地区的巴蜀流民四五万家举行起义。《晋书》卷100《杜弢传》载：

杜弢字景文，蜀郡成都人也。祖植，有名蜀土，武帝时为符节令；父眕，略阳护军。弢初以才学著称，州举秀才。遭李庠之乱，避地南平。太守应詹爱其才而礼之。后为醴陵令。

时巴蜀流人汝班、蹇硕等万家，布在荆湘间，而为旧百姓之所侵苦，并怀怨恨。会蜀贼李骧杀县令，屯聚乐乡，众数百人。弢与应詹击骧，破之。蜀人杜畴、蹇抚等复扰湘州，参军冯素与汝班不协，言于刺史荀眺曰："流人皆欲反。"眺以为然，欲尽诛流人。班等惧死，聚众以应畴。时弢在湘中，贼众共推弢为主。（永嘉五年）弢自称梁益二州牧、平难将军、湘州刺史，攻破郡县。眺委城走广州。广州刺史郭讷遣始兴太守严佐率众攻弢，弢逆击破之。荆州刺史王澄复遣王机击弢，败于巴陵，弢遂纵兵肆暴，伪降于山简。简以为广汉太守。

眺之走也，州人推安成太守郭察领州事，因率众讨弢，反为所败，察死之。弢遂南破零陵，东侵武昌，害长沙太守崔敷、宜都太守杜鉴、邵陵太守郑融等。元帝命征南将军王敦、荆州刺史陶侃等讨之。前后数十战，弢将士多物故，于是请降……帝乃使前南海太守王运受弢降。宣诏书大赦，凡诸反逆一皆除之。加弢巴东监军。弢受命后，诸将殉功者攻击之不已。弢不胜愤怒，遂杀运，而使其将王真领精卒三千为奇兵，出江南，向武陵，断官军运路。陶侃使伏波将军郑攀邀击，大破之。真步走湘城。于是，侃等诸军齐进，真遂降侃。众党散溃。弢乃逃遁，不知所在。

西晋末年的流民起义，坚持战斗十几年，沉重地打击了西晋的统治，特别是使大量流民通过自己的斗争，在较为安定的地区获得了生存的权利。这就保存了社会生产力，直接促进了后来江南经济的重大发展。

（五）北方各族人民起义

在南方流民起义发生的同时，北方各族人民也展开了反晋斗争，其中规模较大的有以下几次。

1. 青、兖人民起义

光熙元年（306），山东东莱刘伯根领导起义。刘伯根死后，东莱大族王弥继续领导起义。

关于刘伯根起义，《晋书》卷4《惠帝纪》云：

> 光熙元年……三月，东莱䜌令刘伯根反，自称䜌公，袭临淄，高密王简奔聊城。王浚遣将讨伯根，斩之。

又同书卷37《司马略传》谓：

> 永兴初，䜌令刘根起兵东莱，诳惑百姓，众以万数，攻略于临淄，略不能距，走保聊城。

关于王弥起义，《晋书》卷100《王弥传》云：

王弥，东莱人也。家世二千石。祖颀，魏玄菟太守，武帝时，至汝南太守。弥有才干，博涉书记。少游侠京都，隐者董仲道见而谓之曰："君豺声豹视，好乱乐祸，若天下骚扰，不作士大夫矣。"

惠帝末，妖贼刘伯根起于东莱之惤县，弥率家僮从之，柏根以为长史。柏根死，聚徒海渚，为苟纯所败，亡入长广山为群贼。弥多权略，凡有所掠，必豫图成败，举无遗策，弓马迅捷，膂力过人，青土号为"飞豹"。后引兵入寇青徐，兖州刺史苟晞逆击，大破之。弥退集亡散，众复大振，晞与之连战，不能克。弥进兵寇泰山、鲁国、谯、梁、陈、汝南、颍川、襄城诸郡，入许昌，开府库，取器杖，所在陷没，多杀守令，有众数万，朝廷不能制。

会天下大乱，进逼洛阳，京邑大震，宫城门昼闭。司徒王衍等率百官距守，弥屯七里涧，王师进击，大破之。弥谓其党刘灵曰："晋兵尚强，归无所厝。刘元海昔为质子，我与之周旋京师，深有分契，今称汉王，将归之，可乎？"灵然之。乃渡河归元海。元海闻而大悦，遣其侍中兼御史大夫郊迎，致书于弥曰："以将军有不世之功，超时之德，故有此迎耳。迟望将军之至，孤今亲行将军之馆，辄拂席洗爵，敬待将军。"及弥见元海，劝称尊号，元海谓弥曰："孤本谓将军如窦周公耳，今真吾孔明、仲华也。烈祖有云。'吾之有将军，如鱼之有水。'"于是署弥司隶校尉，加侍中、特进，弥固辞。使随刘曜寇河内，又与石勒攻临漳。

永嘉初，寇上党，围壶关，东海王越遣淮南内史王旷、安丰太守卫乾等讨之，及弥战于高都、长平间，大败之，死者十六七。元海进弥征东大将军，封东莱公。与刘曜、石勒等攻魏郡、汲郡、顿丘，陷五十余壁，皆调为军士。又与勒攻邺，安北将军和郁弃城而走。怀帝遣北中郎将裴宪次白马讨弥，车骑将军王堪次东燕讨勒，平北将军曹武次大阳讨元海。武部将军彭默为刘聪所败，见害，众军皆退。聪渡黄河，帝遣司隶校尉刘暾、将军宋抽等距之，皆不能抗。弥、聪以万骑至京城，焚二学。东海王越距战于西明门，弥等败走。弥复以二千骑寇襄城诸县，河东、平阳、弘农、上党诸流人之在颍川、襄城、汝南、南阳、河南者数万家，为旧居人所不礼，皆焚烧城邑，杀二千石长吏以应弥。弥又以二万人会石勒寇陈郡、颍川，屯阳翟，遣弟璋与石勒共寇徐兖，因破越军。

弥后与曜寇襄城，遂逼京师。时京邑大饥，人相食，百姓流亡，公卿奔河阴。曜、弥等遂陷宫城，至太极前殿，纵兵大掠。幽帝于端门，逼辱羊皇后，杀皇太子诠，发掘陵墓，焚烧宫庙，城府荡尽，百官及男女遇害者三万余人，遂迁帝于平阳。

弥之掠也，曜禁之，弥不从。曜斩其牙门王延以徇，弥怒，与曜阻兵相攻，死者千余人。弥长史张嵩谏曰："明公与国家共兴大事，事业甫耳，便相攻讨，何面见主上乎！平洛之功诚在将军，然刘曜皇族，宜小下之。晋二王平吴之鉴，其则不远，愿明将军以为虑。纵将军阻兵不还，其若子弟宗族何！"弥曰："善，微子，吾不闻此过也。"于是诣曜谢，结分如初。弥曰："下官闻过，乃是张长史之功。"曜谓嵩曰："君为朱建矣，岂况范生乎！"各赐嵩金百斤。弥谓曜曰："洛阳天下之中，山河四险之固，城池宫室无假营造，可徙平阳都之。"曜不从，焚烧而去。弥怒曰："屠各子，岂有帝王之意乎！汝奈天下何？"遂引众东屯项关。

初，曜以弥先入洛，不待己，怨之，至是嫌隙遂构。刘暾说弥还据青州，弥然之，乃以左长史曹嶷为镇东将军，给兵五千，多赍宝物还乡里，招诱亡命，且迎其室。弥将徐邈、高梁辄率部曲数千人随嶷去，弥益衰弱。

初，石勒恶弥骁勇，常密为之备。弥之破洛阳也，多遗勒美女宝货以结之。时勒擒苟晞，以为左司马，弥谓勒曰："公获苟晞而用之，何其神妙！使晞为公左，弥为公右，天下不足定也！"勒愈忌弥，阴图之。刘暾又劝弥征曹嶷，藉其众以诛勒。于是弥使暾诣青州，令曹嶷引兵会己，而诈要勒共向青州。暾至东阿，为勒游骑所获。勒见弥与嶷书，大怒，乃杀暾。弥未之知，勒伏兵袭弥，杀之，并其众。

2. 汲桑领导的冀州人民起义

永嘉元年（307），汲桑和石勒在冀州举行武装起义。

《晋书》卷5《怀帝纪》云：

> 永嘉元年……夏五月，马牧帅汲桑聚众反。败魏郡太守冯嵩，遂

陷邺城，害新蔡王腾，烧邺宫，火旬日不灭。又杀前幽州刺史石尟于乐陵，入掠平原，山阳公刘秋遇害……秋七月己酉朔，东海王越，进屯官渡，以讨汲桑……九月戊申，苟晞又破汲桑，陷其九垒……十二月戊寅，并州人田兰、薄盛等斩汲桑于乐陵。

又同书卷104《石勒载记》云：

是岁，刘元海称汉王于黎亭。（成都王）颖故将阳平人公师藩等自称将军，起兵赵魏，众至数万。勒与汲桑帅牧人，乘苑马数百骑以赴之。桑始命勒以石为姓、勒为名焉……濮阳太守苟晞讨藩斩之。勒与桑亡潜苑中。桑以勒为伏夜牙门，帅牧人劫掠郡县系囚，又招山泽亡命，多附勒，勒率以应之。桑乃自号大将军，称为成都王颖诛东海王越、东瀛公腾为名。桑以勒为前驱，屡有战功，署为扫虏将军、忠明亭侯。桑进军攻邺，以勒为前锋都督，大败腾将冯嵩，因长驱入邺。遂害腾，杀万余人，掠妇女、珍宝而去。济自延津，南击兖州。越大惧，使苟晞、王赞等讨之。桑、勒攻幽州刺史石尟于乐陵，尟死之。乞活田禋帅众五万救尟，勒逆战败禋，与晞等相持于平原、阳平间数月。大小三十余战，互有胜负。越惧，次于官渡，为晞声援。桑、勒为晞所败，死者万余人。乃收余众，将奔刘元海。冀州刺史丁绍要之于赤桥，又大败之。桑奔马牧，勒奔乐平。王师斩桑于平原。

（六）刘渊起兵和建立汉国

在各地流民不断起义时，内迁少数民族的上层分子也相继起兵反晋，其中刘渊起兵最早。

《晋书》卷101《刘元海载记》云：

刘元海（渊），新兴匈奴人……魏武分其众为五部，以（元海父）豹为左部帅，其余部帅，皆以刘氏为之。太康中，改置都尉，左部居太原兹氏，右部居祁，南部居蒲子，北部居新兴，中部居大陵。刘氏虽分居五部，然皆居于晋阳汾涧之滨……

会豹卒，以元海代为左部帅。太康末，拜北部都尉……元康末，坐部人叛出塞，免官。成都王颖镇邺，表元海行宁朔将军，监五部军事。惠帝失驭，寇盗蜂起，元海从祖故。北部都尉、左贤王刘宣等窃议曰："……自汉亡以来，魏晋代兴，我单于虽有虚号，无复尺土之业，自诸王侯，降同编户。今司马氏骨肉相残，四海鼎沸。兴帮复业，此其时矣……"于是，密共推元海为大单于，乃使其党呼延攸诣邺，以谋告之。元海请归会葬，颖弗许。乃令攸先归，告宣等招集五部，引会宜阳诸胡，声言应颖，实背之也……

并州刺史东瀛公腾，安北将军王浚，起兵伐颖。元海说颖曰："今二镇跋扈，众余十万，恐非宿卫及近都士庶所能御之。请为殿下还说五部，以赴国难。"……元海至左国城，刘宣等上大单于之号，二旬之间，众已五万，都于离石……将讨鲜卑。刘宣等固谏曰："晋为无道，奴隶御我，是以右贤王猛不胜其忿。属晋纲未弛，大事不遂，右贤涂地，单于之耻也。今司马氏父子兄弟，自相鱼肉，此天厌晋德，授之于我。单于积德在躬，为晋人所服，方当兴我邦族，复呼韩邪之业，鲜卑、乌丸可以为援，奈何距之而拯仇敌。今天假手于我，不可违也。违天不祥，逆众不济，天与不取，反受其咎，愿单于勿疑。"元海曰："善，当为崇冈峻阜，何能为培乎！……虽然，晋人未必同我。汉有天下世长，恩德结于人心，是以昭烈崎岖于一州之地，而能抗衡于天下。吾又汉氏之甥，约为兄弟，兄亡弟绍，不亦可乎。且可称汉，追尊后主，以怀人望。"乃迁于左国城，远人归附者数万。永兴元年，元海乃为坛于南郊，僭即汉王位……

东瀛公腾使将军聂玄讨之，战于大陵，玄师败绩。腾惧，率并州二万余户下山东，遂所在为寇。元海遣其建武将军刘曜寇太原、泫氏、屯留、长子、中都，皆陷之……遂进据河东，攻寇蒲坂、平阳，皆陷之。元海遂入都蒲子，河东、平阳属县垒壁尽降。时汲桑起兵赵、魏、上郡四部鲜卑陆逐延、氐酋大单于征、东莱王弥及石勒等，并相次降之，元海悉署其官爵。永嘉二年，元海僭即皇帝位。

四　西晋的灭亡

光熙元年（306）十一月，晋惠帝死，皇太子司马炽嗣位，是为怀帝。

怀帝是武帝第二十五子，史书说他对经史颇有研究。

《晋书》卷5《孝怀帝纪》载：

孝怀皇帝讳炽，字丰度，武帝第二十五子也。太熙元年，封豫章郡王。属惠帝之时，宗室构祸，帝冲素自守，门绝宾游，不交世事，专玩史籍，有誉于时……帝初诞，有嘉禾生于豫章之南昌。先是望气者云："豫章有天子气"，其后竟以豫章王为皇太弟。在东宫，恂恂谦损，接引朝士，讲论书籍。及即位，始遵旧制，临太极殿，使尚书郎读时令，又于东堂听政。至于宴会，辄与群官论众务，考经籍。黄门侍郎傅宣叹曰："今日复见武帝之世矣！"秘书监荀崧又常谓人曰："怀帝天姿清劭，少著英猷，若遭承平，足为守文佳主。"

但是，怀帝缺乏统治经验，没有拨乱反正的才干，所以在政治上无所作为。在他执政期间，先是由司马越擅政，继之又发生了"永嘉之乱"。关于司马越擅政，《晋书》卷59《东海王越传》载：

及怀帝即位，委政于越。吏部郎周穆，清河王覃舅，越之姑子也，与其妹夫诸葛玫共说越曰："主上之为太弟，张方意也。清河王本太子，为群凶所废。先帝暴崩，多疑东宫。公盍思伊霍之举，以宁社稷乎？"言未卒，越曰："此岂宜言邪！"遂叱左右斩之。以玫、穆世家，罪止其身，因此表除三族之法。帝始亲万机，留心庶事，越不悦，求出藩，帝不许。越遂出镇许昌。

永嘉初，自许昌率苟晞及冀州刺史丁劭讨汲桑，破之。越还于许，长史潘滔说之曰："兖州天下枢要，公宜自牧。"乃转苟晞为青州刺史，由是与晞有隙。

寻诏越为丞相，领兖州牧，督兖、豫、司、冀、幽、并六州。越辞丞相不受，自许迁于鄄城。越恐清河王覃终为储副，矫诏收付金墉城，寻害之。

王弥入许，越遣左司马王斌率甲士五千人入卫京都。鄄城自坏，越恶之，移屯濮阳，又迁于荥阳。召田甄等六率，甄不受命，越遣监军刘望讨甄。初，东瀛公腾之镇邺也，携并州将田甄、甄弟兰、任祉、祁济、李恽、薄盛等部众万余人至邺，遣就谷冀州，号为乞活。及腾败，甄等邀破汲桑于赤桥，越以甄为汲郡，兰为钜鹿太守。甄求魏郡，越不许，甄怒，故召不至。望既渡河，甄退。李恽、薄盛斩田兰，率其众降，甄、祉、济弃军奔上党。

越自荥阳还洛阳，以太学为府……越自诛王延等，大失众望，而多有猜嫌。散骑侍郎高韬有忧国之言，越诬以讪谤时政害之，而不自安。乃戎服入见，请讨石勒，且镇集兖豫以援京师。帝曰："今逆虏侵逼郊畿，王室蠢蠢，莫有固心。朝廷社稷，倚赖于公，岂可远出以孤根本！"对曰："臣今率众邀贼，势必灭之。贼灭则不逞消殄，已东诸州职贡流通。此所以宣畅国威，藩屏之宜也。若端坐京辇以失机会，则衅弊日滋，所忧逾重。"遂行。留妃裴氏，世子、镇军将军毗，及龙骧将军李恽并何伦等守卫京都。表以行台随军，率甲士四万东屯于项，王公卿士随从者甚众。诏加九锡。越乃羽檄四方曰："皇纲失御，社稷多难，孤以弱才，备当大任。自顷胡寇内逼，偏裨失利，帝乡便为戎州，冠带奄成殊域，朝廷上下，以为忧惧。皆由诸侯蹉跎，遂及此难。投袂忘履，讨之已晚。人情奉本，莫不义奋。当须合会之众，以俟战守之备。宗庙主上，相赖匡救，檄至之日，便望风奋发，忠臣战士效诚之秋也。"所征皆不至。而苟晞又表讨越，语在晞传。越以豫州刺史冯嵩为左司马，自领豫州牧。

越专擅威权，图为霸业，朝贤素望，选为左吏，名将劲卒，充于己府，不臣之迹，四海所知。

关于"永嘉之乱"，《晋书》卷5《孝怀帝纪》称：

（永嘉）四年……六月，刘元海死，其子和嗣伪位，和弟聪弑和而自立……冬十月……京师饥，东海王越羽檄征天下兵。帝谓使者曰："为我语诸征、镇：若今日，尚可救；后则无逮矣。"时莫有至者……十一月甲戌，东海王越率众出许昌，以行台自随。宫省无复守卫，荒馑日甚，殿内死人交横。府、寺、营、署并掘堑自守，盗贼公行，枹鼓之音不绝。越军次项，自领豫州牧，以太尉王衍为军司……

五年……三月，子，东海王越薨。四月戊子，石勒追东海王越丧，及于东郡。将军钱端战死，军溃……王公已下死者十余万人……东海王越之出也，使河南尹潘滔居守。大将军苟晞表迁都仓垣，帝将从之。诸大臣畏滔，不敢奉诏；且宫中及黄门恋资财，不欲出。至是，饥甚，人相食，百官流亡者十八九。帝召群臣会议，将行，而警卫不备。帝抚手叹曰："如何曾无车舆！"乃使司徒傅祗出诣河阴，修理舟楫，为水行之备。朝士数十人导从，帝步出西掖门，至铜驼街，为盗所掠，不得进而还。六月癸未，刘曜、王弥、石勒同寇洛川，王师频为贼所败，死者甚众，庚寅，司空荀藩、光禄大夫荀组奔轘辕，太子左率温畿夜开广莫门奔小平津。丁酉，刘曜、王弥入京师。帝开华林园门，出河阴藕池，欲幸长安，为曜等所追及。曜等遂焚烧宫庙，逼辱妃后。吴王晏、竟陵王楙、尚书左仆射和郁、右仆射曹馥、尚书闾丘冲、袁粲、王绲、河南尹刘默等皆遇害，百官士庶死者三万余人。帝蒙尘于平阳……

怀帝被俘至平阳时，备受侮辱，一日，刘聪引帝入宴，尽情揶揄，最终逼他而死。

《晋书》卷102《刘聪载记》云：

聪引帝入谦，谓帝曰："卿为豫章王时，朕尝与王武子相造。武子示朕于卿，卿言闻其名久矣，以卿所制乐府歌示朕，谓朕曰：'闻君善为辞赋，试为看之。'朕时与武子俱为《盛德颂》；卿称善者久之。又引朕射于皇堂，朕得十二筹，卿与武子俱得九筹。卿赠朕柘弓、银研。卿颇忆否？"帝曰："臣安敢忘之。但恨尔日不早识龙颜。"聪曰："卿家骨肉相残，何其甚也？"帝曰："此殆非人事，皇天之意也。大汉将应乾受历，故为陛下自相驱除。且臣家若能奉武皇之业，九族敦睦，陛下何由得之！"至日夕乃出……

正旦，聪谦于光极前殿，逼帝行酒，光禄大夫庾珉、王儁等起而大哭，聪恶之。会有告珉等谋以平阳应刘琨者，聪遂鸩帝，而诛珉、儁。

怀帝被杀后，司马邺即位于长安，是为愍帝。愍帝以镇东大将军、琅玡王司马睿为侍中、左丞相，都督陕东诸军事，以大司马、南阳王司马保为右丞相，都督陕西诸军事，并提出一个挽救危亡的战略。

《晋书》卷5《孝愍帝纪》载：

令幽、并两州勒卒三十万，直造平阳。右丞相宜帅秦、凉、梁、雍武旅三十万，径诣长安。左丞相帅所领精兵二十万，径造洛阳。分遣前锋，为幽、并后驻。赴同大限，克成元勋。

在当时形势极度困难的情况下，这个战略，不失为一个争取团结一致，尽最大努力，求得转危为安的办法。但司马睿不受诏，他以平定江南无力北伐为托词按兵不动；其他拥有重兵的宗室侯王、将军，也都不服从愍帝的调遣。愍帝处于孤立无援的境地。建兴四年（316），刘曜等攻入长安，愍帝以城中粮尽，不能支持，遂肉袒以降，西晋最后灭亡。

《晋书》卷5《孝愍帝纪》载：

> 刘曜逼京师，内外断绝。镇西将军焦嵩，平东将军宋哲，始平太守竺恢等同赴国难。麹允与公卿守长安小城以自固。散骑常侍华辑监京兆、冯翊、弘农、上洛四郡兵，东屯霸上。镇军将军胡崧，帅城西诸郡兵屯遮马桥；并不敢进。
>
> 冬十月，京师饥甚，米斗金二两，人相食，死者太半。太仓有麹数十饼，麹允屑为粥以供帝；至是复尽。帝泣谓允曰："今窘厄如此，外无救援；死于社稷，是朕事也。然念将士，暴离斯酷。今欲闻城未陷，为羞死之事，庶令黎元免屠烂之苦。行矣！遣书。朕意决矣！"十一月乙未，使侍中宋敞送笺于曜，帝乘羊车，肉袒衔璧，舆榇出降。群臣号泣，攀车，执帝之手。帝亦悲不自胜。御史中丞吉朗自杀。曜焚榇，受璧；使宋敞奉帝还宫……壬寅，聪临殿，帝稽首于前。麹允伏地恸哭，因自杀。尚书梁允、侍中梁濬，散骑常侍严敦，左丞相臧振，黄门侍郎任播、张伟、杜曼及诸郡守并为曜所害。华辑奔南山。

建武元年（317），愍帝为刘聪所杀。长安城中一片残败景象。

《晋书》卷5《孝愍帝纪》云：

> 冬十月，丙子，日有蚀之。刘聪出猎，令帝行车骑将军，戎服执戟为导。百姓聚而观之，故老或歔欷流涕。聪闻而恶之。聪后因大会，使帝行酒，洗爵。反而更衣，又使帝执盖。晋臣在坐者，多失声而泣。尚书郎辛宾抱帝恸哭，为聪所害。十二月戊戌，帝遇弑，崩于

平阳，时年十八。帝之继皇统也，属永嘉之乱，天下崩离，长安城中户不盈百，墙宇颓毁，蒿棘成林。朝廷无车马章服，唯桑版署号而已。众唯一旅，公私有车四乘，器械多阙，运馈不继。

西晋之所以灭亡，原因主要在于西晋的政治和社会风气败坏到了极点。《晋书》卷5《传论》所引干宝之言，说到了士族统治下的西晋政治和社会风气的败坏情况：

> 昔炎晖杪暮，英雄多假于宗室；金德韬华，颠沛共推于怀愍。樊阳寂寥，兵车靡会，岂力不足而情有余乎？喋喋遗萌，苟存其主，譬彼诗人，爱其棠树。夫有非常之事，而无非常之功，详观发迹，用非天启，是以舆棺齿剑，可得而言焉。于是五岳三涂，并皆沦寇，龙州、牛首，故以立君。股肱非挑战之秋，刘石有滔天之势，疗饥中断，婴戈外绝，两京沦狄，再驾徂戎。周王陨首于骊峰，卫公亡肝于淇上，思为一郡，其可得乎！干宝有言曰：……
>
> 武皇既崩，山陵未乾，而杨骏被诛，母后废黜。寻以二公、楚王之变，宗子无维城之助，师尹无具瞻之贵，至乃易天子以太上之号，而有免官之谣。民不见德，惟乱是闻，朝为伊周，夕成桀跖，善恶陷于成败，毁誉胁于世利，内外混淆，庶官失才，名实反错，天纲解纽。国政迭移于乱人，禁兵外散于四方，方岳无钧石之镇，关门无结草之固。李辰、石冰倾之于荆杨，元海、王弥挠之于青冀，戎羯称制，二帝失尊，何哉？树立失权，托付非才，四维不张，而苟且之政多也。
>
> 夫作法于治，其弊犹乱；作法于乱，谁能救之！……
>
> 今晋之兴也，功烈于百王，事捷于三代。宣景遭多难之时，诛庶孽以便事，不及修公刘、太王之仁也。受遗辅政，屡遇废置，故齐王不明，不获思庸于亳；高贵冲人，不得复子明辟也。二祖逼禅代之期，不暇待参分八百之会也。是其创基立本，异于先代者也。加以朝寡纯德之人，乡乏不贰之老，风俗淫僻，耻尚失所，学者以老庄为宗而黜六经，谈者以虚荡为辨而贱名检，行身者以放浊为通而狭节信，进仕者以苟得为贵而鄙居正，当官者以望空为高而笑勤恪。是以刘颂屡言治道，傅咸每纠邪正，皆谓之俗吏；其倚杖虚旷，依阿无心者皆

名重海内。若夫文王日旰不暇食，仲山甫夙夜匪懈者，盖共嗤黜以为灰尘矣。由是毁誉乱于善恶之实，情愿奔于货欲之涂。选者为人择官，官者为身择利，而执钧当轴之士，身兼官以十数。大极其尊，小录其要，而世族贵戚之子弟，陵迈超越，不拘资次。悠悠风尘，皆奔竞之士，列官千百，无让贤之举。子真著崇让而莫之省，子雅制九班而不得用。其妇女，庄梠织纴皆取成于婢仆，未尝知女工丝枲之业，中馈酒食之事也。先时而婚，任情而动，故皆不耻淫泆之过，不拘妒忌之恶，父兄不之罪也，天下莫之非也。又况责之闻四教于古，修贞顺于今，以辅佐君子者哉！礼法刑政于此大坏，如水斯积而决其堤防，如火斯畜而离其薪燎也。国之将亡，本必先颠，其此之谓乎！

故观阮籍之行，而觉礼教崩弛之所由也。察庾纯、贾充之争，而见师尹之多僻；考平吴之功，而知将帅之不让，思郭钦之谋，而寤戎狄有衅。览傅玄、刘毅之言，而得百官之邪；核傅咸之奏、钱神之论，而赌宠赂之彰。民风国势如此，虽以中庸之才，守文之主治之，辛有必见之于祭祀，季札必得之于声乐，范燮必为之请死，贾谊必为之痛哭，又况我惠帝以放荡之德临之哉！怀帝承乱得位，羁于强臣，愍帝奔播之后，徒厕其虚名，天下之政既去，非命世之雄才，不能取之矣！

第三章 十六国政权的兴亡

第一节 十六国疆域

本节先叙十六国之分合,再叙十六国疆域。

一 十六国分合概说

十六国的兴起,并不在同一时间之内。虽然在同一时间内常有两个以上国家并立着,但终究没有全部十六国的同时并立。所谓十六国,乃是在两晋时期陆续兴起的。

《晋书》卷101《载记序》云:

> 大凡刘元海以惠帝永兴元年据离石称汉。后九年,石勒据襄国称赵。张氏先据河西,是岁,自石勒后三十六年也,重华自称凉王。后一年,冉闵据邺称魏。后一年,苻健据长安称秦。慕容氏先据辽东称燕,是岁,自苻健后一年也,儁始僭号。后三十一年,后燕慕容垂据邺。后二年,西燕慕容冲据阿房。是岁也,乞伏国仁据枹罕称秦。后一年,慕容永据上党。是岁也,吕光据姑臧称凉。后十二年,慕容德据滑台称南燕。是岁也,秃发乌孤据廉川称南凉,段业据张掖称北凉。后三年,李玄盛据敦煌称西凉。后一年,沮渠蒙逊杀段业,自称凉。后四年,谯纵据蜀称成都王。后二年,赫连勃勃据朔方称大夏。后二年,冯跋杀离班,据和龙称北燕。提封天下,十丧其八,莫不龙旌帝服,建社开坊,华夷咸暨,人物斯在。或篡通都之乡,或拥数州之地,雄图内卷,师旅外并,穷兵凶于胜负,尽人命于锋镝,其为战国者一百三十六载,抑元海为之祸首云。

在十六国中，起初以后赵的势力最为强大，继而崛起的前秦，在先后消灭了前燕、前凉和鲜卑拓跋氏代国后，势力更为强盛，实现了西晋灭亡以来北方最大的统一。前秦瓦解以后，北方再度陷于分裂。至后魏拓跋氏兴起，陆续消灭了北方残存政权，北方又归于统一。从此，拓跋魏与南方的刘宋政权形成南北对峙之局（见表3—1）。

表3—1　　　　　　　　十六国兴亡

	国名	创建者	民族	统治时间	灭于何国
西晋末年建立二国	成汉	李雄	巴氐	304—347年	东晋
	汉、前赵	刘渊	匈奴	304—329年	后赵
东晋初年建立四国	前凉	张寔	汉	317—376年	前秦
	后赵	石勒	羯	319—351年	冉魏
	前燕	慕容皝	鲜卑	337—370年	前秦
淝水之战后建立十国	前秦	苻洪	氐	350—394年	西秦
	后秦	姚苌	羌	384—417年	东晋
	后燕	慕容垂	鲜卑	384—407年	北燕
	西秦	乞伏国仁	鲜卑	385—431年	夏
	后凉	吕光	氐	386—403年	后秦
	北凉	段业—沮渠蒙逊	汉—匈奴	397—439年	北魏
	南凉	秃发乌孤	鲜卑	397—414年	西秦
	南燕	慕容德	鲜卑	398—410年	东晋
	西凉	李暠	汉	400—421年	北凉
	夏	赫连勃勃	匈奴	407—431年	吐谷浑
	北燕	高云—冯跋	高句丽—汉	407—436年	北魏

二　十六国疆域

十六国时期，汉（前赵）有雍、幽、冀、青、司、豫、荆、殷、卫、东梁、西河阳等17州。后赵有司、洛、豫、兖、冀、青、徐等15州。前燕有平、幽、中、洛、并等11州。成汉有益、梁、荆、宁、汉、安6州。前凉有凉、河、沙、定、商、秦6州。前秦有司隶、雍、秦、洛、青等22州。后秦有司隶、雍、秦、荆等14州。后燕有冀、幽、平、营等10州。西秦有秦、东秦、北河、南梁等11州。北凉有凉、秦等3州。南燕有青、并、幽等5州。北燕有平、幽、冀等5州。夏有幽、雍、朔、豫等9州。此外，后凉、南凉和西凉均有凉州。

现据《十六国疆域志》《读史方舆纪要》《十六国春秋》及《晋书》等书，列十六国疆域简表于表3—2：

表3—2　　　　　　　　　　十六国疆域

国名	都城	辖地 州名	辖地 今地
前赵	平阳，后徙治长安	雍、幽、冀、青、司、豫、荆、殷、卫、东梁、北兖、西河阳、并、秦、凉、朔、益	河北、山西、河南、陕西、甘肃一部
后赵	襄国，后徙治邺	司、洛、豫、兖、冀、青、徐、幽、营、朔、并、雍、秦、荆、扬	河北、山西、河南、山东、陕西、江苏、安徽、甘肃、湖北、辽宁一部
前燕	龙城，后徙治邺	平、幽、中、洛、豫、兖、青、冀、并、荆、徐	河北、山东、山西、河南、辽宁一部
成汉	成都	益、梁、荆、宁、汉、安	四川、云南、贵州一部
前凉	姑臧	凉、河、沙、定、商、秦	甘肃、新疆、宁夏一部
前秦	长安	司隶、雍、秦、南秦、洛、豫、东豫、并、冀、幽、平、凉、梁、河、益、宁、兖、南兖、青、荆、徐、扬	河北、山西、山东、陕西、甘肃、河南、四川、贵州、辽宁、江苏、安徽、湖北、新疆一部
后秦	长安	司隶、雍、秦、南秦、凉、河、并、冀、荆、豫、徐、兖、梁、南梁	陕西、甘肃、宁夏、山西部分
后燕	中山	冀、幽、平、营、兖、青、徐、豫、并、雍	河北、山东、山西、河南、辽宁一部
西秦	勇士城，金城、苑川、枹罕	秦、东秦、河、北河、沙、凉、梁、南梁、商、益、定	甘肃西南部
后凉	姑臧	凉	甘肃西北部、新疆南部及宁夏辖地一带
南凉	西平，后徙治乐都、姑臧	凉	甘肃西部
西凉	敦煌，后徙治酒泉	凉	甘肃西部
北凉	张掖	凉、秦、沙	甘肃西部
南燕	广固	青、并、幽、徐、兖	山东、河南一部
北燕	龙城	平、幽、冀、并、青	河北、东北及辽宁境
夏	统万	幽、雍、朔、秦、北秦、并、凉、豫、荆	陕西、内蒙古一部

第二节　十六国前期的少数族政权

十六国兴替的历史相当繁乱，这里仅略述其大势。以淝水之战为界，这段历史大体可分为前后两个时期，前期主要出现了汉、前赵、后赵、冉魏、前燕、前凉、前秦等政权，这些政权一度为氐族前秦政权所统一，但淝水一战失败后顷刻之间便土崩瓦解。十六国后期更是祸乱不息，前秦亡后北方重又陷入分裂局面，出现了十多个政权。本节先叙述十六国前期的历史。

一　前后赵在北方的统治

西晋末年，匈奴族刘渊首先在中原建立起政权，国号汉，至刘曜时改称赵，史称前赵。羯人石勒灭前赵称帝，史称后赵，冉闵又灭后赵，建立起冉魏。这一时期，民族矛盾十分尖锐，中原遭到一次严重的灾难。

（一）前赵的兴亡

汉（前赵）是匈奴贵族刘渊所建，这已述于西晋末年"各族人民的反晋斗争"一目中。汉国在刘聪时势力达到最大。刘聪是刘渊的第四子，自幼博学多才，曾为太原王浑所称许。

《晋书》卷102《刘聪载记》云：

> 刘聪字玄明，一名载，元海第四子也。母曰张夫人。初，聪之在孕也，张氏梦日入怀，寤而以告，元海曰："此吉征也，慎勿言。"十五月而生聪焉，夜有白光之异。形体非常，左耳有一白毫，长二尺余，甚光泽。幼而聪悟好学，博士朱纪大奇之。年十四，究通经史，兼综百家之言，孙吴兵法靡不诵之。工草隶，善属文，著述怀诗百余篇、赋颂五十余篇。十五习击刺，猿臂善射，弯弓三百斤，膂力挠捷，冠绝一时。太原王浑见而悦之，谓元海曰："此儿吾所不能测也。"

永嘉四年（310），刘聪杀兄刘和后，即皇帝位，改元光兴，封其弟刘乂为皇太弟，领大单于、大司徒。

《晋书》卷102《刘聪载记》云：

元海为北单于，立为右贤王，随还右部。及即大单于位，更拜鹿蠡王。既杀其兄和，群臣劝即尊位。聪初让其弟北海王乂，乂与公卿泣涕固请，聪久而许之，曰："乂及群公正以四海未定，祸难尚殷，贪孤年长故耳。此国家之事，孤敢不祗从。今便欲还遵鲁隐，待乂年长，复子明辟。"于是以永嘉四年僭即皇帝位，大赦境内，改元光兴。尊元海妻单氏曰皇太后，其母张氏为帝太后，乂为皇太弟，领大单于、大司徒，立其妻呼延氏为皇后，封其子粲为河内王，署使持节、抚军大将军、都督中外诸军事，易河间王，翼彭城王，悝高平王。遣粲及其征东王弥、龙骧刘曜等率众四万，长驱入洛川，遂出轘辕，周旋梁、陈、汝、颍之间，陷垒壁百余。以其司空刘景为大司马，左光禄刘殷为大司徒，右光禄王育为大司空。

汉国实行了胡汉分治政策。
《晋书》卷102《刘聪载记》云：

置左右司隶，各领户二十余万，万户置一内史，凡内史四十三。单于左右辅，各主六夷十万落，万落置一都尉。

所谓"六夷"，《资治通鉴》卷89《晋纪》愍帝建兴二年"胡注"谓：

六夷，盖胡（匈奴）、羯、鲜卑、氐、羌、巴蛮，或曰乌丸，非巴蛮也。

刘聪的统治既残暴又腐败，他耽于酒色，又滥用亲信，任情诛戮，弄得"朝廷内外，无复纲纪，饥疫相仍"。
《晋书》卷102《刘聪载记》云：

聪武库陷入地一丈五尺。时聪中常侍王沈、宣怀、俞容，中宫仆射郭猗，中黄门陵修等皆宠幸用事。聪游宴后宫，或百日不出，群臣皆因沈等言事，多不呈聪，率以其意爱憎而决之，故或有勋旧功臣而弗见叙录，奸佞小人数日而便至二千石者。军旅无岁不兴，而将士无钱帛之赏，后官之家赐赉及于僮仆，动至数千万。沈等车服宅宇皆逾于诸王，子弟、中表布衣为内史令长者三十余人，皆奢僭贪残，贼害良善。靳准合宗内外谄以事之……

聪自去冬至是，遂不复受朝贺，军国之事一决于粲，唯发中旨杀生除授，王沈、郭猗等意所欲皆从之。又立市于后庭，与官人燕戏，或三日不醒。聪临上秋合，诛其特进綦毋达，太中大夫公师彧，尚书王琰、田歆，少府陈休，左卫卜崇，大司农朱诞等，皆群阉所忌也。侍中卜干泣谏聪曰："陛下方隆武宣之化，欲使幽谷无考槃，奈何一旦先诛忠良，将何以垂之于后！昔秦爱三良而杀之，君子知其不霸。以晋厉之无道，尸三卿之后，犹有不忍之心，陛下如何忽信左右爱憎之言，欲一日尸七卿！诏尚在臣间，犹未宣露，乞垂昊天之泽，回雷霆之威。且陛下直欲诛之耳，不露其罪名，何以示四海！此岂是帝王三讯之法邪！"因叩头流血。王沈叱干曰："卜侍中欲距诏乎？"聪拂衣而入，免干为庶人……

聪立上皇后樊氏，即张氏之侍婢也。时四后之外，佩皇后玺绶者七人，朝廷内外无复纲纪，阿谀日进，货贿公行，军旅在外，饥疫相仍，后宫赏赐动至千万。刘敷屡泣言之，聪不纳，怒曰："尔欲得使汝公死乎？朝朝夕夕生来哭人！"敷忧忿发病而死……

中常侍王沈养女年正十四，有妙色，聪立为左皇后。尚书令王鉴、中书监崔懿之、中书令曹恂等谏曰："臣闻王者之立后也，将以上配乾坤之性，象二仪敷育之义，生承宗庙，母临天下，亡配后土，执馈皇姑，必择世德名宗，幽闲淑令，副四海之望，称神祇之心。是故周文造舟，姒氏以兴，关雎之化飨，则百世之祚永。孝成任心纵欲，以婢为后，使皇统亡绝，社稷沦倾。有周之隆既如彼矣，大汉之祸又如此矣。从麟嘉以来，乱淫于色，纵沈之弟女，刑余小丑犹不可尘琼寝，汙清庙，况其家婢邪！六宫妃嫔皆公子公孙，奈何一旦以婢主之，何异象樿玉簪而对腐木朽楹哉！臣恐无福于国家也。"聪览之大怒，使宣怀谓粲曰："鉴等小子，慢侮国家，狂言自口，无复君臣上下之礼，其速考竟。"于是收鉴等送市。金紫光禄大夫王延驰将入谏，门者弗通。鉴等临刑，王沈以杖叩之曰："庸奴，复能为恶乎？乃公何与汝事！"鉴瞋目叱之曰："竖子！使皇汉灭者，坐汝鼠辈与靳准耳，而当诉汝于先帝，取汝等于地下。"懿之曰："靳准枭声镜形，必为国患。汝既食人，人亦当食汝。"皆斩之。聪又立其中常侍宣怀养女为中皇后。

由于刘聪的统治十分腐败，加上平阳一带时常发生饥荒，流叛者甚众，于是，石勒派石越率骑兵两万，屯于并州，招引人户。

《晋书》卷102《刘聪载记》云：

> 北地饥甚，人相食啖，羌酋大国须运粮以给曲昌，刘雅击败之。曲允与刘曜战于磻石谷，王师败绩，允奔灵武。平阳大饥，流叛死亡十有五六。石勒遣石越率骑二万，屯于并州，以怀抚叛者。聪使黄门侍郎乔诗让勒，勒不奉命，潜结曹嶷，规为鼎峙之势……
>
> 河东大蝗，唯不食黍豆。靳准率部人收而埋之，哭声闻于十余里，后乃钻土飞出，复食黍豆。平阳饥甚，司隶部人奔于冀州二十万户，石越招之故也。

一些有识之士，对这种局面表示担忧。《晋书》卷102《刘聪载记》载：

> 太史令康相言于聪曰："……石勒鸱视赵魏，曹嶷狼顾东齐，鲜卑之众星布燕代，齐、代、燕、赵皆有将大之气。愿陛下以东夏为虑，勿顾西南。吴蜀之不能北侵，犹大汉之不能南向也。今京师寡弱，勒众精盛，若尽赵魏之锐，燕之突骑自上党而来，曹嶷率三齐之众以继之，陛下将何以抗之？"

可见，在刘聪的暴政下，虽然灭掉了西晋，势力达到最大的扩张，实则内部矛盾重重，潜藏着严重的危机。

刘聪晚年，更加暴虐无道。《晋书》卷102《刘聪载记》有云：

> 刘粲使王平谓刘乂曰："适奉中诏，云京师将有变，敕裹甲以备之。"乂以为信然，令官臣裹甲以居。粲驰遣告靳准、王沈等曰："向也王平告云东宫阴备非常，将若之何？"准白之，聪大惊曰："岂

有此乎!"王沈等同声曰:"臣等久闻,但恐言之陛下弗信。"于是使粲围东宫。粲遣沈、准收氐羌酋长十余人,穷问之,皆悬首高格,烧铁灼目,乃自诬与乂同造逆谋。聪谓沈等言曰:"而今而后,吾知卿等忠于朕也。当念为知无不言,勿恨往日言不用也。"于是诛乂素所亲厚大臣及东宫官属数十人,皆靳准及阎竖所怨也。废乂为北部王,粲使准贼杀之。坑士众万五千余人,平阳街巷为之空。氐羌叛者十余万落。

麟嘉三年(318),刘聪终于荒淫而死,子刘粲继立。刘聪临死前以刘景为太宰、刘骥为大司马、刘顗为太师、朱纪为太傅、呼延晏为太保,并录尚书事,而靳准为大司空领司隶校尉。

刘粲即位后,荒淫不理朝政,大权尽归靳准。靳准乘机夺取政权。《晋书》卷102《刘聪载记》云:

粲字士光。少而俊杰,才兼文武。自为宰相,威福任情,疏远忠贤,昵近奸佞,任性严刻无恩惠,距谏饰非。好兴造宫室,相国之府仿像紫宫,在位无几,作兼昼夜,饥困穷叛,死亡相继,粲弗之恤也。

既嗣伪位,尊聪后靳氏为皇太后,樊氏号弘道皇后,宣氏号弘德皇后,王氏号弘孝皇后。靳等年皆未满二十,并国色也,粲晨夜烝淫于内,志不在哀。立其妻靳氏为皇后,子元公为太子,大赦境内,改元汉昌。雨血于平阳。

靳准将有异谋,私于粲曰:"如闻诸公将欲行伊尹、霍光之事,谋先诛太保及臣,以大司马统万机。陛下若不先之,臣恐祸之来也不晨则夕。"粲弗纳。准惧其言之不从,谓聪二靳氏曰:"今诸公侯欲废帝,立济南王,恐吾家无复种矣。盍言之于帝。"二靳承间言之。粲诛其太宰、上洛王刘景,太师、昌国公刘顗,大司马、济南王刘骥,大司徒、齐王刘劢等。太傅朱纪、太尉范隆出奔长安。又诛其车骑大将军、吴王刘逞,骥母弟也。粲大阅上林,谋讨石勒。以靳准为大将军、录尚书事。粲荒耽酒色,游谦后庭,军国之事一决于准。准矫粲命,以从弟明为车骑将军,康为卫将军。

准将作乱,以金紫光禄大夫王延耆德时望,谋之于延。延弗从,驰将告之，遇靳康，劫延以归。准勒兵入宫，升其光极前殿，下使甲士执粲，数而杀之。刘氏男女无少长皆斩于东市。发掘元海、聪墓，焚烧其宗庙。鬼大哭，声闻百里。

准自号大将军、汉大王，置百官，遣使称藩于晋。左光禄刘雅出奔西平。尚书北宫纯、胡崧等招集晋人，保于东宫，靳康攻灭之。准将以王延为左光禄，延骂曰："屠各逆奴，何不速杀我，以吾左目置西阳门，观相国之入也，右目置建春门，观大将军之入也。"准怒，杀之。

刘渊的族子刘曜，时为相国、都督中外诸军事，镇守长安。听到靳准夺取中枢权力，即自长安赶来，在赤壁（山西河津西北）即皇帝位，改元光初元年（318）。

《晋书》卷103《刘曜载记》云：

刘曜字永明，元海之族子也。少孤，见养于元海。幼而聪慧，有奇度。年八岁，从元海猎于西山，遇雨，止树下，迅雷震树，旁人莫不颠仆，曜神色自若。元海异之曰："此吾家千里驹也，从兄为不亡矣！"身长九尺三寸，垂手过膝，生而眉白，目有赤光，须髯不过百余根，而皆长五尺。性拓落高亮，与众不群。读书志于广览，不精思章句，善属文，工草隶。雄武过人，铁厚一寸，射而洞之，于时号为神射。尤好兵书，略皆暗诵。常轻侮吴、邓，而自比乐毅、萧、曹，时人莫之许也，惟聪每曰："永明，世祖、魏武之流，何数公足道哉！"

弱冠游于洛阳，坐事当诛，亡匿朝鲜，遇赦而归。自以形质异众，恐不容于世，隐迹管涔山，以琴书为事……

元海世频历显职，后拜相国、都督中外诸军事，镇长安。靳准之难，自长安赴之。至于赤壁，太保呼延晏等自平阳奔之，与太傅朱纪、太尉范隆等上尊号。曜以太兴元年僭皇帝位，大赦境内，惟准一门不在赦例，改元光初。以朱纪领司徒，呼延晏领司空，范隆以下悉复本位。使征北刘雅、镇北刘策次于汾阴，与石勒为掎角之势。

刘曜即位伊始，即与石勒产生了矛盾。光初二年（319），刘曜迁都于长安，改国号为赵，史称前赵。石勒也在同年称赵王，史称后赵，北方出现二赵的对立。

《晋书》卷103《刘曜载记》云：

> 靳准遣侍中卜泰降于勒，勒囚泰，送之曜。谓泰曰："先帝末年，实乱大伦，群阉挠政，诛灭忠良，诚是义士匡讨之秋。司空执心忠烈，行伊霍之权，拯济涂炭，使朕及此，勋高古人，德格天地。朕方宁济大艰，终不以非命及君子贤人。司空若执忠诚，早迎大驾者，政由靳氏，祭则寡人，以朕此意布之司空，宣之朝士。"泰还平阳，具宣曜旨。准自以杀曜母兄，沉吟未从。寻而乔泰、王腾、靳康、马忠等杀准，推尚书令靳明为盟主，遣卜泰奉传国六玺降于曜。曜大悦，谓泰曰："使朕获此神玺而成帝王者，子也。"石勒闻之，怒甚，增兵攻之。明战累败，遣使求救于曜，曜使刘雅、刘策等迎之。明率平阳士女万五千归于曜，曜命诛明，靳氏男女无少长皆杀之。使刘雅迎母胡氏丧于平阳，还葬粟邑，墓号阳陵，伪谥宣明皇太后。僭尊高祖父亮为景皇帝，曾祖父广为献皇帝，祖防懿皇帝，考曰宣成皇帝，徙都长安，起光世殿于前，紫光殿于后。立其妻羊氏为皇后，子熙为皇太子，封子袭为长乐王，阐太原王，冲淮南王，敞齐王，高鲁王，徽楚王，征诸宗室皆进封郡王。缮宗庙、社稷、南北郊。以水承晋金行，国号曰赵。牲牡尚黑，旗帜尚玄，冒顿配天，元海配上帝，大赦境内殊死已下。

在前赵境内，阶级矛盾和民族矛盾非常尖锐。在关中陇右一带的氐族和羌族，时常进行武装反抗。光初三年（320），刘曜部下长水校尉尹车，结连巴酋徐库彭等起事，刘曜先杀尹车和徐库彭等五十余人，继用"安抚"政策，平定了这次反抗。

《晋书》卷103《刘曜载记》云：

> （光初三年）长水校尉尹车谋反，潜结巴酋徐库彭，曜乃诛车，囚库彭等五十余人于阿房，将杀之。光禄大夫游子远固谏，曜不从。子远叩头流血，曜大怒，幽子远而尽杀库彭等，尸诸街巷之中十日，乃投之于水。于是巴氐尽叛，推巴归善王句渠知为主，四山羌、氐、

巴、羯应之者三十余万，关中大乱，城门昼闭。子远又从狱表谏，曜怒甚，毁其表曰："大荔奴不忧命在须臾，犹敢如此，嫌死晚邪？"叱左右速杀之。刘雅、朱纪、呼延晏等谏曰："子远幽而尚谏者，所谓忠于社稷，不知死之将至。陛下纵弗能用，奈何杀之！若子远朝诛，臣等亦暮死，以彰陛下过差之咎。天下之人皆当去陛下蹈西海而死耳，陛下复与谁居乎！"曜意解，乃赦之。于是敕内外戒严，将亲讨渠知。子远进曰："陛下诚能纳愚臣之计者，不劳大驾亲动，一月之中可使清定。"曜曰："卿试言之。"子远曰："彼匪有大志，希窃非望也，但逼于陛下峻网耳。今死者不可追，莫若赦诸逆人之家老弱没奚官者，使迭相抚育，听其复业，大赦与之更始。彼生路既开，不降何待！若渠知自以罪重不即下者，愿假臣弱兵五千，以为陛下枭之，不敢劳陛下之将帅也。不尔者，今贼党既众，弥川被谷，虽以天威临之，恐非年岁可除。"曜大悦，以子远为车骑大将军、开府仪同三司、都督雍秦征讨诸军事。大赦境内。子远次于雍城，降者十余万。进军安定，氐羌悉下，惟句氏宗党五千余家保于阴密，进攻平之，遂振旅循陇右，陈安郊迎。

先是，上郡氐羌十余万落保崄不降，酋大虚陈权渠自号秦王。子远进师至其壁下，权渠率众来距，五战败之。权渠恐，将降，其子伊余大言于众曰："往刘曜自来，犹无若我何，况此偏师而欲降之！"率劲卒五万，晨厌垒门。左右劝战，子远曰："吾闻伊余之男，当今无敌，士马之强，复非其匹；又其父新败，怒气甚盛；且西戎剽劲，锋锐不可拟也。不如缓之，使气竭而击之。"乃坚壁不战。伊余有骄色。子远候其无备，夜，誓众蓐食，晨，大风雾，子远曰："天赞我也！"躬先士卒，扫壁而出，迟明覆之，生擒伊余，悉俘其众。权渠大惧，被发割面而降。子远启曜以权渠为征西将军、西戎公，分徙伊余兄弟及其部落二十余万口于长安。西戎之中，权渠部最强，皆禀其命而为寇暴，权渠既降，莫不归附。

不久，刘曜又亲自带兵打败了巴氐杨难敌。
《晋书》卷103《刘曜载记》云：

曜亲征氐羌，仇池杨难敌率众来距，前锋击败之，难敌退保仇池，仇池诸氐羌多降于曜。曜后复西讨杨韬于南安，韬惧，与陇西太守梁勋等降于曜，皆封列侯。使侍中乔豫率甲士五千，迁韬等及陇右万余户于长安。曜又进攻仇池。时曜寝疾，兼疠疫甚，议欲班师，恐难敌蹑其后，乃以其尚书郎王犷为光国中郎将，使于仇池，以说难敌，难敌于是遣使称藩。曜大悦，署难敌为使持节、侍中、假黄钺、都督益宁南秦凉梁巴六州陇上西域诸军事、上大将军、益宁南秦三州牧、领护南氐校尉、宁羌中郎将、武都王，子弟为公侯列将二千石者十五人。

光初六年（323），自称凉王的陈安，又起兵反对刘曜，陈安战败被杀。

《晋书》卷103《刘曜载记》载：

> 陈安请朝，曜以疾笃不许。安怒，且以曜为死也，遂大掠而归。曜疾甚笃，马舆而还，使其将呼延寔监辎重于后。陈安率精骑要之于道，寔奔战无路，与长史鲁凭俱没于安。安囚寔而谓之曰："刘曜已死，子谁辅哉？孤当与足下终定大业。"寔叱安曰："狗辈！汝荷人荣宠，处不疑之地，前背司马保，今复如此。汝自视何如主上？忧汝不久枭首上邽通衢，何谓大业！可速杀我，悬我首于上邽东门，观大军之入城也。"安怒，遂杀之。以鲁凭为参军，又遣其弟集及将军张明等率骑二万追曜，曜卫军呼延瑜逆战，击斩之，悉俘其众。安惧，驰还上邽。曜至自南安。陈安使其将刘烈、赵罕袭湃城，拔之，西州氐羌悉从安。安士马雄盛，众十余万，自称使持节、大都督、假黄钺、大将军、雍凉秦梁四州牧、凉王，以赵募为相国，领左长史。鲁凭对安大哭曰："吾不忍见陈安之死也。"安怒，命斩之。凭曰："死自吾分，悬吾头于秦州通衢，观赵之斩陈安也。"遂杀之。曜闻凭死，悲恸曰："贤人者，天下之望也。害贤人，是塞天下之情。夫承平之君犹不敢乖臣妾之心，况于四海乎！陈安今于招贤采哲之秋，而害君子，绝当时之望，吾知其无能为也。"……
>
> 太宁元年，陈安攻曜征西刘贡于南安，休屠王石武自桑城将攻上邽，以解南安之围。安闻之惧，驰归上邽，遇于瓜田。武以众寡不敌，奔保张春故垒。安引军追武曰："叛逆胡奴！要当生缚此奴，然

后斩刘贡。"武闭垒距之。贡败安后军，俘斩万余。安驰还赴救，贡逆击败之。俄而武骑大至，安众大溃，收骑八千，奔于陇城。贡乃留武督后众，躬先士卒，战辄败之，遂围安于陇城。

大雨霖，震曜父墓门屋，大风飘发其父寝堂于垣外五十余步。曜避正殿，素服哭于东堂五日，使其镇军刘袭、太常梁胥等缮复之。松柏众木植已成林，至是悉枯。署其大司马刘雅为太宰，加剑履上殿，入朝不趋，赞拜不名，给千兵百骑，甲仗百人入殿，增班剑六十人，前后鼓吹各二部。

曜亲征陈安，围安于陇城。安频出挑战，累击败之，斩获八千余级。右军刘干攻平襄，克之，陇上诸县悉降。曲赦陇右殊死已下，惟陈安、赵募不在其例。安留杨伯支、姜冲儿等守陇城，帅骑数百突围而出，欲引上邽、平襄之众还解陇城之围。安既出，知上邽被围，平襄已败，乃南走陕中。曜使其将军平先、丘中伯率劲骑追安，频战败之，俘斩四百余级。安与壮士十余骑于陕中格战，安左手奋七尺大刀，右手执丈八蛇矛，近交则刀矛俱发，辄害五六；远则双带鞬服，左右驰射而走。平先亦壮健绝人，勇捷如飞，与安搏战，三交，夺其蛇矛而退。会日暮，雨甚，安弃马，与左右五六人步逾山岭，匿于溪涧。翌日寻之，遂不知所在。会连雨始霁，辅威呼延清寻其径迹，斩安于涧曲。曜大悦。

刘曜对关陇一带的氐、羌、巴等族进行征服的战争总算胜利了，但对石勒的战争，由于力量悬殊，结果身死而国亡。

晋太宁三年（325），石勒派石生、石虎等在洛阳以西破前赵军，刘曜败归长安，愤而发病。

《晋书》卷103《刘曜载记》云：

石勒将石他自雁门出上郡，袭安国将军、北羌王盆句除，俘三千余落，获牛马羊百余万而归。曜大怒，投袂而起。是日次于渭城，遣刘岳追之，曜次于富平，为岳声援。岳及石他战于河滨，败之，斩他及其甲士一千五百级，赴河死者五千余人，悉收所虏，振旅而归。

杨难敌自汉中还袭仇池，克之，执田崧，立之于前。难敌左右叱崧令拜，崧瞋目叱之曰："氐狗！安有天子牧伯而向贼拜乎！"难敌曰："子岱，吾当与子终定大事。子谓刘氏可为尽忠，吾独不可乎！"崧厉色大言曰："若贼氏奴才，安敢欲希觊非分！吾宁为国家鬼，岂可为汝臣，何不速杀我！"顾排一人，取其剑，前刺难敌，不中，为难敌所杀。

曜遣刘岳攻石生于洛阳，配以近郡甲士五千，宿卫精卒一万，济自盟津。镇东呼延谟率荆司之众自崤渑而东。岳攻石勒盟津、石梁二戍，克之，斩获五千余级，进围石生于金墉。石季龙率步骑四万入自成皋关，岳陈兵以待之。战于洛西，岳师败绩，岳中流矢，退保石梁。季龙遂堑栅列围，遏绝内外。岳众饥甚，杀马食之。季龙又败呼延谟，斩之。曜亲率军援岳，季龙率骑三万来距。曜前军刘黑大败季龙将石聪于八特坂。曜次于金谷，夜无故大惊，军中溃散，乃退如渑池。夜中又惊，士卒奔溃，遂归长安。季龙执刘岳及其将王腾等八十余人，并氐羌三千余人，送于襄国，坑士卒一万六千。曜至自渑池，素服郊哭，七日乃入城……

曜命其公卿各举博识直言之士一人，司空刘均举参军台产，曜亲临东堂，遣中黄门策问之。产极言其故，曜览而嘉之，引见东堂，访以政事。产流涕歔欷，具陈灾变之祸，政化之阙，辞旨谅直，曜改容礼之，即拜博士祭酒、谏议大夫，领太史令。其后所言皆验，曜弥重之，岁中三迁，历位尚书、光禄大夫、太子少师，位特进。

曜署刘胤为大司马，进封南阳王，以汉阳诸郡十三为国；置单于台于渭城，拜大单于，置左右贤王已下，皆以胡、羯、鲜卑、氐、羌豪桀为之。

曜自还长安，愤恚发病，至是疾瘳，曲赦长安殊死已下。署其汝南王刘咸为太尉、录尚书事，光禄大夫刘绥为大司徒，卜泰为大司空。

晋咸和三年（328），刘曜和石勒大战于洛阳，刘曜战败被擒，死五千余人。转年，石勒灭前赵，刘曜和两个儿子及王公三千余人被杀，匈奴人被坑杀的达五千余人。

《晋书》卷103《刘曜载记》云：

石勒遣石季龙率众四万，自轵关西入伐曜，河东应之者五十余县,进攻蒲坂。曜将东救蒲坂,惧张骏、杨难敌承虚袭长安,遣其河间王述发氐羌之众屯于秦州。曜尽中外精锐水陆赴之,自卫关北济。季龙惧,引师而退。追之,及于高候,大战,败之,斩其将军石瞻,枕尸二百余里,收其资仗亿计。季龙奔于朝歌。曜遂济自大阳,攻石生于金墉,决千金堨以灌之。曜不抚士众,专与嬖臣饮博,左右或谏,曜怒,以为妖言,斩之。大风拔树,昏雾四塞。闻季龙进据石门,续知勒自率大众已济,始议增荥阳戍,杜黄马关。俄而洛水候者与勒前锋交战,擒羯,送之。曜问曰:"大胡自来邪?其众大小复如何?"羯曰:"大胡自来,军盛不可当也。"曜色变,使摄金墉之围,陈于洛西,南北十余里。曜少而淫酒,末年尤甚。勒至,曜将战,饮酒数斗,常乘赤马无故局顿,乃乘小马。比出,复饮酒斗余。至于西阳门,揭阵就平,勒将石堪因而乘之,师遂大溃。曜昏醉奔退,马陷石渠,坠于冰上,被疮十余,通中者三,为堪所执,送于勒所。曜曰:"石王!忆重门之盟不?"勒使徐光谓曜曰:"今日之事,天使其然,复云何邪!"幽曜于河南丞廨,使金疮医李永疗之,归于襄国。

曜疮甚,勒载以马舆,使李永与同载。北苑市三老孙机上礼求见曜,勒许之。机进酒于曜曰:"仆谷王,关右称帝皇。当持重,保土疆。轻用兵,败洛阳。祚运穷,天所亡。开大分,持一觞。"曜曰:"何以健邪!当为翁饮。"勒闻之,凄然改容曰:"亡国之人,足令老叟数之。"舍曜于襄国永丰小城,给其妓妾,严兵围守。遣剑岳、刘震等乘马,从男女,衣帽以见曜,曜曰:"久谓卿等为灰土,石王仁厚,全宥至今,而我杀石他,负盟之甚。今日之祸,知其分耳。"留宴终日而去,勒谕曜与其太子熙书,令速降之,曜但敕熙"与诸大臣匡维社稷,勿以吾易意也"。勒览而恶之,后为勒所杀。

熙及刘胤、刘咸等议西保秦州,尚书胡勋曰:"今虽丧主,国尚全完,将士情一,未有离叛,可共并力距险,走未晚也。"胤不从,怒其沮众,斩之,遂率百官奔于上邽,刘厚、刘策皆捐镇奔之。关中扰乱,将军蒋英、辛恕拥众数十万,据长安,遣使招勒,勒遣石生率洛阳之众以赴之。胤及刘遵率众数万,自上邽将攻石生于长安,陇东、武都、安定、新平、北地、扶风、始平诸郡戎夏皆起兵应胤。胤次于仲桥,石生固守长安。勒使石季龙率骑二万距胤,战于义渠,为季龙所败,死者五千余人。胤奔上邽,季龙乘胜追战,枕尸千里,上邦溃。季龙执其伪太子熙、南阳王刘胤并将相诸王等及诸卿校公侯已下三千余人,皆杀之。徙其台省文武、关东流人、秦、雍大族九千余人于襄国,又坑其王公等及五郡屠各五千余人于洛阳。曜在位十年而败。始,元海以怀帝永嘉四年僭位,至曜三世,凡二十有七载,以成帝咸和四年灭。

《太平御览》卷119引《崔鸿十六国春秋·前赵录》"二十有七载"作"二十有六载"。按元海称汉王,在永兴元年,至咸和四年凡二十六年。其称帝在永嘉二年,至咸和四年又仅二十二年。而永嘉四年是刘聪即帝位之年,其误更不待言。然《太平御览》卷119引《晋书·载记》与本传同,知原文已误。

刘曜在执政期间,继续实行胡汉分治的政策。

《晋书》卷103《刘曜载记》云:

> 置单于台于渭城,拜大单于。置左右贤王已下,皆以胡、羯、鲜卑、氐、羌豪杰为之。

但是,刘曜在长安设学校传授儒学,并且大量任用汉人为官,恢复了租赋制度,从而使社会比过去相对安定,这些是值得一提的。

(二) 后赵的统治

1. 后赵的建立及其政治

石勒出身羯族的农民家庭,青少年时期生活极苦,曾当过田奴。永嘉元年(307),随公师藩、汲桑起义反晋,公师藩和汲桑相继败亡后,他说服张㔔督,共同投奔刘渊。

《晋书》卷104《石勒载记上》云:

> 石勒字世龙,初名㔨,上党武乡羯人也。其先匈奴别部羌渠之胄。祖耶奕于,父周曷朱,一名乞翼加,并为部落小率……年十四,随邑人行贩洛阳……长而壮健有胆力,雄武好骑射。曷朱性凶粗,不为群胡所附,每使勒代已督摄,部胡爱信之……
>
> 太安中,并州饥乱,勒与诸小胡亡散,乃自雁门还依宁驱。北泽都尉刘监欲缚卖之,驱匿之,获免。勒于是潜诣纳降都尉李川,路逢

郭敬，泣拜言饥寒。敬对之流涕，以带货饔食之，并给以衣服。勒谓敬曰："今者大饿，不可守穷。诸胡饥甚，宜诱将冀州就谷，因执卖之，可以两济。"敬深然之。会建威将军阎粹说并州刺史、东瀛公腾执诸胡于山东卖充军实，腾使将军郭阳、张隆虏群胡将诣冀州，两胡一枷。勒时年二十余，亦在其中，数为隆所驱辱。敬先以勒属郭阳及兄子时，阳，敬族兄也，是以阳、时每为解请，道路饥病，赖阳、时而济。既而卖与茌平人师欢为奴……

欢家邻于马牧，与牧率魏郡汲桑往来，勒以能相马自托于桑。尝佣于武安临水，为游军所囚。会有群鹿旁过，军人竞逐之，勒乃获免。俄而又见一父老，谓勒曰："向群鹿者我也，君应为中州主，故相救尔。"勒拜而受命。遂招集王阳、夔安、支雄、冀保、吴豫、刘膺、桃豹、逯明等八骑为群盗。后郭敖、刘征、刘宝、张曀仆、呼延莫、郭黑略、张越、孔豚、赵鹿、支屈六等又赴之，与为十八骑。复东如赤龙、騄骥诸苑中，乘苑马远掠缯宝，以赂汲桑。

及成都王颖败乘舆于荡阴，逼帝如邺宫，王浚以颖陵辱天子，使鲜卑击之，颖惧，挟惠帝南奔洛阳。帝复为张方所逼，迁于长安。关东所在兵起，皆以诛颖为名。河间王颙惧东师之盛，欲辑怀东夏，乃奏议废颖。是岁，刘元海称汉王于黎亭，颖故将阳平人公师藩等自称将军，起兵赵魏，众至数万。勒与汲桑帅牧人乘苑马数百骑以赴之。桑始命勒以石为姓，勒为名焉。藩拜勒为前队督，从攻平昌公模于邺。模使将军冯嵩逆战，败之。藩济自白马而南，濮阳太守苟晞讨藩斩之。勒与桑亡潜苑中，桑以勒为伏夜牙门，帅牧人劫掠郡县击囚，又招山泽亡命，多附勒，勒率以应之。桑乃自号大将军，称为成都王颖诛东海王越、东瀛公腾为名。桑以勒为前驱，屡有战功，署为扫虏将军、忠明亭侯。桑进军攻邺，以勒为前锋都督，大败腾将冯嵩，因长驱入邺，遂害腾，杀万余人，掠妇女珍宝而去。济自延津，南击兖州，越大惧，使苟晞、王赞等讨之。

桑、勒攻幽州刺史石尠于乐陵，尠死之。乞活田禋帅众五万救尠，勒逆战，败禋，舆晞等相持于平原、阳平间数月，大小三十余战，互有胜负。越惧，次于官渡，为晞声援。桑、勒为晞所败，死者万余人，乃收余众，将奔刘元海。冀州刺史丁绍要之于赤桥，又大败之。桑奔马牧，勒奔乐平。王师斩桑于平原。

时胡部大张㔨督、冯莫突等拥众数千，壁于上党，勒往从之，深为所昵，因说㔨督曰："刘单于举兵诛晋，部大距而不从，岂能独立乎？"曰："不能。"勒曰："如其不能者，兵马当有所属。今部落皆已被单于赏募，往往聚议欲叛部大而归单于矣，宜早为之计。"㔨督等素无智略，惧部众之贰己也，乃潜随勒单骑归元海。元海署㔨督为亲汉王，莫突为都督部大，以勒为辅汉将军、平晋王以统之。勒于是命㔨督为兄，赐姓石氏，名之曰会，言其遇己也。

乌丸张伏利度亦有众，壁于乐平，元海屡招而不能致。勒伪获罪于元海，因奔伏利度。伏利度大悦，结为兄弟，使勒率诸胡寇掠，所向无前，诸胡畏服。勒知众心之附己也，乃因会执伏利度，告诸胡曰："今起大事，我与伏利度孰堪为主？"诸胡咸以推勒。勒于是释伏利度，率其部众归元海。

石勒投归刘渊后，备受信任，被任命为督山东征讨诸军事，后又屡加官爵。永嘉二年（308），石勒攻打魏郡、汲郡、顿丘诸地取得胜利后，又于次年攻占巨鹿（河北巨鹿）、常山（河北正定南）和冀州郡县的坞堡壁垒百余处，聚众至十多万人。石勒将汉族衣冠士人，集中于"君子营"，从而大大加强了石勒的力量。

《资治通鉴》卷86《晋纪》怀帝永嘉二年条云：

石勒、刘灵帅众三万寇魏郡、汲郡、顿丘，百姓望风降附者五十余垒。皆假垒主将军、都尉印绶，简其强壮五万为军士，老弱安堵如故。己酉，勒执魏郡太守王粹于三台，杀之。

又《晋书》卷104《石勒载记上》云：

元海使刘聪攻壶关，命勒率所统七千为前锋都督。刘琨遣护军黄秀等救壶关，勒败秀于白田，秀死之，勒遂陷壶关。元海命勒与刘零、阎罴等七将率众三万寇魏郡、顿丘诸垒壁，多陷之，假垒主将国、都尉，简强壮五万为军士，老弱安堵如故，军无私掠，百姓怀之。

及元海僭号，遣使授勒持节、平东大将军，校尉、都督、王如故。勒并军寇邺，邺溃，和郁奔于卫国。执魏郡太守王粹于三台。进攻赵郡，害冀州西部都尉冯冲。攻乞活赦亭、田禋于中丘，皆杀之。元海授勒安东大将军、开府，置左右长史、司马、从事中郎。进军攻巨鹿、常山，害二郡守将。陷冀州郡县堡壁百余，众至十余万，其衣冠人物集为君子营。乃引张宾为谋主，始署军功曹，以刁膺、张敬为股肱，夔安、孔苌为爪牙，支雄、呼延莫、王阳、桃豹、逯明、吴豫等为将率。使其将张斯率骑诣并州山北诸郡县，说诸胡羯，晓以安危。诸胡惧勒威名，多有附者。进军常山，分遣诸将攻中山、博陵、高阳诸县，降之者数万人。

永嘉五年（311），石勒消灭西晋王衍率领的司马越的军队，不久又杀死和他共同作战的王弥，吞并了王弥部众。

《晋书》卷104《石勒载记上》云：

先是，东海王越率洛阳之众二十余万讨勒，越薨于军，众推太尉王衍为主，率众东下，勒轻骑追及之。衍遣将军钱端与勒战，为勒所败，端死之，衍军大溃，勒分骑围而射之，相登如山，无一免者。于是执衍及襄阳王范、任城王济、西河王喜、梁王禧、齐王超、吏部尚书刘望、豫州刺史刘乔、太傅长史庾敳等，坐之于幕下，问以晋故。衍、济等惧死，多自陈说，惟范神色俨然，意气自若，顾呵之曰："今日之事，何复纷纭！"勒甚奇之。勒于是引诸王公卿士于外害之，死者甚众。勒重衍清辨，奇范神气，不能加之兵刃，夜使人排墙填杀之。左卫何伦、右卫李恽闻越薨，奉越妃裴氏及越世子毗出自洛阳。勒逆毗于洧仓，军复大溃，执毗及诸王公卿士，皆害之，死者甚众。因率精骑三万，入自成皋关。会刘曜、王弥寇洛阳，洛阳既陷，勒归功弥、曜，遂出辗辕，屯于许昌。刘聪署勒征东大将军，勒固辞不受……

先是，王弥纳刘暾之说，将先诛勒，东王青州，使暾征其将曹嶷于齐。勒游骑获暾，得弥所与嶷书，勒杀之，密有图弥之计矣。会弥将徐邈辄引部兵云弥，弥渐削弱。及勒之获苟晞也，弥恶之，伪卑辞使谓勒曰："公获苟晞而赦之，何其神也！使晞为公左，弥为公右，天下不足定。"勒谓张宾曰："王弥位重言卑，恐其遂成前狗意也。"

宾曰："观王公有青州之心，桑梓本邦，固人情之所乐，明公独无并州之思乎？王公迟回未发者，惧明公躧其后，已有规明公之志，但未获便尔。今不图之，恐曹嶷复至，共为羽翼，后虽欲悔，可所及邪！徐邈既去，军势稍弱，观其控御之怀犹盛，可诱而灭之。"勒以为然。勒时与陈午相攻于蓬关，王弥亦与刘瑞相持甚急。弥请救于勒，勒未之许。张宾进曰："明公常恐不得王公之便，今天以其便授我矣。陈午小竖，何能为寇？王弥人杰，将为我害。"勒因回军击瑞，斩之。弥大悦，谓勒深心推奉，无复疑也。勒引师攻陈午于肥泽，午司马上党李头说勒曰："公天生神武，当平定四海，四海士庶皆仰属明公，望济于涂炭。有与公争天下者，公不早图之，而返攻我曹流人。我曹乡党，终当奉戴，何遽见逼乎！"勒心然之，诘朝引退。诡请王弥燕于己吾，弥长史张嵩谏弥勿就，恐有专诸、孙峻之祸，弥不从。既入，酒酣，勒手斩弥而并其众，启聪称弥叛逆之状。聪署勒镇东大将军、督并幽二州诸军事、领并州刺史，持节、征讨都督、校尉、开府、幽州牧、公如故。

永嘉六年（312），石勒与西晋琅邪王司马睿战于寿春。适逢大雨，持续3个月，石勒的士兵饥饿难忍，加上又发生时疫，死者大半。在此情形下，石勒与部下有一次重要的战略抉择。

《资治通鉴》卷88《晋纪》怀帝永嘉六年条载：

> 石勒筑垒于葛陂，课农造舟，将攻建业。琅邪王睿大集江南之众于寿春，以镇东长史纪瞻为扬威将军，都督诸军以讨之。
>
> 会大雨，三月不止，勒军中饥疫，死者太半，闻晋军将至，集将佐议之。右长史刁膺请先送款于睿，求扫平河朔以自赎，俟其军退，徐更图之，勒愀然长啸。中坚将军夔安请就高避水，勒曰："将军何怯邪！"孔苌等三十余将请各将兵分道夜攻寿春，斩吴将头，据其城，食其粟，要以今年破丹杨，定江南。勒笑曰："是勇将之计也！"各赐铠马一匹。顾谓张宾曰："于君意何如？"宾曰："将军攻陷京师，囚执天子，杀害王公，妻略妃主，擢将军之发，不足以数将军之罪，奈何复相臣奉乎！去年既杀王弥，不当来此；今天降霖雨于数百里中，示将军不应留此也。邺有三台之固，西接平阳，山河四塞，宜

北徙据之，以经营河北，河北既定，天下无处将军之右者矣。晋之保寿春，畏将军往攻之耳。彼闻吾去，喜于自全，何暇追袭吾后，为吾不利邪！将军宜使辎重从北道先发，将军引大兵向寿春。辎重既远，大兵徐还，何忧进退无地乎！"勒攘袂鼓髯曰："张君计是也！"责刁膺曰："君既相辅佐，当共成大功，奈何遽劝孤降！此策应斩！然素知君怯，特相宥耳。"于是黜膺为将军，擢宾为右长史，号曰"右侯"。

对于这一抉择，清王夫之在《读通鉴论》卷12《晋怀帝》中谓：

（石）勒在葛陂，孔苌请夜攻寿春，据之以困江东。勒笑之而从张宾北归据邺。勒横行天下，岂惴惴于纪瞻者！然而知瞻可胜，而江淮之终不可据以为安，勒之智也。

石勒采纳张宾的建议北上后，又从张宾之计，进据襄国，并掠野谷以充饷，后又攻取幽州，俘斩了王浚。

建兴四年（316），石勒又攻破晋军守卫的并州。镇守并州的晋军大将刘琨，兵败逃亡，两年后被段匹䃅杀死。

《晋书》卷104《石勒载记上》云：

（建兴四年）勒攻乐平太守韩据于坫城，刘琨遣将军姬澹率众十余万讨勒，琨次广牧，为澹声援。勒将距之，或谏之曰："澹兵马精盛，其锋不可当，宜深沟高垒以挫其锐，攻守势异，必获万全。"勒曰："澹大众远来，体疲力竭，犬羊乌合，号令不齐，可一战而擒之，何强之有！寇已垂至，胡可舍去，大军一动，岂易中还！若澹乘我之退，顾乃无暇，焉得深沟高垒乎！此为不战而自灭亡之道。"立斩谏者。以孔苌为前锋都督，令三军后出者斩。设疑兵于山上，分为二伏。勒轻骑与澹战，伪收众而北。澹纵兵追之，勒前后伏发，夹击，澹军大败，获铠马万匹，澹奔代郡，据奔刘琨。琨长史李弘以并州降于勒，琨遂奔于段匹䃅。

又同书卷62《刘琨传》载：

初，琨之去晋阳也，虑及危亡而大耻不雪，亦知夷狄难以义伏，冀输写至诚，侥幸万一。每见将佐，发言慷慨，悲其道穷，欲率部曲死于贼垒。斯谋未果，竟为匹磾所拘。自知必死，神色怡如也。为五言诗赠其别驾卢谌曰：

握中有悬璧，本是荆山璆。惟彼太公望，昔是渭滨叟。邓生何感激，千里来相求。白登幸曲逆，鸿门赖留侯。重耳凭五贤，小白相射钩。能隆二伯主，安问党与仇！中夜抚枕欢，想与数子游。吾衰久矣夫，何其不梦周？谁云圣达节，知命故无忧。宣尼悲获麟，西狩泣孔丘。功业未及建，夕阳忽西流。时哉不我与，去矣发云浮。朱实陨劲风，繁英落素秋。狭路倾华盖，骇驷摧双辀。何意百练刚，化为绕指柔。

琨诗托意非常，摅畅幽愤，远想张陈，感鸿门、白登之事，用以激谌。谌素无奇略，以常词酬和，殊乖琨心，重以诗赠之，乃谓琨曰："前篇帝王大志，非人臣所言矣。"

然琨既忠于晋室，素有重望，被拘经月，远近愤叹。匹磾所署代郡太守辟闾嵩，与琨所署雁门太守王据、后将军韩据连谋，密作攻具，欲以袭匹磾。而韩据女为匹磾儿妾，闻其谋而告之匹磾，于是执王据、辟闾嵩及其徒党悉诛之。会王敦密使匹磾杀琨，匹磾又惧众反己，遂称有诏收琨。初，琨闻敦使至，谓其子曰："处仲使来而不我告，是杀我也。死生有命，但恨仇耻不雪，无以下见二亲耳。"因歔欷不能自胜。匹磾遂缢之，时年四十八。子侄四人俱被害。朝廷以匹磾尚强，当为国讨石勒，不举琨哀。

至此，西晋王朝在北方的势力已被消灭殆尽。

晋太兴二年（319），石勒自称赵王，咸和五年（330）改称皇帝，都襄国（河北邢台）。

《晋书》卷105《石勒载记下》云：

太兴二年，勒伪称赵王，赦殊死已下，均百姓田租之半，赐孝悌力田死义之孤帛各有差，孤老鳏寡谷人三石，大酺七日。依春秋列国、汉初侯王每世称元，改称赵王元年，始建社稷，立宗庙，营东西官。署从事中郎裴宪、以军傅畅、杜嘏并领经学祭酒；参军续咸、庚景为律学祭酒；任播、崔濬为史学祭酒。中垒支雄、游击王阳并领门臣祭酒，专明胡人辞讼。以张离、张良、刘群、刘谟等为门生主书，司典胡人出内。重其禁法，不得侮易衣冠华族，号胡为国人。遣使循行州郡，劝课农桑。加张宾大执法，专总朝政，位冠僚首。署石季龙为单于元辅，都督禁卫诸军事。署前将军李寒领司兵勋，教国子击刺战射之法……又下书禁国人不得报嫂及在丧婚娶，其烧葬令如本俗……勒群臣议以勒功业既隆，祥符并萃，宜时革徽号以答乾坤之望，于是石季龙等奉皇帝玺绶，上酋号于勒，勒弗许。群臣固请，勒乃以咸和五年僭号赵天王，行皇帝事。尊其祖邪曰宣王，父周曰元王。立其妻刘氏为王后，世子弘为太子。署其子宏为持节、散骑常侍、都督中外诸军事、骠骑大将军、大单于，封秦王；左卫将军斌太原王；小子恢为辅国将军、南阳王；中山公季龙为太尉、守尚书令、中山王；石生河东王；石堪彭城王；以季龙子邃为冀州刺史，封齐王，加散骑常侍、武卫将军；宣左将军；挺侍中、梁王。署左长史郭敖为尚书左仆射，右长史程遐为右仆射、领吏部尚书，左司马夔安、右司马郭殷、从事中郎李凤、前郎中令裴宪为尚书，署参军事徐光为中书令、领秘书监。论功封爵，开国郡公文武二十一人，侯二十四人，县公二十六人，侯二十二人，其余文武各有差。侍中任播等参议，以赵承金为水德，旗帜尚玄，牲牡尚白，子社丑腊，勒从之。勒下书曰："自今有疑难大事，八坐及委丞郎赍诣东堂，诠详平决。其有军国要务须启，有令仆尚书随局入陈，勿避寒暑昏夜也。"

勒以祖约不忠于本朝，诛之，及其诸子侄亲属百余人。

群臣固请勒宜即尊号，勒乃僭即皇帝位，大赦境内，改元曰建平，自襄国都临漳。追尊其高祖曰顺皇，曾祖曰威皇，祖曰宣皇，父曰世宗元皇帝，妣曰元昭皇太后，文武封进各有差。立其妻刘氏为皇后，又定昭仪、夫人位视上公，贵嫔、贵人视列侯，员各人一；三英、九华视伯，淑媛、淑仪视子，容华、美人视男，务简贤淑，不限员数。

石勒在称赵王前后，在政治上采取了不少措施。
第一，重用汉族士人。石勒在其发展势力的过程中，逐渐懂得了笼络汉族地主的重要性，于是不断起用汉族儒生加入他的智囊团。如中原的汉族世家大族河东裴宪、范阳卢谌、渤海石璞、北地傅畅、颍川荀绰、清河崔悦、崔遇、荥阳郑略等，均出仕后赵，担任重要官职。石勒还以汉族失意士人张宾为谋主，后任命张为大执法，总管朝政。

关于张宾，《晋书》卷105《张宾传》有云：

> 张宾字孟孙，赵郡中丘人也。父瑶，中山太守。宾少好学，博涉经史，不为章句，阔达有大节，常谓昆弟曰："吾自言智算鉴识不后子房，但不遇高祖耳。"为中丘王帐下都督，非其好也，病免。

> 及永嘉大乱，石勒为刘元海辅汉将军，与诸将下山东，宾谓所亲曰："吾历观诸将多矣，独胡将军可与共成大事。"乃提剑军门，大呼请见，勒亦未之奇也。后渐进规模，乃异之，引为谋主。机不虚发，算无遗策，成勒之基业，皆宾之勋也。及为右长史、大执法，封濮阳侯，任遇优显，宠冠当时，而谦虚敬慎，开襟下士，士无贤愚，造之者莫不得尽其情焉。肃清百僚，屏绝私昵，入则格言，出则归美。勒甚重之，每朝，常为之正容貌，简辞令，呼曰："右侯"而不名之，勒朝莫与为比也。

> 及卒，勒亲临哭之，哀恸左右，赠散骑常侍、右光禄大夫、仪同三司，谥曰景。将葬，送于正阳门，望之流涕，顾左右曰："天欲不成吾事邪，何夺吾右侯之早也！"程遐代为右长史，勒每与遐议，有所不合，辄叹曰："右侯舍我去，令我与此辈共事，岂非酷乎！"因流涕弥日。

第二，设置学校和实行选举制度。关于设置学校，《晋书》卷104《石勒载记上》云：

> （晋建兴元年）立太学，简明经善书吏，署为文学掾。选将佐子弟三百人教之。

又云：

> 勒增置宣文、宣教、崇儒、崇训十余小学于襄国四门，简将佐豪

右子弟百余人以教之。

又同书卷105《石勒载记下》云：

（咸和七年）命郡国立学官，每郡置博士祭酒二人，弟子百五十人。三考修成，显升台府。于是，擢拜太学生五人为佐著作郎，录述时事。

又云：

（太宁二年）勒亲临大小学，考诸学生经义。尤高者赏帛有差。勒雅好文学，虽在军旅，常令儒生读史书而听之。每以其意论古帝王善恶，朝贤、儒士听者，莫不归美焉。

关于选举制度，《晋书》卷105《石勒载记下》云：

（晋太兴三年）勒清定五品，以张宾领选。复续定九品，署张班为左执法郎，孟卓为右执法郎，典定士族，副选举之任。令群僚及州郡岁各举秀才、至孝、廉清、贤良、直言、武勇之士各一人。置署都部从事，各一部一州，秩二千石，职准丞相司直。

又云：

（咸和元年）以牙门将王波为记室参军，典定九流，始立秀、孝试经之制。

又云：

（咸和六年，勒）又下书令公卿百僚岁荐贤良、方正、直言、秀异、至孝、廉清各一人。答策上第者拜议郎，中第中郎、下第郎中。其举人得递相荐引，广招贤之路。

又云：

（咸康五年）镇远王擢表："雍、秦二州望族自东徙已来，遂在戍役之例。既衣冠华胄，宜蒙优免。"从之。自是皇甫、胡、梁、韦、杜、牛、幸等十有七姓蠲其兵贯，一同旧族，随才铨叙。思欲分还桑梓者听之。其非此等，不得为例。

第三，制定律令。石勒在称赵王前，就组织制定了律令。《晋书》卷104《石勒载记上》云：

勒又下书曰："今大乱之后，律令滋烦，其采集律令之要，为施行条制。"于是，命法曹令史贯志，造《辛亥制度》五千文，施行十余岁，乃用律令。

石勒称赵王后，还曾制定若干仪注。《晋书》卷105《石勒载记下》云：

（勒）命记室佐明楷、程机撰《上党国记》；中大夫傅彪、贾蒲、江轨撰《大将军起居注》；参军石泰、石同、石谦、孔隆撰大单于志。自是朝会常以天子礼乐飨其群下，威仪冠冕，从容可观矣。

第四，实行胡汉分治。石勒政权是一个过渡性质的政权，不能完全摆脱匈奴族汉国政权胡、汉分治的民族局限性。在胡汉之间，他称羯人为"国人"，以"羯士"（国人）为禁卫军，由其养子石虎以单于元辅的身份率领。又用门臣祭酒王阳"专统六夷以辅之"。羯人是石勒政权的基本力量，其次"六夷"。这种把羯人置于各族之上的做法，与民族融合的客观要求是背道而驰的。

第五，石勒的政治识见较高。《太平御览》卷120《偏霸部·后赵石勒》曾记一事：

勒谓徐光曰："朕方自古开基何等主也？"光对曰："陛下神武筹略，迈于高皇；雄艺卓荦，超绝魏祖；自三王以来，无可比也，其轩辕之亚乎！"勒笑曰："人岂不自知，卿言亦太过。朕若逢高皇，当北面而事之，然犹与韩、彭竞鞭而争先耳。脱遇光武者，当并驱于中原，未知鹿死谁手。丈夫行事当磊磊落落，如日月皎然，终不能如曹孟德、司马仲达父子，欺他孤儿寡妇，狐媚以取天下。朕在二刘之间，轩辕岂所拟乎！"

石勒自认不及黄帝，不及刘邦，而是介乎刘邦与刘秀之间，可与韩信、彭赵比高下，而且看不起曹操、司马懿父子。

《世说新语》卷中之上《识鉴》云：

（勒）尝使人读《汉书》，闻郦食其劝（汉高祖）封六国后，刻印将授之。大惊曰："此法当失，云何得遂有天下！"至留侯（张良）谏，乃曰："赖有此耳。"

这说明石勒对历史事件有自己的看法，凭着他丰富的政治经验，评论历代帝王的是非得失，往往使听者叹服。

此外，石勒还是一个有度量的人，能够识大体，不计较下属的偶然过失。

《晋书》卷105《石勒载记下》载：

勒令武乡耆旧赴襄国。既至，勒亲与乡老齿坐欢饮，语及平生。初，勒与李阳邻居，岁常争麻池，迭相殴击。至是，谓父老曰："李阳，壮士也，何以不来？沤麻是布衣之恨，孤方崇信于天下，宁仇匹夫乎！"乃使召阳。既至，勒与酣谑，引阳臂笑曰："孤往日厌卿老拳，卿亦饱孤毒手。"因赐甲第一区，拜参军都尉。

又云：

勒以参军樊坦清贫，擢授章武内史。既而入辞，勒见坦衣冠弊坏，大惊曰："樊参军何贫之甚也！"坦性诚朴，率然而对曰："顷遭羯贼无道，资财荡尽。"勒笑曰："羯贼乃尔暴掠邪？今当相偿耳。"坦大惧，叩头泣谢。勒曰："孤律自防俗士，不关卿辈老书生也。"

赐车马、衣服、装钱三百万，以励贪俗。

关于石勒的成败兴亡，《晋书》卷107《石季龙载记下》传论有云：

> 石勒出自羌渠，见奇丑类。闻鞞上党，季子鉴其非凡，倚啸洛城，夷甫识其为乱。及惠皇失统，宇内崩离，遂乃招聚螳徒，乘间煽祸，虔刘我都邑，翦害我黎元。朝市沦胥，若沉航于鲸浪；王公颠仆，譬游魂于龙漠。岂天厌晋德而假兹妖孽者欤！观其对敌临危，运筹贾勇，奇谟间发，猛气横飞。远嗤魏武，则风情慷慨；近答刘琨，则音词俪傥。焚元超于苦县，陈其乱政之愆；戮彭祖于襄国，数以无君之罪。于是跨蹑燕赵，并吞韩魏，杖奇材而窃徽号，拥旧都而抗王室，褫毡裘，袭冠带，释介胄，开庠序，邻敌惧威而献款，绝域承风而纳贡，则古之为国，曷以加诸！虽曰凶残，亦一时杰也。而托授非所，贻厥无谋，身陨嗣灭，业归携养，斯乃知人之阇焉。

2. 石虎的残暴统治与人民的反抗

石虎字季龙，是石勒的养子，年轻时性残忍，游荡无度，但骁勇善战，屡立大功，深得石勒宠爱。

《晋书》卷106《石季龙载记上》载：

> 石季龙，勒之从子也，名犯太祖庙讳，故称字焉。祖曰䓭邪，父曰寇觅。勒父朱幼而子季龙，故或称勒弟焉。年六七岁，有善相者曰："此儿貌奇有壮骨，贵不可言。"永兴中，与勒相失。后刘琨送勒母王及季龙于葛陂，时年十七矣。性残忍，好驰猎，游荡无度，尤善弹，数弹人，军中以为毒患。勒白王将杀之，王曰："快牛为犊子时，多能破车，汝当小忍之。"年十八，稍折节。身长七尺五寸，趫捷便弓马，勇冠当时，将佐亲戚莫不敬惮。勒深嘉之，拜征虏将军。为娉将军郭荣妹为妻。季龙宠惑优僮郑樱桃而杀郭氏，更纳清河崔氏女，樱桃又谮而杀之。所为酷虐。军中有勇干策略与己侔者，辄方便害之，前后所杀甚众。至于降城陷垒，不复断别善恶，坑斩士女，鲜有遗类。勒虽屡加责诱，而行意自若。然御众严而不烦，莫敢犯者，指授攻讨，所向无前，故勒宠之，信任弥隆，仗以专征之任。

石勒称帝后，以子石弘为太子，以弘弟石宏为大单于，而以石虎为太尉、尚书令，封中山王。石虎十分不满。

《晋书》卷106《石季龙载记上》云：

> 勒之居襄国，署为魏郡太守，镇邺三台，后封繁阳侯。勒即大单于、赵王位，署为单于元辅、都督禁卫诸军事，迁侍中、开府，进封中山公。及勒僭号，授太尉、守尚书令，进封为王，邑万户。季龙自以勋高一时，谓勒即位之后，大单于必在已，而更以授其子弘。季龙深恨之，私谓其子邃曰："主上自都襄国以来，端拱指授，而以吾躬当矢石。二十余年，南擒刘岳，北走索头，东平齐鲁，西定秦雍，克殄十有三州。成大赵之业者，我也。大单于之望实在于我，而授黄吻婢儿，每一忆此，令人不复能寝食。待主上晏驾之后，不足复留种也。"

咸和八年（333）七月，石勒病死，太子弘即帝位。弘仕孝温恭，而石虎则雄暴多诈，并早有图谋夺位的野心，为此，徐光、程遐曾劝石勒尽早除掉石虎，但石勒认为天下未平，不可诛杀佐命功臣。

《晋书》卷105《石勒载记下》云：

> 弘字大雅，勒之第二子也。幼有孝行，以恭谦自守，受经于杜嘏，诵律于续咸。勒曰："今世非承平，不可专以文业教也。"于是使刘征、任播授以兵书，王阳教之击刺。立为世子，领中领军，寻署卫将军，使领开府辟召，后镇邺。
>
> 勒僭位，立为太子。虚襟爱士，好为文咏，其所亲昵，莫非儒素。勒谓徐光曰："大雅愔愔，殊不似将家子。"光曰："汉祖以马上取天下，孝文以玄默守之，圣人之后，必世胜残，天之道也。"勒大悦。光因曰："皇太子仕孝温恭，中山王雄暴多诈，陛下一旦不讳，臣恐社稷必危，宜渐夺中山威权，使太子早参朝政。"勒纳之。程遐又言于勒曰："中山王勇武权智，群臣莫有及者。观其志也，自陛下之外，视之蔑如。兼荷专征岁久，威振外内，性又不仁，残忍无赖。其诸子并长，皆预兵权。陛下在，自当无他，恐其怏怏不可辅少主

也。宜早除之，以便大计。"勒曰："今天下未平，兵难未已，大雅冲幼，宜任强辅。中山佐命功臣，亲同鲁卫，方委以伊霍之任，何至如卿言也。卿当恐辅幼主之日，不得独擅帝舅之权故耳。吾亦当参卿于顾命，勿为过惧也。"退泣曰："臣所言者至公，陛下以私赐距，岂明主开襟纳说，忠臣必尽之义乎！中山虽为皇太后所养，非陛下天属，不可以亲义期也。杖陛下神规，微建鹰犬之效，陛下酬其父子以恩荣，亦以足矣。魏任司马懿父子，终于鼎祚沦移，以此而观，中山岂将来有益者乎！臣因缘多幸，托瓜葛于东宫，臣而不竭言于陛下，而谁言之！陛下若不除中山，臣已见社稷不复血食矣。"勒不听。退退告徐光曰："主上向言如此，太子必危，将若之何？"光曰："中山常切齿于吾二人，恐非但因危，亦为家祸，当为安国宁家之计，不可坐而受祸也。"光复承间言于勒曰："陛下廓平八州，帝有海内，而神色不悦者何也？"勒曰："吴蜀未平，书轨不一，司马家犹不绝于丹杨，恐后之人将以吾为不应符箓。每一思之，不觉见于神色。"光曰："臣以陛下为忧腹心之患，而何暇更忧四支乎！何则？魏承汉运，为正朔帝王，刘备虽绍兴巴蜀，亦不可谓汉不灭也。吴虽跨江东，岂有亏魏美？陛下既苞括二都，为中国帝王，彼司马家儿复何异玄德，李氏亦犹孙权。符箓不在陛下，竟欲安归？此四支之轻患耳。中山王藉陛下指授神略，天下皆言其英武亚于陛下，兼其残暴多奸，见利忘义，无伊霍之忠。父子爵位之重，势倾王室。观其耿耿，常有不满之心。近于东宫曲谯，有轻皇太子之色。陛下隐忍容之，臣恐陛下万年之后，宗庙必生荆棘，此心腹之重疾也，惟陛下图之。"勒默然，而竟不从。

石勒死后，石虎先杀徐光、程遐等，并自任丞相、大单于，加九锡，总揽朝政。石勒妻刘氏与彭城王石堪合谋诛虎，反被虎所杀。石生镇守关中，石朗镇守洛阳，起兵反对石虎，也都兵败被杀。接着虎废杀石弘，并杀石宏、石恢兄弟等，石勒诸子皆被杀。

《晋书》卷105《石勒载记下》云：

及勒死，季龙执弘使临轩，命收程遐、徐光下廷尉，召其子邃率兵入宿卫，文武靡不奔散。弘大惧，让位于季龙。季龙曰："君薨而世子立，臣安敢乱之！"弘泣而固让，季龙怒曰："若其不堪，天下自当有大议，何足预论！"遂以咸和八年逼立之，改年曰延熙，文武百僚进位一等。诛程遐、徐光。弘策拜季龙为丞相、魏王、大单于，加九锡，以魏郡等十三郡为邑，总摄百揆。季龙伪固让，久而受命，赦其境内殊死已下，立季龙妻郑氏为魏王后，子邃为魏太子，加使持节、侍中、大都督中外诸军事、大将军、录尚书事，宣为使持节、车骑大将军、冀州刺史，封河间王；韬为前锋将军、司隶校尉，封乐安王；遵齐王，鉴代王，苞乐平王；徙太原王斌为章武王。勒文武旧臣皆补左右丞相闲任，季龙府僚旧昵悉署台省禁要。命太子宫曰崇训宫，勒妻刘氏已下皆徙居之。简其美淑及勒车马、珍宝、服御之上者，皆入己署。镇军夔安领左仆射，尚书郭殷为右仆射。

刘氏谓石堪曰："皇祚之灭不复久矣，王将何以图之？"堪曰："先帝旧臣皆已斥外，众旅不复由人，宫殿之内无所措筹，臣请出奔兖州，据廪丘，挟南阳王为盟主，宣太后诏于诸牧守征镇，令各率义兵同讨桀逆，蔑不济也。"刘氏曰："事急矣，便可速发，恐事淹变生。"堪许诺，微服轻骑袭兖州，失期，不克，遂南奔谯城。季龙遣其将郭太等追击之，获堪于城父，送襄国，炙而杀之。征石恢还于襄国。刘氏谋泄，季龙杀之。尊弘母程氏为皇太后。

时石生镇关中，石朗镇洛阳，皆起兵于二镇。季龙留子邃守襄国，统步骑七万攻朗于金墉。金墉溃，获朗，刖而斩之。进师攻长安，以石挺为前锋大都督。生遣将军郭权率鲜卑涉璝部众二万为前锋距之，生统大军继发，次于蒲坂。前锋及挺大战潼关，败绩，挺及丞相左长史刘隗皆战死，季龙退奔渑池，枕尸三百余里。鲜卑密通于季龙，背生而击之。生时停蒲坂，不知挺之死也，惧，单马奔长安。郭权乃复收众三千，与越骑校尉石广相持于渭汭。生遂去长安，潜于鸡头山。将军蒋英固守长安。季龙闻生之奔也，进师入关，进攻长安，旬余拔之，斩蒋英等。分遣诸将屯于汧。徙雍、秦州华戎十余万户于关东。生部下斩生于鸡头山。季龙还襄国，大赦，讽弘命己建魏台，一如魏辅汉故事……

弘赍玺绶亲诣季龙，谕禅位意。季龙曰："天下人自当有议，何为自论此也！"弘还宫，对其母流涕曰："先帝真无复遗矣！"俄而季龙遣丞相郭殷持节入，废弘为海阳王。弘安步就车，容色自若，谓群臣曰："不堪篡承大统，顾惭群后，此亦天命去矣，又何言！"百官莫不流涕，宫人恸哭。咸康元年，幽弘及程氏并宏、恢于崇训宫，寻杀之，在位二年，时年二十二。

咸和九年（334）十一月，石虎称赵天王，次年即咸康元年（335），改元建武，大封百官，立其子石邃为太子，迁都于邺。
《晋书》卷106《石季龙载记上》云：

> 咸康元年，季龙废勒子弘，群臣已下劝其称尊号。季龙下书曰："王室多难，海阳自弃，四海业重，故俛从推逼。朕闻道合乾坤者称皇，德协人神者称帝，皇帝之号非所敢闻，且可称居摄赵天王，以副天人之望。"于是赦其境内，改年曰建武。以夔安为侍中、太尉、守尚书令，郭殷为司空，韩晞为尚书左仆射，魏㭒、冯莫、张崇、曹显为尚书，申钟为侍中，郎闿为光禄大夫，王波为中书令，文武封拜各有差。立其子邃为太子……
>
> 季龙将迁于邺，尚书请太常告庙，季龙曰："古者将有大事，必告宗庙，而不列社稷。尚书可详议以闻。"公卿乃请使太尉告社稷，从之。及入邺宫，澍雨周洽，季龙大悦，赦殊死已下。

石虎即位后，实行残暴统治。具体言之，约有以下数端。
第一，众役繁兴，军旅不息。
《晋书》卷106《石季龙载记上》载：

> 时众役繁兴，军旅不息，加以久旱谷贵，金一斤直米二斗。百姓嗷然无生赖矣。又纳解飞之说，于邺正南，投石于河，以起飞桥。功费数千亿万，桥竟不成。役夫饥甚，乃止。使令长率丁壮随山泽，采橡捕鱼，以济老弱，而复为权豪所夺，人无所得焉。又料殷富之家，配饥人以食之，公卿已下，出谷以助振给，奸吏因之，侵割无已。虽有贷赡之名，而无其实……季龙志在穷兵，以其国内少马，乃禁畜私马，匿者腰斩。收百姓马四万余匹，以入于公。兼盛兴宫室，于邺起台观四十余所，营长安、洛阳二宫，作者四十余万人。又敕河南四州具南师之备，并、朔、秦、雍严西讨之资。青、冀、幽州三五发卒，

诸州造甲者五十万人，兼公侯牧宰竞兴私利，百姓失业十室而七。船夫十七万人，为水所没猛兽所害，三分而一。贝丘人李弘因众心之怨，自言姓名应谶，遂连结奸党，署置百僚。事发诛之，连坐者数千家。季龙畋猎无度，晨出夜归，又多微行，躬察作役之所。侍中韦謏谏曰："……今或盛功于耕艺之辰，或烦役于收获之月，顿毙属途，怨声塞路。诚非圣君仁后之所忍为也……"季龙省而善之，赐以谷帛，而兴缮兹繁，游察自若……制："征士五人车一乘，牛二头，米各十五斛，绢十匹。调不办者，以斩论。"将以图江表。于是百姓穷窘，鬻子以充军制。犹不能赴，自经于道路，死者相望，而求发无已。

第二，穷奢极欲，荒淫无度。
《晋书》卷106《石季龙载记上》载：

季龙性既好猎，其后体重不能跨鞍，乃造猎车千乘……克期将校猎，自灵昌津，南至荥阳，东极阳都。使御史监察其中禽兽，有犯者，罪至大辟，御史因之擅作威福。百姓有美女好牛马者，求之不得，便诬以犯兽论，死者百余家。海岱、河济间，人无宁志矣。又发诸州二十六万人修洛阳宫，发百姓牛二万余头，配朔州牧官。增置女官二十四等，东宫十有二等，诸公侯七十余国，皆为置女官九等。先是，大发百姓女二十已下，十三已上三万余人，为三等之第，以分配之。郡县要媚其旨，务于美淑，夺人妇者九千余人。百姓妻有美色，豪势因而胁之，率多自杀。石宣及诸公又私令采发者，亦垂一万。总会邺官，季龙临轩简第诸女，大悦，封使者十二人皆为列侯。自初发至邺，诸杀其夫及夺而遣之缢死者三千余人。荆、楚、扬、徐间流叛略尽，宰守坐不能绥怀，下狱诛者五十余人。

第三，残酷役使各族人民，特别是苦役晋人。
《晋人》卷107《石季龙载记下》云：

时沙门吴进言于季龙曰："胡运将衰，晋当复兴，宜苦役晋人，以厌其气。"季龙于是使尚书张群，发近郡男女十六万，车十万乘，运土筑华林苑及长墙于邺北。广长数十里……乃促张群以烛夜作，起三观四门，三门通漳水，皆为铁扉。暴风大雨，死者数万人……凿北城引水于华林园，城崩，压死者百余人……

第四，滥用刑罚。
《晋书》卷106《石季龙载记上》云：

立私论之条，偶语之律，听吏告其君，奴告其主，威刑日滥。公卿以下，朝会以目，吉凶之问，自此而绝。

石虎的残暴统治，严重地破坏了社会经济，极大地加重了人民的负担，激起人民强烈的反抗。以梁犊为首的雍凉起义，在各族人民的支持下，曾发展到十万人，一度攻下长安。
《晋书》卷107《石季龙载记下》载：

（永和四年）故东宫谪卒高力等万余人当戍凉州，行达雍城，既不在赦例，又敕雍州刺史张茂送之。茂皆夺其马，公步推鹿车，致粮戍所。高力督定阳梁犊等因众心之怨，谋起兵东还。阴令胡人颉独鹿微告戍者，戍者皆踊抃大呼。梁犊乃自称晋征东大将军，率众攻陷下辨，逼张茂为大都督、大司马，载以轺车。安西刘宁自安定击之，大败而还。秦、雍间城戍无不摧陷，斩二千石长史，长驱而东。高力等皆多力善射，一当十余人。虽无兵甲，所在掠百姓大斧，施一丈柯，攻战若神，所向崩溃，戍卒皆随之。比至长安，众已十万。其乐平王石苞时至长安，尽锐距之，一战而败。犊遂东出潼关，进如洛川。季龙以李农为大都督，行大将军事，统卫军张贺度、征西张良、征虏石闵等率步骑十万讨之。战于新安，农师不利；又战于洛阳，农师又败，乃退壁成皋。犊东掠荥阳、陈留诸郡。季龙大惧，以燕王石斌为都督中外诸军事，率精骑一万，统姚弋仲、苻洪等击犊于荥阳东，大败之，斩犊首而还。讨其余党，尽灭之。俄而，晋将军王龛拔其沛郡。始平人马勖起兵于洛氏葛谷，自称将军，石苞攻灭之，诛三千余家。

又同书卷116《姚弋仲载记》云：

> 季龙末，梁犊败李农于荥阳，季龙大惧，驰召弋仲。弋仲率其部众八千余人屯于南郊，轻骑至邺。时季龙病，不时见弋仲，引入领军省，赐其所食之食。弋仲怒不食，曰："召我击贼，岂来觅食邪！我不知上存亡，若一见，虽死无恨。"左右言之，乃引见。弋仲数季龙曰："儿死来愁邪？乃至于疾！儿小时，不能使好人辅相，至令相杀。儿自有过，责其下人太甚，故反耳。汝病久，所立儿小，若不差，天下必乱。当宜忧此，不烦忧贼也。犊等因思归之心，共为奸盗，所行残贼，此成擒耳！老羌请效死前锋，使一举而了。"弋仲性狷直，俗无尊卑皆汝之，季龙恕而不责，于坐授使持节、侍中、征西大将军，赐以铠马。弋仲曰："汝看老羌堪破贼以不？"于是贯钾跨马于庭中，策马南驰，不辞而出，遂灭梁犊。以功加剑履上殿，入朝不趋，进封西平郡公。

梁犊领导的起义，虽陷于失败，但是动摇了后赵统治的基础，成为摧毁后赵政权的主要力量。

3. 后赵的灭亡

晋永和五年（349）四月，石虎在人民反抗风暴中病死。此后，诸子争权，互相残杀，石虎爱子石世即位33天，为兄石遵所杀，遵即位183天，为弟石鉴所杀，鉴即位103天，为石虎的养孙冉闵所杀。

《晋书》卷107《石季龙载记下》云：

> 世即伪位……石遵闻季龙之死，屯于河内。姚弋仲、苻洪、石闵、刘宁……等既平秦洛，班师而归，遇遵于李城，说遵曰："……京师宿卫空虚……鼓行而讨之，孰不倒戈开门而迎殿下者邪！"遵从之……石闵为前锋……张离率龙腾二千斩关迎遵。（遵）入自凤阳门……僭即尊位……封世为谯王……寻皆杀之……初，遵之发李城也，谓石闵曰："努力！事成，以尔为储贰。"既而立衍，闵甚失望，自以勋高一时，规专朝政，遵忌而不能任……稍夺兵权，闵益有恨色……密谋废遵，使将军苏亥、周成率甲士三十执遵……乃杀之于琨华殿……鉴乃僭位……时石祗在襄国，与姚弋仲、苻洪等通和，连兵

檄诛闵、农……闵……废鉴，杀之。

冉闵在攻杀石鉴时，杀死不少胡、羯贵族，又下令号召汉人大杀胡、羯，被杀者达20多万。

《晋书》卷107《石季龙载记下》云：

> 时石祗在襄国，与姚弋仲、苻洪等通和，连兵檄诛闵、农。鉴遣石琨为大都督，与张举及侍中呼延盛率步骑七万分讨祗等。中领军石成、侍中石启、前河东太守石晖谋诛闵、农，闵、农杀之。
>
> 龙骧孙伏都、刘铢等结羯士三千伏于胡天，亦欲诛闵等。时鉴在中台，伏都率三十余人将升台挟鉴以攻之。鉴见伏都毁阁道，临问其故。伏都曰："李农等反，已在东掖门，臣严率卫士，谨先启知。"鉴曰："卿是功臣，好为官陈力。朕从台观卿，勿虑无报也。"于是伏都及铢率众攻闵、农，不克，屯于凤阳门。闵、农率众数千毁金明门而入。鉴惧闵之诛己也，驰招闵、农，开门内之，谓曰："孙伏都反，卿宜速讨之。"闵、农攻斩伏都等，自凤阳至琨华，横尸相枕，流血成渠。宣令内外六夷敢称兵杖者斩之。胡人或斩关，或逾城而出者，不可胜数。使尚书王简、少府王郁帅众数千，守鉴于御龙观，悬食给之。令城内曰："与官同心者住，不同心者各任所之。"敕城门不复相禁。于是赵人百里内悉入城，胡、羯去者填门。闵知胡之不为己用也，班令内外赵人，斩一胡首送凤阳门者，文官进位三等，武职悉拜牙门。一日之中，斩首数万。闵躬率赵人诛诸胡、羯，无贵贱男女少长皆斩之，死者二十余万，尸诸城外，悉为野犬豺狼所食。屯据四方者，所在承闵书诛之，于时高鼻多须至有滥死者半。

永和六年（350），冉闵杀石鉴自称皇帝，国号魏，改元永兴，恢复旧姓为冉氏，史称其国为"冉魏"。

《晋书》卷107《石季龙载记下》载：

> 永和六年，杀石鉴，其司徒申钟、司空郎闿等四十八人上尊号于闵，闵固让李农，农以死固请，于是僭即皇帝位于南郊，大赦，改元曰永兴，国号大魏，复姓冉氏。追尊其祖隆元皇帝，考瞻烈祖高皇

帝，尊母王氏为皇太后，立妻董氏为皇后，子智为皇太子。以李农为太宰、领太尉、录尚书事，封齐王，农诸子皆封为县公。封其子胤、明、裕皆为王。文武进位三等，封爵有差。遣使者持节赦诸屯结，皆不从。

在冉闵即帝位于邺时，石虎的庶子石祇亦在襄国称帝，诸少数族的文武官将，都响应石祇。冉闵向东晋求救，东晋因内部纷乱未能出兵。

《晋书》卷107《石季龙载记下附冉闵载记》云：

> 闵遣使临江告晋曰："胡逆乱中原，今已诛之，若能共讨之，可遣军来也。"朝廷不答。

石祇派部下刘国等进攻冉闵，大为冉闵所败。

《晋书》卷107《石季龙载记下附冉闵载记》云：

> 石祇遣其相国石琨率众十万伐邺，进据邯郸。祇镇南刘国自繁阳会琨。闵大败琨于邯郸，死者万余。刘国还屯繁阳。苻健自枋头入关。张贺度、段勤与刘国、靳豚会于昌城，将攻邺。闵遣尚书左仆射刘群为行台都督，使其将王泰、崔通、周成等帅步骑十二万次于黄城，闵躬统精卒入万继之，战于苍亭。贺度等大败，死者二万八千，追斩靳豚于阴安，尽俘其众，振旅而归。戎卒三十余万，旌旗钟鼓绵亘百余里，虽石氏之盛无以过之。

其后，冉闵消灭了石祇。后赵残余势力投降冉魏，后赵灭亡。由于冉闵的一意孤行，政治上十分孤立，终于在建国的第三年即永和八年（352），被新兴起于东方的鲜卑慕容氏（前燕）所灭。

《晋书》卷107《石季龙载记下附冉闵载记》云：

> 时慕容儁已克幽蓟，略地至于冀州。闵帅骑距之，与慕容恪相遇于魏昌城。闵大将军董闰、车骑张温言于闵曰："鲜卑乘胜气劲，不可当也，请避这以溢其气，然后济师以击之，可以捷也。"闵怒曰："吾成师以出，将平幽州，斩慕容儁。今遇恪而避之，人将侮我矣。"

乃与恪遇，十战皆败之。恪乃以铁锁连马，简善射鲜卑勇而无刚者五千，方阵而前。闵所乘赤马曰朱龙，日行千里，左杖双刃矛，右执钩戟，顺风击之，斩鲜卑三百余级。俄而燕骑大至，围之数周。闵众寡不敌，跃马溃围东走，行二十余里，马无故而死，为恪所擒，及董闰、张温等送之于蓟。儁立闵而问之曰："汝奴仆下才，何自妄称天子？"闵曰："天下大乱，尔曹夷狄，人面兽心，尚欲篡逆。我一时英雄，何为不可作帝王邪！"儁怒，鞭之三百，送于龙城，告庙、觎庙……

儁送闵既至龙城，斩于遏陉山。山左右七里草木悉枯，蝗虫大起，五月不雨，至于十二月，儁遣使者祀之，谥曰武悼天王，其日大雪。是岁永和八年也。

冉闵建立政权之后，在政治上曾采取一些措施，《晋书》卷107《石季龙载记下附冉闵载记》云：

清定九流，准才受任，儒学、后门（寒门地主），多蒙显进，于时翕然，方之为魏晋之初。

表明冉闵在政治上也想有所建树，但戎马在效，战斗不息，终至败亡。

二 昙花一现的中原前燕政权

前燕原处于东北，晋永和八年（352）进入中原，灭冉魏，太和五年（370）亡于前秦，入主中原只有18年。其兴亡之速是一个值得探讨的问题。

（一）前燕慕容氏的兴起

前燕慕容氏，是鲜卑族的一支。曹魏初年，居辽西；魏晋之际，迁于辽东北；晋元康四年（294），慕容廆将都城迁至大棘城（辽宁义县西南），部落逐渐定居并从事农业生产，开始向封建制过渡。

《晋书》卷108《慕容廆载记》云：

慕容廆字弈洛瓌，昌黎棘城鲜卑人也。其先有熊氏之苗裔，世居北夷，邑于紫蒙之野，号曰东胡。其后与匈奴并盛，控弦之士二十余万，风俗官号与匈奴略同。秦汉之际为匈奴所败，分保鲜卑山，因以为号。曾祖莫护跋，魏初率其诸部入居辽西，从宣帝伐公孙氏有功，拜率义王，始建国于棘城之北。时燕代多冠步摇冠，莫护跋见而好之，乃敛发袭冠，诸部因呼之为步摇，其后音讹，遂为慕容焉。或云慕二仪之德，继三光之容，遂以慕容为氏。祖木延，左贤王。父涉归，以全柳城之功，进拜鲜卑单于，迁邑于辽东北，于是渐慕诸夏之风矣。

廆幼而魁岸，美姿貌，身长八尺，雄杰有大度。安北将军张华雅有知人之鉴，廆童冠时往谒之，华甚叹异，谓曰："君至长必为命世之器，匡难济时者也。"因以所服簪帻遗廆，结殷勤而别。

涉归死，其弟耐篡位，将谋杀廆，廆亡潜以避祸。后国人杀耐，迎廆立之……

廆谋于其众曰："吾先公以来世奉中国，且华裔理殊，强弱固别，岂能与晋竞乎？何为不和以害吾百姓邪！"乃遣使来降。帝嘉之，拜为鲜卑都督。廆致敬于东夷府，巾衣诣门，抗士大夫之礼。何龛严兵引见，廆乃改服戎衣而入。人问其故，廆曰："主人不以礼，宾复何为哉！"龛闻而惭之，弥加敬惮。时东胡宇文鲜卑段部以廆威德日广，惧有吞并之计，因为寇掠，往来不绝。廆卑辞厚币以抚之。

太康十年，廆又迁于徒河之青山。廆以大棘城即帝颛顼之墟也，元康四年乃移居之。教以农桑，法制同于上国。永宁中，燕垂大水，廆开仓振给，幽方获济。天子闻而嘉之，褒赐命服。

西晋灭亡后，慕容廆自称鲜卑大单于，后被东晋元帝授予都督辽左杂夷流人诸军事、龙骧将军、大单于等官号。慕容廆为巩固其统治，大力招徕汉族流民，并在辽水流域设立侨郡、县，为之安置。

《晋书》卷108《慕容廆载记》云：

时二京倾覆，幽冀沦陷，廆刑政修明，虚怀引纳，流亡士庶多襁负归之。廆乃立郡以统流人，冀州人为冀阳郡，豫州人为成周郡，青州人为营丘郡，并州人为唐国郡。于是推举贤才，委以庶政，以河东裴嶷、代郡鲁昌、北平阳耽为谋主，北海逢羡、广平游邃、北平西方虔、渤海封抽、西河宋奭、河东裴开为股肱，渤海封弈、平原宋该、安定皇甫岌、兰陵缪恺以文章才俊任居枢要，会稽朱左车、太山胡毋冀、鲁国孔纂以旧德清重引为宾友，平原刘赞儒学该通，引为东庠祭酒，其世子皝率国胄束修受业焉。廆览政之暇，亲临听之，于是路有颂声，礼让兴矣。

被招纳的汉族士人，对开发辽西经济和促进鲜卑慕容部的封建化，起了重要作用。东晋成帝时，慕容廆进一步提出了慎刑、选贤、重农等治国策略，从而更加巩固了慕容氏的立国基础。

《晋书》卷108《慕容廆载记》云：

> 廆尝从容言曰："狱者，人命之所悬也，不可以不慎；贤人君子，国家之基也，不可以不敬；稼穑者，国之本也，不可以不急；酒色便佞，乱德之甚也，不可以不戒。"

晋咸和八年（333），慕容廆死，其子慕容皝以晋平北将军、行平州刺史的名义继统部落。咸康三年（337），皝称燕王，将国都迁至龙城（辽宁朝阳西北），史称前燕。

《晋书》卷109《慕容皝载记》云：

> 慕容皝字元真，廆第三子也。龙颜版齿，身长七尺八寸。雄毅多权略，尚经学，善天文。廆为辽东公，立为世子。建武初，拜为冠军将军、左贤王，封望平侯，率众征讨，累有功。太宁末，拜平北将军，进封朝鲜公。廆卒，嗣位，以平北将军行平州刺史，督摄部内。寻而宇文乞得龟为其别部逸豆归所逐，奔死于外，皝率骑讨之，逸豆归惧而请和，遂筑榆阴、安晋二城而还……
>
> 封弈等以皝任重位轻，宜称燕王，皝于是以咸康三年僭即王位，赦其境内。以封弈为国相，韩寿为司马，裴开、阳骛、王寓、李洪、杜群、宋该、刘瞻、石琮、皇甫真、阳协、宋晃、平熙、张泓等并为列卿将帅。起文昌殿，乘金根车，驾六马，出入称警跸。以其妻段氏为王后，世子㑺为太子，皆如魏武、晋文辅政故事。

慕容皝统治时期，采用远交近攻的策略，先后击败鲜卑段辽、宇文部及高句丽，全据辽西及辽东。

《晋书》卷109《慕容皝载记》云：

> 皝以段辽屡为边患，遣将军宋回称藩于石季龙，请师讨辽。季龙于是总众而至。皝率诸军攻辽令支以北诸诚，辽遣其将段兰来距，大战，败之，斩级数千，掠五千余户而归。季龙至徐无，辽奔密云山。季龙进入令支，怒皝之不会师也，进军击之，至于棘城，戎卒数十万，四面进攻，郡县诸部叛应季龙者三十六城。相持旬余，左右劝皝降。皝曰："孤方取天下，何乃降人乎！"遣子恪等率骑二千，晨出击之。季龙诸军惊扰，弃甲而遁。恪乘胜追之，斩获三万余级，筑成凡城而还。段辽遣使诈降于季龙，请兵应接。季龙遣其将麻秋率众迎辽，恪伏精骑七千于密云山，大败之，获其司马阳裕、将军鲜于亮，拥段辽及其部众以归。
>
> 帝又遣使进皝为征北大将军、幽州牧，领平州刺史，加散骑常侍，增邑万户，持节、都督、单于、公如故。
>
> 皝前军帅慕容评败季龙将石成等于辽西，斩其将呼延晃、张支，掠千余户以归。段辽谋叛，皝诛之……
>
> 其年皝伐高句丽，王钊乞盟而还。明年，钊遣其世子朝于皝……
>
> 咸康七年，皝迁都龙城。率劲卒四万，入自南陕，以伐宇文、高句丽，又使翰及子垂为前锋，遣长史王寓等勒众万五千，从北置而进。高句丽王钊谓皝军之从北路也，乃遣其弟武统精锐五万距北置，躬率弱卒以防南陕。翰与钊战于木底，大败之，乘胜遂入丸都，钊单马而遁。皝掘钊父利墓，载其尸并其母妻珍宝，掠男女五万余口，焚其官室，毁丸都而归。明年，钊遣使称臣于皝，贡其方物，乃归其父尸。
>
> 宇文归遣其国相莫浅浑伐皝，诸将请战，皝不许。浑以皝为惮之，荒酒纵猎，不复设备。皝曰："浑奢怠已甚，今则可一战矣。"遣翰率骑击之，浑大败，仅以身免，尽俘其众……
>
> 寻又率骑二万亲伐宇文归，以翰及垂为前锋。归使其骁将涉奕于尽众距翰，皝驰遣谓翰曰："奕于雄悍，宜小避之，待房势骄，然后取也。"翰曰："归之精锐，尽在于此，今若克之，则归可不劳兵而

灭。奕于徒有虚名，其实易与耳，不宜纵敌挫吾兵气。"于是前战，斩奕于，尽俘其众，归远遁漠北。皝开地千余里，徙其部人五万余落于昌黎，改涉奕于城为威德城。行饮至之礼，论功行赏各有差。

段辽与皝相攻，裕谏曰："臣闻亲仁善邻，国之宝也。慕容与国世为婚姻，且皝令德之主，不宜连兵构怨，凋残百姓。臣恐祸害之兴，将由于此。愿两追前失，通款如初，使国家有太山之安，苍生蒙息肩之惠。"辽不从。出为燕郡太守。石季龙克令支，裕以郡降，拜北平太守，征为尚书左丞。

段辽之请迎于季龙也，裕以左丞相征东麻秋司马。秋败，裕为军人所执，将诣皝。皝素闻裕名，即命释其囚，拜郎中令，迁大将军左司马。东破高句丽，北灭宇文归，皆豫其谋，皝甚器重之。

慕容皝注意减轻贫穷百姓的租税，又广开言路，虚心纳谏，还设置学校，培育人才，从而使占领地区的社会经济和文化教育事业都得到了发展，慕容鲜卑也因此进一步汉化，慕容燕政权的势力迅速增长。

《晋书》卷109《慕容皝载记》云：

皝乃令曰："……君以黎元为国，黎元以谷为命。然则农者，国之本也……主者明详推检，具状以闻。苑囿悉可罢之，以给百姓无田业者。贫者全无资产，不能自存，各赐牧牛一头。"……以久旱，丐百姓田租。

又云：

（皝）立纳谏之木，以开谠言之路……赐其大臣子弟为官学生者号高门生，立东庠于旧宫，以行乡射之礼，每月临观，考试优劣。皝雅好文籍，勤于讲授，学徒甚盛，至千余人。亲造《太上章》以代《急就》，又着《典诫》十五篇，以教胄子……皝亲临东庠考试学生，其径通秀异者，擢充近侍。

慕容皝子慕容儁时，乘后赵内乱之机向中原发展，战败魏国，斩杀冉闵，将国都迁到蓟（北京）。

《晋书》卷110《慕容儁载记》云：

> 是岁丁零翟鼠及冉闵将刘准等率其所部降于儁，封鼠归义王，拜准左司马。
>
> 时鲜卑段勤初附于儁，其后复叛。儁遣慕容恪及相国封弈讨冉闵于安喜，慕容垂讨段勤于绎幕，儁如中山，为二军声势。闵惧，奔于常山，恪追及于泒水。闵威名素振，众咸惮之。恪谓诸将曰："闵师老卒疲，实为难用；加其勇而无谋，一夫之敌耳。虽有甲兵，不足击也。吾今分军为三部，掎角以待之。闵性轻锐，又知吾军势非其敌，必出万死冲吾中军。吾今贯甲厚阵以俟其至，诸君但厉卒，从旁须其战合，夹而击之，蔑不克也。"及战，败之，斩首七千余级，擒闵，送之，斩于龙城……儁自和龙至蓟城。

晋永和八年（352），慕容儁称帝，不久，又迁都于邺城，冉闵屠杀少数族人而造成的中原混乱的局面结束了。

（二）前燕王朝的衰亡

慕容儁在中原称帝后，就想消灭东晋，统一中国。然而前燕的力量远不足以成此大业，于是下令州郡"校阅见丁"，每户留一丁，其余全部征发当兵。

《晋书》卷110《慕容儁载记》云：

> （慕容）儁于是复图入寇，兼欲经略关西，乃令州郡校阅见丁，精核隐漏，率户留一丁，余悉发之，欲使步卒满一百五十万，期明年大集，将进临洛阳，为三方节度。

由于遭到大臣的反对，才改用三五发丁。

《晋书》卷110《慕容儁载记》云：

> 武邑刘贵上书极谏，陈百姓凋敝，召兵非法，恐人不堪命，有土崩之祸，并陈时政不便于时者十有三事。儁览而悦之，付公卿博议，事多纳用，乃改为三五占兵，宽戎备一周，悉令明年季冬赴集邺都。

由于慕容氏连年征伐，中原虚耗，阶级矛盾十分尖锐。

《慕容儁载记》云：

是时兵集邺城，盗贼互起，每夜攻劫，晨昏断行。

到前燕的第二代皇帝慕容暐时，政治局面逆转。其特征是出现了类似西晋腐败政治的状况。

《晋书》卷111《慕容暐载记》云：

时外则王师及苻坚交侵，兵革不息；内则暐母乱政，（慕容）评等贪冒，政以贿成，官非才举，群下切齿焉。

所以尚书左丞申绍，上疏列举前燕的弊政。

《慕容暐载记》云：

其尚书左丞申绍上疏曰：

臣闻汉宣有言："与朕共治天下者，其唯良二千石乎！"是以特重此选，必妙尽英才，莫不拔自贡士，历资内外，用能仁感猛兽，惠致群祥。今者守宰或擢自匹夫兵将之间，或因宠戚，藉缘时会，非但无闻于州间，亦不经于朝廷。又无考绩，黜陟幽明。贪惰为恶，无刑戮之惧；清勤奉法，无爵赏之劝。百姓穷弊，侵牟无已，兵士逋逃，乃相招为贼盗。风颓化替，莫相纠摄。且吏多则政烦，由来常患。今之见户，不过汉之一大郡，而备置百官，加之新立军号，兼重有过往时。虚假名位，废弃农业，公私驱扰，人无聊生。宜并官省职，务劝农桑。秦吴二虏僻僭一时，尚能任道捐情，肃谐伪部，况大燕累圣重光，君临四海，而可美政或亏，取陵奸寇哉！邻之有善，众之所望，我之不修，彼之愿也。

秦吴狡猾，地居形胜，非唯守境而已，乃有吞噬之心。中州丰实，户兼二寇，弓马之劲，秦晋所惮，云骑风驰，国之常也，而比赴敌后机，兵不速济者何也？皆由赋法靡恒，役之非道。郡县守宰每于差调之际，无不舍越殷强，首先贫弱，行留俱窘，资赡无所，人怀嗟怨，遂致奔亡，进阙供国之饶，退离蚕农之要。兵岂在多，贵于用命。宜严制军科，务先饶复，习兵教战，使偏伍有常，从戎之外，足营私业，父兄有陟岵之观，子弟怀孔尔之顾，虽赴水火，何所不从！

节俭约费，先王格谟；去华敦朴，哲后恒宪。故周公戒成王以啬财为本，汉文以皂帏变俗，孝景宫人弗过千余，魏武宠赐不盈十万，薄葬不坟，俭以率下，所以割肌肤之惠，全百姓之力。谨案后宫四千有余，僮侍厮养通兼十倍，日费之重，价盈万金，绮谷罗纨，岁增常调，戎器弗营，奢玩是务。今帑藏虚竭，军士无襜褕之赉，宰相侯王迭以侈丽相尚，风靡之化，积习成俗，卧薪之谕，未足甚焉。宜罢浮华非要之役，峻明婚姻丧葬之条，禁绝奢靡浮烦之事，出倾宫之女，均商农之赋。公卿以下以四海为家，信赏必罚，纲维肃举者，温猛之首可悬之白旗，秦吴二主可以礼之归命，岂唯不复侵寇而已哉！陛下若不远追汉宗弋绨之模，近崇先帝补衣之美，臣恐颓风弊俗亦变靡途，中兴之歌无以轸这弦咏。

又拓宇兼并，尖一城之地；控制戎夷者，悄之以德。今鲁阳、上郡重山之外，云阴之北，四百有余，而未可以羁服塞表，为平寇之基，徒孤危托落，令善附内骇。宜摄就并豫，以临二河，通接漕毂，拟之丘后；重晋阳之戍，增南藩之兵，战守之备，衔以千金之饵，蓄力待时，可一举而灭。如其虔刘送死，俟入境而断之，可令匹马不反。非唯绝二贼窥窬，乃是裁殄之要，惟陛下览焉。

暐不纳。

在慕容暐、慕容评的腐败统治之下，前燕的崩溃，已难避免。晋太和五年（370）四月，前秦苻坚任王猛为统帅，率杨安等6将，步骑6万人，进攻前燕。燕军大败，慕容暐、慕容评被擒，前燕在中原地区只统治了18年。

《晋书》卷111《慕容暐载记》云：

苻坚又使王猛、杨安率众伐暐，猛攻壶关，安攻晋阳。暐使慕容评等率中外精卒四十余万距之。猛、安进师潞川。州郡盗贼大起，邺中多怪异，暐忧惧不知所为，乃召其使而问曰："秦众何如？今大师既出，猛等能战不？"或对曰："秦国小兵弱，岂王师之敌，景略常才，又非太傅之匹，不足忧也。"黄门侍郎梁琛、中书侍郎乐嵩进曰:"不然。兵书之义,计敌能斗,当以算取之。若冀敌不斗,非万全之道也。庆郑有云:'秦众虽少,战士倍我。'众之多少,非可问也。且秦行师千里,固战是求,何不战之有乎!"暐不悦。

猛与评等相持。评以猛悬军远入,利在速战,议以持久制之。猛乃遣其将郭庆率骑五千,夜从间道起火高山,烧评辎重,火见邺中。评性贪鄙,鄣固山泉,卖樵鬻水,积钱绢如丘陵,三军莫有斗志。暐遣其侍中兰伊让评曰:"王,高祖之子也,宜以宗庙社稷为忧,奈何不务抚养励劳,专以聚敛为心乎!府藏之珍货,朕岂与王爱之!若寇军冒进,王持钱帛安所置也!皮之不存,毛将安傅!钱帛可散之三军,以平寇凯旋为先也。"评惧而与猛战于潞川,评师大败,死者五万余人,评等单骑遁还。猛遂长驱至邺,坚复率众十万会猛攻暐。

先是,慕容桓以众万余屯于沙亭,为评等后继。闻评败,引屯内黄。坚遣将邓羌攻信都,桓率鲜卑五千退保和龙。散骑侍郎徐蔚等率扶余、高句丽及上党质子五百余人,夜开城门以纳坚军。暐与评等数十骑奔于昌黎。坚遣郭庆追及暐于高阳,坚将巨武执暐,将缚之,暐曰:"汝何小人而缚天子!"武曰:"我梁山巨武,受诏缚贼,何谓天子邪!"遂送暐于坚。坚诘其奔状,暐曰:"狐死首丘,欲归死于先人坟墓耳!"坚哀而释之,令还官率文武出降。郭庆遂追评、桓于和龙。桓杀其镇东慕容亮而并其众,攻其辽东太守韩稠于平川。郭庆遣将军朱嶷击桓,执而送之。

坚徙暐及其王公已下并鲜卑四万余户于长安,封暐新兴侯,署为尚书。坚征寿春,以暐为平南将军、别部都督。淮南之败,随坚还长安。既而慕容垂攻苻丕于邺,慕容冲起兵关中,暐谋杀坚以应之,事发,为坚所诛,时年三十五。及德僭称尊号,伪谥幽皇帝。

始廆以武帝太康六年称公,至暐四世。暐在位一十一年,以海西公太和五年灭,通廆、皝凡八十五年。

三 张氏前凉政权的兴替

前凉立国,自晋永宁元年(301)张轨作凉州刺史时开其端。张轨,安定乌氏(今甘肃平凉西北)人。永宁初,出为护羌校尉、凉州刺史。西晋亡乱之际,张轨奖励农耗,选拔人才,设置学校,使凉州一带成为中原人才的避难地之一。

《晋书》卷86《张轨传》载：

> 张轨字士彦，安定乌氏人，汉常山景王耳十七代孙也。家世孝廉，以儒学显。父温，为太官令。轨少明敏好学，有器望，姿仪典则，与同郡皇甫谧善，隐于宜阳女几山。泰始初，受叔父锡官五品。中书监张华与轨论经义及政事损益，甚器之，谓安定中正为蔽善抑才，乃美为之谈，以为二品之精。卫将军杨珧辟为掾，除太子舍人，累迁散骑常侍、征西军司。
>
> 轨以时方多难，阴图据河西，筮之，遇泰之观，乃投筴喜曰："霸者兆也。"于是求为凉州。公卿亦举轨才堪御远。永宁初，出为护羌校尉、凉州刺史。于时鲜卑反叛，寇盗从横，轨到官，即讨破之，斩首万余级，遂威著西州，化行河右。以宋配、阴充、氾瑗、阴澹为股肱谋主，征九郡胄子五百人，立学校，始置崇文祭酒，位视别驾，春秋行乡射之礼。秘书监缪世征、少府挚虞夜观星象，相与言曰："天下方乱，避难之国唯凉土耳。张凉州德量不恒，殆其人乎！"及河间、成都二王之难，遣兵三千，东赴京师……永兴中，鲜卑若罗拔能皆为寇，轨遣司马宋配击之，斩拔能，俘十余万口，威名大震。惠帝遣加安西将军，封安乐乡侯，邑千户。于是大城姑臧。……至此，张氏遂霸河西……愍帝即位，进位司空，固让。……帝遣大鸿胪辛攀拜轨侍中、太尉、凉州牧。……在州十三年，寝疾，遗令曰："吾无德于人，今疾病弥留，殆将命也。文武将佐咸当弘尽忠规，务安百姓，上思报国，下以宁家。素棺薄葬，无藏金玉。"

建兴二年（314），张轨死，其子张寔、张茂相继立。张茂死，寔子张骏即位。

关于张寔，《晋书》卷86《张轨传附张寔传》载：

> 寔字安逊，学尚明察，敬贤爱士，以秀才为郎中。永嘉初，固辞骁骑将军，请还凉州，许之，改授议郎。及至姑臧，以讨曹祛功，封建武亭侯。寻迁西中郎将，进爵福禄县侯。建兴初，除西中郎将，领护羌校尉。轨卒，州人推寔摄父位……会刘曜逼长安，寔遣将军王该率众以援京城。（愍）帝嘉之，拜都督陕西诸军事……时焦崧、陈安

寇陇右，东与刘曜相持，雍、秦之人死者十八九。初，永嘉中，长安谣曰："秦川中，血没腕，惟有凉州倚柱观。"至是，谣言验矣。

关于张茂，《晋书》卷86《张轨传附张茂传》云：

> 茂字成逊，虚靖好学，不以世利婴心。建兴初，南阳王保辟从事中郎，又荐为散骑侍郎、中垒将军，皆不就。二年，征为侍中，以父老固辞。寻拜平西将军、秦州刺史。太兴三年，寔既遇害，州人推茂为大都督、太尉、凉州牧，茂不从，但受使持节、平西将军、凉州牧。乃诛阎沙及党与数百人，赦其境内。复以兄子骏为抚军将军、武威太守、西平公。
>
> 岁余，茂筑灵均台，周轮八十余堵，基高九仞。武陵人阎曾夜叩门呼曰："武公遣我来，曰：何故劳百姓筑台乎？"姑臧令辛岩以曾妖妄，请杀之。茂曰："吾信劳人。曾称先君之令，保谓妖乎！"太府主簿马鲂谏曰："今世难未夷，唯当弘尚道素，不宜劳役崇饰台榭。且比年已来，转觉众务日奢于往，每所经营，轻违雅度，实非士女所望于明公。"茂曰："吾过也，吾过也！"命止作役。
>
> 明年，刘曜遣其将刘咸攻韩璞于冀城，呼延寔攻宁羌护军阴鉴于桑壁。临洮人翟楷、石琮等逐令长，以县应曜，河西大震……
>
> （张茂）以陈珍为平虏护军，率卒骑一千八百救韩璞。曜阴欲引归，声言要先取陇西，然后回灭桑壁。珍募发氐羌之众，击曜走之，克复南安。茂深嘉之，拜折冲将军……
>
> 茂雅有志节，能断大事。凉州大姓贾摹，寔之妻弟也，势倾西土。先是，谣曰："手莫头，图凉州。"茂以为信，诱而杀之，于是豪右屏迹，威行凉域。永昌初，茂使将军韩璞率众取陇西南安之地，以置秦州。
>
> 太宁三年卒，临终，执骏手泣曰："昔吾先人以孝友见称。自汉初以来，世执忠顺。今虽华夏大乱，皇舆播迁，汝当谨守人臣之节，无或失坠，吾遭扰攘之运，承先人余德，假摄此州，以全性命，上欲不负晋室，下欲保完百姓。然官非王命，位由私议，苟以集事，岂荣之哉！气绝之日，白帢入棺，无以朝服，以彰吾志焉。"年四十八。在位五年。私谥曰成。茂无子，骏嗣位。

关于张骏，《晋书》卷86《张轨传附张骏传》云：

骏字公庭，幼而奇伟。建兴四年，封霸城侯。十岁能属文，卓越不羁，而淫纵过度，常夜微行于邑里，国中化之。及统任，年十八。先是，愍帝使人黄门侍郎史淑在姑臧，左长史氾祎、右长史马谟等讽淑，令拜骏使持节、大都督、大将军、凉州牧、领护羌校尉、西平公。赦其境内，置左右前后四率官，缮南宫。刘曜又使人拜骏凉州牧、凉王……

西域诸国献汗血马、火浣布、犎牛、孔雀、巨象及诸珍异二百余品。西域长史李柏请击叛将赵贞，为贞所败。议者以柏造谋致败，请诛之。骏曰："吾每以汉世宗之杀王恢，不如秦穆之赦孟明。"竟以减死论，群心咸悦。骏观兵新乡，狩于北野，因讨轲没虏，破之。下令境中曰："昔鲧殛而禹兴，芮诛而缺进，唐帝所以殄洪灾，晋侯所以成五霸。法律犯死罪，暮亲不得在朝。今尽听之，唯不宜内参宿卫耳。"于是刑清国富，群僚劝骏称凉王，领秦、凉二州牧，置公卿百官，如魏武、晋文故事。骏曰："此非人臣所宜言也。敢有言此者，罪在不赦。"然境内皆称之为王。群僚又请骏立世子，骏不从。中坚将军宋辑言于骏曰："礼急储君者，盖重宗庙之故。周成、汉昭立于襁褓，诚以国嗣不可旷，储官当素定也。昔武王始有国，元王作储君。建兴之初，先王在位，殿下正名统，况今社稷弥崇，圣躬介立，大业遂殷，继贰阙然哉！臣窃以为国有累卵之危，而殿下以为安逾泰山，非所谓也。"骏纳之，遂立子重华为世子……

骏议欲严刑峻制，众咸以为宜。参军黄斌进曰："臣未见其可。"骏问其故。斌曰："夫法制所以经纶邦国，笃俗齐物，既立必行，不可湮隆也。若尊者犯令，则法不行矣。"骏屏机改容曰："夫法唯上行，制无高下。且微黄君，吾不闻过矣。黄君可谓忠之至也。"于坐擢为敦煌太守。骏有计略，于是厉操改节，勤修庶政，总御文武，咸得其用，远近嘉咏，号曰积贤君。自轨据凉州，属天下之乱，所在征伐，军无宁岁。至骏，境内渐平。又使其将杨宣率众越流沙，伐龟兹、鄯善，于是西域并降。鄯善王元孟献女，号曰美人，立宾遐观以处之。焉耆前部、于寘王并遣使贡方物。得玉玺于河，其文曰"执万国，建无极"。

时骏尽有陇西之地，士马强盛，虽称臣于晋，而不行中兴正朔。舞六佾，建豹尾，所置官僚府寺拟于王者，而微异其名，又分州西界三郡置沙州，东界六郡置河州。二府官僚莫不称臣……

骏境内尝大饥，谷价踊贵，市长谭详请出仓谷与百姓，秋收三倍征之。从事阴据谏曰："昔西门豹宰邺，积之于人；解扁莅东封之邑，计入三倍。文侯以豹有罪而可赏，扁有功而可罚。今详欲因人之饥，以要三倍，反裘伤皮，未足喻之。"骏纳之。

晋永和二年（346），张骏病死，子张重华继位，称凉州牧、假凉王。由于张重华能轻赋敛，废关税，省徭役，注意抚恤贫穷百姓，因而社会较为安定。

张茂、张骏、张重华统治前凉的时期，是前凉最兴盛的时期。

《晋书》卷86《张轨传》传论云：

茂、骏、重华资忠踵武，崎岖僻陋，无忘本朝，故能西控诸戎，东攘巨猾，绾累叶之珪组，赋绝域之琛賮，振曜遐荒，良由杖顺之效矣。

又《读史方舆纪要》卷3《历代州域形势三·十六国》云：

（前凉疆域）南逾河、湟，东至秦、陇，西包葱岭，北暨居延。

张重华于晋永和九年（353）病死，其幼子耀灵继位，年才10岁。张重华庶兄张祚辅政，旋废张耀灵，张祚自称凉州牧、凉公。转年又自称凉王。张祚淫虐暴乱，人人怨恨。

《晋书》卷86《张轨传附张祚传》载：

祚字太伯，博学雄武，有政事之才。既立，自称大都督、大将军、凉州牧、凉公。淫暴不道，又通重华妻裴氏，自阁内媵妾及骏、重华未嫁子女，无不暴乱，国人相目，咸赋《墙茨》之诗。

永和十年，祚纳尉缉、赵长等议，僭称帝位，立宗庙，舞八佾，置百官，下书曰："昔金行失驭，戎狄乱华，胡、羯、氐、羌咸怀窃玺。我武公以神武拨乱，保宁西夏，贡款勤王，旬朔不绝。四祖承光，忠诚弥著。往受晋禅，天下所知，谦冲逊让，四十年于兹矣。今中原丧乱，华裔无主，群后佥以九州之望无所依归，神祇岳渎罔所凭系，逼孤摄行大统，以一四海之心。辞不获已，勉从群议。待扫秽二京，荡清周魏，然后迎帝旧都，谢罪天阙，思与兆庶同兹更始。"改建兴四十二年为和平元年，赦殊死，赐鳏寡帛，加文武爵各一级……明日，大风拔木，灾异屡见，而祚凶虐愈甚。其尚书马岌以切谏免官。郎中丁琪又谏曰："先公累执忠节，远宗吴会，持盈守谦，五十余载。苍生所以鹄企西望、四海所以注心大凉、皇天垂赞、士庶效死者，正以先公道高彭昆，忠逾西伯，万里通虔，任节不贰故也。能以一州之众抗崩天之虏，师徒岁起，人不告疲。陛下虽以大圣雄姿纂戎鸿绪，勋德未高于先公，而行革命之事，臣窃未见其可。华夷所以归系大凉、义兵所以千里响赴者，以陛下为本朝之故。今既自尊，人斯高竞，一隅之地何以当中国之师！城峻冲生，负乘致寇，惟陛下图之。"祚大怒，斩之于阙下。遣其将和昊率众伐骊靬戎于南山，大败而还……

祚宗人张瓘时镇枹罕，祚恶其强，遣其将易揣、张玲率步骑万三千以袭之。时张掖人王鸾颇知神道，言于祚曰："军出不复还，凉国将有不利矣。"祚大怒，以鸾妖言沮众，斩之以徇，三军乃发。鸾临刑曰："我死不二十日，军必败。"……祚又遣张掖太守索孚代瓘镇枹罕，为瓘所杀。玲等济河未毕，又为瓘兵所破。揣单骑奔走，瓘军蹑之，祚众震惧。敦煌人宋混与弟澄等聚众以应瓘。赵长、张璕等惧罪，入阁呼重华母马氏出殿，拜耀灵庶弟玄靓为王。揣等率众入殿伐长，杀之。瓘弟琚及子嵩募数百市人，扬声言"张祚无道，我兄大军已到城东，敢有举手者诛三族"。祚众披散。琚、嵩率众入城，祚按剑殿上，大呼，令左右死战。祚既失众心，莫有斗志，于是被杀。枭其首，宣示内外，暴尸道左，国内咸称万岁。祚纂立三年而亡。

张祚被杀后，张祚族人张瓘进入姑臧，立张耀灵弟张玄靓为凉王。后张玄靓去凉王之号，改称凉州牧。晋兴宁元年（363），张骏少子张天锡，杀玄靓而自立。从永和九年（353）张重华病卒到兴宁元年张天锡自称凉州牧、西平公，这10年间，前凉统治阶级上层争权夺位，自相残杀，前凉势力逐渐衰弱。张天锡取得政权后，耽于酒色，不理政事，晋太元元年（376），前秦苻坚，派大将苟苌、姚苌等攻打前凉，张天锡出降，前凉灭亡。

第三节　前秦统一北方与淝水之战

在十六国前期其他政权日趋衰落之时，前秦却不断强大起来，并统一了北方。其威势之盛，远出石勒之上。而淝水一战，前秦大败，北方重新陷于混乱中。

一　氐族前秦政权的创立

当前燕进入中原的时候，氐族首领苻健也建立了前秦。苻健的父亲苻洪，略阳临渭（今甘肃秦安东南）人，原姓蒲，永嘉时被部落首领推为盟主，后被前赵刘曜封为氐王，不久又受后赵封号。晋永和六年（350），苻洪自称大都督、大将军、大单于、三秦王，改姓苻。同年被后赵降将麻秋所酖杀。

《晋书》卷112《苻洪载记》云：

> 苻洪字广世，略阳临渭氐人也。其先盖有扈之苗裔，世为西戎酋长。始其家池中蒲生，长五丈，五节如竹形，时咸谓之蒲家，因以为氏焉。父怀归，部落小帅。先是，陇右大雨，百姓苦之，谣曰："雨若不止，洪水必起。"故因名曰洪。好施，多权略，骁武善骑射。
>
> 属永嘉之乱，乃散千金，召英杰之士访安危变通之术。宗人蒲光、蒲突遂推洪为盟主。刘曜僭号长安，光等逼洪归曜，拜率义侯。曜败，洪西保陇山。石季龙将攻上邽，洪又请降。季龙大悦，拜冠军将军，委以西方之事。季龙灭石生，洪说季龙宜徙关中豪杰及羌戎内实京师。季龙从之，以洪为龙骧将军、流人都督，处于枋头。累有战功，封西平郡公，其部下赐爵关内侯者二千余人，以洪为关内领侯将。冉闵言于季龙曰："苻洪雄果，其诸子并非常才，宜密除之。"季龙待之愈厚。及石遵即位，闵又以为言，遵乃去洪都督，余如前。洪怨之，乃遣使降晋。后石鉴杀遵，所在兵起，洪有众十余万。

永和六年，帝以洪为征北大将军、都督河北诸军事、冀州刺史、广川郡公。时有说洪称尊号者，洪亦以谶文有"艸付应王"，又其孙坚背"艸付"字，遂改姓苻氏，自称大将军、大单于、三秦王。洪谓博士胡文曰："孤率众十万，居形胜之地，冉闵、慕容儁可指辰而殄，姚襄父子克之在吾数中，孤取天下，有易于汉祖。"初，季龙以麻秋镇枹罕，冉闵之乱，秋归邺，洪使子雄击而获之，以秋为军师将军。秋说洪西都长安，洪深然之。既而秋因宴鸩洪，将并其众，世子健收而斩之。洪将死，谓健曰："所以未入关者，言中州可指时而定。今见困竖子，中原非汝兄弟所能办。关中形胜，吾亡后便可鼓行而西。"言终而死，年六十六。健僭位，伪谥惠武帝。

苻洪死后，其第三子苻健继立，西入关中，进据长安。永和七年（351），健自称天王、大单于。次年，改称皇帝，国号秦，史称前秦。《晋书》卷112《苻健载记》载：

> 苻健字建业，洪第三子也……及长，勇果便弓马，好施，善事人，甚为石季龙父子所亲爱。季龙虽外礼苻氏，心实忌之，乃阴杀其诸兄，而不害健也。及洪死，健嗣位，去秦王之号，称晋爵，遣使告丧于京师，且听王命。
>
> 时京兆杜洪窃据长安，自称晋征北将军、雍州刺史，戎夏多归之。健密图关中，惧洪知之，乃伪受石祗官，缮宫室于枋头，课所部种麦，示无西意，有知而不种者，健杀之以徇。既而自称晋征西大将军、都督关中诸军事、雍州刺史，尽众西行，起浮桥于盟津以济。遣其弟雄率步骑五千入潼关，兄子菁自轵关入河东。健执菁手曰："事若不捷，汝死河北，我死河南，不及黄泉，无相见也。"既济，焚桥，自统大众继雄而进。杜洪遣其将张先要健于潼关，健逆击破之。健虽战胜，犹修笺于洪，并送名马珍宝，请至长安上尊号。洪曰："币重言甘，诱我也。"乃尽召关中之众来距……健遂进军，次赤水，遣雄略地渭北，又败张先于阴槃，擒之，诸城尽陷，菁所至无不降者，三辅略定。健引兵至长安，洪奔司竹。健入而都之，遣使献捷京师，并修好于桓温。
>
> 健军师将军贾玄硕等表健为侍中、大都督关中诸军事、大单于、

秦王，健怒曰："我官位轻重，非若等所知。"既而潜使讽玄硕等使上尊号。永和七年，僭称天王、大单于，赦境内死罪，建元皇始，缮宗庙社稷，置百官于长安。立妻强氏为天王皇后，子苌为天王皇太子，弟雄为丞相、都督中外诸军事、车骑大将军、领雍州刺史，自余封授各有差。

初，杜洪之奔也，招晋梁州刺史司马勋。至是，勋率步骑三万入秦川，健败之于五丈原。

八年，健僭即皇帝位于太极前殿，诸公进为王，以大单于授其子苌。

永和十年（354），东晋征西将军桓温率军四万攻秦，由于苻健执行坚壁清野政策，桓温大败而还。

《晋书》卷112《苻健载记》载：

（永和）十年，温率众四万趋长安，遣别将从均口入淅川，攻上洛，执健荆州刺史郭敬，而遣司马勋掠西鄙。健遣其子苌率雄、菁等众五万，距温于尧柳城愁思堆。温转战而前，次于灞上，苌等退营城南。健以羸兵六千固守长安小城，遣精锐三万为游军以距温。三辅郡县多降于温。健别使雄领骑七千，与桓冲战于白鹿原，王师败绩，又破司马勋于子午谷。初，健闻温之来也，收麦清野以待之，故温众大饥。至是，徙关中三千余户而归。及至潼关，又为苌等所败，司马勋奔还汉中。

苻健执政期间，注意减轻赋税，留心政事，推行儒学，优礼耆老，从而使前秦初期的统治得到了巩固。

《晋书》卷112《苻健载记》云：

（苻健）与百姓约法三章，薄赋卑官，垂心政事，优礼耆老，修尚儒学，而关右称来苏焉。

二　苻坚统一北方

永和十一年（355），苻健死，其子苻生继位。苻生生性残暴，即位后任情杀戮，使得人人自危，道路以目。

《晋书》卷112《苻生载记》云：

> 生字长生，健第三子也。幼而无赖，祖洪甚恶之。生无一目，为儿童时，洪戏之，问侍者曰："吾闻瞎儿一泪，信乎？"侍者曰："然。"生怒，引佩刀自刺出血，曰："此亦一泪也。"洪大惊，鞭之。生曰："性耐刀槊，不堪鞭捶。"洪曰："汝为尔不已，吾将以汝为奴。"生曰："可不如石勒也。"洪惧，跣而掩其口，谓健曰："此儿狂勃，宜早除之，不然，长大必破人家。"健将杀之，雄止之曰："儿长成自当修改，何至便可如此！"健乃止。及长，力举千钧，雄勇好杀，手格猛兽，走及奔马，击刺骑射，冠绝一时。桓温之来伐也，生单马入阵，搴旗斩将者前后十数。
>
> 苌既死，健以谶言三羊五眼应符，故立为太子。健卒，僭即皇帝位，大赦境内，改年寿光，时永和十二年也。尊其母强氏为皇太后，立妻梁氏为皇后。以吕婆楼为侍中、左大将军，苻安领太尉，苻柳为征东大将军、并州牧，镇蒲坂，苻搜为镇东大将军、豫州牧，镇陕城，自余封授有差。
>
> 初，生将强怀与桓温战没，其子延未及封而健死。会生出游，怀妻樊氏于道上书，论怀忠烈，请封其子。生怒，射而杀之……
>
> （又）杀其妻梁氏及太傅毛贵，车骑、尚书令梁楞，左仆射梁安。未几，又诛侍中、丞相雷弱儿及其九子、二十七孙。诸羌悉叛。弱儿，南安羌酋也，刚鲠好直言，见生嬖臣赵韶、董荣乱政，每大言于朝，故荣等谮而诛之。
>
> 生虽在谅闇，游饮自若，荒耽淫虐，杀戮无道，常弯弓露刃以见朝臣，锤钳锯凿备置左右。又纳董荣之言，诛其司空王堕以应日蚀之灾。飨群臣于太极前殿，饮酣乐奏，生亲歌以和之。命其尚书令辛牢典劝，既而怒曰："何不强酒？犹有坐者！"引弓射牢而杀之。于是百僚大惧，无不引满昏醉，污服失冠，蓬头僵仆，生以为乐。
>
> （苻）生如阿房，遇兄与妹俱行者，逼令为非礼，不从，生怒杀之。又宴群臣于咸阳故城，有后至者，皆斩之。尝使太医令程延合安胎药，问人参好恶并药分多少，延曰："虽小小不具，自可堪用。"生以为讥其目，凿延目出，然后斩之……初，生少凶暴嗜酒，健临

死，恐其不能保全家业，诫之曰："苢帅、大臣若不从汝命，可渐除之。"及即伪位，残虐滋甚，耽酒于酒，无复昼夜。群臣朔望朝谒，罕有见者，或至暮方出，临朝辄怒，惟行杀戮。动连月昏醉，文奏因之遂寝。纳奸佞之言，赏罚失中。左右或言陛下圣明宰世，天下惟歌太平。生曰："媚于我也。"引而斩之。或言陛下刑罚微过。曰："汝谤我也。"亦斩之。所幸妻妾小有忤旨，便杀之，流其尸于渭水。又遣宫人与男子裸交于殿前。生剥牛羊驴马，活焰鸡豚鹅，三五十为群，放之殿中。或剥死囚面皮，令其歌舞，引群臣观之，以为嬉乐。宗室、勋旧、亲戚忠良杀害略尽，王公在位者悉以疾告归，人情危骇，道路以目。既自有目疾，其所讳者不足、不具、少、无、缺、伤、残、毁、偏、只之言皆不得道，左右忤旨而死者不可胜纪，至于截胫、刳胎、拉胁、锯颈者动有千数。

晋升平元年（357），苻健弟苻雄之子苻坚杀苻生自立。苻坚，字永固，自幼好学，有才气，结交王猛、吕婆楼等有才干的人，以图经世之宜。杀苻生后他曾让位与其庶兄苻法，法坚持不受，苻坚遂称大秦天王，改元永兴，大封百官。

《晋书》卷113《苻坚载记上》云：

苻坚字永固，一名文玉，雄之子也。祖洪，从石季龙徙邺，家于永贵里。其母苟氏尝游漳水，祈子于西门豹祠，其夜梦与神交，因而有孕，十二月而生坚焉。有神光自天烛其庭。背有赤文，隐起成字，曰"草付臣又土王咸阳"。臂垂过膝，目有紫光。洪奇而爱之，名曰坚头。

年七岁，聪敏好施，举止不逾规矩。每侍洪侧，辄量洪举措，取与不失机候。洪每曰："此儿姿貌瑰伟，质性过人，非常相也。"高平徐统有知人之鉴，遇坚于路，异之，执其手曰："苻郎，此官之御街，小儿敢戏于此，不畏司隶缚邪？"坚曰："司隶缚罪人，不缚小儿戏也。"统谓左右曰："此儿有霸王之相。"左右怪之，统曰："非尔所及也。"后又遇之，统下车屏人，密谓之曰："苻郎骨相不恒，后当大贵，但仆不见，如何！"坚曰："诚如公言，不敢忘德。"八岁，请师就家学。洪曰："汝戎狄异类，世知饮酒，今乃求学邪！"

欣而许之。健之入关也，梦天神遣使者朱衣赤冠，命拜坚为龙骧将军，健翌日为坛于曲沃以授之。健泣谓坚曰："汝祖昔受此号，今汝复为神明所命，可不勉之！"坚挥剑捶马，志气感厉，士卒莫不惮服焉。性至孝，博学多才艺，有经济大志，要结英豪，以图纬世之宜。王猛、吕婆楼、强汪、梁平老等并有王佐之才，为其羽翼，太原薛赞、略阳权翼见而惊曰："非常人也！"

及苻生嗣伪位，赞、翼说坚曰："今主上昏虐，天下离心。有德者昌，无德受殃，天之道也。神器业重，不可令他人取之，愿君王行汤武之事，以顺天人之心。"坚深然之，纳为谋主。生既残虐无度，梁平老等亟以为言，坚遂弑生，以伪位让其兄法。法自以庶孽，不敢当。坚及母苟氏并虑众心未服，难居大位，群僚固请，乃从之。以升平元年僭称大秦天王，诛生佞幸臣董龙、赵韶等二十余人，赦其境内，改元曰永兴。追谥父雄为文桓皇帝，尊母苟氏为皇太后，妻苟氏为皇后，子宏为皇太子。兄法为使持节、侍中、都督中外诸军事、丞相、录尚书，从祖侯为太尉，从兄柳为车骑大将军、尚书令，封弟融为阳平公，双河南公，子丕长乐公，晖平原公，熙广平公，睿巨鹿公。李威为卫将军、尚书左仆射；梁平老为右仆射；强汪为领军将军；仇腾为尚书，领选；席宝为丞相长史、行太子詹事；吕婆楼为司隶校尉；王猛、薛赞为中书侍郎；权翼为给事黄门侍郎，与猛、赞并掌机密。

苻坚是一个汉化程度较高的氐族贵族。当政时极力笼络汉族地主，汉族王猛最受他的信任。王猛，北海剧县（今山东昌乐西）人。少贫寒，以卖畚为业。后居于华阴，博学好读兵书。苻坚在登位前，就闻知王猛名声，并曾约见王猛，两人谈得十分投契。

《晋书》卷114《苻坚载记下附王猛传》载：

王猛字景略，北海剧人也，家于魏郡。少贫贱，以鬻畚为业。尝货畚于洛阳，乃有一人贵买其畚，而云无直，自言家去此无远，可随我取直。猛利其贵而从之，行不觉远，忽至深山，见一父老，须发皓然，踞胡床而坐，左右十许人，有一人引猛进拜之。父老曰："王公何缘拜也！"乃十倍偿畚直，遣人送之。猛既出，顾视，乃嵩高山也。

　　猛瑰姿态儁伟，博学好兵书，谨重严毅，气度雄远，细事不干其虑，自不参其神契，略不与交通，是以浮华之士咸轻而笑之。猛悠然自行，不以屑怀。少游于邺都，时人罕能识也。惟徐统见而奇之，召为功曹。遁而不应，遂隐于华阴山。怀佐世之志，希龙颜之主；敛翼待时，候风云而后动。桓温入关，猛被褐而诣之，一面谈当世之事，扪虱而言，旁若无人。温察而异之，问曰："吾奉天子之命，率锐师十万，杖义讨逆，为百姓除残贼，而三秦豪杰未有至者何也？"猛曰："公不远数千里，深入寇境，长安咫尺而不渡灞水，百姓未见公心故也，所以不至。"温默然无以酬之。温之将还，赐猛车马，拜高官督护，请与俱南。猛还山咨师，师曰："卿与桓温岂并世哉！在此自可富贵，何为远乎！"猛乃止。

　　苻坚将有大志，闻猛名，遣吕婆楼招之，一见便若平生，语及废兴大事，异符同契，若玄德之遇孔明也。及坚僣位，以猛为中书侍郎。

苻坚即位后，在王猛的辅佐下，在政治上实行了一系列按照汉族政治传统制定的政策。

一是整顿吏治，加强中央集权。

《晋书》卷114《苻坚载记下附王猛传》载：

　　（王）猛宰政公平，流放尸素，拔幽滞，显贤才。

同书卷113《苻坚载记上》云：

　　王猛亲宠愈密，朝政莫不由之。特进樊世，氐豪也，有大勋于苻氏，负气倨傲，众辱猛曰："我辈与先帝共兴事业而不预时权。君无汗马之劳，何敢专管大任？是为我耕稼而君食之乎！"猛曰："方当使君为宰夫，安直耕稼而已。"世大怒曰："要当悬汝头于长安城门，不尔者，终不处于世也！"……坚由此发怒，命斩之于西厩。诸氐纷纭，竞陈猛短。坚恚甚，慢骂，或有鞭挞于殿庭者……自是公卿以下无不惮猛焉……

以王猛为侍中、中书令、京兆尹。其特进强德，（苻）健妻之弟也，昏酒豪横，为百姓之患，猛捕而杀之，陈尸于市。其中丞邓羌鲠直不挠，与猛协规齐志，数旬之间，贵戚强豪，诛死者二十有余人。于是百僚震肃，豪右屏气，路不拾遗，风化大行。坚叹曰："吾今始知天下之有法也，天子之为尊也。"

二是广兴学校，恢复儒学。

《晋书》卷113《苻坚载记上》云：

（苻）坚广修学官，召郡国学生通一经以上充之，公卿已下子孙并遣受业。其有学为通儒、才堪干事、清修廉直、孝悌力田者，皆旌表之。于是人思劝励，号称多士，盗贼止息，请托路绝，田畴修辟，帑藏充盈，典章法物靡不悉备。坚亲临太学，考学生经义优劣，品而第之。问难五经，博士多不能对。坚谓博士王寔曰："朕一月三临太学，黜陟幽明，躬亲奖励，罔敢倦违，庶几周孔微言不由朕而坠，汉之二武其可追乎！"寔对曰："自刘石扰覆华畿，二都鞠为茂草，儒生罕有或存，坟籍灭而莫纪，经沦学废，奄若秦皇。陛下神武拨乱，道隆虞夏，开庠序之美，弘儒教之风，化盛隆周，垂馨千祀，汉之二武焉足论哉！"坚自是每月一临太学，诸生竞劝焉。

又云：

（苻）坚临太学，考学生经义，上第擢叙者八十三人。自永嘉之乱，庠序无闻，及坚之僭，颇留心儒学。王猛整齐风俗，政理称举，学校渐兴。

三是禁奢靡，与民休息。

《晋书》卷113《苻坚载记上》云：

（升平二年，苻坚）还长安。赐为父后者爵一级，鳏寡高年谷帛有差，丐所过田租之半。是秋，大旱，坚减膳彻悬，金玉绮绣，皆散之戎士。后宫悉去罗纨，衣不曳地。开山泽之利，公私共之。偃甲息兵，与境内休息。

时商人赵掇、丁妃、邹瓮等皆家累千金，车服之盛，拟则王侯，坚之诸公竞引之为国二卿。黄门侍郎程宪言于坚曰："赵掇等皆商贩丑竖，市郭小人，车马衣服僭同王者，官齐君子，为藩国列卿，伤风败俗，有尘圣化，宜肃明典法，使清浊显分。"坚于是推检引掇等为国卿者，降其爵。乃下制："非命士已上，不得乘车马于都城百里之内。金银锦绣，工商、皂隶、妇女不得服之，犯者弃市。"

苻坚这一系列政策的推行，加强了前秦的统治力量，使关中地区的经济文化出现复兴景象。《晋书》卷113《苻坚载记上》载：

关陇清晏，百姓丰乐，自长安至于诸州，皆夹路树槐柳，二十里一亭，四十里一驿，旅行者取给于途，工商贸贩于道。百姓歌之曰："长安大街，夹树杨槐。下走朱轮，上有鸾栖。英彦云集，诲我萌黎。"

晋宁康三年（375），王猛病死，《晋书》卷114《苻坚载记下附王猛传》有这样一段评述：

军国内外，万机之务，事无巨细，莫不归之。猛宰政公平，流放尸素，拔幽滞，显贤才。外修兵革，内崇儒学，劝课农桑，教以廉耻。无罪而不刑，无才而不任，庶绩咸熙，百揆时叙，于是兵强国富，垂及升平，猛之力也。

自升平元年（357）苻坚即位至太和五年（370）灭前燕，在这十多年中，前秦国内形成相对安定的环境，生产得以发展，国力得以增强。苻坚就在这个基础上，统一了北方。

太和五年，苻坚派王猛率邓羌等攻伐前燕，燕败，这已见到前述。接着，秦又攻取仇池，降服巴氐。《晋书》卷113《苻坚载记上》载：

初，仇池氐杨世以地降于坚，坚署为平南将军、秦州刺史、仇池公。既而归顺于晋。世死，子纂代立，遂受天子爵命而绝于坚。世弟统骁武得众，起兵武都，与纂分争。坚遣其将苻雅、杨安与益州刺史王统率步骑七万，先取仇池，进图宁益。雅等次于鹫陕，纂率众五万距雅。晋梁州刺史杨亮遣督护郭宝率骑千余救之，战于陕中，为雅等所败，纂收众奔还。雅进攻仇池，杨统帅武都之众降于雅。纂将杨他遣子硕密降于雅，请为内应。纂惧，面缚出降。雅释其缚，送之长安。以杨统为平远将军、南秦州刺史，加杨安都督，镇仇池。

苻坚又命杨安等攻蜀，宁康元年（373）攻下益州，即以杨安为右大将军、益州牧，镇守成都。

《晋书》卷113《苻坚载记上》云：

> 晋梁州刺史杨亮遣子广袭仇池，与坚将杨安战，广败绩，晋沮水诸戍皆委城奔溃，亮惧而退守磬险，安遂进寇汉川。坚遣王统、朱彤率卒二万为前锋寇蜀，前禁将军毛当、鹰扬将军徐成率步骑三万入自剑阁。杨亮率巴獠万余拒之，战于青谷，王师不利，亮奔固西城。彤乘胜陷汉中，徐成又攻二剑，克之，杨安进据梓潼。晋奋威将军、西蛮校尉周虓降于彤。杨武将军、益州刺史周仲孙勒兵距彤等于绵竹，闻坚将毛当将至成都，仲孙率骑五千奔于南中。安、当进兵，遂陷益州。于是西南夷邛莋、夜郎等皆归之。坚以安为右大将军、益州牧，镇成都；毛当为镇西将军、梁州刺史，镇汉中；姚苌为宁州刺史、领西蛮校尉；王统为南秦州刺史，镇仇池。

太元元年（376），苻坚又攻灭前凉，凉王张天锡投降，迁凉州豪右七千余户于关中。

《晋书》卷113《苻坚载记上》云：

> （苻坚）遣其武卫苟苌、左将军毛盛、中书令梁熙、步兵校尉姚苌等率骑十三万伐张天锡于姑臧。遣尚书郎阎负、梁殊衔命军前，下书征天锡。坚严饰卤簿，亲饯苌等于城西，赏行将各有差。又遣其秦州刺史苟池、河州刺史李辩、凉州刺史王统，率三州之众以继之。阎负等到凉州，天锡自以晋之列藩，志在保境，命斩之，遣将军马建出距苌等。俄而梁熙、王统等自清石津攻春将梁粲于河会城，陷之。苟

苌济自石城津，与梁熙等会攻缠缩城，又陷之。马建惧，自杨非退还清塞。天锡又遣将军掌据率众三万，与马建阵于洪池。苟苌遣姚苌以甲卒三千挑战，诸将劝据击之，以挫其锋，据不从。天锡乃率中军三万次金昌。苌、熙闻天锡来逼，急攻据、建，建降于苌，遂攻据，害之，及其军司席仂。苌进军入清塞，乘高列阵。天锡又遣司兵赵充哲为前锋，率劲勇五万，与苌等战于赤岸，哲大败。天锡惧而奔还，致笺请降。苌至姑臧，天锡乘素车白马，面缚舆榇，降于军门。苌释缚焚榇，送之于长安，诸郡县悉降。坚以梁熙为持节、西中郎将、凉州刺史，领护西羌校尉，镇姑臧。徙豪右七千余户于关中，五品税百姓金银一万三千斤以赏军士，余皆安堵如故。坚封天锡重光县之东宁乡二百户，号归义侯。初，苌等将征天锡，坚为其立第于长安，至是而居之。

灭前凉的同年，苻坚又遣大将苻洛为北讨大都督，进攻代王什翼犍，俘什翼犍而灭代，散其部落。自此，前秦实现了西晋灭亡以来北方最大的统一。

《晋书》卷113《苻坚载记上》云：

> 坚既平凉州，又遣共安北将军、幽州刺史苻洛为北讨大都督，率幽州兵十万讨代王涉翼犍。又遣后将军俱难与邓羌等率步骑二十万出和龙，西出上郡，与洛会于涉翼犍庭。翼犍战败，遁于弱水。苻洛逐之，势穷迫，退还阴山。其子翼圭缚父请降，洛等振旅而还，封赏有差。坚以翼犍荒俗，未参仁义，令入太学习礼。以翼圭执父不孝，迁之于蜀。散其部落于汉鄣边故地，立尉、监行事，官僚领押，课之治业营生，三五取丁，优复三年无税租。其渠帅岁终令朝献，出入行来为之制限。坚尝之太学，召涉翼犍问曰："中国以学养性，而人寿考，漠北啖牛羊而人不寿，何也？"翼犍不能答。又问："卿种人有堪将者，可召为国家用。"对曰："漠北人能捕六畜，善驰走，逐水草而已，何堪为将！"又问："好学否？"对曰："若不好学，陛下用教臣何为？"坚善其答。

三 淝水之战与前秦的灭亡

苻坚统一北方之后,就想进攻东晋,统一全国。晋太元八年(383),苻坚强征各族人民,组成军队,大举南下。前秦军在淝水一战中被东晋军击溃。关于淝水之战的始末,《资治通鉴》卷105《晋纪》孝武帝太元八年条载:

秦王坚下诏大举入寇,民每十丁遣一兵;其良家子年二十已下,有材勇者,皆拜羽林郎……八月,戊午,坚遣阳平公融督张蚝、慕容垂等步骑二十五万为前锋;以兖州刺史姚苌为龙骧将军,督益、梁州诸军事。甲子,坚发长安,戎卒六十余万,骑二十七万,旗鼓相望,前后千里。九月,坚至项城,凉州之兵始达咸阳,蜀、汉之兵方顺流而下,幽、冀之兵至于彭城,东西万里,水陆齐进,运漕万艘。阳平公融等兵三十万,先至颖口。

诏以尚书仆射谢石为征虏将军、征讨大都督,以徐、兖二州刺史谢玄为前锋都督,与辅国将军谢琰、西中郎将桓伊等众共八万拒之;使龙骧将军胡彬以水军五千援寿阳。琰,安之子也。

是时,秦兵既盛,都下震恐。谢玄入,问计于谢安,安夷然,答曰:"已别有旨。"既而寂然。玄不敢复言,乃令张玄重请。安遂命驾出游山墅,亲朋毕集,与玄围棋赌墅。安棋常劣于玄,是日,玄惧,便为敌手而又不胜。安遂游陟,至夜乃还。桓冲深以根本为忧,遣精锐三千入援京师。谢安固却之,曰:"朝廷处分已定,兵甲无阙,西藩宜留以为防。"冲对佐吏叹曰:"谢安石有庙堂之量,不闲将略。今大敌垂至,方游谈不暇,遣诸不经事少年拒之,众又寡弱,天下事已可知,吾其左衽矣!"

以琅邪王道子录尚书六条事。

冬,十月,秦阳平公融等攻寿阳;癸酉,克之,执平虏将军徐元喜等。融以其参军河南郭褒为淮南太守。慕容垂拔郧城。胡彬闻寿阳陷,退保硖石,融进攻之。秦卫将军梁成等帅众五万屯于洛涧,栅淮以遏东兵。谢石、谢玄等去洛涧二十五里而军,惮成,不敢进。胡彬粮尽,潜遣使告石等曰:"今贼盛,粮尽,恐不复见大军!"秦人获之,送于阳平公融。融驰使白秦王坚曰:"贼少易擒,但恐逃去,宜速赴之！"坚乃留大军于项城，引轻骑八千，兼道就融于寿阳。遣尚书朱序来说谢石等，以为"强弱异势，不如速降"。序私谓石等曰："若秦百万之众尽至，诚难与为敌。今乘诸军未集，宜速击之；若败其前锋，则彼已夺气，可遂破也。"

石闻坚在寿阳，甚惧，欲不战以老秦师。谢琰劝石从序言。十一月，谢玄遣广陵相刘牢之帅精兵五千人趣洛涧，未至十里，梁成阻涧为陈以待之。牢之直前渡水，击成，大破之，斩成及弋阳太守王咏，又分兵断其归津，秦步骑崩溃，争赴淮水，士卒死者万五千人。执秦扬州刺史王显等，尽收其器械军实。于是谢石等诸军水陆继进。秦王坚与阳平公融登寿阳城望之，见晋兵部阵严整，又望见八公山上草木，皆以为晋兵，顾谓融曰："此亦劲敌，何谓弱也！"怃然始有惧色。

秦兵逼肥水而陈，晋兵不得渡。谢玄遣使谓阳平公融曰："君悬军深入，而置陈逼水，此乃持久之计，非欲速战者也。若移陈少却，使晋兵得渡，以决胜负，不亦善乎！"秦诸将皆曰："我众彼寡，不如遏之，使不得上，可以万全。"坚曰："但引兵少却，使之半渡，我以铁骑蹙而杀之，蔑不胜矣！"融亦以为然，遂麾兵使却。秦兵遂退，不可复止，谢玄、谢琰、桓伊等引兵渡水击之。融驰骑略陈，欲以帅退者，马倒，为晋兵所杀，秦兵遂溃。玄等乘胜追击，至于青冈；秦兵大败，自相蹈藉而死者，蔽野塞川。其走者闻风声鹤唳，皆以为晋兵且至，昼夜不敢息，草行露宿，重以饥冻，死者什七、八。初，秦兵少却，朱序在陈后呼曰："秦兵败矣！"众遂大奔。序因与张天锡、徐元喜皆来奔。获秦王坚所乘云母车及仪服、器械、军资、珍宝、畜产不可胜计，复取寿阳，执其淮南太守郭褒。

坚中流矢，单骑走至淮北，饥甚，民有进壶飧、豚髀者，坚食之，赐帛十四，绵十斤。辞曰："陛下厌苦安乐，自取危困。臣为陛下子，陛下为臣父，安有子饲其父而求报乎？"弗顾而去。坚谓张夫人曰："吾今复何面目治天下乎！"潸然流涕。

是时，诸军皆溃，惟慕容垂所将三万人独全，坚以千余骑赴之……垂亲党多劝垂杀坚，垂皆不从，悉以兵授坚。平南将军慕容暐屯郧城，闻坚败，弃其众遁去；至荥阳，慕容德复说暐起兵以复燕祚，暐不从。

谢安得驿书，知秦兵已败，时方与客围棋，摄书置床上，了无喜色，围棋如故。客问之，徐答曰："小儿辈遂已破贼。"既罢，还内，过户限，不觉屐齿之折。

太元十年（385）七月，苻坚败死，苻坚庶长子苻丕在晋阳称帝，改元太安，大封百官。

《晋书》卷115《苻丕载记》载：

苻丕字永叔，坚之长庶子也。少而聪慧好学，博综经史。坚与言将略，嘉之，命邓羌教以兵法。文武才干亚于苻融，为将善收士卒情，出镇于邺，东夏安之。

坚败归长安，丕为慕容垂所逼，自邺奔枋头。坚之死也，丕复入邺城，将收兵赵魏，西赴长安。会幽州刺史王永、平州刺史苻冲频为垂将平规等所败，乃遣昌黎太守宋敞焚烧和龙、蓟城宫室，率众三万进屯壶关，遣使招丕。丕乃去邺，率男女六万余口进如潞川。骠骑张蚝、并州刺史王腾迎之，入据晋阳，始知坚死问，举哀于晋阳，三军缟素。王永留苻冲守壶关，率骑一万会丕，劝称尊号，丕从之，乃以太元十年僭即皇帝位于晋阳南。立坚行庙，大赦境内，改元曰太安。置百官，以张蚝为侍中、司空，封上党郡公；王永为使持节、侍中、都督中外诸军事、车骑大将军、尚书令，进封清河公；王腾为散骑将侍、中军大将军、司隶校尉、阳平郡公；苻冲为左光禄大夫、尚书左仆射、西平王；俱石子为卫将军、濮阳公；杨辅为尚书右仆射、济阳公；王亮为护军将军、彭城公；强益耳、梁畅为侍中，徐义为吏部尚书，并封县公。自余封授各有差。

转年，苻丕与鲜卑人慕容永激战于襄陵（今山西临汾东南），惨败，后又败于晋将冯该，被杀。

《晋书》卷115《苻丕载记》云：

丕留王腾守晋阳，杨辅戍壶关，率众四万进据平阳。王统以秦州降姚苌。慕容永以丕至平阳，恐不自固，乃遣使求假道还东，丕弗许。遣王永及苻纂攻之，以俱石子为前锋都督，与慕容永战于襄陵。

王永大败，永及石子皆死之。

初，苻纂之奔丕也，部下壮士三千余人，丕猜而忌之。及永之败，惧为纂所杀，率骑数千南奔东垣。晋扬威将军冯该自陕要击，败之，斩丕首，执其太子宁、长乐王寿，送于京师，朝廷赦而不诛，归之于苻宏。徐义为慕容永所获，械埋其足，将杀之。义诵《观世音经》，至夜中，土开械脱，于重禁之中若有人导之者，遂奔杨佺期，佺期以为洛阳令。苻纂及弟师奴率丕余众数万，奔据杏城。

苻丕死后，诸将拥立苻坚的族孙、苻丕的族子苻登继立。太元十九年（394），苻登为姚苌子姚兴所败，旋被杀，其子苻崇奔逃于湟中（今溥海西宁）嗣位，当年被西秦乞伏干归所杀，前秦亡。

《晋书》卷115《苻登载记》载：

登以窦冲为车骑大将军、南秦州牧，杨定为大将军、益州牧，杨璧为司空、梁州牧。

苻纂败姚硕德于泾阳，姚苌自阴密距纂，纂退屯敷陆。窦冲攻苌汧、雍二城，克之，斩其将军姚元平、张略等。又与苌战于汧东，为苌所败。登次于瓦亭。苌攻彭沛谷堡，陷之，沛谷奔杏城，苌迁阴密。登征虏、冯翊太守兰犊率众二万自频阳入于和宁，与苻纂首尾，将图长安。师奴劝其兄纂称尊号，纂不从，乃杀纂，自立为秦公。兰犊绝之，皆为姚苌所败。

登进据胡空堡，戎夏归之者十有余万。姚苌遣其将军姚方成攻陷徐嵩堡，嵩被杀，悉坑戎士。登率众下陇入朝那，姚苌据武都相持，累战互有胜负。登军中大饥，收骨以供兵士。立其子崇为皇太子，弁为南安王，尚为北海王。姚苌退还安定。登就食新平，留其大军于湖空堡，率骑万余围苌营，四面大哭，哀声动人。苌恶之，乃命三军哭以应登，登乃引退……

登将军窦洛、窦于等谋反发觉，出奔于苌。登进讨彭池不克，攻弥姐营及繁川诸堡，皆克之。苌连战屡败，乃遣其中军姚崇袭大界，登引师要之，大败崇于安丘，俘斩二万五千。进攻苌将吴忠、唐匡于平凉，克之，以尚书苻硕原为前禁将军、灭羌校尉，戍平凉。登进据苟头原以逼安定。苌率骑三万夜袭大界营，陷之，杀登妻毛氏及其子升、尚，擒名将数十人，驱掠男女五万余口而去。

登收合余兵，退据胡空堡，遣使赍书加窦冲大司马、骠骑将军、前锋大都督、都督陇东诸军事，杨定左丞相、上大将军、都督中外诸官事，杨璧大将军、都督陇右诸军事。遣冲率见众为先驱，自繁川趣长安。登率众从新平迳据新丰之千户固。使定率陇上诸军为其后继，璧留守仇池。又命其并州刺史杨政、冀州刺史杨楷率所统大会长安。苌遣其将军王破虏略地秦州，杨定及破虏战于清水之格奴坂，大败之。登攻张龙世于鸶泉堡，姚苌救之，登引退……苌攻陷新罗堡。苌扶风太守齐益男奔登。登将军路柴、强武等并以众降于苌。登攻苌将张业生于陇东，苌救之，不克而退。登将军魏褐飞攻姚当成于杏城，为苌所杀……

登自雍攻苌将金温于范氏堡，克之，遂渡渭水，攻苌京兆太守韦范于段氏堡，不克，进据曲牢。苟曜有众一万，据逆方堡，密应登，登去曲牢繁川，次于马头原。苌率骑来距，大战败之，斩其尚书吴忠，进攻新平。苌率众救之，登引退，复攻安定，为苌所败，据路承堡。

是时苌疾病，见苻坚为祟。登闻之，秣马厉兵……以窦冲为右丞相。寻而冲叛，自称秦王，建年号。登攻之于野人堡，冲请救于姚苌，苌遣其太子兴攻胡空堡以救之。登引兵还赴胡空堡，冲遂与苌连和。

至是苌死，登闻之喜曰："姚兴小儿，吾将折杖以笞之。"于是大赦，尽众而东，攻屠各姚奴、帛蒲二堡，克之，自甘泉向关中。兴追登不及数十里，登从六陌趣废桥，兴将尹纬据桥以待之。登争水不得，众渴死者十二三。与纬大战，为纬所败，其夜众溃，登单马奔雍。

初，登之东也，留其弟司徒广守雍，太子崇守胡空堡。广、崇闻登败，出奔，众散。登至，无所归，遂奔平凉，收集遗众入马毛山。兴率众攻之，登遣子汝阴王宗质于陇西鲜卑乞伏乾归，结婚请援，乾归遣骑二万救登。登引军出迎，与兴战于山南，为兴所败，登被杀。在位九年，时年五十二。崇奔于湟中，僭称尊号，改元延初。伪谥登曰高皇帝，庙号太宗。崇为乾归所逐，崇、定皆死。

始，健以穆帝永和七年僭立，至登五世，凡四十有四岁。

第四节 淝水战后北方少数族政权的纷纷建立

十六国后期，随着前秦的瓦解，原苻坚控制下的各族酋领纷纷建立自己的政权，北方重现了严重的分裂局面。

一 羌族姚氏建立后秦

后秦是羌族姚苌建立的国家。姚苌，字景茂，南安赤亭（今甘肃陇县西）人。其兄姚襄为苻坚所杀，姚苌率诸弟降于苻坚。晋太元九年（384），姚苌自称大将军、大单于、万年秦王，两年后称帝，都长安，国号秦，史称后秦。

《魏书》卷95《姚苌传》载：

> 羌姚苌，字景茂，出于南安赤亭，烧当之后也……父弋仲，晋永嘉之乱，东徙榆眉。刘曜以弋仲为平西将军、平襄公。烈帝之五年，弋仲率部众随石虎迁于清河之滠头。（石）勒以弋仲为奋武将军，封襄平公。昭成时，弋仲死，子襄代，屯于谯城。慕容儁以襄为豫州刺史、丹阳公。进屯淮南，自称大将军、大单于，为司马聃将桓温所败，奔于河东，后为苻眉所杀。弋仲有子四十二人，苌第二十四，随兄襄征伐。襄甚奇之。襄之败也，苌率子弟降于苻坚，从坚征伐，频有战功……及（淝水战后）慕容泓起兵华泽，坚遣子卫大将军睿讨之，战败，为泓所杀。时苌为睿司马，惧罪，奔马牧，聚众万余，自称大将军、大单于、万年秦王，号年白雀。数月之间，众至十余万，与慕容冲连和，进屯北地。苻坚出至五将山，苌执而杀之。登国元年，僭称皇帝，置百官，国号大秦，年曰建初……

太元十九年（394），姚苌死，其子姚兴即位。后秦进入极盛时期。太元十九年，姚兴消灭了前秦残余势力苻登，前秦灭亡，后秦全部领有关中。随后，姚兴在政治方面，实行了一些比较开明的政策。

《晋书》卷117《姚兴载记上》云：

> 兴留心政事，苞容广纳，一言之善，咸见礼异。京兆杜瑾、冯翊

吉默、始平周宝等上陈时事，皆擢处美官。天水姜龛、东平淳于岐、冯翊郭高等皆耆儒硕德，经明行修，各门徒数百，教授长安，诸生自远而至者万数千人。兴每于听政之暇，引龛等于东堂，讲论道艺，错综名理。凉州胡辩，苻坚之末，东徙洛阳，讲授弟子千有余人，关中后进多赴之请业。兴敕关尉曰："诸生咨访道艺，修己厉身，往来出入，勿拘常限。"于是学者咸劝，儒风盛焉。给事黄门侍郎古成诜、中书侍郎王尚、尚书郎马岱等，以文章雅正，参管机密。诜风韵秀举，确然不群，每以天下是非为己任。时京兆韦高慕阮籍之为人，居母丧，弹琴饮酒。诜闻而泣曰："吾当私刃斩之，以崇风教。"遂持剑求高。高惧，逃匿，终身不敢见诜……

班命郡国，百姓因荒自卖为奴婢者，悉免为良人。兴以日月薄蚀，灾眚屡见，降号称王，下书令群公卿士将牧守宰各降一等。于是其太尉赵公旻等五十三人上疏谏曰："伏惟陛下勋格皇天，功济四海，威灵振于殊域，声教暨于退方，虽成汤之隆殷基，武王之崇周业，未足比喻。方当廓靖江吴，告成中岳，岂宜过垂冲损，违皇天之眷命乎！"兴曰："殷汤、夏禹德冠百王，然犹顺守谦冲，未居崇极，况朕寡昧，安可以处之哉！"乃遣旻告于社稷宗庙，大赦，改元弘始。赐孤独鳏寡粟帛有差，年七十已上加衣杖。始平太守周班、槐里令李彰皆以黩货诛，于是君国肃然矣。洛阳既陷，自淮汉已北诸城，多请降送任。

兴下书听祖父母昆弟得相容隐。姚绪、姚硕德以兴降号，固让王爵，兴弗许。

京兆韦华、谯郡夏侯轨、始平庞眺等率襄阳流人一万叛晋，奔于兴。兴引见东堂，谓华曰："晋自南迁，承平已久，今政化风俗何如？"华曰："晋主虽有南面之尊，无总御之实，宰辅执政，政出多门，权去公家，遂成习俗。刑网峻急，风俗奢宕。自桓温、谢安已后，未见宽猛之中。"兴大悦，拜华中书令。

兴如河东。时姚绪镇河东，兴待以家人之礼。下书封其先朝旧臣姚驴碨、赵恶地、王平、马万载、黄世等子为五等子男。命百僚举殊才异行之士，刑政有不便于时者，皆除之。兵部郎金城边熙上陈军令烦苛，宜遵简约。兴览而善之，乃依孙吴誓众之法以损益之。兴立律学于长安，召郡县散吏以授之。其通明者还之郡县，论决刑狱。若州郡县所不能决者,谳之廷尉。兴常临咨议堂听断疑狱,于时号无冤滞……兴性俭约,车马无金玉之饰,自下化之,莫不敦尚清素。

这些措施,在十六国后期各政权中是少有的,结果使后秦成为淝水战后北方最强的国家。但姚兴也竭力宣扬佛教,从而极大地消耗了后秦的国力。

《晋书》卷117《姚兴载记上》云:

（姚）兴如逍遥园,引诸沙门于澄玄堂,听鸠摩罗什演说佛经。罗什通辩夏言,寻览旧经,多有乘谬,不与胡本相应。兴与罗什及沙门僧䂮、僧迁、道树、僧睿、道坦、僧肇、昙顺等八百余人,更出大品,罗什持胡本,兴执旧经,以相考校,其新文异旧者皆会于理义。续出诸经并诸论三百余卷。今之新经皆罗什所译。兴既托意于佛道,公卿已下莫不钦附,沙门自远而至者五千余人。起浮图于永贵里,立波若台于中宫,沙门坐禅者恒有千数。州郡化之,事佛者十室而九矣。

晋义熙十二年（416）正月,姚兴病死于诸子争立的斗争中,姚兴长子姚泓继位。泓继立不久,东晋太尉刘裕带兵攻后秦,而姚泓弟姚懿、姚兴从兄姚恢却弃外敌于不顾,先后率兵攻入长安,致使刘裕大军从潼关长驱深入,于次年灭掉后秦。

二 夏赫连氏的兴亡

夏政权是由匈奴族赫连勃勃建立的。赫连勃勃本匈奴南单于后裔,其父刘卫辰入居塞内,被苻坚封为西单于,督摄河西诸部。赫连勃勃投奔后秦姚兴后,姚兴任命他为安远将军、封阳川侯,后又任命他为持节、安北将军,封五原公。

《晋书》卷130《赫连勃勃载记》云:

赫连勃勃字屈孑,匈奴右贤王去卑之后,刘元海之族也。曾祖武,刘聪世以宗室封楼烦公,拜安北将军、监鲜卑诸军事、丁零中郎将,雄据肆庐川。为代王猗卢所败,遂出塞表。祖豹子招集种落,复为诸部之雄,石季龙遣使就拜平北将军、左贤王、丁零单于。父卫辰入居塞内,苻坚以为西单于,督摄河西诸虏,屯于代来城。及坚国乱,遂有朔方之地,控弦之士三万八千。后魏师伐之,辰令其子力俟提距战,为魏所败。魏人乘胜济河,克代来,执辰杀之。勃勃乃奔于叱干部。叱干他斗伏送勃勃于魏。他斗伏兄子阿利先戍大洛川,闻将送勃勃,驰谏曰:"鸟雀投人,尚宜济免,况勃勃国破家亡,归命于我?纵不能容,犹宜任其所奔。今执而送之,深非仁者之举。"他斗伏惧为魏所责,弗从。阿利潜遣劲勇篡勃勃于路,送于姚兴高平公没奕于,奕于以女妻之。

勃勃身长八尺五寸,腰带十围,性辩慧;美风仪。兴见而奇之,深加礼敬,拜骁骑将军,加奉车都尉,常参军国大议,宠遇逾于勋旧。兴弟邕言于兴曰:"勃勃天性不仁,难以亲近。陛下宠遇太甚,臣窃惑之。"兴曰:"勃勃有济世之才,吾方收其艺用,与之共平天下,有何不可!"乃以勃勃为安远将军,封阳川侯,使助没奕于镇高平,以三城、朔方杂夷及卫辰部众三万配之,使为伐魏侦候。姚邕固谏以为不可。兴曰:"卿何以知其性气?"邕曰:"勃勃奉上慢,御众残,贪暴无亲,轻为去就,宠之逾分,终为边害。"兴乃止。顷之,以勃勃为持节、安北将军、五原公,配以三交五部鲜卑及杂虏二万余落,镇朔方。时河西鲜卑杜崘献马八千匹于姚兴,济河,至大城,勃勃留之,召其众三万余人伪猎高平川,袭杀没奕于而并其众,众至数万。

晋义熙三年(407),赫连勃勃脱离后秦,拥兵自立,称天王、大单于,大封百官,国号大夏。

《晋书》卷130《夏连勃勃载记》云:

义熙三年,僭称天王、大单于,赦其境内,建元曰龙升,署置百官。自以匈奴夏后氏之苗裔也,国称大夏。以其长兄右地代为丞相、代公,次兄力俟提为大将军、魏公,叱干阿利为御史大夫、梁公,弟阿利罗引为征南将军、司隶校尉,若门为尚书令,叱以鞬为征西将军、尚书左仆射,乙斗为征北将军、尚书右仆射,自余以次授任。

刘裕灭后秦之后，自己返回江南，赫连勃勃乘机打败刘裕派在长安留守的刘义真，尽有关中之地。

《晋书》卷130《赫连勃勃载记》云：

> 俄而刘裕灭泓，入于长安，遣使遗勃勃书，请通和好，约为兄弟。勃勃命其中书侍郎皇甫徽为文而阴诵之，召裕使前，口授舍人为书，封以答裕。裕览其文而奇之，使者又言勃勃容仪瑰伟，英武绝人。裕欢曰："吾所不如也！"既而勃勃还统万，裕留子义真镇长安而还。勃勃闻之，大悦，谓王买德曰："朕将进图长安，卿试言取之方略。"买德曰："刘裕灭秦，所谓以乱平乱，未有德政以济苍生。关中形胜之地，而以弱子小儿守之，非经远之规也。狼狈而返者，欲速成篡事耳，无暇有意于中原。陛下以顺伐逆，义贯幽显，百姓以君命望陛下义旗之至，以日为岁矣。青泥、上洛，南师之冲要，宜置游兵断其去来之路。然后杜潼关，塞崤陕，绝其水陆之道。陛下声檄长安，申布恩泽，三辅父老皆壶浆以迎王师矣。义真独坐空城，逃窜无所，一旬之间必面缚麾下，所谓兵不血刃，不战而自定也。"勃勃善之，以子璝都督前锋诸军事，领抚军大将军，率骑二万南伐长安，前将军赫连昌屯兵潼关，以买德为抚军右长史，南断青泥，勃勃率大军继发，璝至渭阳，降者属路。义真遣龙骧将军沈田子率众逆战，不利而退，屯刘回堡。田子与义真司马王镇恶不平，因镇恶出城，遂杀之。义真又杀田子。于是悉召外军入于城中，闭门距守。关中郡县悉降。璝夜袭长安，不克。勃勃进据咸阳，长安樵采路绝。刘裕闻之，大惧，乃召义真东镇洛阳，以朱龄石为雍州刺史，守长安。义真大掠而东，至于灞上……

义熙十四年（418），赫连勃勃称帝于灞上，改元昌武。

《晋书》卷130《赫连勃勃载记》云：

> 百姓遂逐龄石，而迎勃勃入于长安。璝率众三万追击义真，王师败绩，义真单马而遁。买德获晋宁朔将军傅弘之、辅国将军蒯恩、义真司马毛修之于青泥，积人头以为京观。于是勃勃大飨将士于长安，举觞谓王买德曰："卿往日之言，一周而果效，可谓算无遗策矣。虽

宗庙社稷之灵，亦卿谋猷之力也。此觞所集，非卿而谁！"于是拜买德都官尚书，加冠军将军，封河阳侯。

赫连昌攻龄石及龙骧将军王敬于潼关之曹公故垒，克之，执龄石及敬送于长安。群臣乃劝进，勃勃曰："朕无拨乱之才，不能弘济兆庶，自枕戈寝甲，十有二年，而四海未同，遗寇尚炽，不知何以谢责当年，垂之来叶！将明扬仄陋，以王位让之，然后归老朔方，琴书卒岁。皇帝之号，岂薄德所膺！"群臣固请，乃许之。于是为坛于灞上，僭即皇帝位，赦其境内，改元为昌武。遣其将叱奴侯提率步骑二万攻晋并州刺史毛德祖于蒲坂，德祖奔于洛阳。以侯提为并州刺史，镇蒲坂。

赫连勃勃是十六国后期最残暴的统治者，施政极为暴虐。《晋书》卷130《赫连勃勃载记》载：

乃赦其境内，改元为凤翔。以叱干阿利领将作大匠，发岭北夷夏十万人，于朔方水北、黑水之南营起都城。勃勃自言："朕方统一天下，君临万邦，可以统万为名。"阿利性尤工巧，然残忍刻暴，乃蒸土筑城，锥入一寸，即杀作者而并筑之。勃勃以为忠，故委以营缮之任。又造五兵之器，精锐尤甚。既成呈之，工匠必有死者：射甲不入，即斩弓人；如其人也，便新铠匠。又造百炼刚刀……凡杀工匠数千，以是器物莫不精丽。

又云：

勃勃性凶暴好杀，无顺守之规。常居城上，置弓剑于侧，有所嫌忿，便手自杀之，群臣忤视者毁其目，笑者决其唇，谏者谓之诽谤，先截其舌，而后斩之。夷夏嚣然，人无生赖。

赫连勃勃死后，其第三子赫连昌继位。胜光元年（428），赫连昌被北魏生俘，封秦王，旋杀之。赫连勃勃的第五子赫连定逃奔平凉（今甘肃平凉西北），自称夏皇帝。胜光四年（431），赫连定在西击北凉时，被吐谷浑击败生俘，夏亡。

《魏书》卷95《铁弗刘虎传》载：

> 昌字还国，一名折，屈孑（即赫连勃勃）之第三子也。既僭位，改年永光。世祖（拓跋焘）闻屈孑死，诸子相攻，关中大乱，于是西伐，乃以轻骑一万八千济河袭昌。时冬至之日，昌方宴飨，王师奄到，上下惊扰。车驾次于黑水，去城三十余里，昌乃出战。世祖驰往击之，昌退走入城，未及闭门，军士乘胜入其西宫，焚其西门。夜宿城北。明日，分军四出，略居民，杀获数万，生口、牛、马十数万，徙万余家而还。
>
> 后昌遣弟定与司空奚斤相持于长安。世祖乘虚西伐，济君子津，轻骑三万，倍道兼行……遂克其城。
>
> 初，屈孑性奢，好治宫室。城高十仞，基厚三十步，上广十步；宫墙五仞，其坚可以砺刀斧；台榭高大，飞阁相连，皆雕镂图画，被以绮绣，饰以丹青，穷极文采。世祖顾谓左右曰："蕞尔小国，而用民如此，虽欲不亡，其可得乎？"
>
> 后侍御史安颉擒昌……封为秦王，坐谋反伏诛。
>
> 昌弟定小字直獖，屈孑之第五子，凶暴无赖。昌败，定奔于平凉，自称尊号，改年胜光。……与刘义隆连和，遥分河北，自恒山以东属义隆；恒山以西属定。遣其将寇鄜城，始平公隗归讨破之。定又将数万人东击归。世祖亲率轻骑袭平凉。定救平凉，方阵自固。世祖四面围之，断其水草，定不得水，引众下原。诏武卫将军丘眷击之，众溃，定被创，单骑遁走，收其余众，乃西保上邽。神䴥四年，为吐谷浑慕瓌所袭，擒定，送京师，伏诛。

三　鲜卑慕容部的后燕、西燕、南燕和北燕

在关东地区，短短半个世纪中先后出现了后燕、西燕、南燕和北燕（四个）政权。

（一）后燕

后燕是鲜卑慕容垂建立的。淝水战后，慕容垂被苻坚派往邺城去援助苻丕，慕容垂乘机叛秦。晋太元九年（384），自称燕王，两年后称帝，定都于中山（今河北定州），史称后燕。

《魏书》卷95《徒何慕容廆》载：

（慕容）垂字道明，元真第五子也……以车骑大将军败桓温于枋头，威名大震。不容于暐，西奔苻坚，坚甚重之……坚败于淮南，入于垂军，子宝劝垂杀之。垂以坚遇之厚也，不听。行至洛阳，请求拜墓，许之。遂起兵攻苻丕于邺，乃引漳水以灌之，不没者尺余。丁零翟斌怨垂，使人夜往决堰，水溃，故邺不拔。垂称燕王，置百官，年号燕元。引师去邺，开苻丕西归之路。丕固守邺城，请援于司马昌明。垂怒曰："苻丕，吾纵之不能去，方引南贼，规固邺都，不可置也。"乃复进师。丕乃弃邺奔并州。垂以兄子鲁阳王和为南中郎将镇邺。垂定都中山。登国元年垂僭称大位，号年为建兴，建宗庙、社稷于中山，尽有幽、冀、平州之地……

由于慕容垂注意发展经济，后燕成为十六国后期东方最强之国。后燕建国后，不仅消灭了前秦，继又消灭了魏国和西燕。

关于灭前秦，《晋书》卷123《慕容垂载记》云：

（慕容垂）遣其征西慕容楷、卫军慕容麟、镇南慕容绍、征虏慕容宙等攻苻坚冀州牧苻定、镇东苻绍、幽州牧苻谟、镇北苻亮。楷与定等书，喻以祸福，定等悉降。

关于灭翟钊建立的魏国，《晋书》卷123《慕容垂载记》云：

翟辽死，子钊代立，攻逼邺城，慕容农击走之。垂引师伐钊于滑台，次于黎阳津，钊于南岸距守，诸将恶其兵精，咸谏不宜济河。垂笑曰："竖子何能为，吾今为卿等杀之。"遂徙营就西津，为牛皮船百余艘，载疑兵列杖，溯流而上。钊先以大众备黎阳，见垂向西津，乃弃营西距。垂潜遣其桂林王慕容镇、骠骑慕容国于黎阳津夜济，壁于河南。钊闻而奔还，士众疲渴，走归滑台，钊携妻子率数百骑北趣白鹿山。农追击，尽擒其众，钊单骑奔长子。钊所统七郡户三万八千皆安堵如故。徙徐州流人七千余户于黎阳。

关于灭西燕，《晋书》卷123《慕容垂载记》云：

于是议征长子。诸将咸谏，以慕容永未有衅，连岁征役，士卒疲怠，请俟他年。垂将从之，及闻慕容德之策，笑曰："吾计决矣。且吾投老，扣囊底智，足以克之，不复留逆贼以累子孙也。"乃发步骑七万，遣其丹杨王慕容瓒、龙骧张崇攻永弟支于晋阳。永遣其将刁云、慕容锺率众五万屯潞川。垂遣慕容楷出自滏口，慕容农入自壶关，垂顿于邺之西南，月余不进。永谓垂诡道伐之，乃摄诸军还杜太行轵关。垂进师入自天井关，至于壶壁。永率精卒五万来距，阻河曲以自固，驰使请战。垂列阵于壶壁之南，农、楷分为二翼，慕容国伏千兵于深涧，与永大战。垂引军伪退，永追奔数里，国发伏兵驰断其后，楷、农夹击之，永师大败，斩首八千余级，永奔还长子。慕容瓒攻克晋阳。垂进围长子，永将贾韬等潜为内应。垂进军入城，永奔北门，为前驱所获，于是数而戮之，并其所署公卿刁云等三十余人。永所统新旧八郡户七万七千八百及乘舆、服御、伎乐、珍宝悉获之，于是品物具矣。

灭西燕后，慕容垂又于后燕建兴十年（395）和永康元年（396）两次大规模攻打北魏，均惨遭失败。慕容垂在第二次攻魏时病死。

《晋书》卷123《慕容垂载记》载：

（垂）遣其太子宝及农与慕容麟等率众八万伐魏，慕容德、慕容绍以步骑一万八千为宝后继。魏闻宝将至，徙往河西。宝进师临河，惧不敢济。还次参合。……是夜，魏师大至，三军奔溃。宝与德等数千骑奔免，士众还者十一二。绍死之……

宝恨参合之败，屡言魏有可乘之机。慕容德亦曰："魏人狃于参合之役，有陵太子之心，宜及圣略，摧其锐志。"垂从之，留德守中山，自率大众出参合，凿山开道，次于猎岭。遣宝与农出天门。征北慕容隆、征西慕容盛逾青山，袭魏陈留公泥于平城，陷之，收其众三万余人而还。

垂至参合，见往年战处，积骸如山，设吊祭之礼，死者父兄一时号哭，军中皆恸。垂惭愤欧血，因而寝疾，乘马舆而进。过平城北三十里，疾笃，筑燕昌城而还……垂至上谷之沮阳，以太元二十一年死。

慕容垂死后，其第四子慕容宝嗣位。慕容宝审定士族旧籍，核实户口，罢除鲜卑贵族因军功取得的封户以归属郡县，这都是比较正确的措施。但是，他又滥用刑罚，使得怨声载道。

《晋书》卷124《慕容宝载记》云：

> 垂死，其年宝嗣伪位，大赦境内，改元为永康。以其太尉库辱官伟为太师、左光禄大夫，段崇为太保，其余拜授各有差。遵垂遗令，校阅户口，罢诸军营分属郡县，定士族旧籍，明其官仪，而法峻政严，上下离德，百姓思乱者，十室而九焉。

永康二年，慕容宝在内乱中率数百骑兵奔龙城，留慕容浑守中山。浑即称帝，未几被慕容麟所杀，麟又称帝。

《晋书》卷124《慕容宝载记》云：

> （清河公）会遣仇尼归等率壮士二十余人分袭农、隆，隆是夜见杀，农中重创。既而会归于宝，宝意在诛会，诱而安之，潜使左卫慕舆腾斩会，不能伤。会复奔其众，于是勒兵攻宝。宝率数百骑驰如龙城，会率众追之，遣使请诛左右佞臣，并求太子，宝弗许。会围龙城，侍御郎高云夜率敢死士百余人袭会，败之，众悉逃散，单马奔还中山，乃逾围而入，为慕容详所杀。
>
> 详僭称尊号，置百官，改年号。荒酒奢淫，杀戮无度，诛其王公以下五百余人。内外震局，莫敢忤视。城中大饥，公卿饿死者数十人。麟率丁零之众入中山，斩详及其亲党三百余人，复僭称尊号，中山饥甚，麟出据新市，与魏师战于义台，麟军败绩。魏师遂入中山，麟乃奔邺。

慕容宝北奔龙城后，曾出兵南下，但因士卒苦于征役，起而反抗，退回龙城。后燕建平元年（398），慕容宝被部下鲜卑贵族兰汗所杀，兰汗自称大都督、大将军、大单于、昌黎王。但不久即为慕容盛所杀。

《晋书》卷124《慕容宝载记》载：

慕容德遣侍郎李延劝宝南伐，宝大悦。慕容盛切谏，以为兵疲师老，魏新平中原，宜养兵观衅，更俟他年……宝发龙城，以慕舆腾为前军大司马，慕容农为中军，宝为后军，步骑三万，次于乙连。长上段速骨、宋赤眉因众军之惮役也，杀司空、乐浪王宙，逼立高阳王崇。宝单骑奔农，仍引军讨速骨。众咸惮征幸乱，投杖奔之，腾众亦溃，宝、农驰还龙城。兰汗潜与速骨通谋，速骨进师攻城，农为兰汗所谲，潜出赴贼，为速骨所杀。众皆奔散，宝与慕容盛、慕舆腾南奔。兰汗奉太子策承制，遣使迎宝，及子蓟城。宝欲还北，盛等咸以汗之忠款虚实未明，今单马而还，汗有贰志者，悔之无及。宝从之，乃自蓟而南。至黎阳，闻慕容德称制，惧而退。遣慕舆腾招集散兵于巨鹿，慕容盛结豪杰于冀州，段仪、段温收部曲于内黄，众皆响会，克期将集。会兰汗遣左将军苏超迎宝，宝以汗垂之季舅，盛又汗之壻也，必谓忠款无贰，乃还至龙城。汗引宝入于外邸，弑之，时年四十四，在位三年，即隆安三年也。汗又杀其太子策及王公卿士百余人。汗自称大都督、大将军、大单于、昌黎王。盛僭位，伪谥宝惠愍皇帝，庙号烈宗。

慕容盛是慕容宝的庶长子，曾仕于西燕，后来潜奔后燕。他为兰汗之婿，利用这种婚姻关系，杀兰汗而自立，以长乐王的原爵位行使君权，后即帝位。

《晋书》卷124《慕容盛载记》云：

盛字道运，宝之庶长子也。少沈敏，多谋略。苻坚诛慕容氏，盛潜奔于冲。及冲称尊号，有自得之志，赏罚不均，政令不明。盛年十二，谓叔父柔曰："今中山王智不先众，才不出下，恩未施人，先自骄大，以盛观之，鲜不覆败。"俄而冲为段木延所杀，盛随慕容永东如长子，谓柔曰："今崎岖于锋刃之间，在疑忌之际，愚则为人所猜，智则危甚巢幕，当如鸿鹄高飞，一举万里，不可坐待罥纲也。"于是与柔及弟会间行东归于慕容垂……

宝即伪位，进爵为王。宝自龙城南伐，盛留统后事。及段速骨作乱，驰出迎卫。宝几为速骨所获，赖盛以免。盛屡进奇策于宝，宝不能从，是以屡败。宝既如龙城，盛留在后。宝为兰汗所杀，盛驰进赴哀，将军张真固谏以为不可。盛曰："我今投命，告以哀穷。汗性愚近，必顾念婚姻，不忍害我。旬月之间，足展吾志。"遂入赴丧……汗将诛盛，引见察之，盛妻以告，于是伪称疾笃，不复出入，汗乃止。有李旱、卫双、刘志、张豪、张真者，皆盛之旧昵，兰穆引为腹心，旱等屡入见盛，潜结大谋。会穆讨兰难等斩之，大飨将士，汗、穆皆醉。盛夜因如厕，袒而逾墙，入于东宫，与李旱等诛穆，众皆踊呼，进攻汗，斩之。汗二子鲁公和、陈公杨分屯令支、白狼，遣李旱、张真袭诛之。于是内外怗然，士女咸悦。盛谦挹自卑，不称尊号。其年，以长乐王称制，赦其境内，改元曰建平。诸王降爵为公，文武各复旧位。

初，慕容奇聚众于建安，将讨兰汗，百姓翕然从之。汗遣兄子全讨奇，奇击灭之。进屯乙连。盛既诛汗，命奇罢兵，奇遂与丁零严生、乌丸王龙之阻兵叛盛，引军至横沟，去龙城十里。盛出兵击败之，执奇而还，斩龙、生等百余人。盛于是僭即尊位，大赦殊死已下，追尊伯考献庄太子全为献庄皇帝，尊宝后段氏为皇太后。全妃丁氏为献庄皇后，谥太子策为献哀太子。盛幽州刺史慕容豪、尚书左仆射张通、昌黎尹张顺谋叛，盛皆诛之。改年为长乐。有犯罪者，十日一自决之，无挝捶之罚，而狱情多实。

慕容盛在位期间，刑法极严，使得人人自危。晋隆安五年（401）盛被部下段玑等杀死，其叔父慕容熙继位。

《晋书》卷124《慕容盛载记》云：

盛引见百僚于东堂，考详器艺，超拔者十有二人。命百司举文武之士才堪佐世者各一人。立其子辽西公定为太子，大赦殊死已下。宴其群臣于新昌殿，盛曰："诸卿各言其志，朕将览之。"七兵尚书丁信年十五，盛之舅子也，进曰："在上不骄，高而不危，臣之愿也。"盛笑曰："丁尚书年少，安得长者之言乎！"盛以威严驭下，骄暴少亲，多所猜忌，故信言及之。

盛讨库莫奚，大虏获而还。左将军慕容国与殿中将军秦舆、段赞等谋率禁兵袭盛，事觉，诛之，死者五百余人。前将军、思悔侯段玑、舆子兴、赞子泰等，因众心动摇，夜于禁中鼓噪大呼。盛闻变，率左右出战，众皆披溃。俄而有一贼从闇中击伤盛，遂辇升前殿，申约禁卫，召叔父河间公熙属以后事。熙未至而盛死，时年二十九，在位三年。伪谥昭武皇帝，墓号兴平陵，庙号中宗。

盛幼而羁贱流漂，长则遭家多难，夷险安危，备尝之矣。惩宝闇而不断，遂峻极威刑，纤芥之嫌，莫不裁之于未萌，防之于未兆。于是上下振局，人不自安，虽忠诚亲戚亦皆离贰，旧臣靡不夷灭，安忍无亲，所以卒于不免。是岁隆安五年也。

慕容熙即位后，耽于酒色，宠爱两个苻氏后妃，滥用民力，大建宫苑，又与苻后游畋无度，百姓苦之。

《太平御览》卷125《偏霸部·慕容熙》崔鸿引《十六国春秋·后燕录》云：

> 筑龙腾苑，广十里余，役徒二万。起景云山于苑内，又起逍遥宫、甘露展，连房数百，观阁相交。凿天河渠引水入宫。又为苻昭仪凿曲光海、清凉池。季夏暑热，士卒不得休息，渴死者半。

又《晋书》卷124《慕容熙载记》云：

> 初，熙烝于丁氏，故为所立。及宠幸苻贵人，丁氏怨恚呪诅，与兄子七兵尚书信谋废熙。熙闻之，大怒，逼丁氏令自杀，葬以后礼，诛丁信。
>
> 熙狩于北原，石城令高和杀司隶校尉张显，闭门距熙。熙率骑驰返，和众皆投杖，熙入诛之。于是引见州郡及单于八部耆旧于东宫，问以疾苦……
>
> 昭仪苻氏死，伪谥愍皇后。赠苻谟太宰，谥文献公。二苻并美而艳，好微行游燕，熙弗之禁也。请谒必从，刑赏大政无不由之。初，昭仪有疾，龙城人王温称能疗之，未几而卒。熙愆其妄也，立于公车门支解温而焚之。其后好游田，熙从之，北登白鹿山，东过青岭，南临沧海，百姓苦之，士卒为豺狼所害及冻死者五千余人矣。……熙与苻氏袭契丹，惮其众盛，将还，苻氏弗听，遂弃辎重，轻袭高句骊，

周行三千余里，士马疲冻，死者属路。攻木底城，不克而还。

尽杀宝诸子。大城肥如及宿军，以仇尼倪为镇东大将军、营州刺史，镇宿军，上庸公懿为镇西将军、幽州刺史，镇令支；尚书刘木为镇南大将军、冀州刺史，镇肥如。

为苻氏起承华殿，高承光一倍。负土于北门，土与谷同价。典军杜静载棺诣阙，上书极谏。熙大怒，斩之。苻氏尝季夏思冻鱼脍，仲冬须生地黄，皆下有司切责，不得，加以大辟，其虐也如此。苻氏死，熙悲号躃踊，若丧考妣，拥其尸而抚之曰："体已就冷，命遂断矣！"于是僵仆气绝，久而乃苏。大敛既讫，复启其棺而与交接。服斩缞，食粥。制百僚于宫内哭临，令沙门素服。使有司案检哭者，有泪以为忠孝，无则罪之，于是群臣震惧，莫不含辛以为泪焉。慕容隆妻张氏，熙之嫂也，有巧思。熙将以为苻氏之殉，欲以罪杀之，乃毁其襡靴，中有弊毡，遂赐死。三女叩头求哀，熙不许。制公卿已下至于百姓，率户营墓，费殚府藏。

晋义熙三年（407）七月，冯跋杀熙自立，后燕亡。
《晋书》卷124《慕容熙载记》云：

中卫将军冯跋、左卫将军张兴，先皆坐事亡奔，以熙政之虐也，与跋从兄万泥等二十二人结盟，推慕容震云为主，发尚方徒五千余人闭门距守，中黄门赵洛生奔告之，熙曰："此鼠盗耳，朕还当诛之。"乃收发贯甲，驰还赴难。夜至龙城，攻北门不克，遂败，走入龙腾苑，微服隐于林中，为人所执，云得而弑之，及其诸子同殡城北。时年二十三，在位六年。云葬之于苻氏墓，伪谥昭文皇帝。

垂以孝武太元八年僭立，至熙四世，凡二十四年，以安帝义熙三年灭。

（二）西燕

西燕也是鲜卑慕容氏建立的国家。苻坚兵败淝水后，被前秦迁往关中的鲜卑贵族，共推慕容暐的弟弟慕容泓为君主。不久，泓入长安，建元"燕兴"。

《魏书》卷95《徒何慕容廆传》载：

太祖之七年，苻坚败于淮南，垂叛，攻苻丕于邺。暐弟济北王泓，先为北地长史，闻垂攻邺，亡奔关东，收诸马牧鲜卑，众至数千，迁屯华阴。暐乃潜使诸弟及宗人起兵于外。坚遣将军张永步骑五千击之，为泓所败。泓众遂盛，自称使持节、大都督、陕西诸军事、大将军、雍州牧、济北王，推垂为丞相、都督陕东诸军事、领大司马、冀州牧、吴王。坚遣子巨鹿公睿伐泓。泓弟中山王冲，先为平阳太守，亦起兵河东，有众二万。泓大破睿军，斩睿。冲为坚将窦冲所破，弃其步众，率鲜卑骑八千奔于泓军。泓众至十余万。遣使谓坚曰："秦为无道，灭我社稷。今天诱其衷，秦师倾败，将欲兴复大燕。吴王已定关东。可速资备大驾，奉送乘舆并宗室功臣之家，泓当率关中燕人翼卫皇帝，还返邺都。与秦以虎牢为界，分王天下，永为邻好，不复为秦之患也。"坚怒责暐曰："卿虽曰破灭，其实若归，奈何因王师小败，猖悖若是，泓书如此，卿欲去者，朕当相资。"暐叩头流血，涕泣陈谢。坚久之曰："此自三竖之罪，非卿之过。"复其位，待之如初。命暐以书招喻垂及泓、冲，使息兵还长安，恕其反叛之咎。而暐密遣使谓泓曰："今秦数已终，社稷不轻，勉建大业。可以吴王为大将军，领司徒，承制封拜。听吾死问，汝便即尊位。"泓于是进向长安，年号燕兴。

不久，鲜卑贵族又杀慕容泓，拥立其弟慕容冲。冲在阿房（今陕西西安西）自称皇帝。史称西燕。

《魏书》卷95《徒何慕容廆传》云：

泓谋臣高盖、宿勤崇等以泓德望后冲，且持法苛峻，乃杀泓，立冲为皇太弟，承制行事，置百官。冲去长安二百里，坚遣子平原公晖拒之，冲大破晖军，进据阿房。初，坚之灭燕，冲姊清河公主年十四，有殊色，纳之，宠冠后庭。冲年十二，亦有龙阳之姿，坚又幸之。姊弟专宠，宫人莫进，长安歌之曰："一雌复一雄，双飞入紫宫。"咸惧为乱。王猛切谏，坚乃出冲。及其母卒，葬之以燕后之礼。长安又谣曰："凤皇，凤皇，止阿房。"坚以凤皇非梧桐不栖，非竹实不食，乃莳梧竹数十万株于阿房城，以待凤皇之至。冲小字凤皇，至是终为坚贼，入止阿城焉。

慕容冲率鲜卑族众围攻长安，苻坚出走，遂占领了长安。后来鲜卑贵族为争夺领导权而杀戮不休，最后前燕宗室慕容永获胜。西燕中兴元年（386），永在长子（今山西长治西）称帝。

《魏书》卷95《徒何慕容廆传》载：

> 永，字叔明。暐既为苻坚所并，永徙于长安，家贫，夫妻常卖靴于市。及暐为坚所杀也，冲乃自称尊号，以永为小将。冲与左将军苟池大战于骊山，永力战有功，斩池等数千级。坚大怒，复遣领军将军杨定率左右精骑二千五百击冲，大败之，俘掠鲜卑万余而还，坚悉坑之。又败冲右仆射慕容宪于灞浐之间。定果勇善战，冲深惮之，纳永计，穿马垞以自固，迁永黄门郎……
>
> 冲败，其左仆射慕容恒与永潜谋，袭杀段随，立宜都王子觊为燕王，号年建明，率鲜卑男女三十余万口，乘舆服御、礼乐器物，去长安而东，以永为武卫将军。恒弟护军将军韬，阴有贰志，诱觊杀之于临晋，恒怒，去之。永与武卫将军刁云率众攻韬，韬遣司马宿勤黎逆战，永执而戮之。韬惧，出奔恒营。恒立慕容冲子望为帝，号年建平。众悉去望奔永，永执望杀之，立慕容泓之子忠为帝，改年建武。忠以永为太尉，守尚书令，封河东公。至闻喜，知慕容垂称尊号，讬以农要弗集，筑燕熙城以自固。刁云等又杀忠，推永为大都督、大将军、大单于、雍秦梁凉四州牧、河东王，称藩于垂。永以苻丕至平阳，恐不能自固，乃遣使求丕假道还东，丕不许，率众讨永，永击走之，进据长子。永僭称帝，号年中兴。

后燕建兴八年（393），慕容垂进攻西燕，于第二年八月攻下长子，慕容永被杀，西燕立国十年而亡。

《魏书》卷95《徒何慕容廆传》载：

> 垂攻丁零翟钊于滑台，钊请救于永，永谋于众。尚书郎勃海鲍遵曰："徐观其弊，卞庄之举也。"中书侍郎太原张腾曰："强弱势殊，何弊之有！不如救之，成鼎峙之势。可引兵趣中山，书多疑兵，夜倍

其火，彼必惧而还师。我冲其前，钊蹑其后，此天授之机，不可失也。"永不从。钊败降永，永以钊为车骑大将军、东郡王。岁余，谋杀永，永诛之。

垂遣其龙骧将军张崇攻永弟武乡公友于晋阳，永遣其尚书令刁云率众五万屯潞川。垂停邺，月余不进，永乘诡道伐之，乃摄诸军还于太行轵关。垂进师，入自木井关，攻永从子征东将军小逸豆归、镇东将军王次多于台壁。永遣其从兄太尉大逸豆归救次多等，垂将平规击破之。永率众五万与垂战于台壁南，为垂所败，奔还长子，婴城固守。大逸豆归部将潜为内应，垂勒兵密进，永奔北门，为前驱所获，垂数而戮之，并斩永公卿已下刁云、大逸豆归等三十余人。永所统新旧民户，及服御、图书、器乐、珍宝，垂尽获之。

(三) 南燕

南燕政权为慕容德所创立。慕容德，字玄明，前燕主慕容皝之少子，后燕主慕容垂之弟。前燕时被封为梁公、范阳王，后燕时封范阳王。晋隆安二年（398）自称燕王，隆安四年称帝，改元建平，史称南燕。

《晋书》卷127《慕容德载记》云：

> 慕容德字玄明，皝之少子也。母公孙氏梦日入脐中，昼寝而生德。年未弱冠，身长八尺二寸，姿貌雄伟，额有日角偃月重交。博观群书，性清慎，多才艺。慕容儁之僭立也，封为梁公，历幽州刺史、左卫将军。及暐嗣位，改封范阳王，稍迁魏尹，加散骑常侍，俄而苻坚将苻双据陕以叛，坚将苻柳起兵枹罕，将应之。德劝暐乘衅讨坚，辞旨慷慨，识者言其有远略。暐竟不能用。德兄垂甚壮之，因共论军国大谋，言必切至。垂谓之曰："汝器识长进，非复吴下阿蒙也。"枋头之役，德以征南将军与垂击败晋师，及垂奔苻坚，德坐免职。后遇暐败，徙于长安，苻坚以为张掖太守，数岁免归。

> 及坚以兵临江，拜德为奋威将军……

> 及垂称燕王，以德为车骑大将军，复封范阳王，居中镇卫，参断政事。久之，迁司徒。于时慕容永据长子，有众十万，垂议讨之……垂临终，敕其子宝以邺城委德。宝既嗣位，以德为使持节、都督冀兖青徐荆豫六州诸军事、特进、车骑大将军、冀州牧、领南蛮校尉，镇

邺，罢留台，以都督专总南夏。

又《魏书》卷95《徒何慕容廆传附慕容德传》云：

> 皇始二年，既拔中山……德率户四万南走滑台，自称燕王，号年为燕元，置百官。德冠军将军苻广叛于活垒，德留兄子和守滑台，率众攻广，斩之。而和长史李辩杀和，以城来降。德无所据……其尚书潘聪曰："青齐沃壤，号曰'东秦'。土方二千里，户余十万，四塞之固，负海之饶，可谓用武之国。宜攻取据之，以为关中、河内也。"德从之，引师克薛城，徐、兖之民尽附之……进克莒城……北伐广固，司马德宗（东晋安帝）幽州刺史辟闾浑闻德将至……浑惧，携妻子北走，德追骑斩之……德入都广固，僭称尊号，号年建平。

慕容德称帝后，曾在政治、文化、军事方面采取一些措施，并收到一定成效。

《晋书》卷127《慕容德载记》云：

> 建立学官，简公卿已下子弟及二品士门二百人为太学生。……立治于商山，置盐官于乌常泽，以广军国之用。……其尚书韩㳿上疏曰："……而皇室多难，威略未振，是使长蛇弗翦，封豕假息。人怀愤慨，常谓一日之安不可以永久，终朝之逸无卒多之忧。陛下中兴大业，务在遵养，矜迁萌之失土，假长复而不役，愍黎庶之息肩，贵因循而不扰。斯可以保宁于营丘，难以经措于秦越。今群凶僭逆，实繁有徒，掳我三方，伺国瑕衅。深宜审量虚实，大校成败，养兵厉甲，广农积粮，进为雪耻讨寇之资，退为山河万全之固。而百姓因秦晋之弊，迭相荫冒，或百室合户，或千丁共籍，依托城社，不惧熏烧，公避课役，擅为奸宄，损风毁宪，法所不容，但检令未宣，弗可加戮。今宜隐实黎萌，正其编贯，庶上增皇朝理物之明，下益军国兵资之用。若蒙采纳，冀裨山海，虽遇商鞅之刑，悦绾之害，所不辞也。"德纳之，遣其车骑将军慕容镇率骑三千，缘边严防，备百姓逃窜。以卓为使持节、散骑常侍、行台尚书，巡郡县隐实，得荫户五万八千。卓公廉正值，所在野次，人不扰焉。

德大集诸生，亲临策试。既而飨宴，乘高远瞩，愿谓其尚书鲁邃曰："齐鲁固多君子，当昔全盛之时，接、慎、巴生、淳于、邹、田之徒，荫修檐，临清沼，驰朱轮，佩长剑，姿非马之雄辞，奋谈天之逸辩，指麈则红紫成章，俛仰则丘陵生韵。至于今日，荒草颓坟，气消烟灭，永言千载，能不依然！"邃答曰："武王封比干之墓，汉祖祭信陵之坟，皆留心贤哲，每怀往事。陛下慈深二主，泽被九泉，若使彼而有知，宁不衔荷矣。"……于是，讲武于城西，步兵三十七万，车一万七乘，铁骑五万三千，周亘山泽，旌旗弥漫，钲鼓之声，振动天地。

这是南燕军力最盛之时。

晋义熙元年（405），慕容德病死，慕容德之兄北海王慕容纳之子慕容超继之。超不恤政事，游畋不止，又信用奸臣，谋戮贤良，政治十分黑暗。

《晋书》卷128《慕容超载记》云：

于时超不恤政事，畋游是好，百姓苦之。其仆射韩卓切谏，不纳……义熙三年，追尊其父为穆皇帝，立其母段氏为皇太后，妻呼延氏为皇后。祀南郊，将登坛，有兽大如马，状类鼠而色赤，集于圜丘之侧，俄而不知所在。须臾大风暴起，天地尽昏，其行宫羽仪皆振裂。超惧，密问其太史令成公绥，对曰："陛下信用奸臣，诛戮贤良，赋敛繁多，事役殷苦所致也。"超惧而大赦，谴责公孙五楼等。俄而复之……

义熙五年（409），东晋刘裕攻打南燕，第二年，裕攻下广固，俘超斩于建康，南燕亡。

《魏书》卷95《徒何慕容廆传》云：

天赐五年，司马德宗将刘裕伐超。超将公孙五楼劝超拒之于大岘，超曰："但令度岘，我以铁骑践之，此成擒也。"太尉、桂林王镇曰："若如圣旨，必须平原用马，便宜出岘逆战，战而不胜，犹可退守，不宜纵敌，自贻寇逼。臣以为天时如地利，拒之大岘，策之上也。"超不从。出而告人曰:"主上酷似刘璋。今年国灭,吾必死之。"超收镇下狱。裕入大岘,超拒之于临朐,乃赦镇而谢之。超战于临朐,为裕所败,退还广固。裕遂围之。广固鬼夜哭,有流星长十余丈,陨于广固。城溃,裕执超,送建康市斩之。

(四) 北燕

北燕主冯跋,长乐信都(今河北冀县)人。慕容熙时,任卫中郎将。晋义熙三年(407),跋杀燕帝慕容熙,立慕容云(高云)为主,称燕天王,都龙城(今辽宁朝阳)。史称北燕。两年后高云为部下所杀,跋自立为燕王。

《魏书》卷97《海夷冯跋传》云:

> 海夷冯跋字文起,小名乞直伐,本出长乐信都。慕容永僭号长子,以跋父安为将。永为垂所灭,安东徙昌黎,家于长谷……既家昌黎,遂同夷俗。后慕容熙僭号,以跋为殿中左监,稍迁卫中郎将。后坐事逃亡。既而熙政残虐,民不堪命。跋乃与从兄万泥等二十三人结谋……以诛熙。乃立夕阳公高云为主,以跋为侍中、征北大将军、开府仪同三司,封武邑公。事皆决跋兄弟。太宗初,云为左右所杀,跋乃自立为燕王,置百官,号年太平。于时,永兴元年也。

冯跋在位时,改革后燕弊政,整顿吏治,发展农业,兴立学校,很有一番新气象。

《晋书》卷125《冯跋载记》云:

> 跋下书曰:"自顷多故,事难相寻,赋役繁苦,百姓困穷。宜加宽宥,务从简易,前朝苛政,皆悉除之。守宰当垂仁惠,无得侵害百姓,兰台都官明加澄察。"初,慕容熙之败也,工人李训窃宝而逃,赀至巨万,行货于马弗勤,弗勤以训为方略令。既而失志之士书之于阙下碑,冯素弗言之于跋,请免弗勤官,仍推罪之。跋曰:"大臣无忠清之节,货财公行于朝,虽由吾不明所致,弗勤宜肆诸市朝,以正刑宪。但大业草创,彝伦未叙,弗勤拔自寒微,未有君子之志,其特原之。李训小人,污辱朝士,可东市考竟。"于是上下肃然,请赇

路绝。

蠕蠕勇斛律遣使求跋女伪乐浪公主，献马三千匹，跋命其群下议之……乃许焉。遣其游击秦都率骑二千，送其女归于蠕蠕。库莫奚虞出库真率三千余落请交市，献马千匹，许之，处之于营丘。

分遣使者巡行郡国，孤老久活不能自存者，振谷帛有差，孝悌力田闺门和顺者，皆褒显之。昌黎郝越、营丘张买成、周刁、温建德、何纂以贤良皆擢叙之。遣其太常丞刘轩徙北部人五百户于长谷，为祖父围邑。以其太子永领大军单于，置四辅。跋励意农桑，勤心政事，乃下书省徭薄赋，堕农者戮之，力田者褒赏，命尚书纪达为之条制。每遣守宰，必亲见东堂，问为政事之要，令极言无隐，以观其志。于是朝野竞劝焉……

昌黎尹孙伯仁、护弟叱支、叱支弟乙拔等俱有才力，以骁勇闻。跋之立也，并冀开府，而跋未之许，由是有怨言。每于朝飨之际，常拔剑击柱曰："兴建大业，有功力焉，而滞于散将，岂是汉祖河山之义乎！"跋怒，诛之，进护左光禄大夫、开府仪同三司、录尚书事以慰之……

跋下书曰："武以平乱，文以经务，宁国济俗，实所凭焉。自顷丧难，礼崩乐壤，闾阎绝讽诵之音，后生无庠序之教，子衿之叹复兴于今，岂所以穆章风化，崇阐斯文！可营建太学，以长乐刘轩、营丘张炽、成周翟崇为博士郎中，简二千石已下子弟年十五已上教之。"

跋弟丕，先是，因乱投于高句丽，跋迎致之，至龙城，以为左仆射、常山公……

跋境地震山崩，洪光门鹳雀折。又地震，右寝坏。跋问闳尚曰："比年屡有地动之变，卿可明言其故。"尚曰："地，阴也，主百姓。震有左右，比震皆向右，臣惧百姓将西移。"跋曰："吾亦甚虑之。"分遣使者巡行郡国，问所疾苦，孤老不能自存者，赐以谷帛有差。

宋元嘉七年（430），冯跋病死，其弟冯宏尽杀跋诸子，自立为燕天王，改元太兴，北燕从此不断受到完都平城（今山西大同）的拓跋鲜卑北魏政权的进攻，元嘉十三年（436）五月，北魏军攻下龙城，北燕灭亡。

四　鲜卑乞伏氏建立西秦

西秦为陇西鲜卑乞伏国仁所建。鲜卑乞伏部曾被前秦统治。前秦势衰后，乞伏国仁于建义元年（385）脱离前秦即位，自称大都督、大将军、大单于、领秦河二州牧。

《晋书》卷125《乞伏国仁载记》云：

> 司繁卒，国仁代镇。及坚兴寿春之役，征为前将军，领先锋骑。会国仁叔父步颓叛于陇西，坚遣国仁还讨之。步颓闻而大悦，迎国仁于路。国仁置酒高会，攘袂大言曰："苻氏往因赵石之乱，遂妄窃名号，穷兵极武，跨僭八州。疆宇既宁，宜绥以德，方虚广威声，勤心远略，骚动苍生，疲弊中国，违天怒人，将何以济！且物极则亏、祸盈而覆者，天之道也。以吾量之，是役也，难以免矣。当与诸君成一方之业。"及坚败归，乃招集诸部，有不附者，讨而并之，众至十余万。及坚为姚苌所杀，国仁谓其豪帅曰："苌氏以高世之姿而困于乌合之众，可谓天也。夫守常迷运，先达耻之；见机而作，英豪之举。吾虽薄德，藉累世之资，岂可睹时来之运而不作乎！"以孝武太元十年自称大都督、大将军、大单于、领秦河二州牧，建元曰建义。以其将乙旃音埿为左相，屋引出支为右相，独孤匹蹄为左辅，武群勇士为右辅，弟乾归为上将军，自余拜授各有差。置武城、武阳、安固、武始、汉阳、天水、略阳、漒川、甘松、匡朋、白马、苑川十二郡，筑勇士城以居之。

乞伏国仁执政后，先后打败鲜卑匹兰、密贵、裕苟、提伦、越质叱黎和南安祕宜，又平定了叱卢乌孤跋的叛乱，势力一度强盛。

《晋书》卷125《乞伏国仁载记》云：

> 鲜卑匹兰率众五千降。明年，南安祕宜及诸羌虏来击国仁，四面而至。国仁谓诸将曰："先人有夺人之心，不可坐待其至。宜抑威饵敌，羸师以张之，军法所谓怒我而怠寇也。"于是勒众五千，袭其不意，大败之。祕宜奔还南安，寻与其弟莫侯悌率众三万余户降于国仁，各拜将军、刺史。

符登遣使署国仁使持节、大都督、都督杂夷诸军事、大将军、大单于、苑川王。国仁率骑三万袭鲜卑大人密贵、裕苟、提伦三部于六泉。高平鲜卑没奕于、东胡金熙连兵来袭，相遇于渴浑川，大战败之，斩级三千，获马五千匹。没奕于及熙奔还。三部震惧，率众迎降。署密贵建义将军、六泉侯、裕苟建忠将军、兰泉侯，提伦建节将军、鸣泉侯。

国仁建威将军叱卢乌孤跋拥众叛，保牵屯山。国仁率骑七千讨之，斩其部将叱罗侯，降者千余户，跋大惧，遂降，复其官位。因讨鲜卑越质叱黎于平襄，大破之，获其子诘归、弟子复半及部落五千余人而还。

乞伏国仁在位四年，死后，其弟乞伏乾归统部，改称河南王，迁都金城（今甘肃兰州西北）。符登封其为大将军、大单于、金城王。

《晋书》卷125《乞伏乾归载记》云：

乾归，国仁弟也。雄武英杰，沈雅有度量。国仁之死也，其群臣咸以国会子公府冲幼，宜立长君，乃推乾归为大都督、大将军、大单于、河南王，赦其境内，改元曰太初。立其妻边氏为王后，以出连乞都为丞相，镇南将军、南梁州刺史悌眷为御史大夫，自余封拜各有差。遂迁于金城。

太元十四年，符登遣使署乾归大将军、大单于、金城王。南羌独如率众七千降之，休官阿敦、侯年二部各拥五千余落，据牵屯山，为其边害。乾归讨破之，悉降其众，于是声振边服。吐谷浑大人视连遣使贡方物。鲜卑豆留峤、叱豆浑及南丘鹿结并休官曷呼奴、卢水尉地跋并率众降于乾归，皆署其官爵。陇西太守越质诘归以平襄叛，自称建国将军、右贤王。乾归击败之，诘归东奔陇山。既而拥众来降，乾归妻以宗女，署立义将军。

前秦延初元年（394），符登败死，乾归击败并杀死氐族首领杨定，尽有陇西、巴西之地。同年，乾归称秦王，史称西秦。

《晋书》卷125《乞伏乾归载记》谓：

  苻登遣使署乾归假黄钺、大都督陇右河西诸军事、左丞相、大将军、河南王，领秦梁益凉沙五州牧，加九锡之礼。时登为姚兴所逼，遣使请兵，进封乾归梁王，命置官司，纳其妹东平长公主为梁王后。乾归遣其前将军乞伏益州、冠军翟瑥率骑二万救之。会登为兴所杀，乃还师。

  氐王杨定率步骑四万伐之。乾归谓诸将曰："杨定以勇虐聚众，穷兵逞欲。兵犹火也，不戢，将自焚。定之此役，殆天以之资我也。"于是遣其凉州牧乞伏轲殚、秦州乞伏益州、立义将军诘归距之。定败益州于平川，轲殚、诘归引众而退。翟瑥奋剑谏曰："吾王以神武之姿，开基陇右，东征西讨，靡不席卷，威震秦梁，声光巴汉。将军以维城之重，受阃外之寄，宜宣力致命，辅宁家国。秦州虽败，二军犹全，奈何不思赴救，便逆奔败，何面目以见王乎！昔项羽斩庆子以宁楚，胡建戮监军以成功，将军之所闻也。瑥诚才非古人，敢忘项氏之义乎！"轲殚曰："向所以未赴秦州者，未知众心何如耳。败不相救，军罚志先，敢自宁乎！"乃率骑赴之。益州、诘归亦勒众而进，大败定，斩定及首虏万七千级。于是尽有陇西、巴西之地。

西秦太初十三年（400），乾归迁都苑川，旋为后秦主姚兴所败，降于后秦，姚兴以乾归为河州刺史。

不久，乾归自长安回到本都苑川，此时赫连勃勃的夏国日益强盛，威胁后秦岭北城镇。姚兴已无力经营陇西，乾归乘机于更始元年（400）复称秦王。永康元年（412），乾归死，子乞伏炽盘继位，迁都枹罕。

乞伏炽盘在位期间，是西秦国力最强盛的时期。他乘南凉饥馑衰乱，灭南凉秃发傉檀；又屡败吐谷浑，拓地到青海湖以东一带。

《晋书》卷125《乞伏炽盘载记》云：

  义熙九年，遣其龙骧乞伏智达、平东王松寿讨吐谷浑树洛干于浇河，大破之，获其将呼那乌提，虏三千余户而还。又遣其镇东昙达与松寿率骑一万，东讨破休官权小郎、吕破胡于白石川，虏其男女万余口，进据白石城，休官降者万余人。后显亲休官权小成、吕奴迦等叛保白坑，昙达谓将士曰："昔伯珪凭嶮，卒有灭宗之祸；韩约肆暴，终受覆族之诛。今小成等逆命白坑，宜在除灭。王者之师，有征无战，粤尔舆人，勖力勉之！"众咸拔剑大呼，于是进攻白坑，斩小成、奴迦及首级四千七百，陇右休官悉降。遣安北乌地延、冠军翟绍讨吐谷浑别统句旁泣勤川，大破之。俘获甚众。炽盘率诸将讨吐谷浑别统支旁于长柳川，掘达于渴浑川，皆破之，前后俘获男女二万八千。

僭立十年，有云五色，起于南山。炽盘以为己瑞，大悦，谓群臣曰："吾今年应有所定，王业成矣！"于是缮甲整兵，以待四方之隙。闻秃发傉檀西征乙弗，投剑而起曰："可以行矣！"率步骑二万袭乐都。秃发武台凭城距守，炽盘攻之，一旬而克。遂入乐都，论功行赏有差。遣平远犍虔率骑五千追傉檀。徙武台与其文武及百姓万余户于枹罕。傉檀遂降，署为骠骑大将军、左南公。随傉檀文武，依才铨擢之。炽盘既兼傉檀，兵强地广，署百官，立其妻秃发氏为王后……

令其安东木奕于率骑七千讨吐谷浑树洛干于塞上，破其弟阿柴于尧扞川，俘获五千余口而还，洛干奔保白兰山而死。炽盘闻而喜曰："此虏矫矫，所谓有豕白蹢。往岁昙达东征，姚艾败走，今木奕于西讨，黠虏远逃。境宇稍清，奸凶方殄，股肱惟良，吾无患矣。"于是以昙达为左丞相，其子元基为右丞相，曲景为尚书令，翟绍为左仆射。遣昙达、元基东讨姚艾，降之。

至是，乙弗鲜卑乌地延率户二万降于炽盘，署为建义将军。地延寻死，弟他子立，以子轲兰质于西平。他子从弟提孤等率户五千以西迁，叛于炽盘。凉州刺史出连虔遣使喻之，提孤等归降。炽盘以提孤奸猾，终为边患，税其部中戎马六万匹。后二岁而提孤等扇动部落，西奔出塞。他子率户五千人居中西平……

使征西孔子讨吐谷浑觅地于弱水南，大破之。觅地率众六千降于炽盘，署为弱水护军。遣其左卫匹逵、建威梯君等讨彭利和于漒川，大破之，利和单骑奔仇池，获其妻子。徙羌豪三千户于枹罕，漒川羌三万余户皆安堵如故。

又《读史方舆纪要》卷3《历代州城形势三·十六国》云：

（西秦疆境）西逾浩亹，东极陇坻，北距河，南略吐谷浑。

建弘八年（427），炽盘病死，子乞伏慕末继位。慕末因刑罚严峻，部民离叛，后因饥荒迁都于南安（今甘肃陇西东南）的高田谷，遭到夏主赫连定的堵击，退保南安城。转年，夏军进围南安，慕末出降，西秦亡。

五 氐族后凉、鲜卑南凉、汉族西凉与卢水胡北凉

在陇右河西走廊一带，先后建立了后凉、南凉、西凉、北凉以及前揭西秦五个短期小国。这些小国彼此征战并吞，混乱持续了很久，这使河西一带遭受了严重破坏。

（一）后凉

后凉主吕光，略阳（今甘肃天水东北）氐族人，世为豪酋，父吕婆楼。佐命苻坚，官至太尉。苻坚统一中原后，命光经营西域。光兵至龟兹（今新疆库车）后，西域30余国，陆续归附，苻坚即以光为使持节、都督玉门以西诸军事、安西将军、西域校尉。

《晋书》卷122《吕光载记》云：

> 吕光字世明，略阳氏人也。其先吕文和，汉文帝初，自沛避难徙焉，世为酋豪。父婆楼，佐命苻坚，官至太尉。光生于枋头，夜有神光之异，故以光为名。年十岁，与诸童儿游戏邑里，为战阵之法，俦类咸推为主。部分详平，群童欢服，不乐读书，唯好鹰马。及长，身长八尺四寸，目重瞳子，左肘有肉印。沈毅凝重，宽简有大量。喜怒不形于色。时人莫之识也，惟王猛异之，曰："此非常人。"言之苻坚，举贤良，除美阳令，夷夏爱服。迁鹰扬将军。从坚征张平，战于铜壁，刺平养子蚝，中之，自是威名大著……

> 坚既平山东，士马强盛，遂有图西域之志，乃授光使持节、都督西讨诸军事，率将军姜飞、彭晃、杜进、康盛等总兵七万，铁骑五千，以讨西域。以陇西董方、冯翊郭抱、武威贾虔、弘农杨颖为四府佐将……

> 于是迁营相接阵，为勾锁之法，精骑为游军。弥缝其阙。战于城西，大败之，斩万余级。帛纯收其珍宝而走，王侯降者三十余国。光入其城，大飨将士，赋诗言志。见其宫室壮丽，命参军京兆段业著《龟兹宫赋》以讥之。胡人奢侈，厚于养生，家有蒲桃酒，或至千

斛，经十年不败，士卒沦没酒藏者相继矣。诸国惮光威名，贡款属路，乃立帛纯弟震为王以安之。光抚宁西域，威恩甚著，桀黠胡王昔所未宾者，不远万里皆来归附，上汉所赐节传，光皆表而易之。

坚闻光平西域，以为使持节、散骑常侍、都督玉门已西诸军事、安西将军、西域校尉。

淝水战后，长安告急，吕光全师东归，前秦凉州刺史梁熙，发兵拒光于酒泉，为光所杀，光乘势直取姑臧（今甘肃武威）。苻坚为姚苌所杀，光自称使持节、侍中、中外大都督、凉州牧、酒泉公。后改称三河王、天王，史称后凉。

吕光据凉州时，刑法峻重，晚年又信谗言，因而政治十分昏乱。

《晋书》卷122《吕光载记》云：

> 光荒耄信谗，杀尚书沮渠罗仇、三河太守沮渠曲粥。罗仇弟子蒙逊叛光，杀中田护军马邃，攻陷临松郡，屯兵金山，大为百姓之患。蒙逊从兄男成先为将军，守晋昌，闻蒙逊起兵，逃奔赀虏，扇动诸夷，众至数千，进攻福禄、建安。宁戎护军赵策击败之，男成退屯乐涫。吕纂败蒙逊于忽谷。酒泉太守垒澄率将军赵策、赵陵步骑万余讨男成于乐涫，战败，澄、策死之。男成进攻建康，说太守段业曰："吕氏政衰，权臣擅命，刑罚失中，人不堪役，一州之地，叛者连城，瓦解之势，昭然在目，百姓嗷然，无所宗附。府君岂可以盖世之才，而立忠于垂亡之世！男成等既唱大义，欲屈府君抚临鄙州，使涂炭之余蒙来苏之惠。"

龙飞四年（399），吕光死，子吕绍继立。吕光庶长子吕纂攻绍，绍自杀，纂即位。不久，吕光弟吕宝之子吕超又杀纂，拥立自己的兄长吕隆，统治阶级上层自相残杀，政事败坏。

《晋书》卷122《吕纂载记》云：

> 纂游田无度，荒耽酒色，其太常杨颖谏曰："臣闻皇天降鉴，惟德是与。德由人弘，天应以福，故勋焉之美奄在圣躬。大业已尔，宜以道守之，廓灵基于日新，邀洪福于万祀。自陛下龙飞，疆宇未辟，

崎岖二岭之内，纲维未振于九州。当兢兢夕惕，经略四方，成先帝之遗志，拯苍生于荼蓼。而更饮酒过度，出入无恒，宴安游盘之乐，沈湎樽酒之间，不以寇仇为虑，穷为陛下危之。糟丘酒池，洛汭不返，皆陛下之殷鉴。臣蒙先帝夷险之恩，故不敢避干将之戮。"纂曰："朕之罪也。不有贞亮之士，谁匡邪僻之君！"然昏虐自任，终不能改。常与左右因醉驰猎于坑涧之间，殿中侍御史王回、中书侍郎王儒扣马谏曰："千金之子坐不垂堂，万乘之主清道而行，奈何去舆辇之安，冒奔骑之危！衔橛之变，动有不测之祸。愚臣穷所不安，敢以死争。愿陛下远思袁盎揽辔之言，不令臣等受讥千载。"纂不纳。

又同上《吕隆载记》云：

隆多杀豪望，以立威名，内外嚣然，人不自固。魏安人焦朗遣使说姚兴硕德曰："吕氏因秦之乱，制命此州，自武皇弃世，诸子竞寻干戈，德刑不恤，残暴是先，饥馑流亡，死者太半，唯泣诉昊天，而精诚无感。伏惟明公道迈前贤，任兼分陕，宜兼弱攻昧，经略此方，救生灵之沉溺，布徽政于玉门。纂夺之际，为攻不难。"遣妻子为质。硕德遂率众至姑臧。其部将姚国方言于硕德曰："今悬师三千，后无继援，师之难也。宜曜劲锋，示其威武。彼以我远来，必决死距战，可一举而平。"硕德从之。吕超出战，大败，遁还。隆收集离散，婴城固守……

沮渠蒙逊又伐隆，隆击败之，蒙逊请和结盟，留谷万余斛以振饥人。姑臧谷价踊贵，斗直钱五千文，人相食，饿死者十余万口。城门尽闭，樵采路绝，百姓请出城乞为夷虏奴婢者日有数百。隆惧沮动人情，尽坑之，于是积尸盈于衢路。

后凉神鼎三年（403）八月，吕隆降于后秦，后凉亡。
《晋书》卷122《吕隆载记》云：

秃发傉檀及蒙逊频来伐之，隆以二寇之逼也，遣超率骑二百，多赍珍宝，请迎于姚兴。兴乃遣其将齐难等步骑四万迎之。难至姑臧，隆素车白马迎于道旁。使胤告光庙曰："陛下往运神略，开建西夏，德被苍生，威振遐裔。枝嗣不臧，迭相篡弑。二虏交逼，将归东京，谨与陛下奉诏于此。"歔欷恸泣，酸感兴军。隆率骑一万，随难东迁，至长安，兴以隆为散骑常侍，公如故；超为安定太守，文武三十余人皆擢叙之。其后隆坐与子弼谋反，为兴所诛。

吕光以孝武太元十二年定凉州，十五年僭立，至隆凡十有三载，以安帝元兴三年灭。

（二）南凉

南凉主秃发乌孤，河西鲜卑族人。"秃发"即"拓跋"的异译。魏晋之际，原鲜卑拓跋部的一支进入河西，秃发乌孤时部众强盛，筑廉川堡（今青海乐都东）作为政治中心。太初元年（397），乌孤自称大都督、大将军、大单于、西平王，后改称武威王，迁都于乐都（今青海乐都）。

《晋书》卷126《秃发乌孤载记》云：

> 秃发乌孤，河西鲜卑人也，其先与后魏同出。八世祖匹孤率其部自塞北迁于河西，其地东至麦田、索屯，西至湿罗，南至浇河，北接大漠。匹孤卒，子寿阗立。初，寿阗之在孕，母胡掖氏因寝而产于被中，鲜卑谓被为"秃发"，因而氏焉。寿阗卒，孙树机能立，壮果多谋略。泰始中，杀秦州刺史胡烈于万斛堆，败凉州刺史苏愉于金山，尽有凉州之地，武帝为之旰食。后为马隆所败，部下杀之以降。从弟务丸立。死，孙推斤立。死，子思复鞬立，部众稍盛。乌孤即思复鞬之子也。及嗣位，务农桑，修邻好，吕光遣使署为假节、冠军大将军、河西鲜卑大都统、广武县侯。乌孤谓诸将曰："吕氏远不假授，当可受不？"从咸曰："吾士众不少，何故属人！"乌孤将从之，其将石真留曰："今本根未固，理宜随时。光德刑修明，境内无虞，若致死于我者，大小不敌，后虽悔之，无所及也。不如受而遵养之，以等其衅耳。"乌孤乃受之……
>
> 乌孤讨乙弗、折掘二部，大破之，遣其将石亦干筑廉川堡以都之。吕光封乌孤广武郡公。乌孤又讨意云鲜卑，大破之。
>
> 光又遣使署乌孤征南大将军、益州牧、左贤王。乌孤谓使者曰："吕王昔以专征之威，遂有此州，不能以德柔远，惠安黎庶。诸子食淫，三甥肆暴，郡县土崩，下无生赖。吾安可违天下之心，受不义之

爵！帝王之起，岂有常哉！无道则灭，有德则昌。吾将顺天人之望，为天下主。"留其鼓吹羽仪，谢其使而遣之。

隆安元年，自称大都督、大将军、大单于、西平王，赦其境内，年号太初。曜兵广武，攻克金城。光遣将军窦苟来伐，战于街亭，大败之。降光乐都、湟河、浇河三郡，岭南羌胡数万落皆附之。光将杨轨、王乞基率户数千来奔。乌孤更称武威王。后三岁，徙于乐都。

秃发乌孤死后，弟秃发利鹿孤继立，迁都西平（今青海西宁），后改称西河王。时利鹿孤虽称王，还向后秦姚兴称臣。利鹿孤死，弟秃发傉檀嗣位，还都乐都，改称凉王，史称南凉，仍臣于姚兴。

《晋书》卷126《秃发傉檀载记》云：

傉檀少机警，有才略。其父奇之，谓诸子曰："傉檀明识干艺，非汝等辈也。"是以诸兄不以授子，欲传之于傉檀。及利鹿孤即位，垂拱而已，军国大事皆以委之。以元兴元年僭号凉王，迁于乐都，改元曰弘昌……

姚兴遣使拜傉檀车骑将军、广武公。傉檀大城乐都。姚兴遣将齐难率众迎吕隆于姑臧，傉檀摄昌松、魏安三戍以避之。

兴凉州刺史王尚遣主簿宗敞来聘。敞父燮，吕光时自湟河太守入为尚书郎，见傉檀于广武，执其手曰："君神爽宏拔，逸气陵云，命世之杰也，必当克清世难。恨吾年老不及见耳，以敞兄弟托君。"至是，傉檀谓敞曰："孤以常才，谬为尊先君所见称，每自恐有累大人水镜之明。及忝家业，穷有怀君子。《诗》云：'中心藏之，何日忘之。'不图今日得见卿也。"敞曰："大王仁侔魏祖，存念先人，虽朱晖眄张堪之孤，叔向抚汝齐之子，无以加也。"酒酣，语及平生。傉檀曰："卿鲁子敬之俦。恨不与卿共成大业耳。"

傉檀以姚兴之盛，又密图姑臧，乃去其年号，罢尚书丞郎官，遣参军关尚聘于兴。兴谓尚曰："车骑投城献款，为国藩屏，擅兴兵众，辄造大城，为臣之道固若是乎？"尚曰："王侯设险以自固，先王之制也，所以安人卫众，预备不虞。车骑僻在遐藩，密迩勍寇，南则逆羌未宾，西则蒙逊跋扈，盖为国家重门之防，不图陛下忽以为嫌。"兴笑曰："卿言是也。"……傉檀于是僭即凉王位，赦其境内，改年为嘉平，置百官，立夫人折掘氏为王后，世子武合为太子、录尚书事，左长史赵晁、右长史郭幸为尚书左、右仆射，镇北俱延为太尉，镇军敬归为司隶校尉，自余封署各有差。

嘉平七年（414），西秦乞伏炽盘攻陷乐都，傉檀降，南凉亡。

（三）西凉

西凉为汉人李暠集团所建。后凉末，暠任敦煌太守。庚子元年（400），暠自称凉公，年号庚子，史称西凉。

《晋书》卷87《凉武昭王李玄盛传》云：

> 吕光末，京兆段业自称凉州牧……敦煌护军冯翊郭谦、沙州治中敦煌索仙等以玄盛温毅有惠政，推为宁朔将军、敦煌太守。玄盛初难之，会宋繇仕于业，告归敦煌，言于玄盛曰："兄忘郭黁之言邪。白额驹今已生矣。"玄盛乃从之。寻进号冠军，称藩于业。业以玄盛为安西将军、敦煌太守，领护西胡校尉……
>
> 隆安四年，晋昌太守唐瑶移檄六郡，推玄盛为大都督、大将军、凉公、领秦凉二州牧、护羌校尉。玄盛乃赦其境内，建年为庚子，追尊祖弇曰凉景公，父昶凉简公。以唐瑶为征东将军，郭谦为军咨祭酒，索仙为左长史，张邈为右长史，尹建兴为左司马，张体顺为右司马，张条为牧府左长史，令狐溢为右长史，张林为太府主簿，宋繇、张谡为从事中郎，繇加折冲将军，谡加扬武将军，索承明为牧府右司马，令狐迁为武卫将军、晋兴太守，氾德瑜为宁远将军、西郡太守，张靖为折冲将军、河湟太守，索训为威远将军、西平太守，赵开为骑马护军、大夏太守，索慈为广武太守，阴亮为西安太守，令狐赫为武威太守，索术为武兴太守，以招怀东夏。又遣宋繇东伐凉兴，并击玉门已西诸城，皆下之，遂屯玉门、阳关，广田积谷，为东伐之资。

李暠执政期间，积极发展农业生产，百姓安居乐业。

《晋书》卷87《凉武昭王李玄盛传》云：

> 玄盛既迁酒泉，乃敦劝稼穑。群僚以年谷频登，百姓乐业，请勒铭酒泉，玄盛许之。于是使儒林祭酒刘参明为文，刻石颂德。

他又注意子弟教育，曾作训诫以劝勉他们。

《晋书》卷87《凉武昭王李玄盛传》云：

> （李暠）遂迁居于酒泉，手令诫其诸子曰："吾自立身，不营世利；经涉累朝，通否任时，初不役智，有所要求，今日之举，非本愿也。然事会相驱，遂荷州土，忧责不轻，门户事重。虽详人事，未知天心，登车理辔，百虑填胸。后事付汝等，粗举旦夕近事数条，遭意便言，不能次比。至于杜渐防萌，深识情变，此当任汝所见深浅，非吾敕诫所益也。汝等虽年未至大，若能克己纂修，比之古人，亦可以当事业矣。苟其不然，虽至白首，亦复何成！汝等其戒之慎之。
>
> 节酒慎言，喜怒必思，爱而知恶，憎而知善，动念宽怒，审而后举。众之所恶，勿轻承信，详审人，核真伪，远佞谀，近忠正。蠲刑狱，忍烦扰，存高年，恤丧病，勤省案，听论诉。刑法所应，和颜任理，慎勿以情轻加声色，赏勿漏疏，罚勿容亲。耳目人间，知外患苦；禁御左右，无作威福。勿伐善施劳，逆诈亿必，以示己明。广加咨询，无自专用，从善如顺流，去恶如探汤。富贵而不骄者至难也，念此贯心，勿忘须臾，僚佐邑宿，尽礼承敬，燕飨馔食，事事留怀。古今成败，不可不知，退朝之暇，念观典籍，面墙而立，不成人也。
>
> 此郡世笃忠厚，人物敦雅，天下全盛时，海内犹称之，况复今日，实是名邦。正为五百年乡党婚亲相连，至于公理，时有小小颇迥，为当随宜斟酌。吾临莅五年，兵难骚动，未得休众息役，惠康士庶。至于掩瑕藏疾，涤除疵垢，朝为寇仇，夕委心膂，虽未足希准古人，粗亦无负于新旧。事任公平，坦然无类，初不容怀，有所损益，计近便为少，经远如有余，亦无愧于前志也。"

嘉兴元年（417）李暠病死，子李歆继位。歆用刑过严，又好营宫室，丧失民心。

《资治通鉴》卷118《晋纪》恭帝元熙元年条云：

> 凉公歆用刑过严，又好治宫室，从事中郎张显上疏，以为："凉土三分，势不支久。兼并之本，在于务农；怀远之路，莫如宽简。今

入岁已来，阴阳失序，风雨乖和；是宜减膳撤悬，侧身修道，而更繁刑峻法，缮筑不止，殆非所以致兴隆也。昔文王以百里而兴，二世以四海而灭，前车之轨，得失照然。太祖以神圣之姿，为西夏所推，左取酒泉，右开西域。殿下不能奉承遗志，混修政事，外礼英贤，攻战之际，身均士卒，百姓怀之，乐为之用。臣谓殿下非但不能平殄蒙逊，亦惧蒙逊方为社稷之忧。"歆览之，不悦。

主簿氾称上疏谏曰："天之子爱人主，殷勤至矣；故政之不修，下灾异以戒告之，改者虽危必昌，不改者虽安必亡。元年三月癸卯，敦煌谦德堂陷；八月，效谷地裂；二年元月，昏雾四塞；四月，日赤无光，二旬乃复；十一月，狐上南门，今兹春、夏，地频五震；六月，陨星于建康。臣虽学不稽古，行年五十有九，请为殿下略言耳目之所闻见，不复能远论书传之事也。乃者咸安之初，西平地裂，狐入谦光殿前；俄而秦师奄至，都城不守。濯熙既为凉州，不抚百姓。专为聚敛，建元十九年，姑臧南门崩，陨石于闲豫堂，明年为吕光所杀。段业称制此方，三年之中，地震五十余所；既而先王龙兴于瓜州，蒙逊篡弑于张掖。此皆目前之成事，殿下所明知也。效谷，先王鸿渐之地；谦德，即尊之室，基陷地裂，大凶之征也。日者，太阳之精，中国之象；赤而无光，中国将衰。谚曰：'野兽入家，主人将去。'狐上南门，亦变异之大者也。今蛮夷益盛，中国益微。愿殿下亟罢宫室之役，止游畋之娱，延礼英俊，爱养百姓，以应天变，防未然。"歆不从。

永建元年（420）七月，李歆与北凉沮渠蒙逊战于蓼泉（今甘肃高台西），兵败被杀。

《晋书》卷87《凉武昭王李玄盛传附李士业传》云：

士业立四年而宋受禅，士业将谋东伐，张体顺切谏，乃止。士业闻蒙逊南伐秃发傉檀，命中外戒严，将攻张掖。尹氏固谏，不听，宋繇又固谏，士业并不从，繇退而叹曰："大事去矣，吾见师之出，不见师之还也！"士业遂率步骑三万东伐，次于都渎涧。蒙逊自浩亹来，距战于怀城，为蒙逊所败。左右劝士业还酒泉，士业曰："吾违太后明诲，远取败辱，不杀此胡，复何面目以见母也！"勒众复战，败于蓼泉，为蒙逊所害。士业诸弟酒泉太守翻、新城太守预、领羽林右监官、左将军眺、右将军亮等西奔敦煌，蒙逊遂入于酒泉。士业之未败也，有大蛇从南门而入，至于恭德殿前；有双雉飞出宫内；通街大树上有乌鹊争巢，鹊为乌所杀。又有敦煌父老令狐炽梦白头公衣帕而谓炽曰："南风动，吹长木，胡桐椎，不中穀。"言讫忽然不见。士业小字桐椎，至是而亡。

李歆死，其弟敦煌太守李恂闻酒泉失守，据敦煌自称冠军将军、凉州刺史。次年春，也被蒙逊所灭。李暠孙子李宝，逃奔伊吾，后降北魏，西凉亡。

《晋书》卷87《凉武昭王李玄盛传》云：

翻及弟敦煌太守恂与诸子等弃敦煌，奔于北山，蒙逊以索嗣子元绪行敦煌太守。元绪粗崄好杀，大失人和。郡人宋承、张弘以恂在郡有惠政，密信招恂。恂率数十骑入于敦煌，元绪东奔凉兴，宋承等推恂为冠军将军、凉州刺史。蒙逊遣世子德政率众攻恂，恂闭门不战，蒙逊自率众二万攻之，三面起堤，以水灌城。恂遣壮士一千，连版为桥，潜欲决堤，蒙逊勒兵逆战，屠其城。士业子重耳，脱身奔于江左，仕于宋。后归魏，为恒农太守。蒙逊徙翻子宝等于姑臧，岁余，北奔伊吾，后归于魏，独尹氏及诸女死于伊吾。

玄盛以安帝隆安四年立，至宋少帝景平元年灭，据河右凡二十四年。

（四）北凉

北凉是卢水胡沮渠蒙逊建立的国家。神玺元年（397），蒙逊起兵反后凉吕光，拥立建康太守段业为凉州牧、建康公。不久，蒙逊杀段业自立，称张掖公，后改称河西王，史称北凉。

《魏书》卷99《卢水胡沮渠蒙逊传》云：

胡沮渠蒙逊，本出临松卢水。其先为匈奴左沮渠，遂以官为氏。蒙逊滑稽有权变，颇晓天文，为诸胡所归。

吕光杀其伯父西平太守罗仇。蒙逊聚众万余，屯于金山，与从兄晋昌太守男成共推建康太守段业为使持节、大都督、龙骧大将军、凉州牧、建康公，称神玺元年。业以蒙逊为张掖太守，封临池侯；男成为辅国将军，委以军国之任。业自称凉王，以蒙逊为尚书左丞，忌蒙逊威名，微疏远之。

天兴四年，蒙逊内不自安，请为安西太守。蒙逊欲激怒其众，乃密诬告男成叛逆，业杀之。蒙逊泣告众，陈欲复仇之意。男成素有威信，众情怨愤，泣而从之。蒙逊因举兵攻杀业，私署使持节、大都督、大将军、凉州牧、张掖公，号年永安，居张掖。

永兴中，蒙逊克姑臧，迁居之。改号玄始元年，自称河西王，置百官丞郎以下……

蒙逊为政期间，政治较为清明。
《晋书》卷129《沮渠蒙逊载记》云：

时姚兴遣将姚硕德攻吕隆于姑臧，蒙逊遣从事中郎李典聘于兴，以通和好。蒙逊以吕隆既降于兴，酒泉、凉宁二郡叛降李玄盛，乃遣建忠挚、牧府长史张潜见硕德于姑臧，请军迎接，率郡人东迁。硕德大悦，拜潜张掖太守，挚建康太守。潜劝蒙逊东迁……

蒙逊乃斩张潜，因下书曰："孤以虚薄，猥忝时运，未能弘阐大猷，勘荡群孽，使桃虫鼓翼东京，封豕蒸涉西裔，戎军屡动，干戈未戢，农失三时之业，百姓户不粒食。可蠲省百徭，专功南亩，明设科条，务尽地利……"

蒙逊下令曰："养老乞言，晋文纳舆人之诵，所以能招礼英奇，致时邕之美。况孤寡德，智不经远，而可不思闻谠言以自镜哉！内外群僚，其各搜扬贤隽，广进刍荛，以匡孤不逮。"

遣辅国臧莫孩袭山北虏，大破之。姚兴遣将齐难率众四万迎吕隆，隆劝难伐蒙逊，难从之。莫孩败其前军。难乃结盟而还。

蒙逊伯父中田护军亲信、临松太守孔笃并骄奢侵害，百姓苦之。蒙逊曰："乱吾国者，二伯父也，何以纲纪百姓乎！"皆令自杀……

蒙逊母车氏疾笃，蒙逊升南景门，散钱以赐百姓。下书曰："孤庶凭宗庙之灵，乾坤之佑，济否剥之运会，拯遗黎之荼蓼，上望扫清氛秽，下冀保宁家福。而太后不豫，涉岁弥增，将刑狱枉滥，众有怨乎？赋役繁重，时不堪乎？群望不洁，神所谴乎？内省诸身，未知罪之攸在。可大赦殊死已下。"俄而车氏死……

蒙逊西祀金山，遣沮渠广宗率骑一万袭乌啼虏，大捷而还。蒙逊西至苕藋，遣前将军沮渠成才都将骑五千袭卑和虏，蒙逊率中军三万继之，卑和虏率众迎降。遂循海而西，至盐池，祀西王母寺。寺中有玄石神图，命其中书侍郎张穆赋焉，铭之于寺前，遂如金山而归。

蒙逊下书曰："顷自春炎旱，害及时苗，碧原青野，倏为枯壤。将刑政失中，下有冤狱乎？役繁赋重，上天所谴乎？内省多缺，孤之罪也。书不云乎：'百姓有过，罪予一人。'可大赦殊死已下。"翌日而澍雨大降……

蒙逊为李士业败于鲜支涧，复收散卒欲战。前将军成都谏曰："臣闻高祖有彭城之败，终成大汉，宜旋师以为后图。"蒙逊从之，城建康而归。

其群下上书曰："设官分职，所以经国济时；恪勤官次，所以缉熙庶政。当官者以匪躬为务，受任者以忘身为效。自皇纲初震，戎马生郊，公私草创，未遑旧式。而朝士多违宪制，不遵典章；或公文御案，在家卧署，或事无可否，望空而过。至令黜陟绝于皇朝，驳议寝于圣世，清浊共流，能否相杂，人无劝竞之心，苟为度日之事。岂忧公忘私，奉上之道也！今皇化日隆，遐迩宁泰，宜肃振纲维，申修旧则。"蒙逊纳之，命征南姚艾、尚书左丞房晏撰朝堂制。行之旬日，百僚振肃。

玄始十年（421），蒙逊灭西凉，据有凉州全境，这是北凉全盛时。《宋书》卷98《氐胡列传》云：

十三年五月，李暠死，子歆立。六月，歆伐蒙逊，至建康，蒙逊拒之，歆退走，追至西支涧，蒙逊大败，死者四千余人，乃收余众，增筑建康城，置兵戍而还。

十四年，蒙逊遣使诣晋，奉表称蕃，以蒙逊为凉州刺史。高祖践阼，以歆为使持节、都督高昌敦煌晋昌酒泉西海玉门堪泉七郡诸军事、护羌校尉、征西大将军、酒泉公。

永初元年七月，蒙逊东略浩亹，李歆乘虚攻张掖，蒙逊回军西归,歆退走,追至临泽,斩歆兄弟三人,进攻酒泉,克之。歆弟敦煌太守恂据郡,自称大将军。十月,蒙逊遣世子正德攻恂,不下。三年正月,蒙逊自往筑长堤引水灌城,数十日,又不下。三月,恂武卫将军宋承、广武将军张弘举城降,恂自杀,李氏由是遂亡。于是鄯善王比龙入朝,西域三十六国皆称臣贡献。

高祖以蒙逊为使持节、散骑常侍、都督凉州诸军事、镇军大将军、开府仪同三司、凉州刺史、张掖公。

十二月,晋昌太守唐契反,复遣正德攻契。景平元年三月,克之,契奔伊吾。

八月,芮芮来抄,蒙逊遣正德距之,正德轻骑进战,军败见杀。乃以次子兴国为世子。

是岁,进蒙逊侍中、都督凉秦河沙四州诸军事、骠骑大将军、领护匈奴中郎将、西夷校尉、凉州牧,河西王,开府、持节如故。

蒙逊病死后,第三子牧犍嗣位。永和七年(439),北魏拓跋焘征北凉,牧犍势穷出降,被杀,北凉亡。

《魏书》卷99《卢丞相胡沮渠蒙逊传》云:

第三子牧犍统任,自称河西王……

太延五年,世祖遣尚书贺多罗使凉州,且观虚实。以牧犍虽称蕃致贡,而内多乖悖,于是亲征之……官军济河,牧犍曰:"何故尔也!"用其左丞姚定国计,不肯出迎,求救于蠕蠕。又遣弟董来率兵万余人拒官军于城南,战退,车驾至姑臧,遣使喻牧犍,令出。牧犍闻蠕蠕内侵于善无,幸车驾返旆,遂婴城自守。牧犍兄子祖逾城出降,具知其情,世祖乃引诸军攻。牧犍兄子万年率麾下又来降。城拔,牧犍与左右文武面缚请罪,诏释其缚,徙凉州民三万余家于京师……

至此,十六国时期的历史宣告结束。

第四章　东晋偏安江南

第一节　东晋疆域

东晋初年有扬、荆、江、湘、梁、益、宁、交、广9州全境，及徐州之半，豫州之谯城。经过桓温、刘裕等北伐，至东晋末年，复有北徐、豫、北青、司、兖5州，连前共14州。

《通典》卷171《州郡一》云：

> 初，元帝命祖逖镇雍丘，逖死，北境渐蹙。于是荆、河、青、兖四州，及徐州之半，陷刘曜、石勒。以合肥、淮阴、寿阳、泗口、角城为重镇。成帝时，鄀守将退屯襄阳（咸和初魏该屯鄀，为刘曜将黄秀所逼，而退守襄阳）。穆帝时，平蜀汉，复梁、益之地；又遣军西入关，至灞上，再北伐，一至洛阳，一至枋头。所得郡县，军旋又失。洎苻坚东平慕容暐，西南陷蜀、汉，西北克姑臧，则汉水、长淮以北，悉为坚有。及坚败，再复梁、益、青、徐、兖、荆、河之地。其后青、兖陷于慕容德，荆、河、司陷于姚兴，以彭城为北境藩捍。后益、梁又陷于谯纵。每因刘、石、苻、姚衰乱之际，则进兵屯戍。在于汉中、襄阳、彭城。然大抵上明、江陵、夏口、武昌、合肥、寿阳、淮阴，常为晋氏镇守。义熙以后，又复青、兖、司、荆、河、梁、益之地。而政移于宋矣。

现据《晋书·地理志》《通典·州郡》《宋书·州郡志》及洪亮吉《东晋疆域志》等，列东晋疆域如表4—1所示：

表 4—1　　　　　　　　　　　　东晋疆域

州名	治所	辖郡
司	荥阳，或洛阳、虎牢	河南、荥阳、弘农、华山、汲郡、河内、阳平、魏郡、顿丘
兖	廪丘	泰山、高平、鲁郡、济北、东燕、陈留、东平、济阳、济阴、濮阳国
梁	南郑、后治于苞中、城固	汉中、魏兴、晋昌、新城、上庸、梓潼、晋寿、广汉、新都、遂宁、涪郡、巴郡、巴西、宕渠、新巴、汶阳、北巴西
益	成都	蜀郡、宁蜀、晋原、江阳、东江阳、犍为、汶山、越巂、平乐、沈黎
宁	云南	建宁、晋宁、牂牁、平蛮、夜郎、朱提、南广、建都、兴古、西平、梁水、永昌、云南、东河阳、西河、兴宁
北青	东阳或碻磝	齐郡、济南、乐安、高密、平昌、北海、东莱、东牟、长广
北徐	彭城	彭城、沛郡、下邳、东海、谯郡、梁国、兰陵、琅邪、淮阳、宿预、东莞、东安
荆	江陵或武昌等	南郡、南平、武宁、绥安、江夏、竟陵、襄阳、南阳、顺阳、义阳、随郡、新野、建平、宜都、武陵、天门、巴东、临贺、始兴、始安
扬	建业	丹阳、宣城、吴郡、吴兴、会稽、东阳、新安、临海、永嘉、义兴、晋陵
豫	芜湖、邾城等	汝南、汝阳、南顿、汝阴、新蔡、陈郡、颍川、弋阳、西阳、淮南、历阳、马头、庐江、晋熙、秦郡
江	豫章或寻阳等	寻阳、豫章、鄱阳、庐陵、临川、南康、建安、晋安、武昌、桂阳、安成
湘	长沙	长沙、衡阳、湘东、零陵、邵陵、营阳
交	龙编	交趾、合浦、九真、新昌、武平、九德、日南
广	番禺	南海、东官、新会、苍梧、晋康、新宁、永平、郁林、晋兴、桂林、高凉、宁浦、义安

第二节　北方士族的南渡与东晋王朝的建立

西晋既亡，琅琊王司马睿在南北大族的支持下，建立了江左小朝廷，偏安于南方，此即东晋王朝。东晋政权是西晋门阀士族统治的继续和发展。随着门阀势力的增长，统治阶级内部矛盾日趋尖锐，火并迭起，这使东晋的政治极不稳定。

一　江南士族的"三定江南"

早在孙吴时，江南士族即已形成一股强大的地方势力。西晋平吴之后，这些士族的势力与社会地位，仍然有举足轻重之势。如周处之子周玘的"三定江南"即为一例。

关于一定江南，《晋书》卷58《周处传附周玘传》有云：

> 太安初，妖贼张昌、丘沈等聚众于江夏，百姓从之如归。惠帝使监军华宏讨之，败于障山。昌等浸盛，杀平南将军羊伊，镇南大将军、新野王歆等，所在覆没。昌别率封云攻徐州，石冰攻扬州，刺史陈徽出奔，冰遂略有扬土。玘密欲讨冰，潜结前南平内史王矩，共推吴兴太守顾秘都督扬州九郡军事，及江东人士同起义兵，斩冰所置吴兴太守区山及诸长史。冰遣其将羌毒领数万人距玘，玘临阵斩毒。时右将军陈敏自广陵率众助玘，斩冰别率赵骥于芜湖，因与玘俱前攻冰于建康。冰北走投封云，云司马张统斩云、冰以降，徐扬并平。玘不言功赏，散众还家。

关于二定江南，《晋书》卷100《陈敏传》云：

> 时惠帝幸长安，四方交争，（陈）敏遂有割据江东之志……时越讨豫州刺史刘乔，敏引兵会之，与越俱败于萧。
>
> 敏因中国大乱，遂请东归，收兵据历阳。会吴王常侍甘卓自洛至……拜敏为扬州刺史，并假江东首望顾荣等四十余人为将军、郡守，荣并伪从之。敏为息娶卓女，遂相为表里。扬州刺史刘机、丹杨太守王广等皆弃官奔走。敏弟昶知顾荣等有贰心，劝敏杀之，敏不从。昶将精兵数万据乌江，弟恢率钱端等南寇江州，刺史应邈奔走，弟斌东略诸郡，遂据有吴越之地。敏命寮佐以己为都督江东军事、大司马、楚公，封十郡，加九锡，列上尚书，称自江入河，奉迎銮驾。
>
> 东海王军谘祭酒华谭闻敏自相署置，而顾荣等并江东首望，悉受敏官爵，乃遗荣等书曰：

"石冰之乱，朝廷录敏微功，故加越次之礼，授以上将之任，庶有韩庐一噬之效。而本性凶狡，素无识达，贪荣干运，逆天而动，阻兵作威，盗据吴会，内用凶弟，外委军吏，上负朝廷宠授之荣，下孤宰辅过礼之惠。天道伐恶，人神所不祐。虽阻长江，命危朝露。忠节令图，君子高行，屈节附逆，义士所耻。王蠋匹夫，志不可屈，于期慕义，陨首燕庭。况吴会仁人并受国宠，或剖符名郡，或列为近臣，而便辱身奸人之朝，降节逆叛之党，稽颡屈膝，不亦羞乎！昔龚胜绝粒，不食莽朝；鲁连赴海，耻为秦臣。君子义行，同符千载，遥度雅量，岂独是安！

"昔吴之武烈，称美一代，虽奋奇宛叶，亦受折襄阳。时逆雄气，志存中夏，临江发怒，命讫丹徒。赖先主承运，雄谋天挺，尚内倚慈母仁明之教，外杖子布廷争之忠，又有诸葛、顾、步、张、朱、陆、全之族，故能鞭笞百越，称制南州。然兵家之兴，不出三世，运未盈百，归命入臣。今以陈敏仓部令史，七第顽冗，六品下才，欲蹑桓王之高踪，蹈大皇之绝轨，远度诸贤，犹当未许也。诸君垂头，不能建翟义之谋；而顾生俯眉，已受羁绊之辱。皇舆东轩，行即紫馆，百僚垂缨，云翔凤阙，庙胜之谟，潜运帷幄。然后发荆州武旅，顺流东下，徐州锐锋，南据堂邑；征东劲卒，耀威历阳；飞桥越横江之津，泛舟涉瓜步之渚；威震丹杨，擒寇建邺，而诸贤何颜见中州之士邪！

"以小寇隔津，音符道阔，引领南望，情存旧怀。忠义之人，何世蔑有！夫危而不能安，亡而不能存，将何贵乎！永长宿德，情所素重；彦先垂发，分著金石；公胄早交，恩纪特隆；令伯义声，亲好密结。上欲与诸贤效翼紫宸，建功帝籍。如其不尔，亦可泛舟河渭，击楫清歌。何为辱身小寇之手，以蹈逆乱之祸乎！昔为同志，今已殊域；往为一体，今成异身。瞻江长叹，非子谁思！愿图良策，以存嘉谋也。"

敏凡才无远略，一旦据有江东，刑政无章，不为英俊所服，且子弟凶暴，所在为患。周玘、顾荣之徒常惧祸败，又得谭书，皆有惭色，玘、荣遣使密报征东大将军刘准遣兵临江，己为内应。准遣扬州刺史刘机、宁远将军衡彦等出历阳，敏使弟昶及将军钱广次乌江以距之，又遣弟闳为历阳太守，戍牛渚。钱广家在长城，玘乡人也，玘潜使图昶。广遣其属何康、钱象投募送白事于昶，昶俯头视书，康挥刀斩之，称州下已杀敏，敢有动者诛三族，吹角为内应。广先勒兵在朱雀桥，陈兵水南，玘、荣又说甘卓，卓遂背敏。敏率万余人将与卓战，未获济，荣以白羽扇麾之，敏众溃散。敏单骑东奔至江乘，为义兵所斩，母及妻子皆伏诛，于是会稽诸郡并杀敏诸弟无遗焉。

关于三定江南，《晋书》卷58《周处传附周玘传》云：

> 元帝初镇江左，以玘为仓曹属。
>
> 初，吴兴人钱璯亦起义兵讨陈敏，越命为建武将军，使率其属会于京都。璯至广陵，闻刘聪逼洛阳，畏懦不敢进。帝促以军期，璯乃谋反。时王敦迁尚书，当应征与璯俱西。璯阴欲杀敦，借以举事。敦闻之，奔告帝。璯遂杀度支校尉陈丰，焚烧邸阁，自号平西大将军、八州都督，劫孙皓子充，立为吴王，既而杀之。来寇玘县。帝遣将军郭逸、都尉宋典等讨之，并以兵少未敢前。玘复率合乡里义众，与逸等俱进，讨璯，斩之，传首于建康。
>
> 玘三定江南，开复王略，帝嘉其勋，以玘行建威将军、吴兴太守，封乌程县侯。吴兴寇乱之后，百姓饥馑，盗贼公行。玘甚有威惠，百姓敬爱之，期年之间，境内宁谧。帝以玘频兴义兵，勋诚并茂，乃以阳羡及长城之西乡、丹杨之永世别为义兴郡，以彰其功焉。

有了周玘的三定江南，换言之，有了江南士族的消灭割据势力，才能稳定江南的政局，而后的东晋政权，也才有在江南扎根的可能。

二 北方士族南渡和东晋政权的建立

西晋自八王之乱以来，战乱相寻，天灾迭现，中原地区一片萧条。在这种情况下，北方士族便在军事上作出有计划的流动。除一小部分士族流向东北托庇于鲜卑慕容政权或流向西北归依于凉州张轨外，大部分士族率其宗族、乡里、宾客、部曲，南渡江南。

《晋书》卷65《王导传》云：

> 俄而洛京倾覆，中州士女避乱江左者十六七，导劝帝（元帝）

收其贤人君子，与之图事。

又《资治通鉴》卷87《晋纪》怀帝永嘉五年条云：

> 时海内大乱，独江东差安，中国士民避乱者多南渡江。镇东司马王导说琅邪王睿收其贤俊，与之共事。睿从之，辟掾属百余人，时人谓之"百六掾"。

又《宋书》卷35《州郡志一》云：

> 晋永嘉大乱，幽、冀、青、并、兖州及徐州之淮北流民，相率过淮，亦有过江在晋陵郡界者。晋成帝咸和四年，司空郗鉴又徙流民之在淮南者于晋陵诸县，其徙过江南及留在江北者，并立侨郡县以司牧之……故南徐州备有徐、兖、幽、冀、青、并、扬七州郡邑……户七万二千四百七十二，口四十二万六百四十……晋陵太守……领县六，户一万五千三百八十二，口八万一百一十三。

北来士族与东吴本地士族在文化、名教观念及实际利益上，虽有冲突，但可调和。东吴士族对洛阳士族有一种羡慕与钦佩的心情，故东吴士族处处都欲仿效洛阳士族。《抱朴子·外篇》卷26《讥惑篇》讲到吴地士族在书法、语言乃至于哀哭上，都学"中国"。其言云：

> 余谓废已习之法，更勤苦以学中国之书，尚可不须也，况于乃有转易其声音，以效北语，既不能便良似，可耻可笑。所谓不得邯郸之步，而有匍匐之嗤者。此犹其小者耳，乃有遭丧者而学中国哭者，令忽然无复念之情……又闻贵人在大哀，或有疾病，服石散以数食，宣药势以饮酒，为性命疾患危笃，不堪风冷，帏帐茵褥，任其所安。于是凡琐小人之有财力者，了不复居于丧位，常在别房，高床重褥，美食大饮，或与密客引满投空，至于沉醉，曰："此京洛之法也。"不亦惜哉！

吴人这种钦羡、仿效，对于东晋立国于江左，至为重要。

西晋灭吴后，以武帝为首的统治集团主张起用吴人。
《晋书》卷52《华谭传》载：

> 又策曰："吴蜀恃险，今既荡平。蜀人服化，无携贰之心；而吴人越睢，屡作妖寇。岂蜀人敦朴，易可化诱；吴人轻锐，难安易动乎？今将欲绥静新附，何以为先？"对曰："臣闻汉末分崩。英雄鼎峙，蜀栖岷陇，吴据江表。至大晋龙兴，应期受命，文皇运筹，安乐顺轨；圣上潜谋，归命向化。蜀染化日久，风教遂成；吴始初附，未改其化，非为蜀人敦恚而吴人易动也。然殊俗远境，风土不同，吴阻长江，旧俗轻悍。所安之计，当先筹其人士，使云翔阊阖，进其贤才，待以异礼；明选牧伯，致以威风；轻其赋敛，将顺咸悦，可以永保无穷，长为人臣者也。"

又《晋书》卷46《刘颂传》载：

> （刘）颂在郡上疏曰：
>
> ……伏见诏书，开启土宇，以支百世，封建戚属，咸出之藩，夫岂不怀，公理然也。树国全制，始成于今，超秦、汉、魏氏之局节，绍五帝三代之绝迹。功被无外，光流后裔，巍巍盛美，三五之君殆有惭德。何则？彼因自然而就之，异乎绝迹之后更创之。虽然，封幼稚皇子于吴蜀，臣之愚虑，谓未尽善。夫吴越剽轻，庸蜀险绝，此故变衅之所出，易生风尘之地。且自吴平以来，东南六州将士更守江表，此时之至患也。又内兵外守，吴人有不自信之心，宜得壮主以镇抚之，使内外各安其旧。又孙氏为国，文武众职，数拟天朝，一旦堙替，同于编户。不识所蒙更生之恩，而灾困逼身，自谓失地，用怀不靖。今得长王以临其国，随才授任，文武并叙，士卒百役不出其乡，求富贵者取之于国内。内兵得散，新邦乂安，两获其所，于事为宜。宜取同姓诸王年二十以上人才高者，分王吴蜀。以其去近就远，割裂土宇，令倍于旧。以徙封故地，用王幼稚，须皇子长乃遣君之，于是无晚也。急所须地，交得长主，此事宜也。臣所陈封建，今大义已举，然余众事，倘有足采，以参成制，故皆并列本事。

《晋书》卷68《贺循传》载：

> 循少婴家难，流放海隅，吴平，乃还本郡。操尚高厉，童龀不群，言行进止，必以礼让。国相丁乂请为五官掾。刺史嵇喜举秀才，除阳羡令，以宽惠为本，不求课最。后为武康令，俗多厚葬，及有忌拘回避岁月，停丧不葬者，循皆禁焉。政教大行，邻城宗之。然无援于朝，久不进序。著作郎陆机上疏荐循曰："伏见武康令贺循德量邃茂，才鉴清远，服膺道素，风操凝峻，历试二城，刑政肃穆。前蒸阳令郭讷风度简旷，器识朗拔，通济敏悟，才足干事。循守下县，编名凡悴；讷归家巷，栖迟有年。皆出自新邦，朝无知己，居住遐外，志不自营，年时倏忽，而逸无阶绪，实州党愚智所为恨恨。臣等伏思台郎所以使州州有人，非徒以均分显路，惠及外州而已。诚以庶士殊风，四方异俗，壅隔之害，远国益甚。至于荆、扬二州，户各数十万，今扬州无郎，而荆州江南乃无一人为京城职者，诚非圣朝待四方之本心。至于才望资品，循可尚书郎，讷可太子洗马、舍人。此乃众望所积，非但企及清涂，苟充方选也。谨条资品，乞蒙简察。"久之，召补太子舍人。

吴人对洛阳士族表示钦羡，而洛阳朝廷也有起用吴人之意，南北士族乃能结合起来。司马睿渡江以后，继续起用吴人，因而才能逐步在江南站稳脚跟，建成了偏安的东晋王朝。

在东晋的建立与稳定上，功绩最大者当推王导。他的功绩就在于笼络吴人，协调南北士族在南方的利益，以坚定地支持东晋对付"北寇"，进而克复中原。

《世说新语》卷上之上《言语》云：

> 过江诸人，每至美日，辄相邀新亭，藉卉饮宴。周侯中坐而叹曰："风景不殊，正自有山河之异！"皆相视流泪。唯王丞相愀然变色曰："当共戮力王室，克复神州，何至作楚囚相对！"

"当共戮力王室，克复神州"二语，正是王导笼络吴人，协调南北士族利益的目的之所在。

关于王导的笼络吴人，《晋书》卷65《王导传》载：

> 王导字茂弘，光禄大夫览之孙也。父裁，镇军司马……（导）后参东海王越军事。时元帝为琅邪王，与导素相亲善。导知天下已乱，遂倾心推奉，潜有兴复之志。帝亦雅相器重，契同友执。帝之在洛阳也，导每劝令之国。会帝出镇下邳，请导为安东司马。军谋密策，知无不为。及徙镇建康，吴人不附。居月余，士庶莫有至者，导患之。会敦来朝，导谓之曰："琅邪王仁德虽厚，而名论犹轻。兄威风已振，宜有以匡济者。"会三月上巳，帝亲观禊，乘肩舆，具威仪。敦、导及诸名胜皆骑从。吴人纪瞻、顾荣，皆江南之望，窃觇之，见其如此，咸惊惧，乃相率拜于道左。导因进计曰："古之王者，莫不宾礼故老，存问风俗，虚己倾心，以招俊义。况天下丧乱，九州分裂，大业草创，急于得人者乎？顾荣、贺循，此土之望，未若引之以结人心。二子既至，则无不来矣。"帝乃使导躬造循、荣，二人皆应命而至，由是吴会风靡，百姓归心焉。自此之后，渐相崇奉，君臣之礼始定。
>
> 俄而洛京倾覆，中州士女避乱江左者十六七。导劝帝收其贤人君子，与之图事。时荆扬晏安，户口殷实。导为政务在清静，每劝帝克己励节，匡主宁邦，于是尤见委杖，情好日隆；朝野倾心，号为"仲父"。帝尝从容谓导曰："卿，吾之萧何也。"对曰："……大王方立命世之勋，一匡九合。管仲、乐毅，于是乎在，岂区区国臣所可拟议？愿深弘神虑，广择良能。顾荣、贺循、纪瞻、周玘，皆南士之秀，愿尽优礼，则天下安矣。"

又《世说新语》卷中之上《方正》云：

> 王丞相初在江左，欲结援吴人，请婚陆太尉。对曰："培塿无松柏，薰莸不同器，玩虽不才，义不为乱伦之始。"

又《世说新语》卷中之上《排调》云：

> 刘真长始见王丞相，时盛暑之月，丞相以腹熨弹棋局，曰："何

乃渳？"刘既出，人问："见王公云何？"刘曰："未见他异，唯闻作吴语耳。"

由于王导积极笼络吴人，司马睿除了已取得北来侨姓士族的翼戴之外，又获得了南方吴姓士族的支持。

《晋书》卷68《顾荣传》云：

> 时南土之士未尽才用，荣又言："陆士光贞正清贵，金玉其质；甘季思忠款尽诚，胆干殊快，殷庆元质略有明规，文武可施用。荣族兄公让明亮守节，困不易操；会稽杨彦明、谢行言皆服膺儒教，足为公望。贺生沈潜，青云之士；陶恭兄弟才干虽少，实事极佳。凡此诸人，皆南金也。"书奏，皆纳之。

又《资治通鉴》卷86《晋纪》怀帝永嘉元年条云：

> 琅邪王睿至建业，睿以安东司马王导为谋主，推心亲信，每事咨焉……以循为吴国内史，荣为军司马，加散骑常侍，凡军府政事，皆与之谋议。又以纪瞻为军祭酒，卞壶为从事中郎，周玘为仓曹属，琅邪刘超为舍人，张闿及鲁国孔衍为参军……王导说睿："谦以接士，俭以足用，以清静为政，抚缓新旧。"故江东归心焉。

至此，东晋王朝建立的条件业已成熟。建武元年（317），晋愍帝司马邺被俘遇害的消息传到建康，司马睿先称晋王；次年改称皇帝，即元帝，都建康，史称东晋。

《晋书》卷6《元帝纪》云：

> 元皇帝讳睿，字景文，宣帝曾孙，琅邪恭王觐之子也。咸宁二年生于洛阳……年十五，嗣位琅邪王。幼有令问，及惠皇之际，王室多故，帝每恭俭退让，以免于祸。沈敏有度量，不显灼然之迹，故时人未之识焉。惟侍中嵇绍异之，谓人曰："琅邪王毛骨非常，殆非人臣之相也。"
>
> 元康二年，拜员外散骑常侍。累迁左将军，从讨成都王颖。荡阴

之败也，叔父东安王繇为颖所害。帝惧祸及，将出奔。其夜月正明，而禁卫严警，帝无由得去，甚窘迫。有顷，云雾晦冥，雷雨暴至，徼者皆弛，因得潜出。颖先令诸关无得出贵人，帝既至河阳，为津吏所止。从者宋典后来，以策鞭帝马而笑曰："舍长！官禁贵人，汝亦被拘邪！"吏乃听过。至洛阳，迎太妃俱归国。

东海王越之收兵下邳也，假帝辅国将军。寻加平东将军、监徐州诸军事，镇下邳。俄迁安东将军、都督扬州诸军事。越西迎大驾，留帝居守。永嘉初，用王导计，始镇建邺，以顾荣为军司马、贺循为参佐，王敦、王导、周𫖮、刁协并为腹心股肱，宾礼名贤，存问风俗，江东归心焉。属太妃薨于国，自表奔丧，葬毕，还镇，增封宣城郡二万户，加镇东大将军、开府仪同三司。受越命，讨征东将军周馥，走之。及怀帝蒙尘于平阳，司空荀藩等移檄天下，推帝为盟主。江州刺史华轶不从，使豫章内史周广、前江州刺史卫展讨禽之。愍帝即位，加左丞相。岁余，进位丞相、大都督中外诸军事。遣诸将分定江东，斩叛者孙弼于宣城，平杜弢于湘州，承制赦荆扬。及西都不守，帝出师露次，躬擐甲胄，称檄四方，征天下之兵，克日进讨。于时有玉册见于临安，白玉麒麟神玺出于江宁，其文曰："长寿万年"，日有重晕，皆以为中兴之象焉。

建武元年春二月辛巳，平东将军宋哲至，宣愍帝诏曰："遭运迍否，皇纲不振。朕以寡德，奉承洪绪，不能祈天永命，绍隆中兴，至使凶胡敢帅犬羊，逼迫京辇。朕今幽塞穷城，忧虑万端，恐一旦崩溃。卿指诣丞相，具宣朕意，使摄万机，时据旧都，修复陵庙，以雪大耻。"

三月，帝素服出次，举哀三日。西阳王羕及群僚参佐、州征牧守等上尊号，帝不许。羕等以死固请，至于再三。帝慨然流涕曰："孤，罪人也，惟有蹈节死义，以雪天下之耻，庶赎鈇钺之诛。吾本琅邪王，诸贤见逼不已！"乃呼私奴命驾，将反国。群臣乃不敢逼，请依魏晋故事为晋王，许之。辛卯，即王位，大赦，改元。其杀祖父母、父母、及刘聪、石勒，不从此令。诸参军拜奉车都尉，掾属驸马都尉。辟掾属百余人，时人谓之"百六掾"。乃备百官，立宗庙社稷于建康……丙辰，立世子绍为晋王太子，以抚军大将军、西阳王羕为太保，征南大将军、汉安侯王敦为大将军，右将军王导都督中外诸军事、骠骑将军，左长史刁协为尚书左仆射。封王子宣城公裒为琅邪王……

太兴元年春正月戊申朔，临朝，悬而不乐。

三月癸丑，愍帝崩问至，帝斩縗居庐。丙辰，百僚上尊号……是日，即皇帝位……于是大赦，改元，文武增位二等。庚午，立王太子绍为皇太子。

晋元帝执政早期，政治较为清明。

同上《元帝纪》云：

（太兴元年春三月）壬申，（元帝）诏曰："昔之为政者，动人以行不以言，应天以实不以文，故我清静而人自正。其次听言观行，明试以功。其有政绩可述，刑狱得中，人无怨讼，久而日新，及当官软弱，茹柔吐刚，行身秽浊，修饰时誉者，各以名闻。令在事之人，仰鉴前烈，同心戮力，深思所以宽众息役，惠益百姓，无废朕命。远近礼赞，一切断之。"

夏四月丁丑朔，日有食之。加大将军王敦江州牧，进骠骑将军王导开府仪同三司。戊寅，初禁招魂葬。乙酉，西平地震。

五月癸丑，使持节、侍中、都督、太尉、并州刺史、广武侯刘琨为段匹䃅所害。

六月，旱，帝亲雩。改丹杨内史为丹杨尹。甲申，以尚书左仆射刁协为尚书令，平南将军、曲陵公荀崧为尚书左仆射。庚寅，以荥阳太守李矩为都督司州诸军事、司州刺史。戊戌，封皇子晞为武陵王。初置谏鼓谤木。

秋七月戊申，诏曰："王室多故，奸凶肆暴，皇纲弛坠，颠覆大猷。朕以不德，统承洪绪，夙夜忧危，思改其弊。二千石令长当祇奉旧宪，正身明法，抑齐豪强，存恤孤独，隐实户口，劝课农桑。州牧刺史当互相检察，不得顾私亏公。长吏有志在奉公而不见进用者，有贪惏秽浊而以财势自安者，若有不举，当受故纵蔽善之罪，有而不知，当受闇塞之责。各明慎奉行。"

十一月乙卯，日夜出，高三丈，中有赤青珥。新蔡王弼薨。加大将军王敦荆州牧。庚申，诏曰："朕以寡德，纂承洪绪，上不能调和阴阳，下不能济育群生，灾异屡兴，咎徵仍见。壬子、乙卯，雷震暴雨，盖天灾谴戒，所以彰朕之不德也。群公卿士，其各上封事，具陈得失，无有所讳，将亲览焉。"新作听讼观。故归命侯孙晧子璠谋反，伏诛。

十二月。刘聪故将王腾、马忠等诛靳准，送传国玺于刘曜。武昌地震。丁丑，封显义亭侯焕为琅邪王。己卯，琅邪王焕薨。癸巳，诏曰："汉高经大梁，美无忌之贤；齐师入鲁，修柳下惠之墓。其吴之高德名贤或未旌录者，具条列以闻。"江东三郡饥，遣使振给之。……

（太兴二年）五月癸丑，太阳陵毁，帝素服哭三日。徐杨及江西诸郡蝗。吴郡大饥。平北将军祖逖及石勒将石季龙战于浚仪，王师败绩。壬戌，诏曰："天下凋弊，加以灾荒，百姓困穷，国用并匮，吴郡饥人死者百数。天生蒸黎而树之以君，选建明哲以左右之，当深思以救其弊。昔吴起为楚悼王明法审令，捐不急之官，除废公族疏远，以附益将士，而国富兵强，况今日之弊，百姓凋困邪！且当去非急之务，非军士所须者皆省之……"

（永昌元年）闰月己丑，帝崩于内殿，时年四十七，葬建平陵，庙号中宗。帝性简冲素，容纳直言，虚己待物。初镇江东，颇以酒废事，王导深以为言，帝命酌，引觞覆之，于此遂绝。有司尝奏太极殿广室施绛帐，帝曰："汉文集上书皂囊为帷。"遂令冬施青布，夏施青练帷帐。将拜贵人，有司请市雀钗，帝以烦费不许。所幸郑夫人衣无文彩。从母弟王廙为母立屋过制，流涕止之。然晋室遘纷，皇舆播越，天命未改，人谋叶赞。元戎屡动，不出江畿，经略区区，仅全吴楚。终于下陵上辱，忧愤告谢。恭俭之德虽充，雄武之量不足。

需要指出的是，东晋政权和西晋政权一样，是在门阀士族支持下出现的，因此就决定了东晋政权的性质。"举贤不出世族，用法不及权贵"，这是东晋内政的基本方针。

《晋书》卷73《庾亮传附弟庾翼传》云：

> 大较江东政，以伛偻豪强，以为民蠹；时有行法，辄施之寒劣。如往年偷石头仓米一百万斛，皆是豪将辈，而直打杀仓督监以塞责。

山遐作余姚半年，而为官出二千户。政虽不伦，公强官长也，而群共驱之，不得安席。纪睦、徐宁奉王使纠罪人，船头到渚，桓逸还复，而二使免官。虽皆前宰之悟谬，江东事去，实此之由也。

又同书卷43《山涛传附孙遐传》云：

（山）遐字彦林，为余姚令。时江左初基，法禁宽弛。豪族多挟藏户口，以为私附。遐绳以峻法，到县八旬，出口万余。县人虞喜以藏户当弃市，遐欲绳喜。诸豪强莫不切齿于遐。言于执事，以喜有高节，不宜屈辱。又以遐辄造县舍，遂陷其罪。遐与会稽内史何充笺："乞留百日，穷鞫逋逃，退而就罪，无恨也。"充申理，不能得。竟坐免官。

又《初学记》卷20引晋元帝时廷尉卫展《陈谚言表》云：

廷尉狱，平如砥；有钱生，无钱死。

又《太平御览》卷834《资产部·筌》引王朝之《与庾安笺》云：

百姓投一纶，下一筌者，皆夺其鱼器，不输十四，则不得放。

三 统治集团的内部斗争

东晋初年，司马睿陆续控制或消灭了一些心怀不满的南方豪族武装，稳定了自己在江南的统治。但此时在统治阶级内部又出现了许多新的矛盾，其中包括皇权与大族之间的矛盾，南北大族之间的矛盾，北方大族中早渡江者与晚渡江者之间的矛盾，寒人与大族之间的矛盾，彼此不断发生利害冲突。

（一）侨姓士族与吴姓士族间的矛盾斗争

东晋政权是侨姓士族和吴姓士族间的联合政权，但侨姓士族为支撑东晋政权的主要力量。

《晋书》卷98《王敦传》云：

帝初镇江东，威名未著，敦与从弟导等同心翼戴，以隆中兴。时人为之语曰："王与马，共天下。"

又同书卷58《周处传附周勰传》载：

时中国亡官失守之士避乱来者，多居显位。

而吴姓士族所任官职，多是次要职务，难以掌握重要权力。自然使一部分失意的吴姓士族大为不满，因而在侨姓和吴姓士族之间，展开了激烈的斗争。

《晋书》卷58《周处传附周玘传》载：

玘宗族强盛，人情所归，帝疑惮之。于时中州人士佐佑王业，而玘自以为不得调，内怀怨望，复为刁协轻之，耻恚愈甚。时镇东将军祭酒东莱王恢亦为周顗所侮，乃与玘阴谋诛诸执政，推玘及戴若思与诸南士共奉帝以经纬世事。先是，流人帅夏铁等寓于淮泗，恢阴书与铁，令起兵，已当与玘以三吴应之。建兴初，铁已聚众数百人，临淮太守蔡豹斩铁以闻。恢闻铁死，惧罪，奔于玘，玘杀之，埋于豕牢。帝闻而秘之，召玘为镇东司马。未到，复改授建武将军、南郡太守。玘既南行，至芜湖，又下令曰："玘奕世忠烈，义诚显著，孤所钦喜。今以为军谘祭酒，将军如故，进爵为公，禄秩僚属一同开国之例。"玘忿于回易，又知其谋泄，遂忧愤发背而卒，时年五十六。将卒，谓子勰曰："杀我者诸伧子，能复之，乃吾子也。"吴人谓中州人曰"伧"，故云耳。

又同书同卷《周处传附周勰传》载：

（勰）常缄父言。时中国亡官失守之士避乱来者，多居显位，驾御吴人，吴人颇怨。勰因之欲起兵，潜结吴兴郡功曹徐馥。馥家有部曲，勰使馥矫称叔父札命以合众，豪侠乐乱者翕然附之，以讨王导、刁协为名。孙晧族人弼亦起兵于广德以应之。馥杀吴兴太守袁琇，有众数千，将奉札为主，时札以疾归家，闻而大惊，乃告乱于义兴太守孔侃。颺知札不同，不敢发兵。馥党惧，攻馥，杀之。孙弼众亦溃，宣城太守陶猷灭之。元帝以周氏奕世豪望，吴人所宗，故不穷治，抚之如旧。

又同书同卷《周处传附周札传》载：

札一门五侯，并居列位，吴士贵盛，莫与为比，王敦深忌之。后莚丧母，送者千数，敦益惮焉。及敦疾，钱凤以周氏宗强，与沈充权势相侔，欲自托于充，谋灭周氏，使充得专威扬土，乃说敦曰："夫有国者患于强逼，自古衅难恒必由之。今江东之豪莫强周、沈，公万世之后，二族必不静矣。周强而多俊才，宜先为之所，后嗣可安，国家可保耳。"敦纳之。时有道士李脱者，妖术惑众……弟子李弘养徒灊山，云应谶当王。故敦使庐江太守李恒告札及诸兄子与脱谋图不轨。时莚为敦谘议参军，即营中杀莚及脱、弘，又遣参军贺鸾就沈充尽掩杀札兄弟子，既而进军会稽，袭札。札先不知，卒闻兵至，率麾下数百人出距之，兵散见杀……及敦死，札、莚故吏并诣阙讼周氏之冤，宜加赠谥。事下八坐，尚书卞壶议以"札石头之役开门延寇，遂使贼敦恣乱，札之责也。追赠意所未安"……司徒王导议以"……宜与周顗、戴若思等同例"。朝廷竟从导议，追赠札卫尉。

南北士族的矛盾至南朝时还有影响。
《南齐书》卷52《丘灵鞠传》记丘氏的话说：

丘灵鞠，吴兴乌程人……谓人曰："我应还东掘顾荣冢。江南地方数千里，士子风流，皆出此中。顾荣忽引诸伧渡，妨我辈涂辙，死有余罪。"

(二) 王敦之乱

侨姓士族内部的矛盾与斗争，更为尖锐激烈。这主要表现为王敦之乱。王敦是王导的从兄，晋武帝女婿，琅邪临沂（今山东临沂）人。他性情十分残暴。

《晋书》卷98《王敦传》载：

王敦字处仲，司徒导之从父兄也。父基，治书侍御史。敦少有奇人之目，尚武帝女襄城公主，拜驸马都尉，除太子舍人。时王恺、石崇以豪侈相尚，恺尝置酒，敦与导俱在坐，有女伎吹笛小失声韵，恺便驱杀之。一坐改容，敦神色自若。他日，又造恺，恺使美人行酒，以客饮不尽，辄杀之。酒至敦、导所，敦故不肯持，美人悲惧失色，而敦傲然不视。导素不能饮，恐行酒者得罪，遂勉强尽觞。导还，叹曰："处仲若当世，心怀刚忍，非令终也。"洗马潘滔见敦而目之曰："处仲蜂目已露，但豺声未振，若不噬人，亦当为人所噬。"及太子迁许昌，诏东宫官属不得送。敦及洗马江统、潘滔，舍人杜蕤、鲁瑶等，冒禁于路侧望拜流涕，时论称之，迁给事黄门侍郎。

又《世说新语》卷下之下《汰侈》云：

石崇每要客燕集，常令美人行酒，客饮酒不尽者，使黄门交斩美人。王丞相与大将军尝共诣崇，丞相素不能饮，辄自勉强，至于沈醉。每至大将军，固不饮以观其变，已斩三人，颜色如故，尚不肯饮。丞相让之，大将军曰："自杀伊家人，何预卿事！"

西晋灭亡，王敦与王导等拥护司马睿建立东晋政权。后以司马睿抑制王氏势力，敦遂起兵攻入建康（今江苏南京），杀刁协、周𫖮等，还屯武昌，政由己出。明帝即位后，乘其病危，下诏讨伐。王敦再次举兵，不久病死军中。

《晋书》卷98《王敦传》载：

永嘉初，征为中书监。于时天下大乱，敦悉以公主时侍婢百余人配给将士，金银宝物散之于众，单车还洛。东海王越自荥阳来朝，敦谓所亲曰："今威权悉在太傅，而选用表请，尚书犹以旧制裁之，太傅今至，必有诛罚。"俄而越收中书令缪播等十余人杀之。越以敦为扬州刺史，潘滔说越曰："今树处仲于江外，使其肆豪强之心，是见贼也。"越不从。

其后征拜尚书，不就。元帝召为安东军谘祭酒。会扬州刺史刘陶卒，帝复以敦为扬州刺史，加广武将军。寻进左将军、都督征讨诸军事、假节。帝初镇江东，威名未著，敦与从弟导等同心翼戴，以隆中兴，时人为之语曰："王与马，共天下。"寻与甘卓等讨江州刺史华轶，斩之。

蜀贼杜弢作乱，荆州刺史周顗退走，敦遣武昌太守陶侃、豫章太守周访等讨弢，而敦进住豫章，为诸军继援。及侃破弢，敦上侃为荆州刺史。既而侃为弢将杜曾所败，敦以处分失所，自贬为广武将军，帝不许。侃之灭弢也，敦以元帅进镇东大将军、开府仪同三司，加都督江扬荆湘交广六州诸军事、江州刺史，封汉安侯。敦始自选置，兼统州郡焉。顷之，杜弢将杜弘南走广州，求讨桂林贼自效，敦许之。陶侃距弘不得进，乃诣零陵太守尹奉降，奉送弘与敦，敦以为将，遂见宠待。南康人何钦所居岨固，聚党数千人，敦就加四品将军，于是专擅之迹渐彰矣……

初，敦务自矫厉，雅尚清谈，口不言财色。既素有重名，又立大功于江左，专任阃外，手控强兵。群从贵显，威权莫贰，遂欲专制朝廷，有问鼎之心。帝畏而恶之，遂引刘隗、刁协等以为心膂。敦益不能平，于是嫌隙始构矣。每酒后辄咏魏武帝乐府歌曰："老骥伏枥，志在千里。烈士暮年，壮心不已。"以如意打唾壶为节，壶边尽缺。及湘州刺史甘卓迁梁州，敦欲以从事中郎陈颁代卓，帝不从，更以谯王承镇湘州。敦复上表陈古今忠臣见疑于君，而苍蝇之人交构其间，欲以感动天子。帝愈忌惮之。俄加敦羽葆鼓吹，增从事中郎、掾属、舍人各二人。帝以刘隗为镇北将军，戴若思为征西将军，悉发扬州奴为兵，外以讨胡，实御敦也。永昌元年，敦率众内向，以诛隗为名……

敦党吴兴人沈充起兵应敦。敦至芜湖，又上表罪状刁协。帝大怒，下诏曰："王敦凭恃宠灵，敢肆狂逆，方朕太甲，欲见幽囚。是可忍，孰不可忍也！今亲率六军，以诛大逆，有杀敦者，封五千户侯。"召戴若思、刘隗并会京师……诸将与敦战，王师败绩。既入石头，拥兵不朝，放肆兵士劫掠内外。官省奔散，惟有侍中二人侍帝……敦收周顗、戴若思害之。以敦为丞相、江州牧，进爵武昌郡公、邑万户，使太常荀崧就拜，又加羽葆鼓吹，并伪让不受。还屯武昌，多害忠良，宠树亲戚，以兄含为卫将军、都督沔南军事、领南蛮校尉、荆州刺史，以义阳太守任愔督河北诸军事、南中郎将，敦又自督宁、益二州……

敦既得志，暴慢愈甚，四方贡献多入己府，将相岳牧悉出其门。徙含为征东将军、都督扬州江西诸军事，从弟舒为荆州，彬为江州，邃为徐州。含字处弘，凶顽刚暴，时所不齿，以敦贵重，故历显位。敦以沈充、钱凤为谋主，诸葛瑶、邓岳、周抚、李恒、谢雍为爪牙。充等并凶险骄恣，共相驱扇，杀戮自己；又大起营府，侵人田宅，发掘古墓，剽掠市道，士庶解体，咸知其祸败焉。敦从弟豫章太守棱日夜切谏，敦怒，阴杀之。敦无子，养含子应。及敦病甚，拜应为武卫将军以自副……

敦又忌周札，杀之而尽灭其族。常从督冉曾、公乘雄等为元帝腹心，敦又害之。以宿卫尚多，奏令三番休二。及敦病笃，诏遣侍中陈晷、散骑常侍虞骃问疾。时帝将讨敦，微服至芜湖，察其营垒，又屡遣大臣讯问其起居。迁含骠骑大将军、开府仪同三司，含子瑜散骑常侍。

敦以温峤为丹杨尹，欲使觇伺朝廷。峤至，具言敦逆谋。帝欲讨之，知其为物情所畏服，乃伪言敦死……

敦病转笃，不能御众，使钱凤、邓岳、周抚等率众三万向京师，含谓敦曰："此家事，吾便当行。"于是以含为元帅……

帝遣中军司马曹浑等击含于越城，含军败，敦闻，怒曰："我兄老婢耳，门户衰矣！兄弟才兼文武者，世将、处季皆早死，今世事去矣。"语参军吕宝曰："我当力行。"因作势而起，困乏复卧。

凤等至京师，屯于水南。帝亲率六军以御凤，频战破之……俄而敦死，时年五十九。应秘不发丧，裹尸以席，蜡涂其外，埋于厅事中，与诸葛瑶等恒纵酒淫乐……

既而周光斩钱凤，吴儒斩沈充，并传首京师。有司议曰："王敦滔天作逆，有无君之心，宜依崔杼、王凌故事，剖棺戮尸，以彰元恶。"于是发瘗出尸，焚其衣冠，跽而刑之。敦、充首同日悬于南桁，观者莫不称庆，敦首既悬，莫敢收葬者……于是敦家收葬焉。含父子乘单船奔荆州刺史王舒，舒使人沈之于江，余党悉平。

对于明帝在平定王敦叛乱等方面的事迹，《晋书》卷6《明帝纪》

有云：

> （太宁三年闰月）戊子，帝崩于东堂，年二十七，葬武平陵，庙号肃祖。帝聪明有机断，尤精物理。于时兵凶岁饥，死疫过半，虚弊既甚，事极艰虞。属王敦挟震主之威，将移神器。帝崎岖遵养，以弱制强，潜谋独断，廓清大祲。改授荆、湘等四州，以分上流之势，拨乱反正，强本弱枝。虽享国日浅，而规模弘远矣。

（三）苏峻、祖约之乱

在东晋统治集团内，士族与庶族、中央与地方势力之间也有矛盾斗争，苏峻和祖约的叛乱，便是这种矛盾斗争的反映。

关于苏峻之乱，《晋书》卷100《苏峻传》云：

> 苏峻字子高，长广掖人也……永嘉之乱，百姓流亡，所在屯聚，峻纠合得数千家，结垒于本县。于时豪杰所在屯聚，而峻最强。遣长史徐玮宣檄诸屯，以示王化，又收枯骨而葬之，远近感其恩义，推峻为主……
>
> 王敦作逆，诏峻讨敦。卜之不吉，迟回不进。及王师败绩，峻退保盱眙。淮陵故吏徐深、艾毅重请峻为内史，诏听之，加奋威将军……
>
> 峻本以单家聚众于扰攘之际，归顺之后，志在立功，既有功于国，威望渐著。至是有锐卒万人，器械甚精，朝廷以江外寄之。而峻颇怀骄溢，自负其众，潜有异志，抚纳亡命，得罪之家有逃死者，峻辄蔽匿之。众力日多，皆仰食县官，运漕者相属，稍有不如意，便肆忿言。
>
> 时明帝初崩，委政宰辅，护军庾亮征之……于是遣参军徐会结祖约，谋为乱，而以讨亮为名。约遣祖涣、许柳率众助峻，峻遣将韩晃、张健等袭姑孰，进逼慈湖，杀于湖令陶馥及振威将军司马流。峻自率涣、柳众万人，乘风济自横江，次于陵口，与王师战，频捷，遂据蒋陵覆舟山，率众因风放火，台省及诸营寺署一时荡尽。遂陷宫城，纵兵大掠，侵逼六宫，穷凶极暴，残酷无道。驱役百官，光禄勋王彬等皆被捶挞，逼令担负登蒋山。裸剥士女，皆以坏席苦草自鄣，

无草者坐地以土自覆，哀号之声震动内外。时官有布二十万匹，金银五千斤，钱亿万，绢数万匹，他物称是，峻尽废之。矫诏大赦，惟庾亮兄弟不在原例。自为骠骑领军将军、录尚书事，许柳丹杨尹，加前将军马雄左卫将军，祖涣骁骑将军，复弋阳王羕为西阳王、太宰、录尚书事，羕息播亦复本官。于是改易官司，置其亲党，朝廷政事一皆由之。又遣韩晃入义兴，张健、管商、弘徽等入晋陵。

时温峤、陶侃已唱义于武昌，峻闻兵起，用参军贾宁计，还据石头，更分兵距诸义军，所过无不残灭。峤等将至，峻遂迁天子于石头，逼迫居人，尽聚之后苑，使怀德令匡术守苑城。峤等既到，乃筑垒于白石，峻率众攻之，几至陷没。东西抄掠，多所擒虏，兵威日盛，战无不克，由是义众沮衄，人怀异计……峻与匡孝将八千人逆战，峻遣子硕与孝以数十骑先薄赵胤败之。峻望见胤走，曰："孝能破贼，我更不如乎！"因舍其众，与数骑北下突陈，不得入，将回趋白木陂，牙门彭世、李千等投之以矛，坠马，斩首脔割之，焚其骨，三军皆称万岁。峻司马任让等共立峻弟逸为主。求峻尸不获，硕乃发庾亮父母墓，剖棺焚尸。逸闭城自守。韩晃闻峻死，引兵赴石头。管商及弘徽进攻庱亭垒，督护李闳及轻车长史滕含击破之，斩首千级。商率众走延陵，李闳与庱亭诸军追之，斩获数千级。商诣庾亮降，匡术举苑城降。韩晃与苏逸等并力攻述，不能陷。温峤等选精锐将攻贼营，硕率骁勇数百渡淮而战，于阵斩硕。晃等震惧，以其众奔张健于曲阿，门厄不得出，更相蹈藉，死者万数。逸为李汤所执，斩于车骑府。

关于祖约之乱，《晋书》卷100《祖约传》载：

祖约字士少，豫州刺史逖之弟也……永嘉末，随逖过江。元帝称制，引为掾属，与陈留阮孚齐名。后转从事中郎，典选举……

及逖有功于谯沛，约渐见任遇。逖卒，自侍中代逖为平西将军、豫州刺史，领逖之众。约异母兄弟光禄大夫纳密言于帝曰："约内怀陵上之心，抑而使之可也。今显侍左右，假其权势，将为乱阶矣。"帝不纳。时人亦谓纳与约异生，忌其宠贵，故有此言。而约竟无绥驭之才，不为士卒所附。

及王敦举兵，约归卫京都，率众次寿阳，逐敦所署淮南太守任台，以功封五等侯，进号镇西将军，使屯寿阳，为北境藩捍。自以名辈不后郗、卞，而不豫明帝顾命，又望开府，及诸所表请多不见许，遂怀怨望。石聪尝以众逼之，约屡表请救，而官军不至。聪既退，朝议又欲作涂塘以遏胡寇，约谓为弃己，弥怀愤恚。先是，太后使蔡谟劳之，约见谟，瞋目攘袂，非毁朝政。及苏峻举兵，遂推崇约而罪执政，约闻而大喜。从子智及衍并倾险好乱，又赞成其事，于是命逖子沛内史涣、女婿淮南太守许柳以兵会峻。逖妻，柳之姊也，固谏不从。及峻克京都，矫诏以约为侍中、太尉、尚书令。颍川人陈光率其属攻之，约左右阎秃貌类约，光谓为约而擒之，约逾垣获免。光奔于石勒，而约之诸将复阴结于勒，请为内应。勒遣石聪来攻之，约众溃，奔历阳。遣兄子涣攻桓宣于皖城，会毛宝援宣，击涣，败之。赵胤复遣将军甘苗从三焦上历阳，约惧而夜遁，其将牵腾率众出降。

约以左右数百人奔于石勒，勒薄其为人，不见者久之。勒将程遐说勒曰："天下粗定，当显明逆顺，此汉高祖所以斩丁公也。今忠于事君者莫不显擢，背叛不臣者无不夷戮，此天下所以归伏大王也。祖约犹存，臣切惑之。且约大引宾客，又占夺乡里先人田地，地主多怨。"于是勒乃诈约曰："祖侯远来，未得喜欢，可集子弟一时俱会。"至日，勒辞之以疾，令遐请约及其宗室。约知祸及，大饮致醉。既至于市，抱其外孙而泣。遂杀之，并其亲属中外百余人悉灭之，妇女伎妾班赐诸胡。

第三节　东晋的北伐

东晋建立之前和建立以后，曾数度出兵北伐，率军北伐的主将，主要有祖逖、庾亮、庾翼、殷浩和桓温等，这里主要叙祖逖和桓温的北伐。

一　祖逖北伐

祖逖，字士稚，范阳遒县（今河北涞水北）人。西晋末率亲党数百家南渡。建兴元年（313），率部渡江北伐，一度收复黄河以南全部失地。因东晋内部纠纷迭起，对他不加支持，终于忧愤病死，北伐成果亦随之丧失。

《晋书》卷62《祖逖传》载：

祖逖字士稚，范阳道人也。世吏二千石，为北州旧姓……与司空刘琨俱为司州主簿，情好绸缪，共被同寝。中夜闻荒鸡鸣，蹴琨觉曰："此非恶声也。"因起舞。逖、琨并有英气，每语世事，或中宵起坐，相谓曰："若四海鼎沸，豪杰并起，吾与足下当相避于中原耳。"……及京师大乱，逖率亲党数百家避地淮泗，以所乘车马载同行老疾，躬自徒步，药物衣粮与众共之，又多权略，是以少长咸宗之，推逖为行主。达泗口，元帝逆用为徐州刺史，寻征军谘祭酒，居丹徒之京口。

逖以社稷倾覆，常怀振复之志。宾客义徒皆暴桀勇士，逖遇之如子弟。时扬土大饥，此辈多为盗窃，攻剽富室，逖抚慰问之曰："比复南塘一出不？"或为吏所绳，逖辄拥护救解之。谈者以此少逖，然自若也。时帝方拓定江南，未遑北伐，逖进说曰："晋室之乱，非上无道而下怨叛也。由藩王争权，自相诛灭，遂使戎狄乘隙，毒流中原。今遗黎既被残酷，人有奋击之志。大王诚能发威命将，使若逖等为之统主，则郡国豪杰必因风向赴，沈溺之士欣于来苏，庶几国耻可雪，愿大王图之。"帝乃以逖为奋威将军、豫州刺史，给千人廪，布三千匹，不给铠杖，使自招募。仍将本流徙部曲百余家渡江，中流击楫而誓曰："祖逖不能清中原而复济者，有如大江！"辞色壮烈，众皆慨叹。屯于江阴，起冶铸兵器，得二千余人而后进……

逖爱人下士，虽疏交贱隶，皆恩礼遇之，由是黄河以南尽为晋土。河上堡固先有任子在胡者，皆听两属，时遣游军伪抄之，明其未附，诸坞主感戴，胡中有异谋，辄密以闻。前后克获，亦由此也。其有微功，赏不逾日。躬自俭约，劝督农桑，克己务施，不畜资产，子弟耕耘，负担樵薪，又收葬枯骨，为之祭醊，百姓感悦。尝置酒大会，耆老中坐流涕曰："吾等老矣！更得父母，死将何恨！"乃歌曰："幸哉遗黎免俘虏，三辰既朗遇慈父。玄酒忘劳甘瓠脯，何以咏恩歌且舞。"其得人心如此。故刘琨与亲故书，盛赞逖威德。诏进逖为镇西将军。

石勒不敢窥兵河南，使成皋县修逖母墓，因与逖书，求通使交市。逖不报书，而听互市，收利十倍，于是公私丰赡，士马日滋。方当推锋越河,扫清冀朔,会朝廷将遣戴若思为都督,逖以若思是吴人,虽有才望,无弘致远识,且已翦荆棘,收河南地,而若思雍容,一旦来统之,意甚怏怏。且闻王敦与刘隗等构隙,虑有内难,大功不遂。感激发病,乃致妻孥汝南大木山下。时中原士庶咸谓逖当进据武牢,而反置家险厄。或谏之,不纳。逖虽内怀忧愤,而图进取不辍,营缮武牢城,城北临黄河,西接成皋,四望甚远。逖恐南无坚垒,必为贼所袭,乃使从子汝南太守济率汝阳太守张敞、新蔡内史周闳率众筑垒。未成,而逖病甚……俄卒于雍丘,时年五十六。豫州士女若丧考妣,谯梁百姓为之立祠。册赠车骑将军。王敦久怀逆乱,畏逖不敢发,至是始得肆意焉。寻以逖弟约代领其众。

二　桓温的三次北伐及其专擅朝政

桓温,字元子,谯国龙亢(今安徽怀远西)人。明帝之婿,穆帝时任荆州刺史,永和二年(346),率军入蜀,灭成汉,将益、梁二州并入东晋版图。

《晋书》卷98《桓温传》载:

> 桓温字元子,宣城太守彝之子也……(庾)翼卒,以(桓)温为都督荆梁四州诸军事、安西将军、荆州刺史,领护南蛮校尉,假节。

> 时李势微弱,温志在立勋于蜀。永和二年,率众西伐……及军次彭模,乃命参军周楚、孙盛守辎重,自将步卒直指成都。势使其叔父福、从兄权等攻彭模,楚等御之,福退走。温又击权等,三战三捷。贼众散,自间道归成都。势于是悉众与温战于笮桥。参军龚护战没,众惧欲退,而鼓吏误鸣进鼓,于是攻之,势众大溃。温乘胜直进,焚其小城,势遂夜遁九十里,至晋寿葭萌城。其将邓嵩、昝坚劝势降,乃面缚舆榇请命。温解缚焚榇,送于京师。温停蜀三旬,举贤旌善……军未旋而王誓、邓定、隗文等反,温复讨平之。振旅还江陵,进位征西大将军,开府,封临贺郡公。

平蜀之后,桓温以征西大将军名义镇守荆州,拥有长江上游兵力,桓氏子弟也多出任地方长官。桓温势力的膨胀,东晋朝廷十分惧怕,派殷浩为扬州刺史以与桓氏力量对抗。及至殷浩因败被废,内外大权遂落入桓温一人之手。

《晋书》卷98《桓温传》云:

> 时殷浩至洛阳修复园陵,经涉数年,屡战屡败,器械都尽。温复进督司州,因朝野之怨,乃奏废浩,自此内外大权一归温矣。

桓温总揽晋室大权后,三次北伐。其进攻的对象,一为前秦苻氏,二为羌族姚氏,三为前燕慕容氏。

永和十年(354)二月,桓温第一次北伐。

《晋书》卷98《桓温传》载:

> 温遂统步骑四万发江陵,水军自襄阳入均口,至南乡,步自淅川以征关中,命梁州刺史司马勋出子午道。别军攻上洛,获苻健荆州刺史郭敬,进击青泥,破之。健又遣子生、弟雄众数万屯峣柳、愁思堆以距温。遂大战,生亲自陷阵,杀温将应诞、刘泓,死伤千数。温军力战,生众乃散。雄又与将军桓冲战白鹿原,又为冲所破。雄遂驰袭司马勋,勋退次女娲堡。温进至霸上,健以五千人深沟自固,居人皆安堵复业,持牛酒迎温于路者十八九。耆老感泣曰:"不图今日复见官军!"初,温恃麦熟,取以为军资,而健芟苗清野,军粮不属,收三千余口而还……

《资治通鉴》卷99《晋纪》穆帝永和十年条"三千余口"作"三千余户"。

永和十二年(356),桓温第二次北伐。

《晋书》卷98《桓温传》云:

> 温欲修复园陵,移都洛阳,表疏十余上,不许。进温征讨大都督、督司冀二州诸军事,委以专征之任。
>
> 温遣督护高武据鲁阳,辅国将军戴施屯河上,勒舟师以逼许洛,以谯梁水道既通,请徐豫兵乘淮泗入河……于是过淮泗,践北境,与诸僚属登平乘楼,眺瞩中原,慨然曰:"遂使神州陆沈,百年丘墟,

王夷甫诸人不得不任其责！"……师次伊水，姚襄屯水北，距水而战。温结阵而前，亲被甲督弟冲及诸将奋击，襄大败，自相杀死者数千人，越北芒而西走。追之不及，遂奔平阳。温屯故太极殿前，徙入金墉城，谒先帝诸陵，陵被侵毁者皆缮复之，兼置陵令。遂旋军，执降贼周成以归，迁降人三千余家于江汉之间……温还军之后，司、豫、青、兖复陷于贼……

第二次北伐失败后，为改变东晋朝廷的因循苟安，桓温提出七项改革措施。

《晋书》卷98《桓温传》云：

温以既总督内外，不宜在远，又上疏陈便宜七事：其一，朋党雷同，私议沸腾，宜抑杜浮竞，莫使能植。其二，户口凋寡，不当汉之一郡，宜并官省职，令久于其事。其三，机务不可停废，常行文案宜为限日。其四，宜明长幼之礼，奖忠公之吏。其五，褒贬赏罚，宜允其实。其六，宜速遵前典，敦明学业。其七，宜选建史官，以成《晋书》。有司皆奏行之。

升平五年（361），穆帝病死，无嗣，由琅琊王司马丕即帝位，是为哀帝。哀帝耽于服食养生，在政治上无作为，在位4年病死。

《晋书》卷8《哀帝纪》云：

（兴宁二年春三月）辛未，帝不念。帝雅好黄老，断谷，饵长生药，服食过多，遂中毒，不识万机，崇德太后复临朝摄政……（三年春二月）丙申，帝崩于西堂，时年二十五。

兴宁元年（363），加征西大将军桓温侍中、大司马、都督中外诸军事、录尚书事。太和四年（369），桓温又发动了第三次北伐。

《晋书》卷98《桓温传》云：

太和四年，又上疏悉众北伐。平北将军郗愔以疾解职，又以温领平北将军、徐兖二州刺史。率弟南中郎将冲、西中郎将袁真步骑五万北伐。百官皆于南州祖道，都邑尽倾。军次湖陆，攻慕容暐将慕容忠，获之。进次金乡。时亢旱，水道不通，乃凿钜野三百余里以通舟运，自清水入河。暐将慕容垂、傅末波等率众八万距温，战于林渚。温击破之。遂至枋头。先使袁真伐谯梁、开石门以通运。真讨谯梁皆平之，而不能开石门，军粮竭尽。温焚舟步退，自东燕出仓垣，经陈留，凿井而饮，行七百余里。垂以八千骑追之，战于襄邑。温军败绩，死者三万人……

温既负其才力，久怀异志，欲先立功河朔，还受九锡。既逢覆败，名实顿减，于是参军郗超进废立之计，温乃废帝而立简文帝。

关于桓温北伐失败的原因，从前燕大臣封孚和申胤的对话及王夫之的评论中可以明了。《资治通鉴》卷102《晋纪》海西公太和四年条载：

太子太傅封孚问于申胤曰："温众强士整，乘流直进，今大军徒逡巡高岸，兵不接刃，未见克殄之理，事将何如？"胤曰："以温今日声势，似能有为，然在吾观之，必无成功。何则？晋室衰弱，温专制其国，晋之朝臣未必皆与之同心。故温之得志，众所不愿也。必将乖阻以败其事。又，温骄而恃众，怯于应变。大众深入，值可乘之会，反更逍遥中流，不出赴利，欲望持久，坐取全胜，若粮廪衍悬，情见势屈，必不战自败，此自然之数。"

又王夫之《读通鉴论》卷14《哀帝》云：

（桓）温果有经略中原之志，固当自帅大师以镇洛，然后请迁未晚。惴惴然自保荆、楚，而欲天子渡江以进图天下，夫谁信之！

桓温北伐失败后，废晋帝司马奕为海西公，而立司马昱为简文帝。司马昱即位后，任桓温摆布，在位两年，忧愤而死。

《晋书》卷9《简文帝纪》云：

及废帝废，皇太后诏曰："丞相、录尚书、会稽王体自中宗，明德劭令，英秀玄虚，神栖事外。以具瞻允塞，故阿衡三世。道化宣流，人望攸归，为日已久。宣从天人之心，以统皇极。主者明依旧典，以时施行。"于是大司马桓温率百官进太极前殿，具乘舆法驾，奉迎帝于会稽邸，于朝堂变服，著平巾帻单衣，东向拜受玺绶。

咸安元年冬十一月己酉，即皇帝位。桓温出次中堂，令兵屯卫。乙卯，温奏废太宰、武陵王晞及子综。诏魏郡太守毛安之帅所领宿卫殿内，改元为咸安。庚戌，使兼太尉周颐告于太庙。辛亥，桓温遣弟秘逼新蔡王晃诣西堂，自列与太宰、武陵王晞等谋反。帝对之流涕，温皆收付廷尉。癸丑，杀东海王二子及其母。初，帝以冲虚简贵，历宰三世，温素所敬惮。及初即位，温乃撰辞欲自陈述，帝引见，对之悲泣，温惧不能言。至是，有司承其旨，奏诛武陵王晞，帝不许。温固执至于再三，帝手诏报曰："若晋祚灵长，公便宜奉行前诏。如其大运去矣，请避贤路。"温览之，流汗变色，不复敢言。乙卯，废晞及其三子，徙于新安。丙辰，放新蔡王晃于衡阳……己未，赐温军三万人，人布一匹，米一斛。庚申，加大司马桓温为丞相，不受。辛酉，温旋自白石，因镇姑孰。以冠军将军毛武生都督荆州之沔中、扬州之义城诸军事。

十二月戊子，诏以京都有经年之储，权停一年之运。庚寅，废东海王奕为海西公，食邑四千户。辛卯，初荐酃渌酒于太庙。

帝少有风仪，善容止，留心典籍，不以居处为意，凝尘满席，湛如也。尝与桓温及武陵王晞同载游版桥，温遽令鸣鼓吹角，车驰卒奔，欲观其所为。晞大恐，求下军，而帝安然无惧色，温由此惮服。温既仗文武之任，屡建大功，加以废立，威振内外。帝虽处尊位，拱默守道而已，常惧废黜。先是，荧惑入太微，寻而海西废。及帝登阼，荧惑又入太微，帝甚恶焉。时中书郎郗超在直，帝乃引入，谓曰："命之修短，本所不计，故当无复前日事邪！"超曰："大司马臣温方内固社稷，外恢经略，非常之事，臣以百口保之。"及超请急省其父，帝谓之曰："致意尊公，家国之事，遂至于此！由吾不能以道匡卫，愧叹之深，言何能喻。"因咏庾阐诗云："志士痛朝危，忠臣哀主辱。"遂泣下沾襟。帝虽神识恬畅，而无济世大略，故谢安称为惠帝之流，清谈差胜耳。沙门支道林尝言："会稽有远体而无远神。"谢灵运迹其行事，亦以为殷献之辈云。

司马昱死后，孝武帝司马曜继立，仍以桓温辅政。温原来期望简文帝死后，由他继位，目的既不能达，遂逼朝廷加"九锡"于自己。此时温已重病在身，谢安、王坦之等故意拖延，宁康元年（373）七月，桓温病死，其图谋帝位的愿望终未实现。

《晋书》卷98《桓温传》载：

> 及孝武即位，诏曰："先帝遗敕云'事大司马如事吾'。令答表便可尽敬。"又诏："大司马社稷所寄，先帝托以家国，内外众事便就关公施行。"复遣谢安征温入辅，加前部羽葆鼓吹，武贲六十人，温让不受。及温入朝，赴山陵，诏曰："公勋德尊重，师保朕躬，兼有风患，其无敬。"又敕尚书安等于新亭奉迎，百僚皆拜于道侧。当时豫有位望者咸战慄失色，或云因此杀王、谢，内外怀惧。温既至，以卢悚入宫，乃收尚书陆始付廷尉，责替慢罪也。于是拜高平陵，左右觉其有异，既登车，谓从者曰："先帝向遂灵见。"既不述帝所言，故众莫之知，但见将拜时频言"臣不敢"而已。又问左右殷涓形状，答者言肥短，温云："向亦见在帝侧。"初，殷浩既为温所废死，涓颇有气尚，遂不诣温，而与武陵王晞游，故温疑而害之，竟不识也。及是，亦见涓为祟，因而遇疾。凡停京师十有四日，归于姑孰，遂寝疾不起。讽朝廷加己九锡，累相催促。谢安、王坦之闻其病笃，密缓其事。锡文未及成而薨，时年六十二。皇太后与帝临于朝堂三日，诏赐九命衮冕之服，又朝服其一具，衣一袭，东园秘器，钱二百万。

第四节　孙恩卢循起兵与东晋的崩溃

淝水战后，北方威胁有所缓和，南方统治阶级没有利用这一有利时机改革内政，准备收复中原，而是加紧了争权夺利和对人民的压榨，使社会矛盾异常尖锐，终于爆发了孙恩、卢循起兵，东晋王朝随之灭亡。

一　农民处境的恶化

东晋的士族，是地主阶级的最上层，他们在政治上把持军政大权；在经济上大量强占土地，残酷地剥削和奴役广大劳动人民。尤其到东晋后期，赋役剥削更为严重，农民处境恶化，社会危机日益加深。

《晋书》卷69《刁协传附刁逵传》载：

隆安中，（刁）逵为广州刺史，领平越中郎将，假节；（刁）畅为始兴相；（刁）弘为冀州刺史。兄弟子侄并不拘名行，以货殖为务，有田万顷，奴婢数千人，余资称是……（刘裕平桓玄）刁氏遂灭，刁氏素殷富，奴客纵横，固吝山泽，为京口之蠹。裕散其资蓄，令百姓称力而取之，弥日不尽。时天下饥弊，编户赖之以济焉。

又《宋书》卷58《谢弘微传》载：

（谢）混仍世宰辅，一门两封，田业十余处，僮仆千人……（元嘉）九年，东乡君薨，资财巨万，园宅十余所，又会稽、吴兴、琅邪诸处太傅、司空琰时有事业，奴僮犹有数百人。

又《晋书》卷26《食货志》载：

咸和五年，成帝始度百姓田，取十分之一，率亩税米三升。六年，以海贼寇抄，运漕不继，发王公以下余丁，各运米六斛。是后频年水灾旱蝗，田收不至。咸康初，算度田税米，空悬五十余万斛，尚书褚裒以下免官。穆帝之世，频有大军，粮运不继，制王公以下十三户共借一人，助度支运。升平初，荀羡为北府都督，镇下邳，起田于东阳之石鳖，公私利之。哀帝即位，乃减田租，亩收二升。孝武太元二年，除度田收租之制，王公以下口税三斛，唯蠲在役之身。八年，又增税米，口五石。

又同书卷75《范汪传附范宁传》载：

（太元中，范宁）上疏曰："今四境晏如，烽燧不举，而仓庾虚耗，帑藏空匮。古者使人，岁不过三日；今之劳扰，殆无三日休停。至有残型剪发，要求复除，生儿不复举养，鳏寡不敢妻娶。岂不怨结人鬼，感伤和气。臣恐社稷之忧，积薪不足以为喻……"

二　东晋末期政坛的腐败

士族出身的官僚在生活上日益消极腐朽，在他们把持下的政治也日益腐败。

《晋书》卷80《王羲之传附王徽之传》云：

> 徽之字子猷，性卓荦不羁，为大司马桓温参军，蓬首散带，不综府事。又为车骑桓冲骑兵参军，冲问："卿署何曹？"对曰："似是马曹。"又问："管几马？"曰："不知马，何由知数！"又问："马比死多少？"曰："未知生，焉知死？"

又同书卷73《庾亮传附庾翼传》载：

> 如往年偷石头仓米一百万斛，皆是豪将辈，而直打杀仓督监以塞责。

又同书卷9《孝武帝纪》云：

> （孝武帝）溺于酒色，始为长夜之饮。

又《晋书》卷64《会稽王道子传》载：

> 于时，孝武帝不亲万机，但与道子酣酒为务。妵姆尼僧，尤为亲昵，并窃弄其权。凡所幸接，皆出自小竖……中书令王国宝性卑佞，特为道子所宠昵。官以贿迁，政刑谬乱。又崇信浮屠之学，用度奢侈，下不堪命。太元以后，为长夜之宴，蓬首昏目，政事多阙……

三　主、相之争与方镇兴兵

淝水之战以后，东晋统治集团内部争权夺利的斗争愈演愈烈。谢安在淝水战后，进位太保，声望极高，因此招致了孝武帝的猜嫌，主、相之间，展开了斗争。

《晋书》卷81《桓宣传附族子伊传》载：

伊性谦素……善音乐,尽一时之妙,为江左第一……

时谢安女婿王国宝专利无检行,安恶其为人,每抑制之。及孝武末年,嗜酒好内,而会稽王道子昏酋尤甚,惟狎昵谄邪,于是国宝谮谀之计稍行于主相之间。而好利险诐之徒,以安功名盛极,而构会之,嫌隙遂成。帝召伊饮宴,安侍坐。帝命伊吹笛。伊神色无迕,即吹为一弄,乃放笛云:"臣于筝分乃不及笛,然自足以韵合歌管,请以筝歌,并请一吹笛人。"帝善其调达,乃敕御妓奏笛。伊又云:"御府人于臣必自不合,臣有一奴,善相便串。"帝弥赏其放率,乃许召之。奴既吹笛,伊便抚筝而歌怨诗曰:"为君既不易,为臣良独难。忠信事不显,乃有见疑患。周旦佐文武,金縢功不刊。推心辅王玫,二叔反流言。"声节慷慨,俯仰可观。安泣下沾衿,乃越席而就之,捋其须曰:"使君于此不凡!"帝甚有愧色。

又同书卷79《谢安传》云:

安方欲混一文轨,上疏求自北征,乃进都督扬、江、荆、司、豫、徐、兖、青、冀、幽、并、宁、益、雍、梁十五州军事,加黄钺,其本官悉如故,置从事中郎二人。安上疏让太保及爵,不许。是时桓冲既卒,荆、江二州并缺,物论以玄勋望,宜以授之。安以父子皆著大勋,恐为朝廷所疑,又惧桓氏失职,桓石虔复有洒阳之功,虑其骁猛,在形胜之地,终或难制,乃以桓石民为荆州,改桓伊于中流,石虔为豫州。既以三桓据三州,彼此无怨,各得所任。其经远无竟,类皆如此……

时会稽王道子专权,而奸谄颇相扇构,安出镇广陵之步丘,筑垒曰新城以避之。帝出祖于西池,献觞赋诗焉。安虽受朝寄,然东山之志始末不渝,每形于言色。及镇新城,尽室而行,造泛海之装,欲须经略粗定,自江道还东。雅志未就,遂遇疾笃……寻薨,时年六十六。帝三日临于朝堂,赐东园秘器、朝服一具、衣一袭、钱百万、布千匹、蜡五百斤,赠太傅,谥曰文靖。以无下舍,诏府中备凶仪。及葬,加殊礼,依大司马桓温故事。又以平苻坚勋,更封庐陵郡公。

谢安死后，孝武帝的胞弟琅邪王司马道子以司徒、录尚书事、兼领扬州刺史、都督中外诸事军，代安为相。他专擅朝政，势倾天下，孝武帝对他怀恨在心，试图夺回权柄。于是主、相二人各借重方镇，以争夺权势。

《晋书》卷64《简文三子·会稽王道子传》载：

> 郡守长吏，多为道子所树立。既为扬州总录，势倾天下，由是朝野奔凑……帝益不平，而逼于太妃，无所废黜，乃出王恭为兖州，殷仲堪为荆州，王珣为仆射，王雅为太子少傅，以张王室，而潜制道子也。道子复委任王绪，由是朋党竞扇，友爱道尽。太妃每和解之，而道子不能改。

太元二十一年（396），孝武帝死，子司马德宗继位，是为安帝。安帝智力低下，《晋书》卷10《安帝纪》云：

> 帝不惠，自少及长，口不能言，虽寒暑之变，无以辨也。凡所动止，皆非己出。

司马道子拥立安帝的目的是便于自己执掌实际大权。司马道子又委任其子司马元显以及王国宝、王绪等为心腹，以对抗王恭、殷仲堪等。隆安元年（397），王恭联合殷仲堪起兵，反对司马道子。

《晋书》卷64《会稽王道子传》载：

> 安帝践阼，有司奏："道子宜进位太傅、扬州牧、中书监、假黄钺，备殊礼。"固辞不拜。又解徐州。诏内外众事，动静谘之。帝既冠，道子稽首归政。王国宝始总国权，势倾朝廷。王恭乃举兵讨之。道子惧，收国宝付廷尉，并其从弟琅邪内史绪悉斩之，以谢于恭，恭既罢兵。道子乞解中外都督、录尚书以谢方岳，诏不许。
>
> 道子世子元显，时年十六，为侍中，心恶恭，请道子讨之。乃拜元显为征虏将军，其先卫府及徐州文武悉配之……于时，王恭威振内外，道子甚惧，复引谯王尚之以为腹心。尚之说道子曰："藩伯强盛，宰相权轻，宜密树置，以自藩卫。"道子深以为然，乃以其司马王愉为江州刺史以备恭，与尚之等日夜谋议，以伺四方之隙。王恭知

之，复举兵，以讨尚之为名。荆州刺史殷仲堪、豫州刺史庾楷、广州刺史桓玄并应之……于是内外戒严，元显攘袂慷慨谓道子曰："去年不讨王恭，致有今役。今欲复从其欲，则太宰之祸至矣。"道子日饮醇酒，而委事于元显。元显虽年少，而聪明多涉，志气果锐，以安危为己任。尚之为之羽翼。时相傅会者，皆谓元显有明帝神武之风。于是以为征讨都督、假节，统前将军王珣、左将军谢琰及将军桓之才、毛泰、高素等伐恭、灭之。

既而杨佺期、桓玄、殷仲堪等复至石头。元显于竹里驰还京师，遣丹阳尹王恺……等发京邑士庶数万人，据石头以距之……仲堪既知王恭败死，狼狈西走，与桓玄屯于寻阳。朝廷严兵相距，内外骚然。诏元显甲杖百人入殿，寻加散骑常侍、中书令，又领中领军，持节、都督如故。

会道子有疾，加以昏醉，元显知朝望去之，谋夺其权，讽天子解道子扬州、司徒，而道子不之觉。元显自以年少顿居权重，虑有讥议，于是以琅邪王领司徒，元显自为扬州刺史。既而道子酒醒，方知去职，于是大怒，而无如之何。庐江太守会稽张法顺以刀笔之才，为元显谋主，交接朋援，多树亲党，自桓谦以下，诏贵游皆敛衽请交。元显性苛刻，生杀自己，法顺屡谏，不纳。

四　孙恩起兵

司马元显执掌大权之后，于隆安三年（399）强征东南八郡"免奴为客"的农民至建康当兵。应征的农民身份低下，生活也很悲惨。

《晋书》卷64《会稽王道子传》载：

又发东土诸郡免奴为客者，号曰"乐属"，移置京师，以充兵役。东土嚣然，人不堪命，天下苦之矣。既而孙恩乘衅作乱，加道子黄钺，元显为中军以讨之。又加元显录尚书事。然道子更为长夜之饮，政无大小，一委元显。时谓道子为东录，元显为西录。西府车骑填凑，东第门下可设雀罗矣。

司马元显征调"乐属"之举，成为孙恩起兵的导火线。关于孙恩起兵的始末，《晋书》卷100《孙恩传》谓：

孙恩字灵秀，琅邪人，孙秀之族也。世奉五斗米道。恩叔父泰，字敬远，师事钱塘杜子恭，而子恭有秘术……子恭死，泰传其术。然浮狡有小才，诳诱百姓，愚者敬之如神，皆竭财产，进子女，以祈福庆。王珣言于会稽王道子，流之于广州。广州刺史王怀之以泰行郁林太守，南越亦归之。太子少傅王雅先与泰善，言于孝武帝，以泰知养性之方，因召还。道子以为徐州主簿，犹以道术眩惑士庶。稍迁辅国将军、新安太守。王恭之役，泰私合义兵，得数千人，为国讨恭。黄门郎孔道、鄱阳太守桓放之、骠骑谘议周勰等皆敬事之。会稽世子元显亦数诣泰求其秘术。泰见天下兵起，以为晋祚将终，乃扇动百姓，私集徒众，三吴士庶多从之。于时朝士皆惧泰为乱，以其与元显交厚，咸莫敢言。会稽内史谢輶发其谋，道子诛之。

恩逃于海。众闻泰死，惑之，皆谓蝉蜕登仙，故就海中资给。恩聚合亡命得百余人，志欲复仇。及元显纵暴吴会，百姓不安，恩因其骚动，自海攻上虞，杀县令，因袭会稽，害内史王凝之，有众数万……吴会承平日久，人不习战，又无器械，故所在多被破亡。诸贼皆烧仓廪，焚邑屋，刊木堙井，虏掠财货，相率聚于会稽。其妇女有婴累不能去者，囊簏盛婴儿投于水，而告之曰："贺汝先登仙堂，我寻后就汝。"……隆安四年，恩复入余姚，破上虞，进至邢浦。琰遣参军刘宣之距破之，恩退缩。少日，复寇邢浦，害谢琰。朝廷大震，遣冠军将军桓不才、辅国将军孙无终、宁朔将军高雅之击之，恩复还于海。于是复遣（刘）牢之东屯会稽，吴国内史袁山松筑扈渎垒，缘海备恩。

明年，恩复入浃口，雅之败绩。牢之进击，恩复还于海，转寇扈渎，害袁山松，仍浮海向京口。牢之率众西击，未达，而恩已至，刘裕乃总兵缘海距之。及战，恩众大败，狼狈赴船。寻又集众，欲向京都，朝廷骇惧，陈兵以待之。恩至新州，不敢进而退，北寇广陵，陷之，乃浮海而北。刘裕与刘敬宣并军蹑之于郁州，累战，恩复大败，由是渐衰弱，复沿海还南。裕亦寻海要截，复大破恩于扈渎，恩遂远进海中。

及桓玄用事，恩复寇临海，临海太守辛景讨破之。恩穷蹙，乃赴海自沈，妖党及妓妾谓之水仙，投水从死者百数。余众复推恩妹夫卢循为主。自恩初入海，所虏男女之口，其后战死及自溺并流离被传卖者，至恩死时裁数千人存。而恩攻没谢琰、袁山松，陷广陵，前后数十战，亦杀百姓数万人。

五 桓玄建楚与刘裕当国

当孙恩领导的起义军遭受重创以后，东晋统治集团内部斗争又起。元兴元年（402）春，占据长江中游的桓玄兴兵叛乱，进入建康，杀司马道子父子和北府兵将领刘牢之等，掌握了东晋大权。

《晋书》卷99《桓玄传》载：

> 桓玄字敬道，一名灵宝，大司马温之孽子也……温甚爱异之，临终，命以为嗣……
>
> （隆安三年）乃表求领江、荆二州。诏以玄都督荆司雍秦梁益宁七州、后将军、荆州刺史、假节，以桓脩为江州刺史。玄又辄以（桓）伟为冠军将军、雍州刺史。时寇贼未平，朝廷难违其意，许之。玄于是树用腹心，兵马日盛，屡上疏求讨孙恩，诏辄不许。其后恩逼京都，玄建牙聚众，外托勤王，实欲观衅而进，复上疏请讨之。会恩已走，玄又奉诏解严……自谓三分之二，知势运所归，屡上祯祥以为己瑞……
>
> 元兴初，元显称诏伐玄，玄从兄石生时为太傅长史，密书报玄。玄本谓扬土饥馑，孙恩未灭，必未遑讨己，可得畜力养众，观衅而动。既闻元显将伐之，甚惧，欲保江陵。长史卞范之说玄曰："公英略威名振于天下，元显口尚乳臭，刘牢之大失物情，若兵临近畿，示以威赏，则土崩之势可翘足而待，何有延敌入境，自取蹙弱者乎！"玄大悦，乃留其兄伟守江陵，抗表率众，下至寻阳，移檄京邑，罪状元显。檄至，元显大惧，下船而不克发。玄既失人情，而兴师犯顺，虑众不为用，恒有回旆之计。既过寻阳，不见王师，意甚悦，其将吏亦振……至姑孰，使其将……先攻谯王尚之，尚之败。刘牢之遣子敬宣诣玄降。
>
> 玄至新亭，元显自溃。玄入京师……又矫诏加已总百揆、侍中、都督中外诸军事、丞相、录尚书事、扬州牧，领徐州刺史……玄表列太傅道子及元显之恶，徙道子于安城郡，害元显于市……于是玄入居

太傅府，害太傅中郎毛泰、泰弟游击将军邃、太傅参军荀逊、前豫州刺史庾楷父子、吏部郎袁遵、谯王尚之等，流尚之弟丹杨尹恢之、广晋伯允之、骠骑长史王诞、太傅主簿毛遁等于交广诸郡，寻追害恢之、允之于道。以兄伟为安西将军、荆州刺史、领南蛮校尉，从兄谦为左仆射、加中军将军、领选，脩为右将军、徐兖二刺史，石生为前将军、江州刺史，长史卞范之为建武将军、丹杨尹，王谧为中书令、领军将军。大赦，改元为大亨。玄让丞相，自署太尉、领平西将军、豫州刺史……

自祸难屡构，干戈不戢，百姓厌之，思归一统。及玄初至也，黜凡佞，擢俊贤，君子之道粗备，京师欣然。后乃陵侮朝廷，幽摈宰辅，豪奢纵欲，众务繁兴，于是朝野失望，人不安业。时会稽饥荒，玄令赈贷之。百姓散在江湖采梠，内史王愉悉召之还。请米，米既不多，吏不时给，顿仆道路死者十八九焉。玄又害吴兴太守高素、辅国将军竺谦之、谦之从兄高平相朗之、辅国将军刘袭、袭弟彭城内史季武、冠军将军孙无终等，皆牢之之党，北府旧将也。袭兄冀州刺史轨及宁朔将军高雅之、牢之子敬宣并奔慕容德。玄讽朝廷以己平元显功，封豫章公，食安成郡地方二百二十五里，邑七千五百户；平仲堪、佺期功，封桂阳郡公，地方七十五里，邑二千五百户；本封南郡如故。玄以豫章改封息升，桂阳郡公赐兄子濬，降为西道县公。又发诏为桓温讳，有姓名同者一皆改之，赠其母马氏豫章公太夫人。

元兴二年，桓玄称帝，国号楚。
《晋书》卷99《桓玄传》载：

元兴二年，玄诈表请平姚兴，又讽朝廷作诏，不许。玄本无资力，而好为大言，既不克行，乃云奉诏故止。初欲饰装，无他处分，先使作轻舸，载服玩及书画等物……

是岁，玄兄伟卒，赠开府、骠骑将军，以桓脩代之。从事中郎曹靖之说玄以脩兄弟职居内外，恐权倾天下，玄纳之，乃以南郡相桓石康为西中郎将、荆州刺史。伟服始以公除，玄便作乐。初奏，玄抚节恸哭，既而收泪尽欢。玄所亲仗唯伟，伟既死，玄乃孤危。而不臣之迹已著，自知怨满天下，欲速定篡逆，殷仲文、卞范之等又共催促之，于是先改授群司，解琅邪王司徒，迁太宰，加殊礼，以桓谦为侍中、卫将军、开府、录尚书事，王谧散骑常侍、中书监，领司徒，桓胤中书令，加桓脩散骑常侍、抚军大将军。置学官，教授二品子弟数百人……玄屡伪让，诏遣百僚敦劝，又云："当亲降銮舆乃受命。"矫诏赠父温为楚王，南康公主为楚王后。以平西长史刘瑾为尚书，刁逵为中领军，王暇为太常，殷叔文为左卫，皇甫敷为右卫，凡众官合六十余人，为楚官属。玄解平西、豫州，以平西文武配相国府。

四年正月，征公入辅，授侍中、车骑将军、开府仪同三司、扬州刺史、录尚书事，徐、兖二州刺史如故。

元兴三年，刘裕讨灭桓玄，东晋政权实际落入刘裕之手。义熙六年（410），刘裕又攻灭南燕，收复了青、兖广大地区。

至此，刘裕已成为东晋政权中势力最强的人物。

六 卢循北进的失败

正值刘裕北伐南燕之时，卢循自广州北上攻晋，以失败告终。

《晋书》卷100《卢循传》载：

卢循字于先，小名元龙。司空从事中郎谌之曾孙也……循娶孙恩妹。及恩作乱，与循通谋。恩性酷忍，循每谏止之，人士多赖以济免。恩亡，余众推循为主。元兴二年正月，寇东阳，八月，攻永嘉。刘裕讨循至晋安，循窘急，泛海到番禺，寇广州，逐刺史吴隐之，自摄州事，号平南将军，遣使献贡。时朝廷新诛桓氏，中外多虞，乃权假循征虏将军、广州刺史、平越中郎将。

义熙中，刘裕伐慕容超。循所署始兴太守徐道覆，循之姊夫也，使人劝循乘虚而出，循不从……初，道覆密欲装舟舰，乃使人伐船材于南康山，伪云将下都货之。后称力少不得致，即于郡贱卖之，价减数倍，居人贪贱，卖衣物而市之。赣石水急，出船甚难，皆储之。如是者数四，故船版大积，而百姓弗之疑。及道覆举兵，案卖券而取之，无得隐匿者。乃并力装之，旬日而办。遂举众寇南康、庐陵、豫章诸郡，守相皆委任奔走。镇南将军何无忌率众距之，兵败被害。

循遣道覆寇江陵，未至，为官军所败……裕先遣群率追讨，自统大众继进，又败循于雷池。循欲遁还豫章，乃悉力栅断左里。裕命众攻栅，循众虽死战，犹不能抗。裕乘胜击之，循单舸而走，收散卒得千余人，还保广州。裕先遣孙处从海道据番禺城，循攻之不下。道覆保始兴，因险自固。循乃袭合浦……刺史杜慧度谲而败之。

循势屈，知不免，先鸩妻子十余人，又召妓妾问曰："我今将自杀，谁能同者？"多云："雀鼠贪生，就死实人情所难。"有云："官尚当死，某岂愿生？"于是悉鸩诸辞死者，因自投于水。慧度取其尸斩之，及其父嘏；同党尽获，传首京都。

第五章　南朝盛衰

第一节　南朝疆域

在南北方长期对峙的情况下，南朝的疆域很难确定。原因有二：当南朝势力稍盛时，略向北部发展，则疆土便随之扩大。当其势力转弱时，北朝略有进逼，疆土又随之缩小。整个疆土，时大时小，此其一。自西北各族内迁中原以来，中原人民纷纷南渡。政府为安插他们起见，便于南方侨置郡县，虽然土地面积不扩大，郡县的名目却大大增多，版图十分混乱，此其二。《宋书》卷11《志序》论南朝疆域不易确定的情形云：

> 地理参差，事难该辨，魏、晋以来，迁徙百计，一郡分为四五，一县割成两三，或昨属荆、豫，今隶司、兖，朝为零、桂之士，夕为庐、九之民，去来纷扰，无暂止息，版籍为之浑淆，职方所以不能记。自戎狄内侮，有晋东迁，中土遗氓，播徙江外，幽、并、冀、雍、兖、豫、青、徐之境，幽沦寇逆。自扶莫而裹足奉首，免身于荆、越者，百郡千城，流寓比室。人伫鸿雁之歌，士蓄怀本之念，莫不各树邦邑，思复旧井。既而民单户约，不可独建，故魏邦而有韩邑，齐县而有赵民。且省置交加，日回月徙，寄寓迁流，迄无定托，邦名邑号，难或详书。

又《宋书》卷35《州郡志序》云：

> 地理参差，其详难举。实由名号骤易，境土屡分。或一郡一县，割成四五，四五之中，亟有离合。千回百改，巧历不算，寻校推求，未易精悉。

尽管如此，我们仍可从有关史料中了解到宋、齐、梁、陈各朝疆域的大致状况。

刘宋：

《宋书》卷35《州郡志序》云：

> 自夷狄乱华，司、冀、雍、凉、青、并、兖、豫、幽、平诸州一时沦没，遗民南渡，并侨置牧司，非旧土也。江左又分荆为湘，或离或合，凡有扬、荆、湘、江、梁、益、交、广，其徐州则有过半，豫州唯得谯城而已。及至宋世，分扬州为南徐，徐州为南兖，扬州之江西，悉属豫州。分荆为雍，分荆、湘为郢，分荆为司，分广为越，分青为冀，分梁为南北秦。太宗初，索虏南侵，青、冀、徐、兖及豫州淮西，并皆不守，自淮以北，化成虏庭。于是于钟离置徐州，淮阴为北兖，而青、冀二州治赣榆之县。

又《通典》卷171《州郡一》云：

> 宋武北平广固，西定梁益，又克长安，尽得河南之地。长安寻为赫连勃勃所陷。至废帝荥阳王景平中，虎牢以西，复陷于后魏。今大较以孝武大明为正，凡二十有二州。扬治建业，南徐治京口，徐治彭城，南兖治广陵，兖治瑕，南荆河治历阳，荆河治汝南，江治浔阳，青治临淄，冀治历城，司治义阳，荆治南郡，郢治江夏，湘治临湘，雍治襄阳，梁治南郑，秦亦治南郑，益治成都，宁治建宁，广治南海，交治龙编，越治临鄣。郡凡二百三十有八，县千一百七十有九。初文帝元嘉中，遣将北伐，水军入河克魏碻磝、滑台、虎牢、洛阳四城。其后又失。又分军北伐，西军克弘农、开方二城，以东攻滑台不克，而平碻磝守之，寻皆败退。于是后魏主太武，总师经彭城，临江屯于瓜步，退攻盱眙，不拔而旋。明帝时，后魏又南侵，淮北青、冀、徐、兖四州，及荆河州西境悉陷没。则长淮为北境，侨徐、兖于淮南，立青、冀二州寄治赣榆。其后十余年而宋亡。然初强盛也，南郑、襄阳、悬瓠、彭城、历城、东阳，皆为宋氏藩捍。

南齐：

《通典》卷171《州郡一》云：

> 齐氏淮北之地，所以全少。青州治朐山，冀治涡口，荆河治寿春，北兖治淮阴，北徐治钟离。又置巴东治巴。其余州郡，悉因宋代。州二十有三，郡三百九十有五，县千四百七十有四。其后频为后魏所侵，至东昏永元初，沔北诸郡，相继败没。又遣军北伐，败于马圈，退屯盆城。又失寿春，后三年齐亡。始全盛也，南郑、樊城、襄阳、义阳、寿春、淮阳、角城、涟口、朐山为重镇。

梁：

《通典》卷171《州郡一》云：

> 梁氏州郡，多沿旧制。天监中，州二十有三，郡三百五十，县千二十有五，其后更有析置。大同中，州百有七，郡县亦称于此。自侯景逆乱，建康倾陷，坟籍散逸，不可得而详焉。初武帝受禅，数年即失汉川及淮西之地。其后诸将频年与魏军交战于淮南、淮北，互有胜负……中大通初，大举北伐，淮北城镇相次克平，直至洛阳，暂为梁有。其后又复汉中，至东魏将侯景以河南地降，逆乱相寻，有名无实。及景平后，江北之地，悉陷高齐。汉川、蜀川，没于西魏。大抵雍州、下溠戍、夏口、白苟堆、硖石城、合州、钟离、淮阴、朐山为重镇。

陈：

《通典》卷171《州郡一》云：

> 陈氏比于梁代，士宇弥蹙，西不得蜀、汉，北失淮肥，以长江为境。有州四十有二，郡百有九，县四百三十有八。宣帝大建中，频年北伐，诸将累捷，尽复淮南之地。更经略淮北，大破齐军于吕梁。及旋师，属高齐国亡，又总军北伐至吕梁，周军来拒，又大破之，旋为周军所败，悉虏其众。自是江北之地，尽没于周，又以长江为界。及隋军来伐，遣将守狼尾滩、荆门、安蜀城、公安、巴陵以下，并风靡

退败，隋军自采石、京口渡江而平之。

在南朝中，以陈的疆域为最小。

清赵翼《廿二史札记》卷12"南朝陈地最小"条云：

> 晋南渡后，南北分裂，南朝之地，惟晋末宋初最大，至陈则极小矣。刘裕相晋，灭慕容超而复青、齐，降姚洸而复洛阳，灭姚泓而复关中。其后关中虽为赫连勃勃所夺，而溯河西上时，遣王仲德在北岸陆行，魏将尉建弃滑台，仲德入据之。自后魏屡攻，得而复失。魏明元帝欲南伐，崔浩谓当略地以淮为限，则滑台、虎牢反在我军之北，是滑台、虎牢尚为宋地。宋将到彦之、王仲德攻河南，明元帝遣长孙道生等追击，至历城而还，是历城亦宋地也。宋元嘉十九年，诏关里往经寇乱，应下鲁郡修复学舍，是鲁郡亦宋地也。直至魏太武帝遣安颉攻拔洛阳，克虎牢，克滑台，帝临江起行宫于瓜步，宋馈百牢，乃班师，于是河南之地多入魏。魏孝文帝时，宋薛安都以彭城，毕众敬以兖州，常珍奇以悬瓠，俱属于魏。张永、沈攸之与魏战又大败，于是宋遂失淮北四州及豫州淮南地。其后齐将裴叔业又以寿春降魏，于是淮北之地亦尽入于魏。故萧齐北境已小于宋。迨梁武帝使张（绍）惠（绍）取宿豫，萧宏取梁城，韦睿取合肥，以及义阳、邵阳之战，浮山堰之筑，两国交兵，争沿淮之地者十余年，互相胜负。魏孝明帝时，元法僧以徐州降梁，梁武遣萧综守之，综仍以徐州降魏。魏末尔朱荣之乱，北海王颢奔梁，梁立为魏主，使陈庆之送之归国，深入千里，孝庄帝北走，颢遂入洛，梁之势几振。其后颢战败被擒，魏仍复所失地，而梁之地尚无恙也。及侯景之乱，西魏寇安陆，执司州刺史柳仲礼，尽没汉东之地。其淮阳、山阳、淮阴等地俱降东魏，鄱阳王范又以合州降东魏，东魏遂尽有淮南之地。景又攻陷广陵，使郭元建守之，景败，元建以广陵降北齐，于是江北亦为北齐所有。是时萧绎在江陵，乞师于西魏，令萧循以南郑与西魏，西魏遂取汉中。绎称帝于江陵，武陵王纪自成都起兵伐之，西魏使尉迟迥攻成都以救绎，及纪为绎所杀，而迥亦取成都，于是蜀地尽入于西魏矣。是时梁之境，自巴陵至建康，惟以长江为限，荆州界北尽武宁，西拒峡口。而岳阳王萧詧以绎杀其兄誉，遂据襄阳降西魏。西魏遣于谨等伐江陵，克

之，杀元帝，即绎乃以江陵易襄阳，使詧为梁主，而襄阳亦入于西魏矣。元帝殁后，王僧辩、陈霸先立其子方智于建业，北齐文宣纳萧渊明入为梁主，陈霸先废杀之，仍奉方智。其时徐嗣徽、任约降北齐，方据石头城，文宣又遣萧轨、柳达摩、东方老等来镇石头，为霸先所擒杀，金陵之地得以不陷。计是时江以北尽入于北齐，西境则蜀中及襄阳俱入西魏，江陵又为萧詧所有，梁地更小于元帝时矣。陈霸先篡位，因之以立国，其地之入于周者，惟湘州在江之南，周将贺若敦、独孤盛不能守，全师北归，地归于陈。其后周、陈通好，陈又赂周以黔中地及鲁山郡。迨北齐后主荒纵，陈宣帝乘其国乱，使吴明彻取江北，大败齐师于吕梁，又攻杀王琳于寿阳，于是淮泗之地俱复。而是时周已灭齐，宣帝欲乘乱争徐、兖，又使明彻北伐，至彭城，反为周师所败，明彻被擒，于是周韦孝宽复取寿阳，梁士彦复拔广陵，陈仍画江为界，江北之地尽入于周。故隋承周之地，晋王广由江都至六合，韩擒虎自庐州直渡采石，贺若弼自扬州直造京口，遂以亡陈也。

按三国时孙吴之地，初只江东六郡，渐及闽、粤，后取荆州，始有江陵、长沙、武陵、桂阳等地，而夔府以西尚属蜀也，其江北之地亦只有濡须坞，其余则皆属魏。陈地略与之相似，而荆州旧统内江陵又为后梁所占，是其地又小于孙吴时。

第二节　宋、齐、梁、陈递嬗与政治

南朝从刘宋开始，经历了萧齐、萧梁和陈四个王朝。这一时期门阀势力逐渐衰落，寒人地位上升，政权由两晋以来的门阀垄断转为门阀与寒人联合专政，由此而影响到政局的稳定。加上内争和内乱频频发生，严重削弱了南朝的统治和实力，使南北力量对比逐渐对南朝不利，南朝疆土日蹙，最后终于被北朝消灭。

一　刘宋初期政治与北强南弱格局的形成

刘裕、刘义隆当政时，曾对当时的秕政进行若干改革，在相当程度上克服了东晋门阀的腐朽统治，社会安定，南方社会经济出现了东晋以来少有的繁荣现象。在对外关系上，刘宋曾两度北伐北魏，但都被魏军打败，刘宋丢失了大片土地，北强南弱格局开始形成。

（一）刘裕灭谯纵、后秦

刘裕，祖籍彭城（今江苏徐州），后侨居于京口（今江苏镇江）。幼年家贫，曾以耕地、卖鞋为生。后在北府兵中任将领，镇压了孙恩、卢循起义。他在东晋统治集团中，是庶族地主的代表人物。

《魏书》卷97《岛夷刘裕传》载：

> 岛夷刘裕，字德舆，晋陵丹徒人也。其先不知所出，自云本彭城。彭城人或云本姓项，改为刘氏，然亦莫可寻也……裕家本寒微，住在京口，恒以卖履为业。意气楚剌，仅识文字，樗蒲倾产，为时贱薄。尝负骠骑谘议刁逵社钱三万，经时不还。逵以其无行，录而征责。骠骑长史王谧以钱代还，事方得了。落魄不修廉隅。
>
> 天兴二年，僭晋司马德宗遣其辅国将军刘牢之东讨孙恩，裕应募，始为牢之参军。恩北寇海盐，裕追胜之，以功稍迁建武将军，下邳太守……孙恩死，余众推恩妹夫卢循为主。（桓）玄遣裕征之。裕破循于东阳、永嘉，循浮海奔逸。加裕彭城内史。

刘裕在镇压了东晋末年农民起义、讨灭桓玄、南燕后，又于义熙九年（413）消灭了割据益州的谯纵。

《资治通鉴》卷116《晋纪》安帝义熙七年、八年条载：

> 太尉裕谋伐蜀，择元帅而难其人。以西阳太守朱龄石既有武干，又练吏职，欲用之。众皆以为龄石资名尚轻，难当重任，裕不从。十二月，以龄石为益州刺史，帅宁朔将军臧熹、河间太守蒯恩、下邳太守刘钟等伐蜀，分大军之半二万人以配之。熹，裕之妻弟，位居龄石之右，亦隶焉。
>
> 裕与龄石密谋进取，曰："刘敬宣往年出黄虎，无功而退。贼谓我今应从外水往，而料我出其不意犹从内水来也。如此，必以重兵守涪城以备内道。若向黄虎，正堕其计。今以大众自外水取成都，疑兵出内水，此制敌之奇也。"而虑此声先驰，贼审虚实。别有函书封付龄石，署函边曰："至白帝乃开。"诸军虽进，未知处分所由。
>
> 毛修之固请行，裕恐修之至蜀，必多所诛杀，土人与毛氏有嫌，亦当以死自固，不许……

朱龄石等至白帝发函书，曰："众军悉从外水取成都，臧熹从中水取广汉，老弱乘高舰十余，从内水向黄虎。"于是诸军倍道兼行。谯纵果命谯道福将重兵镇涪城，以备内水。龄石至平模，去成都二百里，纵遣秦州刺史侯晖、尚书仆射谯诜帅众万余屯平模，夹岸筑城以拒之。龄石谓刘钟曰："今天时盛热，而贼严兵固险，攻之未必可拔，只增疲困。且欲养锐息兵以伺其隙，何如？"钟曰："不然。前扬声言大众向内水，谯道福不敢舍涪城。今重军猝至，出其不意，侯晖之徒已破胆矣。贼阻兵守险者，是其惧不敢战也。因其凶惧，尽锐攻之，其势必克。克平模之后，自可鼓行而进，成都必不能守矣。若缓兵相守，彼将知人虚实。涪军忽来，并力拒我。人情既安，良将又集，此求战不获，军食无资，二万余人悉为蜀子虏矣。"龄石从之。

诸将以水北城地险兵多，欲先攻其南城。龄石曰："今屠南城，不足以破北，若尽锐以拔北城，则南城不麾自散矣。"秋，七月，龄石帅诸军急攻北城，克之，斩侯晖、谯诜；引兵回趣南城，南城自溃。龄石舍船步进。谯纵大将谯抚之屯牛脾，谯小苟塞打鼻。臧熹击抚之，斩之；小苟闻之，亦溃。于是纵诸营屯望风相次奔溃。

戊辰，纵弃成都出走，尚书令马耽封府库以待晋师。壬申，龄石入成都，诛纵同祖之亲，余皆按堵，使复其业。纵出成都，先辞墓，其女曰："走必不免，只取辱焉。等死，死于先人之墓可也。"纵不从。谯道福闻平模不守，自涪引兵入赴，纵往投之。道福见纵，怒曰："大丈夫有如此功业而弃之，将安归乎！人谁不死，何怯之甚也！"因投纵以剑，中其马鞍。纵乃去，自缢死，巴西人王志斩其首以送龄石。道福谓其众曰："蜀之存亡，实系于我，不在谯王。今我在，犹足一战。"众皆许诺。道福尽散金帛以赐众，众受之而走。道福逃于獠中，巴民杜瑾执送之，斩于军门。龄石徙马耽于越巂，耽谓其徒曰："朱侯不送我京师，欲灭口也，吾必不免。"乃盥洗而卧，引绳而死。须臾，龄石使至，戮其尸。诏以龄石进监梁、秦州六郡诸军事，赐爵丰城县侯。

此后，刘裕又相继在朝廷内部排除了刘毅、司马休之等异己分子，遂集大权于一身。

《宋书》卷2《武帝纪中》载：

征西将军、荆州刺史道规疾患求归，八年四月，改授豫州刺史，以后将军、豫州刺史刘毅代之。毅与公俱举大义，兴复晋室，自谓京城、广陵，功业足以相抗。虽权事推公，而心不服也。毅既有雄才大志，厚自矜许，朝士素望者多归之。与尚书仆射谢混、丹阳尹郗僧施并深相结。及西镇江陵，豫州旧府，多割以自随，请僧施为南蛮校尉。既知毅不能居下，终为异端，密图之。毅至西，称疾笃，表求从弟兖州刺史藩以为副贰，伪许焉。九月，藩入朝，公命收藩及谢混，并于狱赐死。自表讨毅。又假黄钺，率诸军西征。以前镇军将军司马休之为平西将军、荆州刺史，兖州刺史道怜镇丹徒，豫州刺史诸葛长民监太尉留府事，加太尉司马、丹阳尹刘穆之建威将军，配以实力。壬午，发自京师。遣参军王镇恶、龙骧将军蒯恩前袭江陵。十月，镇恶克江陵，毅及党与皆伏诛。

《魏书》卷97《岛夷刘裕传》云：

荆州刺史司马休之颇得众心，裕内怀忌惮，神䴥二年，率众讨之，遣龙骧将军蒯恩等为前军。裕进领荆州刺史，加黄钺。雍州刺史鲁宗之率其子轨会休之于江陵。轨等军败，乃与休之俱奔襄阳。裕自领南蛮校尉。休之等奔姚兴。

义熙十三年（417），刘裕又出兵灭掉北方的后秦，在北伐方面取得了远远超过桓温的武功。

《宋书》卷2《武帝纪中》云：

初公平齐，仍有定关、洛之意，值卢循侵逼，故其事不谐。荆、雍既平，方谋外略。会羌主姚兴死，子泓立，兄弟相杀，关中扰乱，公乃戒严北讨。加领征西将军、司豫二州刺史。以世子为徐、兖二州刺史。下书曰："吾倡大义，首自本州，克复皇祚，遂建勋烈，外夷勍敌，内清奸轨，皆邦人州党竭诚尽力之效也。情若风霜，义贯金石。今当奉辞西伐，有事关、河，弱嗣叨蒙，复忝今授，情事缠绵，可谓深矣。顷军国务殷，刑辟未息，眷言怀之，能不多叹。其犯罪系五岁以还，可一原遣。文武劳满未蒙荣转者，便随班序报。"

公受中外都督及司州，并辞大司马琅邪王礼敬，朝议从之。公欲以义声怀远，奉琅邪王北伐。五月，羌伪黄门侍郎尹冲率兄弟归顺。又加公北雍州刺史，前部羽葆、鼓吹，增班剑为四十人。解中书监。八月丁巳，率大众发京师。以世子为中军将军，监太尉留府事。尚书右仆射刘穆之为左仆射，领监军、中军二府军司，入居东府，总摄内外。九月，公次于彭城，加领徐州刺史。

先是遣冠军将军檀道济、龙骧将军王镇恶步向许、洛，羌缘道屯守，皆望风降服。伪兖州刺史韦华先据仓垣，亦率众归顺。公又遣北兖州刺史王仲德先以水军入河。仲德破索虏于东郡凉城，进平滑台。十月，众军至洛阳，围金墉。泓弟伪平南将军洸请降，送于京师。修复晋五陵，置守卫。

十三年正月，公以舟师进讨，留彭城公义隆镇彭城。军次留城，经张良庙，令曰："夫盛德不泯，义在祀典，微管之欢，抚事弥深。张子房道亚黄中，照邻殆庶，风云玄感，蔚为帝师，大拯横流，夷项定汉，固以参轨伊、望，冠德如仁。若乃神交圯上，道契商洛，显晦之间，窈然难究，源流渊浩，莫测其端矣。涂次旧沛，伫驾留城，灵庙荒残，遗象陈昧，抚迹怀人，慨然永叹。过大梁者或伫想于夷门，游九原者亦流连于随会。可改构榱桷，修饰丹青，苹蘩行潦，以时致荐。以纾怀古之情，用存不刊之烈。"天子追赠公祖为太常，父为左光禄大夫，让不受。

二月，冠军将军檀道济等次潼关。三月庚辰，大军入河。索虏步骑十万，营据河津。公命诸军济河击破之。公至洛阳。七月，至陕城。龙骧将军王镇恶伐木为舟，自河浮渭。八月，扶风太守沈田子大破姚泓于蓝田。王镇恶克长安，生擒泓。九月，公至长安。长安丰全，帑藏盈积。公先收其彝器、浑仪、土圭之属，献于京师；其余珍宝珠玉，以班赐将帅。执送姚泓，斩于建康市。谒汉高帝陵，大会文武于未央殿。

(二) 刘宋初期政治

元熙二年（420），刘裕废东晋恭帝司马德文，自立为帝，国号宋，是为宋武帝，仍都于建康。

刘裕在称帝前后，曾对当时积弊已久的政治进行若干改革。

第一，整顿吏治。《宋书》卷2《武帝纪中》云：

（义熙）七年正月……晋自中兴以来，治纲大弛，权门并兼，强弱相凌，百姓流离，不得保其产业。桓玄颇欲厘改，竟不能行。公既作辅，大示轨则，豪强肃然，远近知禁。至是，会稽余姚虞亮复藏匿亡命千余人。公诛亮，免会稽内史司马休之……

九年二月乙丑，公至自江陵。初诸葛长民贪淫骄横，为士民所患苦，公以其同大义，优容之。刘毅既诛，长民谓所亲曰："昔年醢彭越，今年诛韩信，祸其至矣。"将谋作乱。公克期至京邑，而每淹留不进。公卿以下频日奉侯于新亭，长民亦骤出。既而公轻舟密至，已还东府矣。长民到门。引前，却人闲语，凡平生于长民所不尽者，皆与及之。长民甚说。已密命左右壮士丁旿等自幔后出，于坐拉焉。长民坠床，又于地殴之，死于床侧。舆尸付廷尉。并诛其弟黎民。旿骁勇有气力，时人为之语曰："勿跋扈，付丁旿。"

第二，宽租省调。《宋书》卷2《武帝纪中》云：

（义熙）八年……十一月己卯，公至江陵。下书曰："……江、荆凋残，刑政多阙，顷年事故，绥抚未周。遂令百姓疲匮，岁月滋甚，财伤役困，虑不幸生。凋残之余，而不减旧，刻剥征求，不循政道。宰莅之司，或非良干，未能菲躬俭，苟求盈给，积习生常，渐不知改。

"近因戎役，来涉二州，践境亲民，愈见其瘼，思欲振其所急，恤其所苦。凡租税调役，悉宜以见户为正。郡县屯田池塞，诸非军国所资，利入守宰者，今一切除之。州郡县吏，皆依尚书定制，实户置。台调癸卯梓材、庚子皮毛，可悉停省，别量所出。巴陵均折度支，依旧兵运。原五岁刑已下，凡所质录贼家余口，亦悉原放……"

十一年，……江陵平，……下书曰："此州积弊，事故相仍，民疲田芜，杼轴空匮。加以旧章乖昧，事役频苦，童髦夺养，老稚服戎，空户从役，或越绋应召。每永怀民瘼，宵分忘寝。……荆、雍二州、西局、蛮府吏及军人年十二以还，六十以上，及扶养孤幼、单丁大艰，悉仰遗之。穷独不能存者，给其长赈。府州久勤将吏，依劳铨序。并除今年租税。"

又《宋书》卷3《武帝纪下》载：

永初元年……七月丁亥，原放劫贼余口没在台府者，诸流徙家并听还本土。又运舟材及运船，不复下诸郡输出，悉委都水别量。台府所须，皆别遣主帅与民和市，即时裨直，不复责租民求办。又停废虏车牛，不得以官威假借。又以市税繁苦，优量减降。从征关、洛，殒身战场，幽没不反者，赡赐其家……

第三，缓政减刑。《宋书》卷3《武帝纪下》载：

（永初元年六月刘裕下诏）曰："其有犯乡论清议，赃污淫盗，一皆荡涤洗除，与之更始。"……（七月）壬子诏曰："往者军国务殷，事有权制，劫科峻重，施之一时。今王道维新，政和法简，可一除之，还遵旧条。反叛淫盗，三犯补冶士，本谓一事三犯，终无悛革。主者顷多并数众事，合而为三，甚违立制之旨，普更申明。"……八月……辛酉，开亡叛赦，限内首出，蠲租布二年。先有资状、黄籍犹存者，听复本注。……又制有无故自伤残者补冶士，实由政刑烦苛，民不堪命，可除此条……乙亥诏曰："……先因军事所发奴僮，各还本主；若死亡及勋劳破免，亦依限还直。"……
二年……十月丁酉诏曰："兵制峻重，务在得宜。役身死叛，辄考傍亲，流迁弥广，未见其极。遂令冠带之伦，沦陷非所。宜革以弘泰，去其密科。自今犯罪充兵，合举户从役者，便付营押领。其有户统及谪止一身者，不得复侵滥服亲，以相连染。"

第四，重用寒人。东晋时期，中央和地方的军政大权一直掌握在王、谢、庾、桓等高门大族手中，选拔官吏，主要依据门第。刘裕掌权后，推行唯才是举。如刘穆之、檀道济、朱龄石、王镇恶、赵伦之等，都出身"寒微"，但均因有才干而被刘裕委以重任。

第五，禁止奢靡。《宋书》卷3《武帝纪下》云：

上清简寡欲，严整有法度，未尝视珠玉舆马之饰，后庭无纨绮丝竹之音。宁州尝献虎魄枕，光色甚丽。时将北征，以虎魄治金创，上大悦，命捣碎分付诸将。平关中，得姚兴从女，有盛宠，以之废事。谢晦谏，即时遣出。财帛皆在外府，内无私藏。宋台既建，有司奏东西堂施局脚床、银涂钉，上不许；使用直脚床，钉用铁。诸主出适，遣送不过二十万，无锦锈金玉。内外奉禁，莫不节俭。性尤简易，常著连齿木屐，好出神虎门逍遥，左右从者不过十余人。时徐羡之住西州，尝幸羡之，便步出西掖门，羽仪络驿追随，已出西明门矣。诸子旦问起居，入阁脱公服，止著裙帽，如家人之礼。孝武大明中，坏上所居阴室，于其处起玉烛殿，与群臣观之。床头有土鄣，壁上挂葛灯笼、麻绳拂。侍中袁顗盛称上俭素之德。孝武不答，独曰："田舍公得此，以为过矣。"故能光有天下，克成大业者焉。

又《南史》卷15《徐羡之传附湛之传》云：

初，武帝微时，贫陋过甚，尝自往新洲伐荻，有纳布衣袄等，皆是敬皇后手自作。武帝既贵，以此衣付公主曰："后世若有骄奢不节者，可以此衣示之。"

刘裕即帝位不满两年，于永初三年（422）五月病死，太子义符继位，是为少帝。少帝游乐无度，不亲政事，不久被司空徐羡之等废为营阳王，旋被杀。

《宋书》卷4《少帝纪》云：

少帝讳义符，小字车兵，武帝长子也……晋义熙二年，生于京口……年十岁，拜豫章公世子。帝有旅力，善骑射，解音律。宋台建，拜宋世子。元熙元年，进为宋太子。武帝受禅，立为皇太子……永初三年五月癸亥，武帝崩，是日，太子即皇帝位……以尚书仆射傅亮为中书监，司空徐羡之、领军将军谢晦及亮辅政……（景平）二年春二月癸巳朔，日有蚀之。废南豫州刺史庐陵王义真为庶人，徙新安郡。乙未，以皇弟义恭为冠军将军，南豫州刺史。乙巳，大风，天有五色云，占者以为有兵。高丽国遣使贡献。执政使使者诛义真于新安。

夏五月，江州刺史王弘、南兖州刺史檀道济入朝。帝居处所为多过失。乙酉，皇太后令曰：

"王室不造，天祸未悔，先帝创业弗永，弃世登遐。义符长嗣，属当天位，不谓穷凶极悖，一至于此。大行在殡，宇内哀惶，幸灾肆于悖词，喜容表于在戚。至乃征召乐府，鸠集伶官，优倡管弦，靡不备奏，珍羞甘膳，有加平日。采择媵御，产子就宫，覥然无怍，丑声四达。及懿后崩背，重加天罚，亲与左右执绋歌呼，推排梓宫，抃掌笑谑，殿省备闻。加复日夜媟狎，群小慢戏，兴造千计，费用万端，帑藏空虚，人力殚尽。刑罚苛虐，幽囚日增。居帝王之位，好皂隶之役，处万乘之尊，悦厮养之事。亲执鞭扑，殴击无辜，以为笑乐。穿池筑观，朝成暮毁，征发工匠，疲极兆民。远近叹嗟，人神怨怒，社稷将坠，岂可复嗣守洪业，君临万邦。今废为营阳王，一依汉昌邑、晋海西故事……"

始徐羡之、傅亮将废帝，讽王弘、檀道济求赴国讣。弘等来朝。使中书舍人邢安泰、潘盛为内应。是旦，道济、谢晦领兵居前，羡之等随后，因东掖门开，入自云龙门。盛等先戒宿卫，莫有御者。时帝于华林园为列肆，亲自酤卖。又开渎聚土，以象破冈埭，与左右引船唱乎，以为欢乐。夕游天渊池，即龙舟而寝。其朝未兴，兵士进，杀二侍者于帝侧，伤帝指。扶出东阁，就收玺绶，群臣拜辞，送于东宫，遂幽于吴郡。是日，赦死罪以下。太后令奉还玺绶。檀道济入守朝堂。六月癸丑，徐羡之等使中书舍人邢安泰弑帝于金昌亭。帝有勇力，不即受制，突走出昌门，追以门关踣之，致殒。时年十九。

元嘉元年（424），文帝刘义隆即位，改元元嘉。他在刘裕改革的基础上，继续推行一些改革，如减轻农民负担，放宽刑法，选拔人才等。

《宋书》卷5《文帝纪》云：

太祖文皇帝讳义隆，小字车儿，武帝第三子也。晋安帝义熙三年，生于京口……十一年，封彭城县公……景平二年七月中，少帝废。百官备法驾奉迎，入奉皇统。行台至江陵，进玺绶……八月丙申，车驾至京城。丁酉，谒初宁陵，还于中堂即皇帝位。

元嘉元年秋八月丁酉，大赦天下，改景平二年为元嘉元年……己酉，减荆、湘二州今年税布之半……三年春……二月乙卯，系囚见徒，一皆原赦……夏五月……乙巳……诏曰："……可遣大使巡行四方。其宰守称职之良，闾苹一介之善，详悉列奏，勿或有遗。若刑狱不恤，政治乖谬，伤民害教者，具以事闻。其高年、鳏寡、幼孤、六疾不能自存者，可与郡县优量赈给。博采舆诵，广纳嘉谋，务尽衔命之旨，俾若朕亲览焉。"丙午，车驾临延贤堂听讼。

六月己未，以镇军将军赵伦之为左光禄大夫、领军将军。丙寅，车驾又于延贤堂听讼……

八年春……三月甲申，车驾于延贤堂听讼。戊申，诏曰："自顷军役殷兴，国用增广，资储不给，百度尚繁。宣存简约，以应事实。内外可通共详思，务令节俭。"

……闰月庚子诏曰："自顷农桑惰业，游食者众，荒莱不辟，督课无闻，一时水旱，便有罄匮，苟不深存务本，丰给靡因。郡守赋政方畿，县宰亲民之主，宜思奖训，导以良规。咸使肆力，地无遗利，耕蚕树艺，各尽其力。若有力田殊众，岁竟条名列上。"……

十二年……夏四月……丙辰，诏曰："周宗以宁，实由多士，汉室之隆，亦资得人。朕寐寤乐贤，为日已久，而则哲难阶，明扬莫效。用令遗才在野，管库虚朝，永怀前载，惭德深矣。夫举尔所知，宣尼之笃训，贡士任官，先代之成准。便可宣敕内外，各有荐举。当依方铨引，以观厥用。"……六月，丹阳、淮南、吴兴、义兴大水，京邑乘船。己酉，以徐豫南兖三州、会稽、宣城二郡米数百万斛赐五郡遭水民。……八月……乙亥，原遭水郡诸逋负……

十七年……十一月丁亥诏曰："前所给扬、南徐二州百姓田、粮、种子，兖、两豫、青、徐诸州比年所宽租谷，应督入者，悉除半。今半有不收处，都原之。凡诸逋债，优量申减。又州郡估税，所在市调，多有烦刻。山泽之利，犹或禁断；役召之品，遂及稚弱。诸如此比，伤治害民。自今咸依法令，务尽优允……"

二十年……冬十二月庚午，以始兴内史檀和之为交州刺史。壬午，诏曰："国以民为本，民以食为天。故一夫辍稼，饥者必及。仓廪既实，礼节以兴。自顷在所贫罄，家无宿积。赋役暂偏，则人怀愁垫；岁或不稔，而病乏比室。诚由政德弗孚，以臻斯弊；抑亦耕桑未广，地利多遗。宰守微化导之方，萌庶忘勤分之义。永言弘济，明发载怀。虽制令亟下，终莫惩劝，而坐望滋殖，庸可致乎。有司其班宣旧条，务尽敦课。游食之徒，咸令附业，考核勤惰，行其诛赏，观察能殿，严加黜陟。古者躬耕帝籍，敬供粢盛，仰瞻前王，思遵令典。便可量处千亩，考卜元辰。朕当亲率百辟，致礼郊甸，庶几诚素，将被斯民。"……

是岁，诸州郡水旱伤稼，民大饥。遣使开仓赈恤，给赐粮种。

二十一年春正月己亥，南徐、南豫州、扬州之浙江西，并禁酒。大赦天下，诸逋债在十九年以前，一切原除。去岁失收者，畴量申减。尤弊之处，遣使就郡县随宜赈恤。凡欲附农，而种粮匮乏者，并加给贷。营千亩诸统司役人，赐布各有差。

宋文帝的这些改革，使宋初的统治比较稳定，社会生产发展较快，出现了"元嘉之治"这一分裂时期的短暂盛世。

《宋书》卷54《孙季恭等传》传论云：

江南之为国盛矣，虽南包象浦，西括邛山，至于外奉贡赋，内充府实，止于荆、扬二州。自汉氏以来，民户凋耗，荆楚四战之地，五达之郊，井邑残亡，万不余一也。自义熙十一年司马休之外奔，至于元嘉末，三十有九载，兵车勿用，民不外劳，役宽务简，氓庶繁息，至余粮栖亩，户不夜扃，盖东西之极盛也。既扬部分析，境极江南，考之汉域，惟丹阳、会稽而已。自晋氏迁流，迄于太元之世，百许年中，无风尘之警，区域之内，晏如也。及孙恩寇乱，歼亡事极，自此以至大明之季，年逾六纪，民户繁育，将曩时一矣。地广野丰，民勤本业，一岁或稔，则数郡忘饥。会土带海傍湖，良畴亦数十万顷。膏腴上地，亩直一金，鄠、杜之间，不能比也。

荆城跨南楚之富，扬部有全吴之沃，鱼、盐、杞、梓之利，充仞八方，丝绵布帛之饶，覆衣天下。

又同书卷92《良吏传序》云：

> 太祖幼而宽仁，入篡大业，及难兴陕方，六戎薄伐，命将动师，经略司、兖，费由府实，役不及民。自此区宇晏安，方内无事，三十年间，氓庶蕃息，奉上供徭，止于岁赋，晨出莫归，自事而已。守宰之职，以六期为断，虽没世不徙，未及囊时，而民有所系，吏无苟得。家给人足，即事虽难，转死沟渠，于时可免。凡百户之乡，有市之邑，歌谣舞蹈，触处成群，盖宋世之极盛也。

又宋司马光《稽古录》卷14《文帝》云：

> 文帝勤于为治，子惠庶民，足为承平之良主。

又清王夫之《读通鉴论》卷15《宋文帝》云：

> （宋文帝）遣使行郡县，访求民隐，诏郡县各言利病，斯可谓得治理……成元嘉之治。

（三）宋魏之间的战争

刘宋时期，由于统一北方的北魏逐渐强大，南北关系又趋于紧张。元嘉七年（430）春，宋文帝遣到彦之率5万军北伐，被北魏打败。

《资治通鉴》卷121《宋纪》文帝元嘉七年条云：

> 帝自践位以来，有恢复河南之志。三月，戊子，诏简甲卒五万给右将军到彦之，统安北将军王仲德、兖州刺史竺灵秀舟师入河，又使骁骑将军段宏将精骑八千直指虎牢，豫州刺史刘德武将兵一万继进，后将军长沙王义欣将兵三万监征讨诸军事。义欣，道怜之子也。
>
> 先遣殿中将军田奇使于魏，告魏主曰："河南旧是宋土，中为彼所侵，今当修复旧境，不关河北。"魏主大怒曰："我生发未燥，已闻河南是我地。此岂可得！必若进军，今当权敛成相避，须冬寒地净，河冰坚合，自更取之。"……
>
> 到彦之自淮入泗，水涩，日行才十里，自四月至秋七月，始至须昌。乃溯河西上。
>
> 魏主以河南四镇兵少，命诸军悉收众北渡。戊子，魏碻磝戍兵弃

城去。戊戌，滑台戍兵亦去。庚子，魏主以大鸿胪阳平公杜超为都督冀、定、相三州诸军事、太宰，进爵阳平王，镇邺，为诸军节度。超，密太后之兄也。庚戌，魏洛阳、虎牢戍兵皆弃城去。

到彦之留朱修之守滑台，尹冲守虎牢，建武将军杜骥守金墉。骥，预之玄孙也。诸军进屯灵昌津，列守南岸，至于潼关。于是司、兖既平，诸军皆喜……

八月，魏主遣冠军将军安颉督护诸军，击到彦之。丙寅，彦之遣裨将吴兴姚耸夫渡河攻冶坂，与颉战；耸夫兵败，死者甚众。戊寅，魏主遣征西大将军长孙道生会丹杨王大毗，屯河上以御彦之。

（冬，十月戊午）到彦之、王仲德沿河置守，还保东平……

魏河北诸军会于七女津。到彦之恐其南渡，遣裨将王蟠龙溯流夺其船，杜超等击斩之。安颉与龙骧将军陆俟进攻虎牢，辛巳，拔之；尹冲及荥阳太守清河崔模降魏……

（十一月）壬辰，加征南大将军檀道济都督征讨诸军事，帅众伐魏。

甲午，魏寿光侯叔孙建、汝阴公长孙道生济河而南。

到彦之闻洛阳、虎牢不守，诸军相继奔败，欲引兵还。殿中将军垣护之以书谏之，以为宜使竺灵秀助朱修之守滑台，自帅大军进拟河北，且曰："昔人有连年攻战，失众乏粮，犹张胆争前，莫肯轻退。况今青州丰穰，济漕流通，士马饱逸，威力无损。若空弃滑台，坐丧成业，岂朝廷受任之旨邪！"彦之不从。护之，苗之子也。

彦之欲焚舟步走，王仲德曰："洛阳既陷，虎牢不守，自然之势也。今虏去我犹千里，滑台尚有强兵，若遽舍舟南走，士卒必散。当引舟入济，至马耳谷口，更详所宜。"彦之先有目疾，至是大动；且将士疾疫，乃引兵自清入济。南至历城，焚舟弃甲，步趋彭城……

右将军到彦之、安北将军王仲德皆下狱免官，兖州刺史竺灵秀坐弃军伏诛。上见垣护之书而善之，以为北高平太守。

彦之之北伐也，甲兵资实甚盛；及败还，委弃荡尽，府藏、武库为之空虚。它日，上与群臣宴，有荒外降人在坐。上问尚书库部郎顾琛："库中仗犹有几许？"琛诡对："有十万人仗。"上既问而悔之，得琛对，甚喜。琛，和之曾孙也……

又同书卷122《宋纪》文帝元嘉八年条云:

> 元嘉八年春,正月丙申,檀道济等自清水救滑台,魏叔孙建、长孙道生拒之。丁酉,道济至寿张,遇魏安平公乙旃眷,道济帅宁朔将军王仲德、骁骑将军段宏奋击,大破之;转战至高梁亭,斩魏济州刺史悉烦库结……
>
> (二月戊午)檀道济等进至济上,二十余日间,前后与魏三十余战,道济多捷。军至历城,叔孙建等纵轻骑邀其前后,焚烧谷草,道济军乏食,不能进。由是安颉、司马楚之等得专力攻滑台,魏主复使楚兵将军王慧龙助之。朱修之坚守数月,粮尽,与士卒熏鼠食之。辛酉,魏克滑台,执修之及东郡太守申谟,虏获万余人。谟,钟之曾孙也……
>
> 檀道济等食尽,自历城引还;军士有亡降魏者,具告之。魏人追之,众恟惧,将溃。道济夜唱筹量沙,以所余少米覆其上。及旦,魏军见之,谓道济资粮有余,以降者为妄而斩之。是道济兵少,魏兵其盛,骑士四合。道济命军士皆被甲,已白服乘舆,引兵徐出。魏人以为有伏兵,不敢逼,稍稍引退,道济全军而返。

元嘉二十七年(450)七月,宋文帝派宁朔将军王玄谟和沈庆之等率军再次北伐,也以失败而结束。

《资治通鉴》卷125《宋纪》文帝元嘉二七年条载:

> 上欲伐魏……
>
> 是时军旅大起,王公、妃主及朝士、牧守,下至富民,各献金帛、杂物以助国用。又以兵力不足,悉发青、冀、徐、豫、二兖六州三五民丁,倩使暂行,符到十日装束;缘江五郡集广陵,缘淮三郡集盱眙。又募中外有马步众艺武力之士应科者,皆加厚赏。有司又奏军用不充,扬、南徐、兖、江四州富民赀满五十万,僧尼满二十万,并四分借一,事息即还。
>
> 建武司马申元吉引兵趋碻磝。乙亥,魏济州刺史王买德弃城走。萧斌遣将军崔猛攻乐安,魏青州刺史张淮之亦弃城走。斌与沈庆之留守碻磝,使王玄谟进围滑台……

(元嘉二十七年)九月，辛卯，魏主引兵南救滑台，命太子晃屯漠南以备柔然，吴王余守平城。庚子，魏发州郡兵五万分给诸军。

王玄谟士众甚盛，器械精严；而玄谟贪愎好杀。初围滑台，城中多茅屋，众请以火箭烧之。玄谟曰："彼吾财也，何遽烧之！"城中即撤屋穴处。时河、洛之民竞出租谷、操兵来赴者日以千数，玄谟不即其长帅而以配私昵；家付匹布，责大梨八百；由是众心失望。攻城数月不下，闻魏救将至，众请发车为营，玄谟不从。

冬，十月，癸亥，魏主至枋头，使关内侯代人陆真夜与数人犯围，潜入滑台，抚慰城中，且登城视玄谟营曲折还报。乙丑，魏主渡河，众号百万，鞞鼓之声，震动天地；玄谟惧，退走。魏人追击之，死者万余人，麾下散亡略尽，委弃军资器械山积……

萧斌遣沈庆之将五千人救玄谟，庆之曰："玄谟士众疲老，寇虏已逼，得数万人乃可进。小军轻往，无益也。"斌固遣之。会玄谟遁还，斌将斩之，庆之固谏曰："佛狸威震天下，控弦百万，岂玄谟所能当！且杀战将以自弱，非良计也。"斌乃止。……斌乃使王玄谟戍碻磝，申坦、垣护之据清口，自帅诸军还历城……

庞法起等进攻潼关，魏戍主娄须弃城走，法起等据之。关中豪桀所在蜂起，及四山羌、胡皆来送款。

上以王玄谟败退，魏兵深入，柳元景等不宜独进，皆召还。元景使薛安都断后，引兵归襄阳。诏以元景为襄阳太守……

魏主攻彭城，不克。十二月，丙辰朔，引兵南下，使中书郎鲁秀出广陵，高凉王那出山阳，永昌王仁出横江，所过无不残灭，城邑皆望风奔溃。戊午，建康纂严。己未，魏兵至淮上。

上使辅国将军臧质将万人救彭城，至盱眙，魏主已过淮。质使冗从仆射胡崇之、积弩将军臧澄之营东山，建威将军毛熙祚据前浦，质营于城南。乙丑，魏燕王谭攻崇之等三营，皆败没，质案兵不敢救。澄之，焘之孙；熙祚，修之之兄子也。是夕，质军亦溃，质弃辎重器械，单将七百人赴城……

魏人之南寇也，不赍粮用，唯以抄掠为资。及过淮，民多窜匿，抄掠无所得，人马饥乏；闻盱眙有积粟，欲以为北归之资。既破崇之等，一攻城不拔，即留其将韩元兴以数千人守盱眙，自帅大众南向。由是盱眙得益完守备。

庚午，魏主至瓜步，坏民庐舍，及伐苇为筏，声言欲渡江。建康震惧，民皆荷担而立。壬午，内外戒严，丹杨统内尽户发丁，王公以下子弟皆从役。命领军将军刘遵考等将兵分守津要，游逻上接于湖，下至蔡洲，陈舰列营，周亘江滨，自采石至于暨阳，六七百里。太子劭出镇石头，总统水军，丹杨尹徐湛之守石头仓城，吏部尚书江湛兼领军，军事处置悉以委焉。

上登石头城，有忧色，谓江湛曰："北伐之计，同议者少。今日士民劳怨，不得无惭。贻大夫之忧，予之过也。"又曰："檀道济若在，岂使胡马至此？"上又登莫府山，观望形势，购魏主及王公首，许以封爵、金帛。又募人赍野葛酒置空村中，欲以毒魏人，竟不能伤。

魏主凿瓜步山为蟠道，于其上设毡屋。魏主不饮河南水，以橐驼负河北水自随。饷上橐驼、名马，并求和，请婚⋯⋯

这次北魏的南攻，使刘宋蒙受了巨大损失。
《资治通鉴》卷126《宋纪》文帝元嘉二十八年条云：

春，正月⋯⋯丁亥，魏掠居民、焚庐舍而去⋯⋯
魏人凡破南兖、徐、兖、豫、青、冀六州，杀伤不可胜计，丁壮者即加斩截，婴儿贯于槊上，盘舞以为戏。所过郡县，赤地无余，春燕归，巢于林木。魏之士马死伤亦过半，国人皆尤之。
上（宋文帝）每命将出师，常授以成律、交战日时，亦待中诏，是以将帅趑趄莫敢自决。又江南白丁，轻进易退，此其所以败也。自是邑里萧条，元嘉之政衰矣。

又《宋书》卷95《索虏传》传论云：

喋喋黔首⋯⋯强者为转尸，弱者为系虏，自江、淮至于清、济，户口数十万，自免于湖泽者，百不一焉。村井空荒，无复鸣鸡吠犬⋯⋯六州荡然，无复余蔓残构。至于乳燕赴时，衔泥靡托，一枝之间，连窠十数⋯⋯甚矣哉，覆败之至于此也。

从此，刘宋在江淮地区的防御力量大大削弱。泰始三年（467），刘宋又失掉淮水以北青、冀、徐、兖4州及豫州淮西之地，疆土日蹙。南北力量对比发生明显变化，北强南弱格局开始形成。

（四）宋的内乱与衰亡

宋魏战争结束不久，宋文帝为长子刘劭所杀。孝建元年（454），文帝第三子刘骏起兵杀刘劭，自立为帝，是为孝武帝。在他执政时，有不少措施可称述者。

《宋书》卷6《孝武帝纪》云：

（元嘉三十年四月）己巳，即皇帝位。大赦天下……赃污清议，悉皆荡除。高年、鳏寡、孤幼、六疾不能自存，人赐谷五斛。逋租宿债勿复收……六月……丁巳，诏曰："兴王立训，务弘治节，辅臣佐时，勤献政要，仰惟圣规，每存兹道……自今诸可薄己厚民、去烦从简者，悉宜施行，以称朕意。"……

秋七月辛丑朔，日有蚀之。甲寅，诏曰："世道未夷，惟忧在国。夫使群善毕举，固非一才所议，况以寡德，属衰薄之期，夙宵寅想，永怀待旦。王公卿士，凡有嘉谋善政，可以维风训俗，咸达乃诚，无或依隐。"辛酉，诏曰："百姓劳弊，徭赋尚繁，言念未乂，宜崇约损。凡用非军国，宜悉停功。可省细作并尚方，雕文靡巧，金银涂饰，事不关实，严为之禁。供御服膳，减除游侈。水陆捕采，各顺时月。官私交市，务令优衷。其江海田池公家规固者，详所开弛。贵戚竞利，悉皆禁绝。"……

（大明二年）二月丙子，诏曰："政道未著，俗弊尚深，豪侈兼并，贫弱困窘，存阙衣裳，没无敛榇，朕甚伤之。其明敕守宰，勤加存恤。赙赠之科，速为条品。"……

四年春正月辛未，车驾祠南郊。甲戌，宕昌王奉表献方物。乙亥，车驾躬耕藉田。大赦天下。尚方徒系及逋租宿债，大明元年以前，一皆原除。力田之民，随才叙用。孝悌义顺，赐爵一级。孤老贫疾，人谷十斛。藉田职司，优沾普赉。百姓乏粮种，随宜贷给。吏宣劝有章者，详加褒进……

（五年春）二月癸巳，车驾阅武。诏曰："昔人称人道何先，于兵为首，虽淹纪勿用，忘之必危。朕以听鉴余闲，因时讲事，坐作有仪，进退无爽。军幢以下，普量班锡。顷化弗能孚，而民未知禁，逭役违调，起触刑纲。凡诸逃亡，在今昧爽以前，悉皆原赦。已滞囹圄者，释还本役。其逋负在大明三年以前，一赐原停。自此以还，鳏贫疾老，详所申减。伐蛮之家，蠲租税之半。近籍改新制，在所承用，殊谬实多，可普更符下，听以今为始。若先已犯制，亦同荡然。"……

（七年）冬十月壬寅，太子冠，赐王公以下帛各有差。戊申，车驾巡南豫州。诏曰："朕巡幸所经，先见百年者，及孤寡老疾，并赐粟帛。狱系刑罪，并亲听讼。其士庶或怨郁危滞，受抑吏司，或隐约洁立，负摈州里，皆听进朕前，面自陈诉。若忠信孝义，力田殖谷，一介之能，一艺之美，悉加旌赏。虽秋泽频降，而夏旱婴弊。可即开行仓，并加赈赐。"癸丑，行幸江宁县讯狱囚。车骑将军、扬州刺史豫章王子尚加开府仪同三司。癸亥，卫将军、开府仪同三司东海王祎为司空，中军将军义阳王昶加开府仪同三司。丙寅，诏曰："赏庆刑威，奄国彝轨；黜幽升明，辟宇恒宪。故采言聆风，式观侈质，贬爵加地，于是乎在。今类帝宜社，亲巡江甸，因觐岳守，躬求民瘼。思弘明试之典，以申考绩之义。行幸所经，莅民之职，功宣于德，即加甄赏。若废务乱民，随愆议罚。主者详察以闻。"……

十一月丙子……详减今岁田租……乙未，原放行狱徒系。东诸郡大旱，壬寅，遣使开仓贷恤，听受杂物当租……十二月……甲寅，大赦天下。南豫州别署敕系长徒，一切原散。其兵期考袭谪戍，悉停。历阳郡女子百户牛酒；高年孤疾，赐帛十匹，蠲郡租十年……八年春正月甲戌，诏曰："东境去岁不稔，宜广商贷。远近贩鬻米粟者，可停道中杂税。其以仗自防，悉勿禁。"

然而，孝武帝也是一个暴君。他在位10年，先后杀了他的弟弟南平王刘铄（文帝第四子）、武昌王刘浑（文帝第十子）、海陵王刘休茂（文帝第十四子）及竟陵王刘诞（文帝第六子）等。尤其是大明三年（459），孝武帝派大军围攻广陵的刘诞，及城破，孝武帝竟下令屠城，死者数千人。

《宋书》卷6《孝武帝纪》云：

（大明三年）秋七月己巳，克广陵城，斩（刘）诞。悉诛城内男丁，以女口为军赏。

又《资治通鉴》卷129《宋纪》孝武帝大明三年条云：

诏贬（刘）诞姓留氏；广陵城中士民，无大小悉命杀之。沈庆之请自五尺以下全之，其余男子皆死，女子以为军赏；犹杀三千余口。长水校尉宗越临决，皆先剖肠抉眼，或笞面鞭腹，苦酒灌创，然后斩之，越对之，欣欣若有所得。上聚其首于石头南岸为京观，侍中沈怀文谏，不听。

大明八年（464），孝武帝死，长子刘子业继立，是为前废帝。子业更为荒淫暴虐，宗室百官滥被诛杀。

《宋书》卷7《前废帝纪》云：

时帝凶悖日甚，诛杀相继，内外百司，不保首领。先是讹言云："湘中出天子。"帝将南巡荆、湘二州以厌之。先欲诛诸叔，然后发引。太宗与左右阮佃夫、王道隆、李道儿密结帝左右寿寂之、姜产之等十一人，谋共废帝。……寿寂之怀刀直入，姜产之为副。帝欲走，寂之追而殒之。时年十七。太皇太后令曰：

"司徒领护军八座：子业虽曰嫡长，少禀凶毒，不仁不孝，著自髫龀。孝武弃世，属当辰历。自梓宫在殡，喜容靦然，天罚重离，欢恣滋甚。逼以内外维持，忍虐未露，而凶惨难抑，一旦肆祸，遂纵戮上宰，殄害辅臣。子鸾兄弟，先帝钟爱，含怨既往，枉加屠酷。昶茂亲作扞，横相征讨。新蔡公主逼离夫族，幽置深宫，诡云薨殒。襄事甫尔，丧礼顿释，昏酣长夜，庶事倾遗。朝贤旧勋，弃若遗土。管弦不辍，珍羞备膳。詈辱祖考，以为戏谑。行游莫止，淫纵无度。肆宴园陵，规图发掘。诛剪无辜，籍略妇女。建树伪竖，莫知谁息。拜嫔立后，庆过恒典。宗室密戚，遇若婢仆，鞭挝陵曳，无复尊卑。南平一门，特钟其酷。反天灭理，显暴万端。苛罚酷令，终无纪极，夏桀、殷辛，未足以譬。阖朝业业，人不自保，百姓遑遑，手足靡厝。行秽禽兽，罪盈三千。高祖之业将泯，七庙之享几绝。吾老疾沈笃，每规祸鸩，忧煎漏刻，气命无几。开辟以降，所未尝闻。远近思奋，十室而九……"

葬废帝丹阳秣陵县南郊坛西。

帝幼而狷急，在东宫每为世祖所责。世祖西巡，子业启参承起居，书迹不谨，上诘让之。子业启事陈谢，上又答曰："书不长进，此是一条耳。闻汝素都懈怠，狷戾日甚，何以顽固乃尔邪！"初践阼，受玺绂，悖然无哀容。始犹难诸大臣及戴法兴等，既杀法兴，诸大臣莫不震慑。于是又诛群公。元凯以下，皆被殴捶牵曳。内外危惧，殿省骚然。初太后疾笃，遣呼帝。帝曰："病人间多鬼，可畏，那可往。"太后怒，语侍者："将刀来，破我腹，那得生如此宁馨儿！"

又同书卷8《明帝纪》云：

泰始元年冬十二月丙寅，上即皇帝位。诏曰：

"高祖武皇帝德洞四瀛，化绵九服。太祖文皇帝以大明定基；世祖孝武皇帝以下武宁乱。日月所照，梯山航海；风雨所均，削衽袭带。所以业固盛汉，声溢隆周。子业凶嚚自天，忍悖成性，人面兽心，见于龆日，反道败德，著自比年。其狎侮五常，怠弃三正，矫诬上天，毒流下国，实开辟所未有，书契所未闻。再罹遏密，而无一日之哀；齐斩在躬，方深北里之乐。虎兕难匿，凭河必彰，遂诛灭上宰，穷衅逆之酷，虐害国辅，究拏戮之刑。子鸾同生，以昔憾珍殪。敬猷兄弟，以睚眦歼夷。征逼义阳，将加屠脍。陵辱戚藩，榎楚妃主。夺立左右，窃子置储，肆酗于朝，宣淫于国。事秽东陵，行污飞走。积衅罔极，日月滋深。比遂图犯玄宫，志窥题凑，将肆枭、镜之祸，骋商、顿之心。又欲鸩毒崇宪，虐加诸父，事均宫闱，声遍国都。"

前废帝死后，明帝和后废帝（苍梧王）先后执政，内乱更为严重。关于明帝刘彧，《宋书》卷8《明帝纪》载：

帝少而和令，风姿端雅。早失所生，养于太后宫内。大明世，诸弟多被猜忌，唯上见亲，常侍路太后医药。好读书，爱文义，在藩时，撰江左以来文章志，又续卫瓘所注论语二卷，行于世。及即大位，四方反叛，以宽仁待物，诸军帅有父兄子弟同逆者，并授以禁兵，委任不易，故众为之用，莫不尽力。平定天下，逆党多被全，其有才能者，并见授用，有如旧臣。才学之士，多蒙引进，参侍文籍，应对左右。于华林园含芳堂讲周易，常自临听。末年好鬼神，多忌讳，言语文书，有祸败凶丧及疑似之言应回避者，数百千品，有犯必加罪戮。改"驺"为马边瓜，亦以"驺"字似"祸"字故也。以南苑借张永，云："且给三百年，期讫更启。"其事类皆如此。宣阳门，民间谓之白门，上以白门之名不详，甚讳之。尚书右丞江谧尝误犯，上变色曰："白汝家门！"谧稽颡谢，久之方释。太后停尸漆床先出东宫，上尝幸宫，见之怒甚，免中庶子官，职局以之坐者数十人。内外常虑犯触，人不自保。宫内禁忌尤甚，移床治壁，必先祭土神，使文士为文词祝策，如大祭飨。泰始、泰豫之际，更忍虐好杀，左右失旨忤意，往往有斫刳断截者。时经略淮、泗，军旅不息，慌弊积久，府藏空竭。内外百官，并日料禄俸；而上奢费过度，务为雕侈。每所造制，必为正御三十副，御次、副又各三十，须一物辄造九十枚，天下骚然，民不堪命。其余事迹，列见众篇。亲近谗慝，剪落皇枝，宋氏之业，自此衰矣。

关于后废帝刘昱，《宋书》卷9《后废帝纪》云：

（元徽五年）七月戊子夜，帝殒于仁寿殿，时年十五。己丑，皇太后令曰：

"卫将军、领军、中书监、八座：昱以冢嫡，嗣登皇统，庶其体识日弘，社稷有寄。岂意穷凶极悖，自幼而长，善无细而不违，恶有大而必蹈。前后训诱，常加隐蔽，险戾难移，日月滋甚。弃冠毁冕，长袭戎衣，犬马是狎，鹰隼是爱，皂历轩殿之中，鞲绁宸扆之侧。至乃单骑远郊，独宿深野，手挥矛铤，躬行刽斫，白刃为弄器，斩害为恒务。舍交戟之卫，委天毕之仪，趋步阛阓，酣歌垆肆，宵游忘反，宴寝营舍，夺人子女，掠人财物，方策所不书，振古所未闻。沈勃儒士，孙超功臣，幼文兄弟，并豫勋效，四人无罪，一朝同戮。飞镞鼓剑，孩稚无遗，屠裂肝肠，以为戏谑，投骸江流，以为欢笑。又淫费无度，帑藏空竭，横赋关河，专充别蓄，黔庶嗷嗷，厝生无所。吾与其所生每厉以义方，遂谋鸩毒，将骋凶忿。沈忧假日，虑不终朝。自昔辛、癸，爰及幽、厉，方之于此，未譬万分。民怨既深，神怒已积，七庙阽危，四海褫气……"

又云：

昱渐自放恣，太妃不复能禁。单将左右，弃部伍，或十里、二十里，或入市里，或往营署，日暮乃归。四年春夏，此行弥数。自京城克定，意志转骄，于是无日不出。与左右人解僧智、张五儿恒相驰逐，夜出，开承明门，夕去晨反，晨出暮归。从者并执铤矛，行人男女，及犬马牛驴，值无免者。民间扰惧，昼日不敢开门，道上行人殆绝。常著小袴褶，未尝服衣冠。或有忤意，辄加以虐刑。有白棓数十枚，各有名号，针椎凿锯之徒，不离左右。尝以铁椎椎人阴破，左右人见之有敛眉者，昱大怒，令此人袒胛正立，以矛刺胛洞过。于耀灵殿上养驴数十头，所自乘马，养于御床侧。先是民间讹言，谓太宗不男，陈太妃本李道儿妾，道路之言，或云道儿子也。昱每出入去来，常自称刘统，或自号李将军。与右卫翼辇营女子私通，每从之游，持数千钱，供酒肉之费。阮佃夫腹心人张羊为佃夫所委信。佃夫败，叛走，后捕得，昱自于承明门以车轹杀之。杜延载、沈勃、杜幼文、孙超，皆躬运矛铤，手自脔割。执幼文兄叔文于玄武湖北，昱驰马执矟，自往刺之。制露车一乘，其上施篷，乘以出入，从者不过数十人。羽仪追之恒不及，又各虑祸，亦不敢追寻，唯整部伍，别在一处瞻望而已。凡诸鄙事，过目则能，锻炼金银，裁衣作帽，莫不精绝。未尝吹篪，执管便韵。天性好杀，以此为欢，一日无事，辄惨惨不乐。内外百司，人不自保，殿省忧遑，夕不及旦。

由于统治集团的内乱，许多宗室被屠戮。
《魏书》卷97《岛夷刘裕传》载：

遥望建康城，小江逆流萦。前见子杀父，后见弟杀兄。

又清赵翼《廿二史札记》卷11"宋子孙屠戮之惨条"云：

> 宋武九子，四十余孙，六七十曾孙，死于非命者十之七八，且无一有后于世者。

统治阶级内部的互相残杀及其奢侈消耗，加重了人民负担，社会动荡不安，各地人民纷纷起义。早在元嘉九年（432），益州便发生了赵广的起义。泰始五年（469），临海人田流又发动起义。

《南齐书》卷29《周山图传》云：

> （泰始）五年，以山图为龙骧将军、历阳令，领兵守城。
> 初，临海亡命田流，自号"东海王"，逃窜会稽鄞县边海山谷中，立屯营，分布要害，官军不能讨。明帝遣直后闻人袭说降之，授流龙骧将军，流受命，将党与出，行达海盐，放兵大掠而反。是冬，杀鄞令耿猷，东境大震。
> 六年，敕山图将兵东屯浃口，广设购募。流为其副暨齧所杀，别帅杜连、梅洛生各拥众自守。至明年，山图分兵掩讨，皆平之。

这些起义，反映了刘宋统治危机的加深，在统治集团力量削弱的情况下，大权落入禁卫军的萧道成手中，萧道成杀刘昱立刘准为帝（顺帝），旋废刘准自立为帝，是为齐高祖，改国号为齐，仍都建康，史称南齐。

《魏书》卷98《岛夷萧道成传》云：

> 岛夷萧道成，字绍伯，晋陵武进楚也。僭晋时，以武进之东城为兰陵郡县，遂为兰陵人。父承之，常随宗人萧思话征伐，久乃得为其横野司马，以军功仕刘义隆，位至右军将军。
> 道成少好武事，初从散冗，每充征役，前后为讨蛮小帅，以堪勤剧见知。思话之镇襄阳，启之自随，任以统成。稍迁左军中兵参军……刘骏时间关伪职，至建业令。骏死，子业以为后军将军、直阁。
> 子业死，刘彧除右军将军。时子业江州刺史、晋安王子勋，会稽

太守、寻阳王子房等并举兵。或加道成辅国将军东讨,平定诸县……时徐州刺史薛安都遣从子索儿率锐众渡淮,征道成拒焉。以功封西阳县开国侯,食邑六百户。子勋遣临川内史张淹自东峤入,规欲扰动三吴,刘彧遣道成率三千人统军主沈思仁拒淹,淹便奔走。张永、沈攸之大败于彭城,刘彧以道成为冠军将军督诸军事,假节,戍淮阴。

彧死,子昱以道成为右卫将军,领卫尉,加兵五百人,与尚书令袁粲、护军褚渊、领军刘勔参掌朝事。寻解卫尉,加侍中,戍石头城。刘休范举兵,以讨王道隆等为名,治严数日,便率大众席卷而下。道成等率众拒战。事平,以道成为散骑常侍、中领军、都督南兖、兖、徐、青、冀五州、镇军将军、南兖州刺史,持节,侯如故。后进爵为公,增邑二千户。

刘昱凶虐日甚,道成与直閤王敬则、昱左右杨玉夫同谋杀昱,迎弟准立之,改年为升明……荆州刺史沈攸之举兵讨道成,道成率众入镇朝堂。司徒袁粲先镇石头,据城与尚书令刘秉、前湘州刺史王蕴谋讨道成,密信要攸之速下,将为内应。不克,粲与子最俱死,秉父子逾城走于领檐湖,王蕴走向斗场,并见擒。攸之至于夏口,败走,与第三子中书郎太和单骑南奔华容县,俱自缢死。道成又为太尉……进位相国,总百揆,封十郡为齐公……又增封十郡,进公为王。寻僭大号,封其主刘准为汝阴王。

二 南齐的兴亡

南齐前期,由于萧道成父子推行了一些比较积极的措施,从而使政局比较稳定。然而,萧齐政权自始就处于复杂的社会矛盾中,尤其是在后期,皇族内部倾轧对比刘宋有过之而无不及,统治基础极其薄弱,加上却籍与反却籍的斗争,使齐王朝的统治更为削弱,所以只存在了23年,便寿终正寝了。

(一) 齐前期政治清明,民困稍解

萧道成早在辅佐刘宋时,就一再提倡俭约,为此,他作了17条规定。《南齐书》卷1《高帝纪上》载:

> 大明泰始以来,相承奢侈,百姓成俗。太祖辅政,罢御府,省二尚方诸饰玩。至是又上表禁民间华伪杂物:不得以金银为箔,马乘具

不得金银度，不得织成绣裙，道路不得著锦履，不得用红色为幡盖衣服，不得翦采帛为杂花，不得以绫作杂服饰，不得作鹿行锦及局脚柽柏床、牙箱笼杂物、采帛作屏鄣、锦缘荐席，不得私作器仗，不得以七宝饰乐器又诸杂漆物，不得以金银为花兽，不得辄铸金铜为像。皆须墨敕，凡十七条。其中宫及诸王服用，虽依旧例，亦请详衷。

萧道成即帝位后，继续倡导节俭，并身体力行，又禁止诸王封占山泽，减免百姓赋税徭役负担，从而使齐初的政局比较稳定。

《南齐书》卷2《高帝纪下》云：

> 建元元年夏四月甲午，上即皇帝位于南郊……礼毕，大驾还宫，临太极前殿。诏曰："……猥以寡德，光宅四海，篡革代之踪，诧王公之上，若涉渊水，罔知所济。宝祚初启，洪庆惟新，思俾利泽，宣被亿兆，可大赦天下。改升明三年为建元元年。赐民爵二级，文武进位二等，鳏寡孤独不能自存者谷人五斛。逋租宿债勿复收。有犯乡论清议，赃污淫盗，一皆荡涤，洗除先注，与之更始。长徒敕系之囚，特皆原遣。亡官失爵，禁锢夺劳，一依旧典。"……
>
> （建元四年春正月）癸亥，诏曰："比岁申威西北，义勇争先，殒气寇场，命尽王事。战亡蠲复，虽有恒典，主者遵用，每伤简薄。建元以来战亡，赏蠲租布二十年，杂役十年。其不得收尸，主军保押，亦同此例。"
>
> 二月乙未，以冠军将军桓康为青、冀二州刺史。上不豫，庚（辰）〔戌〕，诏原京师囚系有差，元年以前逋责皆原除。
>
> 三月庚申，召司徒褚渊、左仆射王俭诏曰："吾本布衣素族，念不到此，因藉时来，遂隆大业。风道沾被，升平可期。遘疾弥留，至于大渐。公等奉太子如事吾，柔远能迩，缉和内外，当令太子敦穆亲戚，委任贤才，崇尚节俭，弘宣简惠，则天下之理尽矣。死生有命，夫复何言！"壬戌，上崩于临光殿，年五十六……
>
> 上少沉深有大量，宽严清俭，喜怒无色。博涉经史，善属文，工草隶书，弈棋第二品。虽经纶夷险，不废素业。从谏察谋，以威重得众。即位后，身不御精细之物，敕中书舍人桓景真曰："主衣中似有玉介导，此制始自大明末，后泰始尤增其丽。留此置主衣，政是兴长

疾源，可即时打碎。凡复有可异物，皆宜随例也。"后宫器物栏槛以铜为饰者，皆改用铁，内殿施黄纱帐，宫人著紫皮履，华盖除金花爪，用铁回钉。每曰："使我治天下十年，当使黄金与土同价。"欲以身率天下，移变风俗。

建元四年（482）三月，萧道成病死，皇太子萧赜继位，是为齐武帝。萧赜曾与其父一同创建南齐，颇知民间疾苦，故即位后，能像其父一样采取一些积极的措施。

《南齐书》卷3《武帝纪》载：

世祖武皇帝讳赜，字宣远，太祖长子也……建元四年三月壬戌，太祖崩，上即位，大赦。征镇州郡令长军屯营部，各行丧三日，不得擅离任，都邑城守防备幢队，一不得还。乙丑，称先帝遗诏，以司徒褚渊录尚书事，尚书左仆射王俭为尚书令，车骑将军张敬儿为开府仪同三司。诏曰："丧礼虽有定制，先旨每存简约，内官可三日一还临，外官间一日还临。后有大丧皆如之。"丁卯，以右卫将军吕安国为司州刺史。庚午，以司空豫章王嶷为太尉。癸酉，诏曰："城直之制，历代宜同，顷岁逋弛，遂以万计。虽在宪宜惩，而原心可亮。积年逋城，可悉原荡。自兹以后，申明旧科，有违纠裁。"庚辰，诏曰："比岁未稔，贫穷不少，京师二岸，多有其弊。遣中书舍人优量赈恤。"……

五月乙丑，以丹阳尹闻喜公子良为南徐州刺史。甲戌，以新除左卫将军垣崇祖为豫州刺史。癸未，诏曰："顷水雨频降，潮流荐满，二岸居民，多所淹渍。遣中书舍人与两县官长优量赈恤。"……

（永明元年春）三月……丙辰，诏曰："……京师囚系，悉皆原宥。三署军徒，优量降遣。都邑鳏寡尤贫，详加赈恤。"戊寅，诏："四方见囚，罪无轻重，及劫贼余口长徒敕系，悉原赦。逋负督赃，建元四年三月以前，皆特除。"……

（永明）三年春正月……辛卯……大赦。都邑三百里内罪应入重者，降一等，余依赦制。……赈恤二县贫民。又诏曰："《春秋国语》云：'生民之有学教，犹树木之有枝叶。'果行育德，咸必由兹。在昔开运，光宅华夏，方弘典谟，克隆教思，命彼有司，崇建庠塾。甫就经始,仍离屯故,仰瞻徽猷,岁月弥远。今遐迩一体,车轨同文,宜高选学官,广延胄子。"又诏:"守宰亲民之要,刺史案部所先,宜严课农桑,相土揆时,必穷地利。若耕蚕殊众,足厉浮堕者,所在即便列奏。其违方骄矜,佚事妨农,亦以名闻。将明赏罚,以劝勤怠。校核殿最,岁竟考课,以申黜陟。"……

五月乙未,诏曰:"氓俗凋弊,于兹永久,虽年谷时登,而欢乏比室。凡单丁之身及茕独而秩养养孤者,并蠲今年田租。"是月,省总明观。

八月乙未,车架幸中堂听讼……

(四年春……闰月……辛亥)诏曰:"……思俾休和,覃兹黔皂,见刑罪殊死以下,悉原宥。诸逋负在三年以前尤穷弊者,一皆蠲除。孝悌力田,详授爵位,孤老贫穷,赐谷十石。凡欲附农而粮种阙乏者,并加给贷,务在优厚。"癸丑,以始兴内史刘敕为广州刺史。甲寅,以藉田礼毕,车驾幸阅武堂劳酒小会,诏赐王公以下在位者帛有差。戊午,车驾幸宣武堂讲武。诏曰:"今亲阅六师,少长有礼,领驭群帅,可量班赐。"……

(五年秋)九月……丙午,诏曰:"善为国者,使民无伤,而农益劝……凡下贫之家,可蠲三调二年。京师及四方出钱亿万,籴米谷丝绵之属,其和价以优黔首。远邦尝市杂物,非土俗所产者,皆悉停之。必是岁赋攸宜,都邑所乏,可见直和市,勿使逋刻。"……

七年春正月……戊申,诏曰:"雍州频岁戎役,兼水旱为弊,原四年以前逋租。"辛亥,车驾祠南郊,大赦。京邑贫民,普加赈赐。"……

夏四月戊寅,诏曰:"婚礼下达,人伦攸始,周官设媒氏之职,国风兴及时之咏。四爵内陈,义不期侈,三鼎外列,事岂存奢。晚俗浮丽,历兹永久,每思惩革,而民未知禁。乃闻同牢之费,华泰尤甚。膳羞方丈,有过王侯。富者扇其骄风,贫者耻躬不逮。或以供帐未具,动致推迁,年不再来,盛时忽往。宜为节文,颁之士庶。并可拟则公朝,方樏供设,合卺之礼无亏,宁俭之义斯在。如故有违,绳之以法。"……

(八年)夏四月戊辰,诏:"公卿以下各举所知,随才授职。进得其人,受登贤之赏;荐非其才,获滥举之罚。"

（十一年夏）六月壬午，诏"霖雨既过，遣中书舍人、二县官长赈赐京邑居民"。

秋七月丁巳，诏曰："顷风水为灾，二岸居民，多离其患。加以贫病六疾，孤老稚弱，弥足矜念。遣中书舍人履行沾恤。"又诏曰："水旱为灾，实伤农稼。江淮之间，仓廪既虚，遂草窃充斥，互相侵夺，依阻山湖，成此逋逃。曲赦南兖、兖、豫、司、徐五州，南豫州之历阳、谯、临江、庐江四郡，三调众逋宿债，并同原除……"

上刚毅有断，为治总大体，以富国为先。颇不喜游宴、雕绮之事，言常恨之，未能顿遣。临崩又诏："凡诸游费，宜从休息。自今远近荐献，务存节俭，不得出界营求，相高奢丽。金粟缯纩，弊民已多，珠玉玩好，伤工尤重，严加禁绝，不得有违准绳。"

对于萧道成父子的政绩，《南齐书》卷53《良政传序》如是说：

太祖承宋氏奢纵，风移百城，辅立幼主，思振民瘼。为政未期，擢山阴令傅琰为益州刺史。乃捐华反朴，恭己南面，导民以躬，意存勿扰。以山阴大邑，狱讼繁滋，建元三年，别置狱丞，与建康为比。永明继运，垂心治术，杖威善断，犹多漏网，长吏犯法，封刃行诛。郡县居职，以三周为小满。水旱之灾，辄加赈恤。明帝自在布衣，晓达吏事，君临亿兆，专务刀笔，未尝枉法申恩，守宰以之肃震。

永明之世，十许年中，百姓无鸡鸣犬吠之警，都邑之盛，士女富逸，歌声舞节，袨服华妆，桃花绿水之间，秋月春风之下，盖以百数。

这里当然有溢美之处，因为唐寓之的起义，就发生在永明四年（486）。

《南齐书》卷44《沈文季传》载：

是时连年检籍，百姓怨望。富阳人唐寓之侨居桐庐，父祖相传图墓为业。寓之自云其家墓有王气，山中得金印，转相诳惑。（永明）三年冬，寓之聚党四百人，于新城水断商旅，党与分布近县。新城令陆赤奋、桐庐令王天愍弃县走。寓之向富阳，抄略人民，县令何洵告鱼浦子逻主从系公，发鱼浦村男丁防县。永兴遣西陵戍主夏侯昙羡率将吏及戍左右埭界人起兵赴救。寓之遂陷富阳。会稽郡丞张思祖遣台使孔矜、王万岁、张磾等配以器杖、将吏、白丁，防卫永兴等十属。(沈)文季亦遣器仗、将吏救援钱塘。寓之至钱塘，钱塘令刘彪、戍主聂僧贵遣队主张玕于小山拒之，力不敌，战败。寓之进抑浦登岸，焚郭邑，彪弃县走。文季又发吴、嘉兴、海盐、盐官民丁救之。贼分兵出诸县，盐官令萧元蔚、诸暨令陵琚之并逃走，余杭令乐琰战败乃奔。是春，寓之于钱塘僭号，置太子，以新城戍为天子宫，县廨为太子宫。弟绍之为扬州刺史。钱塘富人柯隆为尚书仆射、中书舍人，领太官令。献铤数千口为寓之作仗，加领尚方令。分遣其党高道度徐寇东阳，东阳太守萧崇之、长山令刘国重拒战见害……贼遂据郡。又遣伪会稽太守孙泓取山阴，时会稽太守王敬则朝正，故寓之谓乘虚可袭。泓至浦阳江，郡丞张思祖遣浃口戍主汤休武拒战，大破之。上在乐游苑，闻寓之贼，谓豫章王嶷曰：“宋明初，九州同反，鼠辈但作，看萧公雷汝头。”遣禁兵数千人，马数百匹东讨。贼众乌合，畏马。官军至钱塘，一战便散，禽斩寓之，进兵平诸郡县。台军乘胜，百姓颇被抄夺。

不过，此外没有其他大的变乱。故南齐高、武之世，总的来说还算安定。

(二) 齐后期内乱不已，政治败坏

武帝萧赜在位11年，于永明十一年（493）病死，皇太孙萧昭业嗣位。从此，南齐政局江河日下。郁林王昭业生长后宫，既无政治经验，又无治国能力，却荒淫无道。

清赵翼《廿二史札记》卷11"宋齐多荒主"条云：

> 齐废帝郁林王，武帝之孙，文惠太子之子也。文惠早薨，武帝立为皇太孙。性辨慧，阴怀鄙慝。与左右无赖二十余人共衣食卧起，妃何氏，择其中美者，皆与交欢。密就富人求钱，无敢不与。凡诸小人，皆预加爵位，许以南面之日，即便施行。师史仁祖，侍书胡天翼，惧祸皆自杀。文惠太子每节其用度，帝谓豫章王妃曰："阿婆，佛法言有福生帝王家，今反是大罪，不如市边屠沽。"文惠疾及薨，

帝侍疾居丧，哀容号毁，见者皆呜咽，才还内室，即欢笑饮食，备极甘滋。葬毕，立为皇太孙。武帝往东宫，帝迎拜，号恸欲绝。武帝自下舆抱持之，以为必能负荷也。帝令女巫杨氏祷祠，速求天位。文惠之薨，谓由杨氏之力，又令祷祈武帝晏驾。武帝疾甚，帝与妃何氏书纸，中央作大喜字，而作三十六小喜字绕之。武帝临崩，谓曰："五年中一委宰相，五年以后勿复委人。"执帝手曰："阿奴若忆翁，当好作！"如此者再。大敛始毕，即呼武帝诸伎奏乐。又好狗马，即位未旬日，即毁武帝招婉殿作马坊。驰骑而坠，面额并伤，称疾不出者数日。多聚名鹰快犬，饲以梁肉。武帝梓宫下渚，帝于端门内奉辞，便称疾还内，奏胡伎，鞞铎之声，响震内外。王敬则问萧坦之曰："不太忽忽邪？"坦之曰："此是内人哭响彻耳。"山陵之后，微服游市里，多往文帝陵隧中，与群小作诸鄙亵，掷涂赌跳，放鹰走狗。极意赏赐，动至数十万。每见钱曰："我昔思汝一个不得，今日得用汝未。"武帝聚钱，上库五亿万，齐库三亿万，金银布帛不可胜计，未期年，用已过半。以诸宝器相击剖碎，以为笑乐。好斗鸡，买鸡价至数千。徐龙驹为后宫舍人，日夜在宫内。帝与文帝幸姬霍氏私通，改姓徐氏，龙驹劝长留宫中，声云度霍氏为尼，以余人代之。皇后亦淫乱，斋阁通夜洞开，内外无别。西昌侯鸾（即明帝）使萧谌等诛幸臣曹道刚、朱隆之等，率兵自尚书省入，王晏、徐孝嗣等继进。帝在寿昌殿，方裸身与霍氏相对。谌兵入宫，帝走向徐姬房内，拔剑自刺不入，以帛缠头颈，舆接出西弄，遇弑。

郁林王被弑后，西昌侯萧鸾（高帝侄）于隆昌元年（494）七月另立昭业弟昭文为帝，至十月，又废昭文为海陵王，自立为帝，是为明帝。明帝在位期间，大行诛戮，高帝、武帝的子孙，被杀戮无余。

清赵翼《廿二史札记》卷12"齐明帝杀高武子孙"条云：

宋子孙多不得其死，犹是文帝、孝武、废帝、明帝数君之所为，至齐高、武子孙，则皆明帝一人所杀，其惨毒自古所未有也。明帝本高帝兄子，早孤，高帝抚之，恩过诸子。历高、武二朝，爵通侯，官仆射，至郁林王时辅政，因郁林无道，弑之而立海陵，不数月，又废弑之而夺其位。自以得不以正，亲子皆幼小，而高、武子孙日渐长大,遂尽灭之无遗种。今按高帝十九子,长武帝,次豫章王嶷、临川王映、长沙王晃、武陵王晔、安成王暠、始兴王鉴,皆卒于明帝前,故未被害;又早殇者四人,其余鄱阳王锵、桂阳王铄、江夏王锋、南平王锐、宜都王铿、晋熙王銶、河东王铉、衡阳王钧,皆明帝所杀也。武帝二十三子,长文惠太子,早薨;次竟陵王子良,善终;鱼复侯子响,武帝时以擅杀长史,拒台兵,见杀;又早殇者四人;其余庐陵王子卿、安陆王子敬、晋王子懋、随郡王子隆、建安王子真、西阳王子明、南海王子罕、巴陵王子伦、邵陵王子贞、临贺王子岳、西阳王子文、衡阳王子峻、南康王子琳、湘东王子建、衡阳王子珉、南郡王子夏;皆明帝所杀也。文惠太子子郁林王昭业、海陵王昭文,既为明帝所弑,巴陵王昭秀、桂阳王昭粲,亦明帝杀之,甚至竟陵王子良之子昭胄、昭颖,亦明帝所杀。统计高帝后,惟豫章王嶷有子子廉、子恪、子操、子范、子显、子云等有后于梁,其余诸子,及武帝、文惠诸子孙,大半皆被明帝之祸,且俱无后。按齐高尝戒武帝曰:"宋氏若不骨肉相残,他族岂得乘其衰敝。"故终武帝世,诸兄弟尚得保全。然齐高但知宋之自相屠戮,而不知己之杀刘氏子孙之惨。当巴陵王子伦被害时,谓茹法亮曰:"先朝杀灭刘氏,今日之事,理数固然。"是天理即人心,杀人子孙者,人亦杀其子孙。金翅下殿,搏食小龙无数。(《子夏传》。明帝名鸾,即金翅鸟也。)斯固齐高之取也,然齐明之忍心害理,亦已至矣。〔延兴〕、建武中凡三诛诸王。每一行事,帝辄先烧香火,鸣咽流涕,人以知其夜当有杀戮(《子岳传》)。每杀诸王皆以夜,遣兵围宅,或斧砍关,排墙而入(《锵传》)。当时高、武子孙,朝不保夕,每朝见,鞠躬俯偻,不敢正行直视(《铉传》)。桂阳王铄见帝后,出谓人曰:"吾前日见上流涕鸣咽,而鄱阳、随郡诛。今日又流涕而有愧色,其在吾耶?"是夕果见杀(《铄传》)。宜都王铿咏陆机吊魏武云,"昔以四海为己任,死则以爱子诧人",左右皆泣,未几赐死(《铿传》)。王敬则起兵向阙,以奉南康王子恪为名,子恪逃走,不知所在。明帝欲尽杀高、武子孙,乃悉召入尚书省,敕人各两左右自随,孩抱者乳母随入。其夜太医煮药,都水办棺材数十具,须三更悉杀之。会子恪自吴奔归,二更刺启入。时刻已至而帝眠未醒,沈徽孚、单景俊少留其事。及帝觉,乃白子恪已至,帝惊曰:"未尽诸王命耶?"景俊具以事答,明日悉遣诸王侯还第。(《昭胄传》) 盖天良难昧，帝亦动于心之所不安也，然其后又卒皆诛死。然则齐明之残忍惨毒，无复人理，真禽兽之不若矣。卒之高、武子孙既尽，而己之子东昏侯宝卷、和帝宝融，皆被废杀之祸。江夏王宝玄先为东昏所杀，鄱阳王宝寅逃入魏，后亦谋反诛，邵陵王宝攸、晋熙王宝嵩、桂阳王宝贞，皆中兴元二年赐死，惟广陵王宝源以先卒未被祸，巴陵王宝义以废疾得善终，余皆早夭。是明帝之子亦无一得免祸者。始安王遥光，明帝亲兄子，明帝谋害诸王，皆遥光赞成之，后遥光亦以反诛。真所谓天理昭彰，报施不爽，凡杀人以利己者，可以观于此矣。

明帝末年，会稽太守王敬则因属高、武朝旧臣而受猜忌，举兵反，百姓响应者达十多万人，王敬则兵败被杀。同时，北魏孝文帝迁都洛阳，举兵南向，南齐的南阳、新野以及北襄城、西汝南、北义阳五郡，皆为北魏攻占。至永元年间，南齐又失淮南。此时的萧齐政局，可谓内外交困。

永泰元年（498），明帝死，临死向皇太子萧宝卷传授经验，要他遇事不甘人后。萧宝卷即位后，承父遗训，大加杀戮，又耽于女色，是一个十分荒淫残暴的封建皇帝。

清赵翼《廿二史札记》卷12"宋齐多荒主"条云：

> 齐废帝东昏侯宝卷，明帝第二子也。以母后故，立为皇太子。在东宫好弄，不喜书学。尝夜捕鼠，达旦以为乐。明帝临崩，嘱以后事曰："作事不可在人后。"故委任群小，诛杀大臣。性讷涩少言，不与朝士接。恶明帝灵在太极殿，欲速葬，徐孝嗣力争，得逾月。每当哭，辄云喉痛。羊阐入临，无发，号恸俯仰，帻遂落地，帝大笑曰："此秃秋啼来乎。"自江祏等诛后，无所忌惮，日夜戏马，击鼓吹角，左右数百人叫，杂以羌胡横吹诸伎。尝以五鼓就卧，至晡乃起。王侯朝见，至晡乃得前，或际暗遣出。台阁奏案不知所在，阍竖以纸包裹鱼肉还家，并是五省黄案也。元旦朝会，食后方出，礼才毕，便还西序寝，百僚陪位者，自巳至申，皆僵仆。拜潘妃为贵妃，乘卧舆，帝骑马从后，著织成袴褶，金薄帽，七宝稍，金银校具等，各有名字。戎服急装，不避寒暑，陵冒雨雪，驰骋阬阱，渴辄下马，取腰边蠡器，酌水饮之。乘具惧为雨湿，织杂采珠为覆。好为担幢，初学时幢

每倾倒，其后白虎幢七丈五尺，龀上担之，折齿不倦。黄门五六十人为骑客，又选无赖善走者为逐马。置射雉场二百九十六处，翳中帷幛皆红绿锦为之，金银镂弩牙，瑇瑁帖箭。每出，与鹰犬队主徐令孙媒翳队主俞灵韵齐马而走，又不欲人见之，驱逐百姓，惟置空宅。一月率二十余出，既往无定处，尉司常虑得罪，东行驱西，南行驱北，应旦出夜便驱逐，打鼓路围，鼓声所闻，便应走避，避不及者，应手格杀。从万春门东至郊外数十里，皆悬幔为高幛，处处禁断。疾病者悉扛移，无人扛者扶匐道侧，吏司又捶打，绝命者相继。有弃病人于青溪边者，吏惧帝见，推置水中，须臾便死。魏兴太守王敬宾新死未敛，家被驱不得留视，及还，两眼已为鼠食尽。有一妇人当产不能去，帝即剖其腹看男女。长秋卿王儇病笃，不得留家，乃死于路边。丹阳尹王志被驱，狼狈步走，藏酒炉边，至夜半方得归。蒋山定林寺一僧，病不能去，立杀之。左右韩晖光曰："老道人可念。"帝曰："汝见獐鹿亦不射耶。"璇仪等殿及华林、秘阁三千余间，尽被火烧，有左右赵鬼者，能诵《西京赋》，云"柏梁既灾，建章是营"，于是大起芳乐、芳德等殿。又为潘妃起神仙、永寿、玉寿三殿，皆饰以金璧。庄严寺有玉九子铃，外国寺佛面有光相，禅灵寺塔有诸宝珥，皆剔取以为殿饰。又凿金为莲花，使潘妃行其上，曰步步生莲花也。潘氏服御极选，库物不周，贵市人间金宝，价皆数倍，琥珀钏一只直百七十万。又订出雄雉头鹤氅、白鹭缞，百品千条，无复穷已。亲幸小人因缘为奸，科一输十，百姓困穷，号泣满路。凡诸市买，遇便掠夺，商旅无诉。又以阅武堂为芳乐苑，当暑种树，朝种夕死。征求人家，望树便取，毁墙撤屋出之，合抱者亦皆移植，取玩俄顷，烈日中至便焦枯，死而又种，无复已极。诸楼壁上，画男女私亵之状。明帝时所聚金宝，悉泥而用之，犹不足，令富户买金，限以贱价，又不还直。潘妃威行远近，父宝庆挟势逞毒，富人悉诬以罪而没入之。潘妃生女，百日而亡，帝为制衰绖，群小来吊，帝蔬膳积旬，不听音伎，阉人王宝孙等共治肴羞，为天子解菜。又于苑中立店肆，帝与宫人等共为裨贩，以潘妃为市令，自为市吏录事。帝小有失，妃亦予杖，乃敕虎贲不得进大荆，虽畏潘氏，而私与诸姊妹淫通。又开渠立埭，躬自引船，埭上设店，坐而屠肉。于时百姓歌云："阅武堂，种杨柳，至尊屠肉，潘妃沽酒。"朱光尚诧鬼道谓帝曰："向见先帝瞋怒。"帝乃缚菰为明帝形，北向斩之，悬首苑门。会魏师来伐，令扬、南徐二州人，三丁取两，远郡悉令上米，一人准五十斛，输米既毕，就役如故。

刘宋与南齐两朝，皇帝之所以能够轻易地诛杀诸王宗室，与典签权重关系至密。典签这一官职刘宋始置，齐时典签权势尤重，故明帝萧鸾杀诸王时，都用典签来执行。典签成为皇帝监视王侯方镇的耳目和屠杀诸王的有效工具。

永元三年（501）十二月，雍州刺史萧衍率兵攻入建康，城中禁卫军倒戈，杀萧宝卷，宝卷被追贬为东昏侯。次年4月，萧衍又以梁王的身份取代被他拥立不久的齐和帝萧宝融，建立梁朝，为梁武帝，仍以建康为京城。

《魏书》卷98《岛夷萧衍传》云：

岛夷萧衍，字叔达，亦晋陵武进楚也……萧鸾末，出为辅国将军、雍州刺史。鸾死，子宝卷立，杀衍兄懿，遣巴西、梓潼二郡太守刘山阳西上，声云之郡，实令袭衍。山阳至荆州，为萧颖胄所杀。景明二年，衍乃与颖胄推宝卷弟荆州刺史宝融为主，号年中兴，举兵伐宝卷。其年十二月，克建业，杀宝卷及其妻子。衍为大司马、录尚书事、扬州刺史、建安郡公，邑万户。三年，又自为相国、扬州牧，封十郡为梁王。衍寻僭立，自称曰梁，号年天监。

三　萧梁的统治和侯景之乱

在梁武帝萧衍统治的前期，政治上曾推行若干改革和措施，也曾产生一些积极作用。但梁武帝晚年时，舍身佞佛，却起到了很大的消极作用。而招引东魏叛将侯景，则为梁武帝最严重的失策，它直接导致了梁朝的覆亡。

《梁书》卷3《武帝纪下》"传论"载：

高祖英武睿哲……治定功成，远安迩肃……三四十年，斯为盛矣。自魏、晋以降，未或有焉。及乎耄年，委事群幸……挟朋树党，政以贿成……涂炭黎元，黍离宫室。

(一) 萧衍的统治

梁武帝萧衍自天监元年（502）至太清三年（549），称帝凡48年，是南朝在位最久的皇帝。在他统治的前期，还是有成绩的，但到晚年时，政治趋于黑暗，他创立了梁朝，又为梁朝种下覆亡的恶果，他是一个充满矛盾的人物。

萧梁前期，萧衍在政治方面曾采取过一些积极的措施。

首先，注意调整统治阶级内部矛盾。梁武帝即位之初，一反宋、齐建国之后大杀前朝宗室人物的做法，笼络齐高帝萧道成嫡系子孙，道成孙萧子恪、萧子显兄弟16人并出仕梁朝。

清赵翼《廿二史札记》卷12"梁武存齐宝子孙"条云：

> 宋之于晋，齐之于宋，每当革易，辄取前代子孙尽殄之。梁武父顺之在齐时，以缢杀鱼复侯子响事，为孝武所恶，不得志而死。故梁武赞齐明帝除孝武子孙，以复私仇，然亦本明帝意，非梁武能主之也。后其兄懿又为明帝子东昏侯所杀，故革易时，亦尽诛明帝子以复之，所谓自雪门耻也。至于齐高子孙犹有存者，（高、武子孙已为明帝杀尽，惟豫章王一支尚留。）则皆保全而录用之。如萧子恪仕至吴郡太守，子范秘书监，子显侍中、吏部尚书，子云国子祭酒，子晖中骑长史。梁武尝谓子恪等曰："我初平建康，人皆劝我云，时代革易，宜有处分，我依此而行，有何不可。正以江左以来，代谢必行诛戮，有伤和气，所以运祚不长。昔曹志是魏武帝孙陈思王之子，事晋武帝，能为忠臣。此即卿事例，卿等无复自外之意，日久当知我心耳。"姚察论曰：魏、晋革易，皆抑前代宗支，以绝民望，然刘晔、曹志犹显于新朝。及宋遂令司马氏为废姓，齐之代宋，戚属皆歼，其祚不长，抑亦由此。梁受命而子恪兄弟及群从并随才受任，通贵满朝，君子以是知高祖之量度越前代矣。

其次，宽租省调，缓政减刑。

《梁书》卷2《武帝纪中》云：

> 天监元年夏四月丙寅，高祖即皇帝位于南郊。设坛柴燎……礼

毕，备法驾即建康宫，监太极前殿。诏曰："……洪基初兆，万品权舆，思俾庆泽，覃被率土。可大赦天下。改齐中兴二年为天监元年。赐民爵二级；文武加位二等；鳏寡孤独不能自存者，人谷五斛。逋布、口钱、宿债勿复收。其犯乡论清议，赃污淫盗，一皆荡涤，洗除前注，与之更始。"……

又诏曰："大运肇升，嘉庆惟始，劫贼余口没在台府者，悉可蠲放。诸流徙之家，并听还本。"……

（天监）十七年春正月丁巳朔，诏曰："……凡天下之民，有流移他境，在天监十七年正月一日以前，可开恩半岁，悉听还本，蠲课三年。其流寓过远者，量加程日。若有不乐还者，即使著土籍为民，准旧课输。若流移之后，本乡无复居宅者，村司三老及余亲属，即为诣县，占请村内官地官宅，令相容受，使恋本者还有所托。凡坐为市埭诸职割盗衰减应被封籍者，其田宅车牛，是民生之具，不得悉以没入，皆优量分留，使得自止。其商贾富室，亦不得顿相兼并。遁叛之身，罪无轻重，并许首出，还复民伍。若有拘限，自还本役。并为条格，咸使知闻。"……

同书卷3《武帝纪下》云：

（普通）二年春正月……辛巳，舆驾亲祠南郊。诏曰："春司御气，虔恭报祀，陶匏克诚，苍璧礼备，思随乾覆，布兹亭育。凡民有单老孤稚不能自存，主者郡县咸加收养，赡给衣食，每令周足，以终其身。又于京师置孤独园，孤幼有归，华发不匮。若终年命，厚加料理。尤穷之家，勿收租赋。"……

（大同七年冬）十一月丙子，诏停在所役使女丁。丁丑，诏曰："……凡厥愆耗逋负，起今七年十一月九日昧爽以前，在民间无问多少，言上尚书督所未入者，皆赦除之。"又诏曰："用天之道，分地之利，盖先圣之格训也。凡是田桑废宅没入者，公创之外，悉以分给贫民，皆使量其所能以受田分。如闻顷者，豪家富室，多占取公田，贵价僦税，以与贫民，伤时害政，为蠹已甚。自今公田悉不得假与豪家；已假者特听不追。其若富室纷贫民种粮共营作者，不在禁例。"……

（大同十年春三月）壬寅，诏曰："朕自违桑梓，五十余载，乃眷东顾，靡日不思。今四方款关，海外有截，狱讼稍简。国务小闲，始获展敬园陵，但增感恸。故乡老少，接踵远至，情貌孜孜，若归于父，宜有以慰其此心。并可锡位一阶，并加颁赉。所经县邑，无出今年租赋。监所责民，蠲复二年。并普赉内外从官军主左右钱米各有差。"……

秋九月己丑，诏曰："今兹远近，雨泽调适，其获已及，冀必万箱，宜使百姓因斯安乐。凡天下罪无轻重，已发觉未发觉，讨捕未擒者，皆赦宥之。侵割耗散官物，无问多少，亦悉原除。田者荒废、水旱不作、无当时文列，应追税者，并作田不登公格者，并停。各备台州以文最逮殿，罪悉从原。其有因饥逐食，离乡去土，悉听复业，蠲课五年。"……

十一年春三月庚辰，诏曰："皇王在昔，泽风未远，故端居玄扈，拱默岩廊。自大道既沦，浇波斯逝，动竞日滋，情伪弥作。朕负扆君临，百年将半。宵漏未分，躬劳政事；白日西浮，不遑飧饭。退居犹被布素，含咀匪过藜藿。宁以万乘为贵，四海为富；唯欲亿兆康宁，下民安乂。虽复三思行事，而百虑多失。凡远近分置、内外条流、四方所立屯、传、邸、冶、市埭、桁渡、津税、田园，新旧守宰，游军戍逻，有不便于民者，尚书州郡各速条上，当随言除省，以舒民患。"……

再次，整顿吏治。

《梁书》卷2《武帝纪中》云：

（天监元年夏四月庚午）诏曰："……可分遣内侍，周省四方，观政听谣，访贤举滞。其有田野不辟，狱讼无章，忘公殉私，侵渔是务者，悉随事以闻。若怀宝迷邦，蕴奇待价，蓄响藏真，不求闻达，并依名腾奏，罔或遗隐。使轺轩所届，如朕亲览焉。"……

癸酉，诏曰："商俗甫移，遗风尚炽，下不上达，由来远矣。升中驭索，增其懔然。可于公车府谤木肺石傍各置一函。若肉食莫言，山阿欲有横议，投谤木函。若从我江、汉，功在可策，犀兕徒弊，龙蛇方县；次身才高妙，摈压莫通，怀傅、吕之术，抱屈、贾之叹，其理有曒然，受困包匦；夫大政侵小，豪门陵贱，四民已穷，九重莫达。若欲自申，并可投肺石函。"……

六年春正月辛酉朔，诏曰："径寸之宝，或隐沙泥；以人废言，君子斯戒。朕听朝晏罢，思阐政术，虽百辟卿士，有怀必闻，而蓄响边遐，未臻魏阙。或屈以贫陋，或间以山川，顿足延首，无因奏达。岂所以沉浮靡漏，远迩兼得者乎？四方士民，若有欲陈言刑政，益国利民，沦碍幽远，不能自通者，可各诠条布怀于刺史二千石。有可申采，大小以闻。"己卯，诏曰："夫有天下者，义非为己。凶荒疾疠，兵革水火，有一于此，责归元首。今祝史请祷，继诸不善，以朕身当之，永使灾害不及万姓，俾兹下民稍蒙宁息。不得为朕祈福，以增其过。特班远迩，咸令遵奉。"……

十五年春正月己巳，诏曰："观时设教，王政所先，兼而利之，实惟务本，移风致治，咸由此作。顷因革之令，随事必下，而张弛之要，未臻厥宜，民瘼犹繁，廉平尚寡，所以伫旒纩而载怀，朝玉帛而兴叹。可申下四方，政有不便于民者，所在具条以闻。守宰若清洁可称，或侵渔为蠹，分别奏上，将行黜陟。长吏劝课，躬履堤防，勿有不修，致妨农事。关市之赋，或有未允，外时参量，优减旧格。"

同书卷3《武帝纪下》云：

（大同二年春）三月庚申，诏曰："政在养民，德存被物，上令如风，民应如草。朕以寡德，运属时来，拨乱反正，倏焉三纪。不能使重门不闭，守在海外，疆场多阻，车书未一。民疲转输，士劳边防。彻田为粮，未得顿止。治道不明，政用多僻，百辟无沃心之言，四聪阙飞耳之听，州辍刺举，郡忘共治。致使失理负谤，无由闻达，侮文弄法，因事生奸，肺石空陈，悬钟徒设。书不云乎：'股肱惟人，良臣惟圣。'实赖贤佐，匡其不及。凡厥在朝，各献谠言，政治不便于民者，可悉陈之。若在四远，刺史二千石长吏，并以奏闻。细民有言事者，咸为申达。朕将亲览，以纾其过。文武在位，举尔所知，公侯将相，随才擢用，拾遗补阙，勿有所隐。"

（大同七年冬）十二月壬寅，诏曰："古人云，一物失所，如纳诸隍，未是切言也。朕寒心消志，为日久矣，每当食投箸，方眠彻枕，独坐怀忧，愤慨申旦，非为一人，万姓故耳。州牧多非良才，守宰虎而傅翼，杨阜是故忧愤，贾谊所以流涕。至于民间诛求万端，或供厨帐，或供厩库，或遣使命，或待宾客，皆无自费，取给于民。又复多遣游军，称为遏防，奸盗不止，暴掠繁多，或求供设，或责脚步。又行劫纵，更相枉逼，良人命尽，富室财殚。此为怨酷，非止一事。亦频禁断，犹自未已。外司明加听采，随事举奏。又复公私传、屯、邸、冶，爰至僧尼，当其地界，止应依限守视；乃至广加封固，越界分断水陆采捕及以樵苏，遂致细民措手无所。凡自今有越界禁断者，禁断之身，皆以军法从事。若是公家刱内，止不得辄自立屯，与公竞作以收私利。至百姓樵采以供烟爨者，悉不得禁；及以采捕，亦勿诃问。若不遵承，皆以死罪结正。"

最后，勤于政务，提倡节俭。
《梁书》卷2《武帝纪中》云：

（天监元年夏四月丁卯）诏曰："宋氏以来，并恣淫侈，倾宫之富，遂盈数千。推算五都，愁穷四海，并婴罹冤横，拘逼不一。抚弦命管，良家不被蠲；织室绣房，幽厄犹见役。弊国伤和，莫斯为甚。凡后宫乐府，西解暴室，诸如此例，一皆放遣。若衰老不能自存，官给廪食。"……

又同书卷3《武帝纪下》载其生活作风云：

勤于政务，孜孜无怠。每至冬月，四更竟，即敕把烛看事，执笔触寒，手为皲裂。纠奸擿伏，洞尽物情，常哀矜涕泣，然后可奏。日止一食，膳无鲜腴，惟豆羹粝食而已。庶事繁拥，日傥移中，便嗽口以过。身衣布衣，木绵皂帐，一冠三载，一被二年。常克俭于身，凡皆此类。五十外便断房室。后宫职司贵妃以下，六宫祎褕三翟之外，皆衣不曳地，傍无锦绮。不饮酒，不听音声，非宗庙祭祀、大会飨宴及诸法事，未尝作乐。性方正，虽居小殿暗室，恒理衣冠，小坐押褥，盛夏暑月，未尝裹袒。不正容止，不与人相见，虽亲内竖小臣，亦如遇大宾也。历观古昔帝王人君，恭俭庄敬，艺能博学，罕或有焉。

此外，梁武帝还改革官制，制定刑法，后文将述及。

如果说梁武帝在政治上的若干措施，还多少有些积极作用的话，那么，梁武帝的舍身佞佛，却起了很大的消极作用。梁武帝家世本信奉道教，即帝位后，于天监三年（504），发愿弃道从佛。

《广弘明集》卷4《梁武帝舍道事佛诏》云：

> 耽事老子，历叶相承……今舍旧医，归凭正觉……化度含识，同共成佛，宁可在正法之中，长沦恶道，不乐依老子教，暂得生天。

所以，后来梁武帝大造佛寺，还先后三次到同泰寺舍身，臣下为了将皇帝"赎"回来，前后耗去国库中大量钱财。

《魏书》卷98《岛夷萧衍传》云：

> 初，衍崇信佛道，于建业起同泰寺，又于故宅立光宅寺，于钟山立大爱敬寺，兼营长干二寺，皆穷工极朽，殚竭财力，百姓苦之。

又《南史》卷7《梁本纪中·武帝下》云：

> 初，帝创同泰寺，至是开大通门以对寺之南门，取反语以协同泰。自是晨夕讲义，多由此门……（大通元年）三月辛未，幸寺舍身。甲戌还宫，大赦，改元大通……中大通元年……秋九月……癸巳，幸同泰寺，设四部无遮大会……癸卯，群臣以钱一亿万奉赎皇帝菩萨大舍，僧众默许。乙巳，百辟诣寺东门奉表，请还临宸极，三请乃许。五年……二月癸未，幸同泰寺，设四部大会，升法坐，发《金字般若经》题……大同元年……夏四月……壬戌，幸同泰寺，铸十方银像……太清元年春……三月庚子，幸同泰寺，设无遮大会。上释御服，服法衣，行清净大舍。名曰"羯磨"。以五明殿为房，设素木床、葛帐、土瓦器，乘小舆，私人执役……乙巳，帝升光严殿讲堂，坐师子座，讲《金字三慧经》，舍身。夏四月庚午，群臣以钱一亿万奉赎皇帝菩萨，僧众默许。

帝王如此崇佛，上行下效，佛寺、僧徒越来越多，郭祖深痛陈佛教之害，《南史》卷70《郭祖深传》记其言谓：

> 都下佛寺，五百余所，穷极宏丽，僧尼十余万，资产丰沃。所在郡县，不可胜言。道人又有白徒，尼则皆畜养女，皆不贯人籍，天之户口，几亡其半。而僧尼多非法，养女皆服罗纨，其蠹俗伤法，抑由于此。

在梁武帝的统治之下，梁朝出现了败亡情势，这从《梁书》卷38《贺琛传》贺琛所陈四事可见一斑。其言略云：

> 贺琛字国宝，会稽山阴人也。伯父㻛，步兵校尉，为世硕儒。琛幼，㻛授其经业，一闻便通义理……普通中，刺史临川王辟为祭酒从事史……又征西鄱阳王中录事，兼尚书左丞……迁员外散骑常侍……
>
> 是时，高祖任职者，皆缘饰奸谄，深害时政，琛遂启陈事条封奏曰：卧荷拔擢之恩，曾不能效一职；居献纳之任，又不能荐一言。窃闻"慈父不爱无益之子，明君不畜无益之臣"，臣所以当食废飧，中宵而叹息也。辄言时事，列之于后。非谓谋猷，宁云启沃。独缄胸臆，不语妻子。辞无粉饰，削槁则焚。脱得听览，试加省鉴。如不允合，亮其戆愚。
>
> 其一事曰：今北边稽服，戈甲解息，政是生聚教训之时，而天下户口减落，诚当今之急务。虽是处雕流，而关外弥甚，郡不堪州之控总，县不堪郡之裒削，更相呼扰，莫得治其政术，惟以应赴征敛为事。百姓不能堪命，各事流移，或依于大姓，或聚于屯封，盖不获已而窜亡，非乐之也。国家于关外赋税盖微，乃至年常租课，动致逋积，而民失安居，宁非牧守之过。东境户口空虚，皆由使命繁数。夫犬不夜吠，故民得安居。今大邦大县，舟舸衔命者，非惟十数；复穷幽之乡，极远之邑，亦皆必至。每有一使，属所摇扰；况复烦扰积理，深为民害。驽困邑宰，则拱手听其渔猎；桀黠长吏，又因之而为贪残。纵有廉平，郡犹掣肘。故邑宰怀印，类无考绩，细民弃业，流冗者多，虽年降复业之诏，屡下蠲赋之恩，而终不得反其居也。

其二事曰：……今天下宰守所以皆尚贪残，罕有廉白者，良由风俗侈靡，使之然也。淫奢之弊，其事多端，粗举二条，言其尤者。夫食方丈于前，所甘一味。今之燕喜，相竞夸豪，积果如山岳，列肴同绮绣，露台之产，不周一燕之资，而宾主之间，裁取满腹，未及下堂，已同臭腐。又歌姬舞女，本有品制，二八之锡，良待和戎。今畜妓之夫，无有等秩，虽复庶贱微人，皆盛姬姜，务在贪污，争饰罗绮。故为吏牧民者，竞为剥削，虽致赀巨亿，罢归之日，不支数年，便已消散。盖由宴醑所费，既破数家之产；歌谣之具，必俟千金之资。所费事等丘山，为欢止在俄顷。乃更追恨向所取之少，今所费之多。如复傅翼，增其搏噬，一何悖哉！其余淫侈，著之凡百，习以成俗，日见滋甚，欲使人守廉隅，吏尚清白，安可得邪！今诚宜严为禁制，道之以节俭，贬黜雕饰，纠奏浮华，使众皆知，变其耳目，改其好恶。夫失节之嗟，亦民所自患，正耻不及群，故勉强而为之，苟力所不至，还受其弊矣。今若厘其风而正其失，易于反掌。夫论至治者，必以淳素为先，正雕流之弊，莫有过俭朴者也。

其三事曰：圣躬荷负苍生以为任，弘济四海以为心，不惮胼胝之劳，不辞癯瘦之苦，岂止日昃忘饥，夜分废寝。至于百司，莫不奏事，上息责下之嫌，下无逼上之咎，斯实道迈百王，事超千载。但斗筲之人，藻棁之子，既得伏奏帷扆，便欲诡竞求进，不说国之大体。不知当一官，处一职，贵使理其紊乱，匡其不及，心在明恕，事乃平章。但务吹毛求疵，擘肌分理，运挈瓶之智，徼分外之求，以深刻为能，以绳逐为务，迹虽似于奉公，事更成其威福。犯罪者多，巧避滋甚，旷官废职，长弊增奸，实由于此。今诚愿责其公平之效，黜其谗愚之心，则下安上谧，无徼幸之患矣。

其四事曰：自征伐北境，帑藏空虚。今天下无事，而犹日不暇给者，良有以也。夫国弊则省其事而息其费，事省则养民，费息则财聚，止五年之中，尚于无事，必能使国丰民阜。若积以岁月，斯乃范蠡灭吴之术，管仲霸齐之由。今应内省职掌，各检其所部。凡京师治、署、邸、肆应所为，或十条宜省其五，或三条宜除其一；及国容、戎备，在昔应多，在今宜少。虽于后应多，即事未须，皆悉减省。应四方屯、传、邸、治，或旧有，或无益，或妨民，有所宜除，除之；有所宜减，减之。凡厥兴造，凡厥费财，有非急者，有役民者；又凡厥讨召，凡厥征求，虽关国计，权其事宜，皆须息费休民。不息费，则无以聚财；不休民，则无以聚力。故蓄其财者，所以大用之也；息其民者，所以大役之也。若言小事不足害财，则终年不息矣；以小役不足妨民，则终年不止矣。扰其民而欲求生聚殷阜，不可得矣。耗其财而务赋敛繁兴，则奸诈盗窃弥生，是弊不息而其民不可使也，则难可以语富强而图远大矣。自普通以来，二十余年，刑役荐起，民力凋流。今魏氏和亲，疆场无警，若不及于此时大息四民，使之生聚，减省国费，令府库蓄积，一旦异境有虞，关河可扫，则国弊民疲，安能振其远略？事至方图，知不及矣。

（二）侯景之乱

侯景，出身北魏六镇士兵，后为东魏将领，深得高欢信任。高欢死后，因与高澄不和，降梁，驻扎于寿阳（今安徽寿县）。太清二年（548）八月，侯景举兵反梁，攻破建康，梁武帝饿死于台城。

《南史》卷80《侯景传》载：

> 侯景字万景，魏之怀朔镇人也。少而不羁，为镇功曹史。魏末北方大乱，乃事边将尔朱荣，甚见器重……始魏相高欢微时，与景甚相友好，及欢诛尔朱氏，景以众降，仍为欢用。……及欢疾笃，其世子澄矫书召之。景知伪，惧祸，因用王伟计，乃以太清元年二月遣其行台郎中丁和上表求降。帝召君臣议之，尚书仆射谢举等皆议纳景非便，武帝不从……于是封景河南王、大将军、使持节、董督河南南北诸军事、大行台……是时贞阳侯明遣使还梁，述魏人请追前好，许放之还。武帝览之流涕，乃报明启当别遣行人。帝亦欲息兵，乃与魏和通。景闻之惧，驰启固谏，帝不从。尔后表疏跋扈，言辞不逊。又闻遣伏挺、徐陵使魏，不知所为。
>
> 元贞知景异志，累启还朝。景谓曰："将定江南，何不少忍。"贞益惧，奔还建邺，具以事闻。景又招司州刺史羊鸦仁同逆，鸦仁录送其使。时鄱阳王范镇合肥，及鸦仁俱累启称景有异志。朱异曰："侯景数百叛虏，何能为役。"并抑不奏闻，景所以奸谋益果……
>
> 二年八月，景遂发兵反，于豫州城内集其将帅，登坛歃血。是日地大震。于是以诛中领军朱异、少府卿徐驎、太子左率陆验、制局监

周石珍为辞，以为奸臣乱政，请带甲入朝。先攻马头、木栅，执太守刘神茂，戍主曹璆等。武帝闻之，笑曰："是何能为，吾以折箠笞之。"乃敕：斩景者不问南北人同赏封二千户兼一州刺史；其人主帅欲还北不须州者，赏以绢布二万，以礼发遣。于是诏合州刺史鄱阳王范为南道都督，北徐州刺史封山侯正表为北道都督，司州刺史柳仲礼为西道都督，通直散骑常侍裴之高为东道都督，同讨景，济自历阳。又令侍中、开府仪同三司邵陵王纶持节，董督众军。

……九月，景发寿春，声云游猎，人不觉也。留伪中军大都督王贵显守寿春城，出军伪向合肥，遂袭谯州。助防董绍先降之，执刺史丰城侯泰。武帝闻之，遣太子家令王质率兵三千巡江遏防。景进攻历阳太守庄铁，铁遣弟均夜斫景营，战没。铁母爱其子，劝铁降。景拜其母，铁乃劝景曰："急则应机，缓必致祸。"景乃使铁为导。

是时镇戍相次启闻，朱异尚曰："景必无度江志。"萧正德先遣大船数十艘伪称载荻，实拟济景。景至江将度，虑王质为梗，俄而质被追为丹阳尹，无故自退。景闻未之信，乃密遣觇之，谓使者："质若退，折江东树枝为验。"觇人如言而返。景大喜曰："吾事办矣。"乃自采石济，马数百匹，兵八千人，都下弗之觉。

景出，分袭姑孰，执淮南太守文成侯宁，遂至慈湖……

既而景至朱雀航，遣徐思玉入启，乞带甲入朝，除君侧之恶，请遣了事舍人出相领解，实欲观城中虚实。帝遣中书舍人贺季、主书郭宝亮随思玉往劳之于板桥。景北面受敕，季曰："今者之举，何以为名？"景曰："欲为帝也。"王伟进曰："朱异、徐驎诡黩乱政，欲除奸臣耳。"景既出恶言，留季不遣，宝亮还宫……

萧正德先屯丹阳郡，至是率所部与景合。建康令庾信率兵千余人屯航北，及景至彻航，始除一舶，见贼军皆著铁面，遂弃军走。南塘游军复闭航度景。皇太子以所乘马授王质，配精兵三千，使援庾信。质至领军府与贼遇，未阵便奔。景乘胜至阙下。西丰公大春弃石头城走，景遣其仪同于子悦据之。谢禧亦弃白下城走。

景遣百道攻城，纵火烧大司马、东西华诸门。城中仓卒未有备，乃凿门楼，下水沃火，久之方灭。贼又斫东掖门将入，羊侃凿门扇刺杀数人，贼乃退。又登东宫墙射城内。至夜，简文募人出烧东宫台殿遂尽，所聚图籍数百厨，一皆灰烬……景又烧城西马厩、士林馆、太府寺。明日，景又作木驴数百攻城，城上掷以石，并皆碎破。贼又作尖顶木驴，状似榼，石不能破。乃作雉尾炬，灌以膏蜡，丛下焚之。

贼既不克，士卒死者甚多，乃止攻，筑长围以绝内外。又启求诛朱异、陆验、徐驎、周石珍等。城内亦射赏格出外，有能斩景首，授以景位，并钱一亿万，布绢各万匹，女乐二部。庄铁乃奔历阳，绐言景已枭首。景城守郭骆惧，弃城走寿阳。铁得入城，遂奔寻阳。

十一月，景立萧正德为帝……景自为相国、天柱将军，正德以女妻之。景又攻东府城，设百尺楼车，钩城堞尽落。城陷，景使其仪同卢晖略率数千人持长刀夹城门，悉驱城内文武保身而出，使交兵杀之，死者三千余人。南浦侯推是日遇害。景使正德子见理及晖略守东府城……

景又于城东西各起土山以临城，城内亦作两山以应之，简文以下皆亲畚锸。初，景至便望克定建邺，号令甚明，不犯百姓。既攻不下，人心离沮，又恐援军总集，众必溃散，乃纵兵杀掠，交尸塞路。富室豪家，恣意哀剥，子女妻妾，悉入军营。又募北人先为奴者，并令自拔，赏以不次。朱异家黥奴乃与其侪逾城投贼，景以为仪同，使至阙下以诱城内，乘马披锦袍诟曰："朱异五十年仕宦，方得中领军。我始事侯王，已为仪同。"于是奴僮竞出，尽皆得志。

又《南史》卷7《梁本纪中·武帝下》云：

（太清）三年春……三月，城内以景违盟，设坛告天地神祇。戊午，前司州刺史羊鸦仁等进军东府北，与贼战，大败。时四方征镇入援者三十余万，莫有斗志，自相抄夺而已。丁卯，贼攻陷宫城，纵兵大掠。己巳，贼矫诏遣石城公大款解外援军。庚午，侯景自为都督中外诸军事、大丞相、录尚书事。辛未，援军各退散……夏四月己丑，都下地震……己酉，帝以所求不供，忧愤寝疾。是月，青冀二州刺史明少遐、东徐州刺史湛海珍、北青州刺史王奉伯各举州附东魏。

五月丙辰，帝崩于净居殿，时年八十六。

梁武帝死后，侯景立武帝第三子纲为帝，是为简文帝。太宝二年（551），又废简文帝自立，国号汉。时武帝第七子萧绎镇守江陵，派王僧辩和陈霸先发兵讨侯景，景败死。

《南史》卷80《侯景传》载：

> 初，武帝既崩，景立简文，升重云殿礼佛为盟曰："臣乞自今两无疑贰，臣固不负陛下，陛下亦不得负臣。"及南康王会理之事，景稍猜惧，谓简文欲谋之。王伟因构扇，遂怀逆谋矣。
>
> （太宝）二年正月，景以王克为太宰，宋子仙为太保，元罗为太傅，郭元建为太尉，张化仁为司徒，任约为司空，于庆为太师，纥奚斤为太子太傅，时灵护为太子太保，王伟为尚书左仆射，索超世为右仆射。于大航跨水筑城，名曰捍国。
>
> 四月，景遣宋子仙袭陷郢州刺史方诸。景乘胜西上，号二十万，联旗千里，江左以来，水军之盛未有也……及次巴陵，王僧辩沉船卧鼓，若将已遁。景遂围城。元帝遣平北将军胡僧祐与居士陆法和大破之，禽其将任约，景乃夜遁还都。左右有泣者，景命斩之。王僧辩乃东下，自是众军所至皆捷。先是，景每出师，戒诸将曰："若破城邑，净杀却，使天下知吾威名。"故诸将以杀人为戏笑，百姓虽死不从之。
>
> 是月，景乃废简文，幽于永福省，迎豫章王栋即皇帝位，升太极前殿，大赦，改元为天正元年……
>
> 十一月，景矫萧栋诏，自加九锡，汉国置丞相以下百官，陈备物于庭。忽有鸟似山鹊翔于景册书上，赤足丹觜，都下左右所无。贼徒悉骇，竞射之，不能中。景又矫栋诏，追崇其祖为大将军，父为大丞相，自加冕十有二旒，建天子旌旗，出警入跸，乘金根车，驾六马，备五时副车，置旄头云罕，乐舞八佾，钟虡宫悬之乐，一如旧仪。寻又矫萧栋诏禅位，使伪太宰王克奉玺绂于己。先夕，景宿大庄严寺，即南郊，柴燎于天，升坛受禅，大风拔木，旗盖尽偃，文物并失旧仪。既唱警跸，识者以为名景而言警跸，非久祥也。景闻恶之，改为备跸。人又曰，备于此便毕矣。有司乃奏改云永跸。乃以广柳车载鼓吹，橐驼负牺牲，辇上置垂脚坐焉。景所带剑水精摽无故堕落，手自拾取，甚恶之。将登坛，有兔自前而走，俄失所在。又白虹贯日三重，日青无色。还将登太极殿，丑徒数万同共吹唇唱吼而上。及升御床，床脚自陷。大赦，改元为太始元年。方飨群臣，中会而起，触床

坠地。封萧栋为淮阴王，幽之。改梁律为汉律，改左户尚书为殿中尚书，五兵尚书为七兵尚书，直殿主帅为直寝……

十二月，谢答仁、李庆等军至建德，攻元颢、李占栅，大破之。执颢、占送京口，截其手足徇之，经日乃死。

景二年，谢答仁攻东阳，刘神茂降，以送建康，景为大剉碓，先进其脚，寸寸斩之，至头方止。使众观之以示威。

王僧辩军至芜湖，城主宵遁。侯子鉴率步骑万余人度州，并引水军俱进。僧辩逆击，大破之。景闻之大惧涕下，覆面引衾卧，良久方起，叹曰："咄叱！咄叱！误杀乃公。"

初，景之为丞相，居于西州，将率谋臣，朝必集行列门外，谓之牙门。以次引进，赉以酒食，言笑谈论，善恶必同。及篡，恒坐内不出，旧将稀见面，咸有怨心。至是登烽火楼望西师，看一人以为十人，大惧。僧辩及诸将遂于石头城西步上，连营立栅，至于落星墩。景大恐，遣掘王僧辩父墓，剖棺焚其尸。王僧辩等进营于石头城北，景列阵挑战，僧辩大破之。

景既退败，不敢入宫，敛其散兵屯于阙下……乃以皮囊盛二子挂马鞍，与其仪同田迁、范希荣等百余骑东奔。王伟遂委台城窜逸。侯子鉴等奔广陵。王克开台城门引裴之横入宫，纵兵蹂掠。是夜遗烬烧太极殿及东西堂、延阁、秘署皆尽，羽仪辇辂莫有孑遗。王僧辩命武州刺史杜崱救火，仅而得灭。故武德、五明、重云殿及门下、中书、尚书省得免。

僧辩迎简文梓官升于朝堂，三军缟素，踊于哀次。命侯瑱、裴之横追贼于东，焚伪神主于宣阳门，作神主于太庙，收图书八万卷归江陵……

初，景之围台城，援军三十万，兵士望青袍则气消胆夺。及赤亭之役，胡僧祐以赢卒一千破任约精甲二万，转战而东，前无横阵。既而侯瑱追及，景众未阵，皆举幡乞降，景不能制。乃与腹心人数十单舸走，推堕二子于水，自沪渎入海至胡豆洲。前太子舍人羊鲲杀之，送于王僧辩。

侯景之乱，使繁盛的建康城几成废墟，作为东晋以来江南政权财源之地的吴郡（今江苏苏州）、吴兴（治今浙江吴兴）、会稽（治今浙江绍兴）及广陵（治今江苏扬州）等地也经战火洗劫，一片残破。所以，侯景之乱虽平，梁朝的寿命也接近终结。

《魏书》卷98《岛夷萧衍传》载：

> 景自至建业，纵军士前后虏掠，仓库所有皆扫地尽矣……自景围建业，城中多有肿病，死者相继，无复板木，乃刳柱为棺。自云龙、神虎门外，横尸重沓，血汁漂流，无复行路。及景入城，悉聚尸焚之。烟气张天，臭闻数十里。初，城中男女十余万人，及陷，存者才二三千人，又皆带疾病，盖天亡之也。衍寻为景所饿杀。自衍为景攻围历百余日，衍子荆州刺史、湘东王绎，益州刺史、武陵王纪各拥兵自守，坐看衍之悬危，竟不奔赴。始景渡江至陷城之后，江南之民及衍王侯妃主、世胄子弟为景军人所掠，或自相卖鬻，漂流入国者盖以数十万口，加以饥馑死亡，所在涂地，江左遂为丘墟矣。

又《南史》卷80《侯景传》载：

> 杜崱守台城，都下户口百遗一二，大航南岸极目无烟。老小相扶竞出，才度淮，王琳、杜龛军人掠之，甚于寇贼，号叫闻于石头……金以王师之酷，甚于侯景，君子以是知僧辩之不终。

(三) 梁的灭亡

侯景被杀后，萧绎在江陵称帝，即梁元帝。萧绎杀其兄萧统之第二子萧誉，统之第三子雍州刺史萧詧投降西魏。承圣三年（554），魏军进攻江陵，绎军败被俘，旋被杀。西魏在江陵进行了惨绝人寰的杀掠，造成了南方又一个经济发达地区的大破坏。

《周书》卷15《于谨传》载：

> 初，梁元帝平侯景之后，于江陵嗣位，密与齐氏通使，将谋侵轶。其兄子岳阳王詧时为雍州刺史，以梁元帝杀其兄誉，遂结仇隙。据襄阳来附，仍请王师。乃令谨率众出讨。太祖饯于青泥谷。长孙俭问谨曰："为萧绎之计，将欲如何？"谨曰："耀兵汉、沔，席卷渡江，直据丹阳，是其上策；移郭内居民，退保子城，峻其陴堞，以待

援至，是其中策；若难于移动，据守罗郭，是其下策。"俭曰："揣绎定出何策？"谨曰："必用下策。"俭曰："彼弃上而用下，何也？"对曰："萧氏保据江南，绵历数纪。属中原多故，未遑外略。又以我有齐氏之患，必谓力不能分。且绎愞而无谋，多疑少断。愚民难与虑始，皆恋邑居，既恶迁移，当保罗郭。所以用下策也。"谨乃令中山公（宇文）护及大将军杨忠等，率精骑先据江津，断其走路。梁人竖木栅于外城，广轮六十里。寻而谨至，悉众围之。梁主屡遣兵于城南出战，辄为谨所破。旬有六日，外城遂陷。梁主退保子城。翌日，率其太子以下，面缚出降，寻杀之。虏其男女十余万人，收其府库珍宝……以献，军无私焉。立萧詧为梁主。

又《南史》卷8《梁本纪下·元帝纪》云：

自侯景之难，州郡太半入魏，自巴陵以下至建康，缘以长江为限。荆州界北尽武宁，西拒峡口；自岭以南，复为萧勃所据。文轨所同，千里而近，人户著籍，不盈三万。中兴之盛，尽于是矣。

武陵之平，议者欲因其舟舰迁都建邺，宗懔、黄罗汉皆楚人，不愿移，帝及胡僧祐亦俱未欲动……于是乃留……及魏人烧栅，（朱）买臣、谢答仁劝帝乘暗溃围出就任约。帝素不便驰马，曰："事必无成，徒增辱耳。"答仁又求自扶，帝以问仆射王褒。褒曰："答仁，侯景之党，岂是可信？成彼之勋，不如降也。"乃聚图书十余万卷尽烧之。答仁又请守子城，收兵可得五千人。帝然之，即授城内大都督，以帝鼓吹给之，配以公主。既而又召王褒谋之。答仁请入不得，欧血而去。遂使皇太子、王褒出质请降……魏师至凡二十八日，征兵四方，未至而城见克……（西魏）乃选百姓男女数万口，分为奴婢，小弱者皆杀之。

江陵失陷不久，陈霸先率部攻杀驻守建康的王僧辩，立梁元帝子晋安王萧方智为帝，是为敬帝，霸先自掌大权。太平二年（557），陈霸先废敬帝而自主，建立陈朝，即陈武帝。

四　陈的统治与灭亡

陈朝在文帝和宣帝时期，政治状况较梁末有所改善。然而，陈叔宝即位后，出现了逆转。他和他的左右宠臣，奢侈荒淫，不理政务，致使政治极为黑暗，民不堪命。在阶级矛盾日趋尖锐和统治集团的骄奢淫逸下，陈终为北朝所灭。"玉树歌残王气终"，形象地说明了陈王朝在逸乐之中消亡了。

（一）陈前期政绩斐然

陈霸先创立陈王朝前后，在文治、武功方面均有建树，个人品德上也堪称典范。

《陈书》卷 2《高祖本纪下》云：

> 高祖智以绥物，武以宁乱，英谋独运，人皆莫及，故能征伐四克，静难夷凶。至升大麓之日，居阿衡之任，恒崇宽政，爱育为本。有须发调军储，皆出于事不可息。加以俭素自率，常膳不过数品，私飨曲宴，皆瓦器蚌盘，肴核庶羞，裁令充足而已，不为虚费。初平侯景，及立绍泰，子女玉帛，皆班将士。其充闱房者，衣不重彩，饰无金翠，哥钟女乐，不列于前。及乎践阼，弥厉恭俭。故隆功茂德，光有天下焉……方之前代，何其美乎！

陈霸先在位两年去世，其子陈昌被西魏所俘，故由其兄陈道谭的长子陈蒨嗣位，是为陈文帝。文帝起自布衣，颇知民间疾苦，故他执政期间，大力倡导节俭，并身体力行，又勤于政务，注意改善吏治，政绩斐然。

《陈书》卷 3《世祖本纪》云：

> 世祖起自艰难，知百姓疾苦。国家资用，务从俭约。常所调敛，事不获已者，必咨嗟改色，若在诸身。主者奏决，妙识真伪，下不容奸，人知自励矣。一夜内刺闱取外事分判者，前后相续。每鸡人伺漏，传更签于殿中，乃敕送者必投签于阶石之上，令铿然有声，云"吾虽眠，亦令惊觉也"。始终梗概，若此者多焉。
>
> 陈吏部尚书姚察曰：世称继体守文，宗枝承统，得失之闲，盖亦详矣。大抵以奉而勿坠为贤能，桡而易之为不肖；其有光扬前轨，克

荷曾构，固以少焉。世祖自初发迹，功庸显著，宁乱静寇，首佐大业。及国祸奄臻，入承宝祚，兢兢业业，其若驭朽。加以崇尚儒术，爱悦文义，见善如弗及，用人如由己，恭俭以御身，勤劳以济物，自昔允文允武之君，东征西怨之后，宾实之迹，可为联类。至于杖聪明，用鉴识，斯则永平之政，前史其论诸。

在军事上，陈文帝也不断取得胜利。天嘉元年（560）二月，文帝遣军打败了王琳的军队，继又将袭据湘州的北周军队逐回长江以北。此后四五年中，文帝又先后派军击败了留异、周迪、陈宝应等。陈朝在南朝中占地最小，但到文帝时，总算统一了整个江南地区，是陈朝较为安定的时期。

天康元年（566）四月，陈文帝病死，其子陈伯宗即位，伯宗软弱无能，国柄归于文帝之弟安成王陈顼之手。太建元年（569）正月，陈顼即位称帝，是为陈宣帝。废陈伯宗为临海王。陈宣帝统治期间，曾在政治上采取过一些积极的措施。主要表现在整顿吏治、减免赋税、减轻刑法、选用良吏及禁止奢靡等方面。

《陈书》卷5《宣帝本纪》载：

（太建二年）秋八月甲申，诏曰："怀远以德，抑惟恒典，去戎即华，民之本志。顷年江介襁负相随，崎岖归化，亭候不绝，宜加恤养，答其诚心。维是荒境自拔，有在都邑及诸州镇，不问远近，并蠲课役。若克平旧土，反我侵地，皆许还乡，一无拘限。州郡县长明加甄别，良田废村，随便安处。若辄有课订，即以扰民论。"又诏曰：民惟邦本，著在典谟，治国爱民，抑又通训。朕听朝晏罢，日昃劬劳，方流惠泽，覃被亿兆。有梁之季，政刑废缺，条纲弛紊，僭盗荐兴，役赋征徭，尤为烦刻。大陈御寓，拯兹余弊，灭虐戡黎，弗遑创改，年代弥流，将及成俗，如弗解张，物无与厝，夕惕疚怀，有同首疾。思从卑菲，约己济民，虽府帑未充，君孰与足，便可删革，去其甚泰，冀永为定准，令简而易从。自今维作田，值水旱失收，即列在所，言上折除。军士年登六十，悉许放还。巧手于役死亡及与老疾，不劳订补。其籍有巧隐，并王公百司辄受民为程荫，解还本属，开恩听首。在职治事之身，须递相检校，有失不推，当局任罪。令长代换，具条解舍户数，付度后人。户有增进，即加擢赏；若致减散，依事准结。有能垦起荒田，不问顷亩少多，依旧蠲税……

四年……秋八月……乙未，诏停督湘、江二州逋租，无锡等十五县流民，并蠲其徭赋。

六年春正月壬戌朔，诏曰："王者以四海为家，万姓为子，一物乖方，夕惕犹厉，六合未混，旰食弥忧。朕嗣纂鸿基，思弘经略，上符景宿，下叶人谋，命将兴师，大拯沦溺。灰琯未周，凯捷相继，拓地数千，连城将百。蠢彼余黎，毒兹异境，江淮年少，犹有剽掠，乡间无赖，摘出阴私，将帅军人，罔顾刑典，今使苛法蠲除，仁声载路。且肇元告庆，边服来荒，始睹皇风，宜覃曲泽，可赦江右淮北南司、定、霍、光、建、朔、合、豫、北徐、仁、北兖、青、冀、南谯、南兖十五州，郢州之齐安、西阳，江州之齐昌、新蔡、高唐，南豫州之历阳、临江郡士民，罪无轻重，悉皆原宥。将帅职司，军人犯法，自依常科。"……

九年……夏五月景子，诏曰："……牧守莅民，廉平未洽，年常租赋，多致逋余，即此务农，宜弘宽省。可起太建以来讫八年流移叛户所带租调，七年八年叛义丁、五年讫八年叛军丁、六年七年逋租田米粟夏调绵绢丝布麦等，五年讫七年逋赀绢，皆悉原之。"……

十年……夏四月庚戌，诏曰："……但承梁季，乱离斯瘼，宫室禾黍，有名亡处，虽轮奂未睹，颇事经营，去泰去甚，犹为劳费。加以戎车屡出，千金日损，府帑未充，民疲征赋。百姓不足，君孰与足？兴言静念，夕惕怀抱，垂训立法，良所多惭。斫雕为朴，庶几可慕，雉头之服既焚，弋绨之衣方袭，损撤之制，前自朕躬，草偃风行，冀以变俗。应御府堂署所营造礼乐仪服军器之外，其余悉皆停息；掖庭常供、王侯妃主诸有俸恤，并各量减。"……

（十一年冬）十二月乙丑，南北兖、晋三州，及盱眙、山阳、阳平、马头、秦、历阳、沛、北谯、南梁等九（州）〔郡〕，并自拔还京师。谯、北徐州又陷。自是淮南之地尽没于周矣。己巳，诏曰："至今贵里豪家，金铺玉舄，贫居陋巷，龁食牛衣，称物平施，何其辽远。爟烽未息，役赋兼劳，文吏奸贪，妄动科格。重以旗亭关市，税敛繁多，不广都内之钱，非供水衡之费，逼遏商贾，营谋私蓄。靖怀众弊，宜事改张。弗弘王道，安拯民蠹？今可宣勒主衣、尚方诸堂署等，自非军国资须，不得缮造众物。后宫僚列，若有游长，掖庭启奏，即皆量遣。大予秘戏，非会礼经，乐府倡优，不合雅正，并可删改。市估津税，军令国章，更须详定，唯务平允。别观离宫，郊闲野外，非恒飨宴，勿复修治。并勒内外文武车马宅舍，皆循俭约，勿尚奢华。违我严规，抑有刑宪。所由具为条格，标榜宣示，令喻朕心焉。"……

十四年春正月己酉，高宗弗豫。甲寅，崩于宣福殿，时年五十三。遗诏曰："……凡厥终制，事从省约。金银之饰，不须入圹，明器之具，皆令用瓦。唯使俭而合礼，勿得奢而乖度。以日易月，既有通规，公除之制，悉依旧准。在位百司，三日一临，四方州镇，五等诸侯，各守所职，并停奔赴。"

陈宣帝执政时，淮南之地已被北齐占领，宣帝立志收复失地，遂于太建五年（573），命大将吴明彻为都督征讨诸军事，统军十万北上，进攻北齐。诸将相继攻克许多地方，进而攻下寿阳，夺得淮河以南地区，兵锋到达彭城附近。太建九年（577），北周灭北齐后，陈宣帝又命吴明彻北伐，欲夺徐、兖之地。次年二月，陈军在吕梁被北周将王轨、梁士彦击溃，全军覆没，主帅吴明彻被俘。

《资治通鉴》卷173《陈纪》宣帝太建九年条云：

冬，十月，戊申，周主如邺。

上闻周人灭齐，欲争徐、兖，诏南兖州刺史、司空吴明彻督诸军伐之，以其世子戎昭、将军惠觉摄行州事。明彻军至吕梁，周徐州总管梁士彦帅众拒战，戊午，明彻击破之。士彦婴城自守，明彻围之。

帝锐意以为河南指麾可定。中书通事舍人蔡景历谏曰："师老将骄，不宜过穷远略。"帝怒，以为沮众，出为豫章内史。未行，有飞章劾景历在省赃污狼籍，坐免官，削爵土……

（十年……春，正月……丁巳）吴明彻围周彭城，环列舟舰于城下，攻之甚急。王轨引兵轻行，据淮口，结长围，以铁锁贯车轮数百，沉之清水，以遏陈船归路，军中恟惧。谯州刺史萧摩诃言于明彻曰："闻王轨始锁下流，其两端筑城，今尚未立，公若见遣击之，彼必不敢相拒。水路未断，贼势不坚；彼城若立，则吾属必为虏矣。"

明彻奋髯曰："搴旗陷陈，将军事也；长算远略，老夫事也。"摩诃失色而退。一旬之间，水路遂断。

周兵益至，诸将议破堰拔军，以舫载马而去，马主裴子烈曰："若决堰下船，船必倾倒，不如前遣马出。"时明彻苦背疾甚笃，萧摩诃复请曰："今求战不得，进退无路。若潜军突围，未足为耻。愿公帅步卒、乘马舆徐行，摩诃领铁骑数千驱驰前后，必当使公安达京邑。"明彻曰："弟之此策，乃良图也。然步军既多，吾为总督，必须身居其后，相帅兼行。弟马军宜须在前，不可迟缓。"摩诃因帅马军夜发。甲子，明彻决堰，乘水势退军，冀以入淮。至清口，水势渐微，舟舰并碍车轮，不复得过。王轨引兵围而蹙之，众溃。明彻为周人所执，将士三万并器械辎重皆没于周。萧摩诃以精骑八十居前突围，众骑继之，比旦，达淮南，与将军任忠、周罗睺独全军得还。

太建十一年（579），周军乘势南下，复取寿阳，淮南之地，尽归于北周，南朝的力量再度衰弱了。

《资治通鉴》卷173《陈纪》宣帝太建十一年条云：

（八月）壬午，周以上柱国毕王贤为太师，郧公韩业为大左辅。九月，乙卯，以鄫王贞为大冢宰。以郧公韦孝宽为行军元帅，帅行军总管杞公亮、郕公梁士彦寇淮南。……十一月……戊戌，周军进围寿阳……戊申，韦孝宽拔寿阳……十二月……乙丑，南、北兖、晋三州及盱眙、山阳、阳平、马头、秦、历阳、沛、北谯、南梁等九郡民并自拔还江南。周又取谯、北徐州。自是江北之地尽没于周。

陈朝的前几位皇帝，即武帝、文帝、宣帝共统治陈国25年，在这个时期内，由于统治者都能致力于内部建设，从而使遭受梁末大破坏的江南地区，在经济、文化等方面都逐渐恢复并有所发展。

(二) 后主荒淫无度和陈朝的灭亡

太建十四（582年）正月，陈宣帝病死，皇太子陈叔宝即位，即陈后主。后主是南朝有名的荒淫帝王之一。

清赵翼《廿二史札记》卷11"宋齐多荒主"条云：

陈后主叔宝，宣帝嫡长子也。即位后，荒于酒色，不恤政事。左右嬖佞珥貂者五十人，妇人美丽从者千余人。常使张贵妃、孔贵人等八人夹坐，江总、孔范等十人预宴，号曰狎客。先令八妇人擘采笺，制五言诗，十客一时继和，迟罚酒，君臣酣饮，从夕达旦，以此为常。盛修宫室，无时休止。税江税市，征取百端，刑罚酷滥，牢狱常满。隋兵至，入井避之。军人呼之不应，欲下石，乃闻呼声，以绳引之，惊其太重，及出，乃与张、孔二嫔同乘而上。高颎入宫，见其臣下所启军事犹在床下，尚未启封也。入隋，以善终（以上皆本纪）。

魏徵史论：后主于光熙殿前，起临春、结绮、望仙三阁，阁高数丈，并数十间。其窗牖壁带，悬楣栏槛之类，并以沉檀香木为之，又饰以金玉，间以珠翠，外施珠帘，内有宝床宝帐。其服玩之属，瑰奇珍丽，近古所未有。每微风暂至，香闻数里，朝日初照，光映后庭。其下积石为山，引水为池，植以奇（植）〔树〕，杂以花药。后主自居（迎）〔临〕春阁，张贵妃居结绮阁，龚、孔二贵嫔居望仙阁，并复道交相往来。又有王、李二美人，张、薛二淑媛，袁昭仪、何婕妤、江修容等七人，并有宠，递代以游其上。以宫人有文学者袁大舍等为女学士。后主每引宾客对贵妃等游宴，则使诸贵人及女学士与狎客共赋新诗，互相赠答。采其尤艳丽者，以为曲词，被以新声，选宫女有容色者，以千百数，令习而歌之。分部迭进，持以相乐，其曲有玉树后庭花、临春乐等，大指所归，皆美张贵妃、孔贵嫔之容色也。其略曰：璧月夜夜满，琼树朝朝新。而张贵妃发长七尺，鬒黑如漆，其光可鉴，特聪慧有神采，进止闲雅，容色端严，每瞻视盼睐，光采溢目，照映左右。常于阁上靓妆，临于轩槛，宫中遥望，飘若神仙。才辩强记，善候人主颜色。是时后主怠于政事，百司启奏，并因宦者蔡脱儿、李善度进请，后主置张贵妃于膝上共决之。李、蔡所不能记者，贵妃并为条疏，无所遗脱。由是益加宠异，冠绝后庭。而后宫之家，不遵法度，有挂于理者，但求哀于贵妃，贵妃则令李、蔡先启其事，而后从容为言之，大臣有不从者，亦因而赞之，所言无不听。于是张、孔之势，薰灼四方，大臣执政，亦从风而靡，阉宦便佞之徒，内外交结，转相引进，贿赂公行，赏罚无常，纲纪瞀乱矣。

按宋、齐、陈书及南史所记如此。其无道最甚者，其受祸亦最烈。若仅荒于酒色，不恤政事，则虽亡国而身尚得全。又可见劫运烦促中，仍有报施不爽者，可以观天眤矣。

由于陈后主及其左右宠臣终日耽于享乐，致使政治极为腐败，人民生活非常痛苦。

《资治通鉴》卷176《陈纪》长城公至德三年条谓：

> （傅）縡于狱中上书曰："……陛下顷来酒色过度，不虔郊庙大神，专媚淫昏之鬼，小人在侧，宦竖弄权，恶忠直若仇雠，视生民如草芥，后宫曳绮绣，厩马余菽粟，百姓流离，僵尸蔽野，货贿公行，帑藏损耗，神怒民怨，众叛亲离。臣恐东南王气，自斯而尽。"

陈朝统治已面临末日。此时北方的隋朝已经强大起来，隋文帝开皇九年（589），隋军大举南下，攻入建康，俘后主，陈朝亡。

第三节 南方诸少数族

魏晋南北朝时期，众多的少数族十分活跃，各族的大迁徙、大汇集、大融合，使汉民族增添了新的血液，提高了中华民族的整体素质，在中国民族发展历史上占有极其重要的地位。

此时期，中国境内的主要民族是汉族。在边境和内地，还分布着许多少数族，其中南方境内的少数族主要有蛮、僚、俚、傒、爨、山越等几支。

一 蛮族

蛮族是南方除汉族外人数最多者。东晋十六国以来，蛮人从长江中上游地区向东向北发展，到了南北朝时期，他们的活动范围，已遍及今湘、鄂、豫、皖、赣、川诸省。蛮族各部按所居地域区分，有豫州蛮、荆雍州蛮、莫瑶蛮和盘瓠蛮等。

关于豫州蛮，《宋书》卷97《夷蛮传》有云：

> 豫州蛮，廪君后也……西阳有巴水、蕲水、希水、赤亭水、西归水，谓之五水蛮，所在并深岨，种落炽盛，历世为盗贼。北接淮、

汝，南极江、汉，地方数千里。

关于荆、雍州蛮，《宋书》卷 97《夷蛮传》云：

> 荆、雍州蛮，槃瓠之后也。分建种落，布在诸郡县。荆州置南蛮，雍州置宁蛮校尉以领之。世祖初，罢南蛮并大府，而宁蛮如故。蛮民顺附者，一户输谷数斛，其余无杂调，而宋民赋役严苦，贫者不复堪命，多逃亡入蛮。蛮无徭役，强者又不供官税，结党连群，动有数百千人，州郡力弱，则起为盗贼，种类稍多，户口不可知也。所在多深险，居武陵者有雄溪、樠溪、辰溪、酉溪、舞溪，谓之五溪蛮。而宜都、天门、巴东、建平、江北诸郡蛮，所居皆深山重阻，人迹罕至焉。

关于莫瑶蛮，《隋书》卷 31《地理志下》云：

> 长沙郡又杂有夷蜒，名曰莫瑶……其男子但著白布裈衫，更无巾裤；其女子青布衫、班布裙，通无鞋屐。婚嫁用铁钴䥇为聘财。武陵、巴陵、零陵、桂阳、澧阳、衡山、熙平皆属焉。其丧葬之节，颇同于诸左云。

《魏书》卷 101《蛮传》载：

> 蛮之种类，盖盘瓠之后，其来自久……在江淮之间，依托险阻，部落滋蔓，布于数州，东连寿春，西通上洛，北接汝颍，往往有焉……自刘石乱后，诸蛮无所忌惮，故其族类，渐得北迁，陆浑以南，满于山谷，宛洛萧条，略为丘墟矣。
>
> 又有冉氏、向氏者，陬落尤盛，余则大者万家，小者千户，更相崇僭，称王侯，屯据三峡，断遏水路，荆、蜀行人至有假道者。

有关反映蛮族分布地区及社会状况的史料，尚能举出不少。
《南齐书》卷 58《蛮传》载：

蛮，种类繁多，言语不一，咸依山谷，布荆、湘、雍、郢、司等五州界。宋世封西阳蛮梅虫生为高山侯，田治生为威山侯，梅加羊为抃山侯。太祖即位……以治生为辅国将军、虎贲中郎，转建宁郡太守，将军、侯如故……蛮俗衣布徒跣，或椎髻，或剪发。兵器以金银为饰，虎皮衣楯，便弩射。

又《梁书》卷53《良吏·孙谦传》载：

（宋明帝）擢为明威将军、巴东建平二郡太守。郡居三峡，恒以威力镇之。谦将述职，敕募千人自随。谦曰："蛮夷不宾，盖待之失节耳，何烦兵役，以为国费。"固辞不受。至郡，布恩惠之化，蛮獠怀之，竞饷金宝，谦慰喻而遣，一无所纳。及掠得生口，皆放还家。俸秩出吏民者，悉原除之。郡境翕然，威信大著。

又《魏书》卷45《韦阆传附韦彧传》载：

（韦彧）稍迁平远将军、东豫州刺史。彧绥怀蛮左，颇得其心……彧以蛮俗荒梗，不识礼仪，乃表立太学，选诸郡生徒于州总教。又于城北置宗武馆以习武焉。境内清肃。

又《周书》卷35《薛善传附薛慎传》载：

保定初，（薛慎）出为湖州刺史。州界既杂蛮左，恒以劫掠为务。慎乃集诸豪帅，具宣朝旨，仍令首领每月一参，或须言事者，不限时节。慎每引见，必殷勤劝诫，及赐酒食。一年之间，翕然从化。诸蛮乃相谓曰："今日始知刺史真民父母也。"莫不欣悦。自是襁负而至者，千有余户。蛮俗，婚娶之后，父母虽在，即与别居……慎乃亲自诱导，示以孝慈，并遣守令各喻所部。有数户蛮，别居数年，遂还侍养，及行得果膳，归奉父母。慎感其从善之速，具以状闻。有诏蠲其赋役。于是风化大行，有同华俗。

又《周书》卷45《儒林·乐逊传》载：

（天和）五年……（乐逊）授湖州刺史……民多蛮左，未习儒风。逊劝励生徒，加以课试，数年之间，化洽州境。蛮俗生子，长大多与父母别居。逊每加劝导，多革前弊。

二　僚族

僚族原住今黔桂一带。李成建国时，因蜀人东流，山险之地多空，僚遂挟山傍居，北入巴蜀地区。

《魏书》卷101《獠传》载：

獠者，盖南蛮之别种，自汉中达于邛筰川洞之间，所在皆有。种类甚多，散居山谷，略无氏族之别。又无名字，所生男女，唯以长幼次第呼之。其丈夫称阿谟、阿段、妇人阿夷、阿等之类，皆语之次第称谓也。依树积木，以居其上，名曰"干兰"，干兰大小，随其家口之数。往往推一长者为王，亦不能远相统摄。父死则子继，若中国之贵族也。獠王各有鼓角一双，使其子弟自吹击之。好相杀害，多不敢远行。能卧水底，持刀刺鱼……死者竖棺而埋之……唯执盾持矛，不识弓矢。用竹为簧，群聚鼓之，以为音节。能为细布，色至鲜净……铸铜为器，大口宽腹，名曰铜爨，既薄且轻，易于熟食。

建国中，李势在蜀，诸獠始出巴西、渠川、广汉、阳安、资中，攻破郡县，为益州大患。势内外受敌，所以亡也。自桓温破蜀之后，力不能制，又蜀人东流，山险之地多空，獠遂挟山傍谷。与夏人参居者颇输租赋，在深山者仍不为编户。萧衍梁益二州岁岁伐獠以自裨润，公私颇借为利。

正始中，夏侯道迁举汉中内附，世宗遣尚书邢峦为梁益二州刺史以镇之，近夏人者安堵乐业，在山谷者不敢为寇。后以羊祉为梁州，傅竖眼为益州。祉性酷虐，不得物情……竖眼施恩布信，大得獠和。后以元法僧代傅竖眼为益州，法僧在任贪残，獠遂反叛，勾引萧衍军围逼晋寿。朝廷忧之，以竖眼先得物情，复令乘传往抚。獠闻竖眼至，莫不欣然，拜迎道路，于是而定……其后朝廷以梁益二州控摄险远，乃立巴州以统诸獠。后以巴酋严始欣为刺史。又立隆城镇，所绾獠二十万户，彼谓北獠，岁输租布，又与外人交通贸易。巴州生獠并皆不顺，其诸头王每于时节谒见刺史而已。

三　俚族

俚族分布在今两广、湖南，大部同汉族杂居。

《南齐书》卷14《州郡志上》云：

>广州，镇南海。滨际海隅……虽民户不多，而俚、獠猥杂，皆楼居山险，不肯宾服。西南二江，川源深远，别置督护，专征讨之……
>越州，镇临漳郡，本合浦北界也。夷、獠丛居，隐伏岩障，寇盗不宾，略无编户。宋泰始中，西江督护陈伯绍……启立为越州……元徽二年，以伯绍为刺史，始立州镇，穿山为城门，威服俚、獠。

又《宋书》卷92《良吏·徐豁传》云：

>元嘉初，（徐豁）为始兴太守。三年……豁因此表陈三事……其三曰："中宿县俚民课银，一子丁输南称半两。寻此县自不出银，又俚民皆巢居鸟语，不闲贸易之宜，每至买银，为损已甚。又称两受入，易生奸巧，山俚愚怯，不辨自申，官所课甚轻，民以所输为剧。今若听计丁课米，公私兼利。"

又《隋书》卷31《地理志下》云：

>俚人则质直尚信……皆重贿轻死，唯富为雄。巢居崖处，尽力农事。刻木以为符契，言誓则至死不改。父子别业，父贫，乃有质身于子。

又《隋书》卷24《食货志》云：

>晋自中原丧乱，元帝寓居江左，百姓之自拔南奔者，并谓之侨人……诸蛮陬、俚洞，沾沐王化者，各随轻重，收其赕物，以裨国用。又岭外酋帅，因生口、翡翠、明珠、犀象之饶，雄于部曲者，朝廷多因而署之，以收其利。

四　傒族

傒亦作奚，或作溪。居住的地区，大约在今赣南和粤北曲江一带。南北朝以后，傒已罕见，说明傒族已和汉族融合。

五　爨族

分布在今云南境内的各民族，从两晋以来，大多处在爨氏的统治之下，因此被笼统地称为爨人。爨人分为两部：一部为西爨白"蛮"，居住在今昆明、嵩明、安宁、晋宁，西至老鸦关一带；另一部为东爨乌"蛮"，其分布的地区，北自寻甸、曲靖，东经师宗、弥勒，南达建水、元江。爨人主要从事农业经济、畜牧业经济以及狩猎、采集经济。两晋南北朝时期，由于受到中原地区较为发达的社会经济的影响，爨人和南方其他少数民族一样，其社会结构也在经历着巨大的变化。

六　山越

山越是魏晋南北朝时期东南地区重要的少数族。山越能否被视为一个单一的少数族，史家尚存在一些分歧。较为通行的看法是，汉代在东南建郡后，有一部越族人逃入山林海岛，被称为山越。汉末，部分汉人不堪奴役，也逃到汉族统治力量较为薄弱的山越地区，可以说山越是我国越人后裔和部分汉人在东南山区经过长期的共同劳动与斗争逐渐融合而形成的一个少数族。

山越在孙吴统治时期活动最多，以后就逐步与汉人融合，所以在东晋南朝的文献上，唯有《陈书·世祖纪》提到过会稽山越的事。

第六章 北朝时期北方的民族融合与统一国家的再建

第一节 北朝疆域

北朝历北魏、东魏、西魏、北齐、北周5朝,现将各朝的疆域分述如下。

北魏(初都平城,孝文帝迁洛阳)。《通典》卷171《州郡一》云:

> 后魏起自北方,至道武,率兵下山东,攻拔慕容宝中山,遂有河北之地,于是迁都平城。慕容氏丧败,遣将南略地,至于滑台、许昌、彭城。明元帝泰常中,始于滑台、许昌置兵镇守。太武帝时,又得蒲阪、长安、统万。神䴥中,宋师来伐,碻磝、滑台、虎牢、戍将皆不守,寻并复之。太延以后,东平辽东,西平姑臧,于是,西至流沙,东接高丽。所未得者,汉中及南阳、悬瓠、彭城、青州之南而已。其后,帝自南征,遂临瓜步,宋淮北城镇守将,多有败没。献文天安初,自河之南,长淮之北,皆为魏有。孝文迁都洛阳,频岁亲征,皆渡淮、沔。宣武初,又得寿春,续收汉川,至于剑阁,兼得淮西之地。庄帝时,梁军洛阳,数旬败走,尔后内难相继,不暇外略。三四年后,分为东西魏矣,皆权臣擅命。自永安末年,尔朱世隆称兵入洛,图籍散亡,不可详记。今按旧史,管州百十有一,郡五百十有九,县千三百五十有二。自太武以后,渐更强盛,东征西伐,克定中原。属宋明以后,及于齐梁,国土渐蹙,自守不暇,虽时有侵掠,而退不旋踵,故魏之城镇,少被攻围,因利进取,不常所守也。

北齐(都邺)。《通典》卷171《州郡一》云:

北齐神武东魏天平末，大举西伐，至蒲津。西魏乘胜攻陷陕州。神武西至沙苑。西军又胜袭陷洛阳。明年，西师又至于河阴，时拒守河阳城，西帅败归。其后，神武攻围西魏玉壁，不克。西师来伐，至于邙山。后，神武又围玉壁，不克。文襄遣将围颍川，拔之。于是，河南自洛阳之西，河北自晋州之西，悉入西魏。文宣之代，命将略地，南际于江矣。武成河清中，筑戍于轵关。其年，周军至洛阳，败还。后主武平中，陈军来侵，尽失淮南之地。周师攻拔河阴大城。后主隆化末，西师攻拔晋州，因之国灭。自东、西魏之后，天下三分，梁、陈有江东，宇文有关西。高氏据河北，有州九十有七，郡百六十，县三百六十有五。当齐神武之时，与周文帝抗敌，十三四年间，凡四出师，大举西伐，周师东讨者三焉。自文宣之后，才守境而已。大抵西则姚襄城、洪洞、晋州、武平关、柏崖、轵关、河阳，南则虎牢、洛阳、北荆州、孔城防、汝南郡、鲁城，置兵以防周寇。及陈师侵轶，数岁齐亡，南境要害，未遑制置也。

北周（都长安）。《通典》卷171《州郡一》云：

周文帝西魏大统中，东魏师至蒲津。文帝东征，克陕州，兼得宜阳郡、邵郡。东师又至沙苑。后文帝东征，至河阴，先胜后败。筑城于玉壁。文帝又至邙山，先胜后败，得梁雍州。废帝初，克平汉中。又遣军平蜀。文帝西征至姑臧，后又平江陵。自是疆理西有姑臧，西南有全蜀，南至于江矣。其河南自洛阳之东之北，河东自平阳之界，属于高齐。至武帝建德中，东征拔齐晋州城，寻又东征，破齐师于晋州城下，乘胜平齐。后遣军破陈军于吕梁，其东南之境，尽于长沙。通计州二百十有一，郡五百八，县千二十有四。当全盛战争之际，则玉壁，邵郡齐子岭、通洛防、黄栌三城，宜阳郡、陕州、主划、三荆、三鸦镇，置兵以备东军。

现据张步天《中国历史地理》，列南北朝疆域（州名、军镇名及其治所之今地）简表如表6—1①：

---

① 张步天：《中国历史地理》（上册），湖南大学出版社1987年版，第468—474页。

表 6—1　　　　　　　　　　　　　　　南北朝疆域

今省区名	北朝					南朝			
	北魏	东魏	北齐	西魏	北周	宋	齐	梁	陈
河南	司（洛阳）、豫（汝南）、荆（鲁山）	洛（洛阳）、阳（宜西）、荆（泌阳）、豫（汝南）、北扬（沈丘）、广（鲁山）、颍（长葛）、北豫（郑州西）、怀（沁阳）、梁（开封）	洛（洛阳）、阳（宜西）、北豫（郑北）、信（淮阳）、豫（汝南）、东豫（息县）、怀（沁阳）、梁（开封）、光（光山）、郢（信阳）、南郢（潢川）、永（信阳北）、襄（平顶山南）	东义（卢氏）、浙（淅川）、西郢（社旗）、荆（邓县）、南襄（新野）、义（孟津）	中（渑池）、义（宜阳西）、（卢氏）、淅（淅川）、南阳、淅（淅川）、鲁山、湖、荆（邓县）、淮（泌阳）、熊（宜阳西）、义（淅川）、淅（淅川）、鲁山、湖、荆（邓县）、淮（泌阳）	有地而无州治	司（信阳）	司（信阳）、西豫（息县）、光（光山）、淮（息县北）、沙（新县）、华（泌阳）、义（商城）	

续表

今省区名	北朝					南朝			
	北魏	东魏	北齐	西魏	北周	宋	齐	梁	陈
山西	汾（隰县）、恒（大同）、肆（忻县北）、并（太原南）	肆（忻县）、并（太原）、汾（汾阳）、蔚（介休东）、显（介休西）、宁（介休南）、丰（榆社）、晋（临汾）、建（晋城）、恒（原平）、武（宁武）、廓（代县南）	肆（忻县）、并（太原）、西汾（离石）、南汾（汾阳）、东雍（新绛）、晋（临汾）、建（晋城）、恒（大同）、朔（朔县）、显（代县南）	泰（永济）、建（新绛）、南汾（河津）	勋（河津）、晋（垣曲）、邵（垣曲东）、虞（运城）				
山东	兖（兖州）、济（东阿）、齐（济南）、青（益都）、南青（沂水）、光（掖县）	兖（兖州）、济（东阿）、齐（济南）、青（益都）、南青（沂水）、光（掖县）、胶（诸城）、北徐（临沂）、西兖（阳谷）	兖（兖州）、济（东阿）、齐（济南）、青（益都）、南青（沂水）、光（掖县）、胶（诸城）、北徐（临沂）、西兖（阳谷）			冀州 青州（益都）、兖（兖州）			

续表

今省区名	北朝					南朝			
	北魏	东魏	北齐	西魏	北周	宋	齐	梁	陈
河北	幽（北京）、燕（涿鹿）、定（定县）、相（磁县）、冀（冀县）、瀛（河间）、平（迁安）、安（隆化）、御夷镇（赤城）、怀荒镇（张北）	幽（北京）、安（滦平东南）、平（迁安东）、南营（徐水）、定（定县）、殷（隆尧）、冀（冀县）、沧（盐山）、司（磁县）、东燕（昌平）	幽（北京）、北燕（涿鹿）、平（迁安）、南营（徐水）、定（定县）、瀛（河间）、赵（隆尧）、冀（冀县）、沧（盐山）、司（磁县）、东燕（昌平）、冀（冀县）						
内蒙古	抚冥镇（四子王旗）、武川镇（武川）、柔云镇（商都南）、沃野镇（土默特）、朔（和林格尔）、夏（乌审旗）			沃野镇（杭锦后旗）、夏（乌审旗南）	永丰镇（临河）、夏（乌审旗南）				
辽宁	营（朝阳）	营（朝阳）	营（朝阳）						

续表

今省区名	北朝					南朝			
	北魏	东魏	北齐	西魏	北周	宋	齐	梁	陈
陕西	夏(横山西)、西安(定边)、东秦(洛川)、华(蒲城东)、雍(西安)、岐(凤翔)、洛(商县)			绥(绥德)、东夏(延安)、汾(宜川)、东益(略阳)、东雍(华阴)、洛(商县)、雍(长安)、北雍(耀县)、北华(铜川北)、南邠(彬县)、岐(宝鸡)、南岐(凤县)、东秦(陇县)、西安(定边)、华(大荔)	绥(绥德)、东夏(延安)、盐(定边)、兴(略阳)、梁(汉中)、洋(洋县)、银(榆林)、绥(绥德)、延(延安)、丹(宜川)、鄜(黄陵)、宜(耀县)、邠(彬县)、华(华县)、岐(宝鸡)、雍(长安)、恒(武功南)、金(安康)、直(金乡东)、洛(商县)	秦梁(汉中)	秦梁(汉中)	北梁(汉中)、东梁(安康西)、洵(安康北)	

续表

今省区名	北朝					南朝			
	北魏	东魏	北齐	西魏	北周	宋	齐	梁	陈
甘肃	梁(西和南)、秦(天水)、河(临夏)、凉(武威)、敦煌镇(敦煌)、泾(泾川)、邠(宁县)			朔(庆阳)、邠(宁县)、秦(天水)、北秦(秦安)、南秦(西和南)、宕昌城(宕昌)、岷(岷县)、渭(甘谷)、河(临夏)、会(靖远)、凉(武威)、西凉(张掖)、泾(泾川)、瓜(敦煌)	宁(宁县)、泾(泾川)、秦(天水)、交(秦安)、康(成县)、宕(宕县)、瓜(敦煌)、岷(岷县)、渭(陇西)、河(临夏)、洮(临潭)、武(武都)、成(成县)、文(文县)、凉(武威)、甘(张掖)				
青海				鄯(乐都)	鄯(乐都)				

续表

今省区名	北朝					南朝			
	北魏	东魏	北齐	西魏	北周	宋	齐	梁	陈
四川					扶(松潘)、翼(茂汶北)、眉(眉山)、黎(汉原)、集(南江北)、沙(广元北)、巴(巴中)、潼(绵阳)、益(成都)、遂(遂宁)、通(通江)、渠(渠县)、合(合川)、泸(泸州)、信(奉节)、宁(邓至城)、开(万县北)、临(忠县)、覃(黑水)、汶(茂汶)、青(乐山)、西宁(西昌)、利(广元)、龙(平武东)、隆(阆中)、新(三台)、资(资阳)、并(万源)、蓬(仪龙东)、容(垫江)、楚(重庆)、戎(宜宾)、南(万县)、奉(彭水)、始(剑阁)	益(成都)	益(成都)	益(成都)、东益(灌县)、绳(茂汶)、褐(西昌)、北益(广元北)、黎(广元)、巴(巴中)、南梁(阆中)、潼(绵阳)、万(达县)、渠(渠县)、邻(大竹)、泸(泸州)、戎(宜宾)、并(万源南)、信(奉节)、邓(南坪)	
云南					恭(昭通)、南宁(曲靖)	宁(曲靖)	宁(曲靖南)	宁(曲靖)	
贵州					有辖地而无州治				

续表

今省区名	北朝					南朝			
	北魏	东魏	北齐	西魏	北周	宋	齐	梁	陈
湖南						湘(长沙)	湘(长沙)	湘(长沙)	湘(长沙)、巴(岳阳)、武(常德)、沅(沅陵)
浙江						东扬(昭兴)	有辖地而无州治	东扬(绍兴)	东扬(绍兴)
江西						江(九江)	江(九江)	江(九江)	江(九江)
						有辖地而无州治	丰(福州)		
广东						广(广州)	广(广州)	建(罗定)、双(信宜东)、高(阳江)、罗(茂名西)、合(海康)、崖(临高西)、新(新兴)、广(广州)、衡(英德)、瀛(潮水州)、成(封开)	建(罗定)、双(信宜东)、高(阳江)、罗(茂名)、南合(海康)、崖(临高西)、新(新兴)、广(广州)、东衡(韶关)、西衡(西德西)、成(封开)

第六章 北朝时期北方的民族融合与统一国家的再建　403

续表

今省区名	北朝					南朝			
	北魏	东魏	北齐	西魏	北周	宋	齐	梁	陈
广西					有辖地而无州治	越(合浦北)	桂(桂林)、东宁(融水)、龙(柳州)、静(昭平)、石(藤县)、南定(桂平)、安(钦州)、黄(防城)、越(合浦北)	桂(桂林)、东宁(融水)、龙(柳州)、静(昭平)、石(藤县)、南定(桂平)、安(钦州)、黄(防城)、越(合浦北)	
越南北部						交(河内)	交(河内)	交(河内)、爱(河中)、德(荣市)、利(安邑)、明(参克)	交(河内)、兴(越池)、爱(河中)、德(荣市)、利(安邑)、明(参克)
江苏	徐(徐州)、南徐(宿迁西)	徐(徐州)	东广(扬州)、泾(天长西)、淮(清江)、海(连云)、东楚(宿迁)、徐(徐州)、东徐(邳县)			徐(徐州)、南兖(扬州)、南徐(镇江)、扬(南京)	青、冀(连云)、北兖(清江)、南兖(扬州)、南徐(镇江)、扬(南京)	扬(南京)、武(邳县西)、青、冀(连云)、东徐(宿迁)、北兖(清江)、南兖(扬州)、南徐(镇江)	扬(南京)、南徐(镇江)

续表

今省区名	北朝					南朝			
	北魏	东魏	北齐	西魏	北周	宋	齐	梁	陈
安徽	南兖(蒙城)	南兖(亳县)	和(和县)、潼(泗县)、仁(团镇)、扬(寿县)、谯(蒙城)、南兖(亳县、合(合肥)、江(潜山)、霍(霍山)、西楚(凤阳)、泾(天长)、南谯(全椒)			南豫(和县)、豫(寿县)	南豫(当涂)、北徐(凤阳)、豫(寿县)	西徐(蒙城)、睢(宿州)、汴(凤台)、豫(寿县)、安丰(霍丘)、霍(霍山)、湘(庐江)、南豫(合肥)、南谯(全椒)、仁(灵壁南)、潼(灵壁)、安(定远)、北徐(凤阳)	南豫(马鞍山)、北江(铜陵东南)
新疆	西戎校尉府(若羌)、焉耆镇(焉耆)			仅有一小部分地区,无州治					

续表

今省区名	北朝					南朝			
	北魏	东魏	北齐	西魏	北周	宋	齐	梁	陈
湖北			罗(蕲春)、巴(黄岗)、南司(新州)、衡(麻城南)、南定(麻城)、北江(大悟东)		上(陨西)、丰(均县北)、迁(房县)、罗(房县北)、绥(兴山)、郢(钟祥)、襄(襄樊)、顺(枣阳东)、随(随州)、安(安陆)、沔(沔阳)、复(监利)、亭(巴东南)	荆(江陵)、雍(襄樊)、郢(武昌)	荆(江陵)、雍(襄樊)、郢(武昌)	荆(江陵)、雍(襄樊)、应(应山)、湘(大悟)、南郢(武昌)、南洛(陨西)、岐(房县)、绥(兴山北)、南司(安陆)、富(应城北)、新(京山)、北郢(随州)、定(麻城)	荆(公安)、信(宜昌南)、郢(武昌)、郡(宜城)、基(潜江)、平(当阳)、荆(江陵)
宁夏	薄骨律镇(灵武南)、高平镇(固原)			灵(灵武)、原(固原)	灵(灵武)、会(中卫东)、原(固原)				

表6—1以当代省级行政区为引，分别将各代之州名、军镇名编入，以其治所之今地入表。各朝采取年代为：宋，464年；齐，497年；梁，546年；陈，572年；北魏，497年；东魏，546年；北齐，572年；西魏，546年；北周，572年。

第二节 鲜卑拓跋氏的兴起和北魏统一北方

鲜卑拓跋氏起自漠北，逐步南进，建立起北魏政权。北魏经过长期战争，有效地阻止了蒙古草原上新兴的游牧民族柔然的南进势头，消灭了夏、北燕、北凉等北方残余的各族政权。自西晋灭亡后，北部中国纷纷扰扰了一百二十余年，至此复归于统一。

一　鲜卑拓跋氏的兴起与北魏政权的创立

北魏尊拓跋力微为始祖神元皇帝，自此而下，始有信史。此前的历史大都属于追记依托，可信程度不高。鲜卑拓跋部原来居于大鲜卑山（在今黑龙江嫩江流域大兴安岭北段），关于它的兴起，《北史》卷1《魏纪一》云：

> 魏之先出自黄帝轩辕氏，黄帝子曰昌意，昌意之少子受封北国，有大鲜卑山，因以为号。其后世为君长，统幽都之北，广漠之野，畜牧迁徙，射猎为业，淳朴为俗，简易为化，不为文字，刻木结绳而已。时事远近，人相传授，如史官之纪录焉。黄帝以土德王，北俗谓土为托，谓后为跋，故以为氏。其裔始均，仕尧时，逐女魃于弱水，北人赖其勋，舜命为田祖。历三代至秦、汉，獯鬻、猃狁、山戎、匈奴之属，累代作害中州，而始均之裔不交南夏，是以载籍无闻。
>
> 积六七十代，至成皇帝讳毛立，统国三十六，大姓九十九，威振北方……
>
> 宣帝南迁大泽，方千余里，厥土昏冥沮洳，谋更南徙，未行而崩……威帝崩，献皇帝邻立。
>
> 时有神人，言此土荒遐，宜徙建都邑。献帝年老，乃以位授子圣武皇帝，命南移，山谷高深，九难八阻，于是欲止。有神兽似马，其声类牛，导引历年乃出，始居匈奴故地。其迁徙策略多出宣、献二帝，故时人并号曰推寅，盖俗云钻研之义。

又《读史方舆纪要》卷4《历代州域形势四·南北朝》云：

> 后魏之先为鲜卑索头部，世居北荒，后渐徙而南，居匈奴故地。至拓跋力微，遂徙居定襄之盛乐。四传至禄官，分其国为三部：一居上谷之北，濡源之西，自统之；一居代郡参合陂之北，使兄子猗㐌统之；一居盛乐，使猗㐌弟猗卢统之。其后猗卢遂总摄三部。晋永嘉四年，并州刺史刘琨讨刘虎及白部，请兵于猗卢，大破之，琨因表猗卢为大单于，以代郡封之为代公。猗卢以封邑去国悬远，乃帅部落自云中入雁门，从琨，求陉北地，琨与之，由是益盛。建兴二年，进猗卢为代王，食代、常山二郡。其后国乱，四传至郁律，筑城于东木根

山，徙居之。又再传至纥那，为石虎所败，徙都大宁。纥那国乱，翳槐有其地，乃复城盛乐而居之。其弟什翼犍代立，国益强，东自濊貊，西及破落那，南距阴山，北尽沙漠，悉皆归服。晋咸康六年，什翼犍始都云中之盛乐宫。既而刘卫辰引苻秦兵击代，代乱，秦兵趋云中，遂定代地，分代民为二部，自河以东属别部大人刘库仁，自河以西属刘卫辰。

又《魏书》卷2《太祖纪》载：

太祖道武皇帝，讳珪，昭成皇帝之嫡孙，献明皇帝之子也。母曰献明贺皇后。初因迁徙，游于云泽……年六岁，昭成崩。苻坚遣将内侮，将迁帝于长安，既而获免。语在《燕凤传》。坚军既还，国众离散。坚使刘库仁、刘卫辰分摄国事。南部大人长孙嵩及元他等，尽将故民南依库仁，帝于是转幸独孤部。

七年，冬十月，苻坚败于淮南。是月，慕容文等杀库仁，库仁弟眷摄国部。

八年，慕容暐弟冲僭立。姚苌自称大单于、万年秦王。慕容垂僭称燕王。

九年，库仁子显杀眷而代之，乃将谋逆。商人王霸知之，履帝足于众中，帝乃驰还。是时故大人梁盖盆子六眷，为显谋主，尽知其计，密使部人穆崇驰告。帝乃阴结旧臣长孙犍、元他等。秋八月，乃幸贺兰部。其日，显果使人求帝，不及。语在《献明太后传》。是岁，鲜卑乞伏国仁私署大单于。苻坚为姚苌所杀，子丕僭立。

登国元年春正月戊申，帝即代王位，郊天，建元，大会于牛川。复以长孙嵩为南部大人，以叔孙普洛为北部大人。班爵叙勋，各有差。二月，幸定襄之盛乐。息众课农。三月，刘显自善无南走马邑，其族奴真率所部来降。

夏四月，改称魏王。

又《宋书》卷95《索虏传》载：

先是鲜卑慕容垂，僭号中山。晋孝武太元二十一年，垂死，开

(即拓跋珪)率十万骑围中山。明年四月，克之，遂王有中州，自称曰魏，号年天赐。元年，治代郡桑乾县之平城。立学官，置尚书曹。

1980年7月，文物工作者在内蒙古自治区鄂伦春自治旗阿里河镇西北十公里的大兴安岭北段顶峰东侧，发现了鲜卑拓跋部祖庙石室，揭开了鲜卑拓跋部发源地的千古之谜[①]。

拓跋珪于登国元年（386）复国称王后，旋改国号为魏，史称"北魏""后魏""拓跋魏"或"元魏"。天兴元年（398），建都平城（今山西大同），旋改号称帝，即道武帝。

拓跋珪复国之时，进入中原的各族都已走上封建化和汉化的道路，拓跋族要想生存和发展，必须追赶中原各族。尝过灭国滋味的拓跋珪看到了这一点，他建立魏国后，积极进行了一系列改革。其中在政治方面的改革，主要有以下几方面。

其一，把游牧的部族组织改为封建的政治组织，使部民成为编户定居下来。

《魏书》卷113《官氏志》云：

> 初，安帝统国，诸部有九十九姓。至献帝时，七分国人，使诸兄弟各摄领之，乃分其氏。自后兼并他国，各有本部，部中别族，为内姓焉……

> 凡此四方诸部，岁时朝贡，登国初，太祖散诸部落，始同为编民。

又《北史》卷80《外戚·贺讷传》云：

> 贺讷，代人，魏道武皇帝之舅，献明后之兄也。其先世为君长。讷从道武平中原，拜安远将军。其后离散诸部，分土定居，不听迁徙，其君长大人，皆同编户。

又《魏书》卷110《食货志》云：

---

① 米文平：《大兴安岭北部发现鲜卑石室遗址》，《光明日报》1980年11月25日。

天兴初，制定京邑，东至代郡，西及善无，南极阴馆，北尽参合，为畿内之田；其外四方四维置八部帅以监之，劝课农耕，量校收入，以为殿最。

又同书卷2《太祖纪》云：

（天赐）三年……六月，发八部五百里内男丁筑灅南宫，门阙高十余丈；引沟穿池，广苑囿；规立外城，方二十里，分置市里，经涂洞达。三十日罢……

四年……秋七月……筑北宫垣，三旬而罢。

其二，建立宗主督护制度。
《魏书》卷53《李冲传》云：

旧无三长，唯立宗主督护，所以民多隐冒，五十、三十家方为一户。

其三，重用汉族士大夫，借以扩大统治的社会基础。
《魏书》卷2《太祖纪》云：

初建台省，置百官，封拜公侯、将军、刺史、太守，尚书郎已下悉用文人。帝初拓中原，留心慰纳，诸士大夫诣军门者，无少长，皆引入赐见，存问周悉，人得自尽，苟有微能，咸蒙叙用。

汉族地主也对拓跋贵族竭诚效力，拓跋珪时制定的许多制度均出自汉族士大夫之手，如邓渊定官制，董谧制礼仪，王德修律令，晁崇考天象，上谷张衮、清河崔玄伯则"对总机要，草创制度"。
关于张衮，《魏书》卷24《张衮传》谓：

张衮，字洪龙，上谷沮阳人也。祖翼，辽东太守。父卓，昌黎太守。衮初为郡五官掾，纯厚笃实，好学，有文才。太祖为代王，选为左长史。

从太祖征蠕蠕。蠕蠕遁走，追之五六百里。诸部帅因衮言于太祖曰："今贼远粮尽，不宜深入，请速还军。"太祖令衮问诸部帅，若杀副马，足三日食否。皆言足也。太祖乃倍道追之，乃于广漠赤地南床山下，大破之。既而太祖问衮："卿曹外人，知我前问三日粮意乎？"对曰："皆莫知也。"太祖曰："此易知耳。蠕蠕奔走数日，畜产之余，至水必留。计其道程，三日足及。轻骑卒至，出其不意，彼必惊散，其势然矣。"衮以太祖言出告部帅，咸曰："圣策长远，非愚近所及也。"

衮常参大谋，决策帷幄，太祖器之，礼遇优厚。衮每告人曰："昔乐毅杖策于燕昭，公达委身于魏武，盖命世难可期，千载不易过。主上天姿杰迈，逸志凌霄，必能囊括六合，混一四海。夫遭风云之会，不建腾跃之功者，非人豪也。"遂策名委质，竭诚伏事。

时刘显地广兵强，跨有朔裔，会其兄弟乖离，共相疑阻。衮言于太祖曰："显志大意高，希冀非望，非有参天贰地，笼罩宇宙之规。吴不并越，将为后患。今因其内衅，宜速乘之。若轻师独进，或恐越逸。可遣使告慕容垂，共相声援，东西俱举，势必擒之。然后总括英雄，抚怀远迩，此千载一时，不可失也。"太祖从之，遂破走显。又从破贺讷，遂命群官登勿居山，游宴终日。从官及诸部大人请聚石为峰，以记功德，命衮为文。

慕容宝之来寇也，衮言于太祖曰："宝乘滑台之功，因长子之捷，倾资竭力，难与争锋。愚以为宜羸师卷甲，以侈其心。"太祖从之，果破之参合。

皇始初，迁给事黄门侍郎。太祖南伐，师次中山。衮言于太祖曰："宝凭三世之资，城池之固，虽皇威震赫，势必擒殄，然穷兵极武，非王者所宜。昔郦生一说，田横委质，鲁连飞书，聊将授首。臣诚德非古人，略无奇策，仰凭灵威，庶必有感。"太祖从之。衮遗宝书，喻以成败。宝见书大惧，遂奔和龙。既克中山，听入八议，拜衮奋武将军、幽州刺史，赐爵临渭侯。衮清俭寡欲，劝课农桑，百姓安之。

关于崔玄伯，《魏书》卷24《崔玄伯传》谓：

> 崔玄伯，清河东武城人也，名犯高祖庙讳，魏司空林六世孙也。祖悦，仕石虎，官至司徒左长史、关内侯。父潜，仕慕容暐，为黄门侍郎，并有才学之称。玄伯少有俊才，号曰冀州神童。……
>
> 太祖征慕容宝，次于常山，玄伯弃郡，东走海滨。太祖素闻其名，遣骑追求，执送于军门，引见与语，悦之，以为黄门侍郎，与张衮对总机要，草创制度……
>
> 太祖幸邺，历问故事于玄伯，应对若流，太祖善之。及车驾还京师，次于恒岭。太祖亲登山顶，抚慰新民，适遇玄伯扶老母登岭，太祖嘉之，赐以牛米。因诏诸徙人不能自进者，给以车牛。迁吏部尚书。命有司制官爵，撰朝仪，协音乐，定律令，申科禁，玄伯总而裁之，以为永式。及置八部大夫以拟八坐，玄伯通署三十六曹，如令仆统事，深为太祖所任。势倾朝廷。而俭约自居，不营产业，家徒四壁；出无车乘，朝晡步上；母年七十，供养无重膳。太祖尝使人密察，闻而益重之，厚加馈赐。时人亦或讥其过约，而玄伯为之逾甚。
>
> 太祖常引问古今旧事，王者制度，治世之则。玄伯陈古人制作之体，及明君贤臣，往代废兴之由，甚合上意。未尝謇谔忤旨，亦不谄谀苟容。及太祖季年，大臣多犯威怒，玄伯独无谴者，由于此也。太祖曾引玄伯讲《汉书》，至娄敬说汉祖欲以鲁元公主妻匈奴，善之，嗟叹者良久。是以诸公主皆厘降于宾附之国，朝臣子弟，虽名族美彦，不得尚焉。

此外，拓跋珪还对法律和职官制度进行了改革，又提倡儒学和设立太学。这些措施，实际上是拓跋部内部一次深刻的封建化变革，通过此次变革，拓跋族向封建化和汉化迈进了一大步。

二　北魏统一北方

永兴元年（409）十月，拓跋珪为其子拓跋绍所杀，拓跋珪的长子拓跋嗣杀绍即位，是为明元帝。泰常七年（422），明元帝拓跋嗣发动了对南方宋朝的进攻，夺取了司州、兖州和豫州的大部。

《北史》卷1《魏本纪》云：

泰常……七年……秋九月，诏司空奚斤等帅师伐宋。乙巳，幸澶南宫，遂如广宁。己酉，诏皇太子率百国以法驾田于东苑，车乘服物皆以乘舆之副。辛亥，筑平城外郭，周回三十二里。辛酉，幸峤山，遣使者祠黄帝、唐尧庙。因东幸幽州，见耆年，问其所苦，赐以爵号。分遣使者巡行州郡，观察风俗。

冬十月甲戌，车驾还宫，复所过田租之半。奚斤等济河，攻滑台不拔，求济师，帝怒不许。议亲南征，为其声援。壬辰，南巡，出自天门关，逾恒岭，四方蕃附大人各帅所部从者五万余人。十一月，皇太子亲统六军镇塞上，安定王弥与北新公安同居守。丙午，曲赦司州殊死以下。丙辰，次于中山，问人疾苦。十二月丙戌，行幸冀州，存问人俗。遣寿光侯叔孙建等率众自平原东度，徇下青、兖诸郡。

八年春正月内辰，行幸邺，存问人俗。司空奚斤既平兖、豫，还围武牢，宋守将毛德祖距守不下。

拓跋嗣死后，子拓跋焘继立。魏太武帝拓跋焘是一位杰出的皇帝。他依靠拓跋珪建立的强大军事经济力量，继续进行统一北方的战争，武功达到了高峰。他北败柔然，西败夏王赫连昌，攻取了长安、统万等城，并俘虏了赫连昌。

《魏书》卷4《世祖纪》云：

世祖太武皇帝，讳焘，太宗明元皇帝之长子也，母曰杜贵嫔。天赐五年生于东宫，体貌瓌异，太祖奇而悦之，曰："成吾业者，必此子也。"泰常七年四月，封泰平王，五月，为监国。太宗有疾，命帝总摄百揆，聪明大度，意豁如也。八年十一月壬申，即皇帝位，大赦天下。十有二月，追尊皇妣为密皇后，进司徒长孙嵩爵为北平王，司空奚斤为宜城王，蓝田公长孙翰为平阳王，其余普增爵位各有差。于是除禁锢，释嫌怨，开仓库，赈穷乏，河南流民相率内属者甚众。

始光元年春正月丙寅，安定王弥薨。

夏四月甲辰，东巡，幸大宁。

秋七月，车驾还宫。八月，蠕蠕率六万骑入云中，杀掠吏民，攻陷盛乐宫。栩阳子尉普文率轻骑讨之，虏乃退走。诏平阳王长孙翰等击蠕蠕别帅，破之，杀数千人，获马万余匹……冬十有二月，遣平阳王长孙翰等讨蠕蠕。车驾次柞山，蠕蠕北遁，诸军追之，大获而还……

四年春正月乙酉，车驾至自西伐……从人在道多死，其能到都者才十六七。己亥，行幸幽州。赫连昌遣其弟平原公定率众二万向长安。帝闻之，乃遣就阴山伐木，大造攻具。二月，车驾还宫。三月丙子，遣高凉王礼镇长安。诏执金吾桓贷造桥于君子津……

夏四月丁未，诏员外散骑常侍步堆、谒者仆射胡觐等使于刘义隆。是月，治兵讲武，分诸军，司徒长孙翰、廷尉长孙道生、宗正娥清三万骑为前驱，常山王素、太仆丘堆、将军元太毗步兵三万为后继，南阳王伏真、执金吾桓贷、将军姚黄眉步兵三万部攻城器械，将军贺多罗精骑三千为前候。五月，车驾西讨赫连昌。辛巳，济君子津三城胡酋鹊子相率内附。帝次拔邻山筑城，舍辎重，以轻骑三万先行。戊戌，至于黑水，帝亲祈天告祖宗之灵而誓众焉。六月甲辰，昌引众出城，大破之。事在昌传。昌将麾下数百骑西南走，奔上邽，诸军乘胜追至城北，死者万余人，临阵杀昌弟河南公满及其兄子蒙逊。会日暮，昌尚书仆射问至拔城，夜将昌母出走。乙巳，车驾入城，虏昌群弟及其诸母、姊妹、妻妾、宫人万数，府库珍宝车旗器物不可胜计，擒昌尚书王买、薛超等及司马德宗将毛修之、秦雍人士数千人，获马三十余万匹，牛羊数千万。以昌宫人及生口、金银、珍元、布帛班赉将士各有差。昌弟平原公定拒司空奚斤于长安城，娥清率骑五千讨之，西走上邽。辛酉，班师，留常山王素、执金吾桓贷镇统万。

秋七月己卯……蠕蠕寇云中，闻破赫连昌，惧而还走。八月壬子，车驾至自西伐，饮至策勋，告于宗庙，班军实以赐留台百僚，各有差。九月丁酉，安定民举城归降……

神嘉元年春正月，以天下守令多行非法，精选忠良悉代之。辛未，京兆王黎薨。二月，改元。赫连昌退屯平凉。司空奚斤进军安定，将军丘堆为昌所败，监军侍御史安颉出战，擒昌。

太延二年（436），拓跋焘出兵灭北燕冯氏，太平真君元年（440），又攻取凉州，灭北凉。西凉李暠孙李宝，曾奔据伊吾，复东取敦煌，后仍降于魏。至此，拓跋焘完成了中国黄河流域以北的统一，结束了十六国的纷争局面，从而为民族的大融合和全国的统一创造了有利条件。

兴安元年（452），魏文成帝拓跋濬即位。拓跋濬在位期间，曾采取一些积极措施，因而政治较为清明。

《魏书》卷5《高宗纪》谓：

> 高宗文成皇帝，讳濬，恭宗景穆皇帝之长子也。母曰闾氏……帝少聪达，世祖爱之，常置左右，号世嫡皇孙。……既长，风格异常，每有大政，常参决可否。正平二年十月戊申，即皇帝位……
>
> 太安元年……夏六月……癸酉，诏曰："……今遣尚书穆伏真等三十人，巡行州郡，观察风俗。入其境，农不垦殖，田亩多荒，则徭役不时，废于力也；耆老饭蔬食，少壮无衣褐，则聚敛烦数，匮于财也；闾里空虚，民多流散，则绥导无方，疏于恩也；盗贼公行，劫夺不息，则威禁不设，失于刑也；众谤并兴，大小嗟怨，善人隐伏，佞邪当途，则为法混淆，昏于政也。诸如此比，黜而戮之。善于政者，褒而赏之。其有阿枉不能自申，听诣使告状，使者检治。若信清能，众所称美，诬告以求直，反其罪。使者受财，断察不平，听诣公车上诉。其不孝父母，不顺尊长，为吏奸暴，及为盗贼，各具以名上。其容隐者，以所匿之罪罪之。"……
>
> （五年）冬十有二月戊申，诏曰："朕承洪业，统御群有，思恢政化，以济兆民。故薄赋敛以实其财，轻徭役以纾其力，欲令百姓修业，人不匮乏。而六镇、云中、高平、二雍、秦州，偏遇灾旱，年谷不收。其遣开仓廪以赈之。有流徙者，谕还桑梓。欲市籴他界，为关傍郡，通其交易之路。若典司之官，分职不均，使上恩不达于下，下民不赡于时，加以重罪，无有攸纵。"……
>
> （和平）二年春正月乙酉，诏曰："刺史牧民，为万里之表。自顷每因发调，逼民假贷，大商富贾，要射时利，旬日之间，增赢十倍。上下通同，分以润屋。故编户之家，困于冻馁；豪富之门，日有兼积。为政之弊，莫过于此。其一切禁绝，犯者十疋以上皆死。布告天下，咸令知禁。"……三月……舆驾所过，皆亲对高年，问民疾苦。诏民年八十以上，一子不从役……
>
> 四年春三月乙未，赐京师民年七十以上太官厨食，以终其年……乙巳，诏曰："朕宪章旧典，分职设官，欲令敷扬治化，缉熙庶绩。然在职之人，皆蒙显擢，委以事任，当厉己竭诚，务省徭役，使兵民

优逸,家给人赡。今内外诸司、州镇守宰,侵使兵民,劳役非一。自今擅有召役,逼雇不程,皆论同枉法。"……

(秋八月)壬申,诏曰:"前以民遭饥寒,不自存济,有卖鬻男女者,尽仰还其家。或因缘势力,或私行请托,共相通容,不时检校,令良家子息仍为奴婢。今仰精究,不听取赎,有犯加罪。若仍不检还,听其父兄上诉,以掠人论。"九月辛巳,车驾还宫。

冬十月,以定、相二州霣霜杀稼,免民田租。

又同书同卷"传论"谓:

高宗与时消息,静以镇之,养威布德,怀缉中外。自非机悟深裕,矜济为心,亦何能若此!可谓有君人之度矣。

拓跋濬死后,魏献文帝拓跋弘继位。献文帝耽于黄、老、浮屠之学,遂传位于太子宏,即魏孝文帝。

第三节 孝文帝时期的改革

孝文帝在位期间,为缓和阶级矛盾和民族矛盾并进一步调整胡汉统治者之间的关系,以加强封建国家的集权统治力量和加强汉化为中心内容,实行了一系列的改革,其间包括文明太后冯氏执政时期和孝文帝执政时期两个阶段的改革。这次改革对促进拓跋部的封建化与封建制在北方的全面恢复,促进民族融合的进一步发展,具有重要的历史意义。

一 北魏前期社会矛盾的激化

北魏前期的统治一直处于不稳定状态,统一北方后数十年,北方经济还很萧条,加上沉重的赋役负担和频繁的自然灾害,致使自耕农民的经济状况难以改善,逃亡隐匿现象有增无减,因而出现了此起彼伏的农民起义。其中规模较大的是盖吴起义。

《魏书》卷4下《世祖纪》云:

(太平真君)六年……九月,庐水胡盖吴聚众反于杏城。冬十月戊子，长安镇副将元纥率众讨之，为吴所杀。吴党遂盛，民皆渡渭奔南山。于是诏发高平敕勒骑赴长安。诏将军叔孙拔乘传领摄并、秦、雍兵屯渭北。

十有一月……己未……盖吴遣其部落帅白广平西掠新平，安定诸、诸夷酋皆聚众应之，杀汧城守将。吴遂进军李闰堡，分兵掠临晋巴东。将军章直与战，大败之，兵溺死于河者三万余人。吴又遣兵西掠至长安，将军叔孙拔与战于渭北，大破之，斩首三万余级。庚申……河东蜀薛永宗聚党盗官马数千匹，驱三千余人入汾曲，西通盖吴，受其位号。秦州刺史、金城公周鹿观率众讨之，不克而还。庚午，诏殿中尚书、扶风公元处真，尚书、平阳公慕容嵩二万骑讨薛永宗；诏殿中尚书乙拔率五将三万骑讨盖吴，西平公寇提三将一万骑讨吴党白广平。盖吴自号天台王，署置百官。辛未，车驾还宫……癸未，车驾西巡。

七年春正月戊辰，车驾次东雍州。庚午，围薛永宗营垒。永宗出战，大败，六军乘之，永宗众溃。永宗男女无少长赴汾水死。辛未，车驾南幸汾阴。庚辰，帝临戏水，盖吴退走北地。二月，丙戌，幸长安，存问父老……丙申，幸鳌屋，诛叛民耿青、孙温二垒与盖吴通谋者。军次陈仓，诛散关氏害守将者。还幸雍城，田于岐山之阳。北道诸军乙拔等大破盖吴于杏城，吴弃马遁走……三月……车驾旋轸，幸洛水，分军诛李闰叛羌。

是月，金城边冏、天水梁会反，据上邽东城。秦州刺史封敕文击之，斩冏，众复推会为帅。

夏四月甲申，车驾至自长安……五月癸亥，安丰公闾根率骑诣上邽，与敕文讨梁会，会走汉中。盖吴复聚杏城，自号秦地王，假署山民，众旅复振。于是遣永昌王仁、高凉王那督北道诸军同讨之。六月甲申，发定、冀、相三州兵二万人屯长安南山诸谷，以防越逸……秋八月，盖吴为其下人所杀，传首京师。永昌王仁平其遗烬。高凉王那破盖吴党白广平；生擒屠各路那罗于安定，斩于京师。

又《宋书》卷95《索虏传》载：

（元嘉）二十三年，北地泸水人盖吴，年二十九，于杏城天台举兵反虏，诸戎夷普并响应，有众十余万。（魏主拓跋）焘闻吴反，恶其名，累遣军击之，辄败。吴上表归顺曰：

"自灵祚南迁，祸缠神土，二京失统，豺狼纵毒，苍元蹈犬噬之悲，旧都哀荼蓼之痛。臣以庸鄙，杖义因机，乘寇虏天亡之期，藉二州思奋之愤，故创迹天台，爰暨咸、雍，义风一鼓，率土响同，威声既张，士卒效勇，师不崇朝，群狡震裂，殄逆鳞于函关，扫凶迹于秦土，非仰协宋灵，俯允群愿，焉能若斯者哉。今平城遗虐，连兵大坛，东西狼顾，咸形莫接，长安孤危，河、洛不戍。平阳二孽，世连土宇，拥率部落，控弦五万，东屯潼塞，任质军门。私署安西将军常山白广平练甲高平，进师汧、陇北漠护军，结驷连骑，提戈载驱。胡兰洛生等部曲数千，拟击伪镇，阖境颙颙，仰望皇泽。伏愿陛下给一旅之众，北临河、陕，赐臣威仪，兼给戎械，进可以厌捍凶寇，覆其巢窟，退可以宣国威武，镇御旧京，使中都有鸣鸾之响，荒余怀来苏之德。谨遣使人赵绾驰表丹诚。"焘遣军屡败，乃自率大众攻之。吴又上表曰：

"臣仰恩天时，以义伐暴，辄东西结运，南北树党，五州同盟，迭相要契。仰冯威灵，千里云集，冀廓除榛莽，以待王师，义夫始臻，莫不瓦解。虏主二月四日倾资倒库，与臣连营，接刃交锋，无日不战，获贼过半，伏尸蔽野。伏愿特遣偏师，赐垂拯接。若天威既震，足使奸虏溃亡，遗民小大，咸蒙生造。"太祖诏曰："北地盖吴，起众秦川，华戎响附，奋其义勇，频烦克捷，屡遣表疏，远效忠欵，志枭逆虏，以立勋绩。宜加爵号，褒奖乃诚，可以为使持节、都督关陇诸军事、安西将军、雍州刺史、北地郡公。使雍、梁遣军界上，以相援接。"

焘攻吴大小数十战，不能克。太祖遣使送雍、秦二州所统郡及金紫以下诸将印合一百二十一纽与吴，使随宜假授。屠各反叛，吴自攻之，为流矢所中，死。吴弟吾生率余众入木面山，皆寻破散。

声势浩大的农民起义，加深了北魏的统治危机。当时的这种危机不但存在于统治者和被统治者之间，而且也存在于统治阶级内部，主要表现为胡汉统治者之间的矛盾。这一方面是因为政治、经济利益的冲突；另一方面是因为民族差异，拓跋贵族对汉族地主存有戒心。清河大族崔浩在巩固北魏统治上出过大力，后来因与拓跋焘政见不合而被杀。这种矛盾也影响了北魏政权的稳定。

《魏书》卷35《崔浩传》载：

> 崔浩，字伯渊，清河人也，白马公玄伯之长子。少好文学，博览经史，玄象阴阳，百家之言，无不关综，研精义理，时人莫及。弱冠为直郎。天兴中，给事秘书，转著作郎……太宗初，拜博士祭酒……神瑞二年，秋谷不登，太史令王亮、苏垣因华阴公主等言谶识书国家当治邺，应大乐五十年，劝太宗迁都。浩与特进周澹言于太宗曰："今国家迁都于邺，可救今年之饥，非长久之策也。东州之人，常谓国家居广漠之地，民畜无算，号称牛毛之众。今留守旧都，分家南徙，恐不满诸州之地。参居郡县，处榛林之间，不便水土，疾疫死伤，情见事露，则百姓意沮。四方闻之，有轻侮之意，屈丐、蠕蠕必提挈而来，云中、平城则有危殆之虑，阻隔恒代千里之险，虽欲救援，赴之甚难，如此则声实俱损矣。今居北方，假令山东有变，轻骑南出，耀威桑梓之中，谁知多少？百姓见之，望尘震服。此是国家威制诸夏之长策也。至春草生，乳酪将出，兼有菜果，足接来秋，若得中熟，事则济矣。"太宗深然之……

又《北史》卷21《崔宏传附子浩传》谓：

> 浩字伯深……明元初，拜博士祭酒……恒与军国大谋，甚为宠密……及父终，居丧尽礼，时人称之。袭爵白马公。自朝廷礼仪，优文策诏，军国书记，尽关于浩……帝恒有微疾，而灾异屡见，乃使中贵人密问浩……浩曰："……今宜早建东官，选公卿忠贤陛下素所委仗者，使为师傅……"帝纳之，于是使浩奉策告宗庙，令太武为国副主，居正殿临朝；司徒长孙嵩、高阳公奚斤、北新公安同为左辅，坐东厢，西面；浩与太尉穆观、散骑常侍丘堆为右弼，坐西厢，东面；百寮总己以听焉。
>
> 始光中，进爵东郡公，拜太常卿。时议伐赫连昌，群臣皆以为难，唯浩曰："……天应人和，时会并集，不可不进。"帝乃使奚斤等击蒲坂，而亲率轻骑掠其都城，大获而还……神嘉二年，议击蠕

蠕，朝臣内外尽不欲行，保太后亦固止帝，帝皆不听。唯浩赞成之……及军到，入其境，蠕蠕先不设备，于是分军搜讨，东西五千里，南北三千里，所虏及获畜产车庐数百万……

浩有鉴识，以人伦为己任。明元、太武之世征海内贤才，起自仄陋，及所得外国远方名士，拔而用之，皆浩之由也。至于礼乐宪章，皆归宗于浩。及景穆始总百揆，浩复与宜都王穆寿辅政事……

初，道武诏秘书郎邓彦海著《国记》十余卷，编年次事，体例未成，逮于明元，废不著述。神麚二年，诏集诸文人撰录国书。浩及弟览、高谠、邓颖、晁继、范享、黄辅等共参著作，叙成《国书》三十卷。著作令史太原闵湛、赵郡郤标素谄事浩，乃请立石，铭载《国书》，以彰直笔。并勒浩所注《五经》。浩赞成之，景穆善焉。遂营于天郊东三里，方百步，用功三百万乃讫。浩书国事，备而不典，而石铭显在衢路，北人咸悉忿毒，相与构浩于帝。帝大怒，使有司案浩，取秘书郎及长历生数百人意状。浩服受赇。真君十一年六月，诛浩。清河崔氏无远近，及范阳卢氏、太原郭氏、河东柳氏，皆浩之姻亲，尽夷其族。其秘书郎史以下尽死。

又《魏书》卷47《卢玄传》云：

司徒崔浩，玄之外兄……浩大欲齐整人伦，分明姓族。玄劝之曰："夫创制立事，各有其时，乐为此者，讵几人也，宜其三思。"浩当时虽无异言，竟不纳，浩败颇亦由此。

此外，落后的鲜卑贵族政治以及宗主督护制的推行，削弱了封建国家的集权，影响了北魏统治力量的发挥，这也是北魏政权需要加以调整的。严重的统治危机迫使北魏统治者为缓和尖锐的社会矛盾而进行改革。

二　冯太后执政及其改革活动

文明太后冯氏，是文成帝拓跋濬的皇后，长乐信都（今河北冀县）人。献文帝时，杀专权大臣乙浑，遂临朝以太后身份听政。后冯氏虽归政于献文帝，却一直发挥着她的政治影响。延兴六年（476）六月，冯氏杀献文帝拓跋弘，以太皇太后的身份再次临朝听政，直到太和十四年

(490)病死,她一直牢牢地掌握着朝政。冯太后在执政期间,曾实行一些改革措施,其中在政治方面的改革主要有以下几个方面。

(一) 颁行俸禄制度

北魏自建国以来,各级官吏都没有俸禄,由官吏自己搜刮民膏民脂,充实私囊,成为政治日益腐败的重要原因之一。冯太后执政后,颁行俸禄制度,规定俸禄之外贪赃满1匹者处死。

《魏书》卷7上《高祖纪》上云:

> (太和)八年……六月丁卯,诏曰:"置官班禄,行之尚矣。周礼有食禄之典,二汉著受俸之秩。逮于魏晋,莫不聿稽往宪,以经纶治道。自中原丧乱,兹制中绝,先朝因循,未遑厘改。朕……故宪章旧典,始班俸禄。罢诸商人,以简民事。户增调三匹、谷二斛九斗,以为官司之禄。均预调为二匹之赋,即兼商用。虽有一时之烦,终克永逸之益。禄行之后,赃满一匹者死。"……九月……诏曰:"俸制已立,宜时班行,其以十月为首,每季一请。"于是内外百官,受禄有差。

(二) 改革吏治

北魏前期,吏治混乱。地方守宰不论治绩好坏,任期均为6年。冯太后规定守宰的任期要按治绩的优劣决定,不固定年限。同时又制定了惩治贪污的办法,从而使吏治得以改善。

《魏书》卷111《刑罚志》云:

> 律:"枉法十匹,义赃二百匹,大辟。"至(太和)八年,始班禄制,更定义赃一匹,枉法无多少皆死。是秋遣使者巡行天下,纠守宰之不法,坐赃死者四十余人。食禄者跼蹐,赇谒之路殆绝。

(三) 推行三长制

太和十年(486),下令实行三长制。这是用来代替宗主督护制的基层政治制度。

《魏书》卷110《食货志》谓:

魏初不立三长，故民多荫附。荫附者皆无官役，豪强征敛，倍于公赋。(太和)十年，给事中李冲上言："宜准古，五家立一邻长，五邻立一里长，五里立一党长，长取乡人强谨者。邻长复一夫，里长二，党长三。所复复征戍，余若民。三载亡愆则陟用，陟之一等。其民调，一夫一妇帛一匹，粟二石。民年十五以上未娶者，四人出一夫一妇之调；奴任耕，婢任绩者，八口当未娶者四；耕牛二十头当奴婢八。其麻布之乡，一夫一妇布一匹，下至牛，以此为降。民年八十已上，听一子不从役，孤独癃老笃疾贫穷不能自存者，三长内迭养食之。"

书奏，诸官通议，称善者众。高祖从之，于是遣使者行其事。乃诏曰："夫任土错贡，所以通有无；井乘定赋，所以均劳逸。有无通则民财不匮，劳逸均则人乐其业。此自古之常道也。又邻里乡党之制，所由来久。欲使风教易周，家至日见，以大督小，从近及远，如身之使手，干之总条，然后口算平均，义兴讼息。……自昔以来，诸州户口，籍贯不实，包藏隐漏，废公罔私。富强者并兼有余，贫弱者糊口不足。赋税齐等，无轻重之殊；力役同科，无众寡之别。虽建九品之格，而丰埆之土未融；虽立均输之楷，而蚕绩之乡无异。臻使淳化未树，民情偷薄。朕每思之，良怀深概。今革旧从新，为里党之法，在所牧守，宜以喻民，使知去烦即简之要。"初，百姓咸以为不若循常，豪富并兼者尤弗愿也。事施行后，计省昔十有余倍。于是海内安之。

又同书《魏书》卷 53《李冲传》谓：

旧无三长，唯立宗主督护，所以民多隐冒，五十、三十家方为一户。冲以三正治民，所由来远，于是创三长之制而上之。文明太后览而称善，引见公卿议之。中书令郑义、秘书令高佑等曰："冲求立三长者，乃欲混天下一法。言似可用，事实难行。"义又曰："不信臣言，但试行之，事败之后，当知愚言之不谬。"太尉元丕曰："臣谓此法若行，于公私有益。"咸称方今有事之月，校比民户，新旧未分，民必劳怨，请过今秋，至冬闲月，徐乃遣使，于事为宜。冲曰："民者，冥也，可使由之，不可使知之。若不因调时，百姓徒知立长校户之勤,未见均徭省赋之益,心必生怨。宜及课调之月,令知赋税之均。即识其事,又得其利,因民之欲,为之易行。"著作郎傅思益进曰:"民俗既异,除易不同,九品差调,为日已久,一旦改法,恐成扰乱。"太后曰:"立三长,则课有常准,赋有恒分,苞荫之户可出,侥幸之人可止,何为而不可?"群议虽有乖异,然惟以变法为难,更无异义。遂立三长,公私便之。

此外,冯太后还对朝廷礼仪和社会风俗进行了改革,儒家经典中记载的明堂、辟雍、圆丘、方泽等礼仪建筑也相继在平城建造起来。这些都为孝文帝进一步实行汉化改革创造了条件。

三 孝文帝的汉化措施

太和十四年(490),冯太后死,孝文帝元宏亲政。这时北方的经济形态及民族关系都因前期的改革发生了变化。胡族这种经济、社会的变化,必然要求在文化生活方式上与之相适应。就北魏统治者来说,则是企图以消除胡汉文化上的差异的办法,来缓和民族矛盾。为此,元宏实行了以汉化为中心的一系列改革。

(一) 在迁都问题上的汉化和反汉化的斗争

《魏书》卷19中《任城王云传附子澄传》云:

(孝文帝)乃独谓澄曰:"今日之行,诚知不易。但国家兴自北土,徙居平城,虽富有四海,文轨未一。此间用武之地,非可文治,移风易俗,信为甚难。崤函帝宅,河洛王里,因兹大举,光宅中原,任城意以为何如?"澄曰:"伊洛中区,均天下所据,陛下制御华夏,辑平九服,苍生闻此,应当大庆。"

又《魏书》卷53《李冲传》谓:

(太和十七年)车驾南伐……自发都至于洛阳,霖雨不霁;仍诏六军发轸。高祖戎服执鞭,御马而出,群臣启颡于马首之前……高祖乃谕群臣曰:"今者兴动不小,动而不成,何以示后?苟欲班师,无以垂之千载……若不南銮,即当移都于此,光宅土中,机亦时矣,王公等以为何如？议之所决，不得旋踵，欲迁者左，不欲者右。"安定王休等相率如右。前南安王桢进曰："……请上安圣躬，下慰民望，光宅中原，辍彼南伐。此臣等愿言，苍生幸甚。"群臣咸唱"万岁"。高祖初谋南迁，恐众心恋旧，乃示为大举，因以胁定群情，外名南伐，其实迁也。旧人怀土，多所不愿，内惮南征，无敢言者，于是定都洛阳。

又同书卷14《东阳王丕传》云：

及高祖欲迁都，临太极殿，引见留守之官大议。乃诏丕等，如有所怀，各陈共志。燕州刺史穆罴进曰："移都事大，如臣愚见，谓为未可。"高祖曰："卿便言不可之理。"罴曰："……四方未平，九区未定。以此推之，谓为不可。征伐之举，要须戎马，如其无马，事不可克。"高祖曰："卿言无马，此理粗可。马常出北方，厩在此置，卿何虑无马？今代在恒山之北，为九州之外，以是之故，迁于中原。"罴曰："臣闻黄帝都涿鹿。以此言之，古昔圣王不必悉居中原。"高祖曰："黄帝以天下未定，居于涿鹿，既定之后，亦迁于河南。"尚书于果曰："臣诚不识古事，如闻百姓之言，先皇建都于此，无何欲移，以为不可。中原其如是所由拟。数有篡夺。自建邑平城以来，与天地并固，日月齐明。臣虽管见肤浅，性不昭达，终不以恒代之地，而拟伊洛之美。但以安土重迁，物之常性，一但南移，惧不乐也。"丕曰："陛下云岁亲御六军讨萧氏，至洛，遗任城王澄宣旨，敕臣等议都洛。初奉恩旨，心情惶越。凡欲迁移，当讯之卜筮，审定吉否，然后可。"高祖谓丕曰："往在邺中，司徒公诞、咸阳王禧、尚书李冲等皆欲请龟占移洛吉凶之事。朕时谓诞等曰：昔周邵卜宅伊洛，乃识至兆。今无若斯之人，卜亦无益。然卜者所以决疑，此既不疑，何须卜也。昔轩辕卜兆龟焦，卜者请防诸贤哲，轩辕乃问天老，天老谓为善。遂从其言，终致昌吉。然则至人之量未然，审于龟矣。朕既以四海为家，或南或北，迟速无常。南移之民，朕自多积仓储，不令窘乏。"丕曰："臣仰奉慈诏，不胜喜舞。"高祖诏群官曰："卿等或以朕无为移徙也。昔平文皇帝弃背率土，昭成营居盛乐；太祖道武皇帝神武应天，迁居平城。朕虽虚寡，幸属胜残之运，故移宅中原，肇成皇宇。卿等当奉先君令德，光迹洪规。"前怀州刺史青龙、前秦州刺史吕受恩等仍守愚固，帝皆抚而答之，辞屈而退。

丕雅爱本风，不达新式，至于变俗迁洛，改官制服，禁绝旧言，皆所不愿。高祖知其如此，亦不逼之，但诱示大理，令其不生同异。至于衣冕已行，朱服列位，而丕犹常服列在坐隅。晚乃稍加弁带，而不能修饰容仪。高祖以丕年衰体重，亦不强责。及罢降非太祖子孙及异姓王者，虽较于公爵，而利享封邑，亦不快。

高祖南征，丕表乞少留，思更图后举。会司徒冯诞薨，诏六军反旆。丕又以熙薨于代都，表求銮驾亲临……丕父子大意不乐迁洛。高祖之发平城，太子恂留于旧京，及将迁洛，隆与超等密谋留恂，因举兵断关，规据陉北。时丕以老居并州，虽不预其始计，而隆、超咸以告丕。丕外虑不成，口虽致难，心颇然之。及高祖幸平城，推穆泰等首谋，隆兄弟并是党。丕亦随驾至平城，每于测问，令丕坐观。隆、超与元业等兄弟并以谋逆伏诛……（丕）听免死，仍为太原百姓。

又同书卷22《废太子恂传》载：

恂不好书学，体貌肥大，深忌河、洛暑热，意每追乐北方。中庶子高道悦数苦言致谏，恂甚衔之。高祖幸嵩岳，恂留守金墉，于西掖门内与左右谋，欲召牧马轻骑奔代，手刃道悦于禁中。领军元俨勒门防遏，夜得宁静。厥明，尚书陆琇驰启高祖于南，高祖闻之骇惋，外寝其事，仍至汴口而还。引恂数罪，与咸阳王禧等亲杖恂，又令禧等更代，百余下，扶曳出外，不起者月余，拘于城西别馆。引见群臣于清徽堂，议废之。司空、太子太傅穆亮，尚书仆射、少保李冲，并免冠稽首而谢。高祖曰："卿所谢者私也，我所议者国也。古人有言，大义灭亲。今恂欲违父背尊，跨据恒、朔。天下未有无父国，何其包藏，心与身俱。此小儿今日不灭，乃是国家之大祸，脱待我无后，恐有永嘉之乱。"乃废为庶人，置之河阳，以兵守之，服食所供，粗免饥寒而已。恂在困踬，颇知咎悔，恒读佛经，礼拜归心于善。高祖幸代，遂如长安。中尉李彪承间密表，告恂复与左右谋逆。高祖在长安，使中书侍郎邢峦与咸阳王禧，奉诏赍椒酒诣河阳，赐恂死。时年十五。

(二) 汉化的重大成就

汉化运动的重大成就，是孝文帝把迁到洛阳来的所有鲜卑人，从本质上和形式上，都改造成了汉人，从而形成魏晋南北朝时期继"五胡"汉化之后的第二次民族大融合。其之所以能取得如此重大成就，是因为汉化政策符合当时文明较低的少数民族向文明程度较高的汉族自然同化的规律。

1. 禁胡服及鲜卑语

先叙禁胡服。

《魏书》卷7下《高祖纪下》云：

> （太和）十有八年……十有二月……壬寅，革衣服之制……
> 十有九年……六月……丙辰，诏迁洛之民，死葬河南，不得还北。于是代人南迁者，悉为河南洛阳人……九月庚午，六宫及文武尽迁洛阳……十有二月……甲子，引见群臣于光极堂，班赐冠服。

不仅男子，妇女服装也改穿汉装。

《北史》卷18《任城王云传附元澄传》谓：

> （孝文帝至邺城）见公卿曰："朕昨入城，见车上妇人，冠帽而著小袖襦袄者，尚书何为不察？"（元）澄曰："著者犹少。"帝曰："任城欲令全著乎？一言可以丧邦，其斯之谓？"

又《魏书》卷21上《咸阳王禧传》云：

> （高祖）又引见王公卿士，责留京之官曰："昨望见妇女之服，仍为夹领小袖。我祖东山，虽不三年，既离寒暑，卿等何为而违前诏？"禧对曰："……舛违之罪，实合刑宪。"

再叙禁鲜卑语。

《魏书》卷21上《咸阳王禧传》云：

高祖引见朝臣，诏之曰："卿等欲令魏朝齐美于殷、周，为令汉、晋独擅于上代？"禧曰："陛下圣明御运，实愿迈迹前王。"高祖曰："若然，将以何事致之？为欲修身改俗，为欲仍染前事？"禧对曰："宜应改旧，以成日新之美。"高祖曰："为欲止在一身，为欲传之子孙？"禧对曰："既卜世灵长，愿欲传之来叶。"高祖曰："若然，必须改作，卿等当各从之，不得违也。"禧对曰："上命下从，如风靡草。"高祖曰："自上古以来及诸经籍，焉有不先正名，而得行礼乎？今欲断诸北语，一从正音。年三十以上，习性已久，容或不可卒革；三十以下，见在朝廷之人，语音不听仍旧。若有故为，当降爵黜官。各宜深戒。如此渐习，风化可新。若仍旧俗，恐数世之后，伊、洛之下复成被发之人。王公卿士，咸以然不？"禧对曰："实如圣旨，宜应改易。"高祖曰："朕尝与李冲论此，冲言：'四方之语，竟知谁是？帝者言之，既为正矣，何必改旧从新。'冲之此言，应合死罪。"乃谓冲曰："卿实负社稷，合令御史牵扯下。"冲免冠陈谢。

又同书卷 7 下《高祖纪下》云：

十有九年……六月己亥，诏不得以北俗之语言于朝廷，若有违者，免所居官。

2. 改鲜卑等胡姓与定姓族

鲜卑姓多为音译复姓，为消除在姓氏上的胡汉差异，元宏要求将复姓改为单字汉姓。太和二十年（496），他下诏改皇族的拓跋为元氏，北魏所统部落的 118 姓，也同时改为单姓。

《资治通鉴》卷 140《齐纪》明帝建武三年条云：

魏主下诏，以为："北人谓土为拓，后为跋。魏之先出于黄帝，以土德王，故为拓跋氏。夫土者，黄中之色，万物之元也，宜改姓元氏。诸功臣旧族自代来者，姓或重复，皆改。"

又《魏书》113《官氏志》谓：

第六章 北朝时期北方的民族融合与统一国家的再建

神元皇帝时,余部诸姓内入者:

丘穆陵氏,后改为穆氏。　步六孤氏,后改为陆氏。
贺赖氏,后改为贺氏。　　独孤氏,后改为刘氏。
贺楼氏,后改为楼氏。　　勿忸于氏,后改为于氏。
是连氏,后改为连氏。　　仆阑氏,后改为仆氏。
若干氏,后改为苟氏。　　拔列氏,后改为梁氏。
拔略氏,后改为略氏。　　若口引氏,后改为寇氏。
叱罗氏,后改为罗氏。　　普陋茹氏,后改为茹氏。
贺葛氏,后改为葛氏。　　是贲氏,后改为封氏。
阿伏于氏,后改为阿氏。　可地延氏,后改为延氏。
阿鹿桓氏,后改为鹿氏。　他骆拔氏,后改为骆氏。
薄奚氏,后改为薄氏。　　乌丸氏,后改为桓氏。
素和氏,后改为和氏。　　吐谷浑氏,依旧吐谷浑氏。
胡古口引氏,后改为侯氏。贺若氏,依旧贺若氏。
谷浑氏,后改为浑氏。　　匹娄氏,后改为娄氏。
俟力伐氏,后改为鲍氏。　吐伏卢氏,后改为卢氏。
牒云氏,后改为云氏。　　是云氏,后改为是氏。
叱利氏,后改为利氏。　　副吕氏,后改为副氏。
那氏,依旧那氏。　　　　如罗氏,后改为如氏。
乞扶氏,后改为扶氏。　　阿单氏,后改为单氏。
俟几氏,后改为几氏。　　贺儿氏,后改为儿氏。
吐奚氏,后改为古氏。　　出连氏,后改为毕氏。
庾氏,依旧庾氏。　　　　贺拔氏,后改为何氏。
叱吕氏,后改为吕氏。　　莫那娄氏,后改为莫氏。
奚斗卢氏,后改为索卢氏。莫芦氏,后改为芦氏。
出大汗氏,后改为韩氏。　没路真氏,后改为路氏。
扈地于氏,后改为扈氏。　莫舆氏,后改为舆氏。
纥干氏,后改为干氏。　　俟伏斤氏,后改为伏氏。
是楼氏,后改为高氏。　　尸突氏,后改为屈氏。
沓卢氏,后改为沓氏。　　嗢石兰氏,后改为石氏。
解枇氏,后改为解氏。　　奇斤氏,后改为奇氏。
须卜氏,后改为卜氏。　　丘林氏,后改为林氏。

大莫干氏，后改为郃氏。　　　　亽绵氏，后改为绵氏。
盖楼氏，后改为盖氏。　　　　　素黎氏，后改为黎氏。
渴单氏，后改为单氏。　　　　　壹斗眷氏，后改为明氏。
叱门氏，后改为门氏。　　　　　宿六斤氏，后改为宿氏。
秘邗氏，后改为邗氏。　　　　　土难氏，后改为山氏。
屋引氏，后改为房氏。　　　　　树洛于氏，后改为树氏。
乙弗氏，后改为乙氏。

东方宇文、慕容氏，即宣帝时东部，此二部最为强盛，别自有传。

南方有茂眷氏，后改为茂氏。　　宥连氏，后改为云氏。
次南有纥豆陵氏，后改为窦氏。　侯莫陈氏，后改为陈氏。
库狄氏，后改为狄氏。　　　　　太洛稽氏，后改为稽氏。
柯拔氏，后改为柯氏。

西方尉迟氏，后改为尉氏。　　　步鹿根氏，后改为步氏。
破多罗氏，后改为潘氏。　　　　叱干氏，后为薛氏。
俟奴氏，后改为俟氏。　　　　　辗迟氏，后改为展氏。
费连氏，后改为费氏。　　　　　其连氏，后改为綦氏。
去斤氏，后改为艾氏。　　　　　渴侯氏，后改为缑氏。
叱卢氏，后改为祝氏。　　　　　和稽氏，后改为缓氏。
冤赖氏，后改为就氏。　　　　　嗢盆氏，后改为温氏。
达勃氏，后改为褒氏。　　　　　独孤浑氏，后改为杜氏。

凡此诸部，其渠长皆自统众，而尉迟已下不及贺兰诸部氏。

北方贺兰，后改为贺氏。　　　　郁都甄氏，后改为甄氏。
纥奚氏，后改为嵇氏。　　　　　越勒氏，后改为越氏。
叱奴氏，后改为狼氏。　　　　　渴烛浑氏，后改为味氏。
库褥官氏，后改为库氏。　　　　乌洛兰氏，后为兰氏。
一那蒌氏，后改为蒌氏。　　　　羽弗氏，后改为羽氏。

凡此四方诸部，岁时朝贡，登国初，太祖散诸部落，始同为编民。

改姓氏的同时，元宏又为汉人定姓族，规定汉人四姓与鲜卑八姓，都是不做猥琐的官吏，他们的地位相同，这样，就使鲜卑贵族和汉族名门在仕宦中结合起来，基本上消除了两者间的矛盾。

《魏书》卷113《官氏志》云：

> 太和十九年，诏曰："代人诸胄，先无姓族，虽功贤之胤，混然未分。故官达者位极公卿，其功衰之亲，仍居猥任。比欲制定姓族，事多未就，且宜甄擢，随时渐铨。其穆、陆、贺、刘、楼、于、嵇、尉八姓，皆太祖已降，勋著当世，位尽王公，灼然可知者，且下司州、吏部，勿充猥官，一同四姓。自此以外，应班士流者，寻续别敕。原出朔土，旧为部落大人，而自皇始已来，有三世官在给事已上，及州刺史、镇大将，及品登王公者为姓。若本非大人，而皇始已来，职官三世尚书已上，及品登王公而中间不降官绪，亦为姓。诸部落大人之后，而皇始已来官不及前列，而有三世为中散、监已上，外为太守、子都，品登子、男者为族。若本非大人，而皇始以来，三世有令已上，外为副将、子都、太守，品登侯已上者，亦为族。凡此姓族之支亲，与其身有缌麻服已内，微有一二世官者，虽不全充美例，亦入姓族；五世以外，则各自计之，不蒙宗人之荫也。虽缌麻而三世官不至姓班，有族官则入族官，无族官则不入姓族之例也。凡此定姓族者，皆具列由来，直拟姓族以呈闻，朕当决姓族之首末。其此诸状，皆须问宗族，列疑明同，然后勾其旧籍，审其官宦，有实则奏，不得轻信其言，虚长侥伪。不实者，诉人皆加'传旨问而诈不以实'之坐，选官依'职事答问不以实'之条。令司空公穆亮、领军将军元俨、中护军广阳王嘉、尚书陆琇等详定北人姓。务令平均。随所了者，三月一列簿帐，送门下以闻。"于是升降区别矣。

又《资治通鉴》卷140《齐纪》明帝建武三年条云：

> 魏主雅重门族，以范阳卢敏、清河崔宗伯、荥阳郑羲、太原王琼四姓，衣冠所推，咸纳其女以充后宫。陇西李冲以才识见任，当朝贵重，所结姻联，莫非清望；帝亦以其女为夫人。诏黄门郎、司徒左长史宋弁定诸州士族，多所升降。又诏以"代人先无姓族，虽功贤之胤，无异寒贱；故宦达者位极公卿，其功、衰之亲仍居猥任。其穆、陆、贺、刘、楼、于、嵇、尉八姓，自太祖已降，勋著当世，位尽王

公，灼然可知者；且下司州、吏部，勿充猥官，一同四姓。自此以外，应班士流者，寻续别敕。其旧为部落大人，而皇始已来三世官在给事已上及品登王公者为姓；若本非大人，而皇始已来三世官在尚书已上及品登王公者亦为姓。其大人之后而官不显为族；若本非大人而官显者亦为族。凡此姓族，皆应审核，勿容伪冒。令司空穆亮、尚书陆琇等详定，务令平允"。琇，馛之子也……

时赵郡诸李，人物尤多，各盛家风，故世之言高华者，以五姓为首。

何谓"四姓"？《新唐书》卷199《柳冲传》云：

凡三世有三公者曰膏粱，有令、仆者曰华腴，尚书、领、户而上者为甲姓，九卿、方伯者为乙姓，散骑常侍、大中大夫者为丙姓，吏部正员郎为丁姓。凡得入者谓之四姓。

按《资治通鉴》齐明帝建武三年胡注，说"四姓"指"卢、崔、郑、王"。胡注实误。

定姓族与选举制密不可分。从定姓族起，北魏选举便只问姓族的高卑。像鲜卑八姓，孝文帝即明言"下吏部，勿充猥官，一同四姓"。

《魏书》卷60《韩显宗传》记载了韩显宗关于选举问题的言论，以及孝文帝与韩显宗等人关于选举问题的对话，从中可以看出，孝文帝取士完全看门第或门望如何。其言谓：

显宗又上言曰："进贤求才，百王之所先也。前代取士，必先正名，故有贤良、方正之称。今之州郡贡察，徒有秀、孝之名，而无秀、孝之实。而朝廷但检其门望，不复弹坐。如此，则可令别贡门望，以叙士人，何假冒秀、孝之名也？夫门望者，是其父祖之遗烈，亦何益于皇家？益于时者，贤才而已。苟有其才，虽屠、钓、奴、虏之贱，圣皇不耻以为臣；苟非其才，虽三后之胤，自坠于皂隶矣。是以大才受大官，小才受小官，各得其所，以致雍熙。议者或云，今世等无奇才，不若取士于门。此亦失矣。岂可以世无周、邵，便废宰相而不置哉？"……高祖曾诏诸官曰："自近代已来，高卑出身，恒有常分。朕意一以为可，复以为不可，宜相与量之。"李冲对曰："未审上古以来，置官列位，为欲为膏粱儿地，为欲益治赞时？"高祖曰："俱欲为治。"冲曰："若欲为治，陛下今日何为专崇门品，不有拔才之诏？"高祖曰："苟有殊人之伎，不患不知。然君子之门，假使无当世之用者，要自德行纯笃，朕是以用之。"冲曰："傅岩、吕望，岂可以门见举？"高祖曰："如此济世者希，旷代有一两人耳。"冲谓诸卿士曰："适欲请诸贤救之。"秘书令李彪曰："师旅寡少，未足为援，意有所怀，不敢尽言于圣日。陛下若专以门地，不审鲁之三卿，孰若四科？"高祖曰："犹如向解。"显宗进曰："陛下光宅洛邑，百体唯新，国之兴否，指此一选。臣既学识浮浅，不能援引古今，以证此议，且以国事论之。不审中、秘书监令之子，必为秘书郎，顷来为监、令者，子皆可为不？"高祖曰："卿何不论当世膏腴为监、令者？"显宗曰："陛下以物不可类，不应以贵承贵，以贱袭贱。"高祖曰："若有高明卓尔，才具隽出者，朕亦不拘此例。"

3. 禁止鲜卑同姓相婚，使鲜卑贵族与汉人诸姓通婚

太和七年（483），孝文帝下诏禁止同姓相婚。

《魏书》卷7上《高祖纪》谓：

（太和七年）冬……十有二月癸丑，诏曰："淳风行于上古，礼化用乎近叶。是以夏殷不嫌一族之婚，周世始绝同姓之娶。斯皆教随时设，治因事改者也。皇运初基，中原未混，拨乱经纶，日不暇给，古风遗朴，未遑厘改，后遂因循，迄兹莫变。朕属百年之期，当后仕之政，思易质旧，式昭惟新。自今悉禁绝之，有犯以不道论。"

不仅禁止鲜卑同姓相婚的陋俗，孝文帝还积极提倡胡、汉大族通婚。《魏书》卷21上《咸阳王禧传》云：

于时，王国舍人应取八族及清修之门，禧取任城王隶户为之，深为高祖所责。诏曰："夫婚姻之义，曩叶攸崇……太祖龙飞九五，始稽远则，而拨乱创业，日昃不暇。至于诸王娉合之仪，宗室婚姻之戒，或得贤淑，或乖好逑。自兹以后，其风渐缺，皆人乏窈窕，族非

百两，拟匹卑滥，舅氏轻微，违典滞俗，深用为欢。以皇子茂年，宜简令正，前者所纳，可为妾媵。将以此年为六弟聘室。长弟咸阳王禧可聘故颍川太守陇西李辅女，次弟河南王干可聘故中散代郡穆明乐女，次弟广陵王羽可聘骠骑咨议参军荥阳平城女，次弟颍川王雍可聘故中书博士范阳卢神宝女，次弟始平王勰可聘廷尉卿陇西李冲女，季弟北海王详可聘吏部郎中荥阳郑懿女。"

4. 改革官制

北魏初年官职名号，多不依周、汉旧名。

《魏书》卷113《官氏志》云：

> 初，帝欲法古纯质，每欲制定官号，多不依周、汉旧名，或取诸身，或取诸物，或以民事，皆拟远古云鸟之义。诸曹走使，谓之凫鸭，取飞之迅疾。以伺察者为候官，谓之白鹭，取其延颈远望。自余之官，义皆类此。

这种官称，不仅质朴，可能还有图腾余味。孝文帝改革官制，依南朝设置三师、三公、尚书、中书、四征、四镇和九卿等中央的文武官吏；地方上则州设刺史，郡设太守，县设县令。

《魏书》卷113《官氏志》云：

> 魏氏世君玄朔，远统□臣，掌事立司，各有号秩。及交好南夏，颇亦改创。昭成之即王位，已命燕凤为右长史，许谦为郎中令矣。余官杂号，多同于晋朝。建国二年，初置左右近侍之职，无常员，或至百数，侍直禁中，传宣诏命。皆取诸部大人及豪族良家子弟仪貌端严，机辩才干者应选。又置内侍长四人，主顾问，拾遗应对，若今之侍中、散骑常侍也。其诸方杂人来附者，总谓之"乌丸"，各以多少称酋、庶长，分为南北部，复置二部大人以统摄之。时帝弟觚监北部，子寔君监南部，分民而治，若古之二伯焉。
>
> 太祖登国元年，因而不改，南北犹置大人，对治二部。是年置都统长，又置幢将及外朝大人官。其都统长，领殿内之兵，直王宫；幢将员六人，主三郎卫士直宿禁中者。自侍中已下，中散已上，皆统之

外朝大人，无常员。主受诏命，外使，出入禁中，国有大丧大礼皆与参知，随所典焉。

皇始元年，始建曹省，备置百官，封拜五等，外职则刺史、太守、令长已下有未备者，随而置之。

天兴元年十一月，诏吏部郎邓渊典官制，立爵品。

十二月，置八部大夫、散骑常侍、待诏等官。其八部大夫于皇城四方四维面置一人，以拟八座，谓之八国常侍。待诏侍直左右，出入王命……

（天赐）二年正月，置内官员二十人，比侍中、常侍，迭直左右。

又制诸州置三刺史，刺史用品第六者，宗室一人，异姓二人，比古之上中下三大夫也。郡置三太守，用七品者。县置三令长，八品者。刺史、令长各之州县，以太守上有刺史，下有令长，虽置而未临民。自前功臣为州者征还京师，以爵归第。置散骑郎、猎郎、诸省令史、省事、典签等……

神瑞元年春，置八大人官，大人下置三属官，总理万机，故世号八公云。

泰常二年夏，置六部大人官，有天部，地部，东、西、南、北部，皆以诸公为之。大人置三属官。

又《南齐书》卷57《魏虏传》载：

国中呼内左右为"直真"，外左右为"乌矮真"，曹局文书吏为"比德真"，檐衣人为"朴大真"，带仗人为"胡洛真"，通事人为"乞万真"，守门人为"可薄真"，伪台乘驿贱人为"拂竹真"，诸州乘驿人为"咸真"，杀人者为"契害真"，为主出受辞人为"折溃真"，贵人作食人为"附真"。三公贵人，通谓之"羊真"。佛狸置三公、太宰、尚书令、仆射、侍中，与太子共决国事。殿中尚书知殿内兵马仓库，乐部尚书知伎乐及角史伍伯，驾部尚书知牛马驴骡，南部尚书知南边州郡，北部尚书知北边州郡。又有俟懃地何，比尚书；莫堤，比刺史；郁若，比二千石；受别官比诸侯。诸曹府有仓库，悉置比官，皆使通虏汉语，以为传驿。

又《魏书》卷113《官氏志》云：

> （太和）四年……十二月，置侍中、黄门各四人，又置散骑常侍、侍郎，员各四人；通直散骑常侍、侍郎，员外散骑常侍、侍郎，各六人。又置司空、主客、太仓、库部、都牧、太乐、虞曹、宫舆、覆育少卿官。又置光爵、骁游、五校、中大夫、散员士官。又置侍官一百二十人。改立诸局监羽林、虎贲。
>
> 旧制，诸以勋赐官爵者子孙世袭军号。十六年，改降五等，始革之，止袭爵而已。
>
> 旧制，缘边皆置镇都大将，统兵备御，与刺史同。城隍、仓库皆镇将主之，但不治。故为重于刺史。
>
> 自太祖至高祖初，其内外百官屡有减置，或事出当时，不为常目，如万骑、飞鸿、常忠、直意将军之徒是也。旧令亡失，无所依据。太和中高祖诏群僚议定百官，著于令。

5. 尊孔、崇儒

元宏深知儒家学说对维护封建统治有重要作用，为此，他曾亲自到曲阜祠孔子庙，封孔氏宗子为崇圣侯，又下令立学校、修明堂、筑灵台。这些做法虽然是为了加强对劳动人民的思想统治，但也促进了中原传统文化教育的恢复，并加快了鲜卑族的汉化进程。

第四节　北魏的衰亡

孝文帝改革虽然使北方的民族矛盾有所缓和，却把早已衰落的门阀制度重新确立起来，致使阶级矛盾较前突出，并随着北魏政治的日益腐败越来越尖锐，终于酿出了各族人民反魏的大起义，使北魏政权走向崩溃。

一　北魏末年的腐朽统治

孝文帝去世以后，汉化的鲜卑代北门阀在优裕的生活中完全腐化，北魏政治日趋腐败，贵族官僚日益骄奢淫侈，加上人民的苦难不断加重，使阶级矛盾越来越尖锐。

《洛阳伽蓝记》卷3《高阳王寺》谓：

> 自汉晋以来，诸王豪侈，未之有也。

又《魏书》卷16《元鉴传》载：

> （元）鉴表曰："梁都太守程灵虬，唯酒是耽，贪财为事，虐政残民，寇盗并起……部境呼嗟，佥焉怨酷。"

（一）政治的腐败

孝文帝改革以后，北方的社会经济得到进一步恢复与发展，社会比较稳定。但随着鲜卑贵族的进一步汉化，他们在政治上无所追求，在生活上日益奢侈腐朽。特别是孝文帝去世以后，其子宣武帝"宽以摄下"，政治趋于腐败。

《魏书》卷88《良吏传序》谓：

> 高祖肃明纲纪，赏罚必行，肇革旧轨，时多奉法。世宗（宣武帝）优游而治，宽政遂往，太和之风，颇以陵替。

又同书卷114《释老志》云：

> 世宗笃好佛理，每年常于禁中，亲讲经论，广集名僧，标明义旨。沙门条录，为内起居焉。上既崇之，下弥企尚。至延昌中，天下州郡僧寺，积有一万三千七百二十七所，徒侣逾众……
>
> 景明初，世宗诏大长秋卿白整准代京灵岩寺石窟，于洛南伊阙山，为高祖、文昭皇太后营石窟二所。初建之始，窟顶去地三百一十尺。至正始二年中，始出斩山二十三丈。至大长秋卿王质，谓斩山太高，费功难就，奏求下移就平，去地一百尺，南北一百四十尺。永平中，中尹刘腾奏为世宗复造石窟一，凡为三所。从景明元年至正光四年六月已前，用功八十万二千三百六十六。肃宗熙平中，于城内太社西，起永宁寺。灵太后亲率百僚，表基立刹。佛图九层，高四十余丈，其诸费用，不可胜计。景明寺佛图，亦其亚也。至于官私寺塔，

其数甚众……自迁都已来,年逾二纪,寺夺民居,三分且一。

又同书卷 21 上《咸阳王禧传》云:

及高祖崩,禧受遗辅政。虽为宰辅之首……而潜受贿赂……禧性骄奢,贪淫财色,姬妾数十,意尚不已,衣被绣绮,车乘鲜丽,犹远有简聘,以恣其精。由是昧求货贿,奴婢千数,田业盐铁遍于远近,臣吏僮隶,相继经营。世宗颇恶之。

孝明帝元诩即位（516）后,胡太后临朝专政,卖官鬻爵,贿赂公行,政治更为腐败。

《魏书》卷 88《良吏传序》云:

肃宗（即孝明帝）驭运,天下浇然,其于移风革俗之美,浮虎还珠之政,九州百郡,无所闻焉。

又同书卷 9《肃宗纪》"传论"谓:

魏自宣武已后,政纲不张。肃宗冲龄统业,灵后妇人专制,委用非人,赏罚乖舛。于是衅起四方,祸延畿甸。

又同书卷 15《常山王遵传附元晖传》云:

（元晖）再迁侍中,领右卫将军……侍中卢昶,亦蒙恩眄,故时人号曰"饿虎将军,饥鹰侍中"。迁吏部尚书,纳货用官,皆有定价,大郡二千匹,次郡一千匹,下郡五百匹,其余官职各有差,天下号曰"市曹"。出为冀州刺史,下州之日,连车载物,发信都,至汤阴间,首尾相继,道路不断。其车少脂角,即于道上所逢之牛,生截取角以充其用。晖检括丁户,听其归首,出调绢五万匹。然聚敛无极,百姓患之。肃宗初,征拜尚书左仆射。

又《魏书》卷 94《阉官·刘腾传》云:

> （刘腾）遂与领军元叉害（清河王）怿，废灵太后于宣光殿，……又以腾为司空公，表里擅权，共相树置。……迭直禁闱，共裁刑赏。……四年之中，生杀之威，决于叉、腾之手。八坐、九卿，旦造腾宅，参其颜色，然后方赴省府，亦有历日不能见者。公私属请，唯在财货。舟车之利，水陆无遗；山泽之饶，所在固护；剥削六镇，交通互市。岁入利息以巨万计。又颇役嫔御，时有征求；妇女器物，公然受纳。逼夺邻居，广开室宇。天下咸患苦之。

（二）贵族官僚的荒淫奢侈

政治上的腐败和生活的奢侈，又常紧密相连。北魏当时许多贵族官僚，竞以豪侈相尚。

《洛阳伽蓝记》卷3《高阳王寺》云：

> 正光中，（元）雍为丞相，给羽葆鼓吹、虎贲班剑百人，贵极人臣，富兼山海。居止第宅，匹于帝宫。白壁丹楹，窈窕连亘，飞檐反宇，缭绕周通。僮仆六千，妓女五百，隋珠照日，罗衣从风……出则鸣驺御道，文物成行，锁吹响发，笳声哀转。入则歌姬舞女，击筑吹笙，丝管迭奏，连宵尽日。其竹林鱼池，侔于禁苑，芳草如积，珍木连阴。
>
> 雍嗜口味，厚自奉养，一食必以数万钱为限。海陆珍羞，方丈于前。陈留侯李崇谓人曰："高阳一食，敌我千日。"崇为尚书令、仪同三司，亦富倾天下，僮仆千人。而性多俭吝，恶衣粗食。食常无肉，止有韭茹、韭菹。崇客李元祐语人云："李令公一食十八种。"人问其故，元祐曰："二九一十八。"闻者大笑。世人即以此为讥骂。

又同书卷4《开善寺》云：

> 自延酤以西，张方沟以东，南临洛水，北达芒山，其间东西二里，南北十五里，并名为寿丘里，皇宗所居也。民间号为王子坊。
>
> 当时……帝族王侯，外戚公主，擅山海之富，居川林之饶。争修园宅，互相夸竞。崇门丰室，洞户连房，飞馆生风，重楼起雾。高台

芳樹，家家而筑；花林曲池，园园而有。莫不桃李夏绿，竹柏冬青。而河间王琛最为豪首，常与高阳争衡，造文柏堂，形如徽音殿，置玉井金罐，以五色缋为绳。妓女三百人，尽皆国色……琛在秦州，多无政绩，遣使向西域求名马，远至波斯国，得千里马，号曰"追风赤骥"；次有七百里者十余匹，皆有名字。以银为槽，金为环锁，诸王服其豪富。琛常语人曰："晋世石崇，乃是庶姓，犹能雉头狐腋，画卵雕薪，况我大魏天王，不为华侈？"造迎风馆于后园，牕户之上，列钱青锁，玉凤衔铃，金龙吐佩。素柰朱李，枝条入檐，伎女楼上，坐而摘食。琛常会宗室，陈诸宝器。金瓶银瓮百余口，瓯、檠、盘、盒称是。自余酒器，有水晶钵、玛瑙琉璃碗、赤玉卮数十枚。作工奇妙，中土所无，皆从西域而来。又陈女乐及诸名马。复引诸王按行府库，锦罽珠玑，冰罗雾谷，充积其内，绣缬、紬绫、丝采、越葛、钱绢等，不可数计。琛忽谓章武王融曰："不恨我不见石崇，恨石崇不见我。"

融立性贪暴，志欲无限，见之欢惋，不觉生疾。还家卧三日不起。江阳王继来省疾，谓曰："卿之财产，应得抗衡，何为叹羡，以至于此？"融曰："常谓高阳一人，宝货多于融，谁知河间，瞻之在前。"继笑曰："卿欲作袁术之在淮南，不知世间复有刘备也？"融乃蹶起，置酒作乐。

于时国家殷富，库藏盈溢，钱绢露积于廊者，不可校数。及太后赐百官负绢，任意自取，朝臣莫不称力而去。唯融与陈留侯李崇负绢过任，蹶倒伤踝。侍中崔光只取两匹。太后问曰："侍中何少？"对曰："臣有两手，唯堪两匹。所获多矣。"朝贵服其清廉。

（三）赋役的繁重

在北魏末年的腐朽统治之下，徭役、赋税有增无减。各地地主、寺院也对广大劳动人民进行残酷的剥削，人民的苦难更为深重。

《魏书》卷58《杨播传附弟津传》载：

> 延昌末，（津）起为右将军、华州刺史……先是，受调绢匹，度尺特长，在事因缘，共相进退，百姓苦之。津乃令依公尺度其输物。

又同书卷47《卢玄传附孙卢昶传》载：

时洛阳县获白鼠，（卢）昶奏曰："……窃惟一夫之耕，食裁充口；一妇之织，衣止蔽形。年租岁调，则惟常理，此外征求，于何取足？然自比年以来，兵革屡动。荆、扬二州，屯戍不息；钟离、义阳，师旅相继。兼荆蛮凶狡，王师薄伐，暴露原野，经秋淹夏，汝、颍之地，率户从戎；河、冀之境，连丁转运。又战不必胜，加之退负，死丧离旷，十室而九。细役繁徭，日月滋甚；苛兵酷吏，因逞威福。至使通原遥畛，田芜罕耘；连村接闬，蚕饥莫食。而监司因公以贪求，豪强恃私而逼掠。遂令鬻裋褐以益千金之资，制口腹而充一朝之急。此皆由牧守令长多失其人……不思所以安民，正思所以润屋。故士女呼嗟，相望于道路；守宰贪暴，风闻于魏阙。往岁法官案验，多挂刑网，谓必显戮，以明劝诫。然后遣使覆讯，公违宪典。或承风挟请，轻树私恩；或容情受贿，辄施己惠；御史所劾，皆言诬枉；申雪罪人，更云清白……"

又同书卷69《袁翻传》载：

后议选边戍事，（袁）翻议曰："……自比缘边州郡，官至便登；疆场统戍，阶当即用。或值秽德凡人，或遇贪家恶子。不识字民温恤之方，唯知重役残忍之法。广开戍逻，多置帅领，或用其左右姻亲，或受人货财请属，皆无防寇御贼之心，唯有通商聚敛之意。其勇力之兵，驱令抄掠。若值强敌，即为奴虏；如有执获，夺为己富。其羸弱老小之辈，微解金铁之工，少闲草木之作，无不搜营穷垒，苦役百端。自余或伐木深山，或耘草平陆，贩贸往还，相望道路。此等禄既不多，资亦有限，皆收其实绢，给其虚粟，穷其力，薄其衣，用其工，节其食，绵冬历夏，加之疾苦，死于沟渎者常十七八焉……"

又同书卷114《释老志》云：

昙曜奏：平齐户及诸民，有能岁输谷六十斛入僧曹者，即为"僧祇户"，粟为"僧祇粟"，至于俭岁，赈给饥民。又请民犯重罪及官奴以为"佛图户",以供诸寺扫洒,岁兼营田输粟。高宗并许之,于是僧祇户、粟及寺户,遍于州镇矣……

(永平)四年夏,诏曰:"僧祇之粟,本期济施,俭年出贷,丰则收入。山林僧尼,随以给施;民有窘弊,亦即赈之。但主司冒利,规取赢息,及其征责,不计水旱,或偿利过本,或翻改券契,侵蠹贫下,莫知纪极。细民嗟毒,岁月滋深……可令刺史共加监括,尚书检诸有僧祇谷之处……征债之科,一准旧格……"

又尚书令高肇奏言:"谨案:故沙门统昙曜,昔于承明元年,奏凉州军户赵苟子等二百家为僧祇户,立课积粟,拟济饥年,不限道俗,皆以拯施。又依内律,僧祇户不得别属一寺。而都维那僧暹、僧频等,进违成旨,退乖内法,肆意任情,奏求逼召,致使吁嗟之怨,盈于行道,弃子伤生,自缢溺死,五十余人。岂是仰赞圣明慈育之意,深失陛下归依之心。遂令此等,行号巷哭,叫诉无所,至乃白羽贯耳,列讼宫阙。悠悠之人,尚为哀痛,况慈悲之士,而可安之。请听苟子等还乡课输,俭乏之年,周给贫寡,若有不虞,以拟边捍。其暹等违旨背律,谬奏之愆,请付昭玄,依僧律推处。"绍曰:"暹等特可原之,余如奏。"

二 北魏末各族人民大起义

由于阶级矛盾的激化,在5世纪末6世纪初,北方不断爆发农民起义,甚至僧侣也举行起义,最终燃起了大起义的燎原烈火。

(一) 六镇起义

六镇是沿长城一线之北的六个军镇,自西而东,为沃野、怀朔、武川、抚冥、柔玄、怀荒,位置南北交错,是北魏为防御柔然等漠北民族设立的。

《读史方舆纪要》卷4《历代州域形势四·南北朝》谓:

初魏都平城,于缘边置六镇,曰武川,曰抚冥,曰怀朔,曰怀荒,曰柔玄,曰御夷,皆恃为藩卫。

北魏末年的大起义首先在六镇爆发,因为六镇是当时矛盾的焦点。《北齐书》卷23《魏兰根传》载:

第六章 北朝时期北方的民族融合与统一国家的再建

正光末,尚书令李崇为本郡都督,率众讨茹茹,以兰根为长史。因说崇曰:"缘边诸镇,控摄长远。昔时初置,地广人稀,或征发中原强宗子弟,或国之肺腑,寄以爪牙。中年以来,有司乖实,号曰府户,役同厮养,官婚班齿,致失清流。而本宗旧类,各各荣显,顾瞻彼此,理当愤怨。更张琴瑟,今也其时,静境宁边,事之大者。宜改镇立州,分置郡县,凡是府户,悉免为民,入仕次叙,一准其旧,文武兼用,威恩并施。此计若行,国家庶无北顾之虑矣。"崇以奏闻,事寝不报。

又《魏书》卷41《源贺传》云:

(源)贺上书曰:"……今劲寇游魂于北,狡贼负险于南,其在疆场,犹须防戍。臣愚以为自非大逆赤手杀人之罪,其坐赃及盗与过误之愆,应入死者,皆可原命,谪守边境……"高宗纳之。已后入死者,皆恕死徙边。久之,高宗谓群臣曰:"源贺劝朕宥诸死刑,徙充北番诸戍,自尔至今,一岁所活殊为不少,生济之理既多,边戍之兵有益……"

又同书卷41《源贺传附子怀传》云:

自京师迁洛,边朔遥远,加连年旱俭,百姓困弊。怀衔命巡抚……怀又表曰:"景明以来,北蕃连年灾旱,高原陆野,不任营殖,唯有水田,少可菑亩。然主将参僚,专擅腴美,瘠土荒畴给百姓,因此困弊,日月滋甚。诸镇水田,请依地令分给细民,先贫后富,若分付不平,令一人怨讼者,镇将已下连署之官,各夺一时之禄,四人已上夺禄一周。北镇边蕃,事异诸夏,往日置官,全不差别。沃野一镇,自将已下八百余人,黎庶怨嗟,佥曰烦猥……请主帅吏佐五分减二。"……时细民为豪强凌压,积年枉滞,一朝见申者,日有百数。

又《北史》卷16《太武五王广阳王建附孙深传》云:

及沃野镇人破六韩拔陵反叛，临淮王彧讨之失利，诏深为北道大都督，受尚书令李崇节度。时东道都督崔暹败于白道，深等诸军退还朔州。深上书曰：

边竖构逆，以成纷梗，其所由来，非一朝也。昔皇始以移防为重，盛简亲贤，拥麾作镇，配以高门子弟，以死防遏。不但不废仕宦，至乃偏得复除，当时人物，忻慕为之。及太和在历，仆射李冲当官任事，凉州土人，悉免厮役；丰、沛旧门，仍防边戍。自非得罪当世，莫肯与之为伍。征镇驱使为虞候、白直，一生推迁，不过军主。然其往世房分，留居京者，得上品通官；在镇者，便为清途所隔。或役彼有北，以御魑魅，多复逃胡乡。乃峻边兵之格，镇人浮游在外，皆听流兵捉之。于是少年不得从师，长者不得游宦。独为匪人，言者流涕。

"自定鼎伊、洛，边任益轻，唯底滞凡才，出为镇将。转相模习，专事聚敛。或有诸方奸吏，犯罪配边，为之指踪，过弄官府，政以贿立，莫能自改。咸言奸吏为此，无不切齿增怒。及阿那瓌背恩，纵掠窃奔，命师追之，十五万众渡沙漠，不日而还。边人见此援师，便自意轻中国。尚书令臣崇时即申闻，求改镇为州，将允其愿，抑亦先觉，朝廷未许。而高阙戍主，率下失和，拔陵杀之为逆命，攻城掠地，所见必诛。王师屡北，贼党日盛。此段之举，指望销平。其崔暹双轮不反，臣崇与臣，逡巡复路。今者相与，还次云中。马首是瞻，未便西迈。将士之情，莫不解体。今日所虑，非止西北，将恐诸镇寻亦如此。天下之事何易可量！时不纳其策。东西部敕勒之叛，朝议更思深言，遣兼黄门侍郎郦道元为大使，欲复镇为州，以顺人望。"会六镇尽叛，不得施行。深后上言："今六镇俱叛，二部高车亦同恶党，以疲兵讨之，必不制敌。请简选兵或留守恒州要处，更为后图。"

及李崇征还，深专总戎政。拔陵避蠕蠕，南移度河。先是，别将李叔仁以拔陵来逼，请求迎援，深赴之，前后降附二十万人。深与行台元纂表求恒州北别立郡县，安置降户，随宜振赡，息其乱心。不从。诏遣黄门侍郎杨昱分散之于冀、定、瀛三州就食。深谓纂曰："此辈复为乞活矣，祸乱当由此作。"

（二）河北起义

在破六韩拔陵失败之后，他的二十万兵民被北魏官府强迁到河北冀（今河北冀县）、定（今河北定县）、瀛（今河北河间）三州去"就食"。这些兵民仍然陷于流亡、困苦、饥饿的境地，他们遂像火种一样点燃了河北的起义。

《魏书》卷9《肃宗纪》云：

> 孝昌元年……秋八月……柔玄镇人杜洛周率众反于上谷，号年真王，攻没郡县，南围燕州……
>
> 九月……丙辰，诏左将军、幽州刺史常景为行台，征虏将军元谭为都督，以讨洛周……
>
> 二年春正月……都督元谭次于军都，为洛周所败。
>
> 五原降户鲜于修礼反于定州，号鲁兴元年。诏左光禄大夫长孙稚为使持节、假骠骑将军、大都督、北讨诸军事，与都督河间王琛率将讨之……
>
> 夏四月……朔州城人鲜于阿胡、库狄丰乐据城反。丁未，都督李琚次于蓟城之北，又为洛周所败，琚战没……北讨都督河间王琛、长孙稚失利奔还，诏免琛、稚官爵……
>
> 五月丁未，车驾将北讨，内外戒严……以丞相、高阳王雍为大司马；吏部尚书、广阳王渊为骠骑大将军、仪同三司，寻为大都督，率都督章武王融北讨修礼。戊申，燕州刺史崔秉率众弃城南走中山……
>
> 六月……戊子，诏曰："自运属艰棘，历载于兹，烽驿交驰，旌鼓不息，祖宗盛业，危若缀旒，社稷鸿基，殆将沦坠。朕威德不能遐被，经略无以及远，俾令苍生罹此涂炭，何以苟安黄屋，无愧黔黎。今便避居正殿，蔬餐素服。当亲自招募，收集忠勇。其有直言正谏之士，敢决徇义之夫，二十五日悉集华林东门，人别引见，共论得失。班告内外，咸使闻知。"……
>
> 秋七月丙午，杜洛周遣其别帅曹纥真寇掠幽州。行台常景遣都督于荣邀于粟园，大破之，斩纥真，获三十余级，牛驴二万余头。戊申，恒州陷，行台元纂奔冀州……
>
> 八月份……癸巳，贼帅元洪业斩鲜于修礼，诸降，为贼党葛荣所

杀……

九月辛亥，葛荣败都督广阳王渊、章武王融于博野白牛逻，融殁于阵。荣自称天子，号曰齐国，年称广安。甲申，常景又破洛周，斩其武川王贺拔文兴、别帅侯莫陈升，生擒男女四百口，牛驴五千余头……

冬十有一月戊戌，杜洛周攻陷幽州，执刺史王延年及行台常景……

三年……春正月……辛巳，葛荣陷殷州，刺史崔楷固节死之，遂东围冀州……己丑，以四方未平，诏内外戒严，将亲出讨。

二月丁酉，诏曰："关陇遭罹寇难，燕赵贼逆凭陵，苍生波流，耕农靡业，加诸转运，劳役已甚，州仓储实，无宜悬匮，自非开轮赏之格，何以息漕运之烦，凡有能轮粟入瀛、定、岐、雍四州者，官斗二百斛赏一阶；入二华州者，五百石赏一阶。不限多少，粟毕授官。"

三月甲子，诏将西讨，中外戒严。虏贼走，复潼关。戊辰，诏将回驾北讨，诏金紫光禄大夫源子邕为大都督，讨葛荣……

秋七月……相州刺史、安乐王鉴据州反。……

八月，都督源子邕、李轨、裴衍攻邺。丁未，斩鉴，相州平。仍令子邕等讨葛荣……

冬十月戊申，曲赦恒农已西，河北、正平、平阳、邵郡及关西诸州。……

十有一月己丑，葛荣攻陷冀州，执刺史元孚，逐出居民，冻死者十六七。

十有二月戊申，都督源子邕、裴衍与葛荣战，败于阳平东平东北漳水曲，并战殁。……

武泰元年春正月癸亥，以北海王颢为骠骑大将军、开府仪同三司、相州刺史。乙丑，定州为杜洛周所陷，执刺史杨津。瀛州刺史元宁以城降于洛周……

二月……杜洛周为葛荣所并。

三月癸未，葛荣攻陷沧州，执刺史薛庆之，居民死者十八九。

又同书卷10《孝庄帝纪》云：

建义元年……五月丁巳朔，加大将军尔朱荣北道大行台。以尚书右仆射元罗为东道大便，征东将军、光禄勋元欣副之，巡方黜陟，先行后闻。……丙寅，诏曰："自孝昌之季，法令昏泯，怀忠守素，拥隔莫申，深怨宿憾，控告靡所。其有事在通途，横被疑异，名例无爽，枉见排抑，或选举不平，或赋役烦苛，诸如此者不可具说。其有诉人经公车注不合者，悉集华林东门，朕当亲理冤狱，以申积滞。"……

六月……葛荣饥，使其仆射任褒率车三万余乘南寇，至沁水……太尉公、上党王天穆为大都督、东北道诸军事，率都督宗正宗珍孙、奚毅、贺拔胜、尒朱阳都等讨任褒……又班募格，收集忠勇。其有直言正谏之士、敢决徇义之夫、陈国家利害之谋、赴君亲危难之节者，集华林园，面论事……

己酉，诏诸有私马仗从戎者，职人优两大阶，亦授实官；白民出身，外优两阶，亦授实官。若武艺超伦者，虽无私马，亦依前条，虽不超伦，但射槊翘关一艺而胆略有施者，佳第出身外，特优一大阶，授实官。若无姓第者，从八品出身，阶依前加，特授实官。

辛亥，诏曰："朕当亲御六戎，扫静燕代，大将军、太原王尔朱荣率精甲十万为左军，上党王天穆总众八万为前军，司徒公杨椿勤兵十万为右军，司空公穆绍统卒八万为后军。"

是月，葛荣众退屯相州之北。

秋七月丁巳，诏从四品以上从征者不得优阶，正四品者优一阶。军级从三品以上，从征四品者优一大阶。正五品以下，还依前格，若有征阶十余，计入四品、三品。限授五阶。己未，诏前试守东郡太守唐景宣为持节、都督，于东郡召募侨居流民二千人，渡河随便为栅，准望台军。是月，齐献武王于邺西北慰喻葛荣别帅称王者七人，众万余，降之。乙丑，加大将军尔朱荣柱国大将军、录尚书事……

八月……葛荣率众围相州。

九月乙丑，诏太尉公、上党王天穆讨葛荣，次于朝歌之南……壬申，柱国大将军尔朱荣率骑七万讨葛荣于滏口，破擒之，余众悉降。冀、定、沧、瀛、殷五州平。乙亥，以平葛荣，大赦天下，改为永安元年……

冬十月丁亥，尔朱荣槛送葛荣于京师。帝临阊阖门，荣稽颡谢罪，斩于都市……

是岁，葛荣余党韩楼复据幽州反。

二年春正月甲寅，于晖所部都督彭乐帅二千余骑北投韩楼，乃班师。

二月癸未朔，诏诸禁卫之官从戎有功及伤夷者，赴选先叙……

九月，大都督侯渊讨韩楼于蓟，破斩之。幽州平。

（三）山东起义

建义元年（528），正当河北义军展开斗争之际，青州（今山东益都）人民在河北义军影响下也发动了起义。

《魏书》卷10《孝庄帝纪》载：

建义元年……六月……幽州平北府主簿河间邢杲，率河北流民十余万户反于青州之北海，自署汉王，号年天统。

又《北史》卷15《高凉王孤传附元天穆传》载：

补杜洛周、鲜于修礼为寇，瀛、冀诸州人多避乱南向。幽州前北平府主簿河间邢杲拥率部曲，屯据鄚城，以拒洛周、葛荣，垂将三载。及广阳王深等败后，杲南渡，居青州北海界。灵太后诏流人所在皆置，命属郡县，选豪右为守令以抚镇之。时青州刺史元世儁表置新安郡，以杲为太守，未报。会台申休简授郡县，以杲从子子瑶资荫居前，乃授河间太守。杲深耻恨，于是遂反。所在流人先为土人陵忽，闻杲起逆，率来从之，旬朔之间，众逾十万。先是，河南人常笑河北人好食榆叶，故齐人号之为"呰榆贼"。杲东掠光州，尽海而还，又破都督李叔仁军。诏天穆与齐神武讨，大破之。杲乃请降，传送京师斩之。

（四）关陇起义

在六镇、河北发生起义的同时，关陇地区也发生了各族人民大起义。这里的起义军主要有两支，一由鲜卑族人（一说匈奴别部）万俟丑奴率领，二由羌族人莫折大提率领。

关于莫折大提一支，《魏书》卷59《萧宝夤传》谓：

> 初，秦州城人薛珍、刘庆、杜迁等反，执刺史李彦，推莫折大提为首，自称秦王。大提寻死，其第四子念生窃号天子，改年曰天建，置立官寮，以息阿胡为太子，其兄阿倪为西河王，弟天生为高阳王，伯珍为东郡王，安保为平阳王。遣天生率众出陇东，攻没汧城，仍陷岐州，执元志、裴芬之等，遂寇雍州，屯于黑水。朝廷甚忧之，乃除（萧）宝夤开府、西道行台，率所部东行将统，为大都督西征。肃宗幸明堂，因以饯之。
>
> 宝夤与大都督崔延伯击天生，大破之，斩获十余万。追奔至于小陇，军人采掠，遂致稽留，不速追讨，陇路复塞。仍进讨高平贼帅万俟丑奴于安定，更有负捷。时有天水人吕伯度兄弟，始共念生同逆，后与兄众保于显亲，聚众讨念生，战败，降于胡琛。琛以伯度为大都督、秦王，资其士马，还征秦州，大败念生将杜粲于成纪，又破其金城王莫折普贤于水洛城，遂至显亲。念生率众，身自拒战，又大奔败。伯度乃背胡琛，袭琛将刘拔，破走之，遣其兄子忻和率骑东引国军。念生事迫，乃诈降于宝夤。朝廷喜伯度立义之功，授抚军将军、泾州刺史、平秦郡开国公、食邑三千户。而大都督元修义、高聿，停军陇口，久不西进。念生复反，伯度终为丑奴所杀。故贼势甚盛，宝夤不能制。孝昌二年四月，除宝夤侍中、骠骑大将军、仪同三司、假大将军、尚书令，给后部鼓吹，增封千户。宝夤初自黑水，终至平凉，与贼相对，数年攻击，贼亦惮之。关中保全，宝夤之力矣。
>
> 三年正月，除司空公。出师既久，兵将疲弊，是月大败，还雍州。仍停长安，收聚离散。有司处宝夤死罪，诏恕为民。四月，除使持节、都督雍、泾、岐、南豳四州诸军事、征西将军、雍州刺史、假车骑大将军、开府、西讨大都督，自关以西，皆受节度。九月，念生为其常山王杜粲所杀，合门皆尽。粲据州请降于宝夤。十月，除散骑常侍、车骑将军、尚书令，复其旧封。
>
> 是时，山东、关西寇贼充斥，王师屡北，人情沮丧。宝夤自以出军累年，糜费尤广，一旦覆败，虑见猜责，内不自安。朝廷颇亦疑阻，乃遣御史中尉郦道元为关中大使。宝夤谓密欲取己，弥以忧惧。

而长安轻薄之徒，因相说动。道元行达阴盘驿，宝夤密遣其将郭子恢等攻而杀之，诈收道元尸，表言白贼所害。又杀都督、南平王仲冏。是月，遂反，僭举大号，赦其部内，称隆绪元年，立百官。乃遣郭子恢东寇潼关，行台张始荣围华州刺史崔袭。诏尚书仆射行台长孙稚讨之。时北地人毛鸿宾与其兄遐纠率乡义，将讨宝夤。宝夤遣其大将军卢祖迁等击遐，为遐所杀。又遣其将侯终德往攻遐。会子恢为官军所败，长孙稚又遣子子彦破始荣于华州，终德因此势挫，还图宝夤。军至白门，宝夤始觉，与终德交战，战败，携公主及其少子与部下百余骑，从后门出走，渡渭桥，投于宁夷巴张宕昌、刘兴周舍。寻奔丑奴，丑奴以宝夤为太傅。

关于万俟丑奴一支，《魏书》卷75《尔朱天光传》谓：

建义元年夏，万俟丑奴僭大号，朝廷忧之。乃除天光使持节、都督雍、岐二州诸军事、骠骑大将军、雍州刺史，率大都督、武卫将军贺拔岳，大都督侯莫陈悦等以讨丑奴。天光初行，唯配军士千人，诏发京城已西路次民马以给之。时东雍赤水蜀贼断路，诏侍中杨侃先行晓慰，并征其马。侃虽入慰劳，而蜀持疑不下。天光遂入关击破之，简取壮健以充军士，悉收其马。至雍，又税民马，合得万余匹。以军人寡少，停留未进。荣遣责之，杖天光一百，荣复遣军士二千人以赴。天光令贺拔岳率千骑先驱，至岐州界长城西与丑奴行台尉迟菩萨相遇，遂破擒之，获骑士三千，步卒万余。

丑奴弃岐州走还安定，置栅于平亭。天光发雍至岐，与岳合势于汧、渭之间，停军牧马，宣言远近曰："今时将热，非可征讨，待至秋凉，别量进止。"丑奴每遣窥觇，有执送者，天光宽而问之，仍便放遣。免者传其待秋之言，丑奴谓以为实，分遣诸军散营农稼，在岐州之北百里泾川。使其太尉侯伏侯元进领兵五千，据险立栅，且耕且守。在其左右，千人已下为一栅者，乃复数处。天光知其势分，遂密严备。晡时，潜遣轻骑先行断路，以防贼知，于后诸军尽发。昧旦，攻围元进大栅，拔之，诸所俘执，并皆放散，须臾之间，左右诸栅悉来归款。前去泾州百八十里，通夜径进，后日至城，贼泾州刺史侯几长贵仍以城降。丑奴弃平亭而走，欲趋高平。天光遣岳轻骑急追，明日，及丑奴于平凉长平坑，一战擒之。天光明便共逼高平，城内执送萧宝夤而降。

贼行台万俟道洛率众六千人入山不下。时高平大旱，天光以马乏草，乃退于城东五十许里，息众牧马。于是泾、豳、二夏，北至灵州，贼党结聚之类，并来归降。天光遣都督长孙邪利率二百人行原州事以镇之。道洛招诱城人来掩，袭杀邪利并其所部。天光与岳、悦等驰赴之，道洛出城拒战，暂交便退，追杀千余人，道洛还走入山，城复降附。天光遣慰喻，道洛不从，乃率众西依牵扯屯山，据险自守。荣责天光失邪利，不获道洛，复遣使杖之一百，诏降为散骑常侍、抚军将军、雍州刺史，削爵为侯。

天光与岳、悦等复向牵扯屯讨之。天光身讨道洛，道洛战败率数千骑而走，追之不及，遂得入陇，投略阳贼帅王庆云。庆云以道洛骁果绝伦，得之甚喜，便谓大事可图，乃自称皇帝，以道洛为大将军。天光欲讨之，而庄帝频敕，荣复有书，以陇中险邃，兼天盛暑，令待冬月。而天光知其可制，乃率诸军入陇，至庆云所居水洛城。庆云、道洛出城拒战，天光复射中道洛臂，失弓还走。破其东城，贼遂并趋西城，城中无水，众聚热渴。有人走降，言庆云、道洛欲突出死战。天光恐失贼帅，烬蚌未已，乃遣谓庆云曰："力屈如此，可以早降，若未敢决，当听诸人今夜共议，明晨早报。"而庆云等冀得小缓，待夜突出，报天光云，"请待明日。"天光因谓曰："相知须水，今为小退，任取河饮。"贼众安悦，无复走心。天光密使军人多作木枪，各长七尺，至黄昏时，布立人马为防卫之势，周匝立枪，要路加厚。又伏人枪中，备其冲突，兼令密缚长梯于城北。其夜，庆云、道洛果便突出，驰马先进，不觉至枪，马各伤倒，伏兵便起，同时擒获。余众皆出城南，遇枪而止。城北军士登梯上城，贼徒路穷乞降，至明尽收其仗。天光、岳、悦等议悉坑之，死者万七千人，分其家口。于是三秦、河、渭、瓜、凉、鄯善咸来款顺。天光顿军略阳，诏复天光前官爵，寻加侍中、仪同三司，增邑至三千户。

秦州城民谋杀刺史骆超，超觉，走归天光。天光复与岳、悦等讨平之。南秦滑城人谋害刺史辛琛显，琛显走赴天光。天光遣师临之，往皆克定。初，贼帅夏州人宿勤明达降天光于平凉，后复北走，收聚部类谋为逆，攻降人叱干麒麟，欲并其众。麒麟请救于天光，天光遣岳讨之，未至，明达走于东夏。岳闻荣死，故不追之，仍还泾州以待天光。天光亦下陇，与岳图入洛之策……及闻尔朱兆已入京师，天光乃轻骑向都见世隆等，寻便还雍……天光北出夏州，遣将讨宿勤明达，擒之送洛。时费也头帅纥豆陵伊利、万俟受洛干等据有河西，未有所附。天光以齐献武王起兵信都，内怀忧恐，不复北事伊利等，但微遣备之而已。

除上述起义外，还有北边少数族的部落、牧民起义，以及中原许多较小规模的起义，不能一一备述了。

三 北魏的分裂

北魏末年各族人民大起义失败后，北魏政权落入尔朱荣手中，尔朱氏失败后，魏分裂为东魏、西魏，北魏政权结束。

（一）尔朱氏乱政

武泰元年（528），孝明帝死，年仅3岁的元钊被立为帝。尔朱荣引兵入洛，沉胡太后和元钊小皇帝于黄河，又杀王公卿士一千余人，史称"河阴之变"。

《魏书》卷74《尔朱荣传》载：

> 尔朱荣字天宝，北秀容人也。其先居于尔朱川，因为氏焉。常领部落世为酋帅……父新兴，太和中，继为酋长。家世豪擅，财货丰赢……牛羊驼马，色别为群，谷量而已……荣袭爵后……正光中，四方兵起，遂放畜牧，招合义勇，给其衣马……鲜于脩礼之反也，荣表东讨……时杜洛周陷中山，于时车驾声将北讨，以荣为左军，不行。及葛荣吞洛周，凶势转盛……荣以山东贼盛，虑其西逸，乃遣兵固守滏口以防之……寻属肃宗崩，事出仓卒，荣闻之大怒，谓郑俨、徐纥为之，与元天穆等密议称兵入匡朝庭，讨定之……于是遂勒所统将赴京师。灵太后甚惧，诏以李神轨为大都督，将于大行杜防。荣抗表之始，遣从子天光、亲信奚毅及仓头王相入洛，与从弟世隆密议废立。天光乃见庄帝，具论荣心，帝许之。天光等还北，荣发晋阳……师次河内，重遣王相密来奉迎，帝与兄彭城王劭、弟始平王子正于高渚潜渡以赴之。荣军将士咸称万岁。于时武泰元年四月九日也。

十一日，荣奉帝为主，诏以荣为使持节、侍中、都督中外诸军事、大将军、开府、兼尚书令、领军将军、领左右，太原王，食邑二万户。十二日，百官皆朝于行宫。十三日，荣惑武卫将军费穆之说，乃引迎驾百官于行宫西北，云欲祭天。朝士既集，列骑围绕，责天下丧乱，明帝卒崩之由，云皆缘此等贪虐，不相匡弼所致。因纵兵乱害，王公卿士皆敛手就戮，死者千三百余人，皇弟、皇兄并亦见害，灵太后、少主其日暴崩。

尔朱荣另立元子攸为帝，是为孝庄帝。至此，乐朱荣完全控制了北魏政权。他以收编的六镇武装为自己私兵，又命诸弟镇守军事重地，形成军事上的优势，自己则据晋阳以为根据地，遥制朝政。

《魏书》卷74《尔朱荣传》载：

荣身虽居外，恒遥制朝廷，广布亲戚，列为左右，伺察动静，小大必知。或有侥幸求官者，皆诣荣承候，得其启请，无不遂之。曾关补定州曲阳县令，吏部尚书李神儁以阶悬不奉，别更拟人。荣闻大怒，即遣其所补者往夺其任。荣使入京，虽复微蔑，朝贵见之莫不倾靡；及至阙下，未得通奏，恃荣威势，至乃恣怒。荣曾启北人为河南诸州，庄帝未许，天穆入见，面启曰："天柱既有大功，若请普代天下官属，恐陛下亦不得违之，如何启数人为州，便停不用！"帝正色曰："天柱若不为人臣，朕亦须代；如其犹存臣节，无代天下百官理。此事复何足论。"荣闻所启不允，大为恚恨，曰："天子由谁得立？今乃不用我语。"庄帝外迫于荣，恒怏怏不悦，兼惩荣河阴之事，恐终难保。又城阳王徽、侍中李彧等欲擅威权，惧荣害之，复相间构，日月滋甚。

尔朱氏势力的扩大，加深了他们与皇帝的矛盾。永安三年（530），元子攸联络旧贵族及部分大臣诱杀了尔朱荣。荣从子尔朱兆等起兵攻陷洛阳，杀掉元子攸，改立元恭为帝（节闵帝），于是又形成了尔朱氏割据的局面。

《魏书》卷75《尔朱彦伯传附第仲远传》载：

仲远天性贪暴，大宗富族，诬之以反，殁其家口，簿籍财物，皆以入己，丈夫死者投之河流，如此者不可胜数。诸将妇有美色者，莫不被其淫乱。自荥阳以东，输税悉入其军，不送京师。时天光控关右，仲远在大梁，北据并州，世隆居京邑，各自专恣，权强莫比焉。所在并以贪虐为事，于是四方解体。又加太宰，解大行台。仲远专恣尤剧，方之彦伯、世隆最为无礼，东南牧守下至民俗，比之豺狼，特为患苦。

又同书卷75"传论"有云：

尔朱兆之在晋阳，天光之据陇右，仲远镇捍东南，世隆专秉朝政，于时立君废主易于弈棋，庆赏威刑咸出于己。若使布德行义，忧公忘私，唇齿相依，同心协力，则磐石之固，未可图也。然是庸才，志识无远，所争唯权势，所好惟财色，譬诸溪壑，有甚豺狼，天下失望，人怀怨愤，遂令劲敌得容觇间，心腹内阻，形影外合。是以广阿之役，叶落冰离；韩陵之战，土崩瓦解。一旦殄灭，岂不哀哉！传乐"师克在和"，诗云"贪人败类"，贪而不和，难以济矣。

（二）高欢执掌北魏政权和东西魏的分裂

尔朱氏集团对各族人民大肆迫害，又内讧不已，高欢、宇文泰乘机而起。在高欢的打击下，到永熙二年（533），尔朱氏势力全部被消灭。

《北史》卷6《齐本纪神武记》谓：

齐高祖神武皇帝姓高氏，讳欢，字贺门浑，渤海蓨人也……孝昌元年，柔玄镇人杜洛周反于上谷，神武乃与同志从之。丑其行事，私与尉景、段荣、蔡儁图之，不果而逃……遂奔葛荣，又亡归尔朱荣……及尔朱荣击葛荣，令神武喻下贼别称王者七人。后与行台于晖破羊侃于太山。寻与元天穆破邢杲于济南。累迁第三镇人酋长……乃以神武为晋州刺史。于是大聚敛，因刘贵货荣下要人，尽得其意……无几而孝庄诛荣。

及尔朱兆自晋阳将举兵赴洛，召神武，神武使长史孙腾辞以绛蜀、汾胡欲反，不可委云，兆恨焉，腾复命，神武曰："兆举兵犯上，此大贼也，吾不能久事之。"自是始有图兆计。及兆入洛……杀帝而与尔朱世隆等立长广王晔……时世隆、度律、彦伯共执朝政，天光据关右，兆据并州，仲远据东郡，各拥兵为暴，天下苦之。

葛荣众流入并、肆者二十余万，为契胡陵暴，皆不聊生，大小二十六反，诛夷者半，犹草穷不止。兆患之，问计于神武……兆以神武为诚，遂以委焉……乃建牙阳曲川，陈部分……

居无何，又使刘贵请兆，以并、肆频岁霜旱，降户掘黄鼠而食之，皆面无谷色，徒污人国土。请令就食山东，待温饱而处分之。兆从其议……神乃自晋阳山滏口将出滏口，倍加约束，纤毫之物，不听侵犯。将过麦地，神武辄步牵马。远近闻之，皆称高仪同将兵整肃，益归心焉。遂前行屯邺北，求粮于相州刺史刘诞，诞不供。有军营租米，神武自取之。

魏普泰元年二月，神武军次信都，高乾、封隆之开门以待，遂据冀州……神武自向山东，养士缮甲，禁兵侵掠，百姓归心……

六月庚子，建义于信都……时度律、仲远军次阳平，尔朱兆会之。神武用窦泰策，纵反间，度律、仲远不战而还，神武乃败兆于广阿……

永熙元年正月午午，拔邺城，据之……闰三月，尔朱天光自长安，兆自并州，度律自洛阳，仲远自东郡，同会邺，众号二十万，挟洹水而军。节闵以长孙承业为大行台，总督焉。神武令封隆之守邺，自出顿紫陌。时马不满二千，步兵不至三万，众寡不敌。乃于韩陵为圆阵，连牛驴以塞归道。于是将士皆有死志，四面赴击之……乃合战，大败之……

四月，斛斯椿执天光、度律以送洛阳。长孙承业遣都督贾显智、张环入洛阳，执世隆、彦伯斩之。兆奔并州。仲远奔梁，遂死焉……既而神武至洛阳，废节闵及中兴主而立孝武。孝武既即位，授神武大丞相……壬辰，还邺……七月壬寅，神武帅师北伐尔朱兆……兆自缢，神武亲临，厚葬之……

神武之入洛也，尔朱仲远部下都督桥宁、张子期自滑台归命，神武以其助乱，且数反覆，皆斩之。斛斯椿由是内不自安，乃与南阳王宝炬及武卫将军元毗、魏光、王思政构神武于魏帝。舍人元士弼又奏神武受敕大不敬……于是魏帝与神武隙矣。

高欢入洛阳后，杀元恭，另立元朗为帝，不久，又杀元朗，立元修为帝，是为孝武帝。欢自为大丞相，总揽大权。孝武帝形同傀儡。永熙三年（534），孝武帝西逃关中，投靠宇文泰。高欢又立元善见为帝，是为孝静帝，迁都邺（今河北临漳西南），是为东魏。从此北魏分裂为东、西两个政权。

《北史》卷5《魏孝武帝纪》谓：

> （永熙）三年……五月丙戌，置勋府庶子，箱别六百人；骑官，箱别二百人；阁内部曲，数千人。帝内图高欢，乃以斛斯椿为领军，使与王思政等统之，以为心膂。军谋朝政，咸决于椿。分置督将及河南、关西诸刺史。辛卯，下诏戒严，扬声伐梁，实谋北讨……秋七月己丑，帝亲总六军十余万，次河桥。高欢引军东度。丙午，帝率南阳王宝炬、清河王亶、广阳王湛、斛斯椿以五千骑宿于瀍西杨王别舍……众知帝将出，其夜亡者过半。清河、广阳二王亦逃归。略阳公宇文泰遣都督骆超、李贤和各领数百骑赴。骆超先至。甲戌，贤和会帝于崤中。己酉，高欢入洛……八月，宇文泰遣大都督赵贵、梁御甲骑二千来赴，乃奉迎……遂入长安，以雍州公廨为宫，大赦。甲寅，高欢推司徒、清河王亶为大司马，承制总万机，居尚书省……其冬十月，高欢推清河王亶子善见为主，徙都邺，是为东魏。魏于此始分为二。

第五节　东魏北齐与西魏北周的对峙及其势力消长

经北魏末各族人民起义的打击，北魏分裂为东魏和西魏两个政权，北中国又出现了短暂的东西对峙局面。东、西魏建立不久，高氏、宇文氏乘机而起，分据关东关西，建立北齐、北周两个政权。最后，原本国力较弱的西魏与北周，由于在内政方面作了一系改革力量逐步强大，为后来隋朝统一中国奠定了坚实的基础。

一　东魏北齐的政治

高欢执政东魏时，注意调整阶级和民族关系，并取得了一定成效。北齐建立后，在统治政策上创新很少，对人民的剥削却不断地加重，又推行鲜卑化政策，使阶级、民族矛盾都日趋紧张。特别是在高湛、高纬父子统治时期，政治更加腐败，加上政争频繁，北齐迅速走向衰亡。

(一) 东魏的政治

东魏时期，在长期战乱之后，阶级、民族关系仍很紧张。高欢一再设法笼络军功贵族。他对"诸勋贵掠夺百姓者"采取宥容的态度。

《资治通鉴》卷157《梁纪》武帝大同三年条云：

> (高)欢将出兵拒魏，杜弼请先除内贼。欢问内贼为谁，弼曰："诸勋贵掠夺百姓者是也。"欢不应……乃徐谕之曰："……诸勋人身犯锋镝，百死一生，虽或贪鄙，所取者大，岂可同之常人也！"弼乃顿首谢不及。

高欢又注意调和民族关系。

《资治通鉴》卷157《梁纪》武帝大同三年条云：

> (高)欢每号令军士，常令丞相属代郡张华原宣旨，其语鲜卑则曰："汉民是汝奴，夫为汝耕，妇为汝织，输汝粟帛，令汝温饱，汝何为陵之？"其语华人则曰："鲜卑是汝作客，得汝一斛粟，一匹绢，为汝击贼，令汝安宁，汝何为疾之？"
>
> 时鲜卑共轻华人，唯惮高敖曹。欢号令将士，常鲜卑语，敖曹在列，则为之华言。敖曹返自上洛，欢复以为军司、大都督，统七十六都督。以司空侯景为西道大行台，与敖曹及行台任祥、御史中尉刘贵、豫州刺史尧雄、冀州刺史万俟洛同治兵于虎牢。敖曹与北豫州刺史郑严祖握槊，贵召严祖，敖曹不时遣，枷其使者。使者曰："枷则易，脱则难。"敖曹以刀就枷刿之，曰"又何难！"贵不敢校。明日，贵与敖曹坐，外白治河役夫多溺死，贵曰："一钱汉，随之死！"敖曹怒，拔刀斫贵；贵走出还营，敖曹鸣鼓会兵，欲攻之，侯景、万俟洛共解谕，久之乃止。敖曹尝诣相府，门者不纳，敖曹引弓射之，欢知而不责。

高欢的上述做法在缓和统治集团内部矛盾、调和民族关系方面起到了一定的作用。

但是,由于以高欢为首的集团放任勋贵贪纵不法,所以,当时从中央到地方,贪污成风。

《北史》卷55《杜弼传》载:

> 初,神武自晋阳东出,改尔朱氏贪政,使人入村,不敢饮社酒。及平京洛,货贿渐行。(杜)弼以文武在位,罕有廉洁,言之神武。神武曰:"弼来,我语尔。天下浊乱,习俗已久,今督将家属,多在关西,黑獭常相招诱,人情去留未定;江东复有一吴老翁萧衍,专事衣冠礼乐,中原士大夫望之,以为正朔所在。我若急作法纲,恐督将尽投黑獭,士子悉奔萧衍,则何以为国?尔宜少待,吾不忘之。"及将有沙苑之役,弼又请先除内贼,却讨外寇,指诸勋贵掠夺百姓。神武不答,因令军人皆张弓挟矢,举刀按矟以夹道,使弼冒出其间,曰:"必无伤也。"弼战慄流汗。神武然后喻之曰:"箭虽注不射,刀虽举不击,矟虽按不刺,尔犹顿丧魂胆。诸勋人触锋刃,百死一生,纵其贪鄙,所取处大。"弼顿颡谢曰:"愚人不识至理。"

又同书卷54《孙腾传》载:

> (孙)腾早依神武,神武深信待之,置于魏朝,寄以心腹,遂志气骄盈,与夺自己。纳贿不知纪极,官赠非财不行,肴藏银器,盗为家物,亲狎小人,专为聚敛。与高岳、高隆之、司马子如号四贵,非法专恣,腾为甚焉。

武定七年(549)八月,东魏大将军高澄(高欢长子)在邺城为膳奴所杀,其弟高洋继掌朝政。次年正月,东魏主元善见命高洋(高欢次子)为丞相、都督中外诸军事、录尚书事、大行台,封为齐郡王,随后晋爵为齐王。同年五月,高洋废东魏孝静帝,自立为帝,国号齐,即北齐文宣帝。至此,北齐王朝正式建立,东魏的名号终止。

(二)北齐政治与政争

1. 文宣帝朝的政局

文宣帝高洋在位的前期,政治上颇有作为。他勤于政事,以法治国,又针对北魏末年以来地方机构膨胀之弊，下令并省州、郡、县，因而政治较为安定，北齐国力呈上升趋势。

《北齐书》卷4《文宣帝纪》谓：

> 帝少有大度，意识沉敏，外柔内刚，果敢能断。雅好吏事，测始知终，理剧处繁，终日不倦。初践大位，留心政术，以法驭下，公道为先。或有违犯宪章，虽密戚旧勋，必无容舍，内外清靖，莫不祗肃。

又云：

> 天保七年……十一月，壬子，诏曰："……魏自孝昌之季，数钟浇否，录去公室，政出多门，衣冠道尽，黔首涂炭。铜马、铁胫之徒，黑山、青犊之侣，枭张晋、赵，豕突燕、秦，纲纪从兹而颓，彝章因此而紊。是使豪家大族，鸠率乡部，讬迹勤王，规自署置。或外家公主，女谒内成，昧利纳财，启立州郡。离大合小，本逐时宜，剖竹分符，盖不获已。牧守令长，虚增其数，求功录实，谅足为烦，损害公私，为弊殊久，既乖为政之礼，徒有驱羊之费。自尔因循，未遑删改。朕寅膺实历，恭临八荒，建国经野，务存简易。将欲镇躁归静，反薄还淳，苟失其中，理从刊正。傍观旧史，遐听前言，周曰成、康，汉称文、景，编户之多，古今为最。而丁口减于畴日，守令倍于昔辰，非所以驭俗调风，示民轨物。且五岭内宾，三江回化，拓土开疆，利穷南海。但要荒之所，旧多浮伪，百室之邑，便立州名，三户之民，空张郡目，譬诸木犬，犹比泥龙，循名督实，事归乌有。今所并省，一依别制。"于是并省三州、一百五十三郡、五百八十九县、二镇、二十六戍。又制刺史令尽行兼，不给干物。

在军事上，文宣帝也有建树。为防止突厥进攻，他于天保三年（552）、六年（555）两次修筑长城。主动率军出击依附突厥侵扰边境的库莫奚和契丹，平定了山胡族，增强了防御突厥及西魏北周的力量。高洋还利用梁朝衰亡之机，夺取长江以北的土地，从而使北齐达到全盛。

《北齐书》卷8魏征"总论"云：

> 观夫有齐全盛，控带遐阻，西苞汾、晋，南极江淮，东尽海隅，北渐沙漠，六国之地，我获其五，九州之境，彼分其四。

文宣帝执政六七年以后，便以功业自矜，昏聩残暴起来，政治日趋腐败。只因先后担任尚书仆射、尚书令的杨愔尽力维持，北齐在天保十年（559）十月高洋死去以前，才未发生大的动乱。

关于文宣后期的腐败统治，《北齐书》卷4《文宣帝纪》有云：

> 既征伐四克，威震戎夏，六七年后，以功业自矜，遂留连耽酒，肆行淫暴。或躬自鼓舞，歌讴不息，从旦通宵，以夜继画。或袒露形体，涂傅粉黛，散发胡服，杂衣锦采。肢刃张弓，游于市肆，勋戚之第，朝夕临幸。时乘駞驼牛驴，不施鞍勒，盛暑炎赫，隆冬酷寒，或日中暴身，去衣驰骋，从者不堪，帝居之自若。亲戚贵臣，左右近习，侍从错杂，无复差等，微集淫姬，分付从官，朝夕临视，以为娱乐。凡诸杀害，多令支解，或焚之于火，或投之于河。沉酗既久，弥以狂惑，至于末年，每言见诸鬼物，亦云闻异音声。情有蒂芥，必在诛戮，诸元宗室咸加屠剿，永安、上党并致冤酷，高隆之、高德政、杜弼、王元景、李愔之等皆以非罪加害。尝在晋阳以稍戏刺都督尉子耀，应手即殒。又在三台大光殿上，以锯锯都督穆嵩，遂至于死。又尝幸开府暴显家，有都督韩悊无罪，忽于众中唤出斩之。自余酷滥，不可胜纪。朝野惨憎，各怀怨毒。而素以严断临下，加之默识强记，百僚战栗，不敢为非，文武近臣朝不谋夕。又多所营缮，百役繁兴，举国骚扰，公私劳弊。凡诸赏赉，无复节限，府藏之积，遂至空虚。自皇太后诸王及内外旧勋，愁惧危悚，计无所出，暨于末年，不能进食，唯数饮酒，曲薛成灾，因而致毙。

2. 杨愔事件与二王争位

北齐政治呈现出显著的鲜卑化特征。其表现之一，是北齐最高统治集团（怀朔集团）采取了打击"汉儿"的政策。最能说明鲜卑与汉人严重对立的是杨愔事件。在这一事件中，大臣杨愔、燕子献、宋钦道（皆汉人）均被处死，同死者80多人。

《北齐书》卷34《杨愔传》载：

> 杨愔，字遵彦，小名秦王，弘农华阴人……天保初，以本官领太子少傅，别封阳夏县男。又诏监太史，迁尚书右仆射。尚太原长公主，即魏孝静后也。会有雉集其舍，又拜开府仪同三司、尚书左仆射，改封华山郡公。九年，徙尚书令，又拜特进、骠骑大将军。十年，封开封王，文宣之崩，百僚莫有下泪，愔悲不自胜。济南嗣业，任遇益隆，朝章国命，一人而已，推诚体道，时无异议。乾明元年二月，为孝昭帝所诛，时年五十。天统末，追赠司空。
>
> 愔贵公子，早著声誉，风表鉴裁，为朝野所称。家门遇祸，唯有二弟一妹及兄孙女数人，抚养孤幼，慈旨温颜，咸出人表。重义轻财，前后赐与，多散之亲族，群从弟侄十数人，并待而举火。频遭迍厄，冒履艰危，一飧之惠，酬答必重，性命之仇，舍而不问。
>
> 典选二十余年，奖擢人伦，以为己任。然取士多以言貌，时致谤言，以为愔之用人，似贫士市瓜，取其大者。愔闻，不屑为，其聪记强识，半面不忘。每有所召问，或单称姓，或单称名，无有误者。后有选人鲁漫汉，自言猥贱，独不见识。愔曰："卿前在元子思坊，骑秃尾草驴，经见我不下，以方曲郸面，我何不识卿？"漫汉惊服。又调之曰："名以定体，漫汉果自不虚。"又令吏唱人名，误以庐士深为士琛，士深自言。愔曰："庐郎玉润，所以从玉。"自尚公主后，衣紫罗袍，金缕大带。遇李庶，颇以为耻，谓曰："我此衣服，都是内裁，既见子将，不能无愧。"
>
> 及居端揆，权综机衡，千端万绪，神无滞用。自天保五年已后，一人丧德，维持匡救，实有赖焉。每天子临轩，公卿拜授，施号发令，宣扬诏册。愔辞气温辩，神仪秀发，百僚观听，莫不悚动。自居大位，门绝私交。轻货财，重仁义，前后赏赐，积累巨万，散之九族，架箧之中，唯有书数千卷。太保、平原王隆之与愔邻宅，愔尝见其门外有富胡数人，谓左右曰："我门前幸无此物。"性周密畏慎，恒若不足，每闻后命。愀然变色。
>
> 文宣大渐，以常山、长广二王位地亲逼，深以后事为念。愔与尚书左仆射平秦王归彦、侍中燕子献、黄门侍郎郑子默受遗诏辅政，并以二王威望先重、咸有猜忌之心。初在晋阳，以大行在殡，天子谅

闻，议令常山王在东馆，欲奏之事，皆先谘决。二旬而止。仍欲以常山王随梓宫之邺，留长广王镇晋阳，执政复生疑贰，两王又俱从至于邺。子献立计，欲处太皇皇太后于北宫，政归皇太后。又自天保八年巳来，爵赏多滥，至是，愔先自表解其开府封王，诸叨窃恩荣者皆从黜免。由是嬖宠失职之徒，尽归心二叔。高归彦初虽同德，后寻反动，以疏忌之迹尽告两王。可朱浑天和又每云："若不诛二王，少主无自安之理。"宋钦道面奏帝，称二叔威权既重，宜速去之。帝不许曰："可与令公共详其事。"愔等议出二王为刺史。以帝仁慈，恐不可所奏，乃通启皇太后，具述安危。有宫人李昌仪者，北豫州刺史高仲密之妻，坐仲密事入宫。太后以昌仪宗情，甚相昵爱。太后以启示之，昌仪密启太皇太后。愔等又议不可令二王俱出，乃奏以长广王为大司马、并州刺史，常山王为太师、录尚书事。

及二王拜职，于尚书省大会百僚，愔等并将同赴。子默止之，云："事不可量，不可轻脱。"愔云："吾等至诚体国，岂有常山拜职，有不赴之理，何为忽有此虑？"长广旦伏家僮数十人于录尚书后室，仍与席上勋贵数人相知。并与诸勋胄约，行酒至愔等，我各劝双盃，彼必致辞。我一曰："捉酒"，二曰："捉酒"，三曰："何不捉"，尔辈即捉。及宴如之。愔大言曰："诸王构逆，欲杀忠良邪！尊天子，削诸侯，赤心奉国，未应及此。"常山王欲缓之，长广王曰："不可。"于是愔及天和、钦道皆被拳杖乱殴击，头面血流，各十人持之。使薛孤延、康买执子默于尚药局。子默曰："不用智者言，以至于此，岂非命也。"

二叔率高归彦、贺拔仁、斛律金拥愔等唐突入云龙门。见都督叱利骚，招之不进，使骑杀之。开府成休宁拒门，归彦喻之，乃得入。送愔等于御前。长广王及归彦在朱华门外。太皇太后临昭阳殿，太后及帝侧立。常山王以砖叩头，进而言曰："臣与陛下骨肉相连。杨遵彦等欲擅朝权，威福自己，王公以还，皆重足屏气。共相唇齿，以成乱阶，若不早图，必为宗社之害。臣与湛等为国事重，贺拔仁、斛律金等惜献皇帝基业，共执遵彦等领入宫，未敢刑戮，专辄之失，罪合万死。"帝时默然，领军刘桃枝之徒陛卫，叩刀仰视，帝不眄之。太皇太后令却仗，不肯。又厉声曰："奴辈即今头落。"乃却。因问杨郎何在。贺拔仁曰："一目已出。"太皇太后怆然曰："杨郎何所能，留使不好耶！"乃让帝曰："此等怀逆，欲杀我二儿，次及我，尔何纵之？"帝犹不能言。太皇太后怒且悲，王公皆泣。太皇太后曰："岂可使我母子受汉老妪斟酌。"太后拜谢。常山王叩头不止。太皇太后谓帝："何不安慰尔叔。"帝乃曰："天子亦不敢与叔惜，岂敢惜此汉辈？但愿乞儿性命，儿自下殿去，此等任叔父处分。"遂皆斩之。长广王以子默昔谗己，作诏书，故先拔其舌，截其手。太皇太后临愔丧，哭曰："杨郎忠而获罪。"以御金为之一眼，亲内之，曰："以表我意。"常山王亦悔杀之。先是童谣曰："白羊头尾秃，羖䍽头生角。"又曰："羊羊啃野草，不啃野草远我道，不远打尔脑。"又曰："阿么姑祸也，道人姑夫死也。"羊为愔也，"角"文为用刀，"道人"谓废帝小名。太原公主尝作尼，故曰："阿么姑"，愔、子献、天和皆帝姑夫云。于是乃以天子之命下诏罪之，罪止一身，家口不问。

汉人在与鲜卑的政争中所以会失败，《资治通鉴》卷168《陈纪》文帝天嘉元年条胡注如是说：

> 杨愔受托孤之寄，不能尊主庇身者，鲜卑之势素盛，华人不足以制之也。

胡氏一针见血的详论，可以概括整个北齐时代朝廷中的汉、胡关系。

乾明元年（560），常山王高演废高殷，自立为帝。其弟长广王高湛为右丞相，留守邺城。二人为争夺权势，展开了激烈的斗争。《资治通鉴》卷168《陈纪》文帝天嘉二年条云：

> 齐王之诛杨、燕也，许以长广王湛为太弟，既而立太子百年，湛心不平。帝在晋阳，湛居守于邺。散骑常侍高元海，高祖之从孙也，留典机密。劝以领军代人库狄伏连为幽州刺史，以斛律光之弟羡为领军，以分湛权。湛留伏连，不听羡视事。
> 先是，济南闵悼王常在邺，望气者以邺中有天子气。平秦王归彦恐济南王复位，为己不利，劝帝除之。帝乃使归彦至邺。征济南王如晋阳。

> 湛内不自安，问计于高元海。元海曰："皇太后万福，至尊孝友异常，殿下不须异虑。"湛曰："此岂我推诚之意邪！"元海乞还省，一夜思之，湛即留元海于后堂。元海达旦不眠，唯绕床徐步。夜漏未尽，湛遽出，曰："神算如何？"元海曰："有三策，恐不堪用耳。请殿下如梁孝王故事，从数骑入晋阳，先见太后求哀，后见主上，请去兵权，以死为限，不干朝政，必保泰山之安。此上策也。不然，当具表云，威权太盛，恐取谤众口，请青、齐二州刺史，沈靖自居，必不招物议。此中策也。"更问下策。曰："发言即恐族诛。"固逼之，元海曰："济南世嫡，主上假太后令而夺之。今集文武，示以徵济南之敕，执斛律丰乐，斩高归彦，尊立济南，号令天下，以顺讨逆，此万世一时也。"湛大悦。

高湛尚未付诸行动，高演便于皇建二年（561）十一月病死。高演遗诏传位给高湛。高湛即位为北齐武成帝。

3. 北齐后期政坛的腐败

高湛即位后，为巩固皇位，大肆诛杀宗室诸王。

《北齐书》卷7《武成纪》载：

> 河清元年……秋七月，太宰、冀州刺史、平秦王归彦据州反，诏大司马段韶、司空娄叡讨擒之。乙未，斩归彦并其三子及党与二十人于都市……三年春……三月辛酉，以律令班下，大赦。己巳，盗杀太师、彭城王浟……六月……杀乐陵王百年。

高湛极其荒淫，又宠任一批鄙陋无知的小人。

《北齐书》卷50《恩幸·和士开传》载：

> 和士开，字彦通，清都临漳人也。其先西域商胡，本姓素和氏。父安，恭敏善事人，稍迁中书舍人。魏孝静尝夜中与朝贤讲集，命安看斗柄所指，安答曰："臣不识北斗。"高祖闻之，以为淳直。后为仪州刺史。
>
> 士开幼而聪慧，选为国子学生，解悟捷疾，为同业所尚。天保初，世祖封长广王，辟士开府行参军。世祖性好握槊，士开善于此

戏，由是遂有斯举。加以倾巧便僻，又能弹胡琵琶，因此亲狎。尝谓王曰："殿下非天人也，是天帝也。"王曰："卿非世人也，是世神也。"其深相爱如此。显祖知基轻薄，不令王与小人相亲善，责其戏狎过度，徙长城。后除京畿士曹参军，长广王请之也。

世祖践祚，累除侍中，加开府。遭母刘氏忧，帝闻而悲恸，遣武卫将军吕芬诣宅，尽夜扶持，成服后方还。其日，帝又遣以犊军迎士开入内，帝见，亲自握手，怆恻下泣，晓喻良久，然后遣还，并诸弟四人并起复本官。其见亲重如此，除右仆射。帝先患气疾，因饮酒辄大发动，士开每谏不从。属帝气疾发，又欲饮，士开泪下歔欷不能言。帝曰："卿此是不言之谏。"因不复饮。言辞容止，极诸鄙亵，以夜继昼，无复君臣之礼。到说世祖云："自古帝王，尽为灰烬，尧、舜、桀、纣，竟复何异。陛下宜及少壮，恣意作乐，纵横行之，即是一日快活敌千年。国事分付大臣，何虑不辨，无为自动苦也。"世祖大悦。其年十二月，世祖寝疾于乾寿殿，士开入侍医药。世祖谓士开有伊、霍之才，殷勤属以后事，握士开之手曰："勿负我也。"仍绝于士开之手。

又同书卷8《幼主纪》"论曰"谓：

武成……爱狎庸竖，委以朝权，帷薄之间，淫佚过度，灭亡之兆，其在斯乎？玄象告变，传位元子，名号虽殊，政犹已出，迹有虚饰，事非宪典，聪明临下，何易可诬。又河南、河间、乐陵等诸王，或以时嫌，或以猜忌，皆无罪而殒，非所谓知命任天道之义也。

由于高湛的腐败统治，人民怨声载道。高湛很怕自己死后皇权旁落，遂于河清四年（565），禅位于其子高纬，即后主，自己作为太上皇进行监护。北齐统治者继续推行打击"汉儿"的政策，于是便发生了继杨愔事件之后的又一次汉人与鲜卑的政争。

这次政争中汉人士大夫的领袖是祖珽。珽字孝征，范阳遒县人，北魏护军将军祖莹子，出身北方士族，以解鲜卑语、善弹琵琶入仕。后主即位后，委以重任。祖珽利用权势地位进行改革，其主要内容有以下数端。

首先是整饬吏治。

《北齐书》卷39《祖珽传》云：

> 自和士开执事以来，政体毁败，珽推崇高望，官人称职，内外称美。复欲增损政务，沙汰人物……又欲黜诸阉竖及群小辈，推诚朝廷，为致治之方。陆媪、穆提婆议颇同异。珽乃讽御史中丞丽伯律，令劾主书王子冲纳贿，知其事连穆提婆，欲使赃罪相及，望因此坐，并及陆媪。

其次为武平二年（571）十月，"奏罢京畿府"。

《北齐书》卷39《祖珽传》云：

> 始奏罢京畿，并于领军，事连百姓，皆归郡县。

这一措施旨在取消鲜卑兵团的特殊权势。

再次是武平三年（572）"奏立文林馆"。

《北齐书》卷45《文苑传序》载：

> （武平）三年，祖珽奏立文林馆，于是更召引文学士，谓之侍诏文林馆焉。

又同书卷45《文苑·颜之推传》载：

> 颜之推，字介，琅琊临沂人也……河清末，被举为赵州功曹参军，寻待诏文林馆，除司徒录事参军。之推聪颖机悟，博识有才辩，工尺牍，应对闲明，大为祖珽所重，令掌知馆事，判署文书。

又《北齐书》卷45《文苑传序》载：

> 珽又奏撰御览，诏珽及特进魏收、太子太师徐之才、中书令崔劼、散骑常侍张雕、中书监阳休之监撰。珽等奏追通直散骑侍郎韦道逊、陆乂、太子舍人王劭、卫尉丞李孝基、殿中侍御史魏澹、中散大夫刘仲威、袁奭、国子博士朱才、奉军都尉眭道闲、考功郎中崔子

枢、左外兵郎薛道衡、并省主客郎中卢思道、司空东阁祭酒崔德、太学博士诸葛汉、奉朝请郑公超、殿中侍御史郑子信等入馆撰书，并敕放、恕、之推等同入撰例。复令散骑常侍封孝琰、前乐陵太守郑元礼、卫尉少卿杜台卿、通直散骑常侍王训、前南兖州长史羊肃、通直散骑常侍马元熙、并省三公郎中刘珉、开府行参军李师上、温君悠入馆，亦令撰书。复命特进崔季舒、前仁州刺史刘逖、散骑常侍李孝贞、中书侍郎李德林续入待诏。寻又诏诸人各举所知，又有前济州长史李耆、前广武太守魏骞、前西兖州司马萧溉、前幽州长史陆仁惠、郑州司马江旰、前通直散骑侍郎辛德源、陆开明、通直郎封孝謇、太尉掾张德冲、并省右民郎高行恭、司徒户曹参军古道子、前司空曹参军刘頡、获嘉令崔德儒、给事中李元楷、晋州治中阳师孝、太尉中兵参军刘儒行、司空祭酒阳辟疆、司空士曹参卢公顺、司徒中兵参军周子深、开府参军王友伯、崔君洽、魏师謇并入馆待诏，又敕右仆射段孝言亦入焉。御览成后，所撰录人亦有不时待诏，付所司处分者。凡此诸人，亦有文学肤浅，附会亲识，妄相推荐者十三四焉。虽然，当时操笔之徒，搜求略尽。其外如广平宋孝王、信都刘善经辈三数人，论其才性，入馆诸贤亦十三四不逮之也。待诏文林，亦是一时盛事，故存录其姓名。

祖珽的奏立文林馆，其意在排抑鲜卑，欲以文林馆为基地，培植汉士人，以取代鲜卑人在政权中的地位。

祖珽采取的这些措施，势必触犯鲜卑贵族的利益，因而遭到反对。祖珽被贬为北徐州刺史，不久死于贬所。

《北齐书》卷39《祖珽传》载：

（祖珽）又欲黜诸阉竖及群小辈，推诚朝廷，为致治之方。陆媪、穆提婆议颇同异。珽乃讽御史中丞丽伯律，令劾主书王子冲纳贿，知其事连穆提婆，欲使赃罪相及，望因此坐，并及陆媪。犹恐后主溺于近习，欲因后党为援，请以皇后兄胡君瑜为侍中、中领军，又征君瑜兄梁州刺史君璧，欲以为御史中丞。陆媪闻而怀怒，百方排毁，即出君瑜为金紫光禄大夫，解中领军，君璧还镇梁州。皇后之废，颇亦由此。王子冲释而不问。珽日益以疏，又诸宦者更共谮毁之，无所不至。后主部诸太姬，悯默不对，及三问，乃下床拜曰："老婢合死，本见和士开道孝徵多才博学，言为善人，故举之。比来看之，极是罪过，人实难知。老婢合死。"后主令韩长鸾检案，得其诈出敕受赐十余下，以前与其重誓不杀，遂解珽侍中、仆射，出为北徐州刺史。珽求见后主，韩长鸾积嫌于珽，遣人推出柏阁。珽固求面见。坐不肯行。长鸾乃令军士牵曳而出，立珽于朝堂，大加诮夷。上道后，令追还，解其开府仪同、郡公、直为刺史。

至州，会有陈寇……时穆提婆憾之不已，欲令城陷没贼，虽知危急，不遣救援。珽且战且守十余日，贼竟奔走，城卒保全。卒于州。

接着，韩凤乘机报复，大杀汉人。
又同书卷50《恩倖传·韩凤传》载：

韩凤，字长鸾，昌黎人也……后主即位，累迁侍中、领军、总知内省机密……凤于权要之中，尤嫉人士，崔季舒等冤酷，皆凤所为。每朝士谘事，莫敢仰视，动致呵叱，辄詈云："狗汉大不可耐，唯须杀却！"

又同书卷39《崔季舒传》载：

祖珽受委，奏季舒总监内作。珽被出，韩长鸾以为党，亦欲出之。属车驾将适晋阳，季舒与张雕议：以为寿春被围，大军出拒，信使往还，须禀节度，兼道路小人，或相惊恐，云大驾向并，畏避南寇；若不启谏，必动人情。遂与从驾文官连名进谏。时贵臣赵彦深、唐邕、段孝言等初亦同心，临时疑贰，季舒与争未决，长鸾遂奏云："汉儿文官连名总署，声云谏止向并，其实未必不反，宜加诛戮。"帝即召已署表官人集含章殿，以季舒、张雕、刘逖、封孝琰、裴泽、郭遵等为首，并斩之殿庭，长鸾令弃其尸于漳水。自外同署，将加鞭挞，赵彦深执谏获免。季舒等家属男女徙北边，妻女子妇配奚官，小男下蚕室，没入赀产。

自此再也没有发生过汉人意欲革除鲜卑旧习、改革弊政的争夺，因为北齐政权即将灭亡。

《北齐书》卷8《齐本纪后主纪》云：

> 帝幼而令善，颇学缀文，置文林馆，引诸文士焉。而言语涩讷，无志度，不喜见朝士，自非宠私昵狎，未尝交语。性懦不堪，人视者即有忿责。其奏事者，虽三公、令、录莫得仰视，皆略陈大旨，惊走而出。每灾异、寇盗、水旱，亦不自贬损，唯诸处设斋，以此为修德。雅信巫觋，解祷无方。初琅琊王举兵，人告者误云库狄伏连反，帝曰："此必仁威也。"又斛律光死后，诸武官举高思好堪大将军，帝曰："思好喜反。"皆如所言，遂自以策无遗算，乃益骄纵。盛为无愁之曲，帝自弹胡琵琶而唱之，侍和之者以百数，人间谓之无愁天子。尝出见群厉，尽杀之。或杀人，剥面皮而视之。
>
> 任陆令萱、和士开、高阿那肱、穆提婆、韩长鸾等宰制天下，陈德信、邓长颙、何洪珍参预机权。各引亲党，超居非次，官由财进，狱以贿成，其所以乱政害人，难以备载。诸官奴婢、阉人、商人、胡户、杂户、歌舞人、见鬼人滥得富贵者，将以万数。庶姓封王者百数，不复可纪。开府千余，仪同无数。领军一时三十，连判文书，各作"依"字，不具姓名，莫知谁也。诸贵宠祖祢追赠，官岁一进，位极乃止。宫掖婢皆封郡君。宫女宝玉食者五百余人，一裙直万疋，镜台值千金，竞为变巧，朝衣夕弊……
>
> 御马则藉以毾㲪，食物有十余种，将合牝牡，则设青庐，具牢馔而亲观之。狗则饲以梁肉。马及鹰犬，乃有仪同、郡君之号。故有赤彪仪同、逍遥郡君、陵霄郡君，高思好书所谓驳龙、逍遥者也。犬于马上设褥以抱之。斗鸡亦号开府。犬马鸡鹰，多食县干。鹰之入养者，稍割犬肉以饲之，至数日乃死。
>
> 又于华林园立贫穷村舍，帝自弊衣为乞食儿。又为穷儿之市，躬自交易，写筑西鄙诸城，使人衣黑衣为羌兵，鼓噪陵之，亲率内参临拒，或实弯弓射人。自晋阳东巡，单马驰骛，衣解发散而归。又好不急之务，曾一夜索蝎，及旦，得三升。特爱非时之物，取求火急，皆须朝征夕辨，当势者因之。贷一而责十焉。
>
> 赋敛日重，徭役日烦，人力既殚，帑藏空竭，乃赐诸佞幸卖官，或得郡两三，或得县六七，各分州郡，下逮乡官，亦多降中旨。故有

敕用州主簿，敕用郡功曹。于是州县职司，多出富商大贾，竞为贪纵，人不聊生。爰自邺都及诸州郡，所在征税，百端俱起。凡此诸役，皆渐于武成，至帝而增广焉。

又《北齐书》卷8魏征"总论"云：

后主则不然，以人从欲，损物益己，雕墙峻宇，甘酒嗜音，鄽肆遍于宫园，禽色荒于外内，俾昼作夜，罔水行舟，所欲必成，所求必得，既是轨不物，又暗于听受，忠信不闻，姜斐必入，视人如草芥，从恶如顺流。佞阉处当轴之权，婢媪擅回天之力，卖官鬻狱，乱政淫刑，刻削被于忠良，禄位加于犬马，逸邪并进，法令多闻，持瓢者非止百人，摇树者不唯一手。于是土崩瓦解，众叛亲离，顾瞻周道，咸有西归之志。方更盛其宫观，穷极荒淫，谓黔首之可诬，指白日以自保。驰倒戈之旅，抗前歌之师，五世崇基，一举而灭，岂非镂金石者难为功，摧枯朽者易为力欤？

抑又闻之：皇天无亲，唯德是辅；天时不如地利，地利不如人和。齐自河清之后，逮于武平之末，土木之功不息，嫔嫱之选无已，征税尽，人力殚，物产无以给其求，江海不能赡其欲。所谓火既炽矣，更负薪以足之，数既无穷矣，又为恶以促之，欲求大厦不燔，延期过历。不亦难乎！由此言之，齐氏之败亡，盖亦由人，匪唯天道也。

又《隋书》卷24《食货志》云：

是时，频岁大水，州郡多遇沉溺，谷价腾踊。朝廷遣使开仓，从贵价以粜之，而百姓无益，饥馑尤甚。重以疾疫相乘，死者十四五焉。

至天统中，又毁东宫，造修文、偃武、隆基嫔嫱诸院，起玳瑁楼又于游豫园穿池，周以列馆，中起三山，构台，以象沧海，并大修佛寺，劳役钜万计。财用不给，乃减朝士之禄，断诸曹粮膳，及九州军人常赐以供之。武平之后。权幸并进，赐与无限，加之旱蝗，国用转屈。乃料境内六等富人，调令出钱。而给事黄门侍郎颜之推奏请立关市邸店之税，开府邓长颙赞成之，后主大悦。于是以其所入，以供御府声色之费，军国之用不豫焉。未几而亡。

北齐承光元年（577），北周武帝文邕出兵进攻北齐，俘齐帝高纬（时已让位给子恒），北齐亡。

二 西魏北周的统治

宇文泰、宇文邕父子执政西魏、北周时，曾进行过不少重要改革，使得原本弱于东魏北齐的西魏北周，终于转弱为强，消灭北齐而统一黄河流域。

（一）西魏的创立及其政治

1. 西魏政权的创立

西魏是北周的前身，其创立者为宇文泰。孝文帝永熙三年（534），北魏孝武帝逃至关中，依靠将领宇文泰。次年，泰杀孝武帝，立元宝炬为帝，都长安（今陕西西安），史称西魏。

《周书》卷1《文武纪》谓：

> 太祖文皇帝姓宇文氏，讳泰，字黑獭，代武川人也……（父）肱任侠有气干。正光末，沃野镇人破六汗拔陵作乱，远近多应之。其伪伪王卫可孤徒党最盛，肱乃纠合乡里斩可孤，其众乃散。后避地中山，遂陷于鲜于修礼。修礼令肱还统其部众。后为定州军所破，殁于阵。武成初，追尊曰德皇帝。
>
> 太祖，德皇帝之少子也……少随德皇帝在鲜于修礼军。及葛荣杀修礼，太祖时年十八，荣遂任以将帅。太祖知其无成，与诸兄谋欲逃避，计未行，会尔朱荣擒葛荣，定河北，太祖随例迁晋阳。荣以太祖兄弟雄杰，惧或异己，遂托以他罪，诛太祖第三兄洛生，复欲害太祖。祖自理家冤，辞旨慷慨，荣感而免之，益加敬待……
>
> 万俟丑奴作乱关右，孝庄帝遣尔朱天光及（贺拔）岳等讨之，太祖遂从岳入关，先锋破伪行台尉迟菩萨等。及平丑奴，定陇右，太祖功居多……
>
> 普泰二年，尔朱天光东拒齐神武，留弟显寿镇长安。岳知天光必败……乃相率袭长安，令太祖轻骑为前锋。太祖策显寿怯懦，闻诸军

将至，必当东走，恐其远遁，乃倍道兼行。显寿果已东走，追至华山擒之。

太昌元年，岳为关西大行台，以太祖为左丞，领岳府司马，加散骑常侍。事无巨细，皆委决焉。

齐神武既破尔朱，遂专朝政。太祖请往观之……太祖还谓岳曰："高欢非人臣也，逆谋所以未发者，惮公兄弟耳……今费也头控弦之骑不下一万，夏州刺史斛拔弥俄突胜兵之士三千余人，及灵州刺史曹泥，并恃其僻远，常怀异望。河西流民纥豆陵伊利等，户口富实，未奉朝风。今若移军近陇，扼其要害，示之以威，服之以德，即可收其士马，以实吾军。西辑氐、羌，北抚沙塞，还军长安，匡辅魏室，此桓文举也。"……（岳）于是表太祖为使持节、武卫将军、夏州刺史。太祖至州，伊利望风款附，而曹泥犹通使于齐神武。

魏永熙三年春正月，岳欲讨曹泥，遣都督赵贵至夏州与太祖计事。太祖曰："曹泥孤城阻远，未足为忧。侯莫陈悦怙众密迩，贪而无信，必将为患，愿早日图之。"岳不听，遂与悦俱讨泥。二月，至于河曲，岳果为悦所害。其士众散还平凉。唯大都督赵贵率部曲收岳尸还营。于是三军未有所属，诸将以都督寇洛年最长，相与推洛以总兵事。洛素无雄略，威令不行，乃谓诸将曰："洛智能本阙，不宜统御，近者迫于群议，推相摄领，今请避位，更择贤材。"于是赵贵言于众曰："……窃观宇文夏州，英姿不世，雄谟冠时，远迩归心，士卒用命。加以法令齐肃，赏罚严明，真足恃也。今若告丧，必来赴难，因而奉之，则大事集矣。"诸将皆称善。乃命赫连达驰至夏州……太祖乃率帐下轻骑，驰赴平凉。时齐神武遣长史侯景招引岳众，太祖到安定，遇之，谓景曰："贺拔公虽死，宇文泰尚存，卿何为也？"景失色，对曰："我犹箭耳，随人所射，安能自裁。"景于此即还。太祖至平凉，哭岳甚恸。将士且悲且喜曰："宇文公至，无所忧矣。"……三月，太祖进军至原州。众军悉集，论以讨悦之意，士卒莫不怀愤……夏四月，引兵上陇，留兄子导为都督，镇原州。太祖军令严肃，秋毫无犯，百姓大悦。识者知其成。军出木峡关，大雨雪，平地二尺。太祖知悦怯而多猜，乃倍道兼行，出其不意。悦果疑其左右有异志者，左右亦不安，众遂离贰。闻大军且至，退保略阳，留一万余人据守水洛。太祖到水洛，命围之，城降。太祖即率轻骑数百趣略阳，以临悦军……其夜，悦出军，军中自惊溃，将卒或相率来降。太祖纵兵奋击，大破之……追及悦，斩之……

时魏帝方图齐神武，又遣征兵。太祖乃令前秦州刺史骆超为大都督，率轻骑一千赴洛。进授太祖兼尚书仆射、关西大行台，余官封如故……秋七月，太祖帅众发自高平，前军至于弘农。而齐神武稍逼京邑，魏帝亲总六军，屯于河桥……七月丁未，帝遂从洛阳率轻骑入关……乃奉帝都长安。披草莱，立朝廷，军国之政，咸取太祖决焉……闰十二月，魏孝武帝崩。太祖与群公定策，尊立魏南阳王宝炬为嗣，是为文皇帝。

元宝炬即帝位后，宇文泰为大丞相，专制西魏朝政。西魏大统十七年（551），帝元宝炬病死，子元钦继位，是为废帝。元氏宗室欲将国家权力从宇文泰手中夺过来，以尚书元烈为首，谋诛宇文泰。事泄，元烈被杀。元钦倾向元烈，恭帝元年（554），宇文泰废杀元钦，立元钦弟元廓为帝，是为恭帝。宇文泰仍专断国政。西魏在宇文泰卵翼下存在23年，被宇文氏的北周政权取代。宇文泰因创立之功，北周建立后，被追尊为北周文皇帝，庙号太祖。

2. 吏治的整顿

与高欢纵容鲜卑勋贵贪残乱政相反，西魏一创立，宇文泰便力求用政策法令扭转官吏贪婪而怠弃政事的恶习，实现政治稳定。

《周书》卷2《文帝纪下》云：

魏大统元年……三月，太祖以戎役屡兴，民吏劳弊，乃命所司斟酌今古，参考变通，可以益国利民便时适治者，为二十四条新制奏魏帝行之……

七年……冬十一月，太祖奏行十二条制，恐百官不勉于职事，又下令申明之……

十年……秋七月，魏帝以太祖前后所上二十四条及十二条新制，方为中兴永式，乃命尚书苏绰更损益之，总为五卷，班于天下。于是搜简贤才，以为牧守令长，皆依新制而遣焉。数年之间，百姓便之……

十一年春三月，令曰：

"古之帝王所以外建诸侯内立百官者,非欲富贵其身而尊荣之,盖以天下至广,非一人能独治,是以博访贤才,助己为治。若其智观也,则以礼命之。其人闻命之日,则惨然曰:'凡受人之事,任人之劳,何舍己而从人。'又自勉曰:'天生儁士,所以利时。彼人主者,欲与我为治,安可苟辞。'于是降心而受命,及居官也,则昼不甘食,夜不甘寝,思所以上匡人主,下安百姓;不遑恤其私而忧其家,故妻子或有饥寒之弊而不顾也。于是人主赐之以俸禄,尊之以轩冕,而不以为惠也。贤臣受之,亦不以为德也。位不虚加,禄不妄赐。为人君者,诚能以此道授官,为人臣者,诚能以此情受位,则天下之大,可不言而治矣。昔尧、舜之为君,稷、契之为臣,用此道也。及后世衰微,此道遂废,乃以官职为私恩,爵禄为荣惠。人君之命官也,亲则授之,爱则任之。人臣之受位也,可以尊身而润屋者,则迁道而求之;损身而利身者,则巧言而辞之。于是至公之道没,而奸诈之萌生。天下不治,正为此矣。"

"今圣主中兴,思去浇伪。诸在朝之士,当念职事之艰难,负阙之招累,凤夜兢兢,如临深履薄。才堪者,则审己而当之;不堪者,则收短而避之。使天官不妄加,王爵不虚受,则淳素之风,庶几可及。"

为加强吏治建设,在宇文泰支持下,苏绰撰成《六条诏书》,于大统七年(541)颁行。它通过对官员特别是地方长官处理政事的种种具体规定,保证了政治清明、社会安定和生产发展。

《周书》卷23《苏绰传》载:

> 苏绰字令绰,武功人,魏侍中则之九世孙也。累世二千石,父协,武功郡守。
>
> 绰少好学,博学群书,尤善算术……属太祖与公卿往昆明池观鱼,行至城西汉故仓地,顾问左右,莫有知者。或曰:"苏绰博物多通,请问之。"太祖乃召绰。具以状对。太祖大悦……即拜大行台左丞,参典机密。自是宠遇日隆。绰始制文案程式,朱出墨入,及计帐、户籍之法……
>
> (大统)十年,授大行台度支尚书,领著作,兼司农卿。太祖方

欲革易时政，务弘强国富民之道，故绰得尽其智能，赞成其事。减官员，置二长，并置屯田以资军国。又为六条诏书，奏施行之。其一，先治心……其二，敦教化……其三，尽地利……其四，擢贤良，曰：

"……今刺史守令，悉有僚吏，皆佐治之人也。刺史府官则命于天朝，其州吏以下，并特守自置。自昔以来，州郡大吏，但取门资，多不择贤良；末曹小吏，惟试刀笔，并不问志行。夫门资者，乃先世之爵禄，无妨子孙之愚瞽；刀笔者，乃身外之末材，不废性行之浇伪。若门资之中而得贤良，是由策骐骥而取千里也；若门资之中而得愚瞽，是由土牛木马，形似而非，不可以涉道也。若刀笔之中而得志行，是则金相玉质，内外俱美，实为人宝也；若刀锋之中而得浇伪，是则饰画朽木，悦目一时，不可以充榱橡之用也。今之选举者，当不限资荫，唯在得人。苟得其人，自可起厮养而为卿相，伊尹、傅说是也，而况州郡之职乎？苟非其人，则丹朱、商均虽帝王之胤，不能守百里之封，而况于公卿之胄乎？由此而言，观人之道可见矣。

凡所求材艺者，为其可以治民。若有材艺而以正直为本者，必以其材而为治也；若有材艺而以奸伪为本者，将由其官而乱也，何治之可得乎？是故将求材艺，必先择志行。其志行善者，则举之；其志行不善者，则去之……"

其五，恤狱讼……其六，均赋役，曰：

"……今逆寇未平，军用资广，虽未遑减省，以恤民瘼，然令平均，使下无匮。夫平均者，不舍豪强而征贫弱，不纵奸巧而困愚拙，此之谓均也。故圣人曰：'盖均无贫。'然财货之生，其功不易，织纴纺绩，起于有渐，非旬之日之间，所可造次。必须劝课，使预营理。绢乡先事织纴，麻土早修纺绩。先时而备，至时而输，故王赋获供，下民无困。如其不预劝戒，临时迫切，复恐稽缓，以为己过，捶扑交至，取办目前。富商大贾，缘兹射利，有者从之贵买，无者与之举息。输税之民，于是弊矣。

租税之时，虽有大式，至于斟酌贫富，差次先后，皆事起于正长，而击之于守令。若斟酌得所，则政和而民悦；若检理无方，则吏奸而民怨。又差发徭役，多不存意。致令贫弱者或重徭而远戍，富强者或轻使而近防。守令用怀如此，不存恤民之心，皆王政之罪人也。"太祖甚重之，常置诸座右。又令百司习诵之。其牧、守、令、长,非通六条及计帐者,不得居官。

3. 关陇集团的组成

宇文泰之所以能在民族关系复杂的关陇地区实现政治稳定,还在于其将关陇地区的各种政治势力结合为一个整体,此即史学前辈陈寅恪先生概称的"关陇集团"。所谓关陇集团,是指代表西魏北周关陇政权利益的一种政治性集团而言,它不仅包括了鲜卑贵族上层元、长孙、宇文、于、陆、源、窦、独孤诸族,以及关、陇、河东一带的汉世家大族京兆韦氏、弘农杨氏、武功苏氏、上谷侯氏、陇西李氏、河东裴氏、柳氏、薛氏诸姓,而且包括了当时山东地区仕于西魏的世族地主,如博陵崔氏有崔士谦、崔说、崔猷,清河崔氏有崔彦穆,范阳卢氏有卢柔、卢辩、卢光,荥阳郑氏有郑孝穆、郑译,赵郡李氏有李子雄,顿丘李氏有李昶等。关陇集团无论在政治、事军、经济各方面,都有很强的势力,因而能够对西魏、北周及至隋和唐前期四朝的政治产生强大的影响。

此外,宇文泰还对官制和兵制作了改革。这留待后面再论。

宇文泰以其卓越的政治才能及其创立的一套行之有效的政治制度,使西魏由弱变强。关于宇文泰的治绩,《周书》卷2《文帝纪下》"传论"有云:

> 太祖田无一成,众无一旅,驱驰戎马之际,蹑足行伍之间,属与能之时,应启圣之运,鸠集义勇,纠合同盟,一举而殄仇雠,再驾而匡帝室。于是内询帷幄,外仗材雄,推至诚以待人,弘大顺以训物。高氏(高欢)借甲兵之众,恃戎马之强,屡入近畿,志图吞噬,及英谋电发,神斾风驰,弘农建城濮之勋,沙苑有昆阳之捷。取威定霸,以弱为疆。绍元宗之衰绪,创隆周之景命。南清江汉,西举巴蜀,北控沙漠,东据伊瀍。乃摈落魏晋,宪章古昔,修六官之废典,成一代之鸿规。德刑并用,勋贤兼叙,远安迩悦,俗阜民和。亿光之望有归,揖让之期允集。功业若此,人臣以终,盛矣哉!非夫雄略冠时,英姿不世,天与神授,纬武经文者,孰能与于此乎。昔者,汉献蒙尘,曹公成夹辅之业;晋安播荡,宋武建匡合之勋。校德论功,绰有余裕。

（二）北周的改革及其统一北方

1. 周武帝的改革

西魏恭帝三年（556），宇文泰死，其第三子宇文觉废西魏恭帝，称天王，国号周，史称北周，亦称宇文周。宇文觉即位不久，为其堂兄宇文护杀死。宇文护改立宇文泰之庶长子宇文毓，即明帝。武成二年（560）四月，明帝死，宇文泰第四子宇文邕即位，是为武帝，宇文护仍掌大权。天和七年（572）宇文邕杀宇文护，亲政。

周武帝是一位颇有作为的皇帝。他掌权后，进行了一系列改革。

首先是禁断佛道。

《周书》卷5《武帝纪上》云：

> （建德）三年……五月……丙子，初断佛、道二教，经像悉毁，罢沙门、道士，并令还民。并禁诸淫祀，礼典所不载者，尽除之。

又《广弘明集》卷10云：

> 周武帝以齐承光二年东平高氏……帝已行虐三年，并、陇佛法，诛除略尽，既克齐境，还准毁之。尔时魏、齐东川佛法崇盛，见成寺庙出四十千，并赐王公充为第宅；五众释门减三百万，皆复军民，还归编户。融刮佛像，焚烧经教，三宝福财，簿录入官，登即赏赐，分散荡尽。

其次是释放奴婢和杂户。

《周书》卷5《武帝纪上》云：

> （保定）五年……六月……辛未，诏曰："江陵人年六十五以上为官奴婢者，已令放免。其公私奴婢有年到七十以外者，所在官司，宜赎为庶人。"……
> 建德元年……冬十月庚午诏："江陵所获俘虏充官口者，悉免为民。"

又同书卷6《武帝纪下》云：

（建德）六年……二月……关东平……癸丑，诏曰："……自伪武平三年以来，河南诸州之民，伪齐被掠为奴婢者，不问官私，并宜放免。其住在淮南者，亦即听还，愿住淮北者，可随便安置。"……八月壬寅……诏曰："以刑止刑，世轻世重。罪不及嗣，皆有定科。杂役之徒，独异常宪，一从罪配，百世不免。罚既无穷，刑何以措？道有沿革，宜从宽典。凡诸杂户，悉放为民。配杂之科，因之永削。"……十一月……诏自永熙三年七月已来，去年十月以前，东土之民，被抄略在化内为奴婢者，及平江陵之后，良人没为奴婢者，并宜放免。所在附籍，一同民伍。若旧主人犹须共居，听留为部曲及客女……

宣政元年……三月……丁亥，诏："柱国故豆卢宁征江南武陵、南平等郡，所有民庶为人奴婢者，悉依江陵放免。"

又《隋书》卷25《刑法志》云：

自魏、晋相承，死罪其重者，妻子皆以补兵。魏虏西凉之人，没入名为隶户。魏武入关，隶户皆在东魏，后齐因之，仍供厮役。建德六年，齐平后，帝欲施轻典于新国，乃诏凡诸杂户，悉放为百姓。自是无复杂户。

最后是提倡廉政。
《周书》卷5《武帝纪上》云：

保定……二年……冬十月戊戌，诏曰："树之元首，君临海内，本乎宣明教化，亭毒黔黎，岂唯尊贵其身，侈富其位。是以唐尧疏葛之衣，粗粝之食，尚临汾阳而永叹，登姑射而兴想。况无圣人之德而嗜欲过之，何以克厌众心，处于尊位，朕甚恶焉。今巨寇未平，军戎费广，百姓空虚，与谁为足。凡是供朕衣服饮食，四时所须，爰及宫内调度，朕今手自减削。纵不得顿行古人之道，岂曰全无庶几。凡尔百司，安得不思省约，勖朕不逮者哉……"

建德……二年……九月……戊寅……诏曰："政在节财，礼唯宁俭。而顷者婚嫁竞为奢靡,牢羞之费。罄竭资财,甚乖典训之理。有司宜加宣勒,使咸遵礼制。"

又同书卷6《武帝纪下》云:

建德六年……五月……辛巳,大醮于正武殿,以报功也。己丑,祠方丘。诏曰:"朕钦承丕绪,寝兴寅畏,恶衣菲食,贵昭俭约。上栋下宇,土阶茅屋,犹恐居之者逸,作之者劳;讵可广厦高堂,肆其嗜欲。往者,冢臣专任,制度有违,正殿别寝,事穷壮丽。非直雕墙峻宇,深戒前王,而缔构弘敞,有踰清庙。不斩不物,何以示后。兼东夏初平,民未见德,率先海内,宜自朕始。其露寝、会义、崇信、含仁、云和、思齐诸殿等,农隙之时,悉可毁撤。雕斫之物,并赐贫民,缮造之宜,务从卑朴。"癸巳,行幸云阳宫。戊戌,诏曰:"京师官殿,已从撤毁。并、邺二所,华侈过度,诚复作之非我,岂容因而弗革。诸堂殿壮丽,并宜除荡,甍宇杂物,分赐穷民。三农之隙,别渐营构,止蔽风雨,务在卑狭。"

……

帝沉毅有智谋。初以晋公护专权,常自晦迹,人莫测其深浅。及诛护之后,始亲万机。克己励精,听览不息。用法严整,多所罪杀。号令恳恻,唯属意于政。群下畏服,莫不肃然。性既明察,少于思惠。凡布怀立行,皆欲踰越古人。身衣布袍,寝布破,无金宝之饰,诸官殿华绮者,皆撤毁之,改为土阶数尺,不施栌栱。其雕文刻镂,锦绣纂组,一皆禁断。后官嫔御,不过十余人。劳谦接下,自强不息。以海内未康,锐情教习。至于校兵阅武,步行山谷,履涉勤苦,皆人所不堪。平齐之役,见军士跣行者,帝亲脱靴赐之。每宴会将士,必自执杯劝酒,或手付赐物。至于征伐之处,躬在行阵。性又果决,能断大事。故能得士卒死力,以弱制强。破齐之后,遂欲穷兵极武,平突厥,定江南,一二年间,必使天下一统,此其志也。

史臣曰:自东西否隔,二国争强,戎马生郊,干戈日用,兵连祸结,力敌势均,疆场之事,一彼一此。高祖缵业,未亲万机,虑远谋深,以蒙养正。及英威电发,朝政惟新,内难既除,外略方始。乃苦心焦思,克己励精,劳役为士卒之先,居处同匹夫之俭。修富民之政，务强兵之术，乘仇人之有衅，顺大道而推亡。五年之间，大勋斯集。摅祖宗之宿愤，拯东夏之阽危，盛矣哉，其有成功者也。若使翌日之瘳无爽，经营之志获申，黩武穷兵，虽见讥于良史，雄图远略，足方驾于前王者欤。

2. 灭北齐

在北周积极进行改革，转弱为强之时，北齐后主高纬的政治日益腐败不堪。在此情况下，建德四年（575）北周武帝准备伐齐。

《周书》卷6《武帝纪下》谓：

> 建德四年……秋七月……丙子，召大将军以上于大德殿……壬午，上亲率六军，众六万，直指河阴。
>
> 八月癸卯，入于齐境。禁伐树践苗稼，犯者以军法从事。丁未，上亲率诸军攻河阴大城，拔之。进攻子城，未克。上有疾。九月辛酉夜，班师……
>
> 五年……冬十月……己酉，帝总戎东伐……齐王宪、陈王纯为前军……癸亥，帝至晋州，……遣内史王谊监六军，攻晋州城。帝屯于汾曲。齐王宪攻洪洞、永安二城，并拔之……帝每日自汾曲赴城下，亲督战，城中惶窘。庚午，齐行台左丞侯子钦出降。壬申，齐晋州刺史崔景嵩守城北面，夜密遣使送款，上开府王轨率众应之。未明，登城鼓噪，齐众溃，遂克晋州，擒其城主特进、开府、海昌王尉相贵，俘甲士八千人，送关中……又遣诸军徇齐诸城镇，并相次降款。
>
> 十一月己卯，齐主自并州率众来援。帝以其兵新集，且避之，乃诏诸军班师，遣齐王宪为后拒。是日，齐主至晋州，宪不与战，引军渡汾。齐主遂围晋州，尽夜攻之。齐王宪屯诸军于涑水，为晋州声援……丁酉，帝发京师。壬寅，渡河，与诸军合。十二月戊申，次于晋州。初齐攻晋州，恐王师卒至，于城南穿堑，自乔山属于汾水。庚戌，帝帅诸军八万人，置阵东西二十余里。帝常乘御马，从数人巡阵处分，所至辄呼主帅姓名以慰勉之……齐主亦于堑北列阵。申后，齐人填堑南引。帝大喜，勒诸军击之，齐人便退。齐主与其麾下数十骑走还并州。齐众大溃，军资甲仗，数百里间，委弃山积。

> 辛亥，帝幸晋州，仍率诸军追齐主。诸将固请还师，帝曰："纵敌患生，卿等若疑，朕将独往。"诸将不敢言。甲寅，齐主遣其丞相高阿那肱守高壁。帝麾军直进，那肱望风退散……丁巳，大军次并州，齐主留其从兄安德王延宗守并州，自将轻骑走邺……戊午，高延宗僭即伪位，改年德昌。己未，军次并州。庚申，延宗拥兵四万出城抗拒，帝率诸军合战，齐人退，帝乘胜逐北，率千余骑入东门，诏诸军绕城置阵。至夜，延宗率其众排阵而前，城中军却，人相蹂践，大为延宗所败，死伤略尽。齐人欲闭门，以阇下积尸，扉不得阖。帝从数骑，崎岖危险，仅得出门。至明，率诸军更战，大破之，擒延宗，并州平……
>
> 癸酉，帝率六军趣邺。以上桂国、陈王纯为并州总管。

建德六年，周攻灭北齐。
《周书》卷6《武帝纪下》云：

> （建德）六年春正月乙亥，齐主传位于其太子恒，改年承光，自号为太上皇。壬辰，帝至邺。齐主先于城外掘堑竖栅。癸巳，帝率诸军围之，齐人拒守，诸军奋击，大破之，遂平邺。齐主先送其母并妻子于青州，及城陷，乃率数十骑走青州。遣大将军尉迟勤率二千骑追之……甲午，帝入邺城。
>
> 齐任城王湝先在冀州，齐主至河，遣其侍中斛律孝卿送传国玺禅位于湝。孝卿未达，被执送邺……己亥……尉迟勤擒齐主及其太子恒于青州……高湝在冀州拥兵未下，遣上柱国齐王宪与柱国隋公杨坚率军讨平之。齐定州刺史范阳王高绍义叛入突厥。齐诸行台、州、镇悉降。关东平。合州五十五，郡一百六十二，县三百八十五，户三百三十万二千五百二十八，口二千万六千八百八十六。乃于河阳、幽、青、南兖、豫、徐、北朔、定并置总管府，相并二总管各置官及六府官。

3. 周宣帝昏暴及隋代周

灭齐后，周又攻占陈的淮南，据有了长江以北全部土地，正当周准备统一全国时，周武帝宇文邕却于建德七年（578）病故。其子宣帝宇文赟继位。宇文赟不恤政事，荒淫享乐，又严刑峻法，滥杀无辜，使得内外恐惧，人不自安。

《周书》卷7《宣帝纪》云：

> 帝之在东宫也，高祖虑其不堪承嗣，遇之甚严……帝悍高祖威严，矫情修饰，以是过恶遂不外闻。嗣位之初，方逞其欲。大行在殡，曾无戚容，即阅视先帝宫人，逼为淫乱。才及踰年，便恣声乐，采择天下子女，以充后宫。好自矜夸，饰非拒谏。禅位之后，弥复骄奢，耽酗于后宫，或旬日不出。公卿近臣请事者，皆附奄官奏之。所居宫殿，帷帐皆饰以金玉珠宝，光华炫耀，极丽穷奢。及营洛阳宫，虽未成毕，其规模壮丽，踰于汉魏远矣……每召侍臣论议，唯欲兴造变革，未尝言及治政……摈斥近臣，多所猜忌。又吝于财，略无赐与，恐群臣规谏，不得行己之志，常遣左右密伺察之，动止所为，莫不钞录，小有乖违，辄加其罪。自公卿已下，皆被楚挞，其间诛戮黜免者，不可胜言。每笞捶人，皆以百二十为度，名曰天杖。宫人内职亦如之。后妃嫔御，虽被宠嬖，亦多被杖背。于是内外恐惧，人不自安，皆求苟免，莫有固志，重足累息，以至于终。

由于周宣帝贪图享受和妄自尊大，大象元年（579）他将帝位传给自己年仅7岁的儿子宇文阐，自称天元皇帝。因静帝宇文阐年幼，以杨坚（宣帝皇后李氏之父）辅政。开皇元年（581）二月，杨坚代周称帝（隋文帝），改国号为隋，周亡。

《隋书》卷1《高祖本纪上》云：

> 高祖文皇帝姓杨氏，讳坚，弘农郡华阴人也。汉太祖尉震八代孙铉，仕燕为北平太守。铉生元寿，后魏代为武川镇司马，子孙因家焉。皇考（杨忠）从周太祖起义关西，赐姓普六茹氏，位至柱国、大司空、隋国公……皇妣吕氏，以大统七年六月癸丑夜，生高祖于冯翊般若寺……其后袭爵隋国公。武帝娉高祖长女为皇太子妃，益加礼重……宣帝即位，以后父征拜上柱国、大司马。……高祖位望益隆。帝颇以为忌。帝有四幸姬，并为皇后，诸家争宠，数相毁谮。帝每仇怒谓后曰："必族灭尔家。"因召高祖，命左右曰："若色动，既杀

之。"高祖既至，容色自若，乃止。大象二年五月，以高祖为扬州总管，将发，暴有足疾，不果行。乙未，帝崩，时静帝幼冲，未能亲理政事。内史上大夫郑译、御正大夫刘昉以高祖皇后之父，众望所归，遂矫诏引高祖入总朝政，都督内外诸军事。周氏诸王在藩者，高祖悉恐其生变，称赵王招将嫁女于突厥为词以征之。丁未，发丧，庚戌，周帝拜高祖假黄钺、左大丞相，百官总己而听焉……宣帝时，刑政苛酷，群心崩骇，莫有固志。至是，高祖大崇惠政，法令清简，躬履节俭，天下悦之……

相州总管尉迟迥自以重臣宿将，志不能平，遂举兵东夏。赵、魏之士，从者若流，旬日之间，众至十余万。又宇文胄以荥州，石愻以建州，席毗以沛郡，毗弟叉罗以兖州，皆应于迥，迥遣子质于陈请援。高祖命上柱国郧国公韦孝宽讨之……七月……韦孝宽破尉迟迥于相州，传首阙下，余党悉平。

初，迥之乱也，郧州总管司马消难据州响应，淮南州县多同之。命襄州总管王谊讨之，消难奔陈。荆、郢群蛮乘衅作乱，命亳州总管贺若谊讨平之。先是，上柱国王谦为益州总管，既见幼主在位，政由高祖，遂起巴、蜀之众，以匡复为辞。高祖方以东夏、山南为事，未遑致讨，谦进兵屯剑阁，陷始州。至是，乃命行军元帅、上柱国梁睿讨平之……

大定元年春二月……周帝……出逊别宫，禅位于隋，一依唐、虞、汉、魏故事。

第六节　　北朝周边各族

魏晋南北朝时期，北方的主体民族是汉族，但同时在中国北方也居住着种类繁多的少数民族，见于记载的有柔然、高车、高句丽、库莫奚、契丹、吐谷浑、西域诸国、突厥等。他们在魏晋南北朝政治和社会发展中，扮演了重要角色。

一　柔然

柔然亦称蠕蠕、芮芮、茹茹。源于东胡族，4世纪中，在今鄂尔浑河和土拉河流域游牧，附属柘跋部。5世纪中，创立军事编制，规定行军赏罚制度，和北魏有经济、文化联系。5世纪后期，又与南朝建立联系。后因内部分裂，渐衰。北齐天保三年（552）并入突厥。

《北史》卷98《蠕蠕传》载：

> 茹茹姓郁久闾氏。始神元之末，掠骑有得一奴，发始齐眉，忘本姓名，其主字之曰木骨闾。"木骨闾"者，首秃也。木骨闾与"郁久闾"声相近，故后子孙因以为氏。木骨闾既壮，免奴为骑卒。穆帝时，坐后期当斩，亡匿广漠谿谷间，收合逋逃，得百余人，依纯突邻部。木骨闾死，子车鹿会雄健，始有部众，自号柔然。后太武以其无知，状类于虫，故改其号蠕蠕。车鹿会既为部帅，岁贡马畜、貂豽皮。冬则徙度漠南，夏则迁居漠北，车鹿会死，子吐奴傀立。吐奴傀死，子跋提立。跋提死，子地粟袁立。地粟袁死，其部分为二，地粟袁长子匹候跋继父，居东边，次子缊纥提，别居西边。及昭成崩，缊纥提附卫辰而贰于魏。魏登国中讨之，蠕蠕移部遁走。追之及于大碛南床山下，大破之，虏其半部……

> （缊纥提子）社崙凶狡有权变……密举兵袭匹候跋……社崙既杀匹候跋，惧王师讨之，乃掠五原以西诸部，北度大漠……侵高车，深入其地，遂并诸部，凶势益振。北徙弱洛水，始立军法：千人为军，军置将一人；百人为幢，幢置帅一人。先登者赐以虏获，退懦者以石击首杀之，或临时捶挞。无文记，将帅以羊屎粗计兵数，后颇知刻木为记。其西北有匈奴余种，国尤富强，部帅日拔也稽举兵击社崙。逆战于颓根河，大破之。后尽为社崙所并。号为强盛，随水草畜牧。其西则焉耆之地，东则朝鲜之地，北则渡沙漠，穷瀚海，南则临大碛。其常所会庭，敦煌、张掖之北。小国皆苦其寇抄，羁縻附之。于是自号豆代可汗。豆代，犹魏言驾驭开张也；可汗，犹魏言皇帝也。蠕蠕之俗，君及大臣因其行能，即为称号，若中国立谥。既死之后，不复追称……

> 天兴五年，社崙闻道武征姚兴，遂犯塞，入自参合陂，南至豺山及善无北泽……

> 大檀者，社崙季父仆浑之子，先统别部镇于西界，能得众心，国人推戴之，号牟汗纥升盖可汗，魏言制胜也……大檀率众南徙犯塞，明元亲讨之，大檀惧而遁走，遣山阳侯奚斤等追之，遇寒雪，士众冻

死及堕指者十二三。及明元崩，太武即位，大檀闻而大喜，始光元年秋，乃寇云中，太武亲讨之，三日二夜至云中。大檀骑围太武五十余重，骑逼，马首相次如堵焉。士卒大惧。太武颜色自若，众情乃安……二年，太武大举征之，东西五道并进……绝漠讨之，大檀部落骇惊北走……（神䴥）二年四月，太武练兵于南郊，将袭大檀……于是车驾出东道，向黑山；平阳王长孙翰从西道，向大娥山；同会贼庭。五月。次于沙漠南，舍辎重轻袭之。至栗水，大檀众西奔。弟匹黎先典东落，将赴大檀，遇翰军。翰纵骑击之，杀其大人数百。大檀闻之震怖，将其族党，焚烧庐舍，绝迹西走，莫知所至。于是国落四散，窜伏山谷，畜产野布，无人收视……大檀部落衰弱，因发疾而死……

正光初……（蠕蠕主）阿那瓌立经十日，其族兄俟力发示发率众数万以伐，阿那瓌战败，将弟乙居伐轻骑南走归魏……正光元年十二月，明帝以阿那瓌国无定主，思还绥集，启请切至，诏议之。时朝臣意有同异，或言听还，或言不可。领军叉为宰相，阿那瓌私以金百斤货之，遂归北……三年，十二月，阿那瓌上表，乞粟以为田种。诏给万石……始阿那瓌初复其国，尽礼朝廷。明帝之后，中原丧乱，未能外略，阿那瓌统率北方，颇为强盛，稍敢骄大，礼敬颇阙，遣使朝贡，不复称臣。天平以来，逾自踞慢。汝阳王暹之为秦州也，遣其典签齐人淳于覃使于阿那瓌。遂留之，亲宠任事。阿那瓌因入洛阳，心慕中国，立官号，僭拟王者，遂有侍中、黄门之属，以覃为秘书监、黄门郎，掌其文墨。覃教阿那瓌，转至不逊，每奉国书，邻敌抗礼。及齐受东魏禅，亦岁时往来不绝。天保三年，阿那瓌为突厥所破，自杀。

二 高车

高车本是匈奴北部一重要少数族，在南北朝时期登上历史舞台。关于高车族的分布地区及社会状况，《北史》卷98《高车传》有云：

高车，盖古赤狄之余种也。初号为狄历，北方以为敕勒，诸夏以为高车、丁零。其语略与匈奴同而时的小异。或云其先匈奴甥也。其种有狄氏、袁纥氏、斛律氏、解批氏、护骨氏、异骑斤氏。俗云：匈奴单于生二女……下嫁为狼妻而产子。后遂滋繁成国。故其人好引声长歌，又似狼嗥。无都统大帅，当种各有君长。为性粗猛，党类同心，至于寇难，翕然相依。斗无行阵，头别冲突，乍出乍入，不能坚战。其俗，蹲踞亵黩，无所忌避。婚姻用牛马纳娉以为荣……其畜产自有记识，虽阑纵在野，终无妄取……其死亡葬送，掘地作坎，坐尸于中，张臂引弓，佩刀挟矟，无异于生，而露坎不掩。时有震死及疫疠，则为之祈福；若安全无他，则为报赛。多杀杂畜，烧骨以燎，走马绕旋，多者数百匝。男女无小大，皆集会。平吉之人，则歌舞作乐；死丧之家，则悲吟哭泣。其迁徙随水草，衣皮食肉，牛、羊畜产，尽与蠕蠕同。唯车轮高大，辐数至多。

徙于鹿浑海西北百余里，部落强大，常与蠕蠕为敌，亦每侵盗于魏。魏道武袭之，大破其诸部……后太武征蠕蠕，破之而迁。至漠南，闻高车东部在巳尼陂，人畜甚众……乃遣（安）原等并发新附高车合万骑，至于巳尼陂，高车诸部望军而降者数十万落，获马牛羊亦百余万，皆徙置漠南千里之地。乘高车，逐水草，畜牧蕃息，数年之后，渐知粒食，岁致献贡。由是国家马及牛、羊遂至于贱，毡皮委积。

又《通典》卷197《边防·高车》云：

高车，盖古赤狄之种也。其俗云：匈奴单于生二女，姿容甚美。单于曰："此女安可配人，将以与天。"乃于国北无人之地，筑高台置二女于其上，曰："请天自迎之。"乃有一老狼，昼夜守台嗥呼，因穿台下为穴，经时不去。其小女曰："吾父以为与天，而今狼来，或是天处我。"乃下为狼妻而产子，后遂滋繁成国。故其人好引声长歌，有似狼嗥。本无都统大帅，当种各有君长。为性粗猛，党类同心，至于寇难，翕然相依。斗无行阵，头别冲突，乍出乍入，不能坚战。其俗，蹲踞蝶媾。无所忌避。婚姻用牛马纳聘，以多为荣。俗无谷，不作酒。迎娶之日，男女相将，持马酪熟肉节解。主人延宾，亦无行位，穹庐前丛坐，饮宴终日，复留其宿。明日，将妇归，既而将夫党还，入其家马群，拣取良马。俗不洁净，喜致震霆，每震，则叫呼射天而弃之移去。至来岁秋马肥，复相率集于震所。埋羖羊，燃火，拔刀，女巫祝说，似如中国被除，而群队驰马，旋绕百匝乃止。

持一束柳枝回，曲竖之，以乳酪灌焉。妇人以皮裹羊骸，戴之首上，萦居发髻，而缀之，有似轩冕。其残废葬送，掘地作坎，坐尸于中，张臂引弓，佩剑挟矟，无异于生。而露坎不掩，走马绕旋，多者数百匝。男女无大小，皆集会之。其迁徙随水草，衣皮食肉，牛羊畜产，尽与蠕蠕同。唯车轮高大，辐数至多。

后徙于鹿浑海丁北百余里，部落强大，常与蠕蠕为敌，亦每侵盗于魏。魏道武渡弱水，西至鹿浑海，袭破之。复讨其余种于狼山。又大破之。又自驳髯水西北，徇略其部，破其杂种三十余部，虏获男女五万余口，马牛羊百余万，高车二十余万乘而还。其后，太武帝征蠕蠕，还至漠南，闻高车东部在巳尼陂，相去千余里，遣骑袭破之，降数十万，皆徙置漠南千里之地。后又相率北叛。

高车之族又有十二姓：一曰泣伏利氏，二曰叱卢氏，三曰乙旃氏，四曰大连氏，五曰窟贺伏氏，六曰达薄于氏，七曰阿仑氏，八曰莫允氏，九曰俟斤氏，十曰副伏罗氏，十一曰乞袁氏，十二曰右外沛氏。

先是，副伏罗部为蠕蠕所役属。魏孝文帝太和十一年，蠕蠕主豆仑犯塞，其酋阿伏至罗率所部之众西叛。阿伏至罗死，弟子弥俄突立，遣使朝贡……弥俄突又被蠕蠕主丑奴大败，杀之。弟越居，静帝时为兄子比适所杀。越居子去宾自蠕蠕奔后魏，封为高车王、肆州刺史，死于邺。至隋，有突越失国，即后魏之高车国矣。

三　高句丽

高句丽，源于夫余。其政治中心于建安十四年（209）由国内迁于丸都（均在今吉林集安）。北魏时，留居辽东的高句丽人民，同鲜卑人民和汉族人民一起，共同创造着这一地区的经济和文化。高句丽人随山谷而居，主要从事农业生产，俗喜歌舞。

《北史》卷94《高丽传》载：

高句丽，其先出夫余……朱蒙至纥升骨城，遂居焉。号曰高句丽，因以高为氏……

及晋孝武太元十年，句丽攻辽东、玄菟郡。后燕慕容垂遣其弟农伐句丽，复二郡。垂子宝以句丽王安为平州牧，封辽东、带方二国王，始置长史、司马、参军官。后略有辽东郡。

太武时,钊曾孙琏始遣使者诣安东,奉表贡方物,并请国讳。太武嘉其诚款,诏下帝系名讳于其国……

其国,东至新罗,西渡辽,二千里;南接百济,北邻靺鞨,一千里。人皆土著,随山谷而居,衣布帛及皮。土田薄瘠,蚕农不足以自供,故其人节饮食。其王好修宫室,都平壤城,亦曰长安城,东西六里,随山屈曲,南临浿水。城内唯积仓储器备,寇贼至日,方入固守。王别为宅于其侧,不常居之。其外复有国内城及汉城,亦别都也。其国中呼为三京。复有辽东、玄菟等数十城,皆置官司以统摄。与新罗每相侵夺,战争不息。

官有大封卢、太大兄、大兄、小兄、竟侯奢、乌拙、太大使者、大使者、褥奢、翳属、仙人,凡十二等,分掌内外事。其大封卢则以强弱相陵夺而自为之,不由王署置。复有内评、五部褥萨。人皆头著折风,形如弁,士人加插二鸟羽。贵者,其冠曰苏骨,多用紫罗为之,饰以金银。服大袖衫、大口袴、素皮带、黄革履。妇人裙襦加襈。书有五经、三史、《三国志》《晋阳秋》。兵器与中国略同。及春秋校猎,王亲临之。税,布五疋、谷五石,游人则三年一税,十人共细布一疋,租,户一石,次七斗。其刑法,叛及谋逆者,缚之柱,爇而斩之,籍没其家;盗则偿十倍,若贫者不能偿者乐及公私债负,皆听评其子女为奴婢以偿之,用刑既峻,罕有犯者。乐有五弦、琴、筝、筚篥、横吹、箫、鼓之属,吹芦以和曲。每年初,聚戏浿水上,王乘腰舆、列羽仪观之,事毕,王以衣入水,分为左右二部,以水石相溅掷,喧呼驰逐,再三而止。俗洁净自喜,尚容止,以趋走为敬。拜则曳一脚,立多反拱,行必插手。性多诡伏,言辞鄙秽,不简亲疏。父子同川而浴,共室而寝。好歌舞,常以十月祭天,其公会衣服,皆锦绣金银以为饰。好蹲踞,食用俎机。出三尺马,云本朱蒙所乘马种,即果下也。风俗尚淫,不以为愧,俗多游女,夫无常人,夜则男女群聚而戏,无有贵贱之节。有婚嫁,取男女相悦即为之。男家送猪酒而已,无财聘之礼;或有受财者,人共耻之,以为卖婢。死者,殡在屋内,经三年,择吉日而葬。居父母及夫丧,服皆三年,兄弟三月。初终哭泣,葬则鼓舞作乐以送之。埋讫,取死者生时服玩车马置墓侧,会葬者争取而去。信佛法,敬鬼神,多淫祠。有神庙二所:一曰夫余神,刻木作妇人像;一曰高登神,云是其始祖夫余神之子。并置官司,遣人守护,盖河伯女、朱蒙云。

四 库莫奚

库莫奚居濡水(滦河)上游,主要从事畜牧业,随逐水草,迁徙无常。5世纪下半叶,库莫奚人常入塞以名马、文皮与北魏互市。

《北史》卷94《奚传》载:

> 奚本曰库莫奚,其先东部胡宇文之别种也。初为慕容晃所破,遗落者窜匿松漠之间。俗甚不洁净,而善射猎,好为寇抄。登国三年,道武亲自出讨,至弱水南大破之,获其马、牛、羊、豕十余万。帝曰:"此群狄诸种,不识德义,鼠穷狗盗,何足为患?今中州大乱,吾先平之,然后张其威怀,则无所不服矣。"既而车驾南迁,十数年间,诸种与库莫奚亦皆滋盛。及开辽海,置戍和龙,诸夷震惧,各献方物。文成、献文之世,库莫奚岁致名马、文皮。孝文初,遣使朝贡。太和四年,辄入塞内,辞以畏地豆干抄掠,诏书切责之。二十二年,入寇安州,时营、燕、幽三州兵数千人击走之。后复款附,每求入塞交易。宣武诏曰:"库莫奚去太和二十一年以前,与安、营二州边人参居,交易往来,并无欺贰。至二十二年叛逆以来,遂尔远窜。今虽欵附,犹在塞衣,每请入塞,与百姓交易。若抑而不许,乖其归向之心;信而不虑,或有万一之警。交市之日,州遣士监之。"自此已后,岁常朝献,至武定已来不绝。齐受魏禅,岁时来朝。
>
> 其后种类渐多,分为五部:一曰辱纥主,二曰莫贺弗,三曰契箇,四曰木昆,五曰室得。每部俟斤一人为其帅。随逐水草,颇同突厥。有阿会氏,五部中最盛,诸部皆归之。每与契丹相攻击,虏获财畜,因遣使贡方物。

五 契丹

契丹是东胡的一支,居地在库莫奚以东,辽水以西。契丹人以畜牧狩猎为事,5世纪中叶以降,他们在和龙、密云间以名马、文皮与北魏互市,有时还入塞市籴。

《北史》卷94《契丹传》载:

契丹国在库莫奚东，与库莫奚异种同类。并为慕容晃所破，俱窜与松漠之间。登国中，魏大破之，遂逃迸，与库莫奚分住。经数十年，稍滋蔓，有部落，于和龙之北数百里为寇盗。真君以来，岁贡名马。献文时，使莫弗纥何辰来献，得班飨于诸国之末。归而相谓，言国家之美，心皆忻慕，于是东北群狄闻之，莫不思服。悉万丹部、何大何部、伏弗郁部、羽陵部、日连部、匹洁部、黎部、吐六千部等各以名马文皮献天府。遂求为常，皆得交市于和龙、密云之间，贡献不绝。太和三年，高句丽窃与蠕蠕谋，欲取地豆干以分之。契丹旧怨其侵轶，其莫贺弗勿干率其部落，车三千乘、众万余口，驱徙杂畜求内附，止于曰狼水东。自此岁常朝贡。后告饥，孝文听其入关市籴。及宣武、孝明时，恒遣使贡方物，熙平中，契丹使人初真等三十人还，灵太后以其俗嫁娶之际以青毡为上服，人给青毡两匹，赏其诚欵之心，余依旧式朝贡。及齐受东魏禅，常不断绝。

天保四年九月，契丹犯塞，文宣帝亲戎北讨，至平州，遂西趣长堑。诏司徒潘相乐帅精骑五千，自东道趣青山；复诏安德王韩轨帅精骑四千东趣，断契丹走路。帝亲逾山岭，奋击大破之，虏十余万口、杂畜数十万头，相乐又于青山大破契丹别部。所虏生口，皆分置诸州。其后复为突厥所逼，又以万家寄于高丽。

其俗与靺鞨同，好为寇盗。父母死而悲哭者，以为不壮，但以其尸置于山树之上，经三年后，乃收其骨而焚之，因酹酒而祝曰："冬月时，向阳食，若我射猎时，使我从得猪、鹿。"其无礼顽嚚，于诸夷最甚。

六　吐谷浑

吐谷浑是鲜卑慕容部的一支，4 世纪初迁至青海地区，与氐、羌杂居。吐谷浑人主要从事畜牧业，随逐水草，庐帐而居；也经营农业，种植大麦、豆、粟等作物。5 世纪中叶以来，吐谷浑频与北魏、北齐、北周通使，并同北周发生过多次战争。

《通典》卷 190《边防·吐谷浑传》载：

吐谷浑，本辽东鲜卑也。西晋时，酋帅徒何涉归有二子，长曰吐谷浑，少曰若洛廆。涉归死，若洛廆代统部落，别为慕容氏。浑庶长，廆正嫡。父在时，分七百户与浑，浑与廆二部俱牧马，马斗相伤，廆怒，遣使谓浑曰："先公处分，与兄弟异部，牧马何不相远，而令马斗。"浑曰："马是畜生，食草饮水，春气发动，所以致斗。斗在于马，而怒于人耶？乖别甚易，今当去汝于万里之外矣。"于是拥马西行，乃西附阴山。属永嘉之乱，始度陇西，至于枹罕，而后子孙据有甘松之南，洮水之西，南极于白兰，在益州西北。其地四时常有冰雪，唯六七月雨雹甚盛。若晴，则风飘沙砾。有麦无谷。其青海，周回千余里。海中有小山，每冬冰合后，与良牝马置此山，至来冬收之。马有孕，所生得驹，号曰龙种。吐谷浑尝得波斯草马，放入海，因生骢驹，能行千里，故时称青海骢焉。

至其孙叶延，以《礼》云"公孙之子，得以王父字为氏。吾祖始自昌黎，先宅于此，今以吐谷浑为氏，尊祖之义也"。自吐谷浑至叶延曾孙视罴，皆有才略，知古今；司马、博士皆用儒生。至其子阿豺，自称骠骑将军、沙州刺史。阿豺兼并羌、氐，号为强国，遣使诣宋朝献。阿豺死，弟慕瑰立。遣军击乞伏茂蔓，败之，东奔陇右，慕瑰据其地。其时赫连定据长安，为后魏主所攻败，拥秦、雍户口十余万，西次罕开；慕瑰拒击，大破之，生擒定，送于魏。后弟慕延立。魏太武帝遣军击延，大破之；慕延率部落奔白兰，攻破于阗国，南依罽宾。七年乃还旧土。慕延死，阿豺兄树落干子拾寅立，始邑于伏罗川。至玄孙夸吕立，自号为可汗，理伏俟城。在青海西十五里，有地方数千里。其西北诸杂种谓之阿赀虏。

其南界涸城，去成都千余里。大有四：一在清水川，一在赤水，一在浇河，一在吐屈真川，皆子弟所理。其主理慕贺川。西有黄沙，南北百二十里，东西七十里，不生草木。虽有城郭，不居，而随逐水草。官有王公、仆射、尚书及郎中之号。其主椎髻，以皂为帽。其妻衣织成裙，披锦袍，辫髻于后，首金花，丈夫衣服略同于华夏，多以幂罗为冠，亦以缯为帽。妇人皆贯珠束发，以多为贵。兵器有弓、刀、甲、稍。国无常赋，须则税富室、商人，以充用焉。父兄亡，妻后母及嫂等，与北狄俗同。死者亦皆埋殡，其服制，葬讫则除之。性贪婪，忍于杀害。

后周明帝武成初，夸吕寇凉州，诏贺兰祥率兵讨之。又攻拔其洮阳、洪和二城，置洮州而还。

武帝天和初，其龙涸王莫昌率从降，以其地为扶州。二年，复遣皇太子征之，军度青海，至伏俟城，夸吕遁走，虏其余众而还。

又《魏书》卷101《吐谷浑传》载：

吐谷浑……其俗，丈夫衣服略同于华夏，多以罗幂为冠，亦以缯为帽；妇人皆贯珠贝，束发，以多为贵。兵器有弓刀甲矟。国无常赋，须则税富室商人以充用焉。其刑罚：杀人及盗马者死，余则征物以赎罪，亦量事决杖；刑人，必以毡蒙头，持石从高击之。父兄死，妻后母及嫂等，与突厥俗同。至于婚，贫不能备财者，辄盗女去。死者亦皆埋殡。其服制，葬讫则除之。性贪婪，忍于杀害。好射猎，以肉酪为粮。亦知种田，有大麦、粟、豆，然其北界气候多寒，唯得芜菁、大麦，故其俗贫多富少。青海周回千余里，海内有小山，每冬冰合后，以良牝马置此山，至来春收之，马皆有孕，所生得驹，号为龙种，必多骏异。吐谷浑尝得波斯草马，放入海，因生骢驹，能日行千里，世传青海骢者是也。土出牦牛、马，多鹦鹉，饶铜、铁、朱沙。地兼鄯善、且末。

兴和中，齐献武王作相，招怀荒远，蠕蠕既附于国，夸吕遣使致敬。献武王喻以大义，征其朝贡，夸吕乃遣使人赵吐骨真假道蠕蠕频求，又荐其从妹，静帝纳以为嫔。遣员外散骑常侍傅灵檦使于其国。夸吕又请婚，乃以济南王匡孙女为广乐公主以妻之。此后朝贡不绝。

七 西域诸国

西域诸国主要分布在天山南北地区。其中天山以南各国，主要从事农业和冶铸业，经济生活比汉代有了提高。南北朝时期，天山以南诸国，与内地时常有政治联系。

《北史》卷97《西域传》谓：

夏书称："西戎即序。"班固云："就而序之，非盛威武致其贡物也。"汉氏初开西域，有三十六国。其后，分立五十五王，置校尉、都护以抚之。王莽篡位，西域遂绝，至于后汉，班超所通者五十余国，西至西海，东西万里，皆来朝贡，复置都护、校尉，以相统摄。

其后或绝或通，汉朝以为劳弊中国，其官时置时废。暨魏、晋之后，互相吞灭，不可复详记焉。

道武初，经营中原，未暇及于四表。既而西戎之贡不至，有司奏依汉氏故事，请通西域，可以振威德于荒外，又可致奇货于天府。帝曰："汉氏不保境安人，乃远开西域，使海内虚耗，何利之有？今若通之，前弊复加百姓矣！"遂不从。历明元世，竟不招纳。

太延中，魏德益以远闻，西域龟兹、疏勒、乌孙、悦般、渴槃陁、鄯善、焉耆、车师、粟特诸国王始遣使来献。太武……于是始遣行人王恩生、许纲等西使。恩生出流沙，为蠕蠕所执，竟不果达。又遣散骑侍郎董琬、高明等多赍锦帛，出鄯善，招抚九国，厚赐之……已而琬、明东还，乌孙、破洛那之属遣使与琬俱来贡献者，十有六国，自后相继而来，不间于岁，国使亦数十辈矣……

始，琬等使还京师，具言凡所经见及传闻傍国，云：西域自汉武时五十余国，后稍相并，至太延中为十六国。分其地为四域，自葱岭以东，流沙以西为一域。葱岭以西，海曲以东为一域；者舌以南，月氏以北为一域；两海之间，水泽以南为一域。内诸小渠长，盖以百数。其出西域，本有二道，后更为四：出自玉门，度流沙，西行二千里至鄯善，为一道；自玉门度流沙，北行二千二百里至车师，为一道，从沙车西行一百里至葱岭，葱岭西一千三百里至伽倍，为一道，自莎军西南五百里，荻岭西南一千三百里至波路，为一道焉。自琬所不传而更有朝贡者，纪其名，不能具国俗也。

东西魏时，中国方扰，及于齐、周，不闻有事西域，故二代书并不立记录。

又云：

高昌者，车师前王之故地，汉之前部地也。东西二百里，南北五百里，四面多大山。或云：昔汉武遣兵西讨，师旅顿弊，其中尤困者因住焉。地势高敞，人庶昌盛，因名高昌。亦云：其地有汉时高昌垒，故以为国号。东去长安四千九百里。汉西域长史及戊己校尉并居于此。晋以其地为高昌郡。张轨、吕光、沮渠蒙逊据河西，皆置太守以统之。去敦煌十三日行。

国有八城，皆有华人。地多石积，气候温暖，厥土良好，谷麦一岁再熟，宜蚕，多五果，又饶漆，有草名羊刺，其上生蜜，而味甚佳。引水溉田。出赤盐，其味甚美。复有白盐，其形如玉，高昌人取以为枕，贡之中国。多浦桃酒。俗事天神，兼信佛法，国中羊、马、牧在隐僻处避寇，非贵人不知其处。北有赤石山，山北七十里有贪汗山，夏的积雪。此山北，铁勒界也。

太武时有阚爽者，自为高昌太守。太延中，遣散骑侍郎王恩生等使高昌，为蠕蠕所执。真君中，爽为沮渠无讳所袭，夺据之。无讳死，弟安周代立。和平元年，为蠕蠕所并，蠕蠕以阚伯周为高昌王，其称王自此始也……

至大统十四年，诏玄嘉为王。恭帝二年，又以其田地公茂嗣位。武成元年，其王遣使献方物。保定初，又遣使来贡。

其国，周时，城有一十六。后至隋时，城有十八。其都城周回一千八百四十步，于坐室画鲁哀公问政于孔子之像。官有令尹一人，比中夏相国，次有公二人，皆王子也，一为交河公，一为田地公，次有左右卫；次有八长史，曰吏部、祠部、库部、仓部、主客、礼部、户部、兵部等长史也；次有五将军，曰建武、威远、陵江、殿中、伏波等将军也；次有八司马，长史之副也；次有侍郎、校郎、主簿、从事，阶位相次，分掌诸事。次有省事，专掌导引。其大事决之于王，小事则世子及二公随状断决。评章录记，事讫既除，籍书之外，无久掌文案。官人虽有列位，并无曹府，唯每日早集于牙门，评议众事。诸城各有户曹、水曹、田曹。城遣司马、侍郎相监检校，名为令。服饰，丈夫从胡法，妇人裙襦，头上作髻。其风俗政令，与华夏略同。兵器有弓、箭、刀、楯、甲、稍。文字亦同华夏，兼用胡书。有毛诗、论语、孝经，置学官弟子，以相教授。虽习读之，而皆为胡语。赋税则计田输银钱，无者输麻布。其刑法、风俗、婚姻、丧葬与华夏小异而大同。

八 突厥

关于突厥的兴起，史有三说。

《北史》卷99《突厥传》云：

突厥者，其先居西海之右，独为部落，盖匈奴之别种也。姓阿史那氏。后为隣国所破，尽灭其族。有一儿，年且十岁，兵以其小，不忍杀之，乃刖足断其臂，弃草泽中。有牝狼以肉铒之。及长，与狼交合，遂有孕焉，彼王闻此儿尚在，重遣杀之。使者见在狼侧，并欲杀狼。于时若有神物，投狼于西海之东，落高昌国西北山。山有洞穴，穴内有平壤茂草，周迴数百里，四面俱山。狼匿其中，遂生十男。十男长，外托妻孕，其后各为一姓，阿史那即其一也，最贤，遂为君长，故牙门建"狼头纛"，示不忘本也。渐至数百家。经数世，有阿贤设者，率部落出于穴中，臣于蠕蠕。

又云：

或云突厥本平凉杂胡，姓阿史那氏。魏太武皇帝灭沮渠氏，阿史那以五百家奔蠕蠕。世居金山之阳，为蠕蠕铁工。金山形似兜鍪，俗号兜突厥鍪突厥，突厥因以为号。

又云：

又曰突厥之先出于索国，在匈奴之北。其部大人曰阿谤步兄，兄弟七十人，其一曰伊质泥师都，狼所生也。阿谤步等性并愚痴，国遂被灭。泥师既别感异气，能征召风雨。娶二妻，云是夏神、冬神之女。一孕而生四男：其一变不白鸿；其一国于阿辅水、剑水之间，号为契骨；其一国城处折水；其一居跋斯处折施山，即其大儿也。山上仍有阿谤步种类，并多寒露，大儿为出火温养之，咸得全济遂共奉大儿为主，号为突厥，即纳都六设也。都六有十妻，所生子皆以母族姓，阿史那是其小妻之子也。都六死，十母子内欲择立一人，乃相率于大树下，共为约曰："向树跳跃能最高者，即推立之。"阿史那子年幼而跳最高，诸子遂奉以为主，号阿贤设。

以上所记，虽含荒谬成分，但细加探究，便可知突厥乃是匈奴的一支。起初住在阿辅水、剑水（叶尼塞河上游两支流），后迁徙到高昌的北山（今博格多山），以锻铁闻名。5世纪中叶，被柔然征服，被迫迁居金山（阿尔泰山）南麓。其与北齐、北周交往，始自土门。

《北史》卷99《突厥传》云：

> 其后曰土门，部落稍盛，始至塞上市缯絮，愿通中国。西魏大统十一年。周文帝遣酒泉胡安诺槃陁使焉。其国皆相庆曰："今大国使至，我国将兴也。"十二年，土门遂遣使献方物。时铁勒将伐蠕蠕，土门率所部邀击破之，尽降其众五万余落。恃其强盛，乃求婚于蠕蠕主。阿那瓌大怒，使人骂辱之曰："尔是我锻奴，何敢发是言也！"土门亦怒，杀其使者，遂与之绝，而求婚于魏。周文帝许之，十七年六月，以魏长乐公主妻之。是岁，魏文帝崩，土门遣使来吊，赠马二百匹。废帝元年正月，土门发兵击蠕蠕，大破之于怀荒北。阿那瓌自杀，其子菴罗辰奔齐，余众复立阿那瓌叔父邓叔子为主。土门遂自号伊利可汗，犹古之单于也；号其妻为可贺敦，亦犹古之阏氏也。亦与齐通使往来。
>
> 土门死，子科罗立，科罗号乙息记可汗，又破叔子于沃野北赖山。且死。舍其子摄图，立其弟俟斤，是为木杆可汗。
>
> 俟斤一名燕都，状貌奇异，面广尺余，其色赤甚，眼若瑠璃，刚暴，勇而多知，务于征伐。乃率兵击邓叔子，破之。叔子以其余烬奔西魏。俟斤又西破嚈哒，东走契丹，北并契骨，威服塞外诸国。其地，东自辽海以西，至西海，万里；南自沙漠以北，到北海，五六千里，皆属焉。

北齐、北周对峙时期，双方都力求取得突厥的助力，突厥则同时交通二国，乘机取利。

《北史》卷99《突厥传》载：

> 俟斤死，复舍其子大逻便而立其弟，是为他钵可汗。他钵以摄图为尔伏可汗，统其东面；又以其弟褥但可汗为步离可汗，居西方。自俟斤以来，其国富强，有凌轹中夏之志。朝廷既与之和亲，岁给缯絮、锦丝十万段。突厥在京师者，又待以优礼，衣锦食肉，常以千数。齐人惧其寇掠，亦倾府藏以给之。他钵弥复骄傲，乃令其徒属曰："但使我在南两个儿孝顺，何忧无物邪？"……
>
> 隋文帝受禅……下诏曰：往者周、齐抗衡，分割诸夏，突厥之

虏，俱通二国。周人东虑，恐齐好之深，齐氏西虞，惧周交之厚。各谓虏意轻重，国遂安危。非徒并有大敌之忧，思减一边之防。竭生灵之力，供其来往，倾府库之财，弃于沙漠。华夏之地，实为劳扰。

北周保定三年（563），突厥与周联军攻齐失败，突厥引兵出塞，纵兵大掠，自晋阳以北七百多里，人畜无遗。此后，突厥对北方边境的骚扰，日益严重。

关于突厥的社会制度，《北史》卷99《突厥传》有云：

其俗：被发左衽，穹庐毡帐，随逐水草迁徙，以畜牧射猎为事，食肉饮酪，身衣裘褐。贱老贵壮，寡廉耻，无礼义，犹古之匈奴。其主初立，近侍重臣等舆之以毡，随日转九回，每回臣下皆拜，拜讫乃扶令乘马，以帛绞其头，使才不至绝，然后释而急问之曰："你能作几年可汗？"其主既神情瞀乱，不能详定多少，臣下等随其所言，以验修短之数。大官有叶护，次设，次特勤，次俟利发，次吐屯发，及余小官，凡十二八等，皆世为之。兵器有角弓、鸣镝、甲、矟、刀、剑。佩饰则兼有伏突。旗纛之上，施金狼头。侍卫之士，谓之附离，夏言亦狼也。盖本狼生，志不忘旧。善骑射，性残忍，无文字，其征发兵马及诸税杂畜，刻木为数，并一金镞箭，蜡封印之，以为信契。候月将满，转为寇抄。其刑法：反叛、杀人、及奸人之妇、盗马绊者，皆死；淫者，割势而腰斩之，奸人女者，重责财物，即以其女妻之；斗伤人者，随轻重输物，伤目者偿以女，无女则输妇财，折支体者输马，盗马及杂物者，各十余倍征之。死者，停尸于帐，子孙及亲属男女各杀羊、马，陈于帐前祭之，绕帐走马七匝，诣帐门以刀剺面且哭，血泪俱流，如此者七度乃止。择日，取亡者所乘马及经服用之物，并尸俱焚之，收其余灰，待时而葬，春夏死者，候草木黄落，秋冬死者，候华茂，然后坎而瘗之。葬日，亲属设祭及走马、剺面如初死之仪，表为茔，立屋，中图画死者形仪，及其生时所战陈状，尝杀一人，则立一石，有至千百者。又以祭羊、马头，尽悬之于标上。是日也，男女咸盛服饰，会于葬所，男有悦爱于女者，归即遣人聘问，其父母从不违也。父、兄、伯、叔死，子、弟及侄等妻其后母、世叔母、嫂，唯尊者不得下淫。移徙无常，而务有地分。可汗恒处于都斤山，牙帐东开，盖敬日之所出也。每岁率诸贵人，祭其先窟。又以五月中旬，集他人水拜祭天神。于都斤西五百里有高山迥出，上无草树，谓为勃登凝梨，夏言地神也。其书字类胡，而不知年历，唯以草青为记。男子好樗蒱，女子踏鞠，饮马酪取醉，歌呼相对。敬鬼神，信巫觋，重兵死，耻病终，大抵与匈奴同俗。

又《旧唐书》卷194上《突厥传上》云：

可汗者，犹古之单于，妻号可贺敦，犹古之阏氏也。其子弟谓之特勒，别部领兵者皆谓之设。其大官屈律啜，次阿波，次颉利发，次吐屯，次俟斤，并代居其官，而无员数。父兄死则子弟承袭。

又同书卷215《突厥上》云：

其别部典兵者曰设，子弟曰特勒，大臣曰叶护，曰屈律啜，曰阿波，曰俟利发，曰吐屯，曰俟斤，曰阎洪达，曰颉利发，曰于达，凡二十八等，皆世其官而无员限。卫士曰附离。

又《隋书》卷84《突厥传》云：

齐有沙门惠琳，被掠入突厥中，因谓佗钵曰："齐国富强者，为有佛法耳。"遂说以因缘果报之事。佗钵闻而信之，建一伽蓝，遣使聘于齐氏，求《净名》《涅槃》《华严》等经，并《十诵律》，佗钵亦躬自斋戒，绕塔行道，恨不生内地。

第二编

经济篇

第七章 汉末凋敝的社会经济

第一节 人口的耗减和流徙

黄河流域的中原地区，是汉末黄巾起义军受到地主武装血腥镇压，以及继之而来的军阀混战的主要厮杀场，再加上天灾频仍，故而人口空前耗减。全国精华所在的东、西两京及其附近的河南、三辅地区，在董卓及其部众的劫掠下，人口耗减最为严重。

《后汉书》卷72《董卓传》载：

> （董）卓尝遣军至阳城，时人会于社下，悉令就斩之，驾其车重，载其妇女，以头系车辕，歌呼而还……
>
> （卓）于是尽徙洛阳人数百万口于长安，步骑驱蹙，更相蹈藉，饥饿寇掠，积尸盈路。卓自屯留毕圭苑中，悉烧宫庙、官府、居家，二百里内无复孑遗……
>
> 初，（卓）……分遣其校尉李傕、郭汜、张济将步骑数万……掠陈留、颍川诸县，杀略男女，所过无复遗类……

又《三国志》卷6《董卓传》注引华峤《汉书》云：

> 大驾即西，（董）卓部兵烧洛阳城外面百里。又自将兵烧南北宫及宗庙、府库、民家，城内扫地殄尽。又收诸富室，以罪恶没入其财物；无辜而死者，不可胜计。

战争往往伴随着天灾和疾病。这是因为统治阶级已不注重生产和抗灾；而人口的大量死亡又是疾疫流行的温床。汉末，自黄巾起义以后，灾荒纷至沓来，其中，最大的灾害是兴平元年（194）发生的蝗灾和旱灾。《太平御览》卷92《皇王部·孝献皇帝》引《献帝春秋》云：

> 兴平元年，蝗虫起，百姓饥，谷一斛五六万钱，帝敕主者尽卖厩马二百余匹及御府杂缯二万匹，赐公卿已下及贫民。

又同上书卷35《时序部·凶荒》引《英雄记》云：

> 是时，谷一斛五十万，豆麦二万，人相食啖，白骨委积，臭秽满路。

又《后汉书》卷9《献帝纪》云：

> （兴平元年，秋七月）三辅大旱，自四月至于是月……是时谷一斛五十万，豆麦一斛二十万，人相食啖，白骨委积。帝使侍御史侯汶出太仓米豆，为饥人作糜粥，经日而死者无降。帝疑赋恤有虚，乃亲于御坐前量试作糜，乃知非实，使侍中刘艾出让有司。于是尚书令以下皆诣省阁谢，奏收侯汶考实。诏曰："未忍致汶于理，可杖五十。"自是之后，多得全济。

兹据马良怀《崩溃与重建中的困惑》一书①，列东汉安帝至献帝主要灾异如表7—1：

表7—1　　　　　　　　东汉安帝至献帝主要灾异

时间	类别	史书记载
永初元年	地震	是岁，郡国十八地震（卷五）
	水	新城山泉水大出（注：《东观记》曰："突坏人田，水深三丈"）。（同上）（是岁，郡国）四十一雨水，或山水暴至。（同上）是岁郡国四十一县三百一十五雨水，四渎溢，伤秋稼，坏城郭，杀人民（志第十一）
	旱	《古今注》曰："永初元年，群国八旱，分遣议郎请雨"（志第十三注）

---

① 马良怀：《崩溃与重建中的困惑》，中国社会科学出版社1993年版，第37—44页。

续表

时间	类别	史书记载
二年	水、雹	六月,京师及郡国四十大水,大风、雨雹(注:《东观记》曰:"雹大如芋魁、鸡子,风拔树发屋。")(卷五)
	旱	五月,旱。(同上)
	地震	是岁,郡国十二地震(同上)
三年	饥荒	三月,京师大饥,民相食。并凉三州大饥,人相食(同上)
	地震	十二月辛酉,郡国九地震(同上)
	水、雹	是岁,京师及郡国四十一雨水、雹(同上)
四年	地震	(三月)癸巳,郡国九地震。九月甲申,益州郡地震(同上)
	蝗	夏四月,六州蝗(同上)
	水	秋七月乙酉,三郡大水(同上)
五年	地震	(正月)丙戌,郡国十地震(同上)
	蝗、水	是岁,九州蝗。郡国八雨水(同上)
六年	山崩	六月壬辰,豫章、员溪、原山崩(同上)
	蝗	三月,十州蝗(同上)
	旱	夏,旱(注:《古今注》曰:"三年,郡国八、四年、五年夏,并旱"。)(志第十三)
七年	地震	二月丙午,郡国十八地震(卷五)
	蝗、旱	八月丙寅,蝗虫飞过洛阳(同上)夏,旱(志第十三)
元初元年	旱、蝗	京师及郡国五旱、蝗(卷五)
	地震	二月己卯,日南地坼。六月丁巳,河东地陷。是岁,郡国十五地震(同上)
二年	旱、蝗	五月,京师旱,河南及郡国十九蝗(同上)
	地震	(六月)洛阳新城地裂。十一月庚申,郡国十地震(同上)
三年	旱	夏四月,京师旱(同上)
	地震	(二月)郡国十地震。(十一月)癸卯,郡国九地震。(七月)缑氏地坼(同上)
四年	水、雹	(七月)京师及郡国十雨水。六月戊辰,三郡雨雹(同上)
	地震	是岁,郡国十三地震(同上)
五年	旱	三月,京师及郡国五旱,诏禀遭旱贫人(同上)
	地震	是岁,郡国十四地震(同上)

续表

时间	类别	史书记载
六年	地震	二月乙巳,京师及郡国四十二地震,或坼裂,水泉涌出。(冬)郡国八地震(同上)
	疫	夏四月,会稽大疫,遣光禄大夫将太医循行疾病,赐棺木,除田租、口赋(同上)
	旱	五月,京师旱(同上)
永宁元年	地震	是岁,郡国二十三地震(同上)
	雨	郡国三十三淫雨伤稼(志第十三)
建光元年	地震	冬十一月己丑,郡国三十五地震,或坼裂(卷五)
	雨	是秋,京师及郡国二十九雨水(同上)
延光元年	地震	秋七月癸卯,京师及郡国十三地震。九月甲戌,郡国二十七地震(同上)
	雨、雹	是岁,京师及郡国二十七雨水,大风,杀人。夏四月癸未,京师郡国二十一雨雹(同上)
	蝗	六月,郡国蝗(同上)
二年	地震	是岁,京师及郡国三地震。(同上)京师、郡国三十二地震(志第十六)
	山崩	秋七月,丹阳山崩。(卷五)丹阳山崩四十七所(志第十六)
三年	地震	是岁,京师及郡国二十三地震(卷五)
	山崩	(六月)庚午,阆中山崩(同上)
	水	大水、流杀民人,伤苗稼(志第十五)
四年	山崩	冬十月丙午,越巂山崩(卷五)
	地震	十一月丁巳,京师及郡国十六地震(卷六)
	疫	是冬,京师大疫(志第十七注曰:"张衡明年上封事:'臣窃见京师为害兼所及,民多病死,死有灭户。人人恐惧,朝廷憔心,以为至忧。'")(卷五)
永建三年	地震	春正月丙子,京师地震,汉阳地陷裂。(卷六)汉阳屋坏杀人,地坼涌水出(志第十六)
	旱	六月,旱(卷六)
四年	雨	五州雨水。秋八月庚子,遣使实核死亡,收敛禀赐(同上)

续表

时间	类别	史书记载
四年	蝗、疫	（永建）四年，厚上言："今夏盛寒，当有疾疫蝗虫之害。"是岁，果六州大蝗，疫气流行（卷三十上《杨厚传》）
五年	旱	夏四月，京师旱，辛巳，诏郡国贫人被灾者，勿收责今年过更（卷六）
五年	蝗	京师及郡国十二蝗（同上）
六年	雨	冀州淫雨伤稼（卷六曰：冬十一月辛亥，诏曰："连年灾潦，冀部尤甚，比虽除实伤，赡恤穷匮，而百姓犹有弃业，流亡不绝……其令冀部勿收今年田租，刍稿。"）（志第十三）
阳嘉元年	旱	京师旱（卷六）
二年	饥荒	春二月甲申，诏以吴郡、会稽饥荒，贷人种粮（同上）
二年	地震	（四月）己亥，京师地震（六月）丁丑，洛阳地陷（同上）
二年	旱	（六月）旱（同上）
永和元年	蝗	秋七月，偃师蝗。（同上）
永和元年	水	是夏，洛阳暴水，杀千余人（卷三十上《杨厚传》）
二年	地震	夏四月丙申，京师地震。（十一月）丁卯，京师地震（卷六）
三年	地震	二月乙亥，京师及金城，陇西地震，二郡山岸崩地陷。（闰四月）己酉，京师地震（同上）
四年	地震	三月乙亥，京师地震（同上）
四年	旱	秋八月，太原郡旱，民庶流冗。癸丑，遣光禄大夫案行禀贷，除更赋（同上）
五年	地震	二月戊申，京师地震（同上）
汉安二年	地震	是岁，凉州地百八十震。建康元年春正月辛丑，诏曰："陇西、汉阳、张掖、北地、武威、武都，自去年九月以来，地百八十震，山谷坼裂坏败城寺，杀害民庶。"（卷六）
建康元年	地震	（九月）京师及太原、雁门地震，三都水涌土裂（同上）
永嘉元年	旱	五月甲午，诏曰："……自春涉夏，大旱炎赫，忧心京京。"（同上）
本初元年	水	（五月）海水溢。戊申，使谒者案行，收葬乐安、北海人为水所漂没死者，又禀给贫羸（同上）
建和元年	地震	四月庚寅，京城地震。郡国六地裂，水涌井溢。九月丁卯，京师地震（卷七）
建和元年	饥荒	二月，荆扬二州人多饿死，遣四府掾分行赈给（同上）

续表

时间	类别	史书记载
二年	水	七月，京师大水（同上）
三年	地震	九月己卯，地震，庚寅，地又震。郡国五山崩（同上）
	水	（八月）京师大水（同上）
和平元年	地震	七月，梓潼山崩（同上）
元嘉元年	地震	十一月辛巳，京师地震（同上）
	疫	正月，京师疾疫，使光禄大夫将医药案行。二月，九江、庐江大疫（同上）
	旱、饥	京师旱，任城、梁国饥，民相食（同上）
二年	地震	（正月）丙辰，京师地震。十月乙亥，京师地震（同上）
永兴元年	蝗、水	秋七月，郡国三十二蝗。河水溢。百姓饥荒，流冗道路，至有数十万户，冀州尤甚。诏在所赈给乏绝，安慰居业（同上）
二年	地震	（二月）癸卯，京师地震。（夏）东海朐山崩（同上）
	蝗	（夏）京师蝗（同上）
	水	六月，彭城四永增长逆流，诏司录校尉，部刺史曰："蝗灾为害，水变仍至，五谷不登，人无宿储。其令所伤郡国种芜青以助人食。"（同上）
永寿元年	山崩	巴郡、益州山崩（同上）
	饥荒	二月，司隶、冀州饥，人相食（同上）
	水	六月，洛水溢，坏鸿德苑。南阳大水（注曰：《续汉志》曰："水溢至津城门，漂流人物。"）（同上）
二年	地震	十二月，京师地震（同上）
三年	蝗	（夏）京师蝗（同上）
	地裂	七月，河东地裂（同上）
延熹元年	蝗	（夏）京师蝗（同上）
	旱	六月，旱（志第十三）
	地裂	七月己巳，云阳地裂（卷七）
二年	雨	夏，京师雨水。（同上）霖雨五十余日（志第十三）
三年	山崩	五月甲戌，汉中山崩（卷七）
四年	疫	（春）大疫（同上）
	雹	（五月）己卯，京师雨雹（同上）
	地震	六月，京兆、扶风及凉州地震。庚子，岱山及博尤来山并颓裂（同上）

续表

时间	类别	史书记载
五年	地震	（五月）乙亥，京师地震（同上）
七年	雹	五月己丑，京师雨雹（同上）
八年	地震	（夏）缑氏地震。九月丁未，京师地震（同上）
九年	饥	司隶，豫州饥死者什四五，至有灭户者，遣三府掾赈禀之（同上）
永康元年	地裂	五月丙申，京师及上党地裂（同上）
永康元年	水	（秋）六州大水，勃海海溢，诏州郡赐溺死者七岁以上钱，人二千；一家皆被害者，悉为收敛其亡失谷食，禀人三斛（同上）
建宁元年	雨	六月，京师雨水。（卷八）霖雨六十余日（志第十三）
二年	雹	夏四月癸巳，大风，雨雹（卷八）
三年	饥	河内人妇食夫，河南人夫食妇（同上）
四年	地震	二月癸卯，地震，海水溢（同上）
四年	地裂	五月，河东地裂，雨雹，山水暴出（同上）
四年	疫	大疫，使中谒者巡行致医药（同上）
熹平元年	雨	六月。京师雨水。（同上）霖雨七十余日（志第十三）
二年	地震	六月，北海地震，东莱、北海海水溢（卷八）
二年	疫	正月，大疫，使使者巡行致医药（同上）
三年	水	秋、洛水溢（同上）
四年	水	夏四月，郡国七大水（同上）
四年	螟	六月，弘农、三辅螟（同上）
六年	旱、螟	四月，大旱，七州蝗（同上）
六年	地震	（十月）辛丑，京师地震（同上）
光和元年	地震	（二月）己未，地震，四月丙辰，地震（同上）
二年	疫	春，大疫，使常侍、中谒者巡行致医药（同上）
三年	地震	秋，表是地震，涌水出，（同上）酒泉表氏地八十余动，涌水出，城中官寺民舍皆顿，县易处，更筑城郭（志第十六）
四年	雹	六月庚辰，雨雹（同上）
五年	疫	二月，大疫（同上）
五年	旱	四月，旱（同上）
六年	旱	夏，大旱（同上）
六年	水	秋，金城河水溢（同上）
六年	山崩	（秋）五原山岸崩（同上）

续表

时间	类别	史书记载
中平二年	疫	正月,大疫(同上)
	雹	四月庚戌,大风,雨雹(同上)
	螟	七月,三辅螟(同上)
五年	水	郡国六水大出(志第十五)
六年	雨	(九月)自六月雨,至于是月(卷八)
初平二年	地震	六月丙戌,地震(卷九)
四年	雹	六月,扶风大风,雨雹(同上)
	山崩	(夏)华山崩裂(同上)
	地震	(十月)辛丑,京师地震。十二月辛丑,地震(同上)
兴平元年	地震	(六月)丁丑,地震,戊寅,又震(同上)
	蝗	(夏)大蝗(同上)
	旱	(七月)三辅大旱,自四月至于是月。……是时谷一斛五十万,豆麦一斛二十万,人相食啖白骨委积(同上)
二年	旱	(夏)大旱(同上)
建安二年	蝗	夏五月,蝗(同上)
	水、饥	九月,汉水溢,是岁饥,江淮间民相食(同上)
十四年	地震	十月荆州地震(同上)
十七年	水	秋七月,有水,颍水溢(同上)
	螟	(秋)螟(同上)
十八年	雨、水	(夏)大雨水。(同上)六月,大水(志第十五)
十九年	旱、雨	夏四月,旱。五月,雨水(卷九)
二十二年	疫	是岁大疫(同上)
二十四年	水	八月,汉水溢(同上)

表7—1中所引史料均源于《后汉书》,故只写卷数。

灾荒饥馑,本身就是瘟疫流行的条件,这一时期是灾荒最严重的时期,同时也是瘟疫最猖獗的时期。

《后汉书》卷7《桓帝纪》载:

(延熹)九年,春正月……己酉,诏曰:"比岁不登,民多饥穷,又有水旱疾疫之困。盗贼征发,南州尤甚……"

又同书卷8《灵帝纪》载:

（建宁四年三月）大疫，使中谒者巡行致医药……（熹平）二年春正月，大疫，使使者巡行致医药……（光和）二年春，大疫，使常侍、中谒者巡行致医药……（光和五年）二月，大疫……（中平二年）春正月，大疫。

又同书志第17《五行志》载:

建安二十二年，大疫。注谓：魏文帝书与吴质曰："昔年疾疫，亲故多离其灾。"
魏陈思王常说疫气云："家家有殭尸之痛，室室有号泣之哀，或阖门而殪，或举族而丧者。"

为了躲避兵燹、灾荒、疾疫，北方人民只能成群结队地逃亡，流徙到天灾人祸尚未波及的区域。当时民户流徙方向及区域有三。一是由关中、中原流入长江上游的巴蜀以及中游的荆襄地带。

《三国志》卷31《刘璋传》注引《英雄论》云:

先是，南阳、三辅人流入益州数万家，收以为兵，名曰"东州兵"。

又《三国志》卷21《卫觊传》云:

太祖征袁绍，而刘表为绍援，关中诸将又中立。益州牧刘璋与表有隙，觊以治书侍御史使益州，令璋下兵以缀表军。至长安，道路不通，觊不得进，遂留镇关中。时四方大有还民，关中诸将多引为部曲，觊书与荀彧曰："关中膏腴之地，顷遭荒乱，人民流入荆州者十万余家，闻本土安宁，皆企望思归。而归者无以自业，诸将各竞招怀，以为部曲。郡县贫弱，不能与争，兵家遂强。一旦变动，必有后忧。夫盐，国之大宝也，自乱来散放，宜如旧置使者监卖，以其直益市犁牛。若有归民，以供给之。勤耕积粟，以丰殖关中。远民闻之，必日夜竞还。又使司隶校尉留治关中以为之主，则诸将日削，官民日盛，此强本弱敌之利也。"或以白太祖。太祖从之，始遣谒者仆射监盐官，司隶校尉治弘农。关中服从。

二是由中原流入东北或渡海依公孙度于辽东。
《后汉书》卷81《独行王烈传》载：

遭黄巾、董卓之乱，（王烈）乃避地辽东，夷人遵奉之。太守公孙度接以昆弟之礼，访酬政事。欲以为长史，烈乃为商贾自秽，得免。

又《三国志》卷11《管宁传》云：

管宁，字幼安，北海朱虚人也……天下大乱，闻公孙度令行于海外，遂与（邴）原及平原王烈等至于辽东。度虚馆以候之，既往见度，乃庐于山谷。时避难者多居郡南，而宁居北，示无迁志，后渐来从之……中国少安，客人皆还，唯宁晏然若将终焉。

又同书卷1《武帝纪》云：

（建安）十二年……八月，（公）登白狼山，卒与虏遇，众甚盛……公登高，望虏陈不整，乃纵兵击之，使张辽为先锋，虏众大崩，斩蹋顿及名王已下，胡、汉降者二十余万口。

三是由中原流徙入江、淮间。三路流民中以这一路为最多，故亦屡见记载。
《三国志》卷15《刘馥传》载：

刘馥字元颖，沛国相人也。避乱扬州……后孙策所置庐江太守李述攻杀扬州刺史严象，庐江梅乾、雷绪、陈兰等聚众数万在江、淮间，郡县残破。太祖……遂表为扬州刺史。馥既受命，单马造合肥空城，建立州治，南怀绪等，皆安集之，贡献相继。数年中恩化大行，百姓乐其政，流民越江山而归者以万数。

又同书卷14《蒋济传》载：

明年（建安十四年）使于谯，太祖问（蒋）济曰："昔孤与袁本初对官渡，徙燕、白马民，民不得走，贼亦不敢钞。今欲徙淮南民，何如？"济对曰："是时兵弱贼强，不徙必失之。自破袁绍，北拔柳城，南向江、汉，荆州交臂，威震天下，民无他志。然百姓怀土，实不乐徙，惧必不安。"太祖不从，而江、淮间十余万众，皆惊走吴。后济使诣邺，太祖迎见大笑曰："本但欲使避贼，乃更驱尽之。"

又同书卷47《孙权传》载：

（建安）十八年正月，曹公攻濡须，（孙）权与相拒月余。曹公望权军，叹其齐肃，乃退。初，曹公恐江滨郡县为权所略，征令内移。民转相惊，自庐江、九江、蕲春、广陵户十余万皆东渡江，江西遂虚，合肥以南惟有皖城。

又同书卷13《华歆传》注引华峤《谱叙》云：

孙策略有扬州，盛兵徇豫章……策遂亲执子弟之礼，礼为上宾。是时四方贤士大夫避地江南者甚众，皆出其下，人人望风。

又同书卷52《张昭传》载：

（张昭）彭城人也……汉末大乱，徐方士民多避难扬土，昭皆南渡江。

战争、天灾、疾疫造成人口的大量死亡，加上人口的四散流徙，使北方人口骤减。现将汉末三国间人口减少情况说明如表7—2：

表 7—2　　　　　　　　汉魏人口数量减少情况

年代		户数	口数	出处
西汉元始二年（2）		12233062	59594900	《汉书·地理志》
东汉本初元年（146）		9348227	47566772	《晋书·地理志》
三国	曹魏景元四年（263）	663423	4432887	《三国志·蜀书》《列传》
	蜀汉景耀六年（263）	280000	940000	《三国志·吴书·孙皓传》
	孙吴天纪四年（280）	530000	2300000	《通典》
	合计	1473423	7672000	
西晋太康元年（280）		1473423	7772881	《晋书·食货志》

第二节　农业生产的破坏

汉魏之际，由于战争、天灾、疾疫和流移逃散，北方人口骤减。农业生产受到极其严重的破坏，主要表现在土地荒芜、粮食匮乏、粮价高涨和人的饥馑死亡。

《三国志》卷 15《司马朗传》谓：

今承大乱之后，民人分散，土业无主，皆为公田。

又同书卷 51《孙韶传》载：

青、徐、汝、沛颇来归附，淮南滨江屯候皆撤兵远徙，徐、泗、江、淮之地，不居者各数百里。

由于土地大量荒芜，从而导致了粮食的匮乏和粮价的高涨。《太平御览》卷 35《时序部·凶荒》引《英雄记》云：

幽州岁岁不登，人相食，有蝗旱之灾，民人始如采稆，以枣、椹为粮，谷一石十万钱。

又《三国志》卷 1《武帝纪》注引《魏书》曰：

自遭荒乱，率乏粮谷。诸君并起，无终岁之计，饥则寇略，饱则弃余，瓦解流离，无敌自破者不可胜数。袁绍之在河北，军人仰食桑椹。袁术在江、淮，取给蒲嬴。民人相食，州里萧条。

又《晋书》卷26《食货志》云：

及（董）卓诛死，李傕、郭汜自相攻伐，于长安城中以为战地。是时谷一斛五十万，豆麦二十万……（献帝）既至安邑，御衣穿败。唯以野枣园菜以为糇粮……建安元年，车驾至洛阳，宫阙荡涤，百官披荆棘而居焉……尚书郎官自出采稆，或不能自反，死于墟巷。

伴随粮荒的是饥馑和死亡。
《晋书》卷26《食货志》云：

（关中）人相食啖，白骨盈积，残骸余肉，臭秽道路。

又《三国志》卷15《司马朗传》载：

关东兵散，太祖与吕布相持于濮阳，朗乃将家还温。时岁大饥，人相食。

又同书卷32《先主传》注引《英雄记》云：

备军在广陵，饥饿困踧，吏士大小自相啖食，穷饿侵逼，欲还小沛，遂使吏请降布。

又同书卷6《袁术传》载：

（术）遂僭号……而士卒冻馁，江淮间尽空，人民相食。

第三节　城市和工商业的萧条

在东汉末年的军阀混战中，素以经济发达闻名的三辅、三河地区，遭到极其严重的破坏。而位于这一地区的都城洛阳、长安和中原的若干大城市，所遭受的破坏尤为惨烈。

《三国志》卷6《董卓传》注引华峤《汉书》云：

（董）卓欲迁都长安，召公卿以下大议……杨彪曰："海内动之甚易，安之甚难……又长安宫室坏败，不可卒复。"……卓罢坐，即日令司隶奏彪及琬，皆免官。大驾还西。卓部兵烧洛阳城外面百里。又自将兵烧南北宫及宗庙、府库、民家，城内扫地殄尽。

又同书卷46《孙坚传》云：

（董）卓寻徙都西入关，焚烧洛邑。坚乃前入至洛，修诸陵，平塞卓所发掘。

同卷注引《江表传》曰：

旧京空虚，数百里中无烟火。坚前入城，惆怅流涕。

又同书卷6《董卓传》云：

（李）傕等放兵略长安老少，杀之悉尽，死者狼藉……时三辅民尚数十万户，傕等放兵劫略，攻剽城邑，人民饥困，二年间相啖食略尽……傕质天子于营，烧宫殿城门，略官寺，尽收乘舆服御物置其家。傕使公卿诣汜请和，汜皆执之。相攻击连月，死者数万……

天子入洛阳，宫室烧尽，街陌荒芜，百官披荆棘，依丘墙间……饥穷稍甚，尚书郎以下，自出樵采，或饥死墙壁间。

又《后汉书》卷72《董卓传》云：

初，（献）帝入关，三辅户口尚数十万，自催、汜相攻，天子东归后，长安城空四十余日，强者四散，羸者相食。二三年间，关中无复人迹。

除洛阳、长安遭受浩劫外，其他城市也受到破坏。如咸阳，一片萧条，人无以衣食，吃酸枣、野菜，穿从坟中掘出的衣服以蔽体。河北的邺城，破坏虽然较轻，但人口稀少，后经曹操父子的苦心经营，才略有起色。徐州经过曹操的几次屠杀，许多县城几乎成了空城。目睹这一浩劫的仲长统曾对当时的状况作过揭示。

《昌言·理乱篇》云：

昔春秋之时，周氏之乱世也。逮乎战国，则又甚矣。秦政秉并兼之势，放虎狼之心，屠裂天下，吞食人生，暴虐不已，以招楚汉用兵之苦，甚于战国之时也。汉二百年而遭王莽之乱，计其残夷灭亡之数，又复倍乎秦、项矣。以及今日，名都空而居，百里绝而无民者，不可胜数。此则又甚于亡新之时也。悲夫！不及五百年，大难三起，中间之乱，尚不数焉。

由于城市的破坏，城市手工业陷入停顿状态。如矿冶业几乎陷于停顿。铁成为稀罕的材料，原来用以锏断罪人左右脚的铁刑具，此时都换成木制的。不唯铁，连铜也几乎停止开采。由于农业、手工业破坏严重，商业、商品经济自然委顿。货币基本上停止流通，市场虽未断绝，但极为萧条。魏初文帝至南阳，以"市不丰乐"拘捕了太守杨俊。

《三国志》卷23《杨俊传》谓：

俊自少及长，以人伦自任……黄初三年，（文帝）车驾至宛，以市不丰乐发怒收俊。

第八章 土地制度

魏晋南北朝时期，封建土地所有制的表现形式是多种多样的，既有封建土地国有制，又有封建土地私有制。尽管两者之间的比重时刻在变化，但两者并存的格局与这一历史时期相始终。

第一节 封建国有土地制度诸形态

这一时期，封建国有土地制度主要表现为屯田制、州郡公田制、均田制等几种形式。兹分述于次。

一 三国时期的屯田制

（一）曹魏屯田

1. 屯田的原因和条件

屯田早已有之，非自曹魏始。

《玉海》卷177《食货·屯田》云：

> 汉文帝募民耕塞下，已有屯田之说；武帝屯田渠犁，始有屯田之说；成于昭宣，广于魏晋。

西汉武帝时屯田渠犁、轮台、车师、莎车、乌孙，颇有规模。以后屯田张掖、伊循、金城、陇西。出土的汉简，为我们提供了有关此时屯田的信息。然而，影响之广，成效之大，当推曹魏屯田。

曹魏最初实行屯田，主要是为了解决军粮问题。当时由于人口锐减，土地荒芜，军阀几乎无兵可征，无粮可食。

《三国志》卷14《程昱传》注引《世语》云：

> 初，太祖乏食，昱略其本县，供三日粮，颇杂以人脯。

又同书卷6《袁术传》云：

> 兴平二年冬……（术）用河内张烔之符命，遂僭号。以九江太守为淮南尹。置公卿，祠南北郊。荒侈滋甚，后宫数百皆服绮縠，余粱肉，而士卒冻馁，江淮间空尽，人民相食。

又《后汉书》卷73《公孙瓒传》载：

> （公孙瓒与袁绍争青州）连战二年，粮食并尽，士卒疲困，互掠百姓，野无青草……（幽州）旱蝗，谷贵民相食。

由于军粮严重短缺，所以有些军队，并非因为打败仗而覆灭，而是由于缺乏粮谷而溃散。

《三国志》卷1《武帝纪》注引《魏书》云：

> 自遭荒乱，率乏粮谷。诸军并起，无终岁之计，饥则寇略，饱则弃余，瓦解流离，无敌自破者不可胜数。袁绍之在河北，军人仰食桑椹。袁术在江淮，取给蒲蠃。民人相食，州里萧条。

为了解决军粮问题，曹操采纳枣祗、韩浩关于设置屯田的建议，发布《置屯田令》，开始屯田。

《三国志》卷1《武帝纪》注引《魏书》云：

> 公曰：夫定国之术，在于强兵足食。秦人以急农兼天下，孝武以屯田定西域，此先代之良式也。

同时，曹操进行屯田，与镇压黄巾军后利用黄巾军的"资业"是分不开的，这从曹操于建安六年（201）发布的《加枣祗子处中封爵并祀祗令》中可以看得很清楚。

《三国志》卷16《任峻传》注引《魏武故事》云：

> 故陈留太守枣祗，天性忠能……及破黄巾定许，得贼资业，当兴立屯田，时议者皆言当计牛输谷，佃科以定。施行后，祗白以为僦牛输谷，大收不增谷，在水旱灾除，大不便。反复来说，孤犹以为当如故，大收不可复改易。祗犹执之，孤不知所从，使与荀令君议之。时故军祭酒侯声云："科取官牛，为官田计。如祗议，于官便，于客不便。"声怀此云云，以疑令君。祗犹自信，据计画还白，执分田之术。孤乃然之，使为屯田都尉，施设田业。其时岁则大收，后遂因此大田，丰足军用，摧灭群逆，克定天下，以隆王室。祗兴其功，不幸早没，追赠以郡，犹未副之。今重思之，祗宜受封，稽留至今，孤之过也。祗子处中，宜加封爵，以祀祗为不朽之事。

又同书卷28《邓艾传》云：

> 昔破黄巾，因为屯田，积谷于许都，以制四方。

以上所述为屯田的原因，现在述屯田的物质条件。汉末三国时期，各地存在大量无主荒地，这是建置屯田的物质基础。

《后汉书》卷49《仲长统传》云：

> 今者土旷人稀，中地未垦，虽然，犹当限以大家，勿令过制，其地有草者，尽曰官田，力堪农事乃听受之，若听其自取，后必为奸也。

又《三国志》卷15《司马朗传》云：

> 今承大乱之后，民人分散，土业无主，皆为公田。

2. 屯田发展的规模

曹魏的屯田分为民屯与军屯两种类型，它们自成体系，各有特点。民屯的兴与衰均早于军屯。如果说民屯在曹魏前期，尤其是在建安年间（196—219）占主导地位，是曹操成就其霸业的物质基础，那么到曹魏后期，民屯渐衰，军屯就成为曹魏大军征伐四方的资食供应基地。

曹魏的民屯始于建安元年（196）。

《三国志》卷1《武帝纪》云：

> 是岁（建安元年）用枣祗、韩浩等议，始兴屯田。

又同书卷16《任峻传》云：

> 太祖每征伐，（任）峻常居守以给军。是时岁饥旱，军食不足，羽林监颍川枣祗建置屯田，太祖以峻为典农中郎将，募百姓屯田于许下，得谷百万斛，郡国列置田官，数年中所在积粟，仓廪皆满……军国之饶，起于枣祗而成于峻。

又《晋书》卷26《食货志》云：

> 魏武既破黄巾，欲经略四方，而苦军食不足，羽林监颍川枣祗建置屯田议。魏武乃令曰："夫定国之术在于强兵足食，秦人以急农兼天下，孝武以屯田定西域，此先世之良式也。"于是以任峻为典农中郎将，募百姓屯田许下，得谷百万斛。郡国列置田官，数年之中，所在积粟，仓廪皆满。祗死，魏武后追思其功，封爵其子。

曹魏在许下屯田成功之后，便在北方全面推广。杨晨《三国会要》卷19《食货》谓：

> 俞正燮曰："《晋书》言何曾、傅元典农，皆在魏末晋初，知非普罢魏典农可考者：长安、河内、原武、颍川、弘农、河东、魏郡、蕲春、洛阳、睢阳、宜阳、义阳、列人、广陵；其与蜀、吴连界处屯田，则领以将军，屯田与典农有兵民之别。"按《曹真碑》有小平、曲沃两农都尉。

除了俞正燮和杨晨的考证及按语所列地点之外，尚有梁国，如《三国志》卷22《卢毓传》云：

> 魏国既建，（毓）为吏部郎……（文）帝以谯旧乡，故大徙民充之，以为屯田。而谯土地硗瘠，百姓穷困，毓愍之，上表徙民于梁国就沃衍，失帝意。虽听毓所表，心犹恨之，遂左迁毓，使将徙民为睢阳典农校尉。毓心在利民，躬自临视，择居美田，百姓赖之。

关于民屯的编制情况，《晋书》卷26《食货志》所载咸宁元年（276）十二月的诏书云：

> 出战入耕，虽自古之常，然事力未息，未尝不以战士为念也。今以邺奚官奴婢着新城代田兵种稻，奴婢各五十人为一屯，屯置司马，使皆如屯田法。

在屯司马之上，是典农都尉；典农都尉之上，是典农中郎将；而诸典农中郎将，则隶于中央九卿之一的大司农。

关于曹魏设立军屯的最早记载见于《三国志》卷9《夏侯惇传》载：

> 太祖自徐州还，惇从征吕布，为流矢所中，伤左目。复领陈留、济阴太守，加建武将军，封高安乡侯。时大旱，蝗虫起，惇乃断太寿水作陂，身自负土，率将士劝种稻，民赖其利。

夏侯惇亲率将士"断太寿水作陂"，并"劝种水稻"，当属于军屯性质。但此时曹魏统治集团尚未下达过实行军屯制的命令，夏侯惇领导进行军屯只是个人所为而已。

曹魏军屯制的正式推行，是建安十八年（213）五月汉献帝派遣专使策命曹操为魏公之后。

《晋书》卷1《宣帝纪》云：

> 魏国既建……（司马懿）言于魏武曰："昔箕子陈谋，以食为首。今天下不耕者盖二十余万，非经国远筹也。虽戎甲未卷，自宜且

耕且守。"魏武纳之，于是务农积谷，国用丰赡。

又同书卷26《食货志》云：

> 近魏武皇帝……广建屯田，又于征伐之中，分带甲之士，随宜开垦，故下不甚劳，而大功克举也。

军屯制确立以后逐步推广，樊城、长安、汉中、居巢、淮南、淮北等地都曾大兴屯田。在曹魏兴立军屯的过程中，贡献最突出的是邓艾。

邓艾经过实地调查写出了《济河论》。

《晋书》卷26《食货志》载：

> 帝（指司马懿）因欲广田积谷，为兼并之计，乃使邓艾行陈、项以东，至寿春地。艾以为田良水少，不足以尽地利，宜开河渠，可以大积军粮，又通运漕之道。乃著《济河论》以喻其指。又以为昔破黄巾，因为屯田，积谷许都，以制四方。今三隅已定，事在淮南。每大军征举，运兵过半，功费巨亿，以为大役。陈、蔡之间，土下田良，可省许昌左右诸稻田，并水东下。令淮北二万人、淮南三万人分休，且佃且守。水丰，常收三倍于西，计除众费，岁完五百万斛以为军资。六七年间，可积三千万余斛于淮土，此则十万之众五年食也。以此乘敌，无不克矣。宣帝善之，皆如艾计施行。

邓艾的《济河论》有充分的科学根据。司马懿接受了邓艾的建议，并完全按照邓艾的计划行事，取得了很大成效。

《晋书》卷26《食货志》云：

> 遂北临淮水，自钟离而南横石以西，尽沘水四百余里，五里置一营，营六十人，且佃且守。兼修广淮阳、百尺二渠，上引河流，下通淮颍，大治诸陂于颍南、颍北，穿渠三百余里，溉田二万顷，淮南、淮北皆相连接。自寿春到京师，农官兵田，鸡犬之声，阡陌相属。每东南有事，大军出征，泛舟而下，达于江淮，资食有储，而无水害，

艾所建也。

又《三国志》卷28《邓艾传》载：

> 时欲广田畜谷，为灭贼资，使艾行陈、项已东至寿春……艾以为："……今三隅已定，事在淮南，每大军征举，运兵过半，功费巨亿，以为大役。陈、蔡之间，土下田良，可省许昌左右诸稻田，并水东下。今淮北屯二万人，淮南三万人，十二分休，常有四万人，且田且守。水丰常收三倍于西，计除众费，岁完五百万斛以为军资。六七年间，可积三千万斛于淮上，此则十万之众五年食也。以此乘吴，无往而不克矣。"宣王善之，事皆施行。正始二年，乃开广漕渠，每东南有事，大军兴众，泛舟而下，达于江、淮，资食有储而无水害。

又同书卷28《毌丘俭传》云：

> （俭）迫胁淮南将守诸别屯者，及吏民大小，皆入寿春城……分老弱守城……淮南将士，家皆在北，众心沮散，降者相属，惟淮南新附农民为之用。

这里的军屯，最初也是邓艾主持创建的。

在淮南、淮北屯田，不仅解决了曹魏的军粮问题，对当时社会经济的发展也有积极作用。至甘露二年（257），淮南、淮北军屯和民屯的人口加在一起，已逾30万人，成为曹魏的一个巨大的粮食基地。

军屯的编制，以营为生产单位，其上为度支都尉、度支校尉、度支中郎将。度支中郎将亦隶于大司农。

兹据林甘泉先生《中国封建土地制度史》[①]一书，列曹魏屯田分布如表8—1：

[①] 本表转引自林甘泉主编《中国封建土地制度史》（第一卷），中国社会科学出版社1990年版，第404—406页。

表 8—1　　　　　　　　　　　　　曹魏屯田分布

所在专区 州	郡	县	行政建制	历任长官	时期
司	弘农	宜阳（阳市邑）	洛阳典农中郎将 典农中郎将 典农中郎将 典农中郎将	王昶、桓范 毌丘检 司马昭、司马望 侯文光	文帝 明帝 齐王 陈留王
		宜阳	洛阳典农都尉 典农校尉	刘龟 孟康、傅玄	明帝 齐王
		汲县	典农中郎将 典农中郎将	何曾 贾充	文帝 齐王
		野王	典农中郎将 典农中郎将	司马孚 赵俨	文帝
		曲沃 原武 荥阳 （垂陇城）	典农都尉 典农校尉 典农都尉	李胜、毛曾 司马洪	齐王
		平县（小平）	农都尉		
豫	颍川	许	典农中郎将 屯田都尉	任峻 枣祗	武帝 武帝
		许昌	典农中郎将	充奉	明帝
	颍川		典农中郎将 典农中郎将 典农中郎将	严匡 徐邈、裴潜 黄朗	武帝 文帝 文帝
	梁国 沛国 弋阳	襄城 睢阳 沛县 蕲春（皖）	典农校尉 南部都尉 典农	卢毓 袁涣 谢奇	文帝 武帝 武帝
	谯郡 陈郡 汝南 安丰	宋县 汝阴 汝阳		太守满宠置	武帝
冀	魏郡（邺）		典农中郎将 典农中郎将	裴潜 石苞	文帝 齐王
	巨鹿 广平 阳平 勃海	列人 阳平 顿丘 南皮	典农	王弘直、孟荆州	明帝
兖	济北 陈留 济阴	东阿		县令枣祗置 太守夏侯惇置 太守夏侯惇置	武帝 武帝 武帝

续表

所在专区			行政建制	历任长官	时期
州	郡	县			
雍	京兆	长安 上洛	典农中郎将	谢缵	齐王
	扶风 天水	上邽		度支尚书置	明帝
凉	武威 金城 酒泉			刺史徐邈置	
幽	燕国	蓟县		都督刘靖置	齐王
并	上党			刺史梁习置	
青				都督胡质置	
徐			典农校尉	都督胡质置 陈登	武帝
	广陵 下邳				
荆	南阳	淯阳 新野 义阳		都督胡质置	齐王
	襄阳			都督胡质置	齐王
扬	庐江	皖县 皖县 寿春 合肥	绥集都尉	刺史刘馥置 太守朱光置 刺史刘馥置 仓慈 邓艾扩建两淮 军屯区	武帝 武帝 武帝 武帝 齐王
	淮南				

表8—1主要根据《三国志》《晋书》《水经注》等历史文献，并参考诸家的有关论著列出，并非曹魏屯田全貌。表中许、许昌、颍川、襄城可能是同一个郡级屯田区，位于"许下"的襄城一带；洛阳典农中郎将所领屯田区在弘农郡宜阳一带。

3. 屯田的生产关系

曹魏建立有一套完整的管理屯田体制，民屯方面，在中央设大司农，下设典农中郎将、典农校尉、典农都尉等。在都尉以下尚有典农功曹、屯司马等。

《后汉书》志第26《百官志》注引《魏志》云：

> 曹公置典农中郎将，秩二千石。典农都尉，秩六百石，或四百石。典农校尉，秩比二千石。所主如中郎。部分别而少，为校尉丞。

民屯的生产者，称典农部民或屯田客，他们是由征发或招募而来。无论征发或招募，都是具有强制性的。

《三国志》卷 27《卢毓传》载：

> 文帝践阼……以谯旧乡，故大徙民充之，以为屯田。

又同书卷 27《徐邈传》载：

> 明帝以凉州绝远，南接蜀寇，以邈为凉州刺史……广开水田，募贫民佃之，家家丰足，仓库盈溢。

屯田客必须纳租、服役、缴税、当兵，负担极其繁重。

《晋书》卷 26《食货志》云：

> 近魏武皇帝用枣祗、韩浩之议，广建屯田，又于征伐之中，分带甲之士，随宜开垦，下不甚劳，而大功克举也……宜简流人，兴复农官，功劳报赏，皆如魏氏故事。一年中与百姓，二年分税，三年计赋税以使之，公私兼济，则仓盈庾亿，可计日而待也。

军屯的编制是以营为单位。

《晋书》卷 26《食货志》云：

> 五里置一营，营六十人，且佃且守。

参加军屯的战士，称"田兵"或"士"。他们既是军队中的组织成员，又是国家的佃农或农奴，因此具有"且耕且战""且佃且守"的双重任务。一方面服兵役，另一方面耕种国家的土地，要交地租。田兵所受的剥削量与屯田客相同。

《晋书》卷 47《傅玄传》谓：

泰始四年，以（玄）为御史中丞。时颇有水旱之灾，玄复上疏曰："……臣伏欢喜，上便宜五事：其一曰……又旧兵持官牛者，官得六分，士得四分；自持私牛者，与官中分，施行来久，众心安之。"

曹魏的田兵没有人身自由，他们不能任意脱离兵籍及屯田区，不能改业，世代相袭。如擅自逃亡，政府要追捕判刑，或"考竟其妻子"。婚姻方面，也受政府限制。

《三国志》卷24《高柔传》云：

鼓吹宋金等在合肥亡逃。旧法，军征士亡，考竟其妻子。太祖患犹不息，更重其刑。金有母、妻及二弟，皆给官，主者奏，尽杀之。

又同书卷3《明帝纪》注引《魏略》云：

又录夺士女前已嫁为吏民妻者，还以配士，既听以生口自赎，又简选其有姿首者，内之掖庭，（张茂）乃上书谏曰："臣伏见诏书，诸士女嫁非士者，一切录夺，以配战士，斯诚权时之宜，然非大化善者也……吏属君子，士为小人，今夺彼以与此，亦无以异于夺兄之妻妻弟也。于父母之恩偏矣。"

4. 屯田的作用

首先，垦殖了大量荒地，促进了农业生产的发展，基本上解决了粮荒问题。《三国志》卷27《王昶传》云：

文帝践阼，徙（昶）散骑侍郎，为洛阳典农。时都畿树木成林，昶斫开荒莱，勤劝百姓，垦田特多。……正始中，转在徐州，封武观亭侯，迁征南将军，假节都督荆、豫诸军事。昶以为国有常众，战无常胜；地有常险，守无常势。今屯宛，去襄阳三百余里，诸军散屯，船在宣池，有急不足相赴，乃表徙治新野，习水军于二州，广农垦殖，仓谷盈积。

又同书卷16《杜畿传》云：

是时天下郡县皆残破，河东最先定，少耗减。畿治之，崇宽惠，与民无为……复其徭役，随时慰勉之。渐课民畜牸牛、草马，下逮鸡豚犬豕，皆有章程。百姓勤农，家家丰实。

又同书同卷《任峻传》注引《魏武故事》云：

（峻）为屯田都尉，施设田业。其时岁则大收，后遂因此大田，丰足军用，摧灭群逆，克定天下。

曹魏为了配合屯田事业的发展，兴修了大量水利工程，为恢复发展农业生产，发挥了巨大的促进作用。
《三国志》卷15《刘馥传》云：

（馥）为扬州刺史……广屯田，兴治芍陂及茹陂、七门、吴塘诸堨，以溉稻田，官民有畜。

又同书同卷《贾逵传》云：

文帝即王位……以（贾）逵为豫州刺史……外修军旅，内治民事，遏鄢、汝，造新陂，又断山溜长溪水，造小弋阳陂，又通运渠二百余里，所谓贾侯渠者也。

又《晋书》卷26《食货志》云：

青龙元年，开成国渠，自陈仓至槐里筑临晋陂，引汧、洛溉舄卤之地三千余顷，国以充实焉。

又《水经注》卷14《鲍丘水注》云：

> 高梁河水者，出自河之别源。长岸峻固，直截中流，积石笼以为主，竭高一丈，东西长三十丈，南北广七十余步。依北岸立水门，门广四丈立水竭长十丈，山水暴戾，则乘竭东下，平流守常则自门北入，灌田岁二千顷，凡所封地百余万亩，至景元三年辛酉，诏书以民食转广，陆废不赡，遣谒者樊晨更制水门，限田千顷，刻地四千三百一十六顷，出给郡县，改定田五千九百三十顷。水流乘车箱渠，自蓟西北迳昌平，东尽渔阳潞县，凡所润合四五百里，所溉田万有余顷，高下孔齐，原隰底平，疏之斯溉，决之斯散……施加于当时，敷被于后世。

5. 屯田制的破坏

农官经商，是曹魏屯田制度破坏的开始。《三国志》卷12《司马芝传》，记有司马芝给魏明帝的一篇奏疏，谈到了农官经商的情况，其言云：

> 司马芝……后为大司农。先是诸典农各部吏民，末作治生，以要利入。芝奏曰："王者之治，崇本抑末，务农重谷。《王制》：'无三年之储，国非其国也。'《管子·区言》以积谷为急。方今二虏未灭，师旅不息，国家之要，唯在谷帛。武皇帝特开屯田之官，专以农桑为业。建安中，天下仓廪充实，百姓殷足。自黄初以来，听诸典农治生，各为部下之计，诚非国家大体所宜也。夫王者以海内为家，故《传》曰：'百姓不足，君谁与足！'富足之田，在于不失天时而尽地力。今商旅所求，虽有加倍之显利，然于一统之计，已有不赀之损，不如垦田益一亩之收也……今诸典农，各言'留者为行者宗田计，课其力，势不得不尔。不有所废，则当素有余力'。臣愚以为不宜复以商事杂乱，专以农桑为务，于国计为便。"明帝从之。

司马芝的奏疏对于研究屯田制度及其破坏的原因，至为重要。

典农部民不堪负担苛重的剥削，纷纷逃亡与暴动，也使屯区生产难以维持。

《三国志》卷11《袁涣传》云：

是时新募民开屯田，民不乐，多逃亡。

又同书卷18《吕虔传》云：

襄贲校尉杜松、部民炅母等作乱，与昌豨通。

官僚贵族肆意侵夺屯田的土地和劳动力，也是曹魏屯田制破坏的一个重要原因。

先叙侵占土地。

《三国志》卷9《曹爽传》载：

（何）晏等专政，共分割洛阳、野王典农部桑田数百顷，及坏汤沐地以为产业。

又《晋书》卷41《李憙传》载：

泰始初……憙上言曰："故立进令刘友、前尚书山涛、中山王睦、故尚书仆射武陔，各占官三更稻田。"

又同书卷35《裴秀传》载：

尚书令裴秀占官稻田。

上述曹魏官员所侵占的"典农部桑田""三更稻田"和"官稻田"均属于屯田制中的国有土地。

再叙侵占屯区劳力。

《晋书》卷93《王恂传》载：

魏氏给公卿已下租牛客户各有差，自后小人惮役多乐为之，贵势之门，动有百数。又太原诸部，亦以匈奴胡人为田客，多者数千。

又《三国志》卷28《毌丘俭传》载：

明帝即位，（俭）为尚书郎，迁羽林监……出为洛阳典农。时取农民以治宫室，俭上疏曰："臣愚以为天下所急除者二贼，所急务者衣食。诚使二贼不灭，士民饥冻，虽崇美宫室，犹无益也。"

此外，在曹魏统治区内，屯田区与非屯田区犬牙交错，各有不同制度，双方矛盾日趋尖锐。

《三国志》卷12《司马芝传》载：

芝奏曰："……黄初以来，听诸典农治生，各为部下之计，诚非国家大体所宜也。"

又同书卷15《贾逵传》云：

逵疑屯田都尉藏亡民。都尉自以不属郡，言语不顺。逵怒，收之，数以罪，挝折脚，坐免。然太祖心善逵，以为丞相主簿。

由于上述诸方面的原因，屯田制无法维持下去。于是，封建政府于咸熙元年（264）和泰始二年（266），两次下令废止屯田制。至此，屯田制度彻底被破坏。

《三国志》卷4《陈留王奂传》云：

是岁（咸熙元年），罢屯田官以均政役，诸典农皆为太守，都尉皆为令长。

又《晋书》卷3《武帝纪》云：

（泰始）二年……十二月，罢农官为郡县。

（二）孙吴屯田

三国时期，孙吴也在境内广置屯田，其规模稍逊于曹魏。孙吴的屯田，也有军屯和民屯两种形式，但以军屯为主。

1. 关于军屯区的分布

孙吴的屯田始于建安八年至九年（203—204）。为了立足江东，孙吴政权对屯田极为重视。

《三国志》卷58《陆逊传》云：

> （逊）年二十一，出为海昌屯田都尉，并领县事。

又同书卷47《吴主孙权传》云：

> （黄武）五年春，令曰："军兴日久，民离农畔，父子夫妇，不听相恤，孤甚愍之。今北虏缩窜，方外无事，其下州郡，有以宽息。"是时陆逊以所在少谷，表令诸将增广农亩。权报曰："甚善。今孤父子亲自受田，车中八牛以为四耦，虽未及古人，亦欲与众均等其劳也。"

又同书卷65《华覈传》云：

> （孙权）广开农桑之业，积不訾之储，恤民重役，务养战士，是以大小感恩，各思竭命。

孙吴的军屯地区非常广泛，在长江中下游广大地区，其军屯据点，星罗棋布。

关于皖城的屯田，《晋书》卷42《王浑传》载：

> 吴人大佃皖城，图为边害。（王）浑遣扬州刺史应绰督淮南诸军攻破之，并破诸别屯，焚其积谷百八十余万斛、稻苗四千余顷、船六百余艘。

又《三国志》卷64《诸葛恪传》载：

> 恪乞率众佃庐江、皖口，因轻兵袭舒，掩得其民而还。

关于柴桑的屯田，《三国志》卷64《诸葛恪传》载：

> 赤乌中，魏司马宣王谋欲攻恪，权方发兵应之，望气者以为不利，于是徙恪屯于柴桑。

又同书卷58《陆逊传附陆抗传》云：

> 赤乌九年，迁立节中郎将，与诸葛恪换屯柴桑。

又同书卷56《吕范传》云：

> 范……后迁平南将军，屯柴桑。

关于寻阳的屯田，《三国志》卷54《吕蒙传》云：

> （孙）权嘉其功，即拜（吕蒙）庐江太守，所得人马皆分与之，别赐寻阳屯田六百人，官属三十人。蒙还寻阳。

关于芜湖的屯田，《三国志》卷58《陆逊传》云：

> 会丹阳贼帅费栈受曹公印绶，扇动山越，为作内应，权遣逊讨栈……遂部伍东三郡，强者为兵，羸者补户，得精卒数万人……还屯芜湖。

又同书卷55《蒋钦传》云：

> （孙）权……以芜湖民二百户、田二百顷，给（蒋）钦妻子。

关于巴山的屯田，《水经注》卷35《江水注》云：

> 江水左，则巴水注之。水出雩娄县之下灵山，即大别山也。与决水同出一山，故世谓之分水山，亦或曰巴山。南历蛮中，吴时，旧立

屯于水侧，引巴水以溉野。

关于新阳的屯田，《水经注》卷35《江水注》云：

又西北迳下雉县，王莽更名之润光矣。后并阳新水之左右，公私裂溉，咸沃壤。旧吴屯所在也。

2. 关于民屯区的分布
孙吴的民屯区同样十分广泛，遍布各地。
关于海昌的屯田，《三国志》卷58《陆逊传》云：

孙权为将军，逊年二十一，始仕幕府，历东西曹令史，出为海昌屯田都尉，并领县事。县连年亢旱，逊开仓谷以振贫民，劝督农桑，百姓蒙赖。

关于毗陵的屯田，《宋书》卷35《州郡志》云：

晋陵太守，吴时分吴郡、无锡以西为毗陵典农校尉。

关于湖熟的屯田，《宋书》卷35《州郡志》云：

湖熟令，汉旧县，吴省为典农。

关于寻阳的屯田，《三国志》卷54《吕蒙传》云：

（孙）权嘉其功，即拜（吕蒙）庐江太守，所得人马皆分与之，别赐寻阳屯田六百人。

关于溧阳的屯田，《宋书》卷35《州郡志》云：

溧阳令，汉旧县，吴省为屯田。

关于于湖的屯田，《宋书》卷 35《州郡志》云：

> 于湖令，晋武帝太康二年分丹阳县立，本吴督农校尉治。

3. 屯田的生产关系

孙吴屯田的生产关系与曹魏相似，郡级屯官称典农校尉，又名督农校尉。下设典农都尉，又名屯田都尉。基层称屯，由屯吏管理。孙吴的中央政府中设有监督屯田事务的官吏——监农御史，有时还设左、右二节度，典掌军粮之事。监农御史与左右二节度，均不属于大司农。曹魏军屯，每屯 60 人，且佃且守；民屯采用 50 人一屯的办法。孙吴采用的方式史书失载，估计与魏相似。

屯田兵平时务农，战时参战，没有徭役。

《三国志》卷 61《陆凯传》云：

> 先帝战士，不给他役，使春惟知农，秋惟收稻，江渚有事，责其死效。

田兵生产的粮食全部上交，生产资料由政府供给。田兵为世袭制，父死子继，无改业自由。

三国时期战争频仍，无论是屯田兵还是屯田客的负担都很繁重。

《三国志》卷 57《骆统传》云：

> 是时征役繁数，重以疫疠，民户损耗，（骆）统上疏曰："……今强敌未殄，海内未乂，三军有无已之役，江境有不释之备，征赋调数，由来积纪，加以殃疫死丧之灾，郡县荒虚，田畴芜旷，听闻属城，民户浸寡，又多残老，少有丁夫，闻此之日，心若焚燎。思寻所由，小民无知，既有安土重迁之性，且又前后出为兵者，生则困苦无有温饱，死则委弃骸骨不反，是以尤用恋本畏远，同之于死。每有征发，羸谨居家重累者先见输送。小有财货，倾居行赂，不顾穷尽。轻剽者则迸入险阻，党就群恶。百姓虚竭，嗷然愁扰……生产儿子，多不起养；屯田贫兵，亦多弃子。"

第八章 土地制度

在《三国志·吴书》的传记中，有关孙吴政权抽调屯田民兵服劳役的情况，俯拾皆是，且日趋严重。

《三国志》卷47《吴主权传》云：

> （赤乌）十三年……十一月……遣军十万，作堂邑涂塘以淹北道。

又同书卷48《孙亮传》云：

> 五凤……二年……十二月，作太庙，以冯朝为监军使者，督徐州诸军事，民饥，军士怨畔。

又同书卷46《濮阳兴传》云：

> 永安三年，都尉严密建丹阳湖田，作浦里塘。诏百官会议，咸以为用功多而田不保成。唯兴以为可成。遂会诸兵民就作，功佣之费不可胜数。士卒死亡，或自贼杀，百姓大怨之。

至孙皓统治时期，腐朽奢侈，政治败坏，大兴土木，杂役更为繁多，屯田制度终于破坏。《三国志》卷65《华覈传》对此有详细透彻的记载：

> 孙皓即位，封徐陵亭侯。宝鼎二年，皓更营新宫，制度弘广，饰以珠玉，所费甚多。是时盛夏兴工，农守并废，覈上疏谏曰："……大皇帝（指孙权）览前代之如彼，察今势之如此，故广开农桑之业，积不訾之储，恤民重役，务养战士，是以大小感恩，各思竭命。斯运未至，早弃万国。自是之后，强臣专政，上诡天时，下违众议，亡安存之本，邀一时之利，数兴军旅，倾竭府藏，兵劳民困，无时获安。今之存者乃创夷之遗众，哀苦之余民耳。遂使军资空匮，仓廪不实，布帛之赐，寒暑不周，重以失业，家户不赡。而北积谷养民，专心向东，无复他警。蜀为西藩，土地险固，加承先主统御之术，谓其守御足以长久，不图一朝，奄至倾覆。唇亡齿寒，古人所惧。交州诸郡，国之南土，交阯、九真二郡已没，日南孤危，存亡难保，合浦以北，

民皆摇动，因连避役，多有离叛，而备戍减少，威镇转轻，常恐呼吸复有变故。昔海虏窥窬东县，多得离民，地习海行，狃于往年，钞盗无日，今胸背有嫌，首尾多难，乃国朝之厄会也。诚宜住建立之役，先备豫之计，勉垦殖之业，为饥乏之救。唯恐农时将过，东作向晚，有事之日，整严未办。若舍此急，尽力功作，卒有风尘不虞之变，当委版筑之役，应烽燧之急，驱怨苦之众，赴白刃之难，此乃大敌所因为资也。如但固守，旷日持久，则军粮必乏，不待接刃，而战士已困矣。

……

"又恐所召离民，或有不至，讨之则废役兴事，不讨则日月滋（慢）[蔓]。若悉并到，大众聚会，希无疾病。且人心安则念善，苦则怨叛。江南精兵，北土所难，欲以十卒当东一人。天下未定，深可忧惜之。如此官成，死叛五千，则北军之众更增五万，若到万人，则倍益十万，病者有死亡之损，叛者传不善之语，此乃大敌所以欢喜也。今当角力中原，以定强弱，正于际会，彼益我损，加以劳困，此乃雄夫智士所以深忧。"

"臣闻先王治国无三年之储，曰国非其国，安宁之世戒备如此，况敌强大而忽农忘畜。今虽颇种殖，间者大水沈没，其余存者当须耘获，而长吏怖期，上方诸郡，身涉山林，尽力伐材，废农弃务，士民妻孥羸小，垦殖又薄，若有水旱则永无所获。州郡见米，当待有事，冗食之众，仰官供济。若上下空乏，运漕不供，而北敌犯疆，使周、召更生，良、平复出，不能为陛下计明矣。"

但孙皓听不进忠谏，使形势更趋严重，所以华覈不得不再一次上疏，强调滥用军队、滥用民力破坏屯田的严重后果。

《三国志》卷65《华覈传》载：

时仓廪无储，世俗滋侈，覈上疏曰："今寇虏充斥，征伐未已，居无积年之储，出无应敌之畜，此乃有国者所宜深忧也。夫财谷所生，皆出于民，趋时务农，国之上急。而都下诸官，所掌别异，各自下调，不计民力，辄与近期。长吏畏罪，昼夜催民，委舍佃事，遑赴会日，定送到都，或蕴积不用，而徒使百姓消力失时。到秋收月，督其限入，夺其播殖之时，而责其今年之税，如有逋悬，则籍没财物，故家户贫困，衣食不足。宜暂息众役，专心农桑，古人称一夫不耕，或受其饥，一女不织，或受其寒，是以先王治国，惟农是务。军兴以来，已向百载，农人废南亩之务，女工停机杼之业。推此揆之，则蔬食而长饥，薄衣而履冰者，固不少矣。臣闻主之所求于民者二，民之所望于主者三。二谓求其为己劳也，求其为己死也。三谓饥者能食之，劳者能息之，有功者能赏之。民以致其二事而主失其三望者，则怨心生而功不建。今帑藏不实，民劳役猥，主之二求已备，民之三望未报。且饥者不待美馔而后饱，寒者不俟狐貉而后温，为味者口之奇，文绣者身之饰也。今事多而役繁，民贫而俗奢，百工作无用之器，妇人为绮靡之饰，不勤麻枲，并绣文黼黻，转相仿效，耻独无有。兵民之家，犹复逐俗，内无儋石之储，而出有绫绮之服，至于富贾商贩之家，重以金银，奢恣尤甚。天下未平，百姓不赡，宜一生民之原，丰谷帛之业，而弃功于浮华之巧，妨日于侈靡之事，上无尊卑等级之差，下有耗财物力之损。今吏士之家，少无子女，多者三四，少者一二，通令户有一女，十万家则十万人，人织绩一岁一束，则十万束矣。使四疆之内同心戮力，数年之间，布帛必积。恣民五色，惟所服用，但禁绮绣无益之饰。且美貌者不待华采以崇好，艳姿者不待文绮以致爱，五采之饰，足以丽矣。若极粉黛，穷盛服，未必无丑妇；废华采，去文绣，未必无美人也，若实如论，有之无益废之无损者，何爱而不暂禁以充府藏之急乎？此救乏之上务，富国之本业也。"

4. 屯田制的破坏

孙吴的屯田对于江南的政治、经济都起过重要作用，通过屯田，开发了江南地区，促进了江南的经济发展，为东晋南朝经济的进一步开发奠定了基础；同时，孙吴的屯田制是与世袭领兵制、复客制、奉邑制等结合在一起的，这对于孙吴政权的巩固起到了相当大的作用。

孙吴屯田是适用于战争时期，用军事编制把农民强制固着于国有土地之上的一种生产组织形式，待到三国局势相对稳定时，屯田也就随之而破坏。孙吴屯田破坏的原因，除前已谈及的赋役繁重使屯田兵民无法维持生活外，尚有三方面的因素。一是管理屯田的官员，滥用劳动力，使屯丁弃农经商，从而破坏了屯田制度。

《三国志》卷48《孙休传》云：

> 自顷年以来，州郡吏民及诸营兵，多违此业，皆浮船长江，贾作上下，良田渐废，见谷日少，欲求大定，岂可得哉？亦由租入过重，农人利薄，使之然乎！

二是义兵制的建立，使屯田制遭到破坏。

《三国志》卷61《陆凯传》云：

> 自从孙弘造义兵以来，耕种既废，所在无复输入，而分一家，父子异役，廪食日张，畜积日耗，民有离散之怨，国有露根之渐，而莫之恤也。民力困穷，鬻卖儿子，调赋相仍，日以疲极，所在长吏，不加隐括，加有监官，既不爱民，务行威势，所在骚扰，更为烦苛，民苦二端，财力再耗，此为无益而有损也。

三是赐户制度将屯田民变为私家的荫附人口，致使劳动力严重不足。孙吴有赐客制或赐户制，与曹魏赐公卿以下租牛客户制相似。

《三国志》卷54《吕蒙传》云：

> （孙）权嘉其功，即拜（吕蒙）为庐江太守，所得人马皆分与之，别赐寻阳屯田六百人。

（三）蜀汉屯田

在魏、吴、蜀三国中，蜀国的屯田规模最小，且相关史料甚少。最早见于记载的，是诸葛亮于后主建兴十年（232）屯田于汉中。

《三国志》卷33《后主传》云：

> （建兴）十年，亮休士劝农于黄沙。作流马木牛毕。

之后诸葛亮与司马懿对垒于渭水时，又行屯田。

《三国志》卷35《诸葛亮传》云：

> （建兴）十二年春，亮悉大众由斜谷出，以流马运，据武功五丈原，与司马宣王对于渭南。亮每患粮不继，使已志不申，是以分兵屯田，为久驻之基。耕者杂于渭滨居民之间，而百姓安堵，军无私焉。

诸葛亮以兵士耕田，显然属于军屯性质。当时也有民屯。
《三国志》卷39《吕乂传》云：

> 丞相诸葛亮连年出军，调发诸郡，多不相救，乂募取兵五千人诣亮，慰喻检制，无逃窜者。徙为汉中太守，兼领督农，供继军粮。

按"督农"一官，意近"典农"，当为主管民屯之官。这说明蜀国亦曾军屯与民屯并存。但从史料看，其主要形式为军屯，分布地区主要在汉中和渭南。

关于汉中军屯，《三国志》卷33《后主传》有云：

> （建兴）五年春，丞相亮出屯汉中……十年，亮休士劝农于黄沙，作流马木牛毕，教兵讲武……延熙元年……冬十一月，大将军蒋琬出屯汉中。

蜀汉的汉中屯田历时多久，史书缺载。诸葛亮死后，蒋琬、费祎先后执掌蜀汉军政大权，并先后统率蜀汉主力部队驻屯汉中一线，大约汉中军屯并未因诸葛亮之死而废除。
《三国志》卷44《蒋琬费祎姜维传》"传论"云：

> 蒋琬方整有威重，费祎宽济而博爱，咸承诸葛之成规，因循而不革，是以边境无虞，邦家和一。

又同上《蒋琬传》云：

> 又督农杨敏曾毁琬曰："作事愦愦，诚非及前人。"

除汉中、渭南外，蜀国还曾在沓中（今甘肃舟曲以西、岷县西南一带）屯田。

《三国志》卷44《姜维传》云：

> 五年，维率众出汉、侯和，为邓艾所破，还住沓中。

注引《华阳国志》曰：

> （姜）维见（黄）皓枝附叶连，惧于失言，逊辞而出。后主敕皓诣维陈谢。维说皓求沓中种麦，以避内逼耳。

按姜维退居沓中时所率为兵士，则沓中种麦者也应是兵士，属于军屯性质。

关于蜀汉对屯田民的剥削方式、军屯的管理机构、屯田民的身份特征等，由于文献阙载，姑存疑。

二 两晋南朝的军屯制度与州郡公田制

（一）两晋南朝的军屯制度

魏末晋初废除了民屯制，而军屯制继续推行。因此，两晋南北朝时期，作为国家军队的屯田，仍是封建国有土地制的一种形式。

西晋建国伊始，就对屯田十分重视，特别是驻军之处如有荒田可资利用，即特设农官，以课督屯垦。

《晋书》卷24《职官志》谓：

> 州置刺史……荆州又置监佃督一人。

监佃督即主管屯田之官。但是，由于水利的失修，陂渠泛滥，屯田地区大为缩减，导致军需民食严重缺乏。故杜预一再上疏，主张疏通旧陂，宣泄积水，扩大屯田。

《晋书》卷26《食货志》云：

> （咸宁三年）杜预上疏曰：

臣愚谓既以水为困，当恃鱼菜螺蚌，而洪波泛滥，贫弱者终不能得。今者宜大坏兖、豫州东界诸陂，随其所归而宣导之。交令饥者尽得水产之饶，百姓不出境界之内，旦暮野食，此目下日给之益也。水去之后，填淤之田，亩收数钟。至春大种五谷，五谷必丰，此又明年益也。臣前启，典牧种牛不供耕驾，至于老不穿鼻者，无益于用，而徒有吏士谷草之费，岁送任驾者甚少，尚复不调习，宜大出卖，以易谷及为赏直……预又言：

……臣中者又见宋侯相应遵上便宜，求坏泗陂，徙运道。时下都督度支共处当，各据所见，不从遵言。臣案遵上事，运道东诣寿春，有旧渠，可不由泗陂。泗陂在遵地界坏地凡万三千余顷，伤败成业。遵县领应佃二千六百口，可谓至少，而犹患地狭，不足肆力，此皆水之为害也。当所共恤，而都督度支方复执异，非所见之难，直以不同害理也……臣又案，豫州界二度支所领佃者，州郡大军杂士，凡用水田七千五百余顷耳……无为多积无用之水，况于今者水涝瓮溢，大为灾害。臣以为与其失当，宁泻之不潴。宜发明诏，敕刺史二千石，其汉氏旧陂旧堨及山谷私家小陂，皆当修缮以积水。其诸魏氏以来所造立，及诸因雨决溢蒲苇马肠陂之类，皆决沥之……其旧陂堨沟渠当有所补塞者，皆寻求微迹，一如汉时故事，豫为部分列上，须冬，东南休兵交代，各留一月以佐之……朝廷从之。

杜预的主张虽被政府采纳，但因各种矛盾而收效甚微。

及东晋偏安江左之初，后军将军应詹又上疏，主张效法曹操用枣祗、韩浩之议，广建屯田。

《晋书》卷26《食货志》云：

（大兴）二年，三吴大饥，死者以百数，吴郡太守邓攸辄开仓廪赈之。元帝时使黄门侍郎虞骃、桓彝开仓廪振给，并省众役。百官各上封事，后军将军应詹表曰："夫一人不耕，天下必有受其饥者。而军兴以来，征战运漕，朝廷宗庙，百官用度，既已殷广，下及工商流寓僮仆不亲农桑而游食者，以十万计。不思开立美利，而望国足人给，岂不难哉！古人言曰，饥寒并至，虽尧舜不能使野无寇盗；贫富并兼，虽皋陶不能使强不陵弱。故有国有家者，何尝不务农重谷。近魏武皇帝用枣祗、韩浩之议，广建屯田……江西良田，旷废未久，火耕水耨，为功差易。宜简流人，兴复农官，功劳报赏，皆如魏氏故事。一年中与百姓，二年分税，三年计赋税以使之，公私兼济，则仓盈庾亿，可计日而待也。"又曰："昔高祖使萧何镇关中，光武令寇恂守河内，魏武委钟繇以西事，故能使八表夷荡，区内辑宁。今中州萧条，未蒙疆理，此兆庶所以企望寿春一方之会，去此不远，宜选都督有文武经略者，远以振河洛之形势，近以为徐豫之藩镇，绥集流散，使人有攸依，专委农功，令事有所统。赵充国农于金城，以平西零；诸葛亮耕于渭滨，规抗上国。今诸军自不对敌，皆宜齐课。"

应氏的建议是否被采纳，不得而知。至明帝时，中书令温峤又上疏言屯田之利。

《晋书》卷67《温峤传》云：

是时天下凋弊，国用不足，诏公卿以下谐都坐论时政之所先，峤因奏军国要务。……其二曰："一夫不耕，必有受其饥者。今不耕之夫，动有万计。春废劝课之制，冬峻出租之令，下未见施，惟赋是闻。赋不可以已，当思令百姓有以殷实。司徒置田曹掾，州一人，劝课农桑，察吏能否，今宜依旧置之。必得清恪奉公，足以宣示惠化者，则所益实弘矣。"其三曰："诸外州郡将兵者及都督府非临敌之军，且田且守。又先朝使五校出田，今四军五校有兵者，及护军所统外军，可分遣二军出，并屯要处。缘江上下，皆有良田，开荒须一年之后即易。且军人累重者在外，有樵采蔬食之人，于事为便。"……议奏，多纳之。

如果应詹之议在元帝时得行，其后温峤之说便属多余。温峤既以发展军屯为主，且明帝"多纳之"，说明扩大军屯之制，在明帝时已取得一定的成效。

东晋末年，骠骑参军、主簿王弘上疏，"以为宜建屯田"。

《宋书》卷42《王弘传》云：

时农务顿息，末役繁兴，弘以为宜建屯田，陈之曰："近面所咨立屯田事，已具简圣怀。南亩事兴，时不可失，宜早督田畯，以要岁功。而府资役单刻，控引无所，虽复厉以重劝，肃以严威，适足令图圌充积，而无救于事实也。伏见南局诸冶，募吏数百，虽资以廪赡，收入甚微。愚谓若回以配农，必功利百倍矣。然军器所须，不可都废，今欲留铜官大冶及都邑小冶各一所，重其功课，一准扬州；州之求取，亦当无乏，余者罢之，以充东作之要。"

王弘之议，近乎民屯，但未见实行。

南朝时期，刘宋尚书右丞徐爰、南齐黄门侍郎崔祖思、尚书令徐孝嗣和梁代行参军郭祖深等，都曾提出过屯田主张。

关于徐爰的屯田主张，《宋书》卷94《恩幸传》有云：

孝建三年，索虏寇边，诏问群臣防御之策，爰议曰：且当使缘边诸戍，练卒严城，凡诸督统，聚粮蓄田，筹计资力，足相抗拟……臣以为方镇所资，实宜且田且守，

关于崔祖思的屯田主张，《南齐书》卷28《崔祖思》有云：

上初即位，祖思启陈政事曰："……籍税以厚国，国虚民贫；广田以实廪，国富民赡。尧资用天之储，实拯怀山之数。汤凭分地之积，以胜流金之运。近代魏置典农，而中都足食；晋开汝、颍，而汴河委储。今将扫辟咸、华，题镂龙漠，宜简役敦农，开田广稼。"

关于徐孝嗣的屯田主张，《南齐书》卷44《徐孝嗣传》有云：

是时连年虏动，军国虚乏。孝嗣表立屯田曰："有国急务，兵食是同，一夫辍耕，于事弥切。故井陌疆里，长穀盛于周朝，屯田广置，胜戈富于汉室。降此以还，详略可见。但求之自古，为论则赊；即以当今，宜有要术。窃寻缘淮诸镇，皆取给京师，费引既殷，漕运艰涩。聚粮待敌，每（若）[苦]不周，利害之基，莫此为急。臣比访之故老及经彼宰守，淮南旧田，触处极目，陂遏不修，咸成茂草。平原陆地，弥望尤多。今边备既严，戍卒增众，远资馈运，近废良

畴，士多饥色，可为嗟叹。愚欲使刺史二千石躬自履行，随地垦辟。精寻灌溉之源，善商肥硗之异。州郡县戍主帅以下，悉分番附农。今水田虽晚，方事菽麦，菽麦二种，益是北土所宜，彼人便之，不减秔稻。开创之利，宜在及时。所启允合，请即使至徐、兖、司、豫，爰及荆、雍，各当境规度，勿有所遗。别立主曹，专司其事。田器耕牛，台详所给。岁终言殿最，明其刑赏。此功克举，庶有弘益。若缘边足食，则江南自丰。权其所饶，略不可计。"事御见纳。时帝已寝疾，兵事未已，竟不施行。

这是一篇推广屯田政策的说明书，它既说明了屯田的重要性，又提出了实施的具体办法，同书同卷的"传论"曾给予其很高的评价，并以当时政治黑暗和军旅不息，以致未能贯彻而深为惋惜：

史臣曰：为邦之训，食惟民天，足食足兵，民信之矣。屯田之略，实重战守。若夫充国耕殖，用殄羌戎，韩浩、枣祗，亦建华夏置典农之官，兴大佃之议。金城布险，峻垒绵疆，飞刍挽粒，事难支继。一夫不耕，或钟饥馁，缘边戍卒，坐甲千群。故宜尽收地利，因兵务食。缓则躬耕，急则从战。岁有余粮，则红食可待。前世达治，言之已详。江左以来，不暇远策，王旅外出，未尝宿饱，四郊婴守，惧等松乌。县兵所救，经岁引日，凌风泙水，转漕艰长。倾窖底之储，尽仓敖之粟，流马木牛，尚深前弊，田积之要，唯在江淮。郡国同兴，远不周急。故吴氏列戍南滨，屯农水右，魏世淮北大佃，而石横开漕，皆辅车相资，易以待敌。孝嗣当戹境之辰，荐希行之计，王无外略，民困首领，观机而动，斯仪殆为空陈，惜矣！

关于郭祖深的屯田主张，《南史》卷70《循吏郭祖深传》有云：

郭祖深……帝溺情内教，朝政纵弛，祖深舆榇诣阙上封事，其略曰：……臣闻人为国本，食为人命，故《礼》曰："国无六年之储，谓非其国也。"推此而言，农为急务。而郡县苛暴，不加劝奖，今年丰岁稔，犹人有饥色；设遇水旱，何以救之？陛下昔岁尚学，置立五馆，行吟坐咏，诵声溢境。比来慕法，普天信向，家家斋戒，人人忏礼，不务农桑，空谈彼岸。夫农桑者今日济育，功德者将来胜因，岂可堕本勤末，置迩效赊也。今商旅转繁，游食转众，耕夫日少，杼轴日空。陛下若广兴屯田，贱金贵粟，勤农桑者擢以阶级，惰耕织者告以明刑。如此数年，则家给人足，廉让可生。

上述几次扩大屯田的建议，虽然由于统治者的腐败而多未实行。但是，边境地区的将领多在各自的驻区实行军屯，以保证其军粮需要。

先叙晋代的屯田。

《晋书》卷34《羊祜传》云：

> 吴石城守去襄阳七百余里，每为边害，祜患之，竟以诡计令吴罢守。于是，戍逻减半，分以垦田八百余顷，大获其利。祜之始至也，军无百日之粮，及至季年，有十年之积。

又同书卷77《蔡谟传》云：

> 时征西将军庾亮以石勒新死，欲移镇石城，为灭贼之渐。事下公卿。谟议曰："……昔祖士稚在谯，佃于城北，虑贼来攻，因以为资，故豫安军屯，以御其外。谷将熟，贼果至，丁夫战于外，老弱获于内，多持炬火，急则烧谷而走。"

又《世说新语》卷上之下《政事》注引《汉晋春秋》云：

> （陶）侃练核庶事，勤务稼穑，虽戎陈武士，皆劝励之……军民勤于农稼。

除了使兵士于驻守之地且守且耕外，西晋时曾以官奴隶代兵屯田。《晋书》卷26《食货志》云：

> 咸宁元年十二月，诏曰："出战入耕，虽自古之常，然事力未息，未尝不以战士为念也。今以邺奚官奴婢着新城，代田兵种稻，奴婢各五十人为一屯，屯置司马，使皆如屯田法。"

再叙南朝的屯田。

《宋书》卷2《武帝纪中》云：

> （义熙八年）十一月己卯，公（即武帝刘裕）至江陵，下书曰："……近因戎役，来涉二州，践境亲民，愈见其瘼；思欲振其所急，恤其所苦。凡租税调役，悉宜以见户为正。州郡县屯田池塞，诸非军国所资，利人守宰者，今一切除之。"

又同书卷48《毛修之传》云：

> 高祖将伐羌，先遣修之复芍陂，起田数千顷。

又《梁书》卷22《始兴忠武王憺传》云：

> 时军旅之后，公私空乏，（萧）憺厉精为治，广辟屯田，减省力役，存问兵死之家，供其穷困，民甚安之。

又同书卷28《裴邃传》云：

> （天监中，裴邃）出为竟陵太守，开置屯田，公私便之。迁为游击将军……北梁、秦二州刺史。复开创屯田数千顷，仓廪盈实，省息边运，民吏获安。

需要指出的是，两晋南朝时期的军屯虽有一定的发展，但均是在局部地区的应急措施，旋兴旋废，变化不一，不仅规模远不及曹魏、孙吴，恐怕也不如与之对立的北朝屯田。南朝政治和军事上的衰败，当与军屯制的式微不无关系。

有学者认为，两晋南朝的军屯制度虽不及曹魏、孙吴的盛行，但在军屯制度的内容上，出现了不同于前代的变化。即出现了租佃的军屯制度，其屯田的兵士同屯田民一样缴纳分成地租,也有持官牛者与持私牛者的区别①。关于租佃式军屯制的一般情况,《晋书》卷47《傅玄传》有云:

> 泰始四年……(傅玄)上便宜五事:其一曰,耕夫务多种而耕暵不熟,徒丧功力而无收。又旧兵持官牛者,官得六分,士得四分;自持私牛者,与官中分,施行来久,众心安之。今一朝减持官牛者,官得八分,士得二分;持私牛及无牛者,官得七分,士得三分,人失其所,必不欢乐。臣愚以为宜佃兵持官牛者与四分,持私牛与官中分,则天下兵作欢然悦乐,爱惜成谷,无有损弃之忧……其四曰,古以步百为亩,今以二百四十步为一亩,所觉过倍。近魏初课田,不务多其顷亩,但务修其功力,故白田收至十余斛,水田收数十斛。自顷以来,日增田顷亩之课,而田兵益甚,功不能修理,至亩数斛已还,或不足以偿种。非与曩时异天地,横遇灾害也,其病正在于务多顷亩而功不修耳。

从事实看,西晋初年的确实行了像傅玄所说的那种租佃型的军屯制度。

《晋书》卷34《羊祜传》云:

> (武)帝将有灭吴之志,以祜为都督荆州诸军事、假节,散骑常侍、卫将军如故……吴石城守去襄阳七百余里,每为边害,祜患之……于是戍逻减半,分以垦田八百余顷,大获其利。

又同书卷26《食货志》云:

> (咸宁)三年……杜预上疏曰:臣辄思惟,今者水灾东南特剧……今者宜大坏兖、豫州东界诸陂,随其所归而宣导之……臣前启,典牧种牛不供耕驾。
>
> (武帝)诏曰:"孳育之物,不宜减散。"事遂停寝。问主者,今典虞右典牧种产牛,大小相通,有四万五千余头。苟不益世用,头数

---

① 高敏:《秦汉魏晋南北朝土地制度研究》,中州古籍出版社1986年版,第134页。

虽多，其费日广。古者匹马匹牛，居则以耕，出则以战，非如猪羊类也。今徒养宜用之牛，终为无用之费，甚失事宜。东南以水田为业，人无牛犊。今既坏陂，可分种牛三万五千头，以付二州将吏士庶，使及春耕。谷登之后，头责三百斛。是为化无用之费，得运水次成谷七百万斛，此又数年后之益也。加以百姓降丘宅土，将来公私之饶乃不可计。其所留好种万头，可即令右典牧都尉官属养之。人多畜少，可并佃牧地，明其考课。此又三魏近甸，岁当复入数十万斛谷，牛又皆当调习，动可驾用，皆今日之可全者也。

这些坏陂之地和牧地，都具有国有土地的性质。军中既耕种国有土地并向国家交租谷，则军屯的租佃化倾向十分明显①。

（二）**两晋南朝的州郡公田制**

两晋南朝存在各种形式的州郡公田制。其有"公田""菜田""采田""禄田""脂泽田"等称呼。"公田"，又称"官田"，它是西晋政府直接经营的一种国有土地，其收益作为地方政府经费的一个来源。西晋政府规定，私人不得任意侵占公田。

《晋书》卷41《李憙传》云：

> 泰始初，（李憙）封祁侯。憙上言："故立进令刘友、前尚书山涛、中山王睦、故尚书仆射武陔各占官三更稻田，请免涛、睦等官。陔已亡，请贬谥。"诏曰："法者，天下取正，不避亲贵，然后行耳，吾岂将枉纵其间哉！然案此事皆是友所作，侵剥百姓，以缪惑朝士。奸吏乃敢作此，其考竟友以惩邪佞。涛等不贰其过者，皆勿有所问。"

又同书卷35《裴秀传》载：

> （泰始中）司隶校尉李憙复上言，骑都尉刘尚为尚书令裴秀占官稻田，求禁止秀。诏又以秀干翼朝政，有勋绩于王室，不可以小疵掩大德，使推正尚罪而解秀禁止焉。

---

① 高敏：《秦汉魏晋南北朝土地制度研究》，中州古籍出版社1986年版，第136页。

用于赏赐，是西晋公田的一项主要用途。
《晋书》卷90《良吏鲁芝传》载：

（鲁芝）泰始九年卒……赐茔田百亩。

又同书卷35《陈骞传》载：

咸宁三年，（陈骞）求入朝，因乞骸骨。赐衮冕之服，诏曰："骞元勋旧德，统乂东夏，方弘远绩，以一吴会，而所苦未除，每表恳切。重劳以方事，今听留京城，以前太尉府为大司马府，增置祭酒二人，帐下司马、官骑、大车、鼓吹皆如前，亲兵百人，厨田十顷，厨园五十亩，厨士十人。"

又《宋书》卷92《良吏王歆之传附传》载：

太宗世，琅邪王悦，亦莅官清正见知。悦字少明，晋右将军羲之曾孙也……泰始中，为黄门郎，御史中丞。上以其廉介，赐良田五顷。

东晋和继起的南朝仍承袭公田之制，对地方官的公田亦有明确规定。《晋书》卷70《应詹传》载：

（应詹）迁使持节、都督江州诸军事、平南将军、江州刺史。詹将行，上疏曰："……都督可课佃二十顷，州十顷，郡五顷，县三顷。皆取文武吏医卜，不得挠乱百姓。三台九府，中外诸军，有可减损，皆令附农……然后重居职之俸，使禄足以代耕。"

又同书卷94《隐逸陶潜传》云：

以（陶潜）为彭泽令。在县，公田悉令种秫谷，曰："令吾常醉于酒足矣。"妻子固请种秔（按：秔，《南史》作粳）。乃使一顷五十亩种秋，五十亩种秔。

东晋以后，宋、齐、梁、陈各朝都一直在沿袭这一制度，故此类记载不胜枚举。

《宋书》卷3《武帝纪下》云：

（永初二年二月）戊申，制中二千石加公田一顷。

又同书卷8《明帝纪》云：

（泰始三年）冬十月辛丑，复郡县公田。

又《梁书》卷53《良吏·伏暅传》云：

伏暅字玄耀，曼容之子也……齐末……出为永阳内史，在郡清洁，治务安静……高祖善之，征为新安太守。在郡清恪，如永阳时。民赋税不登者，辄以太守田米助之。

所谓"太守田米"，就是太守公田上所生产的米，据此可证梁时郡县仍有公田。

《梁书》卷3《武帝纪下》载大同七年（541）十一月丁丑诏书，提到了另一种公田：

大同……七年……冬……十一月丙子，诏停在所役使女丁。丁丑，诏曰："民之多幸，国之不幸，恩泽屡加，弥长奸盗，朕亦知此之为病矣。如不优赦，非仁人之心。凡厥僦耗逋负，起今七年十一月九日昧爽以前，在民间无问多少，言上尚书，督所未入者，皆赦除之。"又诏曰："用天之道，分地之利，盖先圣之格训也。凡是田桑废宅没入者，公创之外，悉以分给贫民，皆使量其所能以受田分。如闻顷者，豪家富室，多占取公田，贵价僦税，以与贫民，伤时害政，为蠹已甚。自今公田悉不得假与豪家；已假者特听不追。其若富室给贫民种粮共营作者，不在禁例。"己丑，以金紫光禄大夫臧盾为领军将军。

这里所说的公田，是指无主荒地，不是分配给地方官的公田。这些公田有些被豪家富室所侵占，并租给贫民耕种，收取高额地租。

关于两晋南朝存在的州郡公田制，已如上述。这些公田由谁耕种，其剥削情况如何？《晋书·食货志》已有说明。公田由文武吏、医卜耕种，不得扰乱百姓。至于剥削情况，《宋书》卷92《良吏·徐豁传》有云：

> 元嘉初，为始兴太守。三年，遣大使巡行四方，并使郡县各言损益。豁因此表陈三事，其一曰："郡大田，武吏年满十六，便课米六十斛，十五以下至十三，皆课米三十斛，一户内随丁多少，悉皆输米。且十三岁儿，未堪田作，或是单迥，无相兼通，年及应输，便自逃逸，既遏接蛮、俚，去就益易。或乃断截支体，产子不养，户口岁减，实此之由。谓宜更量课限，使得存立。今若减其米课，虽有交损，考之将来，理有深益。"

"菜田"即禄田，政府以其收益为官员的俸禄；官员的品级不同，禄田的数量也不等。《晋书》卷24《职官志》对此有明确规定：

> 诸公及开府位从公者，品秩第一，食奉日五斛……元康元年，给菜田十顷，田驺十人，立夏后不及田者，食奉一年……特进……食奉日四斛……元康元年，给菜田八顷，田驺八人，立夏后不及田者，食奉一年……光禄大夫……食奉日三斛……惠帝元康元年，始给菜田六顷，田驺六人……三品将军秩中二千石者……菜田、田驺如光禄大夫诸卿制……尚书令，秩千石……元康元年，始给菜田六顷，田驺六人……太子太傅、少傅……惠帝元康元年……给菜田六顷，田驺六人。

刘宋升明年间，政府曾下令恢复郡县禄田，说明当时禄田的存在。《宋书》卷10《顺帝纪》云：

> （升明元年八月）丁卯……复郡县禄田。

关于禄田的授予办法，《南史》卷70《循吏阮长之传》有云：

> 时郡田禄以芒种为断，此前去官者，则一年秩禄皆入后人。始以元嘉末改此科，计月分禄。长之去武昌郡，代人未至，以芒种前一日解印绶。

晋代禄田以立夏日为断，至宋元嘉末年，改以芒种日为断，在此节日前离任的，田禄即给予接任的新官；在此后离任的，则田禄归于离任的旧官。

梁、陈二代，州郡官有以禄田来助民交纳租税的。

《梁书》卷53《良吏·何远传》云：

> 高祖闻其能，擢（何远）为宣城太守……远在官，好开途巷，修葺墙屋，民居市里，城隍厩库，所过若营家焉。田秩俸钱，并无所取，岁暮，择民尤穷者，充其租调，以此为常。

又《陈书》卷29《宗元饶传》载：

> 元饶性公平，善持法，谙晓故事，明练治体，吏有犯法、政不便民及于名教不足者，随事纠正，多所裨益。迁贞威将军、南康内史，以秩米三千余斛助民租课，存问高年，拯救乏绝，百姓甚赖焉。

西晋之"菜田"，每亩平均纳地租1.8斛；南朝州郡的禄田，地租每亩1.6斛。禄田耕种者，西晋时由身份与奴婢相近的田驺耕种；南朝则以文武吏与僮耕种[①]。

三　十六国与北朝的公田、屯田与均田制度

（一）十六国与北朝的公田、屯田

永嘉之乱以后，北方战乱频仍，人民死亡流离，出现了大量无主荒

[①] 李文澜：《两晋南朝禄田制度初探》，《武汉大学学报》（哲学社会科学版）1980年第4期。

地。十六国、北朝对这些公田的利用，其方式与南朝大同小异，主要用途有以下几项。

一是营造宫室苑囿。

十六国的统治者，大都穷奢极欲，追求豪华，一旦夺取政权，便大兴土木，营造宫室苑囿。

《魏书》卷2《太祖纪》云：

> （天兴二年）二月丁亥朔，诸军同会，破高车杂种三十余部……以所获高车众起鹿苑，南因台阴，北距长城，东包白登，属之西山，广轮数十里。凿渠引武川水注之苑中，疏为三沟，分流宫城内外。又穿鸿雁池。

又《晋书》卷124《慕容熙载记》云：

> （慕容熙）大筑龙腾苑，广袤十余里，役徒二万人。

又同书卷109《慕容皝载记》云：

> 以牧牛给贫家，田于苑中，公收其八，二分入私。有牛而无地者，亦田苑中，公收其七，三分入私。

北魏在中原建国后，社会秩序渐趋安定，农业也开始恢复，北魏统治者遂将早年在各地圈占的苑囿猎场和封禁的山林川泽，先后弛禁。

《魏书》卷37《司马楚之传附子跃传》云：

> 跃表罢河西苑封，与民垦殖。有司执奏："此麋鹿所聚，太官取给，今若与民，至于奉献时禽，惧有所阙。"诏曰："此地若任稼穑，虽有兽利，事须废封。若是山漳，虞禁何损？寻先朝置此，岂苟藉斯禽，亮亦以俟军行薪蒸之用。其更论之。"跃固请宜以与民，高祖从之。

又同书卷6《显祖纪》云：

（皇兴四年）十有一月，诏弛山泽之禁。

又同书卷7下《高祖纪下》云：

（太和十一年八有）辛巳，罢北山苑，以其地赐贫民。

二是化耕地为牧场。

鲜卑原是一个游牧部族，在他们初入中原时，尚未改变他们原来的生产和生活方式，面对广袤的荒芜原野，首先想到的一种利用方式，是把这些无主荒地变为牧场。

《魏书》卷44《宇文福传》载：

宇文福，河南洛阳人……太和初，拜羽林郎将，迁建节将军……破蠕蠕别部，获万余。还，除都牧给事……时仍迁洛，敕福检行牧马之所。福规石济以西、河内以东，拒黄河南北千里为牧地。事寻施行，今之马场是也。及从代移杂畜于牧所，福善于将养，并无损耗，高祖嘉之。

又同书卷110《食货志》云：

世祖之平统万，定秦陇，以河西水草善，乃以为牧地。畜产滋息，马至二百余万匹，橐驼将半之，牛羊则无数。高祖即位之后，复以河阳为牧场，恒置戎马十万匹，以拟京师军警之备。每岁自河西徙牧于并州，以渐南转，欲其习水土而无死伤也。

三是实行计口授田。

北魏统治者在其统治初期，曾对其本族和新附之民实行过计口授田，后来虽未推行下去，但在初期不失为对公田的一种较好利用方式。

《魏书》卷2《太祖纪》云：

（天兴元年二月）诏给内徙新民耕牛，计口授田。

又同书卷110《食货志》云：

(天兴元年)既定中山，分徙吏民及徒何种人、工伎巧十万余家以充京都，各给耕牛，计口授田。

又同书卷3《太宗纪》云：

(永兴五年秋七月)奚斤等破越勤倍泥部落于跋那山西，获马五万匹，牛二十万头，徙二万余家于大宁，计口授田……(八月)癸丑，奚斤等班师。甲寅，帝临白登，观降民，数军实……置新民于大宁川，给农器，计口受田。

四是赏赐。

大量以土地赏赐，主要是在北朝后期，尤其是到北齐、北周时，用土地赏赐臣下的记载比比皆是。

《北史》卷54《斛律金传附子光传》云：

帝赐提婆晋阳之田，光言于朝曰："此田，神武以来，常种禾饲马，以拟寇难。今赐，无乃阙军务也？"帝又以邺清风园赐提婆租赁之。于是官无菜，赊买于人，负钱三百万，其人诉焉。光曰："此菜园赐提婆，是一家足；若不赐提婆，便百官足"。由是祖、穆积怨。

又《周书》卷35《薛端传》载：

(薛端)曾祖洪隆，河东太守。以隆兄洪阼尚魏文成帝女西河公主，有赐田在冯翊，洪隆子麟驹徙居之，遂家于冯翊之夏阳焉。

又《隋书》卷78《艺术·庾季才传》云：

周太祖一见季才，深加优礼……赐宅一区，水田十顷，并奴婢、牛羊、什物等，谓季才曰："卿是南人，未安北土，故有此赐者，欲绝卿南望之心。"

五是赈济贫民。

赈济贫民是公田的重要用途，是历代王朝用以缓和矛盾、防止内乱的一项社会政策。北朝推行这一政策的情况，《魏书》卷48《高允传》有云：

> 世祖引（高）允与论刑政，言甚称旨。因问允曰："万机之务，何者为先？"是时多禁封良田，又京师游食者众。允因言曰："臣少也贱，所知唯田，请言农事。古人云：方一里则为田三顷七十亩，百里则田三万七千顷。若勤（按：勤，《北史》作劝）之，则亩益三斗，不勤则亩损三斗。方百里损益之率，为粟二百二十二万斛，况以天下之广乎？若公私有储，虽遇饥年，复何忧哉？"世祖善之。遂除田禁，悉以授民。

又同书卷7《高祖纪下》云：

> （太和十一年八月）辛巳，罢北山苑，以其地赐贫民。

又《北史》卷32《崔鉴传附兄孙伯谦传》云：

> 天保初，（崔伯谦）除济北太守，恩信大行，富者禁其奢侈，贫者劝课周给。县公田多沃壤，伯谦咸易之以给人。

六是官吏俸禄。

同两晋南朝一样，北魏政府也把公田作为各级官吏俸禄的一部分，按其官秩的大小，分配数目不等的土地。

《魏书》卷110《食货志》云：

> 诸远流配谪、无子孙及户绝者，墟宅桑榆，尽为公田，以供授受……诸宰民之官，各随地给公田：刺史十五顷，太守十顷，治中别驾各八顷，县令郡丞六顷。更代相付。卖者坐如律。

公田的收入，为在职官吏所有，即为各州郡官的俸禄。公田的剥削率比南朝要轻。

《魏书》卷110《食货志》云：

> （孝昌二年规定）税京师田租，亩五升；借赁公田者，亩一斗。

七是屯田。

自西晋灭亡之后，整个北部中国陷入了一片战火之中，田地荒芜，粮食匮乏，征调无由，十六国政权遂仿效曹魏，实行屯田。

《晋书》卷106《石季龙载记》谓：

> 季龙谋伐昌黎，遣渡辽曹伏将青州之众渡海，戍蹋顿城，无水而还，因戍于海岛，运谷三百万斛以给之。又以船三百艘运谷三十万斛诣高句丽，使典农中郎将王典率众万余屯田于海滨……以石韬为太尉，与太子宣迭日省可尚书奏事。自幽州东至白狼，大兴屯田。

北朝对屯田尤为重视，自北边塞外，至江淮之间，军屯民屯，星罗棋布，而以军屯为主。其兴置之多，规模之大，成效之著，非南朝所能比。

《魏书》卷110《食货志》云：

> 太祖定中原，接丧乱之弊，兵革并起，民废农业。方事虽殷，然经略之先，以食为本，使东平公仪垦辟河北，自五原至于椊阳塞外为屯田……自徐、扬内附之后，仍世经略江淮，于是转运中州，以实边镇，百姓疲于道路。乃令番戍之兵，营起屯田。

又《周书》卷35《薛善传》云：

> 时（大统中）欲广置屯田以供军费，乃除司农少卿，领同州夏阳县二十屯监。

又《隋书》卷24《食货志》云：

（北齐）废帝干明中，尚书左丞苏珍芝，议修石鳖等屯，岁收数万石。自是淮南军防，粮廪充足。孝昭皇建中，平州刺史嵇晔建议，开幽州督亢旧陂，长城左右营屯，岁收稻粟数十万石，北境得以周赡。又于河内置怀义等屯，以给河南之费。自是稍止转输之劳。至河清三年定令……缘边城守之地，堪垦食者，皆营屯田，署都使子使以统之。一子使当田五十顷，岁终考其所入，以论褒贬。

（二）北魏均田制

首先，关于实行均田制度的历史背景。

北魏拓跋王朝起于代北，原是一个游牧民族，建国之后才开始定居而与农业生产接触，拓跋人羡慕汉族的农业文化，立国伊始就大力发展农业生产。从历次颁发的诏令来看，可知北魏政府对恢复与发展农业生产是非常重视的。

《魏书》卷110《食货志》云：

太宗永兴中，频有水旱……神瑞二年，又不熟，京畿之内，路有行馑……于是……敕有司劝课留农者曰："……教行三农，生殖九谷；教行园圃，毓长草木；教行虞衡，山泽作材；教行薮牧，养畜鸟兽……"自是民皆力勤，故岁数丰穰，畜牧滋息。

又同书卷110《食货志》云：

真君中，恭宗下令修农职之教……此后数年之中，军国用足矣。

又同书卷7上《高祖纪上》云：

太和元年春正月……辛亥，诏曰："今牧民者，与朕共治天下也。宜简以徭役，先之劝奖，相其水陆，务尽地利，使农夫外布，桑妇内勤。若轻有征发，致夺民时，以侵擅论。民有不从长教，惰于农桑者，加以罪刑。"……三月……丙午，诏曰："……去年牛疫，死伤大半，耕垦之利，当有亏损。今东作既兴，人须肆业。其敕在所督课田农，有牛者加勤于常岁，无牛者倍庸于余年。一夫制治田四十亩，中男二十亩。无令人有余力，地有遗利。"

可是，虽经一再劝课农桑，而粮食问题依然未能较好地解决，饥荒频频发生。从元宏即位到施行均田制的十五年中，就有十年有许多州镇遭受饥灾。连年发生水旱灾荒，以致许多老百姓卖儿鬻女，背井离乡，若不尽快采取有效措施，加大发展农业的力度，那就会动摇北魏的统治。于是，均田制应运而生。

发展农业生产是当时总的要求，为何使用均田制来发展农业，则还有一些具体的因素。当时豪强兼并和农民流散的问题，极为严重，以致地多荒芜，民缺衣粮。要发展农业，就得解决豪强兼并和农民流亡逃散的问题。

《魏书》卷53《李孝伯传附兄子安世传》谓：

时民困饥流散，豪右多有占夺，安世乃上疏曰："臣闻量地画野，经国大式；邑地相参，致治之本。井税之兴，其来日久；田莱之数，制之以限。盖欲使土不旷功，民罔游力。雄擅之家，不独膏腴之美；单陋之夫，亦有顷亩之分。所以恤彼贫微，抑兹贪欲，同富约之不均，一齐民于编户。窃见州郡之民，或因年俭流移，弃卖田宅，漂居异乡，事涉数世。三长（按：三长，《册府元龟》引此作'子孙'）既立，始返旧墟，庐井荒毁，桑榆改植。事已历远，易生假冒。强宗豪族，肆其侵凌，远认魏晋之家（按：家，《册府元龟》引此作'冢'），近引亲旧之验。又年载稍久，乡老所惑，群证虽多，莫可取据。各附亲知，互有长短，两证徒具，听者犹疑，争讼迁延，连纪不判。良畴委而不开，柔桑枯而不采，侥幸之徒兴，繁多之狱作。欲令家丰岁储，人给资用，其可得乎！愚谓今虽桑井难复，宜更均量，审其径术；令分艺有准，力业相称，细民获资生之利，豪右靡余地之盈。则无私之泽，乃播均于兆庶；如阜如山，可有积于比户矣。又所争之田，宜限年断，事久难明，悉属今主。然后虚妄之民，绝望于觊觎；守分之士，永免于凌夺矣。"高祖深纳之，后均田之制起于此矣。

又同书卷7上《高祖纪》谓：

> （太和）九年……冬十月丁未，诏曰："朕承干在位，十有五年。每览先王之典，经纶百氏，储畜既积，黎元永安。爰暨季叶，斯道陵替，富强者并兼山泽，贫弱者望绝一廛，致令地有遗利，民无余财，或争亩畔以亡身，或因饥馑以弃业，而欲天下太平，百姓丰足，安可得哉？今遣使者，循行州郡，与牧守均给天下之田，还以生死为断，劝课农桑，兴富民之本。"

以上即为推行均田制度的背景，但实行均田制，还必须具备物质条件，这就是国家必须掌握大量无主荒地，这一条件当时是具备的。已见前述，此不赘。

其次，均田制的具体内容。

《魏书》卷110《食货志》记载了均田制的全部内容，其言谓：

> （太和）九年，下诏均给天下民田：诸男夫十五以上，受露田四十亩，妇人二十亩，奴婢依良。丁牛一头受田三十亩，限四牛。所授之田率倍之，三易之田再倍之，以供耕作及还受之盈缩。
>
> 诸民年及课则受田，老免及身没则还田。奴婢、牛随有无以还受。
>
> 诸桑田不在还受之限，但通入倍田分。于分虽盈，没则还田，不得以充露田之数。不足者以露田充倍。
>
> 诸初受田者，男夫一人给田二十亩，课莳余，种桑五十树，枣五株，榆三根。非桑之土，夫给一亩，依法课莳榆、枣。奴各依良。限三年种毕，不毕，夺其不毕之地。于桑榆地分杂莳余果及多种桑榆者不禁。
>
> 诸应还之田，不得种桑榆枣果，种者以违令论，地入还分。
>
> 诸桑田皆为世业，身终不还，恒从见口。有盈者无受无还，不足者受种如法。盈者得卖其盈，不足者得买所不足。不得卖其分，亦不得买过所足。
>
> 诸麻布之土，男夫及课，别给麻田十亩，妇人五亩，奴婢依良。皆从还受之法。

诸有举户老、小、癃、残无授田者，年十一已上及癃者各授以半夫田，年逾七十者不还所受，寡妇守志者虽免课亦授妇田。

诸还受民田，恒以正月。若始受田而身亡，及卖买奴婢牛者，皆至明年正月乃得还受。

诸土广民稀之处，随力所及，官借民种莳。役有土居者，依法封授。

诸地狭之处，有进丁受田而不乐迁者，则以其家桑田为正田分，又不足不给倍田，又不足家内人别减分。无桑之乡准此为法。乐迁者听逐空荒，不限异州他郡，唯不听避劳就逸。其地足之处，不得无故而移。

诸民有新居者，三口给地一亩，以为居室，奴婢五口给一亩。男女十五以上，因其地分，口课种菜五分亩之一。

诸一人之分，正从正，倍从倍，不得隔越他畔。进丁受田者恒从所近。若同时俱受，先贫后富。再倍之田，放此为法。

诸远流配谪、无子孙、及户绝者，墟宅、桑榆尽为公田，以供授受。授受之次，给其所亲；未给之间，亦借其所亲。

诸宰民之官，各随地给公田，刺史十五顷，太守十顷，治中别驾各八顷，县令、郡丞六顷。更代相付。卖者坐如律。

最后，均田制度实行的结果。

北魏推行的均田制，在中国历史上特别是在中国土地制度史上是一件具有重大意义的事，对当时及后世产生了重要影响。

《通志》卷61《食货略·赋税》云：

伟哉，后魏孝文帝之为人君也！真英断之主乎！井田废七百年，一旦纳李安世之言，而行均田之法。国则有民，民则有田，周、齐不能易其法，隋、唐不能改其贯；故天下无无田之夫，无不耕之民。口分世业，虽非井田之法，而得三代之遗意。始者，则田租户调以为赋税，至唐祖开基，乃为定令，曰租、曰调、曰庸，有田则有租，有家则有调，有身则有庸……岁役二旬，不役则收其资，役多则免调，过役则租调俱免，无伤于民矣。舍租调之外而求，则无名，虽无道之世亦不为。自太和至开元，三百年之民，抑何幸也！

又《文献通考》卷2《田赋考》云：

> 夹漈郑氏言：井田废七百年，至后魏孝文，始纳李安世之言行均田之法……或谓井田之废已久，骤行均田，夺有余以子不足，必致烦扰，以兴怨讟，不知后魏何以能行。然观其立法，所受者露田，诸桑田不在还受之限；意桑田必是人户世业，是以栽植桑榆其上，而露田不栽树，则似所种者皆荒闲无主之田；必诸远流配谪无子孙及户绝者，墟宅、桑榆，尽为公田，以供授受；则固非尽夺富者之田以子贫人也。又令：有盈者无受不还，不足者受种如法，盈者得卖其盈，不足者得买所不足，不得卖其分，亦不得买过所足，是令其从便买卖，以合均给之数，则又非强夺之以为公田，而授无田之人，与王莽所行异矣。此所以稍久而无弊欤？

又顾炎武《日知录》卷10《后魏田制》云：

> 后魏虽起朔漠，据有中原，然其垦田均田之制，有足为后世法者……其制：男夫十五以上，受露田四十亩，妇人二十亩。民年及课则受田，老免及身没则还田。诸桑田不在还受之限。男夫人给田二十亩，课莳余种，桑五十树，枣五株，榆三根。非桑之土，夫给一亩，依法课莳，榆枣限三年种毕，不毕，夺其不毕之地，于是有口分、世业之制，唐时犹沿之。嗟乎！人君欲留心民事，而创百世之规，其亦运之掌上也已。宋林勋作《本政》之书，而陈同父以为必有英雄特起之君，用于一变之后，岂非知言之士哉。

又《洛阳伽蓝记》卷4《开善寺》云：

> 于时国家殷富，库藏盈溢，钱绢露积于廊者，不可较数。及太后赐百官负绢，任意自取，朝臣莫不称力而去。唯（章武王）融与陈留侯李崇负绢过任，蹶倒伤踝。（太后即不与之，令其空出，时人笑焉）。侍中崔光止取两匹。太后问曰："侍中何少？"对曰："臣有两手，唯堪两匹，所获多矣。"朝贵服其清廉。

廉者只取两匹，贪者多多益善反而空手而出。但这里记载均田后库藏的充实，确是均田前所未有的现象。

但是，对均田制的效果也不宜估计过高。第一，均田制是具有治标性质的措施，并没有从根本上改革土地制度，既然土地制度未能改变，则由此制度引发的土地问题，就不可能根本解决。

第二，均田制并未全面推行，至少有若干地区并未实行，这从韩麒麟的表陈时务疏中可以看出一点端倪。

《魏书》卷60《韩麒麟传》云：

> 太和十一年，京都大饥，麒麟表陈时务曰：……今京师民庶，不田者多，游食之口，三分居二。盖一夫不耕，或受其饥，况于今者，动以万计。故顷年山东遭水，而民有馁终；今秋京都遇旱，谷价踊贵。实由农人不劝，素无储积故也……自承平日久，丰穰积年，竞相矜夸，遂成侈俗。车服第宅，奢僭无限；丧葬婚娶，为费实多，贵富之家，童妾袨服；工商之族，玉食锦衣。农夫餔糟糠，蚕妇乏短褐。故令耕者日少，田有荒芜。谷帛罄于府库，宝货盈于市里；衣食匮于室，丽服溢于路。饥寒之本，实在于斯。愚谓凡珍玩之物，皆宜禁断；吉凶之礼，备为格式；令贵贱有别，民归朴素。制天下男女，计口受田。宰司四时巡行，台使岁一按检；勤相劝课，严加赏赐。数年之中，必有盈赡。虽遇灾凶，免于流亡矣。

第三，在推行均田制的过程中，权贵豪门每每凭借权势，把瘠土荒畴分给百姓，而良田沃壤则尽归权门。这样，名为均田，实乃兼并。

《魏书》卷41《源贺传附子怀传》云：

> 怀又表曰："景明以来，北蕃连年灾旱，高原陆野，不任营殖，唯有水田，少可菑亩。然主将参僚，专擅腴美，瘠土荒畴给百姓，因此困弊，日月滋甚。诸镇水田，请依地令分给细民，先贫后富，若分付不平，令一人怨讼者，镇将已下连署之官，各夺一时之禄，四人已上夺禄一周。北镇边蕃，事异诸夏，往日置官，全不差别。活野一镇，自将已下八百余人，黎庶怨嗟，良日烦猥。"……时细民为豪强

陵压，积年枉滞，一朝见申者，日有百数。

（三）北齐、北周均田制

北齐、北周建立以后，继承了北魏的传统，仍然实行均田制度。

关于北齐的均田制，《隋书》卷24《食货志》有云：

> 至河清三年定令，乃命人居十家为比邻，五十家为闾里，百家为族党。男子十八以上六十五已下为丁，十六已上十七已下为中，六十六已上为老，十五已下为小。率以十八受田，输租调，二十充兵，六十免力役，六十六退田，免租调。
>
> 京城四面，诸坊之外三十里内为公田。受公田者，三县代迁、内执事官一品已下，逮于羽林武贲，各有差。其外畿郡，华人官第一品已下，羽林武贲已上，各有差。
>
> 职事及百姓请垦田者，名为永业田。奴婢受田者，亲王止三百人；嗣王止二百人；第二品嗣王已下及庶姓王，止一百五十人；正三品已上及皇宗，止一百人；七品已上，限止八十人；八品已下至庶人，限止六十人。奴婢限外不给田者，皆不输。其方百里外及州人，一夫受露田八十亩，妇四十亩。奴婢依良人，限数与在京百官同。丁牛一头，受田六十亩，限止四牛。又每丁给永业二十亩，为桑田。其中种桑五十根，榆三根，枣五根，不在还受之限。非此田者，悉入还受之分。土不宜桑者，给麻田，如桑田法。
>
> 率人一床，调绢一匹，绵八两，凡十斤绵中，折一斤作丝，垦租二石，义租五斗。奴婢各准良人之半。牛调二尺，垦租一斗，义租五升。垦租送台，义租纳郡，以备水旱。垦租皆依贫富为三枭。其赋税常调，则少者直出上户，中者及中户，多者及下户。上枭输远处，中枭输次远，下枭输当州仓。三年一校焉。租入台者，五百里内输粟，五百里外输米。入州镇者，输粟。人欲输钱者，准上绢收钱。诸州郡皆别置富人仓。初立之日，准所领中下户口数，得支一年之粮，逐当州谷价贱时，斟量割当年义租充入。谷贵，下价粜之；贱则还用所粜之物，依价籴贮。
>
> 每岁春月，各依乡土早晚，课人农桑。自春及秋，男十五已上，皆布田亩。桑蚕之月，妇女十五已上，皆营蚕桑。孟冬，刺史听审邦

教之优劣，定殿最之科品。人有人力无牛，或有牛无力者，须令相便，皆得纳种。使地无遗利，人无游手焉。

关于西魏、北周的均田制，同书同卷《食货志》云：

后周太祖作相，创制六官。载师掌任土之法，辨夫家田里之数，会六畜车乘之稽，审赋役敛弛之节，制畿疆修广之域，颁施惠之要，审牧产之政。司均掌田里之政令。凡人口十已上，宅五亩；口九已上，宅四亩，口五已下，宅三亩。有室者，田百四十亩，丁者田百亩。司赋掌功赋之政令。凡人自十八以至六十有四，与轻癃者，皆赋之。其赋之法，有室者，岁不过绢一匹，绵八两，粟五斛；丁者半之。其非桑土，有室者，布一匹，麻十斤；丁者又半之。丰年则全赋，中年半之，下年一之，皆以时征焉。若艰凶札，则不征其赋。司役掌力役之政令。凡人自十八以至五十有九，皆任于役。丰年不过三旬，中年则二旬，下年则一旬。凡起徒役，无过家一人。其人有年八十者，一子不从役，百年者，家不从役。废疾非人不养者，一人不从役。若凶札，又无力征。掌盐掌四盐之政令。一曰散盐，煮海以成之；二曰监盐，引池以化之；三曰形盐，物地以出之；四曰饴盐，于戎以取之。凡监盐形盐，每地为之禁，百姓取之，皆税焉。司仓掌辨九谷之物，以量国用。国用足，即蓄其余，以待凶荒；不足则止。余用足，则以粟贷人。春颁之，秋敛之。

关于北齐、北周具体施行均田制的情况，《北齐书》卷18《高隆之传》云：

天平初，（高隆之）丁母艰解任，寻诏起为并州刺史，入为尚书右仆射。时初给民田，贵势皆占良美，贫弱咸受瘠薄。隆之启高祖，悉更反易，乃得均平。

又《通典》卷2《食货·田制下》引《关东风俗传》云：

其时强弱相凌，恃势侵夺，富有连畛亘陌，贫无立锥之地，昔汉氏募人徙田，恐遗垦课，令就艮美。而齐氏全无斟酌，虽有当年权格，时暂施行，争地文案，有三十年不了者，此由授受无法者也。其赐田者，谓公田及诸横赐之田。魏令，职分公田，不问贵贱，一人一顷，以供刍秣。自宣武出猎以来，始以永赐，得听卖买。迁邺之始，滥职众多，所得公田，悉从货易。又天保之代，曾遥压首人田，以充公簿。比武平以后，横赐诸贵及外戚佞宠之家，亦以尽矣。又河渚山泽有（司）[可] 耕垦肥饶之处，悉是豪势，或借或请；编户之人，不得一垄。纠赏者，依令，口分之外知有买匿，听相纠列，还以此地赏之。至有贫人，实非剩长买匿者，苟贪钱货，诈吐壮丁口分，以与纠人，亦既无田，即便逃。帖卖者，帖荒田七年，熟田五年，钱还地还，依令听许。露田虽复不听卖买，卖买亦无重责。贫户因王课不济，率多货卖田业，至春困急，轻致藏走。亦[有]懒惰之人，虽在田地，不肯肆力，在外浮游，三正卖其口田，以供租课。比来频有还人之格，欲以招慰逃散。假使暂还，即卖所得之地，地尽还走，虽有还名，终不肯住，正由县听其卖帖田园故也。广占者，依令，奴婢请田亦与良人相似。以无田之良口，比有地之奴牛。宋世良天保中献书，请以富家牛地先给贫人，其时朝列称其合理。（宋孝王撰）

西魏、北周也同样实施了均田制，其中西魏均田制的实施情况可从敦煌出土的《邓延天福等户残卷》中得到反映。兹据该残卷内容，将西魏敦煌某些人户受田情况，列表8—2说明：

表8—2　　　　　　　西魏敦煌地区某些人户受田情况① 　　　　单位：亩

户主	受田者	应受田				实受田				未受田
		正田		麻田		宅田		总计		
邓延天富	一丁男一丁妻	30	15	1	46	10	15	1	26	20
白丑奴	三丁男二丁妻	80	40	1	121	0	30	1	31	90

① 中国科学院历史研究所资料室：《敦煌资料》第一辑，中华书局1961年版，第94—107页。

续表

户主	受田者	应受田			实受田			未受田
		正田	麻田		宅田		总计	
王皮乱	一丁男 一丁妻	30	15	1	46	7	15	1	23	23
刘文成	一丁男 一丁妻	30	15	1	46	20	15	1	36	10
侯老生	二丁男 一丁妻 牛一头	74	25	1	100	38	25	1	64	36
其天婆罗门	一丁男 一丁妻 牛二头	70	15	1	86	55	15	1	71	15
口广世	一丁男 一丁妻	30	15	1	46	0	15	1	16	30
?	二丁男 一丁妻	50	25	1	76	15	10	1	26	50

从表8—2可看到，西魏不仅在内地实施均田制度，在敦煌也分配土地。而在均田制实施中，实受田数与应受田数相差甚大，并未完全按照法令条文规定办理。受田不足是当时均田中一个普遍性的问题。

第二节 封建土地私有制的存在形式及其历史演变

一 三国时期封建土地私有制的表现形式

（一）曹魏的土地私有制

先叙小农土地私有制。

东汉末年，战乱频仍，使得小农经济遭到极大摧残，大批小农或沦为流民，或转入私家门下，中央皇权统治基础日益削弱。为保障封建国家的税源和役源，曹魏政府一方面强制流民从事屯田劳动，另一方面还对小农采取了扶持政策，从而使濒临绝境的小农能够恢复正常的生产和生活。

《三国志》卷16《杜畿传》云：

> 是时天下郡县皆残破，河东最先定，少耗减。（杜）畿治之，崇宽惠，与民无为……渐课民畜牸牛、草马，下逮鸡豚犬豕，皆有章程。百姓勤农，家家丰实。

又同书同卷《郑浑传》云：

> 太祖征汉中，以（郑）浑为京兆尹。浑以百姓新集，为制移居之法，使兼复者与单轻者相伍，温信者与孤老为比，勤稼穑，明禁令，以发奸者。由是民安于农，而盗贼息。及大军入汉中，运转军粮为最……文帝即位……迁阳平、沛郡二太守。郡界下湿，患水涝，百姓饥乏。浑于萧、相二县界，兴陂遏，开稻田。郡人皆以为不便，浑曰："地势洿下，宜溉灌，终有鱼稻经久之利，此丰民之本也。"遂躬率吏民，兴立功夫，一冬间皆成。比年大收，顷亩岁增，租入倍常，民赖其利，刻石颂之，号曰郑陂。转为山阳、魏郡太守，其治放此。又以郡下百姓，苦乏材木，乃课树榆为篱，并益树五果；榆皆成藩，五果丰实。入魏郡界，村落齐整如一，民得财足用饶。

又《晋书》卷26《食货志》云：

> 建安初，关中百姓流入荆州者十余万家，及闻本土安宁，皆企望思归，而无以自业。于是卫觊议为"盐者国之大宝，自丧乱以来放散，今宜如旧置使者监卖，以其直益市犁牛，百姓归者以供给之。勤耕积粟，以丰殖关中，远者闻之，必多竞还"。于是魏武遣谒者仆射监盐官，移司隶校尉居弘农。流人果还，关中丰实……贾逵之为豫州，南与吴接，修守战之具，竭汝水，造新陂，又通运渠二百余里，所谓贾侯渠者也。当黄初中，四方郡守垦田又加，以故国用不匮。时济北颜斐为京兆太守，京兆自马超之乱，百姓不专农殖，乃无车牛。斐又课百姓，令闲月取车材，转相教匠。其无牛者令养猪，投贵卖以买牛。始者皆以为烦，一二年中编户皆有车牛，于田役省赡，京兆遂

以丰沃……魏明帝世徐邈为凉州，土地少雨，常苦乏谷。邈上修武威、酒泉盐池，以收虏谷。又广开水田，募贫民佃之，家家丰足，仓库盈溢。及度支州界军用之余，以市金锦犬马，通供中国之费，西域人入贡，财货流通，皆邈之功也。其后皇甫隆为敦煌太守，敦煌俗不作耧犁，及不知用水，人牛功力既费，而收谷更少。隆到，乃教作耧犁，又教使灌溉。岁终率计，所省庸力过半，得谷加五，西方以丰。

为了恢复和发展河北地区的农业生产，取得这一地区小农的支持，巩固自己的统治，曹操颁布了《蠲河北租赋令》。

《三国志》卷1《武帝纪》云：

（建安）九年……九月令曰："河北罹袁氏之难，其令无出今年租赋！"

建安二十三年（218年），曹操又颁布了《赡给灾民令》。

《三国志》卷1《武帝纪》引《魏书》云：

王令曰："去冬天降疫疠，民有凋伤，军兴于外，垦田损少，吾甚忧之。其令吏民男女：女年七十已上无夫、子，若年十二已下无父母、兄弟，及目无所见，手不能作，足不能行，而无妻子父兄产业者，廪食终身。幼者至十二止，贫穷不能自赡者，随口给贷。老耄须待养者，年九十已上，复不事，家一人。"

从事实看，这个《赈给灾民令》在一定程度上得到了贯彻执行。

《三国志》卷11《管宁传》注引《魏略》云：

扈累及寒贫者。累字伯重，京兆人也。初平中，山东人有青牛先生者，字正方，客三辅。晓知星历、风角、鸟情。常食青葙芜华。年似如五六十者，人或亲识之，谓其已百余岁矣。初，累年四十余，随正方游学，人谓之得其术。有妇，无子。建安十六年，三辅乱，又随正方南入汉中。汉中坏，正方入蜀，累与相失，随徙民诣邺，遭疾疫丧其妇。至黄初元年，又徙诣洛阳，遂不复娶妇。独居道侧，以甒砖为障，施一厨床，食宿其中。昼日潜思，夜则仰视星宿，吟咏内书。人或问之，闭口不肯言。至嘉平中，年八九十，裁若四五十者。县官以其孤老，给廪日五升。五升不足食，颇行佣作以裨粮，粮尽复出，人与不取。食不求美，衣弊缊，后一二年病亡。寒贫者，本姓石，字德林，安定人也。建安初，客三辅。是时长安有宿儒栾文博者，门徒数千，德林亦就学，始精诗、书。后好内事，于众辈中最玄默。至十六年，关中乱，南入汉中。初不治产业，不畜妻孥，常读老子五千文及诸内书，昼夜吟咏。到二十五年，汉中破，随众还长安，遂痴愚不复识人。食不求味，冬夏常衣弊布连结衣。体如无所胜，目如无所见。独居穷巷小屋，无亲里。人与之衣食，不肯取。郡县以其鳏穷，给廪日五升。

曹魏政府对小农的扶持，最主要的还是表现在赋税制度的改革上。建安九年（204），曹操平邺后，颁布了《收田租令》。

《三国志》卷1《武帝纪》注引《魏书》云：

> 公令曰："有国有家者，不患寡而患不均，不患贫而患不安。袁氏之治也，使豪强擅恣，亲戚兼并；下民贫弱，代出租赋，衒鬻家财，不足应命；审配宗族，至乃藏匿罪人，为逋逃主。欲望百姓亲附，甲兵强盛，岂可得邪！其收田租亩四升，户出绢二匹、绵二斤而已，他不得擅兴发。郡国守相明检察之，无令强民有所隐藏，而弱民兼赋也。"

通过上述措施和几十年的努力，曹魏大量的荒废土地获得了开垦，小农经济得到了恢复与发展。

再叙地主阶级的土地私有制。

自东汉末年天下大乱之后，地主土地私有制虽然遭受到了严重打击，但依然存在，自西汉后期发展起来的田庄经济，也并没有瓦解。朱绍侯先生认为，东汉末年的地主官僚，为适应当时战乱的形势，曾采取三种对策。一是把田庄武装起来，结坞自保，以抵抗敌对势力的侵袭。《三国志》卷23《常林传》云：

（常）林乃避地上党，耕种山阿。当时旱蝗，林独丰收，尽呼比邻，升斗分之。依故河间太守陈延壁。陈、冯二姓，旧族冠冕。张杨利其妇女，贪其资货。林率其宗族，为之策谋。见围六十余日，卒全堡壁。

又同书卷11《王修传》云：

胶东人公沙卢，宗强，自为营堑，不肯应发调。

又同书卷18《许褚传》云：

许褚字仲康……汉末，聚少年及宗族数千家，共坚壁以御寇。

二是离开本土，率领宗族、部曲迁徙到新的地区，另建新田庄。《后汉书》卷70《荀彧传》云：

荀彧……颍川颍阴人……同郡韩融时将宗亲千余家，避乱密西山中。

又《三国志》卷24《高柔传》云：

高柔……陈留圉人也。父靖，为蜀郡都尉。柔留乡里，谓邑中曰："今者英雄并起，陈留四战之地也……吾恐变乘间作也，欲与诸君避之。"……柔从兄干，袁绍甥也，在河北呼柔，柔举宗从之。

三是转入私家门下。在汉末的战乱中，有一部分地主、官僚凭借自己的势力转变成了军阀，但更多的地主、商人和官僚则只有投靠有势力的军阀，成为军阀的私家势力[1]。

《三国志》卷16《任峻传》云：

---

[1] 朱绍侯：《魏晋南北朝土地制度与阶级关系》，中州古籍出版社1988年版，第50—51页。

会太祖起关东，入中牟界，众不知所从，(任)峻独与同郡张奋议，举郡以归太祖。峻又别收宗族及宾客家兵数百人，愿从太祖。太祖大悦，表峻为骑都尉，妻以从妹，甚见亲信。

又同书卷18《李通传》云：

李通字文达，江夏平春人也……与其郡人陈恭共起兵于朗陵，众多归之……建安初，通举众诣太祖于许。拜通振威中郎将，屯汝南西界。

对于豪强大族，曹魏政权采取两手政策，即对于不守法、不合作的豪强，坚决予以打击。

《三国志》卷12《司马芝传》云：

太祖平荆州，以(司马)芝为菅长。时天下草创，多不奉法。郡主簿刘节，旧族豪侠，宾客千余家，出为盗贼，入乱吏治。顷之，芝差节客王同等为兵，掾史据白："节家前后未尝给繇，若至时藏匿，必为留负。"芝不听，与节书曰："君为大宗，加股肱郡，而宾客每不与役，既众庶怨望，或流声上闻。今调同等为兵，幸时发遣。"兵已集郡，而节藏同等，因令督邮以军兴诡责县，县掾史穷困，乞代同行。芝乃驰檄济南，具陈节罪。太守郝光素敬信芝，即以节代同行，青州号芝"以郡主簿为兵"。迁广平令。征虏将军刘勋，贵宠骄豪，又芝故郡将，宾客子弟在界数犯法。勋与芝书，不着姓名，而多所属托，芝不报其书，一皆如法。后勋以不轨诛，交关者皆获罪，而芝以见称。

又同书卷15《贾逵传》注引《魏略·杨沛传》云：

杨沛字孔渠，冯翊万年人也。初平中，为公府令史，以牒除为新郑长。兴平末，人多饥穷，沛课民益畜干椹，收橡豆，阅其有余以补不足，如此积得千余斛，藏在小仓。会太祖为兖州刺史，西迎天子，所将千余人皆无粮。过新郑，沛谒见，乃皆进干椹。太祖甚喜。及太祖辅政，迁沛为长社令。时曹洪宾客在县界，征调不肯如法，沛先挝折其脚，遂杀之。由此太祖以为能。累迁九江、东平、乐安太守，并有治迹。坐与督军争斗，髡刑五岁。输作未竟，会太祖出征在谯，闻邺下颇不奉科禁，乃发教选邺令，当得严能如杨沛比，故沛从徒中起为邺令。已拜，太祖见之，问曰："以何治邺？"沛曰："竭尽心力，奉宣科法。"太祖曰："善。"顾谓坐席曰："诸君，此可畏也。"赐其生口十人，绢百匹，既欲以励之，且以报干椹也。沛辞去，未到邺，而军中豪右曹洪、刘勋等畏沛名，遣家（驰骑）[骑驰]告子弟，使各自检敕。沛为令数年，以功能转为护羌都尉。

而对于支持、拥护、归附曹魏政权的人，则采取拉拢、收买的手段，给予高官厚禄，或重加赏赐。

《晋书》卷93《外戚王恂传》云：

> 魏氏给公卿已下租牛客户数各有差，自后小人惮役，多乐为之，贵势之门动有百数。又太原诸部亦以匈奴胡人为田客，多者数千。

又《三国志》卷28《毌丘俭》注引毌丘俭、王钦《表》云：

> 近者领军许允当为镇北，以厨钱给赐……募取屯田，加其复赏。

无论是曹魏政权对豪强大族的打击还是笼络，都说明豪强地主的势力很大，也说明曹魏政权并没有触动地主阶级土地私有制，没有损害田庄经济。

在曹魏时期，地主阶级占有土地的数量，虽然不像两汉那样有明确记载，但这种土地私有制肯定存在。

《三国志》卷16《仓慈传》谓：

> 仓慈字孝仁，淮南人也。始为郡吏……太和中，迁敦煌太守。郡在西陲，以丧乱隔绝，旷无太守二十岁，大姓雄张，遂以为俗。前太守尹奉等，循故而已，无所匡革。慈到，抑挫权右，抚恤贫羸，甚得

其理。旧大族田地有余，而小民无立锥之土；慈皆随口割赋，稍稍使毕其本直。

(二) 孙吴的土地私有制

孙吴的土地私有制也有两种形式，一种是小农土地私有制，另一种是地主阶级土地私有制。

首先，孙吴招徕流民以发展小农经济的做法，一如曹魏。孙吴统治者以掠取山越人为发展江南小农经济的手段之一，不断地把大批大批的山越人驱赶出山。

《三国志》卷58《陆逊传》云：

> 会丹杨贼帅费栈受曹公印绶，扇动山越，为作内应，权遣逊讨栈。栈支党多而往兵少，逊乃益施牙幢，分布鼓角，夜潜山谷间，鼓噪而前，应时破散。遂部伍东三郡，强者为兵，羸者补户，得精卒数万人。

补兵者，固为兵士；补户者，除屯田民之外，还有属于州郡县领民的自耕农。《三国志》卷60《贺齐传》云：

> 侯官既平，而建安、汉兴、南平复乱，齐进兵建安，立都尉府，是岁八年也。郡发属县五千兵，各使本县长将之，皆受齐节度。贼洪明、洪进、苑御、吴免、华当等五人，率各万户，连屯汉兴，吴五六千户别屯大潭，邹临六千户别屯盖竹，（大潭）同出余汗。军讨汉兴，经余汗。齐以为贼众兵少，深入无继，恐为所断，令松阳长丁蕃留备余汗。蕃本与齐邻城，耻见部伍，辞不肯留。齐乃斩蕃，于是军中震栗，无不用命。遂分兵留备，进讨明等，连大破之。临陈斩明，其免、当、进、御皆降。转击盖竹，军向大潭，［二］将又降。凡讨治斩首六千级，名帅尽禽，复立县邑，料出兵万人，拜为平东校尉。十年，转讨上饶，分以为建平县。

孙吴所以能"复立县邑"，就是因为被征服的山越成了新设立郡县的领民。

《三国志》卷64《诸葛恪传》载：

> （诸葛）恪以丹杨山险，民多果劲，虽前发兵，徒得外县平民而已，其余深远，莫能禽尽，屡自求乞为官出之，三年可得甲士四万……权拜恪抚越将军，领丹杨太守……恪到府，乃移书四郡属城长吏，令各保其疆界，明立部伍，其从化平民，悉令屯居。乃……候其谷稼将熟，辄纵兵芟刈，使无遗种。旧谷既尽，新田不收……于是山民饥穷，渐出降首……老幼相携而出，岁期、人数皆如本规。恪自领万人，余分给诸将。
>
> 权嘉其功，遣尚书仆射薛综劳军。综先移恪等曰："……皇帝……命将西征，神策内授，武师外震。兵不染锷，甲不沾汗。元恶既枭，种党归义，荡涤山薮，献戎十万……"

诸葛恪"献戎十万"，而其中"甲士"仅"四万"人，其余人口中的大部分当变为州郡领民。

其次，以奖励农耕的办法，发展小农经济。

《三国志》卷47《吴主孙权传》谓：

> 赤乌……三年春正月，诏曰："盖君非民不立，民非谷不生。顷者以来，民多征役，岁又水旱，年谷有损，而吏或不良，侵夺民时，以致饥困。自今以来，督军、郡守，其谨察非法，当农桑时，以役事扰民者，举正以闻。"

又《三国志》卷57《骆统传》云：

> 是时征役繁数，重以疫疠，民户损耗，统上疏曰："臣闻君国者，以据疆土为强富，制威福为尊贵，曜德义为荣显，永世胤为丰祚。然财须民生，强赖民力，威恃民势，福由民殖，德俟民茂，义以民行，六者既备，然后应天受祚，保族宜邦……方今长吏亲民之职，惟以办具为能，取过目前之急，少复以恩惠为治，副称殿下天覆之仁，勤恤之德者。官民政俗，日以雕弊，渐以陵迟，势不可久。夫治疾及其未笃，除患贵其未深，愿殿下少以万机余间，留神思省，补复

荒虚，深图远计，育残余之民，阜人财之用，参曜三光，等崇天地。臣统之大愿，足以死而不朽矣。"权感统言，深加意焉。

孙吴之所以能据有江东，除了屯田制所起的作用外，发展小农经济的政策与措施，实有不可低估的作用。

关于孙吴的地主阶级土地私有制，葛洪《抱朴子·外篇》卷34《吴失篇》中的有关文字颇能说明问题。文谓：

> （豪强大族）势利倾于邦君，储积富乎公室……僮仆成军，闭门为市，牛羊掩原隰，田池布千里……金玉满堂，伎妾溢房，商贩千艘，腐谷万庾，园囿拟上林，馆第僭太极，粱肉余于犬马，积珍陷于帑藏。

孙吴田庄经济所以能获得较大发展，主要原因在于孙吴政权为维护大族的利益，经常赐给大族复客和土地，从而保证了孙吴大族有充足的劳动力和土地来发展田庄经济。

《三国志》卷54《吕蒙传》云：

> （吕蒙）拜庐江太守……别赐寻阳屯田六百人，官属三十人……（蒙死后）与守冢三百家，复田五十顷。

又同书卷55《蒋钦传》云：

> 以芜湖民二百户，田二百顷，给钦妻子。

又同书同卷《潘璋传》云：

> （潘璋）嘉禾三年卒。子平以无行徙会稽，璋妻居建业，赐田宅，复客五十家。

（三）蜀汉的土地私有制

蜀汉也和魏、吴一样，除屯田制之外，也存在有土地私有制。

先叙蜀汉的小农土地私有制。

刘备早在樊城时期，就采用诸葛亮建议，劝刘表使荆州境内"游户"皆"自实"，即主动申报登记，成为官府管理下的小农。

《三国志》卷35《诸葛亮传》注引《魏略》云：

> 刘备屯于樊城。是时曹公方定河北，亮知荆州次当受敌，而刘表性缓，不晓军事。亮乃北行见备，备与亮非旧，又以其年少，以诸生意待之。坐集既毕，众宾皆去，而亮独留，备亦不问其所欲言。备性好结毦，时适有人以髦牛尾与备者，备因手自结之。亮乃进曰："明将军当复有远志，但结毦而已邪！"备知亮非常人也，乃投毦而答曰："是何言与！我聊以忘忧耳。"亮遂言曰："将军度刘镇南孰与曹公邪？"备曰："不及。"亮又曰："将军自度何如也？"备曰："亦不如。"曰："今皆不及，而将军之众不过数千人，以此待敌，得无非计乎！"备曰："我亦愁之，当若之何？"亮曰："今荆州非少人也，而着籍者寡，平居发调，则人心不悦；可语镇南，令国中凡有游户，皆使自实，因录以益众可也。"备从其计，故众遂强。备由此知亮有英略，乃以上客礼之。《九州春秋》所言亦如之。

入蜀以后，又兴修水利，奖励农耕，注意发展小农经济。

《三国志》卷41《张裔传》载：

> 张裔字君嗣，蜀郡成都人也……汝南许文休入蜀，谓裔干理敏捷，是中夏钟元常之伦也……先主以裔为巴郡太守，还为司金中郎将，典作农战之器。

又同书卷39《吕乂传》载：

> 亮卒，（吕乂）累迁广汉、蜀郡太守。蜀郡一都之会，户口众多，又亮卒之后，士伍亡命，更相重冒，奸巧非一。乂到官，为之防禁，开喻劝导，数年之中，漏脱自出者万余口。

又《水经注》卷33《江水注》云：

> 江水又历都安县……李冰作大堰于此……水竭不至足，盛不没肩。是以蜀人旱则藉以为溉，雨则不遏其流……俗谓之都安大堰，亦曰湔堰，又谓之金堤。左思《蜀都赋》云：西踰金堤者也。诸葛亮北征，以此堰农本国之所资，以征丁千二百人主护之，有堰官。

由于蜀汉政权的重视，农民努力生产，四川的耕地面积不断扩大，产量也有所提高，农业生产呈现出繁盛景象。

《三国志》卷44《蒋琬传》载：

> 男女布野，农谷栖亩。

又《文选》卷4引左思《蜀都赋》谓：

> 沟洫脉散，疆里绮错。黍稷油油，粳稻莫莫。

又《水经注》卷33《江水注》云：

> （蜀）水旱从人，知饥馑，沃野千里，世号陆海，谓之天府也。

蜀汉的自耕农，生活困苦，尤以前期为甚。他们不堪忍受残酷剥削，就起来反抗，但是，失败之后他们依然恢复民籍，接受租税赋役的剥削。

《三国志》卷40《李严传》云：

> 李严字正方，南阳人也……（建安）二十三年，盗贼马秦、高胜等起事于郪，合聚部伍数万人，到资中县。时先主在汉中，严不更发兵，但率将郡士五千人讨之，斩秦、胜等首。枝党星散，悉复民籍。

再叙蜀汉的地主阶级土地私有制。

刘备初定益州时，曾想剥夺四川地主的土地和财产，但由于赵云的反对而作罢。

《三国志》卷36《赵云传》注引《云别传》云：

> 益州既定，时议欲以成都中屋舍及城外园地桑田分赐诸将。云驳之曰："霍去病以匈奴未灭，无用家为，今国贼非但匈奴，未可求安也。须天下都定，各反桑梓，归耕本土，乃其宜耳。益州人民，初罹兵革，田宅皆可归还，今安居复业，然后可役调，得其欢心。"先主即从之。

这批接收归还土地者，除小农之外，大部分当为成都地区的地主。由于土地私有，土地买卖得到了法律上的保障。

《三国志》卷41《张裔传》云：

> （张裔）少与犍为杨恭友善，恭早死，遗孤未数岁，裔迎留，与分屋而居，事恭母如母。恭之子息长大，为之娶妇，买田宅产业，使立门户。

张裔"卖田宅产业"的资料具有一定的代表性，它反映了土地私有和土地买卖在蜀汉存在的事实。《三国志》卷35《诸葛亮传》关于诸葛亮自述其产业的资料，也可作为旁证。其言谓：

> 初，亮自表后主曰："成都有桑八百株，薄田十五顷，子弟衣食，自有余饶。至于臣在外任，无别调度，随身衣食，悉仰于官，不别治生，以长尺寸。若臣死之日，不使内有余帛，外有赢财，以负陛下。"

关于蜀汉地主土地上的劳动力情况，《三国志》卷45《邓张宗杨传》注引《襄阳记》云：

> 杨颙字子昭，杨仪宗人也。入蜀，为巴郡太守，丞相诸葛亮主簿。亮尝自校簿书，颙直入谏曰："为治有体，上下不可相侵，请为明公以作家譬之。今有人使奴执耕稼，婢典炊爨，鸡主司晨，犬主吠盗，牛负重载，马涉远路，私业无旷，所求皆足，雍容高枕，饮食而

已，忽一旦尽欲以身亲其役，不复付任，劳其体力，为此碎务，形疲神困，终无一成。岂其智之不如奴婢鸡狗哉？失为家主之法也。是故古人称坐而论道谓之三公，作而行之谓之士大夫。故邴吉不问横道死人而忧牛喘，陈平不肯知钱谷之数，云自有主者，彼诚达于位分之体也。今明公为治，乃躬自校簿书，流汗竟日，不亦劳乎！"亮谢之。

杨颙既以"奴执耕稼，婢典炊爨"为常见之事来作比喻，说明男奴隶从事农业生产，女奴隶操持家务，在当时乃普遍现象。从事农业生产的除奴隶外，尚有部曲和佃客。其生产关系类似于汉代。

二 西晋的占田制度与地主土地私有制的发展

（一） 西晋初年土地兼并的加剧

曹魏推行的大规模屯田制度，到魏末已遭到破坏。司马氏执政后，曾先后两次下令废除屯田制，民屯制度正式废除。民屯废止以后，贵族、官僚遂抢占土地。

《晋书》卷60《张辅传》载：

> （张辅）初补蓝田令，不为豪强所屈。时强弩将军庞宗，西州大姓……故僮仆放纵，为百姓所患。辅绳之，杀其二奴，又夺宗田二百余顷以给贫户，一县称之。

针对当时土地兼并日趋严重的情况，晋武帝即位后，便发布了禁止占田、募客的诏令。

《晋书》卷41《李憙传》云：

> 泰始初，（李憙）封祁侯。憙上言："故立进令刘友、前尚书山涛、中山王睦、故尚书仆射武陔各占官三更稻田，请免涛、睦等官。陔已亡，请贬谥。"诏曰："法者，天下取正，不避亲贵，然后行耳，吾岂将枉纵其间哉！"

又同书卷93《外戚·王恂传》云：

> 王恂……累迁河南尹……武帝践位，诏禁募客，恂明峻其防，所部莫敢犯者。咸宁四年卒。

又同书卷26《食货志》云：

> （泰始）五年正月癸巳，敕戒郡国计吏、诸郡国守相令长，务尽地利，禁游食商贩。其休假者令与父兄同其勤劳，豪势不得侵役寡弱，私相置名。

除了一再颁布"募客"的禁令外，对于犯令者则予惩处，这从处理高阳王司马睦的情况中可见一斑。

《晋书》卷37《宗室·高阳王睦传》云：

> 咸宁三年，睦遣使募徙国内八县受逋逃、私占及变易姓名、诈冒复除者七百余户，冀州刺史杜友奏睦招诱逋亡，不宜君国。有司奏，事在赦前，应原。诏曰："……其贬睦为县侯。"

上述事实表明，魏末晋初民屯制废止后，存在着世族地主以各种方式非法占田为私产和占客为私属的倾向。"禁募客"令的反复颁发，说明虽加严禁但成效甚微。这种情况促进了汉魏以来占田、占客的社会趋势，为西晋占田法令的制定提供了社会经济基础。

（二）占田制度的内容

西晋的占田令，是在太康元年（280）晋统一全国的当年颁布的，内容有五：关于封国的王、公、侯等在京城占田宅的规定；关于编户役龄的规定；关于一般编户农民占田、课田、户调的规定；关于边远地区与少数民族编户田赋、户调的规定；关于官僚占田、荫亲属、荫客的规定。

《晋书》卷26《食货志》云：

> 及平吴之后，有司又奏："诏书'王公以国为家，京城不宜复有田宅。今未暇作诸国邸，当使城中有往来处，近郊有刍藁之田'。今可限之，国王公侯，京城得有一宅之处。近郊田，大国田十五顷，次国十顷，小国七顷。城内无宅城外有者，皆听留之。"

> 又制户调之式：丁男之户，岁输绢三匹，绵三斤，女及次丁男为户者半输。其诸边郡或三分之二，远者三分之一。夷人输賨布，户一匹，远者或一丈。男子一人占田七十亩，女子三十亩。其外丁男课田五十亩，丁女二十亩，次丁男半之，女则不课。男女年十六已上至六十为正丁，十五已下至十三、六十一已上至六十五为次丁，十二已下六十六已上为老小，不事。远夷不课田者输义米，户三斛，远者五斗，极远者输算钱，人二十八文。其官品第一至于第九，各以贵贱占田，品第一者占五十顷，第二品四十五顷，第三品四十顷，第四三十五顷，第五品三十顷，第六品二十五顷，第七品二十顷，第八品十五顷，第九品十顷。而又各以品之高卑荫其亲属，多者及九族，少者三世。宗室、国宾、先贤之后及士人子孙亦如之。而又得荫人以为衣食客及佃客，品第六已上得衣食客三人，第七第八品二人，第九品及举辇、迹禽、前驱、由基、强弩、司马、羽林郎、殿中冗从武贲、殿中武贲、持椎斧武骑武贲、持钑冗从武贲、命中武贲武骑一人。其应有佃客者，官品第一第二者佃客无过五十户，第三品十户，第四品七户，第五品五户，第六品三户，第七品二户，第八品第九品一户。

《晋书·食货志》中没有关于课田税额的记载，但在唐徐坚《初学记》卷 27《宝器部·绢第九》里保存了一段颇有价值的材料：

> 《晋故事》：凡民丁课田，夫五十亩，收租四斛，绢三匹，绵三斤。凡属诸侯，皆减租谷亩一斗，计所减以增诸侯，绢户一匹，以其绢为诸侯秩。又分民租户二斛，以为侯奉。其余租及旧调绢二户三匹，绵三斤，书为公赋，九品相通，皆输入于官，自如旧制。

这条材料的文字当有错讹。据考证，"皆减租谷亩一斗"的"斗"字应为"升"；"其余租及旧调绢二户三匹"的"二"字衍，应删去。"书为公赋"的"书"可能为"尽"之误。

这条资料证实了《晋书·食货志》课田 50 亩及户调绢 3 匹、绵 3 斤的记载，也补证了它未提及的田租 4 斛，因而弥足珍贵。

(三) 占田制度的性质和作用

西晋的占田法令，是西晋统治者在维护与发展小农经济的前提下，既承认官僚地主有占田、占客的特权，又给官僚地主以适当限制的土地法令。因此，占田法令颁布之后，就把自由占田为私有土地的事实法典化了，也把官僚地主按官品占田、占客的特权法典化了。

西晋占田制度有积极的一面，但也有消极的一面。

首先，在贵族官僚等地主阶级占田方面，虽然法令规定了官僚地主按品占田的不同限额，然而，这种限制往往是一纸空文。

《晋书》卷46《李重传》云：

> （李重）迁太子舍人，转尚书郎。时太中大夫恬和表陈便宜，称汉孔光、魏徐干等议，使王公已下制奴婢限数，及禁百姓卖田宅。中书启可，属主者为条制。重奏曰："先王之制，士农工商有分，不迁其业，所以利用厚生，各肆其力也。《周官》以土均之法，经其土地井田之制，而辨其五物九等贡赋之序，然后公私制定，率土均齐。自秦立阡陌，建郡县，而斯制已没。降及汉、魏，因循旧迹，王法所峻者，唯服物车器有贵贱之差，令不僭拟以乱尊卑耳。至于奴婢私产，则实皆未尝曲为之立限也。八年《己巳诏书》申明律令，诸士卒百工以上，所服乘皆不得违制。若一县一岁之中，有违犯者三家，洛阳县十家已上，官长免。如诏书之旨，法制已严。今如和所陈而称光、干之议，此皆衰世逾侈，当时之患。然盛汉之初不议其制，光等作而不行，非漏而不及，能而不用也。盖以诸侯之轨既灭，而井田之制未复，则王者之法不得制人之私也。人之田宅既无定限，则奴婢不宜偏制其数，惧徒为之法，实碎而难检。方今圣明垂制，每尚简易，法禁已具，和表无施。"……诏从之。

正因为占田法令对官僚地主的占田无实际限制作用，所以占田制颁行后土地兼并仍在继续。

《晋书》卷53《愍怀太子遹传》云：

> （贾谧）谮太子于后曰："太子广买田业，多畜私财以结小人者，为贾氏故也。"

又同书卷43《王戎传》云：

（王戎）性好兴利，广收八方园田水碓，周遍天下。

又《全晋文》卷33引石崇《金谷诗序》云：

（石崇）有别庐在河南县界金谷涧中，去城十里，或高或下，有清泉茂林，众果竹柏药草之属，金田十顷，羊二百口，鸡猪鹅鸭之类，莫不毕备，又有水碓、鱼池、土窟。

又据《文物参考资料》载，考古工作者在南京江宁丁甲山1号墓地发现了西晋太康六年（285）的铅地券，字迹犹清晰可辨，其文云：

太康元年六月二十四日，吴故左郎中、立节校尉、丹阳江宁曹翌字永翔，年三十三亡，买石子岗坑虏牙之田，地方十里，直钱百万以葬，不得有侵持之者。券书分明[1]。

这件铅地券虽属明器，所记土地面积并非实数，但它也是当时土地买卖制度的一个投影。

其次，在农民占田方面，占田法令规定，一夫一妇之家可以占田100亩，其中课田70亩，可农民实际占田往往不足。

《晋书》卷51《束皙传》云：

时欲广农，皙上议曰：今天下千城，人多游食，废业占空，无田课之实。较计九州岛岛岛，数过万计。可申严此防，令鉴司精察，一人失课，负及郡县，此人力之可致也。

又州司十郡，土狭人繁，三魏尤甚，而猪羊马牧，布其境内，宜悉破废，以供无业。业少之人，虽颇割徙，在者犹多，田诸苑牧，不乐旷野，贪在人间。故谓北土不宜畜牧，此诚不然。案古今之语，以为马之所生，实在冀北，大贾羖羊，取之清渤，放豕之歌，起于巨鹿，是其效也。可悉徙诸牧，以充其地，使马牛猪羊龁草于空虚之

---

[1] 《南京附近六朝墓葬出土文物》，《文物参考资料》1955年第8期，第98页，图3、图4。

田，游食之人受业于赋给之赐，此地利之可致者也。昔雎驷在坰，史克所以颂鲁僖；却马务田，老氏所以称有道，岂利之所以会哉？又如汲郡之吴泽，良田数千顷，泞水停洿，人不垦植。闻其国人，皆谓通泄之功不足为难，舄卤成原，其利甚重。而豪强大族，惜其鱼捕之饶，构说官长，终于不破。

最后，在占田课田制之下，但求广种，因而不免薄收。
《晋书》卷47《傅玄传》云：

  近魏初课田，不务多其顷亩，但务修其功力，故白田收至十余斛，水田收数十斛。自顷以来，日增田顷亩之课，而田兵益甚，功不能修理，至亩数斛已还，或不足以偿种。非与曩时异天地，横遇灾害也，其病正在于务多顷亩，而功不修耳。

当然，在当时的历史条件下，占田制度也起到了一定的积极作用。
其一，占田制鼓励垦荒，对于将劳动力与土地结合起来，多少收到了一定的成效。
《晋书》卷90《良吏王宏传》云：

  王宏字正宗，高平人，魏侍中粲之从孙也。魏时辟公府，累迁尚书郎，历给事中。泰始初，为汲郡太守，抚百姓如家，耕桑树艺，屋宇阡陌，莫不躬自教示，曲尽事宜，在郡有殊绩。司隶校尉石鉴上其政术，武帝下诏称之曰："朕惟人食之急，而惧天时水旱之运，夙夜警戒，念在于农。虽诏书屡下，敕厉殷勤，犹恐百姓废惰以损生植之功。而刺史、二千石、百里长吏未能尽勤，至使地有遗利而人有余力，每思闻监司纠举能不，将行其赏罚，以明沮劝。今司隶校尉石鉴上汲郡太守王宏勤恤百姓，导化有方，督劝开荒五千余顷，而熟田常课顷亩不减。比年普饥，人食不足，而宏郡界独无匮乏，可谓能矣。其赐宏谷千斛，布告天下，咸使闻知。"

又同书卷46《刘颂传》云：

(刘颂)在官严整,甚有政绩。旧修芍陂,年用数万人,豪强兼并,孤贫失业,颂使大小戮力,计功受分,百姓歌其平惠。

其二,占田制推行以后,社会比较安定,经济有所发展。

《晋书》卷26《食货志》云:

天下无事,赋税平均,人咸安其业而乐其事。

又《文选》卷49载干宝《晋纪总论》云:

太康之中,天下书同文,车同轨。牛马被野,余粮栖亩,行旅草舍,外闾不闭。民相遇者如亲,其匮乏者,取资于道路。故于时有"天下无穷人"之谚。

又《晋书》卷26《食货志》云:

世祖武皇帝太康元年……世属升平,物流仓府,宫闱增饰,服玩相辉……永宁之初,洛中尚有锦帛四百万,珠宝金银百余斛。

三　东晋南朝土地私有制的发展与江南的开发

(一) 江南大土地所有制的发展

江南士族早在东吴时期便拥有很强的经济力量。东晋以后,南北士族更依靠政治力量发展自己经济,到处求田问舍,掀起了一个占山护泽、侵占国有土地以为私有的高潮。当时士族占夺土地,其途径主要有以下几种。

一是占夺他人已占之田。

《晋书》卷69《刁协传附子逵传》云:

逵……兄弟子侄并不拘名行,以货殖为务,有田万顷,奴婢数千人,余资称是……刁氏素殷富,奴客纵横,固吝山泽,为京口之蠹。

又同书卷100《祖约传》云:

（咸和四年）约以左右数百人奔于石勒……勒将程遐说勒曰："……且约大引宾客，又占夺乡里先人田地，地主多怨。"于是勒……遂杀之。

又《宋书》卷77《沈庆之传》云：

（沈庆之）广开田园之业，每指地示人曰："钱尽在此中。"身享大国，家素富厚，产业累万金，奴僮千计。

二是占山封水、垦起湖田。

《宋书》卷67《谢灵运传》记载了谢灵运占山封水，决湖为田的典型事迹：

凿山浚湖，功役无已。寻山陟岭，必造幽峻，岩嶂千重，莫不备尽……自始宁南山伐木开径，直至临海，从者数百人。临海太守王琇惊骇，谓为山贼，徐知是灵运乃安。

谢灵运是南朝文坛上一位颇有造诣的人物，但他对土地的追求几乎达到了疯狂的程度。同上书《谢灵运传》还记载了他两次要求决湖为田，遭到拒绝的事例：

会稽东郭有回踵湖，灵运求决以为田，太祖令州郡履行。此湖去郭近，水物所出，百姓惜之，顗坚执不与。灵运既不得回踵，又求始宁岯崲湖为田，顗又固执。灵运谓顗非存利民，正虑决湖多害生命，言论毁伤之，与顗遂构仇隙。因灵运横恣，百姓惊扰，乃表其异志，发兵自防，露板上言。灵运驰出京都，诣阙上表曰："臣自抱疾归山，于今三载，居非郊郭，事乖人间，幽栖穷岩，外缘两绝，守分养命，庶毕余年。忽以去月二十八日得会稽太守臣顗二十七日疏云：'比日异论喧嗒，此虽相了，百姓不许寂默，今微为其防。'披疏骇愕，不解所由，便星言奔驰，归骨陛下。及经山阴，防卫彰赫，彭排马枪，断截衢巷，侦逻纵横，戈甲竟道。不知微臣罪为何事。及见颛,虽曰见亮,而装防如此,唯有罔惧。臣昔忝近侍,豫蒙天恩,若其罪迹炳明,文字有证,非但显戮司败,以正国典,普天之下,自无容身之地。今虚声为罪,何酷如之。夫自古逸谤,圣贤不免,然致谤之来,要有由趣。或轻死重气,结党聚群,或勇冠乡邦,剑客驰逐。未闻俎豆之学,欲为逆节之罪;山栖之士,而构陵上之衅。今影迹无端,假谤空设,终古之酷,未之或有。匪吝其生,实悲其痛。诚复内省不疚,而抱理莫申。是以牵曳疾病,束骸归款。仰凭陛下天鉴曲临,则死之日,犹生之年也。臣忧怖弥日,羸疾发动,尸存恍惚,不知所陈。"

太祖知其见诬,不罪也。不欲使东归,以为临川内史,赐秩中二千石。在郡游放,不异永嘉,为有司所纠。

其实,占山封水,垦辟湖田者,绝非谢灵运一家一人,而是东晋南朝时期的常见现象。

《晋书》卷80《王羲之传》云:

初,羲之既优游无事,与吏部郎谢万书曰:

古之辞世者或被发阳狂,或污身秽迹,可谓艰矣。今仆坐而获逸,遂其宿心,其为庆幸,岂非天赐!违天不祥。

顷东游还,修植桑果,今盛敷荣,率诸子,抱弱孙,游观其间,有一味之甘,割而分之,以娱目前。虽植德无殊邈,犹欲教养子孙以敦厚退让。或以轻薄,庶令举策数马,仿佛万石之风。君谓此何如?

比当与安石东游山海,并行田视地利,颐养闲暇。衣食之余,欲与亲知时共欢宴,虽不能兴言高咏,衔杯引满,语田里所行,故以为抚掌之资,其为得意,可胜言邪!常依陆贾、班嗣、杨王孙之处世,甚欲希风数子,老夫志愿尽于此也。

《宋书》卷54《孔季恭传》记载因移民垦起湖田引起的争论,从中可以看出刘宋统治阶级内部在争夺土地、劳动力方面的矛盾:

世祖大明初,(灵符)自侍中为辅国将军、郢州刺史,入为丹阳尹。山阴县土境褊狭,民多田少,灵符表徙无赀之家于余姚、鄞、鄮三县界，垦起湖田。上使公卿博议，太宰江夏王义恭议曰："夫训农修本，有国所同，土著之民，习玩日久，如京师无田，不闻徙居他县。寻山阴豪族富室，顷亩不少，贫者肆力，非为无处，耕起空荒，无救灾歉。又缘湖居民，鱼鸭为业，及有居肆，理无乐徙。"尚书令柳元景、右仆射刘秀之、尚书王瓒之、顾凯之、颜师伯、嗣湘东王或议曰："富户温房，无假迁业；穷身寒室，必应徙居。茸宇疏皋，产粒无待，资公则公未易充，课私则私卒难具。生计既完，龠功自息，宜募亡叛通恤及与乐田者，其往经创，须粗修立，然后徙居。"侍中沈怀文、王景文、黄门侍郎刘骏、郗颙议曰："百姓虽不亲农，不无资生之路，若驱以就田，则坐相违夺。且鄞等三县，去治并远，既安之民，忽徙他邑，新垣未立，旧居已毁，去留两困，无以自资。谓宜适任民情，从其所乐，开宥逋亡，且令就业，若审成腴壤，然后议迁。"太常王玄谟议曰："小民贫匮，远就荒畴，去旧即新，粮种俱阙，习之既难，劝之未易。谓宜微加资给，使得肆勤，明力田之赏，申怠惰之罚。"光禄勋王升之议曰："远废之畴，方翦荆棘，率课穷乏，其事弥难，资徙粗立，徐行无晚。"上违议，从其徙民，并成良业。

由于侵占山水湖滨之地的现象日趋严重，所以东晋政府不得不在咸康二年（336）颁布壬辰诏书，禁止私人占山固泽。

《宋书》卷54《羊玄保传附羊希传》云：

> 占山护泽，强盗律论，赃一丈以上，皆弃市。

而且在刘宋义熙九年（414）、元嘉十七年（440）又两次下令禁封山泽。

《宋书》卷2《武帝纪中》云：

> 先是山湖川泽，皆为豪强所专，小民薪采渔钓，皆责税直，至是禁断之。

又同书卷5《文帝纪》云：

> 山泽之利，犹或禁断。

但结果是禁者自禁，占者自占。至刘宋大明初年，在大量山泽湖田已被士族地主分割占领的情况下，统治者不得不改变政策，颁布了"占山制"。

《宋书》卷54《羊玄保传附羊希传》谓：

> 玄保兄子希字泰闻，少有才气。大明初，为尚书左丞。时扬州刺史西阳王子尚上言："山湖之禁，虽有旧科，民俗相因，替而不奉，煔山封水，保为家利。自顷以来，颓弛日甚，富强者兼岭而占，贫弱者薪苏无托，至渔采之地，亦又如兹。斯实害治之深弊，为政所宜去绝，损益旧条，更申恒制。"有司检壬辰诏书："占山护泽，强盗律论，赃一丈以上，皆弃市。"希以"壬辰之制，其禁严刻，事既难遵，理与时弛。而占山封水，渐染复滋，更相因仍，便成先业，一朝顿去，易致嗟怨。今更刊革，立制五条。凡是山泽，先常煔燹种养竹木杂果为林，及陂湖江海鱼梁鳅鲎场，常加功修作者，听不追夺。官品第一、第二，听占山三顷；第三、第四品，二顷五十亩；第五、第六品，二顷；第七、第八品，一顷五十亩；第九品及百姓，一顷。皆依定格，条上赀簿。若先已占山，不得更占；先占阙少，依限占足。若非前条旧业，一不得禁。有犯者，水土一尺以上，并计赃，依常盗律论。停除咸康二年壬辰之科。"从之。

"占山制"兼顾山泽开发和樵采渔钓的同时进行，比禁断现实。此制为孝武帝所接受并颁行，"壬辰之科"至此终止。

三是赐田。

《梁书》卷7《太宗王皇后传》云：

> 时高祖于钟山造大爱敬寺，骞旧墅在寺侧，有良田八十余顷，即晋丞相王导赐田也。

又《宋书》卷92《良吏·王悦传》云：

（王）悦泰始中，为黄门郎，御史中丞。上以其廉介，赐良田五顷。

又《南齐书》卷29《周山图传》云：

周山图字季寂，义兴义乡人也。少贫微，佣书自业……泰始初，为殿中将军……除员外郎，加振武将军。豫平浓湖，追贼至西阳还，明帝赏之，赐苑西宅一区。

除上述途径外，士族地主还通过正常的买卖程序获得地产。
《宋书》卷73《颜延之传》云：

（元嘉中）（颜延之）迁国子祭酒、司徒左长史，坐启买人田，不肯还直。尚书左丞荀赤松奏之曰："……延之唯利是视，轻冒陈闻，依傍诏恩，拒捍余直，垂及周年，犹不毕了，昧利苟得，无所顾忌……请以延之讼田不实，妄干天听，以强凌弱，免所居官。"诏可。

又《南齐书》卷55《孝义吴达之传》云：

从祖弟敬伯夫妻荒年被略卖江北，达之有田十亩，货以赎之，与之同财共宅。

又《梁书》卷25《徐勉传》云：

（勉）尝为书诫其子崧曰："……闻汝所买姑孰田地，甚为舄卤，弥复何安。"

除了山林川泽日益进入了私有土地的范围以外，政府允许士族地主占客、荫客的数量也在逐步增加。

《隋书》卷24《食货志》云：

其无贯之人，不乐州县编户者，谓之浮浪人，乐输亦无定数，任量，准所输，终优于正课焉。都下人多为诸王公贵人左右、佃客、典计、衣食客之类，皆无课役。官品第一、第二，佃客无过四十户。第三品三十五户。第四品三十户。第五品二十五户。第六品二十户。第七品十五户。第八品十户。第九品五户。其佃谷皆与大家量分。其典计，官品第一、第二，置三人。第三、第四，置二人。第五、第六及公府参军、殿中监、监军、长史、司马、部曲督、关外侯、材官、议郎已上，一人。皆通在佃客数中。官品第六已上，并得衣食客三人。第七、第八二人。第九品及举辇、迹禽、前驱、由基强弩司马、羽林郎、殿中冗从武贲、殿中武贲、持椎斧武骑武贲、持铍冗从武贲、命中武贲武骑，一人。客皆注家籍。

江南士族地主大土地所有制的发展，就是通过官府赏赐土地、按官品占田、占客以及随意私占山林川泽地等多种分割国有土地的方式实现的。

(二) 南朝田庄经营方式的变化

南朝田庄一般不是地主阶级宗族共有的田庄，而是地主阶级个体家庭所有的庄园。它实行多种经营，并开始使用雇佣劳动。关于前者将在后面叙述，此处叙雇佣劳动问题。

东晋初年的田庄中，庄主剥削佃客的方式仍然是"其佃谷与大家量分。"到了南朝初期，在新的庄园中，出现了一种新的剥削客户的方式。

《宋书》卷 67《谢灵运传》载其《山居赋》云：

山作水役，不以一牧。资待各徒，随节竞逐。

"资待"有两种解释。认为南朝仍在使用地位等同农奴的佃客进行劳动的，解作"有待"。我们认为，从"竞逐"二字来看，表现出了生产的积极性，此非农奴所应有；加以当时社会上雇佣劳动已在发展，"资"字应作名词解，"资待"即以资待之，有雇佣之义。以下史料可为佐证。

《宋书》卷 54《孔季恭传附弟灵符传》云：

弟灵符，元嘉末，为南谯王义宣司空长史、南郡太守，尚书吏部郎。世祖大明初，自侍中为辅国将军、郢州刺史，入为丹阳尹。山阴县土境褊狭，民多田少，灵符表徙无赀之家于余姚、鄞、鄮三县界，垦起湖田。上使公卿博议，太宰江夏王义恭议曰："夫训农修本，有国所同，土著之民，习玩日久，如京师无田，不闻徙居他县。寻山阴豪族富室，顷亩不少，贫者肆力，非为无处，耕起空荒，无救灾歉。又缘湖居民，鱼鸭为业，及有居肆，理无乐徙。"尚书令柳元景、右仆射刘秀之、尚书王瓒之、顾凯之、颜师伯、嗣湘东王彧议曰："富户温房，无假迁业；穷身寒室，必应徙居。茸宇疏皋，产粒无待，资公则公未易充，课私则私卒难具。生计既完，畬功自息，宜募亡叛通恤及与乐田者，其往经创，须粗修立，然后徙居。"侍中沈怀文、王景文、黄门侍郎刘𩃀、郗颙议曰："百姓虽不亲农，不无资生之路，若驱以就田，则坐相违夺。且鄮等三县，去治并远，既安之民，忽徙他邑，新垣未立，旧居已毁，去留两困，无以自资。谓宜适任民情，从其所乐，开宥逋亡，且令就业，若审成腴壤，然后议迁。"太常王玄谟议曰："小民贫匮，远就荒畴，去旧即新，粮种俱阙，习之既难，劝之未易。谓宜微加资给，使得肆勤，明力田之赏，申怠惰之罚。"光禄勋王升之议曰："远废之畴，方翦荆棘，率课穷乏，其事弥难，资徙粗立，徐行无晚。"上违议，从其徙民，并成良业。

又《南齐书》卷46《顾宪之传》云：

山阴一县，课户二万，其民赀不满三千者，殆将居半，刻又刻之，犹且三分余一。凡有赀者，多是士人复除。其贫极者，悉皆露户役民。三五属官，盖惟分定，百端输调，又则常然。比众局检校，首尾寻续，横相质累者，亦复不少。一人被摄，十人相追；一绪裁萌，千蘖互起。蚕事弛而农业废，贱取庸而贵举责，应公赡私，日不暇给，欲无为非，其可得乎？死且不惮，矧伊刑罚；身且不爱，何况妻子。是以前检未穷，后巧复滋，网辟徒峻，犹不能悛。

又《梁书》卷3《武帝纪下》载大同七年十一月的一道诏令云：

自今公田悉不得假与豪家；已假者特听不追。其若富室给贫民种粮共营作者，不在禁例。

上述史料表明雇佣劳动在南朝已经相当盛行。

有关当时雇佣劳动的情况，《宋书》卷91《孝义郭世道传附子原平传》有云：

> （郭世道）子原平，字长泰，又禀至行，养亲必己力。性闲木功，佣赁以给供养。性谦虚，每为人作匠，取散夫价。主人设食，原平自以家贫，父母不办有肴味，唯餐盐饭而已。若家或无食，则虚中竟日，义不独饱；要须日暮作毕，受直归家，于里中买籴，然后举爨……父亡，哭踊恸绝，数日方苏。以为奉终之义，情礼所毕，营圹凶功，不欲假人。本虽智巧，而不解作墓，乃访邑中有营墓者，助人运力，经时展勤，久乃闲练。又自卖十夫，以供众费。窀穸之事，俭而当礼，性无术学，因心自然。葬毕，诣所买主，执役无懈，与诸奴分务。每让逸取劳，主人不忍使，每遣之，原平服勤，未曾暂替。所余私夫，佣赁养母，有余聚以自赎。本性智巧，既学构冢，尤善其事，每至吉岁，求者盈门。原平所赴，必自贫始，既取贱价，又以夫日助之。

又同书同卷《孝义·吴逵传》云：

> 吴逵，吴兴乌程人也。经荒饥馑，系以疾疫，父母兄弟嫂及群从小功之亲，男女死者十三人……亲属皆尽，唯逵夫妻获全。家徒壁立，冬无被绔，昼则庸赁，夜则伐木烧砖，此诚无有懈倦……期年中，成七墓，葬十三棺……送终之事，亦俭而周礼。逵时逆取邻人夫直，葬毕，众悉以施之，逵一无所受，皆佣力报答焉。

又同书同卷《孝义·王彭传》云：

> 王彭，盱眙直渎人也。少丧母。元嘉初，父又丧亡，家贫力弱，无以营葬，兄弟二人，昼则佣力，夜则号感。乡里并哀之，乃各出夫力助作砖。

又《南齐书》卷55《吴达之传》云：

> 吴达之，义兴人也。嫂亡无以葬，自卖为十夫客，以营冢椁。

上述材料中的"散夫""夫日""夫力""夫直"的"夫"，均是指"工"，"散夫"即以日计算的零工，"夫日"为一工，"夫力"则为一夫之力，"夫直"为工钱。"十夫客"即出卖十个工的劳动者。此处所谓的客，为佣工，有人身自由，非奴隶性质的依附客。

除十夫客外，尚有佣客。佣客的历史较"十夫客"早，陈胜即"尝与人佣耕"的佣客。所谓佣客，即出卖劳动力而获取报酬的劳动者。

司马贞《史记索记》注引《广雅》云：

> 佣者，役也，谓役力而受雇直也。

又《汉书》卷81《匡衡传》云：

> （匡衡）父世农夫，至衡好学，家贫，庸作以供资用。

南朝时期，有关佣客的记载屡见不鲜。这里略举几例。

《晋书》卷88《孝友·吴逵传》云：

> （吴逵）家极贫窭，冬无衣被，昼则佣赁，夜烧砖甓，昼夜在山，未尝休止。

又同书同卷《孝友王延传》云：

> （王延）昼则佣赁，夜则诵书。

又《宋书》卷91《孝义郭世道传》云：

> 郭世道，会稽永兴人也……家贫，无产业，佣力以养继母……母

亡，负土成坟。亲戚咸共赙助，微有所受。葬毕，佣赁，倍还先直。

有学者认为，佣客是雇佣劳动者，而十夫客则为半雇佣劳动者。前者是以卖佣取值为生活来源，而后者则有自己的经济，卖佣是为偿债，债除则不一定为人佣力了。所以十夫客是偿债性的佣客、半雇佣性的劳动者①。

雇佣劳动不仅用到了私家庄园的经营上，而且用到了国家徭役上。
《梁书》卷38《贺琛传》云：

（梁时）凡所营造，不关材官，及以国匠，皆资雇借，以成其事。

雇佣劳动的出现，无疑有利于江南的开发。为了弄清楚当时的田庄主何以不可能用剥削本宗佃客的方式去经营庄园，须将南朝社会宗族组织的变动，作一简略交代。

汉魏田庄主多是聚族而居的，社会的基本单位是宗族，宗族内部有庄主与佃客之分。大家族制度是一种落后的社会组织形式，它必将为个体家庭所代替。变化主要发生在南北朝时期。

《宋书》卷82《周朗传》云：

今士大夫以下，父母在而兄弟异计，十家而七矣。庶人父子殊产，亦八家而五矣。凡甚者，乃危亡不相知，饥寒不相恤，又嫉谤谗害，其间不可称数。

这条史料极其重要。它告诉我们，在刘宋，包括士大夫和庶人在内，异计、殊产的，十家中就有七八家之多。个体家庭在南方已取代聚居的大家族，成了社会的基本单位②。周朗的话可以从以下史料得到证实。

琅邪王氏

《南史》卷21《王弘传附王僧佑传》云：

---

① 简修炜等：《六朝史稿》，华东师范大学出版社1994年版，第246—247页。
② 万绳楠师：《魏晋南北朝史论稿》，安徽教育出版社1983年版，第209页。

齐高帝谓王俭曰："卿从可谓朝隐。"答曰："臣从非敢妄同高人，直是爱闲多病耳。"经赠俭诗云："汝家在市门，我家在南郭；汝家饶宾侣，我家多鸟雀。"

又《南齐书》卷32《王延之传》云：

王延之，字希季，琅邪临沂人也……父升之，都官尚书。延之出继伯父秀才粲之……延之清贫，居宇穿漏。

又同书卷33《王僧虔传》云：

（王僧虔）寻迁豫章内史。入为侍中，迁御史中丞，领骁骑将军。甲族由来多不居宪台，王氏以分枝居乌衣者，位官微减，僧虔为此官，乃曰："此是乌衣诸郎坐处，我亦可试为耳。"

陈郡谢氏
《宋书》卷57《谢弘微传》云：

谢弘微，陈郡阳夏人也……父思，武昌太守。从叔峻，司空琰第二子也，无后，以弘微为嗣……弘微……童幼时，精神端审，时然后言。所继叔父混名知人，见而异之，谓思曰："此儿深中夙敏，方成佳器。有子如此，足矣。"年十岁出继……弘微家素贫俭，而所继丰泰，唯受书数千卷……高祖受命，晋陵公主降为东乡君，以混得罪前代，东乡君节义可嘉，听还谢氏……（义熙）九年，东乡君薨，资财巨万，园宅十余所。

吴郡张氏
又《南齐书》卷41《张融传》云：

张融字思光，吴郡吴人也……孝武起新安寺，傣佐多儭钱帛，融独儭百钱。帝曰："融殊贫，当序以佳禄。"出为封溪令……融家贫愿禄，初与从叔征北将军永书曰："融昔称幼学，早训家风，虽则不敏，率以成性。布衣苇席，弱年所安；箪食瓢饮，不觉不乐。但世业清贫，民生多待，榛栗枣脩，女贽既长，束帛禽鸟，男礼已大。勉身就官，十年七仕，不欲代耕，何至此事。昔求三吴一丞，虽属舛错；今闻南康缺守，愿得为之。融不知阶级，阶级亦可不知，融政以求丞不得，所以求郡，求郡不得，亦可复求丞。"又与吏部尚书王僧虔书曰："融，天地之逸民也。进不辨贵，退不知贱，兀然造化，忽如草木。实以家贫累积，孤寡伤心，八侄俱孤，二弟颇弱，抚之而感，古人以悲。岂能山海陋禄，申融情累。阮籍爱东平土风，融亦欣晋平闲外。"时议以融非治民才，竟不果。

又《南齐书》卷33《张绪传》云：

张绪字思曼，吴郡吴人也……世祖即位，（绪）转吏部尚书，祭酒如故。永明元年，迁金紫光禄大夫，领太常。明年，领南郡王师，加给事中，太常如故。三年，转太子詹事，师、给事如故。绪每朝见，世祖目送之。

张融、张永、张绪同出吴郡吴县张氏，却是三个独立的个体家庭，贫富升沉各异。

吴兴沈氏

《陈书》卷19《沈炯传》云：

文帝嗣位，（炯）又表曰："臣婴生不幸，弱冠而孤，母子零丁，兄弟相长。谨身为养，仕不择官，宦成梁朝，命存乱世，冒危履险，百死轻生，妻息诛夷，昆季冥灭，余臣母子，得逢兴运。臣母妾刘，今年八十有一，臣叔母妾丘，七十有五，臣门弟侄故自无人，妾丘儿孙又久亡泯，两家侍养，余臣一人。"

由上述史料可见，到南朝，聚族而居的传统已经破坏，个体家庭已经成为社会的基本单位，同一士族的各个支系已经有了升沉贫富的分别。

大家族制度的破坏，在生产方式上带来了两个显著的变化：一是土地的宗族共有制发生变化,在江南创辟的庄园,主要由个体家庭独立经营。如下节将要叙及的孔灵符、徐勉、谢灵运等的庄园均由家庭独立经营。二是庄主剥削本宗佃客的制度开始瓦解,宗族解散后,在江南开辟庄园,主要依赖招徕外姓劳动力。

《宋书》卷52《袁湛传附弟豹传》云:

> (刘)毅时建议大田,豹上议曰:"国因民以为本,民资食以为天,修其业则教兴,崇其本则末理,实为治之要道,致化之所阶也……然斯业不修,有自来矣……居位无义从之徒,在野靡兼并之党,给赐非可恩致,力役不入私门,则游食者反本,肆勤自劝;游食省而肆勤众,则东作繁矣。"

为了招徕外姓农民,庄园必须改变其剥削方式。而这种改变,就是"佣耕""贱取庸"或"给贫民种粮共营作"。何况,由于商品经济的发展,庄主已经有了改变剥削方式、采用佣耕及"资待各徒"的条件。

庄园由个体家庭而不是由宗族或大家族经营,采用雇佣劳动而不是采用农奴式的强制性劳动,这是经济上明显的进步。

(三) 南朝田庄经济的蓬勃发展

随着大土地所有制的发展和经营方式的变化,南朝田庄经济蓬蓬勃勃地发展起来。这时田庄也称墅(又称别墅、田墅)、园(亦称田园、园舍或园宅)、宅(或称舍宅)等。有关南朝田庄经济的资料,俯拾皆是。

《宋书》卷54《孔季恭传附孔灵符传》云:

> 灵符家本丰,产业甚广,又于永兴立墅,周回三十三里,水陆地二百六十五顷,含带二山,又有果园九处。

又《梁书》卷25《徐勉传》云:

> (徐)勉虽居显位,不营产业,家无蓄积,俸禄分赡亲族之穷乏者……(勉)尝为书诫其子崧曰:
> 吾家世清廉,故常居贫素,至于产业之事,所未尝言,非直不经营而已……显贵以来,将三十载,门人故旧,亟荐便宜,或使创辟田

园,或劝兴立邸店,又欲舳舻运致,亦令货殖聚敛。若此众事,皆距而不纳。非谓拔葵去织,且欲省息纷纭。

中年聊于东田间营小园者,非在播艺,以要利入,正欲穿池种树,少寄情赏。又以郊际闲旷,终可为宅,傥获悬车致事,实欲歌哭于斯。慧日、十住等,既应营婚,又须住止,吾清明门宅,无相容处。所以尔者,亦复有以;前割西边施宣武寺,既失西厢,不复方幅,意亦谓此逆旅舍耳,何事须华?常恨时人谓是我宅。古往今来,豪富继踵,高门甲第,连闼洞房,宛其死矣,定是谁室?但不能不为培塿之山,聚石移果,杂以花卉,以娱休沐,用讬性灵。随便架立,不在广大,惟功德处,小以为好。所以内中逼促,无复房宇。近营东边儿孙二宅,乃藉十住南还之资,其中所须,犹为不少,既牵挽不至,又不可中涂而辍,郊间之园,遂不办保,货与韦黯,乃获百金,成就两宅,已消其半。寻园价所得,何以至此?由吾经始历年,粗已成立,桃李茂密,桐竹成阴,塍陌交通,渠畎相属,华楼迥榭,颇有临眺之美;孤峰丛薄,不无纠纷之兴。渎中并饶菰蒋,湖里殊富芰莲。虽云人外,城阙密迩,韦生欲之,亦雅有情趣。

又同书卷51《张孝秀传》云:

(秀)去职归山,居于东林寺。有田数十顷,部曲数百人,率以力田,尽供山众,远近归慕,赴之如市。

从上引史料可看出,田庄规模有大有小,农业在田庄经济中占主导的地位,此外还有园林业、养鱼业和畜牧业等。田庄里的生产者,主要是佃客、部曲和奴隶。田庄自给自足,而个别的也与市场发生联系。但是上述的资料还相当零散,难以据此判断此时期田庄的全貌,以及田庄的性质和特点。我们认为,《颜氏家训》和《宋书·谢灵运传》中的资料具有一定的典型性,前者代表中小田庄,后者代表大田庄。

北齐颜之推《颜氏家训》卷1《治家》谓:

生民之本,要当稼穑而食,桑麻以衣。蔬果之畜,园场之所产;鸡豚之善,埘圈之所生。爰及栋宇器械,樵苏脂烛,莫非种殖之物也。至能守其业者，闭门而为生之具以足，但家无盐井耳。

又同书卷5《止足》谓：

> 周穆王、秦始皇、汉武帝，富有四海，贵为天子，不知纪极，犹自败累，况士庶乎？常以二十口家，奴婢盛多，不可出二十人，良田十顷，堂室才蔽风雨，车马仅代杖策，蓄财数万，以拟吉凶急速，不啻此者，以义散之；不至此者，勿非道求之。

《宋书》卷67《谢灵运传》所载谢氏写的《山居赋》及自注，对他的田庄描述甚详，现节录部分内容如次：

> 其居也，左湖右江，往渚还汀。面山背阜，东阻西倾。抱含吸吐，款跨纡萦。绵联邪亘，侧直齐平。近东则上田、下湖、西溪、南谷，石塝、石磅，闵硎、黄竹。决飞泉于百仞，森高薄于千麓。写长源于远江，派深浚于近渎。近南则会以双流，萦以三洲。表里回游，离合山川。崿崩飞于东峭，盘傍薄于西阡。拂青林而激波，挥白沙而生涟。近西则杨、宾接峰，唐皇连纵。室、壁带溪，曾、孤临江。竹缘浦以被绿，石照涧而映红。月隐山而成阴，木鸣柯以起风。近北则二巫结湖，两耕通沼。横、石判尽，休、周分表。引修堤之逶迤，吐泉流之浩瀁。山崾下而回泽，濑石上而开道。远东则天台、桐柏，方石、太平、二韭、四明、五奥、三菁。表神异于纬牒，验感应于庆灵。凌石桥之莓苔，越栖溪之纤萦。远南则松箴、栖鸡，唐嵫、漫石。崒、嵊对岭崱、孟分隔。入极浦而邅回，迷不知其所适。上嵌崎而蒙笼，下深沉而浇激……远北则长江永归，巨海延纳。昆涨缅旷，岛屿绸沓。山纵横以布护，水回沉而萦浥。信荒极之绵眇，究风波之睽合……山作水役，不以一牧。资待各徒，随节竞逐。陟岭刊木，除榛伐竹……芰菰蒹蒲，以荐以茭。既坯既埏，品收不一。其灰其炭，咸各有律。六月采蜜，八月朴栗……备物为繁，略载靡悉……南山则夹渠二田，周岭三苑。九泉别涧，五谷异穰。群峰参差出其间，连岫复陆成其坂。众流溉灌以环近，诸堤拥抑以接远。远堤兼陌，近流开湍。凌阜泛波，水往步还。还回往匝，枉渚员峦。呈美表趣，胡可胜

单……修竹葳蕤以翳荟，灌木森沉以蒙茂。萝曼延以攀援，花芬薰而媚秀……北山二园，南山三苑。百果备列，乍近乍远。罗行布株，迎早候晚。猗蔚溪涧，森疏崖巘。杏坛、椹园，橘林、栗圃。桃李多品，梨枣殊所。枇杷林檎，带谷映渚。椹梅流芬于回恋，楟柿被实于长浦……

可见谢灵运的田庄中，水田、旱田、花园、巘谷、果园、菜圃、禽兽、池鱼、药材，应有尽有，显然是一个规模宏大的自给自足的经济单位。

（四）江南的开发

南朝时代，江南的大部分地区都已得到开发。促进南方普遍获得开发的主要因素，是南朝田庄制度的变革、生产关系的改造和经济政策的变化。这里按西晋的行政区划对扬、荆、益及交广几个大区的开发状况作一粗略考察。

扬州地区：

六朝时期，以建康为中心的京畿地区普遍得到了开发。

《晋书》卷76《张闿传》载：

> 张闿字敬绪，丹杨人……（元）帝践阼，出补晋陵内史，在郡甚有威惠……时所部四县并以旱失田，闿乃立曲阿新丰塘，溉田八百余顷，每岁丰稔。

又《宋书》卷91《孝义·徐耕传》载：

> 徐耕，晋陵延陵人也……元嘉二十一年，大旱民饥，耕诣县陈辞曰："……此郡（晋陵）虽弊，犹有富室，承陂之家，处处而是，并皆保熟，所失盖微。陈积之谷，皆有巨万。"

又《陈书》卷21《孔奂传》载：

> 晋陵自宋、齐以来，旧为大郡，虽经寇扰，犹为全实。

又同书卷 5《文帝纪》载：

（梁末）姑熟饶旷……良畴美柘，畦畎相望，连宇高甍，阡陌如绣。

吴郡、吴兴、会稽三郡，号称"三吴"，它是东晋南朝的财政基地，经济发展尤为突出。

《宋书》卷 54《孔季恭传附弟灵符传》载：

山阴县土境褊狭，民多田少，灵符表徙无赀之家于余姚、鄞、鄮三县界，垦起湖田……上违议，从其徙民，并成良业。

又同书卷 99《二凶·始兴王浚传》载：

明年（元嘉二十二年），浚上言："所统吴兴郡，衿带重山，地多污泽……彼邦奥区，地沃民阜，一岁称稔，则穰被京城；时或水潦，由数郡为灾。"

又《宋书》卷 54《孔季恭传》"传论"载：

史臣曰：江南之为国，盛矣。虽南包象浦，西括邛山，至于外奉贡赋，内充府实，止于荆、扬二州。自汉氏以来，民户凋耗，荆楚四战之地，五达之郊，井邑残亡，万不余一也。自元熙十一年司马休之外奔，至于元嘉末，三十有九载，兵车勿用，民不外劳，役宽务简，氓庶繁息，至余粮栖亩，户不夜扃，盖东西之极盛也。既扬部分析，境极江南，考之汉域，惟丹阳会稽而已。自晋氏迁流，迄于太元之世，百许年中，无风尘之警，区域之内，晏如也。及孙恩寇乱，歼亡事极，自此以至大明之季，年逾六纪，民户繁育，将曩时一矣。地广野丰，民勤本业，一岁或稔，则数郡忘饥。会土带海傍湖，良畴亦数十万顷，膏腴上地，亩直一金，鄠、杜之间，不能比也。荆城跨南楚之富，扬部有全吴之沃，鱼盐杞梓之利，充仞八方；丝绵布帛之饶，覆衣天下。

三吴经济的发展，带动了今浙江西部和南部的进步。临海、东阳（今浙江金华）、新安（今浙江淳安西北）等地也逐渐开发。关于临海的开发，《太平寰宇记》卷127载：

（梁时临海乐安县）堰谷为六彼以溉田。

又《陈书》卷33《王元规传》载：

元规八岁……随母依舅氏往临海郡，时年十二。郡土豪刘瑱者，资财巨万。

关于新安的开发，《陈书》卷10《程灵洗传》有云：

程灵洗字玄涤，新安海宁人也……性好播植，躬勤耕稼，至于水陆所宜，刈获早晚，虽老农不能及也。

与浙江相邻的，南为闽中，西为鄱阳湖及赣江流域。这些地区也得到了开发，以下史料可以为证。
《资治通鉴》卷113《晋纪》安帝元兴二年八月注谓：

武帝太康三年，分建安立晋安郡，今泉州南安县即此地。宋白曰：东晋南渡，衣冠士族多萃此地以求安堵。

又《陈书》卷35《陈宝应传》载：

陈宝应，晋安候官人也。世为闽中四姓……时东境饥馑……而晋安独丰沃。宝应自海道寇临安、永嘉及会稽、余姚、诸暨，又载米粟与之贸易。

又《太平御览》卷821《资产部·田》引《豫章记》载：

（豫章）郡江之西岸……多良田，极膏腴者，一亩二十斛。稻米之精者，如玉映彻于器中。

又《隋书》卷31《地理志下》载：

豫章之俗，颇同吴中，其君子善居室，小人勤耕稼……一年蚕四五熟，勤于纺绩，亦有夜浣纱而旦成布者，俗呼为鸡鸣布。

介乎南北交界地带的淮南、寿春等地，也发展成了一地方经济区。《晋书》卷92《文苑·伏滔传》载《正淮论》谓：

彼寿阳者，南引荆汝之利，东连三吴之富；北接梁、宋，平涂不过七日；西援陈许，水陆不出千里；外有江湖之阻，内保淮肥之固。龙泉之陂，良畴万顷，舒六之贡，利尽蛮越，金石皮革之具萃焉，苞木箭竹之族生焉，山湖薮泽之隈，水旱之所不害，土产草滋之实，荒年之所取给。此则系乎地利乎也。

又《隋书》卷24《食货志》载：

晋自过江……淮南一都之会，地方千余里，有陂田之饶。

荆州地区：
《宋书》卷54《孔季恭传》"史臣论"谓：

外奉贡赋，内充府实，止于荆、扬二州……荆城跨南楚之富，扬部有全吴之沃，鱼盐杞梓之利，充仞八方；丝绵布帛之饶，覆衣天下。

又《梁书》卷32《陈庆之传》载：

中大通二年……（陈）庆之……罢义阳镇兵，停水陆转运，江湖诸州并得休息。开田六千顷，二年之后，仓廪充实。

又《南齐书》卷 15《州郡志下》载：

襄阳左右，田土肥良，桑梓野泽，处处而有。

又《宋书》卷 46《张邵传》载：

元嘉五年……（张邵）领宁蛮校尉、雍州刺史……及至襄阳，筑长围，修立堤堰，开田数千顷，郡人赖之富赡。

益州地区：
《宋书》卷 78《萧思话传》载：

（元嘉）九年，仇池大饥，益、梁州丰稔。

又同书卷 92《良吏·陆徽传》载：

（元嘉）二十三年，乃追（陆）徽为持节、督……益州刺史……民物殷阜，蜀土安说，至今称之。

又同书卷 81《刘秀之传》载：

（元嘉）二十七年，（刘秀之）督……益州刺史……梁、益二州土境丰富，前后刺史，莫不营聚蓄，多者致万金。所携宾僚，并京邑贫士，出为郡县，皆以苟得自资。

交广地区：
《广州通志·金石略》引欧阳頠《德政碑》谓：

（广州）工商竞臻，粥（同鬻）米商盐，盈衢通肆……市有千金之租，田多万箱之咏。

又《南齐书》卷14《州郡志上》载：

> 交州……外接南夷，宝货所出，山海珍怪，莫与为比。

又《水经注》卷36《温水注》载：

> （交州）米不外散，恒为丰国。桑蚕年八熟茧。《三都赋》所谓八蚕之绵者。

四 十六国北朝私有土地制的表现形式

十六国和北朝时期，私有土地制主要有小农土地私有制、牧场私有制和地主土地私有制等形态。

（一）地主土地私有制

地主土地私有制是十六国、北朝时期私有土地制的主要形式，这里分十六国、北朝前期和北朝后期两个阶段作介绍。

十六国和北朝前期，地主土地私有制的组织形式，主要是以宗族为武装和以坞为建筑形式的地主田庄。坞，文献上又称堡、壁、垒、砦、屯，或坞堡、坞壁、垒壁、堡壁。坞堡大概源于汉初徙民实边，东汉之末大为发展，西晋之末直至十六国、北朝时期，达到了鼎盛时期。此时的黄河流域，几乎到处是坞堡。

《晋书》卷100《苏峻传》云：

> 永嘉之乱，百姓流亡，所在屯聚，（苏）峻纠合得数千家，结垒于本县（掖县）。于时豪杰所在屯聚，而峻最强。遣长史徐玮宣檄诸屯，示以王化，又收枯骨而葬之，远近感其恩义，推峻为主。遂射猎于海边青山中。

《苏峻传》出现两处"所在屯聚"，可知屯聚者之多。"结垒"即结堡、结坞，以作守备之用。

《水经注》卷15《洛水注》篇记洛水所经，有檀山坞、金门坞、一合坞等十余个坞：

洛水又东迳檀山南，其山四绝孤峙，山上有坞聚，俗谓之檀山坞……洛水右会金门溪水，水南出金门山，北迳金门坞西，北流入于洛……洛水又东，有昌涧水注之，水出西北宜阳山，而东南流迳宜阳故郡南，旧阳市邑也，故洛阳都典农治，此后改为郡。其水又南，注于洛。洛水又东迳一全坞南，城在川北原上，高二十丈……水出宜阳县南女几山，东北流迳云中坞，左上迢遰层峻，流烟半垂，缨带山阜，故坞受其名……合水南出半石之山，北迳合水坞，而东北流，注于公路涧……休水又西南北屈，潜流地下，其故渎北屈出峡，谓之大穴口。北历覆斧堆东，盖以物象受名矣。又东屈零星坞，水流（谢云：流字，似衍。）潜通，重源又发，侧缑氏原，《开山图》谓之缑氏山也……洛水又东，迳百谷坞北。戴延之《西征记》曰：坞在川南，因原为坞，高一十余丈。刘武王西入长安，舟师所保……罗水又西北，白马溪水注之。水出崧山北麓，迳白马坞东，而北入罗水。西北流，白桐涧水注之。水出崧麓桐溪，北流迳九山东，又北，九山溪水入焉，水出百称山东谷……其水东北流，入白桐涧，又北迳袁公坞东，盖公路始固有此也，故有袁公之名矣……又迳盘谷坞东，世又名之曰盘谷水……马怀桥长水出新城西山，东迳晋使持节征南将军宋均碑南。均字文平，县人也。其碑太始三年十二月立。其水又东流入于伊。又有明水，出梁县西狼皋山，俗谓之石涧水也。西北流迳杨亮垒南，西北合康水，水亦（宋本亦下有出字）[出]狼皋山。东北流，迳范坞北，与明水合。北汶（孙云汶字疑误）西南流入于伊。《山海经》曰：放皋之山，（旧本作放罩，郭景纯注：《山海经》放皋山云：放或作效，又作牧。）明水出焉，南流注于伊水，是也。伊水又与大戟水会，出渠[梁]（一作梁）县西，水有二源：北水出广成泽，西南迳杨志坞北，与南水合。水源南出广成泽，西流，迳陆浑县。《河南十二县境簿》曰：广成泽在新城县界黄阜，西北流，屈而东迳杨志坞南，又北屈迳其坞东，又迳坞北，同注老倒涧，俗谓之老倒涧水，西流入于伊。伊水又北迳新城东，与吴涧水会。

这仅是洛水流域的坞堡而已。从《晋书》卷62《祖逖传》，我们还可见到黄、淮平原坞堡之多。此传谓：

初，北中郎将刘演距于石勒也，流人坞主张平、樊雅等在谯，演署平为豫州刺史，雅为谯郡太守。又有董瞻、于武、谢浮等十余部，众各数百，皆统属平……而张平余众助雅攻逖。蓬陂坞主陈川，自号宁朔将军、陈留太守。逖遣使求救于川，川遣将李头率众援之，逖遂克谯城……（桓）宣遂留，助逖讨诸屯坞未附者……河上堡固先有任子在胡者，皆听两属，时遣游军伪抄之，明其未附。诸坞主感戴，胡中有异谋，辄密以闻。前后克获，亦由此也。

屯聚坞堡最理想的地方，是既险阻而又可以耕种、有水泉灌溉之地。能具备这两个条件的，必为山顶平原及有溪涧水源之处。因此，当时到山势险要之处去结坞的人，亦复不少。盖非此不足以阻挡胡马的侵犯，盗贼的寇抄。典型例子有庾衮的禹山坞和郗鉴的峄山坞。

《晋书》卷88《孝友·庾衮传》谓：

张泓等肆掠于阳翟，衮乃率其同族及庶姓保于禹山。是时百姓安宁，未知战守之事，衮曰："孔子云：'不教而战，是谓弃之。'"乃集诸群士而谋曰："二三君子相与处于险，将以安保亲尊，全妻孥也。古人有言：'千人聚而不以一人为主，不散则乱矣。'将若之何！"众曰："善。今日之主，非君而谁！"……于是峻险阨，杜蹊径，修壁坞，树藩障，考功庸，计丈尺，均劳逸，通有无，缮完器备，量力任能，物应其宜，使邑推其长，里推其贤，而身率之。分数既明，号令不二，上下有礼，少长有仪，将顺其美，匡救其恶。及贼至，衮乃勒部曲，整行伍，皆持满而勿发。贼挑战，晏然不动，且辞焉。贼服其慎而畏其整，是以皆退，如是者三。

又晁公武《郡斋读书志》卷14《兵家类》谓：

庾衮保聚图一卷。

右庾衮撰。《晋书·孝友传》载衮字叔褒。齐王冏之倡义也，张泓等掠阳翟，衮率众保禹山，泓不能犯。此书序云："大驾迁长安，时元康三年己酉，撰《保聚垒议》二十篇。"按冏之兵，惠帝永宁元年也，帝迁长安，永兴元年也，皆在元康后，且三年岁次实癸丑，今云己,皆误。

从庾衮的禹山坞来看,坞堡内以同族为主,亦有他姓。坞主由推举产生。坞以宗族乡党为单位,坞主为乡里豪帅,像庾衮、苏峻皆为此等人。"峻险陴,杜蹊径,修藩障",是筑坞以自守;"考功庸,计丈尺,均劳役,通有无",是耕种以自给。

当时北方的宗法组织强于南方。

《宋书》卷48《王懿传》谓:

> 北土重同姓,谓之骨肉,有远来相投者,莫不竭力营赡;若不至者,以为不义。

我们虽不能说北方因为有坞,所以才重同姓,重宗法;然而,北方社会宗法色彩之浓,却与坞之组织互为因果,坞延长了北方宗族社会的生命。

再看郗鉴的峄山坞。《艺文类聚》卷92引《晋中兴书》云:

> 中原丧乱,乡人遂共推郗鉴为主,与千余家俱避难于鲁国峄山,山有重险。

又《太平御览》卷42《地部·峄山》引《地理志》云:

> 峄山在邹县北。……高秀独出,积石相临,殆无壤石,间多孔穴,洞达相通,往往有如数间居处,其俗谓之峄孔。遭乱辄将居人入峄,处寇虽众,无所施害。永嘉中,太尉郗鉴将乡曲逃此山,胡贼攻守不能得。

又《晋书》卷67《郗鉴传》云:

> (郗)鉴得归乡里。于时所在饥荒,州中之士素有感其恩义者,相与资赡。鉴复分所得,以恤宗族及乡曲孤老,赖而全济者甚多,咸相谓曰:"今天子播越,中原无伯,当归依仁德,可以后亡。"遂共

推鉴为主，举千余家俱避难于鲁之峄山。

以郗鉴为坞主的峄山坞中的避难者千余家，主要也是郗鉴的宗人或乡曲。峄山孔穴相通，敌来可入穴躲避，敌去自可出穴进行耕种等活动。这又是一个以坞为形式的有经济、军事活动的宗族社会组织的实体。

近年在嘉峪关发现的魏晋墓葬中有一幅砖画，画上有一个望楼的小城堡，堡墙上还筑有雉堞，其旁题有"坞"字，应该就是当时坞堡的普遍外观。[①]

北魏宗主督护制推行以后，由于官府承认坞堡内的首领作为坞主与宗主的特殊地位，这样，坞主或宗主对部曲、佃客的庇护关系、剥削与被剥削关系，便取得了合法的地位。于是坞堡组织作为地主田庄的性质就进一步加深和固化了。《北史》卷33《李灵传》载其曾孙李元忠曾为"宗主"，当时的坞堡，就是地主田庄。该传谓：

> （李灵孙）显甫，豪侠知名，集诸李数千家于殷州西山，开李鱼川方五六十里居之，显甫为其宗主……（显甫子李元忠）遭母忧去任，归李鱼川……家素富，在乡多有出贷求利……及葛荣起，元忠率宗党作垒以自保，坐于大槲树下，前后斩违命者凡三百人。贼至，元忠辄却之。

到北朝后期，由于均田制的实行，地主土地私有制迅速发展起来。首先，均田制推行后，原来的地主田庄都被保存了下来。

《水经注》卷12《巨马水注》谓：

> 巨马水又东，郦亭沟水注之。水上承督亢沟水于遒县东，东南流历紫渊东。余六世祖乐浪府君，自涿之先贤乡，爰宅其阴。西带巨川，东翼兹水，枝流津通，缠络墟圃，匪直田渔之赡可怀，信为游神之胜处也。

郦道元撰《水经注》，在孝文帝颁行均田法令之后。这就确证郦家祖

[①] 嘉峪关市文物清理小组：《嘉峪关汉画像砖墓》，《文物》1972年第12期。

上传下的私有土地,并未因均田制的实行而受到影响。还有一个例子,同样也证明这一点。

《魏书》卷24《崔玄伯传附崔宽孙崔敞传》云:

> 敞性猖急,与刺史杨椿迭相表列,敞坐免官。世宗初,为巨鹿太守。弟朏之逆,敞为黄木军主韩文殊所藏。其家悉见籍没,唯敞妻李氏,以公主之甥,自随奴婢田宅二百余口得免。

其次,均田制颁行后,士族地主可经常获得官府赏赐的土地。

《太平寰宇记》卷9《郑州·管城县》云:

> 李氏陂在县东南四里,后魏孝文帝以北陂赐仆射李冲,故俗呼仆射陂,周回十八里。

又《北史》卷80《外戚高肇传》云:

> 咸阳王(元)禧诛,财物珍宝、奴婢、田宅多入高氏。

按元禧在世宗时"田业盐铁,遍于远近"。及其被诛,其田宅被官府籍没后转赐给高氏。

又《通典》卷2《食货·田制》引《关东风俗传》云:

> 其赐田者,谓公田及诸横赐之田。魏令,职分公田,不问贵贱,一人一顷,以供刍秣。自宣武出猎以来,始以永赐,得听卖买。迁邺之始,滥职众多,所得公田,悉从货易……比武平以后,横赐诸贵及外戚佞宠之家,亦以尽矣。

最后,贵族地主还疯狂地兼并土地、侵占公田。

《洛阳伽蓝记》卷4《开善寺》条云:

> 帝族王侯、外戚公主,擅山海之富,居川林之饶,争修园宅,互相夸竞。

又《魏书》卷89《酷吏崔暹传》云：

  坐遣子析户，分隶三县，广占田宅，藏匿官奴，障吝陂苇，侵盗公私，为御史中尉王显所弹，免官。

又同书卷58《杨播传附弟椿传》云：

  永平初，徐州城人成景俊以宿豫叛，诏椿率众四万讨之，不克而返。久之，除都督朔州抚冥、武川、怀朔三镇三道诸军事、平北将军、朔州刺史。在州，为廷尉奏椿前为太仆卿日，招引细人，盗种牧田三百四十顷，依律处刑五岁……听以赎论。

在上述情况下，北朝后期的地主土地私有制获得了迅速发展。同魏晋以降南北方的情况一样，北朝后期地主土地私有制的经营形式，也采取了自给自足的地主田庄形式，其不同于十六国和北朝前期者，仅仅是坞堡式的军事性质有所削弱而已。因此之故，"庄田""庄""山庄""田园""别墅""园田"等名称，取代了昔日坞堡之称。

北朝后期的地主田庄，其自然经济的特征十分明显，兹试举几例。

《北齐书》卷45《文苑祖鸿勋》云：

  （祖鸿勋）后去官归乡里，与阳休之书曰：
  "阳生大弟：吾比以家贫亲老，时还故郡。在本县之西界，有雕山焉。其处闲远，水石清丽，高岩四匝，良田数顷。家先有野舍于斯，而遭乱荒废，今复经始。即石成基，凭林起栋。萝生映宇，泉流绕阶。月松风草，缘庭绮合；日华云实，傍沼星罗。檐下流烟，共霄气而舒卷；园中桃李，杂椿柏而葱茜。时一褰裳涉涧，负杖登峰，心悠悠以孤上，身飘飘而将逝，杳然不复自知在天地间矣。若此者久之，乃还所住，孤坐危石，抚琴对水，独咏山阿，举酒望月，听风声以兴思，闻鹤唤以动怀。"

又同书卷4《文宣帝纪》云：

天保元年……己未，诏封魏帝为中山王，食邑万户；上书不称臣，答不称诏，载天子旌旗，行魏正朔，乘五时副车；封王诸子为县公，邑一千户；奉绢万匹，钱千万，粟二万石，奴婢二百人，水碾一具，田百顷，园一所。

又《周书》卷42《萧大圜传》云：

大圜深信因果，心安闲放。尝言之曰：

"……岂如知足知止，萧然无累。北山之北，弃绝人间，南山之南，超逾世网。面修原而带流水，倚郊甸而枕平皋，筑蜗舍于丛林，构环堵于幽薄。近瞻烟雾，远睇风云。藉纤草以荫长松，结幽兰而援芳桂。仰翔禽于百仞，俯泳鳞于千寻。果园在后，开窗以临花卉；蔬圃居前，坐檐而看灌畦。二顷以供饘粥，十亩以给丝麻。侍儿五三，可充纴织；家僮数四，足代耕耘。沽酪牧羊，协潘生之志；畜鸡种黍，应庄叟之言。获菽寻汜氏之书，露葵征尹君之录。烹羔豚而介春酒，迎伏腊而候岁时。披良书，探至赜，歌纂纂，唱乌乌，可以娱神，可以散虑。有朋自远，扬榷古今。田畯相过，剧谈稼穑。斯亦足矣，乐不可支。永保性命，何畏忧责。岂若憨足入绊，申脰就羁，游帝王之门，趋宰衡之势。不知飘尘之少选，宁觉年祀之斯须。万物营营，靡存其意，天道昧昧，安可问哉。"

（二）小农土地私有制

十六国、北朝时期，虽然战乱频仍，但小农土地私有制仍在缓慢地恢复与发展之中。

为了使租调力役的剥削有所保证，十六国统治者也往往采取一些"劝课农桑"的措施。

《晋书》卷105《石勒载记》云：

（石勒）以右常侍霍皓为劝课大夫，与典农使者朱表、典劝都尉陆充等循行州郡，核定户籍，劝课农桑。农桑最修者赐五大夫。

又同书卷106《石季龙载记上》云：

　　季龙如长乐、卫国，有田畴不辟、桑业不修者，贬其守宰而还……于时大旱……季龙下书曰："朕在位六载，不能上和乾象，下济黎元，以致星虹之变。其令百僚各上封事，解西山之禁，蒲苇鱼盐除岁供之外，皆无所固。公侯卿牧不得规占山泽，夺百姓之利。"

又同书卷113《苻坚载记上》云：

　　（苻）坚以关中水旱不时，议依郑、白故事，发其王侯已下及豪望富室僮隶三万人，开泾水上源，凿山起堤，通渠引渎，以溉冈卤之田。及春而成，百姓赖其利。

拓跋部建立北魏政权以后，虽然其初期畜牧经济占很大比重，但农业也日益受到重视，拓跋珪、拓跋嗣、拓跋焘、拓跋浚、拓跋宏等，都曾积极奖励耕织，劝课农桑，从而使小农经济缓慢地恢复与发展起来。

《魏书》卷2《太祖纪》云：

　　登国元年春正月戊申，帝即代王位……二月，幸定襄之盛乐。息众课农……天兴元年春正月……车驾自邺还中山，所过存问百姓。诏大军所经州郡，复赀租一年，除山东民租赋之半……二年……秋七月……陈郡、河南流民万余口内徙，遣使者存劳之……八月……除州郡民租赋之半。

又同书卷6《显祖纪》云：

　　显祖献文皇帝，讳弘……和平六年夏五月甲辰，即皇帝位，大赦天下……六月……乙丑，诏曰："夫赋敛烦则民财匮，课调轻则用不足，是以十一而税，颂声作矣。先朝权其轻重，以惠百姓。朕承洪业，上惟祖宗之休命，夙兴待旦，惟民之恤，欲令天下同于逸豫。而徭赋不息，将何以塞烦去苛，拯济黎元者哉！今兵革不起，畜积有余，诸有杂调，一以与民。"

又同书卷7《高祖纪》云：

> 太和元年春正月乙酉朔，诏曰："朕夙承宝业，惧不堪荷，而天贶具臻，地瑞并应，风和气婉，天人交协。岂朕冲昧所能致哉？实赖神祇七庙降福之助。今三正告初，祇感交切，宜因阳始，协典革元，其改今号为太和元年。"辛亥，诏曰："今牧民者，与朕共治天下也。宜简以徭役，先之劝奖，相其水陆，务尽地利，使农夫外布，桑妇内勤。若轻有征发，致夺民时，以侵擅论。民有不从长教，惰于农桑者，加以罪刑。"起太和、安昌二殿。己酉，秦州略阳民王元寿聚众五千余家，自号为冲天王。云中饥，开仓赈恤。二月丙寅，汉川民泉会、谭西等相率内属，处之并州。辛未，秦益二州刺史、武都公尉洛侯讨破元寿，获其妻子，送京师。癸未，高丽、契丹、库莫奚国各遣使朝献。三月庚子，征征西大将军、雍州刺史、东阳王丕为司徒。丙午，诏曰："朕政治多阙，灾眚屡兴。去年牛疫，死伤大半，耕垦之利，当有亏损。今东作既兴，人须肆业。其敕在所督课田农，有牛者加勤于常岁，无牛者倍庸于余年。一夫制治田四十亩，中男二十亩。无令人有余力，地有遗利。"

孝文帝于太和九年（485）颁布了均田法令，把土地分为"露田"和"桑田"两种类型，前者为国有土地，后者为私有土地，死后不还，且允许买卖。这种"桑田"，男夫一人可获得20亩；如果原来就有私有土地"桑田"者，还允许保留。这样，农民的小土地私有制便获得了保证。在北齐，小农的私有土地也在均田法令中获得了保障。因此，北朝后期均田制的实施，加速了小农土地私有制的发展。

（三）牧场私有制

在十六国和北魏前期，自由牧民没有自己的私有牧场，但一些拥有大量牲畜的部落酋长，则一般都有自己的牧场，只是牧场有大小之分而已。这里试举两例。

《魏书》卷74《尔朱荣传》载：

> 尔朱荣，字天宝，北秀容人也。其先居于尔朱川，因为氏焉。常

领部落，世为酋帅。高祖羽健，登国初为领民酋长，率契胡武士千七百人从驾平晋阳，定中山。论功拜散骑常侍。以居秀容川，诏割方三百里封之，长为世业……父新兴，太和中，继为酋长。家世豪擅，财货丰赢。曾行马群，见一白蛇，头有两角，游于马前。新兴异之，谓曰："尔若有神，令我畜牧蕃息。"自是之后，日觉滋盛，牛羊驼马，色别为群，谷量而已。朝廷每有征讨，辄献私马，兼备资粮，助神军用。高祖嘉之，除右将军、光禄大夫。及迁洛后，特听冬朝京师，夏归部落。每入朝，诸王公朝贵竞以珍玩遗之，新兴亦报以名马。转散骑常侍、平北将军、秀容第一领民酋长。新兴每春秋二时，恒与妻子阅畜牧于川泽，射猎自娱。肃宗世，以年老启求传爵于荣，朝廷许之。

显然，尔朱氏是一个大私有牧场主。另一个私有大牧场主为库狄干之曾祖越豆眷。

《北齐书》卷15《库狄干传》云：

库狄干，善无人也。曾祖越豆眷，魏道武时以功割善无之西腊污山地方百里以处之，后率部北迁，因家朔方。

此外，拓跋珪、拓跋嗣及拓跋焘三代的不少将领，都拥有很多的牲畜，因而也需要私有牧场。可以肯定地说，北魏前期的私有牧场主，不在少数。

五 南北朝时期的寺院地主土地私有制

魏晋南北朝时期，尤其是南北朝时期，在土地私有制的表现形态方面，除了前已述及的几种形式外，还有一种形式，即寺院地主土地私有制。

据学者研究，南北朝寺院的土地来源，主要有下述几个途径[①]。

一是官府赏赐。

南北朝时期的许多帝王都崇佛佞佛，并大造佛寺。他们在兴造佛寺时

---

① 高敏：《秦汉魏晋南北朝土地制度研究》，中州古籍出版社1986年版，第262—266页。

往往随之赐予其一部分土地。

《释氏通鉴》卷5谓：

> 释道臻博通经义，魏文帝尊为师傅。于京立大中兴寺，尊为魏国大统。臻乃大立科条，佛法由是载兴。后大乘陟岵相次而立。又于昆池置中兴寺庄，池之内外稻田百顷，并以给之。

又《梁书》卷7《太宗王皇后传》谓：

> 时高祖于钟山造大爱敬寺，骞旧墅在寺侧，有良田八十余顷，即晋丞相王导赐田也。高祖遣主书宣旨就骞求市，欲以施寺。骞答旨云："此田不卖；若是敕取，所不敢言。"酬对又脱略。高祖怒，遂付市评田价，以直逼还之。

又同书卷54《诸夷·海南诸国·扶南国》云：

> 及大同中，出旧塔舍利，敕市寺侧数百家宅地，以广寺域，造诸堂殿并瑞像周回阁等，穷于轮奂焉。

又《新史学通讯》载北大所藏碑帖拓本[①]云：

> 太和十八年，本寺案修大会，感甘露降，厥后帝迁洛阳。至十九年，特赐寺庄，为夜饭庄子。东至大河北，夜叉岭下，小河水心。大河南至大横岭，东至龙港寨，南至武遂沟，掌石州分水岭；西大河南松树岭，西吴小沟子，大河北五十岭分水；北至左掩沟堂后东海眼，西海眼为界。

二是社会人士捐施。

社会人士的捐施是寺院土地最大来源之一。南北朝时期，是佛教盛行的时代，寺院利用人们对地狱轮回的恐惧，作为吸收财富的手段。

---

① 曾庸：《北魏的佛教寺院》，《新史学通讯》1955年第4期。

《南史》卷25《到彦之传附到溉传》云：

（到溉）家门雍睦，兄弟特相友爱，初与弟洽恒共居一斋，洽卒后，便舍为寺。蒋山有延贤寺，溉家世所立。溉得禄俸，皆充二寺。因断腥膻，终身蔬食。别营小室，朝夕从僧徒礼诵。

南朝官僚地主大都有田庄，其宅舍在田庄之内。因此，以宅舍施舍寺院，等于以地主田庄施舍入寺。这种例子还能举出不少。

《南史》卷30《何尚之传附何敬容传》云：

何氏自晋司空充、宋司空尚之奉佛法，并建立塔寺，至敬容又舍宅东为伽蓝，趋权者因助财造构，敬容并不拒，故寺堂宇颇为宏丽。时轻薄者因呼为"众造寺"。及敬容免职出宅，止有常用器物及囊衣而已，竟无余财货，时亦以此称之。

敬容特为从兄胤所亲爱，胤在若邪山尝疾笃，有书云："田畴馆宇悉奉众僧，书经并归从弟敬容。"

又《梁书》卷51《张孝秀传》云：

（张孝秀）去职归山，居于东林寺。有田数十顷，部曲数百人，率以力田，尽供山众，远近归慕，赴之如市。

南朝如此，北朝也不例外。

《魏书》卷114《释老志》云：

未几，天下丧乱，加以河阴之酷，朝士死者，其家多舍居宅，以施僧尼，京邑第舍，略为寺矣。

北齐时，幽州范阳郡范阳县的地主严僧安家族若干人，"各舍课田"入义坊，其具体施舍情况，《河北石征》载《北齐标异乡义慈惠石柱颂及题名》有云：

义坊园地至旧官道中，东尽明武城璜，悉是严氏世业所课……重施义南课田八十亩……施主严光璨……共施武郭庄田四顷……施主严惠仙……各施地廿亩，任众造园。

三是非法侵占与勒取。

在南北朝时期，寺院僧侣经常非法侵占国有土地和强占农民的小块私有土地。

《晋书》卷64《简文三子传》云：

流惑之徒，竞加敬事，又侵渔百姓，取财为惠，亦未合布施之道也。

又《梁书》卷3《武帝纪下》云：

大同七年……十二月壬寅，诏曰："……又复公私传、屯、邸、冶，爰至僧尼，当其地界，止应依限守视；乃至广加封固，越界分断，水陆采捕，及以樵苏，遂致细民措手无所。"

又《魏书》卷114《释老志》云：

世宗即位，永平……四年夏，诏曰："……山林僧尼……或翻改券契，侵蠹贫下，莫知纪极。"

四是下层人民的投靠。

封建统治者在大力提倡佛教的过程中，给予寺院上层僧侣种种特权。在经济上免税免役。

《广弘明集》卷27云：

（凡僧尼）寸绢不输官府，升米不进公仓……家休大小之调，门停强弱之丁，入出随心，往还自在。

又《魏书》卷114《释老志》云：

> 承明……十年冬，有司又奏："前被敕以勒籍之初，愚民侥幸，假称入道，以避输课。"

这样，寺院就成了特殊的"法外之地"，具有极大的诱惑力。于是被繁重徭役逼得走投无路的劳动人民，纷纷"竭财以赴僧，破产以趋佛"，以求得寺院的庇护。这里的所谓"财""产"，主要指土地，它们随着庇护关系的建立，其所有权也归属了寺院。这样，寺院就可以不用付任何代价而获得大量的土地和劳动力。

上述四种来源，使南北朝时期的寺院拥有大量的私有土地。同士族地主私有土地的经营形式一样，寺院地主的私有土地也是采用自给自足性的田庄组织形式。因此之故，这一时期许多帝王赏赐给寺院的土地，都称为"寺庄"。在寺庄内，主要经营农业，种植谷物、果蔬、树木等。

《续高僧传·护法篇》云：

> 西魏文帝于京师立大中兴寺，尊为魏国大僧统。又于昆池之南，置中兴寺庄，池之内外，稻田万顷，并以给之，梨枣杂果，望若之合。

又《洛阳伽蓝记》卷3《景明寺》条云：

> 景明寺……房檐之外，皆是山池，竹松兰芷，垂列阶墀，含风团露，流香吐馥……寺有三池，萑蒲菱藕，水物生焉。或黄甲紫鳞，出没于繁藻，或青凫白雁，浮沉于绿水。

又同书同卷4《法云寺》条云：

> 伽蓝之内，花果蔚茂，芳草蔓合，嘉木被庭。

寺庄除经营农业外，还兼营商业和放高利贷。寺庄高利贷资本一般采用两种借贷形式：一是寺庄僧库的"典当制"；二是寺庄僧侣地主的私人

"举贷制"。

"典当"即所谓质举,亦称"僦柜质钱"。

《资治通鉴》卷227《唐纪》德宗建中三年条"胡注"谓:

> 民间以物质钱,异时赎出,于母钱之外复还子钱,谓之僦柜。

关于南北朝时期寺庄"典当"业的实施情况,《南齐书》卷23《褚渊传》有云:

> 渊薨,澄以钱万一千就招提寺赎太祖所赐渊白貂坐褥,坏作裘及缨;又赎渊介帻犀导及渊常所乘黄牛。

又《南史》卷70《甄法崇传附孙彬传》云:

> 法崇孙彬。彬有行业,乡党称善。尝以一束苎就州长沙寺库质钱,后赎苎还,于苎束中得五两金,以手巾裹之,彬得,送还寺库。道人惊云:"近有人以此金质钱,时有事不得举而失。檀越乃能见还,辄以金半仰酬。"往复十余,彬坚然不受,因谓曰:"五月披羊裘而负薪,岂拾遗金者邪?"卒还金。

"举贷",亦称"出责",是一种通过契约而进行的高利贷,它不用抵押,只以券契为凭,券契一毁,债权、债务便算了结。这时的"举贷",通常是在寺院地主与豪强和士族地主之间进行的。

《续世说》卷3谓:

> 北齐苏琼为清河太守,性清慎,不发私书,有沙门道研求谒,意在理债。琼每见则问玄理,道研无由启口,弟子问其故,研曰:"第见府君,径将我入青云间,何由得论地上事",遂焚债券。

寺庄的收入,除了一部分供寺内僧侣消费外,绝大部分落入了主事僧侣的私囊。因此,名义上属于寺院所有的财产,实为寺院上层僧侣的私产;寺院的田庄,实为高级僧侣的私有土地。

《宋书》卷75《王僧达传》谓：

吴郭西台寺多富沙门，僧达求须不称意，乃遣主簿顾旷率门义，劫寺内沙门竺法瑶，得数百万。

又如《北齐书》卷46《苏琼传》云：

道人道研为济州沙门统，资产巨富。

第九章　户籍制度

魏晋南北朝时期，各国统治者为增加国家收入，抑制大地主兼并和控制人口流动，缓和社会矛盾，都把整理户籍、检括户口作为国家政治经济生活中的大事来抓，因而这一时期有关户籍的法令制度较为齐全。以下分东晋南朝和十六国北朝两个阶段论述之。

第一节　东晋南朝的户籍制度

东晋南朝时期，由于政局动荡不安和战争连绵不断，人口流动很大，加上士族制度的影响，户籍制度十分混乱，因此清理和整顿户籍问题，便成为东晋南朝历届政府的重要工作之一。

一　北方流民南下与侨州郡县的设置

西晋末年，中原地区发生了长达 16 年的八王之乱。这次变乱直接引发了永嘉时期（307—313）的民族斗争。北方汉族居民大量南逃。

《晋书》卷 65《王导传》载：

洛京倾覆，中州士女避乱江左者十六七。

又同书卷 15《地理志下》载：

自中原乱离，遗黎南渡，并侨置牧司在广陵、丹徒南城，非旧土也。及胡寇南侵，淮南百姓皆渡江。

又《晋书》卷 81《刘胤传》载：

今大难之后，纲纪弛顿，自江陵至于建康三千余里，流人万计，布在江州。

据谭其骧先生对《宋书·州郡志》的统计，侨州郡县户口约 90 万人，占南方总人口的 1/6，北方总人口的 1/8。东晋政府采用设置地方流亡政府——侨州郡县的办法来安置这些流民。这样做，一则可防止流民无限制地流入私门；二则可以安慰流人怀土恋旧，希望有朝一日能返回故土的情思；三则满足侨姓士族保留郡望的愿望[①]。

据载，当时在许多地方都设有侨州郡县。

《晋书》卷 15《地理志下》云：

及胡寇南侵，淮南百姓皆渡江。成帝初，苏峻、祖约为乱于江淮，胡寇又大至，百姓南渡者转多，乃于江南侨立淮南郡及诸县，又于寻阳侨置松滋郡，遥隶扬州……是时上党百姓南渡，侨立上党郡为四县，寄居芜湖。

又《宋书》卷 35《州郡志》云：

三国时，江淮为战争之地，其间不居者各数百里，此诸县并在江北淮南，虚其地，无复民户。吴平，民各还本，故复立焉。其后中原乱，胡寇屡南侵，淮南民多南度……乃于江南侨立淮南郡及诸县……晋永嘉大乱，幽、冀、青、并、兖州及徐州之淮北流民，相率过淮，亦有过江在晋陵郡界者。晋成帝咸和四年，司空郗鉴又徙流民之在淮南者于晋陵诸县，其徙过江南及留在江北者，并立侨郡县以司牧之。

又《隋书》卷 24《食货志》云：

晋自中原丧乱，元帝寓居江左，百姓之自拔南奔者，并谓之侨

[①] 谭其骧：《晋永嘉丧乱后之民族迁徙》，载《长水集》（上），人民出版社 1987 年版，第 219—220 页。

人。皆取旧壤之名，侨立郡县，往往散居，无有土著。

侨州郡县的设立，是以侨人的籍贯相同为原则；可是北人南来，都是流民性质，同一地区，往往聚有北方几个郡县的侨人，于是出现侨州郡县林立的复杂情况。

《宋书》卷11《志序》谓：

> 地理参差，事难该辨，魏晋以来，迁徙百计，一郡分为四五，一县割成两三，或昨属荆、豫，今隶司、兖，朝为零、桂之士，夕为庐、九之民。去来纷扰，无暂止息，版籍为之浑淆，职方所不能记。自戎狄内侮，有晋东迁，中土遗氓，播徙江外，幽、并、冀、雍、兖、豫、青、徐之境，幽沦寇逆。自扶莫而裹足奉首，免身于荆、越者，百郡千城，流寓比室。人伫鸿雁之歌，士蓄怀本之念，莫不各树邦邑，思复旧井。既而民单户约，不可独建，故魏邦而有韩邑，齐县而有赵民。且省置交加，日回月徙，寄寓迁流，迄无定托，邦名邑号，难或详书。大宋受命，重启边隙，淮北五州，翦为寇境，其或奔亡播迁，复立郡县，斯则元嘉、泰始，同名异实。

侨州郡县设立之后，流民便可到相应的流亡政府那里登记户口，称为侨户，其登记的户籍称为"侨籍"。侨户最初对国家无课役负担；后来虽有，一般也比正式编户为轻。

南京市郭家山东晋温氏家族墓葬出土的墓志中提及"琅耶郡华县白石岗"，"白石"是东晋时期的一处重要地点，多次重大历史事件均与该地点有关。这里的"白石"前以"琅耶郡华县"做定语，也明确了东晋政权曾在今南京郭家山一带设置"琅耶郡华县"，为研究东晋时期的侨州郡县提供了新史料。[①]

二 黄籍、白籍和土断
（一）黄籍、白籍
《南史》卷59《王僧孺传》谓：

[①] 南京市博物馆：《南京市郭家山东晋温氏家族墓》，《考古》2008年第6期。

先是，尚书令沈约以为："晋咸和初，苏峻作乱，文籍无遗。后起咸和二年以至于宋，所书并皆详实，并在下省左户曹前厢，谓之《晋籍》，有东西二库。此籍既并精详，实可宝惜，位宦高卑，皆可依案。宋元嘉二十七年，始以七条征发，既立此科，人奸互起，伪状巧籍，岁月滋广。以至于齐，患其不实，于是东堂校籍，置郎令史以掌之。"

这是一段有关东晋社会经济史的极其重要的文字。它告诉我们：苏峻之乱，文籍荡然无存。成帝咸和二年，对户籍曾重加整理，经过整理的户籍，称为《晋籍》。从咸和二年（327）起，至宋文帝元嘉二十七年（450）止，此籍沿用了124年之久。根据这条材料，参看其他材料，很多疑难问题，均可冰释。

《南齐书》卷34《虞玩之传》记齐高帝萧道成为检核户籍下过一道诏令：

黄籍，民之大纪，国之治端。自顷氓俗巧伪，为日已久，至乃窃注爵位，盗易年月……编户齐家，少不如此。

又《太平御览》卷606《文部·札》引《晋令》云：

郡国诸户口黄籍，籍皆用一尺二寸札，已在官役者载名。

这两段材料与《南史·王僧孺传》的话是相衔接的。由此可知，黄籍就是《晋籍》，是东晋南朝包括有爵位的士人和无爵位的庶民在内的、"编户齐民"的统一的户籍。

黄籍的性质既明，也就可以明白白籍的性质了。

《晋书》卷75《范汪传附范宁传》谈到过黄、白籍的区别。其言谓：

古者分土割境，以益百姓之心；圣王作制，籍无黄白之别。昔中原丧乱，流寓江左，庶有旋反之期，故许其挟注本郡。自尔渐久，人安其业，丘垄坟柏，皆已成行，虽无本邦之名，而有安土之实。今宜正其封疆，以土断人户，明考课之科，修间伍之法。难者必曰："人各有桑梓，俗自有南北。一朝属户，长为人隶，君子则有土风之慨，小人则怀下役之虑。"

依据范宁的说法，户籍本无黄、白之别，郡民的户口本来统统是黄籍，因为中原丧乱，王公庶人自北来南，居于东晋政府为他们所设立的侨州县中，持有"许其挟注本郡"的"白籍"，因而产生了黄、白籍之别。凡持白籍的，因被认为是暂时侨居南方，故不编入侨居地间伍之中，不须向国家交税服役。

对于黄、白籍的解释，论者的意见并不一致。

史炤《通鉴释文》云：

> 白籍，谓白丁之籍耳。

又《资治通鉴》卷96《晋纪》成帝咸康七年条胡注云：

> 时王公庶人多自北来，侨寓江左；今皆以土著为断，著之白籍也。白籍者，户口版籍也，宋、齐以下有黄籍。

又胡三省《通鉴释文辨误》云：

> 余按江左之制，诸土著实户用黄籍，侨户土断白籍，琅邪南渡，凡中土故家以至士庶自北来者，至此时各因其所居旧土侨置郡县名，并置守令以统治之，故曰正土断，不以黄籍籍之，而以白籍，谓以白纸为籍，以别于江左旧来土著也。

（二）土断

土断是东晋和南朝废除侨州郡县，将侨人的户口编入所在郡县的办法。

据记载，东晋南朝共进行9次土断。

关于第一次土断，可从以下史料了解概况。《陈书》卷1《高祖纪上》谓：

> 高祖武皇帝讳霸先……吴兴长城下若里人，汉太丘长陈寔之后也。世居颍川。寔玄孙准，晋太尉。准生匡，匡生达，永嘉南迁，为丞相掾，历太子洗马，出为长城令，悦其山水，遂家焉……达生康，复为丞相掾，咸和中土断，故为长城人。康生盱眙太守英。

这段材料反映了东晋的第一次土断，即"咸和中土断"。此次土断究竟在咸和哪一年？土断时是否整理过户籍？所整理的户籍是白籍还是黄籍？籍中包不包括王公以下的官吏？如果对照研究前引《南史·王僧孺传》的史料，这些问题即可了解。《陈书·高祖纪上》说"咸和中土断"，《南史·王僧孺传》谓咸和二年，整理出来一部包括士庶在内的统一的《晋籍》（黄籍）。其实这是一件事。《王僧孺传》中说此年整理的《晋籍》，所书翔实，位宦高卑，皆可依案。可见在这部《晋籍》中，已包括了"王公以下"的官吏。《陈书·高祖纪上》为我们提供了一个实例，即身为颍川世族的陈达，永嘉之乱后南迁，做过丞相掾、太子洗马等。陈达之子陈康，又做了丞相掾。成帝咸和中土断，把丞相掾陈康土断为长城县若里人。既然包括了渡江南来的王公以下的士族官吏，这部《晋籍》就是经过土断以后的包括侨旧、士庶在内的全国统一性户籍。而第一次咸和中土断的年代，也就可以确定为咸和二年。因为整理户籍，必须与土断同时进行。

从咸和二年整理出来的《晋籍》（黄籍）沿用到南朝宋、齐时代来看，咸和土断是一次相当彻底的土断，这可从沈约给梁武帝的奏言看出。《通典》卷3《食货·乡党》谓：

> 梁武帝时所司奏，南徐、江、郢逋两年黄籍不上，尚书令沈约上言曰："晋咸和初，苏峻作乱，版籍焚烧。此后起咸和三年以至乎宋，并皆详实，朱笔隐注，纸连悉缝。而尚书上省库籍，唯有宋元嘉中来，以为宜检之日，即事所须故也。晋代旧籍，并在下省左人曹，谓之晋籍，有东西二库。既不系寻检，主者不复经怀，狗牵鼠啮，雨湿沾烂，解散于地，又无局縢。此籍精详，实宜保惜，位高官卑，皆可依按。宋元嘉二十七年，始以七条征发。既立此科，苟有回避，奸伪互起，岁月滋广，以至于齐。于是东堂校籍。置郎令史以掌

之，而簿籍于此大坏矣。凡粗有衣食者，莫不互相因依，竞行奸货，落除卑注，更书新籍，通官荣爵，随意高下。以新换故，不过用一万许钱。昨日卑微，今日仕伍。凡此奸巧，并出愚下，不辨年号，不识官阶。或注义熙在宁康之前，或以崇安在元兴之后。此时无此府，此年无此国。元兴唯有三年，而猥称四年。又诏书甲子，不与长历相应。如此诡谬，万绪千端，校籍诸郎亦所不觉，不才令史更何可言？且籍字既细，难为眼力，寻求巧伪，莫知所在，徒费日月，未有实验。假令兄弟三人，分为三籍，却一籍又祖官，其二初不被却，同堂从祖以下固自不论。诸如此例，难可悉数。或有应却而不却。不须却而却。所却既多，理无悉当。怀冤抱屈，非止百千；投辞请诉，充曹物府；既难领理，交兴人怨。于是悉听复注，普停洗却；既蒙复注，则莫不成官。此盖核籍不精之巨弊也。臣谓宋、齐二代，士庶不分，杂役减阙，职由于此。自元嘉以来，籍多假伪。景平以前，既不系检，凡此诸籍。得无巧换。今虽遗落，所存尚多，宜有征验，可得信实。其永初、景平籍，宜移还上省。窃以为晋籍所余，须加宝爱，若不切心留意，则还复散失矣。不识胄胤，非谓衣冠，凡诸此流，罕知其祖。假称高曾，莫非巧伪，质诸文籍，奸事立露，惩覆矫许，为益实弘。又上省籍库，虽直郎题掌，而尽日料校，惟令史独入。籍既重宝，不可专委群细。若入库检籍之时，直郎、直都应共监视。写籍皆于郎、都目前，并加掌置，私写私换可以永绝。事毕郎出，仍自题名。臣又以为，巧伪既多，并称人士，百役不及，高卧私门，致命公私阙乏，是事不举。宜选史传学士谙究流品者，为左人郎、左人尚书，专共校勘。所作卑姓杂谱，以晋籍及宋永初景平籍在下省者，对共雠校。若谱注通籍有卑杂，则条其巧谬，下在所科罚。"帝以是留意谱籍。

东晋的第二次土断是在成帝咸康七年（341）庾冰执政时进行的。《晋书》卷7《成帝纪》云：

> 实编户，王公以下皆正土断、白籍。

这一段文字的断句通常以"土断"与"白籍"为"正"字的宾语，

这恐怕不妥。正确的断句应是:

> 实编户,王公以下皆正土,断白籍。

"正土"即《晋书·范宁传》中范宁所说"正其封疆";"断白籍",即范宁所说取消侨人白籍,改授黄籍,恢复籍无黄、白之制。这样断句、理解似乎更接近事实。

晋哀帝兴宁二年(364)三月庚戌,桓温进行了东晋的第三次土断,史称"庚戌土断"或"庚戌制"。《晋书》卷8《哀帝纪》有云:

> (兴宁二年)三月庚戌朔,大阅户人,严法禁,称为庚戌制。

此次土断,晋宗室彭城王司马玄因隐匿人口5户,结果被送廷尉治罪。

《晋书》卷37《宗室·彭城穆王权传附玄传》云:

> 玄嗣立。会庚戌制不得藏户,玄匿五户,桓温表玄犯禁,收付廷尉。

宋武帝刘裕,也肯定庚戌土断所取得的成果。

《通典》卷3《食货·乡党》云:

> 安帝义熙九年,宋公刘裕缘人居土,上表曰:"臣闻先王制理,九土攸序,分境画野,各安其居。故井田之制,三代以崇。秦革其政,汉遂不改,富强兼并,于是为弊。在汉西京,大迁田、景之族,以实关中。即以三辅为乡闾,不复系之于齐、楚。九服不扰,所托成旧。自永嘉播越,爰托淮、海,朝运匡复之算,人怀思本之心,经略之图,日不暇给。是以宁人绥理,犹有未遑。及至大司马桓温,以人无定本,伤理为深,庚戌土断,以一其业。于时财阜国丰,实由于此。"

庚戌土断推进一段时间后,弊端渐生,故至晋安帝义熙九年(413),

刘裕又进行了东晋的第四次也是最彻底的一次土断。

《宋书》卷2《武帝纪中》云：

> 晋自中兴以来，治纲大弛，权门并兼，强弱相凌，百姓流离，不得保其产业。桓玄颇欲厘改，竟不能行。公既作辅，大示轨则，豪强肃然，远近知禁。至是，会稽余姚虞亮复藏匿亡命千余人，公诛亮，免会稽内史司马休之……

> （义熙）七年……十一月己卯，公至江陵，下书曰：

> "夫去弊拯民，必存简恕，舍网修纲，虽烦易理。江、荆凋残，刑政多阙；顷年事故，绥抚未周。遂令百姓疲匮，岁月滋甚，财伤役困，虑不幸生。凋残之余，而不减旧，刻剥征求，不循政道。宰莅之司，或非良干，未能菲躬俭，苟求盈给，积习生常，渐不知改。

> "近因戎役，来涉二州，践境亲民，愈见其瘼；思欲振其所急，恤其所苦。凡租税调役，悉宜以见户为正。州郡县屯田池塞，诸非军国所资，利人守宰者，今一切除之。州郡县吏，皆依尚书定制实户置。台调癸卯梓材，庚子皮毛，可悉停省，别量所出。巴陵均折度支，依旧兵运。原五岁刑已下，凡所质录贼家余口，亦悉原放。"

这次土断先从上游的江、荆二州开始，接着在全境施行，取得了明显成效。

《通典》卷3《食货·乡党》云：

> （刘裕）上表曰："……及至大司马桓温，以人无定本，伤理为深，庚戌土断，以一其业。于时财阜国丰，实由于此。自兹迄今，弥历年载，画一之制，渐用颓弛，杂居流寓，闾伍不修，王化所以未纯，人瘼所以犹在。自非改调，无以济理。夫人情滞常，难与虑始。谓父母之邦以为桑梓者，诚以生焉，敬爱所托。请依庚戌土断之科，庶存其本，稍与事着。然后率之以仁义，鼓之以威声，超大江而跨黄河，抚九州而复旧土。则恋本之志，乃速申于当年。在始暂勤，要终必易。"于是依界土断，惟徐、兖、青三州人居晋陵者，不在断限。诸流寓郡县，多被并省。

土断在东晋反复地进行，总的趋势是侨人、白籍、侨州郡县在不断地减少。

继东晋之后，南朝继续进行土断，检括户口。宋孝武帝大明年间，王玄谟任雍州刺史时，曾请求实行土断，因遭到反对而止。

《宋书》卷76《王玄谟传》云：

雍土多侨寓，玄谟请土断流民，当时百姓不愿属籍，罢之。

又《通典》卷3《食货·乡党》云：

宋孝武大明中，王玄谟请土断雍州诸侨郡县（今襄阳、汉东等郡也）。

至后废帝元徽年间，刘宋再次申明土断之制。这次土断，不仅限于南渡侨民，而且包括本地流浪逃亡的人户在内。

《宋书》卷9《后废帝纪》谓：

元徽元年……秋……八月辛亥，诏曰："分方正俗，着自虞册，川谷异制，焕乎姬典。故井遂有辨，闾伍无杂，用能七教克宣，八政斯序。虽绵代殊轨，沿革异仪，或民怀迁俗，或国尚兴徙，汉阳列燕、代之豪，关西炽齐、楚之族，并通籍新邑，即居成旧。洎金行委御，礼乐南移，中州黎庶，襁负扬、越。圣武造运，道一闳区，贻长世之规，申土断之制。而夷险相因，盈晦递袭，岁馑凋流，戎役惰散，违乡寓境，渐至繁积。宜式遵鸿轨，以为永宪，庶阜俗昌民，反风定保。"

齐梁以降，继续进行土断。南齐时，一面大力进行土断，一面大力罢除侨邦与荒邑。

刘宋时流人的南来和侨州郡县的设置，基本终止。南齐时转入了朝廷与地方协力进行土断的阶段。

《南齐书》卷24《柳世隆传》谓：

> 上（齐高帝）欲土断江北，又敕（柳）世隆曰："吕安国近在西，土断郢、司二境上杂民，大佳，民始无惊恐。近又令垣豫州（垣崇祖）断其州内，商得崇祖启事，已行竟，近无云云，殊称前代旧意。卿视兖部中可行此事不？若无所扰，春便就手也。"

无论是不是南来的北人，无论有没有白籍在手，凡是杂居流寓的，一律土断为当地的人户，持黄籍，缴税服役。齐高帝说吕安国、垣崇祖的土断进行得很好，也即很彻底、很全面。

《南齐书》卷14《州郡志上》"南兖州"条又记：

> 永明元年，刺史柳世隆奏："尚书符下土断条格，并省侨郡县。凡诸流寓，本无定憩，十家五落，各自星处。一县之民，散在州境，西至淮畔，东届海隅。今专罢侨邦，不省荒邑，杂居舛止，与先不异。离为区断，无革游滥。谓应同省，随界并帖。若乡屯里聚，二三百家，井甸可修，区域易分者，别详立。"

柳世隆主张把县民十家五落，各自星处的荒邑，统统省掉。被省的县，其县民划归邻县分别管理，以革游滥。柳世隆的建议被采纳了。

南齐将土断与罢除侨邦、荒邑同时进行，这是一个重要的迹象。它说明白籍至南齐基本上退出了历史舞台。

关于梁朝的土断，《梁书》卷2《武帝纪中》云：

> 天监元年夏四月……辛未……复南兰陵武进县，依前代之科……改南东海为兰陵郡。土断南徐州诸侨郡县。

关于陈朝的土断，《陈书》卷3《世祖纪》有云：

> 自顷丧乱，编户播迁，言念余黎，良可哀惕。其亡乡失土，逐食流移者，今年内随其适乐，来岁不问侨旧，悉令著籍，同土断之例。

这次土断，也包括江南本土流寓人户在内。

（三）给客制度与括户

早在东汉末年，豪族便逐渐摆脱了向政府交租服役的义务，如《三国志》卷11《王修传》云：

> 胶东人公沙卢宗强，自为营堑，不肯应发调。

后来，随着豪强大族势力的进一步发展，统治者不得不将豪强的这种特权由惯例变为法律上的承认，为此，曹魏实行了赐"租牛客户"制，孙吴实行了赐客、复客制，西晋时又实行了荫客、荫亲属制。东晋建国，虽然经济困难但仍不忘优先照顾官僚士族，规定了给客制度。

《南齐书》卷14《州郡志上》谓：

> 时百姓遭难，流移此境，流民多庇大姓以为客。元帝太兴四年，诏以流民失籍，使条名上有司，为给客制度。

给客制度对官僚贵族占有的佃客、典计、衣食客等私附人户，作出具体的数目规定。

《隋书》卷24《食货志》谓：

> 都下人多为诸王公贵人左右、佃客、典计、衣食客之类，皆无课役。官品第一、第二，佃客无过四十户。第三品三十五户。第四品三十户。第五品二十五户。第六品二十户。第七品十五户。第八品十户。第九品五户。其佃谷皆与大家量分。其典计，官品第一、第二，置三人。第三、第四，置二人。第五、第六及公府参军、殿中监、监军、长史、司马、部曲督、关外侯、材官、议郎已上，一人。皆通在佃客数中。官品第六已上，并得衣食客三人。第七、第八二人。第九品及举辇、迹禽、前驱、由基强弩司马、羽林郎、殿中冗从武贲、殿中武贲、持椎斧武骑武贲、持钑冗从武贲、命中武贲武骑，一人。客皆注家籍。

始自东晋的给客制，历宋、齐、梁、陈而未改。给客制的推行，目的有二：一是优待士族，换取他们的支持；二是对他们无限占有劳动力的特权，给予某种限制。但在实际操作中，特权给出后，限制则往往成为具文，因而他们拥有的劳动人手越来越多。当时地方官为国家争夺户口，一般实行招抚的办法。也有依法检出豪强占有的隐户的，称为"括户"。

《晋书》卷76《王彪之传》云：

> 后以彪之为镇军将军、会稽内史，加散骑常侍。居郡八年，豪右敛迹，亡户归者三万余口。

又《晋书》卷43《山涛传附孙遐传》云：

> 遐字彦林，为余姚令。时江左初基，法禁宽弛，豪族多挟藏户口，以为私附。遐绳以峻法，到县八旬，出口万余。县人虞喜以藏户当弃市，遐欲绳喜。诸豪强莫不切齿于遐，言于执事，以喜有高节，不宜屈辱。又以遐辄造县舍，遂陷其罪。遐与会稽内史何充笺："乞留百日，穷覈捕逃，退而就罪，无恨也。"充申理，不能得。竟坐免官。
>
> 后为东阳太守，为政严猛。康帝诏曰："东阳顷来竟囚，每多入重。岂郡多罪人，将捶楚所求，莫能自固邪！"遐处之自若，郡境肃然。卒于官。

又同书卷73《庾亮传附弟庾冰传》云：

> （庾）冰字季坚……预讨华轶功，封都乡侯。王导请为司徒右长史，出补吴兴内史……寻入为中书监、扬州刺史……又隐实户口，料出无名万余人。

又同书卷81《毛宝传附孙璩传》云：

> 璩字叔琏。弱冠，右将军桓豁以为参军……迁宁朔将军、淮南太守……亡户窘迫，悉出诣璩自首，近有万户，皆以补兵，朝廷嘉之。

由于括户措施剥夺了豪族隐占的户口，所以遭到门阀士族势力的强烈反对，甚至像王导、谢安这样的开明人物也直接反对括户政策。

《世说新语》卷上之下《政事》注引《续晋阳秋》云：

> 自中原丧乱，民离本域，江左造创，豪族并兼，或客寓流离，名籍不立。太元中，外御强氐，搜简民实，三吴颇加澄检，正其里伍，其中时有山湖遁逸往来都邑者。后将军（谢）安方接客，时人有于坐言："宜纠舍藏之失者。"安每以厚德化物，去其烦细，又以强寇入境，不宜加动人情，乃答之云："卿所忧在于客耳，然不尔，何以为京都。"言者有惭色。

又《晋书》卷88《孝友·颜含传》云：

> （颜含）除吴郡太守。王导问含曰："卿今莅名郡，政将何先？"答曰："王师岁动，编户虚耗，南北权豪竞招游食，国弊家丰，执事之忧。且当征之势门，使反田桑，数年之间，欲令户给人足，如其礼乐，俟之明宰。"……导叹曰："颜公在事，吴人敛手矣。"未之官，复为侍中。

由于遭到士族势力的反对，括户在东晋没有收到多大成效。这种情况，直到东晋末年刘裕掌政时才有了转变。

（四）政府的检籍和符伍制度

东晋以来，许多寒人发展了经济实力，但他们没有士族那样的特权，也要同农民一样承担租役。为摆脱政府负担，很多人买通官吏，篡改户籍，冒充士族，也有的贫苦农民，投依于士族为荫户，或冒充僧侣以逃避政府租役，造成了户籍的混乱。到南齐时，户籍的混乱状况达到了顶峰。齐高帝建元二年诏书和虞玩之的上表，反映了当时户籍的混乱情况。

《南齐书》卷34《虞玩之传》谓：

> 玩之迁骁骑将军，黄门郎，领本部中正。上患民间欺巧，及即位，敕玩之与骁骑将军傅坚意检定簿籍。建元二年，诏朝臣曰："黄籍，民之大纪，国之治端。自顷氓俗巧伪，为日已久，至乃窃注爵位，盗易年月，增损三状，贸袭万端。或户存而文书已绝，或人在而

反托死（板）[版]，停私而云隶役，身强而称六疾。编户齐家，少不如此。皆政之巨蠹，教之深疵。比年虽却籍改书，终无得实。若约之以刑，则民伪已远；若绥之以德，则胜残未易。卿诸贤并深明治体，可各献嘉谋，以振浇化。又台坊访募，此制不近，优刻素定，闲剧有常。宋元嘉以前，兹役恒满，大明以后，乐补稍绝。或缘寇难频起，军荫易多，民庶从利，投坊者寡。然国经未变，朝纪恒存，相揆而言，隆替何速！此急病之洪源，晷景之切患，以何科算，革斯弊邪？"玩之上表曰："宋元嘉二十七年八条取人，孝建元年书籍，众巧之所始也。元嘉中，故光禄大夫傅隆，年出七十，犹手自书籍，躬加隐校。隆何必有石建之慎，高柔之勤，盖以世属休明，服道修身故耳。今陛下日旰忘食，未明求衣，诏逮幽愚，谨陈妄说。古之共治天下，唯良二千石，今欲求治取正，其在勤明令长。凡受籍，县不加检合，但封送州，州检得实，方却归县。吏贪其赂，民肆其奸，奸弥深而却弥多，赂愈厚而答愈缓。自泰始三年至元徽四年，扬州等九郡四号黄籍，共却七万一千余户。于今十一年矣，而所正者犹未四万。神州奥区，尚或如此，江、湘诸部，倍不可念。愚谓宜以元嘉二十七年籍为正。民惰法既久，今建元元年书籍，宜更立明科，一听首悔，迷而不反，依制必戮。使官长审自检校，必令明洗，然后上州，永以为正。若有虚昧，州县同咎。今户口多少，不减元嘉，而板籍顿阙，弊亦有以。自孝建已来……诈注辞籍，浮游世要，非官长所拘录，复为不少。寻苏峻平后，庾亮就温峤求勋簿，而峤不与，以为陶侃所上，多非实录。寻物之怀私，无世不有，宋末落纽，此巧尤多。又将位既众，举恤为禄，实润甚微，而人领数万，如此二条，天下合役之身，已据其太半矣。又有改注籍状。诈入仕流，（苦）[昔]为人役者，今反役人。又生不长发，便谓为道[人]，填街溢巷，是处皆然。或抱子并居，竟不编户，迁徙去来，公违土断。属役无满，流亡不归，宁丧终身，疾病长卧。法令必行，自然竞反。又四镇戍将，有名寡实，随才部曲，无辨勇懦，署位借给，巫媪比肩，弥山满海，皆是私役。行货求位，其涂甚易，募役卑剧，何为投补？坊吏之所以尽，百里之所以单也。今但使募制明信，满复有期，民无逐路，则坊可立表而盈矣。为治不患无制，患在不行，不患不行，患在不久。"上省玩之表，纳之。

对于混乱的户籍，齐高帝萧道成于建元二年（480）命虞玩之在全国进行大检查。关于虞玩之检籍的情况，《南齐书》卷34《虞玩之传》有云：

> （虞玩之）乃别置板籍官，置令史，限人一日得数巧，以防懈怠。于是货赂因缘，籍注虽正，犹强推却，以充程限。至世祖永明八年，谪巧者戍缘淮各十年，百姓怨望。

又《通典》卷3《食货·乡党》云：

> 凡粗有衣食者，莫不互相因依，竞行奸货，落除卑注，更书新籍，通官荣爵，随意高下。以新换故，不过用一万许钱……或有应却而不却。不须却而却。所却既多，理无悉当。怀冤抱屈，非止百千。

这样校定簿籍，就是要将那些冒充士族、诈称爵位、伪注病亡、假托隶役的人户检查出来，使这些人成为赋役负担者。结果引起许多庶族寒门和规避赋役者的反对，爆发了唐寓之的起事。起事被镇压下去，但检籍也废止了。永明八年（490），齐武帝下诏停止检籍。

《南齐书》卷34《虞玩之传》云：

> 世祖乃诏曰："夫简贵贱，辨尊卑者，莫不取信于黄籍。岂有假器滥荣，窃服非分。故所以澄革虚妄，式允旧章。然衅起前代，过非近失，既往之怨，不足追咎。自宋昇明以前，皆听复注。其有谪役边疆，各许还本。此后有犯，严加翦治。"

又《通典》卷3《食货·乡党》云：

> 至武帝永明八年，谪巧者戍缘淮各十年，百姓怨咨。帝乃诏曰："既往之怨，不足追答。自宋昇明以前，皆听复注。其有谪役边疆，各许还本。自此后有犯，严加其罚。"

这一诏令事实上承认了检籍的失败，承认了自刘宋以来户籍混乱的事实。南齐检籍的失败不是偶然的，它是南朝士族地位日渐衰落，庶族地主逐步兴起在经济领域的具体反映。

为了保证赋税收入和役源，东晋南朝政府一直在想方设法控制人口，措施之一就是沿袭过去的乡亭制度，建立符伍制度管理居民。

《宋书》卷40《百官志下》谓：

> 五家为伍，伍长主之；二伍为什，什长主之；十什为里，里魁主之；十里为亭，亭长主之；十亭为乡，乡有乡佐、三老、有秩、啬夫、游徼各一人。

这种乡亭什伍组织，和北朝邻、里、党三长制，形异实同，都是农村的行政基层组织，用来纠察户口，追捕逃亡者。

《晋书》卷80《王羲之传》谓：

> 自军兴以来，征役及充运死亡叛散不反者众，虚耗至此，而补代循常，所在凋困，莫知所出。上命所差，上道多叛，则吏及叛者席卷同去。又有常制，辄令其家及同伍课捕。课捕不擒，家及同伍寻复亡叛。百姓流亡，户口日减，其源在此。又有百工医寺，死亡绝没，家户空尽，差代无所，上命不绝，事起成十年、十五年，弹举获罪无懈息而无益实事，何以堪之！谓自今诸死罪原轻者及五岁刑，可以充此，其减死者，可长充兵役，五岁者，可充杂工医寺，皆令移其家以实都邑。都邑既实，是政之本，又可绝其亡叛。不移其家，逃亡之患复如初耳。今除罪而充杂役，尽移其家，小人愚迷，或以为重于杀戮，可以绝奸。刑名虽轻，惩肃实重，岂非适时之宜邪！

刘宋时，执政的王弘在宋文帝的授意下，曾与尚书省的重要僚属讨论厘定符伍制度，要官吏士大夫们也参加"押符"，结果遭到强烈反对。而皇帝支持王弘。《宋书》卷42《王弘传》有云：

> （王）弘博练治体，留心庶事，斟酌时宜，每存优允。与八座丞郎疏曰："同伍犯法，无士人不罪之科。然每至诘谪，辄有请诉。若

垂恩宥，则法废不可行；依事纠责，则物以为苦怨。宜更为其制，使得忧苦之衷也。又主守偷五匹，常偷四十匹，并加大辟，议者咸以为重，宜进主守偷十匹、常偷五十匹死，四十匹降以补兵。既得小宽民命，亦足以有惩也。想各言所怀。"

左丞江奥议："士人犯盗赃不及弃市者，刑竟，自在赃污淫盗之目，清议终身，经赦不原。当之者足以塞愆，闻之者足以鉴诫。若复雷同群小，谪以兵役，愚谓为苦。符伍虽比屋邻居，至于士庶之际，实自天隔，舍藏之罪，无以相关。奴客与符伍交接，有所藏蔽，可以得知，是以罪及奴客。自是客身犯愆，非代郎主受罪也。如其无奴，则不应坐。"

右丞孔默之议："君子小人，既杂为符伍，不得不以相检为义。士庶虽殊，而理有闻察，譬百司居上，所以下不必躬亲而后同坐。是故犯违之日，理自相关。今罪其养子、典计者，盖义存戮仆。如此，则无奴之室，岂得宴安！但既云复士，宜令输赎。常盗四十匹，主守五匹，降死补兵，虽大存宽惠，以纾民命。然官及二千石及失节士大夫，时有犯者，罪乃可戮，恐不可以补兵也。谓此制可施小人，士人自还用旧律。"

尚书王准之议："昔为山阴令，士人在伍，谓之押符。同伍有愆，得不及坐，士人有罪，符伍纠之。此非士庶殊制，实使即刑当罪耳。夫束修之胄，与小人隔绝，防检无方，宜及不逞之士，事接群细，既同符伍，故使纠之。于时行此，非唯一处。左丞议奴客与邻伍相关，可得检察，符中有犯，使及刑坐。即事而求，有乖实理。有奴客者，类多使役，东西分散，住家者少。其有停者，左右驱驰，动止所须，出门甚寡，典计者在家十无其一。奴客坐伍，滥刑必众，恐非立法当罪本旨。右丞议士人犯偷，不及大辟者，宥补兵。虽欲弘士，惧无以惩邪。秉理则君子，违之则小人。制严于上，犹冒犯之，以其宥科，犯者或众。使畏法革心，乃所以大宥也。且士庶异制，意所不同。"

殿中郎谢元议谓："事必先正其本，然后其末可理。本所以押士大夫于符伍者，所以检小人邪？为使受检于小人邪？案左丞称士庶天隔，则士无弘庶之由，以不知而押之于伍，则是受检于小人也。然则小人有罪，士人无事，仆隶何罪，而令坐之。若以实相交关，责其闻察，则意有未因。何者？名实殊章，公私异令，奴不押符，是无名也，民乏资财，是私贱也。以私贱无名之人，豫公家有实之任，公私混淆，名实非允。由此而言，谓不宜坐。还从其主，于事为宜。无奴之士，不在此例。若士人本检小人，则小人有过，已应获罪，而其奴则义归戮仆，然则无奴之士，未合宴安，使之输赎，于事非谬。二科所附，惟制之本耳。此自是辩章二本，欲使各从其分。至于求之管见，宜附前科，区别士庶，于义为美。盗制，按左丞议，士人既终不为兵革，幸可同宽宥之惠，不必依旧律，于议咸允。"

吏部郎何尚之议："按孔右丞议，士人坐符伍为罪，有奴罪奴，无奴输赎。既许士庶缅隔，则闻察自难，不宜以难知之事，定以必知之法。夫有奴不贤，无奴不必不贤。今多僮者傲然于王宪，无仆者怵迫于时网，是为恩之所沾，恒在程、卓，法之所设，必加颜、原，求之鄙怀，窃所未惬。谢殿中谓奴不随主，于名分不明，诚是有理。然奴仆实与闾里相关，今都不问，恐有所失。意同左丞议。"

弘议曰："寻律令既不分别士庶，又士人坐同伍罹谪者，无处无之，多为时恩所宥，故不尽亲谪耳。吴及义兴适有许、陆之徒，以同符合给，二千石论启丹书。已未间，会稽士人云十数年前，亦有四族坐此被责，以时恩获停。而王尚书云人旧无同伍坐，所未之解。恐莅任之日，偶不值此事故邪。圣明御世，士人诚不忧至苦，然要须临事论通，上干天听为纷扰，不如近为定科，使轻重有节也。又寻甲符制，蠲士人不传符耳，令史复除，亦得如之。共相押领，有违纠列，了无等衰，非许士人闾里之外也。诸议云士庶缅绝，不相参知，则士人犯法，庶民得不知。若庶民不许不知，何许士人不知。小民自非超然简独，永绝尘秕者，比门接栋，小以为意，终自闻知，不必须日夕来往也。右丞百司之言，粗是其况。如衮陵士人，实与里巷关接，相知情状，乃当于冠带小民。今谓之士人，便无小人之坐；署为小民，辄受士人之罚。于情于法，不其颇欤？且都令不及士流，士流为轻，则小人令使征预其罚，便事至相纠，闾伍之防，亦为不同。谓士人可不受同伍之谪耳，罪其奴客，庸何伤邪？无奴客，可令输赎，又或无奴僮为众所明者，官长二千石便当亲临列上，依事遣判。又主偷五匹、常偷四十四，谓应见优量者，实以小吏无知，临财易昧，或由疏慢，事蹈重科，求之于心，常有可愍，故欲小进匹数，宽其性命耳。

至于官长以上，荷蒙禄荣，付以局任，当正己明宪，检下防非，而亲犯科律，乱法冒利，五匹乃已为弘矣。士人无私相偷四十匹理，就使至此，致以明罚，固其宜耳，并何容复加哀矜。且此辈士人，可杀不可谪，有如诸论，本意自不在此也。近闻之道路，聊欲共论，不呼乃尔难精。既众议纠纷，将不如其已。若呼不应停寝，谓宜集议奏闻，决之圣旨。"太祖诏："卫军议为允。"

刘宋依然保存了符伍制度。这一制度规定，如果伍、里中有人逃亡，同伍、同里的人均要负责，逃者不获，同伍、里者要代为负担赋役。

《宋书》卷54《羊玄保传》谓：

羊玄保，太山南城人也……善弈棋，棋品第三，太祖与赌郡戏，胜，以补宣城太守。先是，刘式之为宣城，立吏民亡叛制，一人不禽，符伍里吏送州作部，若获者赏位二阶。

又同书卷74《沈攸之传》谓：

将吏一人亡叛，同籍符伍充代者十余人。

在梁朝，符伍制度更加强化，士卒逃亡时要层层连坐。
《南史》卷70《循吏郭祖深传》云：

梁兴以来，发人征役……多有物故，辄刺叛亡。或有身殒战场，而名在叛目，监符下讨，称为逋叛，录质家丁。合家又叛，则取同籍，同籍又叛，则取比伍；比伍又叛，则望村而取；一人自犯，则合村皆空。

南朝士族享有特权，因而符伍连坐之法，不施于士族。
《宋书》卷42《王弘传》载：

士人在伍，谓之押符。同伍有愆，得不及坐。

固然东晋南朝采取了多种形式，检括户口，防止民户的逃亡流散，但在沉重的赋役剥削之下，逃亡和转为私家荫附者，仍然相继不绝。

《宋书》卷8《明帝纪》云：

> 频罹兵革，徭赋未休，军民巧伪，兴事甚多。蹈刑入宪，谅非一科。至乃假名戎伍，窃爵私庭，因战散亡，托惧逃役。且往诸沦逼，虽经累宥，逋窜之党，犹为实繁。

又《梁书》卷38《贺琛传》云：

> 是时，高祖任职者，皆缘饰奸谄，深害时政，琛遂启陈事条封奏曰：
>
> "……其一事曰：今北边稽服，戈甲解息，政是生聚教训之时，而天下户口减落，诚当今之急务。虽是处凋流，而关外弥甚，郡不堪州之控总，县不堪郡之哀削，更相呼扰，莫得治其政术，惟以应赴征敛为事。百姓不能堪命，各事流移，或依于大姓，或聚于屯封，盖不获已而窜亡，非乐之也。国家于关外赋税盖微，乃至年常租课，动致逋积，而民失安居，宁非牧守之过。东境户口空虚，皆由使命繁数。夫犬不夜吠，故民得安居。今大邦大县，舟舸衔命者，非惟十数；复穷幽之乡，极远之邑，亦皆必至。每有一使，属所搔扰；况复烦扰积理，深为民害。驽困邑宰，则拱手听其渔猎；桀黠长吏，又因之而为贪残。纵有廉平，郡犹掣肘。故邑宰怀印，类无考绩，细民弃业，流冗者多，虽年降复业之诏，屡下蠲赋之恩，而终不得反其居也。"

东晋南朝政府一直未能处理好农民的破产流亡问题，这也就是南朝经济发展受到局限，最终赶不上北方的缘由之一。

第二节　十六国北朝的户籍制度

关于十六国和北朝的户籍制度，由于没有留下完整的文字资料，已难详考。但仅从一些零星记载便可看出，这一时期的各政权对户籍问题是很重视的，并取得了一定成效。

一　西凉建初十二年户籍残卷

五胡十六国时期，是中国历史上政权最不稳定、政治十分混乱的时期之一。尽管如此，各国统治者对户籍问题还是十分重视的。这从下引的材料中可见一斑。

《晋书》卷105《石勒载记下》云：

> 以右常侍霍皓为劝课大夫，与典农使者朱表、典劝都尉陆充等循行州郡，核定户籍，劝课农桑。

又《出三藏记集》卷3《昙无德四分律》卷14《佛陀耶舍传》云：

> 秦司隶校尉姚兴，欲请耶舍于中寺安居，仍令出之……罗什法师劝曰："耶舍甚有记功，数闻诵习，未曾脱误。"于是姚主即以药方一卷、民籍一卷，并可四十许纸，令其诵之三日。便集僧执文请试之，乃至铢两、人数、年纪，不谬一字。

又《晋书》卷127《慕容德载记》云：

> 其尚书韩谔上疏曰："……深宜审量虚实，大校成败，养兵厉甲，广农积粮，进为雪耻讨寇之资，退为山河万全之固。而百姓因秦、晋之弊，迭相阴宪，或百室合户，或千丁共籍，依托城社，不惧熏烧，公避课役，擅为奸宄，损风毁宪，法所不容，但检今未宣，弗可加戮。今宜隐实黎萌，正其编贯，庶上增皇朝理物之明，下益军国兵资之用。若蒙采纳，冀神山海，虽遇商鞅之刑，悦绾之害，所不辞也。"德纳之，遣其车骑将军慕容镇率骑三千，缘边严防，备百姓逃窜。以谔为使持节、散骑常侍、行台尚书，巡郡县隐实，得荫户五万八千。

但是，由于十六国时期战事频繁，政治混乱，所以当时户籍中具体的各项内容状况，均难以从现存的史籍中得知。所幸在敦煌发现的西凉建初十二年（416）户籍残卷，为我们了解十六国时期的户籍制度提供了一份十分珍贵的实物材料。这个残卷共保存有9户民籍，残缺者4户，完整或大体完整的5户。现照录如下，以供参考①：

1. 前缺
　道男弟德年廿一　　　　　　　　　　　　　　　　释子
　仳妻□年十七
　仳息女宫年一
　　　　　　　　　　　　　　　　　　　　建初十二年正月籍

2. 敦煌郡敦煌县西宕乡高昌里兵裴晟年六十五
　息男丑年廿九
　丑男（弟）溱年廿五　　　　　　　　　　　　　　次男□
　溱妻冯年廿九　　　　　　　　　　　　　　　　　女□□
　　　　　　　　　　　　　　　　　　　　　　　　凡口四
　　　　　　　　　　　　　　　　　　　　　　　　居赵羽坞
　　　　　　　　　　　　　　　　　　　　建初十二年正月籍

3. 敦煌郡敦煌县西宕乡高昌里散阴怀年十五
　母高年六十三　　　　　　　　　　　　　　　　　丁男□
　　　　　　　　　　　　　　　　　　　　　　　　女□□
　　　　　　　　　　　　　　　　　　　　　　　　凡口□
　　　　　　　　　　　　　　　　　　　　　　　　居赵羽坞
　　　　　　　　　　　　　　　　　　　　建初十二年正月籍

4. 敦煌郡敦煌县西宕乡高昌里兵裴保年六十六
　妻袁年六十三　　　　　　　　　　　　　　　　　丁男一
　息男金年卅六　　　　　　　　　　　　　　　　　次男□
　金男弟隆年四　　　　　　　　　　　　　　　　　小男□
　金妻张年卅六　　　　　　　　　　　　　　　　　女□□
　隆妻苏年廿二　　　　　　　　　　　　　　　　　凡口□
　金息男养年二　　　　　　　　　　　　　　　　　居赵羽坞

5. 敦煌郡敦煌县西宕乡高昌里散吕沾年五十六
　妻赵年卅三　　　　　　　　　　　　　　　　　　丁男□

---

① 中国科学院历史研究所资料室：《敦煌资料》第一辑，中华书局1961年版，第3—7页。

息男元年十七　　　　　　　　　　　　　　　　小男□
元男弟腾年七本名鹃　　　　　　　　　　　　　女口□
腾女妹华年二　　　　　　　　　　　　　　　　凡口五
　　　　　　　　　　　　　　　　　　　　　　居赵羽坞
　　　　　　　　　　　　　　　　　　　　　　建初十二年五月籍

6. 敦煌郡敦煌县西宕乡高昌里兵吕德年四十五
唐妻年卌一　　　　　　　　　　　　　　　　　丁男二
息男㚟年十七　　　　　　　　　　　　　　　　小男一
㚟男弟受年十　　　　　　　　　　　　　　　　女口二
受女妹媚年六　　　　　　　　　　　　　　　　凡口六
媚男弟兴年二　　　　　　　　　　　　　　　　居赵羽坞
　　　　　　　　　　　　　　　　　　　　　　建初十二年正月籍

7. 敦煌郡敦煌县西宕乡高昌里大府吏随嵩年五十
妻曹年五十　　　　　　　　　　　　　　　　　丁男二
息男寿年廿四　　　　　　　　　　　　　　　　女口三
寿妻赵年廿五　　　　　　　　　　　　　　　　凡五口
姊皇年七十四　　附籍　　　　　　　　　　　　居赵羽坞
　　　　　　　　　　　　　　　　　　　　　　建初十二年五月籍

8. 敦煌郡敦煌县西宕乡高昌里散随杨年廿六
母张年五十四　　　　　　　　　　　　　　　　丁男口
　　　　　　　　　　　　　　　　　　　　　　女口一
　　　　　　　　　　　　　　　　　　　　　　凡口二
　　　　　　　　　　　　　　　　　　　　　　居赵羽坞
　　　　　　　　　　　　　　　　　　　　　　女口一
　　　　　　　　　　　　　　　　　　　　　　凡口二
　　　　　　　　　　　　　　　　　　　　　　居赵羽坞
　　　　　　　　　　　　　　　　　　　　　　建初十二年正月籍

9. 敦煌郡敦煌县西宕乡高昌里散唐黄年廿四
妻吕年廿六　　　　　　　　　　　　　　　　　丁男一
息女皇年六　　　　　　　　　　　　　　　　　女口二
（后缺）

二 北朝的户籍制度

关于北魏的户籍制度，没有完整的文字材料，只能见到一些零星的记载。

《魏书》卷7上《高祖纪》云：

> 太和……五年……秋七月甲子，萧道成遣使朝贡。辛酉，蠕蠕别帅他稽率众内附。甲戌，班乞养杂户及户籍之制五条……十年春正月癸亥朔，帝始服衮冕，朝飨万国。壬午，蠕蠕犯塞二月甲戌，初立党、里、邻三长，定民户籍……十有一年……秋七月己丑，诏曰："今年谷不登，听民出关就食。遣使者造籍，分遣去留，所在开仓赈恤。"八月壬申，蠕蠕犯塞，遣平原王陆睿讨之。事具《蠕蠕传》。庚辰，大议北伐，进策者百有余人。辛巳，罢山北苑，以其地赐贫民。悉万斤国遣使朝献。九月庚戌，诏曰："去夏以岁旱民饥，须遣就食，旧籍杂乱，难可分简，故依局割民，阅户造籍，欲令去留得实，赈贷平均。然乃者以来，犹有饿死衢路，无人收识。良由本部不明，籍贯未实，廪恤不周，以至于此。朕猥居民上，闻用慨然。可重遣精检，勿令遗漏。"

又《北史》卷15《常山王遵传附元晖传》云：

> 国之资储，唯籍河北。饥馑积年，户口逃散，生长奸诈，因生隐藏。出缩老小，妄注死失，收人租调，割入于己。人困于下，官损于上。

又《魏书》卷110《食货志》云：

> 因民贫富，为租输三等九品之制。千里内纳粟，千里外纳米；上三品户入京师，中三品入他州要仓，下三品入本州……
>
> 九品混通，户调帛二匹、絮二斤、丝一斤、粟二十石；又入帛一匹二丈，委之州库，以供调外之费。

以上是北魏推行均田制以前户籍制度的一般情况,实行均田制以后,土地制度和赋税制度发生了很大变化,这自然要引起户籍制度的变更。至西魏苏绰当政时,就逐渐形成了一套新的户籍制度。

《周书》卷23《苏绰传》云:

> 绰始制文案程序,朱出墨入及计帐户籍之法。

这种"计帐户籍"的形式及内容,现存史籍缺载。敦煌发现的S0613号文书可以弥补这方面的不足。1954年日本学者山本达郎以《敦煌发现计帐式的文书残简》为题,对该文书进行复原、研究,认为它写成于西魏大统十三年(547)。文书分为A、B两类;A类以户为单位记载有关人口、赋税、土地等情况;B类则以A类为基础,集计一个户口集团的户口、受田及赋役情况。关于该文书的性质,目前国内外不少学者都认为它就是苏绰所创制的计帐式户籍。

为便于研究,现将《敦煌资料》[①] 所载西魏大统十三年户籍文书转录于下:

A类:
1. 户主叩延天富壬辰生年三十六　　　白丁　课户中
   母白乙升水亥生年六十五　　　　　死
   妻刘吐归丁酉生年三十一　　　　　丁妻
   息男黄口甲子生年四　　　　　　　黄男(按:应为小男)
   息男黄口甲子生年二　　　　　　　黄男

   凡口五 { 口一出除不课老女死
           口四见在 { 口二不课 { 口一小男年四
                               口一黄年二
                     口二课见输 { 一丁男
                                 一丁妻 }

   计布一匹

---

① 中国科学院历史研究所资料室:《敦煌资料》第一辑,中华书局1961年版。

计麻二斤

计租三石五斗 { 二石输租 / 一石五斗输草三围

计受田口二 { 一丁男 / 一丁妻

应受田四十六亩 { 二十六亩已受 { 十五亩麻 / 十亩正 / 一亩园 } / 二十亩未受　二分未足 }

一段十亩麻　舍西一步　东至舍　西至渠　南至渠　北至□

一段十亩正　舍东二步　东至匹知拔　西至舍　南至渠　北至渠

　　右件二段户主天富分　麻足　正少十亩

一段五亩麻　舍西廿步　东至天富　西至渠　南至乌地拔　北至

　　渠　右件一段妻吐归分　麻足　正未受

一段一亩居住园宅

2. 户主王皮乱己巳生年五十九　白丁　课户中

　　妻雷处姬辛卯生年三十七　丁妻

　　息女女亲辛丑生年二十七　中女　出嫁受昌郡民泣陵中安

　　息女丑婢丙辰生年十二　中女　出嫁效谷县斛斯已奴党王奴子

　　息男买丁巳生年十一　　中男

　　息女子休己未生年九　　小女

口凡六 { 口二出除不课中女年廿七已不出嫁 / 四口见在 { 口二不课 { 口一中男年十一 / 口一中女年九 } / 口二课见输 { 一丁男 / 一丁妻 } } }

　　计布一匹

　　计麻二斤

计受租三石五斗 { 二石输租 / 一石五斗　折输园（草）三围

计受田口二 { 一丁男
　　　　　　一丁妻

应受田四六亩 { 廿二亩已受 { 十五亩麻
　　　　　　　　　　　　　七亩正
　　　　　　　　　　　　　一亩园　二分未足
　　　　　　廿三亩未受

一段十亩麻　舍东二步　东至安周　西至舍　南至渠　北至元兴
一段七亩正　舍西三步　东至舍　西至元兴　南至渠　北至元兴
　　　　右件二段户主皮乱分　麻足　正少十亩
一段五亩麻　舍西一里　东至步胡朱　西至乙升　南至婆洛门
　　　　　北至丰虎
　　　　　　右件一段妻处姬分　麻足　正未受
一段居住一亩园宅

3. 户主白丑奴丁亥生年四十一　　　　白丁　　课户中
母高阿女壬寅生年八十六　　　　　　老妻
妻张丑女丙申生年三十两　　　　　　丁妻
息男显受庚戌生年十八　　　　　　　白丁　　进丁
（后缺）

（前缺）
4. 息男阿庆丙辰生年拾两　　　　　　中男
息男安庆丁巳生年拾壹　　　　　　　中男
息女未客壬戌生年陆　　　　　　　　小女
息女未丑戊午生年拾　　　　　　　　中女
息女晕庚申生年捌　　　　　　　　　小女
弟武兴壬寅生年叁拾陆　　　　　　　白丁
兴妻房英英己亥生年两拾究（玖）　　丁妻
兴息女阿晕甲子生年肆　　　　　　　小女
兴息女男英甲子生年肆　　　　　　　小女
兴息女续男乙丑生年两　　　　　　　黄女　上

$$
凡口十五 \begin{cases} 口十不课 \begin{cases} 口八女 \begin{cases} 口一老年八十六 \\ 口二中年十二已下 \\ 口四小年八已下 \\ 口一黄年二 \end{cases} \\ 口五课见输 \begin{cases} 三丁男 \\ 二丁妻 \end{cases} \end{cases} \end{cases}
$$

计布二匹二丈

计麻五斤

计租八石七斗五升 $\begin{cases} 五石输租 \\ 三石七斗五升折输草七围半 \end{cases}$

计受田口五 $\begin{cases} 三丁男 \\ 二丁妻 \end{cases}$　卅亩麻

（后缺）

5. 户主刘文成己丑生年叁拾究（玖）　　荡寇将军　课户上

　　妻任舍女甲午生年叁拾肆　　　　　　台资妻

　　息男子可乙卯生年拾叁　　　　　　　中男

　　息男子义丁巳生年拾壹　　　　　　　中男

　　息女黄口水（癸）亥生年伍　　　　　小女

　　息男子×辛酉生年柒　　　　　　　　小男

　　息男黄口甲子生年肆　　　　　　　　小男

$$
凡七口不课 \begin{cases} 口五不税 \begin{cases} 口四男 \begin{cases} 口二中年十三以下 \\ 口二小年七以下 \end{cases} \\ 口一小女年五 \end{cases} \\ 口二台资攡税令课 \begin{cases} 一丁男 \\ 一丁妻 \end{cases} \end{cases}
$$

　　　　　　　　　　　　　　　　　　　　　　计布一匹

计麻二斤

计租四石 $\begin{cases} 二石五斗输租 \\ 一石五斗折输草三围 \end{cases}$

计受田口二 $\begin{cases} 一丁男 \\ 一丁妻 \end{cases}$

应受田六十六亩 $\begin{cases}卅六亩已受\begin{cases}十五亩麻\\廿亩正\\一亩围\quad 二分未足\end{cases}\\卅亩未受\end{cases}$

一段十亩麻　舍西二步　东至舍　西北至渠　南至白丑奴

一段四亩正　舍东二步　东至侯老生　西至舍　南北至渠

（后缺）

（前缺）

右件一段妻舍女分　　麻足　正未受

一段一亩居住园宅

6. 户主侯老生水（癸）酉生年伍拾伍　　白丁　课户上

　妻邓延××丙子生年伍拾两　　　　　丁妻

　息男阿显丁未生年两拾壹　　　　　　白丁

　息男显祖辛亥生年拾柒　　　　　　　中男

　息女显亲乙卯生年拾叁　　　　　　　死

　息女胡女戊午生年拾　　　　　　　　中女

　息男恩恩甲子生年肆　　　　　　　　小男

凡七口 $\begin{cases}口一出陈不课\quad 中女死\\口六见在\begin{cases}口三不课\begin{cases}口二男\begin{cases}口一中年十七\\口一小年四\end{cases}\\口一中女年十\end{cases}\\口三课见输\begin{cases}二丁男\\一丁妻\end{cases}\end{cases}\end{cases}$

牛一头黑特大

计布一匹二丈

计麻三斤

计租六石 $\begin{cases}三石七斗五升租\\二石二斗五升输草四围半\end{cases}$

计受田口三 $\begin{cases}二丁男\\一丁妻\end{cases}$

　　　　　　　　　　廿五亩麻

　三十六亩未受

一段十亩　舍南一步　东至曹四智×　西至侯老生　北至渠

一段廿五亩正　舍西五步　东至麻　西至刘文成　南至元兴　北至道

　　右件二段户主段老生分　麻正足

一段五亩麻　舍西卅步　东至老生　西至文成　南至老生　北至渠

一段十亩正　舍南一步　东至曹乌地×　西至文成　南至圻　北至老生

右件二段妻××分　麻正足

一段十亩麻　舍西一步　东至舍　西至渠　南至阿各孤　北至曹羊仁

一段八亩正　舍南十步　东至渠　西至丰虎　南史敬香　北至渠

右件二段息阿显分　麻足　正少十二亩

一段一亩居住园宅

7. 户主其无婆罗门戊辰（生年）六十　　　白丁　　课户上

妻白丑女辛巳生年四十七　　　　　丁妻

息男归安水丑生年十五　　　　　　中男

息女愿英戊生年十　　　　　　　　中女

息男迴安己未生年究（玖）　　　　小男

凡口六 { 口一出除不课中女年十三死
　　　　口五见在 { 口三不得 { 口二男 { 口一中十五
　　　　　　　　　　　　　　　　　　　口一小年九
　　　　　　　　　　　　　　　　口一中女年十
　　　　　　　　口二见输 { 一丁男
　　　　　　　　　　　　　一丁妻

（后缺）

（前缺）

二人虞侯

三十两人定见

六丁兵卅人

亲二人

都合应受田户三十三

户六足

口六男隆老中小

牛一头

右件应受田一顷一十六亩足 { 卅田麻 / 人十亩正 / 六亩园

户六三分未足

口廿良 { 口十一丁男

（后缺）

8．（前缺）

  息男×僧乙卯生年拾叁 实年十八

  息男神和甲子生年肆 小男

  婢束花己未生年究（玖） 实年十八进丁

  息男黄口甲子生年两 黄男上

凡口六 { 口二不课 { 口一小男年四 / 口一黄男年二 }   口四课见 { 口三良 { 丁二男 / 一丁妻 } / 口一贱丁婢 }

计布一匹三丈 { 一匹二丈良 / 一丈贱

计麻三斤六两 { 三斤良 / 八两贱

计租六石四斗五升 { 四石二斗租 { 三石一斗五升良 / 四斗五升贱 } / 二石二斗五升折输草四围半

计受田口四 { 口三良 { 二丁男 / 一丁妻 } / 口一贱丁婢

应受田九十一亩 { 卅一亩已受 { 卅亩麻 / 十亩正 / 一亩园　　二分未足 }

(后缺)

9. (前缺)

　　牛两头特大

计布一匹四尺 { 一匹良 / 四尺中 }

计麻二斤

计租四石三斗 { 二石八斗输租 { 二石五升良 / 三斗中 } / 一石五斗折输草三围 }

计受田口二 { 一丁男 / 一丁妻 }

应受田八十六亩 { 七十一亩已受 { 十五亩麻 / 五十五亩正　　三分未足 / 一亩园 } / 十五亩未受 }

(后缺)

B 类：

　　　　(前欠)

1　　　口　册　一　女年一已上
2　　　口　一　老寡妻年六十六
3　　　口五寡妻年六十四　已下
4　　　口　二　贱　小　婢　年九
5　　　　　　　　　　　{ 口五十三旧
6　　　口伴拾捌课见输 {
7　　　　　　　　　　　{ 口　五　新
8　　　　　　　　　　　{ 口卅一　旧
9　　　口　卅　二男 {
10　　　　　　　　　　{ 口　一　新

11	口		六上			
12	口	十	六	中		
13	口	十下				
14				口	廿二旧	
15	口两拾件妻妾 {					
16				口	三 新	
17	口	三上				
18						
	（口 十 三 中）					
19	口	九下				
20	口	一	贱	婢	新	
21	牛	陆头				
22	四 头	受 田	课			
23	二 头	未 受 田	不课			
24		都合调布叁拾叁匹叁丈捌尺				
25				五匹 台资		
26				四匹二丈上		
27	卅三 匹二 丈良 {					
28				十四匹二丈中		
29				九匹二丈下		
30	一丈贱					
31	八尺牛					
32	都合合麻陆拾柒斤捌两					
33						
34				（十斤台资）		
35	六十七斤良 {			九斤 上		
36				廿九斤 中		
37				十九斤下		
38	八两贱					
39	都合租捌拾捌斛 叁斗					
40	件 拾斛叁斗输 租					

41	卅九石二斗五升良 ⎰十石七斗五升上
42	⎨廿 九 石 中
43	⎱九石五斗 下
44	四斗 五 升贱
45	六 斗牛
46	叁 拾 捌 石折输草柒 拾陆围
47	六石七斗五升折输草十三围半上
48	廿一石七斗五升折输草卅三围半中
49	□□□□□□
	(九石五斗折输草十九围下)
50	都合税租两拾肆斛 斛
51	拾陆石件 斗 输 租
52	⎰四石五斗不课户上税
53	九石五斗上⎨
54	⎱五石台资口计丁床税
55	六石中
56	一 石 不 课 户 下 税租
57	柒斛件斗折输草拾 件 围
58	三 石 折 输 草 六 围 上
59	四石五斗 折输草 九围 中
60	都合课丁男 叁 拾 柒 人
61	五 人 杂 任 役
62	一 人 猎 师
63	□□□□□□
	(一 人 □ □)
64	□(一)人 防 阁
65	二 人 虞 候
66	叁 拾 两 人 定 见
67	六 丁 兵 卅 人
68	乘二人
69	都 合 应 受 田 户 叁 拾 叁

70　　　户六足
71　　　口六男　隆　老　中　小
72　　　牛一头
73　　　　　　　　　　　┌卅　亩　麻
74　右件应受田壹顷壹拾陆亩足┤八十亩　正
75　　　　　　　　　　　└六　亩　园
76　　　户六　　三　分　未　足
77　　　　　┌口十一丁男
78　口廿良 ┤
79　　　　　└（口　九　丁　女）

80　　　□（牛）□（三?）　头
81　　　　　　　　　┌三顷八十
82　　　　　　　　　│五亩已受┌一顷卅五亩麻
83　右件应受田仵顷叁拾壹亩┤　　　　┤二顷五十亩正
　　　　　　　　　　│　　　　└六亩园
　　　　　　　　　│一顷卅
84　　　　　　　　　└六亩未受
85 户　十　三二　分　未　足
86　　　　　　　　┌口十八丁
87　　　　┌口十九男┤
88 口卅五良┤　　　　└口一隆老
89　　　　└口十五丁　　女
90　　　口　一　贱　婢
91　　　牛二头
92　　　　　　　　　　┌二顷五十亩麻
93　　　　　　　┌四顷卅　　┤一顷七十亩正
94 右件应受田捌顷肆拾亩┤三亩已受└十三亩园
95　　　　　　　　└四顷一十五亩未受
96　　　户　七　一　分　未　足

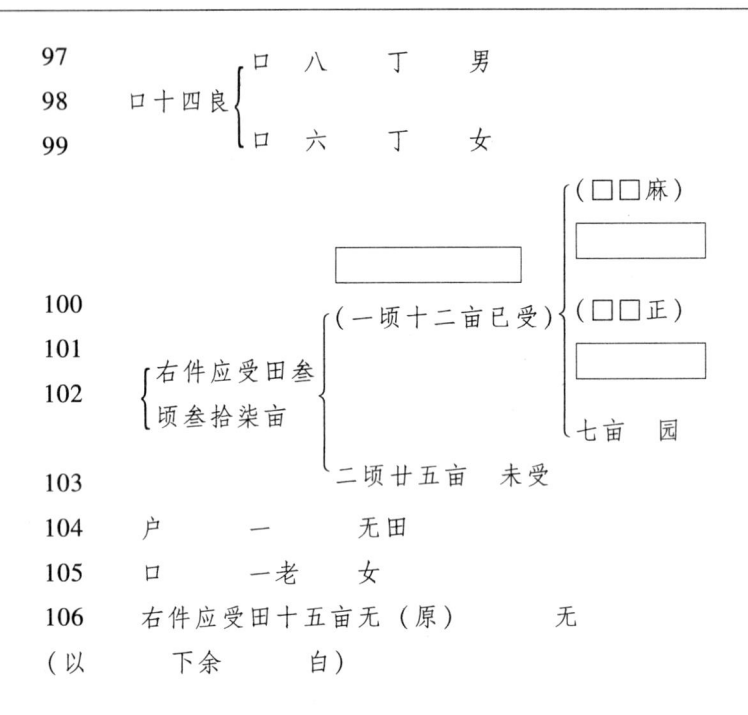

```
97                ┌ 口   八   丁   男
98   口十四良 ┤
99                └ 口   六   丁   女

                                              ┌ (□□麻)
                                              │ ┌─────┐
                          ┌─────┐             │ └─────┘
100                       └─────┘             │ (□□正)
101                  ┌(一顷十二亩已受)┤       ┌─────┐
102   ┌右件应受田叁┐                          │ └─────┘
      └顷叁拾柒亩  ┘                          └ 七亩 园
103                  └二顷廿五亩  未受

104   户      一      无田
105   口      一老    女
106   右件应受田十五亩无(原)         无
(以        下余        白)
```

第十章　赋税制度

中国古代社会中，赋税和徭役是国家对广大领民进行剥削和奴役的主要手段。自从封建社会开始形成，赋税和徭役即随同产生。魏晋南北朝时期，赋税和徭役依然并存，不过，种类和名目大大增加了。

第一节　魏晋时期的赋税制度

曹魏兵屯和民屯的收获物按分成的办法交给政府，使用官牛者收获物上交六分，自己得四分；使用自家耕牛者与政府对分。

关于兵屯，《晋书》卷47《傅玄传》有云：

> 泰始四年……（傅）玄上疏曰："……旧兵持官牛者，官得六分，士得四分；自持私牛者，与官中分，施行来久，众心安之。"

关于民屯，《晋书》卷109《慕容皝载记》云：

> 魏晋虽道消之世，犹削百姓不至于七、八，持官牛田者，官得六分，百姓得四分；私牛而官田者，与官中分。

除屯田客外，曹魏还有为数甚众的小农或自耕农，他们是田租户调的负担者。曹操平邺后，颁布了《收田租令》。

《三国志》卷1《武帝纪》注引《魏书》

> 其收田租亩四升，户出绢二匹、绵二斤而已，他不得擅兴发。

这种田租户调,和屯田上田租有所不同,田租户调是国税,屯田租因为所种田地为官田,所以是地租和国税的合一。曹操所颁行的这种田租、户调制,在相当长的时期内,为以后各朝所袭用。

蜀汉的租赋制度因史料缺乏,难以探究,故从略。

1996年年底,湖南长沙市区走马楼工地出土了大量孙吴嘉禾纪年简牍,为研究孙吴的赋税制度提供了极其宝贵的实物资料。现列其中一枚大木简之简文如下①。

> 旱丘男子黄郡,佃田八町,凡廿一亩,皆二年常限。其十五亩旱败,不收布;定收六亩。为米七斛二斗;亩收布二尺,凡为布一丈二尺,准入米七斗五升,六年正月十七日日付仓吏张曼、周栋。其米七斛二斗,五年十二月廿日付仓吏张曼、周栋。其旱田不收钱,孰田亩收钱八十,凡为钱四百八十,五年十一月十日付库吏潘顺。嘉禾六年二月二十日田户曹吏张惕校。

这是孙吴长沙郡政府向郡民收取赋税的详细记载,其征收定额、减免数量、布米折合、缴纳时间等项均十分清楚,填补了当时赋税制度的一大空白。

西晋的赋税制度,主要有户调和田租两大项。其特点有二:一是户调与田租分离而并征;二是田租的征收对象是丁不是户。

《晋书》卷26《食货志》云:

> 平吴之后……又制户调之式:丁男之户,岁输绢三匹,绵三斤,女及次丁男为户者半输。其诸边郡或三分之二,远者三分之一。夷人输賨布,户一匹,远者或一丈。男子一人占田七十亩,女子三十亩。其外丁男课田五十亩,丁女二十亩,次丁男半之,女则不课……远夷不课田者输义米,户三斛,远者五斗,极远者输算钱,人二十八文。

又唐徐坚《初学记》卷27《绢第九》引《晋故事》云:

---

① 胡平生、宋少华:《新发现的长沙走马楼简牍的重大意义》,《光明日报》1997年1月14日《史林》。

> 凡民丁课田，夫五十亩，收租四斛；绢三匹，绵三斤。凡属诸侯，皆减租谷亩一斗，计所减以增诸侯，绢户一匹，以其绢为诸侯秩。又分民租户二斛，以为侯奉。其余租及旧调绢，二户三匹，绵三斤，书为公赋，九品相通，皆输入于官，自如旧制。

兹据上述材料，列西晋户调表如表10—1所示：

表10—1　　　　　　　西晋户调一览

地区	数额	
	丁男户	丁女、次丁男户
内地	绢3匹、绵3斤	绢1.5匹、绵1.5斤
边郡	绢2匹、绵2斤	绢1匹、绵1斤
远郡	绢1匹、绵1斤	绢0.5匹、绵0.5斤

至东晋成帝时，田租制度一度发生过大变化，即废除了按丁收租制度，改为按亩税米。

《晋书》卷26《食货志》称：

> 咸和五年，成帝始度百姓田，取十分之一，率亩税米三升……咸康初，算度田税米，空悬五十余万斛，尚书褚裒以下免官……哀帝即位，乃减田租，亩收二升。孝武太元二年，除度田收租之制，王公以下口税三斛，唯蠲在役之身。八年，又增税米，口五石。

东晋在改革、继承西晋田租制度的同时，又袭用了西晋的户调制，具体内容如上文。

第二节　南朝的赋税制度

南朝的赋税，主要有租调正税和杂税两项。

一　租调正税

南朝的租调制度，大抵沿袭晋代而又有所改革。宋齐时的经常赋税即正税，常称为租调或租布。这时江南地区丝绢的产量不高，而麻布生产则颇为发达，所以调多交布，而交绢少，租调亦习称为租布。宋齐史书言调布处甚多。

《宋书》卷5《文帝纪》云：

> 其蠲此县今年租布……复丹徒县侨旧今岁租布之半。

又同书卷6《孝武帝纪》云：

> 天下民户岁输布四匹。

又《南齐书》卷6《明帝纪》云：

> 蠲雍州遇虏之县租布。

当时的户调除主要征布外，也要征收绵、绢。

《宋书》卷82《沈怀文传》云：

> 斋库上绢，年调巨万匹，绵亦称此。期限严峻，民间买绢一匹，至二三千，绵一两亦三四百，贫者卖妻儿，甚者或自缢死。怀文具陈民困，由是绵绢薄有所减，俄复旧。

梁、陈时期的租调制度发生了很大的变化，即由计资评等按户征收改为按丁征收，同时又新增了禄绢、禄绵等征收项目。

《梁书》卷53《良吏传序》云：

> （天监）元年，始去人赀，计丁为布。

又《隋书》卷24《食货志》载梁、陈之制云：

其课，丁男调布绢各二丈，丝三两，绵八两，禄绢八尺，禄绵三两二分，租米五石，禄米二石。丁女并半之。男女年十六岁已上至六十，为丁。男年十六，亦半课，年十八正课，六十六免课。女以嫁者为丁，若在室者，年二十乃为丁。其男丁，每岁役不过二十日。又率十八人出一运丁役之。其田，亩税米二斗。盖大率如此。其度量，斗则三斗当今一斗，称则三两当今一两，尺则一尺二寸当今一尺。

二 折课与和市

所谓"折课"，即在租调的课征中，允许将米、布、绵、绢等实物折合成现钱来缴纳。这从下面的材料中可得到反映。

《通典》卷5《食货·赋税中》云：

齐高帝初……（竟陵王子良）又启曰："诸赋税所应纳钱，不限大小，但令所在兼折布帛。若杂物是军国所须者，听随价准直，不必尽令送钱。于公不亏其用，在私实荷其渥。昔晋氏初迁，江左草创，绢布所直，十倍于今。赋调多少，因时增减。永初中，官布一匹，直钱一千，而人所输，听为九百。渐及元嘉，物价转贱，私货则匹直六百，官受则匹准五百。所以每欲优人，必为降落。今入官好布，匹下百余，其四人所送者，犹依旧制。昔为刻上，今为刻下，町庶空俭，岂不由之。救人拯弊，莫过减赋。略其目前小利，取其长久大益，无患人资不殷，国用不阜也。"

迨武帝时，豫章王嶷上表曰："宋氏以来，州郡秩俸及杂供给，多随土所出，无有定准。夫理在凤均，政由一典。伏寻郡县长尉俸禄之制，虽有定科，而其余资给，复由风俗，东北异源，西南各序，习以为常，因而弗变。顺之则固匪通规，澄之则靡不入罪。岂约法明章，先令后刑之谓也！臣谓宜使所在，各条件公田秩俸迎送旧典之外，守宰相承，有何供课，尚书精加勘覆，务存优衷，事在可通，随宜颁下，四方永为恒制。"帝从之。

又《南齐书》卷3《武帝纪》云：

> 永明……四年……五月癸巳，诏："扬、南徐二州今年户租，三分二取见布，一分取钱。来岁以后，远近诸州输钱处，并减布直，匹准四百，依旧折半，以为永制。"

此诏记扬、南徐二州是 2/3 交布，1/3 交钱。但《南齐书》卷 40《竟陵文宣王子良传》则云：

> 永明……四年……诏折租布，二分取钱。

二者记以布折钱的比例虽然不一致，但当时官方收取租调时允许"折课"则是事实。

南朝又有"和市""交市""市取"。

关于和市，《宋书》卷 3《武帝纪下》有云：

> 台府所须，皆别遣主帅，与民和市，即时裨直，不复折租民求办。

又《南齐书》卷 3《武帝纪》云：

> 可见直和市……其和价以优黔首。

关于交市，《宋书》卷 9《后废帝纪》云：

> 敕令给赐，悉仰交市。

又《通典》卷 12《食货·轻重》云：

> 宋文帝元嘉中，三吴水潦，谷贵人饥。彭城王义康立议，以"东土灾荒，人凋谷踊，富商蓄米，日成其价。宜班下所在，隐其虚实，令积蓄之家，听留一年储，余皆勒使粜货，为制平价。此所谓常道行于百代，权宜用于一时也。又缘淮岁丰，邑地沃壤，麦既已登，黍粟行就。可折其估赋，仍就交市，三吴饥人，即以贷给，使强壮转

运，以赡老弱"。并未施行。

齐武帝永明中，天下米谷布帛贱，上欲立常平仓，市积为储。六年，诏出上库钱五千万，于京师市米，买丝绵纹绢布。扬州出钱千九百一十万，（扬州，理建业，今江宁县也。）南徐州二百万，（南徐州，理京口，今丹阳郡。）各于郡所市籴。南荆河州二百万，（南荆河州，理寿春，今郡。）市丝绵纹绢布米大麦。江州五百万，（江州，理浔阳，今郡。）市米胡麻。荆州五百万，（荆州，理南郡，今江陵。）郢州三百万，（郢州，理江夏，今郡。）皆市绢、绵、布、米、大小豆、大麦、胡麻。湘州二百万，（湘州，理长沙，今郡。）市米、布、蜡。司州二百五十万。（司州，理汝南，今义阳郡。）西荆河州二百五十万，（西荆河州，理历阳，今郡。）南兖州二百五十万，（南兖州，理广陵，今郡。）雍州五百万，（雍州，理襄阳，今郡。）市绢绵布米。使台传并于所在市易。

和市、交市或市取，均为实物在市场的现金交易，与折课密不可分。不收粟、帛、杂物而收钱，从赋税发展史来说是一个进步。

三　杂税

南朝除租和调等经常赋税外，尚有许多杂税。杂调，正如《南齐书》卷22《豫章文献王嶷传》所云：

> 宋氏以来，州郡秩俸及杂供给，多随土所出，无有定准。（萧）嶷上表曰："循革贵宜，损益资用，治在厘均，政由一典。伏寻郡县长尉俸禄之制，虽有定科，而其余资给，复由风俗。东北异源，西南各绪，习以为常，因而弗变。缓之则莫非通规，澄之则靡不入罪。殊非约法明章，先令后刑之谓也。臣谓宜使所在各条公用公田秩石迎送旧典之外，守宰相承，有何供调，尚书精加洗核，务令优衷。事在可通，随宜开许，损公侵民，一皆止却，明立定格，班下四方，永为恒制。"

杂税，本为济一时之需，但一经收纳，官府认为有利可图，有些项目便正式被列为税目。

《宋书》卷6《孝武帝纪》云：

> 大明……二年……十二月……诏曰："……顷岁多虞，军调繁切，违方设赋，本济一时，而主者玩习，遂为常典。"

南朝的杂税，约有以下数端。

一为对少数族的税收。在南朝广阔的山岭和偏远地区，散居着众多的少数族，封建政府对其课以杂税。由于各少数族的生活方式和生产方式不尽相同，因而收税的方式也就没有固定的模式。

《隋书》卷24《食货志》云：

> 诸蛮陬俚洞，沾沐王化者，各随轻重，收其赕物，以裨国用。又岭外酋帅，因生口、翡翠、明珠、犀、象之饶，雄于乡曲者，朝廷多因而署之，以收其利。历宋、齐、梁、陈，皆因而不改。

有些地区，少数族的负担则很不合理，这从始兴太守徐豁的上表中可以看出。

《宋书》卷92《良吏·徐豁传》谓：

> 元嘉初，为始兴太守。三年，遣大使巡行四方，并使郡县各言损益。豁因此表陈三事，其一曰："郡大田，武吏年满十六，便课米六十斛，十五以下至十三，皆课米三斛，一户内随丁多少，悉皆输米。且十三岁儿，未堪田作，或是单迥，无相兼通，年及应输，便自逃逸，既遏接蛮、俚，去就益易。或乃断截支体，产子不养，户口岁减，实此之由。谓宜更量课限，使得存立。今若减其米课，虽有交损，考之将来，理有深益。"……其三曰："中宿县俚民课银，一子丁输南称半两。寻此县自不出银，又俚民皆巢居鸟语，不闲货易之宜，每至买银，为损已甚。又称两受入，易生奸巧，山俚愚怯，不辨自申，官所课甚轻，民以所输为剧。今若听计丁课米，公私兼利。"

二为塘丁税。此乃对管理、修筑塘埭的人丁所征收的税目。

《南齐书》卷26《王敬则传》云：

会土边带湖海，民丁无士庶皆保塘役，敬则以功力有余，悉评敛为钱，送台库以为便宜，上许之。

又同书卷7《东昏侯纪》云：

扬、南徐二州桥桁塘埭丁，计功为直，敛取见钱，供太乐主衣杂费。由是所在塘渎，多有隳废。

三为借民钱。此为封建政府临时的征借。

《通典》卷11《食货·杂税》云：

宋元嘉二十七年，后魏南侵，军旅大起，用度不充，王公妃主及朝士牧守各献金帛等物，以助国用。下及富室小人，亦有献私财数千万者。扬、南徐、兖、江四州富有之家赀满五十万、僧尼满二十万者，并四分借一。过此率计，事息即还。

四为山泽税。南朝时期，士族官僚和官府纷纷占山锢泽，百姓到被占锢的山泽区砍柴捕鱼，都得缴税。

《宋书》卷2《武帝纪中》云：

山湖川泽，皆为豪强所专，小民薪采渔钓，皆责税直，至是禁断之。

又《梁书》卷2《武帝纪中》云：

薮泽山林，毓材是出，斧斤之用，比屋所资。而顷世相承，并加封固，岂所谓与民同利，惠兹黔首？凡公家诸屯戍见封熂者，可悉开常禁。

五为送钱税。东汉地方官离任时，民众赠送财物和人力，称为"送故"；而地方官赴任时，当地亦遣吏迎接并赠财物，称为"迎新"。这种始自东汉的"迎新送故"之制，至南朝时仍很盛行。关于这一问题，周一良先生曾有全面翔实的论述，兹摘引有关部分于下①：

> 刘宋以后，送故之制更有所发展，形成地方官应享之权利。如《宋书》六孝武纪载大明五年八月庚寅制，"方镇所假白板郡县，年限依台除，食禄三分之一，不给送故"。据《通鉴》一○九胡注，"以白板授官，非朝命也"。是方镇所任命之郡县长官，不得享受送故之权利，唯朝廷正式任命者，始得有此权利以剥削人民。长官因迁转而离任或病死，皆有送故。至于送故之具体内容，亦不一致。或是僚属随从长官迁转，继续为之服务，如《宋书》五三谢方明传，"加晋陵太守，后为南郡相。时晋陵郡送故主簿弘季盛、徐寿之并随在西"，西即指南郡也。《梁书》四九庾於陵传，"齐随王子隆为荆州，召为主簿。……子隆代还，又以为送故主簿"。《宋书》七七颜师伯传载其为徐州主簿，世祖去任，"师伯以主簿送故"。又卷六十王韶之传，"出为吴兴太守。（元嘉）十年征为祠部尚书，加给事中。坐去郡长取送故，免官"。长取疑指超过规定之送故期限。然是否即如范宁所谓三年为断，则史无明文（卷四八毛脩之传，"坐长置吏僮，免将军内史官"。卷九三戴颙传，"长给正声伎一部"。《南史》二六袁淑传，"又诏淑及徐湛之、江湛、王僧绰、卜天兴四家长给廪"。长皆长期之意）。或以送故为名，厚加赠遗。如《宋书》六九刘湛传，"父柳亡于江州州府，送故甚丰，一无所受，时论称之"。卷七五王僧达传，"兄锡罢临海郡还，送故及俸禄百万以上"。卷五一临川王义庆传，"性谦虚，始至（荆州）及去镇，迎送物并不受"。卷五七蔡兴宗传，"（蔡）轨罢长沙郡还，送钱五十万"。卷八二沈怀文传，父为新安太守，死后"新安郡送故丰厚，奉终礼毕，余悉班之亲戚，一无所留"。衡阳王义季自荆州刺史转任南兖州，"登舟之日，帷帐器服诸应随刺史者，悉留之"，盖亦送故之列。《梁书》五三范述曾传，齐明帝即位，为永嘉太守，"征为游击将军。郡送故旧（旧字疑衍）钱二十余万，述曾一无所受"。《南史》五五杨公则传，梁

---

① 周一良：《魏晋南北朝史札记》"《晋书》札记"之"送故"条，中华书局1985年版，第83—85页。

时为湘州，征入朝为中护军。"代至，乘二舸便发，送故一无所取"（《梁书》一〇本传作赆送一无所取）。梁江革为会稽郡丞，行府州事。将还，民皆恋惜之，赠遗无所受。送故依旧订舫，革并不纳，唯乘台所给一舸（《梁书》三六本传。订即征课之意。《梁书》二二鄱阳王恢传言益州成都去新城五百里，"陆路往来悉订私马，百姓患焉"。恢市马千匹，"以付所订之家，资其骑乘，有用则以次发之，百姓赖焉"。订即征发也。《南齐书》四一周颙传言"订滂民"，《梁书》五一沈颛传言"订民丁"，《陈书》五宣帝纪言"课订"，皆是此意）。知送故不仅馈赠金银财物，且包括运送船只。《南齐书》二二豫章王嶷传言使所在条上"迎送旧典"，送即送故。南齐武帝永明六年曾下诏，"省州郡县送故输钱者"，见《南史》四本纪，然送故之制本身似并未革除。《隋书·百官志上》记梁制，"郡县吏有书僮，有武吏，有臣，有迎新逆故等员"，逆字当是送字之讹。百官志又言陈承梁制，"郡县官之任代下，有迎新送故之法，饷馈皆百姓出，并以定令"。似宋以后送故以钱财为主，不再见割取民户士兵之例，或亦可目为人身依附关系渐趋松弛之一种表现也。

六为酒税、盐税。南朝绝大部分时期都允许私人酿酒，而由国家征收酒税。

《南齐书》卷7《东昏侯纪》谓：

> 京邑酒租皆折使输金，以为金涂。

关于盐税，《北堂书钞》卷146《盐》引《晋令》云：

> 凡人不得私煮盐，有犯者四岁刑，所在主吏二岁刑。

又同书同卷引《晋中兴书》云：

> 太元三年诏："盐鲑者，国之重利。"

这说明东晋对盐的控制是十分严格的。南朝时期，政府对盐的控制则较为宽松。

《太平寰宇记》卷124引《南兖州记》云：

> （盐城县）盐亭一百二十三所，县人以鱼盐为业，略不耕种，擅利巨海，用致饶沃。公私商运，充实四远，舳舻往来，恒以千许。

这里的"盐亭"就是管理盐户、收取榷税的盐政机关。

陈朝也有盐税。《陈书》卷3《世祖纪》云：

> 天嘉……二年……十二月辛巳太子中庶子虞荔、御史中丞孔奂，以国用不足，奏立煮海盐赋及榷酤之科，诏并施行。

七为鱼税。即向渔民征收的税。

《梁书》卷10《萧颖达传》云：

> 迁征虏将军、太子左卫率。御史中丞任昉奏曰："臣闻贪观所取，穷视不为。在于布衣，穷居介然之行，尚可以激贪厉俗，惇此薄夫；况乎伐冰之家，争鸡豚之利；衣绣之士，受贾人之服。风闻征虏将军臣萧颖达启乞鱼军税，辄摄颖达宅督彭难当到台辨问。列称'寻生鱼典税，先本是邓僧琰启乞，限讫今年五月十四日。主人颖达，于时谓非新立，仍启乞接代僧琰，即蒙降许登税，与史法论一年收直五十万。'如其列状，则与风闻符同，颖达即主。"

八为口钱。

《南齐书》卷22《豫章文献王萧嶷传》云：

> （建元）二年春……以谷过贱，听民以米当口钱，优评斛一百。

又《梁书》卷2《武帝纪中》云：

> 天监元年夏四月丙寅，高祖即皇帝位于南郊……礼毕……临太极前殿。诏曰："逋布、口钱、宿债勿复收。"

九为通行税。包括关税、桁渡税、牛埭税等。当时的关卡多设在江河码头上，凡货物运输经过，均须缴纳一定的税款，此为关税。

《隋书》卷24《食货志》云：

> 晋自过江……都西有石头津，东有方山津，各置津主一人，贼曹一人，直水五人，以检察禁物及亡叛者。其荻炭鱼薪之类过津者，并十分税一以入官。

又《宋书》卷6《孝武帝纪》大明八年诏云：

> 东境去岁不稔，宜广商货，远近贩鬻米粟者，可停道中杂税。

桁渡税即过桥税。桁即浮桥，商旅过浮桥也得缴税。
《晋书》卷9《孝武帝纪》云：

> 宁康元年……三月癸丑，诏除丹阳、竹格等四桁税。

说明东晋时即有桁渡税。
《南齐书》卷46《陆慧晓传附顾宪之传》云：

> 既公私是乐，所以输直无怨，京师航渡，即其例也。

这种"输直"方能通过的"京师航渡"，显然就是由东晋延续下来的桁渡税。

与桁渡税相似的，尚有以渡船载客征税。
《梁书》卷22《安成康王秀传》云：

> 时盛夏水泛长，津梁断绝，外司请依旧僦度，收其价直。（萧）秀教曰："刺史不德，水潦为患，可利之乎！给船而已。"

牛埭税在东晋时即已征收。埭，即土堤。南方水道纵横，多筑埭蓄水以为灌溉。舟船过埭，须用牛力牵引。官方供牛以收钱，即是牛埭税。

《晋书》卷78《孔愉传附子严传》云：

> 时东海王奕求海盐、钱塘以水牛牵埭税取钱直，帝初从之。

南朝齐时，牛埭税的征收更为苛重。

《南齐书》卷46《陆慧晓传附顾宪之传》云：

> 同郡顾宪之，字士思，宋镇南将军凯之孙也。性尤清直。永明六年，为随王东中郎长史、行会稽郡事。时西陵戍主杜元懿启："吴兴无秋，会稽丰登，商旅往来，倍多常岁。西陵牛埭税，官格日三千五百，元懿如即所见，日可一倍，盈缩相兼，略计年长百万。浦阳南北津及柳浦四埭，乞为官领摄，一年格外长四百许万。西陵戍前检税，无妨戍事，余三埭自举腹心。"世祖敕示会稽郡："此讵是事宜？可访察即启。"

南朝的通行税除京师之外，各地皆有设置，由于征税过重而成为危害百姓的祸患。

《梁书》卷3《武帝纪》载大同十一年（545）诏云：

> 四方所立……牛埭、桁渡，津税……有不便于民者，尚书州郡各速条上，当随言除省，以舒民患。

十为市税和估税。南朝的市税十分苛重。

《通典》卷11《食货·杂税》云：

> 自东晋至陈……淮水北有大市，百余小市十余所……备置官司，税敛既重，时甚苦之。

又《南齐书》卷22《豫章文献王传》云：

> 时太祖辅政，嶷务在省约，停府州仪迎物。初，沈攸之欲聚众，

开民相告，士庶坐执役者甚众。巖至镇……以市税重滥，更定桷格，以税还民。禁诸市调及苗籍。

又《隋书》卷24《食货志》云：

晋自过江，凡货卖奴婢马牛田宅，有文券，率钱一万，输估四百入官，卖者三百，买者一百。无文券者，随物所堪，亦百分收四，名为散估。历宋齐梁陈，如此以为常。以此人竞商贩，不为田业，故使均输，欲为惩励。虽以此为辞，其实利在侵削。

南朝时期的苛捐杂税之多，已如上述。从中我们可以看到，南朝杂税大多征收现钱，只有少数征收实物；杂税中的大部分又属于商税范畴，因此，南朝的杂税与前代不同之处在于其商品经济色彩甚浓，反映了江南商品经济的发展已达到较高的水平。

第三节　十六国北朝的赋税制度

十六国时期的赋税制度，颇为混乱，无法一一探究，现仅以后赵、前燕、前秦、成国和北凉为例，略述之。

关于后赵的赋税制度，《晋书》卷104《石勒载记上》云：

（石）勒以幽冀渐平，始下州郡阅实人户，户赀二匹，租二斛。

又同书卷106《石季龙载记上》云：

（季龙）制："征士五人车一乘，牛二头，米各十五斛，绢十匹，调不办者以斩论。"

关于前燕的赋税制度，《晋书》卷109《慕容皝载记》云：

以牧牛给贫家，田于苑中，公收其八，二分入私。有牛而无地者，亦田苑中，公收其七，三分入私。皝记室参军封裕谏曰："……

魏、晋虽道消之世，犹削百姓不至于七八，持官牛田者官得六分，百姓得四分，私牛而官田者与官中分，百姓安之，人皆悦乐。臣犹曰非明王之道，而况增乎！且水旱之厄，尧、汤所不免，王者宜浚治沟浍，循郑白、西门、史起溉灌之法，旱则决沟为雨，水则入于沟渎，上无《云汉》之忧，下无昏垫之患……"觊乃令曰："览封记室之谏，孤实惧焉。君以黎元为国，黎元以谷为命。然则农者，国之本也，而二千石令长不遵孟春之令，惰农弗劝，宜以尤不修辟者措之刑法，肃厉属城。主者明详推检，具状以闻。苑囿悉可罢之，以给百姓无田业者。贫者全无资产，不能自存，各赐牧牛一头。若私有余力，乐取官牛垦官田者，其依魏、晋旧法。"

关于前秦，《晋书》卷112《苻健载记》云：

（苻）雄遣菁掠上洛郡，于丰阳县立荆州，以引南金奇货、弓竿漆蜡，通关市，来远商，于是国用充足，而异贿盈积矣……（永和）十年……新平……蝗虫大起，自华泽至陇山，食百草无遗……健自蠲百姓租税，减膳彻悬，素服避正殿。

又同书卷113《苻坚载记上》云：

（永兴二年）坚……还长安。赐为父后者爵一级，鳏寡高年谷帛有差，丐所过田租之半。

前秦的赋税，虽然史载无具体资料，但从统治者多次减免赋税的做法看，前秦人民的赋税负担是较轻的，这也是前秦政治较为清明的原因之一。

与东晋及同时诸国比较，成国的赋税负担可能是最轻的。

《晋书》卷121《李雄载记》云：

（李）雄性宽厚，简刑约法，甚有名称。氐苻成、隗文既降复叛，手伤雄母，及其来也，咸释其罪，厚加待纳。由是夷夏安之，威震四土……其赋男丁岁谷三斛，女丁半之，户调绢不过数丈，绵数两。事少役稀，百姓富贵，间门不闭，无相侵盗。

最后叙北凉的赋税制度。

1979年4月，新疆吐鲁番地区文管所在发掘阿斯塔那古墓葬区时，获得不少十六国时期的官、私文书。其中主要是北凉的文书，多为以前历次发掘所未见者。这批文书具有重要的史料价值，为研究北凉政权的赋役制度等问题，提供了宝贵的文字资料。为便于研究，兹将这批文书中的有关部分转引于此[①]：

1 因欠税见闭在狱启
（前缺）
启：去八月内被敕，当人输苋□
一斛，即往于山北，行索无处。今坐不输□为幢，见闭在狱。遭遇节下，乞愿赐教，听于被输□□□，蒙恩付所典。谨启。

十月五日上
听［倍］［输］

（后缺）

2 差刈苢蓿文书
内学司成令狐嗣［白］□
辞如右，称名堕军部，当刈苽（苢）蓿。
长在学，偶即书，承学桑役。投辞
□差检，信如所列，请如辞差
刈苢蓿。事诺付曹存记奉
行。

四月十六日白
典学主簿建

---

① 新疆吐鲁番地区文管所：《吐鲁番出土十六国时期的文书——吐鲁番阿斯塔那382号墓清理简报》，《文物》1983年第1期。

3 缘禾五年（436）民杜犊辞

缘禾五年二月四日，民杜犊辞：犊
有赀七十八斛，自为马头。宋相明
有赀十六斛在犊、马着身即自
乘。去年十月内胡贼去后，
明共犊私和，□，着有赀，□身
□□取马之［际］，困□
（后缺）

4 缘禾六年（427）阚连兴辞

缘禾六年二月廿日，阚连兴辞：所具赍马，前取给虏使。使至赤炎，马于彼不还。

辞达，随□给贾（价）。谨辞。
　　　　　　诀
（书后有官吏签押）

另外，《吐鲁番出土文书》第一册所收哈拉和卓91号墓文书中，也有关于北凉赋税内容者，其中一件纪年有脱损的文书谓[1]：

1 建平□□□［到］六月□□
2 煎苏獨亡马鞍荐鞯，至今不得。
3 □张有赀六斛，配生马。去年五月二十九日买马□
（中缺）
4 赀一斛，次八月内买马并赁马都扣［赀］□
5 二月，马谷草一皆不得
6 赵士有赀六斛，配生马，去八月内买马贾（价）并
（后缺）

又同书同册载《兵曹掾张预条往守白芳人名文书一》谓：

---

[1] 国家文物局古文献研究室等编：《吐鲁番出土文书》第一册，文物出版社1981年版，第156、142页。

□输税，各谪白芳□十日。高宁
　　□[横]截二人，合卅人，次□芳守十日。

关于北朝的赋税制度，《通典》卷5《食货·赋税中》有云：

　　魏令：每调一夫一妇帛一匹，粟二石。人年十五以上未娶者，四人出一夫一妇之调，奴任耕、婢任绩者，八口当未娶者四，耕牛[二]十头当奴婢八。其麻布之乡，一夫一妇布一匹，下至牛，以此为降。大率十匹中五匹为公调，二匹为调外费，三匹为内外百官俸。人年八十以上，听一子不从役。孤独病老笃贫不能自存者，亦一人不从役。

　　旧制，人闲所织绢布，皆幅广二尺二寸，长四十尺为一匹，六十尺为一端。后乃渐至滥恶，不依尺度。

　　孝文帝延兴三年秋，更立严制，令一准前式，违者罪各有差。四年，诏州郡人十丁取一以充行，户收租五十石，以备军粮。

　　太和八年，始准古班百官之禄，以品第各有差。先是，天下户以九品混通，户调帛二匹，絮二斤，丝一斤，粟二十石。又入帛一匹二丈，委之州库，以供调外之费。至是，户增帛三匹，粟二石九斗，以为官司之禄。复增调外帛满二匹，所调各随其土所出。其司、冀、雍、华、定、相、泰、洛、荆、河、怀、兖、陕、徐、青、齐、济、南河、[东兖]东徐等州，贡绵绢及丝，其余郡县少桑蚕处，皆以麻布充。

　　……

　　正光后，国用不足，乃先折天下六年租调而征之，百姓怨苦。有司奏断百官常给之酒，计一岁所省米五万三千五十四斛九斗，蘖谷六千九百六十斛，曲三十万五百九十九斤……孝昌二年冬，税京师田租亩五升，借赁公田者亩一斗。

　　庄帝即位，因人贫富，为租输三等九品之制，千里内纳粟，千里外纳米，上三品户入京师，中三品入他州要仓，下三品入本州。

　　靖帝天平初，诸州调绢不依旧式。兴和三年，各班海内，悉以四十尺为度，天下利焉。元象、兴和之中，频岁大穰，谷斛至九钱。法网宽弛，百姓多离旧居，阙于徭赋矣。齐神武秉政，乃命孙腾、高崇之分责无籍之户，得六十余万，于是侨居者各勒还本属，是后租调之入有加焉。及侯景背叛，河南之地，困于兵革。寻而侯景乱梁，乃命行台辛术略有淮南之地。其［新］附州郡，羁縻轻税而已。

北齐文宣受禅，多所草创……旧制，未娶者输半床租调。阳翟一郡，户至数万，籍多无妻。有司劾之，帝以为生事，不许。由是奸欺尤甚，户口租调，十亡六七。是时用度转广，赐予无节，府藏之积，不足以供，乃减百官之禄，彻军人常廪，并省州郡县镇戍之职。又制刺史守宰行兼者，并不给干，以节国用之费焉。

河清三年，定令，乃率以十八受田，输租调，二十充兵，六十免力役，六十六退田，免租调。率人一床，调绢一匹，绵八两。凡十斤绵中折一斤作丝，垦租二石，义租五斗。奴婢各准良人之半。牛调二尺，垦租一斗，义租五升。垦租送台，义租纳郡，以备水旱。垦租皆依贫富为三枭。其赋税常调，则少者直出上户，中者及中户，多者及下户。（户）上枭输远处，中枭输次远，下枭输当州仓。三年一校。租入台者，五百里内输粟，五百里外输米。入州镇者，输粟。人欲输钱者，准上绢收钱。是时频岁大水，州郡多遇沉溺，谷价腾踊，朝廷遣使开仓以粜之，而百姓无益，饥馑尤甚矣……

后周文帝霸府初开，制：司赋掌赋均之政令。凡人自十八至六十四与轻疾者，皆赋之。其赋之法：有室者，岁不过绢一匹，绵八两，粟五斛；丁者半之。其非桑土，有室者，布一匹，麻十斤；丁者又半之。丰年则全赋，中年半之，下年一之，皆以时征焉。若艰凶札，则不征其赋。司役掌力役之政令。凡人自十八至五十九，皆任于役。丰年不过三旬，中年则二旬，下年则一旬。起徒役，无过家一人。有年八十者，一子不从役；百年者，家不从役；废疾非人不养者，一人不从役。若凶札，又无力征。

武帝保定元年，改八丁兵为十二丁兵，率岁一月役。建德二年，改军士为侍官，募百姓充之，除其县籍，是后夏人半为兵矣。

宣帝时，发山东诸州兵，增一月功为四十五日役，以起洛阳宫。并移相州六府于洛阳，称东京六府。

又《张丘建算经》云：

今有率户出绢三匹，依贫富欲以九等出之，令户各差除二丈。今有上上三十九户，上中二十四户，上下五十七户，中上三十一户，中中七十八户，中下四十三户，下上二十五户，下中七十六户，下下一十三户，问九等户户各应出绢几何？

答曰：上上户户出绢五匹，上中户户出绢四匹二丈，上下户户出绢四匹，中上户户出绢三匹二丈，中中户户出绢三匹，中下户户出绢二匹二丈，下上户户出绢二匹，下中户户出绢一匹二丈，下下户户出绢一匹[1]。

根据这本算经上的比率，如平均每户出绢 3 匹，以"九品相通"的话，政府就根据上面的比差来征收绢调。

---

[1] 《张丘建算经》卷中，《丛书集成初编》本。

第十一章 徭役制度

魏晋南北朝时期战争连绵不断，造成人口大量减耗，使本可服役的人大大减少，而统治阶级及其庇护者都享有免役特权，更使徭役劳动力大为锐减。这样，所有的徭役便都由人民来承担，因此，这一时期人民的徭役负担极其繁苛。

第一节　魏晋南北朝徭役繁重的原因

魏晋南北朝一直处于战乱状态之中。长期战乱的直接后果之一，是人口的锐减。这种现象早在东汉末年至三国时期即已出现。

《三国志》卷8《张绣传》云：

> 天下减耗，十裁一在。

又同书卷25《辛毗传》云：

> 方今天下新定，土广民稀。

又同书卷16《杜畿传》云：

> 今大魏奄有十州之地，而承丧乱之弊，计其户口不如往昔一州之民。

永嘉之乱，更是北方地区的一次空前浩劫，广大人民非死则逃，以致户口大减，十存一二，能服役的丁壮已所剩无几。江南地区比北方虽略好一些，但南方也同样有其自身的内在矛盾，天灾人祸也频繁发生，其所造成的破坏虽没有黄、淮流域严重，但也同样造成了人口的大减耗。

《晋书》卷98《桓温传》云：

> （桓温）又上疏陈便宜七事：……其二，户口凋寡，不当汉之一郡，宜并官省职，令久于其事。

又同书卷69《刘隗传附孙波传》云：

> 苻坚败，朝廷欲镇靖北方……（波）上疏曰："……今政烦役殷，所在凋弊，仓廪空虚，国用倾竭，下民侵削，流亡相属。略计户口，但咸安已来，十分去三。百姓怀浮游之叹，《下泉》兴周京之思。"

其后在刘宋之元嘉和南齐之永明时期，还曾出现过短暂的繁荣，但人口的增长仍然缓慢，许多州郡常常是空无民户。

《南齐书》卷15《州郡志下》云：

> 弘农郡、东昌魏郡、略阳郡、北梓潼郡、广长郡、三水郡、思安郡、宋昌郡、建宁郡、南泉郡、三巴郡、江陵郡、怀化郡、归宁郡、东槿郡、北宕渠郡、宋康郡、南汉郡、南梓潼郡、始宁郡、江阳郡、南部郡、南安郡、建安郡、寿阳郡、南阳郡、宋宁郡、归化郡、始安郡、平南郡、怀宁郡、新兴郡、南平郡、齐兆郡、齐昌郡、新化郡、宁章郡、邻溪郡、京兆郡、义阳郡、归复郡、安宁郡、东宕渠郡、宋安郡、齐安郡，凡四十五郡，荒或无民户。

同时，永嘉之乱后，虽有大量北方人口南来，但这些人口都散居各地，不注当地户籍，除有不少人投靠当地豪门权贵成为佃客、典计、衣食客等外，其余都成为无户籍的"浮浪人"。这样，就使南朝一代，户籍一直呈现混乱的态势。这在前面已述及，此处再举一例。

《南齐书》卷14《州郡志上·南兖州》云：

> 元帝太兴四年，诏以流民失籍，使条名上有司，为给客制度，而江北荒残，不可检实……永明元年，刺史柳世隆奏："尚书符下土断条格，并省侨郡县。凡诸流寓，本无定憩，十家五落，各自星处。一县之民，散在州境，西至淮畔，东届海隅。今专罢侨邦，不省荒邑，杂居舛止，与先不异。"

这样一来，使本来可以服役的人又大大地减少了。

统治阶层及其庇护者都享有免役特权，这是导致这一时期徭役劳动力锐减的另一个重要原因。魏晋南北朝时期，不仅官僚地主本身都是免役的，投靠他们而受其庇护的人，也"皆无课役"。

《隋书》卷24《食货志》云：

> 晋自中原丧乱……都下人多为诸王公贵人左右、佃客、典计、衣食客之类，皆无课役。

这样，繁苛的徭役便全由普通百姓来承担。

《南齐书》卷5《废帝东昏侯纪》云：

> 横调征求，皆生百姓。

这种"百姓"，六朝时也叫"露户役民"，所谓"露户役民"，实际上主要都是穷苦农民。

《南齐书》卷46《顾宪之传》云：

> 山阴一县，课户二万，其民赀不满三千者，殆将居半，刻又刻之，犹且三分余一。凡有赀者，多是士人复除。其贫极者，悉皆露户役民。三五属官，盖惟分定，百端输调，又则常然……一人被摄，十人相追；一绪裁萌，千蘖互起。蚕事弛而农业废，贱取庸而贵举责，应公赡私，日不暇给，欲无为非，其可得乎？死且不惮，矧伊刑罚；身且不爱，何况妻子。是以前检未穷，后巧复滋，网辟徒峻，犹不能悛。窃寻民之多伪，实由宋季军旅繁兴，役赋殷重，不堪勤剧，倚巧祈优，积习生常，遂迷忘反。

在应役人口的供给大量减少的情况下，对于它的需求则在不断增长，虽然各朝的具体情况不尽一致，但徭役的繁多与苛重则是相同的。

《晋书》卷75《范汪传附范宁传》云：

> 今以十六为全丁，则备成人之役矣。以十三为半丁，所任非复童幼之事矣。岂可伤天理，违经典，困苦万姓，乃至此乎！

又同书卷64《简文三子·会稽文孝王道子传》云：

> 又发东土诸郡免奴为客者，号曰"乐属"，移置京师，以充兵役，东土嚣然，人不堪命，天下苦之矣。

又《宋书》卷100《自序》云：

> 世祖出镇历阳，（沈亮）行参征虏军事……又启太祖陈府事曰："伏见西府兵士，或年几八十，而犹伏隶；或年始七岁，而已从役。衰耗之体，气用湮微，儿弱之躯，肌肤未实，而使伏勤昏稚，鹜苦倾晚，于理既薄，为益实轻。"……时营创城府，功课严促，亮又陈之曰："经始城宇，莫非造创，基筑既广，夫课又严，不计其劳，苟务其速，以岁月之事，求不日之成。比见役人未明上作，闭鼓方休，呈课既多，理有不逮。至于息日，拘备关限，方涉暑雨，多有死病，顷日所承，亦颇有逃逸。"

苛重的徭役已使一般百姓不堪忍受，而官府的征调，贪官污吏的敲诈勒索，更使得闾里骚然，民不堪命。

《晋书》卷80《王羲之传》云：

> 时东土饥荒……朝廷赋役繁重……（王）羲之每上疏争之，事多见从。又遗尚书仆射谢安书曰："……自军兴以来，征役及充运死亡叛散不反者众，虚耗至此，而补代循常，所在凋困，莫知所出。上命所差，上道多叛，则吏及叛者席卷同去。又有常制，辄令其家及同

伍课捕。课捕不擒，家及同伍寻复亡叛。百姓流亡，户口日减，其源在此。又有百工医寺，死亡绝没，家户空尽，差代无所，上命不绝，事起成十年、十五年，弹举获罪无懈息而无益实事，何以堪之！"

又《宋书》卷53《谢方明传》云：

江东民户殷盛，风俗峻刻，强弱相陵，奸吏蜂起，符书一下，文摄相续。又罪及比伍，动相连坐，一人犯吏，则一村废业，邑里惊扰，狗吠达旦。

又《南史》卷70《循吏郭祖深传》云：

又梁兴以来，发人征役，号为三五。及投募将客，主将无恩，存恤失理，多有物故，辄刺叛亡。或有身陨战场，而名在叛目，监符下讨，称为逋叛，录质家丁。合家又叛，则取同籍，同籍又叛，则取比伍，比伍又叛，则望村而取。一人自犯，则合村皆空。

东晋南朝如此，北朝也不例外。

《魏书》卷69《袁翻传》云：

（世宗朝议选边戍事）（袁）翻议曰：……自比缘边州郡，官至……不识字民温恤之方，唯知重役残忍之法……其羸弱老小之辈，微解金铁之工，少闲草木之作，无不搜营穷垒，苦役百端。自余或伐木深山，或耘草平陆，贩贸往还，相望道路。此等禄既不多，资亦有限，皆收其实绢，给其虚粟，穷其力，薄其衣，用其工，节其食，绵冬历夏，加之疾苦，死于沟渎者常十七八焉。

由于劳役极其苛重，加上逃亡时又要受到追捕、连坐，所以许多人不得不设法逃避，除了"窜避山湖"，去做"浮浪人"外，便是采取下策，自残手足，生子不养。

《晋书》卷75《范汪传附范宁传》云：

古者使人，岁不过三日，今之劳扰，殆无三日休停，至有残刑翦发，要求复除，生儿不复举养，鳏寡不敢妻娶。岂不怨结人鬼，感伤和气。

又《宋书》卷82《周朗传》云：

贫者但供吏，死者弗望霾，鳏居有不愿娶，生子每不敢举。又戍淹徭久，妻老嗣绝，及淫奔所孕，皆复不收。是杀人之日有数途，生人之岁无一理，不知复百年间，将尽以草木为世邪？此最是惊心悲魂恸哭太息者。

又《南齐书》卷40《竟陵文宣王子良传》云：

（永明四年）子良又启曰："……东郡使民，年无常限，在所相承，准令上直。每至州台使命，切求悬急，应充猥役，必由穷困。乃有畏失严期，自残躯命；亦有斩绝手足，以避徭役。生育弗起，殆为恒事。"

第二节　徭役的主要项目

魏晋南北朝的徭役项目繁多，举凡宫室苑囿、宗庙社稷、陵墓等皇家建筑，城池、官署等官府建筑的修建，以及运输、筑路、造桥、伐木、筑防、筑堰、铸造兵器等，所有这些形形色色的公役，都是由劳动人民的无偿劳动即徭役来进行的。兹将此时期的徭役分成几个方面加以介绍。

一是营造宫室苑囿。这是各类徭役中的一个重要项目，先叙十六国。《晋书》卷106《石季龙载记上》云：

季龙志在穷兵……兼盛兴宫室于邺，起台观四十余所，营长安、洛阳二宫，作者四十余万人……兼公侯牧宰竞兴私利，百姓失业，十室而七……

（建武十一年）季龙子义阳公鉴时镇关中，役烦赋重……以石苞代镇长安。发雍、洛、秦、并州十六万人城长安未央宫……又发诸州二十六万人修洛阳宫。

又《魏书》卷95《羯胡石勒传附虎传》云：

扰役黎元，民庶失业，得农桑者十室而三。船夫十七万人，为水所没，为虎所害，三分而一。课责征士，五人车一乘、牛二头、米各十五斛、绢十匹。诸役调有不办者，皆以斩论。穷民率多鬻子以充军制，而犹不足者，乃自经于道路。死者相望，犹求发无已。

又同书同卷《徒何慕容廆传附熙传》云：

（慕容）熙立，杀定，年号光始。筑龙腾苑，广袤十余里，役徒二万人。起景云山于苑内，基广五百步，高十七丈。又起逍遥宫、甘露殿，连房数百，观阁相交。凿天河渠，引水入宫。又为妻符氏凿曲光海、清凉池，季夏盛暑，不得休息，暍死者大半。

再叙北朝。《魏书》卷2《太祖纪》云：

（天赐三年）六月，发八部五百里内男丁筑灅南宫，门阙高十余丈；引沟穿池，广苑囿；规立外城，方二十里，分置市里，经涂洞达。

又同书卷3《太宗纪》云：

（泰常六年三月）发京师六千人筑苑，起自旧苑，东包白登，周回三十余里。

又《周书》卷7《宣帝纪》云：

（大象元年二月）发山东诸州兵，增一月功为四十五日役，起洛阳宫。常役四万人，以迄于晏驾。并移相州六府于洛阳，称东京六府。

二是修建城池。这一时期所修建的城池,以重修旧城为主,但也有新建者。

《隋书》卷22《五行志上》云:

> 时后齐神武作宰,发卒十余万筑邺城,百姓怨思。

又《魏书》卷28《孝静帝纪》云:

> (武定元年八月)是月,齐献武王召夫五万于肆州北山筑城,西自马陵戍,东至土隥。四十日罢。

又《周书》卷31《韦孝宽传》云:

> 保定初,以孝宽立勋玉壁,遂于玉壁置勋州,仍授勋州刺史……汾州之北,离石以南,悉是生胡,抄掠居人,阻断河路。孝宽深患之。而地入于齐,无方诛剪。欲当其要处,置一大城。乃于河西征役徒十万,甲士百人,遣开府姚岳监筑之。

三是营建陵墓。历代帝王都对营建陵墓十分重视,魏晋南北朝时期的帝王自然不能例外。兹以十六国时期前赵刘曜为其父和妻所建陵墓为例,以见当时陵墓营造之一斑。

《晋书》卷103《刘曜载记》云:

> (光初五年)曜将葬其父及妻,亲如粟邑以规度之。负土为坟,其下周回二里,作者继以脂烛,怨呼之声盈于道路。游子远谏曰:"……今二陵之费至以亿计,计六万夫百日作,所用六百万功。二陵皆下锢三泉,上崇百尺,积石为山,增土为阜,发掘古冢以千百数,役夫呼嗟,气塞天地,暴骸原野,哭声盈衢,臣窃谓无益于先皇先后,而徒丧国之储力。"……曜不纳。

四是制作兵器和工艺品。这一时期,从中央到地方政府,都设有许多官营手工作坊和作场。这些部门主要从事兵器及工艺品的生产，其所用工匠都是以徭役方式由民间征调而来，征调的对象是百工户，他们的身份地位十分低下。

《晋书》卷80《王羲之传》谓：

> 自军兴以来……又有百工医寺，死亡绝没，家户空尽，差代无所，上命不绝，事起成十年、十五年，弹举获罪无懈息而无益实事，何以堪之！谓自今诸死罪原轻者及五岁刑，可以充此，其减死者，可长充兵役，五岁者，可充杂工医寺，皆令移其家以实都邑。都邑既实，是政之本，又可绝其亡叛。不移其家，逃亡之患复如初耳。今除罪而充杂役，尽移其家，小人愚迷，或以为重于杀戮，可以绝奸。刑名虽轻，惩肃实重，岂非适时之宜邪！

关于工匠的服役情况，《晋书》卷106《石季龙载记上》云：

> （建武六年）季龙……又下书曰："前以丰国、渑池二冶初建，徙刑徒配之，权救时务。而主者循为恒法，致起怨声。"

又《晋书》卷130《赫连勃勃载记》云：

> （凤翔元年）又造五兵之器，精锐尤甚。既成呈之，工匠必有死者：射甲不入，即斩弓人；如其入也，便斩铠匠……凡杀工匠数千，以是器物莫不精丽。

又《周书》卷35《薛善传》云：

> 欲广置屯田以供军费，乃除司农少卿，领同州夏阳县二十屯监。又于夏阳诸山置铁冶，复令善为冶监，每月役八千人，营造军器。善亲自督课，兼加慰抚，甲兵精利，而皆忘其劳苦焉。

五是服各种杂役。除了上述规模较大的徭役项目外，还有一些零星的徭役，如运输、筑路、造桥、伐木、筑防、筑堰等。

《晋书》卷106《石季龙载记上》云：

（建武六年）季龙将讨慕容皝，令司、冀、青、徐、幽、并、雍兼复之家五丁取三。四丁取二，合邺城旧军满五十万，具船万艘，自河通海，运谷豆千一百万斛于安乐城，以备征军之调……时（建武九年）时石宣淫虐日甚，而莫敢以告。领军王朗言之于季龙曰："今隆冬雪寒，而皇太子使人斫伐官材，引于漳水，功役数万，士众吁嗟。陛下宜因游观而罢之也。"季龙如其言。

又《魏书》卷30《安同传》云：

（永兴中）太宗即位……又诏（安同）与肥如侯贺护持节循察并定二州及诸山居杂胡、丁零……同东出井陉，至巨鹿，发众四户一人，欲治大岭山，通天门关；又筑坞于宋子，以镇静郡县。护疾同得众心，因此使人告同筑城聚众，欲图大事。太宗以同擅征发于外，槛车征还，召群官议其罪。皆曰："同擅兴事役，劳扰百姓，宜应穷治，以肃来犯。"太宗以同虽专命，而本在为公，意无不善，释之。

又同书卷4下《世祖纪下》云：

（太平真君六年）十一月，发冀州民造浮桥于碻磝津。

东晋、南朝人民的徭役负担比十六国、北朝还要重。其实这种情况由来已久，早在西晋初年，淮南相刘颂即向刚建立的西晋政府力陈役政之弊，建议与民休息，减轻徭役，以解民困。

《晋书》卷46《刘颂传》云：

夫权制不可以经常，政乖不可以守安，此言攻守之术异也。百姓虽愚，望不虚生，必因时而发。有因而发，则望不可夺；事变异前，则时不可违。明圣达政，应赴之速，不及下车，故能动合事机，大得人情。昔魏武帝分离天下，使人役居户，各在一方；既事势所须，且意有曲为，权假一时，以赴所务，非正典也。然逡巡至今，积年未改，百姓虽身丁其困，而私怨不生，诚以三方未悉荡并，知时未可以求安息故也。是以甘役如归，视险若夷。至于平吴之日，天下怀静，而东南二方，六州郡兵，将士武吏，戍守江表，或给京城运漕，父南子北，室家分离，咸更不宁。又不习水土，运役勤瘁，并有死亡之患，势不可久。此宜大见处分，以副人望。魏氏错役，亦应改旧。此二者各尽其理，然黔首感恩怀德，讴吟乐生必十倍于今也。自董卓作乱以至今，近出百年，四海勤瘁，丁难极矣。六合浑并，始于今日，兆庶思宁，非虚望也。然古今异宜，所遇不同，诚亦未可以希遵在昔，放息马牛。然使受百役者不出其国，兵备待事其乡，实在可为。纵复不得悉然为之，苟尽其理，可静三分之二，吏役可不出千里之内。但如斯而已，天下所蒙已不訾矣。

政务多端，世事之未尽理者，难徧以疏举，振领总纲，要在三条。凡政欲静，静在息役，息役在无为。

但由于西晋统治者的腐败，刘颂的改革主张未被采纳。永嘉南渡以后，当时江南尚未被充分开发，基本上仍是一个土旷人稀的地带，劳动力极其匮乏，加上官僚地主及其所庇护之人又都享受免役特权，这样，繁重的徭役便不可避免地全部落在了"露户役民"的肩上。当时，由于男丁不足，连妇女也得服役。

《宋书》卷99《刘勔传》云：

于时男丁既尽，召妇女亲役。

又同书卷74《沈攸之传》云：

又攸之践荆以来，恒用奸数，既欲发兵，宜有因假，遂乃蘑迫群蛮，骚扰山谷，扬声讨伐，尽户发上……遂使四野百县，路无男人；耕田载租，皆驱女弱。自古酷虐，未闻有此。

又《陈书》卷3《世祖纪》云：

天嘉元年……二月……戊戌，诏曰："……夫妻三年，于役不幸者，复其妻子。"

有关东晋南朝各项徭役的记载虽不多见，但仅就几项可考的工程来看，其规模之大，耗费之巨，服役人处境之悲惨，都是惊人的。

《梁书》卷10《夏侯详传》云：

> （齐末）荆府城局参军吉士瞻，役万人浚仗库防火池。

又《隋书》卷22《五行志》云：

> 天监……十二年……四月，建康大水。是时大发卒筑浮山堰，以遏淮水，劳役连年……先是大发卒筑浮山堰，功费巨亿，功垂就而复溃者数矣。百姓厌役，吁嗟满道。

又《梁书》卷8《昭明太子传》云：

> （武帝）常以户口未实，重于劳扰。吴兴郡屡以水灾失收，有上言当漕大渎以泻浙江。中大通二年春，诏遣前交州刺史王弁假节，发吴郡、吴兴、义兴三郡民丁就役。太子上疏曰："伏闻当发王弁等上东三郡民丁，开漕沟渠，导泄震泽，使吴兴一境，无复水灾……今征戍未归，强丁疏少，此虽小举，窃恐难合，吏一呼门，动为民蠹。又出丁之处，远近不一，比得齐集，已妨蚕农。……且草窃多伺候民间虚实，若善人从役，则抄盗弥增，吴兴未受其益，内地已罹其弊……"高祖优诏以喻焉。

除上述几个规模较大的工程外，当时的采矿业、冶铸业、工艺品制作等，其所用工匠，也都是由民间征来。

关于采矿业，《宋书》卷92《良吏·徐豁传》有云：

> 元嘉初，（徐豁）为始兴太守。三年，遣大使巡行四方，并使郡县各言损益。豁因此表陈三事……其二曰："郡领银民三百余户，凿坑采砂，皆二三丈。功役既苦，不顾崩压，一岁之中，每有死者。官

司检切，犹致逋违，老少相随，永绝农业；千有余口，皆资他食，岂唯一夫不耕，或受其饥而已。所以岁有不稔，便致甚困。"

关于冶铸业，《晋书》卷98《王敦传》有云：

（明帝）于是下诏曰："……顽凶相奖，无所顾忌，擅录冶工，辄割运漕。"

又《宋书》卷42《五弘传》云：

王弘字休元，琅邪临沂人也……弱冠，为会稽王司马道子骠骑参军主簿。时农务顿息，末役繁兴，弘……陈之曰："……伏见南局诸冶，募吏数百，虽资以廪赡，收入甚微。愚谓若回以配农，必功利百倍矣。然军器所须，不可都废，今欲留铜官大冶及都邑小冶各一所，重其功课，一准扬州；州之求取，亦当无乏，余者罢之，以充东作之要。又欲二局田曹，各立典军募吏，依冶募比例，并听取山湖人。"

关于各种工艺品的制造，《南齐书》卷56《倖臣·吕文度传》云：

吕文度，会稽人，宋世为细作金银库吏，竹局匠。

又同书卷6《明帝纪》云：

建武元年……十一月……丁亥，诏：细作、中署材官、车府，凡诸工可悉开番假，递令休息。

此外，东晋南朝时期还有运役和杂役。关于运输徭役，《晋书》卷9《简文帝纪》云：

诏以京都有经年之储，权停一年之运。

又同书卷26《食货志》云：

（咸和）六年，以海贼寇抄，运漕不继，发王公以下余丁，各运米六斛……穆帝之世，频有大军，粮运不继，制王公以下十三户共借一人，助度支运。

又同书卷9《后废帝纪》云：

元徽元年……九月壬午，诏曰："……湘、江二州，粮运偏积，调役既繁，庶徒弥扰。"

关于杂役，《晋书》卷82《虞预传》有云：

军寇以来，服役繁数……自顷长吏轻多去来，送故迎新，交错道路。受迎者惟恐船马之不多，见送者惟恨吏卒之常少。

这种差役，十分扰民，故刘毅为江州都督时曾上表力陈其弊。《晋书》卷85《刘毅传》云：

且属县凋散，示有所存，而役调送迎不得止息。

又有"正厨诸役"。
《南齐书》卷5《海陵王纪》载延兴元年（494）诏谓：

正厨诸役，旧出州郡，征吏民以应其数，公获二旬，私累数朔……诸县使村长、路都防城直县，为剧尤深，亦宜禁断。

又《梁书》卷3《武帝纪》载大同七年（541）诏曰：

州牧多非良才，守宰虎而傅翼……至于民间诛求万端，或供厨帐，或供厩库，或遣使命，或待宾客，皆无自费，取给于民。又复多遣游军，称为遏防，奸盗不止，暴掠繁多，或求供设，或责脚步。

南齐以下，又有新增"谤民之役"。这种徭役极其苛重。《南齐书》卷41《周颙传》云：

> 建元初，为长沙王参军，后军参军，山阴令。县旧订谤民，以供杂使。颙言之于太守闻喜公子良曰："窃见谤民之困，困实极矣。役命有常，只应转竭，蹙迫驱催，莫安其所。险者或窜避山湖，困者自经沟渎尔。亦有摧臂斮手，苟自残落，贩佣贴子，权赴急难。每至谤使发动，遵赴常促，辄有柤杖被录，稽颡阶垂，泣涕告哀，不知所振。下官未尝不临食罢箸，当书偃笔，为之久之，怆不能已。交事不济，不得不就加捶罚，见此辛酸，时不可过。山阴邦治，事倍余城；然略闻诸县，亦处处皆踬。唯上虞以百户一谤，大为优足，过此列城，不无凋罄。宜应有以普救倒悬，设流开便，则转患为功，得之何远。"还为文惠太子中军录事参军，随府转征北。

第十二章 货币制度

魏晋南北朝动荡不安的政局和连绵不断的战争，使经济和生产遭受了严重摧残，货币制度也因此受到重大影响。实物货币在交换中的地位日趋提高，金属货币的流通范围则不断缩小，加上历朝钱币的改铸，特别是各封建政府屡次实行铸币贬损政策，致使货币制度长时期处于混乱的态势之中。

第一节 金属货币流通的大混乱

魏晋南北朝的多数朝代都曾推行新币，但由于货币经济和商品经济的长期衰落，以及所铸货币的粗劣滥恶、民间盗铸和政府币制的混乱，新币不能起到货币应有的作用，金属货币始终未能占领流通领域。

一 三国两晋时期的金属货币流通

三国时期，魏、蜀、吴三个割据政权各有其自己的货币制度。在曹魏统治区，除魏文帝时一度"使百姓以谷帛为市"外，一直在沿用旧五铢钱，自己没有铸造过新钱，虽曾一再"罢五铢"，但罢后不久即又恢复。

《三国志》卷2《文帝纪》云：

（黄初二年三月）初复五铢钱……冬十月……以谷贵，罢五铢钱。

又同书卷3《明帝纪》云：

（太和元年）夏四月，乙亥，行五铢钱。

又《晋书》卷26《食货志》云：

及献帝初平中，董卓乃更铸小钱，由是货轻而物贵，谷一斛至钱数百万。至魏武为相，于是罢之，还用五铢。是时不铸钱既久，货本不多，又更无增益，故谷贱无已。及黄初二年，魏文帝罢五铢钱，使百姓以谷帛为市。至明帝世，钱废谷用既久，人间巧伪渐多，竞湿谷以要利，作薄绢以为市，虽处以严刑而不能禁也。司马芝等举朝大议，以为用钱非徒丰国，亦所以省刑。今若更铸五铢钱，则国丰刑省，于事为便。魏明帝乃更立五铢钱，至晋用之，不闻有所改创……桓玄辅政，立议欲废钱用谷帛。孔琳之议曰：洪范八政，货为食次。岂不以交易所资，为用之至要者乎！若使百姓用力于为钱，则是妨为生之业，禁之可也。今农自务谷，工自务器，各隶其业，何尝致勤于钱。故圣王制无用之货，以通有用之财，既无毁败之费，又省难运之苦，此钱所以嗣功龟贝，历代不废者也。谷帛为宝，本充衣食，分以为货。则致损甚多。又劳毁于商贩之手，耗弃于割截之用，此之为弊，著自于曩。故钟繇曰，巧伪之人，竞滋谷以要利，制薄绢以充资。魏世制以严刑，弗能禁也。是以司马芝以为用钱非徒丰国，亦所以省刑。钱之不用，由于兵乱积久，自致于废，有由而然，汉末是也。今既用而废之，则百姓顿亡其利。今括囊天下之谷，以周天下之食，或仓廪充溢，或粮廯并储，以相资通，则贫者仰富。致富之道，实假于钱，一朝断之，便为弃物。是有钱无粮之人，皆坐而饥困，以此断之，又立弊也。

且据今用钱之处，不以为贫，用谷之处，不以为富。又人习来久，革之必惑。语曰，利不百，不易业，况又钱便于谷邪！魏明帝时钱废，谷用既久，不以便于人，乃举朝大议。精才达政之士莫不以宜复用钱，下无异情，朝无异论。彼尚舍谷帛而用钱，足以明谷帛之弊著于已诚也。

世或谓魏氏不用钱久，积累巨万，故欲行之，利公富国，斯殆不然。晋文后舅犯之谋，而先成季之信，以为虽有一时之勋，不如万世之益。于时名贤在列，君子盈朝，大谋天下之利害，将定经国之要术。若谷实便钱，义不昧当时之近利，而废永用之通业，断可知矣。

斯实由困而思革，改而更张耳……

顷兵革屡兴，荒馑荐及，饥寒未振，实此之由。公既援而拯之，大革视听，弘敦本之教，明广农之科，敬授人时，各从其业，游荡知反，务末自休，同以南亩竞力，野无遗壤矣，于此以往，将升平必至，何衣食之足恤！愚谓救弊之术，无取于废钱。朝议多同琳之，故玄议不行。

由于曹操提倡屯田，又厉行节约，为曹魏打下了良好的基础，故曹魏的币制较为稳定。

西蜀和孙吴方面，由于经济力量较弱，因而其币制不如曹魏稳定。

文献涉及西蜀币制的记载，仅言刘备在四川铸"直百钱"。

《三国志》卷39《刘巴传》注引《零陵先贤传》云：

初攻刘璋，（刘）备与士众约："若事定，府库百物，孤无预焉。"及拔成都，士众皆舍干戈，赴诸藏竞取宝物。军用不足，备甚忧之，巴曰："易耳，但当铸直百钱，平诸物价，令吏为官市。"备从之，数月之间，府库充实。

传世及近年出土的蜀钱有"五铢""直百五铢"和"直百"铜钱多种，史书所云刘备入蜀时铸"直百钱"，是指"直百五铢"，还是指"直百"，则迄无定论。

《四川威远出土大量"直百五铢"钱》一文云：

1978年1月，四川威远县发现一陶罐，内有铜钱二十余斤。除少数残片外，共有一千七百零三枚。其中有半两钱、五铢钱、"直百五铢"钱等，直百五铢最多……①

这批铜钱，应是蜀汉时流通的钱币。

直百五铢背有阴文的共62枚，是四川发现直百五铢上阴文种类最多的一次。如"吉羊""田"等都是新的发现，有些数字符号可能是铸钱时

---

① 莫洪贵：《四川威远出土大量"直百五铢"钱》，《文物》1981年第12期。

排列的序号。

直百五铢中背有"为",释"为"字,这种钱是犍为郡所铸,是方孔钱中记地名最早的。犍为郡是当时经济发达地区,是通向南中的过道,郡治在今四川彭山县。《威远县志》记载:"汉时,威远县为资中县,地隶犍为郡。"

据考古发掘者研究,刘备初入蜀时所铸的"直百钱"就是"直百五铢"。

在东吴地区,孙权曾先后铸行"大泉五百"和"大泉当千",但由于民间难以行用,故至赤乌九年(246)即停止铸行。

《三国志》卷47《孙权传》云:

> (嘉禾)五年春,铸大钱,一当五百。诏使吏民输铜,计铜畀直。设盗铸之科……赤乌元年春,铸当千大钱。

又《晋书》卷26《食货志》云:

> 孙权嘉禾五年,铸大钱,一当五百。赤乌元年,又铸当千钱。故吕蒙定荆州,孙权赐钱一亿。钱既太贵,但有空名,人间患之。权闻百姓不以为便,省息之,铸为器物,官勿复出也。私家有者,并以输藏,平卑其直,勿有所枉。

又《三国志》卷47《孙权传》注引《江表传》云:

> 是岁(赤乌九年),权诏曰:"谢宏往日陈铸大钱,云以广货,故听之。今闻民意不以为便,其省息之,铸为器物,官勿复出也。私家有者,勅以输藏,计畀其直,勿有所枉也"。

三国时期的货币,由于史书很少记载,需考古资料予以补充。从新中国成立以来出土的钱币来看,还有两种钱币即"太平百钱"和"定平一百",可以归入三国时期。

关于"太平百钱",《成都市出土"太平百钱"铜母范》一文谓:

1980年4月，成都出土大批"太平百钱"铜钱和一件"太平百钱"铜铸母范……范平面略呈椭圆形，三边微弧，一边平直，周有边框。范高2.4厘米、周长47.2厘米。范面正中有一凸起的树干状轴将范面分为两部分，左右各双行列钱六枚，左为钱背，背纹为水波纹；右为钱面，钱文有隶书和隶篆合书两种，均书"太平百钱"四字。钱文中的"太"字与新莽的大泉五十的"大"字相近，"平"字与新莽的一刀平五千的"平"字相似，"百"字与蜀汉的直百五铢的"百"字相同。①

由此可见，太平百钱确为蜀钱，且为官铸。

关于"定平一百"，1984年安徽马鞍山东吴朱然墓出土有"定平一百"铜钱。按朱然官拜吴左大司马右军师，孙权赤乌十二年（249）春三月卒，这说明此钱在三国时已开始流通，它至少铸于赤乌十二年（249）以前。然此钱币是吴钱还是蜀钱，无法确定。

司马氏代魏，兼并吴、蜀，建立了统一的西晋政权，直至晋室南渡以后，都一直未铸新钱，在流通中主要是沿用汉魏的五铢钱及各种古钱。

《晋书》卷26《食货志》云：

> 魏文帝罢五铢钱，使百姓以谷帛为市，至明帝世，钱废。谷用既久，人间巧伪渐多……魏明帝乃更立五铢钱，至晋用之，不闻有所改创。

晋室南渡以后，由主要沿用孙吴地区原来流通的旧钱。

《晋书》卷26《食货志》云：

> 晋自中原丧乱，元帝过江，用孙氏旧钱，轻重杂行，大者谓之比轮，中者谓之四文。吴兴沈充又铸小钱，谓之沈郎钱。钱既不多，由是稍贵。孝武太元三年，诏曰："钱，国之重宝，小人贪利，销坏无已，监司当以为意"。广州夷人宝贵铜鼓，而州境素不出铜，闻官私贾人皆于此下（按《通典》引此，无"于此下"三字）贪比轮钱斤

---

① 陈显双：《成都市出土"太平百钱"铜母范》，《文物》1981年第10期。

两差重，以入广州，货与夷人，铸败作鼓。其重为禁制，得者科罪。

由于两晋时期长期不铸钱，流通中的货币量严重不足。这种情况从地下发掘出土的钱币数量较少的事实得到了证实。1952—1958年在湖南长沙发掘了两晋墓葬27座，仅有3座墓葬出土钱币，每墓出土的钱币皆仅数枚，而且钱币种类杂乱，包括"半两""五铢""货泉""直百五铢"等。①

然而也有个别晋代墓葬或遗址曾有大量的钱币出土，洛阳西晋墓出土的钱币主要是两汉五铢，② 这对于了解当时的货币流通情况至为重要。

《武昌任家湾六朝初期墓葬清理简报》谓：

1955年4月，湖北武昌任家湾的一座古墓中出土钱币3630枚，钱币种类有汉五铢、剪边五铢、西汉"半两"、新莽"货泉"、"大泉五十"以及"直百五铢""太平百钱"等，其中，五铢钱有2454枚，剪边五铢990枚，二者占总数的90%以上。③

又《江苏丹徒东晋窖藏铜钱》谓：

1973年10月，江苏丹徒发现一瓮窖藏铜钱。窖藏内的铜钱，总重约二百八十斤……另外，尚有数枚无字钱。④

综上所述，这批铜钱以"五铢"钱数量最多，占总数的90%以上，而"五铢"钱中又以剪轮钱占多数。年代最早的为西汉"半两"钱，最晚的为东晋时期后赵石勒所铸的"丰货"钱，及蜀李寿所铸的"汉兴"钱。未发现南北朝的铸币。按"丰货"钱铸于4世纪20年代；"汉兴"钱铸于4世纪30年代末或40年代初，可见这个窖藏时间当在4世纪40年代以后不久。我们认为，这批货币大约窖藏于东晋中期以后，其下限不会超过南朝的刘宋初期。

---

① 《长沙西晋南朝隋墓发掘报告》，《考古学报》1959年第3期。
② 洛阳市文物工作队：《洛阳吉利区西晋墓发掘简报》，《文物》2010年第8期。
③ 《武昌任家湾六朝初期墓葬清理简报》，《文物参考资料》1955年第12期。
④ 《江苏丹徒东晋窖藏铜钱》，《考古》1978年第2期。

十六国时期，由于长期的战乱，商品经济和货币经济失去了存在的基础。这一时期，仅前凉、后赵、成蜀等国出现过较为正常的货币流通情况。关于前凉的货币流通，《晋书》卷86《张轨传》载：

> （永嘉中，张轨据凉州）太府参军索辅言于轨曰："古以金贝皮币为货，息谷帛量度之耗。二汉制五铢钱，通易不滞。泰始中，河西荒废，遂不用钱，裂匹以为段数。缣布既坏，市易又难，徒坏女工，不任衣用，弊之甚也。今中州虽乱，此方安全，宜复五铢，以济通变之会。"轨纳之。立制：准布用钱，钱遂大行，人赖其利。

关于后赵的货币流通，《晋书》卷104《石勒载记上》云：

> （石勒僭号之元年）置挈壶署，铸丰货钱。

又同书卷105《石勒载记下》云：

> （石勒僭号之三年）又得一鼎，容四升，中有大钱三十，文曰："百当千，千当万。"鼎铭十三字，篆书，不可晓。藏之于永丰仓。因此，令公私行钱。

在四川，成蜀李寿改国号为汉后，于汉兴年间（338—343）铸造了汉兴钱，此乃我国最早的年号钱。丰货钱、汉兴钱均较少见，丰货钱重约3克，汉兴钱重约1克，两种钱均有传世品，近年也有实物出土。

前秦时，苻坚也曾铸造铜钱。

《水经注》卷4《河水注》云：

> 秦始皇二十一年，长狄十二，见于临洮，长五丈余，以为善祥，铸金人十二以象之，各重二十四万斤，坐之宫门之前，谓之金狄，皆铭其胸云。皇帝二十六年，初兼天下以为郡县，正法律，同度量，大人来见临洮，身长五丈，足六尺，李斯书也。故卫桓《叙篆》曰：秦之李斯，号为工篆，诸山及铜山［山当作人］铭，皆斯书也。汉自防［阿］［防当作阿］房徙之未央前，俗谓之翁仲矣。地皇二年，

王莽梦铜人泣，恶之，念铜人铭有皇帝初兼天下文，使尚方工镌灭所梦铜人膺文。后董卓毁其九为钱。其在者三，魏明帝欲徙之洛阳，重不可胜，至霸水西停之。《汉晋春秋》曰：或言金狄泣，故留之，石虎取置邺宫，付［苻］［旧本是符字，吴本作付，误］坚又徙之长安，毁二为钱。

二　南朝的金属货币

南朝的货币经济在前代的基础上有所发展，宋、齐、梁、陈四朝一改两晋不铸钱的政策，大铸而特铸新币。首先，刘宋王朝就是一个热衷于铸钱的王朝，它曾先后铸造四铢钱、孝建四铢和永光（景和）二铢钱等。最初，于宋文帝元嘉七年（430）开始铸造四铢钱。

《宋书》卷5《文帝纪》云：

（元嘉七年冬十月）戊午，立钱署，铸四铢钱。

刘宋的开铸铜钱，正式结束了西晋以降约一个半世纪政府未尝铸钱的不正常情况，标志着货币经济已开始有所发展。但这种对于缓解当时通货不足状况曾起到了积极作用的新铸四铢钱行用不久，元嘉二十四年（447）民间便出现了盗铸现象，致使大量薄劣钱币充斥市场，严重破坏了货币流通的稳定。于是刘宋政府又改铸大钱。

《宋书》卷66《何尚之传》云：

先是，患货重，铸四钱，民间颇盗铸，多剪凿古钱以取铜。上患之。（元嘉）二十四年，录尚书江夏王义恭建议，以一大钱当两，以防剪凿，议者多同。

又同书卷5《文帝纪》云：

（元嘉二十四年六月）是月，以货贵，制大钱，一当两。

大钱并不能改变价值规律，它在市场上流通以后反而造成了更大混乱，行使未满一年不得不下令废止。

《宋书》卷 5《文帝纪》云：

> （元嘉二十五年）五月己卯，罢大钱当两（按《南史》作"罢当两大钱"）。

及至文帝末年，北魏大举南征，刘宋受战争影响，货币流通状况日趋恶化。宋孝武帝即位初年（孝建元年），又改铸"孝建四铢"，钱形薄小，轮廓不全，于是民间盗铸云起，此外，又剪凿古钱，以取其铜，再转用于铸钱。这样就导致通货膨胀，物价暴涨，民不聊生。

《宋书》卷 6《孝武帝纪》云：

> （孝武孝建元年正月）壬戌，更铸四铢钱。

又同书卷 75《颜竣传》云：

> 先是元嘉中，铸四铢钱，轮郭形制，与五铢同，用费损，无利，故百姓不盗铸。及世祖即位，又铸孝建四铢。三年，尚书右丞徐爰议曰："贵货利民，载自五政，开铸流圜，法成九府，民富国实，教立化光。及时移俗易，则通变适用，是以周、汉俶迁，随世轻重。降及后代，财丰用足，因条前贯，无复改创。年历既远，丧乱屡经，埋焚剪毁，日月销减，货薄民贫，公私俱困，不有革造，将至大乏。谓应式遵古典，收铜缮铸，纳赎利刑，著在往策，今宜以铜赎刑，随罚为品。"诏可，所铸钱形式薄小，轮郭不成就。于是民间盗铸者云起，杂以铅锡，并不牢固。又剪凿古钱，以取其铜，钱转薄小，稍违官式。虽重制严刑，民吏官长坐死免者相系，而盗铸弥甚，百物踊贵，民人患苦之。乃立品格，薄小无轮郭者，悉加禁断。

又《通典》卷 9《食货·钱币下》云：

> 先是元嘉中，铸四铢钱，轮廓形制，与古五铢同价，无利，百姓不资盗铸。孝武、孝建初，铸四铢，文曰"孝建"，一边为"四铢"，

其后稍去"四铢",专为"孝建"……所铸钱形式薄小,轮廓不成就,于是人间盗铸者云起,杂以铅锡,并不牢固。又剪凿古钱,以取其铜……虽重制严刑,人吏官长坐死免者相系,而盗铸弥甚,百物踊贵,人患苦之。

前废帝时,刘宋政府又加铸了一种比"孝建"钱更小的"二铢钱",钱文有"永光"和"景和"两种。这种钱质地粗糙,实际上已丧失货币应有的职能。

《宋书》卷75《颜竣传》云:

> 前废帝即位,铸二铢钱,形式转细。官钱每出,民间即模效之,而大小厚薄,皆不及也。无轮郭,不磨鑢,如今之剪凿者,谓之"耒子"。景和元年,沈庆之启通私铸,由是钱货乱败,一千钱长不盈三寸,大小称此,谓之"鹅眼钱"。劣于此者,谓之"綖环钱"。入水不沉,随手破碎,市井不复料数,十万钱不盈一掬,斗米一万,商货不行。太宗初,唯禁"鹅眼"、"綖环",其余皆通用。复禁民铸,官署亦废工,寻复并断,唯用古钱。

又《通典》卷9《食货·钱币下》云:

> 废帝景和二年,铸二铢钱,文曰"景和",形式转细,官钱每出,人间即模效之,而大小厚薄皆不及也,无轮廓,不磨鑢,剪凿者,谓之莱子,尤薄轻者谓之荇叶,市井通用之。永光元年,沈庆之启通私铸,由是钱货乱改,一千钱长不盈三寸,大小称此,谓之鹅眼钱。劣于此者。谓之綖环钱。入水不沉,随手破碎,市井不复断数。十万钱不盈一掬,斗米一万,商货不行。

在这种混乱的情形下,宋明帝即位后,先是禁止鹅眼钱、綖环钱,继则禁止民铸,而官铸亦废。

《通典》卷9《食货·钱币下》云:

> 明帝太始初,唯铸禁鹅眼、綖环,其余皆通用。复禁入铸,官署

亦废工。寻又普断，唯用古钱。

又《宋书》卷8《明帝纪》云：

（泰始二年三月）壬子，断新钱，专用古钱。

南齐政府鉴于刘宋滥制钱币、通货贬值所造成的恶果，不敢轻易铸钱，而采取了通货紧缩政策。终南齐一朝，只于齐武帝八年（490）在四川西汉邓通铸钱旧址铸造过一次铜钱，数量也不多。

《南齐书》卷37《刘悛传》云：

时议者多以钱货转少，宜更广铸，重其铢两，以防民奸。太祖使诸州郡大市铜炭，会晏驾事寝。永明八年，悛启世祖曰："南广郡界蒙山下，有城名蒙城，可二顷地，有烧炉四所，高一丈，广一丈五尺。从蒙城渡水南百许步，平地挖土深二尺，得铜。又有古掘铜坑，深二丈，并居宅处犹存。邓通，南安人，汉文帝赐严道县铜山铸钱，今蒙山近青衣水南，青衣左侧并是故秦之严道地。青衣县又改名汉嘉。且蒙山去南安二百里，案此必是通所铸。近唤蒙山獠出，云'甚可经略'。此议若立，润利无极。"并献蒙山铜一片，又铜石一片，平州铁刀一口。上从之。遣使入蜀铸钱，得千余万，功费多，乃止。

由于南齐一朝仅铸过一次钱，而铸钱数量又不多，因而流通中长时期通货不足，钱币购买力一直偏高。在这种情形下，南齐的一些税，却要折纳铜钱征取，而且要求轮廓完整的好钱，这种好钱，民间用一千七百个买一千个也不易买到，因而更加重了对农民的剥削。

《南齐书》卷3《武帝纪》永元五年九月诏曰：

农桑不殷于囊日，粟帛轻贱于当年，工商罕兼金之储，匹夫多饥寒之患。

又同书卷40《竟陵文宣王子良传》云：

（永明中）子良又启曰："……又泉铸岁远，类多翦凿，江东大钱，十不一在。公家所受，必须轮郭完全，遂买本一千，加子七百，犹求请无地，棰革相继。寻完者为用，既不兼两，回复迁贸，会非委积，徒令小民每婴困苦。且钱帛相半，为制永久，或闻长宰须令输直，进违旧科，退容奸利……"

又《通典》卷9《食货·钱币下》云：

武帝时，竟陵王子良上表曰："顷钱贵物贱，殆欲兼倍，凡在触类，莫不如兹。稼穑艰劬，斛直数十；机杼勤苦，匹才三百。所以然者，实亦有由。年常岁调，既有定期，僮（凭）[恤]所上，咸是见直。东间钱多剪凿，鲜复完者，公家所受，必须圆大，以两代一，困于无所，鞭捶质系，益致无聊。"

萧梁时期，一反前代通货紧缩政策，大举铸钱。在半个世纪之中，铸钱数量之多，种类之繁，为南朝历代政府之冠，所铸之钱不仅有多种多样的铜钱，而且又大铸铁钱。金属货币流通最为混乱。

《隋书》卷24《食货志》云：

梁初，唯京师及三吴、荆、郢、江、湘、梁、益用钱。其余州郡，则杂以谷帛交易。交、广之域，全以金银为货。武帝乃铸钱，肉好周郭，文曰"五铢"，重如其文。而又别铸，除其肉郭，谓之女钱。二品并行。百姓或私以古钱交易，有直百五铢、五铢、女钱、太平百钱、定平一百、五铢稚钱、五铢对文等号。轻重不一。天子频下诏书，非新铸二种之钱，并不许用。而趣利之徒，私用转甚。至普通中，乃议尽罢铜钱，更铸铁钱。人以铁钱易得，并皆私铸。及大同已后，所在铁钱，遂如丘山，物价腾贵。交易者以车载铁，不复计数，而唯论贯。商旅奸诈，因之以求利。

又《通典》卷9《食货·钱币下》云：

梁初，唯京师及三吴、荆、郢、江、湘、梁、益用钱。其余州郡，则杂以谷帛交易。交、广之域，全以金银为货。武帝乃铸钱，肉好周郭，文曰"五铢"，重四铢三参二黍，其百文则重一斤二两。又别铸，除其肉郭，谓之"公式女钱"，径一寸，文曰"五铢"，重如新铸五铢，二品并行。百姓或私以古钱交易者，其五铢径一寸一分，重八铢，文曰"五铢"，三吴属县行之。女钱径一寸，重五铢，无轮郭，郡县皆通用。太平百钱二种，并径一寸，重四铢，源流本一，但文字古今之殊耳，文并曰"太平百钱"。定平一百，五铢，径六分，重一铢半，文曰"定平一百"，稚钱五铢，径一分半，重四铢，文曰"五铢"，源出于五铢，但狭小，东境谓之稚钱。五（铢）[朱]钱，径七分半，重三铢半，文曰"五朱"，源出稚钱，但稍迁异，以铢为朱耳，三吴行之，差少于余钱。又有对文钱，其源未闻。丰货钱，径一寸，重四铢，代人谓之富钱，藏之令人富也。布泉钱，径一寸，重四铢半，代谓之男钱，云妇人佩之即生男也。此等轻重不一。天子频下诏书，非新铸二种之钱，并不许用，而趋利之徒，私用转甚。至普通中，乃议尽罢铜钱，更铸铁钱，人以铁贱易得，并皆私铸。及大同以后，所在铁钱，遂如丘山，物价腾贵。交易者以车载钱，不复计数，而唯论贯。商旅奸诈，因之以求利。

因《隋书》与《通典》所记互有出入，为便于研究，故将二者一并转引于上。

从大同年间铁钱币值暴跌以后，民间交易只好使用各种旧铜钱。但由于铜钱短缺，价值高，不敷流通之用，因而民间用钱，又出现了"短陌"现象，即不足一百之数，权当一百之用。最初，政府曾下令制止，限用足陌钱。

《梁书》卷3《武帝纪下》载中大同元年七月丙寅诏曰：

朝四而暮三，众狙皆喜，名实未亏，而喜怒为用。顷闻外间多用九陌钱，陌减则物贵，陌足则物贱，非物有贵贱，是心有颠倒。至于远方，日更滋甚。岂直国有异政，乃至家有殊俗，徒乱王制，无益民财。自今可通用足陌钱。令书行后，百日为期，若犹有犯，男子谪运，女子质作，并同三年。

民间由实际需要形成的习惯，非一纸"令书"所能改革，故"令书"虽下，实同具文，从京师到州郡仍照旧行用短陌，而短陌之数，各地悬殊，有少到以三十五文为一百者。

《南史》卷8《梁本纪》"传论"云：

> 初，武帝末年，都下用钱，每百皆除其九，谓为九佰，竟而有侯景之乱。及江陵将覆，每百复除六文，称为六陌。

又《隋书》卷24《食货志》云：

> 自破（按：破，《通典》作陂）岭以东，八十为百，名曰东钱。江、郢已上，七十为百，名曰西钱。京师以九十为百，名曰长钱。中大同元年，天子乃诏通用足陌。诏下而人不从，钱陌益少。至于末年，遂以三十五为百云。

至梁代末年时，因钱币缺乏，令杂用古今钱，继又铸四柱钱、一当二十，未几又改为一当十。

《梁书》卷6《敬帝纪》云：

> （太平元年三月）壬午，班下远近，并杂用古今钱。

又《南史》卷8《梁敬帝纪》云：

> （太平二年四月）己卯，铸四柱钱，一当二十。齐遣使通和。壬辰，改四柱钱，一当十。丙申，复用细钱。

旋即又铸二柱钱，与私铸的鹅眼钱并行流通。

《隋书》卷24《食货志》云：

> 始梁末又有两柱钱及鹅眼钱，于时人杂用，其价同，但两柱重而鹅眼轻。私家多熔钱，又间以锡铁，兼以粟帛为货。

此外，民间还杂用锡、铁、布帛，终梁之世，货币流通均非常混乱。

继梁而起的陈王朝，起初行用梁钱，杂用其大小铜钱，而铁钱不行。至文帝时曾铸五铢钱，后到宣帝时又用"大货六铢"钱。各种货币的流通情况，大致如下：

《陈书》卷3《世祖纪》云：

（天嘉三年闰二月）甲子，改铸五铢钱。

又同书卷5《宣帝纪》云：

（太建十一年）秋七月辛卯，初用大货六铢钱。

又《隋书》卷24《食货志》云：

陈初，承梁丧乱之后，铁钱不行。始梁末又有两柱钱及鹅眼钱，于时人杂用，其价同，但两柱重而鹅眼轻。私家多熔钱，又间以锡、铁，兼以粟帛为货。至文帝天嘉五年，改铸五铢。初出，一当鹅眼之十。宣帝太建十一年，又铸大货六铢，以一当五铢之十，与五铢并行。后还当一，人皆不便。乃相与讹言曰："六铢钱有不利县官之象"，未几而帝崩，遂废六铢而行五铢。竟至陈亡。其岭南诸州，多以盐米布交易，俱不用钱云。

三　北朝的金属货币

北魏建国后的一百多年间，一直以实物货币占主导地位，而金属货币无所流通，成为一个纯粹自然经济时代，直到高祖太和年间始诏天下用钱，并于太和十九年（495）铸"太和五铢"，作为法定货币。

《魏书》卷110《食货志》云：

魏初至于太和，钱货无所周流，高祖始诏天下用钱焉。十九年，冶铸粗备，文曰"太和五铢"，诏京师及诸州镇皆通行之。内外百官禄皆准绢给钱，绢匹为钱二百。

在官府铸钱的同时,又在各地设置铸炉与钱工。

《魏书》卷110《食货志》云:

>在所遣钱工备炉冶,民有欲铸,听就铸之,铜必精练,无所和杂。

到宣武帝永平三年(510)冬,官府又铸造五铢钱。

《魏书》卷110《食货志》云:

>世宗永平三年冬,又铸五铢钱。

此次五铢钱颁行后,因民间久不用钱,推行起来困难重重。

《魏书》卷110《食货志》云:

>肃宗初,京师及诸州镇或铸或否,或有止用古钱,不行新铸,致商货不通,贸迁颇隔。

孝安二年(529)北魏政府又改铸"永安五铢",这是北魏王朝第三次铸造五铢钱。关于这次铸钱的原因和经过,《魏书》卷110《食货志》云:

>自后所行之钱,民多私铸,稍就小薄,价用弥贱。建义初,重盗铸之禁,开纠赏之格。至永安二年秋,诏更改铸,文曰"永安五铢",官自立炉,起自九月至三年正月而止。

又同书卷58《杨播传附子侃传》云:

>时所用钱,人多私铸,稍就薄小,乃至风飘水浮,斗米几直一千。侃奏曰:"昔马援至陇西,尝上书求复五铢钱,事下三府,不许。及援征入为虎贲中郎,亲对光武申释其趣,事始施行。臣顷在雍州,亦表陈其事,听人与官并铸五铢钱,使人乐为,而俗弊得改,旨

下尚书，八座不许。以今况昔，即理不殊。求取臣前表，经御披析。"侃乃随事剖辨，孝庄从之，乃铸五铢钱，如侃所奏。

因盗铸严重而改铸永安五铢，并没有解决盗铸问题，而是"利之所在，盗铸弥众"。

《魏书》卷110《食货志》云：

> 既铸永安五铢，官欲贵钱，乃出藏绢，分遣使人于二市卖之，绢匹止钱二百，而私市者犹三百。利之所在，盗铸弥众。巧伪既多，轻重非一，四方州镇，各用不同。

北魏王朝分裂后，继起的北齐和北周也热衷铸造铜钱。

北齐初期，仍沿用魏之永安五铢钱，但当时盗铸极盛，各地私铸之钱，名目繁多，大小不一，其实际上都是地方性货币。

《通典》卷9《食货·钱币下》云：

> 北齐神武霸政之初，犹用永安五铢。迁邺已后，百姓私铸，体制渐别，遂各以为名。有雍州青赤、梁州生厚、紧钱、吉钱、河阳生涩、天柱、赤牵之称。冀州之北，钱皆不行，交贸者皆以绢布。神武乃收境内之铜及钱，仍依旧文更铸，流之四境。未几之间，渐复细薄，奸伪竞起。

当时朝廷命官也多参与盗铸。

《北齐书》卷20《王则传》云：

> 元象初，（王则）除洛州刺史。则性贪婪，在州受取非法；旧京诸像，毁以铸钱，于时世号河阳钱，皆出其家。

由于币制十分混乱，政府遂决定加以改革，除另铸新钱以统一货币外，又规定了市肆行用铜钱的具体办法。

《魏书》卷110《食货志》云：

迁邺之后，轻滥尤多。武定初，齐文襄王奏革其弊。于是诏遣使人诣诸州镇，收铜及钱，悉更改铸，其文仍旧。然奸伪之徒，越法趋利，未几之间，渐复细薄。六年，文襄王以钱文五铢，名须称实，宜称钱一文重五铢者，听入市用。计百钱重一斤四两二十铢，自余皆准此为数。其京邑二市、天下州镇郡县之市，各置二称，悬于市门，私民所用之称，皆准市称以定轻重。凡有私铸，悉不禁断，但重五铢，然后听用。若入市之钱，重不五铢，或虽重五铢而多杂铅镴，并不听用，若有辄以小薄杂钱入市，有人纠获，其钱悉入告者。其小薄之钱，若即禁断，恐人交乏绝。畿内五十日，外州百日为限。群官参议，咸以时谷颇贵，请待有年。上从之而止。

文襄王的改革意见，不失为整顿币制的一个有效办法，但由于受到阻挠，而未能施行，因而币制混乱如故。至北齐文宣帝天保四年（553），又改铸新钱，称"常平五铢"。

《北史》卷7《齐文宣帝纪》云：

（天保四年春正月）自魏末用永安钱，又有数品，皆轻滥。乙丑，铸新钱，文曰"常平五铢"。

常平五铢钱，重如其文，制作精美，因而币值较高，但流通仍不畅。到乾明、皇建间，私铸又趋转盛。武平以后，私铸之风更炽，人们甚至以生铁合铜，致使货币流通情况日益混乱，直至齐亡犹不能禁。

《隋书》卷24《食货志》云：

文宣受禅，除永安之钱，改铸常平五铢，重如其文。其钱甚贵，且制造甚精，至乾明、皇建之间，往往私铸。邺中用钱，有赤热、青熟、细眉、赤生之异，河南所用，有青、薄、铅、锡之别，青、齐、徐、兖、梁、豫州，辈类各殊。武平已后，私铸转甚，或以生铁和铜。至于齐亡，卒不能禁。

北周是个短命的小王朝，虽仅存在二十余年，但对钱币却频繁改铸。

《周书》卷5《武帝纪上》云：

（保定元年秋七月）更铸钱，文曰"布泉"，以一当五，与五铢并行……（建德三年六月）壬子，更铸五行大布钱，以一当十，与布泉钱并行。

又同书卷6《武帝纪下》云：

（建德四年秋七月）己未，禁五行大布钱不得出入关，布泉钱听入而不听出……（五年春正月）废布泉钱。戊申，初令铸钱者绞，其从者远配为民。

又《周书》卷7《宣帝纪》云：

（大象元年）十一月……丁巳，初铸永通万国钱，以一当十，与五行大布并行。

北周在十几年之内改铸了三次钱币，《通典》卷9《食货·钱币下》曾概述了当时的币制混乱状况：

后周之初，尚用魏钱，及武帝保定元年，乃更铸布泉之钱，以一当五，与五铢并行。梁益之境，又杂用古钱交易。河西诸郡，或用西域金银之钱，而官不禁。建德三年，更铸五行大布钱，以一当十，大收商贾之利，与布泉钱并行。四年，又以边境之钱，人多盗铸，乃禁五行大布不得出入四关，布泉之钱听入而不听（日）[出]。五年，以布泉渐贱而人不用，遂废之。初，私铸者绞，从者远配为户。齐平以后，山东之人，犹杂用齐氏旧钱。至静帝大象元年，又铸永通万国钱，以一当（千）[十]，与五行大布五铢，凡三品并用。

第二节 实物货币的盛行

魏晋南北朝时期，是非金属的实物货币在货币制度中占统治地位的时期。所谓占统治地位，即货币的各种主要职能均可用布、帛（有时亦用谷、粟）来实现，这是此时期货币经济衰落的明显标志。

一　三国时期的实物货币

自从汉末董卓破坏五铢钱，改铸小钱之后，我国北方地区使用谷帛交易的情形就普遍起来，在曹魏文帝黄初二年至明帝初（221—227）的一个时期，政府还曾明令废钱，使人民用谷帛交易。

《晋书》卷26《食货志》云：

> 及黄初二年，魏文帝罢五铢钱，使百姓以谷帛为市。

黄初二年的法令，是秦以后中国货币史上的一个重要法令，标志着货币经济的大倒退。然而时隔不久，用谷帛作为流通手段的弊端就暴露了。

《晋书》卷26《食货志》云：

> 至明帝世，钱废谷用既久，人间巧伪渐多，竞湿谷以要利，作薄绢以为市，虽处以严刑而不能禁也。

至魏明帝太和元年（227），政府又恢复了五铢钱的流通，但谷帛的使用范围显然增大了，尤其是在赏赐或贿赂上表现得最为明显。

《三国志》卷9《夏侯尚传附子玄传》注引《魏略》云：

> 玄既迁，司马景王代为护军，护军总统诸将，在主武官选举，前后当此官者不能止货贿。故蒋济为护军时，有谣言："欲求牙门，当得千匹；百人督，五百匹。"

又同书卷27《胡质传》注引《晋阳秋》云：

> （质子）威字伯虎。少有志尚，厉操清白。质之为荆州也，威自京都省之。家贫，无车马僮仆，威自驱驴单行，拜见父。停厩中十余日，告归。临辞，质赐其绢一匹，为道路粮。威跪曰："大人清白，不审于何得此绢？"质曰："是吾俸禄之余，故以为汝粮耳。"威受

之，辞归。

三国时的孙吴和蜀汉，其实物货币也较盛行。

关于孙吴，《三国志》卷48《孙皓传》注引《江表传》云：

> （何）完又使诸将各上好犬，皆千里远求，一犬至直数千匹。

又同书同卷《孙休传》注引《襄阳记》云：

> （李）衡每欲治家，妻辄不听，后密遣客十人于武陵龙阳汜州上作宅，种甘橘千株。临死，敕儿曰："汝母恶我治家，故穷如是。然吾州里有千头木奴，不责汝衣食，岁上一匹绢，亦可足用耳。"衡亡后二十余日，儿以白母，母曰："此当是种甘橘也，汝家失十户客来七八年，必汝父遣为宅。汝父恒称太史公言，'江陵千树橘，当封君家……'"吴末，衡甘橘成，岁得绢数千匹，家道殷足。

关于蜀汉，《三国志》卷36《赵云传》注引《云别传》云：

> 云有军资余绢，（诸葛）亮使分赐将士，云曰："军事无利，何为有赐？其物请悉入赤岸府库，须十月为冬赐。"亮大善之。

又同书卷35《诸葛亮传》云：

> 亮自表后主曰："……若臣死之日，不使内有余帛，外有赢财，以负陛下。"及卒，如其所言。

又《华阳国志》卷11《后贤志》云：

> 时巴士饥荒，所在无谷，送吏行乏，辄取道侧民芋。随以帛系其处，使足取所直。

二 两晋及南朝时期的实物货币

先叙两晋。这一时期，官府久不铸钱，流通中的钱币极为匮乏，从而使谷帛的货币性显著增长，其表现有四。

一是在市场交易活动中，人们可以用布帛市谷、籴米、买橡实甚至购买奴隶。

《晋书》卷26《食货志》云：

> 及晋受命，武帝欲平一江表，时谷贱而布帛贵，帝欲立平籴法，用布帛市谷，以为粮储。

又《太平御览》卷486《人事部·穷》引孔舒元《在穷记》云：

> （孔衍用绢三匹）以籴，得米一石，橡三斛。

又同书卷598引《石崇奴券》云：

> 买得一恶羝奴，名宜勒……下绢百匹。

二是用于馈赠、借贷。

《晋书》卷37《宗室·安平献王孚传》云：

> 及武帝受禅……又以孚内有亲戚，外有交游，惠下之费，而经用不丰，奉绢二千匹。

又同书卷52《华谭传》云：

> 镇东将军周馥与谭素相亲善……及甘卓讨馥，百姓奔散，馥谓谭已去，遣人视之，而更移近馥……甘卓尝为东海王越所捕，下令敢有匿者诛之，卓投谭而免。及此役也，卓遣人求之曰："华侯安在？吾甘扬威使也。"谭答不知，遗绢二匹以遣之。

又同书卷82《习凿齿传》云：

  时（桓）温有大志，追蜀人知天文者至，夜执手问国家祚运修短……星人曰："太微、紫微、文昌三宫气候如此，决无忧虞。至五十年外不论耳。"温不悦，乃止。异日，送绢一匹、钱五千文以与之。

又同书卷73《庾亮传》云：

  （庾冰）常以俭约自居，中子袭，尝贷官绢十匹，冰怒捶之，市绢还官。

三是用于赏赐、悬赏。

《晋书》卷40《贾充传》云：

  吴平，军罢。帝遣侍中程咸犒劳，赐（贾）充帛八千匹。

又同书卷37《宗室·新蔡武哀王腾传》云：

  初，邺中虽府库虚竭，而腾资用甚饶，性俭吝，无所振惠，临急，乃赐将士，米可数升，帛各丈尺，是以人不为用，遂致于祸。

又宋王楙《野客丛书》卷27云：

  汉赏赐多用黄金，晋赏赐多用绢布，各因其时之所有而用之……晋时赏赐绢布，绢百匹在所不论。阮籍千匹，温峤、庾亮、荀崧、杨珧等皆至五千匹，用复唐彬、琅邪王伷等皆六千匹，王浑、杜预等皆八千匹，贾充前后至九千匹，王濬、张华、何攀等皆至万匹，王导前后近二万匹，桓温前后近三十万匹。苏峻之乱，台省煨炉时尚有布二十万匹、绢数万匹，又可验晋布帛之多也。

四是用计赃定罪。两晋时的计赃定罪，亦完全以布、帛为准，赎罪、罚款也都是按布、帛计算。

《晋书》卷30《刑法志》云：

> 贼燔人庐舍，积聚盗贼，赃五匹以上弃市。

又同书卷75《范汪传附坚传》云：

> 坚字子常……永嘉中，避乱江东，拜佐著作郎、抚军参军。讨苏峻，赐爵都亭侯。累迁尚书右丞。时廷尉奏殿中帐吏邵广盗官幔三张，合布三十匹，有司正刑弃市。

除此，国库中所储存的国家经费，也完全是布、帛、谷、粟等实物。《晋书》卷61《周浚传附从弟馥传》云：

> （馥）乃建策迎天子迁都寿春。永嘉四年，与长史吴思、司马殷识上书曰："……臣谨选精卒三万，奉迎皇驾……荆、湘、江、扬各先运四年米租十五万斛，布、绢各十四万匹，以供大驾。"

近年来，还有一些魏晋时期简牍的发现，有的简牍就记载有魏晋时期布帛使用的事实，可补充史书记载的不足。据《新疆历史文物》称，在新疆吐鲁番县阿斯塔那的一座西晋墓中，曾发现一件晋泰始九年（273）翟姜女买棺木简，其简文云：

> 泰始九年二月九日犬女翟姜女……买棺一口，贾（价）练廿匹。①

南朝时期，统治阶级曾大量推行新币，但由于铸造质量恶滥，加上盗铸现象日趋严重，所以民间兼用谷帛的现象十分普遍，尤其是在一些经济发展缓慢的落后地区和边远地区，实物货币更为盛行。

《宋书》卷81《刘秀之传》云：

---

① 《新疆历史文物》，文物出版社1978年版。

（元嘉）二十五年，除（刘秀之）督梁、南北秦三州诸军事、宁远将军、西戎校尉、梁、南秦二州刺史……先是汉川悉以绢为货，秀之限令用钱，百姓至今受其利。

又《隋书》卷24《食货志》云：

梁初，唯京师及三吴、荆、郢、江、湘、梁、益用钱。其余州郡，则杂以谷帛交易……陈初，承梁丧乱之后，铁钱不行……私家多熔钱，又间以锡铁，兼以粟帛为货……陈亡。其岭南诸州，多以盐米布交易，俱不用钱云。

此时期用谷帛作为价值尺度和支付手段，特别是用于赏赐、馈赠、贿赂等，史书中亦不乏记载。

关于赏赐与悬赏，《宋书》卷84《邓琬传》云：

景和元年……琬闻子元停鹊头不进，遣数百人劫迎之。乃建牙于桑尾，传檄京师……购太宗万户侯，布绢二万匹，金银五百斤，其余各有差。

又同书卷95《索虏传》云：

元嘉……二十七年，（魏主）焘至瓜步，坏民屋宇……（太祖）购能斩佛狸伐头者，封八千户开国县公，赏布绢各万匹，金银各百斤；斩其子及弟、伪相、大军主，封四百户开国县侯，布绢各五千匹；自此以下各有差。

又《梁书》卷56《侯景传》云：

（台）城内亦射赏格出外，有能斩（侯）景首，授以景位，并钱一亿万，布绢各万匹。

关于馈赠与贿赂，《梁书》卷53《良吏·孙谦传》云：

> 齐初，（孙谦）为宁朔将军、钱唐令；冶烦以简，狱无系囚。及去官，百姓以谦在职，不受饷遗，追载缣帛以送之，谦却不受。

又《宋书》卷94《恩倖·阮佃夫传》云：

> （佃夫有宠于明帝）大通货贿，凡事非重赂不行。人有饷绢二百匹，嫌少，不答书。

关于用于支付手段，《魏书》卷52《胡叟传》云：

> 胡叟，字伦许，安定临泾人也……时蜀沙门法成鸠率僧旅，几于千人，铸丈六金像。刘义隆恶其聚众，将加大辟。叟闻之，即赴丹阳，启申其美，遂得免焉。复还于蜀，法成感之，遗其珍物，价直千余匹。叟谓法成曰："纬萧何人，能弃明珠？吾为德请，财何为也？"无所受。

又《南齐书》卷27《刘怀珍传》云：

> 初，（宋）孝武世，太祖为舍人，怀珍为直阁，相遇早旧。怀珍假还青州，上有白骢马，啮人，不可骑，送与怀珍别。怀珍报上百匹绢。或谓怀珍曰："萧君此马不中骑，是以与君耳。君报百匹，不亦多乎？"怀珍曰："萧君局量堂堂，宁应负人此绢。吾方欲以身名托之，岂计钱物多少？"

又《南史》卷9《陈武帝纪》云：

> 绍泰元年……十二月……丙辰……齐兵还据石头，帝遣侯安都领水军袭破亡……丁巳，拔石头南岸栅，移度北岸起栅，以绝其汲路。又堙塞东门故城中诸井。齐所据城中无水，水一合贸米一升，一升米贸绢一匹。

此外，当时计赃定罪也主要用布、帛。

《宋书》卷 54《羊玄保传附希传》云：

> 大明初……扬州刺史西阳王子尚上言："山湖之禁，虽有旧科，民俗相因，替而不奉……"有司检壬辰诏书："占山护泽，强盗律论，赃一丈以上，皆弃市。"

三　十六国及北朝时期的实物货币

十六国、北朝时期，实物经济的色彩浓于南朝，民间交易主要是杂用谷帛。

一是作为价值尺度和交换媒介。

《魏书》卷 33《公孙表传附轨传》云：

> 初，世祖将北征，发民驴以运粮，使轨部诣雍州。轨令驴主皆加绢一匹，乃与受之。

又同书卷 52《赵柔传》云：

> （太武平凉州，内徙京师）（赵）柔尝在路得人所遗金珠一贯，价直数百缣，柔呼主还之。后有人与柔铧数百杖者，柔与子善明鬻之于市。有从柔买，索绢二十匹。有商人知其贱，与柔三十匹，善明欲取之。柔曰："与人交易，一言便定，岂可以利动心也！"遂与之。

又同书卷 44《薛野䐗传附子虎子传》云：

> 太和……四年，徐州民桓和等叛逆，屯于五固。诏虎子为南征都副将，与尉元等讨平之……除开府、徐州刺史。时州镇戍兵，资绢自随，不入公库，任其私用，常苦饥寒，虎子上表曰："……窃惟在镇之兵，不减数万，资粮之绢，人十二匹，即自随身，用度无准，未及代下，不免饥寒……若以兵绢市牛，分减戍卒，计其牛数，足得万头……"高祖纳之。

二是用于支付。

《魏书》卷 19 上《京兆王子推传附子太兴传》云：

> （太兴）请为沙门，表十余上，乃见许。时高祖南讨在军，诏皇太子于四月八日为之下发，施帛二千匹。

又同书卷 87《节义·石祖兴》云：

> （石祖兴）常山九门人也。太守田文彪、县令和真等丧亡，祖兴自出家绢二百余匹，营护丧事。州郡表列，高祖嘉之。

又同书卷 71《夏侯道迁传附子夬传》云：

> 夬性好酒，居丧不戚，醇醪肥鲜，不离于口。沽买饮啖，多所费用。父时田园，货卖略尽，人间债负数犹千余匹，谷食至常不足，弟妹不免饥寒。

三是用于赏赐与悬赏。

《晋书》卷 105《石勒载记下》云：

> （石）勒将营邺宫，廷尉续咸上书切谏。勒大怒曰："不斩此老臣，朕官不得成也！"敕御史收之。中书令徐光进曰："……其言可用之，不可用故当容之，奈何一旦以直言而斩列卿乎！"勒叹曰："……岂不识此言之忠乎？向戏之尔。人家有百匹资，尚欲市别宅，况有天下之富，万乘之尊乎！终当缮之耳。且敕停作，成吾直臣之气也。"因赐咸绢百匹，稻百斛。

又《魏书》卷 40《陆俟传附子馛传》云：

> 馛之还也，吏民大敛布帛以遗之，馛一皆不受。民亦不取，于是以物造佛寺焉，名广公寺。

又同书卷61《张说传》云：

> 初，说妻皇甫氏被掠，赐中官为婢……后说为刘骏（宋孝武帝）冀州长史，因货千余匹，购求皇甫。

四是用于计赃定罪。
《魏书》卷5《高宗纪》云：

> （和平）二年春正月乙酉，诏曰："刺史牧民，为万里之表。自顷每因发调，逼民假贷，大商富贾，要射时利，旬日之间，增赢十倍。上下通同，分以润屋。故编户之家，困于冻馁；豪富之门，日有兼积。为政之弊，莫过于此。其一切禁绝，犯者十匹以上皆死。布告天下，咸令知禁。"

又《隋书》卷25《刑法志》云：

> 河清三年，尚书令、赵郡王叡等，奏上《齐律》十二篇：……赎罪旧以金，皆代以中绢。死一百匹，流九十二匹，刑五岁七十八匹，四岁六十四匹，三岁五十匹，二岁三十六匹。各通鞭笞论，一岁无笞，则通鞭二十四匹。鞭杖每十，赎绢一匹。至鞭百，则绢十匹。无绢之乡，皆准绢收钱。

又《周书》卷6《武帝纪下》云：

> 初行《刑书要制》。持杖群强盗一匹以上，不持杖群强盗五匹以上，监临主掌自盗二十匹以上，小盗及诈伪请官物三十匹以上，正长隐五户及十丁以上、隐地三顷以上者，至死。

第十三章 农业经济的发展

魏晋南北朝时期，北方的农业经济，只在曹魏和西晋太康时期有所发展。此后经"八王之乱"和五胡十六国时期的破坏，农业生产长期处于停滞状态。北魏统一后，农业生产水平有所回升，但到北魏末年又走入低谷。北齐、北周虽然实行了均田制及其他措施，但由于种种原因，收效并不明显。南方则由于社会相对安定，加上北方人口大量南移，使这一地区的农业经济以前所未有的速度发展起来[1]。

第一节 水利建设的蓬勃发展

水利是社会生产力的一种要素，水利的开发，会产生巨大的经济效益。中国古代社会历来十分重视水利建设，魏晋南北朝亦不例外。这一时期，虽然政局动荡，战乱迭起，但各政权都关注水利事业，除加强维护和管理旧有水利设施外，还新建了大量的水利工程，对农业经济的发展起到了很大的推动作用。

一 三国西晋时期的水利建设

三国时代，对水利建设着力最多也最有成效的是曹魏政权。在曹魏时期，以淮南、合肥、寿春为核心的淮水流域；以邺都、许下、洛中为核心的黄河中下游地区；以长安、陈仓为核心的关中地区是其农田水利建设的三大基本区。三大基本区中，又以淮水流域最为突出。

关于淮水流域的水利举措，《晋书》卷26《食货志》云：

---

[1] 万绳楠、庄华峰：《中国长江流域开发史》，黄山书社1997年版，第98—149页。

又以沛国刘馥为扬州刺史，镇合肥，广屯田，修芍陂、茹陂、七门、吴塘诸堰，以溉稻田，公私有蓄，历代为利。贾逵之为豫州，南与吴接，修守战之具，堰汝水，造新又通运渠二百余里，所谓贾侯渠者也……正始四年，宣帝又督诸军伐吴将诸葛恪，焚其积聚，恪弃城遁走。帝因欲广田积谷，为兼并之计，乃使邓艾行陈、项以东，至寿春地。艾以为田良水少，不足以尽地利，宜开河渠，可以大积军粮，啨通运漕之道。乃著《济何论》以喻其指……遂北临淮水，自钟离而南横石以西，尽沘水四百余里，五里置一营，营六十人，且佃且守。兼修广淮阳、百尺二渠，上引河流，下通淮颍，大治诸于颍南、颍北，穿渠三百余里，溉田二万顷，淮南、淮北皆相连接。自寿春到京师，农官兵田，鸡犬之声，阡陌相属。每东南有事，大军出征，泛舟而下，达于江淮，资食有储，而无水害，艾所建也。

黄河中下游地区的水利兴修又有三个局部中心地带，一是邺城附近地区，二是鲍丘水地区，三是关中地区。

关于邺城附近的水利兴修，《三国志》卷1《武帝纪》云：

（建安）九年春正月，济河，遏淇水入白沟以通粮道。

又《水经注》卷10《浊漳水注》云：

其水又东北入于漳，昔魏文侯以西门豹为邺令也，引漳以溉……魏武侯又遏漳水，回流东注，号天井堰，作十二墱，墱相去三百步，令一源分为十二流，皆悬水门。陆氏《邺中记》云：水所溉之处，名曰晏陂泽……魏武又以郡国之旧，引漳流，自城西东入，径铜雀台下，伏流入城东注，谓之长明沟也。渠水又南径止车门下……沟水南北夹道，枝流引灌，所在通溉，东出石窦下，注之隍水。

一条漳水引出十二条灌溉干渠，每渠均有水门调控，漳水沿岸之水网密布，可见一斑。故左思在《魏都赋》中专门描绘了这一景象：

墱流十二，同源异口。蓄为屯云，泄为行雨。

曹操不仅重视农田水利的兴修，对漕运也十分关注。

《三国志》卷1《武帝纪》云：

> 三郡乌丸承天下乱，破幽州，略有汉民合十余万户……辽西单于踏顿尤强，为（袁）绍所厚，故尚兄弟归之，数入塞为害。公将征之，凿渠，自呼入泒水，名平虏渠；又从泃河口凿入潞河，名泉州渠，以通海。

又《水经注》卷10《浊漳水注》云：

> （建安十八年）引漳水入清以通漕运。

关于鲍丘水水利工程的兴修，《水经注》卷14《鲍丘水注》云：

> （鲍丘水）又东北径刘靖碑北，其词云：魏使持节都督河北道诸军事、征北将军、建成乡侯沛国刘靖，字文恭，登梁山以观源流，相以度形势，乃使帐下督丁鸿军士千人，以嘉平二年，立遏于水，导高梁河，造戾陵遏，开车箱渠，其遏表云：高梁河水者，出自并州黄河之别源，时长岸峻固，直截中流，积石笼以为主，遏高一丈，东西长三十丈，南北广七十余步，依北岸立水门，门广四丈立水遏长十丈，山水暴戾，则乘遏东下，平流守常，则自门北入，灌田岁二千顷，凡所封地百余万亩。至景元三年辛酉，诏书以民食转广，陆费不赡，遣谒者樊晨，更制水门，限田千顷，刻地四千三百一十六顷，出给郡县，改定田五千九百三十顷，水流乘车箱渠，自蓟西北径昌平，东径渔阳潞县，凡所润合四五百里，所溉田万有余顷。

除了邺城地区和鲍丘水水利工程外，在黄河中下游地区，还兴修了为数不少的水利工程。

《三国志》卷16《郑浑传》云：

> 太祖征汉中，以（郑）浑为京兆尹……文帝即位，为侍御

史……迁阳平、沛郡二太守。郡界下湿，患水涝，百姓饥之。浑于萧、相二县界，兴陂遏，开稻田……民赖其利，刻石颂之，号曰郑陂。

又《三国志》卷9《夏侯惇传》云：

太祖自徐州还，惇从征吕布……时大旱，蝗虫起，惇乃断太寿水作陂，身自负土，率将士劝种稻，民赖其利。

又《水经注》卷9《沁水注》云：

沁水南迳石门也，谓之沁口。《魏土地记》曰：河内郡野王县西七十里有沁水，左迳沁水城西，附城东南流也，石门是晋安平献王司马孚之为魏野王典农中郎将之所造也。按其表云：臣孚言：臣被明诏，兴河内水利，臣既到检行，沁水源出铜堤山，屈曲周迴，水道九百里自太行以西，王屋以东高峻，天时霖雨，众谷走水，小口漂迸，木门朽败，稻田泛滥，岁功不成。臣辄按行去堰五里以外，方右可得数万余枚，臣以为方石为门，若天亢旱，增堰进水，若天霖雨，陂湿充溢，则闭石断水，空渠衍涝，足以成河。云雨由人，经国之谋，暂劳永逸，圣王所许，愿陛下特出臣表，敕大司农府给人工，勿使稽延以赞时要。臣孚言：诏书听许，于是夹岸累石，结以为门，用伐木门枋，故石门旧有枋口之积也。溉田顷亩之数，门二岁月之功，事见门侧石铭矣。

关于关中地区的水利，《晋书》卷26《食货志》云：

青龙元年，开成国渠自成仓至槐里，筑临晋陂，引、洛既泻卤之地三千余顷，国以充实也。

又《水经注》卷19《渭水注》云：

渠，魏尚书左仆射卫臻征蜀所开也，号成国渠，引以浇故田，其渎上承水于成仓东,东经郿及武功槐里县北。

曹魏除在上述三大地区大兴水利,以垦田积谷外,在边区屯戍之地亦广开水利。

《三国志》卷15《刘馥传附子靖传》云:

馥子靖,黄初中从黄门侍郎迁庐江太守……后迁镇北将军,假节都督河北诸军事。

靖以为"经常之大法,莫善于守防,使民夷有别"。遂开拓边守,屯据险要。又修广戾陵渠大竭,水灌溉蓟南北;三更种稻,边民利之。

又同书卷27《徐邈传》云:

明帝以凉州绝远,南接蜀寇,以邈为凉州刺史,使持节领护羌校尉……河右雨,常苦乏谷,邈上修武威、酒泉盐池以收虏谷,又广开水田,募贫民佃之,家家丰足,仓库盈溢。

又同书卷28《毋丘俭传》云:

正始中,以高句丽数侵叛,督诸军步骑万人出玄菟,从诸道讨之……俭过沃沮千有余里,至肃慎氏南界,刻石纪功……穿山灌溉,民赖其利。

三国时代的东吴,对兴修水利也较为重视。但在农田水利方面,大多是一些小型水利工程,而且大部分集中在屯田区。

《三国志》卷27《王基传》云:

江陵有沮、漳二水,灌溉膏腴之田以千数。安陆左右,陂池沃衍。

又《水经注》卷35《江水注》云:

江水左，则巴水注之。水出雩娄县之下灵山，即大别山也。与决水同出一山，故世谓之分水山，亦或曰巴山，南历蛮中，吴时，旧立屯于水侧，引巴水以溉野，又南径巴水戍，南流注于江，谓之巴口……又西北径下雉县，王莽更名之润凶矣。后并新阳水之左右，公私裂溉，咸沃壤，旧吴屯所在也。

东吴一些比较大的水利工程大多具有军事色彩。
《三国志》卷47《吴主孙权传》云：

赤乌……三年……夏四月，大赦，（孙权）诏诸郡县治城郭，起谯楼，穿堑发渠，以备盗贼……八年……八月，大赦。遣校尉陈勋将屯田及作士三万人凿句容中道，自小其至云阳西城，通会市，作邸阁……十三年……十一月，立子亮为太子。遣军十万，作堂邑涂塘以淹北道。

蜀汉地区由于自李冰以来，水利灌溉已成体系，此时仍可发挥作用，故诸葛亮治蜀，在农田水利方面，重在保护和利用，而较少兴作。
《水经注》卷33《江水注》曾记诸葛亮对都江堰的保护和利用：

江水又历都安县。县有桃开……李冰作大堰于此，堰于江作塴，塴有左右口，谓之前塴。江入江，捡江以行舟，《益州记》曰：江至都安，堰其右，捡其左，其正流遂东。江之右也，因山颓水，坐致竹木，以溉诸郡，又羊摩江灌江西，于玉女房下作三石人于白沙锤，锤在堰官上立水中，刻要江神，水竭不至足，盛不没要，是以蜀人旱则藉以为溉，雨则不恶其流。故记曰：水旱从人，不知饥馑，沃野千里，世号陆海，谓之天府也。俗谓之都安之堰，亦曰前堰，又谓金堤。左思《蜀都赋》云：西逾金堤者也。诸葛亮北征，以此堰农大国之所资，以征丁千二百人主护之，有堰官。

三国时期，水利设施大多是以蓄水抗旱为主要功能的陂塘，或是以陂塘为核心引申出浇灌水渠，以泄洪排涝为目的的水利设施则不多见。以

《水经注》卷 22《颍水注》为例，仅该部分中所载的陂塘即有三十多处：

颍水东南流，迳阳关聚，聚夹水相对，俗谓之东西二土城也……杜预曰：河南阳翟县南有钧台，其水又东南流，水积为陂，陂方十里，俗谓之台陂，盖陂指钧台取名也……又东南过颍阳县西，又东南过颍阴先西南。应劭曰：县在颍水之阳……颍水又东南迳柏祠，曲东历罡台北陂，陂水南流，积为江陂，南迳慎城西，侧城南流，入于颍……颍水东南流，左合上吴百尺二水，俱成次塘细陂，南流注于颍。颍水又东南，江陂水注之，水受大崇丘城南，故汾丘城也……颍水又东南流，迳青陵亭城北，北对青陵陂。陂纵广二十里，颍水迳其北，枝入为陂，陂西则郭水注之，水出襄城县之邑城下，东流注于陂，陂水又东入临颍县之狼陂。颍水又东南流，而历临颍县也……颍水又东，右合谷水，水上承平乡诸陂，东北迳南顿县故城南，侧城东注……颍水又东南于故城北，细水注之。水上承阳都陵陂水枝分，东南出为细水，东迳新阳县故城北，又东南迳宋公县故城北……汉建安中，封司空祭酒郭奉孝为侯国。其水又东南，为鸭子陂，陂广一十五里余，陂南入甲庚沟，西注洧东北泄沙。洧水又南迳一故城西，世谓之思乡城。西去洧十五里，洧水又右合濩陂水，上承洧水新汲县，南迳新汲故城东，又南，积而为陂，陂之西北，即长舍城，陂水东翼洧堤，西面茅邑，自城北门，列筑堤道，迄于此冈，世尚谓之茅冈，即经所谓茅邑地也。陂水北出，东入洧津，西纳北异流。又东过习阳城西，折入于颍……异水出其阿，而流为陂，俗谓之玉女池。异水又南，分二水，一水南出径胡城东……其水南结为陂，谓之胡城陂，异水自枝渠东径曲强东，皇陂水注之，水出西北皇台七女冈北皇陂，即古长社县之浊泽也……其陂水北对鸡鸣城，即是社县之浊城。陂水又南流，迳胡泉城北，故颍阴县之狐宗乡也。又东合狐城陂水，水上承陂水而东南流，注于黄水，谓之合作口，而东迳曲强城北，东流入渭水，时人谓之㴑水，非也。㴑易音相类，故字从声变耳。渭水又东迳武亭间，两城相对，疑是古之岑门，史迁所谓走犀首于岑门者也。徐广曰：颍阴有岑亭，未知是否。渭水又南迳射犬城东即郑公孙射犬城也，盖俗谬耳。洧水又南迳颍阴县故城西，魏明帝封司空陈群为侯国。其水城西又东迳许昌城南，又东南与宣梁陂水合，陂上承狼陂于颍阴城西南，陂南北二十里，东西十里……陂水又东南入渭水，渭水又西南流，迳陶城西，又东南迳陶陂东。龙渊水又东南，径凡阳亭西，而南入北雁陂，陂在长社东北，东西七里，南北十里，在林乡之西南……白雁陂又引渎南流，谓之长明沟，东转北屈，又东径向城北……又东，右迤为染二陂（染二陂，疑作染工陂，宋本作染泽），而东注于蔡泽陂。

西晋统一，虽历时不久，但对农业十分重视。这主要表现在两个方面，一是按时举行历代相沿的躬耕典礼，由皇帝亲耕藉田，以为表率；二是频繁颁发劝农诏书，以为督课。

《晋书》卷26《食货志》云：

及晋受命，武帝欲平一江表……是时江南未平，朝廷厉精于稼穑。（泰始）四年正月丁亥，帝亲耕藉田。庚寅，诏曰："使四海之内，弃末反本，竞农务功，能奉宣朕志，令百姓劝事乐业者，其唯郡县长吏乎！先之劳之，在于不倦。每念其经营职事，亦为勤矣。其以中左典牧种草马，赐县令长相及郡国丞各一匹。"

又同书卷3《武帝纪》云：

（泰始四年春正月）丁亥，帝耕于藉田。戊子，诏曰"……方今阳春养物，东作始兴，朕亲率王公卿士耕藉田千亩。"

又同书卷19《礼志》云：

《礼》孟春之月，"乃择元辰，天子亲载耒耜，措之于参保介于御间，帅三公九卿诸侯大夫躬耕帝藉。"……及武帝泰始四年，有司奏始，耕祠先农，可令有司行事。诏曰："夫国之大事，在祀与农。是以古之圣王，躬耕帝藉，以供郊庙之粢盛，且以训化天下。近世以来，耕藉止于数步之中，空有慕古之名，曾无供祀训农之实，而有百官车徒之费。今修千亩之制，当与群公卿士躬稼穑之艰难，以率先天下……"于是乘舆御木辂以耕，以太牢祀先农。

西晋政府为了切实"课督农功",遂以各地方的农业是否发达为考核地方官成绩的标准,并明确制定出赏罚之制。

《晋书》卷26《食货志》云:

(泰始五年)十月,诏以"司隶校尉石鉴所上汲郡太守王宏勤恤百姓,遵化有方,督劝开荒五千余顷,遇年普饥而郡界独无匮乏"可谓能以劝教,时同功异者矣。其赐谷千斛,布告天下。

又同书卷90《良吏·王宏传》曰:

泰始初,(宏)为汲郡太守,抚百姓如家,耕桑树艺,屋宇阡陌,莫不躬自教示,曲尽事宜,在郡有殊绩。司隶校尉石鉴上其政术,武帝下诏称之曰:"朕惟人食之急,而俱天时水旱之运,夙夜警戒,念在于农。虽诏书屡而下,敕厉殷勤,犹恐百姓废惰以损生殖之功。而刺史二千石、百里长吏未能尽勤,至使地有遗利而人有余力。每思闻监司纠举能不,将行其赏罚,以明沮劝。今司隶校尉石鉴上汲郡太守王宏勤恤百姓,导化有方,督劝开荒五千余顷,而熟田常课顷亩不减。比年普饥,人食不足,而宏郡界独无匮乏,可谓能矣。其赐宏谷千斛,布告天下,咸使闻知。"

又同书卷38《宣武王齐王攸传》云:

(泰始中)诏以比年饥馑,议所节省。攸奏议曰:"臣闻先王之教,莫不先正其本。务农重本,国之大纲。当今方隅清穆,武夫释甲,广分休假,以就农业。然守相不能勤心恤公,以尽地利。昔汉宣叹曰:'与朕理天下者,惟良二千石乎!'勤加赏罚,黜陟幽明,于时翕然,用多名守。计今地有余羡,而不农者众,加附业之人复有虚假,通天下谋之,则饥者必不少矣。今宜严敕州郡,检诸虚诈害农之事,督实南亩,上下同奉所务。则天下之谷可复古政,岂患于暂一水旱,便忧饥馁哉!考绩黜陟,毕使严明,畏威怀惠,莫不自厉……宜申明旧法……不夺农时,毕力稼穑,以实仓廪。则荣辱礼节,由之而生，兴化反本，于兹为盛。"

为了认真推行重农政策，单凭一般的号召、鼓励远远不够，尚须有确实可靠的物质保证，兴修水利便是贯彻这一政策的物质保证。西晋时期，开凿或修复的灌溉渠道，遍及全国各地，其中较为重要的有以下几项。

《晋书》卷34《杜预传》云：

（杜预）又修邵信臣遗迹，激用诸水以浸原田万余顷，分疆刊石，使有定分，公私同利。众庶赖之，号曰"杜父"。

又《水经注》卷14《鲍丘水注》云：

鲍丘水入潞，通得鲍丘之称矣。高梁水注之，首受湿水于戾陵堰，水北有梁山……水自堰枝分，东经梁山南，又东北经刘靖碑北，其词云：魏使持节都督河北道诸军事征北将军建成乡侯沛国刘靖、宇文恭，登梁山以观源流，相以度形势，嘉武安之通渠，羡秦民之殷富，乃使帐下督丁鸿军士千人，以嘉平二年立遏于水，导高梁河，造戾陵遏，开车箱渠……长岸峻固，直截中流，积石笼以为主，遏高一丈，东西长三十丈，南北广七十余步，依北岸立水门，门广四丈立水遏长十丈，山水暴戾，则乘遏东下，平流守常，则自门北入，灌田岁二千顷，凡所封地百余万亩。至景元三年辛酉，诏书以民食转广，陆废不赡，遣谒者樊晨更制水门，限田千顷，刻地四千三百一十六顷，出给郡县，改定田五千九百三十顷。水流乘车箱渠，自蓟西北径昌平东，尽渔阳潞县，凡所润合四五百里，所灌田万有余顷。高下孔齐，原底平，疏之斯溉，决之斯散，导渠口以为涛门，洒池以为甘泽，施加于当时，敷被于后世。晋元康四年，君少子骁骑将军平乡侯弘，受命使持节监幽州诸军事，领护乌丸校尉、宁朔将军遏立积三十六载，至五年夏六月，洪水暴出，毁损四分之三，剩北岸七十余丈，上渠车箱，所在漫溢。追惟前立遏之勋，亲临山川，指授规略，命司马关内侯逄，内外将士二千人，起长岸立石渠，修立遏，治水门，门广四丈，立水五尺，兴复载利，通塞之宜，准遵旧制，凡用功四万有余焉。诸部王侯不召而自至，襁负而事者，盖数千人……于是二府文武之士，感秦国思郑渠之绩，魏人置豹祀之义，乃遐慕仁政，追述成功，元康五年十月十一日刊石立表，以纪勋烈，并记遏制度，永为后式焉，事见其碑辞。

又《晋书》卷76《张闿传》云：

张闿字敬绪，丹阳人……太常薛兼进之于元帝……即引为安东参军，甚加礼遇……帝践祚，出补晋陵内史，在郡甚有威惠。帝下诏曰：夫二千石之任，当勉励其德，齐所位，使宽而不纵，而不苛，其余勤功督察，便国利人，抑强扶弱，使无滥，真太守之任也。若言过其实，古人所不取，功乎异端，为政之甚害，盖所贵者本也。闿遵而行之。时所部四县并以旱失田，闿乃立曲阿新丰塘，溉田八百余顷，每岁丰稔。葛洪为其颂。计用二十一万一千四百二十功，以擅兴造免官。后公卿并为之言曰：张闿兴陂溉田，可谓益国，而反被黜，使臣下难复为善。帝感悟，乃下诏曰：丹阳侯闿昔以劳役部人免官，虽从吏议，犹未掩其忠节之志也。仓廪国之大本，宜得其才。今以闿为大司农。

西晋时还兴修有许多水碓，它是用水力发动的一种农产品加工器械。《晋书》卷43《王戎传》云：

（王戎）性好兴利，广收八方园田水碓，周遍下。

又同书卷33《石苞传附子崇传》云：

有司簿阅石崇水碓三十余区，苍头八百余人，他珍宝货贿田宅称是。

又《太平御览》卷762《资产部·碓》引王隐《晋书》云：

刘颂为河内太守。有公王水碓三十余区，所在遏塞，辄为侵害，颂表上封，诸民获便宜……

《晋诸公赞》曰：征南杜预作连机碓。

王浑《表》曰：洛阳百里内旧不得作水碓，臣表上，先帝听臣立碓，并换得官地。

除水碓外，当时还有一种用于排灌的水排。

王祯《农书·农器图谱》卷14《利用门》云：

水排……韦囊吹火也。后汉杜诗为南阳太守，造作水排，铸为农器，用力少而见功多，百姓便之。注云：冶铸者为排吹炭，令激水以鼓之也。《魏志》曰：朝暨字公至，为乐陵太守，徙监冶谒者。旧时冶作马排，每一熟石用马百匹，更作水排，又费工力。暨乃因长流水为排，计其利益，三倍于前，由是器用充实……以今稽之……其制当选湍流之侧，架木立轴，作二卧轮，用水激转下轮，则上轮所周弦索通缴轮前旋鼓，掉枝，一例随转。其掉枝。所贯行因而推挽卧轴左右攀耳，以及排前直木，则排随来去，搧冶甚速，过于人力。

二　东晋南朝的水利建设

东晋南朝时期，随着北方人口的大量南下与南方经济的开发，农田水利建设事业也出现了前所未有的兴旺局面。

关于东晋时代的水利兴修，《晋书》卷78《孔愉传》有云：

（成帝朝，孔愉）出为镇军将军、会稽内史，加散骑常侍。句章县有汉时旧陂，毁废数百年。愉自巡行，修复故堰，溉田二百余顷，皆成良业。

又《宋书方舆胜览》卷27江陵府漕河条云：

漕河在江陵县北四里……乃晋元帝建武初所凿，自罗堰口出大漕河，由里社穴沌口、沔水口，直通襄、汉二江。

又《宋书》卷48《毛修之传》云：

（晋安帝义熙中）高祖将伐羌，先遣修之复芍陂，起田数千顷。

南朝各代的史籍中，有关兴修水利的记载甚多，而尤以刘宋朝为盛。先叙元嘉时期。

《宋书》卷51《宗室·长沙景王道怜传附子义欣传》云：

芍陂良田万余顷，堤堨久坏，秋夏常苦旱。义欣遣谘议参军殷肃循行修理。有旧沟引渒水入陂，不治积久，树木榛塞。肃伐木开榛，水流通注，旱患由是得除。

又同书卷81《刘秀之传》云：

元嘉十六年……世祖镇襄阳，以（刘秀之）为抚军录事参军、襄阳令。襄阳有六门堰，良田数千顷，堰久决坏，公私废业。世祖遣秀之修复，雍部由是大丰。

又同书卷100《自序》云：

元嘉二十二年，世祖出为抚军将军、雍州刺史……以亮为南阳太守，加扬武将军……郡界有古时石堨，芜废岁久，亮签世祖修治之……又修治马人陂，民获其利。

元嘉之后，刘宋的农田水利工程仍有兴建。

《宋书》卷54《孔季恭传附弟灵符传》云：

世祖大明初，（灵符）自侍中为辅国将军、郢州刺史。入为丹阳尹。山阴县土境褊狭，民多田少，灵符表徙无赀之家于余姚、三县界，垦起湖田。上使公卿博议……上违议，从其徙民，并成良业。

又《南齐书》卷29《周山图传》云：

至是军主毛寄生与张凤战于豫章江，大败。明帝复遣山图讨之……除宁朔将军、涟口戍主。山图遏涟水筑西城,断虏骑路,并以溉田。

南齐国祚短促,君多昏暴,吏多贪残,政务废弛,因而刘宋时掀起的农田水利高潮,至齐而衰歇不振,仅在齐初有少量水利工程兴修。

《南齐书》卷53《良政·刘怀慰传》云:

> 齐国建,上欲置齐郡于京邑,议者以江右土沃,流民所归,乃治瓜步,以怀慰为辅国将军、齐郡太守。上谓怀慰曰:"齐邦是王业所基,吾方以为显任。经理之事,一以委卿……"怀慰至郡,修治城郭,安集居民,垦废田二百顷,决沈湖灌溉。

又同书卷40《武十七王·竟陵文宣王子良传》云:

> (建元三年)上表曰:"京尹虽居都邑,而境壤兼跨,广袤周轮,几将千里。萦原抱,其处甚多,旧遏古塘,非唯一所。而民贫业废,地利久芜。近启遣五官殷尔、典签刘僧瑗到诸县循履,得丹阳、溧阳、永世等四县解,并村耆辞列,堪垦之田,合计荒熟有八千五百五十四顷,修治塘遏,可用十一万八千余夫,一春就功,便可成立。"上纳之。会迁官,事寝。

继起的梁代,其内部虽然也是矛盾重重,兵祸不断,但对农田水利建设事业十分重视,修建了许多水利工程。

《梁书》卷2《武帝纪》云:

> (天监十三年)是岁作浮山堰。

又同书卷18《昌义之传》云:

> (天监)十三年,(昌义之)徙为左卫将军。是冬,高祖遣太子右卫率康绚督众军作荆山堰。

又同书卷28《裴邃传》云：

> （普通四年）是冬，始修芍陂。

陈朝于水利建设毫无建树，不赘。

由于东晋南朝各代政府对水利事业都较为重视，加上江南广大地区具有水系较多、水网发达、水量充沛的特点，因而逐渐形成了水利建设的陂塘化倾向。关于江南地区陂塘的兴建，除前揭者外，尚能寻到不少踪迹。《元和郡县图志》卷25润州丹阳县条云：

> （东）晋时，陈敏据有江东，务修耕绩，令弟谐遏马林溪以溉云阳，亦谓之练塘，溉田数百顷。

又《梁书》卷28《夏侯亶附弟夔传》云：

> （中大通）六年，（夏侯夔）转使持节……豫州刺史……夔乃帅军人于苍陵立堰，溉田千余顷，岁收谷百余万石，以充储备，兼赡贫人，境内赖之。

又同书卷53《良吏·沈瑀传》云：

> 湖熟县方山埭高峻，冬月，公私行侣而以为艰难，明帝使瑀行治之。瑀乃开四洪，断行客就作，三日主办……明帝复使瑀筑赤山塘，所费减材官所星数十万，帝益善之。

值得一提的是，当时南方陂塘的建造比较科学，这里以镜湖为例。《元和郡县图志》卷26越州会稽县条云：

> 镜湖……在会稽、山阴两县界筑塘蓄水，水高丈余，田又高海丈余，若水少则泄湖灌田，如水多则闭湖泄田中水入海，所以无凶年。

当时的许多水利设施，如堰堨陂塘，一般都有专人管理，有一套管理机构、人员和措施。

《水经注》卷33《江水注》云：

> 都安之堰，亦曰前堰，又谓金堤……诸葛亮北征，以此堰农本，国之所资，以征丁二百人主护之，有堰官。

又《晋书》卷10《安帝纪》云：

> （隆安）二年……九月……己酉……辅国将军刘牢之次新亭，使子敬宣击败恭，恭奔曲阿长塘湖，湖尉收送京师，斩之。

三　十六国和北朝的水利建设

在十六国的历史文献中，很少有关于兴修水利的记载，只有在汉化程度较高的前秦境内，尤其是在苻坚的统治期间，有过大规模的水利工程修建。

《晋书》卷113《苻坚载记上》云：

> （前秦建元十年）坚以关中水旱不时，议依郑白故事，发其王侯以下及豪望富室僮隶三万人，开泾水上源，凿山起堤，通渠引渎，以溉冈卤之田。及春而成，百姓赖其利。

又同书卷114《苻坚载记下》云：

> 坚率步骑二万讨姚苌于北地……仍断其运水之路……苌军渴甚，遣其弟镇北尹买率劲卒二万决堰。窦冲率众败其军于鹳雀渠，斩尹买及首级万三千。

由于气候与地理的原因，北朝的水利建设也多以引水灌溉为主。

北魏初期，刁雍在河套一带主持兴造的引水灌溉系统为北朝水利之最。对这一工程，《魏书》卷38《刁雍传》所记至为详尽：

> （太平真君）三年，刘义隆将裴方明寇陷仇池，诏雍与建兴公古

弼等十余将讨平之。五年，以本将军为薄骨律镇将。至镇，表曰：

> 臣蒙宠出镇，奉辞西藩，总统诸军，户口殷广。又总勒戎马，以防不虞，督课诸屯，以为储积。夙夜惟忧，不遑宁处。以今年四月末到镇，时以夏中，不及东作。念彼农夫，虽复布野，官渠乏水，不得广殖。乘前以来，功不充课，兵人口累，率皆饥俭。略加检行，知此土稼穑艰难。
>
> 夫欲育民丰国，事须大田。此土乏雨，正以引河为用。观旧渠堰，乃是上古所制，非近代也。富平西南三十里，有艾山，南北二十六里，东西四十五里，凿以通河，似禹旧迹。其两岸作溉田大渠，广十余步，山南引水入此渠中。计昔为之，高于水不过一丈。河水激急，沙土漂流，今日此渠高于河水二丈三尺。又河水浸射，往往崩颓。渠溉高悬，水不得上。虽复诸处按旧引水，水亦难求。今艾山北，河中有洲渚，水分为二。西河小狭，水广百四十步。臣今求入来年正月，于河西高渠之北八里，分河之下五里，平地凿渠，广十五步，深五尺，筑其两岸，令高一丈。北行四十里，还入古高渠，即循高渠而北，复八十里，合百二十里，大有良田。计用四千人，四十日功，渠得成讫。所欲凿新渠口，河下五尺，水不得入。今求从小河东南岸斜断到西北岸，计长二百七十步，广十步，高二丈，绝断小河。二十日功，计得成毕，合计用功六十日。小河之水，尽入新渠，水则充足，溉官私田四万余顷。一旬之间，则水一遍，水凡四溉，谷得成实。官课常充，民亦丰赡。

这是一个十分宏大而可行的水利系统工程，北魏太宗对此十分欣赏，委派刁雍全权处置。

《魏书》卷38《刁雍传》云：

> 诏曰："卿忧国爱民，知欲更引河水，劝课大田。宜便兴立，以克就为功，何必限其日数也。有可以便国利民者，动静以闻。"

北魏中期以后，各地荒田的开垦和水利工程的兴建日益增多，兹略举几例。

《魏书》卷7下《高祖纪下》云：

（太和十二年）五月丁酉，诏六镇、云中、河西及关内六郡，各修水田，通渠灌溉……十三年……八月……戊子，诏诸州镇有水田之处，各通溉灌，遣匠者所在指授。

又同书卷69《裴延俊传》云：

肃宗初，迁散骑常侍，监起居注……转平北将军、幽州刺史。范阳郡有旧督亢渠，径五十里；渔阳燕郡有故戾陵诸堰，广袤三十里。皆废毁多时，莫能修复。时水旱不调，民多饥馁，延俊谓疏通旧迹，势必可成，乃表求营造。遂躬自履行，相度水形，随力分督，未几而就。溉田百万余亩，为利十倍，百姓至今赖之。

北魏分裂后，继起的北周和北齐对水利建设也较为重视，新建和修整了不少水利工程。

《魏书》卷106上《地形志上》云：

天平中，决漳水为万金渠，今世号天平渠。

又《北齐书》卷22《李元忠传附愍传》云：

太昌初，（愍）除太府卿。后出为南荆州刺史、当州大都督……愍于州内开立陂渠，溉田千余顷，公私赖之。

又《周书》卷20《贺兰祥传》云：

（大统中）太祖以泾、渭灌溉之处，渠堰废毁，乃命祥修造富平堰，开渠引水，东注于洛。功用既毕，民获其利。

第二节　农作物种类的增加

魏晋南北朝的农作物，主要有粮食作物、油料作物、纤维作物和经济作物等。

一　粮食作物

当时的粮食作物以稻、麦、粟、梁、黍、豆等为主。稻分为水稻、旱稻，在南北方都有大面积的种植。

《三国志》卷15《刘馥传附子靖传》云：

> （靖）又修广戾陵渠大堨，水溉灌蓟南北；三更种稻，边民利之。

又《文选》卷6引左思《魏都赋》云：

> 西门溉其前，史起灌其后……水澍粳稌，陆莳稷黍。黝黝桑柘，油油麻纻……淇洹之笋，信都之枣。雍丘之梁，清流之稻。

又《太平寰宇记》卷102《江南东道·泉州土产》云：

> （泉州）再熟稻，春夏收讫其株，又苗生至秋薄熟，即《吴都赋》云再熟稻。

两汉以前南方粮食作物种植单一，基本上只种植水稻。魏晋南北朝时期，麦等作为粮食作物被引入南方，并被大面积地播种。

《三国志》卷64《诸葛恪传》注引《诸葛恪别传》云：

> 权尝飨蜀使费祎，先逆敕群臣："使至，伏食勿起。"祎至，权为辍食，而群下不起。祎啁之曰："凤凰来翔，麒麟吐哺，驴骡无知，伏食如故。"恪答曰："爰植梧桐，以待凤凰，有何燕雀，自称来翔？何不弹射，使还故乡！祎停食饼，索笔作麦赋，恪亦请笔作磨赋，咸称善焉。"

又《晋书》卷26《食货志》载：

(东晋元帝)太兴元年,诏曰:"徐、扬二州土宜三麦,可督令熯地,投秋下种,至夏而熟,继新故之交,于以周济,所盖甚大。"

又《宋书》卷67《谢灵运传》载《山居赋》云:

阡陌纵横,塍埒交经……送夏早秀,迎秋晚成。兼有陵陆,麻麦粟菽。候时觇节,递艺递熟。供粒食与浆饮,谢工商与衡牧。

二 油料作物

油料作物主要是大豆、胡麻等。大豆有黄豆、青豆、黑豆等品种,南北方均有栽培,尤以北方各地为最多。胡麻即芝麻,西汉时由西域传入,北朝时已推广到黄河流域各地,其品种有白胡麻、八棱胡麻等。

《齐民要术》卷2《胡麻》云:

今世有白胡麻、八棱胡麻。白者油多,人可以为饭,惟治脱之烦也。

三 纤维作物

纤维作物主要是麻。种植地区甚广,南北方都种,以北方居多,尤其是不适宜种桑养蚕的地区,如上党(今山西长治)种麻便十分普遍。

《晋书》卷105《石勒载记下》谓:

初,(石)勒与李阳邻居,岁常争麻池,迭相殴击。

四 经济作物

魏晋南北朝的经济作物主要有果木、草药、染料和蔬菜等。

这一时期无论是南方还是北方,果木的种类都很多,北方主要有枣、桃、樱桃、安石榴、葡萄、梨、梅、杏、栗、柰、榛、木瓜、林檎、柿等;南方主要有枇杷、荔枝、甘橘、槟榔、橄榄、椰子、榴、龙眼、甘蔗等。

由于果木管理简便,收效快,所以当时经营或种植果木以获利的现象十分普遍。

《三国志》卷48《三嗣主传》注引《襄阳记》云：

李衡字叔平，本襄阳平家子也，汉末入吴为武昌庶民……衡每欲治家，妻辄不听，后密遣客十人于武陵龙阳氾洲上作宅，种甘橘千株。临死，敕儿曰："汝母恶我治家，故穷如是。然吾州里有千头木奴，不责汝衣食，岁上一匹绢，亦可足用耳。"衡亡后二十余日，儿以白母，母曰："此当是种甘橘也，汝家失十户客来七八年，必汝父遣为宅。汝父恒称太史公言：'江陵千户橘，当封君家。'"吾答曰："且人患无德义，不患不富，若贵而能贫，方好耳，用此何为！"吴末，衡甘橘成，岁得绢数千匹，家道殷足。

又《晋书》卷43《王戎传》云：

（王戎）性好兴利，广收八方园田水碓，周遍天下……家有好李，常出货之，恐人得种，恒钻其核。

又《水经注》卷3《河水注》云：

河水又北薄骨律镇城。城在和渚上，赫连（勃勃）果城也。桑果余林，仍列洲上。

不但民间种植或经营果木的积极性颇高，政府也对其大加提倡。《三国志》卷16《郑浑传》载：

（郑浑）转为山阳、魏郡太守……又以郡下百姓，苦乏材木，乃课树榆为篱，并益树五果；榆皆成藩，五果丰实。入魏郡界，村落整齐如一，民得财足用饶。

又《梁书》卷53《良吏·沈瑀传》载：

永泰元年，（沈瑀）为建德令，教民一丁种十五株桑、四株柿及梨栗，女丁半之，人咸欢悦，顷之成林。

又《周书》卷23《苏绰传》载：

> 大统三年，（苏绰）又为六条诏书，奏施行之……尽地利，曰：……三农之隙，及阴雨之暇，又当教民种桑、植果，艺其菜蔬，修其园圃，畜育鸡豚，以备生生之资。

草料和染料，也由于效益比较高而广为种植。
《宋书》卷67《谢灵运传》载：

> 此境出药甚多，雷公、桐君，古之采药。医缓，古之良工，故曰别悉。参核者，变核桃杏人也。六根者，苟七根、五茄根、葛根、野葛根、□□根也。五华者，董华、芫华、樲华、菊华、旋覆华也。九宝者，连前宝、槐宝、柘宝、兔丝宝、女贞宝、蛇床宝、蔓荆宝、蓼宝、□□也。二冬者，天门、麦门冬。三建者，附子、天雄、乌头。水香，兰草。林兰，支子。卷柘、伏苓，并皆仙物。凡此类药，事悉见于神农。

又《陈书》卷27《江总传》载：

> 果丛药苑，桃溪橘林，梢云拂日，结暗生阴。

又《北齐书》卷22《李元忠传》载：

> （李元忠）家事大小，了不关心，园庭之内，罗种果药。

《齐民要术》记载了不少此类植物的栽培和获利情况。如卷3《蔓菁》云：

> 一顷收二百载，二十载得一婢。一顷收子二百石，输于压油家，三量成米，此为粟米六百石，亦胜谷田十顷。

又卷5《种蓝》云：

> 种蓝（一种染料）十亩，敌谷田一顷，能自染者，其利又倍矣。

又同卷《种红蓝花、栀子》云：

> 负郭良田，种一顷者，岁收绢三百匹。一顷收子二百斛，与麻子同价。既任车脂，亦堪为烛，即是直头成米（二百石米，已当谷田；三百匹绢，超然在外）。一顷花，日须百人摘，以一家手力，十不充一。但驾车地头，每旦当有小儿童女十百余群，自来分摘，正须平量，中半分取。

这一时期的蔬菜也很丰富，其中北方有瓜、越瓜、胡瓜、冬瓜、茄子、瓠、芋、葵、蔓菁、芜菁、菘、蒜、葱、韭、蜀芥、胡荽、姜、芹、苜蓿、白豆、小豆、莴苣等数十个品种，南方有蓼、蕺、荠、葑、菲、苏、姜、葵、薤、藿等种类。

蔬菜的种植首先是为了自给。

《颜氏家训》卷1《治家》谓：

> 生民之本，要当稼穑而食，桑麻以衣。蔬菜之蓄，园场之所产；鸡豚之善，埘圈之所生。爰及栋宇器械，樵苏脂烛，莫非种植之物也。至能守其业者，闭门而为生之具足矣。

又《晋书》卷43《王戎传附郭舒传》云：

> 高官督护缪坦尝请武昌城西地为营，太守乐凯言于（王）敦曰："百姓久买此地，种菜自赡，不宜夺之。"

不过，由于蔬菜生长快，产量高，不易保存，自给有余，农民便把一部分作为商品出卖，这是农作物商品化的一个重要项目。

《晋书》卷56《江统传》载：

江统……乃作《徙戎论》。其辞曰："……今西园卖葵菜、蓝子、鸡、面之属，亏损国体，贬损令问。"

《齐民要术》记载了不少蔬菜获利的情况。如卷 3《种葵》谓：

三月初，（葵）叶大如钱，逐概处拔大者卖之。一升葵，还得一升米……一亩得葵三载，合收米九十车……至八月社日止，留作秋菜。九月，指地卖，两亩得绢一匹。

又同卷《胡荽》谓：

胡荽……一亩收十石，都邑粜卖，石堪一匹绢。

第三节　农业技术的进步

农业生产技术的先进或落后，直接关系到农作物的产量，是决定农业发展水平的重要因素。魏晋南北朝时期，农业技术比前代有较大提高，这主要表现在农作物栽培和耕作技术的进步上。北魏贾思勰所撰《齐民要术》一书，便是当时先进的作物栽培和耕作技术的结晶。

一　农作物的栽培技术与经营管理

作物栽培技术在秦汉时已较为发达，至魏晋南北朝，则更比前代有所发展提高。此时期许多人对作物栽培有着丰富的实践知识和研究成果。

《晋书》卷94《朱冲传》载：

（朱冲）好学而贫，常以耕艺为事。

又《陈书》卷10《程灵洗传》载：

（程灵洗）性好播植，躬勤耕稼，至于水陆所宜，刈获早晚，虽老农不能及也。

(一) 翻耕和选种

关于翻耕,《齐民要术》卷1《耕田》有云：

> 凡开荒山泽田，皆七月芟艾之。草干，即放火。至春而开垦。其林木大者，杀之，叶死不扇，便任耕种。三岁后，根枯茎朽，以火烧之。耕荒毕，以铁齿楱，再遍杷之。漫掷黍穄，劳亦再遍；明年，乃中为谷田。凡耕，高下田，不问春秋，必须燥湿得所为佳。若水旱不调，宁燥不湿。
>
> 春耕寻手劳。秋耕待白背劳。凡秋耕欲深，春夏欲浅；犁欲廉，劳欲再。秋耕，青者为上。初耕欲深，转地欲浅。菅茅之地，宜纵牛羊践之。七月耕之则死……凡秋收以后，牛力弱，未及即秋耕者，谷、黍、穄、粱、秫、荏之下，即移羸速锋之，地恒润泽而不坚硬。乃至冬初，常得耕劳，不患枯旱。若牛力少者，但九月、十月一劳之，至春种亦得。

关于选种技术，《齐民要术》卷1《收种》有云：

> 凡五谷种子，浥郁则不生，生者亦寻死。种杂者，禾则早晚不均，舂复减而难熟，粜卖以杂糅见疵，饮饎失生熟之节，所以特宜存意，不可徒然。粟、黍、穄、粱、秫，常岁岁别收，选好穗纯色者，刈高悬之。至春治取，别种，以拟明年种子。其别种种子，常须加锄。先治而别埋。还以所治裹草蔽窖。将种前二十许日，开出水淘，即晒令燥，种之。依《周官》相地所宜而粪种之。

(二) 施肥与播种

关于施肥，《齐民要术》卷1《耕田》有云：

> 凡美田之法，绿豆为上，小豆、胡麻次之，悉皆五、六月中种，七、八月犁掩杀之，为春谷田，则亩收十石，其美与蚕矢、熟粪同。

又同书《序·杂说》云：

凡田地中有良有薄者，即须加粪粪之。

关于播种，《齐民要术》卷2《黍穄》有云：

> 凡黍、穄田，新开荒为上，大豆底为次，谷底为下。地必欲熟。一亩用子四升。三月上旬种者为上时，四月上旬为中时，五月上旬为下时。夏种黍、穄，与植谷同时；非夏者，大率以赤为候。燥湿候黄场。种讫不曳挞。常记十月、十一月、十二月冻树日种之，万不失一。

> 稻，无所缘，唯岁易为良。选地欲近上流。三月种者为上时，四月上时为中时，中旬为下时。先放水，十日后，曳陆轴十遍。地既熟，净淘种子。渍经三宿，漉出，内草篅中之。复经三宿，牙生，长二分，一亩三升掷。三日之中，令人驱鸟。

（三）管理技术

当时对除草十分重视。

《齐民要术》卷1《种谷》载：

> 苗生如马耳，则镞锄。谚曰："欲得谷，马耳镞。"稀豁之处，锄而补之。用功盖不足言，利益动能百倍。苗出垄，则深锄。锄不厌数，周而复始，勿以无草而暂停。春锄起地，夏为除草，故春锄不用触湿。六月已后，虽湿亦无嫌春苗既浅，阴未覆地，湿锄则地坚。夏苗阴厚，地不见日，故虽湿亦无害矣。

又同书《杂说》载：

> 候黍、粟苗未与垄齐，即锄一遍。黍经五日，更报锄第二遍。候末蚕老毕，报锄第三遍。如无力，即止；如有余力，秀后更锄第四遍。油麻、大豆，并并锄两遍止，亦不厌早助。……务欲深细。第一遍锄，未可全深；第二遍，唯深是求；第三遍，较浅于第二遍；第四遍较减……又锄耨以时。谚曰："锄头三寸泽，此之谓也。"

除对锄草十分重视、讲究外,还注意加强其他方面的管理。
《南齐书》卷3《武帝纪》载:

> (永明三年夏)琅邪郡旱,百姓芟除枯苗,至秋擢颖大熟……临沂县麦不登,刈为马刍,至夏更苗秀。

《齐民要术》对每一种作物的栽培技术和管理技能均作了详细说明,这里以五谷种植和葡萄栽培等为例,用以反映当时农业生产的发展水平。

关于五谷的种植,《齐民要术》卷1《种谷》有云:

> 凡谷成熟有早晚,苗秆有高下,收实有多少,质性有强弱,米味有美恶,粒实有息耗。地势有良薄,山泽有异宜。顺天时,量地利,则用力少而成功多。任情返道,劳而无获。凡谷田,绿豆、小豆底为上,麻、黍、胡麻次之,芜菁、大豆为下。良地一亩,用子五升,薄地三升。谷田必须岁易。二月、三月种者为植禾,四月、五月种者为稚禾。二月上旬及麻、菩杨生种者为上时,三月上旬及清明节、桃始花为中时,四月上旬及枣叶生、桑花落为下时。岁道宜晚者,五月、六月初亦得。
>
> 凡春种欲深,宜曳重挞。夏种欲浅,直置自生。凡种谷,雨后为佳。遇小雨,宜接湿种;遇大雨,待岁生。春若遇旱,秋耕之地,得仰垄待雨。夏若仰垄,非直荡汰不生,兼与草岁俱出。凡田欲早晚相杂。有闰之岁,节气近后,宜晚田。然大率欲早,早田倍多于晚。苗生如马耳则镞锄。稀豁之处,锄而补之。凡五谷,唯小锄为良。良田率一尺留一科。
>
> 薄地寻垅蹑。苗出垄则深锄。锄不厌数,周而复始,勿以无草而暂停。春锄起地,夏为除草,故春锄不用触湿。六月以后,虽湿亦无嫌。苗既出垄,每一经雨,白背时,辄以铁齿楱纵横杷而劳之。
>
> 苗高一尺,锋之。耩者,非不壅本苗深,杀草,益实,然令地坚硬,乏泽难耕。锄得五遍以上,不烦。
>
> 凡种,欲牛迟缓行,种人令促步以足蹑垄底。熟,速刈。干,速积。凡五谷,大判上旬种者全收,中旬中收,下旬下收。

关于葡萄栽培,《齐民要术》卷4《种桃奈》有云:

> 蔓延,性缘不能自举,作架以承之。叶密阴厚,可以避热。
>
> 十月中,去根一步许,掘作坑,收卷葡萄悉埋之。近枝茎薄安黍穰弥佳。无穰,直安土亦得。不宜湿,湿则冰冻。二月中还出,舒而上架。性不耐寒,不埋即死。其岁久根茎粗大者,宜远根作坑,勿令茎折。其坑处处,亦掘土并穰培覆之。
>
> 摘葡萄法:逐熟者——零叠(一作"条")摘取,从本至末,悉皆无遗。世人全房折杀者,十不收一。
>
> 作干葡萄法:极熟者——零叠摘取,刀子切去蒂,勿令汁出。蜜两分,脂一分,和内葡萄中,煮四五沸,漉出,阴干便成矣。非直滋味倍胜,又得夏暑不败坏也。
>
> 藏葡萄法:极熟时,全房折取。于屋下作荫坑,坑内近地凿壁为孔,插枝于孔中,还筑孔使坚,屋子置土覆之,经冬不异也。

对于树木的栽培技术和经营管理,《齐民要术》也进行了详细论述,总结出许多宝贵经验。这一时期,树木的品种甚多,主要有桑、柘、榆、白杨、棠、谷楮、槐、柳、楸、梓、梧、柞、竹等。《齐民要术》对每一种树木的用途和收益均有介绍,其中卷5《种榆、白杨》载:

> 榆生……三年春,可将荚、叶卖之。五年之后,便堪作椽。不梜者,即可斫卖。梜者㧻作独乐及盏。十年之后,魁、碗、瓶、榼,器皿,无所不任。十五年后,中为车毂及蒲桃。
>
> 其岁岁科简治之功,指柴雇人——十束雇一人——无业之人,争来就作。卖柴之利,已自无赀;况诸器物,其利十倍。斫后复生,不劳更种,所谓一劳永逸。能种一顷,岁收千匹。唯须一人守护、指挥、处分,既无牛、犁、种子、人功之费,不虑水、旱、风、虫之灾,比之谷田,劳逸万倍。
>
> 男女初生,各与小树二十株,比至嫁娶,悉任车毂。一树三具,一具直绢三匹,成绢一百八十匹:娉财资遣,粗得充事。

又同卷《种谷楮》载:

指地卖者，省功而利少。煮剥卖皮者，虽劳而利大。自能造纸，其利又多。种三十亩者，岁斫十亩，三年一遍，岁收绢百匹。

在种植技术上，《齐民要术》也总结出许多宝贵经验。卷 4《种椒》载：

（椒）此物性不耐寒，阳中之树，冬须草裹（不裹即死）。其生小阴中者，少禀寒气，则不用裹。候实口开，便速收之，天晴时摘下，薄布曝之，令一日即干，色赤椒好（若阴时收者，色黑失味。）。

又卷 5《种槐、柳、楸、梓、梧、柞》载：

（梧桐）至冬，竖草于树间令满，外复以草围之，以葛十道束置（不然则冻死也）。

二 耕作方式

魏晋南北朝农业耕种，采用的技术方法主要为火耕水耨、牛耕和锄耕区种三种。以下分述之。

（一）火耕水耨

承接两汉，南方很多地区尚未充分开发，南迁之人相对较少，生产工具缺乏，初垦之田以火耕水耨方式耕种最为容易，采用广种薄收的火耕水耨方式可以开垦出更多的农田。

《晋书》卷 26《食货志》载：

咸宁……三年，（杜）预又言："诸欲修水田者，皆以火耕水耨为便。非不尔也，然此事施于新田草莱，与百姓居相绝离者耳。往者东南草创人稀，故得火田之利。"……元帝时，……百官各上封事，后军将军应詹表曰："……间者流人奔东吴，东吴今俭，皆已还反。江西良田，旷废未久，火耕水耨，为功差易。宜简流人，兴复农官，功劳报赏，皆如魏氏故事。"

火耕水耨的具体耕作方法说法不一，总之是以火烧垦荒，大水漫灌辅助人工芟夷杂草，耕作粗放，费工少。这种烧草种田的耕作方法，亦叫"疁田"，如火耕与水耨两者并用，亦称为"疁水"。

《晋书》卷77《殷浩传》载：

石季龙死，胡中大乱。朝廷欲遂荡平关河，于是以浩为中军将军、假节、都督扬、豫、徐、兖、青五州军事。浩既受命……开江西田千余顷，以为军储。

又《宋书》卷82《周朗传》载：

世祖即位……（周）朗上书曰："……田非水，皆播麦菽，地堪滋养，悉艺纻麻，阴苍缘藩，必树桑柘，列庭接宇，唯植竹粟。若此令既行，而善其事者，庶民则叙之以爵，有司亦从而加赏。"

(二) 牛耕

魏晋南北朝时期，牛耕已经普遍实行。

《晋书》卷26《食货志》载：

建安初……卫觊议为"以其直益市犁牛，百姓归者以供给之。劝耕积粟，以丰殖关中。"于是魏武遣谒者仆射监盐官，移司隶校尉居弘农。

又《三国志》卷47《孙权传》载：

（东吴黄武五年）是时陆逊以所在少谷，表令诸将增广农亩。权报曰："甚善。令孤父子亲自受田，车中八牛以为四耦，虽未及古人，亦欲与众均等其劳也。"

又《晋书》卷26《食货志》载：

（咸宁）三年，……诏曰："……东南以水田为业，人无牛犊。

今既坏陂，可分种牛三万五千头，以付二州将吏士庶，使及春耕。"

1963年，广东连县附城一座古墓中，出土黑色陶质犁田耙田模型一方。模型作长方形，长19厘米、宽16.5厘米，四角各有一漏斗状设施，中间纵贯一田埂将耕地分为两块，一块上有一人使牛犁田，另一块上有一人使牛耙田。从该模型看，西晋时期，广东连县已使用牛耕，并有了比较高的水田耕种技术[①]。

（三）锄耕区种

所谓锄耕区种，就是在灾荒之年，在一定区域中，以充足的粪肥等距密植，加强浇灌、除草、护苗管理，费功极大，但收获相对增大，所以魏晋南北朝时期常常采用。

《晋书》卷48《段灼传》载：

（邓）艾欲积谷强兵，以待有事。是岁少雨，又为区种之法，手执耒耜，率先将士，所统万数，而身不离仆妾之劳，亲执士卒之役。

又同书卷94《隐逸·郭文传》载：

郭文字文举，河内轵人也……洛阳陷，乃步担入吴兴余杭大辟山中穷谷无人之地……恒着鹿裘葛巾，不饮酒食肉，区种菽麦，采竹叶木实，贸盐以自供。

又同书卷113《苻坚载记上》载：

（苻）坚以境内旱，课百姓区种。

第四节　农具的改进

魏晋南北朝时，随着冶铁技术的进步和农业的发展，出现了一批新型农具，原有农具的制造技术、形式结构及使用方法也有一定的改进，从而

[①] 徐恒彬：《简谈广东连县出土的西晋犁田耙田模型》，《文物》1976年第3期。

大大提高了农业生产效率。

一 农耕工具的改进

关于此时期生产工具的改进,举其要者,一为翻车的改进。东汉毕岚已作翻车,用以洒水路上。曹魏时的马钧对翻车加以改进,从而促进了农业生产的发展。

《三国志》卷29《杜夔传》注谓:

> 时有扶风马钧,巧思绝世……乃作翻车,令儿童转之,而灌水自覆,更入更出,其巧百倍于常。

二为改进耧车。耧车耕作下种法,始创于西汉的赵过,曹魏嘉平中,皇甫隆为敦煌太守,推广到敦煌一带,并改进了耧车的形式结构,从而促进了当地农业生产的发展。

王祯《农书》卷12《农器图谱二》载:

> 耧车,下种器也。《通俗文》曰:"覆种曰耧,一云耧犁,其金侔钱而小。"《魏志略》曰:"皇甫隆为加五。"崔寔论曰,汉武帝以赵过为搜粟都尉,教民耕植。其法、三犁共一牛,一人将之,下种挽耧皆取备焉,日种一顷,(据齐地大亩,一顷为三十五亩也。)今三辅犹赖其利。自注云,(按三犁共一牛,若今三脚耧矣。)然而耧种之制不一,有独脚、两脚、三脚之异;今燕赵齐鲁之间,多有两脚耧,关以西有四脚耧,但添一牛,功又速也。夫耧、中土皆用之,他方或未经见,恐难成造。其制,两柄上弯,高可三尺,两足中虚,阔合一垄,横四匝,中置耧斗,其所盛种粒各下通足。仍旁挟两辕,可容一牛。用一人牵,傍一人执耧,且行且摇,种乃自下。此耧种之体用,今特圆录,不无有见锯削锯之意。

三为改进犁。西汉的耕犁基本上是二牛抬杠式的单长辕犁,为适应在山区或小块耕地上翻耕土地的需要,魏晋南北朝时便改长辕犁为蔚犁。

《齐民要术》卷1《耕田》引崔寔《政论》云:

武帝以赵过为搜粟都尉，教民耕殖。其法三犁共一牛，一人将之，下种，挽耧，皆取备焉。日种一顷。至今三辅犹赖其利。今辽东耕犁，辕长四尺，回转相妨，既用两牛，两人牵之，一人将耕，一人下种，二人挽耧，凡用两牛六人，一日才种二十五亩。其悬绝如此。

二 农具种类的增多

当时农具的种类比前代有所增加。仅《齐民要术》所记载的各种农具就已达30多种，其中有不少是前所未见的，如用于播种的窍瓠，即在这个时期发明的。

《齐民要术》卷3《种葱》载：

（种葱）一亩用子四五升。炒谷拌和之，两耧重耩，窍瓠下之，以批契继腰曳之。

又王祯《农书》卷12《农器图谱二》载：

瓠种，窍瓠贮种量可斗许，乃穿瓠两头，以木篸贯之。后用手执为柄，前用作觜（瓠觜中草莛通之以播其种）。泄种于耕垄畔，随种随泻，务使均匀。

耱和耙作为碎土保墒的重要农具，虽然在汉代即已见诸文献，但汉代出土的耙的实物均为三齿耙，耱的实物或图像尚未见到，说明其使用尚不普遍。1972—1973年，在甘肃嘉峪关发掘的魏晋壁画墓中首次出现了耱和耙的图像。其中关于耙的壁画共有6幅，都画了一农夫蹲在单套或双套牛的铁齿耙上耙地；这种畜力牵引的铁齿耙与手持的铁齿耙相比，不仅使所耙之土更细熟，防旱保墒的效果更好，还可以大大减轻劳动强度，提高工作效率[①]。

此时期，在南方也出现了水田中使用的耖耙。前揭广东连县的西晋墓葬中的犁田耙田模型，其中的耙，下部有6个较长的齿，上面有横把，与元代王祯《农书》中所绘耖耙的形制接近。该模型是到目前为止我国发

---

① 段小强、赵学东：《嘉峪关魏晋壁画墓中的〈农作图〉》，《敦煌学辑刊》2005年第2期。

现最早的耖耙模型。

在农产品加工方面，此时期也广泛使用了水利机械，如水碓、水磨和水碾等。水磨和水碾是用水轮带动磨石或碾砣来研磨谷物的工具，两者结构大同小异。据载，其出现应不晚于南北朝时期。

《魏书》卷66《崔亮传》载：

亮在雍州，读《杜预传》，见为八磨嘉其有济时用，遂教民为碾。及为仆射，奏于张方桥东堰谷水造水碾磨数十匹，其利十倍，国用便之。

又《北齐书》卷18《高隆之传》载：

天平初……（高隆之）领营构大将……以漳水近于帝城，起长堤以防泛溢之患。又凿渠引漳水周流城郭，造治水碾硙，并有利于时。

南方也在同时出现了关于水磨的记载：
《南齐书》卷52《祖冲之传》载：

（祖冲之）于乐游苑造水碓磨，世祖亲自临视。

第五节　畜牧业的发展

魏晋南北朝时期，由于北方游牧民族大批进入中原，把他们原来的生产方式和生活方式也带了进来。再加上战争曾多次摧毁了中原地区的农业生产，造成千里无人烟的局面，给畜牧业的发展提供了广阔的牧场，从而使畜牧业的地位大大提高。

魏晋南北朝时期畜牧业生产的发展，首先，表现在国营牧场的大量兴建上。此时期牧场的兴建主要是在北魏时期。

《魏书》卷110《食货志》载：

世祖之平统万，定秦、陇，以河西水草善，乃以为牧地，畜产滋息，马至二百余万匹，橐驼将半之，牛羊则无数。高祖即位以后，复以河阳为牧场，恒置戎马十万匹，以拟京师军警之备。每岁自河西徙牧于并州，以渐南转，欲其习水土而无死伤也。

又同书卷44《宇文福传》载：

（宇文福）除都牧给事……仍迁洛，敕福检行牧马之所。福规石济以西、河内以东，拒黄河南北北千里为牧地。事寻施行，今之马场是也。及从代移杂畜于牧所，福善于将养，并无损耗，高祖嘉之。

又同书卷103《高车传》载：

世祖征蠕蠕，破之而还，至漠南，闻高车东部在巳尼陂，人畜甚众，去官军千余里，将遣左仆射安原等讨之……至于巳尼陂，高车诸部望军而降者数十万落，获马牛羊亦百余万，皆徙置漠南千里之地。乘高车，逐水草，畜牧蕃息。

其次，牲畜的存栏数迅速增长。这一时期的畜牧业主要分布在今内蒙古草原，包括河套和今呼和浩特平原在内的广大地区、新疆的漠南地区、甘肃的河西地区，以及黄土高原等，北魏初期平定这些地区时，掳掠的牲畜数量十分惊人。

《晋书》卷110《慕容俊载记》云：

（慕容俊）遣其抚军慕容垂、中军慕容虔与护军平熙等率步骑八万讨丁零敕勒于塞北，大破之，俘斩十余万级，获马十三万匹，牛羊亿余万。

又《魏书》卷1《序纪昭成帝》云：

（建国）二十六年冬十月，帝讨高车，大破之，获万口，马牛羊百余万头。

最后，魏晋南北朝时期畜牧业生产的发展，还表现在一些地区的个体畜牧业生产也较为繁荣①。

《晋书》卷117《姚兴载记》载：

> 秃发傉檀献姚兴马三千匹，羊三万头。兴以为忠于己，乃署檀为凉州刺史，征凉州刺史王尚还长安。凉州人申屠英等二百余人，遣主簿胡威诣兴，请留尚，兴弗许。引威见之，威流涕谓兴曰："臣州奉国五年，王威不接，衔胆冰、孤城独守者，仰恃陛下威，俯杖良牧惠化。忽达天人之心，以华土资狄。若檀才望应代，臣岂敢言。窃闻乃以臣等贸马三千匹，羊三万口，如所传宝者，是为弃人贵畜。苟以马供军国，直烦尚书一符，三千余家户轮一匹，朝下夕辨，何故以一方委此奸胡！"

又同书卷113《苻坚载记》载：

> 晋车骑将军桓冲率众十万伐（苻）坚，遂攻襄阳……坚下书悉发诸州公私马，人十丁遣一兵……坚发长安，戎卒六十余万，骑二十七万，前后千里，旗鼓相望。

又《齐民要术》卷6《养羊》载：

> 余（贾思勰）昔有羊二百口。

此外，考古工作者在洛阳王湾北朝——隋代遗址中发现的大量牲畜骨骼也足以说明当时畜牧业繁荣的情况。据《洛阳王湾：考古发掘报告》载："遗址与灰坑中都发现大量家畜骨骸。种类有牛、马、猪、羊、狗等，尤以牛、马骨为多。初步统计，牛、马骨不下数万个个体，猪羊骨也有上万个个体。"②

---

① 高敏主编：《魏晋南北朝经济史》（下），上海人民出版社1996年版，第791—801页。
② 北京大学考古文博学院：《洛阳王湾：考古发掘报告》，北京大学出版社2002年版，第156页。

正由于魏晋南北朝时期畜牧业较为发达，人们对于牲畜的选种、品种改良、繁殖、管理以及疾病的防治，积累了比以前更为丰富的知识和经验，故在《齐民要术》中，上述内容占据了相当的篇幅。这里以养羊为例。《齐民要术》卷6《养羊》载：

> 常留腊月、正月生羔为种者上，十一月、二月生者次之。大率十口二羝。羝无角者更佳。供厨者，宜剩之。羊必须老人及心性宛顺者，起居以时，调其宜适。……唯远水为良，二日一次。缓驱行，勿停息。春夏早放，秋冬晚出。圈不厌近，必须与人居相连，开窗向圈。架北群为厂。圈中作台，开窦，无令停水。二日有除，勿便粪秽。圈内须并墙竖柴栅，令周匝。羊一千口者，三四月中，种大豆一顷杂谷，并草留之，不须锄治，八九月中，刈作青茭，若不种豆、谷者，初草实成者，收刈杂草，薄铺使干，勿令郁浥。既至冬寒，多饶风霜，或春初雨落，青草未生时，则须饲，不宜出放。
>
> ……
>
> 治羊疥方：取藜芦根，咀嚼令破，以泔浸之，以瓶盛，塞口，于灶边常令暖，数日醋香，便中用。以砖瓦刮疥令赤，若强硬痂厚者，亦可以汤洗之，去痂，拭燥，以药汁涂之。再上，愈。若多者，日别渐渐涂之，勿顿涂令遍。羊瘦，不堪药势，便死矣。
>
> 又方：去痂如前法。烧葵根为灰。煮醋淀，热涂之，以灰厚傅。再上，愈。寒时勿剪毛，去即冻死矣。
>
> 又方：腊月猪脂，加熏黄涂之，即愈。
>
> 羊脓鼻眼不净者，皆以中水治方：以汤和盐，用杓研之极碱，涂之为佳。更待冷，接取清，以小角受一鸡子者，灌两鼻各一角，非直水差，永自去虫。五日后，必饮。以眼鼻净为候，不差，更灌，一如前法。
>
> ……
>
> 凡羊经疥得差者，至夏后初肥时，宜卖易之。不尔，后年春，疥发必死矣。
>
> 凡驴马牛羊收犊子、驹、羔法：常于市上伺候，见含重垂欲生者，辄买取。驹、犊一百五十日，羊羔六十日，皆能自活，不复藉乳。乳母好，堪为种换者，因留之以为种，恶者还卖：不失本价，坐

赢驹犊。还更买怀孕者。一岁之中，牛马驴得两番，羊得四倍。羊羔腊月、正月生者，留以作种；余月生者，剩而卖之。用二万钱为羊本，必岁收千口。所留之种，率皆精好，与世间绝殊，不可同日而语之。何必羔犊之饶，又赢毡烙之利矣。羔有死者，皮好作裘褥，肉好作干腊，及作肉酱，味又甚美。

以上所述主要为魏晋南北朝时期北方畜牧业的生产情况，再叙南方。南方由于自然条件的限制，畜牧业以家畜养殖为主，主要养殖猪、牛、鸡、鹅、鸭等。《齐民要术》对此有详细记载，其中卷6《养鹅、鸭》有云：

> 鹅、鸭，并一岁再伏者为种。大率鹅三雌一雄，鸭五雌一雄。鹅初辈生子十余，鸭生数十；后辈皆渐少矣。欲于广屋之下作窠（以防猪犬狐狸惊恐之害）。多着细草于窠中，令暖。先刻白木为卵形，窠别着一枚以诳之。生时寻即受取，别着一暖处，以柔细草覆藉之。伏时，大鹅一十子，大鸭二十子；小者减之（多则不周）。数起者，不任为种（数起则冻冷也）。其贪伏不起者，须五六日一与食，起之令洗浴。鹅鸭皆一月雏出。量雏欲出之时，四五日内，不用闻打鼓、纺车、大叫、猪、犬及舂声；又不用器淋灰，不用见新产妇（触忌者，雏多厌杀，不能自出；假令出，亦寻死也。）。
>
> 雏既出，别作笼笼之。先以粳米为粥糜，一顿饱食之，名曰"填嗉"（不尔喜轩虚羌量而死）。然后以粟饭，切苦菜、芜菁英为食。以清水与之，浊则易。入水中，不用停久，寻宜驱出。于笼中高处，敷细草，令寝处其上。十五日后，乃出笼。
>
> 鹅唯食五谷、稗子及草、菜，不食生虫。鸭，扉不食也矣。水稗实成时，尤是所便，吃此足得肥充。
>
> 供厨者，子鹅白日以外，子鸭六七十日，佳。过此肉硬。
>
> 大率鹅鸭六年以上，老，不复生伏矣，宜去之。少者，初生，伏又未能工。唯数年之中佳耳。

第十四章 手工业发展状况

魏晋南北朝时，由于官府手工业与统治阶级关系至密，因而备受重视，故在某些方面比两汉有较大的发展。此时期的私营手工业，虽然由于受社会动荡、商业极度衰落和封建依附关系强化诸因素的影响，其发展较为艰难，但总的看来无论是在生产部门还是在工艺技术方面，都较前代有所扩大和提高。

第一节 魏晋南朝的官民手工业

这一时期的官私手工业虽然在总体上不及两汉，但就某些方面如造船、造纸、制瓷，以及冶铸中武器的制造等，均超过了汉代，为隋唐时期手工业的发展奠定了基础。

一 手工业的管理机构

官府手工业的管理制度滥觞于西周，到秦汉时趋于完备。如汉代中央机构和地方官制中，均有分工主管各种不同手工业的官吏。

《汉书》卷19上《百官公卿表上》载：

> 少府，秦官，掌山海池泽之税，以给供养，有六丞。属官有尚书、符节、太医、太官、汤官、乐府、若卢、考工室、左弋、居室、甘泉居室、左右司空、东织、西织、东园匠十（二）〔六〕官令丞……武帝太初元年更名考工室为考工……河平元年省东织；更名西织为织室……王莽改少府曰共工。

又载：

将作少府，秦官，掌治宫室，有两丞、左右中候。景帝中元六年更名将作大匠，属官有石库、东园主章、左右前后中校七令丞，又主章长丞。武帝太初元年更名东园主章为木工。

魏晋南北朝官府手工业的管理机构，基本承袭秦汉旧制，而又有所变革。

先叙魏晋时期官府手工业的管理机构。

《三国志》卷24《王观传》载：

明帝幸许昌，召（王）观为……少府。少府统三尚方，御府内藏玩弄之宝，爽等奢放，多有干求，惮观守法，乃徙为太仆。

又《元和郡县志》卷29福州条云：

郡又有治县……吴于此立曲（典船）都尉，主谪徒之人作船于此。

又《晋书》卷24《职官志》载：

少府，统材官校尉、中左右三尚方、中黄左右藏、左校、甄官、平准、奚官等令，左校坊、邺中黄左右藏、油官等丞。及渡江，哀帝省并丹阳尹，孝武复置。自渡江唯置一尚方，又省御府。将作大匠，有事则置，无事则省。

次叙南朝官府手工业的管理机构。

刘宋王朝，官府手工业的管理机构基本承袭两晋旧制，但有所变化。

《宋书》卷39《百官志上》载：

少府，一人。丞一人。掌中服御之物。秦官也，汉因之。掌禁钱以给私养故曰少府。晋哀帝末，省并丹阳尹。孝武世复置。

左尚方令、丞各一人。右尚方令、丞各一人。并掌造军器。秦官也，汉因之。于周则为玉府。晋江右有中尚方、左尚方、右尚方，江左以来，唯一尚方。宋高祖践阼，以相府作部配台，谓之左尚方，而本署谓之右尚方焉。又以相府细作配台，即其名置令一人，丞二人，隶门下。世祖大明中，改曰御府，置令一人，丞一人。御府，二汉世典官婢作亵衣服补浣之事，魏、晋犹置其职，江左乃省焉。后废帝初，省御府，置中署，隶右尚方。汉东京太仆属官有考工令，主兵器弓弩刀铠之属，成则传执金吾入武库，及主织绶诸杂工。尚方令唯主作御刀绶剑诸玩好器物而已。然则考工令如今尚方，尚方令如今中署矣。

东冶令，一人。丞一人。南冶令，一人。丞一人。汉有铁官，晋置令，掌工徒鼓铸，隶卫尉。江左以来，省卫尉，度隶少府。宋世虽置卫尉，冶隶少府如故。江南诸郡县有铁者或置冶令，或置丞，多是吴所置。

平准令，一人。丞一人。掌染。秦官也，汉因之。汉隶司农，不知何世隶少府。宋顺帝即位，避帝讳，改曰染署。

将作大匠，一人。丞一人。掌土木之役。秦世置将作少府，汉因之。景帝中六年，更名将作大匠……晋氏以来，有事则置，无则省。

继起的齐、梁、陈各朝对工官设置，皆沿袭晋宋，无何改作。如南齐，工官之首仍为少府。同时亦设将作大匠。

《南齐书》卷16《百官志》载：

少府。府置丞一人。领官如左：左右尚方令各一人，丞一人。锻署丞一人（永明三年省，四年复置）御府令一人，丞一人。东冶令一人，丞一人。南冶令一人，丞一人。平准令一人，丞一人。上林令一人，丞一人。

梁、陈二朝所置工官也基本继承晋宋旧制。

《隋书》卷26《百官志上》载：

魏、晋继及，大抵略同，爰及宋、齐，亦无改作。梁武受终，多循齐旧……陈氏继梁，不失旧物……梁武受命之初，官班多同宋、齐之旧……少府卿，位视尚书左丞，置材官将军、左中右尚方、甄官、平水署、南塘邸税府、东西冶、中黄、细作、炭府、纸官、染署等令丞……大匠卿，位视太仆，掌土木之工。统左、右校诸署。

这一时期，不但中央政府所设管理机构名目繁多，各个地方州郡政府也多设有"作部"，以管理和制造各种手工业产品。

《宋书》卷45《刘粹传》载：

> 少帝景平二年，谯郡流离六十余家叛没虏……顿谋等村，粹遣将苑纵夫讨叛户不及，因诛杀谋等三十家，男丁一百三十七人，女弱一百六十二口，收付作部。

又同书卷74《沈攸之传》载：

> 泰豫元年……乃以攸之都督荆湘雍益梁宁南北秦八州诸军事、镇西将军、荆州刺史……至荆州，政治如在夏口，营造舟甲，常如敌至。

南朝时地方政府还设置有各种手工业作场。兹以刘宋为例加以说明。《宋书》卷45《刘粹传附弟道济传》载：

> 刘粹弟道济，尚书起部郎，王弘车骑从事中郎……迁振武将军、益州刺史……府立治，一断民私鼓铸，而贵卖铁器，商旅吁嗟，百姓咸欲为乱。

又同书卷47《刘敬宣传》载：

> 宣城多山县，郡旧立屯以供府郡费用，前人多发调工匠，造作器物，敬宣到郡，悉罢私屯，唯伐竹木，治府舍而已。亡叛多首出，遂得三千余户。

这里附带概述在官府手工业中服役的工匠。

这时在官府手工业中服役的工匠，成分复杂，其中为数最多者是民间工匠注籍匠户后世代服役，这是官府手工业中使用无偿劳役最多的一种，应役工匠，按期征调，服役时间长，收入甚微，苦不堪言。

《宋书》卷42《王弘传》载：

> 王弘字休元，琅邪临沂人也……时农务顿息，末役繁兴，弘……陈之曰："……伏见南局诸冶，募吏数百，虽资以廪赡，收入甚微……今欲留铜官大冶及都邑小冶各一所，重其功课，一准扬州，州之求取，亦当无之，余者罢之，以充东作之要。又欲二局田曹，各立典军募吏，依冶募比例，并听取山湖人。"

又《晋书》卷32《后妃下·孝武文李太后传》载：

> 始简文帝为会稽王，有三子俱夭……又数年，无子，乃令善相者召诸爱妾而示之，皆云非其人，又悉以诸婢媵示焉。时（李太）后为宫人，在织坊中，形长而色黑，宫人皆谓之昆仑。既至，相者惊云："此其人也"。

又《南齐书》卷59《芮芮虏传》载：

> （永明中）芮芮王求医工等物，世祖诏报曰："知须医及织成锦工、指南车、漏刻并非所爱。南方治疾，与北土不同。织成锦工，并女人，不堪涉远。指南车、漏刻，此虽有其器，工匠久不复存，不副为误。"

在官府所设工场或作坊中服役的工匠，在服役期间，有一定的休假制度，工匠可轮流休假。

《南齐书》卷6《明帝纪》载：

> 建武元年……十一月……丁亥，诏："细作中署、材官、车府，凡诸工，可悉开假，递令休息。"

二 官府手工业

这一时期官府手工业所经营的范围至为广泛,即使是土木建筑工程中所用的一些建筑材料如砖瓦、竹木等的简单再加工,亦都设有专官负责制造和储备。

《宋书》卷9《后废帝记》载:

> (元徽四年二月)乙未,尚书右丞虞玩之表陈时事曰:"……民荒财单,不及曩日。而国度弘费,四倍元嘉。二卫台坊人力,无不余一;都水材官朽散,十不两存。备豫都库,材竹俱尽;东西二,砖瓦双匮。敕令给赐,悉仰交市。尚书省舍,日就倾颓。第宅府署,类多穿毁。"

具体言之,魏晋南朝时期的官府手工业主要有以下几种。

(一) 冶铁业

先叙魏晋时期的冶铁业。

《太平御览》卷343《兵部·剑中》引梁陶弘景《刀剑录》载:

> 吴主孙权黄武五年,采武昌山铜、铁,作千口剑,万口刀,各长三尺九寸,刀方头,皆是南钢越炭作之。

又《水经注》卷16《谷水注》载:

> 谷水又经白起垒南……是垒在缺汀东十五里,垒侧有坞,故冶官所在,魏晋之日,引谷水为水冶,以经国用,遗址尚存。

又《晋书》卷1《宣帝纪》载:

> (魏明帝太和四年)兴京兆、天水、南安监冶。

1974年4月在河南省渑池发现了一个汉魏铁器窖藏,共出土铁器4195件(块),包括铁范(共出土152件,主要有铁板范、犁范、锌范、箭头范等)、铁器(共出土4043件,主要为手工业工具、农具、兵器、生活用具等)、铁材(即生铁原材料,共出土750公斤左右,皆为白口铁)和烧结铁(铁质很差,似渣块)等,比较完整的约1300件。器形有六十多种。铸有铭文的达四百多件,其中可以辨认出字形的有292件,铭文三十多种。从铭文内容看,铁器出自十多个铸铁作坊。从这批出土的铁器可看出当时冶铁技术的进步[①]。

再叙南朝的冶铁业。

南朝境内有许多铁矿,故南朝历代诏敕文告中屡有传、屯、邸、冶之文,如《梁书》卷3《武帝纪下》云:

> (梁大同七年)十二月壬寅,诏曰:"……又复公私传、屯、邸、冶……止应依限守视……若是公家创内,止不得辄自立屯,与公竞作,以收私利。"

然而,南朝的冶铁作坊虽多,但见于记载的很少,可考者仅有以下诸条:

《太平御览》卷46《地部·铁砚山》引山谦之《丹阳记》载:

> 《永世记》云:县南百余里铁砚山,广轮二百许里,山出铁,扬州今鼓铸之。

又同上《地部·三白山》引山谦之《南徐州记》云:

> 剡县有三白,出铁,常供戎器。

又《水经注》卷31引《潕水注》载:

> 潕水……又东过西平县北……《晋太康地理志》曰:县有龙泉水,可以砥砺刀剑,特坚利,故有坚白之论矣。是以龙泉之剑,为楚宝也。县出名金,古有铁官。

---

① 渑池县文化馆等:《渑池县发现的古代窖藏铁器》,《文物》1976年第8期。

又《太平寰宇记》卷 105 载：

（池州铜陵县）自齐、梁之代，为梅根冶，以烹铜铁。

四川地处长江上游，自古以来就是一个重要的铁矿产地，早在秦汉时期，即有了临邛（现今四川邛崃和蒲江地区）卓王孙、程郑那样富埒王侯的以冶铁起家的大富豪。到南朝，四川的冶铁业仍比较发达，保持了过去的繁荣。

《宋书》卷 45《刘粹传附弟道济传》载：

（刘）粹弟道济……益州刺史。长史费谦、别驾张熙、参军杨德年等，并聚敛兴利，而道济委任之，伤政害民，民皆怨毒……初……远方商人多至蜀土资货，或有直数百万者，谦等限布丝绵各不得过五十斤，马无善恶，限蜀钱二万。府又立冶，一断民私鼓铸，而贵卖铁器，商旅吁嗟，百姓咸欲为乱。

又《梁书》卷 17《张齐传》载：

张齐字子响，冯翊郡人。天监……七年秋……迁巴西太守，寻加征远将军……初，南郑没于魏，乃于益州西置南梁州。州镇草创，皆仰益州取足。齐……又立台传，兴冶铸，以应赡南溧。

四川冶铁业的发达，同样可以从墓葬中反映出来。在昭化宝轮镇的蜀晋崖墓中，就曾发现有长身锄、斧、三刺叉等铁制农具、工具和兵器。这批南北朝时期的生产工具的出土，为研究当时人民生活及生产情况，提供了重要资料[①]。

在前代发展的基础上，此时在冶炼和锻造技术上又有了很大进步。如三国时期，韩暨作水排，改进了炼铁的鼓风设备，把原来的人排、马排等甚"费功力"的鼓风改为水排，从而大大降低了成本。

---

① 沈仲常：《四川昭化宝轮镇南北朝时期的崖墓》，《考古学报》1959 年第 2 期。

《三国志》卷 24《韩暨传》载：

> 乃因长流为水排，计其利益，三倍于前。

韩暨成功改进水排以后，这种机械就长期为官营冶铁业所沿用。南朝就曾因推行过水排而大大提高了生产效率。

《太平御览》卷 833《资产部·冶》引《武昌记》载：

> 北济湖本是新兴冶塘湖。元嘉初，发水冶。水冶者，以水排。冶令颜茂以塘数破坏，难为功力，茂因废水冶，以人鼓排，谓之步冶。湖日因破坏，不复修治，冬月则涸。

尤其应该提到的是，南朝炼钢技术有了长足的发展，这时已有钢朴、横法钢、百炼钢等各种钢。

《太平御览》卷 665《道部·剑解》引陶隐居言曰：

> 近造神剑，斫十五芒，观其铁色青激，光采有异……作刚朴是上虞谢平，凿镂装冶是石尚方师黄文庆，并是中国绝手。以齐建武元年甲戌岁八月十九日辛酉建于茅山造，至梁天监四年乙酉岁，敕令造刀剑形供御用，穷极精功，奇丽绝世。别有横法刚，公家自作百炼。

同时，又出现了灌钢。它是我国早期炼钢技术上最突出的成就。灌钢法滥觞于西晋。

《文选》卷 35 引西晋张协《七命》载：

> 楚之阳剑，欧冶所营。邪溪之铤，赤山之精。销逾羊头，镤越锻成。乃炼乃铄，万辟千灌。

又《淮南子》卷 7《修务》载：

> 羊头之销。

又《文选》卷 35 引西晋张协《七命》李善注引许慎《淮南子注》载：

> 销，生铁也。

到南朝，这种灌钢冶炼法已普遍应用。

宋唐慎微《重修政和经史证类备用本草》卷 4《玉石部》引梁陶弘景谓：

> 生铁是不破鑐铨釜之类；钢铁是杂炼（生铁）鍒（熟铁）作刀镰者……以生、柔相杂和用，以作刀剑锋刃者，为钢铁。

(二) 冶铜业

《读史方舆纪要》卷 24《江南六·苏州府》吴县条载：

> 光福山……与铜坑、玄墓诸山相连。铜坑者，一名铜井。晋、宋间凿坑取沙土煎皆成铜。有泉，亦以铜名。

按光福山在今江苏吴县境内。

又《南齐书》卷 37《刘悛传》载：

> 太祖使诸州郡大市铜，会晏驾事寝。永明八年，悛启世祖曰："南广郡界蒙山下，有城名蒙城，可二顷地，有烧炉四所，高一丈，广一丈五尺。从蒙城渡水南百许步，平地掘土深二尺，得铜。又有古掘铜坑，深二丈，并居宅处犹存。邓通，南安人，汉文帝赐严道县铜山铸钱，今蒙山近青衣水南，青衣左侧并是故秦之严地道。青衣县又改名汉嘉。且蒙山去南安二百里，案此必是通所铸。近唤蒙山獠出，云'甚可经略'。此议若立，润利无极。"并献蒙山铜一片，又铜石一片，平州铁刀一口。上从之，遣使入蜀铸钱，得千余万，功费多，乃止。

1953 年，在四川昭化宝轮镇发现南北朝时期的崖墓，该墓随葬品可分为陶、铜、铁、青瓷、银器及其他 6 类。其中铜器类有釜、洗、四耳锅、镰斗、碗、镜、印、发钗、指环、铃、钱等。一般皆与四川汉墓中出土的相同。这批出土的铜器反映了当时冶铜业的一般情况①。

(三) 造船业

先叙魏晋时期的造船业。

《三国志》卷48《孙皓传》注引《晋阳秋》载：

> (吴亡，王) 浚收其图籍……米谷二百八十万斛，舟船五千余艘。

又《晋书》卷42《王浚传》载：

> 武帝谋伐吴，诏 (王) 浚修舟舰。浚乃作大船连舫，方百二十步，受二千余人。以木为城，起楼橹，开四出门，其上皆得驰马来往……舟楫之盛，自古未有。

又《太平御览》卷770《舟部·舰》引《义熙起居注》载：

> 卢循新作八槽舰九枚，起四层，高十余丈。

再叙南朝的造船业。

《初学记》卷25《舟》引《西巡记》载：

> 宋孝武度六合，龙舟翔凤以下，三千四十五艘，舟航之盛，三代二京无比。

又《梁书》卷45《王僧辩传》载：

> 及王师次于南州，贼帅侯子鉴等率步骑万余人于岸挑战，又以鹢䑩千艘并载士，两边悉八十棹，棹手皆越人，去来趣袭，捷过风电。

---

① 沈仲常：《四川昭化宝轮镇南北朝时期的崖墓》，《考古学报》1959年第2期。

又《陈书》卷11《章昭达传》载：

> 天嘉元年……（章昭达）寻随侯安都等拒王琳于栅口，战于芜湖，昭达乘平虏大舰，中流而进，先锋发拍中于贼舰。王琳平，昭达册勋第一……欧阳纥据有岭南反，诏昭达都督众军讨之……昭达居其上游，装舰造拍，以临贼栅。……因纵大舰随流突之，贼众大败，因而擒纥，送于京师，广州平。

（四）造纸业

《太平御览》卷605《文部·纸》引《桓玄伪事》载：

> （桓玄）令平准作青、赤、缥、绿、桃花纸，使极精，令速作之。

又《初学记》卷21《文部·纸》引梁刘孝威《谢赉官纸启》载：

> 虽复邺殿凤衔，汉朝鱼网，平准桃花，中宫谷树，固以惭兹靡滑，谢此鲜光。

以上乃官府造纸作坊所造之纸，不但品种多，其质量也是上乘的。除朝廷设有专营造纸机构和作坊外，各级地方官府也有自己的造纸作坊，而且能制造工艺颇为复杂的红笺和彩色笺，十分精美。

徐陵《玉台新咏序》云：

> 五色花笺，河北胶东之纸。

又《初学记》卷21引裴启《语林》载：

> 王右军为会稽令，谢公就乞笺纸，库中唯有九万枚，悉与之。

又元鲜于枢《笺纸谱》载：

> （梁元帝为湘东王时）上武帝纸万幅，又奉简文红笺五十番……特送五色（笺）三万枚。

由于官府造纸业的发达，当时用于书写的公文均用纸作为书写材料，从而结束了简牍文书的时代。

《初学记》卷21引《魏武令》云：

> 自今诸掾属侍中别驾，常以月朔各进得失。纸书函封，主者朝常给纸函各一。

又同书同卷引西晋虞预《请秘府纸表》载：

> 秘府中有布纸三万余枚，不任写御书，而无所给。愚欲请四百枚，付著作吏，书写起居注。

又同书同卷引《桓玄伪事》载：

> （桓玄曰）：古无纸，故用简，非主于敬也。今诸用简者，皆以黄纸代之。

尤其值得一提的是，南北朝时已经知道防止纸张被蛀的方法，《齐民要术》即载有染潢治书法和雌黄治书法。该书卷3《杂说》载：

> 染潢及治书法：凡打纸欲生，生则坚厚，特宜入潢。凡潢纸灭白便是，不宜太深，深则年久色暗也。入浸蘖熟，即弃滓，直用纯汁，费而无益。蘖熟后，漉滓捣而煮之，布囊压讫，复捣煮之，凡三捣三煮，添和纯汁者，其省四倍，又弥明净。写书，经夏然后入潢，缝不绽解。其新写者，须以熨斗缝缝熨而潢之，不尔，入则零落矣。豆黄特不宜裹，裹则全不入黄矣……
>
> 雌黄治书法：先于青硬石上，水磨雌黄令熟；曝干，更于瓷碗中研令极熟；曝干，又于瓷碗中研令极熟。乃融好胶清，和于铁杵白

中，熟捣。丸如墨丸，阴干。以水研而治书，永不剥落。若于碗中和用之者，胶清虽多，久亦剥落。凡雌黄治书，待潢讫治者佳；先治入潢则动。

（五）丝织业

先叙三国时期的丝织业。

《三国志》卷9《夏侯玄传》载：

今科制，自公列侯以下，位从大将军以下，皆得服绫锦、罗绮、纨、素、金银镂饰之物。

又同书卷29《杜夔传》注谓：

时有扶风马钧，巧思绝世……旧绫机五十综者五十蹑，六十综者六十蹑，先生患其丧功费日，乃皆易以十二蹑。其奇文异变……犹自然之成形，阴阳之无穷。

又《水经注》卷33《江水注》载：

（成都锦官城）道石城，故锦官也。言锦工织绵，则濯之江流，而锦至鲜明；濯之他江，则锦色弱矣，遂命之为锦里也。

又《太平御览》卷815《布帛部·锦》引《诸葛亮集》载：

今民贫国虚，决敌之资唯仰锦耳。

再叙两晋时期的丝织业。

《太平御览》卷816《布帛部·绮》引《晋令》载：

第三品已下得服杂杯绮，第六品已下得服七采绮。

又《世说新语》卷下之下《汰侈》载：

> 武帝尝降王武子家，武子供馔，并用琉璃器。婢子百余人，皆绫罗纨襦，以手擎饮食。

最后叙南朝时期的丝织业。
《太平御览》卷815《布帛部·锦》引《丹阳记》载：

> 斗场锦署，平关右迁其百工也。

又《南齐书》卷59《芮芮虏传》载：

> 芮芮王求医工等物，世祖诏报曰："知须医及织成锦工、指南车、漏刻，并非所爱。南方治疾，与北土不同。织成锦工，并女人，不堪涉远。指南车、漏刻，此虽有其器，工匠久不复存，不副为误。"

(六) 金银矿业

先叙三国时期的金银矿业。
《三国志》卷4《齐王芳传》载：

> 正始元年……秋七月，诏曰："…今百姓不足而御府多作金银杂物，将奚以为？今出黄金银物百五十种，千八百余斤，销治以供军用。"

再叙两晋时期的金银矿业。
《南京西岗西晋墓》载：

> 随葬器物……（金银饰品）共四十三件，有金戒指二件、金圈七件、金发钗一件、金片二十一件、银发钗八件、银手镯一件、琥珀

珠一件、鎏金铜带钩一件①。

又《江苏宜兴晋墓发掘报告》载：

在江苏宜兴晋墓出土的金簪头、金小篮、金钗、金环、金珠、金牌、金顶针等，均地纯正，光艳如新②。

最后叙南朝的金银矿业。
《宋书》卷92《良吏·徐豁传》载：

元嘉初，（徐豁）为始兴太守。三年，遣大使巡行四方，并使郡县各言损益，豁因此表陈三事……其二曰："郡领银民三百余户，凿坑采沙，皆二三丈；功役既苦，不顾崩压，一岁之中，每有死者。官司检切，犹致逋违，老少相随，永绝农业，千有余口，皆资他食。岂唯一夫不耕，或受其饥而已。所以岁有不稔，便致甚困。寻台邸用米，不异于银，谓宜准银课米，即是为便。"

又《南齐书》卷7《东昏侯纪》载：

（齐东昏侯时）置射雉场二百九十六处，翳中帷帐及步鄣，皆袷以绿红锦，金银镂弩牙，玳瑁帖箭……蓊役工匠，自夜达晓，犹不副速……自制杂色锦伎衣，缀以金花玉镜诸宝……金银雕镂杂物，倍急于常。

（七）制盐业

魏晋南朝时期，以海盐、井盐生产最为发达。关于海盐，《太平寰宇记》卷95引《吴郡记》有云：

（吴郡）海滨充斥，盐田相望。

---

① 南波：《南京西岗西晋墓》，《文物》1976年第3期。
② 罗宗真：《江苏宜兴晋墓发掘报告》，《考古学报》1957年第4期。

又同书卷 124 引南朝阮升之《南兖州记》载：

> 上有南兖州盐亭一百二十三所，县人以渔盐为业，略不耕种，擅利巨海，用致饶沃公私商运，充实四远，舳舻往来，恒以千计。

关于井盐，晋张华《博物志》卷 9 有云：

> 临邛火井一所，纵广五尺，深二三丈。井在县南百里。昔时人以竹木投以取火，诸葛相往视之。后火转盛，执盆盖井上煮盐水得盐。

又《华阳国志》卷 3《蜀志》载：

> （临邛有火井）井有咸水，取井火煮之，一斛水得五斗盐；家火煮之，得无几也。

（八）酿酒业

三国时期，曹魏和东吴都实行酒禁，酿酒业完全由官府经营。

关于曹魏的官府酿酒，《文献通考》卷 17《征榷考·榷酤》引《魏名臣奏》有云：

> 官贩苦酒，与民争锥刀之末，请停之。

关于东吴的官府酿酒，《三国志》卷 52《顾雍传》有云：

> 吕壹、秦博为中书，典校诸官府及州郡文书。壹等因此渐作威福，遂造作榷酤障管之利，举罪纠奸，纤介必闻。

又同书卷 48《孙皓传》注引《江表传》载：

> （何）定，汝南人，本孙权给使也，后出补吏。佞邪僭媚，自表先帝旧人，求还内侍，皓以为楼下都尉，典知酤籴事。

两晋南朝虽然允许私人自酿自卖,但政府也建有酒作坊,以供宫廷御用。

《南齐书》卷7《东昏侯纪》载:

潘氏服御,极选珍宝……琥珀钏一只,值百七十万。京邑酒租,皆折使输金,以为金涂。

又《陈书》卷3《文帝纪》载:

天嘉……二年……十二月……甲申,立始兴国庙于京师,用王者之礼。太子中庶子虞荔、御史中丞孔奂以国用不足,奏立煮海盐赋及榷酤之科,诏并施行。

三 民间手工业

魏晋南朝的民间手工业,虽然由于社会动荡和手工业中封建依附关系的强化等因素的影响,其发展受到种种限制,但总的看来是表现出一种逐步发展的历史趋势。尤其是广大劳动人民在手工业生产中所发挥的聪明才智及所取得的辉煌成就,不仅标志着当时民间手工业的生产技术是很高的,在诸多方面均超过了前代,也为隋唐时期民间手工业的进一步发展奠定了基础。

(一) 丝织业

先叙三国两晋的丝织业。

《全晋文》卷33引石崇《奴券》载:

常山细缣,赵国之编,许昌之总,沙房之绵。

又《文选》卷6引左思《魏都赋》载:

锦绣襄邑,罗绮朝歌,绵纩房子,缣总清河。

又同书卷5引左思《吴都赋》载:

> 国税再熟之稻，乡贡八蚕之绵。

由于当时的丝织业十分繁荣，所以朝廷的财政收入和支出，均以绢帛为大宗。兹以西晋为例。

《晋书》卷26《食货志》载：

> 制户调之式：丁男之户，岁输绢三匹，绵三斤，女及次丁男为户者半输。其诸边郡或三分之二，远者三分之一。夷人输賨布，户一匹，远者或一丈。

又同书卷3《武帝纪》载：

> 咸宁元年春二月，以俸禄薄，赐公卿以下帛有差。

再叙东晋南朝的丝织业。

《宋书》卷54《孔季恭传论》载：

> 荆州跨南楚之福，扬部有全吴之沃，渔盐杞梓之利，充仞八方，丝绵布帛之饶，覆衣天下。

又《隋书》卷31《地理志下》载：

> 豫章之俗，颇同吴中……一年蚕四、五熟，勤于纺绩，亦有夜浣纱而旦成布者，俗为鸡鸣布。

又《陈书》卷5《宣帝纪》载：

> 上织成罗文锦被二百首，诏于云龙门外焚之。

此时期，北方丝织业的生产水平高于南方。

《颜氏家训》卷1《治家》载：

河北妇人，织纴、组紃之事，黼黻、锦绣、罗绮之工，大优于江东也。

（二）织布业

魏晋南朝时期，由于布的价格高于锦绣，所以常常被用于馈赠。

《南史》卷52《梁宗室下·鄱阳忠烈王恢传》载：

鄱阳忠烈王恢字弘达，文帝第十子也……天元年，封鄱阳郡王。除郢州刺史，加都……时有进筒中布者，恢以奇货异服，即命焚之，于是百姓仰德。

又《陈书》卷27《姚察传》载：

（姚）察自居显要，甚励清洁，且廪锡以外，一不交通。尝有私门生不敢厚饷，止送南布一端，花练一匹。察谓之曰："吾所衣着，止是麻布蒲练，此物于吾无用。既欲想款接，幸不烦尔。"

自汉以降，西域地区和南海诸国，曾不断输棉布到中国，作为珍奇宝货之一，六朝时输入更多。

《南史》卷79《高昌国传》载：

（高昌）有草实如茧，茧中丝如细纑，名曰白叠子，国人取织以为布，布甚软白交市用焉。

又《梁书》卷54《诸夷·林邑国传》载：

林邑国……出……吉贝……吉贝者，树名也。其华成时如鹅毳，抽其绪纺之以布，洁白与纻布不殊，亦染成五色，织为斑布也。

又同书卷54《诸夷·干陁利国传》载：

干陁利国……出斑布、古贝（即吉贝）。

（三）制瓷业

三国时期的制瓷业颇为发达，兹试举几例。

《亳县曹操宗族墓葬》载：

> 1974年至1978年在安徽亳县元宝坑发掘了曹操家属的墓葬，出土了许多青瓷，主要分为三类：（1）素面青色玻璃碎釉，胎白，质细。（2）棕黄色玻璃釉，胎白。（3）黑色釉，有光泽，这种色泽，在汉代瓷器中是罕见的。
> 有一种类似印纹硬陶的瓷器，也分为三类：（1）蓝纹，青色玻璃碎釉，胎白细润。（2）双边格棂纹，棕黄色玻璃釉，胎灰白、细润。（3）上下交错的双边格棂纹，釉色与第二类同[1]。

又《南京栖霞山甘家巷六朝墓群》载：

> 1975年在南京东吴建衡二年（270）墓中，出土了一件褐色釉瓷罐。褐色釉的烧造工艺较为复杂，因为青瓷的烧造要求青色明朗，必须使用还原焰，同时又不能还原彻底，才能够呈现褐斑，所以这种工艺，一定要在充分掌握烧窑的火力和温度的情况下，才能达到。过去认为，褐釉瓷最早出现于西晋末年，这件器物的出土，将时间又提前了三十年左右[2]。

又陈万里《中国青瓷史略》载：

> 一九三五年以后，在浙江绍兴又发现了不少墓葬，墓碑上有黄龙、赤乌、永安、甘露、宝鼎、凤凰、天册、天纪等三国孙吴时代的年号。同时出土的青釉器物也很多，其中最主要的一件，是通体青釉的谷仓（墓葬之一种），高达四七公分，器身贴着许多人物、飞鸟、

---

[1] 安徽省博物馆：《亳县曹操宗族墓葬》，《文物》1978年第8期。
[2] 南京博物院等：《南京栖霞山甘家巷六朝墓群》，《考古》1976年第5期。

楼阁等雕刻品，每间仓屋的门口及瓶口都有犬守卫，还有刻画的鱼龙，至于器肩部的人物，各执不同的乐器。

永安三年是公元二六〇年，永安为吴主休的年号。从这一块小小碑记上的记载可以肯定这件器物的确实时代。这件器物全身青釉的釉色已呈现较深的绿色，施釉亦厚，离开了早期釉薄而作淡绿带黄色的阶段，证明在烧制的技巧上铁的还原已向前迈进了一大步，在中国陶瓷发展史上已走到一个极重要的历史时期[1]。

在晋代，瓷器出土的数量更多，其制瓷技术已臻于成熟阶段。《江苏宜兴晋墓发掘报告》称：

傅振伦说："一般人所称的瓷器，是质地洁白而半透明的东西，它的质地纯洁而坚硬，刀子不能割削，用东西敲击它，能起共鸣作用，把它打碎又呈现光辉四射的介谷屑状，用高温度把它溶化，又变成玻璃质的物质。瓷器必须具有胎骨和釉子。胎骨也称胚胎，是瓷器的本体，釉子是涂烧在它表面上的光泽物质。胎骨涂了釉子经过是摄氏1300度以上温度的烧炼就成了瓷器"。这所指的是瓷器到了成熟阶段的特征。拿宜兴晋瓷来看，它的胎骨坚硬，质地也纯，但颜色为灰白，稍稍带黄褐，是火候还原不够的缘故，釉作淡青色，光亮滋润；基本上是符合于傅所举的瓷器特征的[2]。

又《南京象山5号、6号、7号墓整理简报》称：

1972年在南京市象山陆续发掘了几座东晋墓，如王闽之墓、夏金虎墓、王兴之夫妇墓、王丹虎墓等，其中都有多少不等的青釉瓷器，多的竟达36种。这些瓷器的特点是胎质纯，硬度高，釉料匀，通体晶莹，造型多样而美观，充分反映了当时制瓷业的技术成就[3]。

---

[1] 陈万里：《中国青瓷史略》，上海人民出版社1962年版，第4页。
[2] 罗宗真：《江苏宜兴晋墓发掘报告》，《考古学报》1957年第4期。
[3] 南京市文物保管委员会：《南京象山5号、6号、7号墓整理简报》，《文物》1972年第11期。

南朝的制瓷业，继承东汉以来南方青瓷制造的优良传统，并得到迅速的发展。无论是生产规模还是生产技术，都大大超过前代。兹试举一例，以见当时烧瓷技术的先进。

《近年来江苏省出土文物》载：

> 釉质温润沉静，其中玻璃釉的一种，嫩绿微黄，晶莹明澈。东晋以来，青釉瓷上常加上酱色釉彩斑，晕入釉质，鲜润绚丽，实为单色釉加釉之矢①。

在北朝的墓葬中，也有瓷器出土，如1978年河北景县封氏墓群中就出土有4件青瓷莲花尊②，其纹饰极为繁缛、华美。

（四）漆器业

1984年，考古工作者发掘了安徽省马鞍山东吴朱然墓，出土漆器十多个品种，六十余件。这是近年来一次重大的考古发现，充分展示了三国时期漆器制作的技术成就③。

两晋南北朝的漆器制造业亦较为发达，这从以下史料和出土文物中可以得到证明。

《南齐书》卷52《崔慰祖传》载：

> 崔慰祖……父庆绪，永明中，为梁州刺史……父梁州之资，家财千万，散与宗族。漆器题为日字，日字之器，流乎远近。

又清吴其濬《植物名实图考长编》卷12引陶弘景语曰：

> 荏状如苏……笮其子作油，日煎之，即今油帛及和漆所用者。

又《北齐书》卷39《祖珽传》载：

---

① 王志敏：《近年来江苏省出土文物》，《文物》1959年第4期。
② 张季：《河北景县封氏墓群调查记》，《考古通讯》1957年第3期。
③ 安徽省文物考古研究所、马鞍山市文化局：《安徽马鞍山东吴朱然墓发掘简报》，《文物》1986年第3期。

祖斑……善为胡桃油以涂画。

又《山西大同石家寨北魏司马金龙墓》一文谓：

> 1966年，在大同东南郊石家寨村北魏墓中，发现了木板漆画。木板漆画可能是一座屏风的装饰。木板用榫卯连接而成，板面涂以红漆，上用黑色线条描绘人物故事。人物的面部和服饰涂以白、黄、绿、橙、蓝等色漆。这件作品，形象地反映了这一时期漆工艺的水平[①]。

（五）造纸业

魏晋南朝纸的品种，以其原料来分，主要有麻纸、皮纸和竹纸三大类。

关于麻纸，《初学记》卷21引晋虞预《请秘府纸表》有云：

> 秘府中有布纸三万余枚，不任所给。

又宋米芾《书史》载：

> 王羲之《来戏帖》，黄麻纸[②]。

又米芾《十纸说》载：

> 六合（今扬州附近）纸，自晋已用，乃蔡侯渔网遗制也。网，麻也。

又陈朝徐陵《玉台新咏序》载：

[①] 山西省大同市博物馆、山西省文物工作委员会：《山西大同石家寨北魏司马金龙墓》，《文物》1972年第3期。
[②] （宋）米芾：《书史》，文渊阁《四库全书》影印本。

>五色花笺，河北胶东之纸。

在新疆出土的东晋写本《三国志》，经化验亦系用经过加工的高级麻纸。在这种纸上写字极易受墨，晋写本《三国志》上的墨迹，笔法圆润流畅，隶书意味浓厚，但又向楷书过渡，乃晋写本中的代表作。

另据研究者对这一时期近百种古纸的检验，证明其中90%以上都是用麻纸，这说明当时造纸的主要原料是大麻和苎麻。当时，这种麻纸除用于书写材料外，还在日常生活中作为杂用。如1966—1969年新疆出土的南北朝时的民间剪纸，式样美观大方，具有浓郁的民族风格①。

次叙皮纸。北宋苏易简《文房四谱》卷4有云：

>雷孔璋曾孙穆之，犹有张华与祖书，所书乃桑根皮（纸）也。

按此处的"根"字或系衍文，或系误字，因桑枝茎皮可造纸，而根皮则不可用。

又西晋陆机《毛诗草鸟兽虫鱼疏》载：

>榖，幽州人谓之榖桑，或曰楮桑；荆、扬、交、广谓之榖；中州人谓之楮桑……
>今江南人绩其皮以为布，又捣以为纸，谓之榖皮纸。

又南朝梁陶弘景《名医别录》载：

>楮，此即今构树也。南人呼榖纸亦为楮纸，武陵人作榖皮衣，甚坚好尔。

按"榖"字从木从殻，古书中常将此字与谷物的"穀"相混，不可不注意，否则易生误解。

以上所谈为桑皮纸和楮皮纸，从晋朝开始，在今浙江省嵊县南曹娥江上游的剡溪，更开创了用野生藤皮造纸。这一带在古时盛产野生藤本植

---

① 潘吉昌：《中国造纸技术史稿》，文物出版社1979年版，第55页。

物，而剡溪水清又适于造纸，故历史上名噪一时的"剡藤纸"便发源于此。

西晋张华《博物志》载：

> 剡溪古藤甚多，可造纸，故即名纸为剡溪。

又《全唐文》卷727引舒元舆《悲剡溪古藤文》载：

> 剡溪上绵四五百里，多古藤……溪中多纸工，刀斧斩伐无时，擘剥皮肌，以给其……异日过数十百郡，泊东雒（洛阳）、西雍（长安），历见言书文者，皆以剡纸相夸。

又同上卷609引皮日休《二游诗·徐诗》云：

> 宣毫利若风，剡纸光于月。

最后叙竹纸。《说郛》卷12引南宋赵希鹄《洞天清录集》云：

> 北纸用横帘造，纸纹必横……南纸用竖帘，纹必竖。若二王真迹，多是会稽竖纹竹纸。盖东晋南渡后，难得北纸，又右军父子多在会稽故也。

由于魏晋南朝时期的造纸业较为发达，所以纸不再是稀有之物，已成为普通的日常品，完全代替了竹简和绢帛，成为尽人皆用的书写材料。《晋书》卷92《文苑·左思传》载：

> （左思）复欲赋三都……遂构思三年，门庭藩溷皆着笔纸，遇得一句，即便疏之……及赋成……司空张华见而叹曰："班张之流也。使读之者尽而有余，久而更新。"于是豪贵之家竞相传写，洛阳为之纸贵。

由于造纸技术并不复杂，故这一时期的一些文人往往自行造纸。

《宋书》卷53《张茂度传附子永传》载：

　　永涉猎书史，能为文章，善隶书，晓音律，骑射杂艺，触类兼善，又有巧思，盖为太祖所知。纸及墨皆自营造。上每得永表启，辄执玩咨嗟，自叹供御者了不及也。

（六）酿酒业

魏晋南北朝时期，酿酒业颇为发达。

《三国志》卷38《简雍传》载：

　　（西蜀）时天旱禁酒，酿者有刑。吏于人家索得酿具，论者欲令与作酒者同罚。

又《世说新语》卷下之上《任诞》载：

　　阮公邻家妇，有美色，当垆酤酒。

又同上《伤逝》载：

　　王浚冲为尚书令，着公服，乘轺车，经黄公酒垆下过。顾谓后车客："吾昔与嵇叔夜、阮嗣宗共酣饮于此垆。竹林之游，亦预其末。"

又《宋书》卷72《文九王·建平宣简王宏传》载：

　　（元嘉）二十八年……时普责百官谠言，宏议曰："陛下……禁贵游而弛榷酤，通山泽而易关梁，固已海内仰道，天下知德。"

（七）制茶业

魏晋时期，以荆州与巴蜀的制茶业最为发达。

《太平御览》卷867《饮食部·茗》引曹魏张辑《广雅》载：

　　荆巴间采茶作饼，成以米膏出之，若饮，先炙令色赤，捣末置瓷器中，以汤浇覆之，用葱、姜芼之，其饮醒酒，令人不眠。

又同书同卷引魏末晋初人孙楚《出歌》载：

茱萸出芳树颠，鲤鱼出洛水泉，白盐出河东，美鼓出鲁川，姜桂茶荈出巴蜀，椒橘木兰出高山。

东晋南朝时期，不仅产茶地区已十分普遍，制茶的规模也都较大。《太平御览》卷867《饮食部·茗》引《续搜神记》载：

晋孝武帝世，宣城人秦精入武昌山中采茗。

又同书同卷引《桐君录》载：

西阳、武昌、晋陵皆出好茗，巴东别有真香茗，煎饮令人不眠。

又同书同卷引《茶陵县图经》载：

茶陵者，谓陵谷生茶茗。

第二节　十六国北朝的官民手工业

本节先叙官府手工业的管理机构，次叙官府手工业的发展状况。

一　官府手工业的管理机构

十六国时期，各少数民族政权因袭魏晋之制，建立起各种官府手工业作坊和管理机构，以保障各政权对军用品和奢侈品的需求。《晋书》卷106《石季龙载记上》载：

于时大旱……季龙……又下书曰："前以丰国、渑池二冶初建，徙刑徒配之，权救时务。"

又《南齐书》卷57《魏虏传》载：

　　石虎中尚方御府中巧工作锦，织成署皆数百人。

又《晋书》卷130《赫连勃勃载记》载：

　　（凤翔元年，赫连勃勃）以叱干阿利领将作大将……又造五兵之器，精锐尤甚。既成，呈之，工匠必有死者：射甲不入，即斩弓人；如其入也，便斩铠匠。又造百炼钢刀，为龙雀大环，号曰"大夏龙雀"，铭其背曰："古之利器，吴楚湛卢。大夏龙雀，名冠神都。可以怀远，可以柔逋。如风靡草，威服九区"。世甚珍之。复铸铜为大鼓、飞廉、翁仲、铜驼、龙、兽之属，皆以黄金饰之，列于宫殿之前。凡杀工匠数千，以是器物莫不精丽。

北朝的北魏、北齐、北周各代也都设有手工业的管理机构。
关于北魏的手工业管理机构，《魏书》卷113《官氏志》有云：

　　（北魏）余官杂号，多同于晋朝。

又同书卷2《太祖纪》载：

　　天兴元年春正月……辛酉……徙山东六州民吏及徒何、高丽杂夷三十六万，百工伎巧十万余口，以充京师……天赐元年……五月，置山东诸冶，发州郡徒谪造兵甲。

又同书卷110《食货志》载：

　　自太祖定中原，世祖平方难，收藏珍宝，府藏盈积。和平二年秋，诏中尚方作黄金合盘十二具，径二尺二寸，镂以白银，钿以玫瑰，其铭曰："九州岛岛致贡，殊域来宾，乃作兹器，错用其珍。锻以紫金，镂以白银，范围拟载，吐耀含真。纤文丽质，若化若神，皇王御之，百福唯新。"

关于北齐的手工业管理机构，《隋书》卷27《百官志中》有云：

> 后齐制官，多循后魏……太府寺，掌金帛府库，营造器物。统左、中、右三尚方，左藏、司染、诸冶东西道署、黄藏、右藏、细作、左校、甄官等署令、丞。左尚方，又别领别局、乐器、器作三局丞。中尚方，又别领别局、泾州丝局、雍州丝局、定州䌷绫局四局丞。右尚方，又别领别局丞。司染署，又别领京坊、河东、信都三局丞。诸冶东道，又别领滏口、武安、白间三局丞。诸冶西道，又别领晋阳冶、泉部、大鄂、原仇四局丞。甄官署，又别领石窟丞……
>
> 将作寺，掌诸营建。大匠一人，丞四人。亦有功曹、主簿、录事员。若有营作，则立将、副将、长史、司马、主簿、录事各一人。又领军主、副，幢主、副等。

关于北周的手工业管理机构，《通典》卷27《职官·少府监》有云：

> 后周有司织下大夫……有冶工、铁工中士。

又同书同卷《职官·将作监》云：

> 后周有匠师中大夫，掌城郭宫室之制；又有司木中大夫，掌木工之政令……丞：……后周曰匠师中士。

又同书同卷《职官·军器监》云：

> 后周武帝四年，初置军器监。

北朝官府手工业的工匠，与南朝相同，均是从民间强制征调而来，其来源主要有两种人。

一为徒隶或俘虏。

《魏书》卷2《太祖纪》载：

> 天兴元年……徙山东六州……百工伎巧十余万口，以充京师。

又同书卷 4 下《世祖纪下》载：

> （太平真君）七年春……三月……徙长安城工巧二千家于京师。

二为民间工匠。
《魏书》卷 94《阉官·仇洛齐传》载：

> 魏初禁网疏阔，民户隐匿漏脱者多。东州既平，绫罗户民乐葵因是请采漏户，供为纶。自后逃户占为细茧罗谷者非一。

又同书卷 110《食货志》载：

> 先是，禁网疏阔，民多逃隐。天兴中，诏采诸漏户，令输绫锦。自后诸逃户占为细茧谷者甚众。于是杂营户帅遍于天下，不隶守宰，赋役不周，户口错乱。

这些在官府手工业中服役的工匠，其社会地位都很低下。
《魏书》卷 5《高宗纪》载：

> （和平）四年……十有二月……壬寅，诏曰："……今制：皇族、师傅、王公侯伯士民之家，不得与百工伎巧卑姓为婚，犯者加罪。"

又同书卷 7 上《高祖纪上》载：

> （太和元年八月）丙子，诏曰："工商皂隶，各有厥分，而有司纵滥，或染清流。自今户内有工役者，推上本部丞，已下准次而授。若阶藉元勋、以劳定国者不从此制。"

又《隋书》卷 56《卢恺传》载：

染工上士王神欢者，尝以赂自进，冢宰宇文护擢为计部下大夫。（卢）恺谏曰："古者登高能赋，可为大夫，求贤审官，理须详慎。今神欢出自染工，更无殊异，徒以家富自通，遂与缙绅并列，实恐惟鹈之刺闻之外境。"护竟寝其事。

在官府手工业中服役的工匠，依照传统的办法，都是轮番赴役。
《隋书》卷24《食货志》载：

高祖登庸……仍依周制，役丁为十二番，匠则六番。

北周乃北魏的延续，其典章制度皆沿袭北魏旧制而来，故"匠则六番"当是整个北朝的制度。

二　官府手工业

十六国北朝的官府手工业虽然起步较晚，但发展很快，兹分述如次。

（一）丝织业

先叙十六国时期的丝织业。
《太平御览》卷816《布帛部·绨》引《邺中记》载：

石虎中尚方御府中巧工作锦，织成署皆数百人。

又《初学记》卷27引陆羽《邺中记》载：

（后赵时）锦有大登高、小登高、大明光、小明光、大博山、小博山、大茱萸、小茱萸、大交龙、小交龙、蒲桃文锦、斑文锦、凤凰朱雀锦、韬文锦、桃核文锦，或青绨、或白绨、或黄绨、或绿绨、或紫绨、或蜀绨，工巧百数，不可尽名也。

再叙北朝的丝织业。
《南齐书》卷57《魏虏传》载：

什翼珪始都平城……殿西铠仗库屋四十余间，殿北丝绵布绢库土屋一十余间。……婢使千余人，织绫锦。

又《魏书》卷7《高祖纪下》载：

> （太和）十有一年……十有一月丁未，诏罢尚书锦绣绫罗之工……其御府衣服、金银、珠玉、绫罗、锦绣，太官杂器，太仆乘具，内库弓矢，出其太半，班赉百官及京师士庶，下至工商皂隶，逮于六镇戍士，各有差……以绅绫绢布百万匹……赐王公以下。

又《洛阳伽蓝记》卷4《法云寺》载：

> 于是国家殷富，库藏盈溢，钱绢露积于廊者，不可校数。及（胡）太后赐百官（负）绢，任意自取，朝臣莫不称力而去。

当然库藏中的绢布不独由官府工匠织造，户调绢占有很大的比重，但官府经营的丝织业，其产品为数一定不少。

北魏官府丝织业如此发达，北齐、北周也不例外。兹以北齐为例。《北齐书》卷22《李元忠传》载：

> 武定元年，（李元忠）曾贡世宗蒲桃一盘，世宗报以白练缣。

又同书卷39《祖珽传》载：

> （祖珽）与陈元康、穆子容、任胄、元士亮等为声色之游。诸人尝就珽宿，出山东文绫并连珠孔雀罗等百余匹，令诸姬掷樗蒲赌之，以为戏乐。

（二）矿冶业

当时的矿冶业主要有以下几种。

一为冶铁业。《晋书》卷127《慕容德载记》载：

> （慕容德）主治于商山……以广军国之用。

又《魏书》卷 57《崔挺传》载：

（太和）十八年，（崔挺）徐昭武将军、光州刺史，维恩并着，风化大行……先是，州内少铁，器用皆求之他境，挺表复铁官，公私有赖。

又同书卷 24《崔玄伯传附崔僧渊传》载：

（迁洛之后）国家西至长安，东尽即墨，营造器甲，必尽坚精，昼夜不息者，于兹数载。

北魏以后的北周、北齐两朝，对冶铁铸造亦十分重视，除北魏原有的冶铁作场外，又多有新置。

《周书》卷 35《薛善传》载：

（大统中）时欲广置屯田以供军费，（薛善）乃除司农少卿，领同州夏阳县三十屯监。又于夏阳诸山置铁冶，复令善为冶监，每月役八千人，营造军器。善亲自督课，兼加慰抚，甲兵精利。

又《隋书》卷 27《百官志中》载：

齐制官，多循后魏……大府寺，掌金帛府库，营造器物。统左、中、右三尚方，左藏、司染、诸冶东西道署、黄藏、右藏、细作、左校、甄官等署令、丞……诸冶东道，又别领滏口、武安、白间三居丞。诸冶西道，又别领晋阳冶、泉部、大邘、原仇四局丞。

此时期的冶铁技术也有一定程度的提高。主要表现在三个方面。
一是广泛使用水排。
《安阳县志》卷 5《地理志》"山川条"载：

《邺乘》：铜山在县西北四十里，旧产铜……案《水冶图经》曰：

后魏时，引水鼓炉，名水冶，仆射高隆之监造，深一尺，阔一步半。

二是部分地区已开始用煤炼铁。
《水经注》卷2《河水注》载：

> 《释氏西域记》曰：屈茨北二百里有山，夜则火光，昼夜但烟。人取此山碳，冶此山铁，恒充三十六国用，故郭义恭《广志》云：龟兹能铸冶。

三是炼钢技术在此时期得到了进一步发展。
《晋书》卷130《赫连勃勃载记》载：

> （赫连勃勃）乃赦其境内，改元为凤翔。以叱干阿利领将作大匠……勃勃以为忠故委以营缮之任。又造五兵之器，精锐尤甚……又造百炼钢刀，为龙雀大环，号曰"大夏龙雀"，铭其背曰："古之利器，吴楚粘卢。大夏龙雀，名冠神都。可以怀远，可以柔逋。如风靡草，威服九区。"世甚珍之。

又《北齐书》卷49《方技·綦毋怀文传》载：

> （怀文）又造宿铁刀，其法烧生铁精以重柔铤，数宿则成钢。以柔铁为刀脊，浴以五牲之溺，淬以五牲之脂，斩甲过三十札。今襄国冶家所铸宿柔铤，乃其遗法，作刀犹甚快利，不能截三十札也。

二为金银采炼业。《魏书》卷110《食货志》载：

> 世宗延昌三年春，有司奏长安骊山有银矿，二石得银七两。其年秋，恒州又上言，白登山有银矿，八石得银七两，锡三百余斤，其色洁白，有逾上品。诏并置银官，常令采铸。

又同书卷9《肃宗纪》载：

神龟元年……秋七月……甲辰，开恒州银山之禁，与民共之。

又同书卷110《食货志》载：

汉中旧有金户千余家，常于汉水沙淘金，年终总输。后临淮王或为梁州刺史，奏罢之。

三为冶铜业。《魏书》卷110《食货志》载：

（熙平）二年冬，尚书崔亮奏："恒农郡铜青谷有铜矿，计一斗得铜五两四铢；苇池谷矿，计一斗得铜五两；鸾帐山矿，计一斗得铜四两；河内郡王屋山矿，计一斗得铜八两；南青州苑烛山、齐州商山，并是往昔铜官，旧迹见在。谨按铸钱方兴，用铜处广，既有冶利，并宜开铸。"诏从之。

又《太平御览》卷833《资产部·冶》引《后魏书》曰：

崔鉴为东徐州刺史，于州内铜冶为农具，丘人获利。

又《魏书》卷114《释老志》载：

铸释迦立像五，各长一丈六尺，都用赤金（赤金指铜）二万五千金……于天宫寺造释迦立像，高四十尺，用赤金十万斤。

(三) 制盐业

《魏书》卷110《食货志》载：

自迁邺后，于沧、瀛、幽、青四州之境，傍海煮盐。沧州置灶一千四百八十四，瀛洲置灶四百五十二，幽州置灶一百八十，青州置灶五百四十六，又于邯郸置灶四，计终岁合收盐二十万九千七百二斛四升。军国所资，得以周赡矣。

又《水经注》卷6《涑水注》载：

《地理志》曰：盐池在安邑西南，许慎谓之盐。长五十一里，广六里，周一百一十四里，从盐古声。吕忱曰：沈沙煮海谓之盐，河东盐池谓之"解"盐。今池水东西七十里，南北十七里，紫色澄渟，浑而不流，水出石盐，自然印成，朝取夕复，终无减损，唯水暴，雨潦甘潦奔迭，则盐池用耗，故公私共堨水径，防其淫滥，故谓之盐水，亦为堨水也，故《山海经》谓之盐贩之泽也……池西又有一池，谓之女盐泽，东西二十五里，南北二十里，在猗氏故城南……本司盐都尉治，领兵一千余人守之。

又《隋书》卷24《食货志》载：

后周太祖作相，创制六官。……掌盐掌四盐之政令。一曰散盐，煮海以成之；二曰鹽盐，引池以化之；三曰形盐，物地以出之；四曰饴盐，于戎以取之。凡鹽盐形盐，每地为之禁，百姓取之，皆税焉。

(四) 酿酒业

《魏书》卷110《食货志》载：

正光后，四方多事，加以水旱，国用不足……有司奏断百官常给之酒，计一岁所省合米五万三千五十四斛九升，蘖谷六千九百六十斛，面三十万五百九十九斤。其四时郊庙、百神群祀依式供营，远蕃使客不在断限。

又同书卷92《列女·胡长命妻张氏传》载：

乐部郎胡长命妻张氏……太安中，京师禁酒，张以姑老且患，私为酝之，为有司所纠。

又《隋书》卷24《食货志》载：

开皇三年正月，帝入新宫……先是尚周末之弊，官置酒坊收利，盐池盐井，皆禁百姓采用。

三　民间手工业

这一时期的民间手工业主要有纺织业、制瓷业、漆器制造业、造纸业、酿酒业、各种杂业等。

（一）纺织业

纺织业根据其原料和产品的不同，又可分为丝织业、麻织业、棉织业和毛纺织业四个不同的专业部门，关于丝织业，《北齐书》卷39《祖珽传》有云：

诸人尝就（祖）珽宿，出山东大文绫并连珠孔雀罗等百余匹，令诸妪掷樗蒲赌之，以为戏乐。

又《水经注》卷5《河水注》载：

（东阿）县出佳缯缣，故《史记》云："秦昭王服太阿之剑，阿缟之衣。"

关于棉织业，武敏《新疆出土汉—唐丝织品初探》有云：

1960年在吐鲁番阿斯塔那309号高昌时期墓葬中，出土一种大红、粉红、黄、白四色，作几何图案的织锦，为丝、棉混合织物[①]。

又新疆维吾尔自治区博物馆等编著的《丝绸之路——汉唐丝物》谓：

1959年在于田县屋于来克遗址的北朝墓葬中，出土了一件"褡布"，织造比较致密。在另一座北朝墓葬中，出土了一块蓝白印花棉布[②]。

[①] 武敏：《新疆出土汉—唐丝织品初探》，《文物》1962年第7—8期。
[②] 新疆维吾尔自治区博物馆等：《丝绸之路——汉唐丝物》，《文物》1972年第3期。

关于毛纺织业，《北史》卷83《樊逊传》有云：

（北齐河东人樊逊）其兄仲，以造毡为业。

又《齐民要术》卷6《养羊》载：

作毡法：春毛秋毛，中半和用。秋毛紧强，春毛软弱，独用太偏，是以须杂。三月桃花水时，毡第一。凡作毡，不须厚大，唯紧薄均调乃佳耳。

（二）制瓷业

《北朝纪年墓出土瓷器研究》一文载：

从现已发表的东魏纪年墓来看，此时出土瓷器的数量、品种、造型较前有所增加。

如河北景县东魏天平四年（537）高雅墓出土的酱褐釉龙形柄四系瓶、酱褐釉凸形纹碗、酱褐釉及黄釉直口鼓腹罐，其造型于釉色均不见于南朝，尤其是龙柄瓶肩部的四个方形系为典型北朝形制，这种方形系一经出现，便成为北朝瓷器最富特色的标志。这些新的造型和釉色的出现，标志着北朝风格瓷器的诞生①。

（三）漆器制造业

《齐民要术》卷5《漆》载：

凡漆器，不问真伪，过客之后，皆须以水净洗，置床箔上，于日中半日许曝之使干，下晡乃收，则坚牢耐久。若不即洗者，盐醋浸润，气彻则皱，器便坏矣。其朱里者，仰而曝之——朱本和油，性润耐日故。盛夏连雨，土气蒸热，什器之属，虽不经夏用，六七月中，各须一曝使干。世人见漆器暂在日中，恐其炙坏，合着阴润之地，虽欲爱慎，朽败更速矣。

---

① 郭学雷等：《北朝纪年墓出土瓷器研究》，《文物季刊》1997年第1期。

> 凡木画、服玩、箱、枕之属，入五月，尽七月、九月中，每经雨，以布缠指，揩拭热彻，胶不动作，光净耐久。若不揩拭者，地气蒸热，遍上生衣，厚润彻胶便皱，动处起发，飒然破矣。

又《北齐书》卷39《祖珽传》载：

> 珽善为胡桃油以涂画。

又《山西大同石家寨北魏司马金龙墓》一文载：

> 山西大同出土的司马金龙墓，是有明确纪年（延兴四年即474年；太和八年即484年）的北魏早期墓。墓的规模宏大……出土了大批陶俑、生活用具以及墓志、木板漆画等汁四百五十四件，为以前所少见……木板漆画，较完整的有五块，出于后室甬道西侧。每块长约0.8米，宽约0.2米，厚约2.5厘米。上下有榫，长2.5厘米，两侧每边上下两个榫铆，榫口长3.7厘米，宽0.6厘米。板面遍涂红漆（近朱红色）。题记及榜题处再涂黄色，上面墨书黑字。绘画中线条用黑色，人物面部手部涂铅白（易剥落），其余有黄、白、青绿（深浅不同）、橙红、灰兰等色。颜色中调漆类粘合剂不易剥落。木板两面均有画，出土时向上一面保存较好，色彩鲜明，向下一面则因潮湿剥落严重，大部以看不出原貌，色彩也较暗淡。漆画上下分为四层，每层高19—20厘米。每幅有文字题记和榜题，说明内容和人物身份，均为宣扬封建道德，表彰帝王、将相、烈女、孝子、高人、逸士等故事、传说，内容芜杂[1]。

（四）造纸业

北朝多用楮皮造纸。《齐民要术》卷5《种谷楮》载：

> 楮宜涧谷种之。地欲极良。秋上楮子熟时，多收，净淘，曝令

---

[1] 山西省大同市博物馆、山西省文物工作委员会：《山西大同石家寨北魏司马金龙墓》，《文物》1972年第3期。

燥。耕地令熟,二月耧耩之,和麻子漫散之,即劳,秋冬仍留麻勿刈,为楮作暖。明年正月初,附地芟杀,放火烧之。一岁即没人。三年便中斫。斫法:十二月为上,四月次之。每岁正月,常放火烧之。二月中,间斫去恶根。移栽者,二月莳之。亦三年一斫。指地卖者,省功而利少,煮剥卖皮者,虽劳而利大。自能造纸,其利又多。种三十亩者,岁斫十亩,三年一遍,岁收绢百匹。

(五) 酿酒业

在北朝,除临时禁酒外,民间都允许酿酤。

《洛阳伽蓝记》卷4《法云寺》载:

(洛阳) 市西有退酤、治觞二里。里内之人多酝酒为业。河东人刘白堕善能酿酒。季夏六月,时暑赫晞,以罂贮酒,暴于日中,经一旬,酒味不动,饮之香美而醉,经月不醒。京师朝贵,多出郡登藩,远相饷馈,逾于千里,以其远至,号曰"鹤觞",亦名"骑驴酒"。永熙年中,南青州刺史毛鸿宾赍酒之蕃,逢路贼,盗饮之即醉,皆被擒获,因复命(名) "擒奸酒。" 游侠语曰:"不畏张弓拔刀,唯畏白堕春醪。"

又《水经注》卷4《河水注》载:

(蒲坂县) 魏秦州刺史治。太和迁都,罢州,置河东郡。郡多流离,谓之徙民。

民有姓刘名堕者,宿擅工酿,采挹河流,酝成芳酎,悬食同枯枝止之年,排于桑落之辰,故酒得其名矣。然香醑之色,清白若滫浆焉,别调氛氲,不与佗同,兰熏麝越,自成馨逸,方士之贡选,最佳酎矣。自王公庶友,牵拂相招者,每云索郎有顾,思同旅语,索郎,反语为桑落也。

(六) 各种杂业

这一时期的诸种杂业均为小商品生产,且大都为世代相传的家庭手工业,即由小生产者在自己家中生产和销售。

《洛阳伽蓝记》卷5《凝圆寺》载:

洛阳城东北有上商里，殷之顽民所居处也。高祖名闻义里……惟有造瓦者止其内，京师瓦器出焉。世人歌曰："洛城东北上商里，殷之顽民昔所止。今日百姓造瓮子，人皆弃去住者耻。"

又《水经注》卷5《河水注》载：

东阿县……大城北门内西侧皋上，有大井，其巨若轮，深六七丈，岁尝煮胶，以贡天府，《本草》所谓阿胶也，故世俗有阿井之名。

又《魏书》卷102《西域·大月氏》载：

世祖时，其国人商贩京师，自云能铸石为五色琉璃，于是采矿山中，于京师铸之。既成，光泽乃美于西方来者。乃诏为行殿，容百余人，光泽映彻，观者见之，莫不惊骇，以为神明所作。自此，中国琉璃遂贱，人不复珍之。

第十五章 商品生产和商品流通

魏晋南北朝时期的商业，由于社会的动荡和人们经济指导思想的变化而处于衰退的境地，走着迂回曲折的道路。在北方，由于长期的战乱，加上天灾造成的饥馑荐臻、疾疫猖獗，使中原地区社会经济长期停滞不前，因此，北方的商业尤其是民间商业，基本处于停顿状态。而南方的商业，无论是与前代相比，还是与同时期的北方对照，都很发达和兴盛。

第一节 商业的恢复和发展

魏晋南北朝时期的商业，因社会的动荡而发展缓慢。但各个具体时期和具体地区也不尽一致。兹分别概述如次。

一 北方商业的缓慢发展

魏晋南北朝时期，北方中原地区是战乱最严重的地区，长期的战乱使商品经济发展严重受挫，自然经济比重大大增强。在这种情形之下，北方的社会经济长期停滞不前，商业的恢复与发展也因此而十分缓慢。

（一）魏晋时期北方商业的恢复与发展

先叙三国时期。

三国鼎立格局形成后，汉末以来北方地区丧乱的局面开始好转，农业和手工业生产得到了较快的恢复与发展，从而为商业的发展提供了条件。《三国志》卷6《董卓传》载：

> 初平元年二月，（董卓）乃徙天子都长安。焚烧洛阳宫室，悉发掘陵墓，取宝物……法令苛酷，爱憎淫刑，更相被诬，冤死者千数。百姓嗷嗷，道路以目。悉椎破铜人、钟虡，及坏五铢钱。更铸为小

钱，大五分，无文章，肉好无轮廓，不磨鑢。于是货轻而物贵，谷一斛至数十万。自是后钱货不行。

又同书卷16《仓慈传》注引《魏略》载：

颜斐字文林……黄初初转为黄门侍郎，后为京兆太守……斐到官，乃令属县整阡陌，树桑果。是时民多无牛车。斐又课民以闲月取车材，使转相教匠作车。又课民无车者，令畜猪狗，卖以买牛。时者民以为颂，一二年间，家家有丁车、大牛。

又《晋书》卷26《食货志》载：

魏武为相……还用五铢……及黄初二年，魏文帝罢五铢钱，使百姓以谷帛为市。至明帝世，钱废谷用既久，人间巧伪渐多，竞湿谷以要利，作薄绢以为市……魏明帝乃更立五铢钱，至晋用之，不闻有所改创。

再叙西晋时期。
这一时期商业的发展具有以下几个特点。
一是地区间的贸易往来日渐频繁。
《晋书》卷55《潘岳传》载：

方今四海会同，九服纳贡，八方翼翼，公私满路。近畿辐辏，客舍亦稠。冬有温庐夏有凉荫，刍秣成行，器用取给。疲牛必投，乘凉近进，发榻写鞍，皆有所憩……行者赖以顿止，居者薄收其值，交易贸迁，各有其所。

二是城市商业普遍发展。
《晋书》卷26《食货志》载：

（洛阳）纳百万而罄三吴之资，接千年而总西蜀之用。

又《太平御览》卷827《资产部·市》引陆机《洛阳记》载：

（洛阳）大市名金市，在大城中，马市在城东，阳市在城南。

又同书卷867《饮食部·茗》引傅咸《司隶（校尉）教》载：

闻南方有蜀妪作茶粥卖，廉事殴其器具，无为又卖饼于市。

三是个人商业活动日益活跃。主要表现为弃农经商与官僚经商之风较为盛行。

关于弃农经商，《晋书》卷26《食货志》有云：

泰始二年，（晋武）帝乃下诏曰："……豪人富商，挟轻资，蕴重积，以管其利。故农夫苦其业，而末作不可禁也。……五年正月癸巳，敕戒郡国计吏、诸郡国守相令长，务尽地利，禁游食商贩。"

又同书卷38《齐王攸传》载：

（司马）攸每朝政大议，悉心陈之。诏以比年饥馑，议所节省。攸奏议曰："……又都邑之内，游食滋多，巧伎末业，服饰奢丽，富人兼美，犹有魏之遗弊，染化日深，靡财害谷，动以万计。宜申明旧法，必禁绝之。"

关于官僚经商，《晋书》卷43《王戎传》有云：

（王戎）性好兴利，广收八方园田水确，周遍天下，积实聚钱，不知积极，每执牙筹，昼夜算计，恒若不足……家有好李，常出货之，恐人得种，恒钻其核。

又同书卷56《江统传》载：

（江统）转太子洗马。在东官累年，甚被亲礼。太子颇阙朝觐，又奢费过度，多诸禁忌，统尚书谏曰："……秦汉以来，风俗转薄，公侯之尊，莫不置园圃之田，而收市井之利，渐冉相放，莫以为耻，乘以古道，诚可愧也。今西园卖葵菜、蓝子、鸡、面之属，亏败国体，贬损另问。"

四是对外贸易有较大的发展。

西晋与东南亚的林邑、扶南等国，贸易往来较为活跃，与朝鲜半岛诸国及日本等继续保持着贸易关系，与中亚诸国以及天竺、安息、大秦等的海外贸易往来也较为频繁[①]。

（二）十六国时期北方商业的破坏与恢复

在十六国分裂割据的年代里，社会经济受到了严重的破坏。其中某些政权如后赵、前燕、前凉、前秦、后秦等虽曾或多或少注意发展农业生产，但为期既短，又限于局部地区，而大部分地区长期处于战乱中，社会生产停滞不前。

《魏书》卷110《食货志》载：

> 晋末，天下大乱，生民道尽，或死于干戈，或毙于饥馑，其幸而自存者，盖十五焉。

又《晋书》卷102《刘聪载记》载：

> （刘聪为政时）饥馑疾疫，死亡相属，兵疲于外，人怨于内。

又同书卷56《孙楚传附孙绰传》载：

> 自丧乱已来，六十余年，苍生殄灭，百不遗一，河洛丘墟，函夏萧条，井堙木刊，阡陌夷灭，生理茫茫，永无依归。

社会动荡，生产废弛，商业亦因之而日趋衰落。不过，十六国时期社会经济复苏的生机并未丧失殆尽，商业也并非始终停滞不前。实际上，当

---

① 高敏主编：《魏晋南北朝经济史》（下），上海人民出版社1996年版，第910—911页。

时的商业也有可称述者。

《晋书》卷106《石季龙载记上》载：

> 于时大旱……季龙下书曰："解西山之禁，蒲苇鱼盐除岁贡之外，皆无所固。公侯卿牧不得规占山泽，夺百姓之利。"

又同书卷113《苻坚载记上》载：

> 关陇清晏，百姓丰乐，自长安至于诸州，皆夹路树槐柳，二十里一亭，四十里一驿，旅行者取给于途，工商贸贩于道。百姓歌之曰："长安大街，夹树杨槐。下走朱轮，上有鸾栖。英彦云集，诲我荫黎。"

又《太平御览》卷363《人事部·形体》引车频《秦书》载：

> 苻坚四夷宾服，凑集关中，四方种人，皆奇貌异色。

又《晋书》卷113《苻坚载记上》载：

> 时商人赵掇、丁妃、邹瓮等皆家累千金，车服之盛，拟则王侯，（苻）坚之诸公竞引之为国二卿。黄门侍郎程宪言于坚曰："赵掇等皆商贩丑竖，市郭小人，车马衣服僭同王者，官齐君子，为藩国列卿，伤风败俗，有尘圣化，宜肃明典法，使清浊显分。"坚于是推检引掇等为国卿者，降其爵。乃下制："非命士已上，不得乘车马于都城百里之内。金银锦绣，工商、皂隶、妇女不得服之，犯者弃市。"

（三）北朝商业的恢复与发展

先叙北魏的商业。

北魏在拓跋珪、拓跋嗣、拓跋焘三朝，商业不甚发达。北方统一之后，社会经济日趋恢复与发展，商业也因此有了起色。

《魏书》卷110《食货志》载：

魏初至于太和，钱货无所周流。

又《魏书》卷5《高宗纪》载：

（和平）二年春正月乙酉，诏曰："刺史牧民，为万里之表。自顷每因发调，逼民假贷，大商富贾，要射时利，旬日之间，增赢十倍。上下通同，分以润屋。故编户之家，困于冻馁；豪富之门，日有兼积。"

又同书卷4下《恭宗纪》载：

（恭宗）又禁饮酒、杂戏、弃本沽贩者。

自孝文帝迁都洛阳和推行汉化运动后，北魏的社会经济大有起色，商业也因此而获得了较大的发展。

《洛阳伽蓝记》卷4《法云寺》载：

凡此十里，多诸工商货殖之民。千金比屋，层楼对出，重门启扇，阁道交通，迭相临望。金银锦绣，奴婢缇衣，五味八珍，仆隶毕口。

（按："此十里"指北魏洛阳的通商、达货、调音、乐律、退酤、治觞、慈孝、奉终、准财、金肆十里。）

又同书卷3《龙华寺》载：

（各国客商）乐中国土风而宅者，不可胜数。是以附化之民，万有余家。门巷修整，阊阖填列。青槐荫陌，绿柳垂庭。天下难得之货，咸悉在焉。

又《魏书》卷66《李崇传附李世哲传》载：

邺、洛市廛，收擅其利。

商业的发展，必然会带来商品交易活动的兴盛。
《北史》卷15《常山王遵传附元淑传》载：

> 孝文帝时（元淑）为河东太守，河东俗多商贾，罕事农桑，人至有年三十，不识未耜。

随着商业的发展，出现了许多"资财巨万"的大商人。
《洛阳伽蓝记》卷4《法云寺》载：

> 有刘宝者，最为富室，州郡都会之处，皆立一宅，各养马一匹，至于盐粟贵贱，市价高下，所在一例。舟车所通，足迹所履，莫不商贩焉。是以海内之货，咸萃其庭，产匹铜山，家藏金穴，宅宇逾制，楼观出云，车马服饰，拟于王者。

再叙北齐和北周的商业。
《嘉靖彰德府志》卷8《邺都宫室志》载：

> （邺都城内有东西二市）四民辐辏，里闬阗溢。

又《周书》卷22《柳庆传》载：

> （西魏大统年间）有贾人持金二十斤，诣京师交易。

又同书卷49《异域传序》载：

> （长安）卉服毡裘，辐辏于属国，商胡贩客，填委于旗亭。

二　南方商业的发展与繁荣

魏晋南北朝时期，由于南方受战乱的影响较小，社会环境相对稳定，加上北方人口大量南迁，带来了原地区的生产技术，南方经济蓬蓬勃勃地发展起来,商业也因此而获得较大发展①。

先叙三国时期南方商业的初步恢复与发展。

孙吴时南方的商业,要比中原活跃得多。孙吴建立之初,建业与武昌就成了两个新兴的商业都市。其中关于建业,《文选》卷5引左思《吴都赋》云:

> 水浮陆行,方舟结驷,唱棹转毂,昧旦永日。开市朝而并纳,横阛阓而流溢,混品物而同廛,并都鄙而为一。士女伫眙,商贾骈坒,纻衣绤服,杂沓徙萃。轻舆按辔以经隧,楼船举帆而过肆,果布辐辏而常然,致远流离与珂珬。纆缴賏纷纭,器用万端,金镒磊砢,珠琲阑干,桃笙象簟,韬于筒中,蕉葛升越,弱于罗纨。儋嘉荣獠,交贸相竞,喧哗喧呷,芬葩荫映,挥袖风飘而红尘昼昏,流汗霡脉霂沐而中逵泥泞。富中之甿,货殖之选,乘时射利,财丰巨万,竞其区宇,则并强兼巷,矜其宴居,则珠服玉馔。

孙吴立国,不闭关,不锁国,面向大海,敞开胸怀,积极开拓与南海各地的经济联系,贩运贸易十分活跃。

《三国志》卷54《吕蒙传》载:

> (吕)蒙至寻阳,尽伏其精兵舳舻中,使白衣摇橹,作商贾人服,昼夜兼行。

又同书卷48《孙休传》载:

> (永安)二年春……三月,备九卿官,(孙休)诏曰:"自顷年以来,州郡吏民及诸营兵,多违此业,皆浮船长江,贾作上下,良田渐废,见谷日少。"

又同书卷46《孙坚传》载:

---

① 万绳楠、庄华峰:《中国长江流域开发史》,黄山书社1997年版,第121—146页。

> 孙坚字文台，吴郡富春人，盖孙武之后也。少为县吏。年十七，与父共载船至钱塘，会海贼胡玉等从匏里上掠取贾人财物，方于岸上分之，行旅皆往，船不敢进……坚行操刀上岸，以手东西指麾，若分部人兵以罗遮贼状。贼望见，以为官兵捕之，即委财物散走。坚追，斩得一级以还；父大惊。由是显闻，府召署假尉。

商业的发展，使孙吴许多经商者成为腰缠万贯、富埒王侯的特殊阶层。

《三国志》卷65《华覈传》载：

> 百工作无用之器，妇人为绮靡之饰……转相仿效，耻独无有……至于富贾商贩之家，重以金银，奢恣尤甚。

又《抱朴子·外篇》卷34《吴失篇》有云：

> （亦官亦商之人）僮仆成军，闭门为市……商船千艘，腐谷万庾。

蜀汉的商业以成都为最发达。

《文选》卷4引左思《蜀都赋》载：

> （成都）带二江之双流，抗峨眉之重阻，水陆所凑，兼六合而交会焉。……市廛所会，万商之渊，列隧百重，罗肆巨千，贿货山积，纤丽星繁。都人士女，袨服靓妆，贾资墆鬻，舛错纵横，异物崛诡，奇于八方。

又《三国志》卷39《刘巴传》注引《零陵先贤传》载：

> 初攻刘璋，（刘）备与士众约："若事定，府库百物，孤无预焉。"及拔成都，士众皆舍干戈，赴诸藏竞取宝物。军用不足，备甚忧之。（刘）巴曰："易耳，但当铸直百钱，平诸物价，令吏为官市。"

再叙东晋南朝时期南方商业的发展。

东晋南朝时期,南方先后出现了一批较大的商业城市。

《太平御览》卷827《资产部·市》引山谦之《丹阳记》载:

建康大市,孙权所立;建康东市,同时立;建康北市,永安中立;秣陵斗市场,隆安中发乐营人交易,因城市也。

又《通典》卷11《食货·杂税》载:

自东晋至陈,(建康)西有石头津,东有方山津,各置津主一人,贼曹一人,直水五人,以检察禁物及亡叛者。……淮水北有大市,自余小市十余所,备置官司,税敛既重,时甚苦之。

又《隋书》卷31《地理志下》"扬州"条载:

宣城、毗、陵、吴郡、会稽、余杭、东阳……有海陆之饶,珍异所聚,故商贾并凑。

又《水经注》卷33《江水注》载:

《华阳记》曰:"巴子虽都江平州,又治平都,即此处也,有平都县,为巴郡之隶邑矣。县有天师治,兼建佛寺甚清灵,县有市肆,四日一会。"

这一时期,南方各地区间的转运贸易相当兴旺。

《宋书》卷33《五行志四》载:

晋安帝元兴二年十二月,桓玄篡位。其明年二月庚寅夜,涛水入石头。是时贡使商旅,方舟万计,漂败流断,骸胔相望。

又《南齐书》卷46《陆慧晓传附顾宪之传》载:

(南齐时)吴兴无秋,会稽丰登,商旅往来,倍多常岁。

又《宋书》卷54《孔季恭、羊玄保、沈昙庆传》"传论"载:

荆城跨南楚之富,扬部有全吴之沃,鱼盐杞梓之利,充仞八方,丝绵布帛之饶,覆衣天下。

当时商人所贩运的货物,除大量的粮食、食盐、绢布之类的生活必需品外,还贩运相当数量的高级消费品和奢侈品。

《宋书》卷56《孔琳之传》"传论"载:

(南朝)昏作役苦,故稼人去而从商,商子事逸,末业流而浸广……于是竞收罕至之珍,远蓄未名之货,明珠翠羽,无足而驰,丝罽文犀,飞不待翼。

由于商品交换的发达,东晋南朝时出现了许多家财巨万的富商大贾。《宋书》卷45《刘粹传附刘道济传》载:

(刘)粹弟道济,尚书起部郎……迁振武将军、益州刺史。长史黄谦……并聚敛兴利,而道济委任之,伤政害民,民皆怨毒……远方商人多至蜀土资货,或有直数百万者,谦等限布丝绵各不得过五十斤,马无善意,限蜀钱二万……商旅吁嗟,百姓咸欲为乱。

又同书卷84《孔觊传》载:

(孔)觊弟道存,从弟徽,颇营产业。二弟请假东还,觊出渚迎之,辎重十余船,皆是绵、绢、纸、席之属。觊见之,伪喜……既而正色谓道存等曰:"汝辈忝预士流,何至还东作贾客邪!"

又《梁书》卷1《武帝纪上》载:

高祖下令曰:"……自永元失德,书契未纪,穷凶竞悖,焉可胜言……上慢下暴,淫侈竞驰……至乃市井之家,貂狐在御;工商之子,缇绣是袭。"

由于商业的发展,弃农经商与官僚经商日益盛行。
关于弃农经商,《南齐书》卷53《傅琰传》载:

太祖辅政,以山阴狱讼烦积,复以(傅)琰为山阴令。卖针卖糖老姥争团丝,来诣琰,琰不辨核,缚团丝于柱鞭之,密视有铁屑,乃罚卖糖者。

又同书卷55《乐颐传》载:

建武中,(乐预)为永世令,民怀其德。卒官。有一老妪行担斛薪叶将诣市,闻预死,弃担号泣。

这一时期的官僚经商,其形式有四。
一是通过经营土地,出售蔬果、药材等以盈利。
《宋书》卷77《柳元景传》载:

元景……有弘雅之美。时在朝勋要,多事产业,唯元景独无所营。南岸有数十亩菜园,守园人卖得钱二万送还宅。

又同书卷77《沈庆之传》载:

(沈庆之)居清明门外,有宅四所,室宇甚丽。又有园舍在娄湖……广开田园之业,每指地示人曰:"钱尽在此中。"身享大国,家素富厚,产业累万金,奴僮千计。再献钱千万,谷万斛。

二是从事长途贩运以求利。
《宋书》卷84《孔觊传》载:

觊弟道存，从弟徽，颇营产业。二弟请假东还，觊出渚迎之，辎重十余船，皆是绵绢纸席之属。觊见之，伪喜谓曰："我比困乏，得此甚要。"因命上置岸侧，既而正色谓道存等曰："汝辈忝预士流，何至还东作贾客邪！"命左右取火烧之，烧尽乃去。

又同书卷83《吴喜传》载：

西难既殄，（吴喜）便应还朝，而解故盘停，托云捍蜀。实由货易交关，事未回展……又遣部下将吏，兼因土地富人，往襄阳或蜀、汉，属托郡县，侵官害民，兴生求利，千端万绪。从西还，大舳小舸，爰及草舫，钱米布绢，无船不满。自喜以下，迨至小将，人人重载，莫不兼资。

又《太平御览》卷838《百谷部·麦》引《三国典略》载：

（北齐时，李岳官至中散大夫）尝为门客所说，举钱营生，广收大麦载赴晋阳，侯其食以秋高价，清明之日，其车方达。又从晋阳栽花生向邺城，路逢大雨，并化为泥。息利既少，乃至贫迫，当世人士莫不笑之。

三是设邸开店，坐收商利。
《南史》卷51《梁宗室上·临川靖惠王宏传》载：

宏都下有数十邸出悬钱之券，每以田宅邸店悬上文券，期讫便驱券主，夺其宅。

又《魏书》卷56《郑羲传》载：

（郑）羲多所受纳，政以贿成。性又啬吝，民有礼饷者，皆不与杯酒脔肉，西门受羊酒，东门酤卖之。

四是与海外通商。

《梁书》卷33《王僧孺传》载：

> 天监初……（王僧孺）寻出为南海太守。郡常有高凉生口及海舶每岁数至，外国贾人以通贸易，旧时州郡以半价就市，又买而即卖，其利数倍，历政以为常。

此外，东晋南朝时期南方商业的兴盛还表现在南北互市较为活跃和海外贸易十分发达等方面，这些留待后面再论。

第二节 集市商业、商业都会与市场管理

商业的发展需要市场。魏晋南北朝的市场，既有农民临时设置的集市，又有商业都会中列肆贩卖，摆摊设点的正规市场。随着市场的繁荣，政府为加强管理而设置的组织亦日渐完善。

一 集市商业

魏晋南北朝时期，随着城市商业的发展，南方一些乡邑或接近农村的地方，逐渐出现了定期一聚的集市，成为周边地区的一个货物交易中心。这一时期的集市大约可分为两类：一为在相对固定的时间交易的集市；二为在一些城外交通要道和人们往来频繁的地方，形成了较为固定的市场——草市。

（一）集市

《水经注》卷33《江水注》载：

> （江州）有平都县，为巴郡之隶邑矣……县有市肆，四日一会。

又《太平御览》卷827《资产部·市》引《赵书》载：

> 丰国市，五日一会。

又《宋书》卷92《良吏传序》载：

（刘宋元嘉初年）区宇宴安，方内无事，三十年间，氓庶蕃息……民有所系，吏无苟得。家给人足……凡百户之乡，有市之邑，歌谣舞蹈，触处成群，盖宋世之极盛也。

由于在乡邑集市上从事交易的工商业者聚居无常，即所谓"当集则满，不当集则虚"，故南朝时又取名为"虚市"。

南朝刘宋沈怀远《南越志》载：

越之市为虚，多在村场，先期招集各商或歌舞以来之。荆南、岭南皆然。

(二) 草市

中国最早的草市出现于东晋。

《资治通鉴》卷144《齐纪》和帝中兴元年条胡注谓：

（东晋时建康）台城六门之外，各有草市。

至南朝，不少地方如建康、寿春等已有草市。佚名《南朝官苑记》载：

南尉在草市北，湘宫寺前。

又《南齐书》卷19《五行志》载：

建武四年，王晏出至草市，马惊走，鼓步从车而归。

又《水经注》卷32《肥水注》载：

肥水左渎，又西径石桥门北，亦曰草市门，外有石溠渡北洲。

前三则材料点明草市在建康附近，末一条在寿春。

随着草市的发展及其商品交换规模的不断扩大，封建官府垂涎其利益所得，遂将一些草市收归官有，从而将具有非官方市场性质的草市，纳入了官市系统。从此，草市由官府指定设立，政府亦设官管理。

《南齐书》卷50《明七王·鄱阳王宝夤传》载：

> 宝夤至杜姥宅，日已欲暗，城门闭，场上人射之，众弃宝夤逃走。宝夤逃亡三日，戎服诣草市尉，尉驰以启帝，帝迎宝夤入宫问之。

二　商业都会

魏晋南北朝时期南北长期分裂，战争不断，彼此疆界处重兵驻守，商贾流通不畅，因此南北方的商业都会都均不多，但也有可称述者，其中北方有洛阳、长安、邺、平城、晋阳等，南方有建康、京口、丹阳、山阴、寿春、襄阳、荆州、郢州、益州、广州、交州等。

先叙北方的商业都会。

洛阳

《洛阳伽蓝记》卷2《景宁寺》载：

> 孝义里东，即是洛阳小市……民间号为吴人坊，南来投化者多居其内。近伊、洛二水，任其习御。里三千余家，自立巷市，所卖口味，多是水族，时人谓为鱼鳖市也。

又同书卷3《龙华寺》载：

> 自葱岭已西，至于大秦，百国千城，莫不款附，商胡贩客，日奔塞下，所谓尽天地之区矣。乐中国土风，因而宅者，不可胜数。是以附化之民，万有余家。门巷修整，阊阖填列，青槐荫陌，绿树垂庭，天下难得之货，咸悉在焉。别立市于洛水南，号曰四通市，民间谓永桥市。伊、洛之鱼，多于此卖，士庶须脍，皆诣取之。

又同书卷4《法云寺》载：

> 市（洛阳大市）东有通商、达货二里。里内之人，尽皆工巧，

屠贩为生，资财巨万。有刘宝者，最为富室。州郡都会之处，皆立一宅，各养马十疋，至于盐粟贵贱，市价高下，所在一例。舟车所通，足迹所履，莫不商贩焉。是以海内之货，咸萃其庭，产匹铜山，家藏金穴。宅宇逾制，楼观出云，车马服饰，拟于王者。

长安

《晋书》卷113《苻坚载记上》载：

> 关陇清晏，百姓丰乐，自长安至于诸州……二十里一亭，四十里一驿，旅行者取给于途，工商贸贩于道。百姓歌之曰："长安大街，夹树杨槐。下走朱轮，上有鸾栖。"

又宋敏求《长安志》卷8载：

> 东市：隋曰都会市，南北居二坊之地，东西南北各六百步，四面各开一门，定四面街，各广百步……街市内货财二百二十行，四面立邸，四方珍奇，皆所积集……当中东市局，次北平准局，并隶太府寺。

又同书卷10载：

> 西市：隋曰利人市，南北尽两坊之地，市内有西市局，隶太府寺。市内店肆，如东市之制。

邺

《文选》卷6引左思《魏都赋》载：

> 廓三市而开廛，籍平逵而九达。班列肆以兼罗，设阛阓以襟带。济有无之常偏，距日中而毕会。抗旗亭之峣薛，侈所观之博大。百隧毂击，连轸万贯，凭轼捶马，袖幕纷半。壹八方而混同，极风采之异观。质剂平而交易，刀市贸而无算。财以工化，贿以商通，难得之货，此则弗容。器周用而长务，物背窳而就攻。不鬻邪而豫贾，着

驯风之醇醲。

又《晋书》卷33《石苞传》载：

> 石苞字仲容，渤海南皮人也……县召为吏，给农司马……既而又被使到邺，事久不决，乃贩铁于邺市。市长沛国赵元儒名知人，见苞，异之，因于结交。

又《隋书》卷30《地理志中》载：

> 魏郡，邺都所在，浮巧成俗，雕刻之工，特云精妙，士女被服，咸以奢丽相高，其性所尚习，得京、洛之风矣。

平城

《魏书》卷2《太祖纪》载：

> （天赐）三年……六月，发八部五百里内男丁筑灅南宫，门阙高十余丈；引沟穿池，广苑囿；规立外城，方二十里，分置市里，经途洞达。

又同书卷53《李孝伯传附李安世传》载：

> 国家有江南使至，多出藏内珍物，令都下富室好容服者货之，令使任情交易。使至金玉肆问价。

晋阳

《元和郡县图志》卷13太原府晋祠条引姚最《序行记》载：

> 高洋天保中，大起楼观，穿筑池塘，飞桥跨水。自洋以下，皆游集焉。至今为北都之盛。

又《北齐书》卷8《后主纪》载：

于晋阳起十二院,壮丽逾于邺下。

又《太平御览》卷838《百谷部·麦》引《三国典略》载:

(北齐中散大夫李岳)尝为门客所说,举钱营生,广收大麦载赴晋阳,侯其寒食以求高价。

再叙南方的商业都会。
建康
《太平御览》卷827《资产部·市》引山谦之《丹阳记》载:

(东晋时)京师四市:建康大市,孙权所立;建康东市,同时立;建康北市,永安中立;秣陵斗场市,隆安中发乐营人交易,因成市也。

又《资治通鉴》卷162《梁纪》武帝太清三年条胡注引《金陵记》载:

梁都之时,户二十八万。西石头城,东至倪塘,南至石子岗,北过蒋山,南北各四十里。

又《隋书》卷31《地理志下》载:

丹阳旧京所在,人物本盛,小人率多商贩,君子资于官禄,市廛列肆,埒于二京。

按"二京"指长安和洛阳。
京口
《南齐书》卷14《州郡志上》载:

南徐州,镇京口……丹徒水道入通吴、会,孙权初镇之……今京城因山为垒，望海临江，缘江为境，似河内郡，内镇优重。宋氏以来，桑梓帝宅，江左流寓，多出膏腴。

又《隋书》卷31《地理志下》载：

京口东通吴、会，南接江、湖，西连都邑，亦一都会也。

丹阳
《隋书》卷31《地理志下》载：

丹阳旧京所在，人物本盛，小人率多商贩，君子资于官禄，市廛列肆，埒于二京，人杂五方，故俗颇相类……宣城、毗陵、吴郡、会稽、余杭、东阳，其俗亦同。然数郡川泽沃衍，有海陆之饶，珍异所聚，故商贾并凑。小人勤于耕稼……一年蚕四五熟，勤于纺绩，亦有夜浣纱而旦成布者，俗呼为鸡鸣布。

山阴
《宋书》卷80《顾觊之传》载：

觊之……复东迁山阴令。山阴民户三万，海内剧邑，前后官长，昼夜不得休，事犹不举。

又《南齐书》卷46《陆慧晓传附顾宪之传》载：

顾宪之……永明六年，为隋王东中郎长史、行会稽郡事。时西陵戍主杜元懿启："吴兴无秋，会稽丰登，商旅往来，倍多常岁。西陵牛埭税，官格日三千五百，元懿如即所见，日可一倍，盈缩相兼，略计年长百万。浦阳南北津及柳浦四埭，乞为官领摄，一年格外长四百许万。"

寿春
《南齐书》卷14《州郡志上》载：

寿春，淮南一都之会，地方千余里，有陂田之饶，汉、魏以来扬州刺史所治，北拒淮水，《禹贡》云"淮海惟扬"也……芜湖，浦水南入，亦为险奥。

又《晋书》卷92《伏滔传》载滔著《正淮》（上）谓：

彼寿阳者，南引荆、汝之利，东连三吴之富；北接梁、宋，平涂不过七日；西援陈、许，水陆不出千里；外有江湖之阻，内保淮肥之固。龙泉之陂，良畴万顷，舒六之贡，利尽蛮越，金石皮革之具萃焉，苞木箭竹之族生焉，山湖薮泽之隈，水旱之所不害，土产草滋之实，荒年之所取给。

襄阳

《南齐书》卷15《州郡志下》载：

雍州，镇襄阳……自永嘉乱，襄阳民户流荒。咸康八年，尚书殷融曰："襄阳、石城，疆场之地，对接荒寇"……襄阳左右，田土肥良，桑梓野泽，处处而有……宋元嘉中，割荆州五郡属，遂为大镇。疆蛮带沔，阻以重山，北接宛、洛，平涂直至，跨对樊、沔，为鄢、郢北门。

又《隋书》卷31引《地理志下》载：

自晋氏南迁之后，南郡、襄阳，皆为重镇，四方凑会。

荆州

《南齐书》卷15《州郡志下》载：

荆州，境域之内，含带蛮、蜒，土地辽落，称为殷旷。江左大镇，莫过荆、扬。

又同书卷 25《张敬儿传》载：

> 太祖……报（沈）攸之书曰："……况荆州物产，雍、岷、交、梁之会，自足下为牧，荐献何品？良马劲卒，彼中不无，良皮美罽，商赂所聚，前后贡奉，多少何如？……"

又《隋书》卷 31《地理志下》载：

> 自晋氏南迁之后，南郡（荆州）、襄阳，皆为重镇，四方凑会。

郢州

《南齐书》卷 15《州郡志下》载：

> 郢州，镇夏口，旧要害也……地居形要，控接湘川，边带涢、沔……夏口城据黄鹄矶……边江峻险，楼橹高危，瞰临沔、汉，应接司部，宋孝武置州于此，以分荆楚之势。

益州

《南齐书》卷 15《州郡志下》载：

> 益州，镇成都，起魏景元四年所治也。开拓夷荒，稍成郡县……蜀侯恽杜以来，四为偏据，故诸葛亮云"益州险塞，沃野天府"……方面疆镇，涂出万里，……州土瑰富，西方之一都也。

又《隋书》卷 29《地理志上》载：

> 蜀都，其地四塞，山川重阻，水陆所凑，货殖所萃，盖一都之会也。

又《文选》卷 4 引左思《蜀都赋》载：

（蜀都市）亚以少城，接乎其西，市廛所会，万商之渊，列隧百重，罗肆巨千，贿货山积，纤丽星繁。都人士女，袨服靓妆，贾贸鬻䴡，舛错纵横，异物崛诡，奇于八方。布有橦华，面有桃榔，邛杖传节于大夏之邑，蒟酱流味于番禺之乡。舆辇杂沓，冠带混并，累毂叠迹，叛衍相倾，喧哗鼎沸，则唬䬃宇宙，嚣尘涨天，则埃壒曜灵。

广州

《南齐书》卷14《州郡志上》载：

广州，镇南海。滨际海隅，委输交部，虽民户不多，而俚獠猥杂……卷握之资，富兼十世。

又《隋书》卷31《地理志下》载：

南海、交趾，各一都会也。并所处近海，多犀、象、玳瑁、珠玑，奇异珍玮，故商贾至者，多取富焉。

又《南齐书》卷32《王琨传》载：

南土沃实，在任者常致巨富，世云："广州刺史但经城门一过，便得三千万。"

交州

《南齐书》卷14《州郡志上》载：

交州，镇交阯，在海涨岛中……外接南夷，宝货所出。山海珍怪，莫与为比。

三　市场管理

魏晋南北朝城市市场的繁荣，使官府为加强管理和敛税而设置的组织日趋完善。

（一）市场组织

首先，城内市场是由官府设立的。

《太平御览》卷827《资产部·市》引陆机《洛阳记》载：

> 三市，大市名，金市在大城中，马市在城东，阳市在城南。

又同书同卷引山谦之《丹阳记》载：

> 京师四市：建康大市，孙权所立，建康东市同时立，建康北市永安中立，秣陵斗场市，隆安中发乐营人交易，因成市也。

又《通典》卷11《食货·杂税》谓：

> 淮水北有大市，自余小市十余所，备置官司。

市由官设，故政府亦设官管理，大小不同的市，均设有品秩不同、名称不同的市官，如市令、市丞、牧佐、录事、市魁等。

《南齐书》卷7《东昏侯纪》载：

> （东昏侯）于苑中立市，太官每旦进酒肉杂肴，使宫人屠酤，潘氏为市令，帝为市魁，执罚，争者就潘氏决判。

又《通典》卷26《职官·太府卿》载：

> 后魏有京邑市令。北齐则司州牧领东西市令、丞。北周司市下大夫。

城内市场的内部组织形式与过去历代的城市一样，仍沿袭了古代的列肆制度，即货物以类相从，同一物品在同一肆发售，保持了《周礼》所谓"名相近者相远，实相近者相而迩"的古制。

常璩《华阳国志》卷3《蜀志》载：

（成都市）修整里阓，市张列肆，与咸阳同制。

又《全晋文》卷21王彪之《整市敕》载：

古人同市朝者，岂不以众之所归，宜必去行物。近检校山阴市，多不如法，或店肆错乱，或商估没漏，假冒豪强之名，拥护贸易之利，凌践平弱之人，专固要害之处，属城承宽，亦皆如之。

这些市均为定时市，朝开夕闭，启闭有一定时间限制，到了交易时间才打开市门，交易时间一过即罢市。

《太平御览》卷827《资产部·市》引《晋书》载：

羊祜都督荆州，卒，而州人正市，闻祜卒，皆号恸罢市。

又《初学记》卷24引梁庾肩吾《看放市诗》载：

旗亭出御道，游目暂回车……日中人已合，黄昏故未疏。

又《洛阳伽蓝记》卷2《龙华寺》载：

（建春门外）阳渠北有建阳里，里内有土台，高三丈，上作二精舍。赵逸云："此台是中朝旗亭也。"上有二层楼，悬鼓击之以罢市。

(二) 市场管理

市场是人们交易的场所，又是封建政府的重要财政来源之一。要想保证政府的财政收入，加强对市场秩序的维护便很重要。魏晋南北朝时期，各级政府一般都比较重视对市场的管理，其管理方式主要有以下数端。

一是对商品经营者加强管理。

《太平御览》卷828《资产部·垆》引《晋令》载：

坐垆肆者，皆不得宿肆上。

又同书同卷《资产部·驵侩》引《晋令》载：

侩卖者皆当着巾，白帖，额题所侩卖者及姓名，一足着白履，一足着黑履。

又《梁书》卷11《吕僧珍传》载：

（吕）僧珍旧宅在市北，前有督邮廨，乡人咸劝徙廨以益其宅。僧珍怒曰："督邮官廨也，置立以来，便在此地，岂可徙之益吾私宅！"姊适于氏，住在市西，小屋临路，与列肆杂处，僧珍常导从卤簿到其宅，不以为耻。

二是维护市场秩序。
《三国志》卷55《潘璋传》载：

潘璋字文珪，东郡发干人也……（孙）权奇爱之，因使召募，得百余人，遂以为将……后为吴大市刺奸，盗贼断绝，由是知名。

又《初学记》卷24引西晋成公绥《市长箴》载：

曹参相齐，清净以义，奸不可扰，顾托有寄，市臣掌肆，敢告执事。

又《通典》卷11《食货·杂税》载：

自东晋至陈，西有石头津，东有方山津，各置津主一人，贼曹一人，直水五人，以检察禁物及亡叛者。

三是规定特殊商品的交换须立契约。
《隋书》卷24《食货志》载：

晋自过江，凡货卖奴婢、马牛、田宅，有文券，率钱一万，输估四百入官,卖者三百,买者一百。无文券者,随物所堪,亦百分收四,名为散估。历宋、齐、梁、陈,如此以为常。以此人竞商贩,不为田业,故使均输,欲为惩励。虽以此为辞,其实利在侵削。

又《徐孝穆集》卷5《与顾记室书》载:

吾市徐枢宅,为钱四万,任人市估,文券历然。

又《北史》卷70《孟信传》载:

(孟信)唯有一老牛,其兄子卖之,拟供薪米。券契已讫,市法应知牛主住在所。信适从外来,见买牛人,方知其卖也。

四是加强对度量衡及货币的管理①。
《魏书》卷7《高祖纪下》载:

(太和)十有九年……夏……六月……戊午,诏改长尺大斗,依《周礼》制度,班之天下。

又《周书》卷6《武帝纪下》载:

(建德)六年……八月壬寅,议定权衡度量,颁于天下。其不依新式者,悉追停。

又《魏书》卷110《食货志》载:

迁邺之后,轻滥尤多。武定初,齐文襄王奏革其弊。于是诏遣使人诣诸州镇,收铜及钱,悉更改铸,其文仍旧。然奸佞之徒,越法趋利,未几之间,渐复细薄。六年,文襄王以钱文五铢,名须称实,宜称钱一文重五铢者,听入市用。计百钱重一斤四两二十铢,自余皆准

---

① 高敏:《魏晋南北朝经济史》(下),上海人民出版社1996年版,第955—964页。

此为数。其京邑二市、天下州镇郡县之市，各置二称，悬于市门，私民所用之称，皆准市称以定轻重。凡有私铸，悉不禁断，但重五铢，然后听用。若入市之钱，重不五铢，或虽重五铢而多杂铅镴，并不听用。若有辄以小薄杂钱入市，有人纠获，其钱悉入告者。其小薄之钱，若即禁断，恐人交乏绝。畿内五十日，外州百日为限。群官参议，咸以时谷颇贵，请待有年。上从之而止。

此外，为加强管理，市场设有市门以供出入，称作"阓"。进入市场交易者，须缴纳门税。

《隋书》卷24《食货志》谓：

（西晋闵帝时）初除市门税。及宣帝即位，复兴入市之税。

第三节　商品与商税

此节先叙魏晋南北朝各类商品，次叙各种商税。

一　商品

魏晋南北朝时期，虽然由于自给自足的自然经济一直占据着主导地位，商品生产的规模不及两汉时那样大，但此时期百姓的一般生产、生活用品，贵族、官僚用的奢侈品，大体都能满足需要。此时期的商品大致可分为以下几类。

一为衣食类商品。

先叙布帛衣物类商品。

关于魏晋时期的布帛衣物类商品，《太平御览》卷820《布帛部·布》引曹植《表》谓：

欲遣人到邺，市上党布五十匹，作车上小帐帷。

又《后汉书》卷112《左慈传》载：

江东历代尚未有锦，而成都独称妙。故三国时魏则市于蜀，而吴亦资西道。

又《建康实录》卷8《哀帝纪》载：

蒙字仲祖，安西司马讷之子……居贫，帽败，自入肆买之，妪悦其貌，争遗新帽。

关于南朝时期的布帛衣物类商品，《宋书》卷54《孔季恭传》末"史臣曰"载：

自晋氏迁流……至大明之际……荆城跨南楚之富，扬部有全吴之沃……丝绵布帛之饶，覆衣天下。

又《乐府诗集》卷46《读曲歌》载：

登店卖三葛，郎来买丈余。

关于北朝时期的布帛衣物类商品，《南齐书》卷57《魏虏传》载：

义熙中，仇池公杨盛表云："索虏勃勃，匈奴正胤"是也。可孙昔妾媵之。殿西铠仗库屋四十余间，殿北丝绵布绢库土屋一十余间……婢使千余人，织绫锦贩卖。

又《魏书》卷110《食货志》载：

永安二年秋……官欲贵钱，乃出藏绢，分遣使人于二市卖之，绢匹止钱二百，而私市者犹三百。

又《周书》卷6《武帝纪下》载：

（建德）六年……九月……戊寅，初令民庶已上，唯听衣绸、绵绸、丝布、圆绫、纱绢、绸、葛、布等九种，余悉停断。朝祭之服，不拘此例。

再叙食品。

关于魏晋时期的食品，《三国志》卷60《全琮传》载：

> 全琮字子璜，吴郡钱唐人也。父柔……尝使琮赍米数千斛到吴，有所市易。

又《太平御览》卷867《饮食部·茗》引《广陵耆老传》载：

> 晋元帝时，有老姥每旦擎一器茗，往市鬻之，市人竞买。

关于南北朝时期的食品，《宋书》卷91《孝义·郭世道附子原平传》载：

> （郭原平）每出市卖物，人问几钱，裁言其半，如此积时，邑人皆共识悉，辄加本价与之。彼此相让，欲买者稍稍减价，要使微贱，然后取直……又以种瓜为业。世祖大明七年大旱，瓜渎不复通船，县官刘僧秀愍其穷老，下渎水与之。原平曰："普天大旱，百姓俱困，岂可减溉田之水，以通运瓜之船。"乃步从他道往钱唐货卖。每行来牵埭未过，辄迅楫助之；己自引船，不假旁力。若自船已渡，后人未及，常停住待，以此为常。

又《洛阳伽蓝记》卷2《景宁寺》载：

> 孝义里东，即是洛阳小市……民间号为吴人坊，南来投化者多居其内。近伊、洛二水，任其习御。里三千余家，自立巷市也，所卖口味，多是水族，时人谓之鱼鳖市也。

又同书卷4《法云寺》载：

> 市（洛阳大市）东有通商、达货二里……有刘宝者，最为富室。

州郡都会之处皆立一宅，各备马一疋。全是盐粟贵贱，市价高下，所在一例。

二为衣食外的其他生活用品。
《晋书》卷80《王羲之传》载：

王羲之……在蕺山见一老姥，持六角竹扇卖之。羲之书其扇，各为五字。姥初有愠色。因谓姥曰："但言是王右军书，以求百钱邪。"姥如其言，人竞买之。

又《太平御览》卷756《器物部·器皿》引《晋令》载：

欲作漆器器物卖者，各先移主吏者名，乃得作。皆当淳漆着布器，器成，以朱题年月姓名。

又《宋书》卷45《刘粹传附弟道济传》载：

初，道济以五城人帛氏奴、梁显为参军督护，费谦固执不与。远方商人多至蜀土资货，或有直数百万者，谦等限布丝绵各不得过五十斤……府又立冶，一断民私鼓铸，而贵卖铁器。

三为贵族、官僚用的奢侈品。
《南齐书》卷7《东昏侯纪》载：

潘氏御服，极选珍宝，主衣库旧物，不复周用，贵市民间金银宝物，价皆数倍。虎魄钏一只，直百七十万。

又《魏书》卷110《食货志》载：

自魏德既广，西域东夷，贡其珍物，充于王府。又于南垂立互市，以致南货，羽、毛、齿、革之属，无远不至。

又《洛阳伽蓝记》卷4《法云寺》载：

帝族王侯、外戚公主，擅山海之富，居川林之饶，争修园宅，互相夸竞。崇门丰室，洞户连房，飞馆生风，重楼起雾，高台芳榭，家家而筑，花林曲池，园园而有……而河间王琛最为豪首，常与高阳争衡，造文柏堂，形如徽音殿。置玉井金罐，以金五色绩为绳……遣使向西域求名马，远至波斯国，得千里马，号曰"追风赤骥"。次有七百里者十余匹，皆有名字。以银为槽，金为锁环，诸王服其豪富……造迎风馆于后园，窗户之上，列钱青锁，玉凤衔铃，金龙吐佩……琛常会宗室，陈诸宝器，金瓶银瓮百余口，瓯檠盘盒称是。自余酒器，有水晶钵、玛瑙盃、琉璃碗、赤玉卮数十枚，作工奇妙，中土所无，皆从西域而来。又陈女乐及诸名马，复引诸王按行府库，锦罽珠玑，冰罗雾縠，充积其内。绣、缬、紬、绫、丝、采、越、葛、钱、绢等，不可数计。

四为重要的动产和不动产商品。主要包括马、牛、土地、房屋，以及重要农具等。

《太平御览》卷823《资产部·犁》引《魏略》载：

（曹魏）弘农太守刘类，多市犁辖，载所部贸丝。

又《魏书》卷52《赵柔传》载：

赵柔，字符顺，金城人也……高宗践祚，拜为著作郎。后以历效有绩，出为河内太守……后有人与柔铧数百枚者，柔与子善明鬻之于市。有从柔买，索绢二十匹。

又《隋书》卷110《食货志》载：

晋自过江，凡货卖奴婢、马牛、田宅……历宋、齐、梁、陈，如此以为常。

二　商税

魏晋南北朝时期的商税，包括市税、商品交易税，以及与商品流通相关的关津、航埭税等。

市税，又称市租或市调。市税大约始于东晋。

《晋书》卷91《儒林·杜夷传》载：

> 杜夷字行齐，庐江灊人也。世以儒学称，为郡着姓……惠帝时三察孝廉，州命别驾，永嘉初，公车征拜博士，太傅、东海王越辟，并不就。……镇东将军周馥，倾心礼接，引为参军，夷辞之以疾……刺史刘陶告庐江郡曰："……征士杜君德懋行洁，高尚其志……今遣吏宣慰，郡可遣一吏，县五吏，恒营恤之，常以市租供给家人粮廪，勿令阙乏。"

又《南齐书》卷22《豫章文献王传》载：

> 初，沈攸之欲聚众，开民相告，士庶坐执役者甚众。嶷至镇……以市税重滥，更定樯格，以税还民。

商品交易税又称估税，分输估、散估两种。这是当时商税收入之大宗。

《隋书》卷24《食货志》载：

> 晋自过江，凡货卖奴婢、马牛、田宅，有文券，率钱一万，输估四百入官……无文券者，随物所堪，亦百分收四，名为散估。历宋、齐、梁、陈，如此以为常。

关津、航埭税，是一种商品过境税。

《三国志》卷2《文帝纪》注引《魏书》载：

> 庚戌令曰："关津所以通商旅……设禁重税，非所以便民；其……轻关津之税，皆复什一。"

又《隋书》卷24《食货志》载：

> 晋自过江……都西有石头津，东有方山津，各置津主一人，贼曹一人，直水五人，以检察禁物及亡叛者。其荻炭鱼薪之类过津者，并十分税一以入官。

又《梁书》卷3《武帝纪》载：

> 大同……十一年春三月庚辰，诏曰："……凡远近分置、内外条流、四方所立屯、传、邸、冶、市埭、桁渡、津税、田园……有不便于民者，尚书州郡各速条上，当随言除省，以舒民患。"

第四节　互市贸易

魏晋南北朝时期，国家分裂，干戈不息，南北方往来甚少，贸易活动也因此受到很大的限制。不过，在南北关系缓和时，则听任南北民间商人往来，有时还由政府出面，在边界开放通商地点，进行大规模的官方贸易。这种南北双方的贸易在当时叫作互市。这种互市在三国时期即已进行。

《三国志》卷47《孙权传》注引《江表传》载：

> 是岁魏文帝遣使求雀头香、大贝、明珠、象牙、犀角、玳瑁、孔雀、翡翠、鬭鸭、长鸣鸡。君臣奏曰：荆、扬二州，贡有常典，魏所求珍玩之物非礼也，宜勿兴。（孙）权曰：昔惠施尊齐为王，客难之曰：公之学去尊，今王齐，何其倒也？惠子曰：有人于此，欲擎其爱子之头，而石可以代之，子头所重而石所轻也，以轻代重，何为不可乎？方有事于西北，江表云云，侍主为命，非我爱子邪？彼所求者，于我瓦石耳，孤何惜焉？彼在谅暗之中，而所求若此，宁可兴言礼哉！皆具以兴之。

又同书《孙权传》载：

（嘉禾）四年夏……秋七月……魏使以马求易珠玑、翡翠、玳瑁，权曰："此皆孤所不用，而可得马，何苦而不听其交易。"

又同书《孙权传》注引《吴历》载：

（黄武二年）蜀致马二百匹，锦千端，及方物。自是之后，聘使往来以为常。吴亦致方土所出，以答其厚意焉。

两晋之际，无论是晋吴之间还是十六国与东晋之间，互市均在进行。《晋书》卷61《周浚传》载：

初，吴之未平也，（周）浚在弋阳，南北为互市。

又同书卷62《祖逖传》载：

（东晋初，祖逖镇豫州）石勒不敢窥兵河南，使成皋县修逖母墓，因与逖书，通使交市，逖不报书，而听互市，收利十倍，于是公私丰赡，士马日滋。

又同书卷105《石勒载记下》载：

时晋征北将军祖逖据谯，将平中原……（石勒）乃下书曰："……逖，北州士望也，傥有首丘之思。其下幽州，修祖氏坟墓，为置守冢二家。冀逖如赵他感恩，辍其寇暴。"逖闻之甚悦，遣参军王愉使于勒，赠以方物，修结和好。……勒厚宾其使，遣左常侍董树报聘，以马百匹、金五十斤答之……晋荆州牧陶侃遣兼长史王敷聘于勒，致江南之珍宝奇兽。

进入南北朝后，南北双方虽然经常处于战争状态，但双方聘使贸易的互市仍很频繁。

《宋书》卷46《张邵传附畅传》载：

元嘉二十七年，魏主托跋焘南征……虏众近城数十里，彭城众力虽多，而军食不足，义恭欲弃彭城南归，计议弥日不定……魏主既至，登城南亚父冢，于戏马台立毡屋。先是，队主蒯应见执，其日晡时，遣送应至小市门，致意求甘蔗及酒。孝武遣送酒二器，甘蔗百挺。求骆驼。明日，魏主又自上戏马台，复遣使至小市门，求与孝武相见，遣送骆驼，并致杂物，使于南门受之……魏主又求酒及甘橘，孝武又致螺杯杂物，南土所珍。……又求博具，俄送与。魏主又遣送毡及九种盐并胡豉……又求黄甘……又云"魏主恨向所送马殊不称意，安北若须大马，当送之，脱须蜀马，亦有佳者。"畅曰："安北不乏良驷，送在彼意，此非所求。"义恭又送炬烛十挺，孝武亦致锦一匹。又曰："知更须黄甘，若给彼军，即不能足；若供魏主，未当乏绝，故不复致。"

又《梁书》卷48《儒林·范缜传》载：

（南齐）永明年中，与魏氏和亲，岁通聘好。

又《北史》卷43《李谐传》载：

（梁使至东魏）邺下为之倾动，贵胜子弟，盛饰聚观，礼赠优渥，馆门成市……魏使至梁，亦如梁使至魏。

又《北齐书》卷30《崔暹传》载：

魏、梁通和，要贵皆遣人随聘使交易。

南北政府在边境城镇进行互市，双方交易的货物数量较为庞大，利润必然也十分优厚，而直接经营这种贸易的又均是由双方政府派遣的官吏，或委任所在地方官就近营办。利润大而又无人监督，不少官吏便假公济私，甚至借端敲诈勒索，中饱私囊。

《魏书》卷69《袁翻传》载：

袁翻……陈郡项人也……后除豫州中正。是时修明堂辟雍，翻议曰："……自比缘边州郡，官至便登；疆场统戍，阶当即用。或值秽德凡人，或遇贪家恶子，不识字民温恤之方，唯知重役残忍之法。广开戍逻，多置帅领，或用其左右姻亲，或受人财货请属，皆无防寇御贼之心，唯有通商聚敛之意。其勇力之兵，驱令抄掠……其羸弱老小之辈，微解金铁之工，少闲草木之作，无不搜营穷垒，苦役百端。自余……贩贸往还，相望道路……是以吴楚间伺，审此虚实，皆云粮匮兵疲，易可乘扰，故驱率犬羊，屡犯疆场……为弊之深，一至于此，皆由边任不得其人，故延若斯之患。"

又《梁书》卷16《张稷传》载：

（高祖朝）会魏寇朐山，诏稷权顿六里，都督众军。还，进号镇北将军。初，郁洲接边陲，民俗多与魏人交市。及朐山叛，或与魏通……且稷宽弛无防，僚吏颇侵渔之。州人徐道角等夜袭州城，害稷。

这种情况至北魏以后亦未能有所好转。
《北齐书》卷37《魏收传》载：

（天平初）收兼通直散骑常侍，副王昕使梁……使还，尚书右仆射高隆之求南，于昕、收，不能如志，遂讽御史中尉高仲密禁止昕、收于其台。

又同书卷21《高乾传附弟季式传》载：

季式，字子通，干第四弟也……以前后功加仪同三司。天保初，封乘氏县子。仍为都督，随司徒潘乐征讨江、淮之间。为私使乐人于边境交易，还京，坐被禁止，寻而赦之。

又同书卷39《崔季舒传》载：

乾明初……出为齐州刺史，坐遣人渡淮互市，亦有赃贿事，为御史所劾。会赦不问。

南朝的情况亦如此。
《陈书》卷8《侯安都传》载：

（陈安帝收安都）乃诏曰："……侯安都素乏遥图，本惭令德，幸属兴运，预奉经纶，拔迹行间，假之毛羽，推于偏帅，委以驰逐……而志唯矜己，气在陵上，招聚逋逃，穷极轻狡，无赖无行，不畏不恭。受脤专征，剽掠一逞，摧毁所镇，哀敛无厌。寄以徐蕃，接邻齐境，贸迁禁货，鬻卖居民，椎埋发掘，毒流泉壤，睚眦僵尸，罔顾彝宪。"

以上所叙互市主要是通过双方互派官吏来实现的，属政府行为。下面再叙纯属商业行为的南北互市贸易活动。

关于三国两晋时期的互市贸易活动，《太平御览》卷817《布帛部·绢》引魏文帝《诏》谓：

今与孙骠骑和，通商旅，当日月而至。而百贾偷利喜贱，其物平价，又与其绢，故官逆为平准耳。

又同书卷815《布帛部·锦》引《丹阳记》载：

江东历代尚未有锦，而成都独称妙。故三国时魏则布于蜀，而吴亦资西道。

关于东晋十六国时期的互市贸易活动，《晋书》卷66《陶侃传》载：

（陶侃）又立夷市于郡东，大收其利。

又同书卷112《苻健载记》载：

（苻）雄遣（苻）菁掠上洛郡，于丰阳县立荆州，以引南金奇货、弓竿漆蜡，通关市，来远商，于是国用充足，而异贿盈积矣。

又《渐备经十住胡名并书序》云：

元康七年十一月二十一日，沙门法护在长安市西寺中出《渐备经》，手执胡本，译为晋言……大品出来，虽数十年，先出诸公，略不缕习……不知何以遂逸在凉州，不行于世……或乃护公在长安时，经未流宣，唯持至凉州，未能乃详审。泰元元年，岁在丙子五月二十四日，此经达襄阳。释慧常以酉年因此经寄互市人康儿，展转至长安。长安安法华遣人送至互市，互市人送达襄阳，付沙门释道安……《渐备经》以泰元元年十月三日达襄阳……与《光赞》俱来……《首楞严》、《须赖》，并皆与《渐备》俱至。凉州道人释慧常岁在壬申，于内苑寺中写此经。以酉年因寄，至子年四月二十三日达襄阳①。

这则史料反映的是东晋十六国时期姑臧、长安、襄阳的"互市"情况。

关于刘宋与北魏对峙时期的互市贸易活动，《宋书》卷75《颜竣传》载：

（元嘉）二十八年，虏自彭城北归，复求互市，竣议曰："愚以为与虏和亲无益，已然之明效。何以言其然？夷狄之欲侵暴，正苦力之不足耳。未尝拘制信义，用辍其谋。昔年江上之役，乃是和亲之所招。历稔交聘，遂求国婚，朝廷羁縻之义，依违不绝，既积岁月，渐不可诬，兽心无厌，重以忿怒，故至于深入。幸今因兵交之后，华、戎隔判，若言互市，则复开囊敝之萌。议者不过言互市之利在得马，今弃此所重，得彼下驷，千匹以上，尚不足言，况所得之数，裁不十百邪。一相交关，卒难闭绝。寇负力玩胜，骄黠已甚，虽云互市，实

---

① （萧梁）僧佑：《出三藏记集》卷9，中华书局1995年版。

觇国情，多赡其求，则桀慠罔已，通而为节，则必生边虞。不如塞其端渐，杜其觊望，内修德化，外经边事，保境以观其衅，于是为长。"

又同书卷 85《谢庄传》载：

世祖践阼，（谢庄）除侍中。时索虏求通互市，上诏群臣博议。庄议曰："臣愚以为獯猃弃义，唯利是视，关市之请，或以觇国，顺之示弱，无明柔远，距而观衅，有足表强。且汉文和亲，岂止彭阳之寇；武帝修约，不废马邑之谋。故有余则经略，不足则闭关。何为屈冠带之邦，通引弓之俗，树无益之轨，招尘点之风。交易爽议，既应深杜；和约诡论，尤宜固绝。"

又同书卷 95《索虏传》载：

世祖即位，索虏求互市，江夏王义恭、竟陵王诞、建平王宏、何尚之、何偃以为宜许；柳元景、王玄谟、颜竣、谢庄、檀和之、褚湛之以为不宜许。时遂通之。

关于齐、魏并存时期的互市贸易活动，《魏书》卷 110《食货志》载：

自魏德既广，西域、东夷贡其珍物，充于王府。又于南垂立互市，以致南货，羽毛齿革之属无远不至。

又《梁书》卷 16《张稷传》载：

初郁州接边陲，民俗多与魏人交市。

关于东魏与北齐时期的互市贸易活动，《北齐书》卷 21《高乾传附弟季式传》载：

天保初,(高季式)仍为都督,随司徒潘乐征讨江、淮之间。为私使乐人于边境交易,还京,坐被禁止。

又同书卷46《循吏·苏琼传》载:

旧制以淮禁,不听商贩辄渡。淮南岁俭,(苏琼)启听淮北取籴。后淮北人饥,复请通籴淮南,遂得商估往还,彼此兼济,水陆之利,通于河北。

关于北周时期的互市贸易活动,《周书》卷31《韦孝宽传》载:

保定初,以(韦)孝宽立勋玉壁,遂于玉壁置勋州,仍授勋州刺史。齐人遣使至玉壁,求通互市……孝宽乃于郊盛设供帐,令公正接对使人……使者辞色甚悦。时又有汾州胡抄得关东人,孝宽复放东还,并致书一牒,具陈朝廷欲敦邻好。

这些互市活动,双方互通有无,取长补短,让贸易关系顺畅了起来,这在客观上对南北商业发展和经济交流起到了促进作用。

第五节　与周边少数族及海外的贸易

魏晋南北朝时期虽然长期分裂,但中原及内地各政权与周边少数族之间仍保持着较为密切的经济贸易联系,对外贸易也比秦汉时期有很大程度的发展。

一　与周边少数族的贸易往来

魏晋南北朝时期,我国内地与周边地区各少数族都发生过程度不同的贸易联系。通过这种相互间贸易联系,不仅增强了汉族与少数族人民的友好往来,促进了民族团结,而且对于互通有无、交流技术、发展经济,都发挥了至为重要的作用。

这一时期,众多的周边少数族都与中原建立了贸易关系,其中与中原贸易的西域国家主要有龟兹、乌孙、疏勒、悦般、鄯善、焉耆、车师、渴槃陀、高昌国、嚈哒、大月氏、康国、波斯、南天竺（印度）等。中原地区与这些国家的贸易往来，早在魏晋时期就较为密切。

先叙三国时期与少数族的贸易往来。

《三国志》卷30《东夷传》载：

> 魏兴，西域虽不能尽至，其大国龟兹、于阗、乌孙、疏勒、鄯善、车师之属，无岁不奉朝贡，略如汉氏故事。

又同书卷16《仓慈传》载：

> 太和中，（仓慈）迁敦煌大守……慈到……常日西域杂胡欲来贡献，而诸豪族多逆断绝；既与贸迁，欺诈侮易，多不得分明。胡常怨望，慈皆劳之。欲诣洛者，为封过所，欲从郡还者，官为平取，辄以府见物与共交市，使吏民护送道路，由是民夷翕然称其德惠。数年卒官，吏民悲感如丧亲戚，图画其形，思其遗像。及西域诸胡闻慈死，悉共会聚于戊己校尉及长吏治下发哀，或有以刀画面，以明血诚，又为立祠，遥共祠之。

次叙西晋十六国时期与少数族的贸易往来。

《晋书》卷69《刘隗传附刘畴传》载：

> （刘隗）曾避乱坞壁，贾胡百数欲害之。畴无惧色，援笳而吹之，为出塞入塞之声，以动其游客之思，于是群胡皆垂泣而去之。

又同书卷95《艺术·佛图澄传》载：

> 佛图澄，天竺人也……时天旱，（石）季龙遣其太子诣临漳西滏口祈雨，久而不降……澄尝遣弟子向西域市香，既行，澄告余弟子曰："掌中见买香弟子在某处被劫垂死。"因烧香祝愿，遥救护之。

又同书卷97《四夷·大宛传》载：

> 大宛……善市贾，争分铢之利，得中国金银，辄为器物，不为币也。

西晋十六国时期，虽然与西域的贸易往来一直未中断，但总的来说，这一时期的对外贸易是不发达的，直至拓跋魏统一了北方之后，过去的贸易关系才逐渐恢复。

《北史》卷97《西域传》载：

> 太延中，魏德益以远闻，西域龟兹、疏勒、乌孙、悦般、渴槃陀、鄯善、焉耆、车师、粟特诸国王始遣使来献。太武以西域汉世虽通，有求则卑辞而来，无欲则骄慢王命，此其自知绝远，大兵不可至故也。若报使往来，终无所益，欲不遣使。有司奏："九国不惮遐险，远贡方物，当与其进，安可豫抑后来？"乃从之。于是始遣行人王恩生、许纲等西使。恩生出流沙，为蠕蠕所执，竟不果达。又遣散骑侍郎董琬、高明等多赍锦帛，出鄯善，招抚九国，厚赐之……琬过九国，北行至乌孙国。其王得魏赐，拜受甚悦。谓琬等曰："传闻破洛那、者舌皆思魏德，欲称臣致贡，但患其路无由耳。今使君等既到此，可往二国，副其慕仰之诚。"琬于是自向破洛那，遣明使者舌。乌孙王为发导译，达二国，琬等宣诏慰赐之。已而琬、明东还，乌孙、破洛那之属遣使与琬俱来贡献者，十有六国。自后相继而来，不间于岁，国使亦数十辈矣。

又《魏书》卷65《邢峦传》载：

> 世宗初，峦奏曰："逮景明之初，承升平之业，四疆清晏，远迩来同，于是蕃贡继路，商贾交入，诸所献贸，倍多于常。虽加以节约，犹岁损万计，珍货常有余，国用恒不足。若不裁其分限，便恐无以支岁。自今非为要须者，请皆不受。"世宗从之。

北魏后期，与西域的贸易达到全盛，商路一直通到波斯和大秦。

《北史》卷97《西域传》载：

> （董）琬等使还京师，具言凡所经见及传闻傍国，云："西域自汉武时五十余国，后稍相并，至太延中为十六国。分其地为四域：自葱岭以东，流沙以西为一域；葱岭以西，海曲以东为一域；者舌以南，月氏以北为一域；两海之间，水泽以南为一域。内诸小渠长，盖以百数。其出西域，本有二道，后更为四：出自玉门，度流沙，西行二千里至鄯善，为一道；自玉门度流沙，北行二千二百里至车师，为一道；从莎车西行一百里至葱岭，葱岭西一千三百里至伽倍，为一道；自莎车西南五百里，葱岭西南一千三百里至波路，为一道焉。"

又《魏书》卷110《食货志》载：

> 自魏德既广，西域、东夷贡其珍物……羽毛齿革之属，无远不至。神龟、正光之际，府藏盈溢。

北周、北齐时期，与西域的贸易往来依然频繁。关于西域与北周的贸易往来，《周书》卷49《异域传序》载：

> 有周承丧乱之后，属战争之日，定四表以武功，安三边以权道。赵、魏尚梗，则结姻于北狄；厩库未实，则通好于西戎。由是德刑具举，声名遐洎。卉服毡裘，辐辏于属国；商胡贩客，填委于旗亭。虽东略漏三吴之地，南巡阻百越之境，而国威之所肃服，风化之所覃被，亦足为弘矣。

又同书卷37《韩褒传》载：

> （大统）十二年，韩褒除都督、西凉州刺史。羌胡之俗，轻贫弱，尚豪富。豪富之家，侵渔小民，同于仆隶。故贫者日削，豪者益富。褒乃悉募贫人以充兵士，优复其家，蠲免徭赋。又调富人财物以振给之。每西域商货至，又先尽贫者市之。于是贫富渐均，户口殷实。

又同书卷39《韦瑱传》载：

（西魏恭帝）三年，韦瑱除瓜州诸军事、瓜州刺史。州通西域，蕃夷往来，前后刺史，多受赂遗。胡寇犯边，又莫能御。瑱雅性清俭，兼有武略。蕃夷赠遗，一无所受。胡人畏威，不敢为寇。公私安静，夷夏怀之。

关于西域与北齐的贸易往来，《北齐书》卷34《杨愔传》载：

平原王隆之与愔邻宅，愔尝见其门外又富胡数人，谓左右曰："我门前幸无此物。"

又同书卷50《恩幸·和士开传》载：

和士开……清都临漳人也。其先西域商胡，本姓素和氏。

魏晋南北朝时期，与中原地区建立贸易关系的北边国家主要有以下诸国。

鲜卑

《三国志》卷30《鲜卑传》载：

（黄初三年）比能帅部落大人小子，代郡乌丸修武卢等三千余骑，驱牛马七万余口交市，遣魏人千余家居上谷。

又同书卷26《田豫传》载：

文帝初……自高柳以东，涉貊以西，鲜卑数十部，比能、弥加、素利割地统御，各有分界；乃共要誓，皆不得以马与中国市……素利违盟，出马千匹与官。

2007年北京地区发现了一座魏晋时期的墓葬，出土的陶壶颈部两周戳印凹点纹体现出鲜明的鲜卑民族风格。这表明当时中原地区与鲜卑有着密切关系。①

柔然

《魏书》卷18《临淮王谭传附孚传》载：

> （孝明帝朝）蠕蠕王阿那瓌既得返国，其人大饥，相率入塞，阿那瓌上表请台赈给。诏孚为北道行台，诣彼赈恤。孚陈便宜，表曰："皮服之人，未尝粒食。宜从俗因利，拯其所无……乞以牸牛产羊糊其口命。且畜牧繁息，是其所便，毛血之利，惠兼衣食。"又尚书奏云："……贸迁起于上古，交易行于中世，汉与胡通，亦立关市。今北人阻饥，命悬沟壑，公给之外，必求市易。彼若愿求，宜见听许。"

又《北史》卷98《蠕蠕传》载：

> 及齐受东魏禅，亦岁时往来不绝。

突厥《北史》卷99《突厥传》载：

> 突厥之先，出于索国，在匈奴之北……其后曰土门，部落稍盛，始至塞上市缯絮，愿通中国。西魏大统十一年，周文帝遣酒泉胡安诺盘陀使焉。其国皆相庆曰："今大国使至，我国将兴也。"十二年，土门遂遣使献方物。

又《周书》卷50《突厥传》载：

> 或云突厥之先出于索国，在匈奴之北……其后曰土门，部落稍盛，始至塞上市缯絮，愿通中国。大统十一年，太祖遣酒泉胡安诺盘陀使焉。其国皆相庆曰："今大国使至，我国将兴也。"十二年，土门遂遣使献方物……勒将……恃其强盛，乃求婚于茹茹。茹茹主阿那

---

① 胡传耸：《北京地区魏晋北朝墓葬述论》，《文物春秋》2010年第3期。

瑰大怒……遂与之绝，而求婚于我。太祖许之。十七年六月，以魏长乐公主妻之。是岁，魏文帝崩，土门遣使来吊，赠马二百匹……俟斤死，弟他钵可汗立。自俟斤以来，其国富强……朝廷既与和亲，岁给缯絮锦彩十万段。突厥在京师者，又待以优礼，衣锦食肉者，常以千数。

东北周边诸国与中原进行贸易的主要有乌桓、肃慎、勿吉、契丹、库莫奚、室韦等国。

乌桓

《三国志》卷30《乌桓传》注引《魏书》载：

乌桓者，东胡也……能作白酒，而不知作曲糵。米常仰中国。

肃慎

《三国志》卷4《陈留王奂纪》载：

（肃慎国王）遣使重译入贡，献其国弓三十张，长三尺五寸，楛矢长一尺八寸，石砮三百枚，皮骨铁杂铠二十领，貂皮四百枚。

勿吉

《魏书》卷100《勿吉传》载：

去延兴中，遣使乙力支朝献。太和初，又贡马五百匹……九年，复遣使侯尼支朝献。景明四年，复遣使侯力归等朝贡。自此迄于正光，贡使相寻……兴和二年六月，遣使石久云等贡方物，至于武定不绝。

契丹

《魏书》卷100《契丹传》载：

契丹国，在库莫奚东，异种同类，俱窜于松漠之间……真君以来，求朝献，岁贡名马。显祖时，使莫弗纥何辰奉献，得班飨于诸国之东。归而相谓，言国家之美，心皆忻慕，于是东北群狄闻之，莫不思服。悉万丹部、何大何部、伏弗郁部、羽陵部、日连部、匹絜部、黎部、吐六于部等，各以其名马文皮入献天府，遂求为常。皆得交市于和龙、密云之间，贡献不绝……后（契丹）告饥，高祖矜之，听其入关市籴。及世宗、肃宗时，恒遣使贡方物……朝贡至齐受禅常不绝。

库莫奚
《晋书》卷125《冯跋载记》载：

蠕蠕勇斛律遣使求（冯）跋女伪乐浪公主，献马三千匹……（跋）乃许焉……库莫奚虞出库真率三千余落请交市，献马千匹，许之，处之于营丘。

又《魏书》卷100《库莫奚传》载：

高宗、显祖世，库莫奚岁致名马文皮。高祖初，遣使朝贡。太和……二十二年，入寇安州，营燕幽三州兵数千人击走之。后复款附，每求入塞，与民交易。

失韦
《魏书》卷100《失韦传》载：

武定二年四月，始遣使张焉豆伐等献其方物。迄武定末，贡使相寻。

与西南贸易的主要是吐谷浑和南中。关于与吐谷浑的贸易往来，《宋书》卷96《鲜卑吐谷浑传》载：

史臣曰：吐谷浑逐草依泉，擅强塞表，毛衣肉食，取资佃畜，而锦组缯纨，见珍殊俗，徒以商译往来，故礼同北面。自昔哲王，虽存柔远，要荒回隔，礼文弗被，大不过子，义着《春秋》。晋、宋垂典，不修古则，遂爵班上等，秩拟台光。辫发称贺，非尚簪冕，言语不通，宁敷衮职。虽复苞筐岁臻，事惟贾道，金厩毡眊，非用斯急，送迎烦扰，获不如亡。若令肃慎年朝，越裳岁飨，固不容以异见书，取高前策。圣人谓之荒服，此言盖有以也。

又《北史》卷96《吐谷浑传》载：

伏连筹内修职贡，外并戎狄，塞表之中，号为强富。准拟天朝，树置官司，称制诸国，以自夸大。宣武初，诏责之……伏连筹上表自申，辞诚恳至。终宣武世至于正光，犛牛、蜀马及西南之珍，无岁不至。西魏大统初，周文遣仪同潘浚喻以逆顺之理，于是夸吕再遣使献能舞马及羊、牛等。然寇抄不已，缘边多被其害。废帝二年，周文勒大兵至姑臧，夸吕震惧，使贡方物。是岁，夸吕又通使于齐。凉州刺史史宁觇知其还，袭之于州西赤泉，获其仆射乞伏触状、将军翟潘密，商胡二百四十人，驼骡六百头，杂彩丝绢以万计。

关于与南中的贸易往来，《三国志》卷35《诸葛亮传》载：

建兴……三年春，（诸葛）亮率众南征，其秋悉平。军资所出，国以富饶。

又《梁书》卷54《诸夷·河南传》载：

梁兴，进代为征西将军……天监十三年，遣使献金装马脑钟二口，又表于益州立九层佛寺，诏许焉。十五年，又遣使献赤舞龙驹及方物。其使或岁再三至，再岁一至。其地与益州邻，常通商贾，民慕其利，多往从之，教其书记，为之辞译，稍桀黠矣。

二 海上贸易与通商诸国

与南海诸国的贸易主要在南方进行。三国大乱时，与南海贸易也曾中断，南朝时逐渐恢复；宋、齐时，南海有十余国与中国通商；萧梁时，对外贸易进入了兴旺时期。

《宋书》卷97《夷蛮传》载：

> 史臣曰：汉世西译迭通，兼途累万，跨头痛之山，越绳度之险，生行死径，身往魂归。晋氏南移，河、陇敻隔，戎夷梗路，外域天断。若夫大秦、天竺，迥出西溟，二汉衔役，特艰斯路，而商货所资，或出交部，泛海陵波，因风远至。又重峻参差，氏众非一，殊名诡号，种别类殊，山琛水宝，由兹自出，通犀翠羽之珍，蛇珠火布之异，千名万品，并世主之所虚心，故舟舶继路，商使交属。太祖以南琛不至，远命师旅，泉浦之捷，威震沧溟，未名之宝，入充府实。

又《梁书》卷54《诸夷·海南诸国传》载：

> 海南诸国，大抵在交州南及西南大海洲上，相去近者三五千里，远者二三万里，其西与西域诸国接。汉元鼎中，遣伏波将军路博德开百越，置日南郡。其徼外诸国，自武帝以来皆朝贡。后汉桓帝时，大秦、天竺皆由此道遣使贡献。及吴孙权时，遣宣化从事朱应、中郎康泰通焉。其所经及传闻，则有百数十国，因立记传。晋代通中国者盖鲜，故不载史官。及宋、齐，至者有十余国，始为之传。自梁革运，其奉正朔，修贡职，航海岁至，逾于前代矣。

南海胡商东来的目的地为交、广二州，大都是先舶交州，由此再转广州。由于交、广二州为香药宝货贸易的总汇，赇货山积，珍宝充斥，因而交、广两州刺史以贪墨著闻者，比比皆是。

《晋书》卷97《四夷·林邑传》载：

> 初，徼外诸国尝赍宝物自海路来贸货，而交州刺史、日南太守多贪利侵侮，十折二三。至刺史姜壮时，使韩戢领日南太守，戢估较太半，又伐船调枚，声云征伐，由是诸国恚愤。且林邑少田，贪日南之地，戢死绝，继以谢擢，侵刻如初。

又《南齐书》卷58《东南夷传》载：

史臣曰:"……至于南夷杂种,分屿建国,四方珍怪,莫此为先,藏山隐海,瑰宝溢目。商舶远届,委输南州,故交、广富实,牣积王府。"

又《南史》卷51《吴平侯景传附子励传》载:

励字文约……除淮南太守,以善政称……徙广州刺史……广州边海,旧饶,外国舶至,多为刺史所侵,每年舶至不过三数。

魏晋南北朝时期,有十多个国家与中国东南和南部的东吴、东晋、宋、齐、梁、陈各个王朝有贸易往来。其中较重要者有以下诸国。

林邑国
《梁书》卷54《诸夷·林邑国传》载:

林邑国者,本汉日南郡象林县,古越裳之界也……其国有金山,石皆赤色,其中生金……又出玳瑁、贝齿、吉贝、沉木香。吉贝者,树名也。其华成时如鹅毳,抽其绪纺之以作布,洁白与纻布不殊,亦染成五色,织为斑布也。沉木者,土人斫断之,积以岁年,朽烂而心节独在,置水中则沉,故名曰沉香。次不沉不浮者,曰栈香也。

又《南齐书》卷58《东南夷·南夷传》载:

晋建兴中,日南夷帅范稚奴文数商贾,见上国制度,教林邑王范逸起城池楼殿,王服天冠如佛冠,身被香璎珞。

扶南国
《晋书》卷97《四夷传·扶南传》载:

其王本是女子,字叶柳。时有外国人混溃者……载舶入海。混溃……遂随贾人泛海至扶南外邑。叶柳率众御之,混溃举弓,叶柳惧,遂降之。

又《梁书》卷54《诸夷·扶南国传》载：

其（扶南国）南界三千余里有顿逊国，在海崎上，地方千里，城去海十里……顿逊之东界通交州，其西界接天竺、安息徼外诸国，往还交市。所以然者，顿逊回入海中千余里，涨海无崖岸，船舶未曾得径过也。其市，东西交会，日有万余人。珍物宝货，无所不有。又有酒树，似安石榴，采其花汁停瓮中，数日成酒。

盘盘国
《梁书》卷54《诸夷·盘盘国传》载：

盘盘国，宋文帝元嘉，孝武孝建、大明中，并遣使贡献。大通元年，其王使使奉表……中大通元年五月，累遣使贡牙像及塔，并献沉檀等香数十种。六年八月，复使送菩提国真舍利及画塔，并献菩提树叶、詹糖等香。

丹丹国
《梁书》卷54《诸夷·丹丹国传》载：

丹丹国，中大通二年，其王遣使奉表曰："……奉送牙象及塔各二躯，并献火齐珠、吉贝、杂香药等。"大同元年，复遣使献金、银、琉璃、杂宝、香、药等物。

干陀利国
《梁书》卷54《诸夷·干陀利国传》载：

干陀利国，在南海洲上……出班布、吉贝、槟榔。槟榔特精好，为诸国之极。宋孝武世……献金、银、宝器……（天监）十七年，遣长史毗员跋摩"……奉献金芙蓉、杂香药等。"普通元年，复遣使献方物。

狼牙脩国
《梁书》卷54《诸夷·狼牙脩国传》载：

狼牙修国，在南海中。其界东西三十日行，南北二十日行，去广州二万四千里。土气物产，与扶南略同，偏多稞沉婆律香等。其俗男女皆袒而被发，以吉贝为干缦。其王及贵臣乃加云霞布覆胛，以金绳为络带，金镮贯耳。女子则被布，以璎珞绕身……天监十四年，遣使阿撒多奉表曰："……今奉薄献，愿大家曲垂领纳。"

婆利国
《梁书》卷54《诸夷·婆利国传》载：

婆利国，在广州东南海中洲上。去广州二月日行。国界东西五十日行，南北二十日行。有一百三十六聚。土气暑热，如中国之盛夏。谷一岁再熟，草木常荣。海出文螺、紫贝。有石名蚶贝罗，初采之柔软，及刻削为物干之，遂大坚强。其国人披吉贝如帊，及为都缦……天监十六年，遣使奉表曰："……今故遣使献金席等，表此丹诚。"普通三年，其王频伽复遣使珠贝智贡白鹦鹉、青虫、兜鍪、琉璃器、古贝、螺杯、杂香、药等数十种。

大秦国
《北史》卷97《西域·大秦国传》载：

大秦国，一名黎轩，都安都城，从条支西渡海曲一万里，去代三万九千四百里。其海傍出，犹渤海也……地方六千里，居两海之间……多璆琳、琅玕、神龟、白马朱鬣、明珠、夜光璧。东南通交趾。又水道通益州永昌郡。多出异物。

中天竺国
《梁书》卷54《诸夷·中天竺国传》载：

中天竺国，在大月支东南数千里，地方三万里，一名身毒。汉世张骞使大夏，见邛竹杖、蜀布，国人云，市之身毒。身毒即天竺，盖传译音字不同，其实一也。从月支、高附以西，南至西海，东至盘越，列国数十，每国置王，其名虽异，皆身毒也……土俗出犀、象、貂、罽、玳瑁、火齐、金、银、铁、金缕织成、金皮罽、细摩白叠、好裘、氍毹。火齐状如云母，色如紫金，有光耀，别之则薄如蝉翼，积之则如纱縠之重沓也。其西与大秦、安息交市海中，多大秦珍物，珊瑚、琥珀、金碧珠玑、琅玕、郁金、苏合。苏合是合诸香汁煎之，非自然一物也。又云大秦人采苏合，先笮其汁，以为香膏，乃卖其滓与诸国贾人，是以展转来达中国，不大香也。郁金独出罽宾国，华色正黄而细，与芙蓉华里被莲者相似。国人先取以上佛寺，积日香槁，乃粪去之，贾人从寺中征雇，以转卖与佗国也……天监初……其王屈多遣长史竺罗达奉表曰："……今奉献琉璃唾壶、杂香、古贝等物。"

魏晋南北朝时期，与中亚诸国的贸易往来也十分活跃。兹分述于次。
大宛国
《晋书》卷97《四夷·大宛国传》载：

大宛西去洛阳万三千三百五十里，南至大月氏，北接康居，大小七十余城……善市贾，争分铢之利，得中国金银，辄为器物，不用为币也。

太康六年，武帝遣使杨颢拜其王蓝庾为大宛王。蓝庾卒，其子摩之立，遣使贡汗血马。

大月氏
《魏书》卷102《西域·大月氏传》载：

世祖时，其（大月氏）国人商贩京师，自云能铸石为五色琉璃，于是采矿山中，于京师铸之。既成，光泽乃美于西方来者……自此中国琉璃遂贱，人不复珍之。

粟特国
《魏书》卷102《西域·粟特传》载：

粟特国，在葱岭之西，古之奄蔡，一名温那沙。居于大泽，在康居西北，去代一万六千里……其国商人先多诣凉土贩货，及克姑臧，悉见虏。高宗初，粟特王遣使请赎之，诏听焉。

嚈哒国
《北史》卷97《西域·嚈哒国传》载：

嚈哒国，大月氏之种类也，亦曰高车之别种……去长安一万一百里……其人凶悍，能斗战，西域康居、于阗、沙勒、安息及诸小国三十许，皆役属之，号为大国……自太安以后，每遣使朝贡。正光末，遣贡师子一，至高平，遇万俟丑奴反，因留之。丑奴平，送京师。永熙以后，朝献遂绝。至大统十二年，遣使贡其方物。废帝二年、周明帝二年，并遣使来献。

波斯国
《北史》卷97《西域·波斯国传》载：

波斯国……古条支国。去代二万四千二百二十八里……土地平正，出金、银、鍮石、珊瑚、琥珀、车渠、马瑙、多大真珠、颇梨、琉璃、水精、瑟瑟、金刚、火齐、镔铁、铜、锡、朱砂、水银、绫、锦、叠、毼、氍毹、毾㲪、赤獐皮，及熏六、郁金、苏合、青木等香，胡椒、荜拔、石蜜、千年枣、香附子、诃梨勒、无食子、盐绿、雌黄等物……神龟中，其国遣使上书贡物……朝廷嘉纳之。自此，每使朝献。恭帝二年，其王又遣使献方物。

南天竺国
《北史》卷97《西域·南天竺国传》载：

南天竺国，去代三万一千五百里。有伏丑城，周匝十里。城中出摩尼珠、珊瑚。城东三百里有拔赖城，城中出黄金、白真檀、石蜜、蒲桃，土宜五谷。宣武时，其国王婆罗化遣使献骏马、金、银。自此，每使朝贡。

康国
《北史》卷97《西域·康国传》载：

  康国者，康居之后也，迁徙无常，不恒故地，自汉以来，相承不绝……人皆深目、高鼻、多髯。善商贾，诸夷交易，多凑其国……出马、驼、驴、犎牛、黄金、砙沙、䣴香、阿萨那香、瑟瑟、麖皮、氎、锦、叠。多蒲桃酒，富家或致千石，连年不败。

大秦
《洛阳伽蓝记》卷3载：

  自葱岭以西，至于大秦，百国千城，莫不款附，商胡贩客，日奔塞下，所谓尽天地之区矣。乐中国土风，因而宅者，不可胜数。是以附化之民，万有余家。门苍修整，阊阖填列，青槐荫陌，绿柳垂庭，天下难得之货，咸悉在焉。

第十六章 经济思想

魏晋南北朝长期的战乱，极大地破坏了社会经济，引起封建生产关系的调整和变动，使这一时期的经济思想带有一些新的特点。此时期思想界集中探讨的经济问题，是如何在战乱破坏的条件下重建封建经济的新秩序，主要内容又集中于寻找封建土地关系的新形式，调整国家的财政政策，处理与财政和民生有关的货币问题，以及发展农业生产问题等，以稳定社会秩序，安定民生，巩固封建主义的经济制度。

第一节 重农思想

魏晋南北朝时期重农思想颇为流行。许多地主阶级经济思想家如华覈、傅玄、周朗、萧子良、贾思勰、苏绰等人，都极力提倡重视农业，使民尽地利，养兵于农，以达到富国强兵，巩固封建政权的目的。

一 华覈的重农思想

华覈，生卒年不详，字永先，东汉末吴郡武进人。才识渊博，曾任上虞尉、典农都尉等职。他在任职期间，曾多次上书吴主，陈说利害，举荐贤良。但因其时吴国处于衰败之世，他的诸多主张不符合统治者的意愿，因而冒犯了君上，终遭免官。

关于华覈的重农思想，《三国志》卷65《华覈传》有云：

> 时仓廪无储，世俗滋侈，覈上疏曰："今寇虏充斥，征伐未已，居无积年之储，出无应敌之畜，此乃有国者所宜深忧也。夫财谷所生，皆出于民，趋时务农，国之上急。而都下诸官，所掌别异，各自下调，不计民力，辄与近期。长史畏罪，书夜催民，委舍佃事，遑赴

会日，定送到都，或蕴积不用，而徒使百姓消力失时。到秋收月，督其限人，夺其播殖之时，而责其今年之税，如有逋悬，则籍没财物，故家户贫困，衣食不足。宜暂息众役，专心农桑，古人称一夫不耕，或受其饥，一女不织，或受其寒，是以先王治国，惟农是务。军兴以来，已向百载，农人废南亩之务，女工停机杼之业，推此揆之，则蔬食而长饥，薄衣而履冰者，固不少矣，臣闻主之所求于民者二，民之所望于主者三。二谓求其为已劳也，求其为已死也。三谓饥者能食之，劳者能息之，有功者能赏之。民以致其二事而主失其三望者，则怨心生而功不建，今帑藏不实，民劳役猥，主之二求已备，民之三望未报。且饥者不待美馔而后饱，寒者不俟狐貉而后温，为味者口之奇，文绣者身之饰也。今事多而役繁。民贫而俗奢，百工作无用之器，妇人为绮靡之饰，不勤麻枲，并绣文黼黻，转相仿效，耻独无有。兵民之家，犹复逐俗，内无儋石之储，而出有绫绮之服，至于富贾商贩之家，重以金银，奢恣尤甚。天下未平，百姓不赡，宜一生民之原，丰谷帛之业，而弃功于浮华之巧，妨日于侈靡之事，上无尊卑等级之差，下有耗财物力之损。今吏士之家，少无子女，多者三四，少者一二，通令户有一女，十万家则十万人，人织绩一岁一束，则十万束矣。使四疆之内同心戮力，数年之间，布帛必积。恣民五色，惟所服用，但禁绮绣无益之饰。且美貌者不待华采以崇好，艳姿者不待文绮以致爱，五采之饰，足以丽矣。若极粉黛，穷盛服，未必无丑妇；废华采，去文绣，未必无美人也。若实如论，有之无益废之无损者，何爱而不暂禁以充府藏之急乎？此救乏之上务，富国之本业也，使管、晏复生，无以易此。汉之文、景，承平继统，天下已定，四方无虞，犹以彫文之伤农事，锦绣之害女红，开富国之利，杜饥寒之本。况今六合分乖，豺狼充路，兵不离疆，甲不解带，而可以不广生财之原，充府藏之积哉？"

二　傅玄的重农思想

傅玄（217—278），字休奕，北地泥阳（今陕西耀县东南）人。曾任司隶校尉、散骑常侍。有《傅子》《傅玄集》，俱佚，明人辑有《傅鹑觚集》，又有清人方濬师集校本，较完备。傅玄的经济思想十分杰出，其中最有特色的是结合魏末晋初的社会状况提出了一整套重农思想。

《晋书》卷47《傅玄传》载：

傅玄字休奕，北地泥阳人也……武帝为晋王，以玄为散骑常侍……帝初即位，广纳直言，开不讳之路……玄复上疏曰：

……前皇甫陶上事，欲令赐拜散官皆课使亲耕，天下享足食之利。禹稷躬稼，祚流后世，是以明堂、月令著帝藉之制。伊尹古之名臣，耕于有莘；晏婴齐之大夫，避庄公之难，亦耕于海滨。昔者圣帝明王，贤佐俊士，皆尝从事于农矣。王人赐官，冗散无事者，不督使学，则当使耕，无缘放之使坐食百姓也。今文武之官既众，再拜赐不在职者又多，加以服役为兵，不得耕稼，当农者之半，南面食禄者参倍于前。使冗散之官农，而收其租税，家得其实，而天下之谷可以无乏矣。夫家足食，为子则孝，为父则慈，为兄则友，为弟则悌。天下足食，则仁义之教可不令而行也。为政之要，计人而置官，分人而授事，士农工商之分不可斯须废也。若未能精其防制，计天下文武之官足为副贰者使学，其余皆归之于农。若百工商贾有长者，亦皆归之于农。务农若此，何有不赡乎！……

泰始四年，以为御史中丞。时颇有水旱之灾，玄复上疏曰：

臣闻圣帝明王受命，天时未必无灾，是以尧有九年之水，汤有七年之旱，惟能济之以人事耳。故洪水滔天而免沈溺，野无生草而不困匮。伏惟陛下圣德钦明，时小水旱，人未大饥，下祇畏之诏，求极意之言，同禹汤之罪己，侔周文之夕惕。臣伏欢喜，上便宜五事：

其一曰，耕夫务多种而耕暵不熟，徒丧功力而无收。又旧兵持官牛者，官得六分，士得四分；自持私牛者，与官中分，施行来久，众心安之。今一朝减持官牛者，官得八分，士得二分；持私牛及无牛者，官得七分，士得三分，人失其所，心不欢乐。臣愚以为宜佃兵持官牛者与四分，持私牛与官中分，则天下兵作欢然悦乐，爱惜成谷，无有捐弃之忧。

其二曰，以二千石虽奉务农之诏，犹不勤心以尽地利。昔汉氏以垦田不实，征杀二千石以十数。臣愚以为宜申汉氏旧典，以警戒天下郡县，皆以死刑督之。

其三曰，以魏初未留意于水事，先帝统百揆，分河堤为四部，并本凡五谒者，以水功至大，与农事并兴，非一人所周故也。今谒者一人之力，行天下诸水，无时得徧。伏见河堤谒者车谊不知水势，转为他职，更选知水者代之。可分为五部，使各精其方宜。

其四曰，古以步百为亩，今以二百四十步为一亩，所觉过倍。近魏初课田，不务多其顷亩，但务修其功力，故白田收至十余斛，水田收数十斛。自顷以来，日增田顷亩之课，而田兵益甚，功不能修理，至亩数斛已还，或不足以偿种。非与襄时异天地，横遇灾害也，其病正在于务多顷亩而功不修耳。窃见河堤谒者石恢甚精练水事及田事，知其利害，乞中书召恢，委曲问其得失，必有所补益。

三　周朗的重农思想

周朗（425—460），字义利，汝南安成（今河南正阳东北）人，曾任南朝刘宋之太子舍人、中军录事参军等职。因上书抨击时弊，触犯朝政被革职；又以居表无礼被纠问，后被锁付边郡，途中被杀。

关于周朗的重农思想，《宋书》卷82《周朗传》有云：

> 世祖即位，除建平王宏中军录事参军。时普责百官谠言，（周）朗上书曰：凡治者何哉？为教而已。今教衰已久，民不知则，又随以刑逐之，岂为政之道欤。欲为教者，宜二十五家选一长，百家置一师。男子十三年至十七，皆令学经；十八至二十，尽使修武。训以书记图律，忠孝仁义之礼，廉让勤恭之则；授以兵经战略，军部舟骑之容，挽强击刺之法。官长皆月至学所，以课其能。习经者五年有立，则言之司徒；用武者三年善艺，亦升之司马。若七年而经不明，五年而勇不达，则更求其言政置谋，迹其心术行履，复不足取者，虽公卿子孙，长归农亩，终身不得为吏。其国学则宜详考占数，部定子史，令书不烦行，习无靡力。凡学，虽凶荒不宜废也。
>
> 农桑者，实民之命，为国之本，有一不足，则礼节不兴。若重之，宜罢金钱，以谷帛为赏罚……今且听市至千钱以还者用钱，余皆用绢布及米，其不中度者坐之。如此，则垦田自广，民资必繁，盗铸者罢，人死必息。又田非疁水，皆播麦菽，地堪滋养，悉艺纻麻，荫巷缘藩，必树桑柘，列庭接宇，唯植竹栗。若此令既行，而善其事者，庶民则叙之以爵，有司亦从而加赏。若田在草间，木物不植，则

挞之而伐其余树，在所以次坐之。

又取税之法，宜计人为输，不应以赀。云何使富者不尽，贫者不蠲。乃令桑长一尺，围以为价，田进一亩，度以为钱，屋不得瓦，皆责赀实。民以此，树不敢种，土畏妄垦，栋焚榱露，不敢加泥。岂有剥善害民，禁衣恶食，若此苦者。方今若重斯农，则宜务削兹法……

又亡者乱郊，馑人盈甸，皆是不为其存计，而任之遷流，故饥寒一至，慈母不能保其子，欲其不为寇盗，岂可得邪。既御之使然，复止之以杀，彼于有司，何酷至是。且草树既死，皮叶皆枯，是其梁肉尽矣。冰霜已厚，苦盖难资，是其衣裘败矣。比至阳春，生其余几。今自江以南，在所皆穰，有食之处，须官兴役，宜募远近能食五十口一年者，赏爵一级。不过千家，故近食十万口矣。使其受食者，悉令就佃淮南，多其长帅，给其粮种。凡公私游手，岁发佐农，令堤湖尽修，原陆并起，仍量家立社，计地设闾，检其出入，督其游惰。须待大熟，可移之复旧。淮以北悉使南过江，东旅客尽令西归。

四　萧子良的重农思想

萧子良（460—494），字云英，南兰陵（今江苏常州西北）人。南齐武帝之子。历仕南朝刘宋、萧齐两朝，曾任辅国将军、会稽太守、征虏将军、丹阳尹、南徐州刺史、司徒诸职。其重农思想主要表现在对于赋役问题的论述上。他一再提出减轻赋役的主张，这在南朝极为突出。

《南齐书》卷40《武十七王·竟陵文宣王子良传》载：

是时上新亲政，水旱不时。子良密启曰：

臣思水潦成患，良田沃壤，变为汙泽；农政告祥，因高肆务，播植既周，继以旱虐。黔庶呼嗟，相视褫气。夫国资于民，民资于食，匪食匪民，何以能政？臣每一念此，寝不便席。本始中，郡国大旱，宣帝下诏除民租。今闻所在逋余尚多，守宰严期，兼夜课切，新税力尚无从，故调于何取给？政当相驱为盗耳。愚谓逋租宜皆原除，少降停恩，微纾民命。

自宋道无章，王风陵替，窃官假号，骈门连室。今左民所检，动以万数，渐渍之来，非复始适，一朝洗正，理致沸腾。小人之心，固思前谷，董之以威，反怨后罚，兽穷则触，事在匪轻。齐有天下日浅，恩治未布，一方或饥，当加优养。愚谓自可依源削除，未宜便充猥役。且部曹检校，诚存精密，令史奸黠，鲜不容情。情既有私，理或柱谬。耳目有限，群狡无极。变易是非，居然可见。详而后取，于事未迟。

明诏深矜狱圄，恩文累坠。今科纲严重，称为峻察。负罪离譬，充积牢户。暑时郁蒸，加以金铁。聚忧之气，足感天和。民之多怨，非国福矣。

顷土本之务，甚为殷广，虽役未及民，勤费已积。炎旱致灾，或由于此。皇明载远，书轨未一，缘淮带江，数州地耳，以魏方汉，犹一郡之譬，以今比古，复为远矣。何得不爱其民，缓其政，救其危，存其命哉？

湘区奥密，蛮寇炽强，如闻南师未能挫戮。百姓齐民，积年涂炭，疽食侵淫，边虞方重。交州夐绝一垂，寔惟荒服，恃远后宾，固亦恒事。自青德启运，款关受职，置之度外，不足维言。今县军远伐，经途万里，众寡事殊，客主势异，以逸待劳，全胜难必。又缘道调兵，以足军力，民丁乌合，事乖习锐。广州积岁无年，越州兵粮素乏，加以发借，必致恇扰。愚谓叔献所请，不宜听从；取乱侮亡，更俟后会。虽缓岁月，必有可禽之理，差息发动费役之劳。刘楷见甲以助湘中，威力既举，蚁寇自服。

诏折租布，二分取钱。子良又启曰：

臣一月入朝，六登玫陛，广殿稠人，裁奉颜色，纵有所怀，岂敢自达。比天眚亟见，地孽亟臻，民下妖讹，好生谆沓。谷价虽和，比室饥嗛；缣纩虽贱，骈门躶质。臣一念此，每入心骨。三吴奥区，地惟河、辅，百度所资，罕不自出，宜在蠲优，使其全富。而守宰相继，务在衰剋，围桑品屋，以准赀课，致令斩树发瓦，以充重赋，破民财产，要利一时。东郡使民，年无常限，在所相承，准令上直。每至州台使命，切求悬急，应充猥役，必由穷困。乃有畏夫严期，自残躯命，亦有斩绝手足，以避徭役。生育弗起，殆为恒事。守长不务先富民，而唯言益国，岂有民贫于下，而国富于上邪？

又同书卷26《王敬则传》载：

会土边带湖海，民丁无士庶皆保塘役，敬则以功力有余，悉评敛为钱，送台库以为便宜，上许之。竟陵王子良启曰：

伏寻三吴内地，国之关辅，百度所资。民庶彫流，日有困殆，蚕农罕获，饥寒尤甚，富者稍增其饶，贫者转钟其弊，可为痛心，难以辞尽。顷钱贵物贱，殆欲兼倍，凡在触类，莫不如兹。稼穑难劭，斛直数，机杼勤苦，匹裁三百。所以然者，实亦有由。年常岁调，既有定期，僮恤所上，咸是见直。东閒钱多剪凿，鲜复完者，公家所受，必须员大，以两代一，困于所贸，鞭捶质击，益致无聊。

臣昔忝会稽，粗闲物俗，塘丁所上，本不入官。良由陂湖宜壅，桥路须通，均夫订直，民自为用。若甲分毁壤，则年一修改；若乙限坚完，则终岁无役。今郡通课此直，悉以还台，租赋之外，更生一调。致令塘路崩芜，湖源泄散，害民损政，实此为剧。

建元初，狡虏游魂，军用殷广。浙东五郡，丁税一千，乃有质卖妻儿，以充此限，道路愁穷，不可闻见。所逋尚多，收上事绝，臣登具启闻，即蒙蠲原。而此年租课，三分逋一，明知徒足扰民，实自弊国。愚谓塘丁一条，宜还复旧，在所逋恤，优量原除。凡应受钱，不限大小，仍令在所，折市布帛。若民有杂物，是军国所须者，听随价准直，不必应送钱，于公不亏其用，在私实荷其渥。

昔晋氏初迁，江左草创，绢布所直，十倍于今，赋调多少，因时增减。永初中，官布一匹，直钱一千，而民间所输，听为九百。渐及元嘉，物价转贱，私货则束直六千，官受则匹准五百，所以每欲优民，必为降落。今入官好布，匹堪百余，其四民所送，犹依旧制。昔为刻上，今为刻下，氓庶空俭，岂不由之。

救民拯弊，莫过减赋。时和岁稔，尚尔虚乏，倘值水旱，宁可熟念。且西京炽强，实基三辅，东都全固，寔赖三河，历代所同，古今一揆。石头以外，裁足自供府州，方山以东，深关朝廷根本。夫股肱要重，不可不恤。宜蒙宽政，少加优养。略其目前小利，取其长久大益，无患民赀不殷，国财不阜也。

五 贾思勰的重农思想

贾思勰，北魏后期至东魏初期山东益都（今山东青州市）人，具体生卒时间不详。曾任高阳（今山东临淄一带）太守，其生平事迹亦不可知。贾思勰是我国古代著名的农学家,他对先秦以降我国的重农思想,在继承的基础上有新的发展,提出了以农为本、多种经营相结合的思想。这种思想对唐宋以后乃至现代农业生产的发展均有指导作用。

贾思勰的以农为本、多种经营的思想,体现在其著《齐民要术·序》及全书中。其《序》谓:

> 神农、仓颉,圣人者也;其于事也,有所不能矣。故赵过始为牛耕,实胜耒耜之利;蔡伦立意造纸,岂方缣、牍之烦?且耿寿昌之常平仓,桑弘羊之均输法,益国利民,不朽之术也。谚曰:"智如禹、汤,不如尝更。"是以樊迟请学稼,孔子答曰:"吾不如老农。"然则圣贤之智,犹有所未达,而况于凡庸者乎?
>
> 猗顿,鲁穷士,闻陶朱公富,问术焉。告之曰:"欲速富,畜五牸。"乃畜牛羊、子息万计。九真、庐江,不知牛耕,每致困乏。任延、王景,乃令铸作田器,教之垦辟,岁岁开广,百姓充给。炖煌不晓作楼犁;及种,人牛功力既费,而收谷更少。皇甫隆乃教作楼犁,所省庸力过半,得谷加五。又炖煌俗,妇女作裙,挛缩如羊肠,用布一匹。隆又禁改之,所省复不赀。茨充为桂阳令,俗不种桑,无蚕织丝麻之利,类皆以麻枲头贮衣。民惰窳羊主切,少粗履,足多剖裂血出,盛冬皆然火燎炙。充教民益种桑、柘、养蚕,织履,复令种苎麻。数年之间,大赖其利,衣履温暖。今江南知桑蚕织履,皆充之教也。五原土宜麻枲,而俗不知织绩;民冬月无衣,积细草,卧其中,见吏则衣草而出。崔寔为作纺绩、织纴之具以教,民得以免寒苦。安在不教乎?
>
> 黄霸为颖川,使邮亭、乡官,皆畜鸡、豚,以赡鳏、寡、贫穷者;及务耕桑,节用,殖财,种树。鳏、寡、孤、独,有死无以葬者,乡部书言,霸具为区处:某所大木,可以为棺;某亭豚子,可以祭。吏往皆如言。袭遂为渤海,劝民务农桑,令口种一树榆,百本薤,五十本葱,一畦韭,家二母彘,五鸡。民有带持刀剑者,使卖剑买牛,卖刀买犊,曰:"何为带牛佩犊?"春夏不得不趣田亩,秋冬课收敛,益蓄果实、菱、芡。吏民皆富实。召信臣为南阳,好为民兴利,务在富之。躬劝农耕,出入阡陌,止舍离乡亭,稀有安居。时行视郡中水泉,开通沟渎,起水门、提堰,凡数十处,以广溉灌,民得

其利，蓄积有余。禁止嫁娶送终奢靡，务出于俭约。郡中莫不耕稼力田。吏民亲爱信臣，号曰"召父"。僮种为不其令，率民养一猪，雌鸡四头，以供祭祀，死买棺木。颜斐为京兆，乃令整阡陌，树桑果；又课以闲月取材，使得转相教匠作车；又课民无牛者，令畜猪，投贵时卖，以买牛。始者民以为烦，一二年间，家有丁车、大牛，整顿丰足。王丹家累千金，好施与，周人之急。每岁时农收后，察其强力收多者，辄历载酒肴，从而劳之，便于田头树下饮食劝勉之，因留其余肴而去；其惰闲者，独不见劳，各自耻不能致丹，其后无不力田者，聚落以至殷富。杜畿为河东，课民畜牸生、草马，下逮鸡、豚，皆有章程，家家丰实。此等岂好为烦扰而轻费损哉？盖以庸人之性，率之则自力，纵之则惰窳耳……

李衡于武陵龙阳汛州上作宅，种甘橘千树。临死敕儿曰："吾州里有千头木奴，不责汝衣食，岁上一匹绢，亦可足用矣。"吴末，甘橘成，岁得绢数千匹。桓称太史公所谓"江陵千树橘，与千户侯等"者也。樊重欲作器物，先种梓、漆，时人嗤之。然积以岁月，皆得其用，向之笑者，咸求假焉。此种殖之不可已已也。谚曰："一年之计，莫如树谷；十年之计，莫如树木。"此之谓也……

夫财货之生，既艰难矣，用之又无节；凡人之性，好懒惰矣，率之又不笃；加以政令失所，水旱为灾，一谷不登，胔腐相继：古今同患，所不能止也，嗟乎！且饥者有过甚之愿，渴者有兼量之情。既饱而后轻食，既暖而后轻衣。或由年谷丰穰，而忽于蓄积；或由布帛优赡，而轻于施与：穷窘之来，所由有渐。故《管子》曰："桀有天下，而用不足；汤有七十二里，而用有余，天非独为汤雨菽、粟也。"盖言用之以节……

今采捃经传，爰及歌谣，询之老成，验之行事，起自耕农，终于醯、醢，资生之业，靡不毕书，号曰《齐民要术》。凡九十二篇，束为十卷。卷首皆有目录，于文虽烦，寻览差易。其有五谷、果、蓏非中国所殖者，存其名目而已；种莳之法，盖无闻焉。舍本逐末，贤哲所非，日富岁贫，饥寒之渐，故商贾之事，阙而不绿。花草之流，可以悦目，徒有春花，而无秋实，匹诸浮伪，盖不足存。

鄙意晓示家童，未敢闻之有识，故丁宁周至，言提其耳，每事指斥，不尚浮辞。览者无或嗤焉。

六 苏绰的重农思想

苏绰（498—546），字令绰，西魏京兆武功（今属陕西）人。为宇文泰所信任，官至大行台度支尚书兼司农卿，助泰改革制度。制定计账、户籍等法，又为"六条诏书"。其重农思想主要体现在"六条诏书"中"尽地利""均赋役"等部分。

《周书》卷23《苏绰传》载：

大统三年……太祖方欲革易时政，务弘强国富民之道，故（苏）绰得尽其智能，赞成其事……又为六条诏书，奏施行之。

……其三，尽地利，曰：

人生天地之间，以衣食为命。食不足则饥，衣不足则寒。饥寒切体，而欲使民兴行礼让者，此犹逆坂走丸，势不可得也。是以古之圣王，知其若此，故先足其衣食，然后教化随之。夫衣食所以足者，在于地利尽。地利所以尽者，由于劝课有方。主此教者，在乎牧守令长而已。民者冥也，智不自周，必待劝教，然后尽其力。诸州郡县，每至岁首，必戒敕部民，无问少长，但能操持农器者，皆令就田，垦发以时，勿失其所。及布种既讫，嘉苗须理，麦秋在野，蚕停于室，若此之时，皆宜少长悉力，男女并功，若援溺、救火、寇盗之将至，然后可使农夫不废其业，蚕妇得就其功。若有游手怠惰，早归晚出，好逸恶劳，不勤事业者，则正长牒名郡县，守令随事加罚，罪一劝百。此则明宰之教也。

夫百亩之田，必春耕之，夏种之，秋收之，然后冬食之。此三时者，农之要也。若失其一时，则谷不可得而食。故先王之戒曰："一夫不耕，天下必有受其饥者；一妇不织，天下必有受其寒者。"若此三时不务省事，而令民废农者，是则绝民之命，驱以就死然。单劣之户，及无牛之家，劝令有无相通，使得兼济。三农之隙，及阴雨之暇，又当教民种桑、植果，艺其菜蔬，修其园圃，畜育鸡豚，以备生生之资，以供养老之具。

夫为政不欲过碎，碎则民烦；劝课亦不容太简，简则民怠。善为政者，必消息时宜而适烦简之中。故诗曰："不刚不柔，布政优优，百禄是求。"如不能尔，则必陷于刑辟矣……

其六，均赋役，曰：

圣人之大宝曰位。何以守位曰仁，何以聚人曰财。明先王必以财聚人，以仁守位。国而无财，位不可守。是故三五以来，皆有征税之法，虽轻重不同，而济用一也。今逆寇未平，军用资广，虽未遑减省，以恤民瘼，然令平均，使下无匮。夫平均者，不舍豪强而徵贫弱，不纵奸巧而困愚拙，此之谓均也。故圣人曰："盖均无贫。"

然财货之生，其功不易。织纴纺绩，起于有渐，非旬日之间，所可造次。必须劝课，使预营理。绢乡先事织纴，麻土早修纺绩。先时而备，至时而输，故王赋获供，下民无困。如其不预劝戒，临时迫切，复恐稽缓，以为己过，捶扑交至，取办目前。富商大贾，缘兹射利，有者从之贵买，无者与之举息。输税之民，于是弊矣。

租税之时，虽有大式，至于斟酌贫富，差次先后，皆事起于正长，而系之于守令。若斟酌得所，则政和而民悦；若检理无方，则吏奸而民怨。又差发徭役，多不存意。致令贫弱者或重徭而远戍，富强者或轻使而近防。守令用怀如此，不存恤民之心，皆王政之罪人也。

太祖甚重之，常置诸座右。又令百司习诵之。

第二节 货币思想

如前所述，魏晋南北朝的货币流通十分混乱。新旧钱并用，大小杂生。谷物在一定时期和一定地区也起着货币的作用，绢帛作为货币的情况尤为普遍。货币流通的混乱，产生了关于货币制度的多种主张。因此，在魏晋南北朝不很发达的经济思想中，货币思想占了较突出的地位。

一 鲁褒论货币的起源与作用

鲁褒，字元道，西晋时南阳（今河南南阳）人。生卒年代及生平事迹不详。所著《钱神论》虽属带游戏性质的讽刺文章，但对货币的作用作了极其形象、生动的描述，并对剥削阶级酷爱金钱的贪鄙嘴脸作了辛辣的讥讽。鲁褒的这种思想，说明西晋时期由于统治阶级极端奢靡的生活，此时的商品货币关系处于一种不正常的畸形发展状况之中。

《全晋书》卷113引鲁褒《钱神论》载：

昔神农氏没，黄帝、尧、舜，教民农桑，以币帛为本。上智先觉变通之，乃掘铜山，俯视仰观，铸而为钱，故使内方象地，外员象天，大矣哉！

钱之为体，有乾有坤，内则其方，外则其圆。其积如山，其流如川。动静有时，行藏有节，市井便易，不患耗折。难朽象寿，不匮象道，故能长久，为世神宝。亲爱如兄，字曰"孔方"，失之则贫弱，得之则富强。无翼而飞，无足而走，解严毅之颜，开难发之口。钱多者处前，钱少者居后。处前者为君长，在后者为臣仆。君长者丰衍而有余，臣仆者穷竭而不足。《诗》云："哿矣富人，哀哉茕独。"岂是之谓乎！

钱之为言泉也，百姓日用，其源不匮，无远不往，无深不至。京邑衣冠，疲劳讲肆，厌闻清淡，对之睡寐，见我家兄，莫不惊视。钱之所祐，吉无不利，何必读书，然后富贵！昔吕公欣悦于空版，汉祖克之于嬴二，文君解布裳而被锦绣，相如乘高盖而解犊鼻，官官名显，皆钱所致。空版至虚，而况有实；嬴二虽少，以致亲密。由是论之，可谓神物。无位而尊，无势而热，排朱门，入紫闼。钱之所在，危可使安，死可使活；钱之所去，贵可使贱，生可使杀。是故忿诤辩讼，非钱不胜；孤弱幽滞，非钱不拔；怨仇嫌恨，非钱不解；令问笑谈，非钱不发。

洛中朱衣，当途之士，爱我家兄，皆无已已。执我之手，抱我终始，不计优劣，不论年纪，宾客辐辏，门常如市。谚云："钱无耳，可暗使。"岂虚也哉！又曰："有钱可使鬼。"而况于人乎？子夏云："死生有命，富贵在天。"吾以死生无命，富贵在钱。何以明之？钱能转祸为福，因败为成；危者得安，死者得生。性命长短，相禄贵贱，皆在乎钱，天何与焉？天有所短，钱有所长。四时行焉，百物生焉，钱不如天；达穷开塞，振贫济乏，天不如钱……

夫钱，穷者能使通达，富者能使温暖，贫者能使勇悍。故曰君无财则士不来，君无赏则士不往。谚曰："官无中人，不如归田。"虽有中人，而无家兄，何异无足而欲行，无翼而欲翔。使才如颜子，容如子张，空手掉臂，何所希望！不如早归，广修农商，舟车上下，役使孔方。凡百君子，同尘和光，上交下接，名誉益彰。

二　孔琳之反对以谷帛实物为货币

孔琳之（约369—423），字彦琳，晋宋间会稽山阴（今浙江绍兴）人。在南朝刘宋官至祠部尚书。早在东晋时，有人主张废钱（铜铸币）用谷、帛作为交换媒介，孔琳之表示反对。他认为货币乃交换之手段，作用很大，而使用铜铸币又较以谷、帛为交换手段有利。

《宋书》卷56《孔琳之传》载：

> 桓玄时议欲废钱用谷帛，琳之议曰："洪范八政，以货次食，岂不以交易之所资，为用之至要者乎。若使不以交易，百姓用力于为钱，则是妨其为生之业，禁之可也。今农自务谷，工自务器，四民各肄其业，何尝致勤于钱。故圣王制无用之货，以通有用之财，既无毁败之费，又省运置之苦，此钱所以嗣功龟贝，历代不废者也。谷帛为实，本充衣食，今分以为货，则致损甚多。又劳毁于商贩之手，耗弃于割截之用，此之为敝，著于自囊。故钟繇曰：'巧伪之民，竞蕴湿谷以要利，制薄绢以充资。'魏世制以严刑，弗能禁也。是以司马芝以为用钱非徒丰国，亦所以省刑。钱之不用，由于兵乱积久，自至于废，有由而然，汉末是也。今既用而废之，则百姓顿亡其财。今括囊天下之谷，以周天下之食，或仓庾充衍，或粮靡斗储，以相资通，则贫者仰富，致之之道，实假于钱。一朝断之，便为弃物，是有钱无粮之民，皆坐而饥困，此断钱之立敝也。且据今用钱之处不为贫，用谷之处不为富。又民习来久，革之必惑。语曰：'利不百，不易业。'况又钱便于谷邪？魏明帝时，钱废谷用，三十年矣。以不便于民，乃举朝大议。精才达治之士，莫不以为宜复用钱。民无异情，朝无异论。彼尚舍谷帛而用钱，足以明谷帛之弊，著于已试。世或谓魏氏不用钱久，积累巨万，故欲行之，利公富国。斯殆不然。昔晋文后舅犯之谋，而先成季之信，以为虽有一时之勋，不如万世之益。于时名贤在列，君子盈朝，大谋天下之利害，将定经国之要术。若谷实便钱，义不昧当时之近利，而废永用之通业，断可知矣。斯实由困而思革，改而更张耳。近孝武之末，天下无事，时和年丰，百姓乐业，便自谷帛殷阜，几乎家给人足，验之事实，钱又不妨民也。顷兵革屡兴，荒馑荐及，饥寒未振，实此之由。公既援而拯之，大革视听，弘敦本之

教，明广农之科，敬授民时，各顺其业，游荡知反，务末自休，固以南亩竞力，野无遗壤矣。于是以往，升平必至，何衣食之足恤。愚谓救弊之术，无取于废钱。"

三 范泰反对集民铜器铸钱

范泰（355—428），字伯伦，顺阳（今河南淅川）人。仕晋至御史中丞，入宋拜金紫光禄大夫，加散骑常侍。时人鉴于国用不足，主张收集民间铜器造五铢钱，范泰于永初二年（421）上书，陈说其不便。

《宋书》卷60《范泰传》载：

> 时言事者多以钱货减少，国用不足，欲悉市民铜，更造五铢钱。泰又谏曰：
>
> 流闻将禁私铜，以充官铜，民虽失器，终于获直，国用不足，其利实多。臣愚意异，不宁寝默。臣闻治国若烹小鲜，拯敝莫若务本。百姓不足，君孰与足。未有民贫而国富，本不足而末有余者也。故囊漏贮中，识者不吝；反裘负薪，存毛实难。王者不言有无，诸侯不言多少，食禄之家，不与百姓争利。故拔葵所以明治，织蒲谓之不仁，是以贵贱有章，职分无爽。
>
> 今之所忧，在农民尚寡，仓廪未充，转运无已，资食者众，家无私积，难以御荒耳。夫货存贸易，不在少多，昔日之贵，今者之贱，彼此共之，其揆一也。但令官民均通，则无患不足。若使必资货广以收国用者，则龟贝之属，自古所行。寻铜之为器，在用也博矣。钟律所通者远，机衡所揆者大。夏鼎负图，实冠众瑞，晋铎呈象，亦启休徵。器有要用，则贵贱同资；物有适宜，则家国共急。今毁必资之器，而为无施之钱，于货则功不补劳，在用则君民俱困，校之以实，损多益少。

四 沈约主张以谷帛为货币

沈约（441—513），字休久，吴兴武康（今浙江德清武康镇）人。历仕南朝宋、齐二代，后助梁武帝登位，官至尚书令。著有《宋书》。该书第56卷《孔琳之传》之末，以评论的形式，表达了他在货币问题上与孔琳之针锋相对的见解。谓：

> 史臣曰：民生所贵，曰食与货。货以通币，食为民天。是以九棘播于农皇，十朋兴于上代。昔醇民未离，情嗜疎寡，奉生赡已，事有易周。一夫躬稼，则余食委室；匹妇务织，则兼衣被体。虽懋迁之道，通用济乏，龟贝之益，为功盖轻。而事有谲变，隆敝代起，昏作役苦，故稼人去而从商，商子事逸，末业流而浸广，泉货所通，非复始造之意。于是竞收罕至之珍，远蓄未名之货，明珠翠羽，无足而驰，丝属文犀，飞不待翼，天下荡荡，咸以弃本为事。丰衍则同多稌之资，饥凶又减田家之蓄。钱虽盈尺，既不疗饥于尧年，贝或如轮，信无救渴于汤世，其蚕病亦已深矣。固宜一罢钱货，专用谷帛，使民知役生之路，非此莫由。夫千匹为货，事难于怀璧，万斛为市，未易于越乡，斯可使末伎自禁，游食知反。而年世推移，民与事习，或库盈朽贯，而高廪未充，或家有藏镪，而良畴罕闢。若事改一朝，废而莫用，交易所寄，旦夕无待，虽致乎要术，而非可卒行。先宜削华止伪，还淳反古，抵璧幽峰，捐珠清壑。然后驱一世之民，反耕桑之路，使縑粟羡溢，同于水火。既而荡涤圜法，销铸勿遗，立制垂统，永传于后，比屋称仁，岂伊唐世。桓玄知其始而不览其终，孔琳之睹其末而不统其本，岂虑有开塞，将一往之谈可然乎。

五　周朗的钱帛混用主张

周朗认为生产要发展，必须采取钱、帛混用的办法，并限制钱的使用量。

《宋书》卷 82《周朗传》载：

> 农桑者，实民之命，为国之本，有一不足，则礼节不兴。若重之，宜罢金钱，以谷帛为赏罚。然愚民不达其权，议者好增其异。凡自淮以北，万匹为市；从江以南，千斛为货。亦不患其难也。今且听市至千钱以还者用钱，余皆用绢布及米，其不中度者坐之。如此，则垦田自广，民资必繁，盗铸者罢，人死必息。

六　孔顗的铸钱均货主张

孔顗，字思远，南朝宋时山阴（今浙江绍兴）人。曾任散骑常侍、辅国将军、太子詹事诸职。在货币问题上，他提出铸钱均货的主张。

《南齐书》卷37《刘悛传》载：

> 宋代太祖辅政，有意欲铸钱，以禅让之际，未及施行。建元四年，奉朝请孔颛上铸钱均货议，辞证甚博。其略以为"食货相通，理势自然。李悝曰'籴甚贵伤民，甚贱伤农'。民伤则离散，农伤则国贫。甚贱与甚贵，其伤一也。三吴国之关阃，比岁被水潦而籴不贵，是天下钱少，非谷穰贱，此不可不察也。铸钱之弊，在轻重屡变。重钱患难用，而难用为累轻；轻钱弊盗铸，而盗铸为祸深。民所盗铸，严法不禁者，由上铸钱惜铜爱工也。惜铜爱工者，谓钱无用之器，以通交易，务欲令轻而数多，使省工而易成，不详虑其为患也。自汉铸五铢钱，至宋文帝，历五百余年，制度世有废兴，而不变五铢钱者，明其轻重可法，得货之宜。以为宜开置泉府，方牧贡金，大兴镕铸。钱重五铢，一依汉法。府库已实，国用有储，乃量奉禄，薄赋税，则家给民足。顷盗铸新钱者，皆效作剪凿，不铸大钱也。摩泽淄染，始皆类故；交易之后，沦变还新。良民弗皆淄染，不复行矣。所鬻卖者，皆徒失其物。盗铸者，复贱买新钱，淄染更用，反覆生诈，循环起奸，此明主尤所宜禁而不可长也。若官铸已布于民。[使]严断剪凿，小轻破缺无周郭者，悉不得行，官钱细小者，称合铢两，销以为大。利贫良之民，塞奸巧之路。钱货既均，远近若一，百姓乐业，市道无争，衣食滋殖矣。"

七　刘义恭、何尚之等人关于"一钱当两"问题的货币之争

南北朝时期，由于连年战乱，商品货币关系出现了危机，威胁着国家经济的繁荣和发展。因而，元嘉二十四年（447）刘宋诸臣对货币问题进行了激烈的争论。在这次争论中，刘义恭（412—464）反对自由铸币，提出"以一大钱当两，以防剪凿"；对这一建议，何尚之（387—460）反对，沈演之（397—449）赞同，并各抒己见。关于这次争议的具体情况，《宋书》卷66《何尚之传》有云：

> 先是患货重，铸四铢钱，民间颇盗铸，多剪凿古钱以取铜，上患之。二十四年，录尚书江夏王义恭建议，以一大钱当两，以防剪凿，

议者多同。尚之议曰："伏览明命，欲改钱制，不劳采铸，其利自倍，实救弊之弘算，增货之良术。求之管浅，犹有未譬。夫泉贝之兴，以估货为本，事存交易，岂假数多。数少则币重，数多则物重，多少虽异，济用不殊。况复以一当两，徒崇虚价者邪。凡创制改法，宜从民情，未有违众矫物而可久也。泉布废兴，未容骤议，前代赤仄白金，俄而罢息，六货愦乱，民泣于市。良由事不画一，难用遵行，自非急病权时，宜守久长之业。烦政曲杂，致远常泥。且货偏则民病，故先王立井田以一之，使富不淫侈，贫不过匮。虽兹法久废，不可顿施，要宜而近，粗相放拟。若今制遂行，富人货货自倍，贫者弥增其困，惧非所以欲均之意。又钱之形式，大小多品，直云大钱，则未知其格。若止于四铢五铢，则文皆古篆，既非下走所识，加或漫灭，尤难分明，公私交乱，争讼必起，此最是其深疑者也。命旨兼虑剪凿日多，以至消尽；鄙意复谓殆无此嫌。民巧虽密，要有踪迹，且用钱货铜，事可寻检，直由属所息纵，纠察不精，致使立制以来，发觉者寡。今虽有悬金之名，竟无酬与之实，若申明旧科，禽获即报，畏法希赏，不日自定矣。愚者之议，智者择焉，猥参访逮，敢不输尽。"

吏部尚书庾炳之、侍中太子左卫率萧思话、中护军赵伯符、御史中丞何承天、太常郗敬叔并同尚之议。中领军沈演之以为："龟贝行于上古，泉刀兴自有周，皆所以阜财通利，实国富民者也。历代虽远，资用弥便，但采铸久废，兼丧乱累仍，糜散湮灭，何可胜计。晋迁江南，疆境未廓，或土习其风，钱不普用，其数本少，为患尚轻。今王略开广，声教遐暨，金镪所布，爰逮荒服，昔所不及，悉已流行之矣。用弥广而货愈狭，加复竞窃剪凿，销毁滋繁，刑禁虽重，奸避方密，遂使岁月增贵，贫室日虚，瞥作肆力之氓，徒勤不足以供赡。诚由货贵物贱，常调未革，弗思釐改，为弊转深，斯实亲教之良时，通变之嘉会。愚谓若以大钱当两，则国傅难朽之宝，家赢一倍之利，不俟加宪，巧源自绝，施一令而众美兼，无兴造之费，莫盛于兹矣。"上从演之议，遂以一钱当两，行之经时，公私非便，乃罢。

八　徐爱、沈庆之、颜竣等人关于解决通货短缺和币值稳定问题的争论

南朝刘宋时期，围绕解决通货短缺和币值稳定等问题，许多经济思想

家从各自的角度提出了不同的看法，其中徐爰（395—475）主张"以铜赎刑，随罚为品"，并以铜铸钱，但反对减重；沈庆之（386—465）主张设立钱署，集中铸者到署内自由铸币；颜竣（？—459）赞成"开署放钱"，反对减低单位货币价值，并主张设铜署，以控制铜的来源及利用。

关于这次讨论的具体情况，《宋书》卷75《颜竣传》有云：

> 先是元嘉中，铸四铢钱，轮郭形制，与五铢同，用费损，无利，故百姓不盗铸。及世祖即位，又铸孝建四铢。三年，尚书右丞徐爰议曰："贵货利民，载自五政，开铸流圜，法成九府，民富国实，教立化光。及时移俗易，则通变适用，是以周、汉倣迁，随世轻重。降及后代，财丰用足，因循前贯，无复改创。年历既远，丧乱屡经，烟焚剪毁，日月销灭，货薄民贫，公私俱困，不有革造，将至大乏。谓应式遵古典，收铜缮铸，纳赎刊刑，著在往策，今宜以铜赎刑，随罚为品。"诏可。所铸钱形式薄小，轮郭不成就。于是民间盗铸者云起，杂以铅锡，并不牢固。又剪凿古钱，以取其铜，钱转薄小，稍违官式。虽重制严刑，民吏官长坐死免者相继，而盗铸弥甚，百物踊贵，民人患苦之。乃立品格，薄小轮郭者，悉加禁断。
>
> 始兴郡公沈庆之立议曰："昔秦币过重，高祖是患，普令民铸，改造榆荚，而货轻物重，又复乖时。太宗放铸，贾谊致讥，诚以采山术存，铜多利重，耕战之器，曩时所用，四民竞造，为害或多。而孝文弗纳，民铸遂行，故能朽贯盈府，天下殷富。况今耕战不用，采铸废久，镕冶所资，多因成器，功艰利薄，绝吴、邓之资，农民不习，无释耒之患。方今中兴开运，圣化惟新，虽复偃甲销戈，而仓库未实，公私所乏，唯钱而已。愚谓宜听民铸钱，郡县开置钱署，乐铸之家，皆居署内，平其准式，去其难伪，官敛轮郭，藏之以为永宝。去春所禁新品，一时施用，今铸悉依此格。万税三千，严检盗铸，并禁剪凿。数年之间，公私丰赡，铜尽事息，奸伪自止。且禁铸则铜转成器，开铸则器化为财，剪华利用，于事为益。"
>
> 上下其事公卿，太宰江夏王义恭议曰："伏见沈庆之议，'听民私铸，乐铸之室，皆入署居。平其准式，去其杂伪'。愚谓百姓不乐与官相关，由来甚久，又多是人士，盖不愿入署。凡盗铸为利，利在伪杂，伪杂既禁，乐入必寡，云'敛取轮郭，藏为永宝'。愚谓上之

所贵，下必从之，百姓闻官敛轮郭，轮郭之价百倍，大小对易，谁肯为之。强制使换，则状似逼夺。又'去春所禁新品，一时施用'。愚谓禁此条在可开许。又云'今铸宜依此格，万税三千'。又云'严检盗铸，不得更造'。愚谓禁制之设，非惟一旦，昧利犯宪，群庶常情，不患制轻，患在冒犯。今入署必万输三千，私铸无十三之税，逐利犯禁，居然不断。又云'铜尽事息，奸伪自禁'，愚谓赤县内铜，非可卒尽，比及铜尽，奸伪已积。又云'禁铸则铜转成器，开铸则器化为财'。然顷所患，患于形式不均，加以剪凿，又铅锡众杂止于盗铸铜者，亦无须苦禁。"

竣议曰："泉货利用，近古所同，轻重之议，定于汉世，魏、晋以降，未之能改。诚能物货既均，改之伪生故也。世代渐久，弊运顿至，因革之道，宜有其术。今云开署放铸，诚所欣同。但虑采山事绝，器用日耗，铜既转少，器亦弥贵。设器直一千，则铸之减半，为之无利，虽令不行。又云'去春所禁，一时施用'。是欲使天下丰财。若细物必行，而不从公铸，利已既深，情伪无极，私铸剪凿，尽不可禁，五铢半两之属，不盈一年，必至于尽。财货未赡，大钱已竭，数岁之间，悉为尘土，岂可令取弊之道，基于皇代。今百姓之货，虽为转少，而市井之民，未有嗟怨，此新禁初行，品式未一，须臾自止，不足以垂圣虑。唯府藏空匮，实为重忧。今纵行细钱，官无益赋之理，百姓虽赡，无解官乏。唯简费去华，设在节俭，求赡之道，莫此为贵。然钱有定限，而消失无方，剪铸虽息，终致穷尽者，亡应官开取铜之署，绝器用之涂，定其品式，日月渐铸，岁久之后，不为世益耳。"

时议者又以铜转难得，欲铸二铢钱，竣又议曰："议者将为官藏空虚，宜更改铸，天下铜少，宜减钱式，以救交弊，赈国纾民。愚以为不然。今铸二铢，恣行新细，于官无解于乏，而民奸巧大兴，天下之货，将靡碎至尽。空立严禁，而利深难绝，不过一二年间，其弊不可复救。其甚不可一也。今镕铸获利，不见有顿得一二亿之理，纵复得此，必待弥年，岁暮税登，财币暂革，日用之费，不赡数月，虽权徵助，何解乏邪，徒使奸民意骋，而贻厥悠谋。此又甚不可二也。民懲大钱之改，兼畏近日新禁，市井之间，必生喧扰，远利未闻，切患猥及，富商得志，贫民困窘。此又甚不可三也。若使交益深重，尚不可行，况又未见其利，而众弊如此，失算当时，取诮百代乎。"

九　元澄的禁止私铸主张

元澄（456—519），字通镜，鲜卑拓跋部人，北魏孝明帝时官任尚书令，被封为任城王。曾襄助拓跋氏在推行汉化和发展经济方面起了很大作用，在货币流通的理论上，主张太和五铢与新铸五铢及古钱一并流通，并主张禁止私铸。

《魏书》卷110《食货志》载：

> 魏初至于太和，钱货无所周流，高祖始诏天下用钱焉。十九年，冶铸粗备，文曰"太和五铢"，诏京师及诸州镇皆通行之。内外百官禄皆准绢给钱，绢匹为钱二百。在所遣钱工备炉冶，民有欲铸，听就铸之，铜必精炼，无所和杂。世宗永平三年冬，又铸五铢钱。肃宗初，京师及诸州镇或铸或否，或有止用古钱，不行新铸，致商货不通，贸迁颇隔。
>
> 熙平初，尚书令任城王澄上言："臣闻洪范八政，货居二焉。易称'天地之大德曰生，圣人之大宝曰位，何以守位曰仁，何以聚人曰财。'财者，帝王所以聚人守位，成养群生，奉顺天德，治国安民之本也。夏殷之政，九州贡金，以定五品。周仍其旧。太公立九府之法，于是圜货始行，定铢两之楷。齐桓循用，以霸诸侯。降及秦始、汉文，遂有轻重之异。吴濞、邓通之钱，收利遍于天下，河南之地，犹甚多焉。逮于孝武，乃更造五铢，其中毁铸，随利改易，故使钱有小大之品。窃寻太和之钱，高祖留心创制，后与五铢并行，此乃不刊之式。但臣窃闻之，君子行礼，不求变俗，因其所宜，顺而致用。'太和五铢'虽利于京邑之肆，而不入徐扬之市。土货既殊，贸鬻亦异，便于荆郢之邦者，则碍于兖豫之域。致使贫民有重困之切，王道贻隔化之讼。去永平三年，都座奏断天下用钱不依准式者，时被敕云：'不行之钱，虽有常禁，其先用之处，权可听行，至年末悉令断之。'延昌二年，徐州民俭，刺史启奏求行土钱，旨听权依旧用。谨寻不行之钱，律有明式，指谓鸡眼、镮凿，更无余禁。计河南诸州，今所行者，悉非制限。昔来绳禁，愚窃惑焉。又河北州镇，既无新造五铢，设有旧者，而复禁断，并不得行，专以单丝之缣，疏缕之布，

狭幅促度，不中常式，裂匹为尺，以济有无。至今徒成杼轴之劳，不免饥寒之苦，良由分截布帛，壅塞钱货。实非救恤冻馁，子育黎元。谨惟自古以来，钱品不一，前后累代，易变无常。且钱之为名，欲泉流不已。愚意谓今之太和与新铸五铢，及诸古钱方俗所便用者，虽有大小之异，并得通行。贵贱之差，自依乡价。庶货环海内，公私无壅。其不行之钱，及盗铸毁大为小，巧伪不如法者，据律罪之……"

澄又奏："臣猥属枢衡，庶罄心力，常愿货物均通，书轨一范。谨详周礼，外府掌邦布之入出。布犹泉也，其藏曰泉，其流曰布。然则钱之兴也始于一品，欲令世匠均同，圜流无极。爰暨周景，降逮亡新，易铸相寻，参差百品，遂令接境乖商，连邦隔贸。臣比求え宣下海内，依式行钱。登被旨敕，'钱行已久，且可依旧'。谨重参量，以为'太和五铢'乃大魏之通货，不朽之恒模，宁可专贸于京邑，不行于天下！但今戎马在郊，江疆未一，东南之州，依旧为便。至于京西、京北域内州镇未用钱处，行之则不足为难，塞之则有乖通典。何者？布帛不可尺寸而裂，五谷则有负檐之难，钱之为用，贯缗相属，不假斗斛之器，不劳秤尺之平，济世之宜，谓为深允。请并下诸方州镇，其太和及新铸五铢并古钱内外全好者，不限大小，悉听行之。鸡眼、镮凿，依律而禁。河南州镇先用钱者，既听依旧，不在断限。唯太和、五铢二钱得用公造新者，其余杂种，一用古钱，生新之类，普同禁约。诸方之钱，通用京师，其听依旧之处，与太和钱及新造五铢并行，若盗铸者罪重常宪。既欲均齐物品，廛井斯和，若不绳以严法，无以肃兹违犯。符旨一宣。仍不遵用者，刺史守令依律治罪。"诏从之。

十 高谦之主张铸小钱（轻钱）的观点

高谦之（约486—527），字道让，勃海蓚（今河北东光）人，北魏国子博士、铸钱都将长史。曾上书北魏朝廷，建议"别铸小钱"，即铸造三铢新钱与当时市面流通的五铢钱并行。

《魏书》卷77《高崇传附子谦之传》载：

> 于时朝议铸钱，以谦之为铸钱都将长史。乃上表求铸三铢钱曰：盖钱货之立，本以通有无，便交易。故钱之轻重，世代不同。太

公为周置九府圜法，至景王时更铸大钱。秦兼海内，钱重半两。汉兴，以秦钱重，改铸榆荚钱。至文帝五年，复为四铢。孝武时，悉复销坏，更铸三铢，至元狩中，变为五铢。又造赤仄之钱，以一当五。王莽摄政，钱有六等，大钱重十二铢，次九铢，次七铢，次五铢，次三铢，次一铢。魏文帝罢五铢钱，至明帝复位。孙权江左，铸大钱，一当五百。权赤乌年，复铸大钱，一当千。轻重大小，莫不随时而变。

窃以食货之要，八政为首；聚财之贵，诒训典文。是以昔之帝王，乘天地之饶，御海内之富，莫不腐红粟于太仓，藏朽贯于泉府，储畜既盈，民无因敝，可以宁谧四极，如身使臂者矣。昔汉之孝武，地广财丰，外事四戎，遂虚国用。于是草莱之臣，出财助国；兴利之计，纳税庙堂。市列榷酒之官，邑有告缗之令。监铁既兴，钱币屡改，少府遂丰，上林饶积。外辟百蛮，内不增赋者，皆计利之由也。今群妖未息，四郊多垒，徵税既烦，千金日费，资储渐耗，财用将竭，诚杨氏献说之秋，桑、儿言利之日。夫以西京之盛，钱犹屡改，并行小大，子母相权，况今寇难未除，州郡沦败，民物凋零，军国用少，别铸小钱，可以富益，何损于政，何妨于人也？且政兴不以钱大，政衰不以钱小，惟贵公私得所，政化无亏，既行之于古，亦宜效之于今矣。昔禹遭大水，以历山之金铸钱，救民之困。汤遭大旱，以庄山之金铸钱，赎民之卖子者。今百姓穷悴，甚于曩日，钦明之主岂得垂拱而观之哉？

十一　高恭之主张以大钱（重钱）代小钱

高恭之（约489—530），字道穆，北魏高谦之之弟。官至御史中尉、大都督兼尚书右仆射。在钱币铸造问题上，他坚决反对不足值钱币的流通，而主张铸造足值的钱币。他认为官钱如足值，私铸即无利可图；再加上国家政策的干预，即可杜绝私铸。

《魏书》卷77《高崇传附子恭之传》载：

于时用钱稍薄，道穆表曰："四民之业，钱货为本，救弊改铸，王政所先。自顷以私铸薄滥，官司纠绳，挂纲非一。在市铜价，八十一文得铜一斤，私造薄钱，斤余二百。既示之以深利，又随之以重刑，罹罪者虽多，奸铸者弥众。今钱徒有五铢之文，而无二铢之实，薄甚榆荚，上贯便破，置之水上，殆欲不沉。此乃因循有渐，科防不切，朝廷之愆，彼复何罪。昔汉文帝以五分钱小，改铸四铢，至武帝复改三铢为半两。此皆以大易小，以重代轻也。论今据古，宜改铸大钱，文载年号，以记其始，则一斤所成止七十六文。铜价至贱五十有余，其中人功、食料、锡炭、铅沙，纵复私营，不能自润。直置无利，自应息心，况复严刑广设也。以臣测之，必当钱货永通，公私获允。"

第三节 水利思想

魏晋南北朝对水利问题发表过言论者有不少，可以集中其观点的，主要有杜预、刘浚、崔楷、郦道元等人。

一 杜预的水利思想

杜预（222—284），字元凯，京兆杜陵（今陕西西安东南）人。西晋大臣，历任军职，曾因辅佐晋武帝平吴有功，封当阳县侯，并以研究天文和《春秋左氏传》著称。杜预对于水利事业也有精到见解。他针对当时因蓄水设施过多转化成水害的状况，提出了排涝决陂的水利思想。

《晋书》卷26《食货志》载：

> 咸宁元年十二月，诏曰："出战入耕，虽自古之常，然事力未息，未尝不以战士为念也。今以邺奚官奴婢著新城，代田兵种稻，奴婢各五十人为一屯，屯置司马，使皆如屯田法。"三年，又诏曰："今年霖雨过差，又有虫灾。颍川、襄城自春以来，略不下种，深以为虑。主者何以为百姓计，促处当之。"杜预上疏曰：

> 臣辄思惟，今者水灾东南特剧，非但五稼不收，居业并损，下田所在停汙，高地皆多硗埆，此即百姓困穷方在来年。虽诏书切告长吏二千石为之设计，而不廓开大制，定其趣舍之宜，恐徒文具，所益盖薄。当今秋夏蔬食之时，而百姓已有不赡，前至冬春，野无青草，则必指仰官谷，以为生命。此乃一方之大事，不可不豫为思虑者也。

> 臣愚谓既以水为困，当恃鱼菜螺蜯，而洪波泛滥，贫弱者终不能

得。今者宜大坏兖、豫州东界诸陂，随其所归而宣导之。交令饥者尽得水产之饶，百姓不出境界之内，旦暮野食，此目下日给之益也。水去之后，填淤之田，亩收数钟。至春大种五谷，五谷必丰，此又明年益也……

预又言：

诸欲修水田者，皆以火耕水耨为便。非不尔也，然此事施于新田草莱，与百姓居相绝离者耳。往者东南草创人稀，故得火田之利。自顷户口日增，而陂堨岁决，良田变生蒲苇，人居沮泽之际，水陆失宜，放牧绝种，树木立枯，皆陂之害也。陂多则土薄水浅，潦不下润。故每有水雨，辄复横流，延及陆田。言者不思其故，因云此土不可陆种。臣计汉之户口，以验今之陂处，皆陆业也。其或有旧陂旧堨，则坚完修固，非今所谓当为人害者也。臣前见尚书胡威启宜坏陂，其言恳至。臣中者又见宋侯相应遵上便宜，求坏泗陂，徙运道。时下都督度支共处当，各据所见，不从遵言。臣案遵上事，运道东诣寿春，有旧渠，可不由泗陂。泗陂在遵地界坏地凡万三千余顷，伤败成业。遵县领应佃二千六百口，可谓至少，而犹患地狭，不足肆力，此皆水之为害也。当所共恤，而都督度支方复执异，非所见之难，直以不同害理也。人心所见既不同，利害之情又有异。军家之与郡县，士大夫之与百姓，其意莫有同者，此皆偏其利以忘其害者也。此理之所以未尽，而事之所以多患也。

臣又案，豫州界二度支所领佃者，州郡大军杂士，凡用水田七千五百余顷耳，计三年之储，不过二万余顷。以常理言之，无为多积无用之水，况于今者水涝瓮溢，大为灾害。臣以为与其失当，宁泻之不潴。宜发明诏，敕刺史二千石，其汉氏旧陂旧堨及山谷私家小陂，皆当修缮以积水。其诸魏氏以来所造立，及诸因雨决溢浦苇马肠陂之类，皆决沥之。长史二千石躬亲劝功，诸食力之人并一时附功令，比及水冻，得粗枯涸，其所修功实之人皆以偿之。其旧陂堨沟渠当有所补塞者，皆寻求微迹，一如汉时故事，豫为部分列上，须冬东南休兵交代，各留一月以佐之。夫川渎有常流，地形有定体，汉氏居人众多，犹以无患，今因其所患而宣写之，迹古事以明近，大理显然，可坐论而得。臣不胜愚意，窃谓最是今日之实益也。

朝廷从之。

二　刘浚的水利思想

刘浚（430—464），字休龙，南朝刘宋文帝之子，原籍彭城（今江苏徐州）人，后居于京口（今江苏镇江）。元嘉十三年（436）封始兴王，后加散骑常侍，进号中军将军。为疏导吴兴一带的水道壅塞，以解决该地区频繁发生的水患，刘浚曾提出排潦的主张。

《宋书》卷99《二凶·始兴王浚传》载：

> （元嘉二十一年）浚上言："所统吴兴郡，衿带重山，地多汗泽，泉流归集，疏决迟壅，时雨未过，已至漂没。或方春辍耕，或开秋沈稼，田家徒苦，防遏无方。彼邦奥区，地沃民阜，一岁称稔，则穰被京城，时或水潦，则数郡为灾。顷年以来，俭多丰寡，虽赈赉周给，倾耗国储，公私之弊，方在未已。州民姚峤比通便宜，以为二吴、晋陵、义兴四郡，同注太湖，而松江沪渎壅噎不利，故处处涌溢，浸渍成灾。欲从武康纻溪开漕谷湖，直出海口，一百余里，穿渠浛必无阂滞。自去践行量度，二十许载。去十一年大水，已诣前刺史臣义康欲陈此计，即遣主簿盛昙泰随峤周行，互生疑难，议遂寝息。既事关大利，宜加研尽，登遣议曹从事史虞长孙与吴兴太守孔山士同共履行，准望地势，格平高下，其川源由历，莫不践校，图画形便，详加算考，如所较量，决谓可立。寻四郡同患，非独吴兴，若此浛获通，列邦蒙益。不有暂劳，无由永宴。然兴创事大，图始当难。今欲且开小漕，观试流势，辄差乌程、武康、东迁三县近民，即时营作。若宜更增广，寻更列言。昔郑国敌将，史起毕忠，一开其说，万世为利。峤之所建，虽则刍荛，如或非妄，庶几可立。"从之。

三　崔楷的水利思想

崔楷（477—527），字季则，博陵安平（今河北安平）人，曾任尚书左主客郎中、伏波将军、左中郎将诸职。北魏孝明帝时，冀、定数州水灾频频发生，对此，崔楷提出建造一个人工排水网络，以解决水潦涝灾。

《魏书》卷56《崔辩传附楷传》载：

> 于时冀定数州，频遭水害，楷上疏曰：臣闻有国有家者，莫不以

百姓为心，故矜伤轸于造次，求瘼结于寝兴。黎民阻饥，唐尧致欢；众庶斯馑，帝乙罚己。良以为政与农，实击民命。水旱缘兹以得济，夷险用此而获安。顷东北数州，频年淫雨，长河激浪，洪波汩流，川陆边涛，原隰通望，弥漫不已，泛滥为灾。户无担石之储，家有藜藿之色。华壤膏腴，变为舄卤；菽麦禾黍，化作蘾浦。斯用痛心徘徊，潸然伫立也。

昔洪水为害四载，流于夏书；九土既平攸同，纪自虞诰。亮由君之勤恤，臣用劬劳，日昃忘餐，宵分废寝。伏惟皇魏握图临宇，总契裁极，道敷九有，德被八荒，槐阶棘路，实维英哲，虎门、麟阁，实曰贤明，天地函和，日月光耀。自比定冀水潦，无岁不饥；幽瀛川河，频年泛溢。岂是阳九厄会，百六钟期，故以人事而然，非为运极。昔魏国咸舄，史起哂之；兹地荒芜，臣实为耻。不揆愚瞽，辄敢陈之。

计水之溱下，浸润无间，九河通塞，屡有变改，不可一准古法，皆循旧隄。何者？河决瓠子，梁楚几危；宣防既建，水还旧迹。十数年间，户口丰衍。又决屯氏，两川分流，东北数郡之地，仅得支存。及下通灵、鸣，水田一路，往昔膏腴，十分病九，邑居涢离，坟井毁灭。良田水大渠狭，更不开泻，众流壅塞，曲直乘之所致也。至若量其逶迤，穿凿涓浍，分立隄堨，所在疏通，预决其路，令无停廱。随其高下，必得地形，土木参功，务从便省。使地有金隄之坚，水有非常之备。钩连相注，多置水口，从河入海，远迩迳通，泻其硗舄，泄此陂泽。九月农罢，量役计功，十月昏正，立匠表度。县遣能工，麾画形势；郡发明使，筹察可否。审地推岸，辨其脉流；树板分崖，练厥从往。别使案检，分剖是非，瞰睇川原，明审通塞。当境修治，不劳役远，终春自罢，未须久功。即以高下营田，因于水陆，水种秔稻，陆艺桑麻。必使室有久诸，门丰余积。

其实上叶御灾之方，亦为中古井田之利。即之近事，有可比伦。江淮之南，地势洿下，云雨阴霖，动弥旬月。遥途远运，惟用舟舻；南亩畚畚，微事未耜。而众庶未为馑色，黔首罕有饥颜。岂天德不均，致此偏罚，故是地势异图，有兹丰馁。臣既乡居水际，目觌荒残，每思郑白，屡想王李。凤宵不寐，言念皇家，愚诚丹款，实希效力，有心萤爝，乞暂施行。使数州士女，无废耕桑之业；圣世洪恩，有赈饥荒之士。邺宰深笑,息自一朝;臣之至诚,申于今日。

四 郦道元的水利思想

郦道元(约472—527),字善长,祖籍范阳涿县(今河北涿县)人,历任御史中尉、关右大使等职,是我国杰出的地理学家。其著作《水经注》是部水利思想和水文学的划时代的巨创。在该著中,郦道元不仅详细记述了诸多水道的源流、走向、历史变迁以及涉及该水道的地理、历史、风俗、地望等,也表达了其水利思想。

《水经注·叙》谓:

> 《水经》在杨用修时,以为久湮,搜刻方始,而去其注。近万有吴歈二刻,并注盛行于世,惜其中尚不无讹谬。尝谓古书一有讹谬,便成废书。然在他书讹者,犹可以理测,可以意更,且一字之讹,未必能累篇,一篇之讹,未必能累卷。惟《水经》有讹,非足迹所履,非图籍所载,不敢擅定。且出过注入之异势也,江淮河汉之异名也,一字之讹,逐派稍异,分合顿殊,此无以通,彼无以受。譬之人身,脉络之间,一节有碍,即为痿痠。故是书校刻之难,尤倍他书。南州王孙郁仪氏专攻此书有年,而架帙甚富,腹笥更广,又与四方博雅之士所得于邺庋遗览者,互相参纠,蕲归于是,遂成此书。忠臣李生克家,佐有劳勤,一日持以相过。余往读是书,每遇疑处,不能自通,辄为寘卷,今得闻所未闻,喜而刊之室求深,闭舟问远,故亦难矣。然毫管窥天,历筲时昭,饮河酌海,从性斯毕。窃以多暇空倾岁月,辄述《水经》布广前闻。《大傅》曰:大川相间,小川相属,东归于海,脉其枝流之吐纳,诊其沿路之所躔,访渎搜渠,缉而缀之。经有谬误者考以附正,文所不载,非经水常源者,不在记注之限。但绵古芒昧,华戎代袭,郭邑空倾,川流戕改,殊名异目,世乃不同,川渠隐显,书图自负。或乱流而摄诡号,或直绝而生通称,枉渚交奇,泂湍决溃。缠络枝烦,条贯手伙,十二经通,尚或难言,轻流细漾,固难辩究。正可自献迳见之心,备陈举[举孙改]徒之说,其所不知,盖阙如也。所以撰证三经,附其枝要者,庶备忘悮之矜,求其寻省之易。

第四节 其他经济思想

魏晋南北朝的经济思想除前述重农、货币和水利三个方面外，还表现在人口、均田及轻赋役诸方面，兹分述于次。

一 杜恕的人口思想

杜恕（199—252），字务伯，京兆杜陵（今陕西西安东南）人，曾任散骑黄门侍郎、弘农太守、御史中丞诸职。他关注人口问题，强调只有安民惜力，才能做到务本丰财，从而达到政治安宁之目的。

《三国志》卷16《杜畿传附子恕传》载：

> 时公卿以下大议损益，恕以为"古之刺史，奉宣六条，以清静为名，威风著称，今可勿令领兵，以专民事。"俄而镇北将军吕昭又领冀州乃上疏曰：

> 帝王之道，莫尚乎安民；安民之术，在于丰财。丰财者，务本而节用也。方今二贼未灭，戎车亟驾，此自熊虎之士展力之秋也。然搢绅之儒，横加荣慕，扼腕抗论，以孙、吴为首，州郡牧守，咸共忽恤民之术，修将率之事。农桑之民。竞干戈之业，不可谓务本。帑藏岁虚而制度岁广，民力岁衰而赋役岁兴，不可谓节用。今大魏奄有十州之地，而承丧乱之弊，计其户口不如往昔一州之民，然而二方僭逆，北房未宾，三边遘难，绕天略币；所以统一州之民，经营九州之地，其为艰难，譬策赢马以取道里，岂可不加意爱惜其力哉？以武皇帝之节俭，府藏充实，犹不能十州拥兵；郡且二十也。今荆、扬、青、徐、幽、并、雍、凉缘边诸州皆有兵矣，其所恃内充府库外制四夷者，惟兖、豫、司、冀而已。臣前以州郡典兵，则专心军功，不勤民事，宜别置将守，以尽治理之务；而陛下复以冀州宠秩吕昭。冀州户口最多，田多恳辟，又有桑枣之饶，国家征求之府，诚不当复任以兵事也。若以北方当须镇守，自可专置大将以镇安之。计所置吏士之费，与兼官无异。然昭于人才尚复易；中朝苟乏人，兼才者势不独多。以此推之，知国家以人择官，不为官择人也。官得其人，则政平讼理；政平故民富实，论理故图圄空虚。

二 傅玄的人口思想

在人口问题上，傅玄主张通计天下人口，然后由国家根据士、农、工、商各业的实际需要，以确定和安排从业人数，也即"四民定数论"。

《晋书》卷47《傅玄传》载：

> 臣闻先王分士农工商以经国制事，各一其业而殊其务。自士已上子弟，为之立太学以教之，选明师以训之，各随其才优劣而授用之。农以丰其食，工以足其器，商贾以通其货。故虽天下之大，兆庶之众，无有一人游手。分数之法，周备如此。汉魏不定其分，百官子弟不修经艺而务交游，未知莅事而坐享天禄；农工之业多废，或逐淫利而离其事；徒击名于太学，然不闻先王之风。今圣明之政资始，而汉魏之失未改，散官众而学校未设，游手多而亲农者少，工器不尽其宜。臣以为亟定其制，通计天下若干人为士，足以副在官之吏；若干人为农，三年足有一年之储；若干人为工，足其器用；若干人为商贾，足以通货而已。尊儒尚学，贵农贱商，此皆事业之要务也。

三 周朗的人口思想

根据国家破败，人口稀少的社会现实，周朗提出了增殖人口，提高人口增长率的思想。

《宋书》卷82《周朗传》载：

> 凡为国，不患威之不立，患恩之不下；不患土之不广，患民之不育。自华、夷争杀，戎、夏竞威，破国则积尸竟邑，屠将则覆军满野，海内遗生，盖不余半。重以急政严刑，天灾岁疫，贫者但供吏，死者弗望埋，鳏居有不愿娶，生子每不敢举，又戍淹徭久，妻老嗣绝，及淫奔所孕，皆复不收。是杀人之日有数途，生人之岁无一理，不知复百年间，将尽以草木为世邪，此最是惊心悲魂恸哭太息者。法虽有禁杀子之科，设蛮娶之令，然触刑罪，忍悼痛而为之，岂不有酷甚处邪。今宜家宽其役，户灭其税。女子十五不嫁，家人坐之。特雄可以娉妻妾，大布可以事舅姑，若待礼足而行，则有司加纠。凡官中女隶，必择不复字者，庶家内役，皆令各有所配。要使天下不得有终

独之生，无子之老。所谓十年存育，十年教训，如此，则二十年间，长户胜兵，必数倍矣。

四　李安世的均田思想

李安世（443—493），北魏赵郡（治所在今河北赵县），北魏孝文帝时，历任主客令、主客给事中、安平将军、相州刺史等职。李安世在中国经济思想史上的地位，在于他是中国历史上实行了近三百年之久的均田制的创始人。太和八年（484）前后，当时任主客给事中的李安世上疏提出了均田主张。

《通典》卷1《食货·田制上》载：

> 时李安世上疏曰："臣闻量人画野，经国大式，邑地相参，致理之本。井税之兴，其来日久，田莱之数，制之以限。盖欲使土不旷功，人罔游力，雄擅之家，不独膏腴之美，单陋之夫，亦有顷亩之分。窃见州郡之人，或因年俭流移，弃卖田宅，漂居异乡，事涉数代，三长既立，始返旧墟，庐井荒凉，桑榆改植。事已历远，易生假冒，强宗豪族，肆其侵凌，远认晋魏之家，近因亲旧之验。年载稍久，乡老所惑，群证虽多，莫可取据。各附亲知，互有长短，两证徒具，听者犹疑，争论迁延，连纪不判。良畴委而不开，柔桑枯而不采，欲令家丰岁储，人给资用，其可得乎？
>
> 愚谓今虽桑井难复，宜更均量，审其径术，令分艺有准，力业相称。细人获资生之利，豪右靡余地之盈。无私之泽，乃播均于兆庶，如阜如山，可有积于比户矣。又所争之田，宜限年断，事久难明，悉属今主。然后虚诈之人，绝于觊觎，守分之士，免于凌夺。"帝深纳之，均田之制起于此矣。

五　李冲的户籍管理思想

李冲（450—498），字思顺，北魏陇西狄道（今甘肃临洮）人，是当时显贵士族的学者，孝文帝时官至尚书仆射。他积极参与制定北魏的各项政策，于孝文帝太和十年（486）提出建立三长制，是北魏政权继均田制后的又一项重大政策。它对于北魏的户籍管理和均田制度等均有积极的辅助作用。

《魏书》卷110《食货志》载：

魏初不立三长，故民多荫附。荫附者皆无官役，豪强征敛，倍于公赋。十年，给事中李冲上言："宜准古，五家立一邻长，五邻立一里长，五里立一党长，长取乡人强谨者。邻长复一夫，里长二，党长三。所复复征戍，余若民。三载亡愆则陟用，陟之一等。其民调，一夫一妇帛一匹，粟二石。民年十五以上未娶者，四人出一夫一妇之调；奴任耕，婢任绩者，八口当未娶者四；耕牛二十头当奴婢八。其麻布之乡，一夫一妇布一匹，下至牛，以此为降。大率十匹为公调，二匹为调外费，三匹为内外百官俸，此外杂调。民年八十已上，听一子不从役。孤独癃老笃疾贫穷不能自存者，三长内迭养食之。"